–공 · 사조직의 비교

제3판

공공조직론

정우일 하재룡 이영균
박선경 양승범

博英社

제3판 머리말

3판을 내면서 저자는 깊은 감회에 젖는다. 금번 3판을 내면서도 흡족한 책이 되었다는 생각이 들지 않아 앞으로 지속적인 연구를 통해 내용을 수정 · 보완하면서 보다 충실한 책이 되도록 노력하겠다고 또다시 다짐하는 천학비재한 자신을 발견하기 때문이다. 보통은 3판을 내면 책다운 책이 만들어진다고 하여 어느 정도 안심을 하였는데 오히려 학문의 깊이와 의문만을 다시 느끼게 하고 있다. 이러한 과정을 통해 저자는 인생을 살아가면서 끊임없는 열정이 무엇보다 중요하다는 것을 다시 깨우치는 좀 더 나은 성숙한 면을 가지게 되었다.

부족한 책이나마 본 저서를 읽어 준 학생, 공무원, 교수님, 그리고 교재로 선택하여 주신 교수님에게 다시 한 번 더 뜨거운 감사를 드린다. 관심 있는 여러분에게 좀 더 많은 지식을 전달하려는 초기의 의욕이 앞서 약 1000페이지가 넘는 분량의 지식을 압축하여 750페이지 정도로 지식을 전달해야 하는 고통이 따랐다는 것을 솔직하게 말하지 않을 수 없다. 책의 두께 때문에 더 자세한 설명들은 마지막 순간에 많은 부분을 삭제하여 못내 아쉬웠다.

특히 본 저서의 분량이 늘어난 것은 저자의 집필 동기의 일관된 흐름을 견지하기 위해 일반조직과 공공조직이론을 소개하고 비교하였기 때문이다. 그리고 배경이 없는 이론은 없듯이 이루의 발생 배경을 파악하기 위하여 주요 학자들의 배경을 소개하여 그들이 주장한 이론들을 보다 쉽게 이해하는 데 도움이 되도록 하였다. 아무쪼록 이 책이 독자들에게 조그마한 도움이 된다면 저자에게 더 할 수 없는 보람이라고 생각한다.

지금까지 출판된 조직론의 연구경향과 관련하여 지적하고 싶었던 내용은 행정학 분야에서도 일반조직이론이라는 큰 틀에서 벗어나지 않아 공공조직에 대해선 거의 논의되고 있지 않다는 사실이다. 분명히 행정학을 전공하는 학생이나 공공조직에 근무하는 행정 관료들이 어느 정도 정치활동을 하는 정치인이라는 사실을 강조하는 것이 이 저서의 집필동기이다. 일반조직이론이 주장하는 능률성도 중요하지만 공공성과 정치성도 행정을 이해하기 위해 중요하다는 것을 전하고 싶었다. 조직학이 독자적인 학문분야로서 자리를 굳혀가고 있으나 일반조직이론에 관한 많은 저서들이 정치와 행정적 관점을 배제하고 있는 것은 일반조직이론의 포괄성을 결여한 것이라고 지적할 수 있다. 실제로 일반조직이론조차도 조직현실을 떠나서 실무에 적용할 수 있는 유용한 지식을 줄 수 없다.

우리나라에서도 행정학을 전공하는 분들이나 일반 공무원들이 사조직은 물론 공공조직 연구에 관심을 나타내고 있는 것은 다행한 일이다. 특히 행정학은 다른 학문과 달리 정치와 행정의 일원론적 시각을 더욱 강조할 필요가 있으며, 사조직을 기반으로 발달된 일반조직이론은 행정학을 전공하는 학도들에겐 적지 않은 부담과 한계가 있음을 지적하고 싶다.

제3판에서는 초판을 구상할 때와 같이 저자의 집필동기를 유의하면서 가능한 한 보강하였으나 이 책의 기본적 편제를 바꾸지는 않았다. 내용 수정은 광범위하나 설명은 간결하게 하였다. 아래 주요한 수정 · 보완 내용을 구체적으로 살펴보기로 하자.

제2장 제2절에 Tompkins의 주요사상학파를 추가하여 사상의 발전을 한눈에 보게 하였고, 제2절 3. 현대조직이론의 상황조건적합이론의 예들을 학자별로 분류하여 설명했다.

제3장과 제4장을 합하여 제3장 공 · 사 조직의 환경과 연구의 경향으로 변경하여 작성하였다. 그리고 제3장의 목차를 다시 정리하였다. 특히 제3장 제2절 공공조직과 사조직의 구별, 공공조직의 차이점을 보강하였고, 제4절 공공조직의 일반적 특색을 삭제하고 공공조직의 정치적 특성을 설명하기 위해 공공조직의 특성을 재편집하고 제3절 2.에 공공조직 관리의 특징을 논하였다. 제5절 공공조직의 연구의 딜레마에서는 공공관료제의 비능률성과 우수성을 논하였다.

제4장 제2절에 Parkinson Law를 새로 작성하여 이해를 돕고자 하였다.

제6장 제4절 1. 공공조직 목표대치현상의 발생 원인을 설명함으로써 공공조직의 특성을 이해하는 데 도움이 되고자 하였다.

제7장 제1절 4. 2) Sigmund Freud의 id, ego, 그리고 superego을 새로 작성하고, Anna Freud의 방어기제를 구체적으로 새로 작성하였다. 제2절 1. Freud의 성격발달을 수정 · 보완했다.

제8장 제1절 공 · 사 조직의 동기부여와 동기측정 3. 동기부여의 측정의 4)

직무만족, 5) 조직몰입과 직무관여를 수정 · 보완했다.

제10장 제1절 리더십과 관리에서 리더십 정의를 수정하고, 제2절 3. Fiedler의 리더십 상황조건적합이론을 수정 · 보완하여 설명했다. 제3절에서는 변혁적 리더십과 거래적 리더십을 수정 · 보완하였다.

제11장 제1절 권력과 정치의 성격, 4. 권력의 근거 2) 조직권력의 근원을 수정 · 보완하고, 제2절 권력을 위한 조직의 정치 1. 권력을 이용하는 조직의 정치를 새로 작성하였으며, 제3절 조직정치의 갈등 1. 조직의 갈등을 새로 작성하고, 2. Pondy의 조직갈등을 쉽게 설명하려고 수정 · 보완했다.

제12장 제3절을 제2절 의사소통의 장애 및 해소방안으로 작성하였다.

제14장에서는 경쟁가치접근법의 유용성을 새로 작성하고, 효과적인 공 · 사 조직에 대한 사례연구는 삭제했다.

3판을 내면서 미흡한 부분이 여러 곳에서 발견되나 독자 여러분의 지속적인 비판과 질책을 받아 수정 · 보완해 나갈 것이며, 본 저서의 집필동기를 더욱 발전시켜 독자 여러분에게 보답할 것을 약속드린다. 여러분의 매서운 질책을 기다리면서 다음에는 더 나은 책이 나올 수 있기를 기대하며 이 책을 세상에 내놓는다.

우수한 업적으로 학계에 기여하고 있는 네 교수님들이 공저로 참여하여 새롭게 3판이 햇빛을 보게 되어 다행스럽게 생각하며 앞으로 더 나은 작품이 나올 것으로 확신한다. 특히 이 네 교수님은 저자의 제자들 가운데 학문적으로나 인격적으로 탁월하다고 자부하고 있는 젊은 학자들이다.

끝으로 이 책을 출간하는 데 아낌없이 지원하여 주신 박영사의 안종만 회장님과 미친옥 이사님에게 감사를 드린다. 특히 노현 부장님은 지난 15년 동안 저자의 책들을 바르게 만들어 주기 위하여 일천한 문장을 다듬으며 꼼꼼하고 노련하게 교정을 보아주셨다. 그 노고에 이 자리를 빌려 깊이 감사드린다.

2010년 12월

행당동 연구실에서

대표 저자 씀

제2판 머리말

이 책을 읽어 주신 일반 독자와 공무원 여러분, 교재로 써 주신 교수님 그리고 학생 여러분에게 진심으로 감사드리며, 초판에서 교정이 소홀하였던 점을 지면을 통해 깊이 사과드린다. 제한된 시간 내에 초판을 출판하려고 무리를 하다 보니 제대로 교정을 볼 수 없었기에 오 · 탈자와 부드럽지 못한 문맥들이 지나칠 정도로 많아 초고 수준에서 출판된 정도라고 생각하니 황당하고 송구스러운 마음을 금치 못하고 있었던 것이 저자의 솔직한 표현이다.

이러한 와중에 다행히 학계 및 실무분야의 선배 · 동학 그리고 학생 여러분의 성원에 힘입어 교정 · 보완할 기회를 가지게 된 것을 매우 기쁘게 생각한다. 나 자신은 천학비재한 사람임에도 불구하고 오히려 변함없는 이해와 과분한 격려를 해 주신 교수님과 학생 여러분의 은혜에 보답하고 싶은 마음과 함께 감사의 뜻을 표하는 바이다.

초판의 시련을 만회하고자 가능한 한 성실한 자세로 교정을 보려고 대학원생들의 도움을 청하였으며, 제2판은 초판에서 발견한 오 · 탈자의 수정과 내용상 오류라고 생각되는 것을 바로잡는 데 집중하고, 새로운 이론을 첨가하는 개정은 다음 기회로 미루기로 하였기에 초판의 기본적 편제를 바꾸지는 않았다.

좀더 구체적으로 보완사항을 살펴보면 다음과 같다.

첫째, 제2장의 제3절 조직이론의 고찰에서 Follett의 이론과 공헌을 자세히 설명하였다. 둘째, 제3장의 제4절 공공조직의 일반적인 특성에서 일반 관리모델을 정부조직에 적용하는 한계에 대하여 Tompkins의 간결하고 명확한 설명을 도표로 만들어 소개하였다. 셋째, 제8장에서 Freud의 방어기제를 보완하고, 제2절에서는 Freud, Erickson, Levinson의 성격발전을 단계별로 설명하였으며, Argyris의 미성숙 · 성숙이론을 수정 · 보완하였다. 넷째, 제11장 제2절에서는 규범적 의사결정모형(Vroom-Jago Decision Tree)에 대한 이해를 돕고자 보완하였다. 아울러 실수에 의해 빠진 리더십 모형(Ohio와 Michigan 대학 그리고 Blake와 Mouton

의 Managerial Grid)들의 그림을 삽입하였다.

초판의 머리말에도 언급하였지만, 여러 모로 부족한 저자가 미숙함에도 불구하고 이 책을 펴내게 된 주요한 이유는 행정학을 전공하는 학생, 공무원 및 정부를 이해하려는 사람들에게 공공조직의 특성을 이해하는 데 도움을 주고 자 했던 것이다. 그러나 현존하는 조직이론으로써는 공공조직을 이해하는 데 한계가 있다는 것이 저자는 물론 여러 학자들의 공통적인 견해이다. 행정학이 정치의 깊숙한 곳에 자리잡고 있다는 현실을 부인할 수 없듯이, 행정학이 다루어야 할 공공조직을 이해하기 위하여 조직정치를 이해하는 것이 필요하다. 그러므로 이 책의 특성은 공공조직에 대한 연구가 조직의 일반이론에 왜 포함되지 않았는지에 대한 논의에서 시작할 것이다. 또한 현대 조직이론의 내용을 포괄적으로 다루면서 이를 토대로 공공조직과 사조직의 특성을 비교하여 행정학을 전공하는 사람들이 공공조직의 특성을 이해하고 나아가 국민에 봉사하는 공공조직의 역할을 제고하는 데 있다. 이러한 연구는 행정학을 전공하는 학생들이 현실사회에 적응할 수 있는 적절한 능력을 가질 수 있도록 도움을 줄 수도 있다고 믿는다. 이외에도 행정학 분야에서 활발히 연구한 36명의 학자들을 선택하여 그들이 수학한 학교, 근무한 직장 및 대학, 전공, 철학의 배경을 다루어 이 학자들이 주장한 이론들을 이해하는 데 도움이 되도록 하였다.

이상과 같은 취지로 이 책을 출간하였으나 저자이 능력 부족으로 미흡한 부분이 한두 가지가 아님을 저자 스스로 잘 알고 있다. 이에 대한 책임은 절대적으로 저자의 몫이며, 독사 여러분의 지속적인 비판과 지적을 받아 수정 · 보완해 나갈 것이다. 제 2판을 내고 나니 너무 부족한 점이 많다는 생각을 지워버릴 수 없다. 계속 연구하여 독자 여러분에게 보답할 것을 약속드린다.

다시 한 번 이 책을 아껴주신 독자 여러분에게 감사드리며, 이 책이 나오기까지 물심양면으로 아낌없는 지원을 해 주신 박영사의 안종만 회장님, 항상 변함없는 벗인 황인욱 전무님에게 진심으로 감사드린다. 그리고 여름휴가도 가지 못하고 밤늦게까지 편집업무를 보시는 편집부의 이경희 선생님께서 방대한 분량을 체계적으로 편집하고, 꼼꼼하게 오 · 탈자와 매끄럽지 못한 문맥들을 교정본 노고에 대하여 저자로서는 미안한 마음 그지없이 간직하고 있다. 무리한 부탁을 해도 항상 긍정적으로 편안한 마음과 낯으로 대해 주셨던 기획부 송창섭 선생님과 편집부 송일근 주간님의 따뜻한 격려는 오랫동안 잊을 수가 없을 것이다.

끝으로 대학원 학생들의 노고에 깊이 감사를 표하고 싶다. 박사학위 논문을 준비하는 바쁜 와중에도 6개 장 정도에 달하는 많은 분량을 노련한 문장실력으로 꼼꼼하고 성실하게 문맥을 다듬어 준 대학원 박사과정 이란희 학생의 능력과 노고를 잊을 수 없다. 서로 장을 나누어서 교정을 보았던 석사과정 전기경, 김완숙, 최송이, 정우홍, 최주현, 이순응 학생의 노고는 헌신적이었으며, 이들의 도움이 없었다면 제한된 시간 내에 출판하기는 불가능하였을 것이다. 특히 교정을 부탁하는 나의 미안한 마음을 편하게 해 주려고 애쓰던 이들의 아름다운 마음을 지금도 생생하게 기억하고 있다. 컴퓨터 다루는 솜씨가 능란하고 강한 책임감을 가진 나의 조교 최송이는 전체 교정은 물론 색인작업까지 완성하느라 더욱 수고를 많이 하여 고맙다는 말을 다시금 전하고자 한다. 박선경 박사는 강의와 논문을 쓰느라고 바쁜 가운데에도 편집과 교정에 간헐적으로 참여하여 참신한 아이디어를 준 데에 감사의 뜻을 표하는 바이다.

참으로 교정은 지루하고 힘든 인내를 요하는 작업이란 것을 새삼 느끼며, 교정에 참여한 학생들에게 감사함을 다시 전하고 싶다.

그리고 여름휴가도 가지 못했지만 불평 한 마디 하지 않은 가족과도 출간의 기쁨을 나누고 싶다.

2006년 8월
행당동 연구실에서
저 자 씀

머 리 말

이 책은 행정학을 전공하는 학부 학생, 대학원 학생, 공공기관의 실무자들과 공공조직에 관심이 있는 일반 독자들을 마음속에 두면서 다음 몇 가지 의도를 가지고 집필하였다.

첫째, 기존 조직이론들과 관리론에 대한 지식을 검토하고 행정학에서 기본적으로 다루어야 하는 공공조직과 관리에 대한 적용가능성을 논의하면서 사영역과 공공영역의 조직들을 비교하였다. 따라서 행정학의 현실성에 맞는 교재로서 제공하고자 하는 것이다.

둘째, 문명의 발전은 조직의 덕이라고 주장하듯이 그 동안 많은 학자들과 실무자들은 조직들이 사회의 필요와 요구를 어떻게 잘 봉사할 수 있을까에 대한 많은 개념과 기술을 연구하여 크게 진전을 가져왔다. 이 책에서도 역시 공공조직의 이론과 실무에 대한 발전을 가져오기 위하여, 행정학의 지식과 경험을 적용해서 어떻게 하면 좋은 서비스를 전달할 수 있고 공공조직을 효과적으로 그리고 능률적으로 관리할 수 있으며, 그렇게 하기 위하여 어떻게 성공적으로 공공조직에 변화를 가져올 수 있을까?에 관심을 가지고 시도하였다. 더욱이 일반 조직이론만이 아닌 공공조직의 특징과 특수성을 잘 이해하여 한국의 민주주의를 더욱 활성화하는 데 도움을 가져오는 것이 행정학도의 사명이라고 보아 이 책을 저술하게 되었다.

마지막으로 행정학에서 많이 거론되는 행정학자들에 대하여 그들이 수학한 학교, 근무한 대학, 전공 및 사고와 철학에 관한 배경을 기술하여 그들이 주장한 이론들을 이해하는 데 도움이 되게 하였다. 배경이 없는 학문의 이론은 있을 수 없듯이 배경이 없이는 훌륭한 학자들 역시 탄생할 수 없기에 이 책에서 가능한 많은 학자들의 배경을 소개하였다.

저자의 천학비재한 지식으로 위의 목적들을 충분히 수행할 수 있다고는 보지 않으며 공공조직론의 교재로서 첫 시도라는 점에서 감히 이해하여 주길 바라는 마음 그지없으며 아울러 많은 정성어린 지도와 질타를 기대한다.

다만 저자가 계속 주장하는 것은 행정학의 Curriculum이 지나치게 관리 · 사회심리학 · 경제학에 편중되어 있고, 정치학 및 행정학적 시각을 등한시한 것이 행정학 학문의 현실성을 반영하고 있는지 의문을 갖고 시작한 첫걸음이기에 넓은 해량을 바란다. 학문들의 발전과정을 짧게 짚어보더라도 현실성이 없는 학문은 학문의 세계에서 이미 사라졌거나 부진을 면치 못하는 것을 우리는 보고 있다. 다시 말하여 우리가 직면하고 있는 현실문제를 해결하지 못하는 학문은 학문으로서의 존재가치를 잃어가고 있다. 분명히 학문은 현실성이 있어야 하며 현실과 유리되어서는 안 된다. 행정학 학문의 강점이 현실성에 있다는 것을 우리는 잘 알고 있다.

행정이 관리라고 주장한 Wilson의 뿌리 깊은 정치와 행정의 이원론 영향 때문인지 조직론의 교재들도 사회심리학 및 경제학적 관점들에 의하여 집필되었고 지금까지도 행정학분야에서 이러한 관점들이 변함없이 지속되고 있어 행정학에 대한 현실성 문제에 의문을 가지게 된다. 물론 정치와 행정의 일원론을 주장한 1949년 Appleby 이전, 행정학의 이원론을 주장하면서 행정학 교재를 썼던 1926년 White와 1927년 Willoughby도 사석에서는 정치와 행정의 이원론이 불가능하다는 것을 지적한 문헌이 역사적으로 남아 있다. 역시 Simon도 왜 굳이 분리해야 되는지 이유를 설명한 것이 이해는 가나 현실성이 없는 것은 그의 저서인 「*Administrative Behavior*」에서 잘 나타나고 있다. 어쨌든 원하든 원치 않든 간에 행정이 정치를 하고 있는 것은 분명한 현실이다.

세계 제2차대전 동안 James Burnham은 1941년에 「*Managerial Revolution*」을 저술하여 전쟁 후에 세계는 어떻게 변할 것인가를 그의 저서에서 설명하였다. 물론 비판이 없었던 것은 아니나 대략 그가 예측한 방향으로 세계가 흐르고 있는 것은 부인할 수는 없다. 경영학을 전공하는 학생들이 그 저서를 읽었을 때는 경영인들이 사회를 지배한다고 보고 행정학을 전공하는 학생들은 행정관료들이 이 사회를 지배한다고 해석하였다. 물론 각기 다른 학문분야의 가치관이나 다루어야 할 배경들의 차이가 있어 해석은 다를지라도 이들이 전문관리자들을 의미한다는 것에는 서로 동의한다. Lasswell은 행정가들이 한 손에는 정책결정과 다른 한 손에는 정책집행의 능력을 장악하였다고 주장하였는데, 이러한 경고성 주장은 이미 Weber도 한 바가 있다. 더욱이 사회가 복잡하고 과학화되고 있으며, 21세기 세계는 정보통신기술의 발달로 거미줄 같이 엉켜 있는 수많은 인터넷망으로 감싸여진 하나의 지구촌이 되고, 전 세계의 시장은 하나의 세계시장으로 통합되어 이를 다루어야 하는 전문행정관료들의 임무와 책임은 어느 때보다도 가중되고 있다. 자연히 이러한 책임을 이행하기 위하여 전문지식으로 무장한 행정가들의 자유재량의 폭은 넓어질 수밖에 없으며 권력의 추는 행정관료들에게 이미 넘어가고 있는 것이 현실이다. 다시 말하여 행정은 이미 정치의 깊숙한 자리를 잡고 있다는 현실을 굳이 부인하지는 못할 것이다.

행정학을 전공한 후 공공조직에 근무하는 제자들이 간혹 찾아와 학교에서 배운 것이 사회에서 적용되지 않는다는 불평과 더불어 충고를 받은 경우가 저자뿐만은 아닐 것이다. 물론 그 당시 교수로서 당혹감은 이루 말할 수 없다. 이론과 실무가 이렇게 차이를 만드는 것인가? 의문을 갖지 않을 수 없다. 분명히 공공조직에 근무하는 행정관료들은 가치를 결정하는 정치활동을 하는 정치인이란 현실을 잊어서는 안 된다. 이들이 활동하는 곳은 조직정치의 장이기에 관료들은 정치적 감각을 가져야 그들의 임무를 성숙하게 달성할 수 있다. 행정학은 학생들에게 정치와 행정의 일원론적 시각을 더욱 강조할 필요가 있다.

미국 행정학의 교재들에서 미국을 이끌어가는 사람은 대통령이 아니고 행정관료, 의회의원과 상임위원장 그리고 이익집단이라고 한다. 대통령은 주로 설득하는 힘만을 가지고 있다고 Neustadt가 주장한 것이 조금은 지나치다고 하더라도 다원론 사회에서는 권력이 집단들에 분산되어 있는 것이 사실이다. 대통령, 입법부 그리고 사법부의 모든 힘을 합친다고 하더라도 관료들의 권력을 능가하지 못하는 것이 미국만의 사정이 아니라 전 세계적인 현상으로 학자들은 주장하고 있다. 공공조직은 권력을 가진 집단들의 힘을 대결하는 전쟁터(battle ground)로 비유되고 있는 정치의 장이다. 오히려 권력을 가진 다양한 집단들이 강력한 권력을 가진 공공관료조직들 내에서 혹은 그들간에 이권을 위한 권력의 각축전이 벌어짐으로써 어느 강력한 집단이나 공공조직이 권력을 장악하지 못하도록 서로 견제와 균형이 이루어지게 하기 때문에 18세기 Montesquieu가 주장한 삼권분립을 도와주고 있는 현실을 우리는 간과해서는 안 된다. 이 과정은 한국을 포함하여 전 세계의 다원론적인 민주국가들이 보편적으로 향하고 있는 길이며, 더욱이 현대 민주국가를 실현하는 데 공공조직의 역할을 재고할 필요가 있다.

다시금 강조한다면, 행정학을 전공하는 학생들은 공공조직을 운영하는 데 정치의 중요성을 이해하여야 할 필요가 있다. 모든 정책은 경제적 모델에 의해서만 만들어지는 것은 아니다. 정치는 타협이며, 타협을 할 줄 모르면 정책은 결정되기 어렵다. 공공조직이 만들어지고 예산이 배정되는 것은 분명히 정치적 과정을 통하여 정책결정자들 사이에 타협에 의하여 결정된다. 일반적으로 정치체제들은 공공관료들의 행태를 규정하는 가치와 규범을 만들고, 관료들이 수행하여야 할 목적을 설정하고, 수없이 많은 정책을 관료들에게 위임하여 많은 정책을 결정하여야 하는 정치인이라는 것을 관료들은 잊어서는 안 된다. 더욱이 공공조직의 성과나 행태가 정치체제의 전반적인 특성과 질을 결정하여 주는 정치적 존재가 되고 있다는 것은 어느 누구도 부인할 수는 없다. 공공조직은 정책결정에 막대한 영향을 미치며, 공공조직의 고유권한인 집행을 통하여 정책이 실현되기 때문에 공공조직의 역할은 중요한 정치적 존재이다. 정부를 이해하기 위하여 정부정치를 이해하는 것이 필요하듯이 우리가 조직을 이해하기 위하여 조직정치를 이해하는 것이 필요하다. 본 저서는 미력이나마 행정학을 전공하는 학생들이나 실무자들에게 이러한 공공조직에 관한 이해를 촉구하는 데 그 목적이 있었다고 감히 말하고 싶다.

이 책을 출판하는 데 도움을 주신 분들에게 감사를 드리지 않을 수 없다.

이 책을 출간하도록 아낌없이 지원하여 주신 박영사의 안종만 회장님, 항상 변함없이 형제와 같은 격려를 주시는 황인욱 전무님에게 진심으로 감사를 드린다. 그리고 조직적인 편집은 물론 일천한 문장들을 다듬고 꼼꼼히 교정까지 보아주신 이경희 편집위원의 도움이 없었다면 이 책은 제한된 시간 내에 출간되지 못하였을 것이기에 그 은혜에 깊이 감사드린다.

그리고 기획부의 송창섭 선생님과 아울러 편집부 송일근 주간님의 따뜻한 격려에 각별한 감사를 드린다.

끝으로 저자의 조교인 김관민 군이 항상 신속하고 산뜻하게 그려준 그림과 도표들은 이 책을 더욱 품위 있게 만들어 주었고, 아울러 인명 및 주제의 색인까지 작성하여 준 노고에 감사한 마음을 가지고 있음을 표하고 싶다.

이 책을 끝내고 나니 너무 부족한 점이 많다는 생각을 지워버릴 수 없다. 특히 이 책을 집필하는 가운데 Goodsell 교수는 친절하게도 여러 번 지도를 하였으며, 그 중 한국의 사례를 많이 첨가할 것을 지도하였으나 저자 자신의 천학과 능력의 한계로 거의 가능하지 못하였기에 미안한 마음을 가지고 있다. 그러나 계속 사례들을 수집하려고 준비하고 있다. 물론 이 책의 부족한 모든 부분은 저자가 전적으로 책임을 져야 하는 것이 마땅하나 어느 누구의 도움도 없이 스스로 자료를 수집하고 정리하며 연구하다보니 서투른 문장, 오자, 탈자 및 각주도 빠진 곳이 있으리라고 생각하여 송구스러운 마음 그지없다. 계속 독자들의 협조를 기대하며, 연구하여 수정 · 보완할 것을 약속드린다.

2005년 2월
중원을 바라보면서
정우일 씀

차 례

제1장 조직의 정의 및 조직이론

제2장 조직이론의 발달

제 3 장　공 · 사 조직의 환경과 연구의 경향

제 4 장　조직의 구조

제5장 조직의 설계

제 6 장 조직목표

제 7 장 조직구성원들의 성격, 지각, 학습

제8장 조직의 동기부여

제 9 장 조직의 의사결정

제10장 조직의 리더십

제11장 조직정치의 권력과 갈등

제12장 조직의 의사소통과 전자통신

제13장 조직문화

제14장 조직의 효과성

제15장 조직의 변화와 발전

《학자들이 수학한 학교, 근무한 대학, 전공 · 철학의 배경》

1장

조직의 정의 및 조직이론

제1장 조직의 정의 및 조직이론

제1절 서 론

현대는 조직사회이며 우리는 조직을 떠나서는 살 수 없다. 조직에서 태어나서 조직 속에서 죽는다. 삶과 죽음 사이의 공간은 조직으로 채워지며 조직은 죽음과 세금처럼 피할 수 없는 존재이다. 조직은 현대사회의 중요한 행위자이며, 우리가 정치적 · 경제적 · 사회적 그리고 개인적 목적을 달성하기 위한 도구이다. 사영역의 조직에서는 우리의 생활을 더욱 풍요롭게 할 수 있는 소비상품과 서비스를 생산하고, 전달하며 시장에서 판다. 공공영역의 조직들은 외부의 침략과 범죄로부터 우리를 보호하고, 고속도로와 공항을 건설하고 유지하며 사회에서 우리의 전반적인 생활의 질을 향상시키기 위하여 수많은 서비스를 제공한다. 이와 같이 공공조직은 대중에게 많은 중요한 서비스를 전달한다. 예를 들면, 교육, 건강, 복지, 시민의 보호, 교통의 안전 등 공공조직은 제공하기 어려운 이러한 많은 서비스를 전달할 수 있다. 조직은 또한 공 · 사조직의 기능에 필수적인 역할을 제공한다. 정부조직들은 공공정책을 형성하고 집행하는 것 역시 조직에 의존한다.

인간에게 필요한 것은 무엇이든지 대부분 조직을 통하여 생산되고 우리는 조직의 생산품을 매일 사용하는 가운데 일반인조차 조직의 영향을 실감케 한다. 조직은 사람들의 생활습관, 취향 및 유행까지도 바꾸어 놓을 수 있으며 우리가 바람직하다고 하는 모든 것은 조직을 통해서만 달성될 수 있다.

사람들에게 나쁜 것 또한 현대조직을 통해 달성된다. 갱단의 범죄활동, 비합법적인 마약거래, 유해한 화학폐기물 배출, 인권 및 인간의 존엄성 부인 등이 조직의 산출물이다. 때로는 조직은 지역사회의 개혁 및 변화에 저항할 수도 있다. 또한 조직은 성공을 위하여 구성원들의 목적을 희생시키거나 동조과잉 혹은 복종을 지나치게 요구하곤 한다. Karl Marx의 시대로부터 현재에 이르기까지 많은 학자들은 현대조직의 특징인 비인간화와 전문성이 구성원들로 하여금 스트레스에 쌓이게 한다든지 궁극적으로는 소외를 초래한다고 비난한다.

정치체제에서 공공정책을 수행하기 위하여 대규모 관료제에 의존함으로써 발생하는 문제는 오히려 정부의 각 계층에서 부응성, 책임성, 대표성에 대한 의문을 야기하고 있다. 오늘날 정치인들, 언론매체 및 이익집단들도 정부조직들이 낭비나 비능률의 주요한 근원을 제공한다고 자주 비난하고 있다. 그러나 현대사회에서 조직이 기여하는 바는 막대하며 조직을 어떻게 운영하느냐가 개인적으로나 사회적으로 생존, 성공 및 행복의 주요한 결정요인이라는 것은 부인하지 못한다. 실제로 문명의 발생과 발전이 조직의 덕이라는 주장은 의심할 여지가 없다.

행정은 주로 조직관리이며 역시 조직 내에 속하고 있는 사람들의 관리이다. 이러한 주장은 다분히 행정과 정치의 이원론의 전통에서 유래된 것이다. 일반적으로 조직의 개념들은 인류학, 사회학, 심리학 그리고 경제학에서 기원된 것이며 정치학과 행정학에서는 그다지 관심을 두지 않았었다. 따라서 조직이론과 관리는 거의 전적으로 사조직에 중점을 두고 있으며 공공조직은 조직이론에서는 거의 다루지 않았다. 그러므로 공공조직이 어떻게 하면 효율적으로 공공정책의 질을 유지하고 증진시켜 나갈 수 있는지를 밝혀보기 위하여 공공조직을 이해하고 더욱 발전시키는 데 주요한 연구의 의의가 있다고 본다.

일반 조직이론이 발전시킨 관리 혹은 조직의 개념들을 공공조직에 적용할 수 없다는 것은 아니며 지금도 대단히 가치 있게 그 이론을 사용하고 있는 것은 사실이다. 그러나 공공관료들은 일반 조직이론의 관리절차를 능률적 및 효과적으로 사용하기 위하여 외부의 정치적·행정적 압력과 협상을 고려하지 않으면 안 된다. 따라서 공공조직의 효과적인 관리를 위하여 연구자, 실무자, 공직자 및 시민들이 참여하여 공공조직 및 관리에 관한 지식을 발전시키는 데 많은 노력을 기울여야 할 것이다.

이 책은 제기하고 있는 주제에 명쾌한 답변을 줄 수는 없더라도, 이 분야에 있는 학자, 실무자, 공직자, 학생 및 시민들에게 공공조직 및 관리를 이해하는 데 도움을 주고자 시작하였다.

정치와 행정의 이원론의 전통이 아직까지 우리 학문에 깊이 뿌리를 내리고 있어 공공조직의 특성에 대한 연구가 1980년대 후반까지 비교적 활발하지 못하였다. 그 결과 행정학을 전공하는 학생들이 배운 이론들이 사회에 적용할 수 없다는 불평을 자주 듣는 것은 어쩌면 당연할 지도 모른다. 그리하여 이 책에서 공공조직의 중요한 주제들과 주변 환경에 관한 검토와 분석을 제시하려고 하였다. 다른 조직의 형태와 공공조직을 어떻게 구별하는가? 어떻게 조직의 외부적인 환경요인들을 관리하고 있는가? 공공조직의 효과적인 의사소통방법과 갈등을 관리하는 주제들도 다루게 될 것이다. 또한 일반 조직이론에서 중요하게 다루는 효과적인 리더십, 동기부여는 물론 권력, 정치적 과정, 구조 등의 주제들도 공공성의 특징을 비교하면서 다루게 될 것이다.

물론 이 책은 공공영역에 관한 새로운 공공조직이론을 제시하기보다는 공공조직과 공공관리에 대한 이해를 촉구하기 위하여 관련된 연구와 이론들을 소개하고 공공조직의 활동을 이해하는 데 큰 의의를 찾고 있다. 그러나 공공조직의 법적 요구와 사명이 권력, 권위 그리고 리더십에 어떻게 영향을 미치는지, 공공조직의 윤리, 몰입 그리고 동기부여의 근원은 무엇인지, 공공조직의 의사결정에 압력으로 작용할 수 있는 것은 무엇인지, 이 이외에도 우리가 그 동안 관심을 두지 않았던 많은 의문들에 대한 해답을 찾는 것은 어려운 문제일 것이다.

제2절 조직의 정의

조직의 정의를 내리는 것은 장님들이 코끼리의 어느 부분을 만지고 각기 달리 말하는 것과 같이 학자들도 보는 시각 및 관점에 따라 달라질 수 있다. 그와 같이 조직의 정의는 특이한 가치관과 배경에 따라 달리 정의할 수 있다. 그러므로 조직의 정의는 다양해질 수 있으며 이러한 정의들이 모여 훗날에 조직의 완전한 실체를 더욱 잘 파악하는 데 도움을 줄 것이라고 믿는다. 우리는 조직에 대한 어떠한 정의가 옳고 혹은 더 선호되는지를 말하려는 것은 아니다. 그러나 다양한 정의는 조직이론 분야의 풍부함과 역시 다른 이론들을 제시할 여지를 줄 수 있다.

정부 행정기관이나 사기업체들도 모두 조직이다. 일반적으로 조직의 가장 보편적인 공식적인 정의는 목적을 달성하기 위하여 전문화되고 상호 의존적인 활동에 종사하는 사람들의 집합이다. 일반적으로 조직 이론가들의 조직에 대한 관심은 규모가 제법 크고, 전문화되어 있으며 그리고 상호의존적 집합체인 대규모적이고 복잡한 조직에 있다. 조직에서 기능의 전문화 혹은 노동의 분업은 능률을 가져올 수 있으며, 또한 이들은 서로 다른 상호의존적인 과제를 조정하고, 통합할 수 있는 기술을 향상시킬 수 있다. 물론 이러한 정의가 잘 되었다는 것은 아니지만 규모가 작은 조직들은 너무 단순하여 분업 혹은 전문화가 필요치 않을 수도 있다.

Robbins의 조직의 정의를 보면, 조직은 의식적으로 조정하는 사회적 실체이며, 상대적으로 확인할 수 있는 경계를 가지고 있고 공동의 목적 혹은 일련의 목적들을 달성하기 위하여 지속적으로 기능을 한다고 한다.[1] 그는 조직에 대한 정의의 복잡한 표현을 나누어 가며 설명하였다. 의식적인 조정은 관리를 의미하며 사회의 실체는 한 조직이 사람 혹은 서로 상호작용하는 사람들의 집단을 형성한다는 것을 의미한다. 조직들은 사회의 실체들이기 때문에 조직 구성원들의 상호작용 패턴은 균형을 이루어야 하며 업무가 완성되기 위하여 중복을 최소화하고 조화를 이루어야 한다. 조직이 상대적으로 확인할 수 있는 경계를 가지고 있다는 것은 한정된 경계가 조직의 구성원들과 비구성원을 구별하는 것을 말한다. 조직의 사람들은 어떤 지속적인 결속을 가지고 있다. 그러나 조직의 사람들은 어느 정도 규칙적으로 참여한다고 하더라도 그들의 구성원들은 끊임없이 변화한다. 마지막으로 조직들은 목적을 달성하기 위하여 존재한다. 이러한 목적들은 개인들만으로는 달성되기 어렵고, 개인적으로 달성된다고 하더라도 집단의 노력으로는 더 능률적으로 달성될 수 있다고 한다.

1920년대로 넘어가는 시기에 독일의 사회학자인 Max Weber에 의하여 제시된 관료제에 대한 정의는 가장 권위가 있으며, 현대조직의 출발로 간주된다. Prussian 군대, 로마천주교 그리고 중국의 공무원제를 포함하여 역사적으로 다수의 대규모 사회적 그리고 경제적 기관들을 검토하면서 Weber는 덜 애매하고 안정적이며, 법의 집행과 예측 가능하고, 능률적이며, 합리적인 방법으로 복잡하고 다양한 사람들의 활동을 조정하는 노련한 수단들의 특징을 가지고 있는 관료제의 구조를 창시하였다. 이들 구조적 특징들 가운데 가장 주요한 특징 세 가지를 선택한다면 계층제, 몰인간성 그리고 전문화로 볼 수 있으며, 이 외 관료제의 특징들은 다른 장에서 구체적으로 설명될 것이다.

---

1) Stephen P. Robbins, *Organization Theory: Structure, Design, and Applications*, Third Edition(1990), Prentice-Hall, Inc., pp. 4-5.

현대 조직이론 학자들에 의하면, 관료제와 관료들의 성격이 대체로 사회를 위하여 대단히 위험한 것으로 보았다는 점에 관심을 가졌다. Weber 자신도 관료제가 조직들을 광범위하게 통제하는 데는 이로운 점은 있으나, 관료제가 자발성 혹은 인간의 자유를 파괴하는 것에 대하여는 대단히 비판적이었다. 관료제의 성격은 항상 능률 지향적이기에 자발적으로 그리고 인간적인 방법으로 행동하는 능력을 상실한다고 한다. 심지어 Weber가 본 더 심한 경향은 공 · 사를 불문하고 거의 모든 조직들이 관료제화된다는 것이며 더욱이 관료적 심리구조가 우리를 사로잡는다고 경고한 바가 있다.

문제는 공공관료제가 관료제와 관련된 부정적인 특징을 가질 수밖에 없는 불가피한 것인지의 여부가 대부분의 현대조직 이론가들의 주요한 주제가 되고 있는 것은 사실이다. 더 나은 조직의 형태를 개발하려는 노력은 꾸준히 계속되곤 있으나, 관료제를 대체할 만한 조직의 형태가 있는지, 만약 공공조직과 사조직이 차이가 없다면 모든 공공조직을 민영화하는 것이 가능한 것이 아닌지, 특히 공공행정을 위한 일반 조직이론의 장점과 한계는 무엇인지, 이러한 문제들과 관련된 연구들이 현대 조직이론 연구의 중요한 부분을 차지하고 있는 것은 틀림이 없다.

아래 학자들이 조직을 보는 관점이 다름에 따라 정의가 다른 것을 볼 수 있으며 몇 개의 예를 들어 본다면 다음과 같다.

1. 구조적인 측면

조직은 조직의 구성원들이 공식적으로 조정하기 위하여 상호작용하는 패턴으로 정의한다. 구조는 행위의 패턴을 말하며 이러한 패턴에서 이탈하였을 때 그 이유를 밝혀내기 위하여 심리학이 발전하였다고 한다. 이러한 패턴은 과제가 어떻게 할당되며, 누구에게 보고하는지 그리고 공식적인 조정방법과 상호작용을 정의한다. 조직은 일반적으로 복잡성, 공식화 그리고 집권화와 같은 구조에 의하여 정의한다. 이들 각각은 다른 장에서 자세히 설명될 것이다.

실제로 조직의 가장 잘 알려진 구조적 특징들인 역할의 정의, 권위와 통제의 계층, 합리적으로 조정된 기능 그리고 전문화와 분업의 장점을 극대화하기 위한 프로그램들은 관료제 특성들과 일치한다. 이렇게 구성된 관료조직은 그들 구성원에 대한 영향을 초월하여 더 큰 사회적 목적을 달성하기 위한 가장 능률적이고 효과적인 도구로 간주된다.

사회적인 지배체제에 관심을 가지고 있는 Max Weber에 의하면 조직은 지도자의 명령에 복종하는 데 익숙하며, 지배체제에 대하여 관심을 가지고 있는 구성원의 집단은 능률을 추구하기 위하여 그들 각각이 수행하여야 할 기능에 따라 업무의 분업(division of labor)이 되어 있다.[2] Dwight Waldo는 조직은 권위적이고 일상적인 개인 상호작용의 구조라고 정의하였다.[3] 고전적 구조론에서 조직의 정의를 논의할 때 Weber를 자주 인용하면서 공식적 구조와 이에 따라 조직 내에는 권위의 계층이 있고 분업이 있으며, 조직의 질서를 유지하기 위하여 엄격한 절차와 규정을 제도화한다는 점을 강조한다. Amitai Etzioni는 신고전주의적 관점에서 조직을 정의하였는데, 그에 의하면 조직은 특정한 목표의 추구를 위하여 의식적으로 구성되고 또 재구성되는 사회적 단위라고 하였다.

2. 행태적인 측면

행태학자인 Barnard의 조직에 대한 기본적인 정의는 "두 사람 혹은 그 이상의 사람들의 의식적으로 조정된 활동의 체제"[4]라는 것이다. 즉 의식적이고 의도적이며 목적적인 조정을 통해 성취된 활동이라는 것이다. 그의 정의는 개인의 역할을 강조한다. 의사전달하고 동기를 부여받아야 하며 결정을 하는 것은 바로 구성인이다. 다시 말하여 조직의 목적을 달성하기 위한 근본적인 조건은 조직의 공동목표에 기여하려는 사람들의 협동의지이다. 고전이론가들과는 달리 이미 1938년경에 Barnard는 조직을 정의하는 데 인간적인 요소 혹은 행태적인 요소를 강조하였으며, 그의 정의는 인간관계론의 근간을 이루는 비공식조직의 중요성을 처음으로 강조하는 초기 행태주의를 반영한 것으로 알려져 있다. 그러므로 그의 조직에 대한 성격과 조직들이 어떻게 기능하는가에 대한 탐색은 조직을 협동적인 체제로 정의하는 것과 이와 양립하는 개념들을 제시하였다. 그와 같이 지각하

2) Max Weber, *Economy and Society*, Vol. 2, Guenther Roth and Claus Wittich, eds.(Berkerly, Calf.: University of California Press, 1968), p. 952.

3) Dwight Waldo, *The Study of Public Administration*(New York: Random House, 1955), p. 6.

4) Chester Barnard, *The Functions of the Excetive*(Cambridge: Harvard University Press, 1938), p. 73.

면서 Barnard와 Selznick는 조직을 개인, 하위집단들 그리고 공식 및 비공식관계로 형성되어 있는 적응구조로 간주하였다. 실제로 이러한 전통은 1940년 이래 조직의 새로운 이미지를 구성하는 데 도움이 되었다.

그 이외 Simon, Victor Thompson, Hodge 등 행태학자들이 공동의 목적을 달성하기 위하여 협동적으로 활동하는 합리적이고 비개인화된 집단이라는 조직에 대한 서로 비슷한 정의를 하고 있다. 조직은 사람들 스스로 공유하는 의미, 상징, 규범 그리고 사람들로 하여금 그들 사이에 의미 있는 상호작용을 창조하고 유지하게 하며, 조그만 사회를 초월하여 세계와 상호작용하는 의미에서 조그만 사회로 보여진다.[5] 그와 같이 개인과 집단에 초점을 둠으로써 조직행태를 이해하는 데 도움이 되며 그리고 근로자들의 성과, 만족, 동기부여 그리고 결근율이나 이직률과 같은 변수들을 설명하는 데 도움이 된다.

3. 체제적인 측면

체제적인 관점에서 조직을 설명하고 있는 Katz와 Kahn이 조직을 이해하는 이론적인 모델은 에너지의 투입과 산출체제이다. 그에 의하면 사회조직들은 에너지를 투입하고 산출로 전환하며, 에너지의 투입을 위하여 조직과 조직의 환경과 상호작용을 필요로 하는 분명한 개방체제라고 한다.[6] David Easton은 L. von Bertalanffy의 일반체제이론[7]의 영향을 받아 1950년도 체제이론을 정치학과 행정학에 도입하였으며 조직론 학자들은 조직의 개념을 체제적 관점으로 소개하였다. 체제이론은 생각하는 방법이라고 정의하며 오늘날 이러한 사고방법이 일반화되어 있다.

체제적 관점에서 조직을 정의한다면 체제를 구성하고 있는 요소와 요소들이 상호작용하는 집단이라고 말할 수 있다. 조직은 공동의 목표를 달성하기 위하여

---

5) Chris Argyris and Donald A. Schon, *Organizational Learning: A Theory of Action Perspective*, Reading, MA: Addison-Wesley(1978), p. 327.

6) Daniel Katz and Robert L. Kahn, *The Psychology of Organizations*, 2nd ed.(New York: John Willey and Sons, 1978), p. 20.

7) L. von Bertalanffy, "The History and Status of General Systems Theory," *Academy of Management Journal*, April, 1972, pp. 407-426; D. P. Ashmos and G. P. Huber, "The Systems Paradigm in Organizational Theory: Correcting the Record and Suggesting the Future," *Academy of Management Review*, October 1987, pp. 607-621.

분업을 하면서 함께 일하는 사람들의 집합이다. 조직은 개방체제로서 외부환경으로부터 자원을 투입하여 완성된 산출 혹은 정책으로 전환하는 집단이다. 따라서 체제의 정의는 ① 구성하는 요소들, ② 요소들간의 상호작용, ③ 환경과 구별하는 경계로 구성한다.

모든 조직은 서로 공통적인 특징을 가지고 있다. 조직들은 목적지향적이고, 신중하게 구조화 및 조정된 활동체제로서 설계되어 있으며 그리고 외부환경과 관련을 맺고 있는 사회적인 실체로서 정의한다.[8] 그들은 조직을 개방체제인 사회체제의 일종이라고 규정하고 있으며 개방체제의 특성에 대하여는 다음 장에서 설명될 것이다.

4. 기타 측면

조직의 중요한 구성요소는 건물 혹은 정책 및 절차가 아닌 사람, 사람들 그리고 서로의 관계를 요소로 한다. 이러한 사람들이 공동의 목적을 달성하는 데 필수적인 기능을 수행하기 위하여 상호작용할 때 조직은 존재하게 된다. 그리하여 최근의 관리이론도 인적 자원의 중요성을 강조함과 동시에 조직 구성원들이 서로의 공동의 목적을 달성하려 할 때, 배우고 기여할 수 있는 많은 기회를 제공할 수 있도록 설계하는 새로운 접근법에 많은 관심을 가지고 있다. 특히 이러한 연구경향은 변화가 급속도로 일어나고 있는 21세기에 적응할 수 있는 조직의 설계에 관심을 기지고 있는 학자들에게서 볼 수 있다.

조직의 다른 개념은 정체(polity)와 정치인들이 상호작용으로 본다. 이러한 개념은 정부에 관한 연구를 하는 학자들에게 설득력이 있다. 다시 말하여 조직은 서로 논쟁하는 파벌 혹은 당파들, 분산된 권력, 갈등 해결과정의 적용과 자원의 통제를 위한 경쟁 등으로 구성되고, 조직의 형태와 실무를 의식적으로 적응하고 변화한다.

조직과 환경과의 관계를 강조하면서 조직을 정의하는 또 다른 관점은 조직이란 하나의 적응하는 사회구조로 본다. 조직은 일정한 필요를 충족시켜야만 지속적으로 그 존재를 유지할 수 있다. 조직이 환경과 타협하기 위해서는 의사전달

8) Richard L. Daft, *Organization Theory and Design*, sixth edition, South-Western College Publishing(1998), p. 11.

통로와 권한체계의 안전성 유지, 사회 환경 가운데 안전성 유지, 조직구성원들의 동질적인 가치관 확보, 조직 내 비공식관계의 안정성 유지 등에 관한 필요를 충족시켜야 한다는 Selznick의 환경관계의 강조를 들 수 있다.[9)]

그 이외 공 · 사 영역의 특징을 고려하면서 조직을 정의하는 학자들도 있다. 예를 들면, Heffron은 공공영역이나 사영역의 조직들은 공통적으로 ① 두 사람 이상으로 구성되고, ② 공통적인 목적을 가지고 있으며, ③ 활동을 조정하고, ④ 어떠한 형태든 구조의 특성을 가지고 있다고 한다.[10)] 이러한 특징을 가지고 있는 것은 조직이며 조직은 규모, 목적의 형태 및 수, 구조적인 특징, 조정과정의 형태 등에 있어 차이가 있다. Scott나 Mitchell은 권위와 리더십하에 공동의 목적을 향하여 구성원의 집단을 협조적으로 조정하는 활동의 체제로서 조직을 정의하는 데 위의 요소들을 활용하였다.[11)] 공공조직은 정부에 의하여 만들어지며 비록 Heffron이 지적한 특징에서 나타나듯 어느 정도 기업 혹은 사조직과 차이가 있을 수 있으나 기본적으로는 공통적인 특징을 가지고 있다고 볼 수 있다. 그러므로 조직은 목적이 있는 복잡한 사람들의 집합체, 비개인적인 관계, 세분화되고 제한된 목적, 지속적인 협동체제, 환경에 서비스와 상품을 공급, 그들의 환경과 상호작용에 의존 등과 같은 사조직과 유사한 특징을 가지고 있다.

위에서 지적하였듯이 조직에 대한 각기 다른 정의는 서로 다른 특징적인 특성을 말하고 있으나, 이들 중의 어느 것도 조직에 대한 완전한 설명을 하지 못한다. 이론들과 모델의 다양성과 통합된 이론적 관점의 결핍은 조직 및 관리이론의 정글을 연상케 한다. 그럼에도 불구하고 조직에 대한 지식을 수정하고 개정하는 과정은 끊임없이 지속되고 있다. 그 결과 오늘날 어느 정도 지식과 경험의 막대한 축적으로 인하여 조직의 변수들이나 그들의 상호작용이 많이 발달하였다는 것은 다행한 일이다. 특히 현대의 조직이론들을 검토하여 보면, 한 이론이 다른 이론을 발전케 하는 일련의 과정보다는 조직에 대한 더욱 큰 관점을 조망하기 위하여 관련된 개념들을 모자이크하는 형식이 뚜렷이 보인다. 다양성을 지각하는

9) Philip Selznick, *TVA and the Grass Roots*(University of California Press, 1953).

10) Florence Heffron, *1989 Organization Theory and Public Organization*(Prentice Hall, Inc.), p. 10.

11) William G. Scott and Terence R. Mitchell, *Organization Theory: A Structural and Behavioral Analysis*(Homewood, Ill.: Richard D. Irwin, 1976), p. 29.

유익한 방법은 환경에 적합한 종류의 조직을 찾아내는 것이다.

제3절 조직이론과 조직행태

1. 조직이론의 의의

사회과학의 목적이 이론을 만드는 것이라면, 왜 그토록 이론을 만들려고 부단히 노력하는가?

이론의 힘은 설명력, 예측력 그리고 처방력을 준다는 데 있다. 즉 설명력은 사건이 왜 발생하였는지에 대한 이유를 알려주고, 이유를 알면 사건이 발생할 것이 예측되어 미리 예방하거나 처방을 할 수 있는 장점이 있어 이론을 만들려고 부단히 노력하고 있다. 그러므로 조직이 직면한 문제를 해결하기 위하여 조직이론의 발전에 관심을 가지는 것은 당연하다. 다시 말하면 조직이론은 조직을 연구대상으로 하는 이론이며 조직이론의 현상과 그에 연관된 상호관계에 대하여 설명, 예측, 처방하는 이론이다. 이와 같이 조직이론은 조직의 서술적 · 처방적 측면에 대하여 언급한다. 조직이론은 어떻게 조직들이 실제적으로 구조화되어야 하며 조직의 효과성을 증진하기 위하여 조직들이 어떻게 형성되어야 하는가에 대한 제안을 해 줄 수 있다. 이 장에서는 조직이론이라는 학문의 모델들을 간단히 소개하며, 다음 장에서는 지속적으로 진화하고 발전된 조직이론에 대하여 자세히 설명할 것이다.

이론은 경험적으로 검증되고 논리적으로 상호 연관된 명제라고 정의하여 왔다. 이러한 전통적 정의방법은 논리실증주의(logical positivism)를 반영한 것이다. 그러나 특히 David Easton의 1968년 정치학회 기조연설에서 후기 행태주의(Post Behavioralism) 논문을 발표한 이래 전적으로 경험주의 과학을 지향하던 학문의 전통에서 벗어난 이론들, 즉 규범적 이론, 현상학적 접근법, 해석학 그리고 처방이론 등이 등장하기도 하였으나 아직까지 행태주의 접근법이 강하게 유지되고 있는 것은 사실이다.

다른 학문에 비하여 조직이론의 분야는 상대적으로 젊다. 조직들이 사회에서 점점 더 중요한 역할을 하기까지 조직이론에 대한 흥미나 관심이 없었다. 조직들이 발전하고 그들의 영역이 더욱 확장됨에 따라 조직이론은 조직을 구조화하고 운영하는 데 있어서 가장 좋은 방법을 모색하기 위한 학문적 · 실무적 탐색분야로 등장하기 시작하였다. 주요한 가치는 조직의 합리성을 극대화하는 것이며, 학자들은 능률성을 지적하기도 하였다.

조직학은 조직이론으로 구성된 하나의 사회과학이다. 따라서 조직학은 조직에 관한 지식을 체계적으로 정리한 조직이론이다. 즉 조직이론을 모아 놓은 것이 조직학이다. 그러나 조직학의 역사가 비교적 짧기 때문에 학문적 응집력이 약하다는 것은 부인할 수 없다. 그러나 학문의 응집력이 약하다고 하더라도 조직학은 공통적인 관심의 대상을 가지고 있다. 그리고 많은 연구결과들이 축적되어 있고 다양한 접근법들도 발전하고 성숙되어 있어 학문적 독자성을 유지하는 데 커다란 손색이 없다.

2. 조직이론의 다양성

1) 고전이론

가장 초기 조직의 접근법들에 의하면 구조는 사람들의 업무행태를 통제할 수 있다고 주장하면서 구조를 강조하였다. 초기의 이론들은 고전이론이라고 불리어진다. 이 이론에서 가장 잘 알려진 이론가들과 실무자들은 Frederick W.Taylor, Lyndall F. Urwick, Luther Gulick, James Mooney, Alan Reilly와 Henri Fayol 등을 들 수 있다. 이들이 가지고 있는 공통적인 가치관은 조직관리는 과학이고, 획일적으로 적용할 수 있는 법과 원리들을 찾을 수 있으며 그리고 가장 좋고, 가장 능률적인 조직을 만들 수 있다고 믿었다. 또 다른 고전 이론가들은 조직구조의 원리들에 관심을 가지고 있었다. 이들이 사용한 조직의 개념들은 통솔의 범위, 명령의 통일, 계층제, 업무의 분업들이었다. 그리고 조직은 목적, 과정, 장소 혹은 고객에 의하여 만들어진다면 능률적이라고 하였다. 이들은 Taylor와 같이 조직의 구조에는 가장 좋은 방법이 있다고 확신하였다. 그러나 고전이론의 원리들이 각각 인정할 수 있는 모순들을 가지고 있기 때문에 단지 격언에 지나지 않는다고 주장하는 Herbert Simon에 의하여 비평을 받았다. 그러나 이러한 비평에도 불구하고 이 원리들은 특히 공공영역의 현대조직이론으로서 기초를 형성하여 준 것은 부인할 수 없을 것이다.

이러한 원리들을 토대로 나타난 조직구조는 Max Weber의 저서에서 정의한 고전관료제이다.[12] Weber의 이상적 관료제에 대한 분석은 잇따라 나타난 대다수의 조직이론의 기초가 되었다.

2) 인간관계론

이에 반하여 나타난 인간관계론 접근법은 조직을 조직의 외부요인들과 조직 내부의 집단에 의하여 형성되는 태도, 가치관 및 개인의 행태들로 구성되는 하나의 사회심리체제로 보았다는 것이다. 이 당시 조직이론의 초점은 비공식집단이었으며, 비공식집단을 이해하고 활용하여 공식조직의 목적 달성을 촉진하려 하였다. 특히 조직의 요소로서 개인이나 구조보다 집단이 가장 중요하다고 지적한 Mayo가 조직이론에서는 처음으로 정치이론에서 보는 다원론자로서 인정을 받고 있는 것은 아주 흥미로운 지적이다. 행정학에 가장 영향을 주었던 세 사람 가운데 한 사람인 미국의 제4대 대통령 Madison은 Jefferson의 성선설과 Hamilton의 성악설과는 달리, 인간은 본래 악하거나 선한 것이 아니라 이기심이 발동하면 집단을 형성한다고 하였다. 그는 다수의 독재를 막기 위하여 조직 내에 집단들을 구성해야 한다고 함으로써 그는 이미 오늘날 직면하고 있는 힘의 균형이론(Balance of Power Theory)과 권력이 다수의 집단들에게 분산된 다원론사회(Pluralistic Society)를 공교롭게도 예측한 것 같이 보인다.

3) 신관리과학

조직이론의 새로운 접근법은 Herbert Simon에 의하여 발전된 신관리과학(New Management Science)이다. 신관리과학은 조직이론의 주요한 목적으로 합리성을 재강조하였다. 인간의 기본적인 비합리성을 인정하면서, 이 접근법은 다시 그의 초점을 조직의 구조와 조직의 합리성을 달성하기 위하여 조직 내에서 개인을 통제하고 조작할 수 있는 분위기를 창조하는 데 두었다. 분석의 단위는 의사결정이고 행정인들이 주의 깊게 설계되고 전산화된 정보관리체제를 통하여 합리적인 결정을 보장하려 하는 것이다. 합리성을 부인하던 Simon의 이러한 합리성의 회귀는 조직이론이 한 바퀴 돌아서 다시 고전이론의 엄격한 권위주의로 돌아

12) From *Max Weber: Essays in Sociology*, ed. and trans. H. H. Gerth and C. W. Mills(New York: Oxford University Press, 1946), p. 214.

왔다고 하여 학자들은 Simon을 비난하였다. 즉 합리성에 기초한 조직이론은 전통적인 조직이론에 대한 중요한 특징들과 유사하다.

4) 문화접근법

1970년대와 80년대 새로운 두 개의 이론적인 접근법들이 조직의 이론에 소개되었다. 그들 중의 하나는 문화적 접근법으로 조직을 하나의 작은 사회로서 간주하였고, 각 사회는 자신의 독특한 문화적 가치, 규범, 대중문화 및 사회화 과정을 가지고 있다. 문화적 이론가들에게는 조직의 공식적 및 비공식적인 측면들보다는 그들의 문화가 무의식적으로 뿌리를 내리고 있는 것이 더욱 의미가 있다고 주장한다. 문화접근법은 다른 접근법보다도 비교적 나중에 발전된 이론이다. 필자가 보기에는 다른 다양한 접근법들을 활용하여 문제를 해결하려고 하였으나 여의치 않아 결국 문화접근법에 의존하는 경향이 있었다고 본다. Almond와 Verba의 저서인 「*The Civic Culture*」에서 문화적 접근법을 적용한 이래 문화접근법이 조직은 물론 다른 사회과학분야로 확산되었다.[13)]

5) 정치적 접근법

또 다른 조직에 대한 새로운 접근법은 권력과 정치학파들이 조직을 누가, 무엇을, 언제, 어떻게 얻는가를 결정하기 위해 갈등과 권력투쟁을 설명하는 권력정치적 접근법(Power-Politics Approach)이다. 권력을 위한 끊임없는 투쟁에서 모든 사람들은 역할을 하고, 승리하는 자는 참여자들의 기술과 자원에 의존한다. 그러나 공식적인 권위는 조직정치에서는 성공을 보장하지 못한다. 이 접근법에서는 조직의 합리적 · 기계적인 면을 정치적 게임이 벌어지는 비공식적인 면들보다 조직의 행태를 결정하는 데 덜 중요한 것으로 고려한다는 것이다.

6) 개방체제와 상황접근이론

전통적인 조직이론이 조직을 폐쇄체제로 보았던 반면 개방체제이론은 모든 조직을 환경과 동태적이고 상호의존적인 관계가 존재하는 실체로서, 즉 개방체제로 본다. 그러므로 조직을 이해하기 위하여 환경을 이해하여야 한다. 환경변

---

13) Gabriel A. Almond and Sidney Verba, *The Civic Culture*(Princeton, N. J.: Princeton University Press, 1968), p. 8.

화에 잘 적응하지 못한다면 아무리 한 형태의 환경에 잘 적응한다고 하더라도 그 조직은 진부하여 존재를 상실하게 될 것이다. 모든 조직을 개방체제로 본다면, 그들이 사적·공적·준정부적 혹은 비영리적 조직이든지 간에 어떤 종류의 유사성을 가지고는 있으나, 조직이 존재하는 환경이 다르기 때문에 모든 조직은 서로 다르다. 왜냐하면 그들은 다른 종류의 투입을 요구하고 활용하며, 다른 목적들, 구조들, 다른 전환과정, 다른 규모 및 다른 종류의 산출을 가지고 있기 때문이다. 개방체제이론은 거시적인 관점에서 모든 조직을 분석하고 이해하는 틀을 제공하였다는 점에서 공헌한 바가 크다고 볼 수 있다.

상황조건적합이론은 조직들간의 차이를 강조하며 조직의 구조, 성과 및 효과성에 영향을 주는 상황적인 변수를 찾으려 한다. 상황조건적합이론은 하나의 가장 좋은 것에서 상황에 의존하는 모든 것으로 대체하였으며, 이 조직이론은 조직의 내부 및 외부환경에서 주요한 변수를 밝혀내어 그들이 어떻게 상호작용하며 어떠한 결과를 가져오는지를 분석하는 방향에 관심을 두고 있다. 상황조건이론은 조직의 구조나 혹은 관리스타일에 대한 보편적인 적용은 찬성하지 않는다. 그러므로 상황조건적합이론은 보편타당성 있는 이론을 만들지 못하는 것이 단점이다. 또한 상황조건적합이론의 복잡성, 어수선함 그리고 비논리적 성격이 이 이론의 가장 큰 약점이다. 그러나 가장 큰 공헌은 사영역에서 발전한 조직이론들이 공공영역조직에 적용될 수 있는 중요한 연계를 제공하였다는 점이다.

참으로 조직이론들은 계속 순환하고 다양하며, 이 이론들의 주요한 관점들은 아직까지 해결되지 않은 채 아래와 같이 갈등에 쌓여 있다. 구체적으로 제시하면 분석의 적절한 초점으로 공식과 비공식 구조, 적절한 접근법으로 합리성과 인간주의, 조직의 목적으로 평등과 능률 그리고 조직 구성원들의 만족과 발전을 가져오기 위한 조직의 책임성 혹은 그의 결핍을 예로 들 수 있다. 분명한 것은 조직이 훨씬 복잡하고 생각보다 까다롭다는 것을 발견할 수 있다. 이를 이해하기 위해서는 오랜 시간이 걸릴 것이다.

이와 같이 조직학은 유일한 하나의 이론만이 존재하는 것은 아니며 조직을 분석하기 위한 많은 접근법들로 구성되어 있다. 주제, 질문, 방법 및 설명형태 등 아주 다양하다. 조직이론은 모호하고 이질적이며 비평과 반대비평에 의하여 특징된다고 한다.[14] 조직의 문제들, 방법들 그리고 설명하는 접근법들도 이수

14) Dwight Waldo, "Organization Theory: Revisiting the Elephant," *Public Administration*

다양하다. 다시 말하여 조직이론은 사고가 질서 정연하게 진전된 것도 아니고 통합된 지식체제로서도 설명할 수 없다.

3. 조직이론 발전에 공헌한 학문분야

이 분야의 종합 학문적인 성격은 다양한 질문, 방법, 이론의 발전에 근원이 되기도 하며 조직이론의 발전에 원동력을 제공한다. 사회과학은 조직이론의 발전에 기여하였다. 심리학 및 산업심리학 리더십, 동기부여, 집단역학, 갈등 등과 같은 분야의 행태적인 연구를 발전시켰다. 조직행태 연구에 기여한 학문들을 아래에서 간단히 설명함으로써 조직이론의 근간을 이해하는 데 도움이 될 것이다.

1) 다양한 학문분야의 기여

우리가 조직이론을 개관하여 볼 때 조직이론에 가장 영향을 크게 미친 세 학자들을 선택하라고 한다면 조직론 학자들은 Max Weber는 관료제를 주었고, Karl Marx는 소외이론을 주었으며 Sigmund Freud는 정신분석학을 주어 인간에 대한 이해를 촉진하였다고 주장하는 것이 학자들 사이에 공통적인 의견이다. 조직이론의 발전에 영향을 미친 학자나 분야들을 검토하여 볼 때 이들의 뿌리 깊은 영향을 파악할 수 있으며 설득력 있는 주장을 이해한다면 다양한 조직이론의 학습을 돕는 데 필요할 것이라고 본다.

(1) 인 류 학

인류학은 조직의 생애의 언어와 문화적 척도에 대하여 연구하였다. 조직의 문화적 규범은 무엇이며 어떻게 그들이 전설, 의식 및 상징들로 나타났는가? 조직의 문화가 전체 문화와 어떻게 관련되는가? 그들은 정책집행과 조직의 정치적 전략에 어떻게 영향을 미치는가? 실제로 사회과학은 인류의 물리적 · 사회적 그리고 문화적 발달의 기원에 대하여 많은 관심을 가지고 있다. 인류학자의 의사소통분석은 조직생활의 언어적 및 문화적인 요인들에 기여하였다.

(2) 심 리 학

심리학은 성격, 인식론, 감정 그리고 행태를 다루는 사회과학이다. 어떻게

Review(1978), p. 597.

동기부여하는지? 어떤 태도 혹은 성격이 조직에서 가치 있는 행태를 초래하는지? 인식과 학습이 작업 동기부여와 생산성과 같은 조직행태에 어떻게 영향을 미치는지? 효과적인 의사소통의 과정은 무엇인지?

(3) 사회심리학

사회심리학은 사회환경과 사람들의 상호작용에 있어서 태도, 인식 그리고 행태를 다룬다. 특히 리더십은 무엇이며 리더십행태들 가운데 가장 효과적인 행태는 무엇인지? 조직에 있어서 행태는 어떻게 형성되는지? 그들은 업무행태에 어떻게 영향을 미치는지? 어떻게 집단의 응집력이 형성되는지? 어떻게 조직의 구성원들이 상호 작용하는지? 조직의 기능을 위한 문제점은 무엇인지?

(4) 경 제 학

경제학자들은 의사결정이론에 대하여 관심을 두어왔다. 특히 경제학은 시장분석과 상품과 서비스가 생산, 분배, 소비되는 체제들에 관심을 가지고 있다. 공 · 사조직간의 시장관계들과 경제적 동기부여의 차이는 무엇인가? 공공정책을 형성하기 위하여 필요한 경제적 조건은 무엇인가? 의사결정이 조직의 경제적 특징과 어떻게 연계되어 있는가? 조직에 대한 경제학적 연구는 주로 의사결정이론들에 초점을 두고 있다. 체제분석은 기획과 프로그램관리를 위한 응용계량모델들을 제시하였다

(5) 정치학 · 행정학 · 법학

정치학은 정부, 공공정책 그리고 정치제도와 과정에 관심을 갖는다. 공공행정가들과 정치학자들은 정책분석에 관여하였고, 공공조직들의 정치적 · 전문적 그리고 기술적 특징들이 정부정책의 결정과 집행에 영향을 미치는 방법들을 분석하였다. 정부 관료제의 역할은 무엇인지? 부서의 정치적 책임성은 무엇인지? 권력과 영향력이 부서들과 정부기관, 정치행위자들과 선거권자들과 관계하는 데 어떻게 행사되고 있는지? 공공조직은 정치체제에서 중요한 역할을 하기 때문에 공공조직이론은 전통적으로 조직의 'is' (사실 · 존재)뿐만 아니라 'ought' (가치함유)에도 깊게 관여하고 있다. 모든 수준에서 정부는 공공정책을 형성하고 집행하는 데 공공조직에 의존한다. 공공조직은 서비스를 전달하고 교통을 규제하고, 교육과 건강보호에서부터 환경보호와 국방에 이르기까지 시민들에게 서비스를

전달한다. 사회에서 조직의 불가피한 역할 때문에 조직은 여러 분야의 학자들의 연구대상이 되었다. 여러 해 동안 괄목할 만한 개념적 그리고 실무적 기여들은 위에서 지적하였듯이 인류학, 사회학, 심리학, 정치학, 행정학 그리고 법학분야에서 시작되었다. 결과적으로 조직의 이론들은 배타적이지는 않으나 다른 측면들을 가지고 있다. 이 이론들은 다른 이론들과 합류하거나, 중복되고 혹은 다른 이론들을 확장하며 혹은 존재하는 이론들의 적응과 재고를 하게 한다.

2) 다양한 학문분야들의 영향

다양한 학문분야들은 분명히 조직이론분야의 풍부함과 복잡성에 기여하였으며 더욱더 각 이론 간의 갈등, 조직의 성격에 대한 근본적인 명제나 조직이론의 목적에 대한 개념적인 합의의 불일치를 초래하였다. 물론 이러한 현상은 조직이론에 대한 시각의 차이에서도 나타난다. 이러한 다양한 분야들에서 빌려온 개념들이 조직이론의 발전에 저해가 되는 다양한 해석을 야기하나, 그럼에도 불구하고 조직이론의 종합학문적인 성격 때문에 새로운 통찰력을 얻는 데 유리한 점도 있다.

조직이론의 다양성을 세 가지 차원에서 구별함으로써 가장 잘 이해할 수 있다: i) 주제의 차이 ii) 설명형태의 차이 iii) 목적에 있어서 차이. 조직이론이 다양하다는 관점은 어떤 이론은 받아들이고 어떤 이론은 버리는 그러한 것이 아니라, 이론을 검토하면서 관리자들이 어떠한 유용한 개념과 전략을 선택하는 것이 바람직한 것이다. 다시 말하여 이론이 많을수록 우리가 직면한 상황들에 적합한 접근법을 발견할 가능성이 많기 때문에, 선택한다는 것은 우선 문제를 발견하고, 개념화하며 그리고 다양한 방법들을 평가할 수 있는 기회를 주므로 관리자들을 유능하게 만들 수 있다는 것이다.

조직이론 학자들은 다양한 현상, 다양한 분석단위, 그리고 수준을 연구한다. 이 연구는 목적에 따라 개인, 집단 그리고 조직전체의 단위들 가운데 적합한 것을 선택한다. 물론 연구의 주제에 따라 이론도 개인과 집단의 행태에 관한 이론, 조직구조에 관한 이론, 조직의 과정에 관한 이론, 조직의 전반적인 이론들로 구별될 수 있을 정도로 다양한 이론들 가운데서 선택해야 한다. 예를 들어 개인 및 집단의 행태에 관한 연구는 주로 욕구, 태도, 지각들이 생산성 혹은 조직의 다른 바람직한 산출에 미치는 영향에 관한 연구들이다. 집단과 집단 상호관계에 대한 연구는 작업집단 혹은 의사결정집단, 갈등해결 및 리더십에 관한 동태적인 주제들을 포함한다. 조직의 전반적 수준 혹은 국제화 수준에 관한 연구는 조직의 지배적인 가치는 무엇이 되어야 하며, 외부고객들과의 관계, 동기부여의 수단, 조정 혹은 리더십은 어떻게 되어야 하는지를 다룬다. 구조적 연구는 조직의 계층 패턴, 집권화와 분권화, 조직도표의 형태, 권위의 라인, 부하들의 조정에 관여한다. 구조에 관한 중요한 연구는 환경변화 혹은 프로그램 기술의 변화에 조직의 구조를 어떻게 적응하도록 설계하느냐를 다룬다.

그 결과 이론들의 종류들도 다양하게 되는 것은 당연하다. 일반적으로 잘 알려진 이론들은 체제이론, 정치적 경제이론, 집단정치와 영향력이론, 성격과 태도의 형성이론, 심리적 인도주의이론, 문화해석이론, 사회화이론, 정치 · 생물학적 접근(Political Biological Approach)이론 그리고 사회변화이론 등을 포함한다.

다양한 조직이론들은 조직연구와 이론의 목적이 현실을 설명하여 주기 때문에 예측할 수 있는 지식을 제공하여 처방에 이르기까지 문제해결에 도움을 주었다. 그리고 조직의 기능을 향상시키기 위하여 조직관리자들, 행정 전문가들, 대중 그리고 다양한 정책결정자들은 현실을 통제하고 관리하는 가정들에 관심을 가지고 있다. 이러한 가정들이 행정실무자들의 목적과 가정들에 아주 일치하기 때문에 조직이론에 대한 주요 관심은 일반적으로 실무자들에게는 유익할 것이다.

3) 조직이론의 성격과 목적에 대한 의문

(1) 전통조직이론에 대한 의문

지난 1960년 전후부터 행정학분야에서 조직이론의 성격 및 목적에 대한 의문과 반응이 나타나기 시작했다. 조직이론들이 공공조직에 적용된 예는 그리 흔하지는 않으나, 조직이론의 주요한 이론들, 가정들 및 방법들에 대한 의미 있는 비판과 지적들이 거론되었다. 이러한 비판들 가운데 관료제모델에 대한 비판을 볼 수 있다. Crozier와 그 이외의 사회학자들의 연구결과나 실무관료들의 경험과 갈등에 의하여 야기되는 비판에 의하면 시민들의 자유를 속박한다든지 또는 불복종을 초래한다는 지적이다. Michels는 관료제는 사회변화운동을 불가피하게 소수의 지도자들이 지배하도록 허용함으로써 민주주의 이상을 침식한다고 주장한다. 실존주의자들은 관료제화가 진전될수록 사람들은 인간을 인간으로 대하지 않게 된다고 비판한다. 이러한 극단적인 예는 George Owell의 소설 「*1984*」에서 자세히 설명하고 있다. 그 이외에도 관료제에 대한 가장 근본적인 비판은 비인간화, 즉 인간을 기계 또는 자동화된 기계장치의 부분으로 만들려 한다는 것이다. 이러한 원인들로 1960년대와 1970년대에 관료제를 피하려고 학자들 사이에서 노력한 것을 볼 수 있다.

(2) 전통조직이론에 대한 반발

전통적 조직의 문화를 변화하기 위한 노력의 일환으로 현상학을 채택하는 것이었다. 이 접근법은 구성원들의 의도, 가치관, 지각들에 초점을 두었다. 그리고 근로자 혹은 고객들을 동기부여의 대상으로 보지 않는다는 관점이 특색이다. 특히 신행정학자들은 전통적 조직이론학자들이 주장하는 동기부여이론을 사기학문이라고까지 비판한 것을 보더라도 조직이론의 큰 변화를 예상하였다. 구체적으로 관료제나 조직이론의 주류 학자들은 사람을 조작하고 사람을 사물로서 본다는 비평을 받아왔다. Hummel과 같이 Harmon은 조직과 사회생활의 주관성을 강조하였고 모든 관료들이 언어와 다른 상징들을 서로 공유하면서 그들 세계의 의미를 만들어 나가는 데 관심을 집중하였다.[15] Harmon은 사람들이 조직의 구속에서 벗어나서 상호작용의 순수한 협조와 자유로 대체한다면, 사회에서 공통적으로 발견되는 사회적 지배와 통제방법들을 보다 더 정의롭게 만들게 될 것이라고 주장한다. 비록 이러한 이론들이 새로운 통찰력을 주었다고 하더라도 과학적 연구에 많은 지장을 초래하였기 때문에 이들에 대한 많은 검토와 비평이 뒤를 이었다.

(3) 정치사상의 영향

조직이론 역시 정치사상의 변화에 영향을 받는다. 점증주의에 의한 부작용, 월남전쟁 그리고 능률이 주요한 가치관이었던 60년대에서 민주적 가치로 변화가 일어났던 1960년 후반과 1970년대 사이에 다양한 조직이론들은 민주적인 의사결정절차와 시민과 공직자의 더욱 폭넓은 참여를 지지하였다. 역시 사회과학의 이론적 추세도 조직이론분야에 적지 않은 영향을 끼쳤다. 그러한 예로서 행태주의의 퇴보, 일반체제이론의 인기 그리고 의도에 대한 해석학의 재출연을 들

15) Michael Harmon, *Action Theory for Public Administration*(New York: Longman, 1981); Ralph P. Hummel, *The Bureaucratic Experience*, 2d ed.(New York: St. Martin's Press, 1982).

수 있다.

(4) 공공조직의 대두

조직이론을 개관하여 보면, 조직이론은 다양하나 조직의 일반이론(General Theory of organization)의 특징이 강하다. 이것은 아직까지 공공조직의 특징이 있는 이론이 나타나지 않았다는 것과 강한 일반속성이론에서 벗어나지 못한 것에서 예상할 수 있다. 그러나 공공조직을 이해하고, 구조를 이해하며, 그들을 관리하는 데 아주 다른 이론적 명제가 요구될 만큼 사조직과 다르다는 인식들이 우리의 사고를 지배하여 왔다. 우리를 더욱 곤란하게 만드는 문제는 공 · 사조직의 차이를 감안하여 본다면, 어느 정도 사조직의 이론들을 공공조직에 적용할 수 있는가 하는 의문이다. 문제는 공공조직을 구별할 수 있는 분명한 이론이 아직까지 나오지 않았으나 공공관리자들이 사조직에서 발전한 많은 기술들을 배워 공공조직에 적용하고 있는 것도 여러 분야에서 나타나고 있는 실정이다. 그러나 1980년대 후반부터 공공조직에 대한 연구가 서서히 그리고 꾸준히 진행되고 있는 것을 보아 앞으로 공공조직에 관한 이론이 더욱 개발되리라는 희망이 보인다. 오늘날 다행스럽게도 많은 학자들이 공 · 사조직을 구별할 수 있는 다양한 접근법들을 분석하고 있으나 아직까지 분명하게 차이를 성공적으로 밝혀내지는 못하였다. 이러한 쟁점은 제3장에서 논의가 계속될 것이다.

4. 조직이론과 조직행태의 구별

조직이론과 조직행태간의 차이를 구별하는 것이 노움이 될 수 있다.

이 둘의 차이를 간단히 비교함으로써 그들의 다른 지형과 중복되는 부분을 이해하는 것을 도와줄 것이다.[16)]

1) 조직행태

개인이나 조그만 집단을 강조하면서 미시적인 관점을 갖는다.

조직행태는 주로 근로자의 성과와 태도 변수들과 같은 좁은 측면들에 초점을 두고 있다. 즉 근로자들의 생산성, 결근율, 이직률 그리고 직무만족 등이 주

---

16) Robbins, *op. cit.*, pp. 7-8(참조).

요한 연구의 대상들이다. 조직의 행태에서 연구하는 주제는 주로 지각, 가치, 학습, 동기부여, 성격들이다. 또한 집단행태의 주제들은 역할, 지위, 리더십, 권력, 의사소통과 갈등을 포함한다.

2) 조직이론

조직이론은 거시적인 시각을 가지고 있다. 조직이론의 분석단위는 조직 그 자체이거나 혹은 조직의 하위단위들이다. 조직이론은 거의 조직들의 행태에 초점을 둔다. 그리고 조직효과성과 같은 광범위한 정의를 사용한다. 조직이론은 근로자들의 성과와 태도뿐만 아니라 조직의 목적에 적응하고, 달성하는 전반적인 조직의 능력에 관심을 둔다.

거시적 그리고 미시적 관점이 조직행태와 조직이론의 구별을 가능하게 하나 때때로 중복을 포함할 수도 있다. 예를 들면, 구조의 거시적 요인들은 근로자행태에 영향을 미친다. 그러므로 조직행태를 연구하는 사람들은 구조와 행태의 관계를 고려하여야 한다. 유사하게 어떤 미시적 주제는 조직이론의 연구와 관련이 있다. 그러나 미시와 거시적 문제가 중복되는 곳에 그들의 강조는 다르다. 예를 들어 조직행태의 갈등 주제는 성격의 차이 그리고 열악한 의사소통에서 발생하는 개인들간 그리고 집단간 갈등에 초점을 둔다. 조직이론학자들이 연구하는 갈등은 단위간의 조정 문제를 강조한다. 조직행태의 연구는 사람들 간의 모든 갈등들에 관심을 가지고 있는 반면, 조직이론의 연구는 조직설계의 관점에서 초래하는 유사한 갈등이 보이는 경향이 있다. 물론 문제는 하나가 옳고 다른 하나가 틀리다는 것은 아니다. 오히려 조직행태와 조직이론은 단지 조직분석의 다른 단위 및 수준 혹은 측면을 강조한다.

5. 왜 조직을 연구하는가?

조직과 조직이론을 연구하는 이유는 무엇인가? 이러한 질문은 직접적으로 대답하기엔 우리를 너무 당혹하게 만들지 모른다. 그러나 조직은 우리 사회의 지배적인 제도이고 현대사회의 모든 생활, 즉 사회, 경제 그리고 우리 개인생활의 모든 면에 이르기까지 관련되지 않은 곳이 없다. 우리 생활에 조직이 이렇게 얽혀있는 현상을 이해하려 한다는 것은 당연하다. 그러므로 조직이 어떻게 운영되는지 파악하기 위하여 다음과 같은 사항들을 체계적으로 연구하는 것이 필요하다.

조직이론을 연구하는 데 가장 의미 있는 것은 조직의 운영방법과 과학에 기초한 지식들을 발전시키고 이러한 지식을 이용하여 조직의 목적을 달성하는 것이다.

첫째, 조직의 구조, 조정설계, 그리고 인사문제들에 대한 보다 나은 대안과 관리기술을 찾으려는 것이다.

둘째, 조정체제는 업무의 다양한 과정들을 통합하고 의사결정, 평가, 의사소통 그리고 감독에 관한 관리기술의 지속적 발전을 촉진해야 한다. 그러므로 조직의 목적을 더 효율적으로 달성하는 방법을 터득할 수 있으며, 이를 위하여 조직 구성원들의 심리적 상황을 이해하는 것이 중요하다. 그리고 조직에 대한 사회적 욕구와 조직을 둘러싸고 있는 사회의 자원을 잘 사용하는 능력과 지혜를 갖기 위하여 조직과 조직이론을 연구하는 목적이 있다.

셋째, 사람은 조식, 동기부여, 유인의 가장 중요한 자원이며, 조직은 근로자의 만족, 협동 그리고 응집력을 증진하는 것뿐만 아니라 관리의 성과가 중요하기 때문에 이들에게 관심을 두는 것은 중요하다.

넷째, 조직의 성과를 성공적으로 달성하기 위하여 리더십만큼 중요한 영향이 없을 정도로 리더십이론은 중요하다. 실제로 리더들은 환경에 조직을 대표하고, 업무를 정의하고, 필요한 자원을 조달하고, 조직의 이익을 보호하고 그리고 내 외의 갈등 능을 해결한다.

다섯째, 공공조직은 경계를 초월하여 더욱더 외부환경의 의미있는 징치적·경제적 그리고 문화적 요인들과 상호작용하며 그리고 상호영향하는 것을 행정하을 공부하는 학생들은 충분히 실명할 수 있어야 한다. 공공조직은 폐쇄체제로 오랫동안 생존할 수 없다. 그들은 정치적 맥락에서 활동한다. 내부의 조직과정만으로는 조직의 동태성을 이해하는 데 부족하다. 실제로 행정가들은 정부 및 비정부의 행위자들의 다양한 부분과 상호작용하는 정치체제의 행위자들이라는 것을 이해하는 것이 중요하다.

he Theory of Public Organization

2장

조직이론의 발달

제 2 장 조직이론의 발달

제 1 절 사회가치관의 변화에 따라 변화하는 조직이론

Louis Gawthrop에 의하면 사회과학의 많은 이론들이 집권과 분권, 민주와 능률, 합리모형과 점증모형 등 양 극단의 축 어딘가에 존재한다고 주장하면서 조직이론을 포함하여 사회과학의 이론들이 사회 및 사람들의 가치관의 변화에 따라서 양축 사이에서 이동한다고 한다. 다시 말하여 사회의 문제를 풀어나가는 것이 학문이며 사회의 문제를 해결하지 못하는 학문은 존재하지 못한다. 사실 조직이론은 사람을 다루는 학문이며, 넓게 보면 사회과학 또한 사람을 다루는 학문이다. 예를 들어 사람을 민주적으로 다루어야 하는지 혹은 능률적으로 다루어야 하는지는 그 시대의 가치관의 판단에 의존할 수밖에 없다.

행정학에서 가장 영향을 미친 세 사람을 선택한다면 미국의 Founding Father들 가운데 Jefferson, Madison과 Hamilton을 지적한다고 한다. Jefferson은 사람은 본래 악하지 않기 때문에 교육만 잘 시키면 민주적인 사람이 될 수 있다고 믿어 민주주의를 교육이라고 정의하였다. Jeffersonian식 의사결정형태를 점증주의라고 하는 것은 관련된 사람들이 모여 서로 논의와 토론을 거쳐 의사를 결정한다는 의미에서 이해된다. 반면에 Hamilton은 인간을 McGregor의 X형에 비유하면서 사람은 본래 게으르고 일하기를 싫어하며, 인간의 성악설을 주장하면서 아무리 인간을 교육시켜도 본성을 변화시킬 수 없기 때문에 능률을 지향하는 통치 혹은 집권적인 통치방법에 찬성하였다. Madison은 인간은 본래 악하지도 않고 선하지도 않으나, 이기심이 발동하게 되면 집단을 구성하여 이익을 추구하려고 한다고 하였다. 이러한 그의 주장은 이미 오늘날의 다원론 사회를 예측한 것으로 놀라지 않을 수 없다.

의사결정의 이원론적 시각을 제시한 Charles Lindblom의 예를 들어 보면, 그는 점증모형(Incrementalism)과 합리모형(Rationalism 혹은 System Approach)을 제시하였다. 우리는 점증모형을 민주주의식 모형이고 합리모형은 주로 의논이나 토론을 필요로 하지 않기 때문에 중앙집권적 혹은 독재적인 모형으로 믿어 왔다.

그러나 Gawthrop에 의하면, 점증모형은 다원론 사회에서 적합한 모형으로 민주적인 성격을 띠고는 있으나, 중요한 문제는 의사결정에 참여하는 사람들이 이미 정치적으로나 경제적으로 영향력이 있고, 더욱이 그들이 강력한 이익집단의 이익을 대변한다는 것이 약점이다. 그러므로 점증모형은 사회에서 힘이 없고, 집단을 형성할 능력도 없으며, 경제적 및 정치적으로 소외된 사람들의 이익을 대변하여 줄 수 없다는 것이다. 즉 점증모형은 민주적 성격을 가지고 있으나 누가 정책결정에 참여하는가가 쟁점이다. 반면에 합리모형 혹은 체제모형의 성격 자체는 비민주적 성격을 가지고 있으나 정치적 및 경제적으로 강한 사람들에게 치우치지 않고 전체 국민의 의사를 정책결정에 반영하고 있어 오늘날 다원론 사회에서 오히려 민주적 성격을 띠고 있다는 것이다. 물론 과거에는 이러한 주장은 상상도 하지 못하였으나 Gawthrop는 앞으로 J+H(Jefferson+Hamilton)를 합한 혼합(hybrid)모형이 필요하다고 주장하였으나, hybrid모형에 대한 언급은 하지 않았다.

위의 주장들을 감안하면서 시대의 가치관이 변함에 따라 학문의 경향이 변하고 따라서 조직이론도 변하는 것을 학문의 추이론으로 설명하고자 한다. 물론 필자가 추이론을 만들기까지 조직의 많은 이론을 검토한 결과, 조직이론들이 그 시대의 가치관을 반영하는 양축 사이의 어느 지점에 속하고 있는 것을 발견하였다. 다시 말하여, 학문의 이론은 불가피하게 그 시대의 가치관의 변화와 거의 일치하기 때문에 변화에 따라 학문의 추는 움직인다. 〈그림 2-1〉에서 학문의 추이론을 설명한다면 다음과 같다.

예를 들어 1930년경에 세계의 경제공항이 발생하였을 때, 그 당시 실업문제는 심각한 정도였다. 이러한 심각한 경제공황문제를 해결하기 위하여 학계에서는 사회의 주요한 관심사항인 경제적 가치문제를 해결하고자 Taylor의 과학적 관리론과 같은 능률을 추구하기 위한 다양한 이론들을 개발하기 위해 학문의 추는 능률을 추구하는 오른쪽 축으로 이동했다. 이 당시 학계에서는 Hamilton이 주장하는 능률을 추구하는 중앙집권, 합리모형, 체제분석 등과 관련된 많은 논문들을 볼 수 있다.

이와 같은 논리로 1970년경 사람들의 가치관의 변화에 따라 학문의 추가 이

〈그림 2-1〉 학문의 추이론

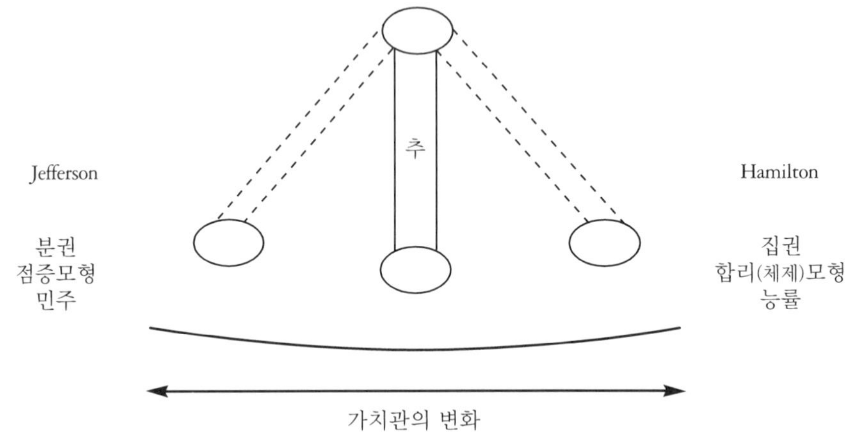

동하는 것을 설명할 수 있다. 실로 사람들은 경제문제가 해결되고 나면 경제적 욕구에서 인간적 욕구인, 즉 인간적 대접, 인간의 존중, 민주성, 공평성 등을 추구하는 욕구에 따라 학문의 추는 이동하기 시작한다. 따라서 학문은 이러한 욕구를 실현하려고 학문의 추도 동시에 이동하면서 민주, 분권, 점증모형, 가외성, 대표관료제 등과 같은 이론들을 발전시켰다. 이 당시 거론되었던 행정학에 관련한 다양한 연구의 주제들이 이 시대의 가치관을 반영하고 있는 것은 당연하지만 흥미로운 발견이다. 1980년경에는 행정학의 주요한 학술지에서 양축의 관점, 즉 민주와 능률을 동시에 고려하는 논문들이 발표되었다는 것은 역시 학문의 추가 사회의 가치관을 고려하면서 체제적인 관점으로 이동하였다는 것을 보여준다.

국가의 권력분립 역시 사회의 가치관에 따라 분권과 집권의 양 축 사이의 어느 지점에 있을 것이다. 그 당시 그 사회 시민들의 가치관이 민주성과 능률성 가운데 어느 쪽을 더 선호하느냐에 따라 학문의 추는 서로 다른 방향으로 이동할 것이다. 물론 양측의 끝에 학문의 추가 머물지는 않는다. 왜냐하면 완전한 분권과 집권은 존재하지 않기 때문이다. 예를 들어 민주와 능률은 서로 배타적인 것이 아니고 서로 보완적이기 때문에 양 축 사이의 어느 지점에서 타협을 보게 될 것이다. Riggs의 표현을 빌리면, 원심력(분권)과 구심력(집권)이 균형을 이룬 정부가 가장 좋은 정부이듯이 사회는 생존을 지속하기 위하여 이들간에 타협을 하게 된다.

앞으로 행정학이 어느 방향으로 흐를 것인가를 묻는다면 필자는 우선 시민 혹은 사회의 가치관을 파악해 보라고 하고 싶다. 가치관의 변화는 학문의 추를 이동시켜 변화에 적응하고 생존할 수 있는 이론들이 속출할 것이기에 가치관의 변화를 알면 조직이론의 방향을 예측할 수 있을 것이다. 이러한 논리의 바탕은 학문은 사회문제에서 벗어나 존재할 수 없다는 데 있다.

제2절 조직이론 발전과정의 개요

이 절에서는 지난 세기 조직과 관리에 대한 연구, 이론 그리고 사고의 발전에 대하여 학자들의 이론들과 학파의 주장들을 역사적으로 간단히 검토하여 조직이론의 발전과정과 학자들의 공헌을 쉽게 파악할 수 있도록 요약하였다. 이러한 발전과정을 쉽게 이해하기 위하여 조직과 관리의 주요한 발전을 간단히 정리한 Rainey의 요약을 인용하였으며[1] 이들의 요약을 제3절에서는 자세히 설명할 것이다.

아래 Tompkins가 제시한 주요 사상 혹은 이론들은 조직에 대한 지식을 보완하는 데 도움을 준다. 학파의 분류가 임의적인 것은 사실이나 조직연구분야가 광범위하고 다양하여 어느 정도 범위를 정의하는 데 자주 사용되고 있다. 조직이론들과 학파들의 주장을 검토함으로써 그 당시 연구의 중요한 주제들과 관리의 실태를 파악하는 데 도움이 된다. 전절에서 설명한 바와 같이 조직이론의 변화는 그 시대의 가치관의 변화를 반영하는 것으로 보는 학문의 추이론을 참조한다면 이러한 변화를 더욱 쉽게 이해할 수 있을 것이다.

특히 관리이론 및 실무는 2세기 동안 진화하여 온 것을 볼 수 있다. 조직 내에 있는 사람들의 동기, 가치, 능력도 진화되어 왔고 이 진화는 다시 조직들이 새로운 환경들에 어떻게 부응해야 되는지에 대한 새로운 이론들로 나타났다.

---

1) Hal G. Rainey, *Understanding & Managing Public Administration*, 2nd edit(John Wiley & Sons, Inc., 1997), pp. 23-27.

〈표 2-1〉 주요 사상의 학파

사상의 학파	초 점	역사적 시대	대표적 학자
관료제 이론	행정능률을 촉진하는 구조적 특징	1890-1910s	Max Weber
과학적 관리이론	빠르고 능률적인 과업을 달성하기 위해 과학적 연구와 합리적 기획을 사용	1890-1929s	Frederick Taylor Frank Gilbreth Henry Gant
행정관리이론	조직의 복잡한 업무를 달성하게 하는 행정원리 탐색	1910-1930s	Henri Fayol James Mooney Luther Gulick
전인간관계론	권위관계를 비인간화함으로써 사기를 촉진하고 협력을 얻음	1920s	Mary Parker Follett
인간관계론	피고용인과 업무장소와의 조화, 여러 가지 행태적 방법을 사용하여 피고용자의 협조를 획득	1930s-1940s	Elton Mayo Fritz Roethlisberger
체제이론	동기부여를 제안하고, 도덕적 리더십을 활용하여 협조적인 체제를 유지	1930s-1940s	Chester Barnard
구조기능이론 (Structural and Functional Theory)	관료제의 기능과 역기능적 결과들의 탐색	1940s-1950s	Robert Merton Philip Selznick Alvin Gouldner Peter Blau
개방체제이론	내부의 유지와 외부와 적응을 통해 원활한 조직의 체제를 확보	1950s-1970s	Katz and Kahn James E. Thompwon Joan Woodward Emery and Trist Burns and Stalker Lawrence and Lorsch
인간자원이론	인간의 욕구를 충분히 만족시키기 위해 동기부여와 생산성을 향상	1940s-1960s	Kurt Lewin Rensis Likert Abraham Maslow Chris Argyris Douglas McGregor Frederick Herzberg
질관리이론 (Quality Management Theory)	지속적인 향상과 고객만족을 위한 문화적 열정을 제도화	1950s-1980s	Armand Feigenbaum W. Edwards Deming Joseph Juran Kauru Ishikawa
조직문화와 리더십이론	비전 있는 리더십과 상징적인 관리를 통해 최고의 업적을 달성하는 문화의 창조	1980s-1990s	Edgar Schein William Ouichi Pascale and Athos Tom Peters

출처: Jonathan R. Tompkins(2005), *Organization Theory and Public Management*, Thomson, pp. 4-8.

1. 고전이론

기본적 특징:

1) 조직을 운영하는 하나의 가장 좋은 방법(One Best Way) 혹은 가장 능률적인 것을 발견할 수 있다고 주장한다.

2) 사람들은 조직을 폐쇄 체제로 보았다.

1) A. Max Weber(Rational-Legal)

■ 관료제에 대한 초기 유명한 분석을 제공함

관료제의 기본적인 특징으로 계층제, 경력제, 실적에 따른 채용과 승진, 그리고 관직의 절차와 책임을 정의하는 규칙과 규정

■ 이 특징들은 합리적-법적 권위의 형태에서 관료제는 발전한다고 주장했다. 그리고 이러한 특징은 전통적 권위 혹은 카리스마 권위에 기초한 조직보다 조직을 우수하게 만든다. 이들 사이에 관료제는 더 우수한 능력, 효과성 그리고 고객의 권리 보호를 제공한다고 한다.

2) B. Frederick Taylor(Scientific Management)

■ 과학적 관리운동에 있어서 가장 유명한 학자이다.

■ 업무과제를 달성하기 위해 가장 능률적인 절차를 설계하도록 시간-동작 연구(time motion studies)와 같은 체세석인 분석을 옹호하였다(일반적으로 높은 수준의 전문화와 과업의 단순화).

■ 근로자들은 그들의 생산성에 따라 복지를 증진시키고, 능률적인 생산을 위하여 적절한 급여를 지불하여 보상해야 된다고 주장하였다.

3) 행정관리학파(Administrative Management School)

조직을 위하여 모든 형태의 능률적인 행정 원리(principles)를 발전하려고 노력하였다. 이 원리들은 전문화, 계층제 그리고 통제를 강조하는 경향이 있다.

2. 인간관계론

20세기 중엽, 새로운 학자들은 이전 학자들의 관점에 도전하였으며 조직이론을 새로운 방향으로 이끌었다.

1) 인간관계론과 심리학적 이론(Human Relations and Psychological Theories)

(1) 호오손 연구(Howthorne Studies): 동기요인(Motivating Factors)

작업장에서 물리적 조건을 연구하는 동안 연구자들은 작업장에서 약한 조명때문에 예상대로 생산성이 감소하지 않았다고 발표했다. 연구자들은 근로자들에 대한 관심인 근로자들의 감정, 의무, 그리고 의사소통을 증진하였으며, 이러한 관심이 생산성을 증가시켰다고 결론을 내렸다. 연구의 다른 면은 근로자들이 직무에 열중하고 생산적인 작업집단(비공식집단)이 중요한 역할을 한다는 것을 지적하였다. 이들의 연구는 근로자들을 동기부여하는 데 사회적 그리고 심리적 요인들이 중요함을 지적하였다.

(2) Maslow: 욕구계층이론(The Need Hierarchy)

Maslow는 인간의 욕구와 동기가 생리적 욕구(음식, 극단적인 온도에서 자유)에서 안정과 안전, 사랑, 소속감, 자아존중, 그리고 마지막으로 자아실현에 이르기까지 낮은 수준에서 높은 수준의 욕구로 분류되는 계층제로 나타난다고 한다.

(3) McGregor: Theories X and Y

Maslow의 이론을 참조하면서 McGregor는 산업에서의 관리는 'Theory X'에 의하여 좌우된다고 하였다. Theory X는 근로자들이 수동적이고, 관리는 근로자들을 지시하면서 동기부여하여야 한다. 과학적 관리와 행정관리의 전문화, 과업의 단순화, 그리고 계층제 권위를 반대하면서 산업의 관리는 'Theory Y'를 기초로 하는 새로운 구조와 절차를 McGregor는 수용해야 한다고 주장했다. Theory Y는 높은 수준의 동기부여와 자신 스스로 동기부여(self-motivation)하고 자신의 의도하에 방향(self-direction)을 결정하기 위한 근로자들의 능력을 이용한다. 이러한 새로운 접근법들은 직무확충(job enrichment), 목표관리(management by objectives), 의사결정의 참여 그리고 향상된 성과평가들을 포함한다.

McGregor는 그의 책「*The Human Side of Enterprise*(1960)」를 발표하였으며, 그는 Kurt Lewin을 MIT에 초빙하는 데 도움을 주었다. 실제로 Lewin과 Maslow는 McGregor의 Theory X와 Theory Y의 개념을 발전하는 데 영향을 주었다.

(4) Lewin: Social Psychology and Group Dynamics

Naziism 때문에 유럽을 탈출하여 미국으로 건너가 집단과정에 관한 연구를 이끌었다. 그들은 집단에서 다른 리더스타일들의 영향과 집단 구성원들의 태도와 행태에 대한 집단의 영향에 대하여 개척자적인 실험을 하였다(예를 들면 한 집단의 구성원이 집단에서 만들어진 규범에 몰입을 유지할 가능성이 많다는 것을 증명하였다).

2) 인간자원이론은 1950년대와 1960년대 행태과학이 인간의 욕구 만족과 조직의 목적을 달성하는 것 사이에 이들의 관계를 더 깊숙이 파악하려고 시작하면서 인간관계이론에서 진화했다. 이 학파는 조직의 업적은 각 근로자들의 재능을 발전시키고, 개방과 신뢰를 위한 환경을 창조하고 유지하며, 개인의 자율권과 재량에 대한 억제를 제거하고, 모든 사람들이 의사결정에 참여할 수 있는 기회를 부여함으로써 증진된다는 것을 주장한다.

3) Chester Barnard와 Herbert Simon

(1) Chester Barnard

Barnard의 유일한 저서인「*The Functions of the Executive*(1938)」[2]는 지금까지 관리에 대하여 학생들에게 읽혀지는 가장 영향력 있는 저서 중의 하나이다. 그는 행정관리학파의 주장을 비판하면서 비공식조직의 중요성을 강조하였다. 조직은 관리자가 조직의 구성원들이 참여하고 협조하게 하기 위하여 동기부여를 제공하는 데 사용할 자원을 얻어야 된다는 의미에서 동기부여의 경제라고 한다. 관리자는 재정의 지원으로 동기부여뿐만 아니라 상호의 가치를 수행하게 하며, 명예를 부여하고 집단이 바라는 것들을 지원하고, 보상은 물론 협조와 의사소통을 강조한다.

2) Chester Barnard, *The Functions of the Executive*, Mass.: Harvard University Press(1938).

(2) Herbert Simon

1946년 행정학의 전통적인 학술지인 「*Public Administration Review*」에 실린 그의 논문인 "행정의 격언(Proverbs of Administration)"에서 Simon은 행정관리학파를 공격하기 위하여 Barnard의 통찰력에 의존하였다. 그는 어떤 경우에는 원리(principles)들을 적용하기가 너무 모호하고 어떤 경우에는 서로 모순되는 모호한 격언에 지나지 않는다고 비판하였다. 그는 원리들을 실무에 적용할 때 행정 조건 및 행태들을 보다 자세하게 분석해야 된다고 하였다.

그의 저서인 「*Administration Behavior*(1948)」[3]는 이러한 문제를 해결하려고 하였으며 행정학의 중심적인 초점을 의사결정으로 고려하면서 행정행태의 과학적인 연구의 필요성을 지적하였다. 그는 행정의 의사결정은 경제학자들이 가정하는 것보다는 덜 합리적이라고 관찰하였다. 실제로 의사결정자들은 최소의 비용을 들여 최대의 효과를 내는 대안과 지속적인 선택을 철저하게 검토하면서도 목적을 명확하고 정확하게 평가하기는 쉽지 않다고 지적하였다. 그 대신 합리적으로 행동하기 위한 행정가들의 능력은 불완전한 지식과 정보, 제한된 기술과 정신적 능력, 사건을 예견하는 능력의 부족 및 다른 요인들로 인하여 제한되고 있다. 그 대신 행정가들은 경험적으로 가능한 방법을 사용하면서 제한된 탐색을 한 후에 가장 가능한 대안을 선택한다. Simon은 후에 이것을 만족모형이라고 말하였다.

Cyert와 March는 1963년 그들의 저서인 「기업의 행태적 이론(*A Behavioral Theory of the Firm*)」[4]에서 보고한 기업조직에 대한 연구에서 Simon의 주장을 지지하는 증거들을 제시하였다. 다른 사람들과 같이 이러한 측면을 계속 연구한 후 March는 현대 가장 탁월한 관점의 하나인 의사결정의 '쓰레기통 모형(Garbage Can Model)'을 제시하였다.

March와 Simon의 공저인 「*Organization*(1958)」[5]은 특히 조직에 결합하고 조직에 적극적으로 참여하기 위한 개인들의 의사결정과정을 위한 정교한 개념적 틀과 가정을 제시하였다. 그들의 연구는 조직행태에 대한 경험적인 연구의 발전에 영향을 미쳤다. 의사결정에 대한 흥미를 가지고, Simon은 복잡한 의사결정을 하기 위하여 컴퓨터를 사용하는 인식적인 사고력에 대한 연구의 리더가 되었다.

---

3) H. A. Simon, *Administrative Behavior*, New York: Free Press(1948).
4) R. M. Cyert and March, J. G., *A Behavioral Theory of the Firm*, Upper Saddle River, N.J.: Prentice Hall(1963).
5) J. G. March and Simon, H. A., *Organizations*, New York: Wiley(1958).

제한된 합리성에 대한 Simon의 통찰력과 만족모형은 복잡하고 불확실한 조건하에서 의사결정을 하는 행정가들의 도전을 분석하는 토대를 구축하였으며, 개방체제와 상황조건 적합이론의 발전에도 기여하였다. 부분적으로 Simon의 아이디어는 경제이론의 많은 기본적인 가정에 도전하였기 때문에 1978년 경제학 부문에서 Nobel상을 수상하였다.

4) 조직사회학과 관료제의 역기능(Organizational Sociology and Bureaucratical Dysfunction)

Weber의 전통적 조직 후에, 사회학자들은 조직들과 관료제들의 특징들을 연구하기 시작하였다.

(1) Merton(1940)[6]: Bureaucratical Structures and Member Personalities

학자들 중 어떤 사람들은 Weber가 좋다고 간주하였던 관료제의 특징들이 인간의 성격과 같은 특징들과 상호작용을 할 때 나쁜 혹은 역기능을 초래하였다고 관찰하기 시작하였다. 예를 들면 Merton은 전문화, 엄격한 규칙과 절차의 집착을 강조하는 사람들이 규칙과 전문화에 속하지 않은 다른 문제에 직면할 때에는 '훈련된 무능력(trained incapacity)' 으로 전락할 수 있다고 관찰하였다.

(2) Victor Thompson: 관료제의 병리현상(Bureaupathology)

행정학자인 Victor Thompson은 관료소식은 지나치게 자신들의 계층 권위를 보호하고 고객들 및 조직의 다른 구성원들과의 관계에서도 너무 몰인간적이기 때문에 관료제의 병리현상을 야기할 수 있다고 하였다.

(3) Selznick: Leadership and Institutionalization

많은 다른 학자들은 조직의 과정을 연구하였으나 Selznick는 그의 저서인 「*TVA and Grass Roots*(1966)」[7]에서 조직들의 리더들은 '흡수(Co-optation)' 즉 사람들의 지지를 얻기 위하여 조직의 의사결정과정에 외부집단들을 끌어들이는 것과 같은 과정을 통하여 외부환경과의 관계를 발전시키는 방법을 분석하였다. 또

---

6) R. K. Merton, "Bureaucratic Structure and Personality," *Social Forces*(1940), 18, 560-568.
7) P. Selznick, *TVA and the Grass Roots*, New York: Harper Collins(1966).

한 「*Leadership and Administration*(1957)」에서 Selznick는 리더들은 조직의 환경에 영향을 미치며, 채용, 훈련 그리고 조직의 능력을 향상시키는 방법들이 제도(institutions)들로 발전하는 방법을 분석하였다.

3. 최근에 발달된 이론: 현대조직이론

1) 조직의 행태와 조직심리학

위에서 설명한 조직의 사람들에 대한 분석은 개인들의 심리학, 동기부여, 직무만족, 리더십 그리고 집단의 과정과 같은 주제에 대하여 정교한 이론과 연구의 발달을 초래하였다.

또한 집단역학연구 경향(group dynamics movement)은 조직발전이론의 발달에 기여하였다. 이론, 연구 및 실무에 관한 연구들은 고전이론들이 제안할 수 있는 것을 훨씬 초월하여 인간의 행태와 조직의 심리학을 이해하는 데 많은 도움을 주었다.

2) 조직이론과 설계

위에서 설명한 조직에 대한 사회학적 연구의 흐름은 최근 대규모 조직의 연구방향과 주제 및 연구 성장에 도움을 주었다.

조직이 생존하기 위하여 직면하는 다양한 조건들에 적응하는 것이 필요하기 때문에 상황이론이 발전하기 시작하였다. 상황조건적합이론은 조직의 운영환경, 과제, 기술, 조직의 규모, 그리고 조직의 리더십과 같은 그러한 상황적 요인에 따라서 조직이 아주 관료제화, 아주 구조화된 존재 혹은 더 유연하고 느슨하게 구조화된 조직이 될 수 있다는 이론을 발전시켰다.

다음은 영향력이 있는 적응체제들과 상황조건적합이론에 관한 연구와 분석의 예들이다.

■ Burns and Stalker(1961)[8)]

영국의 기업들에 대한 그들의 연구에서 가장 성공적인 기업들의 관리 및 구조적 특징은 산업에 따라 다르다는 것을 발견하였다.

8) T. Burns and Stalker, G. M., *The Management of Innovation*, London: Tavistock(1961).

■ Joan Woodward(1965)[9)]

영국의 기업들을 연구하면서 모든 산업을 위한 가장 좋은 패턴이 있기보다는 가장 좋은 패턴이란 것은 각 산업에 있어서 업무의 기술적인 변수들에 의하여 결정된다고 지적하였다.

■ Lawrence and Lorsch(1967)[10)]

미국의 기업을 연구하면서 가장 잘 수행하는 조직들은 환경에 가장 잘 적응하는 구조를 가지고 있다는 것을 발견하였다.

■ Peter Blau and 동료들(1971)[11)]

그들은 조직의 규모가 조직의 구조와 중요한 관련이 있다는 것을 주장하였다.

■ Katz and Kahn(1966)[12)]

조직을 체제적 관점에서 분석했다.

■ James Thompson(1967)[13)]

그는 하나의 조직이 폐쇄체제와 개방체제를 같이 포함하고 있다는 것을 분석한 책을 저술하였다.

3) 질 관리이론은 미국의 관리 상담자들이 일본사람들에게 생산의 질과 고객만족을 근간으로 경쟁하도록 촉구하였던 20세기 후반에 일본에서 뿌리를 볼 수 있다. 이 학파에 의하면 조직의 업석은 고객의 기대를 충족하기 위해 상품과 서비스를 설계하고 상품과 서비스의 질을 떨어뜨릴 수 있는 모든 요소를 제거하기 위해 근로자들에게 권한을 부여함으로써 승진된다.

4) 조직의 문화와 리더십이론이 관리에 가진 관심은 1980s와 1990s에 발전했다. 이 당시 학자들은 일본 기업들이 지속적으로 성공하는 것을 설명하려고 노력한 때이다. 이 이론은 명확한 비전과 비전을 부추기는 가치, 조직의 구성원들

9) J. Woodward, *Industrial Organization: Theory and Practice*, Oxford: Oxford University Press(1965).

10) P. R. Lawrence and Lorsch, J. W., *Organization and Environment*, Cambridge, Mass.: Harvard University Press(1967).

11) P. M. Blau and Schoenherr, R. A., *The Structure of Organizations*, New York: Basic Books(1971).

12) D. Katz and Kahn, R. L., *The Social Psychology of Organizations*, New York: Wiley(1966)

13) J. D. Thompson, *Organization in Action*, New York: McGraw-Hill(1967).

이 이 가치들과 그들 자신의 비전을 채택하고, 그리고 공통의 목적인 비전을 공유하며, 그리고 비전과 구성원이 밀접한 관계를 갖게 하는 강한 조직문화를 창조하면서 조직의 업적은 향상된다.

이와 같이 다양하고 다른 사상의 학파들은 조직이론의 분야가 다양한 학문으로 구성되어 있다는 것을 분명히 의미한다. 위의 학자들은 다른 문제의식을 가지고 다른 질문을 했고 그리고 자신들의 분석을 위해 다른 변수와 다른 분석 수준을 사용했다. 실제로 조직에 하나의 포괄적인 이론이 존재한다는 것은 비현실적이다. 물론 어느 한 학파의 이론이 조직 생활의 모든 면을 이해하게 할 수 없다 하더라도 각각은 유일한 측면을 제공하고 수수께끼의 중요한 일부분을 공급하고 있는 것은 사실이다.

제 3 절 조직의 고전이론과 과학적 관리

제 2 절에서 지난 세기를 거쳐 오늘날까지 시대별로 조직과 관리이론들이 진화하여 온 과정과 학파들의 주장들을 간략하게 요약 정리하여 소개하였다. 이 요약은 조직이론의 발달과정을 쉽게 파악하는 데 도움을 줄 것이다. 아래에는 각 학파들을 대변할 수 있는 주요한 학자와 이론들을 선별하여 자세히 설명할 것이다.

1. 고전이론

고전이론들의 특징들을 간단히 소개한 것을 참조하여 볼 때, 고전이론은 조직의 목적을 극대화하기 위하여 목적이 항상 명확하고, 관리자들의 주요한 도전은 가장 능률적이고, 반복적이며, 기계와 같은 절차들을 강조하였다. 아래에는 고전이론에 영향을 크게 끼친 학자들을 선별하여 그들의 주장을 설명하고자 한다.

전통적인 조직은 폐쇄적인 구조의 형태를 띠고 있는 폐쇄모형들로 행정학에 지대한 영향을 미쳤으며 오늘날 조직의 기본구조를 형성하고 있는 것은 사실이다. 흔히 우리는 전통적인 개념으로 관료적 · 기계적 · 공식적 · 합리적 · 계층적 등에 익숙하며 Burns와 Stalker는 이러한 현상을 비교적 자세히 다루었다.

◇ Burns와 Stalker의 배경

일찍이 Europe에서 조직행태분야는 존재하지 않았기 때문에 경영학과에도 없었으며, 유럽의 경영학 분야는 거시적 구조문제에 초점을 두고 있었기 때문에 주로 사회학과 혹은 독립된 연구팀들에 의하여 연구되었다. 그들 대부분의 연구는 사례의 비교연구였고 실무와 직접적인 관계는 제한되었다. Burns는 전형적으로 이 집단에 속하고 있었다. 그는 Scotland의 Edinburgh 대학에서 30년 이상 근무하였으며 그 곳에서 1981년에 은퇴하였다. 비록 그는 Social Science Research Center에 근무하였으나 그의 기반은 그 대학의 사회학과에 두었다. 비록 기계적 및 유기적 체제에 관한 그의 주장이 그의 책인「*The Management of Innovation*(1994)」에서 발견된다고 하더라도 Burns는 사회학과 조직의 행태에 공헌하였다. G. M. Stalker는 심리학자였으며「*The Management of Innovation*」에서 보고한 Scottish 연구의 상황을 위하여 인터뷰나 관찰을 수행하는 데 Burns와 같이 하였다. 곧이어 Stalker는 학문계통을 떠나서 상담자가 되었고, 그 이래로 그는 직접적으로 학문에는 공헌한 바는 없다.[14)]

조직의 고전이론자들의 공통적인 주요한 주장은 조직관리는 과학이며 보편적으로 적용할 수 있는 법과 규칙이 발견될 수 있어 결국 가장 능률적인 조직이 될 수 있다는 것이다. 전통적이고 폐쇄적인 조직모형의 일반적인 특징들은 다음과 같다.[15)]

〈폐쇄적인 조직모형의 특징〉

· 일상적인 업무
· 업무의 전문화(분업)
· 수단의 강조
· 계층제에 의한 갈등조정
· 책임성 강조(공식적인 직무설명과 업무의 분담)
· 소속 과 및 부서에 대한 책임과 충성
· 계층적인 조직구조

14) Miner, *op. cit.*, p. 448.
15) Tom Burns and G. M. Stalker, *The Management of Innovation*(London: Tavistock, 1961); Nicholas Henry, *Public Administration & Public Affairs*, 5th(ed.), Prentice-Hall Press, Englewood, N. J.(1992), pp. 50-51(재인용).

· 지식은 상위계층의 전유물임(예, 상위계층의 사람만이 모든 것을 알고 있음)
· 조직 내 사람들간의 상호작용은 수직적인 명령계통에 따름
· 상호작용의 형태는 복종, 명령 그리고 분명한 상하관계
· 상관과 조직에 대한 충성이 강조
· 조직 내 개인들의 신분은 주로 지위와 계급에 의하여 결정

그리고 Burns와 Stalker는 기계적 그리고 유기적 체제의 특징을 다음과 같이 비교한다.

〈표 2-2〉 기계적 체제와 유기적 체제의 특징

기계적 체제(안정된 상황에 적합)	유기적 체제(변화하는 상황에 적합)
1. 기능과제의 세분화	1. 공통과제는 특정한 지식과 경험에 의하여 결정된다
2. 각 개인 과제의 추상적 특징은 대체로 그 기업의 사람들과 다른 기술과 목적에 의하여 정해진다	2. 개인과제의 현실적인 성격은 기업의 전체적 상황으로 설명된다
3. 직속상관들의 서로 다른 성과와 각 계층제의 수준과 조화	3. 다른 사람과 상호작용에 의하여 개인과제에 대한 조정과 지속적인 재정의
4. 각 개인의 역할에 부과된 권리, 의무 그리고 기술적인 방법의 구체적 정의	4. 권리, 의무 그리고 방법에 관한 책임을 나눔. 그와 같은 문제들이 어떤 누구의 책임이라고 피할 수는 없다
5. 권리, 의무, 방법을 기능적 지위의 책임으로 이전	5. 어떠한 기술적인 정의를 초월하여 조직에 대한 충성의 확산
6. 통제, 권위 그리고 의사소통의 계층제 구조	6. 통제, 권위, 의사소통의 망구조(network structure). 징계는 조직의 이익과 조화를 갖지 못하는 이익의 공동체에서 나온다
7. 계층제의 최고 관리자의 지시에 따라 계층제 구조의 강화	7. 과제의 기술적 혹은 사업적 성격에 대한 지식은 넓게 분산되어 이러한 분산된 영역들이 권위와 의사소통의 ad hoc center가 된다
8. 조직의 구성원들이 수직적 상호작용하는 경향	8. 수평적인 의사소통의 방향. 명령보다는 상담위주
9. 지시란 상관의 명령에 의하여 통제되는 운영과 업무행태	9. 지시나 결정보다는 오히려 정보나 자문에 의한 의사소통

기계적 체제(안정된 상황에 적합)	유기적 체제(변화하는 상황에 적합)
10. 구성원의 조건으로 조직에 대한 충성과 상관에 대한 복종	10. 조직의 과제, 물리적 발전과 팽창에 대한 윤리가 충성과 복종보다 더 가치가 있는 것으로 본다
11. 세계적인 지식, 경험, 기술보다 지역에 집착하는 것이 더욱 중요하고 명예로운 것으로 생각	11. 조직의 외적인 산업, 기술 그리고 상업적 환경에서 타당성이 있는 제휴와 전문성에 더 집착하는 것을 중요하고 명예스럽게 생각

출처: Tom Burns and G. M. Stalker(1994), *The Management of Innovation*, revised edition(London: Oxford University Press), pp. 120-122.

2. Frederick Taylor의 과학적 관리(Scientific Management)

◇ Taylor의 배경

Frederick W. Taylor(1856-1915)는 미국에서 일찍이 대단히 알려진 학자이다. 그의 이론들은 전 세계에도 알려질 정도로 유명하였다. 그의 주요한 저서로는 「*Shop Management*(1903)」와 「*The Principles of Scientific Management*(1911)」이며, 이 두 책들은 발간되자마자 많은 사람들에게 읽혀졌다. Taylor는 Follett, Weber와 같이 부유한 가정에서 성장하였다. 그는 그의 어린시절 대부분의 시간을 미국의 필라델피아에서 보냈다. 그는 New Hampshire에 있는 Exeter Academy에 다녔고 Harvard에도 다녔다. 그러나 대학에 다니는 대신에 필라델피아에 있는 Enterprise와 Hydraulie Works에서 도안가로서 그리고 기술자로서 4년긴 수습공으로서 일하였다. 그는 그곳에서 Midvale 철강회사로 옮겼으며 6년 만에 주임 엔지니어로 급속도로 승진하였다. Midvale에 있는 동안 Stevens 기술학교에서 준 기계기술 프로그램을 집에서 독학으로 공부하였으며, 출석은 거의 하지 않았지만 결국 그는 1883년에 학사학위를 받았다. 이 시기 동안 그는 광범위한 부분의 기계 설비들을 발명하였으며, 금속재단에 관한 수많은 실험을 수행하였고 생산과제들의 시간과 원하는 성과에 대한 그의 연구를 계속함과 동시에 그 회사에 성과급임금제(piece-rate incentive system)를 소개하였다. 그로부터 12년 후에 Taylor는 수많은 회사에서 다양한 임무를 맡았다. 그 중에서도 그는 주로 상담자로서 역할을 하였고, Bethleham 철강회사에서 짧은 기간 동안 근무하였다. 그는 1900년부터 1914년까지 지수 Harvard Business School에서 매년 겨울에 강의를 하였다. 변호사인 Louis Brandeis의 제안에 의하여 Taylor의 과학적 관리(scientific management)체제가 적용되었다. 계속적으로 노동조합은 점점 더 Taylor의 접근법을 노골적으로 반대하였다. 그는 59세의 나이로 타계하였다. 그는 상담을 주로 하였던 것 이외에 많은 사람들과 과학적 관리를 발전시키거나 수정하였다. 이러한 작업에 참여한 사람들은 Carl Barth, Henry Gantt, Frank and Lillian Gilbreth, Harrington Emerson, 그리고 Morris Cooke들이다. 많은 비평에도 불구하고 Daniel Nelson은 Taylor를 미국의 산업발전에 중요한 역할을 한 인물로 인정하였다.[16)]

Taylor[17)]는 관리분석(managerial analysis)의 개척자로서 자주 인용되어 왔다. 실제로 그는 과학적인 관리학파의 주요한 거두이며 행정학분야에서는 능률의 아버지로 통한다. 아래 그에 대하여 자세히 설명하여 고전이론을 이해하는 데 도움을 주고자 한다.

과학적 관리는 20세기 초에 미국에서 나타났으며 미국 경제학파의 지적 기반에 뿌리를 두고 있다. 그는 기술견습생을 시작으로 나중에는 엔지니어나 관리자를 상담하는 것은 물론 강철회사의 고위직으로 승진하였다. 그러한 그의 경력은 근로자의 업적을 기술적 혹은 관리적 측면에서 관찰할 수 있는 많은 통찰력을 주었다. Taylor는 주로 공장관리에 집중하였고 그의 강조는 생산과 노동자들에 있었다. 이러한 면에서 Taylor의 준거 틀은 최고관리자들의 관점에서 그의 아이디어를 발전시킨 Fayol의 것과는 아주 다르다. Taylor는 엔지니어로서, Fayol은 기업의 사장으로서 이 두 사람은 서로 다른 배경을 가지고 서로 다른 관리의 원리를 만들었다는 것은 놀라운 것이다. Fayol은 거시적 관점(macro perspective)에서 관리의 원리를 만든 반면, Taylor는 미시적 관점(micro perspective)에서 만들었다.

1) 관리의 네 가지 원리

Taylor는 관리의 네 가지 원리들에 관심을 집중하였다. 관리의 네 가지 원리는 처방적 의미를 가지고 있으며 관리자가 효과성을 증진하기 위하여 무엇을 하

16) Miner, *op. cit.*, pp. 64-65.
17) F. W. Taylor, *The Principle of Scientific Management*, New York: Harper Collins(1919).

여야 하는지를 지적함은 물론 도덕적인 의미도 자주 언급하였다. 기본적인 네 가지 원리는 다음과 같다.[18]

원리1 업무를 과학화하라.

이것은 업무를 가지고 실험을 하면서, 시간동작연구(Motion and Time Studies)를 행하면서, 그리고 수학적인 공식을 활용하여 어떻게 하면 업무가 가장 잘 수행되어질 수 있는가를 결정하는 것을 의미한다.

원리2 업무를 위하여 가장 적합한 사람을 과학적으로 선정하고, 업무를 더 잘 수행할 수 있도록 훈련시키며, 마지막으로 생산량이 증가함에 따라 보상 및 임금을 더 높게 인상한다.

원리3 업무가 실제로 처방된 방법대로 수행되어졌는지 확인하기 위하여 노동자들과 협력한다.

직업에 관한 지식을 축적하고(원리 1), 적합한 노동자들을 선택하며 처방된 방법을 가장 잘 따르는 사람들에게 인상된 수당을 지급한다.

원리4 기획, 조직 그리고 통제와 같은 활동들에 대한 관리책임을 명확히 하기 위하여 일을 분업화(divide)하라. 이러한 분업은 대부분의 노동자들이 그들의 업무에 대한 과학적 지식을 가지고 있지 않다는 가정에 기초하고 있다.

과학적 관리학파의 대표적인 학자로서 Frederick Taylor와 Frank와 Lillian Gilbreth를 꼽을 수 있다. 특히 Taylor는 많은 저서를 남겼지만 그의 가장 영향력 있는 생각들은 「과학적 관리의 원리」라는 저서에서 볼 수 있다. 「과학적 관리의 원리(*The Principles of Scientific Managrment*)」[19]의 저자인 Taylor는 조직의 모든 업무를 수행하는 가장 좋은 방법(the 'one best way')을 결정하기 위하여 시간동작연구(Time and Motion Studies)에 관심을 가지고 작업과정을 강조하였다. 물론 이 연구는 20세기 초에 활발하게 적용되었으나 오늘날 산업에서도 활용되고 있다.

그 당시 Taylor의 진단에 의하면 산업체나 사회의 전반적인 영역에 비능률성이 만연하였다고 주장하였다. 따라서 그는 조직의 생산성을 향상시키기 위하여 기술과 방법을 연구하는 데 관심을 두었다. 그는 오래되고 비능률적인 생산방

18) Miner, *op. cit.*, p. 69.

19) Frederick W. Taylor, *The Principles of Scientific Management*, New York: Norton(1967), originally published in 1911(New York: Harper & Bros., 1911).

법들을 과학에 기반을 둔 방법으로 대체하도록 시도하였다. 그는 관리와 근로자들의 비능률성을 비난하였다. 관리는 작업에 대한 지식이 결여되어 있으며 관리방법에는 관심이 없다고 비난하였다. 근로자들이 적절한 선택기준을 무시하고 고용되며 작업에 대한 훈련 없이 배치된다는 것이다. 더욱이 권위주의적이고 물리적인 강요에 의하여 근로자들을 감독한다고도 비난하였다.[20)]

과학적 관리의 주요한 방법은 단순성과 합리성이다. 간단히 말하면 작업하는 동안 익숙하지 못하거나 불필요한 행동을 제거하기 위하여 기계적인 동작을 분석하는 것이며 또한 작업을 하는 가장 합리적인 방법을 찾아내는 것이다.

Taylor는 생산성을 향상시키는 방법을 제시하였는데, 주로 근로자들의 활동을 합리적으로 활용하였는지를 측정하는 구체적 방안과 생산도구였다. 이 방법들은 작업시간의 엄격한 통제, 물질과 장비사용에 대한 통제, 작업과정의 분석(작업의 구체적인 세분화) 그리고 작업과정에서 소요된 시간측정(with Stopwatch)으로 지적될 수 있다. 그에 의하면 이러한 구체적인 측정을 사용한다는 것은 근로자들이 개인적인 판단에서 과학으로 대체한다는 것을 의미한다고 주장하였다.[21)]

그는 역시 과학적 관리의 성공은 근로자의 선택과 발전에 달려 있다고 주장한다. 근로자들을 연구하고 가르치며 훈련시키고 난 후 적합한 곳에 적합한 사람을 배치해야 한다고 한다. 더욱이 그는 업적에 따른 차등적인 봉급체계를 적용하여 근로자들을 동기부여하였다.

그러나 Taylor는 과학적 관리가 내포하는 철학을 인식하지 못하고 단순히 능률을 추구하는 도구, 비용을 측정하는 새로운 체제, 임금체계, 시간 및 동작연구로서만 보아서는 안 된다고 주장하면서, 과학적 관리는 완전한 정신혁명을 포함하고 있다고 선언한다.[22)]

2) 과학적 관리가 등장하게 된 시대적 배경

과학적 관리가 등장하게 된 시대적 배경은 무엇일까? 실은 어떠한 이론도 시대적인 배경을 갖지 않은 이론은 없다. 이론은 사회의 문제를 해결하기 위하여 등장하는데, 그 당시의 시대적인 배경을 이해할 수 없다면 왜 과학적 관리가 나

20) Jamil E. Jreisat, *Public Organization Management: The Development of Theory and Process*, Quorum Books, 88 Post Road West, Westport, CT 06881(1997), pp. 72-73.
21) Ibid.
22) Ibid.

타났는지를 이해할 수 없을 것이다(추이론 참조: pp. 27-29).

과학적 관리가 나타나는 시기에 일어났던 아래의 특징적인 사건들은 우리가 이 이론을 이해하는 데 도움을 줄 것이다.[23]

(1) 과학적 관리는 미국에 산업혁명이 일어나는 때에 동시에 소개되었다

20세기 초에 노동조합은 강하였고 임금과 작업조건을 개선하기 위하여 기업운영자 측에 압력을 가하였다. 기업자측은 순순히 노동자의 요구를 들어주지 않았다. 그 결과 노동자와 기업간에 투쟁과 긴장은 연속되었다. 그 당시 Taylor는 사회의 문제를 해결하는 수단으로 과학적 관리를 소개하고 모두 서로 풍족한 생활을 얻고자 하였다. 과학적 관리의 목적은 조직의 생산성을 향상시켜 기업에는 더 많은 이윤을 낳게 하고 노동자에게는 높은 임금을 줄 수 있게 하는 것이다. 따라서 Taylorism과 그의 지지자들은 과학적 관리가 단순히 새로운 기술들의 집합이 아니라 그 당시 전반적으로 사회의 질서를 혼란케 하는 지속적인 문제들을 해결하기 위한 혁명적인 철학이라고 주장하였다.

(2) 산업혁명은 미국사회에서 새로운 가치체계에 적응할 것을 강요하였다

과학과 기술의 발전은 능률, 측정(measurement), 공리주의 및 합리성과 같은 개념을 가져왔다. 더구나 기계문명이 발전하고 있는 가운데 능률과 같은 개념이 자연적인 이상으로서 받아들여지는 것이 당연하였을 것이다. 특히 이러한 가치체계의 등장은 미국사회의 성장 신드롬(syndrome)에 불을 붙였다. Taylor는 이 시기에 관리의 필요성에 해답을 주려고 하였으며 아울러 주먹구구식의 관리기법이 아니라 실증적이고 분석적인 방법을 연구하였다. 그의 생각은 그 당시 실리적 · 실증적 및 기술지향적인 경향과 일치하였다.

(3) 과학적 관리가 도입되던 시기에 새로운 관리의 지식과 기술을 찾고 있었다. 동시에 중요하게 거론되었던 문제는 개혁, 부정에 대한 대책 및 관리과정의 개선 등이었다

1894년에 80개의 시민단체들이 특정한 남용사건들에 대하여 공격을 하였고 아울러 개혁을 부르짖었다. 이 단체들은 좋은 시정부를 위한 전국적 집회를 조직하였고 이 회의로부터 전국시연맹(the National Municipal League)을 창설하였다.

23) Ibid, pp. 76-78.

이 연맹은 시(Municipal) 수준에서 많은 개혁적인 아이디어를 연구하는 중심역할을 하였다. 역시 관리기술이나 행정적 지식도 행정을 개혁하는 데 필요한 도움과 지도를 제공하는 데 부적절하였다. 따라서 1906년 the New York Bureau of Municipal Research가 설립되었는데, Waldo[24)]나 Stones[25)]도 이 기관의 설립을 크게 극찬하였다. 이 기관은 시를 위하여 전문적인 행정 지원, 직원채용, 훈련 및 연구 등을 주로 하였으며 미국의 행정을 전문화하는 데뿐만 아니라 개혁의 문을 여는 데 중심적인 역할을 하였다. 이 기관의 연구동향은 인류의 문제를 해결하기 위하여 적절한 과학을 발전시키는 방법으로 사실의 발견에 주력하였다.

3) Taylor의 과학적 관리의 전략

(1) 관리집단과 작업집단 사이의 책임의 분업(노동분업)을 활용한다.

(2) 관리자의 책임은 작업과정에서 세부적인 자료를 수집하고 분석하며 과제를 가장 능률적으로 수행하기 위하여 규칙과 절차를 제정하는 것이다.

(3) 근로자들은 그들의 생산, 작업의 질 그리고 그들 자신의 수입을 극대화할 수 있는 사람이 선택된다.

(4) Time-Motion 연구(근로자와 그들의 활동과 관계하여 기구와 기계들의 배치와 근로자들이 그 기구들을 사용하는 데 걸리는 시간과 같은 그러한 세부적 측정과 작업장의 물리적 혹은 육체적 특징들의 분석을 포함한다). 목적은 특정한 과제의 성과를 달성하는 가장 능률적인 설계를 만드는 것이다.

(5) 작업에 대한 보상으로서 급여를 강조하였다.

(6) 그는 작업 활동의 세분화를 강조하여 마치 근로자들을 기계의 부속품과 같이 생각하게 하였다.

4) 비　　평

수많은 비평이 미국과 해외에서 과학적 관리이론에 제기되었다. Taylor의 생존 때는 물론 사후에까지 비평이 계속되었으며 어떤 관리이론도 과학적 관리

24) Dwight Waldo, *The Administrative State*, New York: Ronald Press(1948), pp. 31-32; Jreisat, *op. cit.*, *Public Organization Management*, p. 77(재인용).

25) Alice Stone and Donald Stone, Early Development of Education in Public Administration, *In American Public Administration: Past, Present, Future*, edited by Frederick C. Mosher, University of Alabama Press(1975), p. 19; Jreisat, *op. cit.*, *Public Organization Management*, p. 77(재인용).

이론만큼 비난을 받은 이론은 없을 정도다. 대략 그 비난을 종합한 Jreisat에 의하면 다음과 같다.[26]

(1) 미국의 노동조합은 Taylorism이 노동자를 착취하는 새로운 방법이라고 혹독하게 비난하였다. 미국의 노동연맹도 Taylorism은 인간을 단순한 기계로 전락시키는 잔인한 수단이라고 비난하였다. 더욱이 노동의 사회적 및 윤리적인 면을 무시하고 노동자를 짐마차의 말로 비유하고 있다고 노동자들은 비난을 하였다.

(2) 미국의 하원은 1912년에 특별위원회를 구성하여 Taylorism을 연구하도록 하였다. 그 위원회에서 증언하면서 Taylor는 과학적 관리를 옹호하였다. 그에 의하면, 과학적 관리의 최대의 장점은 노동자의 솔선과 재능 즉 그들의 노력, 재능 및 행위는 실제적으로 절대적인 규칙과 규정에 의하여 얻어질 수 있다는 것이다. 그러나 의회의 위원회는 군사 병기창의 보너스 연구나 과학적 관리의 한 방법인 시간연구를 중단시켰다.

(3) 대규모 기업 및 Wall Street 및 Corporate Management들은 과학적 관리에 냉담하였다. 산업관계의 미국위원회(U.S. Commission on Industrial Relation)를 위하여 Robert Hoxie가 조사를 하였는데, 그에 의하면 Taylorism은 노동자들의 인간적인 면보다는 기계적인 면에 더 치중하였다는 것이다. 그러나 그 조사팀은 과학적 관리는 국제수준에서 더 많은 지지를 얻고 있다고 지적하였다.

마지막으로 조직이론 및 과정은 몇 가지 측면에서 과학적 관리를 비평하고 있으며 가장 중요한 지적 가운데 하나는 조직의 동기부여 체제를 단순히 물질적인 보상에 국한시키고 있다는 것이다. 일반적으로 과학적 관리는 생산을 위하여 노동자를 속이거나 조작하는 비인간적인 이론으로 언급하고 있다.

5) 과학적 관리에 대한 최근의 해석

Taylor는 그의 생존 동안 과학적 관리가 커다란 명성을 얻는 영광을 보지 못한 비운의 학자라고 한다. Taylor는 계속적으로 비난과 방어에 시달리는 비운에 직면하였으나 과학적 관리이론이 전략으로 분업에 의한 경영혁명 혹은 생산성 혁명을 가져오지 않았던들 1994년 Peter F. Drucker의 저서인 「자본주의 이후의 사회: Post-Capitalist Society」에서 주장한 것과 같이 미국이 세계공황과 제2차 대전을 슬기롭게 극복할 수 있었을지 의문을 갖기도 한다.

---

26) Jreisat, *Public Organization Management*, pp. 78-79.

Hindy Schachter에 의하면 과학적 관리의 평가절하는 Taylor를 반박한 사람들에 의하여 그릇된 설명이나 제한된 범위 내의 단편적인 인용에 초점을 둔 결과라고 한다.[27] 그녀는 계속하여 행정학 문헌에 많은 공적을 남긴 Elton Mayo, A. H. Maslow 및 Douglas M. McGregor에 의하면 Taylor는 많은 인간관계에 관한 통찰력을 주었으며, 그의 이론은 높은 임금, 의사소통의 개선 및 승진기회를 강조하는 3차원적이라고 지적하였다.

Fry 역시 과학적 관리는 작업 협동의 중요성과 경영계층의 자의적인 권한 행사의 제한을 제안했었다.[28] 그는 계속하여 Taylor는 인간적이지는 않으나 노동자들이 생산에 기여하는 정도만큼 노동자의 이익을 인정하였다. 노동자의 노동대가를 확실히 보장한 측면에서 그의 인간적임을 부인할 수 없으며, 성과를 올린 것만큼 수입이 보장되기 때문에 노동자와 관리자 사이에 의심은 있을 수 없고 상호 신뢰가 존재하였던 점에서는 과학적 관리의 공헌이라고 볼 수 있다.

과학적 관리의 주요 관심은 조직의 능률과 생산성을 향상시키는 데 있다.

업무를 수행하는 가장 좋은 방법이 결정된 후에 그는 업무수행에 차질이 없도록 근로자의 선택이나 훈련이 중요하다고 보았다. 반면에 인간을 기계의 부속품으로 지각하였으며 과학적 관리의 주요한 목적은 사람들이 운영하는 기계와 같이 사람들을 능률적으로 만드는 것이라고 보았다. Taylor는 근로자에 대한 엄격한 관리와 동기부여에 대한 충분한 고려를 등한시하였다는 비난을 면하지 못하였지만 그의 접근법의 정당성을 주장하기 위하여 근로자와 기업이 상호 재정적인 이익을 공유하기 위하여 기업은 높은 이익을 추구하여야 한다고 하였다. 그 결과 Drucker에 의하면 노동자들 역시 높은 이익을 얻게 되므로 자립할 수 있도록 하기 위하여 과학적 이론을 제시한다고 하였으나 이러한 Taylor의 인간적인 주장은 잘 알려지지 않았고, Taylor의 과학적 관리접근법이 기본적으로 비인간적이라고 알려지고 있는 것은 참으로 애석한 일이다.

결론적으로 고전적인 과학적 관리이론이 우리에게 준 커다란 유산은 결과에 대한 측정에 관심을 두고 있다는 점이다. 20세기에 접어들면서 공공조직에서는

---

27) Hindy Laurer Schachter, *Frederick Taylor and the Public Administration Community: A Reevaluation*, Albany: State University of New York Press(1989); Jreisat *op. cit.*, *Public Organization Management*, p.79(재인용).

28) Brian R. Fry, *Mastering Public Administration: From Max Weber to Dwight Waldo*, Chatham, NJ: Chatham House(1989).

공공서비스의 질적인 향상을 위하여 성과주의 및 연봉제를 실시하면서 해결하여야 할 주요한 문제는 공공서비스를 측정하기 위한 기술과 방법을 발전시켜 서비스를 증진하는 데 많은 관심을 갖고 있다.

제4절 행정관리학파

1. 행정관리학파: 행정원리(Principle of Administration)

1) 행정관리이론

많은 학자들이 광범위한 행정기능을 포함하는 관리이론을 처음으로 발전시키기 시작하였다. 관리론자들은 기획, 조직, 감독, 통제 그리고 권한위임과 같은 기능들을 관리자들에게 지도하기 위하여 행정원리를 발전시키려고 노력하였다. 이 학자들의 집단을 행정관리학파라고 부른다.[29] 이 학파들은 그들의 원리가 능률을 극대화할 수 있는 효과적인 조직을 제공할 것이라고 주장하였다.

행정원리는 폐쇄적인 조직모형의 일종으로 과학적 관리가 모든 조직에 적용할 수 있는 보편타당성 있는 관리의 원리를 찾으려고 하였듯이 일반관리론(Generic Management)에 속하는 행정관리론도 원리학파('Principles' School)와 같은 철학을 가지고 있다.

(1) Gulick와 Urwick

대표적인 학자들로서 Luther Gulick와 Lyndall Urwick은 1937년에 공동으로 집필한 "Papers on the Science of Administration"은 행정관리에 관한 대표적인 예이다. 결국 이들의 기여에 의하여 행정학은 학문으로서 성숙과 합법성을 인정받게 되었다. Gulick는 그의 논문 "Note on the Theory of Organization"에서 관리의 근본적인 두 가지 기능은 노동의 분업(division of work)과 업무의 조정(coordination of work)이라고 주장하였다. 업무분화에 대하여 그는 아주 명확하게 정의된 세분화(전문화)를 창조하는 것이 필요하다고 논의하였다. 업무가 분업이 되면 그 다음 업무의 조정은 필수적이다. 조직을 통한 조정은 몇 개의 원리에 의하여

29) J. G. March and Simon, H. A., *Organizations*, New York: Wiley(1958).

달성될 수 있다.

첫째, 통솔의 범위는 한 상관에 보고하는 부하직원의 수를 말한다. 통솔의 범위는 좁고, 각 상관마다 6명 내지 10명의 부하직원들로 제한하는 것이 적절하다.

둘째, Gulick는 한 상관의 명령에만 따라야 혼란이 발생하지 않는다고 한다.

셋째, 동질성의 원리를 통한 기술적인 능률성이다. 과제는 그들의 동질성을 토대로 집단을 형성하여야 한다. 유사하지 않은 과제는 서로 집단으로 형성되지 말아야 한다.

● Gulick도 그의 같은 논문에서 행정가 혹은 관리자가 하여야 할 기능은 무엇인가에 대한 그의 대답은 POSDCORB였으며 행정학 문헌에 광범위하게 잘 알려져 있다:

① 기획(planning): 달성되어야 할 사항 및 달성하는 방법

② 조직(organizing): 권위의 구조를 설립하고 그에 따른 작업의 배열

③ 인사(staffing): 채용, 훈련, 작업조건개선 등

④ 지시(directing): 결정한 후 결정사항을 명령하고 지시

⑤ 조정(coodinating): 작업의 분업을 통합

⑥ 보고(reporting): 조직구성원에게 알리고, 기록을 보관하며, 연구를 하고, 감독을 한다.

⑦ 예산(budgeting): 재정계획, 회계 및 통제

1926년에 Leonard D. White는 「행정학연구의 소개(*Introduction to the Study of Public Administration*)」를 출간하여 행정학의 첫 교재로서 사용하였고 1927년에 W. F. Willoughby 역시 「행정의 원리(*The Principles of Public Administration*)」란 책을 저술하고 행정의 관리측면을 강조하였다. 그러나 이 두 학자가 사담을 할 때는 행정의 이원론에 많은 의문을 가지고 있었다. 그럼에도 불구하고 그들이 정치와 행정의 이원론을 주장할 수밖에 없는 이유는 "임명된 행정가들이 정책결정과 집행의 권한을 장악한다면 민주주의가 위기에 빠질 위험이 있기 때문이다"라고 사석에서 밝힌 바 있다.

(2) Mooney

Mooney는 그의 논문 "The Scalar Principle"에서 원리를 발전시키기 위한 노

력을 하였다. 그에 의하면 조직은 권위와 그에 일치하는 책임의 수준에 따라 등급이 매겨진 단계가 있어야 한다. 이 원리는 몇 개의 구성원리를 포함하는데, 이들 가운에 첫째는 리더십이다.

이 원리에 의하면 최상위의 조정 권위는 전 구조를 조정하기 위하여 스칼라(Scalar) 연쇄에 따라 분배되어야 한다. 이것은 계층의 권위와 책임을 높은 데에서 낮은 수준으로 위임함으로써 달성될 수 있다. 이 과정들은 Gulick의 기능 정의의 세 번째 원리인 각 사람이 특정한 과제를 할당받음으로써 달성될 수 있다. Gulick, Urwick 그리고 Mooney의 논문들은 행정관리학파의 특징들을 주로 반영하였다. 그 이외에도 이들은 조직의 공식적인 구조와 행정의 계층제 권위를 강조하였으며, Weber나 Taylor와 같이 일괄성, 합리성, 기계와 같은 능률을 강조하는 경향이 있다.

(3) Fayol

프랑스의 엔지니어이며 관리자인 Fayol은 1916년에 관리이론의 다양한 측면을 연구한 「*General and Industrial Management*」를 발표하였다. Fayol의 주요한 기여는 행정활동을 기획(planning), 조직(organizing), 명령(commanding), 조정(coodinating) 및 통제(control)기능으로 분류하였다는 점이다. 그 이후 현대관리의 원리란 교재들은 거의 Fayol의 기능 분류를 인용하지 않은 학자는 없을 정도로 기여한 바가 크다.

◇ Henri Fayol의 배경

Fayol은 1841년에 태어났으며 1860년에 프랑스의 St. Etienne의 광산학교(School of Mines)에서 광업기술자로 졸업하였다. 그는 즉시 그의 전 경력을 쌓아왔던 기업에 종사하였다. 그는 곧이어 그 회사의 책임집행관이 되었다. 이 기업에서 Fayol의 승진은 파격적이었다. 그는 프랑스의 지질구조에서 지하화재, 자연발화 그리고 광산 안전의 전문가가 되었다. 그는 이 분야에 대한 연구를 하였고 책을 발간하였다. 관리에 대한 저서는 후에 그의 경력이 되었다. Fayol이 75세가 되었을 때, 그의 주요한 이론적인 서적이 1916년에 출간되었으며 역시 관리자로서 활동적이었다. 그는 1925년 죽을 때까지 관리를 주제로 저술 활동을 하였다. 1916년 그의 책은 프랑스에서 영향력을 가지고 있었으며, 1929년에 제한된 부수지만 처음으로 영어로 번역되었으나 20년 후에 와서야 널리 인정을 받았다. 책의 제목은 「*General and Industrial Management*」이었다. 이와 같이 Fayol과 Weber는 거의 같은 시기에 미국에 들어왔으나 그들은 서로 영향을 주지는 않았다. Fayol은 그의 저서들이 영어로 번역되자마자 많은 설명과 이론의 진전을 보았는데, 가장 잘 알려진 학자들은 Lyndall Urwick, Ralph Davis 그리고 Harold Koontz 등이었다.[30)]

관리에 대한 Fayol의 원리들은 경직되거나 절대적인 것이 아니라 융통성이 있고 적응 가능성이 있는 것으로 정의된다. Fayol은 14가지의 원리를 제시하였으며, 이들의 원리들은 조직을 더 효과적으로 만들 수 있다고 하였다. Fayol은 분업, 권위와 책임, 규율, 명령의 통일, 지시의 통일, 전체이익에 대한 개인의 희생, 봉급, 집권화, 계층제, 질서, 형평, 재직기간의 안전, 창의성 그리고 단결심들을 지적하였다. Fayol은 관리의 5가지 요소들을 구체화하였다: 기획, 조직, 명령, 조정 그리고 통제. 그의 죽음에 이르는 9년 동안 관리를 주제로 저술활동을 계속하였다. 그가 쓴 많은 자료들이 현재 남아 있지는 않으나 영어로 번역된 몇 개의 요약들이 현존하고 있다.

● Fayol은 **산업조직 기능의 필수적 활동을 다음과 같이 구체화하였다.**[31)]

① 기술: 생산, 제조, 적응

② 상업: 구매, 판매, 교환

③ 재정: 자본의 탐색과 최적 사용

④ 안전: 재산과 사람의 보호

⑤ 회계: 재고조사, 대차대조표, 비용, 통계

⑥ 관리: 기획, 조직, 명령, 조정, 통제

위의 학자들이 공통적으로 거론한 관리이론을 종합하면 다음과 같다. 물론 학자들마다 강조하는 요소들이 다르긴 하나 일반적으로 공통적인 원리들은 조

30) Miner, *op. cit.*, p. 64.

31) John B. Miner, *Organizational Behavior: Foundation, Theories, and Analyses*, Oxford University Press(2002), p. 65.

정, 조직 구성의 기본적인 기준(목적, 과정, 고객, 장소), 계층제, 책임, 명령의 통일, 통솔의 범위로 밝혀졌다.

2. 공공조직에 끼친 행정관리의 영향

이들의 주장들이 오늘날 공 · 사조직의 근간을 형성하고 있음을 부인할 수는 없다. 특히 공공조직의 고위직 관료는 계층적인 명령체계나 제한된 통솔의 범위에 의하여 권력을 확보하는 데 유리하며, 책임을 지고 있는 고위 공직자들에게 나누어 줌으로써 민주적인 책무성 실현을 가능케 할 수 있기 때문이다. 행정관리가 공공행정학에 끼친 영향은 이와 같이 크다고 볼 수 있다. 특별한 관리도구가 없었던 때 행정학은 조직을 연구하고 분석하는 데 원리들을 활용함으로써 공공조직의 근간을 형성하였다. 실제로 행정학은 행정관리의 공헌을 무시할 수 없다.

이 당시의 학자들이 공공조직에 기여한 것은 부인할 수 없다. 특히 이들 가운데 Gulick은 행정학에 크게 공헌하였다. Gulick과 다른 행정관리학파들은 1937년 Brownlow Committee와 1947년 Hoover Commission과 같은 연방정부를 재조직하는 위원회에 참석하여 중요한 역할을 담당하였다. 이들이 제안하였던 개혁은 행정관리학파의 주장을 반영한 것이었다. 그들은 대통령의 계층제 권위를 강화하고 대통령의 통솔의 범위를 축소하는 것과 같은 유사한 기능에 따라 연방정부를 조직화하는 데 기여하였다. 물론 의회와 비교하여 대통령의 권한을 강화하려는 주장이 대통령과 의회의 정치적 갈등을 야기하였지만 행정관리가 정부에 어떻게 적용되어야 하는지에 대하여 강한 영향을 준 것은 의심할 여지가 없다. 실제로 이들의 영향은 오랫동안 지속되었다. 공공행정기관의 구조적 발전과 공직자들의 태도들은 정통적인 행정관리학파들의 관점을 반영한 것이었다고 여러 학자들은 공통적으로 주장하고 있다.[32] 특히 공공행정과 정부개혁에 영향을 끼친 조직론 학자들인 행정관리학파들은 정부의 제반 업무에 가장 많은 영향을 주었던 것은 사실이다.

---

32) R. T. Golembiewski, "Civil Service and Managing Work," *American Political Science Review*(1962), pp. 56, 964-969; D. P. A. Warwick, *Theory of Public Bureaucracy*, Cambridge, Mass.: Harvard University Press(1975).

3. 비 평

행정관리학파들의 관점을 비판하기 전에 우리는 행정학파의 이론가들과 그 이전 학자들의 주장들을 지적하는 것이 이들의 비평을 이해하는 데 도움이 될 것이다. 이들 학파들의 업적은 그 시대 광범위하고 진보적인 개혁운동과 밀접한 관련이 있다는 것이다.[33] 이 개혁가들은 정부의 부정을 척결하려고 노력하였다. 그들은 보다 전문적인 형태의 행정을 제도화하려고 하였다. 그 시대의 초기 정부의 성장은 정부 기관과 프로그램 사이에 많은 불규칙과 무질서를 초래하여 더 좋은 조직의 필요성이 절실히 필요하였다. 이러한 관점에서 조직의 기본적인 원리들이 정당화되었을 뿐만 아니라 절실히 필요하였던 시절이었다. 물론 이 초기의 학자들은 비판론자들이 주장했던 것과 같은 그들의 주장을 고려하지 않았던 것은 사실이다.

1) Mary Parker Follett

이 학파에 속하고 있는 Mary Parker Follett는 "the Giving of Orders"[34]란 에세이를 쓰면서 행정원리의 인간적 측면을 발전시키려고 노력하였다.

그녀가 쓴 논문에서 제안한 것은 상관은 특정한 상황과 그 상황이 요구하는 것을 부하직원들과 서로 논의하고 공감대를 형성하여 응집력을 가져와야 된다는 것이다. 이와 같이 Follett의 관점은 참여 및 평등한 관리의 발전방향을 예견하였으며 또한 영향을 주었다. Henri Fayol 역시 응집력을 의미하는 조직의 단체정신(esprit of corps)의 중요성을 지적하였다.

Follett는 과학적 관리의 이론과 실무를 인간적인 방향으로 이끌어 가는 데 중요한 역할을 하였다. Follett는 보다 근로자 중심의 방향으로 과학적 관리론을 인간화하려고 노력했다. 그럼에도 불구하고 그녀는 과학적 관리론이 올바른 길로 가고 있다고 믿었다. 그녀의 강의나 저서들은 세 가지 주요한 이유 때문에 조직이론에 끊임없는 영향을 주었다. 첫째, 사기나 동기부여는 근로자들의 개인적인 욕구가 얼마나 잘 만족하고 있느냐에 달려 있다고 강조하면서, 그녀는 과학적

33) J. H. Knott and Miller, G. J., *Reforming Bureaucracy*, Upper Saddle River, N. J.: Prentice Hall(1987).

34) M. P. Follett, "The Giving of Orders," In J. S. Ott(ed.), *Classic Reading in Organizational Behavior*, Pacific Grove, Calif.: Brooks/Cole(1989).

관리에 인간적인 면을 첨가하였다. 둘째, 그녀는 조직구조의 한계를 발표하였다. 그녀는 행정원리인 공식적 권위, 위임 그리고 명령의 계층제적인 체인이 사람을 효과적으로 관리하는 방법이 아니라고 주장했다. 마지막으로 그녀는 인간중심의 새로운 형태를 제시하고, 사회의 기관들이 모든 관련자들의 욕구를 통합하면서 그리고 인간의 능력을 최대한으로 발전시키고 활용하는 것을 촉진하면서 서로 간의 이견을 해결할 수 있을 것이라고 예견했다.[35] Follett의 아이디어들은 그녀의 시대를 훨씬 앞섰기 때문에 조직과 관리이론의 발전에 지속적으로 영향을 주었다.[36]

저서와 강의를 통해 Follett는 참여관리, 기능 횡단적 관리팀들, 이윤을 근거로 한 흥정, 다양성에 대한 관리를 포함하여, 많은 관리혁신들을 위한 철학적 그리고 이론적 기초를 제공하였다. 더욱이 Follett의 잇따른 분석들은 민주주의, 통합, 권력과 권위, 리더십을 포함하여 그녀의 저서 속에 핵심개념으로 등장한 것은 놀랄 만한 일이다.

Follett는 행정관리론자로 알려졌으나 인간관계론 행태과학으로 향하는 가교역할을 한 학자로서 널리 인정받고 있다. 조정과 통제에 대한 Follett의 이해와 고전이론가들의 이해 간의 대조를 명확하게 하기 위해 Follett는 조직의 네 가지 근본적인 원리를 제시하였다. 그리고 아래 이 원리들을 설명하였다.

1. 관련된 책임 있는 사람과 지접 접촉하여 조정
2. 초기에 조정
3. 한 상황에 관련된 모든 요소들이 상호작용하는 것으로 조정
4. 지속적인 과정으로 조정[37]

책임 있는 사람과 만나서 이견을 조정한다는 것은 수직적인 것보다는 수평적인 통합을 의미한다. 두 번째 원리는 직접적인 문제해결 혹은 정책형성은 초기단계에서 이루어져야 한다고 강조한다. 예를 들어, 작업현장에서 문제가 발생했

35) Jonathan R. Tompkins(2005), *Organization Theory and Public Management*, Thomson Learning Inc., p. 129.

36) Elliot M. Fox, "Mary Parker Follett: The Enduring Contribution," *Public Administration Review 28*(November/December, 1968), 520-28; Tompkins, *op. cit.*, p. 129(재인용).

37) Follett, "Individualism in Planned Society," in Metcalf and Urwick(eds.), Dynamic Administration: The Collected Papers of Mary Parker Follett(New York: Harper & Brothers, 1941), p. 297.

다면 감독자는 사실확인, 조사, 문제진단에 근로자를 즉각 참여시켜야 한다. 세 번째 원리 상호조정은 모든 사람의 관심을 고려해야 된다는 것을 제안하였다. 마지막 원리는 조정으로 한 번에 모든 것이 성취된다는 것은 아니라는 것을 강조한다. 상황은 지속적으로 변한다. 이러한 이유로 조정은 지속적이고 꼭 필요한 과정으로 보아야 한다. 1995년 Warren Bennis는 "오늘날 리더십과 조직에 관하여 쓴 거의 모든 이론이 Mark Parker Follett의 강의와 저서로부터 온 것이라는 것을 관찰했다"고 한다.[38)]

Follett는 Weber, Taylor, Gulick 등의 연구에서 보여준 관료적 패러다임에 대한 대안을 제시한 선구자로 불리는 명성을 가지고 있다. 간단히 말하여 그녀의 분석틀은 구조로부터 인간관계로 옮겨갔기 때문에 조직에 대한 이해가 근본적으로 바뀌었다. 고전적 이론가들과는 반대로 Follett는 독립성보다는 직무의 상호의존성을 강조했고, 공식적 권위보다는 개인적 · 기능적 권위에 의존했으며, 지배보다는 통합, 개인적 통제보다는 사실통제, 일방적 명령보다는 함께하는 논의, 개인적 책임감보다는 집단적 책임감, 개별적 행동보다는 팀워크를 강조했다.

◇ Follett의 배경

그녀는 유산을 받아 재정적으로 독립할 수 있을 만큼 부유한 집안에서 성장하였다. 보스톤에 있는 Thayer Academy에 다녔으며 잠시 Radecliffe 대학에 입학하여 다녔다. 나이 30에 영국의 Cambridge 대학에서 1년을 보낸 후 입법과정에 대한 그녀의 첫 저서에 많은 시간을 보냈다. Follett는 Radcliffe에서 학위를 받았다. 그녀의 주요한 연구영역은 정부, 철학 그리고 경제였다. 계속하여 그녀는 파리에서 대학원을 졸업한 후에 직장생활을 하였으나 학위를 받지 않았다. 그녀는 1900년에 보스톤으로 돌아왔다. 거기에서 그녀의 인생의 후반까지 머물렀다. 그녀의 친구들과 지인들 circle은 유명한 저자들, 철학자, 법률가, 정치인들과 그리고 귀족들이었다. 그녀의 강의나 저술활동에 그들의 영향이 컸었다. 사회사업가로 Follett는 사회적, 레크리에이션, 직업적 지침을 젊은 사람들에게 제공하였다. 이러한 직업에서 25년 동안 여러 가지 활동들과 아이디어들을 발굴하여 실행하였다. 특히 그녀는 보스톤의 공립학교에서 설립한 직업소개센터를

38) Warren Bennis, "Thoughts on the Essentials of Leadership," In Pauline Graham(ed), *Mary Parker Follett-Prophet of Management*, p. 178.

활성화하는 데 영향력을 발휘하였다.

1920년대의 Follett는 점점 더 기업조직과 그들의 기능에 흥미를 가졌고, 기업 상담자는 아니었으나 기업관리자들에게 자주 지도와 강의를 하였다. 그녀는 미국과 영국에서 여러 가지 회의, 대학 그리고 전문가 집단들에게 강의를 하였다. 1929년부터 그녀가 죽을 때까지 영국에서 살았으며 영국의 산업조건들을 연구하였다. 1933년 초 그녀는 마지막 강의를 London School of Economics에서 하였다.

고전주의자들은 모든 조직에 보편적으로 적용할 수 있는 행정관리의 원리를 찾아내려고 노력하였으나 행태주의자들은 이 원리가 과학이라는 의미를 잘못 사용하고 있다고 주장한다.

2) Herbert Simon

고전적 이론을 비평한 학자들 가운데 가장 논리적으로 분석하면서 혹평한 학자는 Herbert Simon이다.[39] 특히 1945년에 처음으로 발간된 Simon이 저술한 「*Administrative Behavior*」에서 비평한 내용들은 많은 관심을 끌었다. 그는 고전적 이론가들이 주장하는 원리는 과학이 아니라 격언에 지나지 않으며 거의 모든 원리들 사이에 모순을 발견할 수 있다고 비난을 계속하였다. 행정학 문헌에서 자주 거론되고 있는 행정관리의 단점은 좁은 관점, 원리들간의 모순, 과노한 중앙집권, 합리성에 대한 편견 및 조직환경에 대한 무시 등으로 지적될 수 있다.

고전이론이 가장 많은 비난을 받고 있는 것은 인간의 동기부여를 모든 욕구를 배제하고 경제적인 욕구에만 제한하였다는 점이다. 이러한 경제적인 동기부여가 세계공황이 일어나던 때에는 비교적 이해가 용이하지만, 기본적으로 인간의 욕구가 다양하다는 것을 인식하지 못하였다는 비난을 받고 있다. 현대 조직이론은 작업의 내용과 관련된 성취욕구, 인정, 책임감 또는 승진기회도 경제적인 욕구 못지않게 동기부여의 요소로 고려하고 있다.

---

39) Herbert Simon, *Administrative Behavior*, 2nd ed.(New York: Free Press, 1966).

제 5 절 관료제이론과 관료제의 바른 이해

1. Weber의 관료제

◇ Weber의 배경

Weber는 원래 법률가로서 독일에서 교육을 받았다. 그의 초기의 저서들은 법의 역사를 다루었다. 법과 역사 이외에도, 그는 경제학, 종교 그리고 정치학에 지대한 영향을 주었다. 그러나 관료제에 대한 그의 이론이 사회학에 가장 큰 영향을 준 것으로 잘 알려졌다. 그는 독일과 오스트리아의 몇몇 대학들과 관련이 간헐적으로 있었지만, 주로 Heidelberg 대학에서 가장 오래 머물렀다. 막대한 상속과 심각한 공항의 간헐적인 시기였기 때문에 그는 규칙적으로 가르치지는 않았지만 오랜 기간 동안 개인학자(private scholar)로서 보냈다.

물론 본 저서의 주요한 관심대상은 아니지만 이전에 구교(catholic) 유럽에서 신교(protestantism)의 발생으로 인하여 자본주의의 발달을 가져왔다고 주장한 그의 논문이 널리 알려져 있다.

이러한 관점에서 신교의 윤리에 의하면 신은 수익성을 인정하였고 그것을 축복하였다. 그리고 유익한 노동에 헌신하지 않는 것은 신의 의사에 반하는 것이며, 노동의 분업은 그것이 생산의 질과 양에 관련이 있기 때문에 바람직하다. 열심히 일하는 것은 신에 대한 의무이며 부의 축적을 가져오므로 자본주의 체제가 갖추어져야 한다. 이러한 관점들은 Weber의 지적 범위를 반영한다. 많은 방법에서, 그는 역사를 다시 쓰고 있다. 이러한 경향은 그의 관료제에 대한 저서에서 나타나고 있다.[40)]

1) 관료제의 기원

Weber는 관료제가 사회의 역사적 발전과 조직형태에 미치는 역할에 대하여 흥미가 있었다. 관료제 이론은 Taylor의 과학적 관리보다 개념과 이해에 있어서 행정관리와 더 유사하다. 주요한 이유는 관료제는 시간 동작연구(Time and Motion Study)보다 Assembly Line에 더 많은 관심을 가지고 있으며 관료제와 행정

40) Miner, *op. cit.*, p. 58.

관리는 노동자들의 생산성보다 행정가들의 최적 조직모형을 강조하였기 때문이다.[41] 그러나 관료제, 행정관리 및 과학적 관리는 다 같이 궁극적인 가치기준으로 경제적 능률성 혹은 합리성을 주장하고 있는 것은 유사하다.

관료제의 기원은 적어도 Cardinal Richelieu가 프랑스의 왕국을 통일하기 위한 계획과 Frederick 대제가 빈곤하고 육지로 둘러싸인 Prussia를 능률적인 군대를 소유한 강력한 국가로 만드는 데서 찾을 수 있다. Weber는 관료제를 철혈재상인 Bismark가 독일을 통일하는 마지막 단계에 있을 때 저술하고 있었다. Weber가 보기에 문화적으로는 통일된 독일이나 정치적으로는 분열되고 오만하고 강력하며 우둔한 귀족계급에 의하여 지배되고 있는 사회에서 몰인간적이며, 규칙을 준수하고, 능률적이고 실적에 기반을 두고 있는 관료들이 공익을 더 확실히 수행할 수 있다고 믿었다.[42] 카리스마의 권위를 가지고 있는 지도자가 임의로 법을 집행하는 것이 아니라 법은 합리성에 기반을 두어야 하고, 관료제의 합리성은 정치체제의 비현실성을 상쇄하고 궁극적으로 사회에 유리할 것으로 믿었다.

2) 관료제의 특징

관료제에 대한 경직성, 비융통성, 수단에 대한 강조 및 비인간성은 Weber 관료제에 항상 붙어다니는 비평들이다. 그러나 Weber는 이러한 비난을 방어하면서 Weber 자신이 가지고 있는 사회적인 맥락에서 이러한 비난들을 무시하거나 고려하지는 않았다.[43] 따라서 Weber의 관료제 모델을 단지 조직관리의 능률성과 효과성을 가져오기 위한 도구로서만 본다면 관료제에 대한 많은 의미를 볼 수 없을 것이다. 능률적이고 효과성 측면에서만 관료제를 본다면 특히 사회학자들이 지적하고 있는 것과 같이 관료제가 가져올 수 있는 역기능 혹은 예기치 않은 결과 등 부정적인 측면들은 피할 수 없을 것이다. 그러나 Weber는 관료제를 조직관리차원에서만 본 것이 아니라 Fry가 지적한 것과 같이 Weber의 특이한 천재성은 행정을 역사적인 맥락에 놓고 보았고 관료제화의 과정을 서구세계의 합리적 과정과 연결하여 보았다는 점이다.[44] 자연히 그러한 관료제는 기술적인 기

41) Nicholas Henry, *op. cit., Public Administration & Public Affairs*(1995), p. 53.

42) Ibid., p. 55.

43) Ibid.

44) Fry, *op. cit., Mastering Public Administration. From Max Weber to Dwight Waldo*, p. 42, Jreisat, *Public Organization Management*, p. 85(재인용).

능, 지식, 실적주의, 정당성, 정당한 과정 그리고 현대 전문화된 관리와 관련된 모든 가치를 강조하게 되는 것이다.

고전적 조직구조원리에 적합한 조직구조는 Max Weber의 관료제이다. Weber는 독일의 사회학자로서 관료제 이외의 많은 다른 분야에도 공헌하였다. 그는 이상적이고 최대의 능률성을 줄 수 있는 조직을 만들기 위하여 노력하였다.[45] 그의 책은 1940년대에 비로소 영어로 번역되었고 Weber의 이상적인 관료제('Ideal Type' Bureaucracy)는 모든 조직이론의 기초가 되었다.[46] 그러나 Weber의 관료제모델은 대부분의 조직이 어떻게 구조화되어 있는가의 사실적인 기술보다는 오히려 가설적이다.

Weber는 관료제의 특징으로 다음과 같이 서술하였다.

① 고정되고 공식적인 업무의 관할 영역
② 서면으로 작성된 법, 규칙과 규정
③ 명백한 업무의 분할
④ 권위에 따른 책임부여
⑤ 세분화와 전문성 중시
⑥ 권위의 계층제
⑦ 전문성과 능력에 따른 직원의 임명
⑧ 전임제
⑨ 사적 고려를 배제한 관리의 통일성과 몰인간성[47]

이러한 특징들은 Weber의 이상적(ideal type)인 형태인 합리적이고 능률적인 조직을 설명한다. 목적은 분명하고, 지위는 조직의 상위계층으로 올라갈수록 권위가 증가하는 피라미드형 계층으로 구조화되어 있다. 권위는 그 지위의 사람에 있는 것이 아니라 지위에 있다. 채용은 자격 혹은 능력에 토대를 두고 있으며 누구를 아느냐는 고려되지 않는다. 결정은 단지 객관적인 기준에 의하여 만들어지며 정치적 · 감정적 개입은 배제되며, 목적과 효과성을 정의하기 위한 어떠한 기

45) R. M. Weiss, "Weber on Bureaucracy: Management Consultant or Political Theorist?" *Academy of Management Review*(April 1983), pp. 242-248.

46) From Max Weber: Essay in Sociology, ed. and trans. H. H. Gerth and C. W. Mills(New York: Oxford University Press, 1946), p. 214.

47) Ibid., pp. 196-204.

준에 대한 갈등도 인정되지 않는다. 사실 우리는 이러한 조직을 본 일은 없다. 그러므로 Weber는 이상적인 형태, 즉 최고의 능률적인 기계의 특징을 언급한 것이다. Weber가 예측한 바와 같이 관료제는 산업사회의 조직구조들 가운데 가장 우월한 조직형태가 되었으며 그는 관료제의 특징을 제대로 잘 지키기만 하면 가장 능률적인 조직이 된다고 하는 관료제의 이상형을 발표하였다. 지금까지도 관료제를 대체할 수 있는 조직을 개발하지 못한 실정이다.

2. Thompson의 관료제 논의

Thompson에 의한 관료제의 특징들은 Weber의 것과 비슷하나 얼마간 다른 강조점을 가지고 있다. 특히 그는 관료제의 병리적 행태에 관심을 가지고 있었다. 그에 의하면 일상화, 하위목적에 대한 강한 집착, 몰인간성과 변화에 대한 저항 등과 같은 병리적 행태는 조직의 목적을 달성하는 데 저해가 되기 때문에 관료병(bureaupatic behavior)이라고 불렀다. 현대조직의 가장 의미 있는 불안의 근원은 계층제 권위와 조직의 문제를 풀어나가기 위하여 요구되는 전문화 권위 간에 간격이 점점 넓어짐에 따라 발생한다. 계층제의 권위에 있는 사람들은 조직의 목적을 달성하기 위하여 부하들이나 전문가들에 의존하는 경향이 증가하고 있다. 따라서 상관들은 자신들의 계층지위를 유지하는 데 더욱더 불안을 느끼게 되고 이 불안은 자연히 부하들을 통제하여 권위를 유지하려는 딜레마에 사로잡히게 된다. 심리학에서 이러한 불안은 권위주의적이고 독재적인 리더십을 초래한다고 한다.

1) 관료의 병리적 반응[48]

(1) 불안과 근심이 심해짐에 따라 상관은 규칙, 제한된 능력, 몰인간성 그리고 엄격한 감독에 집착하는 공식조직체제로 전향한다. 자연히 그 상관은 관료 병이 걸린다. 그러한 결과 상관들의 통제를 피하는 것이 부하들의 목적이 되며, 다시 말하여 어떻게 하면 그들 자신의 불안을 관리하며 징계를 피하는가에 사로잡히게 된다.

(2) 상관의 불안은 조직의 규칙과 규정에 엄격한 복종을 요구하게 된다.

48) Ibid., pp. 152-177.

(3) 부하들과 냉담한 관계를 유지한다. 이러한 심리적 거리를 둠으로써 불안한 상관을 보호할 수 있다. 상관과 부하들 간의 관계가 덜 우호적이고, 덜 개인적이라면, 상관은 계층제 지위의 권위를 사용하기가 더 수월해진다.

(4) 상관들은 변화에 저항하게 된다. 개혁을 하자고 하면 상관들은 부하들에게 창의성을 발휘하여야 하는데, 이러한 능력이 없을 경우 자연히 상관들은 부하들에 대한 통제력을 상실하게 된다.

(5) 상관들은 지위의 권위에 집착하는 경향을 갖게 된다. 관료병을 가진 관료들은 일반적으로 지위와 상호관계에 있어서 비기술적이고 공식적인 면들을 과장하고, 기술적 그리고 비공식관계를 탄압한다. 그들은 능력보다는 권위를 더 강조한다.

(6) 병리적 관료들은 조직 외부로 나가거나 내부로 들어오는 모든 의사소통 채널을 통제한다. 모든 의사소통은 공식적 채널을 통해야 된다고 통제한다. 이러한 방법으로 상관들은 자신들의 약점들을 숨길 수 있으며 자신의 불안과 무지를 폭로할 수 있는 정보를 통제할 수 있다. 실제로 현대조직의 가장 어려운 점 가운데 하나는 의사소통이 이러한 장애를 극복하여야 되는 불가피한 현실이다.

(7) 관료의 병리현상은 관료제 조직의 구조와 상황들에 의하여 영향을 받는다. 관료의 병리행태는 현대조직에서 권위에 대한 불안이 날로 증가하는 가운데 발생한다. 계층제 권위는 서서히 변하며, 전문성과 기술의 결과는 점점 빠른 속도로 변하고 있다.

(8) 불안에 대한 관료제의 병리적 반응은 조직의 문제를 해결하는 데 지나치게 일상적인 방법에 의존하기 때문에 촉진된다. 그러나 기술적인 문제를 해결하기 위하여 계층제 권위보다는 능력을 강조하지 않으면 안 된다.

(9) 관료제의 병리현상의 기본적인 요소는 권위가 있는 사람의 지위에 대한 불안인 반면, bureau병의 기본 요소는 미성숙, 즉 어린아이 같은 행태패턴의 역기능적인 집요함이다. 그는 미래를 위하기보다는 현재 환경에서 자신을 설계하며, 미래목적을 달성하기 위하여 에너지를 축적하지도 못한다. 어린아이는 자신의 것과 다른 의식을 상상할 수 없고 자신 이외 다른 사람을 실제로 알지도 못한다. 부모에게서 받기만 하던 행태가 그대로 성장하면서 적절한 보상을 하지 않고 받는 습성이 유지된다. 관료의 병리적 행태는 계층제 권위에 있는 사람이 불안을 느낄 때 발생한다. 이러한 행태는 조직의 필요보다는 개인적 욕구지향적인 것에

서 출발한다.

2) 계층제 권위 보호 전략(Dramaturgy)[49]

Thompson은 조직이 역시 계층제 권위가 필요하다는 것을 인정하고, 계층제의 역할을 보호하는 방법으로 dramaturgical 기술이 필요하다고 주장한다. 그에 의하면 계층제 권위가 무너진다면 조직이 질서를 지키지 못하고 혼란에 빠진다는 것에 동의하는 것 같다. 따라서 그는 전문적 권위와 계층제 권위간의 불일치를 숨기기 위한 다음과 같은 기술이 조직을 살리기 위하여 필요하다고 하였다. 실제로 한 상관이 전문적 권위와 계층적 권위를 다 갖추기는 어려울 것이다.

(1) 부하들을 대상으로 한 Dramaturgy

- 의사소통의 통제는 비공식적 의사소통의 발전을 초래하여 상관에 의존하게 한다.
- 전문가를 통제하기 위해서 결재할 안건을 의도적으로 여러 번 부결시킨다. 그러면 상관을 두려워하게 될 것이다.
- 현대조직에서 계층제의 성공은 관리자가 부하들에게 감명을 줄 수 있는 능력과 노력에 달려 있다. 전문화의 중요성이 증가함에 따라 이러한 종류의 행태는 계층제 역할의 합법성을 유지하는 데 중요하다.

(2) 상관의 Dramaturgy

- 전문가의 가치를 떨어뜨려라. 그리고 상관은 계층제에서 자신의 역할을 보호하라.
- 지위를 존경하게 하기 위하여 사무실에 빨간 양탄자를 깔고 사무실 책상만 불을 비치고 사방을 어둡게 하기 위해 커텐을 내리고 부하 직원이 사무실에 걸어들어 오는 것을 보면서 위엄 있게 보이게 하라.
- 부하들과 친숙하게 지내지 말라는 충고를 받아야 한다. 상관은 부하들과 심리적 거리를 유지하는 것이 유리하다. 부하들과 가까우면 상관은 부하들에게 신비와 두려움을 잃어버리게 된다.
- 수행할 업무과제를 주지 않는다면 부하들은 틀림없이 긴장하게 되어 상관의 지시에 복종하게 될 것이다.

49) Victor A. Thompson, *Modern Organization*, pp. 138-151.

(3) 관리차원에서 Dramaturgy

- 부하들이 서로 경쟁하도록 유도하라.
- 부하들의 의견을 품위손상하게 하고 비인격화하라.
- 부하에 대한 동정적인 행위를 피하라.
- 적절한 사람을 선택하라.

결과적으로 계층제의 역할은 전문적인 능력에만 의존함으로써 수행되지는 못할 것이다. 계층제의 권위와 전문성의 권위간의 간격이 넓어지면서 조직의 문제들이 발생하기 시작한다는 것을 명심하여야 한다.

3. Weber의 권위

Weber는 정치적 질서를 가져오기 위한 권위(authority)의 세 모형을 말하였다.

1) 전통적 권위(Traditional Authority)

합법성은 사회계급의 신성함에 주어지고 복종은 제정된 규칙이 아니라 세습에 의하여 통치하는 사람에게 한다. 행정관료는 지배자가 총애하는 사람 가운데에서 선택하고 전적으로 개인적인 충성에 의하여 뭉친다. 그러므로 전통적인 행정체제의 행정관료는 행정에 필요한 능력, 합리적인 조직의 질서 및 기술적인 훈련이 부족한 편이다.

2) 카리스마 권위(Charismatic Authority)

권력을 장악한 지도자의 영웅적이고 초인적인 자질에 의하여 합법성이 주어진다. 추종자들은 선거에 의하여 지도자를 선택하는 것이 아니며 카리스마를 존중하고 그에 따르는 것이다. 이 권위체제의 행정관료는 규칙에 의하여 뽑는 것이 아니라 정치적 충성심에 의하여 채용한다.

3) 법적-합리적 권위(Legal-Rational Authority)

그에 의하면 법적-합리적 권위가 지배하는 관료제는 조직의 어떠한 형태보다도 기술적으로 우월하기 때문에 압도할 수 있는 가장 능률적인 조직이라고 하였다.

과거 왕위를 세습하는 것과 같은 전통적인 사회에서는 전통적 권위가 지배하였고, 신격 및 우상을 영웅시하는 사회에서는 카리스마 권위 그리고 현대사회에서는 법적-합리적 권위가 지배한다. 즉 현대사회에서는 모든 사람들이 법 앞에 평등하며 합법적인 법에 의하여 통치를 하면 사람들은 준수하고 역시 합리적 사고가 가치판단을 좌우한다. 이러한 사회에서 관료제는 성장할 수 있다. 물론 현실세계에서는 이러한 권위의 모형들이 서로 혼합되어 있는 경우가 많으나 그래도 세 가지 권위의 모형 중에 어느 한 가지는 분명히 지배적으로 나타날 것으로 본다.

4. 관료제에 대한 관심의 대두과정

1940년도에 와서야 관료제에 대한 관심이 사회과학에서 고조되기 시작하였다. 그러한 이유는 Weber의 관료제에 대한 저서가 주로 1940년대에 영어로 번역되었기에 많은 학자들 사이에 알려지지 않은 요인도 있을 것이다. 그러므로 Weber의 고전관료제에 대한 지적 및 실무적 영향을 그 당시 평가한다는 것은 가능한 것이 아니었다.

세계는 두 번의 대전과 공황을 치르면서, 미국은 대공황을 극복하기 위한 New Deal 정책을 수행하고 있을 때 행정과 경영에 관한 지식과 기술들의 필요성이 증대하기 시작하였다. 그럼에도 불구하고 지난 20세기 초반 50년 동안 경영자 및 관리자들은 Weber의 관료제에 대한 연구보다는 실무 지향적인 행정학자들, 즉 Fayol, Urwick, Gulick 및 Taylor 등에 더 많은 영향을 받았다. 그 후 관료제는 지난 세기 후반 40-50년 동안 미국과 유럽의 사회학자들 사이에 극도로 많은 관심을 가져왔으며, 관료제 연구에 관심을 가지고 있는 미국의 학자들로서는 주로 C. Wright Mill, Philip Selznick, Robert Merton, Reinhard Bendix, Peter Blau, Alvin Gouldner, Talcott Parsons 등으로 Weber가 의미하고 있는 관료제에 대한 사고를 해석, 평가, 지지 및 실험하는 데 많은 노력을 기울였다. 실제로 Weber가 미국의 사회학에 끼친 영향은 지대하며 관료제에 대한 이론 및 경험적 평가들이 속속들이 산출되기 시작하였다.

5. 관료제에 대한 바른 이해

Weber의 관료제 모델을 단지 조직관리의 능률성과 효과성을 가져오기 위한 도구로서만 본다면 관료제에 대한 많은 의미를 잃어버리게 된다. 능률적이고 효과적인 측면에서만 관료제를 본다면 사회학자들이 지적하는 것과 같이 관료제가 가져올 수 있는 역기능 혹은 예기치 않은 결과 등 부정적인 측면들은 피할 수 없을 것이다. 반면에 정치나 행정학자들은 조직 내부에 대한 관점보다는 관료제와 다른 정치체제인 의회, 대통령, 사법부, 이익집단, 정당 등과의 관계를 연구하는 경향이 있다. 또한 경영학분야에서는 관료제를 능률적인 조직의 형태로 간주하며 능률성을 추구하는 데 관심을 모으고 있다.

그러나 Weber는 관료제를 조직관리 차원에서만 본 것이 아니라 앞에서 Fry가 지적한 것과 같이 Weber의 특이한 천재성은 행정을 넓은 역사적인 맥락에 놓고 보았고 관료제화의 과정을 서구세계의 합리적 과정과 연결하여 보았다는 점이다.[50)]

Weber의 관료제 모델이 우리에게 준 가장 커다란 공헌은 관료제 모델이 현대사회조직의 지배적인 형태가 되었다는 것이다. 그는 관료제를 논리적으로 정확하고, 능률적이며, 일관성이 있고, 합리적으로 설계하였다. 반면에 현대사회에서 발견되지 않는 이상적(ideal type model)인 관료제를 제시하여 모델로 삼았다. 실제로 공공조직이든지 혹은 사조직이든지 어떠한 대규모 조직이 관료제의 법적이고 합리적(Legal-Rational)인 모형의 특징이 발견되지 않은 조직은 친목단체 이외에는 거의 없을 것이다. 관료제는 지금까지 알려진 가장 능률적인 형태이며 가까운 미래 우리가 제시할 수 있는 어떠한 조직의 형태보다도 우월하다고 지적한다.[51)]

◇ Blau의 배경

Blau는 항상 사회학에 몰두한 사회학자였다. 그는 1974년 사회학학회의 회장이 되었다. 그리고 그의 경력을 통하여 다양한 사회학 주제를 가지고 논문을 집필

50) Fry, *op. cit., Mastering Public Administration: From Max Weber to Dwight Waldo,* p. 42; Jreisat, *Public Organization Management,* p. 85(재인용).

51) Charles Perrow, *Complex Organizations: A Critical Essay,* 3rd ed., Glenview, IL: Scott, Foresman(1984), p. 5.

하였다. 그는 조직의 행태보다는 사회학에 더욱 공헌하였다. Aston 이론가들보다도 사회학에서 더욱 중심적인 역할을 하였다. Blau의 이론은 거시적 조직행태를 위하여 놀랄 만하게 중요하다.

그의 사회학 교육은 1939년 Vienna, Austria에서 21세의 나이에 미국으로 와서 Chicago 근처에 있는 Elmhurst College에서 시작하였다. 그는 Nazis로부터 미국으로 이주한 유태인이었으며 수년간 군대에 복무한 후 Columbia 대학에서 사회학 분야의 석사학위 과정에 입학하였다. 그는 1952년에 박사학위를 취득하였고 Wayne 주립대학의 교수로 채용되었으며, 박사학위 논문을 쓰는 동안은 Cornell 대학에 잠시 근무하였다. 1953년에 그는 Chicago 대학에서 사회학과 교수로 17년간 머물렀다. 그리고 나서 1970년에 Columbia 대학으로 돌아왔다. 그는 다시 New York의 Albany에 있는 사회학과의 교수로 봉직하였으며, 최근에는 Chapel Hill에 있는 North Carolina 대학으로 옮겼다.

조직에 대한 연구는 그의 경력으로 볼 때 간헐적으로 하였으나, 그 대학원과정에 와서야 이 분야에 관심을 집중하였다. 그의 연구는 Hawthorne 연구를 모델로 삼았으며, 두 정부기관들의 각각의 관계 그리고 집단관계를 고려하였다. 그의 조직에 대한 연구는 주로 거시적이었다. 1960년대 후반에는 1962년 기초작업을 시작하면서 구조의 형태를 연구하기 시작하였다. 1970년대 후반에 그의 관심은 조직 내의 계급차이에서 사회 내의 계급차이로 그리고 불평등의 문제로 변경하였다.

조직의 행태분야가 경영대학에 개설되기 시작하였을 때, 그의 나이 40세에 이르고 있었다. 사회학에 대한 그의 경력을 감안할 때, Blau가 경영학 분야에 흥미가 없었던 것은 이해할 만하다. 계급차이의 Marxian 이론에 대한 흥미와 사회학의 배경을 가시고 있는 것만 보더라도 사회학 분야에 기여를 많이 하게 된 이유를 알 수 있다.[52)]

6. 관료제에 대한 Blau의 견해

Blau는 다른 학자들이 Weber에 대하여 비평한 역기능들을 거의 인정하였다. 기본적으로 Weber는 대규모 사회 내 관료제도의 기능에만 초점을 두었지, 관료제 내부에서 발생하는 문제를 효과적으로 다루지 못하였다. 예를 들면 승진을 연구하면서도 그는 객관적이고 합리적인 절차의 사용은 강조하였으나 선임지

52) Miner, *op. cit.*, p. 533.

와 실적의 상대적 가치를 적절히 고려하지는 못하였다.

Blau는 관료제와 민주주의 상호관계에 본질적인 어려움이 있다고 지적한다. Blau는 고객들에게 부적절하고 적절한 처우를 제공할 수 없는 과두제의 특징을 지적하면서 고객의 이익에 부응하지 못하는 몰인간적인 정부기관들을 비난하였다. 그 이외 그는 인간의 복지와 개인의 자유 그리고 민주적 제도들에게 해로울 수 있는 권력을 장악할 수 있는 조직구조를 지적한다. 또한 과도하게 집권화한 관료제는 전문가들의 자유재량행위에 해가 될 수도 있다. 많은 관점에서 Weber와 다르지만 Blau는 관료구조는 주요한 사회의 이득을 가져오기 위하여 복잡한 기술을 사용하고, 진전된 노동분업을 위하여 필수적이라는 것을 인정한다. 그러나 Blau는 관료제의 구성요소에 많은 관심을 두었다: 규모, 복잡성, 계층제, 규칙, 몰인간성 그리고 경력의 안정.

Weber는 합리적이고 법적인 권위의 주요한 근원은 전문적인 지식이라고 주장한다. 그것은 다시 말하여 관료제 체제의 높은 계층으로 올라갈수록 더욱 많은 전문성을 요구한다는 것이다. 이 점에 있어서, Weber가 옳았다. 의사소통은 관료제를 통하여 하향한다. 그와 같이 높은 계층은 더 많은 지식을 가지고 있어야 한다. 조직의 특정한 지식은 규칙에 대한 지식과 전략적인 의사결정에 관한 전문지식들로 분명 계층제 지위의 기능이다. 그러나 Weber는 순수한 전문적인 지식(법적 · 과학적 · 의학적 그리고 등등)들을 조직의 가치로 반영하지 못하였다. 그러한 상황에서는 계층제의 상관은 엄격하게 말하여 조직문제에 대하여 전문가일지는 모르나 조직에 관련된 전문적 지식에 대해서는 전문가가 아닐 수 있다. 그러한 이유 때문에 Blau가 보는 전문가와 계층제 간의 관계는 Weber가 보는 것과는 아주 다르다. 실제로 합리적이고 법적인 권위는 얼마간 다른 방향으로 흐를 수 있다. Blau는 이 문제를 인식하고 전문적 권위를 전문화한 분업과 같은 별개의 존재로 본 것이 Weber와 다르다. 그럼에도 불구하고 관료제와 전문화 체제는 뚜렷하게 유사성이 있는 것은 분명하다. 예를 들면, 그들 가운데 몰인간성, 합리적 의사결정 그리고 기술의 전문성에 대한 강조들을 예로 들 수 있다. 그러나 역시 차이는 있다고 Blau는 본다. 차이를 강조하고, 두 형태간의 잠재적 갈등의 근원을 지적하면서, Blau는 Weber의 이론과 다르게 출발한다.

Blau는 직접적 통제와 간접적 통제의 차이를 구별한다.[53] 직접통제는 밀접

53) Peter M. Blau, *On the Nature of Organizations*, New York: Wiley.

한 관찰과 강요적인 명령들을 의미한다. 간접통제는 자동적으로 행태를 제한하는 몰인간적인 절차에 의존한다. 간접통제의 예는 자동화와 실적에 따른 인사의 기준과 같은 것들이다. 분명히 간접통제는 컴퓨터의 도움으로 진전될 수 있다. 직접통제는 집권화를 반영하며, 반면에 간접통제는 표준화 및 공식화를 의미한다. Weber는 집권화와 공식화가 관료제화를 초래한다고 주장한다. 또한 이들 둘은 같은 방향으로 갈 수 있다. 이 관점을 가지고 직접적이고 간접적인 통제는 분권화의 한 수단으로 볼 수 있다. 현대관료제는 간접적인 통제의 공식화를 강조하며 보다 분권화가 요구된다.

7. 관료제의 권력적 측면

어떠한 조직 모델도 관료제만큼 토론과 논쟁을 불러오지 않았다. 그 이유는 Weber의 관료제가 고전모형들 가운데 가장 영향력이 있기 때문에 더욱 많은 비판을 받아온 것이라고 여겨진다. 더욱이 자유주의적인 사람들일수록 관료제를 비난하는데, 그 이유는 자신들의 운명을 스스로 결정하지 못하고 관료제가 결정하여 그들의 자유를 속박하고 있다고 믿기 때문이다.

관료제에 대하여 공통적으로 우려되는 점은 권력이다. 거대한 정부란 시민들의 자유를 위협하는 과도한 권력을 사용하는 거대하고 경직된 관료제와 동일시된다는 점이다. 관료제는 정책을 집행하는 도구가 아니라 정책을 지배하는 주인으로 등장하고 있다고 비난한다. 원래 관료제는 정책을 집행하는 곳이지 정책을 결정하는 곳은 아니다. 그러나 현대사회가 복잡하고 과학화되어 감에 따라 관료제가 전문성을 감당할 수 있는 능력을 소유하게 되었다. 따라서 정책을 집행하는 권력과 결정하는 권력을 장악하게 되는 불가피한 상황이 현실이다. Weber는 이미 관료제를 창시할 당시 이러한 현상이 도래할 것을 예측하고 대안을 제시하였다. 즉 관료들의 권력장악을 피하기 위하여 정치가는 정책을 결정하고 관료들은 정책을 집행할 것을 충고하였다. 그러나 그 역시 관료들이 불가피하게 정책결정에 관여해야 될 만큼 복잡한 사회가 발생할 것을 예측하지 못한 것 같다. 이 점은 미국을 건설한 사람들(founding fathers)도 관료제가 권력을 장악하게 되리란 것을 예측하지 못하여 미국의 헌법에 관료제를 통제하는 방안이 마련되지 않았다고 한다.

만약 관료제가 가치중립적이고, 선거에 당선된 상관들에게 복종하며, 법과 규정의 집행에만 관여한다면 관료제 주변에서 논란이 되고 있는 대부분의 문제들은 자연히 소멸될 것으로 보인다. 그러나 관료제의 규모, 맡은 직무의 계속성, 전문적 지식 그리고 대중과 효과적인 의사소통의 채널 등은 이 사회의 권력구조의 균형을 유지하기 어렵게 만들면서 많은 권력이 관료제의 편에 놓이게 되었다. 자연히 견제와 균형을 이루는 민주정부를 유지하기 위하여 관료제의 통제문제는 심각하게 거론되고 있다.[54] 대통령, 의회 및 사법부는 관료제의 업무를 조사, 조정, 허가 및 평가할 수 있는 다양한 방법을 가지고 있다. 그러나 관료제 이외의 다른 정치체제들이 그들의 책임을 충분히 수행할 수 없는 것이 문제다. 그 결과 관료제에 의한 행정주도 국가의 경향을 한동안 제지하기는 어려울 것으로 보인다.

8. 관료제의 순기능과 역기능

1) 관료제의 순기능

(1) 채용을 위한 객관적 기준설립

(2) 직원을 보호하기 위한 정년보장

(3) 직원을 공정하게 대우하며 지속적으로 안전을 보호하기 위한 규율과 규칙의 설립

(4) 권위의 분명한 한계를 명확하게 하고 결정과 결정에 대한 책임이 유지되는 수직적 계층제의 확립

(5) Bennis도 관료제는 예측성, 정확성, 능률성, 안정성, 객관성, 일관성, 실적 그리고 합리성을 가져다준다고 인정함

몇 가지 장점을 설명한다면, 그가 평가한 관료제 모델은 순기능에서 보는 바와 같이 정실을 배제하고 편견과 차별을 없애려고 노력하였다. 이것이 인권법이 입법화되기 약 50년 전의 일인 것은 놀라운 일이 아닐 수 없다. 특히 관료제의 장점은 고용자 채용을 위한 객관적 기준을 만들어 의사결정자에 의한 친족등용 혹은 정실주의를 감소시키며 능력 본위로 대체했다는 것이다. 대체로 정년이

54) 정우일, 행정통제론, 박영사(2004).

보장되어 근로자들에게 안전감을 준다. 그러나 그러한 장점은 조직에 대한 충성, 상관의 독단적인 행위에 대한 보호, 전문성 및 기술의 연마를 위한 유인 등을 포함할 수 있다.

2) 관료제의 역기능

(1) 관료제는 자주 목표의 대치현상을 초래한다고 사회학자들의 비난을 받고 있다. 즉 조직의 목적이 절차 혹은 하위목표 및 개인의 목표로 대치된다는 것을 의미한다.

① Robert Merton

그는 높은 정도의 규칙성 및 비인간성이 신뢰성과 예측성을 가져온다는 것을 인정하면서도 규칙에 지나치게 집착하는 동조과잉현상은 융통성을 저해하여 결국 조직에 도움이 안 된다고 지적하였다. 규칙과 규정이 너무 강조되어 실제로 봉사하기 위한 목적보다 더 중요하게 생각한다면 그 결과 목표의 대치현상이 발생하고 조직효과성의 감소를 가져온다는 것이다.[55] Robert Michels의 "과두제의 철칙(Iron Law of Oligarchy)"에서도 목표의 대치현상을 설명하고 있다.[56] 즉 국민에 봉사하기 위한 평등사상이 기득권 보호나 유지의 목적으로 대치된다는 것을 의미한다.

② Philip Selznick

Selznick는 다른 관점에서 수단이 목적이 될 수 있다고 관료제를 비난한다. 그에 의하면 세분화(specialization)와 분화(differentiation)는 각기 다른 목적을 가진 하위단위들을 만들 수 있다고 한다. 각기 다른 하위단위들의 목적이 자신들의 구성원들에게 중요하기 때문에 결국엔 할거주의가 발생하게 된다. 이 하위단위들 사이의 갈등의 결과로서 발생하는 것은 하위단위의 목적달성이 조직 전체의 목적달성보다 더 중요하다고 생각하여 그 결과 전체조직의 목적달성에는 차질이 발생하게 된다는 것이다.[57]

---

55) Robert K. Merton, "Bureaucratic Structure and Personality," *Social Forces*, 18(1940), pp. 560-568.

56) Robert Michels, *Political Parties, Eden Paul and Cedar Paul trans*(Glencoe, Ill: The Free Press, 1949) 참고.

57) Philip Selznick, *TVA and the Grass Roots*(Berkeley: University of California Press, 1949).

③ Alvin Gouldner

그는 목표대치현상을 다른 관점에서 지적한다. 규칙이나 규정은 바람직하지 않은 행태를 분명히 할 뿐만 아니라 최소한의 업적을 달성한다고 지적한다. 만약 조직의 목적이 고용자들의 마음 속에 내면화되어 있지도 않고, 고용자들의 마음에 내키지 않아 적극적인 행태를 유발하지 못한다면, 이를 달성하려는 규칙들은 오히려 냉담을 자극하게 된다. 즉 사람들은 규칙을 최소한 문제가 발생하지 않을 정도로 지키려고 할 것이다.

예를 들어 요즘 학생들에게 학점을 줄 때 pass 혹은 fail로 주는 경우가 가끔 있다. 이러한 경우 교수는 합격이냐 혹은 불합격이냐를 나누는 데 관심의 초점이 있게 될 것이다. 반면에 학생들은 합격성적을 받는 그 이상으로 노력하지는 않을 것이다.[58)]

④ Victor Thompson

마지막으로 그는 목적의 대치현상을 다음과 같이 설명한다. 그에 의하면 공식화가 높은 관료제는 관료제의 병리적인 행태를 유발하는 고위 관료들의 불안감을 초래한다는 것이다. 고위 관료들은 자신들을 보호하기 위하여 규칙을 사용하며 이를 방패로 규칙 이면에 숨는다. 예를 들어 상관은 조직의 경험은 많으나 젊지 않으며, 학교를 졸업한 지 오래되어 신지식을 습득할 수 있는 기회가 적어 조직 및 사회의 변화에 적절히 적응하는 데 어려움을 겪게 된다. 즉 그들의 전문지식이 부족하여 계층적 권위를 받쳐주지 못하므로 그들의 지위를 유지하는 데 부하직원들에게 불안을 갖게 된다. 오히려 부하직원들은 신지식을 습득한 대학을 갓 졸업한 인재들이라고 가정할 때 상관의 무능을 쉽게 파악할 수 있게 되며 상관은 자연히 전문적 권위를 상실하게 된다. 이러한 경우 부하직원들의 무시를 당한 상관은 자신을 보호하기 위하여 엄격한 규칙엄수, 통제강화, 폐쇄적 관료제 및 외부와의 차단 등 자신들의 권위를 보호하려는 병리적 행태가 발동하게 된다. 따라서 고위직에 있는 상관은 조직의 목적을 달성하기 위하여 하위직에 있는 전문인들에게 의존하고 이러한 의존으로부터 자신을 보호하기 위하여 점점 더 심하게 규칙을 적용하는 경향이 짙다고 한다.[59)]

---

58) A. W. Gouldner, *Patterns of Industrial Bureaucracy*(Glencoe, Ill: The Free Press, 1954).

59) Victor A. Thompson, *Modern Organization*(New York: Alfred A. Knopf, 1969).

◇ Victor Thompson의 배경

그는 1912년에 태어났으며 1939년 Washington 대학에서 학사학위를 취득하였다. 그는 Columbia 대학에서 1949년에 정치학 분야에서 박사학위를 받았고 세계 제2차대전 때는 Washington, DC에서 행정가로서 활동하고 그의 박사학위 논문을 쓰는 동안 Texas 대학에 교수로서 역임하였다. 그가 첫 정규교수로서 채용된 것은 Illinois Institute of Technology에서였다. 그 곳에서 1961년까지 정치학과의 학과장으로서 봉직하였다. Uganda를 1년간 방문한 다음 한 4년 동안 Syracuse 대학의 정치학과에서 지낸 후, 1966년에 Illinois 대학의 학과장으로 재직하고, 1971년에는 Florida 대학으로 옮긴 후 학과장이 되었으며 그 곳에서 은퇴하였다. 1950년과 60년 사이에는 Washington, DC의 여러 행정기관에서 part time 혹은 잠정적으로 일하기도 하였다. 그의 첫 책은 가격이나 분배행정에 참여한 경험을 토대로 저술한 것이며, 같은 시기에 Herbert Simon과 Donald Smithburg와 같이 행정학 교재(1950)를 출판하였다. Thompson은 1960년대까지 그의 이론적인 사고를 발표하지 않았다. 1969년에는 행정학을 전공하는 사람들에게 잘 알려진 「*Modern Organization*」을 저술하였다. 그리고 그는 약 15년 동안 그의 아이디어를 계속적으로 준비하였다. 조직행태가 출현한 때 그의 나이는 40대 중반으로 정치학과의 학과장으로서 행정학에 깊이 개입하였으며 조직행태에 관한 책들뿐만 아니라 다수의 논문들을 발표하였다. Thompson이 Columbia의 정치학과의 학생으로 있는 동안 같은 시기에 Blau는 사회학과에 있었다. 그는 조직에 대하여 공부하며 저술하기 시작하였으며 Blau와 Simon이 많은 영향을 준 것으로 본다.[60]

(2) 규칙의 잘못된 적용

목표 대치현상의 문제와 밀접하게 관련 있는 비판은 공식적인 규칙과 절차를 부적절하게 적용함으로써 바람직하지 못한 결과를 자아내고 있다는 것이다. 관료들이 상황이 변한 것을 생각지 못하고 맹목적으로 예전에 일상적으로 하여왔던 것과 같이 결정을 반복하는 그러한 분위기를 관료제는 지속적으로 만들어 나가고 있다고 비난한다. 결론은 관료제의 높은 공식화는 변화하는 환경에 적응하는 것을 어렵게 만들고 있다고 볼 수 있다.

---

60) Miner, *op. cit.*, pp. 544-545.

(3) 근로자의 사기 저하

관료제가 주는 가장 큰 희생 가운데 하나는 근로자들을 소외시킨다는 것이다. 근로자들은 그들 자신이 직무와 가깝다는 느낌을 가질 수 없도록 조직으로부터 몰인간적인 대우를 받는다. 때로는 바퀴의 하찮은 한 톱니와 같이 중요한 존재가 아니기 때문에 조직에 헌신하는 주인의식이 생기지 않는다. 업무는 너무 세분화되어 있어 다른 사람도 쉽게 배울 수 있으며 언제든지 교체가 가능하여 무력하게 되며 직업에 대한 안정성을 갖지 못한다. 아울러 업무의 전문성을 확보하기 어려우며 업무에 대한 긍지를 가지지 못한다. 따라서 관료제가 너무 공식화되면 근로자들의 소외는 높아질 것이 분명하다.

(4) 고전이론이 가장 많은 비난을 받는 것은 인간의 동기부여를 위한 모든 욕구를 배제하고 단지 경제적인 욕구에만 제한하였다는 점이다. 이러한 경제적인 동기부여가 세계공황이 일어나던 때에는 비교적 적합성이 높을 수 있으나 기본적으로 인간의 욕구가 다양하다는 것을 인식하지 못하였다는 데 비난을 받고 있다. 현대 조직이론은 작업의 내용과 관련된 성취욕구, 인정, 책임감 또는 승진 기회도 경제적인 욕구 못지않게 동기부여의 요소로 고려하고 있다.

(5) 조직관리의 고전이론은 많은 비평을 받았다. 특히 1945년에 처음으로 발간된 Simon이 저술한 「*Administrative Behavior*」에서 비평한 내용들은 많은 관심을 끌었다. 고전이론들이 제시한 행정의 원리는 격언과 같다는 치명적인 결함을 지적하였고 거의 모든 원리에서도 가능하고 용인할 수 있는 모순이론을 발견할 수 있다고 하였다.

(6) 고전 모델들은 환경적인 영향을 고려하지 않는 관계로 환경과의 상호작용 및 상호의존을 고려하지 못하는 폐쇄체제에 의존한다. 환경과의 상호작용은 조직이 생존하기 위하여 필요한 inputs를 공급 받고 outputs는 산출을 의미한다. 또한 feedback mechanism을 통하여 조직은 필요한 정보를 얻으며 의사소통을 할 수 있기 때문에 시민들에 책임, 책무와 부응성을 지켜 나가는 데 유리하다. 그러나 고전이론은 폐쇄체제이기 때문에 이러한 장점을 활용할 수는 없다.

(7) 관료제는 변화나 개혁에 둔감하다. 관료제는 순응성이 강하고, 작업의 표준화 및 일상화를 찾기 때문에 융통성이 부족하고 변화를 원하지 않는 경향이 있다는 것이다. 또한 대규모 조직은 작은 조직보다 움직이는 데 민첩하지 못하기 때문에 변화에 적응하기 어렵다. 그러므로 21세기 변화의 신속함에 따라 조직의

슬림(slim)화는 불가피하며, 작은 것이 아름답다는 말은 공공조직에서도 자주 거론되고 있다.

① Michel Crozier

프랑스의 행정학자인 Crozier는 조폐공장의 직원들을 대상으로 행태적 접근을 한 결과 규율(혹은 권위)의 악순환 이론(Vicious Cycle of Rules or Authority)을 발표하고 관료제는 잘못을 인정하나 고칠 수 없는 조직이라고 결론을 내렸다.[61] 즉 조직이 엄격한 규율이나 계층에 의하여 운영된다면 조직은 경직될 수밖에 없으며 자연히 비융통성 및 변화에 둔감한 분위기를 조성하여 결국에는 비능률성, 비생산성을 초래한다는 것이다. 따라서 조직은 이러한 비능률성을 시정하기 위하여 새로운 규칙이나 권위가 필요하나 결국에는 더 높은 비능률성을 낳기 때문에 이를 시정하기 위하여 더 강하고 엄격한 규율을 만들어야 하는 악순환을 거듭한다는 것이다.

② Warren Bennis

관료제에 대한 비판적인 논쟁으로 가장 잘 알려진 "관료제는 그 운명을 다했다"는 사회심리학자인 Warren Bennis[62]의 논문 주제이다. 그리고 논문을 다시 수정하여 관료제를 비판하는 분석을 하였다.[63] 다음은 Bennis가 주요한 논쟁으로 다루었던 관료제는 시대에 뒤떨어진 구식이며 사라지고 있다는 논쟁점을 요약하였다.

이미 지적하였듯이 사람들은 시대의 요구 및 가치관에 알맞는 조직의 형태를 발전시킨다. 19세기와 20세기 전반을 지배하였던 조직의 형태는 관료제로 알려졌다. 이 관료제 모델은 산업혁명 초기의 관리관행으로 거의 통용되었던 개인적인 종속, 연고자 편중, 잔인성, 그리고 일관성이 없고 주관적인 판단에 반대하면서 발전하기 시작하였다. 관료제는 질서, 정확성, 공정한 대우를 원하는 근로자의 요구를 충족시키기 위한 조직의 필요에 의하여 만들어졌다. 그러나 이 조직의 형태는 빅토리안 시대(Victorian era)에 적합한 조직의 형태이나 오늘날 시대의 상황은 그 당시와 일치하지 않으며 많이 변하여 왔다.

---

61) Michel Crozier, *The Bureaucratic Phenomenon*, Chicago, IL: University of Chicago Press(1964).

62) Warren G. Bennis, "The Coming Death of Bureaucracy," *Think*(November-December 1966), pp. 30-35.

63) Warren G. Bennis, "A Funny Thing Happened on the Way to the Future," *American Psychologist*(July 1970), pp. 595-608.

Bennis는 관료제의 문제점으로 다음 네 가지를 지적하였다:

(1) 빠르고 예측할 수 없는 변화

관료제의 장점은 안정되고 예측할 수 있는 환경에서 일어나는 일상적이고 예측할 수 있는 업무를 능률적으로 해결할 수 있는 능력을 가지고 있다. 그러나 명확한 명령계통, 규칙 및 경직성의 특징을 가지고 있는 관료제는 환경이 요구하는 빠른 변화에는 적응하기 어렵다.

(2) 규모의 성장

규모가 증가하면 항상 복잡한 요인들이 개입되고 실제적으로 관료제의 피라미드 구조는 제한 없이 높아간다. 규모가 늘어나면서 증가된 행정계층, 엄격한 통제, 더욱 강한 몰인간성 그리고 낡은 규칙들, 즉 조직의 성장을 둔화시키는 이러한 요인들이 일어난다.

(3) 다양성의 증가

오늘날의 직업들은 다양하고 고도의 전문적 능력을 가진 사람을 요구한다. 재촉하는 성장, 빠른 변화, 복잡해 가는 전문성 등은 관료제의 명확한 명령계통, 엄격한 규칙 및 절차 그리고 몰인간성 등과는 양립되지 않는다.

(4) 관리행태의 변화

관리자들은 철학에 있어서 미묘하나 지각할 수 있는 변화를 경험하고 있다. 이러한 변화는 관료제의 이념과 일치하지 않는다. 특히 관리자들은 관료제의 기계적인 인간관과 다른 복잡하고 변화하는 욕구를 가지고 있는 새로운 인간관의 개념으로 변화하고 있다. 권력도 강압과 위협에 토대를 두고 있는 권력의 모델이 아니라 협조와 이성에 근거를 두고 있는 새로운 권력의 개념으로 변하고 있다. 조직의 가치도 관료제의 비인간적이고 기계적인 가치체제에서 인간적이고 민주적인 이상에 기초하는 것으로 변화하고 있다. 따라서 관료제는 이러한 변화의 추세에 적응해야 한다.

결론적으로 Bennis는 관료제 구조는 현대조직의 요구를 고려하여 너무 기계적이라고 보았다. 그리고 관료제 구조는 안정적인 환경에 적합하고 현대는 변화에 효과적으로 반응하기 위하여 설계된 구조가 적합하기 때문에 사라질 수밖에 없다고 지적하였다.

9. Bennis에 대한 Miewald의 반박

Bennis의 논문을 반박하면서 Robert Miewald는 관료제는 변화하고 동태적인 환경에 적응할 수 있다고 주장한다.[64] 그에 의하면 관료제에 대한 우리의 관점은 Weber가 지적한 관료제의 특징에 너무나 사로잡혀 있다. Miewald에 의하면 Weber는 천재이기는 하지만 예언자는 아니고 관료제의 특징들이 가져올 수 있는 모든 상황을 예측할 수 없는 것은 당연하다. 그에 의하면 Weber의 관료제 모델은 산업화에 적응할 수 있는 사회의 조직문제를 분석하는 데 필요하고 지극히 중요한 도구를 제시하였다고 본다.

관료제가 소위 새로운 시대에 적응할 수 있을까? Weber는 그의 이상적 형태가 보편적이고 영구불멸한 형태라고 언급한 적은 없다. 단지 그의 의도는 사람들의 업무가 합리적인 기대에 따르게 하는 것이다. Weber가 19세기의 기술 및 독일의 권위주의적인 경향에 익숙한 점을 감안한다면 그가 관료제를 기계적으로 생각하게 된 것은 너무나 당연한지 모른다. 그러나 Weber가 요즘에 사람의 행태를 통제하는 새로운 방법이 고안되었다는 것을 안다고 하더라도 그리 놀라지는 않을 것이다. 관료제는 능률성의 상징이며 그가 한 것은 과학적으로 능률의 개념을 도출하는 것이었다. 그 당시 그는 기계적인 관료제가 합리성을 조직에 적용하는 가장 능률적이고, 과학적으로 최대한 올바른 의사결정을 약속하여 줄 것이라고 믿었다.

오늘날 소위 후기관료제 상황과 Weber의 관료제가 의미하였던 상황과 실제로 얼마나 다른가? Miewald에 의하면, 기본적인 명제에 있어서 전혀 다른 면이 없다고 지적한다. 관료제 이후의 체제는 약간의 수정을 한 것을 제외하면 Weber의 모델에 지나지 않는다.

관료제는 죽지 않는다. 만약 Weber가 오늘날 이 세상에 있다면 그는 관료제는 대단히 건전하게 존재하고 있다고 말할 것이다. 그의 모델의 몇 가지 요소들은

64) Robert D. Miewald, "The Greatly Exaggerated Death of Bureaucracy," *California Management Review*(Winter 1970), pp. 65-69; Stephen P. Robbins, *Organization Theory: Structure, Design, and Applications*, 3rd ed., Prentice Hall, Inc. Englewood Cliffs, New Jersey 07632(1990), pp. 320-321(재인용).

오늘날 맞지 않는 것은 사실이다. 그러나 상황이 변하였다는 사실을 이해한다면 어느 정도 쉽게 용인할 수 있는 문제다. 그렇다면 세상은 어떻게 변하였는가? 권위가 계층보다는 지식에 기초하고 있는 조직을 다루기 위한 새로운 모형이 만들어져야 한다. Miewald에 의하면 전문관료제(Professional Bureaucracy)가 그러한 수정의 분명한 실례라고 한다. 합리성은 외부로부터 강요된 것보다는 근로자들의 전문화를 통하여 내면화되고 권위는 위로부터가 아니라 자체 통제에 의하여 대체된다.

Weber의 중요한 목적은 합리적이고 효과적인 형태를 창조하는 것이다. 그것이 관료제이다.

10. 관료제의 불가피성

우리는 위의 Bennis와 Miewald의 설득력 있는 주장들을 검토해 보았다. 반면에 관료제가 우리 주변 도처에 산재되어 있다는 것은 무엇을 상징하는가?

1) 기술, 환경 등에 관계 없이 조직활동을 하는, 즉 기업, 병원, 학교 및 대학, 군대조직 등 관료제의 형태를 띠지 않은 조직은 없다. 이러한 경향으로 보아 관료제는 가까운 장래 우리가 발견할 수 있는 어떠한 조직보다도 우수하다고 주장하는 학자도 있다.

2) 대 규 모

성공하고 생존하는 조직은 대규모화하는 경향이 있다. 얼마 전까지 학계는 물론 우리 사회에서 작은 것이 아름답다(Is Small Really so Beautiful?)는 말이 유행어처럼 퍼져 있었으나 21세기 정보사회로 접어들고 경제가 하나로 통합되는 현실에서 큰 것이 아름답다(Fat is Beautiful)는 말도 설득력이 있는 것으로 대두되고 있다. 조직의 성장은 신속성만이 중요한 변수인 것만은 아니다. 오히려 경쟁력을 확보하기 위하여 대규모 조직이 유리할 수도 있다. 실제로 Newton에 의하면, 민주주의는 작은 조직보다 재원이 풍부한 대규모 조직에서 주민이 필요한 서비스를 제공하며, 대중매체를 발전시켜 정보를 서로 널리 그리고 쉽게 공유할 수 있도록 의사소통이 용이한 조직에서 더 발전한다는 연구결과도 있다.[65] 작은 조

65) Herbert M. Levine, *Public Administration Debated*, Prentice Hall(1988), pp. 101-113.

직은 만들어지고 소멸되었으나 대규모 조직은 그대로 생존하는 경향이 있다. 예를 들어 Newton은 그의 논문 "Fat is beautiful"에서 참새나 쥐나 혹은 코끼리나 기린 가운데 누가 더 오래 사는지를 규모가 적은 조직과 대규모 조직으로 비유하면서 질문하면서 그는 당연히 큰 동물, 대규모 조직이 오래 사는 것은 무엇을 의미하는가를 물었다.[66] 대부분 능률적인 대규모 조직이 오래 존속했다. 때로는 조그만 것이 반드시 아름답지는 않다.

3) 경쟁의 우월성

우리 사회에는 다양한 조직의 형태가 있다. 모두 서로 다르지만 그들은 효과적이고 다른 조직의 형태와 경쟁하기 위하여 각기 유리하다고 생각하는 요소들을 포함한다. 이러한 조직 가운데 관료제의 구조적 특징이 결과를 달성하는 데 성공적이기 때문에 자연적으로 관료제가 선택된 것이다. 반면에 비관료적 조직형태는 경쟁력을 확보하지 못하여 경쟁에서 탈락되었다. 따라서 관료제는 결국 우리 사회를 지배할 것이고 다른 모든 조직형태와는 달리 관료제는 가장 능률적이며 다른 형태의 조직이 경쟁에서 비교우위를 확보하기 어려운 실정이라는 것이 오늘날의 공론이다.

4) 변하지 않는 사회적 가치

관리자의 철학이 인간주의로 변하고 있다는 주장을 한 Bennis와는 달리 북아메리카 사람들의 가치는 법과 통제를 좋아한다. 필사의 견해이지만 미국도 법의 권위주의 사회이다. 실제로 법이 모든 것으로 통하는 사회이다. 전통적으로 그들은 목적 지향적이고 권위적인 구조에 익숙하다. 부모는 가정을 통제하고, 교회는 질서와 합리성, 학교는 질서와 규칙성을 강요한다. 북아메리카 사람들은 강하게 개인의 자유를 믿는 반면 자유는 규칙과 규정에 대한 복종을 요구한다는 것을 인정한다. 관료제는 질서와 통제의 가치와 일치한다.

5) 전문 관료제의 탄생

Weber의 기계적 관료제 같이 전문적 관료제도 비슷한 정도로 표준화를 제공한다. 그러나 조직의 기술적 전문성과 지식기반 산업의 급속한 팽창으로 인

66) Ibid, pp. 102-103.

하여 지식의 필요성 증가는 전문 관료제의 발전을 초래하였다. 관료제는 지식의 혁명과 같은 어떠한 위험에도 수정 보완하면서 잘 적응하는 능력을 발휘하여 왔다.

6) 관료제는 통제를 유지하게 한다.

높은 표준화는 통제를 가능하게 하여 준다. 우리가 권력과 통제적인 관점에서 관료제가 대규모 조직의 통제를 유지하기 위하여 구조적으로 가장 효과적인 수단이기 때문에 가장 선호하는 조직이다.

결론적으로 모든 이러한 주장들을 감안하여 볼 때 관료제가 사라질 가능성은 희박하다.

관료제는 노동의 분업, 권위의 계층, 높은 공식화, 몰인간성, 실적주의, 경력과정, 사적 및 공적의 명확한 구별 등의 특징을 가지고 있는 조직형태이다. 기본적으로 두 가지 형태의 관료제가 있다. Weber의 기계적 관료제는 높은 복잡성, 공식화 · 집권화 등의 특징이 있으며, 전문 관료제는 조직이 고도의 전문성을 가진 전문인을 채용하였을 때를 의미한다. 전문 관료제는 Weber의 모델이 추구하는 것과 같은 목적을 달성하지만 방법에 있어서 내면화된 전문성을 토대로 한 광범위한 분권과 상호존중 문화에 의존한다.

제 6 절 인간관계학파

1. 전통적 관리에 대한 재조명

인간관계론 역시 주요 관심은 조직의 생산성을 향상시키는 것이다.

관료제의 본질적인 역기능을 감소시키는 방법들을 찾아내는 것이 조직이론가들에게는 중요한 임무가 되었고 이러한 시도의 하나는 인간관계론 접근법이라고 볼 수 있으며 대표적인 학자로 Elton Mayo, Fritz Roethlisberger, William Dickson이 있다.[67] 특히 Mayo는 실험에 기초하여 인간행태의 복잡성을 가정하

67) Elton Mayo, *The Human Problems of an Industrial Civilization*(Cambridge: Harvard

였다. 사람들은 서로 다른 개인적인 필요, 희망 그리고 가치관을 가지며 동료들에 의하여 많은 영향을 받는다. 그들의 사회학적 · 심리학적 및 생리학적 특징들은 비공식조직의 맥락에서 더 잘 관찰될 수 있으며 이해될 수 있다.

인간관계학파에서는 조직이론을 위한 분석의 초점을 개인에게 두었으며 궁극적인 목적은 인간 중심적인 조직을 설계하는 것이었다. 1927-1932년에 수행한 호오손 실험(Hawthorne Experiment)과 집단역학에 대한 연구는 작업장의 사회심리학적 요인들의 중요성에 대한 통찰력을 보여주었다. 그들은 참여관리, 근로자의 자아존중의 향상 그리고 조직의 인간관계 향상의 잠재적 가치를 강조하였다. 많은 학자들이 그러한 요소를 강조하기 시작하였다.

Abraham Maslow, Robert Golembiewski, Chris Argyris, Rensis Likert, Warren Bennis, Douglas McGregor, Robert Presthus 등과 같은 대표적인 학자들이 인간성 발달에 많은 관심을 가지고 연구하였다.

대략 그들의 연구를 종합하면 다음과 같다:

1) 관료제는 인간성 성장이나 성숙된 성격의 발전을 허용하지 않음

2) 동조과잉과 집단사고(group-think)의 위험성

3) 비공식조직과 예기치 못한 문제를 고려하지 못함

4) 쇠퇴하고 시대에 뒤떨어진 통제와 권위체제

5) 적절한 사법적 과정의 결여

6) 직원과 특히 기능 집단간의 차이나 갈등을 해결하는 적절한 수단의 결여

7) 의사소통 혹은 창의적인 사고들이 계층제로 인하여 빙해받거나 왜곡됨

8) 관료제하에서 인적 자원들이 불신, 공포 혹은 보복 등 때문에 충분히 활용되고 있지 못함

9) 관료제 내에 새로운 기술과 전문인 혹은 과학자들의 유입이 원활치 못함

10) 관료제는 사람들을 우둔하며 미래가 밝지 못하는 과거습관에 젖어 있는 조직인이 되도록 성격구조를 변화시킴[68]

인간주의자들은 개인의 필요를 만족시키며 융통성과 적응성을 최대화시켜

University Press, 1933); F. J. Roethlisberger and William Dickson, *Management and the Worker*(Cambridge: Harvard University Press, 1939).

68) Warren G. Bennis, "Beyond Bureaucracy," in Bennis, *American Bureaucracy*(New York: Aldine, 1970), pp. 3-6.

주는 조직을 설계하려고 노력하였다. 특히 그들이 강조한 개념들은 직무만족, 직무확충, 민주적 관리, 자아실현 등으로 고전이론들이 주장한 개념들과 반대되는 개념들을 다루었다.

고전주의자들이 주장하고 있는 조직의 목적은 최대의 능률성을 추구하는 것과 같이 인간주의론도 그와 유사한 주장을 하고 있으나 접근방법에는 차이가 있다. 인간관계론은 인간을 유기체로 보고 개인의 욕구를 최대한 만족시키므로 조직의 생산성을 극대화할 수 있다고 믿는다. 반면 인간의 욕구를 최대한 만족시키려는 것과 조직의 목적인 최대의 능률성이 때로는 마찰을 가져올 수 있다는 것을 간과할 수 없다.

2. Hawthorne 연구

조직관리에 대한 인간관계론 접근법은 1927년 Illinois주에 있는 Hawthorne Western Electric Company의 공장에서 행한 호오손 연구로부터 시작하였다. 호오손 연구는 복잡한 일련의 실험과 그 실험의 결과들에 대한 학문적 및 잘 알려진 보고서들을 포함하였다. 이 연구는 Elton Mayo, Roethlisberger와 Dixon이 수행하였는데, 고전적 이론과 다른 결과를 발표하였다.

1) 물리적인 환경의 변화가 생산성에 변화를 가져왔는지 조사하였으나 의미 있는 관계가 나타나지 않았다.

2) 본 연구를 통해서 근로자들의 태도나 감정이 중요하다는 것을 발견하였다. 분명히 근로자들의 반응은 일 자체의 의미에 따라 달라지며 작업환경의 변화가 근로자들에게 크게 영향을 미치지 못했다.

3) 근로자들을 이윤만으로 동기부여되는 경제적인 사람들로 보는 관점은 설득력이 없었다. 근로자들의 행태는 감정과 여론을 떠나서는 이해할 수 없었다. 근로자들의 감정을 탐색하기 위하여 두 가지의 요인이 필요한데, 하나는 사회적 상황과 가치관이며 다른 하나는 다른 근로자, 감독자 및 작업집단과 같이 일하면서 갖는 만족감이라고 결론을 맺고 있다.[69]

이와 같이 인간관계이론은 조직을 태도, 가치관, 행태 등이 조직외부와의

69) F. J. Roethlisberger, "Management and Morale," *In Classics of Public Administration*, edited by Jay M. Shafritz and Albert C. Hyde, Oak Park, IL: Moore, 1978, pp. 74-75; Jreisat, *Public Organization Management*, pp. 94-95(재인용).

관계 그리고 조직내부의 비공식집단에 의하여 형성되는 개인들로 구성된 사회체제로 간주하였다. 인간관계론 접근법하에서 조직이론의 초점은 비공식조직으로 변경되었으며 공식적 조직의 목적을 달성하기 위하여 비공식조직을 활용하는 문제가 중요하게 대두되었다.

호오손 연구는 현재까지 작업장에서 사회 심리적 요소들의 중요성에 대한 가장 의미 있는 연구로 간주되고 있다.

3. Chester Barnard와 Herbert Simon

1) Chester Barnard

전화회사의 관리자에서 조직이론가로 변신한 Barnard는 행정관리학파에 대한 주요한 비평을 하였고, 조직에 대한 연구의 방향을 변하게 하였다. 그는 조직론 학자들이 조직의 과정, 사람, 환경, 리더십 그리고 목적과 가치에도 관심을 갖게 하였다. 1930년대 이래 미국의 사회과학 분야에서 가장 영향력 있는 책 가운데 하나는 Banard의 「*The Function of the Exceutive*(1938)」라고 할 수 있으며, Barnard는 호오손 연구와 관련된 Harvard group 멤버들의 격려에 의하여 집필하였다.

Barnard는 조직을 의식적으로 둘 혹은 그 이상의 사람들의 조화된 활동의 체제라고 정의하였다.[70] 이 정의는 고전이론가들의 관점과 큰 차이를 보여준다. Barnard는 리더들이 어떻게 조직에 근본적으로 협동적인 활동을 유도하고 조정하는지에 초점을 두었다. 그는 조직을 조직이 제공하는 보상을 교환하면서 개인들의 참여와 노력을 이끌어낸다는 의미에서 '유인의 경제'로서 특징된다고 하였다.

행정학의 초기에 조직과 관리를 행태적으로 접근한 Barnard는 고전 조직이론과는 달리 조직의 모든 계층에 있어 행태의 근본적인 요인으로 비경제적 동기부여, 관심 및 과정뿐만 아니라 경제적 요인을 인정하였다. Barnard는 유인들(incentives)의 분류를 제시하였는데, 그들은 단지 금전, 물리적 및 사회적 요소들뿐만 아니라 권력, 명예, 이상의 실현, 공리적 동기, 효과적 혹은 유용한 조직의 참여 그리고 많은 다른 것들도 포함한다. Barnard는 동기부여의 경제적 요인이 특히 의사소통, 설득과 같은 관리자의 다른 중요한 기능과 관련이 있는 것으로 보았다. 설득과정은 의사소통의 과정을 필요로 한다. 또한 그는 공식조직과 비

70) Barnard, *op. cit.*, p. 73.

공식조직을 구별하였으며, 이들이 조직의 성공을 위하여 서로 관련이 있고 필요한 것으로 보았다.

Barnard는 고전 조직이론과는 다른 개념화를 제시한 초기의 학자였다. Barnard는 처방적인 원리를 말하기보다 조직의 경험적 현실을 기술하려고 하였다. 그의 접근법은 그 당시 유명한 사회과학의 학자인 Herbert Simon을 포함하여 많은 학자들의 관심을 끌었다. Barnard는 호오손 연구에서 발견한 개념들을 확장시켜 조직을 협동과 집행관리라고 하는 그의 조직이론에 접목시켰다고 요약할 수 있다.

2) Herbert Simon

Simon은 Barnard보다 더 직접적으로 행정관리학파를 공격하였다.

Simon은 1946년 행정학회지에 발표한 논문 "행정의 격언(The Porverbs of Administration)"에서 행정관리학파들의 행정원리가 모순되고 모호하며, 그리고 행정의 격언에 지나지 않는다고 비평했다. 그는 원리들을 불분명하고 유익하지 않은 진부하고 평범한 처방으로 보았기 때문에 원리들을 격언으로 비유하였다. 그리고 격언들이 서로 모순된다고 지적하였다. 예를 들면 전문화의 원리가 사람들의 기능, 고객 혹은 장소에 따라서 전문화되어야 하는데 이를 구체화하지 못하고 서로 중복되는 것을 볼 수 있다고 하였다. 한 부하가 전문화에 속하는 상관에게 보고하여야 되는 경우 전문화는 명령 통일의 원리와 모순된다. 예를 들면 만약 한 학교가 전문가인 회계사를 두고 있다면 그 회계사는 교육자에게 보고해야 한다. 이 두 원리는 서로 갈등한다. 비슷하게 통솔 범위(span of control)의 원리는 역시 명령통일(unity of command)의 원리와 갈등한다. 대규모 조직에서 좁은 통솔의 범위는 많은 계층의 수를 요구한다. 각 부서의 감독을 위하여 감독자를 가진 많은 소규모의 업무단위 부서들이 있게 된다. 그렇다면 그 계층에 좁은 통솔의 범위를 지키기 위하여 감독자들 위에 감독자들이 있게 된다. 그리고 그 감독자들을 통제하기 위한 감독자들이 있게 되어 계층의 수는 늘어난다.

그 결과 조직의 상향적 · 하향적 그리고 교차하는 의사소통을 어렵게 만들며, 권위의 명확하고 직접적인 계층라인을 유지하는 것을 어렵게 한다.

Simon은 그의 저서인 「행정의 행태」에서 합리성을 부인하였으며 합리성의 한계에 대하여 주의 깊게 분석해야 한다고 주장하였다. 간단히 말하여 조직분석을 위한 그의 주요한 초점은 의사결정을 위하여 더 많은 경험적 · 분석적 접근법이 필요하다고 주장하였다.[71)]

물론 행정관리학파들의 공헌을 무시하는 바는 아니지만 Simon의 행정관리학파에 대한 비평은 너무나 강하여 행정학 분야에 많은 영향과 연구의 방향을 변화시켰다. 그는 공식적인 처방 혹은 원리보다는 오히려 실제적인 행태의 분석을 강조하였다. Barnard와 같이 Simon은 명예, 권력, 그리고 물리적 동기부여 이외에 공리적 서비스와 같은 동기부여와 설득, 추상적인 동기부여의 복잡한 과정에 깊은 관심을 나타내었다.

그는 근본적인 문제인 불확실과 복잡성 가운데 어떻게 의사결정이 만들어지는지에 지속적인 관심을 나타낸 것으로 보인다. 행정학의 고전관리이론들은 행정가들이 조직의 가장 능률적인 결정을 선택하는 데 합리적일 수 있으며, 있을 것이라는 가정을 믿고 있다.

그리고 많은 경제학 이론들은 사람이 경제적인 존재라고 가정한다. 즉 기업과 개인들은 이윤과 개인의 이익을 엄격하게 극대화한다는 가정에 기초하고 있다. 그러나 Simon은 행정환경에 불확실성이 존재하며 행정인(administrative man)들은 합리성이 인식적(cognitive)인 제한을 벗어날 수 없다고 주장한다. 엄격히 말하여 의사결정을 위한 정보나 시간이 제한되어 있고, 인간의 인식력의 한계는 모든 정보들을 수집하고 모든 대안을 고려하는 데 제한되어 있기 때문에 합리적 결정과 선택은 복잡한 상황에서는 불가능하다. 대부분의 경제이론은 의사결정의 행태를 극대화하는 것을 가정하는 반면 Simon은 새로운 개념을 제시하였다. 극대화보다는 행정인은 만족을 추구한다는 것이다. 만족(satisficing)은 제한된 정보와 시간 내에서 의사결정을 극대화하기 위하여 제한된 일련의 대안들 중에서 가장 만족할 만한 것을 선택하는 것을 의미한다. 그와 같이 행정가는 합리적인 결정은 불가능하기 때문에 합리적 결정을 극대화하지는 않는다. 행정가들은 가능한 시간, 자원 그리고 인식력의 제한 내에서 가장 좋은 결정을 만든다고 말할 수 있다. March와 Simon은 후에 다른 영향력 있는 책인 「*Organizations*」을 저술하였는데, 그들은 근로자들이 조직에 동참하고 머물며, 그 조직에서 생산직 근로자들의 의사결정에 영향을 미치는 요인들에 대하여 광범위한 제안들을 하였다.

71) Herbert A. Simon(1957), *Administrative Behavior*, 2nd Ed., The Macmillan Company, pp. 1-3.

Simon은 행정환경에서 행정학을 의사결정의 개념으로 본 최초의 학자이며 후에 경제학 분야에서 노벨상을 수상하였다.

4. Kurt Lewin

인간관계이론의 다른 중요한 발전은 심리학자인 Kurt Lewin에 의하여 1930년대에 시작되었는데, 그는 나치의 피난민으로 미국에 도착하였다. Lewin은 그 당시 가장 영향력 있는 사회학자로 인정받았으며, 개인들의 특성과 주어진 시간에 개인들에게 영향을 주는 조건인 '장이론(field theory)'과 '위상적인 심리학(topological psychology)'을 발전시켰다. 이 둘의 역할로 사람들의 행위를 설명하고자 하였다.

Lewin은 개인들에게 영향을 주는 근원을 찾기 위하여 그의 관심은 집단행태와 집단들 그리고 개인들의 변화과정에 의존하였다. 그는 집단 내의 권력, 의사소통, 영향력, 그리고 응집력을 연구하였으며, 여러 해 동안 집단들과 조직변화를 분석하는 데 의미 있는 개념을 발전시켰다.

사람들은 3단계를 통하여 집단압력의 전체 장을 변경시켜야 한다는 것이 그의 가정이다. 첫째, 변화에 저항하는 힘을 녹이고(unfreezing), 둘째, 변화(changing)하는 단계는 집단을 새로운 균형상태로 이동한다. 마지막으로 재동결(refreezing)과정을 통하여 새로운 균형에 정착한다.

Lewin은 잘 알려진 집단역학을 실험하였으며 '행동연구(action research)'를 수행하였다. 2차대전 동안 Lewin은 자원을 보호하는 방법으로 먹지 않았던 음식의 소비를 권장하는 연구를 진행하면서 전쟁을 도우려고 하였다. 그는 가정주부들에게 음식을 만드는 데 소의 내장을 사용해야 된다는 것을 납득시키려고 실험하였다. 그는 가정주부로 집단을 형성하고 변화에 유리한 정보를 그들에게 제공하였다. 그리고 나서 그들은 그 문제를 논의하였고, 발표하였으며 그리고 변화에 대한 관심을 결의하였다(unfreezing). 그런 다음 그들은 소의 내장을 더 활용해야 한다는 동의에 도달하였다(changing). 그 가정주부들이 그렇게 하기 위하여 공약을 한 집단에서 공약을 하지 않은 집단보다 더 많은 사람들이 새로운 행태를 채택하였다. 집단의 공약은 재동결(refreezing), 즉 새로운 균형점에 집단의 압력을 행사한 한 예이다.

집단과정의 연구에 흥미를 가지고 있는 사회과학자들의 리더로서 Lewin은 MIT에 집단역학(Group Dynamics)연구소와 집단과정의 훈련을 주도하기 위한 연구소로 National Training Laboratory를 설립하였다.

Lewin의 연구는 인간의 행태를 분석하는 데 통제집단을 사용하는 것과 같은 실험적 방법을 시도한 학자들에 속한다. Lewin과 그의 동료들은 집단과정에 대한 정교한 실험을 하여 실험적 사회심리학의 발전에 기여하였다. 이 당시 많은 실험연구가 있었는데, 특히 변화하는 결정에 참여한 집단이 참여하지 않거나 제한된 참여를 한 집단보다 더 효과적으로 그리고 더 쉽게 변화를 성공적으로 수행한다는 것을 발견하였다. 이러한 종류의 실험들이 산업심리학과 조직행태의 발전에 많은 영향을 주었다. 그 후 그들의 업적은 조직발전 분야에 기여하였으며, 또한 1960년대와 1970년대에 T-groups, Sensitivity Sessions 그리고 Encounter-Group Techniques의 광범위한 사용을 초래하였다.

5. 인간관계론의 영향

인간관계론은 조직과 관리분야에 의미 있는 지식과 실용적인 영향을 주었다고 볼 수 있다. 이들은 고전 모델을 신랄하게 비평을 하였으며 인간과 조직에 대한 근본적인 가정을 제시하기도 하였다. 인간관계이론은 관료제나 고전이론들이 개인의 성장과 발전을 가져오기 어려우며 비공식조직을 고려하지 않았다고 지적하였다. 더욱이 관료제를 포함하는 고전이론들은 조직 내부의 갈등 혹은 새로운 기술의 동화를 해결하려는 적절한 방법도 없이 단순히 권위와 통제에 더 흥미를 가지고 있다고 비난하였다.

인간관계이론에 속하는 많은 학자들이 있으나 그 가운데 대표적인 학자는 Douglas McGregor, Chris Argyris 그리고 Rensis Likert 등이 있다. 이들은 특히 인간관계론 학파의 근본적인 개념을 발전시켰다. McGregor는 미국의 조직관리의 양극 체제인 Theory X와 Theory Y를 제시하였다. Likert는 미시간 대학의 사회과학연구소에서 많은 연구를 한 후 그의 관리안을 발전시켰다. 그는 1961년 미국 기업들과 정부에서 가장 좋은 결과를 달성하고 있는 관리자들의 관리의 원리와 실무를 조사하여 조직의 새로운 이론으로 불리는 이 이론의 개념화와 주작화를 포함하는 유명한 책인 「*New Patterns of Management*」를 출간하였다. Likert

의 모델에 중심적인 것은 조직의 체제를 4타입으로 분류한 것이다. 그의 분류는 착취적(exploitative), 자비적(benevolent), 상담적(consultative) 그리고 참여적(participative) 권위주의 체제이다. 이 4체제들은 동기부여의 영향력, 의사소통, 상호작용의 영향, 의사결정, 목적설정, 통제 그리고 성과에서 다르다. 참여집단체제하에서는 전체적으로 조직에 더 큰 영향이 미치며, 결과적으로 성과는 전반적으로 더 효과적이 될 수 있다. Rensis Likert의 이론 형성은 행태적 인도주의 전통에서 가장 잘 알려진 사람들에 속한다.

◇ Likert의 배경

Likert의 이론적 형성은 그가 미시간 대학의 Institute for Social Research의 director로서 오랫동안 근무하면서 이루어졌다. 그는 미시간 대학에서 Civil Engineering 전공으로 공부하였다가 학위는 사회학에서 취득하였다. 그는 다시 Columbia 대학의 심리학과에 입학하여 그 곳에서 1932년에 사회심리학 분야에서 박사학위를 받았다. 그는 New York 대학에서 한동안 가르친 다음 Hartford Connecticut에 있는 Life Insurance Agency Management의 연구직으로 옮겼으며, 그 후 Washington에 있는 농무성의 프로그램 설문조사 분과를 관리하기 위하여 자리를 바꾸었다.

1948년에 집단역학을 위한 research center는 Michigan 대학을 은퇴할 때까지 Likert가 관리하였던 Institute for Social Research와 합병하였다. 67세에 Likert는 Renis Likert Associates를 만들어 78세인 1981년 타계할 때까지 적극적으로 활동하였다. 그는 자신이 Mayo, Hawthorne 연구자들, Mary Parker Follet에 의하여 많은 영향을 받았다고 한다. 그는 Frederick Taylor와 같은 고전관리학자들에 의하여 발전된 이론들에 별로 찬성하지 않았다. 그리하여 경영학과에서 가르친 일이 없었으나 경영학 문헌에는 많은 논문들을 발표하였다.[72)]

1) 인간관계이론과 공공조직

인간관계이론은 공공조직보다는 기업조직에 더 많은 영향을 끼친 것으로 보여진다. 행정학은 학문의 발전 초기에 인간관계이론에 의하여 크게 영향을 받지는 않았다. 그러나 점진적으로 기업조직의 영향은 관리자들의 관리태도와 근로

72) Miner, *op. cit.*, p. 360.

자들의 요구에 변화를 야기하였다. 예를 들면 의사결정에 근로자들의 참여, 작업조건의 개선, 안전, 인정, 만족, 동기부여 등과 같은 인간관계이론의 주장들이 지속적으로 현대관리체제에서도 거론되고 있다.

특히 행정학 분야에서 인간관계이론의 영향은 최근 조직론에서 나타나는데 인간관계이론의 관점인 조직발전(organizational development), 팀빌딩(team building), 직무확충 등이 공공조직에 반영되고 있다. 인간관계이론에서 주장하는 근로자 중심관리(employee-oriented management) 방법들이 공공조직에 적용되지 않았다는 것은 아니다. 그러나 공공조직의 관리자들은 사조직의 관리자들과 다른 환경에서 근무하고 있다. 공공조직은 거의 법과 규정에 따라 조직화되어 있고 권위는 계층제의 계급에 놓여 있다. 공공조직은 대체로 서비스를 전달하는 반면 사조직의 서비스산업은 제조업 분야들이기 때문에 관리전략도 다를 것이다. 오히려 제조업 분야에서 인간관계이론 가운데 근로자 중심적인 관리가 많은 생산성을 가져올 수 있는 전략이 될 수도 있다.

공공관료제의 구조나 문화를 참작하여 볼 때 비민주적인 잠재적 특징을 많이 가지고 있는 것은 부인할 수 없다. 민주주의 정치이론에 의하면 관료제의 민주화는 내부 및 외부의 정치체제들의 영향에 의하여 가능하다고 한다. 이러한 민주화의 과정은 근로자들의 자체 관리나 의사결정에 전원 참여함으로써 권력을 공유하는 관리의 민주화와는 다르다. 행정의 책임성과 책무성을 높이고 서로 신뢰할 수 있는 분위기를 만들기 위하여 공식적이고 엄격한 계층제 조직을 대체하는 조직의 민주화는 인간관계론자들의 주장과 같다. 그러나 이러한 실현은 실제로 일어나기 쉽지는 않다.

오늘날 행정학은 정책문제, 공직자의 윤리, 운영의 새로운 기법과 기술, 공공서비스의 전문화 등을 강조하고 있다. 1960년대 동안 미국은 사회의 불평등을 제거해야 하는 많은 사회변화를 경험하였으며 결국 1968년에 사회의 형평을 요구하는 신행정학이 탄생하였다. 1970년대 초기는 사회의 지배적인 능률이라는 가치관에서 민주주의 가치관으로 변화하는 격동의 시기를 경험하였던 시기이다. 자연히 1970년 초반부터 공공조직의 관리는 가치관의 혼란 속에서 발생하는 이러한 사회가치관 갈등의 조화를 가져오는 데 노력하였으며, 관료에 의한 부당한 대우 및 공직자 채용에 있어 차별금지 입법을 제정하는 데 관심을 가지고 있었다. 그리고 공공관리자들은 직장에서 인권에 대한 정책과 프로그램들을 발전시켰다. 이러한 관점에서 정부의 각 계층의 공공조직은 실적체제의 진보적인 정책, 정당한 과정, 그리고 부당한 관리결정에서 피해를 보는 근로자를 보호하는 데에 앞장섰다. 공공서비스에서 사회형평에 관련된 가치를 내면화하는 노력이 신행정학(New Public Administration) 학자들에 의하여 강조되었으며 공공조직 내에서도 형평성을 지키도록 노력하였다. 공공조직이 참여관리에도 많은 관심을 나타내었다. 그러나 공공조직 내에서 관료들의 참여의 정당성은 다양한 지식과 의견이 더 나은 결정을 만들고, 더 높은 사기, 조직의 충성심 및 결정에 대한 관심을 가져온다는 근거에 두고 있다.

2) 인간관계이론의 비평

(1) 인간관계이론은 조직의 한 변수인, 즉 인간변수에만 너무 좁게 집착하고 있기 때문에 다른 중요한 척도인 조직구조, 노동조합 및 환경적인 압력에는 주의를 하지 않았다.

(2) 인간관계이론은 조직 내의 갈등은 부정적이라고 간주하고 관리는 협동과 균형이 바람직한 상태라는 이미지를 주었다. 따라서 경영자와 근로자간의 다양한 이해관계 때문에 발생하는 갈등을 파악할 수 있는 더 큰 제도적인 면을 개념화하지 못하였다. Argyris는 대부분의 인간관계론자들은 물리적인 측면들간의 상호작용을 연구하는 데 더욱 흥미를 가졌기 때문에 지배계층체제를 고려하지 못하여 조직 내의 권력문제는 소홀히 다루었다고 관찰하였다. 따라서 상위계층 권위의 영향 및 동시에 발생하는 권력을 위한 투쟁과 같은 관계는 파악할 수가 없다. 특히 Argyris는 설문조사 대상으로 조직의 하위계층의 근로자들을 대상으로 성숙 · 미성숙이론을 조사하였기 때문에 조직의 상위계층에 이 이론이 적용되는지는 알 수 없다.

(3) 인간관계이론의 논쟁 가운데 중요한 것은 의사결정을 위한 근로자의 참여 문제라고 본다. 즉 참여가 민주적 가치, 참여하여 만든 결정의 기여, 그리고 근로자 스스로의 통제를 반영하는 것을 의미한다. 그러나 인간관계이론이 주장하는 참여와 생산성과의 관계에 관한 주장에 대하여 의문을 낳고 있다. 즉 참여는 만족에 영향을 끼치고 만족은 더 높은 생산성을 이끈다는 논리는 많은 의문을 가지고 있다.[73] 근로자의 만족은 관리차원에서는 중요하다. 따라서 근로자의 만

73) William B. Eddy, *Public Organization Behavior and Development*, Cambridge, MA: Winthrop(1981), p. 31; Charles Perrow, *Complex Organizations: A Critical Essay*, 2d ed., Glenview, IL: Scott, Foresman(1979), p. 133.

족을 얻기 위한 노력으로 인해 실제로 조직의 목적 혹은 사회의 가치 있는 정책을 실현하기 위한 조직의 합리적 도구 및 방법을 찾는 일을 등한시할 위험이 있다. 분명히 만족은 조직의 목적이 될 수는 없다. Eddy에 의하면 사람이 없는 조직 대신에 우리는 지금 조직이 없는 사람을 가지고 있다고 비유하였다.

(4) 인간관계론 접근법에 대한 가장 신랄한 비평은 경험적인 지지의 결핍이라는 것이다. 즉 향상된 인간관계는 조직성과의 향상을 초래한다는 것이다. 1950년대와 1960년대 늘어난 경험적인 연구에 의하면 개인의 직무만족과 생산성과는 강한 관계를 나타내지는 않았다.

위에서 제기한 신랄한 비평에도 불구하고 인간관계이론은 현대조직들의 인간자원을 관리하는 데 많은 지식과 기술을 제공한 것을 간과해서는 안 된다. 특히 인간관계이론은 개인의 발전, 자아실현, 근로자들의 참여, 팀워, 조직발전, 직무확충, 의사소통, 리더십 및 동기부여에 관련된 다양한 관리기술들을 제시하였다. 이러한 거의 모든 관리기술들이 정도 문제는 있으나 현대관리에서도 활용되고 있는 것은 부인할 수는 없다.

3) 인간관계론과 행태주의 영향

조직관리를 위한 행태주의의 활용은 호오손 연구의 가성에서 출발하였으며 그 후 사회과학의 여러 분야의 학자들에 의하여 약 30년 동안 행태주의를 발전시켰다. 이들은 인간을 하나의 부속품이 아니라 나름내로 자신의 가치, 필요 및 동기를 가지고 있는 독립적인 개체로 보았다. 조직의 구성원들이 조직 내에서 왜 그렇게 행동하는지를 설명하려고 노력하였다. 행태의 체계적인 연구는 사상의 많은 학파 및 다양한 학문, 즉 인류학, 심리학 및 사회학과 정치학 등의 도움을 받아 행태과학의 발전을 추진하였으며, 생물학적인 과정에서 영향을 받았거나 원인이 된 모든 행태의 단면들이 연구의 대상이 되었다. 인간관계이론은 행태주의 발달에 기여하였다. 따라서 집단 혹은 개인 행태의 원인과 결과를 탐색하는 연구는 융통성 있고 적응력 있는 조직을 발전시키는 데 도움을 주었다. 그러한 조직은 근로자들의 요구, 직무만족 및 자아실현을 도와줄 수 있는 조직이 되어야 하며 운영도 민주적이어야 한다.

개인과 조직 간의 상호작용은 다양한 행태를 형성하며 다양한 의사소통, 참여 및 환류과정과 같은 관리과정에 영향을 끼친다. 조직이론에서 행태과학이 많이 사용되었는데 주로 연구의 중심 분야는 동기부여 요인에 관한 연구였다. 행태과학은 근로자와 조직간의 복잡한 상호관계를 설명한다든지 혹은 생산성을 향상시키기 위하여 근로자들을 어떻게 동기부여할 수 있는지에 관한 연구에 집중하였다. 그와 같이 업적과 인간요소들 간의 관계를 보는 동기부여 연구가 조직관리자들 대부분의 관심을 끌었다.

대표적인 연구로 1943년에 Maslow는 "욕구계층이론(Higherachy of Needs)"을 발표하였고, 그의 이론의 주요한 명제는 사람들은 자신의 동기부여를 스스로 조정할 수 있으며 이미 만족된 욕구는 동기부여요인으로 역할할 수 없다는 것이다. Herzberg는 1978년에 만족과 불만족에 관한 동기부여이론을 발표하였는데, 어떤 요인은 불만족을 줄일 수는 있으나 동기부여를 불러일으키지는 않는다는 것이다. 예를 들어 근로자에게 작업조건을 향상시켜 주었다고 하더라도 불만족을 감소시켜 주기는 하였으나 그것이 더 나은 업적 혹은 더 높은 생산성을 발생시키도록 동기부여시키지는 않는다는 것이다.

제 7 절 현대조직이론: 개방체제접근과 상황조건적합이론

인간관계론 접근법에 대한 비판과 개방체제에 대한 관심의 증대는 조직의 새로운 정교한 접근법을 발견하는 데 기여하였다. 연구자들에 의하면 조직들은 다른 상황 및 조건에 따라서 조직의 다른 형태가 성공적으로 채택되는 사례들을 발견하였다. 다시 말하여 조직을 분석한 학자들은 조직의 과제, 기술, 규모, 환경 및 그 이외 다른 상황요소들에 따라 조직의 다른 형태가 더 효과적일 수 있다는 것이다.

예를 들면 20세기 중엽, 영국에 Tavistock 기관과 관련이 있는 연구자들은 사회기술 체제(Sociotechnical Systems), 즉 기술요인들과 작업장의 사회적 척도(dimensions)들간의 상호작용을 강조하는 연구를 하기 시작하였다. Trist와 Bamforth는 석탄탄광의 작업과정을 분석하면서 작업과정의 기술 변화가 작업집단의 사회적 관계를 변화시킨다는 것을 발견하였다. 그들은 조직의 균형을 유지하려고 하는 상호의존적인 사회적 · 기술적 하위체제로 설명하였다.

Tavistock 연구자들의 많은 연구들은 조직이 만족할 만한 체제의 효과적인 운영을 위하여 사회, 경제 그리고 기술적인 필수조건에 부응하는 체제, 즉 조직을 설계하는 데 집단과 개인의 특징, 과제의 필수조건, 그리고 그들의 상호작용을 적절히 고려하는 체제적인 관점을 발전시켰다. Tavistock 연구자들은 역시 외부의 환경에도 관심을 가졌다. 이 분야에 영향력 있는 논문인 "The Texture of Organizational Environments"에서 Emery와 Trist는 조직들을 운영하는 데 정치적 · 사회적 · 경제적 그리고 기술적 환경들이 신속하게 변화하는 흐름과 불확실성을 지적하였고, 환경의 격동기의 정도가 조직의 내부운영에 끼치는 영향을 논의하였다.[74] 그와 같이 조직분석은 다양한 환경에 적응해야 되는 개방체제로 방향을 전환하였다.

◇ Trist와 Emery의 배경

Trist는 1909년에 태어났으며, 그는 거의 같은 나이의 학자들인 Likert, Katz 그리고 Stogdill과 같은 시대의 사람들이다. 그는 Cambridge에 다녔으며 영문학 분야에서 첫 학위를 취득하였다. 1933년 같은 대학 심리학 분야에서 두 번째 학위를 받았다. 그의 강조 분야는 사회심리학과 심리분석의 결합이다. 그 다음 2년은 미국의 Yale 대학에서 사회인류학을 공부하였다. 영국에 다시 돌아와서 실업문제를 조사분석하면서 ST. Andrew 대학에서 연구원으로 일하였다. 제2차세계대전이 발발하자 그는 군대에 입대했으며 그 곳의 Tavistock Clinic에서 여러 해 동안 임상심리학자로서 일하였다. 집단에 대한 그의 흥미는 심리분석 관점에서 집단 심리치료에 접하면서였다. Trist 그 자신은 영국에서 그의 경력의 4단계를 언급하였다. 첫째, 그는 사회심리학자이며, 그 당시 심리분석 오리엔테이션을 가진 집단역학(group dynamics)의 전문가가 되었고 그 후 사회기술체제의 전문가가 되었다. 마지막으로 그는 사회조직의 생태학으로 돌아왔다. 성격문화 접근법에서, Lewin으로부터 개방체제에서 심리분석의 영향을 받았다. 또한 그는 Lewin의 가치와 공통적인 것들인, 즉 책임 있는 자율규제, 압력으로부터 자유, 민주주의, 작업활동에 대한 자율결정, 공정한 거래 그리고 모든 사람을 위한 작업장의 분위기에 의하여 영향을 받았다. 그는 인간주의자이며 연구에 대한 그의 접근법은 본질적으로 인종학이다. 1966년 Trist는 UCLA의 경

74) F. E. Emery and Trist, E. L., "The Causal Texture of Organizational Environments," *Human Relations*(1965), pp. 18, 21-32.

영학과에 근무하기 위하여 Tavistock를 떠났다. 그리고 나서 3년 후 Pennsylvania 대학의 Wharton School로 옮겼다. 그는 1978년 Wharton School에서 은퇴한 후 Canada의 York University에 돌아갔고 그 곳에서 1985년에 은퇴하였고, 1993년에 타계하였다.

사회기술적 이론(Sociotechnical Theory)의 저자들은 민주주의와 참여원리에 대한 Tavistock 조직의 몰입과 일치하는 집단생산이다. Trist는 10인들의 다른 공헌자들을 지적하였다. 이들 가운데 Australian 사람인 Fred Emery는 뛰어났다. 훗날 특히 Trist는 그의 많은 에너지를 응용행동연구 프로젝트에 전념하였을 때, Emery는 주요한 이론의 기여자가 되었다. 그는 1925년에 Austria에서 태어나 1951년 UNESCO fellow로서 Tavistock에 합류하였다. 그는 Canberra에 있는 Australian National University의 교수로 합류하기 위하여 Australia에 돌아올 때인 1969년까지 Tavistock에 머물렀다.[75]

중요한 현대조직이론으로서 개방체제이론(Open Systems Theory)과 상황조건적합이론(Contingency Theory)을 들 수 있으며 이들은 위에서 소개된 전통조직이론과 다른 점이 있다. 첫째, 전통주의자들은 조직을 구조화 혹은 운영하는 데 가장 좋은 방법 혹은 가장 합리적이고 능률적인 방법이 있다고 믿었다. 둘째, 전통주의자들은 모든 상황에서 모든 조직에 공통적으로 적용할 수 있는 제한된 불변의 원리가 있다고 믿었다. 그러나 현대조직이론가들은 상황에 관한 분석들을 강조하였으며 조직의 행태나 효과성을 결정하여 주거나 혹은 영향을 끼칠 수 있는 변수는 다양하다고 주장한다.

어떤 개념적 틀이 조직을 더 잘 이해하게 해줄 수 있을까? 그러한 틀을 발전하기 위하여 우선 우리는 조직을 다양한 요소들 사이에 서로 의미 있는 관계를 가지고 있는 유기체제라고 이해하지 않으면 안 된다. 조직은 목적을 달성하기 위하여 구조 내에서 상호작용하는 사람들이다. 인간의 육체는 여러 하위체제와 요소들이 서로 상호작용하는 전체로 보듯이 조직도 하위체제들을 구성하는 다양한 요소들인 사람, 목적, 구조, 과정 및 환경 등이 상호작용하는 집단을 의미한다. 물론 근로자들의 사기저하 혹은 구조결함 등이 발생하였을 때 이 요소들을 부분적으로 연구하여 문제를 해결하는 방법도 유익할 수 있다. 그러나 이 부분적인

75) Miner, *op. cit.*, pp. 412-413.

분석들을 조직의 전체로 이해하는 것과 동일시하려 한다면, 그것은 "사람이 없는 조직 혹은 조직이 없는 사람"과 같은 개념을 초래할 것이다. 조직의 중요한 요소들 가운데 몇 개만 고려한다면 우리는 불완전한 이해를 가져오고 결국 불완전한 진단을 초래할 수밖에 없다. 따라서 조직을 체제적인 관점으로서 지각한다면 조직환경의 필요를 충족하기 위하여 변화와 적응을 가져올 수 있는 종합적이고 현실성 있는 접근법일 수도 있다.

1. 체제이론과 개방체제이론

1) 체제와 개방체제의 개념

체제는 환경과 경계를 가지면서 복잡한 전체를 구성하는 부분들의 합 혹은 결합을 의미하며, 즉 전체를 구성하는 요소들 간에 상호작용하는 집단을 말한다.

사회과학에서 Talcott Parsons는 사회구조를 연구하면서 체제이론을 초창기에 사용하였다. 체제이론은 생각하는 방법(the way of thinking)이라고 정의한다. 그는 조직에 대한 기존 사고에 영향을 주었던 사회체제 및 하위체제의 범사회학적 모델을 발전시켰다.[76] 체제이론은 Von Bertalanffy(1956)가 발전시킨 일반체제이론(General System Theory)을 David Easton이 사회과학에 적합하도록 수정 보완하여 도입하였디.

조직의 체제이론은 개방체제의 관점을 강조한다. 전통적인 조직이론은 조직을 폐쇄체제로 간주하었기에 외부환경과 상호작용을 하지 않는 것으로 보았다. 반대로 개방체제이론은 조직을 외부환경과 동태적이고 상호의존적으로 상호작용하는 실체로서 개방체제로 간주하였다. 환경으로부터 에너지, 자원 및 정보를 입수하고 투입으로 받아들인 자원을 산출로 변형하여 환경에 전달하며 이 산출에 대한 환경적인 반응은 다시 환류를 통하여 투입으로 체제에 전달되는 순환적인 관계가 유지된다.

개방체제모형은 사회학자들의 거시접근법과 심리학자들의 미시접근법의 통합을 가져왔다는 데 큰 공헌을 하였다. 사회학에서는 조직의 동태적인 동기부여와 행태에 관한 연구가 부족하였고 심리학에서는 전체상황의 다양성에 대한 의미있는 연구가 부족한 실정이었다. 따라서 체제분석의 통합적인 분석을 위한 틀은

76) Talcott Parsons, *Structure and Process in Modern Society*, New York: Free Press(1951).

조직의 전반적인 목적과 기능을 강조하면서 조직의 전반적인 이해를 촉진하였다.

◇ Katz와 Kahn의 배경

Katz는 1903년에 태어났으며, Baffalo 대학에서 학사학위를 받았고, Syracuse 대학의 Upstate에 있는 New York School 사회심리학 분야에서 1928년 박사학위를 취득하였다. 그의 지도교수는 Floyd Allport였다. 그 후 15년간 Princeton 대학의 심리학과에서 근무하였으며, 제2차대전 동안 설문조사하는 일을 담당하였던 Likert와 같이 연방정부에서 일하였다. 전쟁이 끝난 후에 Brooklyn 대학의 심리학과의 학과장으로 근무하였고, 1947년 Likert의 동료들을 따라 Michigan 대학에 새로 설립된 Institute for Social Research에 합류하였다. 그는 미시간 대학 심리학과의 교수로 근무하면서 그 Institute에서 인생의 말년까지 봉사하였다. 그러나 미시간 대학의 경영대학과는 관련을 갖지는 않았으며, 실제로 조직행태가 탄생한 50년대에 사회심리학자로서 경력을 쌓았고, 1998년 그의 나이 95세에 타계하였다.

Kahn은 1918년에 태어났고, 미시간 대학에서 1952년 박사학위를 취득하였다. 그는 Institute for Social Research' s Survey Research Center뿐만 아니라 심리학과와 Public Health에 근무하면서 미시간 대학에서 경력을 쌓았으며 역할갈등, 스트레스, 그리고 관련된 건강문제들에 커다란 업적을 쌓았다. 그는 현재 미시간 대학의 명예교수로 있다.[77]

미국에서 조직을 분석하는 데 가장 잘 알려진 체제접근법은 Daniel Katz와 Robert L. Kahn의 책에서 보여진다.[78] 그들은 투입(input), 전환(throughputs), 산출(output) 그리고 환류(feedback)의 체제언어들이 어떻게 조직들에게 유용하게 적용될 수 있는지를 설명하였다.

Katz와 Kahn의 이론은 1966년과 1978년에 출판된 저서인 「*The Social Psychology of Organizations*」에 자세히 설명되어 있으며, 이 책은 그 당시 많은 인기가 있었으며, 행정학을 전공하는 학생들은 거의 다 읽었던 저서 가운데 하나이다. Katz와 Kahn은 정보와 자원을 에너지로 표현하였는데, 그들에 의하면 체제 내에 에너지를 투입하고 에너지를 전환하여 결과적으로 에너지를 산출하는

77) Miner, *op. cit.*, p. 401.

78) D. Katz and R. L. Kahn, *The Social Psychology of Organizations*, New York: Wiley(1978).

모형을 제시하였다. 예를 들어 공장에서 자원과 근로자들의 노동은 에너지 투입이라고 보며 산출의 유형화된 활동은 에너지의 전환 그리고 마지막 생산품은 산출이라고 한다. 이러한 유형화된 활동을 지속하기 위하여 에너지 흐름의 지속적인 부활이 요구된다. 다시 말하여 자동차를 생산하는 공장은 자동차를 팔고 그렇게 하여 새로운 자원을 습득하고 노동력을 보상하고 따라서 모든 사회체제 혹은 조직이 지속적인 유형을 유지한다. 체제의 궁극적인 목적은 생존이며 개방체제가 성공적이 되기 위하여 동태적인 현상유지를 통하여 환경과 지속적인 균형을 이루는 것이다.

2) 개방체제의 9가지 특징

(1) 에너지의 투입(importation of energy): 외부환경으로부터 투입된 에너지

(2) 전환(through-put): 에너지를 행동, 생산품, 서비스 혹은 정책으로 전환

(3) 산출(output): 외부환경으로 배출

(4) 활동의 순환적인 체제(systems as cycles of events): 환경에 배출한 산출은 순환적으로 반복성을 유지하기 위하여 에너지의 근원을 제공한다.

(5) 부정적인 엔트로피(negative entropy): 모든 인간이 태어나서 결국 죽음에 이르듯이 모든 형태의 조직도 결국에는 해체 혹은 죽는다는 자연의 보편적인 법칙이 엔트로피 과정이다. 이러한 entropy 과정을 통제하기 위하여 조직은 환경으로부터 새로운 자원을 획득하고 저장한다면 entropy 과정을 피할 수 있다.

(6) 정보유입, 부정적인 환류 및 선택과정(information input, negative feedback, and the coding process): 투입은 에너지자원일 뿐만 아니라, 그 성격에 있어서 정보이며, 부정적인 종류의 정보환류는 체제의 이탈을 본궤도로 바로잡아 놓을 수 있도록 도와주는 역할을 한다. 모든 체제는 수많은 정보를 흡수할 수는 없다. 따라서 어떤 정보는 선택적으로 받아들이고 반면에 다른 정보는 거절하는 것이 코딩의 기능이다.

(7) 안정상태와 동태적인 현상유지(the steady state and dynamic homeostasis): 안정상태는 체온의 조절을 위한 현상유지과정으로 설명할 수 있는데, 예를 들어 외부의 습도 및 온도는 변할지라도 체온은 항상 일정하다. 체제의 혼란을 야기하는 내부 및 외부의 어떠한 요인도 체제가 가능한 한 그 이전의 상태로 회복하려는 힘에 의하여 장애를 받는다. 현상유지원리는 entropy 과정을 극복하기 위하

여 조직은 성장 혹은 팽창하려 한다는 의미에서 단순히 유기체의 유지기능만을 의미하지는 않는다. 동태적인 현상유지는 조직이 단순히 이전의 균형상태를 유지하는 것만이 아니라 외부환경의 변화 및 다양성의 증가로 인하여 더 복잡하고 포괄적인 균형상태가 요구된다.

(8) 분화 혹은 특성화(differentiation): 모든 조직 혹은 개방체제들은 미발전된 조직의 형태에서 정교하고 특성화된 발전 방향으로 나아가는 특성을 가지고 있다고 한다. 예를 들면 모든 사회조직들은 전문적 기능의 역할이 증가하고 보다 더 정교해진다. 오늘날 미국에서 전문 의사들이 일반개업의 수보다 늘어나는 경향을 가지고 설명할 수 있다.

(9) 동일한 결과(equifinality): 개방체제는 Von Bertalanffy가 제시한 원리인 동일한 결과, 즉 다른 방법을 사용한다고 하더라도 혹은 다른 조건에서라도 궁극적으로는 같은 상태에 도달할 수 있는 특성을 가지고 있다. 다른 말로 개방체제에 있어 목적을 달성하는 데에는 다양한 방법이 있으며 하나의 가장 좋은 방법은 있을 수 없다는 것을 의미한다.[79)]

개방체제이론은 모든 조직을 분석하고 이해할 수 있는 분석의 틀을 제공한다. 모든 조직을 개방체제로 간주한다면 사조직, 공공조직, 준정부조직 혹은 비영리조직이든 간에 모든 조직은 유사성을 공유하고 있다. 이러한 측면에서 모든 조직은 같다. 그러나 각 조직들이 다른 종류의 투입을 활용하고, 다른 목적, 구조, 전환과정을 가지고 있고 아울러 다른 종류의 산출을 배출한다는 측면에서 모든 조직들은 서로 다르다.

3) 체제접근의 공헌

체제접근이론은 동태적이라기보다는 정체적이며 가설설정을 방해하며, 이론연구를 촉진하기보다는 제한한다고 지적한다. 물론 Katz와 Kahn은 이 문제들을 잘 알고 있다.

어떤 의미에서 개방체제이론은 전혀 이론이 아니다. 개방체제는 인과관계의 특정한 연계와 이론의 기본 요소인 특정한 가설과 가설검증을 추구하지 않는다.

---

79) Daniel Katz and Robert Kahn, *The Social Psychology of Organizations*, John Wiley & Sons, Inc.(1966), pp. 14-26.

개방체제는 오히려 하나의 틀 혹은 거시이론인, 넓은 의미에서 모델이다. 개방체제는 현상의 많은 종류와 수준을 설명하고 이해하는 접근이며, 개념적 언어이다.[80]

Asmos와 Huber는 체제접근법의 단점과 잠재력에 관한 좋은 지적을 하였다.[81] 체제의 사고는 분류체제와 중요한 변수들을 조직화하는 틀을 제공한다는 것이다. 그러나 연구가설보다 개념의 명확성으로 자주 거론되고 있다. 체제이론이 가설을 형성하는 것이 고려될 경우 많은 유사한 이론과 다름없이 추상성이 너무 높다는 것이다. 자주 그 개념들은 그들이 예측과 이해에 기여할 수 없을 만큼 너무 광범하고 모호하게 말한다든지 혹은 우리 생활에 도움을 줄 수 있는 적실성이 없다는 것이다. 그러나 체제이론이 과소평가되어서는 안 된다. 이 모델은 인간의 자원과정에 있어서 생각하는 방법을 제공한다는 장점이 있다. 그러나 그러한 되풀이되는 노력에도 불구하고 인간자원관리에 대하여 유용성 있고 검증할 수 있는 가설과 이론을 만드는 것은 쉬운 일은 아닐 것이다.

4) 비 평

(1) 투입과 산출의 비율분석은 data가 정확하거나 계량화가 될 때 가능하다. PPBS와 같은 관리체제는 진행하고 있는 계획이 복잡하게 계량화되어 있어 제대로 수행되고 있는지 알 수 있는 통제체제를 가지고 있지 못하다.

(2) 체제적 접근법은 문헌에서 비판을 받고 있는 개념과 방법으로 구성되어 있다는 것이다. 즉 이 분석은 본질적으로 보수성이 강하고 현상유지를 위한 편견을 가지고 있다. 체제접근법은 존재하는 조건들을 주어진 것으로 받아들이는 경향이 있다. 따라서 변화가 항상 주요한 관심인 행정학과 같은 분야에서는 급진적인 변화를 다룰 수 없다.

(3) 체제적 접근방법은 거시이론이기 때문에 나무의 숲은 보나 나무를 볼 수 없다는 단점을 가지고 있다. 따라서 현실적합성을 가져오기 위하여 체제분석은 중범위(Middle-Range)이론 혹은 상황조건적합이론의 도움을 받아야 한다는 문제를 가지고 있다. 중범위이론은 조직의 거시적인 관점에서 실제적인 운영 및 관리과정으로 연결시켜 주고 있다. 실제로 중범위이론은 체제적 접근방법에 중

80) Katz & Kahn, *op. cit.*, 1978, p. 752.

81) Donde P. Asmos and Huber, George P., "The Systems Paradigm in Organization Theory: Correcting the Record and Suggesting the Future," *Academy of Management Review*, 12, 607-621.

요한 현실성을 제공한다고 볼 수 있다.

(4) 공공조직 및 관리에서는 주로 예산, 의사결정, 조직진단과 설계 및 정책분석을 하는데, 체제분석을 활용한 사례들이 있다. 체제이론이 가지고 있는 문제점을 다른 관점에서도 지적할 수 있다.

2차세계대전 동안 OR과 같은 체제분석은 군대영역에서 현저한 성과를 내었고, 비군사분야인 산업 및 정부기관에서도 적용하였다. 컴퓨터의 도움을 받은 체제분석은 다양한 정책문제에 그들의 기술을 응용하였다. Data를 수집하고 분석하고 체제의 전반적인 업적에 대한 정보도 제공하였다. 1960년대 미국 국방성의 Robert McNamara 장관은 체제분석을 적용하였는데, 기본적으로 두 가지의 변화가 발생하였다. 첫째, 새로운 무기체제를 위한 계획은 한 번에 하나씩 배정하는 것이 아니라 패키지로 책정한다는 것이다. 이것은 무기조달의 전반적인 계획을 변화시켰다. 그러므로 관리과정은 목적을 세우고, 계획을 세운 후 예산의 초안을 작성한다는 것이다. 둘째, 자원관리체제를 설립하여 관리통제의 감독과 리더를 돕도록 하였다. 체제분석인 PPBS의 도입은 국방성을 더 중앙집권화하였고 의회를 약화시킨다는 비판을 피할 수 없었다. 그 이외에도 목적설정의 문제, 목적결정의 비민주성, 설정한 목표들에 대한 부처간의 갈등 및 변수들의 계량화 어려움 등으로 인하여 PPBS는 오래 지속되지 못하고 약 6년 내지 7년 정도 유지되었다.

2. 상황조건적합이론(Contingency Theory)

사회과학의 발전과정을 볼 때 사례연구(Case Study)와 거시이론(Macro or Grand Theory)을 반복적으로 오가면서 자연과학과 같이 보편타당성 있는 규칙을 찾아내려는 노력으로 거시이론(Grand Theory)을 끊임없이 발전시켜 나가고 있다. 물론 자연과학에서 주장하는 보편타당성 있는 이론 혹은 법칙(universal law)을 사회과학에서 만들기에는 계량화, 변수의 객관성 등 연구방법론상의 많은 문제점이 있으나 사회과학 학문 자체의 정체성을 찾고자 이론 만드는 작업은 계속할 것으로 보인다. 그러한 가운데 보편타당성 있는 이론을 만드는 거시이론은 끊임없이 실생활에 도움을 주지 못한다고 비난받아 왔다. 즉 체제이론은 숲은 보나 나무는 보지 못한다고 비난하면서 중범위이론(middle-range theory)에 속하는 상황조건적합이론이 1970년대에 중요하게 대두되었다.

상황조건적합이론은 조직들 사이의 차이를 강조하며 조직구조, 업적 그리고 효과성에 영향을 줄 수 있는 조직 내·외의 상황변수를 찾으려 한다.

1) James Thompson

James Thompson은 거의 같은 시기에 상황조건적인 관점을 발전시켰던 대단히 영향력 있는 책인 「*Organizations in Action*」을 저술하였다.[82]

◇ Thompson의 배경

조직의 행태가 학문분야로 영입되는 시기에 Thompson은 Cornell 대학 경영대학의 교수로서 행태학자들에 속한 학자이다. 그는 1949년 박사학위를 위하여 North Carolina 대학 사회학과에 입학하였다. 그는 Air Force 연구 프로젝트에 대한 연구를 하였으며 박사학위를 취득하고 Ford Foundation의 연구비를 받을 정도의 연구능력을 가지고 있었다. 그의 정규교수 임명은 Cornell이었고, 그는 1956년에 처음으로 발간된 Administrative Science Quarterly의 editor가 되었다. Thompson은 Pittsburgh 대학의 경영학 교수로 임명되었고, 그 후 곧 Indiana 대학으로 옮겨 그 곳에서 6년 동안 근무하였다. 그는 조직연구에 대한 흥미가 시들어 갈 때, 1968년 Vanderbilt 대학의 사회학과의 교수로서 봉직하였으며 1973년 그의 나이 53세에 타계하였다. 그의 경력을 통해 보면 초기에 조직 연구를 수행하였다고 하더라도 연구자라기보다는 개념화론자 및 이론가였다. 그는 그의 아이디어를 에세이 형태로 발표하였으며 계속하여 수정하고 보완한 책이 「*Organizations in Action*(1967)」이었다.[83]

Thompson은 조직들이 그들의 환경에 알맞은 구조를 선택하게 될 것을 제안하였다. 환경이 변화하고 불안정한 곳에서는 조직들이 환경에 적응하기 위하여 더욱 융통성 있고, 공식적인 규칙과 절차가 적은, 더욱 분권화된 구조를 채택하게 될 것이라고 하였다. Thompson의 중요한 업적 가운데 하나는 상황조건적합과 개방체제적 관점을 위한 논리를 발전시켰다는 것이다. 조직들은 더 복잡하고 융통성 있는 구조를 채택하면서 그들의 기술 및 환경 문제들에 반응한다. 그는 조직구조의 형태를 결정해 주는 상황변수인 두 개의 환경 특징인 안정성(sta-

82) James D. Thompson, *Organization in Action*(New York: McGraw-Hill, 1967), p. 39.
83) Miner, *op. cit.*, p. 436.

bility)과 동질성(homogeneity)을 확인하였으며 조직의 분권화는 불안정하고 이질적인 환경에 더 잘 적응할 것이라고 주장하였다.

2) Laurence와 Lorsch

Laurence와 Lorsch는 환경의 안정성을 분화, 공식화 및 조직구조의 집권화와 연계하여 연구하였다. 또한 상황이론가들도 조직기술(조직에서 사용되는 기본적인 작업흐름, 과정 그리고 방법)에 많은 관심을 가지고 있었다.[84] 그들 역시 효과적인 구조의 결정요인으로 조직환경을 강조하였다. Laurence와 Lorsch는 각기 다른 정도의 불확실성, 복잡성, 그리고 변화에 직면하고 있는 3개의 다른 산업분야의 미국기업들을 대상으로 연구하였다. 불확실성, 복잡성, 그리고 변화하는 환경에서 성공적으로 운영되고 있는 조직은 더욱 분화된 내부 조직구조를 가지고 있었다. 아주 분화된 기업들은 조직의 다양한 부서들을 통합하기 위한 보다 정교한 구조와 절차를 가지고 있었다. 반면에 안정되고 확실한 환경에 있는 기업들은 덜 분화되고 통합된 구조를 가지고 성공적으로 운영되고 있었다. 따라서 그들은 성공적인 기업들은 그들이 운영하고 있는 환경의 복잡성과 같은 내부구조를 갖지 않으면 안 된다고 결론을 내렸다.

3) Charles Perrow

Charles Perrow는 일반적인 상황조건적합이론의 관점을 발전시키고, 특정한 상황을 분석한 학자로서 조직구조에 직접적인 영향을 준 변수로서 업무의 변화성과 변화성을 다루기 위하여 필요한 지적 탐색의 성향이라고 하였다.[85] 그는 조직기술에 관한 중요한 분석을 통하여 기술의 개념들인 두 개의 기본적인 척도(dimensions)를 제안하였다: 과제의 예측성(예외의 수와 변동)과 문제의 분석 가능성(새로운 문제나 혹은 예외에 직면할 때 사람들이 그 문제를 해결하기 위하여 분명한 프로그램을 따를 수 있는 정도). 일상적인 루틴 과제는 보다 예측이 가능하고(적은 예외 혹은 변동) 분석 가능한 예외나 변동들은 이미 설립된 프로그램 혹은 절차를 통하여 해결될 수 있다. 루틴 과제를 가진 조직은 더 공식적이고 집권화된 구조

84) Paul Laurence and Jay Lorsch, *Organization and Environment, Managing Differentiation and Integration*(Homewood, Ill: Richard D. Irwin, 1969).

85) Charles Perrow, *Organizational Analysis: A Sociological View*(Belmont, Calif.: Wadsworth, 1970).

를 가지고 있다. 그들은 더 많은 규칙과 공식적 절차 그리고 계획을 사용한다. 비루틴 과제를 가지고 있는 조직은 보다 예외가 많고, 이 예외들을 해결하거나 분석하기도 어려우며 대체로 융통적인 조직구조를 가지고 있었다.

4) Burns와 Stalker

Burns와 Stalker는 그의 저서인 「*The Management of Innovation*」에서 기술 및 시장의 안정성과 그리고 관리의 두 가지 유형인 기계적 · 공식적 관료제 유형과 보다 더 융통성 있고 유기적인 관리의 유형과의 관련 여부를 연구하였다. 그의 연구에 의하면 기술 및 시장의 불안정성은 융통성 있고 유기적인 관리의 유형을 요구하며 반면에 기술 및 시장의 안전성은 기계적인 관료제의 유형이 적합하다고 하였다.[86] 즉 그들은 효과적인 조직은 상황에 적합한 구조를 채택해야 한다는 관점에 기여하였다.

5) Fred Fiedler

상황조건적합이론은 조직의 업적과 효과성에 영향을 끼치는 내적 변수들을 강조한다. Fred Fiedler는 리더십 스타일에 초점을 두고 상황변수들인 리더, 부하직원 그리고 상황들이 성공적인 리더십 스타일을 결정한다고 주장하면서 리더십 효과성의 상황조건적합이론을 발선시켰다. 그리고 리더십 스타일은 상황의 변화에 따라 극단적인 자유방임적(laissez-faire) 리더십과 극단적인 권위주의(authoritarianism) 리더십의 양 축 사이에 놓여 있다고 하였다.[87] Victor Vroom 또한 비슷한 논리를 근로자의 동기부여와 직무성과에 적용하였는데, 결론적으로 직원의 관리는 직원의 특성에 따라 반영되어야 한다고 하였다.[88]

6) 상황조건적합이론의 장 · 단점

상황조건적합이론은 보편적으로 가장 좋은 방법(one best way)을 찾는 이론보다는 각 조직들에게 적합한 방법은 각 조직들이 직면하고 있는 상황에 의존한다는 것이다. 조직이론은 조직에 영향을 끼치는 조직의 내부 및 외부환경의 주요한 변수들을 발굴하고 그들이 어떻게 상호작용하며 그 상호작용에 의하여 어떠

86) T. Burns and G. M. Stalker, *The Management of Innovation*(London: Tavistock, 1961).
87) Fred Fiedler, *A Theory of Leadership Effectiveness*(New York: Mcgraw-Hill, 1967).
88) Victor Vroom, *Work and Motivation*(New York: John Wiley, 1967).

한 결과가 나타나는지 주로 논의한다. 따라서 상황조건적합이론은 조직구조나 관리 스타일에 적용할 수 있는 보편타당성 있는 이론(universal law)을 만들지 못하는 단점이 있으나 상황에 적합한 문제의 해결에 도움을 주는 장점이 있다. 관리자들은 우선 상황을 분석하는 기술을 습득해야 하며 다양한 이론과 원리를 이해하고 다양한 원리들 가운데 조직이 직면한 직접적인 상황에 적용할 수 있는 원리를 찾아야 한다. 상황조건적합이론의 복잡성, 난잡성 및 비이론적인 성격이 가장 큰 약점이라고 볼 수 있으나 그럼에도 불구하고 가장 중요한 기여는 사영역의 조직들을 위하여 발전된 조직이론을 공공영역의 조직들에 적용할 수 있는 계기를 마련하여 주었다는 데 있다.

지난 20년 동안 위의 연구경향과는 다른 새로운 방향의 연구들은 조직의 환경에 대한 관심의 증가와 수정된 방향으로 전환하는 상황이론과 개방체제이론들의 확대였다고 볼 수 있다. 특히 Aldrich나 다른 학자들은 조직이론들이 어떤 조직형태는 어떤 환경에서 생존하고 번영하나, 반면에 다른 조직은 왜 그렇지 못한가를 분석하기 위하여 자연선택과 인구생태 모델들이 발전하였다고 설명하였다.[89] 다른 조직이론들 역시 중요한 자원을 위하여 환경에 대한 조직들의 의존을 강조하면서 조직에 대한 외부적 통제를 강조하였다.[90]

3. 현대조직이론에 끼친 기타 영향

1) 신관료주의 관점

신관료주의 관점은 복잡한 조직을 다루기 위하여 고전관료제를 확대한 것이며, 고전관료제와 현대조직 간의 차이를 연결하여 보는 관점이다. 신관료제나 고전관료제는 다같이 능률성과 효과성을 향상하여 조직의 합리성을 최대화하는 것이다. 그러나 개인과 조직에 대한 가정은 서로 다르다. 그 이외에 신관료제의 분석의 단위는 의사결정이다.

고전조직이론과 현대 복잡한 조직이론 간의 차이를 연결하는 데 중요한 역할을 한 대표적 학자는 Simon과 March이다. Simon은 그의 책 「*Administrative Behavior*」에서 행정의 원리라고 하는 전통적 조직이론을 격언에 지나지 않는다고

89) H. E. Aldrich, *Organization and Environments*, Upper Saddle River, N. J.: Prentice Hall(1979).
90) J. Pfeffer and Salancik, G. R., *The External Control of Organizations*, New York: Harper Collins(1978).

비판한 후 행정결정에 대한 실질적인 조사를 가능케 하는 분석틀을 제시하였다.

조직이론의 다양한 관점을 통합하고 조화를 이루려고 노력을 기울인 책은 James March와 Simon이 공저한 「*Organization*」이었다. 이 책은 실무적, 과학적 이론, 관료제 이론, 행태 및 심리학적 연구 및 여러 종류의 이론을 포함하였다. 그들은 고전조직이론의 한계점을 지적한 후 다음 3가지 차원에서 분석하였다.

첫째, 고전이론가들이 언급한 동기에 대한 가정은 불완전하고 결과적으로 부정확하다. 왜냐하면 고전이론가들은 조직을 하나의 단순한 기계로 보았기 때문이다. 따라서 관리자들은 감독, 평가 및 보상 등 동기부여에 별다른 관심을 둘 필요가 없었다. 그러나 March와 Simon은 고전이론들이 전적으로 잘못되었다거나 그 이론을 대체하여야 된다고는 보지 않았다. 그들이 필요한 것은 특정한 상황들을 수용할 수 있도록 조직의 개념화를 확장하는 것이다. 그들은 자극에 의하여 초래될 행태적이고, 심리학적인 준거 틀, 그리고 결과를 이끌어 내는 반응 등에 관한 연구를 제안하였다. 실제로 하나의 자극은 기대한 것과는 다른 것을 불러오기 때문에 예기치 않은 결과를 가져올 수 있다. 예를 들어 조직의 계층제는 질서, 의사소통, 책임의 명확성 등 계층제가 의도한 행위의 결과를 가져오지만 반면에 의도하지 않았던 경직성 및 비능률성을 초래하는 것을 고려해야 한다. 현대관료제이론은 고전조직모형에서 보다 동기부여, 개인행위와 조직의 목적과의 일치 등에 많은 관심을 두고 있다.

둘째, 고전조직이론은 이해관계에 따른 조직 내의 갈등역할에 대하여는 관심을 가지고 있지 않았다. 신관료주의자들과 달리 고전이론가들은 갈등을 부정적으로 보았기 때문에 갈등이 조직발전에 긍정적으로 영향을 끼치는 관점은 고려하지 못하였다. 조직 내의 갈등은 조직간의 갈등과 다르다. 조직 혹은 집단간의 갈등은 공동의사결정의 필요성과 목적의 차이에서 발생할 수 있다.

셋째, 고전조직이론은 수직적 정보처리체제(information-processing system)로서 사람들의 능력한계를 적절히 다루지 못하였다. 예를 들면 조직은 학습, 기억, 문제해결, 규정, 자극의 지각과 인식 등 많은 문제를 해결하는 능력을 보유하여야 한다. 따라서 조직의 정보처리체제는 합리적 행태를 저해하는 과정을 연구하는 인식심리학 연구에 크게 의존하게 되었다.

따라서 조직론 학자들은 복잡한 가운데 헤어날 수 없는 것보다는 주요한 변수만을 고려하는 단순화한 조직 및 관리 모델을 만들기 위하여 노력하였다. 예를 들어 단순화한 조직 모델 가운데 March와 Simon이 지적한 만족모형(Satisficing)이 최적화 모형(Optimizing)을 대체하는 예를 들 수 있다.

결론적으로 관료제 모델 및 과학적 관리이론과 같은 고전조직이론의 구조분석이 행태적 변수를 고려함으로써 현대조직이론의 발전에 지대한 영향을 끼친 것은 부인할 수 없다. 그러나 공공조직관리에서 자주 거론되는 민주화, 형평성, 사회적인 책임 등과 같은 개념을 고려하지는 못하였다. 이와 같이 조직이론의 신관료주의 관점은 고전이론의 개념을 인정하면서 개인의 동기부여, 인식요소, 의사결정과정 등과 같은 복잡하고 현실성 있는 개념을 유입시켰다는 점에서 의미를 찾을 수 있다.

2) 공공선택이론

공공선택이론은 관료제와 정부의 중앙집권적인 의사결정체제를 비판한다. 공공선택이론은 조직행동 및 결정의 기본적인 토대를 개인의 선택과 선호에 두고 있다. 따라서 개인의 선택이 전체 조직의 목적을 위하여 희생되는 고전적 행정관점과는 다르다.

행정학에서 공공선택이론은 경제학과 정치학에 근거를 두고 있으며, 주요 관심은 민주행정을 달성하는 것이다. 이러한 분석의 대표적인 학자는 「*The Intellectual Crisis in American Public Administration*(1973)」을 저술한 Vincent Ostrom이다.[91] 그는 고전적 및 신관료주의 행정모형들을 비난한다. 그는 관료제의 지식과 기술의 독점을 비난하는데, 그 이유는 다른 정치체제들이 행정체제에 거의 의존하게 되며 결국에는 행정이 정치를 대체하게 된다는 것이다. 그럼으로 그는 민주행정이론을 제시하였는데, 그 이론의 특징은 정치권력의 행사를 제한하고, 관할영역의 중복성을 활성화하며, 그리고 정치와 행정의 분리를 반대하였다. 이 가정은 행정을 통제하는 중앙집권적인 유일한 권력기관이 존재하는 것을 의미하는 것이 아니라 다양한 조직들이 정부기관과 경쟁을 자극하고 촉진하는 것을 의미한다. 따라서 능률은 고객들의 다양한 선호와 관련이 있으며 엄격히 말하여 생산자의 능률을 의미하지는 않는다.

공공선택이론은 의사결정에서 개인 혹은 조직의 극대화 전략을 추구하기 위

91) Vincent Ostrom, *The Intellectual Crisis in American Public Administration*, University: University of Alabama Press(1973).

하여 개인의 이기주의에 기초하고 있다. 그러나 이기주의는 너무 포괄적이기 때문에 행태나 개인의 선택을 설명하기에는 적절하지 못하다. 더욱이 공공선택은 정부의 업적을 증진시키며 시민의 이기주의를 충족시키기 위하여 시장의 의사결정구조와 같은 체제에 의존한다.

이기주의는 제도적 · 정치적 · 경제적 맥락에서 혼합되어 있기 때문에 정의하기 어려운 것이 문제이다. 공공선택이론은 중요한 조직이론은 아니며 공공영역을 관리하기 위한 적절한 모델을 제시하지 못하였다. 공공선택이론의 원리를 부인하기는 어려우나 공공서비스의 전달체제를 분화하고 중복되게 하는 것이 적절한 수단이라고 주장하는 것은 검증되어야 할 문제다.

3) 민 영 화

공공선택이론과 일치하는 정부활동 가운데 민영화(privatization)는 행정적인 문제를 설명하는 데 도움이 될 것으로 본다. 이 또한 장 · 단점이 있다. 공공서비스를 민영화하거나 사조직과 공공서비스를 계약한다면, 공공서비스는 경쟁적인 시장기업들에 의하여 더 적은 비용으로 전달된다는 것이다. 반면에 계약에 의한 서비스 전달은 이윤을 극대화하기 위하여 염가로 판매하기 때문에 서비스의 질이 하락되는 위험을 가질 수 있다. 그 이외 단점으로는 부정 및 부패의 기회가 늘어나고, 계약자가 계약을 이행치 못할 가능성과 그로 인한 피해, 노동조합의 반대, 공공정책을 집행하는 데 있어서 발생하는 문제점을 들 수 있다. 계약에 따른 다른 중요한 문제는 계약을 체결하는 것과 계약의 이행을 감독하는 비용을 정부가 감안한다면, 처음에 절감하리라고 예상되었던 결과가 달성되지 않을 수 있다는 것이다.

조직의 활력인 시장성은 형평성, 인간성의 발달, 공공기관의 유지 혹은 공동체의식의 향상 등과 같은 문제를 취급하는 데 적절하지 못하다. 사영역이 공공영역보다 능률적이고 생산성이 높다는 민영화 지지자들의 가정은 다년간의 경험을 통하여 검토할 필요성이 있다. 특히 업무의 특성과 특징에 따라 다른 결론이 나올 가능성이 있는지, 민영화가 행정의 민주화를 위하여 어느 정도 효과를 가져올 수 있을지는 의문이다.

4) 신행정학과 공공조직

1960년대와 1970년대 미국사회는 베트남전쟁과 많은 사회의 부정적인 측면인 빈곤, 편견, 있는 자와 없는 자간의 갈등, 민주와 능률 가치관의 갈등, 점증주의와 다원주의의 모순, 소외 등에 의하여 사회는 물론 행정학은 혼란에 빠져 있는 격동기였다고 볼 수 있다. Waldo는 이 시기의 행정학을 격동기의 행정학이라고 부르고 이 당시 행정학은 문제해결, 분배체계, 전달체계 등으로 다양하게 정의되어 학문 자체도 혼란스러웠다. 신행정학은 사회 가치관들의 혼란을 극복하고자 사회의 필요에 부응하기 위한 지식기반을 구축하고자 노력하였다.

Minnowbrook에서 젊은 학자들이 모여 사회 및 학문의 부정적인 측면을 논의한 후 발표한 논문들을 그 당시 토론과 논의에 참여한 Frank Marini가 편집한 책이 「신행정학(*New Public Administration*)」이며 이를 Minnowbrook Perspective라고 부른다.[92] 논문을 기고한 대표적인 학자로서는 George Frederickson, Dwight Waldo, Todd LaPorte, Michel Harmon 등이 있으며 이들을 신행정학자라고 부른다.

신행정학은 현대사회에서 행정학이 직면하고 있는 중요한 문제, 규범이론(Normative Theory) 및 철학, 실증론과 과학주의에서의 탈피, 행정학이론의 적절성 제고, 공공관리자의 탁월한 가치로서 사회형평과 정의, 새로운 사회요구에 대한 적응 및 공공기관의 고객관계에 대한 초점 등을 지적하였다.

신행정학자들은 고전 및 인간관계론의 조직이론을 참고하면서 새로운 조직모형의 구축을 시도하였다. 비록 신행정학이 행정학에서 수년도 버티지는 못하였으나, 신행정학자들의 공공조직의 변화하는 환경에 적응하고 새로운 조직형태를 모색하려고 하는 도전은 행정학에 시사하는 바가 컸다는 것을 간과해서는 안된다. 특히 신행정학이 선호하는 공공조직은 고객에 대한 부응, 분권, 근로자나 시민의 의사결정에 참여, 근로자의 발전과 훈련을 위한 배려, 공직자의 윤리 준수 등이며 서비스나 상품의 균등한 생산과 배분을 이행하는 조직들로서 행정학에 크게 기여했다.

물론 학자들 사이에 인정하고 동의하는 공공행정과 실무를 위한 조직 모델

---

92) Frank Marini(ed.), *Toward a New Public Administration: The Minnowbrook Perspective*, Scranton, PA: Chandler Publishing(1971).

은 아직까지 나타나지 않았으나 지속적으로 탐색하고 있는 것은 다행한 일이다.

4. 공공조직의 발전에 끼친 영향

〈공공조직이론의 연구경향〉

조직이론의 많은 연구들이 공공조직 연구에 많은 가치있는 개념과 통찰력을 제공하였다. 물론 공공조직과 공공관리에 많은 관심을 가지고 있는 사람들을 위하여 중요한 문제를 제기한 것도 사실이다. 그러나 그 동안 다양한 연구들이 공공조직을 이해하는 데 대단히 중요한 것으로 보이는 정부조직 및 정치적 환경에 충분한 관심을 갖지 못한 이유에 대하여 의문을 갖게 한다.

앞에서 거론된 분석들은 산업조직에 관심을 집중하였으나 모든 조직에 두루 적용할 수 있는 포괄적인 개념과 이론을 발전하려고 노력하였다. 물론 Blau가 조직의 규모를 연구하기 위하여 정부의 행정기관들을 연구하였으나 그의 결론은 마치 모든 조직에 적용되는 것과 같다.

이러한 경향의 고전적인 예를 들어 본다면, Weber는 그의 관료제 개념이 정부 및 사영역의 모든 조직에도 적용된다고 주장하였다. Simon, Thompson과 같은 주요한 학자들도 조직간의 공통점을 강조하였고 공공조직이나 사조직도 다른 차이보다는 서로 유사하다는 것을 상소하였다. 위에서 논의한 조직이론과 행태의 기여는 일반적으로 모든 조직에 적용할 수 있는 이론을 발전시키려고 하였다. 이 당시 거의 모든 학자들은 공공과 사영역, 시장과 비시장, 정부와 비정부 같은 구별이 일반 조직이론을 발전하고 실제를 이해하는 데 그게 의미가 없다는 주상을 되풀이하였다.

더욱이 사회학 및 심리학의 배경을 가진 학자들이 조직을 연구하는 데 조직의 환경보다는 내부요인들에 관심을 집중한 것은 그들의 저서들에서 잘 나타나고 있다. 정치학자와 행정학자 혹은 경제학자들도 공공관료제에 대하여 저술활동을 하였다. 그러나 이들의 주요 관심은 사회학자들과는 달리 관료제와 다른 정치체제들과의 관계를 분석하였다. 반면에 일반 조직이론의 주요 관심영역은 조직의 내부문제인 조직의 구조, 과제와 기술, 동기부여 그리고 리더십에 속하였다. 그 결과 조직이론 학자들은 공공조직과 공공조직의 정치적 및 제도적 한경의 영향에 대한 분석에는 미비하였기 때문에 비평을 받았다. 뿐만 아니라 공공관료제에 대한 저서들 가운데 조직이론에서 흔히 보편화되어 있는 체계적인 경험적 연구가 부족한 것도 사실이다. 그리고 조직사회학과 심리학의 연구자들 그리고 일반적인 관리분석 연구가들로부터 폭넓은 관심을 받아왔던 조직 내부의 구조, 행태, 관리에 관한 주제들이 공공조직을 연구하는 영역에서는 발견되지 않았다. 앞으로 공공조직에 대한 연구자들은 공공조직의 특성과 환경을 연구하는 폭넓은 조직분석을 제공하여야 할 것이다.

3장

공·사 조직의 환경과 연구의 경향

제3장 공 · 사 조직의 환경과 연구의 경향

역사적으로 조직이론을 검토하여 볼 때 전통적인 조직이론들은 단순히 외부의 환경적인 영향을 가정은 하지만, 환경을 주어진 것 혹은 대개는 폐쇄체제로 간주한다. 현대조직에 대한 연구들은 조직과 환경간의 분리를 인정하지 않으며 환경의 영향에 관한 많은 이론들이 다양하게 나타나고 있다. 환경영향에 대한 연구의 사례는 Philip Selznick의 고전 연구인 저서 「TVA and the Grass Roots」에서 New Deal 정책에 대한 연구, Burns와 Stalker, 그리고 Lawrence와 Lorsch 등의 상황조건적합이론과 Emery와 Trist의 조직 환경에 대한 연구를 자주 거론한다(참조 제4장 조직구조의 pp. 208-215).

실제로 환경에 대한 연구를 검토해 보는 것은 공공조직을 이해하는 데 도움이 될 수도 있다.

공공조직의 환경은 다양한 요인들로 구성되는데, 주로 시민의 기대와 요구에 속하는 정치적 · 법적 · 경제적 그리고 사회적 요인들로 구성된다.[1)]

제 1 절 조직 환경과 최근의 연구경향

1. 환경의 개념

조직을 연구한 학자들의 이론을 역사적으로 검토해 보면 직무, 동기부여, 사람 및 과정에는 관심을 두었으나 조직의 환경에는 많은 관심을 두지 않았다. 행정학에 체제이론이 도입된 이래 환경의 중요성이 더욱 커졌는데, 왜 환경에 관

1) Jamil E. Jreisat, *Public Organization Management: the Development of Theory and Process*, Quorum Books, 88 Post Road West, Westport, CT 06881(1997), p. 49.

한 연구가 기대한 것만큼 발표되지 않았는지 이해하기 어렵다.

일반적으로 환경(environment)은 조직 밖에 있는 모든 것 또는 대상 조직이 아닌 모든 것이라고 정의할 수 있다. 그러나 이러한 정의는 대단히 모호하며 조직을 연구하는 데 커다란 도움을 주지 못한다. 대체로 조직과 관련된 환경에 우선적인 관심을 가짐으로써 환경의 범위를 사실상 한정하고 있다.[2)]

조직환경을 연구하는 데 일반적으로 많이 거론되고 있는 관련 변수들은 다음과 같다.

① 기술조건

과학, 기계, 의학 및 다른 중요한 영역에 관한 지식수준과 정보처리, 교통, 의료서비스, 군사장비, 환경분석, 생산과 생산과정 및 농업생산 등에 관한 능력수준

② 법적 조건

법, 규정, 법적 절차, 법제도와 가치관의 특징, 법적 과정의 제도화 및 안정성

③ 정치적 조건

정부의 형태, 정치과정과 제도의 특징, 정치적 안정성

④ 경제적 조건

경제발전 수준, 이자율, 세율, 노동자의 특성, 자본, 시장의 성격 등

⑤ 인구 조건

나이, 성, 종교, 인종 및 민족의 특징

⑥ 생태적 조건

기후, 지리적 특성, 오염, 자원, 조직인구의 성격과 밀도 등

⑦ 문화적 조건

지배적인 가치관, 태도, 사회관습, 성의 역할, 가족구조, 작업훈련, 종교와 정치적 관례에 관련된 사회화 과정

이러한 위의 변수들이 조직에 어떻게 영향을 끼치는가? 예를 들면 기술 및 과학이 발전함에 따라 사회에 발생할 수 있는 복잡한 문제를 처리하기 위하여 정부는 환경부, 핵규제위원회 및 다른 부처를 설립할 필요성을 갖는다. 또는 컴퓨터의 발전 및 정보화와 같은 기술의 발전이 정부의 운영에 영향을 줄 수도 있다.

2) 오석홍, 조직이론(제4판), 박영사, p. 718.

요즘 같이 인구가 감소하는 경향도 앞으로 세계 및 정부에 어떠한 영향을 미칠 수 있는지 깊이 생각할 만한 주제다. 즉 정부에 여성의 참여를 더욱 권장하여 많은 제도의 변화가 필요하다든지 혹은 의학의 발달에 따라 인간의 수명이 연장되므로 말미암아 정년퇴임한 사람들의 연금 및 관리문제 등을 들 수 있을 것이다. 환경의 변화는 조직은 물론 정부정책에 많은 영향을 미칠 것이 분명하다.

2. 환경의 척도

분명히 다음과 같은 척도들은 공공조직에서도 활용할 수 있는 환경변수들이다. 다음 주요한 예들을 설명한다.[3)]

◉ Aldrich[4)]

— 능력: 환경들이 필요한 자원을 공급할 수 있는 능력

— 동질성과 이질성(Homogeneity and Heterogeneity): 환경의 구성요소들이 유사하거나 다른 정도

— 안정과 불안정(Stability and Instability): 환경의 중요한 구성요소들 혹은 과정의 변화의 정도와 급작성

— 집중과 분산(Concentration and Dispersion): 환경의 중요한 요소들이 지리적으로 서로 분산되어 있느냐 혹은 밀접하게 모여 있느냐

— 영역의 조화와 불일치(Domain Consensus-Dissensus): 조직의 영역(조직의 운영지역들, 주요한 기능과 행동 그리고 서비스를 받는 고객들과 소비자들)이 일반적으로 수용, 불일치 및 논쟁을 하는 정도

— 격동(Turbulence): 환경의 한 부분 혹은 측면의 변화가 다른 쪽의 변화를 창조하는 정도; 반사하고 확산하는 변화의 경향

◉ Dess와 Bead[5)]

— 풍부함(Munificence): 필요한 자원의 가용성

3) Rainey, *Understanding and Managing Public Organizations*, pp. 82-83.

4) H. E. Aldrich, *Organizations and Environments*, Upper Saddle River, N. J.: Prentice Hall(1979).

5) G. G. Dess and Beard, D. W., "Dimensions of Organizational Task Environment,"

— 복잡성(Complexity): 환경의 동질성과 집중성
— 동력론(Dynamism): 환경의 안정과 격동성

⊙ Miles[6]

1) 정체적인 척도

— 복잡성(Complexity): 조직이 다루어야 하는 다른 외부의 구성요소들과 특징들
— 일상성(Routineness): 환경과의 관계가 일정하고 표준화되어 있는 정도
— 상호관계(Interconnectedness): 한 측면의 변화가 반사하고 확산하는 환경의 구성요소들과 과정이 상호 연관되어 있는 정도
— 관계가 적음(Remoteness): 특정한 환경의 구성요소들과 조직의 관계들과의 직접적 관계의 정도

2) 동태적인 척도

— 변화의 율(Change Rate): 중요한 요소들과 조건들의 변화의 율
— 변화의 비예측성(Unpredictability of Change): 갑자기 일어나는 것이 아니던지 혹은 예측하기 어려운 것과 같이 변화가 패턴화되어 있던지 혹은 예측할 수 있는 정도

3) 수용성 척도

— 자원의 결핍(Resource Scarcity): 필요한 자원의 가용성
— 산출 수용성(Output Receptivity): 생산품, 부산물과 외부의 억제를 위한 요구, 산출에 대한 반대
— 영역-선택 융통성(Domain-Choice Flexibility): 한 조직이 영역을 선택하는데 자유롭거나 억제받는 정도(즉 서비스를 받는 인구, 운영하는 지리적인 지역, 기술 혹은 적용하는 절차, 생산품, 서비스 그리고 공급하는 기능들에 대한 융통성, 다시 말하여 조직이 어떤 기능을 어디서 어떻게, 그리고 누구를 위하여 하느냐에 대한 융통성)

Administrative Science Quarterly(1984), 29, 52-73.
6) R. H. Miles, *Macro Organization Behavior*, Glenview, Ill.: Scott, Foresman(1980).

위의 환경적인 개념들은 공공조직에 대한 이해를 향상시켜 주는 데 도움이 된다. 조직론 학자들은 이러한 개념들을 아주 일반적인 수준에서 정의하였다. 사실 공공조직에 적용하기 위하여, 공공조직을 실제로 잘 이해하기 위하여 보다 구체적인 척도들을 환경척도에 첨가하도록 계속 연구하여야 한다.

3. 조직환경에 대한 최근의 연구

조직이론의 최근의 연구를 검토해 보면 조직환경에 관심이 높은 것은 물론 상황조건적합이론을 한 단계 끌어올리고 있는 것을 볼 수 있다.

1) 상황조건적합이론(Contingency Theory)

상황조건적합이론은 보편타당성 있는 이론을 만드는 데는 약점이 있으나 거시이론이 우리에게 도움을 주지 못한 적실성(relevance) 측면에서는 장점을 가지고 있다는 것이 학자들의 공통적인 주장이었다. 상황조건 적합이론은 그들의 관점을 제시하는 데 많은 학자들의 도움을 받았다. 특히 그들의 가장 중요한 근원은 Joan Woodward, Burns와 Stalker, Lawrence와 Lorsch, Charles Perrow, James Thompson의 연구문헌들에서 잘 나타나고 있다(참조 제4장 조직구조 pp. 246-267).

학자들마다 상황이론 혹은 상황조건적합이론이라고 부르며, 일반적으로 상황조건적합이론이라고 부르는데 본 저서에서도 상황조건적합이론이라고 부르기로 했다. 이 이론에서는 조직의 차이를 강조하면서 조직의 구조, 그리고 성과 및 효과성에 미치는 상황변수를 찾는다. 가장 많은 관심을 받았던 상황이론은 조직의 행태에 대한 환경의 영향에 관한 것이다.

상황조건적합이론은 최선의 조직이론은 없고 조직은 상황에 의존하는 이론으로 대체하였으며, 조직이론은 조직의 내부와 외부의 환경에서 중요한 관련변수들을 찾고 그들은 어떻게 상호작용하며, 그 상호작용에 의하여 발생한 결과를 분석하는 것을 의미한다.

개방체제이론과 같이 상황조건적합이론은 조직이론의 어떠한 이전의 접근법도 전적으로 부인하지는 않는다. 그러나 어떤 조직구조나 관리스타일에도 적용할 수 있다는 보편타당성 있는 이론에는 반대한다. 오히려 이러한 주장은 조직설계와 관리의 문제를 더 어렵게 할 수 있다. 그럼에도 불구하고 관리자는 관리의 원칙보다도 우선 상황분석의 기술에 익숙하여야 하며 그런 다음 다양한 이론들과 원리를 검토한 후 환경에 적합한 이론이나 원리를 선택하는 것을 배우게 되는 장점이 있다. 물론 이러한 과정은 쉬운 것은 아니다. 더욱이 이 이론의 문제는 상황이 복잡하고, 명확하지 않으며, 비이론적인 특성을 가지고 있다는 것을 이해하지 않으면 안 된다.

다행스럽게도 이 이론의 주요한 공헌들 가운데 하나는 사적영역에서 발달한 조직이론을 공공영역의 조직들에 적용할 수 있다는 주요한 연결을 제공하였다는 점은 부인할 수 없다.

2) 조직의 생태이론(Organizational Ecology)

일찍이 조직의 행태는 조직의 생물학적 관점에 관심을 두지 않았다. 그 후 사회학에 기반을 둔 Michael Hannan과 John Freeman은 성장에 관하여 생물학적 비유를 활용하는 접근법을 적용함으로써 조직의 생태이론 발전에 기여하였고 중요한 영향을 자극하였고 많은 논문들이 발간되었다. 그들은 비록 활성화되지는 않았지만, 그들의 아이디어를 구성하기 위하여 사회학에서 설정한 분석틀을 가지고 있었다. 즉 조직의 생태이론은 환경 요인이 가장 적합한 조직의 특성들을 선택한다고 보는 접근방법이다. 조직은 환경의 선택에 따르는 수동적인 존재라고 보는 접근방법인 것이다.

◇ Hannan과 Freeman의 배경

Hannan과 Freeman은 North Carolina 대학의 사회학 분야에서 박사학위를 받았다. 이 두 학자는 다른 대학의 사회학분야로 옮겼다. Hannan은 Stanford 대학으로 그리고 Freeman은 Riverside에 있는 California 대학으로 자리를 이동하였다. Freeman은 곧이어 Berkeley에 있는 경영대학으로 옮겼다. 이 두 학자는 Cornell 대학에서 상당한 시간을 보냈다. Hannan은 1984년부터 1991년까지 사회학과에 있었고 Freeman은 경영학과에 있었으며 1985년부터 1993년까지 Administrative Science Quarterly의 편집인으로 봉사하였다. 최근 Hannan이 그의 나이 56세에 경영대학에 주요한 임명을 받았으나, 이 두 학자들은 California 대학으로 다시 돌아왔다. North Carolina에서 이 두 학자들은 인간행태에 관한 사회학 분야에 오랫동안 기고자였던 Amos Hawley에 의하여 많은 영향을 받았다. 그들의 사고와 이론의 발전에 영향을 준 다른 주요한 공헌자는 Arthur Stinchcombe였다. 비록 그들의 이론들이 수많은 근원에 의존하고 있으나 대부분은 사회학과 생물학이었다. 실제로 이 두 사람은 생태이론이 발전하는 데 가장 큰 영향을 미친 사람들인 것이 분명하다.[7)]

이 이론은 새로운 조직과 형태의 발생 비율, 조직의 변화율 그리고 조직과 그들의 형태가 쇠퇴하는 비율에 대한 이해를 하려고 시도한다. 기본적인 가정은 조직환경의 다양성이 새로운 조직과 형태를 창조하고 환경에 영향을 받지 않는 조직들은 쇠퇴한다는 것이다. 실제적으로 조직의 변화는 드물고, 천천히 움직이며 그들의 역사 속에서 일어난다. 환경은 변화하나, 변화하지 못하는 조직은 무력증이 내부에 지배적이 된다.

다양한 조직형태를 초래한 것은 변이와 선택의 오랜 역사를 거쳐온 결과들이다(설립, 소멸 그리고 합병과정). 선택과정은 오랜 역사의 시기를 거쳐 가는 것이 일반적인 속성이다. 이 이론은 조직의 변화를 설명하는 데 조직의 진화적인 처리로만 본다면 이는 단지 부분적인 설명이라고 볼 수 있다. 그것은 주로 조직의 인구 내에서 자연선택에 초점을 둔다.

오늘날 조직의 연구는 조직환경에 많은 비중을 두는 동시에 상황조건적합이론의 시각을 초월하고 있는 것 같다. 생물학적인 개념을 사용하면서 조직 내의 사람들의 근원, 발전 및 쇠퇴를 분석한다. 생물학자는 어떤 유기체인 사람들이 특정한 생태에 잘 적응하면서 발전하는 상황을 분석한다. 이와 같이 인구생태론은 특정한 환경, 즉 가용할 수 있는 자원과 규제가 가해지는 환경 내에서 사람들이 발전하는 과정을 분석한다.

어떤 생태학자는 조직의 상황조건적합이론이 환경의 변화에 합리적이고 빠르게 적응할 수 있는 접근법은 아니라고 한다. 그들은 다윈의 주장대로 오히려 환경이 조직의 인구를 선택하는 것으로 본다. 물론 이러한 주장은 많은 비평을 초래하였다. 다시 말하여 환경의 조건들이 모든 것을 결정하기 때문에 관리전략의 중요성을 소홀히 한다는 것이다. 예를 들어 사조직보다 공공조직은 법 및 규

7) Miner, *op. cit.*, pp. 773-774.

정과 같은 많은 규제를 받고 있기 때문에 공공조직들은 거의 비슷하며 차이를 발견하기 어렵다. 반면에 이러한 관점은 공공조직에 관한 많은 의문을 자아내는데, 특히 왜 대부분의 사람들이 어떤 공공조직에 머무는가 하는 것 등이다.

3) 자원의존이론(Resources Dependence Theories)

자원의존이론은 조직과 환경의 관계에 있어서 조직의 주도적 및 능동적 행동을 중요시한다. 즉 조직은 환경의 결정에 수동적인 것이 아니라 환경의 영향에 적극적으로 대처하고 환경을 조직에 유리하도록 관리하려는 실체라고 보는 접근 방법이다.[8)]

자원의존이론은 조직관리자들이 환경으로부터 조직이 필요한 자원, 자금, 사람, 기술지식 등을 어떻게 얻느냐에 관심을 둔다. 그들은 조직의 구조를 변경하여 환경에 적응하려 할 수도 있으며 때로는 환경을 자신들에게 유리한 쪽으로 조정하려고도 한다. 자원의존론자들은 자원을 추구하는 데 내부 및 외부의 정치적 과정의 중요성을 인정한다. 또한 그들은 자원의존개념을 모든 조직에 적용하려 하며 공공조직도 별다른 차이를 보이지 않을 것으로 고려한다.

자원의존이론은 얼마간은 개인과 조직행태에 대한 근본적인 관점에서 성장하였다. 이 주장은 Chester Barnard의 「*The Function of Executive*」의 50주년 기념식에서 처음으로 Pfeffer에 의하여 제인된 것이나. 이 이론의 기본적인 관점은 ① 조직들과 조직 내의 사람들은 다른 조직들의 사람들과 상호의존적이다. ② 상호의존과 사회저 관계를 고려한 결과는 사회적인 맥락에서 발생하는 영향과 억제들을 더 잘 이해할 수 있다는 가정하에 존재한다. 이것은 개인과 조직의 행대에 적용된다. Howard Aldrich와 Pfeffer를 포함하여 주요한 이론적 관점들이 있으나 여기에 Pfeffer의 자원의존 형성과 주요한 근원으로 Salancik의 저서에 관심을 갖는 것은 의미가 있을 것이다.

◇ Pfeffer와 Salancik의 배경

Pfeffer는 Carnegie Mellon 대학의 산업행정 분야에서 동시에 학사학위와 석사학위를 받았다. 그가 서부의 Stanford 대학의 경영학 분야에서 박사학위를 하기 위

8) Richard H. Hall, *Organization: Structures, Processes, and Outcomes*, 5th ed.(Prentice-Hall, 1991), pp. 277-281; 오석홍, 조직이론, p. 55(재인용).

하여 입학한 것은 1968년이었으며 1971년에 그 곳에서 박사학위를 취득하였다. 그리고 나서 그는 동부에 있는 Illinois 대학의 경영학부로 옮겼으며 동시에 그곳으로 온 Salancik와 합세하였다. Pfeffer가 Berkeley에 있는 California 대학으로 가기 2년 전까지 그 곳에서 머물렀으며, 다시 1979년 그의 모교인 Stanford 대학으로 돌아왔고 그 곳에서 머물면서 그의 전 경력은 경영학부와 조직행태에 종사하였다. Salancik는 상당한 이론적 그리고 경험적인 연구를 거친 후에 자원의존이론을 발전시켰다. 그러나 아무도 그 이론에 관심을 주지 않았기 때문에 이론을 발표하는 시도를 포기하였다. Salancik는 Northwestern 대학의 신문학 분야에서 석사학위를 취득하였으며 1970년 Yale 대학으로부터 사회심리학 분야에서 박사학위를 취득하였다. Salancik는 Peffer가 Illnois 대학을 떠난 후 여러 해 동안 동 대학에서 재직하였다. 그러나 궁극적으로 Carnegie Mellon 대학의 산업행정학과로 옮겼으며, 1996년 그의 나이 53세로 타계하였다.[9]

자원의존이론은 주로 관리자들이 생존을 보장하기 위하여 어떻게 시도하는지에 관심을 두고 있다. 조직은 그들이 어느 정도 효과적이기에 생존한다. 조직들의 효과성은 자원과 지지를 얻기 위하여 이익집단들의 요구들을 적절히 수용할 수 있는 조직 관리자들의 능력에 의존한다. 결론적으로 조직의 생존에 중요한 것은 자원을 습득하고 관리하는 능력이다. 조직들은 필요한 자원을 얻기 위하여 환경과 상호작용해야 한다.

4) 제도화와 신제도이론(Institutionalization and Neo-Institutionalization Theory)

신제도이론은 제도를 조직연구의 핵심개념으로 사용하는 접근방법이다. 이 접근방법은 개인과 조직의 행동을 제약하는 제도의 중요성을 강조한다.[10] 제도화는 집단적 의미, 특정한 존재와 활동, 그들을 큰 기구로 통합하는 문화적 규칙으로 정의된다. 따라서 제도화는 주어진 단위들(부서)과 활동의 패턴들이 법적(법, 습관 혹은 지식)이 될 수 있도록 규범적으로 그리고 인식적으로 체질화되는 과정이다. 이러한 관점에서 행동은 개인 선택의 문제가 아니라 주로 사회체제의 대

9) Miner, *op. cit.*, p. 764.
10) 전게서, p. 54(재인용).

규모 제도적인 속성에 속한다. 즉 이러한 측면은 문화의 산물이다.

신제도는 이전에 어떤 형태의 제도가 있었다는 것을 의미하며 실제로 사회과학을 통하여 느슨한 형태나마 오래 전에 제도주의가 있었다. 특히 조직의 연구에서 사회학자인 Philip Selznick의 저서에 분명히 나타나 있다.[11]

신제도이론은 Meyer와 Brian Rown의 논문에서 시작되었다.[12] 이 논문은 Meyer와 Scott의 저서에 다시 발표되었는데, 그 책은 많은 저자의 논문들로 편집되었다.

조직의 구조는 아주 제도화된 맥락에서 발전한다고 한다. 이와 같이 구조는 사회에서 조직에 부여하는 지배적이고 합리적인 아이디어에 의하여 실무나 절차들이 영향을 받는다. 그렇게 하는 경우 조직은 합법성과 생존력을 증가시킨다. 그들을 관리하는 공식적인 구조나 규칙들은 실제로 제도적인 환경의 반영이다. 합리적 제도인 규치들이 주어진 업무영역에시 계속 사용됨으로써 조직의 구조가 형성되고 팽창된다. 그리고 사회가 더욱 현대화됨에 따라 합리적 제도적인 구조는 확장되고 합리적인 제도를 포함하는 영역의 수는 늘어난다.

제도화 과정을 연구하는 사람들은 어떤 가치, 구조 및 절차가 제도화되는지, 즉 조직 내외에 널리 용인되는 것을 분석한다. 공공조직이나 사영역의 조직들은 실적주의를 채택함으로써 인사체제를 개혁하고 있는데, 이는 실적제가 인사정책의 합리적인 방인이라고 보편적으로 인성하고 있기 때문이다. 변화가 급속도로 일어나고 있는 사회에서 모든 사람들이 받아들일 수 있는 가치관을 형성할 수 있다는 것은 그리 쉬운 일은 아닐 것이다. 제도화가 적응성(adoptability)을 결여할 때 제도화는 조직발전에 장애가 될 수 있다. 엄격하게 짙된 제도화는 변화에 저항한다. 때로는 정부의 법규정 및 절차에 의하여 제도화가 강화될 수 있고 혹은 자연스러운 가치관의 형성이 제도화를 이끌어 낼 수도 있다.

신제도주의적 접근방법의 특성은 다음과 같다.[13]

---

11) Philip Selznick, *TVA and the Grass Roots*, Berkeley: University of California Press(1949); Philip Selznick, *Leadership in Administration: A Sociological Interpretation*, Berkeley: University of California Press(1957).

12) J. W. Meyer and B. Rowan, "Institutionalized Organizations: Formal Structure as Myth and Ceremony," In J. W. Meyer and W. R. Scott(eds.), *Organizational Environments: Ritual and Rationality*, Thousand Oaks, Calf.. Sage(1983).

13) 오석홍, 조직이론, pp. 54-55(재인용).

— 사람의 행동은 제도의 산물이다. 즉 사람의 행동은 제도가 설정한 의무와 책임에 대한 반응이다.
— 조직은 하나의 제도이며 조직의 산출은 제도의 결과이다.
— 조직을 둘러싼 환경이 조직의 제도를 형성한다.

신제도이론은 조직과 환경이 상호작용하는 것으로 보는 개방체제 및 상황적응적 접근방법이다. 전통적 제도론이 비공식적 요인과 환경과의 영향관계를 간과한 폐쇄체제적 관점에서 연구한 것과는 대조를 이룬다. 신제도이론은 비공식적 측면에도 주의를 기울이고 환경의 상황, 즉 제도적 측면도 중요시한다.

Scott는 신제도이론의 유일한 공헌자는 아니다. 그러나 그가 신제도이론의 역사와 그 이론의 해석을 제공한 학자인 것만은 틀림없다.[14] 신제도주의의 주요한 설명은 또한 Zucker에 의하여 제시되었다.[15] 그에 의하면 제도주의는 과정이라고 한다. 이 과정을 통하여 사회에서 합리적이라고 믿는 것을 행위자들이 전달하고 그리고 이 과정을 통하여 행위의 의미는 사회에 전달된다. 그러한 제도화는 객관적(잠재적으로 반복될 수 있는)이라고 지각되어진다.

4. 공공조직의 환경

1) 정치적인 맥락

(1) 공공조직의 정치적 환경과 영향력

공공조직의 많은 영역은 정치적인 맥락에 의하여 제약을 받는다. 공공조직의 존재, 예산, 인사 및 목적도 정치적 과정을 통하여 규정되고 수정되기도 한다. 정치적 및 법적 환경은 조직의 공식적 정당성을 규정하고 활동의 한계를 설정한다. 법적 규범을 산출하는 정치적 과정은 조직의 지위와 자원획득 능력에 직접 또는 간접의 영향을 미친다. 그러나 헌법이 행정의 구체적인 부분까지 규정하기에는 물리적으로 불가능하다.

현대 민주사회에 있어서 행정에 대한 의회의 영향은 막대하다. 예산 및 인

14) Richard W. Scott, *Institution and Organizations*, 1st ed. 2d ed. Thousand Oaks. CA.: Sage(2001).

15) Lynne Zucker, "The Role of Institutionalization in Cultural Persistence," *American Sociological Review*, 42(1977), pp. 725-743.

사의 추인에서부터 행정활동을 합법화하고 규제하는 다양한 법을 제정하는 데 이르기까지 의회에는 분명히 많은 권한이 주어졌다. 뿐만 아니라 의회는 행정통제라는 미명하에 행정기능을 감시하기 위하여 행정에 개입할 수 있는 권한을 가지고 있다.

더욱이 입법, 행정 및 사법부간의 다른 견해들을 서로 조정하면서 견제와 균형을 유지하려는 노력 가운데 발생하는 정치적인 갈등들은 행정이 피할 수 없는 불가피한 환경이라고 본다.

따라서 공공조직은 정치적인 환경을 검토하고 환경에 적응하려고 많은 노력을 하지 않을 수 없다. 반면에 공공조직은 독립적인 구조로써 자신의 영역과 특권을 보호하려고 한다. 때로는 정치체제의 활동에 영향력을 행사하거나 수정하면서 맹목적으로 복종하지 않는다.

공공조직이 많은 영향력을 가지고 있는 경우는 다음과 같은 경우로 볼 수 있다.

① 공공조직은 전문성과 많은 정보를 가지고 있다.

② 공공조직은 공공서비스를 시민들에게 제공함으로써 시민과 협조체제를 구축하는 데 유리하다.

③ 공공조직과 선거주민들과의 유대관계는 공공정책의 방향은 물론 예산할당에 있어서도 행정기관에게 유리하게 공공정책의 결과를 가져오는 데 보다 나은 기회를 제공할 수 있다.

그러나 정치적 맥락에서 공공조직과의 관계는 몇 가지 이유 때문에 대단히 중요하다.

민주주의 과정에서 의회의 의원과 같이 선거에 당선된 공직자들은 시민을 대표하고 공공조직에 합법성을 부여하고 공공정책을 수립한다. 결국 그들이 결정한 공공정책을 위하여 궁극적으로 대중에 책임과 부응성을 지고 있다. 반면에 공공조직 혹은 관리는 전문성을 가지고 관리의 전문성에 따라 집행한다. 이러한 논리는 분석적으로 정치와 행정의 분리라는 이원론에 따라 정책결정과 집행의 기능을 분리시킨 것이다.[16] 그러나 이러한 개념적 분리는 많은 비평과 수정, 반

16) Jack Rabin, "In Restrospect: Public Policy and Administration," *Public Administration Review*, 56, 2(March-April, 1996), p. 149.

대 및 지지라는 논란을 자아내고 있다. 현실적으로 판단하여 볼 때 국정에 대한 민주적인 통제를 유지하기 위하여 분리가 지속되어야 한다고 주장하더라도 실제로는 엄격한 이원론은 설득력을 상실하였다. 오히려 행정은 다양한 방법으로 정책결정에 영향을 주었다. 입법부에서 제정한 정책, 집행명령 및 법령 등은 집행하는 데 거의 구체적인 지시사항이 결여되어 있다. 그러한 정책을 구체적인 결과를 위한 정책으로 전환하지 않는다면 의미가 없다. 이는 1950년대 Long이 지적하였듯이 행정조직은 사회의 필요를 반영하여야 하며 정책결정과 집행에 종사한다고 하였다. 현대의 관점은 정치와 행정이 분리된 것이 아니라 혼합되어 있는 것으로 보고 있다.

(2) 공공조직의 부정적 견해

더욱이 오늘날 공공조직이 직면하고 있는 환경은 1970년대 Warren Bennis가 관료조직의 비능률성을 지적한 이래, 특히 정부에 대한 반대, 반관료적인 감정은 세계적으로 일반화되어 가고 있다. 경제정책, 사회정책의 실패 및 러시아나 동구라파의 공산주의의 몰락까지 중앙정부, 즉 공공관료조직의 비능률성 및 비생산성으로 돌리고 있다. 공공조직에 대한 부정적인 감정은 자연히 정부조직의 재개혁운동을 낳았고, 전통적인 관리방법에서 소비자의 만족에 의하여 판단되는 기업가적인 관리방법의 채택을 요구하는 결과를 자아내고 있다는 것이다.[17)]

세계를 통하여 정부와 관료에 대한 부정적인 관점은 두 가지의 중심적인 명제에서 기인된다고 본다. 첫째, 정부의 활동은 사영역과 사조직에서 운영되는 것과 다르다. 둘째, 정부활동은 비효과적이고 비능률적이다.[18)]

그러나 공공조직의 낮은 계층에서 근무하는 공공관리들은 사조직의 관리들이 근무하는 환경과 크게 다르지 않은 환경에서 근무하기 때문에 정치적인 환경에 관심을 두고 있지 않는 편이며 상위계층으로 올라갈수록 정치적 환경은 관심의 초점이 된다.

---

17) David Osborne and Ted Gaebler, *Reinventing Government: How the Enerpreneurial spirit Is Transforming the Public Sector from Schoolhouse to State House, City Hall to Pentagon*, Reading, MA: Addison-Wesley(1992).

18) Hal G. Rainey, *Understanding and Managing Public Organization*, 2d ed. San Francisco, CA: Josey-Bass(1997).

2) 사법적인 맥락

현대사회에서 공공조직은 이미 전문성과 기능적인 세분화로 인하여 많은 권력을 장악하고 있다. 특히 법의 증가는 법을 집행하는 공공조직의 권력확장으로 이어지고 있다는 것은 놀라운 일이 아니다. 더욱이 어떤 행정기관은 준입법 및 사법적 권한을 가지고 법을 행사하기도 한다. 이와 같은 현실을 보더라도 행정은 권한을 강화하고 있으며 권한의 독단성을 방지하기 위하여 사법부의 재심은 더욱 필요하게 되었다. 그러므로 사법부는 행정적인 자유재량을 검토하고 헌법적인 권리와 개인과 집단에게 부여된 자유를 보호하기 위하여 법을 해석한다. 그 결과 행정은 행정결정을 정당화하고 법적인 타당성을 증명해야 되는 사법적인 압력이 가중되고 있다.

1946년대 제정된 행정절차법(Administrative Procedure Act)은 날로 증가하는 행정권력을 제어하고, 특히 행정이 집행, 입법, 사법적 기능을 점차적으로 갖게 됨에 따라 발생하는 헌법적 딜레마를 해결해 보고자 하는 방안이었다. 행정절차법은 행정을 위한 최소한의 기준을 설정하고 행정에 부과된 엄격한 절차적 요건을 지키도록 한다.

비록 행정절차법은 행정의 과정을 약화시킨다는 비난도 있으나 행정기관이 개인이나 집단의 자유를 침해하는 것을 보호하여 줄 수 있어 사회 각 계층으로부터 지지를 받고 있다. 실제로 법은 행정의 환경을 결정하여 줄 정도로 중요하며 공공기관의 업무, 재원, 인사, 구조 및 권력을 제한하여 준다. 또한 법은 행정기관의 운영 및 독자적이고 변덕스러운 결정에 대한 기준을 제공한다. 의회와 사법부는 행정권력을 견제하는 필수적인 역할을 하는 기구들이다.

3) 경제적인 연계

경제적 환경이란 경제체제의 상태를 말한다. 정부는 경제적인 요인과 밀접한 관련을 가지고 있으며 조직의 어떠한 측면도 경제적인 면과 분리되어 생각할 수 없다. 경우에 따라서는 조직의 생성 또는 존속 자체를 좌우하는 결정적 요소로 작용할 수도 있다.

경제후퇴나 불황인 경우 세금을 제대로 징수하지 못할 것이며 그 결과 재원의 할당결정, 고용, 공직자 수의 절감, 동기부여정책, 많은 공공조직의 내부과정

등의 결정에 영향을 받기도 하고 영향을 주기도 한다. 높은 실업률은 세입을 적게 책정하고 공공비용을 증가하여 경제를 활성화해야 되는 압력을 피할 수 없을 것이다. 반면에 낮은 실업률 혹은 완전고용률은 능력 있는 사람을 채용하기 위하여 사영역과 경쟁을 해야 되는 정부의 인사정책에 영향을 끼칠 것이다. 결과적으로 정부는 봉급체계를 개선하고 경제상황에 버금가도록 시장성을 갖기 위하여 경쟁력을 확보하는 인사정책을 수립해야 될 것이다.

공급 측면의 경제학자들은 규제를 줄이고, 세금을 낮추고 동시에 공공자금의 지출을 삭감함으로써 경제문제에 대한 정부의 역할을 축소할 것을 주장한다. 이들의 기본개념은 정부가 시장에 개입한다는 것은 비능률적이라고 믿기 때문이다. 정부는 상품과 서비스의 할당, 투자의 지시 및 경제성장을 가져오는 데 시장경쟁에 맡겨야 된다는 논리이다. 이러한 논리는 케인즈의 경제이론과는 다르다. 케인즈의 경제학은 경제를 조정하고, 재정정책의 바람직한 목적을 달성한다든지, 고용, 임금 및 가격을 결정하는 데 정부의 중심적인 역할을 지지한다. 어떤 경제이론을 채택하느냐에 따라 정부의 기능에 영향을 준다. 정부의 기능은 경제적인 요인과 깊은 관련이 있으며 경제적인 환경을 벗어날 수는 없다. 공공영역에서 근무하는 사람들이 잘 알고 있듯이 공공고용, 임금인상, 채용기준 등은 근본적으로 경제환경의 영향을 받으며 정부예산의 수입측면의 변화에 민감하다. 이와 같이 경제체제의 조건은 공공조직은 물론 다른 분야의 조직들에도 영향을 미친다.

4) 문 화

문화는 사회와 사람들을 구별하여 줄 수 있는 규범, 속성 및 패턴을 포함하고 있다. 문화가 조직과 개인의 행태에 영향을 준다는 데에 대체로 이견은 없는 것 같다. 그러나 문제는 문화의 영향을 어떻게 명확히 하고, 측정하며 해석하느냐이다. 문화는 정태적인 것이 아니라 계속 환경에 적응하여 나아간다. 문화체제가 다름에 따라 사람들이 현실을 지각하는 방법, 인과관계에 대한 신념, 정당성의 규정, 권력에 대한 태도, 시간관념, 개인적 욕구수준 등은 달라질 수 있다. 이와 같이 문화라는 환경은 조직구성원들의 가치기준과 행태에 영향을 미치고 결국은 조직의 구조와 과정에 영향을 미친다. 물론 공공조직을 단순히 문화의 산물로서만 본다는 것은 옳지는 않다. 역시 문화 이외의 많은 요인에 의하여 영향을 받기 때문이다.

심리학, 사회학 및 인류학의 연구에 의하면 다른 문화권에 살고 있는 사람들간에는 인식과정에 주요한 차이가 있다고 한다.[19] 특히 경제가 세계화되어 가고 다국적기업들이 세계 각처에 산재되고 있는 오늘날 기업은 이윤을 극대화하기 위하여 직원의 훈련이 요구되어지기 때문에 문화횡단적(Cross-Cultural) 혹은 국가간(Cross-Nations)의 문화연구는 더욱 늘어날 것으로 판단된다.

오랜 권위주의적인 문화를 가지고 있는 한국이나 서구세계에서도 공공관료제에 대한 묘사는 부정적이다. 1980년대 이래 세계의 각 국가들은 국가가 소유한 기업들을 사영역에 팔면서 민영화의 움직임이 활발하게 진행되고 있다. 이러한 경향은 반정부적인 감정이 사회에 팽배하고 있다는 것을 반영한다. 학계에서나 대중매체에서도 공공관료제는 불필요하게 과잉충원되었다든지, 융통성이 없고, 비능률적이며, 부응성이 결여되면서 권력에 굶주려 있다고 비평하는 것을 우리는 자주 접한다. 사회가 발전함에 따라 국민들의 요구가 증가하는 것을 충족시키기 위한 공공관료제가 점점 증대함은 불가피한 현상이란 것을 인정하나, 놀랍게도 설문조사에서도 나타난 것처럼 공공관료제가 증가함에 따라 조직의 운영을 위하여 세금을 더 내야만 한다든지 혹은 자신들의 보호를 위하여 만든 규정들이 자신들의 자유를 구속할 수 있다는 이유로 공공관료제에 대한 반감이 더욱 늘어나고 있는 것을 이해하기 어렵다. 분명히 국민들이 정부에 서비스를 요구하지 않으면 공공관료제의 수는 증가하지 않을 수 있다.

또한 공공관료제에 대한 비난은 정부활동이 사영역의 활동과 달리 비능률적이고 비효과적으로 업무를 수행한다는 것에서 발전한 것으로 볼 수 있다. 그러나 우리는 정부나 사영역이 각기 서로 다른 장점과 단점을 가지고 있다고 알고 있다. 우리의 도전은 정부와 사영역을 적절히 조합하여 더욱 효율적인 관리를 찾아내는 것이다.[20]

공공관료제가 있으므로 자신들의 자유가 보장되고 안전을 확보할 수 있다는 것을 인식하지 못하는 것 또한 현실이다. 정부에 대한 신뢰성이 약화되고 있다고

19) Nancy Alder, Robert Dektor and Gordon Redding, "From the Atlantic to the Pscific Century: Cross-Cultural Management Reviewed," *Journal of Management*(1986), 12, 2, p. 295; Jamil E. Jreisat, *Public Organization Management*, p. 63(재인용).

20) Charles T. Goodsell, *The Case for Bureaucracy*, Chatham, NJ: Chatham House(1983), p. 6.

지적한 설문조사에 의하면 강한 정부의 역할에 대한 강한 지지를 발견할 수 있었다고 한다.[21] 다른 말로 표현하자면, 정부에 대한 반대의 감정이 팽배하기도 하나, 한편 활동적이고 강한 정부에 대한 요구도 계속 늘어나고 있다는 것을 의미한다. 정부 프로그램과 서비스의 불가피한 확대와 이에 따라 증가하는 정부의 세금에 대하여 불평하는 모순적인 국민들의 태도를 공공조직은 감당해야 된다. 한때 인기를 모았던 책인 「*Reinventing Government*」는 클린턴 행정부의 업적조사를 수록한 책인데, 동시에 역설적으로 정부의 긍정적 및 부정적인 측면을 다루었다.[22] 그들은 정부가 많은 부분에서 실패하고 있기 때문에 정부의 재개혁을 주장하고 있다. 그들은 정부는 중요한 기능을 수행하고 있으며 따라서 공공관리는 효과적이 되어야 한다고 말한다. 공공조직에 대한 강한 비난을 한 학자들은 공공조직들이 이미 알려진 것 이상으로 업적을 달성하고 있다고 주장하는 학자들의 공격을 받고 있다. 이 학자들의 대부분은 정부조직의 탁월한 업적달성의 증거를 제시하는 반면 사영역이 더 나은 업적을 달성할 수 있을 거라는 사실에는 증거를 제시할 수 없었다고 한다.[23] 정부나 공공조직에 대한 비난은 대중의 고정관념 및 오해에서 발생하는 쉬운 대상이 될 수도 있다. 때로는 정부조직이 의회나 이익집단의 압력에서 발생하는 갈등문제로 인하여 오히려 공격의 대상이 되기도 한다. 그러나 공공조직에 대한 관심이 일어나는 1990년대 이후에 정부조직의 효과적인 리더십, 관리 및 조직의 업무수행 등에 관한 책들과 논문들이 발표되었다. 연구에 의하면, 젊은 고용인들 사이에 직무만족은 사조직에서보다도 공공조직에서 높았다고[24] 하며 다른 연구는 직장에 들어오는 초임 직원들의 질적 수준

21) S. M. Lipset and W. Schneider, *The Confidence Gap: Business, Labor, and government in the Public Mind*, Baltimore: Johns Hopkins University Press(1987); D. Katz, B. A. Gutek, R. L. Kahn and E. Barton, *Bureaucratic Encounters: A Pilot Study in the Evaluation of Government Services*, Ann Arbor: Survey Research Center, Institute for Social Research, University of Michigan(1975).

22) D. Osborne and T. Gaebler, *Reinventing Government*, Reading, Mass.: Addison-Wesley(1992).

23) C. Ban, *How Do Public Managers Manage? Bureaucratic Constraints, Organizational Culture and the Potential for Reform*, San Francisco: Jossey-Bass(1995); T. L. Cooper and N. D. Wright, *Exemplary Public Administrators: Character and Leadership in Government*, San-Francisco: Jossey-Bass(1992); R. B. Denhardt, *The Pursuit of Significance*, Belmont, Calif.: Wadsworth(1993).

24) B. S. Steel and R. L. Warner, "Job Satisfaction Among Early Labor Force Participants: Unexpected Outcomes in PUblic and Private Sector Comparisons," *Review of Public Personnel Administration*(1990), 10, 4-22.

이 사영역의 조직보다 공공조직에서 높았다고 한다.[25] 이러한 통계만 보더라도 공공영역을 단순히 부정적으로만 볼 수는 없다.

제2절 일반조직이론과 공공조직

1. 행정학의 이원론과 일원론

1) 행정학의 이원론

조직이론의 관점에서 볼 때 행정학의 이원론의 시대와 이를 주장한 학자들은 General Motors에 좋은 것은 동등하게 연방정부에도 좋은 것이라고 믿었던 시대이다. 이러한 시절에는 행정학이나 조직이론에서 공·사 행정간의 본질적인 차이를 인지하지 못하였던 것은 당연하였을 것이다.

행정의 영역은 관리 혹은 경영의 영역과 같으며 행정원리의 보편적인 적용을 제안한 초기의 Woodrow Wilson은 행정을 관리(management)라고 말하면서 행정과 정치의 분리를 주장하였다. 따라서 행정학에서는 공공조직의 특징이나 정치적인 상호작용들이 고려되지 않았다. Wilson에게 정치나 정치체제의 성격은 행정과는 분리되어 있으며 민주 혹은 권위주의 정부이든지 간에 정부의 기본적인 성격은 조직구조나 행정에 영향을 주지 않아야 된다는 것이다. 그러므로 모든 정부의 행정규칙은 거의 유사하며 모든 행정은 강한 구조적인 유사성을 띠고 있다는 것이다.

2) 행정학의 일원론

20세기 초반 40년 동안 행정학을 지배하여 왔던 정치와 행정의 이원론은 공공영역에 과학적 관리의 원리를 적용하는 이론적인 기초를 마련하였다. 행정학의 이러한 접근법은 공공조직(정부)과 사조직과의 차이를 충분히 고려하지 못하였다. 그 결과 조직과 관리에 새로운 접근법들로 대체되고 있다.

1949년 Paul Appleby가 행정은 정책결정과정의 일부라고 주장하면서 정치

25) P. E. Crewson, "The Public Service Ethics," *Unpublished Doctoral Dissertation*, American University, Washington D. C.(1995b).

와 행정의 일원론을 주장한 이래 행정학 학문 분야에서는 단순히 행정보다는 정치성을 더 강조하는 경향이 뚜렷이 나타났었다. 오늘날 공공조직이나 관료들의 정치적 활동이 급증하고 정책결정과정에 깊이 개입하고 있는 현실을 감안할 때 행정학이 정치성을 배제하고 행정 혹은 관리에만 집착한다는 것은 학문자체의 현실성을 결여한 것이라고 본다.

그러나 공공조직의 특징을 고려한 이론들은 최근까지 발전되지 않았으며 오히려 공공관리들은 사영역에서 발전된 기술을 배우고 적용하는 데 몰두하였다. 특히 사영역에서 발전된 행렬조직구조, 조직발전, 목표관리, 다양한 다른 접근법 등이 공공영역에 활용되고 있는 것을 보면 아무리 행정의 정치적 특성을 주장하더라도 이원론이 얼마나 깊게 뿌리를 내리고 있는가를 짐작하게 한다.

이러한 상황에서 공공조직의 특징들을 지적하는 것은 쉬운 일은 아니다. 다행스럽게도 Rainey, Backoff 그리고 Levine이 공공조직과 사조직의 차이를 구별할 수 있는 접근법들로 분석하였다. 그러나 이러한 접근법들이 두 영역 사이의 조직들을 구체적이고 분명하게 구별하는 데 성공적이지 못하였으나 항상 중도적인 형태였고 많은 측정치들이 중복을 이루고 있었다. 그럼에도 불구하고 그들은 공공조직과 사조직간에 핵심적인 영역을 구별할 수 있는 많은 지표들이 있다는 것은 분명하다고 결론맺었다.

2. 일반조직이론(Generic Theory of Organization)의 경향

1) 공공조직을 배제한 가치 중립적인 연구경향

공 · 사조직간의 차이에 대한 연구는 행정학 분야에서 오래 지속되어 오고 있는 대단히 논쟁적인 문제였다. 역사적으로 이 문제는 조직이론의 주류에서 논의되지는 않았다. 특히 사회학 및 경영학분야의 학자들은 모든 조직에 통용할 수 있는 일반적인 조직이론(Generic Organization Theory)의 발전에만 관심을 가지면서 전혀 무시하지는 않았지만 공 · 사간의 구별은 전통적으로 거의 다루지 않았다.

진정으로 일반이론이 되기 위하여 공공조직을 포함하여 전반적인 면을 다루어야 한다. 공공조직을 다루지 못하였거나 혹은 공공조직의 특성들과 사조직의 다른 점을 이해할 수 없다면 조직이론은 완전한 것이 될 수 없다. 조직이론은 이를 보완하기 위하여 많은 관심을 공공조직의 이해에 두어야 한다. 그러한 노력은 일반이론에 반하는 것이 아니라 오히려 현존하는 조직이론의 근간을 탄탄하게 할 수 있으며 행정학을 공부하는 학생들에게 공공조직과 사조직을 이해하는 데 도움을 줄 수 있다.

일반이론들은 가치와 사실을 엄격히 구별하였으며 가치는 감정적인 편견이라고 보았기 때문에 가치중립적인 과학(Value-Neutral or Free Sciences)에서는 가치에 대한 관심이 배제되었다. 그러한 결과 조직의 가치중립 과학에서 행정학에 영향을 줄 수 있는 정책결정과 같은 가치문제가 고려되지 못한 것은 당연한 것 같이 보인다. 이러한 가운데 가치문제를 다루는 공공조직이 일반조직이론에서 배제된 것으로 예상된다.

대략 1880년대로부터 1940년 중반에 이르기까지 전통적인 행정학은 행정이 정치와 분리되어야 한다는 Woodrow Wilson의 주장에 근거를 두고 있으며 이러한 분류는 정치적인 변수에 영향을 받지 않는 순수한 행정의 과학적인 이론을 형성하는 것이 주요한 관심사항이었다.

이러한 경향은 조직이론의 발전과정에서도 볼 수 있다. 초기의 조직연구는 과학적 연구방법을 강조하면서 조직의 보편적이고 처방적인 원리를 찾아내는 데 관심을 두다가 그 이후에는 처방적인 면보다는 과학적이고 가치중립적인 서술과 설명에 치중한 것으로 볼 수 있다. 이와 같이 과학의 역할이나 의미가 변하여 왔음에도 불구하고 조직 학문의 일반조직이론의 경향은 행정학사들로 하여금 공 · 사조직간의 차이를 지속적으로 연구하는 데 장애를 주었을 것이다. 그 당시에는 공 · 사조직을 구별하기보다는 공 · 사조직을 포함하는 조직이론의 일반화를 더 중요하게 생각하는 일반적 전통(Generic Tradition) 때문에 공공조직의 정치적 특징에는 별로 관심을 두지 않았다. 이러한 전통이 조직이론, 조직행태 그리고 일반적인 관리 연구 등에 영향을 미쳤다. 고전적 혹은 현대적인 모든 조직의 형태의 일반이론의 영향이 지배적이었으며 그들은 조직과 관리에 관한 보편타당성 있는 이론을 구축하려고 노력을 하였다. 이러한 전통 가운데 공 · 사조직의 구별은 세련되지 못한 사고로서 배제되었다.

이 부류에 속하는 학자들은 그들의 이론이 공공조직, 사조직, 그리고 어떤 형태의 조직이든 간에 분명히 적용될 수 있다고 주장하였다. 예를 들면 Weber의 관료조직에 대한 분석은 정부조직 및 기업조직 모두에게 적용된다고 주장한다. Frederic Taylor는 그의 과학적 관리법을 공공조직 및 사조직에 널리 적용하였다.

호오손 연구(Hawthorne Studies)에서 사회 및 사회심리적 요인들을 강조한 McGreor's Theory Y와 Kurt Lewin's 연구는 오늘날까지 공공조직의 조직발전에도 활용되고 있다.

Herbert Simon 역시 공공조직과 사조직의 모든 환경에 적용할 수 있는 이론을 만드는 데 노력하였다. 애초에 그는 정치학자로서 행정학에 관한 그의 저서를 통하여 볼 때 행정학의 정치적 요인을 고려하였다. 그러나 그는 공공조직과 사조직간에는 차이보다는 유사함이 더 많다고 주장하였다.[26] 그는 자신의 다른 책에도 공공조직, 사조직, 그리고 비영리조직의 구분 없이 조직의 중요한 측면에 있어서 별로 차이가 없다고 주장하였다.[27] 그와 같이 조직이론에 중요한 영향을 끼쳤던 학자들도 공공조직의 특성에는 별로 관심을 가지고 있지 않았다.

2) 공공조직에 대한 상황이론의 입장

그 이외에도 1960년대에 관심을 모았던 상황조건적합이론이 공공조직에 대하여 어떠한 입장을 택했는지 검토할 필요가 있다. 상황조건적합이론은 조직의 구조와 설계에 영향을 끼치는 변수를 환경의 불확실성, 복잡성, 조직 목적과 기술의 다양성, 조직규모 및 관리자들의 전략적인 결정 등으로 간주하였다. 물론 이러한 관점이 조직간의 다양성을 인정한다고 하더라도 공공조직의 특성에는 관심을 두지 않았다. James Thompson과 같은 상황조건적합이론의 주요한 학자도 오히려 공·사조직은 차이보다는 유사성이 더 많다고 하였다.[28] 그들의 주장이 놀라운 일은 아니다. 조직의 유형을 분류한 학자들도 공·사조직을 구별하는 데 별로 관심을 두지 않은 것 같다. 그들에 의하면 조직 특성들은 공·사간의 문제이기보다는 조직의 목적과 기능이 영향을 끼친다고 보았기 때문에 공·사조직간의 구별은 별로 연구된 바가 없다. Pugh, Hickson 그리고 Hinings는 구조적인 특성에 따라 58개의 조직을 분류하였는데, 그들이 예측하였던, 즉 공공관료제는 규칙과 절차에 있어서 사조직보다 더 관료적일 것이라고 보았는데, 연구결과 그러한 차이를 볼 수 없었다고 한다.[29]

---

26) Hebert A. Simon, *Administrative Behavior*, New York: Free Press(1948).

27) H. A. Simon, "Organization and Markets," *Journal of Public Administration Research and Theory*(1995. 5), pp. 273-294.

28) J. D. Thompson, "Common and Uncommon Elements in Administration," *Social Welfare Forum*(1962), 89, 181-201.

29) D. S. Pugh and C. R. Jinings, "An Empirical Taxonomy of Work Organizations,"

3. 공 · 사조직의 유사성에 대한 도전

1) 공 · 사조직 구별의 모호성

1970년 이래로 많은 학자들은 일반적인 관리문헌과 공공조직에 관한 문헌간의 차이를 지적하면서 이들의 관리이론을 통합하여 더 나은 관리이론을 만드는데 관심을 가지고 있다.[30] 그 동안 일반이론들은 그들의 전통 때문에 정치학자나 경제학자들이 제기하는 문제를 등한시하였다. 행정학자들 또한 공공관리에 관한 체계적인 연구는 그리 많지 않았다는 것을 문헌을 통하여 발견할 수 있었으며, 정치학자나 경제학자들도 일반이론들이 관심을 가지고 있는 조직구조설계, 동기부여, 노사관계, 내부의 의사소통 및 팀웍 등과 같은 내부적인 요인들에 별로 의문을 제기하지 않았다. 그 결과 공공조직에 관한 많은 변수들이 충분히 고려되지 못하는 결과를 가져왔다.

위에서 지적한 각 분야의 관심영역이 다르긴 하지만, 사조직에서 발전된 이론들을 공공조직에 활용한다는 것이 실제로 가능한가 하는 의문을 갖게 한다. 그러나 전형적인 공공조직은 무엇이며 전형적인 사조직은 어떠한가를 명확히 구별하기는 복잡하다. 또한 그러한 차이를 연구한 역사도 길지 않다. 공공조직은 규모, 목적, 융통성, 개혁 그리고 자금의 출처 등에 있어서 놀랄 만큼 다양하며 광범위하고 포괄적인 조직이다. 예를 들어 국세청 및 소방서 등과 같은 공공조직은 비교적 사조직과 같이 특정한 그리고 측정할 수 있는 목적을 가지고 있다. 많은 사조직들도 공공조직과 같이 모호하고, 복잡하며 서로 갈등하는 목적들을 가지고 있다. 사설양로원은 두 가지 목적을 가지고 있는데, 우선 이윤을 추구하는 것과 그리고 환자에 대한 질 높은 간호와 보호관리를 제공한다. 이 두 목적은 갈등을 가져올 가능성이 있으며 이 목적들을 계량화하거나 측정하기 어려운 점을 지적할 수 있다. 어떤 공공조직은 NASA와 같이 매우 혁신적이기도 하며 혹은 매우

Administrative Science Quarterly(1969), 14, 115-126.

30) G. T. Allison, "Public and Private Management: Are They Fundamentally Alike in All Unimportant Respects?" In J. L. Perry and K. L. Kraemer(eds.), *Public Management, Mountain View*, Calf.: Mayfield(1983); Bozeman, B., *All Organization are Public: Bridging Public and Private Organizational Theories*, San Francisco: Jossey-Bass(1987); Meyer, M. W., *Change in Public Bureaucracies*, Cambridge University Press(1979); Perry, J. L., and Kraemer, K. L.,(eds.) *Public Management, Mountain View*, Calf: Mayfield(1983); Warwick, D. P., *A Theory of Public Bureaucracy*, Cambridge, Mass: Harvard University Press(1975).

경직되고 비융통성을 띠고 있다. 이러한 현상은 사영역에서도 자주 나타나는데, 예를 들어 첨단기업들은 분명히 혁신적이고 융통성 있는 관리를 추구하는 반면 어떤 기업들은 경직되고 때로는 완고한 정부관료제를 방불케 할 정도로 경직되고 침체된 면을 보여주고 있다.

모든 공공조직의 재원은 반드시 예산의 지원을 받는 것도 아니고 서비스에 대한 요금으로 운영하는 조직도 허다하다. 심지어는 법과 공식성의 구속력이 사조직과 구별할 수 있는 공공조직의 특징으로 거론되어 왔으나 반드시 그렇지는 않다. 사조직의 법적 구속력이 공공조직의 것과 반드시 동일하지는 않으나 노사관계, 작업조건, 근로자의 안전, 소비자나 경쟁자의 공정한 관리, 환경보호 그리고 조세법 등은 사조직의 법적 제약조건이다.

위에서 보듯이 공공조직과 사조직을 구별하는 것은 각 변수들의 정도 차이 이외엔 대단히 모호한 것을 볼 수 있다. 일반적으로 조직환경의 예를 들어 조직간의 차이를 비교하여 보는 것도 의미가 있다고 보나 역시 모호한 기준임을 알 수 있다. 각 조직의 환경이 다를 수 있으나 환경의 특성이 공공조직이나 사조직을 구별할 수 있는 것만은 아니라는 것을 알 수 있다. 특히 정책의 영역에서 발견할 수 있는데, 어떤 공공조직은 안정적이고 온화하며 협조적인 환경 속에서 활동하면서 대중의 감시를 덜 받고 때로는 공익을 고려하지 않는 경향이 있다. 이러한 예는 제한된 참여자들인 의회의 분과 혹은 상임위원장을 포함하는 위원들, 관료와 이익집단들이 정책결정과 집행을 통제하는 하위정부(Subgovernments) 혹은 삼두마차를 들 수 있다. 실제로 미국이 이 삼두마차의 포로가 되어 있다는 비난을 종종 듣는다. 다른 공공조직과 사조직은 다같이 환경이 혼돈적이고, 급박한 변화가 일어나고 있으며 때로는 적의적이고 복잡한 가운데에서 생존할 수밖에 없는 경우도 있다. 사용되는 기술의 단순성이나 복잡성도 조직이 공공조직이냐 혹은 사조직이냐를 구별하기 어렵다.

2) 공 · 사조직 차이에 관한 연구경향

(1) 공공조직의 정치성

행정학의 이원론을 주장한 Woodrow Wilson, Willoughby, Leonard White 등이 옳은가? 행정과 조직관리는 다를 수 있다. 그러나 공공영역에서 완전히 분리하기는 어려울 것 같다. 조직의 목적은 조직을 이해하는 것이고 공공조직이론의 목적은 공공조직을 이해하는 것인 것 같다. 우리는 공공조직이 존재하고 있는 환경이 정치적으로 피할 수 없는 환경임을 이해하지 않으면 안 된다. 그러한 정치적 환경이 조직구조나 업적에 어떻게 영향을 미치고 있는지, 공공조직에서 우리들은 왜 사조직의 경우와 다르게 업무를 수행하고, 평가를 하는지, 사조직에서 발전한 이론들은 어떠한 환경하에서 공공조직에 적용될 수 있는지를 이해해야 한다.

조직은 단지 관리문제만 다루는 것이 아니고 권력의 분배문제를 포함하고 있기 때문에 정치적이라고 할 수 있다. 1949년에 Paul Appleby는 공공행정은 정책결정하는 것이라고 언급하면서 사행정과 본질적으로 다르다는 것을 주장하였다. 그에 의하면 정부조직은 사조직과 영향력의 범위, 결정의 영향, 공공책임성 그리고 합리적인 성격보다는 정치적인 면에 있어서 차이가 있다고 한다.[31] 이러한 그의 설명에 비추어 볼 때 공공조직과 사조직간의 분명한 차이를 지적한 것으로 보여진다. 대략 사조직이 이윤을 강조한다면 공공조직은 서비스에 치중하며, 공공조직의 엄격한 법적 책무성 유지, 효과적인 목적달성을 측정하는 애매성, 그리고 대중에 대한 부응성은 주로 비시장을 통하여 이루어지는 것을 선호한다.[32] 물론 이러한 구별은 정도 문제에 지나지 않으며 공공조직과 사조직은 서로 유사한 성격을 가지고 있다고 주장하는 학자들도 많다.

그러나 Appleby가 이미 민주사회에 있어 행정의 정치적 역할의 중요성과 합법성을 인식히도록 노력하였으며 더 나아가 효과적인 공식의 관료들이란 민주적인 가치와 공익에 따라 행위를 하여야 된다고 하였다. 비록 Appleby가 주장한 행정의 정치적 역할은 오늘날 새로운 것이 아닐 정도로 행정 관료의 정치적 영향력이 강화되고 있으나, 행정학이 일반조직이론 학파에 깊은 영향을 주지 못한 것은 이해하기 어렵다.

Dahl 역시 그 당시 지지를 받고 있었던 과학적인 명제와 행정학과의 관련에 의문을 가지고 있었으며 행정학과 정치학은 분리할 수 없는 것으로 보았다. 더욱더 가치와 사실은 행정을 집행하는 데 서로 혼합되어진다고 언급하였다. 그 이외에도 행정학의 과학화의 가능성은 제한을 받고 있다고 하면서 그 이유는 행정환

31) Paul Appleby, "Government is different," in Jay M. Shafritz and Albert C. Hyde, eds., *Classics of Public Administration*(Oak Park, Ill) Moore Publishing Co.,(1978), p. 105; reprinted from Big Democracy, New York: Alfred A. Knopf(1945).

32) Robert B. Denhardt, *Theories of Public Organization*, Monterey, Calif.: Brooks/Cole Publishing Company(1984), pp. 40-68.

경이 복잡하고 다양한 개인 심리의 성격과 행정에 영향을 미칠 수 있는 각기 다른 문화변수를 제대로 이해할 수 없어 연구방법론에 문제가 있다고 주장하였다. 그러나 Dahl의 주장은 과학이 조직과 관리의 보편적이고 처방적인 원리를 찾는 데 수단을 제공한다고 주장한 것이 초기의 전통적인 조직이론 학자들을 반박한 것으로 이용되어졌다고 한다. 후에 일반 조직이론의 접근법을 지지한 Simon과 같은 학자들은 원리론자들의 과학에 대한 잘못된 인식을 비판하였다. 비록 과학은 가치와 사실의 정당성을 알려줄 수는 없을지 모르나 과학적인 방법은 조직환경하에 가치를 실현하는 데 다양한 심리, 문화, 그리고 환경이 어떻게 영향을 미치는지에 대한 설명은 할 수 있다.

(2) 행정학과 가치중립의 관계에 대한 의문

과학적인 연구방법론의 논리가 공공 및 사조직간의 차이를 보지 말라는 주장은 없으나 일반이론의 주장을 반영하였던 조직에 관한 초기 문헌에는 현저하게 언급되지 않았다. 이러한 현상을 Dwight Waldo는 일반조직 문헌에서는 행정학의 명확한 성격을 제대로 강조하지 못하였으며 일반조직이론 학자들의 과학에 대한 몰두는 과학적 연구방법적용이 가능한 행정능률의 기계적인 관점에만 치우치게 하였다.[33] 이러한 전환으로 행정학의 공공성, 즉 민주적인 정치이론에서 유래되는 가치체계를 고려하지 못한 것은 이해할 만하다. 일반 혹은 속성학파(generic school)의 실증논자들은 가치와 사실을 분리함으로써 정치적 가치로부터 행정적 기술을 분리시켰으며 행정적인 기술의 문제와 관련된 과학적인 이론을 가지고 정치적인 가치에 대처하려고 하였다. 그러나 Waldo는 일반조직이론가들의 조직이론은 행정학과 관련이 없는 것으로 보았으며, 민주적인 정치이론이 행정학의 핵심이라고 하였다. 이러한 논쟁은 Appleby, Waldo 및 Dahl을 필두로 주장되었으나 학문의 일반적(속성적)인 관점을 바꾸어 놓지는 못하였다. 행정학 분야에서 이들의 주장은 얼마간 위축되었다. 오히려 조직의 일반이론가들은 행정학 및 타학문의 경계를 넘나들면서 계속 발전하였다. 반면에 행정학 문헌의 주류는 일반이론학자들과 달리 공공조직과 사조직간의 차이에 대한 관심을 갖기 시작했다.

1950년대 초기에는 거의 행태주의 혁명(behavioral revolution)이 미국 사회과

33) Dwight Waldo, *The Administrative State: A Study of the Political Theory of American Public Administration*, New York: The Ronald Press(1948), pp. 159-191.

학 전반을 휩쓸고 있었다. 이 혁명은 과학적이고 방법론적인 문제에 중점을 두었으며, 이 점은 조직이론의 일반이론학파들과 일치하는 바가 컸었다.

1950년대와 1960년대 사이에는 공공조직과 사조직간의 차이를 어느 정도 인정한다고 하더라도 공공조직에 대한 문헌이나 연구는 별로 없었다. 1970년대에 와서야 비로소 행정학은 정치적 혹은 민주적인 가치에 흥미를 가져야 된다는 Waldo의 도전에 반응하기 시작하였다.[34] 1968년 미국정치학회 기조 연설에서 David Easton은 후기 행태주의(Post Behavioralism)를 발표하면서 행태주의의 결함을 지적했다. 이 당시 미국의 월남전 참전과 빈곤에 대한 전쟁(the War on Poverty) 과정 가운데 일어났던 신행정학(New Public Administration)이 조직이론과 정치적 혹은 민주적 가치와 연계하려는 많은 노력을 하도록 자극을 가하는 영향들을 일반조직학파의 문헌에서도 볼 수 있다. 그 이외에도 비판이론, 공공선택이론, 해석학이론 등이 행정학과 조직이론과의 주요한 연계를 형성하고 조직이론에서 공공조직과 사조직을 구별하기 시작하였다. 이전에는 행정학계는 거의 Simon과 그의 동료에 의한 영향이 지배적이었고 학문발전에 커다란 공헌을 하였으나 공공조직의 규범적 및 정치적 성격을 이해하는 데는 한계가 있었다.

4. 공 · 사조직의 구별을 위한 접근법

공공(public)이란 단어는 라틴어에서 유래된 것으로 사전에 의하면 지역 및 국가의 국민을 의미한다. 반면에 사적 혹은 개인(private)이란 말은 역시 라틴어에서 유래된 것으로 공공사무실이나 정부와 분리된 개인적인 문제를 말한다. 공적인 의미를 단순히 법이나 상식적인 관습에 의해서 이해할 때에는 비교적 어려움이 적으나 현대사회의 복합적인 기능의 공적인 의미를 법적으로만 이해할 때에는 그 내용을 충분히 다루지 못한다는 것이다. Lynton K. Cardwell 같은 학자는 공적인 것을 사회학적으로 이해하려 한다면 공과 사의 구별은 더욱 어려워진다고 한다.[35] 현대적 정의에 의하면 공과 사를 구별하는 데 3개의 요인들을 활용한다: i) 영향 받는 이익이 공공사회적이냐, 개인에 국한된 것이냐; ii) 시설, 재원 및 정보에 대한 접근성; iii) 개인과 조직이 개인 혹은 지역을 위하여 활동

34) Michael M. Harmon and Richard T. Mayer, *Organization Theory For Public Administration,* Little, Brown and Company, Boston and Toronto(1986), p. 26.

35) 백완기 *op. cit.*, p. 4(재인용).

하느냐를 검토함으로써 공과 사를 구별한다.[36] 이와 같이 조직의 특성을 고려하면서 공 · 사조직을 구별하는 방안을 아래에서 제시하고자 한다.

1) 공익접근법

공공조직과 사조직을 구별하는 방법으로 공익접근법을 주로 사용하였다. 이 접근법은 한때 가장 많은 각광을 받았다. 즉 공공조직은 공익을 추구하며 공익에 많은 영향을 미친다는 것이다. 조직을 분류한 Blau와 Scott도 대중에 이익을 제공하는 공익조직과 그들 자신의 이익을 고려하는 사조직으로 구분하기도 하였다.[37] 주로 공공조직은 정부조직이며 사조직은 비정부조직인 기업조직을 말한다. 그러나 이 접근법이 옳다는 증명을 하지 못하였을 뿐만 아니라 많은 비난을 받고 있다. 공익은 무엇인가? 공익을 어떻게 측정하는가? 그리고 사조직은 공익을 추구하지 않은가?란 지적들이 많이 거론되고 있다. 결론적으로 두 영역 사이의 경계는 모호하나 공공조직은 사조직보다 공익을 더 추구하고 있는 정도의 문제로 보고 있다.

2) 공공조직의 계속성

일반적으로 공공조직은 사조직보다 수명이 더 길다. 사조직 혹은 기업조직의 재원은 상품과 서비스의 판매와 직결되어 있다. 그러므로 공공조직보다 사조직은 비용을 절감하려는 자극을 받게 된다. 실제로 기업조직의 운명은 이윤의 발생 여하에 달려 있으며 시장의 상황과 환경은 정체되어 있는 것이 아니라 항상 유리하거나 혹은 불리하게 변할 수 있는 것이다. 계속성에 있어서 공공조직이 유리한 것은 시장의 변화에 큰 영향을 받지 않고 필요하다면 정부는 지속적으로 국민에게 서비스를 제공해야 한다는 것이다.

3) 평가측정의 어려움과 공식절차 및 규정의 불가피성

정부조직은 지출과 수입을 결정하는 데에도 비용삭감을 사조직과 같이 심각하게 고려하지 않는다. 만약 정부조직이 능률적으로 비용을 삭감하였다고 가

36) S. I. Benn and G. F. Gaus, *Public and Private in Social life*, New York: St. Martin's Press(1983).

37) P. M. Blau and W. R. Scott, *Formal Organizations*, Novato, Calf.: Chandler & Sharp(1962).

정한다면, 내년의 예산은 오히려 그만큼 줄어들 가능성이 많다. 더욱이 공공조직의 목적은 주로 비가시적 혹은 다양하기 때문에 목적이 효과적 혹은 능률적으로 달성되었는지 측정하는 것은 사조직보다 어렵다. 직원을 통제하는 데 있어서도 목표달성은 주요한 측정변수이나 공공조직에서는 목표자체를 평가하기 어려워 직원을 통제하기 위하여 공식적인 절차, 규정 및 법의 적용에 의존하게 된다. 그 결과 공공조직은 더욱 경직되고, 비능률적이고 수동적인 관료를 만들어내기 쉽다.

〈그림 3-1〉 공과 사의 소유권과 재정지원(Public and Private Ownership and Funding)

	공공소유	개인소유
공적재정 (세금, 정부계약)	국방성 사회보장행정 경찰청	군산업체와 계약 R and D 투자 국가의 실험기관
사적재정 (판매, 개인헌금)	미국의 우체국 정부소유 Utilities. Federal Home Loan Bank Board	General Mortors IBM General Electric Grocery store chain YMCA

4) 소유권과 재원(Ownership and Funding)

Wamsley와 Zald는 공공조직과 사조직의 구별은 모호하며 조직의 성격은 두 변수인 소유권과 재원의 성격에 따라 공공조직과 사조직의 양 축의 선상에 위치한다고 보았다.[38)]

소유는 공공소유와 사적소유로 재원은 공공 재원(세금과 정부계약)과 사적재원(판매 및 사적 기부금)으로 분류하였을 때 아래 4개의 조직형태가 나타난다: 공공이 소유하고 공공재원에 의하여 운영되는 조직(대부분 정부조직); 공공이 소유하고 사적재원의 조달에 의하여 운영되는 조직(우체국과 정부가 소유하고 있는 공

38) Gary L. Wamsley and Mayer N. Zald, *The Political Economy of Public Organization*, Bloomington, Inc.: Indiana Univ. Press(1976).

익사업); 개인이 소유하고 정부 재정지원에 의하여 운영되는 조직(방위산업체); 개인이 소유하고 사적재정 지원에 의하여 운영되는 조직(기업체). 물론 이 접근법이 IBM과 같은 회사들이 정부와의 계약에 의하여 재정지원을 받고 있으나 개인기업체와 같이 자율적으로 운영되고 있어 공 · 사조직의 구별이 모호하다는 비판을 받고는 있으나 공공조직과 사조직의 성격을 좀더 구체적으로 조사하였다는 평은 받고 있다.

5) 경제적 권위와 정치적 권위: 공공성

Bozeman은 공공영역과 사영역의 연속선상에서 차이점을 발견하려고 노력하였다. 모든 조직은 어느 정도 정치적 영향력을 가지고 있고, 어느 정도 정부의 통제에 속하며, 그리고 어느 정도의 공공성을 가지고 있다. Bozeman은 두 개의 하위지표를 사용하였다: 정치적 권위와 경제적 권위. 그러나 이 지표는 이분법적이라기보다는 연속선상에서 그들을 다루었다.

정치적 권위는 시민이나 정부의 기관들과 같은 정치체제에서 부여받았다.

사기업들은 공공조직과 비교하여 상대적으로 정치적 권위를 갖지 못한다. 사조직은 자신을 위하여 조직을 운영하고 시민들과 자발적인 교환을 통하여 자신들을 지원한다. 정부기관은 공공단체 및 국가를 위하여 행동하는 높은 수준의 정치적 권위를 가지고 있다. 그리고 시민들은 세금이나 다른 필요한 사항들을 제공하면서 공공조직을 지원하도록 강요받는다.

조직의 공공성은 이 두 지표들에 의하여 결정된다. 〈그림 3-2〉에서 보듯이 Bozeman은 가능한 이 두 지표의 조합도 설명한다. 즉 개인이 소유하고 관리하는 개인기업은 경제적 권위는 높으나 정치적 권위는 낮다. 정부기관들은 경제적 권위는 낮으나 정치적 권위는 높다. 더 복잡한 조직은 이 두 지표들의 조합을 의미한다. Bozeman과 그의 동료들은 이 접근법을 사용하여 공공조직, 사조직, 그리고 연구와 발전(R and D)을 설명하였다. 실제로 공공영역과 사영역을 명확히 구별하는 시도는 아직 충분하다고 볼 수 없다. 정부 그리고 정치적 과정들, 즉 법, 규정, 허가, 계약 등 직접적인 방법들에 의하여 조직들에 영향을 미친다는 점이 특색이라면 차이점이다.

〈그림 3-2〉 공공성: 정치적 권위와 경제적 권위

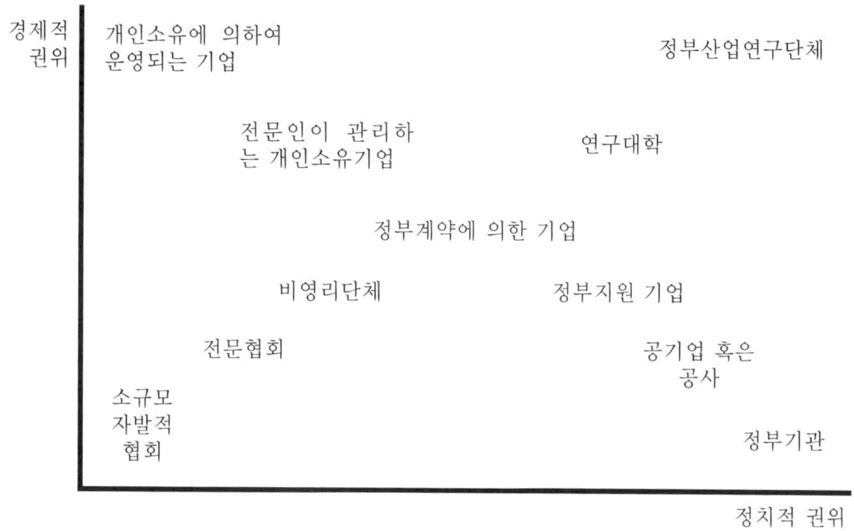

출처: B. Bozeman, *All Organizations Are Public: Bridging Public and Private Organization Theories*, San Francisco: Jossey-Bass(1987); Rainey, *Understanding & Managing Public Organizations*, p. 68(재인용).

제3절 공공조직의 정치적 특성과 공공조직관리의 특징

1. 공공조직의 정치적 특성

정부가 기업과 같이 운영될 수 있고 그리고 되어져야 한다는 믿음은 공·사관리가 근본적으로 유사하고 그리고 사영역에서 사용되는 관리기술들이 공공영역으로 쉽게 이전될 수 있다는 가정에 의문이 제기되고 있다.

비록 공공 및 사조직이 기본적으로 유사한 관리 기능을 포함하고 있다고 하더라도, 이 기능들이 두 조직들 사이에 크게 다르게 수행되어질 수 있다. 비록 사조직의 기술들이 공공조직에서 사용될 수 있다고 하더라도, 이 기술들이 어떻게 수행되며 사용되는지뿐만 아니라 공공조직의 업적을 향상하면서 성공의 가능성은 크게 다룰 수 있다. 예를 들면 공공 병원과 사 병원들이 같은 기능과 유사

〈표 3-1〉 일반조직모델을 정부에 적용하는 한계

일반조직모델의 요소 (Generic odel)	공공조직에 적용하는 한계
명확한 목적과 분명한 사명	— 기본적인 목적은 입법부 등 외부에서 결정된다 — 입법기구는 목적을 명확하고 구체적으로 정의하지 않는다 — 개방적이고 접근이 가능한 결정과정은 외부집단들이 목적을 어떻게 정의하고 결정할 것인지 영향을 미칠 수 있도록 허용한다 — 공공조직은 다목적이고 갈등하는 목적들을 부여받기 때문에 사명을 공유하는 것을 어렵게 만든다
목적을 달성하기 위해 권한과 책임을 위임	— 입법기구들은 충분한 자율권을 부여하기를 원치 않는다. 왜냐하면 의회는 행정기구를 자신들의 뜻에 따르도록 장악하는 능력이 감소되기 때문이다 — 선거에 당선된 공직자들도 같은 이유 때문에 충분한 자율권을 부여하기를 원치 않는다 — 최고의 상관들은 그들의 부하들이 잘못을 범하면 그들이 책임을 져야 하기 때문에 권한과 책임을 부여하기를 원치 않는다 — 모호하고 추상적인 목적은 외부의 감시자나 관료들이 책무성을 보장하기 위해 절차에 의존하게 한다. 이것은 더욱 권한 위임의 가능성을 감소하게 한다
산출과 결과를 일치하게 하고 그리고 결과를 측정한다	— 목적이 모호하고 파악하기 어려운 곳, 산출과 결과를 관찰할 수 없는 곳에서는 적절한 업적을 측정하는 지표를 발견하기 어렵고 그리고 결과를 측정하긴 더욱 어렵다
보상과 업적을 연계시켜 근로자들이 결과에 책임을 지도록 한다	— 업적과 보상을 연계시킨다는 것은 적절한 업적을 계량화하는 지표들을 발견하지 못한 곳에서는 불가능하다 — 보상과 업적의 연계가 원하는 결과를 생산치 못하는 것은 부적절한 자원 혹은 조직의 통제를 초월한 요소들에 기인한다 — 공공관료들은 최고의 업적을 생산하기 위해 필요한 권위와 자원이 부족하다 — 공공기관은 공정성, 개방성, 그리고 부응성을 포함하는 보조적인 목적들에 책임을 져야 한다. 이것은 사명과 관련이 있는 목적의 달성을 저해한다

출처: Tompkins, *op. cit.*, p. 19.

한 문제를 직면한다고 해도, 공공병원은 법을 집행하기 위해 존재하기 때문에 사조직과 아주 다르다. 공공조직은 능률, 경제, 그리고 효과성을 초월하여 부응성, 형평성, 그리고 공공서비스를 포함하는 가치를 향상시키는 데 책임이 있다. 공공조직은 가능한 한 공정하고, 가능한 한 균등하며, 그리고 공공연하고, 그리고 여론에 의한 행동을 통하여 운영한다. 그리고 공공조직은 사조직이 경험하지 않는 다양한 구속을 피할 수 없다.

아래 Tompkins는 공공관리의 상황적 특성을 설명했다.[39] 그리고 〈표 3-1〉은 일반조직모델(Generic Management Model)을 정부의 환경에 적용하는 데 어려운 이유가 무엇인지를 요약한다.

1) 분화된 권위(fragmented authority)

오만한 정부로부터 시민을 보호하기 위해 Madison은 권력을 분산하는 헌법체제를 설계했다. 이와 같은 논리로 대부분의 사조직은 독립적인 조직이지만 공공조직은 그렇지 않다. 공공조직은 목적을 결정하고, 사명을 변경하며, 그리고 그들의 수행방법을 조정하는 데 사조직과 같은 자유를 가지고 있지 않다. 공공조직에서는 근본적인 목적이 입법부에 의한 외부에 의하여 결정된다.

권위의 분권은 공공관리자들이 행동을 취하기 전 자신들의 공공기관의 외부사람들과 자주 논의를 해야 하게 한다. 그리고 공공기관들의 의도한 행동은 자신들의 특권을 보호하려는 입법부, 사법부, 그리고 대통령의 결정에 따라 언제든지 변경될 수 있다.

2) 개방, 접근하기 쉽고, 그리고 부응하는 의사결정과정

공공조직이 독립적인 존재가 아니라면, 공공관리자들도 배후에서 논의하거나 의사결정을 선언할 자유가 없다. 기업인 사조직은 상대적으로 폐쇄적으로 목적을 정하고 정책을 결정할 수 있는 반면에, 공공조직은 대중의 감시하에 공개과정을 통해 할 수 있으며, 이익집단도 접근 가능하고, 특정한 개인 및 집단들의 요구와 관심에 부응해야 한다.

개방, 접근성, 그리고 부응성은 민주국가가 민주적이 되는 데 필수적인 조건이다. 정보공개법은 공공기관들에게 정부와 기록들을 대중에게 공개할 것을

39) Tompkins, *op. cit.*, pp. 9-18.

요구한다.

첫째 공 행정 관료들이 사조직의 관리자들보다 의사결정할 자유를 덜 가지고 있다는 것을 의미한다.

둘째 개방, 접근성, 그리고 부응성을 보장하는 절차적 과정들은 의사결정과정의 지연과 복잡성을 더욱 심하게 가중시킬 것이다. 정책에 대한 영향을 연구하고, 논평기간을 계획하며, 공청회를 준비하고, 협상을 하며, 그리고 재수정하는 과정을 끝내기 위해 걸리는 시간은 수년이 걸리지 않는다면 적게는 몇 달이 걸리는 것은 이상한 일은 아니다. 그래서 공공관료들은 새로운 규정이나 혹은 관리계획을 수립하려 하지 않는 경향이 있다.

셋째, 미디어, 이익집단, 그리고 선거직 공직자들의 밀접한 감시는 공공관리자들이 더 주의하고 그리고 위험을 감수하지 않으려 하게 할 것이다. 오히려 지나친 감독은 공공관료들로 하여금 새로운 혹은 개혁과 같은 어떠한 것도 피하는 원인을 제공한다.

3) 모호하고, 파악하기 어렵고, 그리고 달성하기 힘든 목적

공공조직의 목적은 의미에 있어 애매하고, 성격에 있어 파악하기 어렵다. 어느 정도 목적의 애매성은 의원들에게 필요한 전문성이 결핍하든지 혹은 의원들이 서로 수용할 수 있는 동의를 가져오기 어렵기 때문에 의회는 의도를 구체적으로 그리고 정확하게 정의하려 하지 않은 데에 본질적인 어려움이 있다. 사조직의 목적들은 상대적으로 성장, 판매, 그리고 이익과 같은 그러한 구체적인 말로 정의될 수 있는 반면, 공공조직은 빈곤퇴치, 범죄인들을 재교육시키거나, 공기와 물의 질관리와 같은 더 애매한 목적들을 달성하는 책무를 지고 있다. 빈곤, 범죄, 그리고 오염은 그의 원인이 항상 알려지지 않았고 혹시 알려졌다고 하더라도 행정기관의 통제 범위 밖의 문제들이다. 이러한 문제들이 어떻게 해결되고, 그리고 달성될 수 있는지 몇 가지 의문을 가지고 있다.

첫째, 공공기관의 목적과 과제가 무엇이며 무엇이 되어야 하는지를 정의하는 데 행정관료들은 서로 갈등하는 정당들 가운데 놓여 있게 된다. 상당한 사람들은 안건에 동의하지 않고, 공공관료들은 외부와 내부의 이해관계자들이 공공기관의 핵심과제가 어떻게 정의되고 수행되어야 한다는 정치가들의 감독으로부터 심한 압력을 경험하게 된다. 이것은 관료들이 경험하는 복잡성과 불확실성을 더욱 어렵게 한다.

둘째, 목적이 애매하고 성격에 있어 파악하기 어려운 곳에서 관리자들이 업적 표준과 결과를 측정하는 것을 더욱 어렵게 한다. 대부분의 행정기관의 산출은 관찰하기 어렵고 측정하기 애매하다. 이것은 전략적 기획, 목적관리, 그리고 업적의 측정을 하는 데 관리도구를 사용하는 것을 제한한다. 관리도구는 목적이 상대적으로 명확하고, 구체적이며, 그리고 달성가능한 곳, 목적 달성을 측정할 수 있는 곳, 그리고 행정기관이 바람직한 결과를 산출하는 데 그들의 직원들에게 책임을 부과할 수 있는 곳에서 사용가능하다. 이것이 공공기관들로 하여금 목적 지향적이기보단 절차지향적이 되는 이유를 설명한다. 따라서 공공조직과 사조직의 산출은 같은 기준으로 분류할 수는 없다.

4) 절차적 구속

사조직의 관리자들은 그들의 행동이 특히 법에 금지되지 않는 한 조직을 위해 적합하다면 기업의 이익을 향상시키는 데 자유롭다. 반면에 공공관리자들은 법적으로 위임된 권한의 범위 내에서 행동하는 것은 자유스럽지만, 그 이외의 것은 외부에서 부과한 규율과 절차체제에 따라야 한다. 결과적으로 공공관리자들은 많은 종류의 구속들에 직면하며, 사조직의 관리자들보다 선택의 자유는 덜 갖고 있다. 이것은 과감하고 혁신적인 조직의 목적을 추구하려는 공공관리자들의 능력을 제한한다.

절차적인 규칙과 보고 의무는 적시에 의사결정을 만드는 데 지상을 초래하고, 가장 일 잘하는 근로자에게 보상하려는 의도를 제한하며, 변화하는 욕구에 부응하기 위하여 한 예산 범주에서 다른 곳으로 자금을 이동하기 어려우며, 필요한 공급과 장비를 적시에 제공하는 것을 지연하고, 그리고 일반적으로 공공조직의 목적을 진행시키기 위해 필요하다고 생각하는 융통성을 관료들에게 제공하지 못한다.

5) 정치적 구속

공공조직은 본질적으로 정부의 성격을 가지고 있다. 그들은 정치과정을 피할 수 없다.

공·사 관리자간의 근본적인 차이는 공공조직의 결정들이 상당한 정도로 외부의 압력과 정치적 고려에 의해 결정된다는 것이다. 모든 정책이 그러하듯이 공공조직이 만드는 결정은 어떤 사람에게는 이득을 그리고 다른 사람에게는 비용을 야기하기 때문에 영향을 받는 개인이나 집단들은 당연히 행정이 자유재량을 행사하는 데 영향을 가해 자신들에게 유리하게 하려고 할 것이다. 민주국가의 규범은 모든 영향을 받는 집단들이 직접적이든지 혹은 그들의 대표자들을 통해 공공조직의 결정에 영향을 가하기 위해 참여하게 한다. 권력의 헌법적 분리는 공공관료들이 국민의 의도를 대표하는 외부의 두 상관, 즉 대통령과 의회의 지시를 따라야 하게 한다.

정치가 공공관리에 영향을 미칠 수 있는 두 번째 방법은 의사결정하는 데 정치적 기준을 고려하게 하는 것이다. 장기적 기획, 비용 편익, 그리고 능률과 같은 합리적 기준을 강조하는 일반관리모델은 치열한 정치적 환경에 적용하는 데 제한이 따른다. 예를 들어, 군 병원, 군 기지, 혹은 시골의 우체국을 폐쇄하려는 공공조직의 결정을 비용과 효과의 분석을 근거로 만들었다고 하더라도 대중의 극렬한 반발에 직면할 수 있다.

요약하면, 공공관리는 조직목적의 합리적 결정을 고려하는 것보다는 경쟁하는 이익집단들의 타협에 의존한다는 것이다. 공공조직들은 정치적으로 치열한 경쟁환경에서 존재하기 때문에 공공관료들은 정책결정을 비용 편익분석, 합리적 수단과 목적 계산, 혹은 능률과 효과성 기준에 근거해서만 할 수는 없다.

공공조직은 물건을 제조하는 제조업보다는 서비스를 제공하기 때문에 시장이 없는 대신에 법원, 의회 및 대통령은 정부의 통제를 강화하기 위하여 절차, 운영, 법적, 그리고 공식적 제약을 통제의 수단으로 사용하고 있다. 비공식적으로 이익집단, 대중매체, 국민의 여론, 정부에 의한 비공식 흥정 및 압력들은 공공조직들에 행사할 수 있는 정치적 영향이다.

6) 일반조직모델의 폐쇄성

사조직에 근거하여 태동한 일반조직이론은 상대적으로 폐쇄적인 관점을 가지고 있다. 안정, 합리성, 그리고 능률을 강조한 반면 불안정, 권력, 그리고 갈등에는 거의 관심을 두지 않았다. 공공조직의 현실을 강조하는 조직이론은 공공조직과 환경간의 관계를 고려해야 한다.

7) 공공조직의 결과물을 위한 시장의 특징

사조직과는 달리 대부분의 공공조직은 그들의 결과물을 시장에 팔지 않기 때문에 시장에서 얻을 수 있는 자극과 정보가 공공조직에서는 약하거나 결핍되어 있다. 공공조직은 서비스를 제공하는 곳이지 제조물을 생산하는 곳이 아니기에 외부에 팔 시장이 없기 때문에 생산비용과 그 가치를 평가하는 데 어려움이 따른다. 특히 공공조직은 결과물을 시장가격으로 산정하기 어렵고, 또한 책임성, 공정성, 민주성 등과 같은 가치 함유적인 판단을 하기 때문에 공공조직의 목적과 판단기준을 복잡하게 만든다. 일반적으로 공공조직의 목적은 다양하고 비가시적이며 때로는 서로 갈등을 초래할 수도 있으므로 측정하기 어렵다. 결국 정부의 통제는 내부의 법, 규칙 및 규율을 구체화시키며 또한 보고서 제출이 더 자주 요구될 수 있다. 공공조직의 시장과 소비자는 대부분의 고객, 이익집단과 정치적 엘리트들이다. 공공조직은 합법성과 권한 혹은 예산할당을 얻기 위해 이들과 교환관계를 유지한다. 공공조직의 재원은 공급하는 서비스와 직접적으로 관련이 없다. 공공관료들의 성과를 측정하는 어려움과 비용을 절감하려는 자극의 결핍 때문에 업적을 평가하는 것이나 재원을 어떻게 효율적으로 사용하는 문제에 의문을 갖게 된다. 공공조직의 산출물은 사조직에서 사용하는 이윤이라는 보편타당성 있는 기준으로 평가될 수 없다. 그러므로 공공조직이 부여받은 특정한 목적과 기능에 따라 평가할 수 있는 기준을 만들지 않으면 안 된다. 예를 들어 복지기관은 서비스를 받은 고객들의 수로 평가할 수 있나. 직업훈련은 훈련받은 사람들의 수 혹은 직장에 투입된 사람들의 수 혹은 훈련과 취업된 사람들의 비율로 생산성을 평가할 수 있다.

8) 행정의 지유재량의 증가

의회는 정치적으로 타협가능한 입법을 추진할 수밖에 없기 때문에 애매한 정책을 수립하는 경우가 많다. 이러한 정책을 집행하여야 할 공공조직은 입법이 애매하고 광범위하기 때문에 구체적인 정책을 수립하고 집행하는 데 어려움이 따른다. 의원이나 임명된 정치인들이 구체적인 정책을 수립할 수 있을 정도로 전문성이 결여되어 있어 이를 보완하도록 공공관리자들에게 많은 책임과 권력을 행사할 수 있는 기회를 주고 있다. 따라서 행정의 자유재량이 날로 증가하고 있는 현상은 불가피한 것 같다.

9) 고위직의 빈번한 교체와 고위 공직자의 외부 정치 집단에 관심

고위직의 빈번한 교체는 고위공직자가 조직의 내부에 관심을 두기보다는 외부의 정치 집단들에 관심을 가져 유임, 승진, 및 더 나은 곳으로 이동을 위해 정치적 영향력을 발휘하게 한다. 그리고 그러한 상관일수록 내부엔 공식적이고 엄격한 절차와 규칙을 적용하여 기관을 통제하고, 경제적인 보상체계를 등한시하여 자연히 공직자의 사기는 저하된다. 반면에 공공조직의 중간 및 하위직 공직자들은 의회의 상임위원장과 이익집단과 동맹관계인 삼두마차를 조성하여 자신들을 방어하는 경향이 있어 고위관료들도 통제의 한계에 직면하는 것을 흔히 볼 수 있다.

관료들은 광범위한 외부의 요구에 부응해야 하기 때문에 그들은 자신들의 시간을 관리하거나 그리고 목적달성에 집중하기 어렵다는 것을 발견한다. Porter와 Van Maanen의 연구에 의하면, 정부의 중견관료들은 사조직의 중견관료들 보다 자신들의 시간을 어떻게 보내는지에 영향을 미치는 중요한 변수로서 그들의 외부조직의 요구와 간섭을 지적한 것으로 나타난다.[40] 실제로 정부 관료들은 많은 시간을 전화를 하든지 혹은 직접대면하면서 사람들과 상호작용을 하는 데 더 많은 시간을 보내고 있어 그들의 운영기획이나 목적 달성에 비교적 적은 시간을 보낸다고 보고되었다.

10) 공공조직은 외부의 통제를 피하기 위해 인사, 예산, 및 조달을 위한 고도로 구조화되고 중앙집권적인 규율을 지키는 동시에 엄격한 계층제를 유지하여 조직을 폐쇄화시키는 경향을 가지게 된다. 더욱이 공공조직 내부에 발생하는 모든 업무의 내용들이 외부로 흘러나가는 것을 차단하려고 노력한다.

2. 공공조직 관리의 특징

1970년과 1980년 사이에 여러 학자들이 공공조직과 사조직의 차이에 관한

40) Lyman W. Porter and John Wan Maanen "Task Accomplishment and Management of Time," in James L. Perry and Kenneth L. Kraemer(eds), Public Management: Public and Private Perspectives(Palo Alto: Mayfield Publishing, 1983), pp. 212-224.

연구결과를 발표했다. 물론 연구에 있어서 많은 진전이 있었으나 내용의 기본적인 요점들은 크게 변하지 않았다. 그럼에도 불구하고 아래 Rainey가 공공조직의 관리에 대하여 일반적으로 중요하다고 생각하는 관점과 문제를 다음과 같이 요약했다.[41)]

1) 환경적 요소

① 산출물을 위한 경제시장의 부재와 재정지원은 정부의 예산에 의존함. 공공조직의 산출물을 팔 시장이 없기 때문에 비용의 삭감, 운영의 능률, 그리고 효과적인 성과를 달성하기 위한 동기부족현상이 나타남.

② 엄격한 공식적 규제 적용

③ 외부의 격렬한 정치적 영향

2) 환경과 상호작용

① 공공관리자들은 공공재의 생산 혹은 외부재를 다룬다. 그리고 산출물은 사장가격으로 쉽게 전환되지 않음.

② 정부활동은 자주 강제적이고 독점적이며, 갈등적이며 광범위함.

③ 공공조직에 공정성, 부응성, 정직성, 공개성, 그리고 책무성을 기대.

3) 공공조직의 역할, 구조, 과정

① 목직의 모호성, 나수의 목석 혹은 중복성.

② 이익집단들과 정치적 기관들의 개입으로 정치적 역할이 많아짐.

③ 하위단위의 부하들이 외부와 정치적 동맹관계를 맺고 서로 보호하기 때문에 상관들이 함부로 부하들을 억압하기 어려움.

④ 상위계층의 관리자는 권한을 위임하기를 싫어하며 감시나 허가를 위하여 더 많은 계층이 만들어지고 낮은 계층을 통제하기 위하여 공식적인 규칙이 더 늘어남.

⑤ 선거나 정치적 임명 때문에 발생하는 고위 공직자의 빈번한 이직은 공공조직의 발전계획과 개혁을 집행하는 데 차질을 빚고 있음.

41) Rainey, Understanding & Managing Public Organizations, pp. 73-74.

4) 조직의 구조

① 신중한 정책결정에 따른 red tape과 관료조직 구조의 영향을 받는다. red tape에 대한 찬성은 신중한 정책결정으로, 반대는 지연으로 주장.

② 공공조직들도 정치 환경, 기술, 근무자의 특성, 그리고 산출과 결과물의 차이에 따라 구조적 차이를 보이고 있음.

5) 전략적 의사결정

① 공공조직의 의사결정과정이 일반적으로 사조직과 유사하나, 외부정치 기관들과 이익집단의 간섭, 방해, 그리고 개입이 일어남.

6) 동기부여와 동기부여구조

① 공공조직의 급료, 승진, 그리고 직업안정, 외향적 동기부여에 다양한 행정적 제약이 따름.

② 공공조직은 외향적 보상엔 정치적 및 행정적 제약이 있어 보상과 성과간의 분명한 관계를 보여주지 않았으며, 오히려 공직이 주는 직무만족과 같은 내향적인 유인책이 보상효과가 있을 수 있음.

7) 개인의 특성

① 사조직에 비하여 공공조직의 관리자나 근로자들은 업무의 만족과 조직의 몰입에 낮은 수준으로 나타났다.

8) 조직 및 개인의 성과

① 공공조직의 관리자들은 외부 정치인들의 간섭과 인허가를 받기에 어려움이 따르기 때문에 너무 조심스럽고, 개혁적이지 못하다는 주장들이 있다.

② 사조직에 비하여 공공조직의 서비스 제공은 덜 능률적이라고 한다.

결론적으로 위의 주요한 주장들을 요약하면 다음과 같다:

첫번째 지적으로 대부분의 공공조직들은 그들의 산출물을 시장에 팔지 않는다. 그러므로 시장에서 공급되는 정보와 유인책은 공공조직에는 약하거나 없다.

그 결과 어떤 학자는 이것은 비용의 절감, 능률적인 운영, 그리고 효과적인 성과에 대한 동기부여를 감소시킨다고 주장한다.

두 번째 지적은 공공조직의 목적과 성과기준은 다양하고, 잦은 갈등을 가져오며, 성과를 측정하기 어렵다는 것이다. 공공조직에 대한 외부의 통제는 오히려 내부의 폐쇄성을 초래할 수 있다는 점이다. 많은 규제나 명확하지 않은 목적들에 대한 의사결정자의 자율권과 융통성은 사조직에 비하여 공공조직에서 낮은 편이다.

세 번째 지적은 정치적으로 임명된 고위 관료들의 빈번한 교체에 의하여 관료들은 외부의 정치적 역할에 더욱 관심을 가지게 되며 내부의 관리는 등한시하는 경향이 있다.

네 번째, 연구와 설문조사에 의하면 공공조직과 사조직의 전달체계를 비교하면서 대부분의 사조직이 더 능률적이라고 하는 반면 많은 연구도 사조직보다 공공조직의 성과가 더 높았다고 한다. 모든 이러한 연구의 결과들이 서로 다양한 주장을 하고 있는 것은 사실이다. 문제는 이러한 주장들에 관한 문헌과 연구의 증거를 수집하여 현실에 대한 더 나은 평가와 더 나은 이해를 가져와야 한다는 것이다.

제 4 절 공공조직과 정책과정

1. 정책과정과 정책내용

공공조직들은 서로 상호작용하고 때로는 경쟁관계에 있을 수도 있다. 행정부서들은 상위계층으로부터 관심을 끌거나 한정된 예산의 범위 내에서 배당을 더 많이 받으려는 의도하에 서로 경쟁할 수도 있다. 또한 업무 자체가 상호간의 타협과 동의를 필요로 할 때도 있으며 중복된 책임을 가질 수도 있다. 때로는 프로그램을 독점하기 위하여 다른 공공조직의 개입을 봉쇄하려 하는 경우도 있다. 높은 계층의 정부기관은 낮은 계층을 지시하거나 규제할 수도 있다. 규제기관들은 공공조직의 인사, 예산, 구매 등 다양하게 운영에 개입한다. 중앙정부의 보조금도 지방정부에 영향력을 행사할 수도 있다.

모든 계층에서 공공조직은 복지, 환경, 에너지, 학교, 국방, 과학 등 다양한 기능과 정책을 포함한다. 정책을 결정하고 집행하는 데 다양한 공공조직이 참여한다. 더욱이 정부는 공공정책을 결정하는 데 많은 사조직을 참여케 하며 많은 정부프로그램도 비정부조직(NGO)과 비영리조직(NPO)과의 계약에 의하여 운영한다. 정책의 다양한 분야와 서비스 전달에서 공공조직과 사조직의 밀접한 관계는 날로 증가하는 것 같다. 오히려 사회가 복잡하여짐에 따라 정부는 실제로 사조직 혹은 준정부조직을 창조한다고 볼 수 있다.[42]

아래 설명은 정책결정과정에서 공공조직의 동태성을 이해하는 데 도움이 될 것이다.

2. 삼두마차

다원론 사회로 접어들면서 정책영역은 다양하게 분화되고 있다. 대부분의 정책과정은 의회상임위원회장, 행정기관, 그리고 이익집단과 동맹관계를 형성하는 삼두마차(iron triangle)에 의하여 이루어지는 것으로 설명하였다. 이 동맹관계는 상호간 정치적 특혜와 지지를 교환하면서 서로 단단하게 맺어지기 때문에 정책과정에 막대한 영향력을 가지고 있다. 공공조직의 정책이 이러한 동맹관계에 의하여 형성된다. 그러나 이러한 동맹관계는 민주정부를 해칠 수 있으며 때로는 정부조직이 강력한 이익집단의 포로가 되어 국가가 이익집단의 이익을 대변하여 준다는 비판을 받기도 한다. 이러한 정책과정의 삼두마차이론은 복잡하고, 불확실하며 그리고 급하게 변하는 현실에는 적합하지 않으며 많은 정책과정을 설명할 수 없다고 한다.[43]

3. 정책 네트워크 모델

삼두마차이론은 1980년대 들어 조직화된 이익집단뿐만 아니라 다양한 비정부조직들이 정책결정과정에 참여하여 영향을 미침에 따라 다양한 참여자들간의 관계를 포괄하는 정책과정의 동태성을 설명하기 위한 새로운 모형의 등장이 필요

42) R. B. Ripley and Franklin, G. A., *Bureaucracy and Public Implementation*, Florence, Ky: Dorsey Press(1982).
43) 정우일, 행정통제론, p. 199.

하였다.[44] 이러한 다양한 참여자들간의 상호작용을 중시하는 모형으로 등장한 것이 정책 네트워크 모델(policy network model)이다. 실제로 비정부조직들이 활발히 활동함에 따라 기존 모델로서는 정책결정과정을 설명하는 데 한계가 있었다.

Helco는 특정한 정책문제 주변에 형성되며 급격히 변하는 관련된 전문가, 관료 및 이익집단들의 관계를 이슈 네트워크(issue networks)라고 표현하였다.[45] 그는 1970년대 후반에 하위정부모형을 비판하면서 정책 이슈를 중심으로 유동적이며 개방적인 참여자들간의 상호작용을 묘사하고 이 모형을 제시하였다. Milward와 Wamsley는 정책 네트워크(policy networks) 혹은 복잡하고 변하는 이익집단, 전문가, 공공 및 사조직, 그리고 정부기관 등의 상호작용이 정책을 형성하고 집행하는 집단으로 설명하고 있다.[46] 그 이외에도 학자에 따라서는 하위정부(Subgovernment), 공공서비스산업(Public Service Industries), 정책하위체제(Policy Subsystems) 혹은 정책공동체(Policy Communities)로 언급하였다. 이와 같이 사조직과 달리 공공조직의 정책과정은 대단히 복잡하고 그들의 상호작용은 예측하기 어렵다.

4. 쓰레기통모형

일반적으로 공공정책결정 형태도 사조직과 차이를 발견할 수 있다. 정책학자들은 어떤 이슈는 채택되고 다른 이슈는 사장되는지를 분석하면서 공공관리의 복잡한 상황을 이해하는 데 도움을 주었다. John Kingdon은 이러한 과정이 James March와 그의 동료들이 발전시킨 쓰레기통모형(Garbage Can Model)과 흡사하다고 말하였다.[47] 쓰레기통모형은 조직의 의사결정이 우리가 일반적으로 생각한 것과는 달리 덜 체계적이고 덜 합리적이라고 묘사한다. 사람들은 그들이 무엇을 선호하는지, 조직이 어떻게 운영되어야 하는지에 대한 확신을 가지고 있지 않다. 시간이 흐름에 따라 문제, 해결책, 참여자 및 선택의 기회도 같이 흐른다. 선택의 기회는 문제, 해결책 및 참여자가 서로 엉켜 있는 형태인 쓰레기통모형과

---

44) 정정길·최종원·이시원·정준금, 정책학원론, 대명출판사(2003), p. 241.

45) H. Helco, "Issue Networks and the Executive Establishment," In a King(ed.), *The New American Political System*, Washington, D. C.: American Enterprise Institute(1978).

46) H. B. Milward and G. Wamsley, "Interorganizational Policy Systems and Research on Public Organization," *Administration and Society*(1982), 13, 457-478.

47) J. W. Kingdon, *Agendas, Alternatives and Public Polices*, New York: Little, Brown(1984).

같다.

정책학자들은 역시 다양한 계층, 정부기관 및 이익집단들에 영향을 끼치는 공공정책을 집행하는 공공조직의 복잡성을 설명하였다. 이들 각각도 집행을 방해할 수 있는 거부점(veto points)을 가지고 있어서 사조직의 집행보다 공공조직은 더욱 외부행정기관 및 행위자(actors), 간섭 및 억제 등을 효과적으로 다루지 않으면 안 된다.

5. 무의사결정모형

1) 배 경

정책결정에 있어 다원론적 관점을 비판하면서 제기된 것이 무의사결정론이다.

Dahl은 New Haven시를 대상으로 1780년대부터 1950년대까지 170년간 중요한 정책결정사항들을 경험적으로 조사하였다. 그는 엘리트론자들이 사용한 명성접근법(Reputational Approach)과 다른 정책결정접근법(Decision Making Approach)을 사용하여 그 시의 중요한 이슈들을 누가 결정하는지를 분석하였다. New Haven시가 중요하다고 고려하는 이슈들인 교육, 주택, 실업, 범죄, 환경오염 등의 문제들을 의사결정접근법(Decisional Approach)에 의하여 결정하는 결정주체세력들이 다르다는 것을 발견하였다. 그러한 연구결과는 그 시의 권력이 분산되어 있다는 것을 의미한다. 만약 명성적 접근법을 사용하여 조지아주 애틀란타 지역사회의 영향력이 있는 40명을 선정하여 그들의 상호작용을 연구한 Hunter가 Dahl이 연구한 New Haven시를 연구하였다면 그의 결론은 각 이슈들의 정책결정하는 주체들이 서로 같았어야 한다. 그러면 그가 주장하는 미국사회는 엘리트 사회라고 부를 수 있을 것이다. 어쨌든 미국 사회의 엘리트와 다원론자들의 주장은 1950년경부터 1967년까지 그들의 주장이 각각 옳다고 논쟁을 거듭하였으며 1967년대에 와서야 비로소 엘리트론자들이나 다원론자들이 주장하는 정책들이 서로 비슷하다면 싸워야 할 이유가 없다는 것을 깨달았다. 그 전까지만 해도 미국사회를 엘리트가 지배하고 있으면 엘리트를 위한 정책이 나오고, 다원론자들의 주장대로 미국이 다원론사회라고 한다면 다수를 위한 정책이 만들어지기 때문에 정책 자체에 대해 연구할 필요가 없었다. 이러한 소모적 논쟁이 서로 반성하는 계기가 되었다는 것은 늦으나마 참으로 다행한 일이다. 어느 누가 대통령으로 출마한다고 하더라도 엘리트건 혹은 다원론자들이건 미국 국민 다수의 득표를 원하지 않겠는가? 후보자들이 제시하는 정책도 이러한 관점에서 서로 유사할 수밖에 없다.

2) 중요한 이슈(key issues)

Bachrach와 Baratz는 다원론자들이 그들의 주장을 검증하기 위하여 사용한 의사결정접근법이 엘리트론자들의 명성적 접근법보다 우수하기는 하지만 「*Who Governs?*」을 저술한 Dahl과 그의 동료들에게 중요한 이슈(key issues)의 정의를 말하여 줄 것을 요청하였으나 결국 적절한 답변은 하지 못하였다. 단지 그들은 그 사회에서 중요하다고 사람들이 생각하는 문제를 선택하였다고 말했다. 이에 Bachrach와 Baratz는 key issues에 대한 의문을 제기하면서 정책결정에 영향을 끼치는 정치권력은 두 가지의 얼굴(Two Faces of Power)을 가지고 있다고 설명하였다. 동전에 비유하여 윗면인 밝은 면은 권력을 가지고 있는지 혹은 없는지 쉽게 파악할 수 있고 정책결정에 영향력을 행사할 수 있는 권력을 장악한 계층이다. 밑면인 어두운 면은 상황판단이 어려우며, 당장은 권력을 장악하지 못하여 정책결정에 영향력을 행사할 수 없을뿐더러 탄압을 받고 있는 계층이다. 더욱이 그 사회가 가지고 있는 편견의 동원(사회의 편견, mobilization of biases)에 의하여 문제를 제기하지 못하도록 억압을 받고 있어 외관상으론 조용하여 Dahl은 중요한 문제에 대한 고려 대상에서 제외하였을 것이다. 더욱이 이 당시 행태주의가 지배적이었기 때문에 명시적, 즉 밝은 면인 사실만 연구의 대상으로 선택하고 어두운 면인 가치문제는 제외되었던 것은 충분히 이해할 수 있다. 하지만 권력의 어두운 면에 속한 사람들이 언제인가는 폭동과 같은 폭발적인 힘을 발휘하여 예기치 않게 그 사회의 중요한 문제로 제기될 수 있는 강력한 권력을 가질 수 있다는 것이다. 아래의 예를 그림으로 표현하여 설명을 한다면 이해하는 데 도움을 줄 것이라고 생각한다. 〈그림 3-3〉은 무의사결정뿐만 아니라 1968년 Easton의 후기행태주의, 신행정학 그리고 정책학이 동시에 등장하게 된 배경과 이유를 설명하게 될 것이다.

공원에 흑인과 여성이 입장할 수 없다는 경고문이 공원의 앞에 붙어 있다고 가정하자. 공원에 들어갈 수 없다는 것은 그 사회의 법, 절차, 규정, 의식(편견의 동원)으로써 흑인과 여성에 대한 차별을 의미한다. 어느 나라, 사회, 민족 등은

〈그림 3-3〉 후기 행태주의, 신행정학, 정책학 및 무의사결정이론의 등장배경

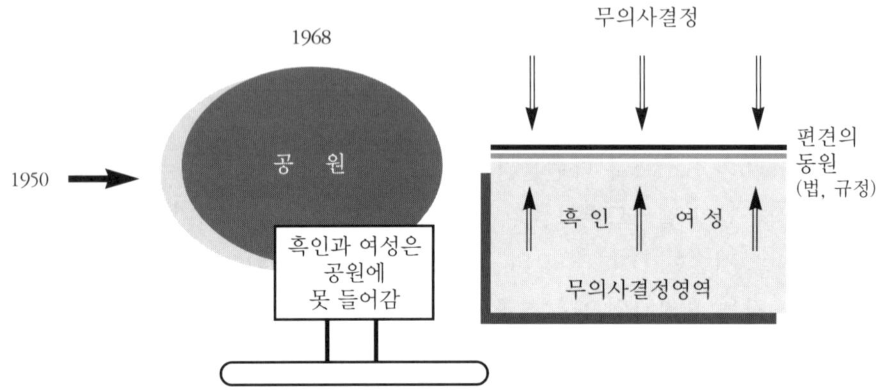

출처: 저자의 이론.

각각 나름대로의 편견을 가지고 있다. 본 예에서 흑인과 여성으로 표현한 것은 약자의 상징인 힘이 없고 가난한 자들로서 사회에서 혜택을 받고 있지 않는 집단을 상징적으로 의미한다. 물론 미국사회에서 흑인과 여성에 대한 차별이 전혀 없는 것은 아니기 때문에 두 집단을 들어 설명한다고 하더라도 큰 무리는 없다고 본다. 실제로 우리나라에서도 여성에 대한 차별이 있어 이를 만회하기 위하여 여성의 인권을 진작시키는 여러 정책대안을 보더라도 이해가 간다. 만약 여성과 흑인이 공원에 들어갈 수 없다는 그 사회의 법과 규정을 어기고 공원에 흑인과 여성이 들어가면 경찰에 체포될 것이 두려워 들어가지 않지만 자신들의 불만을 억제하면서 한을 품고 이러한 차별정책을 뒤집을 수 있는 기회를 노릴 것이다(권력의 어두운 면).

사회에는 수없이 많은 이슈가 있으나 어떤 이슈는 고려대상으로 채택되고 어떤 이슈는 탈락된다. 정책의제설정이론은 사회의 이슈들이 어떻게 하면 정책의제(policy agenda)로 진입되는지를 다루는 이론이다. 실제로 정부의 능력 한계로 인하여 모든 이슈들을 정책의제로 받아들일 수 없다. 때로는 정부가 해결능력이 없다거나 혹은 정책의제로 선택하면 자신들의 정치적 입지가 불리하여질 경우 다시 사회로 되돌린다거나 혹은 이슈가 제기되지 못하도록 압력을 가하는 경우도 있다. 이와 같이 엘리트들이 자신들에게 안전하고 해결능력이 있는 문제만

다루고 불리한 문제인 흑인과 여성의 차별문제와 같은 곤란한 issues는 거론조차 하지 못하도록 봉쇄하는 것을 무의사결정(Non-Decision Making)이론이라고 불렀다.[48] 그리고 의사결정에 고려하지 않은 영역을 무의사결정영역이라고 한다.

미국사회의 편견의 동원에 의하여 공원에 들어가지 못한 흑인과 여성이 기회를 기다리다가 정부의 지배력이 혼란하고 약한 틈을 타 1963년에 폭동을 일으키면서 그들의 한이 맺힌 공원에 들어가기 시작하였다고 하자. 이러한 사태는 권력의 어두운 면이었으나 생각지도 않게 중요한 문제(key issues)로 부각된 경우다. 행태주의의 영향에 의하여 행동하고, 말하고 느낄 수 있는 객관적인 사실변수만 고려하다보니 사회의 어두운 면인 소외계층의 행동으로 나타내지 못한 불만은 보지 못하고 조용한 밝은 면(동전의 윗면)만 볼 수밖에 없었으므로 미국사회는 아무 문제가 없이 조용하고 안전하게 진행되고 있다고 착각하게 되었던 것이다. 따라서 사실 변수만 고려하는 행태주의의 지배적인 영향으로 인하여 미국사회에서 왜 폭동이 일어났는지를 학자들이나 정치인들도 설명할 수 없었다. 역시 Dahl의 경우도 행태학자로서 권력의 어두운 밑면(동전의 아랫면)을 보지 못한 것은 당연하였을 것이다. 그러므로 key issues에 대하여 정의할 때 권력의 어두운 면은 볼 수 없고 단지 밝은 면만을 보면서 그 시에서 가장 중요하다고 거론되는 문제들만을 key issues로 간주하고 그들만을 분석하였을 것이다.

이러한 권력의 두 얼굴은 사회의 불평등이 존재하는 한 어느 사회에서나 언제고 발생할 수 있는 것이다. Bachrach는 눈에 쉽게 발견되는 밝은 면의 문제들만이 중요한 문제들은 아니라고 Dahl과 그의 동료들을 비판하였다.

우리가 역사적으로 받은 교훈은 언제나 흥망성쇠는 있었듯이 항상 강한 정부는 없었고, 또한 항상 강하게 내버려두지도 않았으며, 약해질 때는 억압받는 사람들이 거의 폭동 및 혁명으로 이어진 흥망성쇠의 역사였다는 것이다. 권력에 대한 연구에서 국제적으로 명성이 있는 Bachrach와 Baratz의 '권력의 두 얼굴'은 사회의 건전한 발전을 위하여 고려하여야 하며, 극찬할 만한 논리이다.

48) P. Bacharach and Baratz, "Two Faces of Power," *American Political Science Review*, vol. 56(1962), pp. 947-952.

6. 후기 행태주의

1968년 정치학회 기조연설에서 David Easton은 '후기행태주의'를 발표하였다. 1963년에 발생한 폭동을 예측할 수 없었던 것과 같이 사람들의 가치문제를 배제하고 밝은 측면인 사실적인 변수만 고려하면서 모든 사회문제를 해결할 수 없다는 것을 흑인 폭동의 예에서 알 수 있다. 당연히 행태주의가 그 폭동을 설명할 수 없었던 한계가 노출된 것이다. 사회의 법규, 문화, 의식 그리고 권력 등에 의하여 자신들의 솔직한 행동을 숨겨야 하기 때문에 행태주의가 사람을 충분히 이해할 수 있다고는 볼 수 없다. 그리하여 행정학에서 가치문제를 다루어야 한다는 의견이 강하게 제기되었다.

이 당시 미국 사회는 혼란하고 격동기의 시대를 맞이하였다. 미국은 외교정책에 많은 관심을 쏟았고 많은 원조를 개발도상국가들에 제공한 반면 국내의 교육, 주택, 실업 등 제반문제에는 등한시한 결과 국민들의 불만은 고조되었던 시기였다. 더구나 베트남 전쟁이 이러한 미국의 사회문제를 혼탁하게 만드는 촉진제(triggering mechanism)의 역할을 하였다. 이 당시 행정학자들이 모여 미국의 사회문제들을 해결하기 위하여 행정학의 새로운 발전과 방향을 제시하여 준 것이 1968년 후기행태주의와 같은 시기에 발표된 신행정학이다. 신행정학은 행정학 및 조직이론에 사회의 형평, 참여, 분권, 점증주의의 단점 등과 같은 문제를 해결하기 위하여 방향을 제시하여 주는 데 크게 공헌하였다고 본다. 따라서 조직이론도 능률에 지나치게 치중하기보다는 민주주의 가치를 강하게 고려하는 이론들이 속출하였다. 물론 신행정학이 발생하게 된 이유들은 다양하나, 그들 가운데 특히 없는 자에 대한 정책배려의 결여, 흑인폭동, 베트남전쟁으로 인한 정부의 혼란, 능률과 민주의 가치관 혼동 그리고 후기행태주의 등의 영향들에서 큰 힘을 얻었을 것이다.

제5절 공공조직연구의 딜레마

1. 정부에 대한 불신

지난 수십 년 동안 세계의 모든 정부들은 국가가 소유한 기업 및 행정기관을 개인에게 팔면서 민영화를 추구하고 있다. 특히 팽창일로에 있는 정부를 축소하고 민간조직의 효율성을 활용하기 위하여 민영화를 추구하려는 의도도 있으나 세계 도처에서 확산되고 있는 반정부감정 역시 민영화를 더욱 촉진하게 한 것도 사실이다. 반정부 경향은 정부의 기능을 감소하고 그것을 민간활동으로 전환하는 실례들이 세계 도처에 나타나고 있다. 이러한 정부에 대한 불신은 정부와 사영역에서 관리하는 조직간에 분명한 차이가 있다는 것을 의미한다. 그럼에도 불구하고 수많은 학자들은 우리가 너무 이러한 차이에 대하여 소홀히 하였다고 주장한다. 설문조사에 의하면 정부가 낭비적·비능률적으로 운영되고 있다는 확신과 세금의 낭비에 대한 치솟는 분개를 느낄 수 있다. 심지어는 대통령 출마자들이 선거공약으로 관료제의 감축을 주장한다.

설문조사에 의하면 대부분의 시민들은 이러한 가정을 받아들이는 것 같다. 반면에 인간역사를 통하여 정부가 국가에서 가장 의미 있는 업적을 내는 가장 중요한 제도 가운데 하나로 인정받고 있는 경우도 허다하다. 능력 있는 공공조직 없이 국가가 효율적으로 운영되기 어렵나. 또 다른 설문조사를 참조하여 보면, 정부의 신뢰성이 떨어질수록 강한 정부를 원하는 국민의 강력한 지지를 발견할 수 있다.[49] 이러한 연구결과는 인구가 늘어나고, 사회가 과학화되어 감에 따라 시민들이 정부에게 요구하는 서비스가 늘어나고 있다는 것을 의미한다. 심지어는 반정부 경향이 강하더라도, 강하고 활동적인 정부를 요구하는 것은 아이러닉한 현상이 아닐 수 없다. 예산심의 과정에서도 나타나듯이 축소된 정부를 요구하는 반면 자신들을 위하여 정부에 다양한, 대규모 프로그램들을 요구하는 모순을 발견할 수 있다. 결국 시민들이 정부에 서비스를 요구하는 한 정부의 규모는 늘어나기 마련이다. 출마하는 대통령 후보들이 관료의 수를 줄일 것을 선거공약으

49) S. M. Lipset and Schneider, W., *The Confidence Gap: Business, Labor, and Government in the Public Mind*, Baltimore: John Hopkins University Press(1987).

로 내세우지만 임기를 마쳤을 때는 관료의 수가 늘어날 것을 보아 지속적으로 국가에 대한 국민의 서비스 요구는 늘어날 것으로 보며 이에 따라 자연히 관료의 수는 더욱 증가할 것으로 판단된다. 이와 같이 모든 정부들은 모든 국가들이 직면하고 있는 복잡한 딜레마와 투쟁할 수밖에 없다. 우리는 이러한 모순 속에서 정부와 사영역은 서로 장점과 단점을 가지고 있으며 서로의 효과적인 관리를 얻기 위하여 적절한 조화가 필요할 것이다.

2. 공공관료제의 비능률성과 우수성

1) 공공관료제의 비능률성

우리는 거대한 관료제가 우리의 생활에 깊숙이 영향을 미치고 있다는 것을 인정한다.

때로는 우리를 억압할 수 있는 관료제의 효과적인 운영과 민주적 과정을 확보하기 위하여 관료제를 통제해야 되는 강한 도전에 직면하고 있다.

어떤 학자는 효과적인 운영과 민주적인 통제와 균형을 유지하기 위하여 관료제를 지나치게 엄격하게 관리하려 한다면, 오히려 그들에게 비능률을 초래하게 할 수 있다고 주장한다. 다른 학자들에 의하면 공공조직을 감독하는 책임을 진 공직자들이 공공조직을 감독하는 데 너무나 소홀하다는 비난을 받는다고도 한다.

선거직 공직자들은 일반적으로 공공조직의 효과적인 관리와 같은 그러한 문제에 몰두하는 데 정치적 인센티브를 가지고 있지 않으며 오히려 관심도 없다고 한다. 또한 이들은 경영 및 관리에 관한 지식이 없어 경영전문가들과 의견 대립을 자초하는 경향이 있다.

설상가상으로 의원들이 당선된 후에는 임명된 정치인들은 정통행정학(Administrative Orthodoxy)에 지나치게 집착한다. 왜냐하면 그들은 정부기관의 통제는 특별한 전문지식이 없다고 하더라도 엄격한 책무성의 계층제, 엄격한 회계와 통제, 정교한 보고체제, 그리고 구체화된 절차 및 규정 등을 통해서 쉽게 가능하다고 믿기 때문이다. 물론 이러한 통제 방식은 공공조직의 비능률을 초래한다.

정부는 공공관리의 개선을 위해 공공조직을 공격하고, 그들의 권위, 예산, 그리고 직원을 감축하려고 할 것이다. 그러나 이것도 자칫 잘못하면 공공관료들의 창의성을 억누르는 경향을 가져올 수 있다. 많은 학자들은 공공서비스의 위기에 대하여 언급하기 시작했으며 활성화의 필요성을 지적하고 있다. 설문조사에 의하면 경력직 관료들이 직장을 떠날 예정이라고 말하는 것은 공직자의 사기 문제가 심각하다는 것을 나타낸다. 다른 설문조사도 많은 학생들이 공공서비스의 경력에 흥미를 갖고 있지 않음을 나타냈다. 이러한 예들은 정부 관리자들을 폄하하고 그들의 권위를 약화시킨 결과로 볼 수도 있다. 본질적으로 정부 조직이 효과적인 관리를 가져오는 데 문제가 있는지 심도 있게 의논해야 할 것이다.

2) 공공관료제의 우수성

공공조직에 대한 날카로운 공격에도 불구하고 공공관료제가 대체적으로 생각한 것보다 더욱 잘 수행되고 있다고 지적하는 학자들도 다수 있다. 이들은 정부의 성공적인 혁신과 정책을 예로 들기도 한다. Wamsley와 그의 동료들은 미국의 행정부서가 정부의 다른 부서들과 같이 합법적인 역할을 하고 있다는 인정을 점점 더 받고 있다고 주장한다.[50] 이들은 사조직들이 정부조직들과 관료들보다 우수한 업적을 달성하고 있으며, 더 잘 수행하고 있다는 것을 증명할 수 있는 충분한 자료를 발견하기 어렵다고 한다. 또한 정부는 의회 혹은 이익집단에 대한 공격을 공공관료제에 덮어씌움으로써 공격의 방향을 잘못 잡고 있다고도 주장한다. 그 이외에도 정부관료제는 공공관료제에 대한 고정관념과 오해 때문에 공격의 목표물이 되고 있다고 주장한다.

다행스럽게도 공공관료제의 효과성에 대한 관심이 많아짐에 따라 공공조직에 대한 문헌이 다양하게 나타나기 시작했다. 효과적인 리더십, 공공관리, 그리고 공공조직들의 실무를 설명하고 분석하기 위해 수많은 책들과 논문들이 계속적으로 발표되었으며, 공공조직과 관리의 특징에 대한 경험적인 결과들이 발표되기 시작했다.[51] Steel과 Warner는 젊은 근로자들의 직무만족은 사영역에서 보다 공공영역에서 더 높은 것을 발견했다.[52] 다른 연구들도 직업을 선택하는 사

50) G. L. Wamsley and others, *Refounding Public Administration*, Thousand Oaks, Calf.: Sage(1990).

51) C. Ban, How do Public Managers Manage? *Bureaucratic Constraints, Organizational Culture and the Potential for Reform*, San Francisco: Jossey-Bass(1995); M. Berkeley, *Breaking Through Bureaucracy*, Berkeley: University of California Press(1992). F. Thompson and Jones, L. R., *Reinventing the Pentagon: How the New Public Management can bring Institutional Renewal*, San Francisco: Jossey-Bass(1994).

52) B. S. Steel and Warmer, R. L., "Job Satisfaction Among Early Labor Force Participation:

람들의 질이 사영역에서 보다 공공영역에서 더 높았다고 한다. 이러한 연구결과들이 여러 전문가들이 제기했던 공공서비스에 대한 부정적인 관심을 약화시키지는 않겠지만 공공서비스에 속하는 복잡한 문제들에 대한 설명과 지속적인 분석이 더욱 필요할 것이다.

Unexpected Outcomes in Public and Private Sector Comparison," *Review of Public Personnel Administration*(1990), 10, 4-22.

e Theory of Public Organization

4장

조직의 구조

제 4 장 조직의 구조

제 1 절 구조연구와 측정변수

초기 조직연구의 접근법들은 주로 구조를 강조하였다. 구조의 목적은 개인의 이탈적인 행위를 막는 데 있으며, 그러한 이탈적인 행위가 발생하는 이유를 찾기 위하여 심리학이 발전하였다고 한다. 이와 같이 구조는 근로자들의 행태를 통제할 수 있으며 완벽한 구조는 완벽하게 개인의 행태를 통제할 수 있다고 초기의 고전조직이론은 믿었다. 대표적인 학자들은 Frederick W. Taylor, Lyndall F. Urick, Luther Gulick, James Mooney, Alan Reilly, Henri Fayol 등이며 이론가인 동시에 실무자들로서 잘 알려져 있다.

1. 구조연구의 발전

관리학을 연구하는 학자들은 구조를 계층제의 층수, 세분화된 부서의 단위들, 권위, 그리고 이들을 관리하는 공식적인 규율로 주로 언급하였다. 그들은 작업과정을 설명하기 위하여 기술과 과업을 사용하였으며, 기술과 과업을 구조를 결정하는 변수로서 중요하게 고려하였다. 조직을 연구하는 학자들의 대부분은 조직의 구조를 가장 많이 연구하였으며, 공공조직의 구조적 변수를 연구하는 것보다 거의 대부분은 일반적인 관점(generic perspective)에서 모든 조직에 적용할 수 있는 구조적 변수를 연구하였다. 사람들의 구조에 대한 고정관념은 엄격한 규칙 및 계층제와 같은 구조적인 문제에 초점을 둔 정부관료제를 비합리적 및 비인간적이라고 비판하였다. Downs에 의하면 정부 관료제는 엄격성과 계층제를 피할 수는 없을 것이라고 주장한다. 그는 계층제의 법칙(law of hierarchy)을 말하였는데, 생산품을 시장에 팔지 않는 대규모 정부조직은 시장에 자신들의 산출물을 파는 사조직보다 더욱 중앙집권적인 계층제를 가지고 있었다고 하였다. 특히 공공조직에서는 사조직과는 달리 성과측정이 어렵기 때문에 공식적인 규정, 절차 등은 늘어날 수밖에 없다. Dahl, Lindblom, Sharkansky 등은 Downs의 계층제법칙에 동의하고 있다. 비록 구조는 조직의 전체라고 의미하지는 않더라도 조직의 중요한 부분이다. 조직이 적절한 구조를 가지고 있으면 효과적으로 목적을 달성하는 데 유리하다. 반면에 조직이 부적절한 구조를 가지고 있으면 목적달성을 하는 데 차질을 가져오는 것은 물론, 특히 공공조직 내 관련자들인 근로자, 관리자, 고객, 그리고 공공영역에서 조직을 통제하려는 선거직 공직자, 의원, 이익집단, 사법부가 공공조직 내에서 서로의 이익을 추구하려고 투쟁하기 때문에 공공조직이 전쟁터를 방불케 한다고 한다.

대부분의 조직 이론가들은 공공조직과 사조직을 구별하지 않고 구조에 대한 연구를 한 후 특징이 있고 잘 발달된 개념들을 제시하였으며, 이러한 개념들이 공공조직의 구조를 분석하거나 혹은 사조직과 구별하는 데 활용되고 있다.

조직을 연구하는 학자들 사이에 구조에 대한 연구는 최근에 시들어지고 있으나 구조는 권력, 권위, 의사결정, 전략, 리더십, 동기 및 능률과 효과성에 관한 함축적인 의미를 가지고 있기 때문에 중요한 역할을 한다고 볼 수 있다.

1) 20세기 초 구조의 특색

20세기 초, 구조를 연구한 행정학 학자들은 정치적 측면을 분석에서 제외하였었다.

행정원리(administrative 'Principles')를 발전시킨 Luther Gulick도 능률과 업적을 최대화하기 위하여 연구하였으며, 그 후 Gulick의 연구는 비판을 받고 나서 사라졌으나 행정원리는 정부의 부패를 축출하고 효과적인 관리를 위하여 정부가 구조를 도입하는 데 도움을 주었다.

New Deal 시대와 세계2차대전 후 정부는 급속도로 팽창하고 행정기관의 수가 증대하였다. Gulick과 그의 동료들은 늘어나는 정부를 재조직하고 이 시대의 정부구조를 발전시키는 데 중요한 역할을 하였다. 예를 들면, 개혁 가운데 일부는 여러 종류의 연방행정기관들을 커다란 행정기관의 우산 속에 넣어 대통령의 통솔 범위를 좁히는 수단으로 제안하였다. 이러한 예들은 정부도 행정관리학파가 주장한 행정원리를 기업조직뿐만 아니라 정부에도 적용할 수 있다는 것을 의미한다. 결국 이러한 목적은 정부를 덜 정치적이고 기업과 같이 더욱 능률적으로 만드는 것이다.

2) 20세기 중엽 이후 구조의 연구경향

20세기 중엽 주로 사회학자 및 기업조직 연구자들에 의하여 조직에 대한 많은 연구가 진행됨에 따라 조직구조에 대한 고전적 접근법은 많은 비판을 받았었다.

조직구조에 대한 상황적인 관점(contingency perspective)을 주장한 Burns, Stalker, Lawrence와 Lorsch 등과 같은 학자들은 하나의 조직구조 모델을 모든 조직에게 적용하기보다는 조직이 직면하고 있는 상황, 즉 환경, 불확실성, 기술 및 생산과정, 조직의 규모 등에 의하여 구조가 결정되어야 한다는 것이다. 이들의 연구는 Hall, Hage, Aiken, Pugh, Kickson, Kinings, Child 등과 같은 많은 학자들의 경험적인 연구들에 의하여 지지를 받고 있다.

현대조직이론가들은 구조에 대한 관심을 고전이론가들에 비하여 덜 강조하지만, 실무적인 조직관리측면에서 관심이 높은 것은 사실이다. 그들에게 구조는 목적을 달성, 지위관계, 의사소통의 통로, 외부와의 관계를 명확히 하여 주는 기본적인 수단이라고 한다.

2. 구조의 측정변수와 영향

1) 일반적인 구조변수

조직의 구조를 결정하는 측정치 혹은 변수에 대하여 학자들은 합의를 보지는 못하였으나 조직구조의 핵심적인 측정치로서는 복잡성, 공식성 및 집권화를 들고 있다. 그러나 구조적인 측정을 정의하기 위하여 여러 학자들이 다르게 사용한 중요한 변수들을 소개한다는 것은 가치 있는 일이다. 이 변수들을 종합 정리하여 보면 다음과 같다:

— 행정적 구성요소(administrative components): 전체직원에 비해서 감독자, 관리자 및 행정직원의 수

— 자치(autonomy): 결정을 상관에 보고하는 정도

— 중앙집권(centralization): 의사결정에 참여도, 참여할 수 있는 영역의 수, 권력의 집중

— 복잡성(complex): 전문직업분야의 수, 직원의 전문지식훈련
— 권한의 위임(delegation of authority): 상관이 관리에 관한 의사결정권을 위임하는 수의 비율
— 분화(differentiation): 조직 내 특정 전문분야의 기능 수, 다른 부서의 관리자의 인식, 감정, 교육 및 방침의 차이
— 공식화(formalization): 역할이 공식적인 서류에 의하여 정해진 정도
— 통합(integration): 노력, 계획 및 환류의 통합을 이루기 위하여 필요한 각 부서들간의 협조 상태
— 전문화(professionalization): 주요한 참고, 대중을 위한 서비스의 생각, 자체규정에 대한 생각, 자신의 분야에 대한 기여 및 자치를 위한 전문조직의 활용 정도
— 통솔의 범위(span of control): 관리자가 감독할 수 있는 부하의 수
— 세분화(specialization): 전문직업의 수, 훈련기간, 여러 기능의 직무명세서에 전문성이 요구되는 정도
— 표준화(standardization): 직무규정
— 수직적 범위(vertical span): 조직 내 계층의 수

이 가운데 구조에 가장 영향을 끼친다고 학자들 사이에 공통적으로 언급되고 있는 변수들만을 선정하여 아래에서 논하기로 한다.

2) 구조의 핵심적인 측정변수

조직의 구조는 조직이 작업분화 및 조정과 같은 과정을 다루는 방법을 의미한다. 구조는 주로 세 다른 변수들, 즉 복잡성, 공식화 및 집권화에 의하여 특징된다.

(1) 복잡성(Complexity)

복잡성은 조직 내에 존재하는 분화의 정도로서 정의될 수 있다.[1] 조직의 복잡성은 하위부서의 수, 계층의 수 및 한 조직 내의 세분화에 의하여 측정할 수 있다.

---

1) Ralph E. Winter, "Firestone after the Turnaround: Where Next?" *Business Week*(January 23, 1989), p. 59; Stephen P. Robbins, *Organization Theory: Structure, Design and Applications*, third ed., p. 83(재인용).

분화는 수평적 분화, 수직적 분화, 공간적 분화로 나누어 볼 수 있으며, 이들 가운데 어느 한 분화의 증가는 곧바로 조직의 복잡성을 증가시킬 것이다.[2] 복잡성은 조직이 채택하고 있는 다양한 직무 세분화에서 시작한다.

① 수평적 분화(Horizontal Differentiation)

수행하는 업무의 성격에 따라 나누어진 조직의 각 단위들의 분화정도를 말한다. 특정한 지식과 기술을 요구하는 직업의 수가 많을수록 조직의 복잡성은 증가한다.

예를 들면 다양한 직업은 조직구성원들이 서로 의사소통하는 데 복잡하게 만들며 관리자들도 그들의 활동을 조정하는 데 어려움을 가질 것으로 본다. 사회가 복잡하여 감에 따라 조직은 이러한 변화에 적응하기 위하여 전문화된 집단을 만들고 때로는 부서의 명칭들은 더욱 다양해진다. 자연히 이에 따르는 문제는 집단 혹은 부서들간의 상호작용을 어렵게 만드는 것이다.

수평적 분화의 현저한 특징은 세분화(specialization)와 부서화(departmentalization)에서 볼 수 있다.

업무의 세분화는 개인에 의하여 수행되는 활동의 특정한 집합을 말한다. 전문화는 기능적 전문화와 사회적 전문화로 다시 나누어 설명할 수 있다. 세분화 가운데 가장 잘 알려진 것이 기능적 세분화인데, 직업을 단순하고 반복적인 업무로 분리시켜 놓은 것을 말한다. 따라서 노동의 분업으로 기능을 세분화하면 근로자의 대체효과는 높아질 수 있고, 교체가 쉬운 반면 훈련의 기간과 비용이 적게 들 수 있다. 노동 분업의 장점은 한 사람이 모든 업무를 수행할 수 있다는 점과 한 업무를 수행하는 기술은 반복함으로써 전문성을 증진할 수 있다는 장점이 있다. 사회적 세분화는 일상적이 될 수 없는 기술을 가지고 있는 사람을 채용함으로써 달성될 수 있다. 예를 들어 핵물리학자, 엔지니어 및 수질검사자 등에 의해서 달성될 수 있다.

② 수직적 분화(Vertical Differentiation)

구조의 깊이를 의미한다. 조직에 계층의 수가 증가할수록 복잡성은 증가한다. 계층의 수가 많아지면 의사소통이 왜곡될 가능성이 높아지고, 관리직에 있는 간부들은 결정을 조정하기도 어려우며, 관리자들이 실무자들의 업무수행을

2) Robbins, *Organization Theory*, pp. 83-93.

감독하는 임무가 더욱 어려워진다.

수직적 및 수평적 분화는 서로 독립된 것이라기보다는 서로 관련이 깊다. 수평적 분화가 증가하면 이에 대한 반응으로 수직적 분화가 증가한다. 즉 세분화가 팽창됨에 따라 업무를 조정할 필요성은 더욱 증가한다.

통솔의 범위(span of control)는 한 관리자가 효과적으로 통제할 수 있는 부하의 수를 의미한다. 만약 그 범위가 넓으면 관리자에게 보고하는 부하직원의 수가 많다는 것을 의미하며 좁다면 감독하는 부하의 수가 적다는 것을 말한다. 동일한 상황에서 통솔의 범위가 좁으면 조직의 계층 수는 많아진다. 즉 키가 큰 조직(tall organization)이 된다. 반면에 통솔의 범위가 넓으면 평면(flat organization) 조직이 된다.

③ 공간적 분화(Spatial Differentiation)

조직이 똑같은 정도의 수평적 분화와 수직적 분화를 가지고 다양한 장소에서 같은 활동을 할 수 있다. 다양한 장소로 확산되어 있다는 것은 복잡성을 증가시킨다. 복잡성의 제3의 요소인 공간적 분산 혹은 분화는 조직의 사무실, 공장 및 직원들이 지리적으로 분산되어 있는 정도를 말한다. 공간적인 분화는 수평적 및 수직적 분화의 연장된 측면으로도 볼 수 있다. 이러한 분산은 수와 거리에 의하여 결정된다. 정부의 행정부서는 내노시에 각각 부처의 사무실을 두고 업무를 볼 때 각 사무실의 거리를 감안할 것이다.

한 제조회사는 마케팅 기능과 생산기능을 분리하였을 때 수평적으로 분산되어 있다. 예를 들어 본질적으로 같은 마케팅 기능은 여러 도시에서 수행되고 생산은 가장 큰 도시인 서울에서 한다. 이러한 분산형태는 수평적으로 분화된 것이며 아예 서울에서 마케팅 기능과 생산이 한 곳에서 이루어지는 형태보다는 복잡하다.

공간적 개념은 수직적 분화에도 적용될 수 있다. tall 조직은 flat 조직보다 복잡한 것이 일반적인 현상이다. 권위의 다른 계층들이 지리적으로 분산되어 있다면 한 곳에 집중되어 있는 조직보다 더 복잡하다. 예를 들어 최고관리자들은 한 도시에 살고, 중간관리자는 다른 5개의 도시에서 살고 하위직에 근무하는 근로자는 세계에 분산된 수백 개의 기업에서 일한다고 가정하자. 복잡성은 대단할 것이다. 물론 컴퓨터의 발달에 의하여 복잡성을 한결 덜어주겠지만 역시 복잡성은 남아 있을 것이다. 다른 말로 복잡성이 증가하면 조직의 목적을 달성하기 위하여 분화되고 분산된 활동이 원만하고 서로 잘 협조가 될 수 있도록 관리자에게 더욱 많은 요구가 있게 될 것이다.

(2) 공식화(Formalization)

① 직무의 표준화

공식화는 조직의 업무가 표준화되어 있는 정도를 말한다. 만약 업무가 높게 공식화되어 있다면 그 업무는 무엇이 달성되고, 언제 완성되며, 어떻게 달성되는지에 대하여 거의 자유재량을 가지고 있지 못하다. 근로자들은 똑같은 방법으로 같은 투입을 하며 일정하고 통일된 산출을 한다. 공식화가 높을 때 분명한 직무명세서가 있고, 조직의 규정 혹은 규칙이 많으며, 그리고 분명한 업무절차가 있다.

공식화의 측정은 설문지조사를 통한 방법을 사용하기도 하는데, 주로 묻는 것은 이미 확립된 얼마나 많은 규율을 따라야 하는지? 적절한 통로를 거쳐야 하는지, 규정집이 있는지를 근로자들에게 묻는 연구도 있다.[3] 다른 예는 조직의 도표, 규정집 및 다른 공식적인 지시들을 조직이 가지고 있는지를 파악하여 보기도 한다.[4] 표준화는 조직 내에서 통일성, 예측성, 안정성 및 통제를 가능하게 한다. 표준화는 자유재량을 감소하게 하며 근로자나 고객들을 위하여 불확실성을 완화시켜 줄 수 있다. 그와 같이 표준운영절차는 조직의 능률성과 효과성을 증진시킨다. 반면에 표준화는 개혁과 창조성을 제한하고 고객에 대한 서비스가 기계적이 되는 경향이 있다.

조직의 중요한 가치로서 예측성, 안정성 그리고 질서는 세분화 혹은 표준화된 업무에서 얻어질 수 있다. 표준화 및 세분화는 다른 장점도 가지고 있다. 예를 들어 노동비용을 감소시켜 주고, 자동적인 조정을 가능하게 하며, 자유재량을 최소화하고 개인에 의존도를 줄일 수 있다. 만약 업무가 아주 분명하게 세분화되고 일상적이라면 자연히 최소한의 기술과 훈련이 필요할 것이며 비숙련노동

---

3) J. Hage and M. Aiken, "Routine Technology, Social Structure and Organizational Goals," *Administrative Science Quarterly*(1969), 14, 366-376; Rainey, *Understanding and Managing Public Organizations*, p. 102(재인용).

4) Pugh, et al., "An Empirical Taxonomy of Work Organizations," *Administrative Science Quarterly*(1969), 14, 115-126; Rainey, *Understanding and Managing Public Organizations*, p. 102(재인용).

자들을 매우 싼 비용으로 활용하는 것을 가능하게 한다. Scott와 Hart는 교체가능성은 현대조직의 기본적인 가치라고 주장한다.[5] 만약 조직이 몇 사람들에게 의존되어 있다면 그러한 상황은 관리자에게 불리한 일이 될 것이다. 조직에서 필수적으로 필요한 것은 모든 사람들이 교체 가능하다고 믿게 하는 것이다. 업무가 표준화되면 될수록 특정한 업무를 담당하는 사람을 교체할 가능성은 높다. 업무가 단순하고 반복적인 경우는 높은 공식화가 받아들여지기 쉽다. 업무가 전문화되어 있으면 덜 공식화되는 경향이 있다. 조직의 상위계층에 있는 사람은 반복적이 아닌 업무를 하며, 관리자가 상위계층으로 올라갈수록 자유재량이 많아지는 경향이 있다. 따라서 공식화는 조직의 계층이 낮아질수록 더욱 적용가능성이 높은 경향이 있다.

공공조직에서 업무의 표준화는 자유재량의 최소화와 동일한 업무에 동일한 봉급을 기준으로 하는 공무원제의 발달을 가져오는 장점들을 지적할 수 있다. 경찰, 사회복지공무원, 교사 및 감시자 등과 같은 일선관료들은 언제, 어디서, 누구에게 법을 집행해야 되는지를 결정하기 위하여 자유재량이 필수적이나 공공관리자들이나 분석가들에게는 골치 아픈 일이 되곤 하였다. 법이 무엇인가 혹은 공공정책이 무엇인가를 결국에 결정하기 위하여 일선관료들에게 준 권한은 선거에 당선된 국민의 대표자에 의하여 결정되어야 하는 민주주의의 이념에 대한 도전을 의미하기 때문이다. 그러나 업무의 표준화는 의회나 대통령의 의도를 잘 파악하는 공직자들이 무엇을 할 것인가를 이미 예측된 상황이기에 공직자들의 자유재량을 스스로 제한하게 도와준다. 따라서 행정학이론에서 완전히 사라지지 않은 정치와 행정의 분리를 유지하는 데 도움을 줄 수도 있다.

그 이외에도 직무의 표준화는 공무원의 봉급체계를 결정하는 데 유리하며, 유사한 업무, 유사한 기술, 유사한 지식 및 능력을 요구하는 직위분류제를 가능하게 한다.

② 전 문 화

전문화는 조직의 외부로부터 들어오는 근로자의 행태, 태도 및 가치를 표준화하는 지배적인 방법이다. 일반적으로 전문인들의 의사결정과 행동은 보편타당

5) William G. Scott and David Hart, *Organizational America*(Boston: Houghton-Mifflin, 1979), pp. 66-67.

성 있는 전문성 기준에 의하여 영향을 받는다. 전문인들과 고객은 중립관계가 지켜지며 감정적인 개입을 원치 않는다. 전문적인 통제는 두 가지 방법에 의하여 이행되는데, 전문인들에게 부과된 광범위한 훈련, 사회화(socialization), 그리고 교육에 의한 방법과 동료나 혹은 전문조직에 의하여 전문인들에게 요구되는 행위가 있다.[6]

공식화를 가져오기 위한 방법으로 전문화를 사용할 때 조직적인 측면에서 본다면 장점과 단점을 다 가지고 있다. 긍정적인 관점에서 사회나 개인이 직업훈련을 위하여 비용을 부담하기 때문에 조직은 전문화 교육을 위하여 별도의 비용을 지불할 필요는 없다. 개인은 성공적으로 전문화 교육을 마친 후에 조직에 들어와 조직의 요구와 기대에 부응하기 위하여 능력을 발휘한다. 그러나 단점은 조직의 목적, 가치 혹은 활동이 전문인들이 속하고 있는 전문집단의 규범과 갈등을 가져올 때 발생한다. 전문인들은 만물의 전문인이 아니라 자신의 분야에만 전문인일 가능성이 많아 자신의 전문지식을 가지고 조직 전체를 조망하려고 할 때는 다른 분야의 전문인들 혹은 조직의 구성원들과 마찰을 가져오기 쉽다. 전문인들은 다른 전문인들을 포함하는 전문가의 준거집단 그리고 그들이 속한 조직 이외에 그들의 업무를 지배하는 일련의 규범적인 기준들에 헌신과 충성을 한다. 다른 말로 문제를 보는 시야가 좁을 수도 있다는 것이다. 일반적으로 전문인들은 비전문인들보다 조직에 덜 충성을 하며 헌신도 비교적 덜하는 경향이 있다고 지적한다.[7]

③ 자 동 화

공식화의 극치인 자동화는 사람을 기계로 대체하였을 때 달성될 수 있다. 기계는 개인간의 상호관계를 가지고 있지 않기 때문에 관리하는 데 사람들 사이에 일어나는 문제를 취급할 필요가 없다. 기계인 은행의 현금자동지급기는 모든 사람을 동등하게 취급하며 부당한 대우나 재량권을 남용하지 않는다. 컴퓨터는 분명히 사람들에게 다른 장점을 준다. 컴퓨터는 사람보다 더 많은 정보를 저장하는 것이 가능하고 언제든지 필요한 정보를 얻어 복잡한 문제를 처리할 수 있다. 역시 컴퓨터는 복잡한 상황을 모형화할 수 있고, 시뮬레이션, 계획 및 합리적인 결정을 만들 수 있다. 이러한 컴퓨터의 능력과 잠재력은 조직설계 및 구조의 기

6) Blau and Scott, *Formal Organizations*, pp. 60-63.

7) Leonard Reissman, "A Study of Role Conceptions in Bureaucracy," *Social Forces*(1949), pp. 305-310.

본적인 관심을 변하게 하였다. 예를 들어 오늘날 정부조직의 중요한 문제는 부서의 편성 혹은 조정에 관한 문제가 아니라 정보저장을 조직화하는 것과 정보처리에 관한 문제이다. 정보처리의 궁극적인 목적은 공공정책을 더 합리적으로 만드는 것이다.

그러나 자동화는 비용이 들며 기계의 변화 속도는 빠르다. 물론 기계가 예측성이 있고 사람이 하는 것보다 더 동일한 산출을 할 수 있으나 컴퓨터가 감당하기 어려운 에러를 범할 수 있는 단점이 있다. 근로자들에게 자동화는 위협적인 존재이다. 자동화로 인하여 근로자들은 직업을 잃을 가능성이 있기 때문이다. 자동화로 인하여 비용을 절감하였다면 거의 인건비를 절감한 덕택일 것이다. 고객이나 대중에게는 자동화는 비인간적이기에 그리 우호적일 수 없다. 기계는 대중들이 공공서비스를 받기를 원하는 것과 다른 느낌이 없고 감정이 없으며 부응성이 없는 서비스를 제공한다. 정부에 대한 대중의 태도가 냉담하고 자주 적대적인 경우 자동화는 냉담과 적대감을 더욱 증폭시킬 위험이 따른다.

④ 공식화기술

관리자들은 근로자들의 행태를 표준화하기 위하여 많은 기술을 활용한다. 일반적으로 가장 많이 사용되는 기술은 다음과 같다.

(ⅰ) 선택(selection)

다양한 시험과정을 통하여 가장 우수하다고 판단되는 사람을 선택한다. 채용은 조직이 근로자의 자유재량을 통제할 수 있는 가장 보편적으로 알려진 방법이다. 조직은 채용과정을 통하여 조직에 적절한 사람을 선택하고 그렇지 못한 사람을 걸러내는 그러한 객관적인 선택방법을 어떻게 만들어 내느냐가 중요한 관건이 될 것이다.

(ⅱ) 역할기대(role requirement)

조직의 모든 개인들은 역할을 수행한다. 이 역할들은 어떻게 수행돼야 하는지에 대한 기대를 가지고 수행된다. 역할기대가 분명하고 좁게 정의되어 있다면 공식화의 정도는 높을 것이다. 만약 근로자에게 일어날 수 있는 상황에 스스로 적절히 대처하기 위하여 자유를 준다면 공식화의 정도는 느슨해져야 한다.

(ⅲ) 규칙(rules)

규율은 근로자들의 판단과 자유재량을 허용하지 않는다. 왜냐하면 규율은 특정한 행태의 패턴을 지키게 하기 때문이다.

(ⅳ) 절차(procedures)

근로자들이 그들의 직무를 완성하는 데 따라야 될 일련의 관련된 절차를 말한다. 즉 작업과정의 표준화를 확보하기 위하여 만들어진다. 같은 투입이 같은 방법으로 진행되고 산출이 매일 같은 방법으로 진행된다. 동일한 산출을 가져오기 위하여 표준화된 절차를 따르게 한다.

(ⅴ) 정책(policies)

정책은 근로자들이 행동하는 가이드를 제공한다. 그러나 정책은 규칙보다 활동의 여지는 더 있다. 특정한 행태를 구체화시키기보다는 정책은 근로자들에게 제한된 범위 안에서 자유재량을 사용케 한다.

(ⅵ) 훈련(training)

조직은 근로자에게 다양한 방법으로 다양한 내용에 관한 훈련을 제공한다. 이들은 숙제, 교습 및 도제기간과 같은 직무현장훈련이 있고 혹은 직무를 떠나 강의실 교육, 영화, 실험, 모의실습 등이 있을 수 있다. 새로운 직원은 조직과 친숙하기 위하여 오리엔테이션을 받도록 한다.

(ⅶ) 의식(rituals)

의식, 제전 혹은 예전은 조직에 강하고 지속적인 영향력을 가질 사람들에게 공식화를 위한 기술로 사용한다. 의식을 강조하는 것은 그들 자신이 신뢰성과 조직에 충성을 한다는 것을 증명하는 것이다. 일반적으로 내부로부터 승진하는 경향이 있는 조직은 새로 채용한 직원을 최고 간부로 임명하지 않는다. 전형적인 그 이유는 그들이 경험이 부족하다는 것이다. 다른 이유는 조직의 간부는 그들의 능력, 재임기간 및 조직의 목적과 규범에 충성을 한 사람들에게 보상으로 활용되고 있기 때문이다.

(3) 집권화(Centralization)

조직의 집권화는 권력과 권위가 조직의 최고위층에 집중되어 있는 정도를 의미한다.

집권화는 의사결정의 집중화 정도를 말할 수도 있다. 최대의 집권화는 모든 의사결정권이 한 사람에게 집중되었을 때를 말한다. 높은 집중은 높은 집권을 의미하고 낮은 집중은 분권을 의미한다. 분권은 공간적인 분화와는 다르다. 분권은 지리적인 분산이 아니라 조직 내에 의사결정을 만들기 위한 권위의 분산을 의미한다. 단지 집권화의 문제를 거론할 때에 권위는 공식적인 권위를 의미한다. 물론 공식적인 권위만이 의사결정에 영향을 끼치는 것은 아니다. 예를 들어 하위 직원이라고 하더라도 의사결정에 영향력을 미칠 수 있는 정보나 전문지식을 가지고 있을 때 그들은 권위를 가지고 있다고 볼 수 있다. 그러나 그들은 영향력을 미칠 수는 있지만 공식적인 권위는 가지고 있지 않다.

⦿ 집권화를 고려할 때 다음과 같은 사항을 참고하여야 할 것이다.

① 오늘날 많은 조직들은 의사결정권한을 조직의 낮은 계층으로 위임하는 경향이 있으나, 결정자들이 정책의 범위를 정하여 준다면 낮은 계층의 결정자에게 실제로 자유재량이 있는지는 의심스럽다. 하위층의 관리자들이 권한의 위임을 받았다고 하더라도 최고 관리자들이 원하는 결정을 하도록 교화 및 강요를 받았다면 실제로 분권이 일어났다고 볼 수는 없다.

② 집권화는 한 곳의 집중을 의미하는데, 이 한 곳이 한 개인(individual), 하나의 구성단위(unit) 혹은 조직의 한 계층 등 어느 것을 의미하는지는 분명치 않다. 한 개인은 누구이며 혹은 구성단위는 또는 어느 계층을 의미하는지는 분명치 않다. 그러나 한 개인에게 전권이 주어진 경우는 흔하지는 않다.

③ 정보기술의 발전은 분권을 촉진한다. 그러나 어떠한 결정도 최고관리자가 그 결정의 결과를 쉽고 빠르게 파악할 수 있으며, 관리자가 원치 않는 것이라면 수정보완을 가능케 할 수 있다. 다른 말로 결정권한은 위임되지만 최고관리자는 그 결정을 통제할 수 있기 때문에 이것이 분권화인지 의문스럽다.

④ 조직 내의 많은 정보를 하위계층에서 관리한다. 최고관리자들이 결정을 하려 할 때 하위관리자들은 필요한 정보를 결정권자에게 여과하여 전달한다. 만약 여과하지 않으면 최고관리자는 정보의 홍수 속에 파묻히게 된다. 따라서 정보를 여과할 수 있는 기회는 하위계층에 있기 때문에 결정에 영향력을 가지고 있다고 볼 수 있다. 그러한 경우 우리는 분권화되어 있다고 볼 수 있는지, 집권화의 개념은 정의하기 어려운 측면이 있다.

정보화는 최고관리자의 통제력을 높여줄 수 있지만 의사결정권한이 하위관리자에게 위임됨에 따라 정보의 왜곡 현상이 발생할 수 있다. 그 결과 의사결정권한은 덜 집권화되고 최고관리자는 이러한 왜곡 현상을 통제하기 어려울 것이다.

(4) 분 권 화

왜 조직이 분권화되어야 하는가?

① 변화가 일어나고 있는 곳의 상황에 대한 신속한 대처

② 소재지역에 대한 보다 정확한 정보의 활용

③ 결정에 참여케 함으로써 동기부여 및 사기 진작

④ 하위계층의 관리자에게 결정권한을 줌으로써 훈련기회 제공

분권화는 민주국가의 기본적인 가치이다. 분권화된 정부는 국민의 필요에 더 부응하고 집권화된 정부보다도 효과적이라고 알려져 있다. 일반적으로 분권화는 변화에 대한 유연성을 가지고 있어 자주 선호하기도 한다. 다양성을 더욱 촉진하면서 분권화는 개혁을 유인할 수 있다. 의사결정의 기관을 다원화하면서, 제안제도를 활용하고, 관료제의 경직성을 약화시킨다면 분권화는 변화에 대한 저항을 약화시킬 수 있다. 실질적으로 정부의 구조와 권력도 점증적으로 분권화의 특성을 다양하게 활용하고 있다. 다양한 행정기관, 정부기획에 관한 여러 행정기관 및 중앙정부 및 지방정부에 책임분산하는 모든 이러한 분산은 권력의 집권화를 막는 시도의 결과로 볼 수 있다.

물론 분권화가 반드시 바람직한 것만은 아니다. 집권화의 최고관리자는 조직의 전체적인 윤곽을 볼 수 있는 장점이 있다. 특히 어느 특정한 집단의 이익보다는 전체이익과 일치하는 결정을 선택하는 데 유리할 수도 있다. 반면 어떤 기능은 분권화되는 것이 더욱 능률적일 수 있다. 예를 들어 대통령은 자주 행정의 획일화를 위하여 권한의 집중을 주장한다. 미국의 어느 대통령들이건 행정의 획일화를 위하여 독립규제위원회들을 대통령 권한 내에 속하도록 의회에 요구하지 않는 대통령이 없을 정도이나, 만약 대통령의 요구대로 된다면 대통령의 권한은 너무 강화되어 삼부가 견제와 균형을 이루기 어려워지기 때문에 여당과 야당을 불문하고 의회는 아직까지 이를 승인하지 않고 있다.

더욱이 자원이 부족한 때에 분권화는 억제된다. 경제가 좋지 않은 경우 비용을 절감하기 위한 목적으로 불필요한 비용은 삭감되고 중복은 제한된다. 경제적 상황이 좋지 않았던 1960년대에 행정학의 가장 중요한 가치가 능률이었으며 이러한 환경하에서는 Martin Landau가 주장하는 가외성이론[8]은 인기를 가질 수

8) Martin Landau, "Redundancy, Rationality and the Problem of Duplication and overlap,"

없었다. 그러나 신행정학에서 실례를 보았듯이 능률 가치보다 민주주의 가치가 크게 대두되었을 때 가외성이론은 많은 관심을 받기 시작했다.

(5) 집권화 · 복잡화 · 공식화와의 관계

① 집권화와 복잡화

문헌들에 의하면 집권화와 복잡화는 역의 관계를 가지고 있다고 확실히 증명하고 있다.

분권화는 높은 복잡성과 밀접한 관련이 있다. 복잡성이 증가하면 결정을 하는 데 전문가의 필요성이 증가한다. 고용자들이 전문적 훈련을 받으면 받을수록 의사결정에 참여할 기회는 당연히 많아질 것이다. 역으로 의사결정의 집권화가 높아지면 근로자들이 전문적 훈련을 받을 가능성이 적어진다. 그러므로 높은 복잡성은 분권화와 관련이 깊다고 볼 수 있다.

② 집권화와 공식화

높은 공식화는 집권화 혹은 분권화와 관계가 있다고 발견된다.

만약 조직의 근로자들이 전문적인 기술이 없다면, 이러한 사람들을 지도하기 위하여 많은 규칙과 규정이 필요하며, 권위주의적인 리더십, 공식화를 통한 통제 및 의사결정의 집권화가 요구될 것이다.

다른 한편 낮은 공식화와 분권화는 밀접한 관계가 있다고 가정할 수 있다. 전문인들은 자신들의 업무에 영향을 끼치는 결정에 참여하기를 기대한다. 전문인들의 이익은 자신들의 업무에 있지 비교적 전술적인 결정에 있지는 않다. 이러한 현상은 낮은 공식화와 낮은 집권에 있다. 집권화는 전문인들의 업무활동에 도움이 되지 못하는 경향이다.

Public Administration Review, vol. 29(1969), pp. 346-358; 백완기(2007), 행정학, 박영사, pp. 166-174.

가외성(redundancy)은 중복성, 중첩성, 그리고 동등잠재력과 같은 의미를 갖고 있다. 즉 자동차의 이중 브레이크 장치가 있어 사고나 실수를 막을 수 있는 중복성, 여러 행정기관들이 중복적으로 상호의존하면서 서로 경쟁하는 중첩성, 그리고 조명장치가 고장이 났을 때 보조 조명장치를 사용하여 조직의 적응성을 높여주는 동등잠재력을 의미한다.

제2절 규모에 관한 연구

1. 규모(Size)

규모는 구조에 영향을 준다고 한다. 여러 연구도 조직이 대규모화하면 작은 규모의 조직보다 계층의 수, 부서 및 보직의 명칭 등에 있어서 더욱 구조적으로 복잡해진다. 조직규모의 가장 분명한 측정은 채용된 고용인 전체의 수로써 정의한다. 즉 감옥은 수감자의 수, 학교는 학생의 수, 도서관은 책과 간행물들의 수, 병원은 환자의 수로 말한다. 그러나 조직을 연구하는 학자들 사이에 이 정의가 많은 지지를 받고 있으나 의문을 가지고 있는 것은 사실이다. 예를 들어 고용인 전체의 수는 정식직원으로 계산하는 것이 정확할 것이다. 그러나 시간제 고용인을 활용할 경우 어떻게 계산을 하여야 되는지 혹은 고용인의 수에 포함하여야 되는지? 또는 계절적인 근로자를 어떻게 보아야 하는지? 근로자의 전체의 수는 산업의 특성을 고려하지 않아도 되는지? 이러한 질문들에 대한 대답은 쉽지 않다.

조직의 규모를 정의하는 전체 고용인의 수와 규모를 결정하는 다른 측정 변수와의 상관관계가 높은 것을 볼 때[9] 고용인의 수로 정의하는 것도 무난하리라 본다. 즉 조직의 고용인의 수와 순자산과의 관계, 병원 근로자의 수와 일일환자의 수와의 관계, 정식교수 및 강사의 수와 전체 학생 수와의 관계를 볼 때 평균 상관관계 계수는 90%를 넘었다.

1) 구조에 대한 규모의 긍정적 영향 연구

규모가 조직의 구조에 영향을 끼치는 가장 중요한 변수라고 주장한 학자로는 Peter Blau와 Aston Group이다. Blau와 동료들은 387개의 지부를 가지고 있는 53개의 주정부 고용기관과 대학 및 백화점을 포함하는 1,201개의 지역조직을 대상으로 연구하였고 그들의 결론은 규모가 증가하면 세분화, 공간적 분화, 조

9) D. S. Pugh, D. J. Hickson, C. R. Hinings and C. Turner, "The Context of Organization Structures," *Administrative Science Quarterly*(March 1969), pp. 91-114; Theodore Anderson and Seymour Warkov, "Organization size and Functional Complexity: A Study of Administration in Hospitals," *American Sociological Review*(February 1961), p. 25.

직단위 그리고 계층수준의 수가 증가한다고 하였다.[10] 또한 복잡성이 규모에 따라 증가하는 비율은 조직이 새로운 부서나 계층의 수를 늘리지 않고도 조직이 팽창하는 어떤 점에 도달되면 떨어진다는 것이다.

그 이외에도 그들은 조직의 규모가 증가하면 행정적 경상비가 줄어드는 경향이 있다고 지적하였다. 그러한 결론은 Parkinson' Law의 결론과는 달리 조직이 더욱 증가하면 행정업무를 담당하는 직원들의 수가 자주 줄어든다는 것을 의미한다.

Pugh가 주도한 Aston Group은 46개의 기업조직을 대상으로 연구하였으며 그들의 결론으로 조직 규모의 증가가 구조를 결정한다고 하였다.[11] 또 다른 연구에서 Child와 Mansfield는 조직의 규모는 세분화, 공식화 및 수직적 분화의 범위에 긍정적으로 영향을 주며 집권화에는 부정적으로 영향을 주었다고 하였다.[12] Child는 조직이 대규모로 증가하면 더욱 더 세분화되고 더 많은 규칙을 가지며, 더 많은 서류를 정리하여야 되고, 더 확장된 계층제와 그 계층제를 따라 의사결정의 더 큰 분화를 초래한다고 하였다. 그는 역시 규모가 증가함에 따라 구조에 미치는 규모의 영향은 줄어들었다는 Blau의 연구에 동의하였다.[13] Mintzberg도 증가된 규모는 증가된 세분화 혹은 전문화, 조직의 분화, 공식화, 행정구성원 수의 팽창을 초래하였다고 주장하였다.[14]

2) 구조에 대한 규모의 비판적 영향 연구

(1) 공공조직의 규모와 구조의 관계

구조에 대한 규모의 긍정적인 영향을 비판하는 연구도 만만치 않다. 규모와 구조의 영향에 대하여 비판적인 연구를 한 학자들은 Hall, Hass 그리고 Johnson, Aldrich, Dewar와 Hage였다.

Chris Argyris는 Blau의 자료를 분석하고 그의 측정방법에 의문을 제기하였

10) Peter Blau and richard Schoenherr, *The Structure of Organizations*(New York: Basic Books, 1971), pp.55-81; Blau, "A Formal Theory of Differentiation in Organization," *American Sociological Review*(1970), pp. 201-218.

11) Pugh et al., "The Context of Organization Structures," p. 112.

12) John Child and Roger Mansfield, "Technology, Size, and Organization Structure," *Sociology*(September 1972), pp. 369-393.

13) John Child, "Predicting and Understanding Organization Structure," *Administrative Science Quarterly*(June 1973), p. 171.

14) Mintzberg, *The Structuring of Organizations*, pp. 230-233.

다.[15] Argyris는 공무원 조직은 연구대상에 포함시킬 수 없는 특이한 조직이라고 주장한다. 정부조직은 예산의 한계, 다른 지역적인 경계, 미리 결정된 직원의 수를 가지고 있으며 거의 모든 것이 규정에 의하여 영향을 받는다. 물론 관리자의 자유재량을 어느 정도는 인정한다고 하더라도 Argyris는 규모와 구조와의 인과관계를 말할 수 없다고 결론을 내렸다. Blau는 그의 연구결과를 모든 조직에 적용할 수 있다고 주장한다. 그러나 공무원규정은 기업조직과 달리 업무의 전문화 및 좁은 통솔의 범위를 강조하는 경향이 있다. Blau와 Schoenherr의 연구결과와 반대로 Beyer와 Trice는 연방정부의 행정기관들을 연구하면서 규모와 수직적 및 수평적 분화(계층과 부서단위들의 수)와는 강한 상관관계가 없었다는 것을 발견하였다.[16]

(2) 규모와 구조간의 부정적 관계

Blau의 규모의 중요성은 Mayhew와 그의 동료들에 의하여 도전을 받았다.[17] Aldrich는 Aston data를 분석한 후 몇 가지 제안을 하였는데, 그에 의하면 규모는 결과이지 원인이 아니다.[18] 즉 기술이 구조를 결정하고 그 후 규모를 결정한다. 그는 계속하여 복잡성과 공식화가 높은 조직은 구조화가 덜 된 조직보다 더 많은 노동인력을 필요로 한다고 하였다. Hall, Hass 그리고 Johnson은 규모의 절대성에 대하여 비평하였다. 그들이 연구한 75개의 각양각색의 조직들은 규모도 6명에서 9천 명이 넘는 조직들이었고 조직의 종류도 공립학교, 우체국, 주의 병원, 정부의 규제기관 등을 포함하였다.[19] 그들의 결론은 규모는 조직의 구조를 결정하는 요소와 오히려 관계가 없었다. 복잡성과 공식화는 조직규모를 결정하

15) Chris Argyris, *The Application of Organization Sociology*(London: Cambridge University Press, 1972), pp. 1-19.

16) J. M. Beyer and H. M. Trice, "A Reexamination of the Relations Between Size and Various Components of Organizational Complexity," *Administrative Science Quarterly*(1979, 24), pp. 48-64.

17) B. H. Mayhew, R. L. Levinger, J. M. McPherson and T. F. James, "System Size and Structrual Differentiation in Formal Organizations: A Baseline Generator for Two Major Theoretical Propositions," *American Sociological Review*(October 1972), pp. 629-633.

18) Howard E. Aldrich, "Technology and Organization Structure: A Reexamination of the Findings of the Aston Group," *Administrative Science Quarterly*(March 1972), pp. 26-43.

19) Richard H. Hall, J. Eugene Haas and Norman J. Johnson, "Organizational size, Complexity and Formalization," *American Sociological Review*(December 1967), pp. 903-912.

여 주는 변수들과는 관련이 없었다.[20]

Dewar와 Hage는 16개의 사회 서비스 기관을 연구하였으며 그들은 규모와 구조와는 관계가 없었다고 결론을 내렸다.[21] Aldrich, Dewar, 그리고 Hage는 그들의 연구결과를 인용하면서 기술은 규모보다도 구조를 결정하는 데 더 중요하다고 하였다. 즉 일상적 및 자동화기술은 공식화, 표준화 및 집권적인 통제를 증가시켰다고 주장하였다. 예를 들면 Hall은 만약 조직의 기술이 일상적이라면 공식화와 복잡성은 규모와 같이 증가하였고, 만약 조직의 기술이 비일상적이라면 그러한 관계가 없었다.[22]

조직의 규모가 커갈수록 조직은 반복적인 행태, 문제 및 상황을 경험하게 될 가능성이 많다. 따라서 예측성은 높아지고 조직구성원의 행태를 결정하여 주는 표준운영절차를 구성할 가능성이 높아진다. 더욱이 대규모 조직은 조직구성원의 역기능을 초래할 많은 여건을 지니고 있기 때문에 이러한 역기능을 통제하고 규제하기 위하여 많은 규칙이 만들어지는 것은 불가피한 현상이다. 규모가 커지면 내부적 갈등도 늘어난다. 따라서 관리자들은 이러한 갈등을 최소화하기 위하여 규칙, 절차, 직무명세 그리고 예측성을 가져올 수 있는 다른 공식화 방법에 의존하게 된다. 그와 같이 조직이 일상적인 기술을 결합할 때 더욱 강한 공식화가 초래된다.

3) Aston 연구

Aston 연구는 Joan Woodward의 이론과 기술의 영향에 초점을 두었다. 확실히 조직구조에 대한 기술의 역할을 연구한 Woodward의 관점이 처음에 Aston 연구를 자극하였다. 포괄적인 Aston 연구는 다음과 같은 단계를 거치고 있다: Aston 학자들의 첫 세대는 Dreck Pugh, David Hickson, C. R. Jinings들이며 그들의 연구 초점은 기술, 규모 그리고 환경과 같은 조직구조와 상황변수들의 관계에 있었다. Aston 학자들의 제2세대들은 Dian Pheysey, Kerr Inkson 그리고 Roy Payne 들이며, 그들의 연구의 초점은 조직의 구조와 조직의 분위기(climate)

20) Ibid., pp. 911-912.

21) R. Dewar and J. Hage, "Size, Technology, Complexity and Structural Differentiation," *Administrative Science Quarterly*(1978), pp. 328-346.

22) Richard Hall, *Organizations: Structure and Process*(Englewood Cliffs, N.J.: Prentice Hall, 1972), p. 119.

와의 관계에 집중하였다. Aston 학자들의 제3세대들은 Lex Donaldson, John Child 그리고 Charles MacMillan들이다. 그들은 Aston 연구의 범위를 넓혀 조직의 성과와 문화 횡단적인 분석을 포함하였다.

이 학자들 가운데 Pugh는 가장 선임학자로서 지적인 리더였고 경험이 많았다.

◇ Pugh 배경

Pugh는 1930년에 태어났으며, Tom Burns가 교수로 있는 때, 그는 Edinburgh 대학에서 교육을 받았다. 그의 전공은 심리학이었고, 그가 석사학위를 취득한 후에 Edinburgh 대학에서 가르치고 결근(absenteeism)에 대한 연구를 하면서 잠시 재직하였다. 그는 상경대학에 속하는 산업행정학과가 있는 Birmingham College of Technology에 채용되었고, 몇 년 후 그 대학은 Birmingham에 있는 Aston 대학으로 변경되었고 Pugh는 그 대학으로부터 박사학위를 수여받았다. 1968년 Aston 연구집단이 해체되기 시작하는 때에 London Business School에 채용되었다. 그는 거기에서 15년 동안 재직하였으며 그런 다음 London에 있는 개방대학으로 자리를 옮겨 그 곳에서 1995년에 은퇴하였다. 1961년에 시작한 Aston 연구는 세대가 바뀌면서 변화한 집단에 의하여 수행되었다.

Aston 집단은 1973년에 공식적으로 정지되었으나, 정지되기 전 몇 년간은 활동이 부진하였다. 실제로 1968년 이후에는 London Business School의 재구성된 집단에서 주요한 연구는 수행되었으나 오래 끌지는 못하였다.[23)]

Aston 연구에 중요한 영향을 미친 학자는 Max Weber이다. 이 연구의 중요한 구조적 변수들은 다음과 같다: 전문화 혹은 세분화, 규칙과 절차의 표준화, 표준화한 고용절차, 공식화, 집권화, 형태(명령의 계층의 길이, 통솔범위의 규모, 전문화되고 지지하는 인사의 퍼센트). Aston 연구집단이 사용한 척도들은 다음과 같다:

— 기원과 역사: 조직이 사적으로 설립되었는지 그리고 소유자와 지역이 경험하였던 그러한 요소들의 변화
— 소유자 그리고 통제: 소유자가 개인이냐 혹은 공공이냐, 소유자의 집권화의 정도

23) Miner, *op. cit.*, p. 512.

— 규모: 직원의 수, 순 자산, 시장점유율

— 기술: 조직의 작업과정에 있어 통합의 정도

— 지역: 지리적으로 산재되어 있는 수

— 의존: 고객, 공급자, 무역, 등에 의존

Aston 연구의 기본적인 척도들은 Weber가 주장한 것들과 거의 유사하다. 그러나 Weber의 통찰력들이 일련의 검증할 수 있는 가설로 변화하는 것이다. 이것이 Aston 집단이 하려고 하는 것이다.[24]

Aston 연구의 결과는 다음과 같이 요약될 수 있다:

① 노동의 분업, 표준화, 서면 의사소통과 공식화의 사용은 하나의 구조적 척도들이며, 조직활동의 구조화로 불리는 척도로 요약될 수 있다. 이 척도들은 주로 조직의 규모, 기술과 관계가 있고, 자동화되고 통합된 대규모 조직은 더 많은 전문인들과 더 많은 절차를 가질 것이며 서면 의사소통과 역할정의를 가질 것이며 그리고 가장 중요한 구조적 척도는 규모(size)이다.

② 집권화는 전문화와 부정적으로 관계하며 그리고 많은 집권화의 척도들은 하나의 변수인 권위의 집권화로서 요약된다.

③ 계층의 수와 계층의 통솔범위는 서로 직접적으로 관계가 있으며, 이를 작업흐름의 계층통제라고 부른다. 통합되고 자동화된 기술을 가지고 있는 조직들은 명령의 계층 이외의 질사나 전문인에 의하여 통제될 것이다.[25]

4) 파킨슨의 법칙(Parkinson's Law)

(1) 긍정적 측면

1944년 2차세계대전 당시 영국 해군에서 사무원으로 복무한 경제학자 Northcote Parkinson(1909-1993)은 문서가 처리되는 과정을 지켜 보다 관료화된 대규모조직의 비효율성을 연구하였다. 과제를 달성하기 위해 할당된 시간 가운데 남는 시간이 있다면 이 시간을 메우려고 다른 과제를 만들고 이 과제를 달성하기 위하여 자연히 직원의 수는 늘어난다. 즉 시간의 수요에 따라 과제의 양은 탄력적이고, 달성할 과제와 과제를 달성하기 위하여 할당된 직원의 규모와는 관계가 없다는 것이다. 그는 이와 같이 직원의 수와 과제의 양은 전혀 관계가 없

24) Rainey, *op. cit.*, pp. 190-191.

25) Derek S. Pugh and Hickson, David J., *Organizational Structure in its Context: The Aston Programme 1*, Lesington, MA: D. C. Heath(1976), pp. ix-x.

다[26]는 것을 그는 발견했다. 또한 조직의 행정공무원들이 달성해야 할 과제보다도 더 급히 증가할 것이라는 그의 이론을 증명하려 했다.

파킨슨은 1914년과 1928년의 영국 해군본부 통계를 분석했다. 1914년 장교와 사병은 14만 6,000명, 군함은 62척이었으나 1928년 10만 명과 20척으로 줄어들었다. 장병은 3분의 1(32%)이, 함대는 3분의 2(68%)가 축소된 셈이다. 그런데 해군본부 행정직원의 수는 2,000명에서 3,569명으로 약 80% 가까이 늘어났다. 14년 동안 전투에 투입되는 인원은 감소한 반면에 육지의 공무원이나 행정 업무에만 종사하는 관리자의 수도 14년 동안 약 40% 증가하는 기현상이 나타난 것이다.[27]

파킨슨은 해군의 전투력과 무관하게 행정요원이 증가한 요인은 두 가지라고 설명했다. 하나는 공무원이란 원래 승진을 위해 불필요한 부하직원을 늘리려고 하며 다른 하나는 공무원들이 서로를 위해 일거리를 만들어내는 성향이 있기 때문이다.

1955년 파킨슨은 행정 조직에서 업무량과 공무원 수의 사이에는 아무런 관련이 없다는 연구결과를 발표했는데 이는 '파킨슨의 법칙' 이라 명명되었다.

파킨슨은 각종 위원회를 구성하는 사람 수와 효율성의 상관관계에 대해서도 관심을 가졌다. 그는 1257년부터 1955년까지 700년 역사를 가진 영국의 내각을 연구하고 내각의 비효율성이 드러나는 시점은 인원이 20명을 넘어설 때라고 결론내렸다.[28]

어떠한 위원회든 20명을 초과하면 내부에 소집단이 형성되고 나머지는 들러리로 전락하므로 조직이 쇠퇴하기 시작한다는 것이다. 파킨슨은 구성원이 19명에서 22명 사이일 때 그 집단은 비능률 상태에 빠질 가능성이 높다고 주장했다.[29] 클리메크는 파킨슨의 주장을 검증하기 위하여 컴퓨터로 모의실험을 했다. 위원회의 모형을 만들어서 운영을 해 본 결과 파킨슨이 주장한 숫자인 20명 부근에서 상반된 현상이 나타났다. 20명 미만인 집단에서는 의견일치를 보기 쉬운 반면에 20명을 초과한 집단은 여러 개의 소집단으로 분열되어 합의에 도달할 수 없는 것으로 드러났다. 파킨슨의 주장을 뒷받침할 만한 실험결과였다. 그 이외에도 많은 조

26) C. Northcote Parkinson, *Parkinson's Law*(Boston:: Houghton Mifflin, 1957), 33.

27) Ibid. and 조선일보 토일 섹션 why? 이인식의 멋진 과학(과학문화연구소장. 2009 1월 31일-2월 1일. 토-일요일 10편 B1).

28) Ibid.

29) Ibid.

직이론가들이 Parkinson의 법칙을 증명하려고 시도했다. Terrien과 Mills는 428개의 캘리포니아의 공공학교지구를 연구했으며 그들의 결론은 학교가 증가함에 따라 행정직원이 증가했다고 한다.[30)]

(2) 부정적인 관계 논의

Parkinson의 법칙을 비판한 연구에 의하면 규모가 증가함에 따라 행정직원의 수가 감소한다는 것이다. 예를 들면 Blau는 조직의 규모가 증가함에 따라 행정직원들이 증가하나 반면에 감소하는 반대 압력을 발견하였다. 성장은 늘어나는 전문화 및 세분화를 수반한다. 그로 인하여 부서 내에 엄격한 감독은 거의 필요하지 않기 때문에 통솔의 범위는 증가하게 된다. 동시에 분화는 역시 증가하므로 부서간의 조정은 더욱 필요하게 되어 행정직원들이 더욱 필요하게 될 것이다.

이러한 연구결과는 규모경제의 효율성에 기초하고 있다. 즉, 조직이 팽창하면서 조정을 위하여 더 많은 관리자나 행정직원이 필요할 것이다. 그러나 규모가 증가하는 비율로 증가하지는 않는다. 예를 들어 5백만 불의 매출액을 가지고 있고 그리고 60명의 고용인원을 가지고 있는 기업이 한 사람의 정규 구매직원이 필요할 수도 있다. 만약 판매고를 두 배로 올렸다고 하더라도 그 기업이 두 사람의 구매직원을 채용하기는 쉽지 않다. 병원이 환자가 10% 정도 늘어났다고 해서 회계사나 혹은 영양사를 더 채용하지 않을 수도 있다. 이러한 예들, 즉 조직이 성장하는 비율을 고려할 때 행정직원의 수가 감소하였다는 것은 규모의 경제를 설명한다. 이것은 조직의 규모가 증가함에 따라 행정구성원이 감소한다는 부정적인 관계를 설명한다. 이러한 논리는 역시 경험적인 지지를 받고 있는 것도 사실이다.

(3) 곡 선 형

위에서 보듯이 서로 다른 연구결과를 주목할 만하다.

Hass, Hall과 Johnson은 Aston Group의 연구결과를 다시 검토하면 규모와 행정직원간의 관계는 선형이 아니고 곡선의 형태를 띠고 있다는 것을 발견하였다. 즉 행정직원은 700명의 수보다 적은 소규모 조직과 1,400명의 직원의 수보다 큰 대규모 조직 사이에서 많았다. 실제로 중간 규모의 조직보다 소규모 및 대규모 조직에서 행정직원의 수는 더 많은 경향이 있다. 규모가 증가함에 따라 조직

30) F. W. Terrien and D. L. Mills, "The Effect of Changing Size upon the Internal Structure of Organizations," *American Sociological Review*(1955), pp. 11-13.

은 규모의 경제를 이용할 수 있다. 예를 들어 업무를 컴퓨터화한다든지 직원들의 능력을 최대한 활용하는 것을 말한다. 어떤 한계를 넘어가면, 규모의 비경제가 나타난다.

다시 말하여 조직은 소규모가 갖는 규모의 경제로부터 이윤을 추구하게 된다. 그러나 조직이 팽창됨에 따라 규모의 경제이득을 상실하고 복잡하여짐에 따라 조정과 통제를 촉진하기 위하여 담당할 행정직원의 수를 늘리게 된다.

Child는 행정의 격렬함을 결정하여 주는 변수는 연구에서 고려되지 않았다고 지적하였다. 예를 들어 Parkinson 이론을 환기시킬 수 있는 예는 조직 내의 직원들이 자신들의 권력을 쟁취하기 위해서 정치를 할 수도 있는 것이다. 특히 행정직원들은 조직 내에서 지위, 명예 및 권력을 쟁취하기 위하여 자신들의 부하직원의 수를 증가시킬 수도 있다. 그리고 부하직원들은 자신들의 행정보조원, 그 다음은 계층에 따라 자신들의 서기 및 지원 보조원을 채용한다. 마치 Parkinson이 말하듯이 행정직원들은 서로를 위하여 일을 만든다.

Parkinson이 관찰하기 위하여 선택한 영국해군과 같은 공공조직을 감안하여 볼 때 그의 주장은 옳은 것 같다. 왜냐하면 공공조직은 비경제적인 영역이기에 비교적 규모의 경제를 고려하지 않는다. 그러므로 규모의 증가는 행정직원의 큰 증가를 가져왔다. 사실 정부조직은 주인이 있는 기업과 달리 행정직원을 감소해야 되는 동기부여를 덜 갖는다고 볼 수 있다. 그의 이론은 비교적 성과측정을 하지 않는 공공조직에서 설득력을 가질 수 있을 것 같다. 특히 규모의 경제를 강하게 고려하는 사조직을 감안하여 볼 때 Parkinson Law가 타당성이 있는 이론인지는 역시 의심스럽다.

제 3 절 기술에 관한 연구

1. 기술의 정의

많은 연구에 의하면 규모보다 구조는 조직의 작업과정의 성격, 기술, 그리고 과업에 의하여 결정된다고 하는 주장이 나타나기 시작했다. 이 당시 연구자는 기술과 과업에 대한 다양한 정의를 사용하였으며, 그로 인하여 연구의 결과도 어

떠한 정의를 활용하느냐에 따라 다른 결론을 가져온다고 한다.[31]

기술은 조직에서 투입을 산출로 변형하기 위한 정보, 장비, 기술 및 과정을 의미한다고 일반적으로 학자들 사이에 동의를 하고 있다.[32] 조직은 원자재 형태로 투입을 받고 원자재에 대한 어떤 행동을 수행하고 그리고 나서 변화된 원자재를 산출의 형태로 환경에 내놓는다. 모든 조직은 투입을 산출로 변형한다. 상품 혹은 서비스를 생산하기 위하여 조직은 어떠한 종류의 기술을 사용하게 된다. 학자들 사이에 주로 사용하였던 다양한 조직의 기술분류는 작업흐름에서 사용되는 재료의 특징, 지식체제의 복잡성, 연장, 기계화, 연속과정 운영, 자동화의 정도, 컴퓨터화, 작업체제간의 독립성 등으로 볼 수 있다. 일반적으로 기술은 기계화 및 자동화를 의미하는데, 조직이론에서는 자동화는 단지 하나의 부분이다. 실제적으로 조직은 몇 가지의 기술을 사용할 수도 있다. 더욱 자세히 말하면 한 조직의 다른 부서들은 다른 기술을 활용할 수 있다. 관리, 서무, 예산, 인사 및 공공관계 부서들은 각각 서로 다른 자신들만의 작업과정, 방법 및 그들의 기능을 수행하기 위한 기술을 사용한다. 그러나 우리의 주요한 목적은 조직의 중요한 목적을 달성하는 조직의 핵심기술에 있다.

● 기술과 공공조직

공공조직과 사조직은 그들이 사용하는 핵심기술영역에서 차이를 보이고 있다. 특히 주요한 차이는 이 두 종류의 조직들이 수행할 것으로 기대되는 자원의 차이라고 볼 수 있다. 대부분의 공공조직들의 주요한 원자재로서 사람, 종이 혹은 복잡한 사회, 정치적 · 행정적 혹은 경제적 문제들을 들 수 있다. 그들은 국세정, 농수산부, 병원, 경찰 등 각 부서의 목적에 따라 다른 원자재를 활용하여 각기 다른 목적을 달성하면서 변형한다.

거의 공공조직은 사조직과는 달리 원자재를 만져서 알 수 있는 실체적인 생산품으로 변형하지는 않는다. 제조기업들을 예로 들면서 기술, 구조 및 조직의 효과성과 그리고 이들간의 상호관계를 다룬 Woodward의 연구는 공공조직과는

31) M. Tehrani, J. R. Montanari and K. R. Carson, "Technology as Determinant of Organization Structure: A Meta-Analytic Review," In L. R. Jauch and J. L. Wall(eds.), *Proceedings of the Annual Meeting of the Academy of Management*(1990); Rainey, *Understanding and Managing Public Organizations*, p. 103(재인용)

32) Robbins, *Organization Theory: Structure, Design and Applications*, pp. 176-177.

관련이 적다.[33] 그러나 이들의 연구가 우리에게 준 주요한 공헌은 기술이 조직의 구조에 영향을 주며, 개인들의 업무 성격을 결정하고, 근로자의 태도와 행태 및 조직 내의 비공식 사회구조에 영향을 주며 궁극적으로는 목적을 달성하는 조직의 능력을 결정한다는 것이다.

그러나 이 절에서는 기술과 구조와의 관계만을 논의하려고 한다. 물론 예로 드는 기술에 대한 다른 관점을 가진 4개의 패러다임들을 제시하여 기술이 어떻게 구조에 영향을 끼치고 있는지 파악하는 데 도움이 될 것이다.

2. 기술에 관한 사례 연구

1) Woodward

◇ Woodward의 배경

Woodward는 1916년에 태어났다. 그녀의 학자적인 경력은 Liverpool 대학에서 시작하였다. 그녀는 철학을 공부하였고, Liverpool에서 연구직을 맡을 때까지 인사 분야, 즉 영국의 공직에서 일하였다. 그녀는 Mary Parker Follett와 비교할 만한 사회적 그리고 공공서비스에 강한 공헌을 하였다. 실제로 그녀는 Follett의 저서들에 대하여 잘 알고 있었다. 1953년 조직행태에 대한 관심을 가지고 있는 연구와 이론은 Woodward가 South East Essex Technical College의 Human Relations Research unit의 책임자가 되었을 때였다. 곧이어 그녀는 London에 있는 Imperial College of Science and Technology의 Mechanical Engineering Department로 생산 엔지니어 section의 산업사회학의 발전을 위하여 옮겼다. 그 곳에서 그녀는 1960년대까지 머물렀으며, 병으로 인하여 1971년에 타계하였다. 산업사회학과 조직행태에 관한 경력을 통하여 그녀는 다양한 연구부서들에 개입하였고 아울러 영국산업의 상담자로서 폭넓게 봉사하였다. 그녀의 연구들은 Burns와 Stalker에 의한 연구와 같이 동시대에 수행되었으며 그가 재직한 몇 개의 기업들은 그녀의 연구에 활용되었다.[34]

33) Florence Heffron, *Organization Theory & Public Organizations: The Political Connection*, Prentice Hall, Inc. Englewood Cliffs, New Jersey 07632(1989), p. 120.
34) Miner, *op. cit.*, p. 458.

1960년대 중반 Joan Woodward의 연구는 생산기술에 초점을 맞추어 조직의 구조를 파악하려는 첫번째 시도로서 볼 수 있다.[35]

그녀는 영국 남부 Essex지역에 있는 대략 100여 개의 기업을 연구의 대상으로 선택하였다. 이 100개 기업들 가운데 3분의 1은 큰 기업들의 지부공장들이었다. 비록 100여 명의 근로자들을 채용하고 있지 않은 기업들은 포함되지는 않았으나 그녀가 사례로 연구한 기업들은 대략 비교적 적은 기업들이었다. 그들 기업들 가운데 4분의 3은 500명의 근로자들보다 적었으며 근로자가 1천 명에 달하는 기업도 있었다. 대략 각 기업들의 근로자 수의 범위는 250명보다 조금 적은 수에서 1천 명에 달하는 기업들이었다. 그녀는 구조와 관련되는 변수들인 계층수준의 수, 통솔의 범위, 행정직원, 공식화의 정도 그리고 유사한 것들에 관한 자료를 수집하였다. 그녀는 또한 조직의 효과성 및 성공을 파악하기 위하여 각 기업의 재정자료 즉 이윤, 판매, 시장점유율 등에 관한 자료를 기록이나 인터뷰에 의하여 수집하였다. 그녀의 연구의 초점은 조직의 구조와 효과성과 관련이 있었다. 선정한 가설은 조직의 효과성에 가장 알맞는 최적 형태의 구조가 있다는 것이다.

처음에 효과성과 공통적인 구조를 연결하는 그녀의 노력은 실패했다. 그녀의 효과성 범주에 속하는 기업들간의 구조의 다양성이 너무나 컸기 때문에 조직의 구조와 효과성과의 관계에 대하여 타당성이 있는 결론을 도출하지 못하였다. 그리하여 그녀는 생산기술의 전형적인 중간치에 따라서 기업들을 분류한 다음에야 비로소 구조와 효과성의 관계가 분명한 것을 발견하였다. 그녀는 기업을 기술의 세 가지 타입, 즉 단위(unit), 대량(mass) 혹은 과정(process) 생산으로 분류하였다. 그리고 나서 단위생산은 덜 복잡하고 과정생산은 가장 복잡한 기술의 복잡성을 파악하는 척도로 이 분류를 사용하였다. 단위생산자는 양복, 수력발전 댐의 터빈, 주문한 자동차와 같이 주문생산과 같은 기업이며 대량생산자는 냉장고나 자동차 생산과 같이 대량으로 생산되는 기술이며 과정생산은 석유나 화학 정련과 같이 그러한 자동화된 계속적인 과정생산자를 의미한다.

Woodward는 그녀의 연구를 통해서 다음과 같은 연구의 결과를 발견하였다: 기술분류와 기업들의 구조와의 사이에 분명한 관계가 있다; 조직의 효과성

35) Joan Woodward, *Industrial Organization: Theory and Practice*(London: Oxford University Press, 1965).

〈표 4-1〉 기술의 복잡성과 구조와의 관계에 대한 Woodward 연구의 요약

구조적 특징	낮음	기술	높음
	단위생산	대량생산	과정생산
수직적 층의 수	3	4	6
감독자의 통솔의 범위	24	48	14
관리자/고용자의 비율	1:23	1:16	1:8
기능직원의 비율	높음	낮음	높음
전반적 복잡성	낮음	높음	낮음
공 식 화	낮음	높음	낮음
집 권 화	낮음	높음	낮음

은 기술과 구조 사이의 적합성에 기인한다는 것을 발견하였다.

위의 연구결과를 요약한 〈표 4-1〉에서 보듯이 대량생산 기술은 높게 분화(복잡)되어 있고 높은 공식화와 낮은 분권이 특색이었다. 대조적으로 단위와 과정생산기술은 느슨한 구조와 낮은 수직적 분화로 인한 융통성, 낮은 노동의 분화, 집단활동, 보다 넓은 역할책임의 범위 그리고 분권화된 의사결정 등이 대량생산의 경우와는 다른 점들이다. 높은 공식화와 집권화는 단위생산기술, 비일상적인 기술 그리고 아주 자동화되어 있지 않은 곳에서는 불필요하다.

Woodward의 조사연구는 기술, 구조 및 효과성과의 관계를 분석하였다. 기술에 가장 적합한 구조를 택한다면 가장 효과적이며 이상적인 구조에 적합하지 않은 조직은 효과적이지 못하였다. 그러므로 Woodward는 효과성은 적절한 기술과 구조의 적합성의 기능이라고 주장한다.

〈평　　가〉

Woodward의 연구결과는 많은 연구에서 지지를 받았다. 특히 Edward Harvey는 기술의 특성과 구조와의 관계를 발견하고 Woodward의 결론에 동의하였다.[36] 또 다른 연구에서도 보편타당성 있는 최적의 구조는 없으며 기술의 특성을 고려하는 Woodward의 주장에 동의하는 강한 증거를 제시하였다. 반면에 여

36) Edward Harvey, "Technology and the Structure of Organizations," *American Sociological Review*(April 1968), pp. 247-259.

러 연구에서도 비평을 받았다.[37] 즉 기술측정에 대한 신뢰성을 가질 수 없다고 하는 비난이 있었고, 그녀의 방법론도 그녀 자신의 주관적인 관찰과 인터뷰에 의존하였기 때문에 해석의 편견이 있을 수 있다고 역시 비평을 하였다. 조직의 성공에 대한 그녀의 측정도 실증적 검증이 결핍되었기 때문에 공격의 대상이 되곤 하였다. 마지막으로 그녀는 거의 제조업에 종사하는 영국의 기업들만을 연구의 대상으로 선정하였기 때문에 모든 조직 혹은 영국 이외의 다른 나라의 제조업에 종사하는 기업들에게도 일반화하는 것은 어렵다.

2) Perrow(지식을 토대로 한 기술)

◇ Perrow의 배경

3년의 군복무를 마치고 그는 North Carolina에 있는 Black Mountain College에 입학하였다. 그러나 궁극적으로 Berkeley에 있는 California 대학에서 사회학 분야에서 박사학위를 취득하였다. 그의 박사학위 지도교수는 Philip Selznick으로서 조직연구의 발전조직행태에 대한 거시이론 분야에서 유명한 학자였다. 1958년에 박사학위논문을 마치면서 Perrow는 Michigan 대학의 사회학과로 옮겼다. 다시 그는 Pittsburgh 대학의 사회학과와 공공행정의 교수로 임명되었다. 그 곳에서 기술에 대한 연구를 시작하였다. 그의 전 연구는 주로 병원에 관한 연구였다. 그는 3년 동안 Pittsburgh에 머문 다음에 Wisconsin 대학에서 근무한 후 다시 1980년 초 New York 주립대학을 거쳐 현재는 Yale 대학에서 교수로 재식 중이다.

그는 자신을 불완전한 자유주의자 혹은 심지어 급진적인 본능 그리고 불확실한 사회주의의 거시적 지향을 가지고 있는 조직이론가라고 설명한다. 그는 「*The Radical Attack on Business*」란 책을 저술하였고, 더욱이 1960년대와 1970년대 campus 데모에 참여하였던 행동가였다. 그는 경영학과에 잠시 있었지만 워낙 성격이 과격하여 그 곳에 머물기에는 적합하지 않았으며 사회학과에 재직하는 것이 가장 좋은 것 같아 보인다.[38]

---

37) Lex Donaldson, "Woodward Technology, Organizational Structure and Performance—A Critique of the Universal Generalization," *Journal of Management Studies*(October 1976), pp. 255-273.

38) Miner, *op. cit.*, pp. 470-471.

Woodward의 연구와는 달리 Perrow는 지식기술을 사용하여 공공조직의 기술을 분석하는 데 가장 유용한 접근법의 하나로 인정받았다. 그러한 이유 때문에 Perrow의 분석을 좀더 자세히 설명하려고 한다.

Perrow는 생산기술보다는 지식기술을 생각하였다.[39] 즉 조직의 기술을 결정하는 것은 원자재의 특성을 분석하는 기술의 상태로 보았다. 그 원자재의 두 가지 측면이 중요한데, 이들은 원자재의 기본적인 특성과 특징이 잘 이해되는 정도와 변이성의 정도이다. 다른 말로 표현한다면, Perrow의 기술분석은 작업과정이 두 개의 중요한 측정변수에 따라 다르다고 주장한다. 즉 예외가 일어나는 빈도수와 이 예외를 분석(합리적이고 체계적인 방법을 사용하여 해결할 수 있는가?)할 수 있는 정도로 볼 수 있다. 만약 기계가 고장이 나서 제대로 작동하지 못한다면 몇 단계를 거치면서 고장을 수리할 수 있다. 그러나 사람이 심리적으로 정신적인 착란에 도달되었다면 어떠한 체계적인 단계로 진단하거나 처방을 하기는 쉽지 않다.

첫번째 측정변수는 업무에서 직면할 수 있는 예외의 수를 고려한다. 이를 업무의 변이성(task variability)이라고 부르는데, 만약 업무가 아주 일상적이라면 예외가 적다. 업무 자체는 이미 계획이나 규정에 따라 프로그램화되어 있고 집약적인 의사소통이 불필요하고 업무를 처리하는 데 각 개인들은 자유재량이 거의 없다. 다른 극단적인 쪽은 업무는 많은 다양성이 있고 아울러 많은 예외를 예상할 수 있다. 따라서 업무의 변이성은 일상적 및 비일상적 선상의 어느 위치에 따라 평가될 수 있다.

두 번째의 측정은 문제분석가능성(problem analyzability)이다. 이것은 업무의 예외를 파악하기 위하여 성공적인 방법을 발견하는 탐색절차의 형태를 의미한다. 탐색은 양극단적인 선상의 측면을 고려할 수 있는데, 문제의 파악을 잘 정의한 한 쪽의 극단적인 쪽과 문제가 제대로 파악되지 않고 잘 정의도 되지 않은 다른 쪽의 한 측면을 생각할 수 있다. 우선 문제가 잘 정의된 한 극단은 분명한 단계를 제공할 수 있는 일상적인 기술을 활용한다. 즉 문제를 해결하려면 논리적이고 분석적인 추론이 가능해야 한다. 예를 든다면, 만약 한 학생이 B 수준의 학생이고 학과목 시험에서 불합격하였다면 그 학생은 왜 이러한 일이 발생하였는지

39) Charles Perrow, "A Framework for the Comparative Analysis of Organizations," *American Sociological Review*(April 1967), pp. 194-208; Robbins, *Organization Theory*, pp. 182-185(재인용).

그 이유를 찾기 위하여 논리적으로 분석할 것이다. 시험준비를 충분히 하였는가? 정확한 책을 선정하였는가? 시험은 공정하였는가? 성적이 좋은 학생들은 어떻게 시험준비를 하고 있는가? 이러한 논리를 활용하면서 문제의 근원을 파악하고 시정할 수 있다.

다른 극단은 문제를 제대로 정의하지 못하고, 분석하기 어려워 해결방법을 분명하게 제공할 수 없으므로 비일상적인 기술을 주로 활용한다. 예를 들어, 만약 한 건축사가 전에 경험해 보지도 않았고 읽어보지도 못한 기준과 규제에 따라 빌딩을 설계한다고 가정하였을 때 그 건축사가 사용할 수 있는 공식적인 탐색기술을 갖고 있지 못할 것이다. 단지 그 건축사는 전의 단순한 경험과 임의적인 판단을 고려하면서 직면한 문제를 해결하려 할 것이다. 추측과 시행착오를 통하여 해결하려 할 것이다. Perrow는 잘 정의되고 분석적 측면이 있는가 하면 제대로 정의되거나 분석하지 못하는 측면에서 탐구하는 것을 문제분석력(problem analyzability)이라고 불렀다.

이 양극단 사이에 Perrow는 두 개의 중간 기술인 공예기술과 엔지니어링기술을 제공하였다. 공예기술은 예외가 드문 것을 포함하고 예외가 발생하였을 때 쉽게 프로그램화된 해결책을 찾기 어렵다. 이러한 조직들은 일상적인 기술을 가지고 있는 조직보다 더 분권화되는 경향이 있다. 엔지니어링 기술은 많은 예외를 포함하나 체계적으로 프로그램화된 방법으로 분석 가능하다.

업무의 변이성과 문제분석력은 다음의 10 질문문항을 고용인들에게 물어봄으로써 측정할 수 있다.[40]

〈기술의 측정〉

업무의 변이성

① 매일 매일 하는 업무 가운데 얼마나 많은 부분들이 똑같은가?

② 귀하의 업무 가운데 얼마나 많은 정도를 일상적이라고 말할 수 있는가?

③ 귀하 부서의 사람들이 기본적으로 같은 방법으로 같은 일을 하는가?

④ 부서의 사람들이 기본적으로 반복적인 업무를 하는가?

40) Michael Withey, Richard L. Daft and William H. Cooper, "Measures of Perrow's Work Unit Technology: An Empirical Assessment and a New Scale," *Academy of Management Journal*(March 1983), p. 59.

⑤ 귀하의 업무는 어느 정도 반복적인가?

〈문제분석력〉

① 귀하가 정상적으로 하여야 되는 업무를 수행하는 데 분명히 알려진 방법이 어느 정도 있는가?

② 귀하의 업무를 완성하는 데 귀하를 인도할 수 있는 주제에 관하여 분명히 정의된 지식이 어느 정도 있다고 보는가?

③ 귀하가 업무를 완성하기 위하여 귀하가 따를 수 있는 이해할 만한 일련의 과정이 어느 정도 있는가?

④ 업무를 수행하기 위하여 귀하는 어느 정도 이미 확립된 절차와 관례에 의존하는가?

⑤ 업무를 수행하기 위하여 따를 수 있는 이해할 만한 일련의 과정이 어느 정도 있는가?

두 변수인 업무의 변이성과 문제분석력을 가지고 〈그림 4-1〉 2×2 matrix를 만들 수 있다.

Cell 1은 예외가 적고 분석이 가능하다. 철강이나 자동차를 만들기 위하여 사용되는 대량생산과정이 이 범주에 속한다. 은행의 금전출납원 역시 일상적인 기술의 범주하에 속하는 예이다. Cell 2는 예외가 많지만 분석이 가능하여 합리

〈그림 4-1〉 Perrow의 기술분류

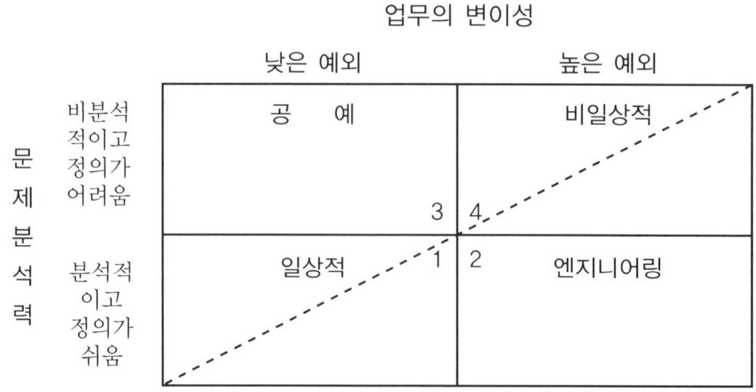

〈표 4-2〉 Perrow의 기술과 구조와의 관계

구조적 특징					
cell	기 술	공식화	집권화	통솔의 범위	조정과 통제
1	일상적	높음	높음	넓음	계획과 엄격한 규칙
2	엔지니어링	낮음	높음	중간	보고와 회의
3	공예	중간	낮음	중간-넓음	훈련과 회의
4	비일상적	낮음	낮음	중간-높음	그룹규범과 그룹회의

적이고 체계적인 방법으로 취급될 수 있다. 예는 사무실 빌딩의 건축은 이 범주에 속한다. Cell 3는 제한된 예외가 일어나지만 상대적으로 어려운 문제를 취급한다. 구두제조, 가구수선, 예술작업 등이 이 범주에 속한다. Cell 4는 많은 예외와 분석이 어려운 문제들을 다룬다. 전략적인 계획 및 기초적인 연구활동 등이 이 범주에 속한다.

요약하여, 만약 문제가 체계적으로 연구될 수 있고 논리적이고 합리적인 분석을 활용한다면 Cell 1과 2가 적절할 것이다. 통찰력, 추측 혹은 비분석적인 경험들은 Cell 3과 4의 기술이 필요할 것이다. 비일상적이고 잘 모르는 문제들이 규칙적으로 나타난다면 그들은 Cell 2와 4에서 일어날 것이다. 만약 문제를 잘 이해하고 안다면 Cell 1과 3이 적합할 것이다. 그는 역시 업무의 변이성과 문제 분석력이 긍정적인 상관관계가 있다고 제안을 하였다.

Perrow는 통제와 조정방법은 기술의 형태에 따라서 다르다고 주장한다. 기술이 일상적일수록 조직은 높은 구조화가 필요하다. 반면에 기술이 비일상적일수록 구조적 융통성이 필요하게 된다. Perrow는 역시 기술에 적합한 구조의 특성을 말하였다: (1) 업무를 완성하는 데 필요한 자유재량의 양, (2) 부서의 목적과 기본적인 전략을 통제하기 위한 집단의 권력, (3) 집단간의 상호 독립성, (4) 환류나 다른 집단들의 계획을 사용하면서 이 집단들이 그들의 업무를 완성하는 데 조정에 종사하는 정도.

가장 일상적인 기술을 사용하는 Cell 1은 높은 공식화와 집권화를 나타내었고, 다른 극단인 비일상적인 기술인 Cell 4는 융통성을 요구하였다. 기본적으로 그들은 분권화되고 모든 구성원간의 밀접한 상호관계를 가지고 있으며 공식화의 정도는 아주 낮았다. 공예기술인 Cell은 문제를 해결하는 데 가장 높은 지식과 경험을 가진 사람들이 필요하다. 물론 이것은 분권화가 필요하다. 엔지니어링 기술을 사용하는 Cell 2는 많은 예외와 분석이 가능한 탐색과정을 가지고 있기 때문에 의사결정은 집권화되어야 하며 낮은 공식화를 통하여 융통성을 유지하여야 한다.

〈평 가〉

Perrow는 기술의 2×2 table과 이 기술과 가장 적합한 구조적인 측정을 경험적으로 조사하지 않았으나 다른 학자들이 Perrow의 이론을 검증하였다. 대체적으로 Perrow의 예측을 지지하였는데, 조직은 다양한 기술을 사용하며 업무가 일상적일수록 의사결정은 더욱 집권화되어 있다는 것이다. 더욱이 일상적 기술을 사용하는 조직 및 조직의 부서들은 비일상적인 기술을 사용하는 조직보다도 더욱 강한 공식화와 집권화를 갖는 경향이 있었다.

〈공공조직과의 관계〉

이미 언급하였듯이 다양한 공공조직의 재원은 사람들이다. 사람들은 능력, 기술, 필요, 요구 및 모든 면에서 놀랄 만하게 다르다. 실제로 우리는 사람들의 행태를 이해하기 어려울 정도다. 왜 범죄를 저지르는지, 사람들은 어떻게 배우는지, 어떻게 가르쳐야 하는지, 왜 정신적으로 이상이 발생하는지, 많은 이론들이 이들을 설명하여 줄 수는 있으나 실제적으로는 만족할 만한 대답을 주지 못하는 경우가 많다. 조직의 기술 견지에서 볼 때 자원으로서 사람을 관리하는 조직들은 비일상적인 기술을 도입하며 그에 걸맞는 조직구조를 채택한다는 결론에 도달한다. 물론 공공조직이 다 그러하지는 않다. 대학과 같은 커다란 공공조직에서도 기술의 형태는 제도화되어서 생산 제조라인과 같이 일상적인 기술을 활용한다. 대학의 기본적인 가정은 학생들은 본질적으로 다 유사하다는 것이다. 생산관점에서 본다면 학생들은 언제나 유사한 문제를 가지고 있으며 문제해결은 이미 정해진 데로 이행하는 면에서 볼 때 예외는 적고 유사하다. 사람을 관리하는 조직(People-Processing Organization)이 일상적인 기술을 활용하는 예는 많이 찾아볼 수 있다. 그러한 조직들은 사람은 서로 유사하고 잘 이해가 되는 성격을 가지고 있다는 것을 전제한다. 만약 모든 학생들이 다 다르다고 가정한다면 이 학생들은 각기 다른 개인적인 교육을 받아야 할 것이다. 만약 죄수들이 다 다르다고 가정한다면 다른 대우방법을 강구하여야 할 것이다. 그러나 다르게 교육을 시키고 다르게 죄수들을 다루는 경우 지출하여 할 비용은 상당할 것이며 현실적으로 불가능한 정책일 것이다.

사회 및 경제적 문제를 다루는 공공조직들은 도전적인 기술적 상황에 직면하게 된다.

예를 들면 어떻게 국가의 안전을 가장 잘 보호할 수 있을까? 대학입시를 위한 사교육비를 어떻게 줄일 수 있을까? 실업률을 어떻게 축소할 수 있을까? 인플레이션(inflation)이나 산성비를 어떻게 축소할 수 있을까? 해결하기 곤란한 문제들을 다루기 위하여 조직은 만들어지고 그리고 유지된다. 만약 사영역인 경우에 자신들의 문제를 해결하는 방법을 모르는 조직들은 생존하기 어려울 것이다. 그러나 공공영역에서는 그들의 임무를 달성하는 방법을 모르고 그들에게 주어진 문제를 해결하지 못하기 때문에 생존한다.

조직들은 사람을 관리하는 조직들과 같이 거의 유사하게 운영된다. 이 방법들 가운데에서 대통령, 조직 내 지배적인 권력집단, 그들 주변의 정치인들 그리고 이익집단들은 공공조직의 문제를 해결하기 위하여 검증되지 않은 하나의 방법을 선택한다. 이 선택된 방법은 조작화되고 이에 따른 기술이 개발되며 결국에는 일상화된다. 이 기술이 많은 관련단체들에 의하여 부적절하며 비능률적이라고 지적되지 않는 한 이 조직은 이 방법을 계속 사용할 것이다. 다음의 사례는 이를 잘 설명한다.

예를 들어 경찰서의 운영기술은 대부분의 사조직의 견지에서 볼 때 비능률적이라고 보일 것이다. 그들의 주요한 투입은 범죄에 대한 신고인데 50건이 신고되고 그 중에 13건이 체포되었으며 그 중에 단지 약 반이 기소되었다고 하자. 경찰조직이 성공하기 위해선 체포율이 너무 낮다. Perrow의 기술분류를 인용할 경우 경찰기술은 일상적인 것과 공예의 가운데 어디에 속할 것이다. 범죄의 신고는 기본적으로 유사하게 취급되며 표준화된 수사과정이 만들어진다. 그러나 이 수사과정의 비능률성은 새로운 기술의 필요성을 암시한다. 왜냐하면 범죄는 서로 다르며 성공적으로 이들을 다루기 위하여 비일상적인 기술을 요구하기 때문이다.

그러나 아래 두 가지 중요한 요소들은 기술발전에 제약요인이 되고 있다.

첫째, 범죄를 해결하기 위하여 필요한 다른 새로운 지식기반은 현저하게 약하다. 특별히 나은 방법은 아직까지 개발되지 않았다. 둘째, 범죄를 서로 다른 사건으로 취급하는 비일상적인 기술은 매우 비싼 비용이 들 것이다. 대부분의 경찰서는 과중한 업무에 시달리고 있으며 비일상적인 방법을 사용하기에는 시간, 자원, 인사 등에 있어서 부족한 문제를 우선 해결해야 한다.

반면에 서류를 관리하는 조직들인 국세청이나 사회보장 행정기관들의 주요한 투입은 개인들로부터 받는 보고나 응모서류들이며 대부분은 일상적이고 자동화된 기술에 의하여 처리된다. 컴퓨터는 예외적인 사항을 찾아내며 이들에 대한 처리는 기관의 자세한 내규에 따르게 되어 있다.

조직은 공통적이고 안정적이며 잘 이해되는 원자재를 다루기를 선호한다. 그렇지 않다고 하더라도 조직은 원자재를 처리하기 위하여 일상적인 기술을 개발하려고 할 것이다. 공공조직은 주로 목적이 비일상적이고 불분명하기 때문에 안정적이지 않고 그리고 잘 이해가 되지 않은 원자재를 다루기를 좋아하며 비일상적인 기술을 개발하지 않으며 그와 관련된 구조를 찾으려 하지 않는다. 공공조직들은 자주 모호한 목적을 가지고 있는 것과 같이 그들은 분명하고 잘 정의된 기술 없이도 운영되지 않으면 안 된다.

Perrow의 분석은 공공조직에도 적절하게 적용될 수 있다. 많은 연구자들은 조직부서의 구조, 조정과정, 그리고 그 부서 업무의 성격간의 관계를 발견하였다. 예를 들어 어떤 부서는 불확실성이 낮은 업무를 다루고, 많은 계획과 규율을 가지며, 회의도 적고 그리고 상대적으로 수평적 의사소통도 적은 편인 곳도 있다. 업무의 불확실성이 높은 부서는 계획과 규율에 덜 의존하고 더욱 많은 회의를 하며 수평적인 의사소통을 비교적 많이 한다. 요약하면, 많은 정부의 행정기관들이 그들의 업무가 불확실하고, 비일상적이며, 다양한 업무를 가지는 경우 유기적인 구조를 가지는 경향이 있다.

3) Thompson(기술의 불확실성)

기술과 구조의 관계에 대한 기여는 역시 Thompson에 의하여 연구되었다.[41] 그는 업무가 요구하는 근로자와 부서간의 상호의존성에 관하여 기술을 분석하였다. Woodward와 Perrow와는 대조적으로 Thompson은 기술이 조직의 구

41) James D. Thompson, *Organizations in Action*(New York: McGraw-Hill, 1967); Robbins. *Organization Theory*, pp. 188-192(재인용).

〈그림 4-2〉

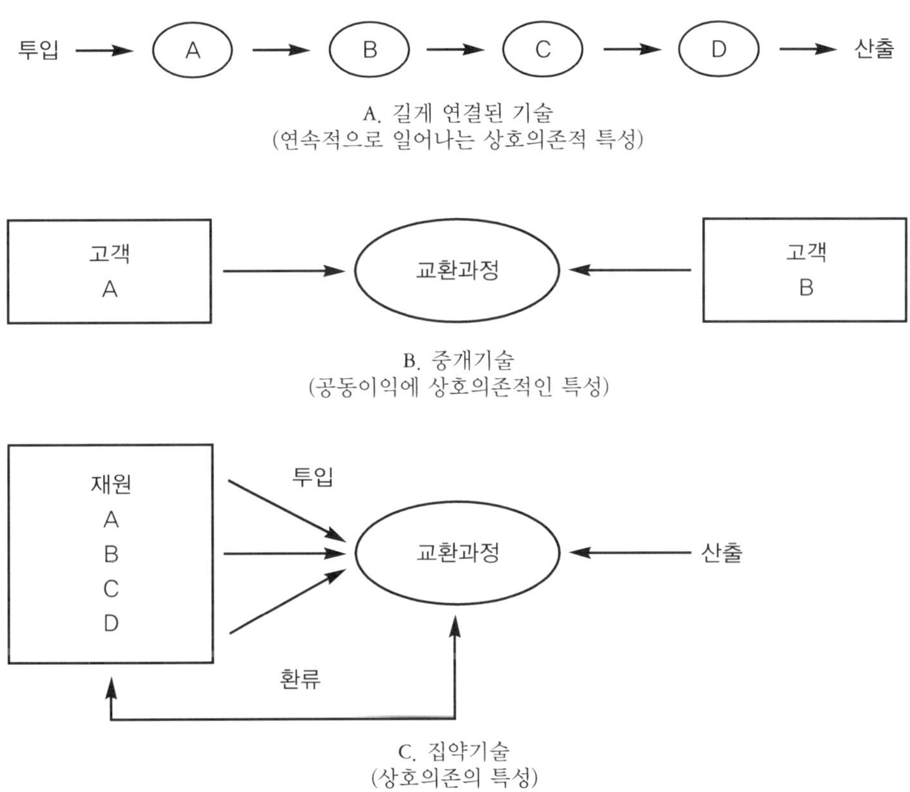

조를 결정해 준다는 기술 필수적인 학파는 아니다. 오히려 그는 기술이 불확실성을 감소하는 전략을 결정한다는 것과 구조적인 특성은 불확실성의 감소를 촉진한다는 것을 증명하려고 하였다.

Thompson은 복잡한 조직에서 발견되는 기술의 범위를 다루기 위하여 충분히 일반적인 분류방법을 찾으려고 하였다. 그는 한 조직의 단위가 수행하는 업무에 의하여 구별되는 세 가지의 형태를 제시하였다(그림 4-2).

(1) 길게 연결된 기술(Long-Linked Technology)

만약 업무가 연속적으로 연결된 상호의존적인 것이라면 Thompson은 이것을 long-linked technology라고 불렀다. 즉 업무 A는 업무 B 전에 수행되어져야 하며, 업무 B는 업무 C 전에 수행되어지고, 그와 같이 서로 연결되어 있는 기술을 말한다. 계획 혹은 일람표는 업무의 조정을 위하여 중요한 형태가 된다. 예를 들면 이러한 기술은 대량생산의 조립생산라인 혹은 학교의 식당인 카페테리아 등과 같은 조직의 기술을 의미한다. 관리자들이 직면할 수 있는 불확실성은 조직의 투입과 산출 측면이다. 예를 들어 원료를 구입하고 산출 즉 완성된 상품을 적절히 소화하는 것이 관리자에게 중요한 관심의 대상이다.

(2) 중개기술(Mediating Technology)

조직의 투입과 산출을 고객들과 연결하여 주는 기술을 의미한다. 그들의 업무는 서비스와 고객을 서로 접속시키기 때문에 공동으로 출자된 상호의존성을 포함한다. 예를 들어 은행, 전화, 소매상점, 컴퓨터를 통한 소개업, 고용과 복지기관, 우체국 등 중개기술을 사용하는 조직들이 이러한 조직에 속한다.

불확실성을 어떻게 처리하는가? 얼마나 많은 사람에게 봉사할 수 있느냐가 고려대상의 문제다. 즉 은행이 많은 사람에게 봉사한다면 이윤을 얻게 될 것이고 고용기관이 많은 사람에게 취직자리를 마련하여 준다면 그 기관은 생존하게 될 것이다.

(3) 집약적인 기술(Intensive Technology)

이 기술은 상호 의존적인 패턴을 가지고 있다. 즉 발생 가능한 다양한 일련의 사건들에 대한 집합적인 반응을 말한다. 정확한 반응은 정확히 예측할 수 없는 문제의 성격과 다양성에 달려 있다. 예를 들어 병원, 대학, 실험실, 군대의 전투팀들 등이 이러한 기술에 속한다. 집약적인 기술은 병원이 가장 잘 설명하여 줄 수 있는데, 병원에 입원하자마자 식사요법, X-ray, 실험실, 입원실, 전문의사들의 진료, 약 처방, 입원치료, 사회봉사자들의 서비스, 종교서비스 등 집약적으로 문제해결에 기술이 동원된다. 이와 같이 관련된 부서들은 가까이 있어야 되며, 상호 조절과 비공식적인 모임에 의하여 조정된다. 이러한 서비스는 환자들의 상태를 보고 결정될 수 있다. 불확실성을 극복하기 위하여 관리자는 위급한 시기에 대처할 수 있도록 다양한 자원을 확보하는 것이 중요하다. 조직은 다양한 자원을 확보하고 있으나 상황에 따라 주어진 시간에 제한된 서비스만 사용된다.

대처하는 융통성이 필요할 것이며 관리자가 직면하는 문제는 그 자체이다.

일반적으로 구조적인 의미로 Thompson의 통찰력을 이해하려 한다면, 중개 기술은 규칙이나 절차를 통하여 가장 효과적으로 조정되며, 길게 연결된 기술은 계획과 일정표에 의하여 수반되어야 하고, 집약적 기술은 상호 조정을 요구할 것이다. 다음과 같이 Thompson의 기술과 구조와의 관계를 요약할 수 있다.

길게 연결되는 기술 = 낮은 복잡성과 높은 공식화

중개 기술 = 적당한 복잡성과 공식화

집약적인 기술 = 높은 복잡성과 낮은 공식화

Thompson의 측정치들은 구조보다는 기술과 조직의 효과성 관계에 대하여 논하였다. 다양한 연구가 Thompson 모델을 지지한 것으로 나타났다. 그러나 그의 분석 틀이 타당성이 있느냐는 역시 자료의 부족 때문에 아직 말하기에는 가능하지 않을 수도 있다. 그럼에도 불구하고 그의 공헌은 기술과 구조와의 관계보다는 체계적이고 서술적인 기술분류에 있다. 공공조직은 자주 Thompson의 기술 패턴을 따른다. 예를 들어 정부의 행정부서 본부가 중앙에 위치하고 각 지방에 고객들을 위하여 지역 행정기관들을 둘 경우 Thompson의 중개기술을 적용하는 것으로 볼 수 있다.

〈일상적 기술과 비일상적 기술〉

투입을 산출로 전환시키는 과정은 일상성의 정도에 따라 다르다. Woodward의 대량생산기술은 성격에 있어서 일상적이다. Perrow 역시 일상적인 기술과 비일상적인 기술을 언급하였다. Thompson도 길게 연결된 것과 중개기

〈표 4-3〉 일상적 · 비일상적 기술의 분류

	기 술	
발 표 자	일 상 적	비일상적
Woodward	대량, 과정	단위
Perrow	일상적, 엔지니어링	공예, 비일상적
Thompson	길게 연결된, 중개	집약적

술은 일상적이고 집약적인 기술은 비일상적이었다고 주장하였다. 이들 세 사람의 기술에 대한 연구는 서로 다른 점이 있으나 서로 대체할 수 없는 기술 패러다임이라는 서로의 공통점을 가지고 있다.

4) Hall

Richard H. Hall은 같은 조직 내에서라도 부서에 따라 기술이 다르면 그러한 부서들의 구조적 성격이 다를 것이란 전제하에 기술과 하위부서들과의 관계를 연구하였다.[42] Hall은 10개의 조직에서 16개의 하위조직단위(departments)를 선정하여 분석하면서 두 가지 구조의 다름을 탐색하였다.

그가 설정한 가설은 다음과 같다:

첫째, 비정형적이거나 비루틴적인 업무를 다루는 조직은 현저하게 관료제화의 정도가 낮다.

둘째, 비정형적이고 비루틴적인 업무를 다루는 계층은 정형적이고 루틴적인 업무를 다루는 계층보다 여러 가지 측면에서 관료제화의 정도가 현저하게 낮다.

Hall은 이러한 가설을 검증하기 위하여 Weber가 제시한 관료제의 여섯 가지 특징들(권위의 계층구조, 분업, 규칙, 업무처리절차, 몰인간성, 기술적인 능력에 기초한 채용)을 활용하였다. 그는 위와 같은 특징에 관련된 질문서를 작성하여 10개의 조직에서 무작위로 추출된 사람들에게 배포하였다. 10개의 조직 중 5개는 사조직이고 나머지 5개는 정부조직이었다.

첫번째 가설을 검증하기 위하여 Hall은 10개 조직의 구성부문 중 정형적인 업무를 다루는 것과 비정형적인 업무를 다루는 것으로 세분화하여 16개의 부문을 분석하였다. 여기서 그는 일상적인 업무를 다루는 부문들은 비일상적인 업무를 다루는 부문에 비하여 세 가지 측면에서 현저하게 다른 특징이 있음을 발견하였다. 그것은 계층구조, 분업, 특정화된 절차 등의 관료제 특성을 갖는다는 점이다. 둘째 가설을 검증하기 위하여 10개의 조직의 모든 직원을 2개의 집단, 즉 고위의 관리직과 하위의 비관리직으로 분류하여 조사한 결과 고위층보다 하위층이 관료적 특성이 높음을 발견하였다.

42) Richard H. Hall, "Intraorganizational Structural Variation," *Administrative Science Quarterly*, vol. 7 No. 3(1962).

그러나 관료제의 나머지 특성이라고 볼 수 있는 권한과 책임의 명시, 비개인성, 기술적 능력에 따른 채용과 승진 등에 관해서는 두 유형의 부서 사이에 별 차이가 없었다. 일상화된 부서가 더 관료화되어 있을 것이라는 그의 가설을 절반쯤밖에 뒷받침하지 못한 셈이다. 일상화의 수준이 낮은 일을 하는 관리자들은 관료화의 수준이 낮은 상황하에 일할 것으로 생각했었는데, 그러한 생각은 계급의 강조, 분업, 절차의 명시, 비개인성 등 네 가지 요인에 관해서만 옳은 것으로 판명되었다.

5) 규모-기술-구조-공공조직과의 상호관계

(1) 기술과 규모

조직의 규모가 구조의 결정변수라고 주장하는 사람들은 기술이 구조를 결정한다는 논리를 공격했다. 예를 들어 Aston Group 연구는 기술과 구조와의 관계를 발견하지 못했다고 한다. 오히려 규모가 구조에 지배적인 영향을 미쳤다는 것을 발견했다. Aston Group는 기술과 구조와의 관계에 대한 Woodward의 결론을 지지했으나 그것도 규모에 기반을 둔 것이었다. 조직의 규모가 크면 클수록 기술의 역할은 적어지는 경향이 있다. 반대로 조직이 적어지면 질수록 전체조직은 기술에 의하여 영향을 받기 쉽다. 그런 다음 Aston Group은 Woodward가 연구를 위하여 신댁한 조직들은 규모가 적어서 기술의 영향을 더 받았을 것으로 보았다. 그와 같이 그들의 결론은 조그만 조직에서 구조는 기술에 의하여 영향을 받기 쉽고 큰 조직에서는 반대로 기술의 영향은 크지 않다는 것이다.

(2) 기술과 구조와의 관계

기술이 구조를 결정한다는 주장에는 학자들간에 합의는 없으나 기술과 구조간에 관계가 있다는 데는 동의를 한다. Perrow나 Woodward는 기술이 구조를 결정한다는 주장을 지지한다. Perrow는 그의 네 가지 기술의 각각이 조직의 구조적인 특성과 관련이 있다고 주장한다. 그의 일상적인 기술은 기계적인 관료제를, 공예나 엔지니어 기술은 전문적인 관료제를 만든다는 것이다. 반면에 비일상적인 기술은 유기적인 임시조직 구조를 선호한다는 것이다.

(3) 기술-구조와 공공조직과의 관계

공공조직에 기술결정론을 적용하였을 때 이 결정론이 가지고 있는 기본적인 문제는 기술이 구조를 선행한다는 가정이다. 이것은 공공조직에서는 반드시 그렇지는 않다. 공공조직의 구조는 기술의 어떤 형태가 그 조직의 목적을 달성하는데 유리한가를 고려하는 것보다 이미 정치적인 기구들이나 혹은 사회 · 문화적인 기대에 의하여 결정되는 경우가 대부분이다.

이러한 상황이라면 구조가 기술을 결정한다고 말할 수 있다. 예를 들어 어떤 조직이 관료제구조를 채택할 것을 강요받는다면 그 조직이 비일상적인 기술을 활용하는 것이 어려울 것이다. 실제로 공공조직들은 관료제 구조와 일상적인 기술을 적용하도록 강한 압력을 받고 있다. 행정에 대한 통제 및 책무성을 강조하는 정치적 가치관은 관료제로 하여금 집권적인 권위와 책임성을 유지하도록 절차의 성문, 일관성 및 표준화 그리고 몰인간성을 추구하는 분위기를 유도하고 있다. 법의 정당한 과정과 평등성을 보호하기 위한 헌법 및 법은 관료제를 통제하기 쉽도록 관료제 구조나 일상적인 기술을 채택하게 압력을 가하고 있다. 주요한 투입이 사람이고 규칙적인 절차로 사람을 다루어야 하는 공공조직들은 사람들이 일관성 있고 안정적이며 예측할 만한 방법으로 사람을 다루어야 하기 때문에 법적 · 정치적 부담을 가지고 있다.

공공조직에서 흔히 볼 수 있는 현상은 목적이 불분명하고 목적에 대한 동의가 부족한 경우를 자주 볼 수 있는데, 오히려 이러한 경우에 공공조직은 더욱 절차의 일상화에 대한 압력을 받게 된다. 더욱이 절차의 일상화가 조직의 목적을 달성하는 데 방해되는 것을 증명할 수 없는 한 일상적인 수단은 지속될 것이다.

자원이 계속 부족한 경우에도 비용을 줄이기 위한 압력이 강하기 때문에 기술의 일상화가 더욱 요구된다. 비일상적인 기술은 잘 훈련된 사람들이 많이 필요하여 비용이 많이 든다. 따라서 자원의 결핍을 경험한 조직 혹은 서비스의 평상적 수준을 유지하려고 자연히 조직은 경제적이고 일상적인 기술의 필요성을 증가시킬 것이다. 이러한 자원의 제약을 경험하는 조직에서 집권화, 표준화 그리고 예측할 수 없는 상황을 감소시키는 경향이 두드러지게 나타나는 것은 당연하다.

비록 전문화는 분권화를 초래하고 그리고 명문화된 표준운영절차들이 감소하지만, 그렇다고 공공조직에서 비일상적인 기술을 강조하여 증가시키지는 않는다. 오히려 일상적인 기술은 조직의 외부에서 발전하는 경우가 많다. 그 당시의 전문성이 가장 적절한 것으로 판명될 때 새로운 전문성이 다시 발전될 때까지 그 전문성은 한동안 일상화(루틴화)가 곧 강화될 것이고 궁극적으로는 일상화와 전문적인 관료제 구조가 번갈아 가면서 순환할 것이다. 다시 말하여 전문화는 항상 전문화되는 것이 아니고 전문화-일상화-전문화의 과정을 겪게 된다.

임시조직 혹은 애드호크라시는 비일상적인 기술과 거의 불가피하게 연관되어 있다. 일반적으로 애드호크라시는 해결하는 방법이 없는 새로운 문제를 다루기 위하여 만들어졌기 때문에 아직도 시험대상이 되고 있으며, 예외는 흔히 있을 수 있어 예외를 해결하기 위한 탐색은 비분석적일 것이다. 다양한 새롭고 익숙하지 않는 문제들을 다루기 위하여 연구와 발전을 주로 하는 조직들은 비일상적인 기술을 사용하며 역시 유기적인 구조를 가지고 있다.

6) 기술과 구조측정변수와의 관계

기술과 구조적인 3개의 측정변수인 복잡화, 공식화 및 집권화에 대한 상호관계를 요약하여 본다면 다음과 같다:

(1) 기술과 복잡성

일반적으로 일상적인 기술은 낮은 복잡성과 긍정적인 관계가 있다. 일상성이 커지면 커질수록 작업집단의 수는 적어지고 전문인의 훈련기간은 줄어든다.[43] 반면에 비일상적인 기술은 높은 복잡성을 초래한다. 작업이 더 복잡하고 주문에 의하여 이루어지면 통솔의 범위도 좁아지고 수직적인 분화도 늘어난다. 주문생산은 많은 전문인을 요구하며 관리자는 그들이 직면하는 문제들이 비일상적이기 때문에 적은 통솔의 범위를 요구한다.

(2) 기술과 공식화

일상적인 기술은 공식화와 긍정적으로 관계한다.

일상성은 규정 및 규칙과 관련이 있으며, 작업이 어떻게 이루어지는지를 잘 알기 때문에 일상적 기술은 관리자에게 규정과 공식화된 규칙을 활용하게 한다. 공식화된 체제를 발전시키기에 적합한 반복적인 업무와는 달리 비일상적인 기술은 자유재량과 융통성이 있는 통제체제를 요구한다. 그러나 규모변수가 통제되

43) Jerald Hage and Michael Aiken, "Routine Technology, Social Structure and Organizational Goals," *Administrative Science Quarterly*(Sept. 1969), pp. 366-377.

었을 때 이들의 관계는 사라진다. 즉 이들의 관계는 조직이 소규모일 때 기술의 영향이 나타난다고 볼 수 있다.[44]

(3) 기술과 집권화

일상적인 기술은 집권화와 관련이 깊고 전문인의 지식에 의존하는 비일상적인 기술은 의사결정권한을 위임하게 하는 경향이 있다. 더욱 일반화된 결론은 기술과 집권화의 관계는 공식화의 정도에 따라서 완화될 수 있다. 공식적인 규율과 집권화된 의사결정은 서로 대체할 수 있다. 만약 최소한의 규칙과 규정이 있어 공식화가 낮다면 일상적인 기술은 집권화된 통제와 관계가 있다. 그러나 공식화가 높다면, 일상적인 기술은 분권화를 초래한다. 따라서 우리는 일상적인 기술은 공식화가 낮을 경우에 집권화를 가져온다는 것을 알 수 있다.

결론적으로 다양한 연구결과에 의하면 기술변수의 불가피성은 조그만 조직에서 가장 잘 적용되었고, 일상적 기술은 낮은 복잡성과 높은 공식화와 관련이 깊었으며, 공식화가 낮은 경우에 집권화와 상관관계가 높았다.

기술을 분석한 다양한 연구들은 규모가 조직의 구조를 결정하는 데 더 영향력을 가지고 있다고 발견하면서 구조와 기술간의 약한 관계를 지적하기도 한다. 최근의 연구에서는 기술이 대규모 조직보다는 소규모 조직에서 더욱 강한 영향력을 나타내었다. 규모는 비일상적인 업무를 가지고 있는 정부조직보다 루틴업무를 가지고 있는 정부조직에서 더욱 강하게 구조에 영향을 끼치는 것으로 나타났다. 요약하면 구조에 영향을 주는 규모, 환경, 기술 및 다른 요소들은 복잡한 상호관계를 가지고 있다고 볼 수 있다.

제 4 절 환경에 관한 연구

1. 환경변화에 따른 적응과 측정변수

조직들은 환경의 창조물이고, 환경에 영향을 받고, 때로는 환경을 통제한

44) Robbins, *Organization Theory*, p. 200.

다. 조직과 환경과의 관계는 동태적이고 다양한 측면이라고 볼 수 있다. 공공조직은 환경 내에 존재하는 집단, 조직들 혹은 강력한 사람들의 강력한 요구에 의하여 창조된다. 그들은 주어진 활동을 수행하기 위하여 필요한 재정 및 인적 자원을 위하여 환경에 의존한다. 만약 그들이 환경에서 지원을 발굴하고 유지하지 못한다면 공공조직은 오래 지속되지 못할 것이다.

조직의 구조는 환경에 적응하기 위한 조직의 시도로써 결정된다. 조직이론의 인구생태학파(the Population Ecology School)는 조직은 생존을 위하여 부족한 자원을 얻기 위하여 경쟁하면서 환경에 가장 잘 적응하는 조직과 조직의 형태를 선택하는 조직의 다윈이즘(Darwinism)으로 귀결된다고 주장한다. 다시 말하여 환경에 적합한 조직은 생존하며 그렇지 못하면 사라진다는 것이다. 그러나 인구생태학파가 보지 못한 중요한 것은 강력한 조직이 환경을 창조하고 조정할 수 있는 정도를 무시하였다는 것이다.[45] 소규모이고 권력이 없는 조직은 환경의 자비에 의하여 생존하지만 강력한 국방성과 같은 조직은 환경을 수정하고 통제하는 다양한 전략을 사용한다.

조직환경은 두 가지의 기본요소가 있는데, 모든 조직에 공통적이며 일반적인 환경과 개별 조직에 특정한 환경을 들 수 있다. 일반적인 환경은 사회적 · 문화적 · 정치적 그리고 법적인 규범과 가치, 사회 내의 경제, 인구, 그리고 기술적인 조건들로 구성되어 있다. 반면에 개별조직에 특정한 환경은 그 조직들이 상호작용하는 조직들, 집단들, 그리고 개인들을 말한다.

공공조직의 특정한 환경은 고객, 의회, 대통령과 비서실, 동맹자, 경쟁자, 그리고 계약자들을 포함하는 다른 조직들을 의미한다. 공공조직의 특정한 환경은 이익집단, 언론매체, 공익집단, 대중, 사법부 및 임명된 정치적 공직자 등을 포함할 수 있다. 공공조직의 일반적인 환경은 제3장에서 이미 설명하였으므로 아래 특정한 환경을 연구한 대표적 학자들의 연구를 예로 들어 설명하려고 한다.

45) Charles Perrow, *Complex Organizations*, 3rd ed.(New York: Random House, 1986), p. 23.

2. 환경에 관한 사례연구

1) Burns and Stalker

Tom Burns와 G. M. Stalker는 조직의 구조나 관리방법이 환경조건에 따라 어떻게 다른지를 결정하기 위하여 20여 개에 달하는 영국과 스코틀랜드의 산업 조직들을 연구하였다.[46)]

매니저들과 인터뷰하고 때로는 스스로 관찰도 하면서 그들은 기업들의 환경적인 조건을 평가하였다. 그들이 이 연구를 통하여 발견한 것은 신속하게 변화하고 동태적인 환경에 존재하는 구조의 형태는 안정적인 환경의 조직구조와 의미 있을 정도로 달랐다는 것이다. 그들은 이 두 구조를 각각 유기적 구조 및 기계적 구조라고 불렀다.

기계적 구조는 낮은 복잡성, 높은 공식화 및 집권화에 의하여 특징되며, 일상적인 업무를 수행하고, 프로그램화된 행태에 적합하나, 특히 생소한 일을 다루는 데는 상대적으로 서툴다. 유기적 구조는 상대적으로 융통성이 있고 환경에 순응을 잘하며, 수직적보다는 수평적 의사소통을 강조하고, 지위의 권위보다는 오히려 경험과 지식에 기초하며, 엄격한 직무정의보다는 느슨하게 정의된 책임 그리고 지시를 받는 것보다는 오히려 지식을 교환하는 데 더 강조하는 특성을 가지고 있다.

그들은 가장 효과적인 구조는 환경의 요구에 적응하는 것이라고 믿었다. 안정적인 환경에는 기계적 구조와 격동적인 환경에는 유기적 구조가 적합하다. 그

〈표 4-4〉 기계적 및 유기적 구조의 비교

특　징	기계적 구조	유기적 구조
업무정의	엄격	융통성
의사소통	수직적	수평적
공식화	높음	낮음
영향	권위	전문성
통제	집권	다양성

46) Tom Burns and G. M. Stalker, *The Management of Innovation*(London: Tavistock, 1961).

러나 그들은 기계적 및 유기적 형태는 환경의 선상에 두 양극을 의미하는 이상형이라고 말하였다. 어떠한 조직도 순수하게 기계적이고 혹은 순수하게 유기적이지는 않다. 오히려 양극선상에 어느 쪽으로든 기울어진 상태일 것이다. 더욱이 그들은 어느 하나가 다른 것보다 더욱 선호되지 않는다고 강조하였다. 조직환경의 성격이 어떤 구조가 우월한지 결정하여 줄 것이다. Burns와 Stalker의 결론을 검증하려는 많은 노력이 있었다.[47] 특히 그 중 한 예를 든다면 NASA는 많은 예기치 않은 문제를 다루어야 되며, 지속적으로 변화하는 환경에 적응하기 위한 구조를 가져야 되는데, Burns와 Stalker의 유기적 형태와 유사한 구조를 가지고 있다.

2) Emery와 Trist

Fred Emery와 Eric Trist는 조직이 직면할 수 있는 네 가지 환경모형을 다음과 같이 제시하였다.[48] 그들은 4개의 기본적인 환경형태를 발전시키기 위하여 안정과 다양성을 측정변수로 사용하였다.

(1) 평온하고 무작위적 환경(the Placid-Randomized Environment)

이 환경은 조직에 위협이 될 수 없을 만큼 상대적으로 변화가 없다. 요구는 무작위적으로 분산되어 있고 변화는 지속적으로 천천히 일어나고 있다. 불확실성은 낮고 관리자들이 의사결정하는 데 환경을 거의 고려하지 않는다. 이러한 환경형태를 가진 조직은 소규모적이고 단순한 구조를 갖는 경향이 있다.

(2) 평온하고 군집된 환경(the Placid-Clustered Environment)

변화가 천천히 일어나며, 조직에 대한 위협은 무작위적인 것보다는 군집되어 있다. 잠재적으로 강력한 집단의 영향력이 서로 연결되어 있다는 것을 의미한다. 예를 들어 투입공급자 혹은 산출분배자들이 강력한 힘을 형성하기 위하여 결합할 수도 있다. 그러므로 평온하고 군집된 환경에 직면하고 있는 조직은 위협이 무작위였을 때보다도 환경을 이해하는 것이 더 중요하다.

이러한 환경은 원자력발전소의 공익시설을 예로 설명할 수 있다. 만약 그 시설이 환경보호단체와 같은 다른 조직의 잠재적인 영향력에 관심 없이 일방적

47) Henry Mintzberg, *The Structuring of Organizations*(Englewood Cliffs, N. J.: Prentice Hall, 1979), pp. 270-272.

48) Fred E. Emery and Eric L. Trist, "The Causal Texture of Organizational Environments," *Human Relations*(February 1965), pp. 21-32.

으로 원자력규제위원회에서 운영한다면 그러한 상황은 오히려 반대의 집단을 통합시켜 나가는 길을 열어줄 것이다. 그러므로 평온하고 군집된 환경의 조직들은 장기적인 계획을 수립하는 것이 요구되며 그들의 구조는 집권화되는 경향이 있다. 이러한 환경하의 조직은 계층제가 높고 집권화되어 있는 대규모적인 조직이 될 가능성이 높다.

(3) 교란하고 반응적인 환경(the Disturbed-Reactive Environment)

위의 두 환경보다는 더 복잡하다. 유사한 목적을 추구하고 있는 많은 경쟁자들이 있다. 하나 혹은 그 이상의 조직들이 그들 자신의 환경과 다른 조직의 환경에 영향을 가할 수 있을 정도로 충분히 규모가 크다. 한 산업에서 둘 혹은 세 개의 대규모 조직들이 시장을 독점할 수 있다.

자동차, 철강, 음료수 등과 같은 산업에서 두 개 정도의 대규모 회사들이 가격을 결정할 수도 있다. 한 음료회사가 시장을 넓히기 위하여 카페인이 없다는 것을 강조하였다면 즉각적으로 다른 음료회사들 역시 카페인이 없는 음료수를 만들어 경쟁을 할 것이다.

이러한 환경에 직면하고 있는 조직은 전략적인 계획을 발전시켜야 하고, 다른 조직의 반응을 계산하며 그리고 반작용을 모색하여야 한다. 이러한 경쟁은 조직이 생존을 위하여 융통성을 요구할 것이며 이 조직의 구조는 더욱더 복잡하여지고 분권화되는 경향이 있다.

(4) 격동적인 환경(Turbulent-Field Environment)

격동적인 환경은 가장 동태적이고 가장 불확실성이 많은 것을 의미한다. 변화는 가속적으로 일어나고 환경의 각 요인들은 점점 더 상호 관련되고 있다. 환경은 극적이고 예측이 불가능하기 때문에 계획을 통하여 예측하려는 관리자들의 노력은 큰 의미를 갖지 못할 것이다. 격동적인 환경하에서 조직은 생존하기 위하여 지속적으로 새로운 상품과 서비스를 생산해 내야 될 것이다. 이 환경은 정부와의 관계, 고객과의 관계, 공급자와의 관계 등을 지속적으로 재평가한다. 많은 전문가들에 의하면 격동기 환경은 1980년대와 1990년대 사이에 지배적이라고 지적한다. 이러한 영향은 지난 몇십 년 동안 북미대륙에서 기술적 · 사회적 · 경제적 및 정치적으로 많은 급진적인 변화를 경험하였기 때문이라고 한다. 학문적인 관점에서, 1960년대의 행정학은 능률에 중요한 가치관을 두었다면 1970년대에는 능률보다는 민주에 더 많은 관심을 두었다고 볼 수 있다. 그 후 1980년대는 능률과 민주의 가치관의 조화를 위한 가치관의 갈등시대를 맞이하게 된다. 이 때를 일컬어 행정학의 격동기라고 부른다. 요약하면 격동적인 환경은 변화가 가속적으로 일어나고, 복잡하며, 예측할 수 없기 때문에 이 환경은 조직들로 하여금 행렬조직을 활용할 것을 요구한다.

비록 Emery와 Trist는 어떤 환경에는 어떠한 구조가 가장 적합한지 구체적으로 말하지는 않았으나 이들의 분류는 Burns와 Stalker의 기술분류와 거의 일치한다고 볼 수 있다. Emery와 Trist의 첫 두 개의 환경분류는 기계적인 구조에 적합한 것으로 보이며, 반면에 동태적인 환경은 유기체제의 특성을 갖고 있다. Emery와 Trist의 4개의 환경 모델은 기술에 대한 연구결과와도 양립한다. 즉 기술이 덜 일상적이고 불확실성이 많으면 기계적인 구조는 효과적이지 못하며 더욱 융통성이 있는 구조형태를 갖는 것이 중요하다.

일반적으로 조직이론가들이 동의하고 있는 것은 관료제는 안정적이고 단순하고 상호 연결되지 않은 환경에 가장 적합하다고 한다. 그리고 복잡하고, 동태적이며 상호 연결되어 있는 조직은 더욱 유기적이고, 융통성 있는 조직구조를 요구한다.

3) Lawrence와 Lorsch

◇ Lawrence와 Lorsch의 배경

Lawrence는 1922년에 태어났으며, Albion College를 졸업하였다. 세계2차대전 때 군복무를 제외하고는 Harvard 대학과 일생에 걸쳐 관계를 유지하였다. Lawrence는 Elton Mayo가 교수로 있는 동안 Harvard 대학에 있었으며, 그 곳에서 Fritz Roethlisberger에게서 강한 영향을 받았다. 그는 Hawthorne 시기 이후에 교육을 받았으며, 조직행태의 분야가 출현하기 전에 그의 주요한 학문적 정체성은 비록 인류학이 방법론에서 특히 강한 영향력을 행사하였다고 하더라도 응용사회학이었다. 그는 1950년에 Harvard Business School에서 박사학위를 받았다.

Lawrence는 그의 경력을 통하여 다양한 사회문제를 추적하였고, 다른 동료들과 공동으로 현지연구(Field Research)를 하였으며 그리고 연구결과를 참조하면서 책을 저술하였다. 조직의 상황적합이론에 대한 그의 연구는 특정한 사회문제를 깊숙이 파고드는 직무확충의 영역의 사전 현지연구로부터 발생하는 그러한 예에서 보여준다. Lawrence는 그 자신을 정치적 자유주의자라고 기술하였고 그의 휴머니즘은 연구를 위한 문제의 선택과 문제에 대한 그의 접근법에 반영된다. 그는 Harvard Business School에서 1991년에 은퇴하였다.
Lorsch는 상황조건적합이론(contingency theory)의 연구가 시작할 때, Harvard Business School의 학생이었다. 그는 Lawrence 교수의 연구조교로서 프로젝트에 합류하고 있었다. 그들의 공동연구는 열매를 맺어 Lorsch는 그의 경력을 통하여 Harvard의 경영학 교수로서 남았다.[49]

하바드 경영학과 출신인 Paul Lawrence와 Jay Lorsch는 환경의 차이와 효과적인 조직구조 사이의 관계를 밝혀냈는데,[50] Burns와 Stalker 그리고 Emery와 Trist의 연구업적보다는 좀더 복잡하다.

(1) 3개 산업 분야 선정

그들은 3개의 산업부문에서 10개의 기업을 선택하였는데, 이들의 산업 분야는 플라스틱, 음식 및 컨테이너 산업이었다. 이 세 산업을 선택한 이유는 그들이 발견할 수 있는 다양한 환경을 잘 나타냈기 때문이라고 한다. 플라스틱 종류의 산업은 경쟁성이 심하고 수명순환주기는 아주 짧으며, 이러한 종류의 기업들은 상당한 새로운 생산품과 빈번한 변화과정의 특징을 가지고 있다. 다른 한편 컨테이너 산업은 아주 다르다. 지난 20여 년 동안 새로운 상품은 없었다. 판매량은 인구가 증가함에 따라 늘어난 정도다. Lawrence와 Losch는 컨테이너 산업을 상대적으로 어느 환경에서도 운영될 수 있으며 고려할 어떠한 위험도 없다고 하였다. 음식산업은 이들 둘의 가운데에 속한다고 하였다. 물론 중요한 혁신은 있었으나 새로운 생산과 판매성장은 플라스틱보다는 못하였으나 컨테이너보다는 높았다.

49) Miner, *op. cit.*, pp. 480-481.
50) Paul Lawrence and Jay W. Lorsch, *Organization and Environment: Managing Differentiation and Integration*(Boston: Division of Research, Harvard Business School, 1967).

(2) 조직의 내부환경: 분화와 통합

Lawrence와 Lorsch는 이 기업들의 내부환경과 그들 각각의 외부환경이 어울리는 것을 찾으려 하였다. 각 산업 분야에서 성공적인 기업은 성공적이지 않은 기업보다 내부 및 외부환경이 조화를 이루고 있었다. 외부환경의 측정은 불확실성의 정도를 파악하는 것이다. 이러한 측정은 지속적인 환경변화율, 관리자들이 환경에 대하여 가지고 있는 정보의 정확성, 관리자들이 환경으로부터 환류받는데 걸리는 시간들을 포함한다. 그러나 무엇이 조직의 내부환경을 구성하는가? Lawrence와 Lorsch는 두 개의 다른 변수인 분화(differentiation)와 통합(integration)을 들었다. 그들은 분화를 수평적인 분화와 같은 개념으로 보았으나 업무의 분화 이외에도 여러 행정 부서에 있는 관리자들의 목적, 시간 및 상호 취향이 달라서 다르게 행동할 수 있다고 주장하였다. 다른 취미와 다른 관점은 각 부서의 구성원들이 문제를 같은 방법으로 본다든지 혹은 통합된 행동계획을 달성하는 것을 어렵게 만들 수 있다고 한다. 그러므로 분화의 정도는 복잡성의 측정변수가 되며 더 큰 복잡과 더 급진적인 변화를 의미한다.

Lawrence와 Lorsch의 흥미를 끈 다른 변수는 통합(integration)인데, 그들에 의하면, 통합 노력 혹은 목적을 달성하기 위하여 각 독립적인 부서들이 협력하는 정도로 정의하였다. 조직이 전형적으로 사용하는 통합방법은 주로 규칙, 절차, 공식적인 계획, 권위체계, 그리고 의사결정위원회 등에 의하여 이루어진다.

Lawrence와 Lorsch 연구의 유일하고 아마 가장 중요한 부분은 조직 혹은 환경이 농일하거나 특이하다고 가정하지 않았다는 것이다. 이전 연구와는 달리 조직이나 환경은 하위단위들을 가지고 있는 것으로 보았다. 그러므로 조직전체 및 환경전체가 상호작용하는 것이 아니라 조직의 부분들과 환경의 부분들이 서로 관계한다는 것이다. 특히 이들의 연구자들이 제안하는 특이한 것은 한 조직의 내부하위구조는 하위환경과 상호작용하기 때문에 하위부서마다 다를 수 있다는 것이다. 그들은 부서가 분화하는 기본적 이유는 분화된 하위단위들이 하위환경을 더 잘 다룰 수 있다는 이유 때문이라는 것이다. 예를 들어 그들이 연구한 10개 조직의 각각에서 시장, 기술, 경제, 그리고 과학적인 문제를 다루는 하위단위들과 이 하위단위들이 상호작용하는 하위환경들을 확인할 수 있었다. 이 세 하위환경들은 조직 내의 판매, 생산, 연구, 그리고 발전기능과 서로 일치하였다.

(3) 조직의 외부환경: 분화와 통합

그들은 조직이 직면하고 있는 외부환경이 더 격동적이고, 복잡하며, 다양할수록 하위단위들 사이의 분화의 정도는 더 커질 수 있다고 가정하였다.

만약 외부환경이 다양하고 내부환경이 높게 분화되어 있다면, 각 단위들이 서로 다른 방향으로 가는 것을 막기 위하여 내부통합방법의 필요성이 더욱 요구될 것이다. 분화가 증가하면 할수록 통합의 필요성은 더욱 증가할 것이다. 또한 조직 부서의 관리자들이 다른 목적을 가지면 역시 통합의 필요성은 증가할 것이다. 모든 세 분야의 산업에서 연구자들은 영업직 사람들은 비용의 능률성과 생산 문제에, 연구와 엔지니어링 사람들은 과학적인 문제에 그리고 시장에서 매매하는 사람들은 시장에 관심이 많았다. 이러한 세 개 분야의 산업을 참고하면서, 그들은 플라스틱 기업들이 가장 분화되어 있고 그 다음은 음식 그리고 그 다음은 컨테이너의 순이었음을 발견하였다. 그들은 각 산업의 기업들이 가장 업적이 높은 기업, 중간 및 가장 낮은 업적의 기업을 분리하였는데, 높은 업적을 내고 있는 기업은 그들의 환경요구에 적합한 조직이었다는 것을 발견하였다. 다양한 환경에서 각 하위단위들은 동질적인 환경에서보다도 더욱 분화되어 있었다. 이것은 격동적인 플라스틱 산업에서 높은 분화를 나타내었다는 것을 의미한다. 판매, 연구 그리고 엔지니어링 분야보다 상대적으로 생산단위들은 일상적인 활동을 하였다. 가장 표준화가 잘 되어 있는 분야는 컨테이너 산업이었고 분화도 가장 적었다. 컨테이너 기업 내의 부서들은 일반적으로 거의 유사한 구조를 가지고 있었다. 음식에 관련된 기업들은 중간 정도이었다. 3개의 산업 가운데 가장 성공적인 기업들은 낮은 업적을 내는 기업들보다도 통합이 잘 되었다.

지금까지의 내용을 요약한다면, 첫째, 다양한 환경은 불확실의 정도에서 다르다. 둘째, 성공적인 조직들의 하위단위들은 그들의 하위문화의 요구를 충족하고 있다. 분화와 통합은 서로 반대되는 힘을 나타내기 때문에, 중요한 것은 조직이 직면하고 있는 특정한 문제를 다루기 위하여 조직은 분화하며 그리고 사람들은 조직의 목적달성을 위하여 통합하고 응집력 있는 팀을 구성한다는 것이다. 성공적인 조직은 하위문화의 요구와 조직 내부 하위단위가 적절히 조화를 가져오면서 분화와 통합의 딜레마를 거의 해결하였다. 마지막으로 그들은 조직의 효과성을 달성하기 위하여 불확실한 환경과 조화를 가져오면서 적절한 구조를 선택하는 것이라는 증거를 입증하였다.

Lawrence와 Lorsch의 연구는 환경의 불확실성에 대한 지각을 활용하는 측정을 사용하였기 때문에 비평을 받았다. 불확실성에 대한 객관적인 측정을 사용하면서 Lawrence와 Lorsch의 이론을 평가하여 보려는 시도는 실패하였다. 그 실패의 원인은 측정방법에 기인된 것으로 보고 있다.

그럼에도 불구하고 Lawrence와 Lorsch가 지각적인 측정들을 사용한 것과 환경을 단지 확실성과 불확실성으로만 정의하는 것은 너무 단순하다고 인정은 하지만 환경이 조직구조에 끼치는 영향을 이해하는 데 커다란 공헌이 있었다고 믿는다.

4) 인구-생태학적인 관점

지난 10여 년 동안은 극단적인 환경의 불가피성 관점이 점점 더 중요해지고 있다. 자연선택(natural selection) 혹은 인구생태학(population-ecology) 관점이라고 부르는 이 관점은 구조의 특징과 환경의 특성이 서로 적합한가에 따라 어떤 형태의 조직은 생존하고, 어떤 조직은 멸망하는 것을 환경이 선택한다는 것이다.[51] 인구생태론자들은 조직의 형태는 환경의 적소(niches)에 적합하지 않으면 안 되며 그렇지 않으면 실패한다고 주장한다. 인구생태론은 생물학의 적자생존의 원리에 크게 의존하며, 이와 같은 원리를 조직에 적용한다. 환경은 어떤 조직은 선택하고 다른 조직은 축출한다.

(1) 인구생태론의 가정

인구생태론 관점은 다음과 같이 분명한 가정들을 가지고 있다.[52]

① 조직의 집단 혹은 조직의 인구에 초점을 두며 개인집단에는 두지 않는다. 1940년대 후반기에 식료품 소매기업들은 조그만 구멍가게나 수퍼마켓으로 균등하게 분할되었으나 환경은 구멍가게의 비능률 때문에 구멍가게를 축출하였다.

51) Michael T. Hannan and John H. Freeman, "The Population Ecology of Organizations," *American Journal of Sociology*(March 1977), pp. 929-964; Howard E. Aldrich, *Organizations and Environments*(Englewood Cliffs, N.J.: Prentice Hall, 1979); Douglas R. wholey and Jack W, Brittain, "Organizational Ecology: Findings and Implications," *Academy of Management Review*(July 1986), pp. 513-533; Dave Ulrich, "The Population Perspective: Review, Critique and Relevance," *Human Relations*(March 1987), pp. 137-152.

52) Robbins, *Organization Theory*, pp. 226-227.

② 인구생태론은 조직의 효과성을 단순히 생존으로 정의한다. 언제든지 어떠한 산업에서 생존하는 조직은 효과적이라고 하는 것은 그들이 생존하고 있기 때문이다.

③ 인구생태론자들은 환경이 전적으로 결정적이라고 생각한다. 이들은 적어도 단기 혹은 중장기 기간에 관리의 효율성이 조직의 생존에 큰 영향을 주지 못한다고 한다. 환경결정론에서는 관리자들은 무기력한 관찰자로 인식될 뿐이다. 만약 조직이 점유하고 있는 환경의 적소에 변화가 발생하였다고 하더라도 관리자가 할 수 있는 것은 아무 것도 없다. 생존은 오직 환경이 얼마나 잘 조직을 도와주고 있느냐에 결정된다. 그러므로 성공은 행운 혹은 기회의 결과이다. 생존하는 조직은 단지 적합한 시기에 적합한 장소에 있으며 경영선택은 별로 의미를 가지고 있지 못하다. 예를 들어 건축업자가 집을 건설하였다고 하자. 만약 이자율이 떨어졌다면 집은 대단히 잘 팔릴 수 있다. 그러나 이자율이 급격히 올라가면 집이 팔리기는 어려울 것이다. 이 경우에 환경에 존재하는 이자율이 집을 건축하는 건축업자가 생존하느냐를 결정하는 것이지 경영관리가 결정하는 것은 아니다. 수년 동안 무이자 할부를 해 줌으로써 자동차나 값비싼 TV들이 잘 팔리는 경우와 같은 논리다.

④ 인구생태론은 환경의 적재량은 제한되어 있다는 것이다. 만약에 한 지역에서 소화할 수 없을 정도로 많은 병원이 있을 때 이들은 서로 경쟁관계에 돌입할 것이다. 이러한 경쟁관계에서 어떤 병원은 살아남을 것이고 어떤 병원은 문을 닫게 될 것이다.

⑤ 마지막으로 인구생태학은 유사한 환경의 적소에서 운영하고 있는 조직들이 어떻게 유사한 구조적 특성을 갖게 되는지를 설명하기 위하여 세 가지의 단계를 아래 조직의 변화과정에서 설명한다. 이 과정은 변화의 근원이 관리활동보다는 오히려 환경에서 발생한다고 제안한다.

(2) 조직의 변화과정

조직들은 그들이 직면하고 있는 환경에 더 잘 적응하기 위하여 어떻게 하는지를 알기 위해 i) 조직 내 혹은 조직간에 일어나는 변이, ii) 그들의 환경에 가장 적합한 변이들 가운데 선택, iii) 긍정적으로 선택된 변이를 유지, 재생산,이상의 세 가지 변화의 단계를 발견하였다. 예를 들면 병원, 사립대학, 화학회사, 패스트푸드 식당 등 다양한 조직의 형태 속에서 이러한 변화의 단계를 발견할 수 있는데, 이 변이는 계획된 것일 수도 있고 무작위인 것일 수도 있다. 문제는 환경에 가장 적합한 조직은 생존하고 그렇지 못한 조직은 멸망한다는 것이다.

환경은 무제한으로 많은 조직을 지원할 수 있는 충분한 자원이 없기 때문에 환경에 가장 적합한 조직구조를 재생산하는 자연선택과정이 있다. 장기적으로 볼 때 심지어는 긍정적으로 선택된 변이라 하더라도 환경이 변하고 다른 일련의 변이를 선호하기 때문에 축출되는 경우도 있다.

(3) 인구생태학의 제한

인구생태학은 조직이 왜, 어떻게 생존하는지를 설명하기 위한 이론이 아니다. 비평에서도 보듯이 분명한 단점이 있다.[53] 이 이론은 경영의 동기 및 능력엔 관심을 갖지 않는다.

그러나 경영은 항상 무기력한 것은 아니다. 경영학 교재에서 말하듯이 그렇게 전적으로 강하지 않을 수도 있다. 그러나 관련이 없는 것은 아니다. 경영은 경쟁을 원하는 영역과 적소를 선택할 수 있다. 특히 장기적으로 그 영역을 변화시킬 수 있다.

인구생태학은 대규모 그리고 강력한 조직에 적용하는 데는 한계가 있다. 그 이유는 이 조직들은 환경에 저항할 수 있는 능력을 가지고 있기 때문이다. 그들은 자신들을 보호할 수 있는 정부 내에 강력한 지지세력을 가지고 있을 수도 있다. 예를 들어 미국의 철강산업이 일본 및 다른 경쟁자들의 강력한 공격을 받을 때 수입 쿼터를 결정할 수 있을 정도로 의회 내에 강력한 지지세력을 구할 수 있었다. 대부분의 대규모 조직은 그들 환경의 요인들인 공급자, 고객, 노동조합 등이 그들에 의존되어 있고 그들의 요구에 순응할 수 있기 때문에 그들의 환경을 통제할 수 있다.

공공조직에서는 능률 및 적응이 사조직과 같이 효과성의 기준이 될 수 없는 경우가 종종 있다. 예를 들면 우리는 특별한 이유를 제외하고는 정부부서, 초·

---

53) Charles Perrow, *Complex Organizations: A Critical Essay*, 3rd ed.(Glenview, Ill.: Scott, Foresman, 1986), pp. 211-216; Andrew J. Van de Ven, "Review of Organizations and Environments by H. E. Aldrich," *Administrative Science Quarterly*(June 1979), pp. 320-326; Wai Fong Foo, John C. Oliga and Anthony G. Puxty, "The Population of Ecology Model and Management Action," *Journal of Enterprise Management*(June 1981), pp. 317-325; Amos H. Hawley, "Human Ecology. Persistence and Change," *American Behavioral Scientist*(January-February 1981), pp. 423-444.

중 · 고 국립학교, 국립도서관 등 공공기관을 폐쇄하도록 내버려두지 않는다. 그러므로 인구생태학은 소규모의 조직 혹은 힘이 없는 기업조직에게만 적용할 수 있는 특정한 이론으로 가장 잘 표현될 수 있다. 현실은 대부분의 대기업들이나 공공영역의 거의 모든 조직들은 환경으로부터 거의 위협을 받지 않으며 더욱이 축출되는 경우는 거의 없다.

3. 환경의 공통적인 성향과 측정변수

환경에 대한 문헌 가운데 공통점을 찾는 것은 중요하며 일반적으로 조직의 환경에 대한 측정치는 세 가지로 나누어진 것을 볼 수 있으며 이는 이전의 조직 환경에 대한 논의의 많은 부분을 종합한 것이다.

1) 환경의 공통적인 성향

① 환경의 능력

성장을 지원할 수 있는 정도를 말한다. 풍부하고 성장하는 환경은 상대적으로 부족한 시기에 조직을 완화할 수 있는 재원을 생산한다. 예를 들면, 풍부한 능력은 조직이 실수를 하여도 어느 정도는 여유가 있어 극복하기 쉬우며, 부족한 능력은 많은 어려움을 겪게 된다. 예를 들어 1980년대 후반기에 핸드폰 산업에 종사하는 기업들은 풍부한 환경을 가지고 있었으며 반대로 정유제련산업에 종사하는 기업은 상대적으로 결핍된 환경에 직면하게 되었다.

② 변이성 측정

환경불안의 정도가 이 측정치에서 포착된다. 예측할 수 없는 변화가 많이 일어나는 곳의 환경은 동태적이다. 이러한 환경은 관리자들이 선택할 수 있는 다양한 결정들과 관련된 가능성을 예측하기 어렵다.

③ 환경의 복잡성

환경요소 가운데 이질성과 집중성의 정도를 의미한다. 단순한 환경은 동질적이고 집중적이다. 담배산업에 종사하는 기업들은 그 수에 있어서 상대적으로 적다. 이러한 기업들은 경쟁자들을 밀접하게 주시하는 데 유리하다. 반대로 이질성과 분산에 의하여 특징되어지는 환경은 복잡하다. 컴퓨터의 소프트웨어 산업이 좋은 예인데, 경쟁하여야 할 기업들이 매일 늘어난다.

환경의 세 가지 측정변수를 고려할 때, 다음과 같은 일반적인 결론을 갖는다. 환경의 불확실성의 정도와 다른 구조적인 조합관계를 연구하고 있다. 특히 환경이 부족하고 동태적이며 복잡할수록 구조는 유기체 구조가 되어야 한다. 환경이 풍부하고 안정적이며 단순할수록 구조는 기계적이 되는 것이 유리하다고 하였다.

환경이 구조를 결정한다는 이론은 주로 Burns와 Stalker, Emery와 Trist, Lawrence와 Lorsch에 의하여 주장되었다. 개방체제의 주요한 관심의 하나는 조직환경의 의미 있는 측정치들을 밝혀내고 환경을 분류하는 것이다. 분류는 조직의 구조나 행태에 대한 환경의 영향을 일반화하는 데 중요한 역할을 한다. 좋은 분류는 중요한 모든 측정변수를 포함해야 된다. 어떤 분류는 많은 측정변수를 사용하고 다른 분류는 적은 측정변수로 분류한다. 그러나 아직까지 대부분의 관련된 특정변수에 대하여 학자들 사이에서 합의를 본 바는 없다. 중요하다고 생각하는 측정변수들 사이에도 서로 의견의 일치를 보지 못하였으나 아래 제시하는 5개의 주요한 환경측정변수들은 자주 거론되고 있다.[54]

2) 환경 측정 변수

① 안정-격동(Stability-Turbulence)

이 변수는 환경변화의 변화율과 범위를 측정한다. 이 범위는 정태적이고 변하지 않는 환경에서 끊임없이 통제할 수 없고 예측할 수 없이 변화하는 환경에 이른다. 비록 어떤 조직도 완전하게 안전한 환경을 가지고 있지 않으나 많은 공공조직은 기본적으로 안전한 환경 속에서 생활하고 있다. 특정한 정부의 조직들을 예로 들지 않는다고 하더라도 주변 환경의 관련자들이 잘 알려져 있고 비교적 변하지 않는다. 무엇보다도 안정적 환경이라고 하는 것은 예측가능한 것을 의미한다. 많은 공공조직들은 많은 고객들의 지지를 얻어 폐쇄적이고 안정적인 환경을 유지하는 데 유리한 경우도 있다. 물론 공공조직마다 다 그러한 것은 아니나 때로는 국방성과 같이 격동적인 환경에 직면하지만 안정을 유지하기 위하여 정책분석, 정보수집, 대중의 지지 등에 의하여 격동적인 환경을 완화하는 데 노력한다. 정치학 분야에서 자주 사용하는 삼두마차 혹은 철의 삼각(iron triangle)은

54) Heffron, *Organization Theory & Public Organizations*, pp. 72-85.

안정을 교란하는 자원의 부족과 대통령 혹은 이익집단의 개입에도 불구하고 놀랄 만하게 안정을 유지하고 있다.

환경의 안전은 조직에 막대한 영향을 끼치고 있다. 안정적인 환경은 조직의 공식화, 일상성의 발전, 규율, 표준화 등을 허용하고 장려하고 있다. Burns와 Stalker는 제조기업을 연구하는 가운데 안정적인 환경은 기계적인 구조가 적합하고, 불안정한 환경에 직면하고 있는 조직은 유기적인 구조를 가지는 경향이 있다고 주장하였다.

그러나 환경의 불안이 조직에 미치는 영향에 대하여 다른 결론을 주장하는 학자들도 있다.

Katz와 Kahn은 Bennis에 답변을 하면서 새로운 변화의 속도가 한 걸음이라면 조직은 변화를 극복하기 위하여 더욱 보수적인 방법으로 두 걸음씩 걷는다고 지적하였다.[55] Fred Emery에 의하면 환경 교란에 대한 조직의 반응은 관료제화를 더욱 심화시켰다고 주장하였다.[56] 어떤 조직들은 조직을 분권화하고, 덜 공식화하면서 환경적인 교란을 극복하고, 다른 조직들은 집권화와 공식화를 증가시키면서 격동적인 환경에 대응하고 있다.

격동적인 환경이라고 해서 모든 조직이 유기적인 구조를 갖는 것만은 아니다. 안정은 적어도 공공조직에 있어서는 기계적인 구조를 예측할 수 있다. 일반적으로 정치적, 법적 그리고 사회적 환경은 공공영역에서 관료제를 선호하는 것 같다. 이러한 상황에서 특별한 경우가 아니라면 공공조직은 관료제 구조를 택할 것이다. 그러므로 안정적인 환경은 조직이 관료제형태를 가질 것으로 판단된다.

② 이질성-동질성(Homogeneity-Heterogeneity)

조직환경의 이질성과 동질성은 조직에 영향을 주는 선거구민들의 수와 다양성에 의하여 측정된다. 관련된 선거구민들이 많고 다양할수록 환경은 더욱 복잡하고 이질적이라고 볼 수 있다. 환경의 복잡성은 조직에 몇 가지 영향을 주고 있다. 공공조직의 경우에 이러한 환경의 복잡성은 공공조직의 목적을 모호하게 할 수 있다. 왜냐하면 가치관이 서로 다른 선거구민들은 조직의 목적을 다르게 해석하고 그들의 목적이 조직에 반영되도록 서로 압력을 가할 것이기 때문이다.

---

55) Katz and Kahn, *The Social Psychology of Industry*, p. 133.

56) Fred Emery, *Futures We Are In*(Leiden, The Netherlands: Martinus Nijhoff, 1977).

최근 공익집단의 활동이 활발하여짐에 따라 대부분의 규제기관들은 이질적인 환경에 직면하고 있다. 외부의 갈등은 자주 조직 내의 갈등을 자극할 수 있다.

환경의 복잡성은 조직의 복잡성과 분권화에 관련이 있다. 다양한 환경에 적응하기 위하여 조직은 내부의 분화를 증가시켜야 할 것이다. 분화의 증가는 조직이 갈등을 특정한 부서에 넘겨서 처리하게 함에 따라 분권이 더욱 수반되게 된다.

이질성은 정보와 전문성을 필요로 하는 조직의 요구를 증가시킬 수 있다. 자연히 환경의 다른 면들을 처리하기 위하여 조직은 전문가가 필요할 것이며 따라서 조직의 복잡성을 초래하게 된다.

③ 군집-무작위(Clusteredness-Randomness)

이 환경의 측정변수는 환경과 구성원간의 상호관련의 정도를 의미한다. 무계획적이고 무작위적인 환경에서는 의미 있는 상호작용은 약하며, 서로 관련이 없는 선거구민들이 높게 분산되어 있어, 서로 따로 떨어진 존재들이다. 대부분의 공공조직의 환경은 밀접하게 연결되어 있다. 네트워크 분석(Network Analysis)은 주어진 정책 분야에 있어서 조직간의 상호작용을 분석하는 현대적인 접근법이다.[57] 조직간의 네트워크는 서로 의미 있는 정도로 상호작용을 가지고 있는 서로 많은 다른 조직들이다. 네트워크는 정보, 자문, 협조 및 자원을 서로 공유하고 상호 교환하고 사람들조차 필요에 따라 자유스럽게 조직간에 이동할 수 있는 많은 상호작용을 가지고 서로 높게 연결되어 있거나 혹은 느슨하게 최소한의 상호작용을 가질 수 있다.[58]

높게 연결되어 있는 네트워크의 예는 현재 핵 발선성책 영역에서 볼 수 있다. 핵 규제위원은 핵 발전과 규정에 주요한 책임을 지고 있다. 그의 환경은 혼잡하고 운집되어 있으며 관련된 기관들은 수없이 많다. 예를 들어 에너지성, 국방성, 내무성, 교통성, 하원의 에너지와 상무위원회, 에너지와 자연자원에 관한 상원위원회, 보험회사 및 관련된 기업들, 주 및 지방정부들, 사법부와 다양한 이익집단들을 쉽게 들 수 있다. 이들은 상호밀접하게 상호작용을 하면서 복잡한 조직의 네트워크를 형성한다.

환경이 운집되어 있으면 있을수록 무작위적인 환경보다 더욱 복잡하다. 그

57) Perrow, *Complex Organizations*, pp. 192-208.
58) Perrow, *Complex Organizations*, p. 202.

러한 환경은 의사결정을 하고 집행하는 데 조직의 자유를 구속할 수 있다. 역시 이 환경은 환경과 상호작용하는 조직들 사이에 통합을 요구할 것이다.

④ 부족-충만(Scarcity-Munificence)

이 환경은 환경에 존재하는 자원의 풍부함에 따라 분류될 수 있다. 조직은 사람, 자원, 재정 그리고 기술자원의 환경에 의존한다. 이러한 자원의 활용가능성과 가능성의 변화는 조직의 능력에 영향을 끼친다. 어떤 조직이든지 간에 자격을 갖춘 능력 있는 인적 자원을 끊임없이 요구한다. 높은 고용률과 경제를 활성화하려는 때에 공공조직은 일반적으로 비교적 낮은 봉급수준과 공공서비스에 대한 부정적인 태도 때문에 채용의 어려움을 겪는다. 그러나 이러한 어려움은 직업의 안정성과 어떤 종류의 직업에 대한 정부의 독점성에 의하여 어느 정도 상쇄된다. 미국 군대는 인적 자원을 채용하기 위하여 철저한 변화를 경험한 조직의 한 좋은 예가 될 수 있다. 1973년 전까지는 군대는 징집할 수 있는 권한을 가지고 있었기 때문에 군대를 모집하는 데는 어려운 문제가 없었다. 그러나 1972년에 의회는 징집을 철회하고 지원병제를 채택함으로써 1973년부터는 미국 군대는 지원병제를 채택했기 때문에 군인들을 모집하기 위하여 다른 공공조직 및 사조직과 경쟁하지 않으면 안 되었다. 더욱 많은 조직의 재원이 군인들의 봉급으로 할당되어졌고 채용노력이 더욱 광범위하고 가시적이며 활발하여지고 채용기준도 더욱 다양하며 완화되었다. 이전에는 채용하기 꺼리던 여자 및 소수민족에게도 개방하였다.

⑤ 적대행위-지지(Hostility-Supportiveness)

부족한 환경은 적대행위의 특성을 가진 환경으로 분류될 수 있다. 심지어는 풍부한 환경도 대립적인 환경이 될 수도 있다. 적대행위는 경쟁, 다른 조직과의 관계, 그리고 자원의 이용가능성에서 영향을 미칠 수 있다. 자원결핍을 제외하고라도 어떤 공공조직은 본질적으로 그들에게 적대적이고 저항하는 환경에서 자신들의 조직을 운영할 수밖에 없는 경우도 허다하다. 사조직인 경우, 지속되었던 대립적인 환경이 시간이 지남에 따라 사라지곤 한다. 그러나 많은 공공조직은 그들의 기본적인 기능 때문에 만성적으로 적의가 있는 환경을 극복하지 않으면 안 된다. 예를 들어 경찰은 개인적으로나 집단적으로 경찰에 적의가 있는 환경인 용의자, 범죄인, 일반대중, 심지어는 법원 등을 다루어야 한다. 경찰은 조직과 일체감을 조성하기 위한 조직의 시도, 공식화, 그리고 집권화 등에 의하여 적의에 대항한다.

조직환경이 극단적으로 적대적인 환경하에서는 조직의 구조를 집권화하는 경향이 있다. 극단적인 환경은 조직의 생존을 위협하며 조직은 생존하기 위하여 통일된 방법으로 반응하려고 한다. 권력의 집권은 반응과 의사결정의 시간을 단축하며 극단적인 적대적 대립을 성공적으로 처리하게 할 수도 있다.

위의 분류는 환경의 측정에 따라 구조의 변화를 초래한다. 조직의 특정한 환경은 5개의 주요한 환경측정변수에 따라 다르다. 환경은 때로는 점진적으로 혹은 급변하게 변화한다. 조직은 생존하기 위하여 환경을 통제하거나 적응하지 않으면 안 된다. 구조적인 형태는 조직의 불확실을 극복하기 위한 하나의 방법이 될 수 있다. 조직의 환경이 극단적으로 적의가 있고 자원이 부족한 경우에는 위기라고 생각하고 조직은 더욱 집권과 공식화되는 경향을 나타낸다. 정부조직에 대한 자원의 결핍과 적의를 감안한다면 대부분의 공공조직은 관료적이 될 것이라고 예측된다. 환경이 적대적이고 자원이 부족한 상황이 계속적으로 발생한다면, 공공조직은 더욱 집권화 · 공식화를 강화할 것으로 보아야 할 것이다.

4. 환경과 구조와의 관계와 환경의 불가피성에 대한 부정적 견해

1) 환경과 구조와의 관계

모든 조직은 어느 정도 환경의 영향을 받는다. 어떤 조직은 다른 조직보다 조직의 환경 및 하위환경에 더 많은 영향을 받는다. 그러므로 조직에 대한 환경의 영향이 환경에 의존할 수밖에 없는 조직의 취약성이 높을 때, 그 영향력은 강한 것으로 나타난다.

(1) 환경과 복잡성

환경의 불확실성과 복잡성은 직접적으로 관련이 되어 있다. 즉 환경의 높은 불확실성은 더욱 복잡성을 초래한다. 동태적이고 더욱 복잡한 환경을 대응하기 위하여 조직은 더욱 분화된다. 조직이 유동적인 환경에 직면하면 안정적인 환경보다 적극적으로 그 환경을 통제하는 것이 필요할 것이다. 그러한 방법으로 조직은 분화하면서 통제의 목적을 달성하려 할 것이다.

(2) 환경과 공식화

안정적인 환경은 높은 공식화를 초래한다. 그러한 이유로서 안정적인 환경에서는 급격한 변화가 거의 일어나지 않기 때문에 표준화가 발전한다. 그러나 환경이 동태적이 되면 조직의 공식화의 정도는 낮아진다. 관리자들이 우선적으로 선호하는 것은 확실히 불확실성을 제거하는 것이다. 만약 불확실성을 제거하였다면 높은 공식화를 유지하는 경향이 있다.

(3) 환경과 집권화

환경이 복잡하면, 구조는 분권화된다. 안정적이거나 혹은 동태적이거나 관계 없이 환경 내에 많은 다양한 요인들이 존재한다면 조직은 이러한 요인들이 초래하는 불확실성을 분권화를 통하여 적절히 대응할 수 있다. 관리자들이 아주 복잡한 환경을 충분히 이해한다는 것은 쉽지 않다. 환경의 불일치는 분권화를 통하여 반응할 수 있다. 다른 하위환경들에게 각기 다른 반응들이 필요할 때 조직은 그러한 문제를 처리하기 위하여 분권화된 단위부서들을 만들게 된다. 이러한 경우 조직은 부분적으로 분권화를 자연히 초래하게 된다.

예를 들어 조직이 높게 집권화되었다고 하더라도 사회활동들은 전형적으로 분권화되어 있을 수 있다. 적대적인 환경은 혼란을 극복하기 위하여 일시적으로나마 조직의 구조를 집권화하게 한다. 노동조합의 난폭한 파업, 기업담합금지법, 많은 고객의 상실 등은 조직에게는 커다란 위협이며 최고관리자들은 관료제를 강화하여 통제를 집권화하면서 반응하게 된다. 생존의 위기에 직면할 때는 최고관리자들은 매사의 결정을 직접적으로 관리하는 경향이 있다. 동태적인 환경에 직면할 때는 분권화된다는 이론과 반대적인 현상이기도 하나, 잘못된 결정이 만들어진다는 최고관리자의 우려가 있게 되면 개혁과 분권화를 통한 반응은 약화되거나 중단된다.

2) 환경의 불가피성에 대한 부정적 견해

환경요인의 불가피성에 반대하는 논쟁에 의하면 환경은 상대적으로 구조에 무기력한 영향을 가지고 있다고 주장한다. 조직환경의 불가피성에 찬성하는 논

쟁은 조직들이 불확실성의 정도를 축소하도록 구조화한다는 것이다.[59]

환경의 모든 불확실성이 조직에 영향을 미치는 것은 아니다. 단지 불확실성은 조직환경이 불확실성에 의존되어 있을 때에만 관련이 있다. 단순한 변화나 변화의 율은 그 상황이 불확실하다는 것을 의미하지는 않는다. 변화, 변동 및 동태적인 환경은 어떠한 경우에 모두 예측할 수 있다. 많은 극적인 동태적인 변화는 1980년대나 1990년대보다도 1940년대, 1950년대, 그리고 1960년대에 일어났다. Simon은 다음과 같이 지적한다. 정말로 환경의 불확실성은 미국의 남북전쟁과 세계 1차대전 사이에 일어났다. 이 당시 세계는 농촌사회에서 도시화로, 말의 힘에 의존하는 농업사회에서 철도, 전화, 증기, 전등, 자동차 및 비행기를 가진 산업사회로 변하였다. 극적인 기술혁신은 모든 면에서 일어났다. Simon은 폭탄의 가능한 예는 제외하고 지난 70여 년 동안 새로운 기술들이 하였던 것 같이 인간수명에 큰 변화를 준 것은 없다고 지적한다.

상대적인 의미지만, 30년 전의 관리자들보다도 오늘날의 관리자는 덜 동태적인 환경에 직면하고 있다. 따라서 환경의 불가피성은 현실에 비추어 볼 때 동일할 수 없다고 한다. 유사한 환경에서 존재하는 조직도 다른 구조를 가지고 있을 뿐만 아니라 그들은 자주 효과적인 측면에서도 의미 있는 차이를 보여주지 못하고 있다. 실제로 오늘날 지배적인 구조형태는 기계적인 형태를 띠고 있다. 우리가 우리의 주변을 돌아볼 때 학교, 기업조직, 정부기관, 병원, 운동 팀 심지어는 사교클럽 등은 본질적으로는 기계적인 모형에 적합하다. 만약 환경이 격동기라고 한다면 왜 대부분의 조직들이 유기적인 조직구조를 가지고 있지 않은가?

---

59) Robbins, *Organization Theory*, pp. 224-225.

5장

조직의 설계

제 1 절　조직설계의 의의와 유형: Mintzberg 분류

제 2 절　조직설계유형: 경쟁적 모형

제 3 절　미래조직과 공공조직에 대한 전망

제 5 장 조직의 설계

1970년대 이래 조직이론의 발전에 영향을 끼쳤던 상황조건적합이론(Contingency Theory)은 관리자들에게 조직설계와 조직의 구조에 대한 이론의 발전을 유도하였다.[1] 이들의 연구가 공공관리에 많이 적용되지만 이 학자들은 공공조직들이 사조직과 특별한 차이를 갖지 않은 것으로 생각하였다.

오늘날 미국이 1990년과 1998년 사이에 경제적으로나 군사적으로 최강국으로 부상한 것은 미래학자들의 주장을 빌리지 않더라도 조직설계의 덕이다. 이 당시 미국은 조직의 Networks와 Outsourcing을 적극적으로 활용하여 질 좋고 값싼 상품을 만들었다. 실제로 미국 문명의 발전이 조직의 덕이라고 말하는 것은 지나치지는 않은 것 같다.

제 1 절 조직설계의 의의와 유형: Mintzberg 분류

조직은 지문과 같다. 조직을 관찰하여 볼 때 지문과 같이 조직의 구조도 동일하지는 않다. 그러나 지문을 공통적인 요소로 분류할 수 있는 것과 같이 구조가 공통요소를 가지고 있는 것은 분명하다. 가령 우리나라에 수백만 개의 조직이 있다고 해서 수백만 개의 구조형태가 있는 것은 아니다.

1970년대 이래로 조직의 공통적인 형태를 조사하기 위한 많은 연구가 있었다. 이러한 연구를 하는 가운데 믿을 수 있는 것은 형태의 범주 내에 서로 공통적인 일련의 구조형태가 있다는 가정이다.

만약 구조의 형태가 수백 개가 넘는다면 누구든지 그들을 전부 이해한다는

1) J. Galbraith, *Organizational Design*, Reading, Mass.: Addison-Wesley(1977); P. Khandawalla, *Organization Design*, San Diego, Calf.: Harcourt Brace Jovanovich(1977); H. Mintzberg, *The Structuring of Organizations*, Englewood Cliffs, N. J.: Prentice-Hall(1979); R. L. Daft, *Organization Theory and Design*, St. Paul, Minn.: West(1989).

것은 불가능하며 더욱이 유용한 방법으로 활용하기는 어려울 것이다. 그렇다고 관리할 수 있는 구조의 형태를 도출할 수 있는 과학적인 방안이 없다면 활용하기 위한 유익한 분류방안이라고 부를 수 없을 것이다.

특히 Mintzberg는 관리자들이 선택할 수 있는 구조들의 형태를 제시하면서 구조에 대한 문헌들을 검토하고 이론을 발달시킨 학자로서 잘 알려져 있다. 아래 Mintzberg의 조직분류를 포함하여 학계에서 자주 거론되고 있는 다양한 조직설계형태를 설명할 것이다.

1. Mintzberg의 조직분류와 핵심영역

조직을 분류하기 위하여 보편적으로 동의하고 있는 틀은 없으나 Mintzberg는 조직의 주요한 구성요소들을 설명하기 위하여 그 자신의 이론을 가지고 시작하였다. 다음과 같이 그는 어느 조직이나 보편적으로 5개의 기본요소가 있다고 주장한다.[2)]

① 핵심운영(Operating Core): 조직의 기본적인 일에 직접적으로 개입된 사람들. 상품과 서비스의 생산에 관련된 기본적인 업무를 수행하는 직원 혹은 근로자. 예: 경찰, 기계운영자, 교사 등.

② 최고 정상(Strategic Apex): 조직의 전반적인 책임을 지고 있는 최고의 관리자. 예: 이사회, 대통령, 대통령의 막료 등

③ 중간 관리자(Middle Line): 감독과 집행을 통하여 핵심운영을 하는 기술식 고용인과 최고 관리자를 연결하는 중간 관리자

④ 기술구조(Techno Structure): 조직에 있어 작업, 생산 및 기술의 표준화에 종사하는 분석가들로 구성한다. 예: 정책분석가, 프로그램평가사, 전략기획원, 시스템엔지니어 및 공무원 훈련하는 직원 등

⑤ 지원업무(Support Staff): 핵심운영을 위한 작업흐름을 원활하게 하기 위하여 외부에서 조직에 지원하는 업무. 예: 우편담당, 식당 및 공보활동 등.

위의 다섯 가지 요소를 그림으로 설명하면 〈그림 5-1〉과 같다.

---

2) H. Mintzberg, *The Structuring of Organizations*, Englewood Cliffs, N.J.: Prentice-Hall(1979); Cited in Perrow, *Complex Organizations*, p. 37.

〈그림 5-1〉 조직의 다섯 가지 기본 요소

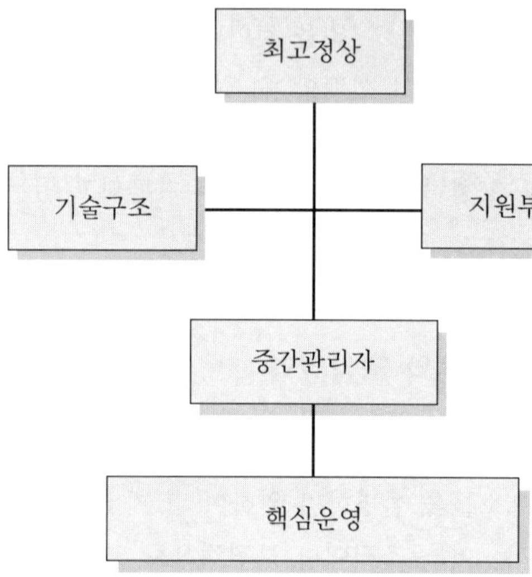

출처: Henry Mintzberg, *Structure in Fives: Designing Effective Organizations*, Englewood Cliffs, N. J.: Printice-Hall(1983); Robbins, *op. cit.*, p. 279(재인용).

위의 5개의 요소들 가운데 어떠한 요소가 핵심인지에 따라 조직의 구조형태를 결정하여 준다. Mintzberg에 의하면 5개의 다른 조직설계의 형태가 있으며, 이들의 형태들은 위의 5개의 기본적인 요소들 가운데 어느 하나의 지배적 특성에 의하여 결정될 것이다. 예를 들어 통제력이 운영의 핵심부에 놓여 있다면 의사결정은 분권화된다. 이것은 전문관료제를 창조한다.

최고 정상이 지배적인 경우 조직은 집권화되며 역시 단순구조(simple structure)를 만든다. 만약 중간관리자가 통제 권력을 가지고 있다면 분할구조에서 활동하는 자치적인 집단을 발견하게 될 것이다. 기술구조의 분석가들이 지배적인 권력을 장악하고 있다면 통제는 표준화를 통하여 이루어질 것이고 결국 구조는 기계적인 관료제가 될 것이다. 지원부서가 지배적인 상황에서 통제권력이 상호조정을 통하여 이루어질 것이며, 그리고 임시조직이 나타나게 될 것이다. 이 설계형태는 각각 장점과 단점을 가지고 있으며 상황에 따라 선호하는 조직의 설계형태가 결정될 것이다.

2. 조직설계의 형태[3)]

1) 단순구조(the Simple Structure)

근래 신설한 소규모 정부기관, 일인 기업인에 의해 운영되는 소규모 기업, 그리고 강한 리더가 운영하고 신설한 소규모 공격적인 조직들은 일반적으로 거의 단순구조를 채택한다. 이 조직의 구조형태는 복잡성이 낮고, 공식화는 적으며, 권위는 한 사람에게 집중되어 있다. 특히 이 구조는 최고관리자에 의하여 수직적 및 수평적으로 집권화가 되어 조정되는 경향이 있다. 그러나 강한 법률회사 및 연구조직과 같이 고도로 전문화된 집단으로 구성된 이들 조직의 단순구조는 업무의 표준화가 아닌 기술의 전문화에 의하여 조정되고 분권화 되는 전문관료제로 발전할 가능성이 있다. 단순구조를 그림으로 나타내면 〈그림 5-2〉와 같다.

〈그림 5-2〉 단순구조

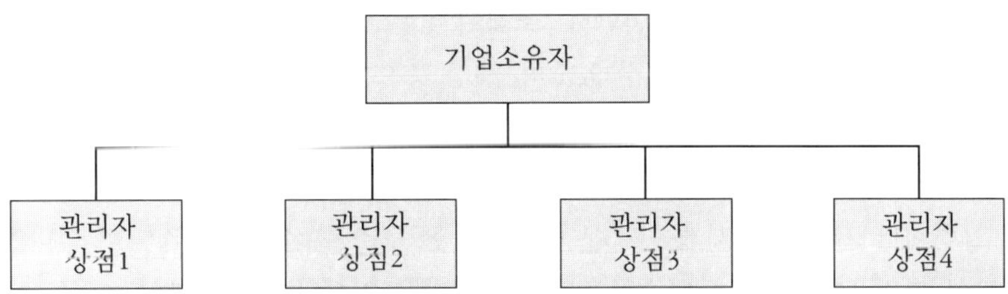

(1) 단순구조의 장점과 단점

장 점

① 간편성

② 빠르고 융통성이 있으며 유지비용이 적게 든다.

③ 책무성이 명확하다.

④ 조직의 구성원들은 조직의 목적에 따라 쉽게 구분되어질 수 있고 그들의 역할이 조직의 목적에 어떻게 기여하는지 알 수 있기 때문에 조직목적의 모호성

3) Robbins, *Organization Theory*, Third Edition, pp. 275-307.

이 적은 경향이 있다.

단 점

① 조직규모가 증가한다면 이 구조는 적절치 못하다.

② 한 사람에게 권력이 집중되어 있다. 그러므로 권력의 남용이 일어날 위험이 있다.

③ 권력의 집중은 조직의 효과성과 생존에 영향을 끼칠 수 있다.

④ 한 사람의 건강과 변덕에 따라 조직은 영향을 받기 때문에 가장 위험이 따르는 구조로 묘사될 수 있다.

(2) 단순구조의 유용성

단순구조형태는 조직의 규모가 작거나, 발전의 초기단계에 있을 때, 주위환경이 단순하고 동태적일 때, 조직이 위기에 직면할 때, 최고관리자가 조직의 소유자이며 권력을 소유하려고 할 때, 쉽게 볼 수 있는 조직의 설계형태이다.

조직의 규모가 작은 경우 조직의 하위 생산계층인 운영핵심영역에서 반복적인 업무는 불필요하기 때문에 표준화를 별로 선호하지는 않는다. 오히려 비공식 의사전달이 편리하여 자주 일어난다. 조직이 작은 경우 한 사람이 모든 활동을 통제하고 중요한 문제를 파악할 수 있으며, 모든 중요한 의사결정을 수행할 수 있다.

단순구조는 조직이 형성되는 초기단계에 조직의 필요를 충족시킬 수 있다. 새로운 조직은 행정 구조를 충분히 고려할 시간적 여유를 가지고 있지 않기 때문에 환경이나 기술적인 체제를 불문하고 단순한 구조를 선택하는 경향이 있다. 그러므로 거의 모든 조직은 단순구조과정을 거쳤을 것으로 예상된다.

단순하고 동태적인 환경은 집권적인 의사결정구조와 유기적인 운영핵심계층을 가진 단순한 구조형태인 평면조직을 갖는 경향이 있다. 단순한 환경은 사람들이 쉽게 이해할 수 있고 그러므로 사람들이 의사결정과정을 쉽게 통제할 수 있다. 동태적인 환경은 예측할 수 있는 상황에 대처할 수 있도록 유기적인 구조를 요구할 것이다.

규모에 관계없이 조직이 갑자기 불리한 환경에 직면하게 될 때 관리자는 단순구조에 의존하게 된다. 그러한 이유는 조직이 생존위협을 느낄 때 최고 관리자는 통제를 원활하게 하는 위기관리를 하게 된다. 평상시의 운영절차는 당분간 정지된다.

권력을 확보하려는 최고관리자는 단순구조를 선호하리라는 예측이다. 이러한 예측들이 어느 정도 확인되었지만 권력을 한 장소에 집중하는 데 단순구조는 유리한 입장이다. 일반적으로 이 설계형태는 권력이 통합된 소규모 혹은 중간규모의 조직에서 사용된다. 조직의 소유자인 동시에 관리자는 상당한 권력을 가지며 강한 통제력을 허용할 수 있는 구조를 유지하면서 권력을 주장하는 것은 흔한 현상이다. 역시 규모에 관계 없이 최고관리자가 권력을 장악하려 하고 자신들의 자유재량을 최대화하기 위하여 고의로 높은 공식화를 피하려고 하는 경우 조직은 자연히 단순구조를 채택할 것이다.

단순구조의 전형적인 형태는 기능구조(Functional Structure)이며, 마케팅, 제조, 판매, 재정 및 R&D와 같은 주요한 기능에 의하여 조직화된다. 이 구조의 장점은 기능단위들의 규모경제이다. 법률 부서의 모든 변호사들은 각기 다른 부서들이 서로 소유할 수도 있는 도서관을 사용하는 것이 아니라 같은 도서관을 이용하며, 제조에 종사하는 사람들은 같은 공장과 시설을 이용한다. 각 부서들은 그들의 기능에 집중하고 자신들의 전문화된 기술을 향상시키는 장점 또한 있으나 단점으로는 전반적인 상품의 질과 필요한 변화에 대한 적응을 보장하기 위하여 각 부서들이 조정하는 데 어려움이 있다.

2) 기계적 관료제(the Machine Bureaucracy)

이 구조는 공 · 사의 영역에서 볼 수 있는 전형적인 대규모 관료제이다. 단순구조로부터 발전하는 이 구조는 일반적으로 조직의 성장, 노쇠, 그리고 외부의 통제기관들이 작업과정의 표준화를 강조하게 함으로써 기계적 관료제로 변화하는 원인이 된다. 모든 기계적 관료제의 중요한 개념은 표준화이다. 조정과 통제를 위하여 이 관료제는 표준화에 의존한다. 정부기관인 공공기계 관료제는 정치적 통제를 용이하게 하기 위하여 더욱 표준화되어질 것을 요구하고 있다. 기계적 관료제는 더욱더 성장함에 따라 생산 지향적인 하위부서들의 규모의 경제가 초래되기 때문에 분할구조형태로 발전하는 경향을 나타낸다. 즉 조직이 다양한 기능들인 제조 및 마케팅 부서를 가진 생산부서로 분업하는 것이 더욱 비용절감이 된다는 것이다. 그러나 Mintzberg는 공공관료제는 이를 시도할 수 없다고 한다. 공공조직은 업적을 객관적으로 평가할 수 있는 이윤과 판매를 위한 측정치들이 거의 없으며 또한 엄격한 정치적 통제하에서 공공조직이 사영역의 조직보다 상대적으로 자치적으로 부서를 분권화하는 데 많은 제약이 따른다.

기계적 관료제의 특징으로는 일상적인 업무, 공식화된 규칙과 규정, 기능적인 부서그룹으로 나누어진 업무, 집권화된 권위, 명령계통을 따르는 의사결정, 계선과 막료간의 활동을 구별하는 행정구조 등을 들 수 있다. 예를 들어 기계적 관료제는 유사하고 관련된 업무들을 서로 그룹으로 묶어놓은 기능적인 전문부서들이다. 마케팅, 연구, 관리 및 인사 등이 기능적인 관리자들에 의하여 전형적인 부서로 집단화된다. 이 관리자들은 자신들에게 주어진 업무를 감독하고 전반적인 조정자로서 활동하며 중앙본부가 책임을 지고 있다. 구체적으로 기계적 관료제는 〈그림 5-3〉과 같다.

〈그림 5-3〉 기계관료제

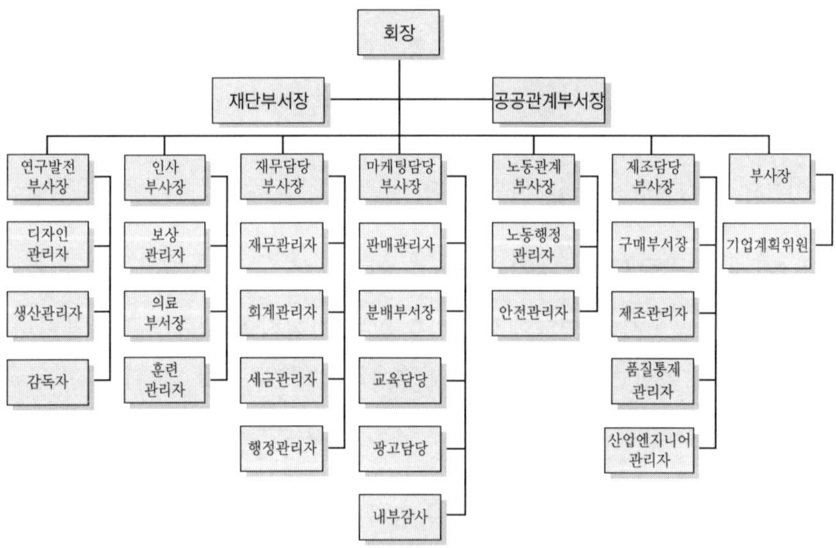

(1) 기계적 관료제의 장점과 단점

장　점

① 업무의 표준화 및 높은 공식화

② 유사한 전문성을 한데 묶어 놓음으로써 발생하는 규모의 경제, 인사와 장비의 중복을 피하고 유사한 전문성을 가진 사람을 같은 업무에 종사하게 그룹

을 지어 줌으로써 고용자들이 갖는 만족감

③ 다소 낮은 전문성을 가진 중간 및 낮은 수준의 관리자를 채용할 수 있어 비용을 절감할 수 있음

④ 자유재량을 대체할 수 있는 규칙과 규정

단 점

① 기능 부서간의 갈등

② 규칙에 과도한 집착

③ 비일상적인 문제를 다루는 데 적합치 않음

(2) 기계적 관료제의 유용성

기계적 관료제는 규모가 크고, 단순하고 안정적인 환경에서 표준화할 수 있는 일상적인 업무를 위한 기술을 가지고 있을 때 가장 능률적이다. 흔히 우리는 자동차 및 철강산업과 같은 대량생산기업에서, 단순하고 반복적인 활동을 하는 조직들인 감옥, 보험회사 및 전화회사, 우체국, 국세청으로 그리고 특수한 안전을 필요로 하는 항공회사 및 소방서 등과 같은 정부조직에서 기계적 관료제 구조를 볼 수 있다. 모든 이 조직들은 일상적이고 높은 표준화된 활동을 가지고 있다. 그들이 일어날 수 있는 일들의 대부분은 이미 일어났었기에 예측이 가능하며 더욱이 공식화된 절차를 만들기 수월하다.

3) 전문관료제(the Professional Bureaucracy)

전문관료제는 표준화로부터 효율성을 달성하는 반면 핵심 운영부서에 고도로 훈련된 전문인을 채용하는 조직을 의미한다. 이 조직의 특징은 표준화와 분권화를 겸비한다. 오늘날 조직들은 사람들에게 고도의 전문성을 요구한다. 점점 더 많은 조직들이 채용기준으로 대학의 졸업학위는 물론 석사학위 혹은 박사학위를 요구하는 경우도 쉽게 볼 수 있다. 지식의 폭발은 조직의 전 계층에서 전문인들로 하여금 상품과 서비스를 생산하게 하였다. 이러한 조직의 예들은 병원, 대학, 박물관, 도서관, 사회복지기관 및 공인회계조직 등을 들 수 있다. 이것은 기능의 전문화보다 오히려 사회의 전문화에 따르도록 조직을 설계할 필요성을 요구한다. 사회의 전문화란 노동의 분업보다는 오히려 각 개인들이 소유하는 기술의 전문화를 말한다. 이러한 조직 설계는 강력한 권력이 핵심적인 운영부서에

놓여 있으며 이 부서의 직원들은 조직이 필요로 하는 중요한 기술을 소유하고 있기 때문에 그들의 전문성을 응용할 수 있는 자율성을 가지고 있다. 전문관료제의 다른 점은 지원부서인데, 이들은 운영 핵심부서를 돕는 데 초점을 두고 있다. 대학 도서관을 예로 들어보자. 도서관은 자료수집기술, 목록작성기술, 참고문헌기술, 정부자료 및 간행물의 수집 및 분류기술 그리고 유사한 전문성에 의존한다. 이 전문인들은 그들의 활동을 비교적 자유롭게 수행하나 구조는 대단히 복잡하다. 그리고 규율과 규정은 있으나 공식화는 조직이 부과한 것보다는 오히려 내면화되어 있다. 전문관료제를 그림으로 표시하면 〈그림 5-4〉와 같다.

〈그림 5-4〉 전문관료제

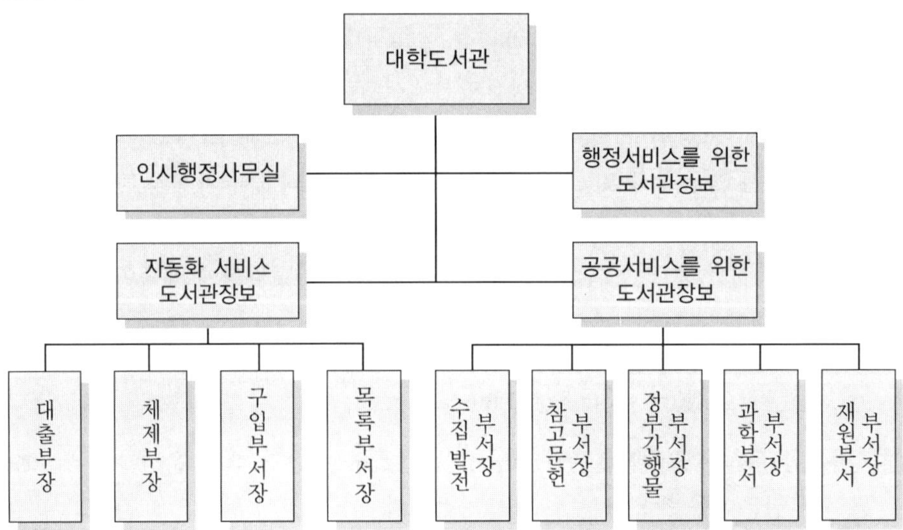

(1) 전문관료제의 장점과 단점

장　　점

① 기계적 관료제가 줄 수 있는 능률은 물론 고도로 훈련된 전문가들의 기술을 요구하는 전문화 업무를 수행할 수 있다.

② 전문가들은 그들의 업무를 효율적으로 수행하기 위하여 자율성을 가질 수 있다.

단 점

① 여러 전문 기능들은 다른 기능들의 이익이나 조직 전체의 이익을 고려하지 않고 자신들의 전문화된 좁은 시야의 목적을 추구하려 하기 때문에 하위부서들 간의 갈등이 일어나기 쉽다. 이러한 현상은 기계적 관료제에서도 일어난다.

② 전문관료제의 전문가들은 그들이 만들어 놓은 규칙을 따르도록 강요하는 경향이 있다. 전문가들이 만들어 놓은 기준들과 윤리의 행동규약들은 그들의 훈련과정 동안 자신들에게는 이미 사회화되어 있는 것들이다. 그들이 전문인으로서 업무에 자율성을 가지고 있는 반면에 그들의 업무가 어떻게 완성되는지에 관하여도 전문적 기준들은 너무 엄격하다. 따라서 이러한 엄격한 기준들이 변화하는 환경에 적응하기 어려운 경우에는 조직의 효과성에 저해가 될 수도 있다.

(2) 전문관료제의 유용성

전문관료제는 조직의 규모가 크고, 복잡하며 안정적인 환경 그리고 전문화를 통하여 내면화된 일상적인 기술과 걸맞을 때 가장 유용성이 있다. 조직의 핵심 운영부서는 거의 재능이 있는 전문인으로 구성되어 있다. 복잡하고 안정적인 환경이란 정규교육과 훈련프로그램을 통하여 이미 배운 복잡하고 어려운 기술들을 사용하는 데 적절한 환경이며 아울러 이러한 기술들은 잘 정의되어 있으며 표준화될 만큼 충분히 안정적인 환경을 의미한다.

교육의 중요성이 보편화됨에 따라 1980년대에 발생하였던 폭발적인 지식은 전문관료제를 선택하는 것을 가능하게 만들었다. 즉 교육을 받은 전문인들이 늘어나고, 거의 모든 조직들은 이들을 고용하는 데 어려움은 없었으므로 전문관료제는 단점을 가지고 있는 기계적 관료제의 대안으로서 나타나기 시작하였다. 전문관료제는 기계적 관료제의 장점을 유지하면서 의사결정을 분권화하는 대안을 선택하였다. 물론 권력 및 통제적인 측면에서는 전문관료제는 기계적 관료제보다 열악한 면이 있는 것은 사실이다.

4) 분할구조(the Divisional Structure)

분할구조의 권력은 조직의 중간계층에 놓여 있다. 그 이유로써 분할구조는 각각의 자치적인 부서들이 기술관료제의 전형적인 형태로 분할되어 있는 것을 의미하며, 중앙 본부에 의하여 조정된다. 또한 각 부서들은 자치적이기 때문에 중간관리자, 즉 부서장들이 많은 통제력을 갖게 된다.

분할구조형태는 여러 조직에서 사용되고 있는데, 예를 들어 조직에서 분화된 부서들은 그 조직의 사장이나 혹은 부사장에 의하여 통제를 받고 조정된다. 각 부서는 일반적으로 자치권한이 부여되고 각 부서장은 업적을 위하여 책임을 지는 동시에 전략과 운영을 위한 의사결정권한을 가진다. 이 형태는 역시 각 부서들을 위하여 지원서비스를 공급하는 중앙본부를 설치하고 있다.

중앙본부는 업적을 평가하고 통제하는 외부의 감독자로 역할을 한다. 그러므로 부서들은 주어진 영역 내에서만 자치권이 인정된다. 1920년대에 분할구조를 창시한 General Motors의 Alfred Sloan이 주장한 격언을 따르면 분권적인 운영은 조정과 통제에 따른 책임성이 있어야 한다. 따라서 각 부서장들은 중앙본부에서 제정한 전반적인 지침에 벗어나지 않는 한 책임을 지고 있는 부서를 운영하는 데 자유가 보장되어야 한다.

분할구조를 자세히 들여다보면 각 부서들은 기계관료제에서 설계되어진 일련의 작은 회사의 성격을 가지고 있다. 왜냐하면 부서들은 일반적으로 높은 노동의 분업, 높은 공식화 및 부서장들의 집권적 권위를 가지고 있는 기능집단으로 조직되는 경향이 있기 때문이다. 분할구조를 〈그림 5-5〉로 표시할 수 있다.

(1) 분할구조의 장점과 단점

장 점

① 기계관료제의 문제점은 기능단위의 목적이 조직의 전반적 목적을 무시하는 경향이 있다는 것이다. 그러나 분할구조에 있어서는 생산 혹은 서비스를 위한 충분한 책임을 부서장들에게 부여하기 때문에 이러한 문제는 어느 정도 치유가 된다. 그러므로 분할구조의 장점은 기계관료제보다 부서장들이 더 많은 책무감을 갖고 결과에 집중할 수 있다는 것이다.

② 분할구조는 중앙본부가 장기적인 목적에 관심을 둘 수 있도록 일상적으로 매일 일어나는 세세한 문제들에서 벗어나게 한다는 것이다. 청사진과 전략적인 의사결정은 본부에서 만든다. 예를 들어 General Motors의 본부가 있는 Detroit의 최고관리자들은 세계의 미래 자동차시장의 필요성에 대하여 고심하는 반면 각 부서장들은 Chevrolets나 Buicks와 같은 자동차를 가능한 한 능률적으로 생산하는 데 전념한다. 부서와 부서장들에게 부여한 자치권과 아울러 자급자족

〈그림 5-5〉 분할구조

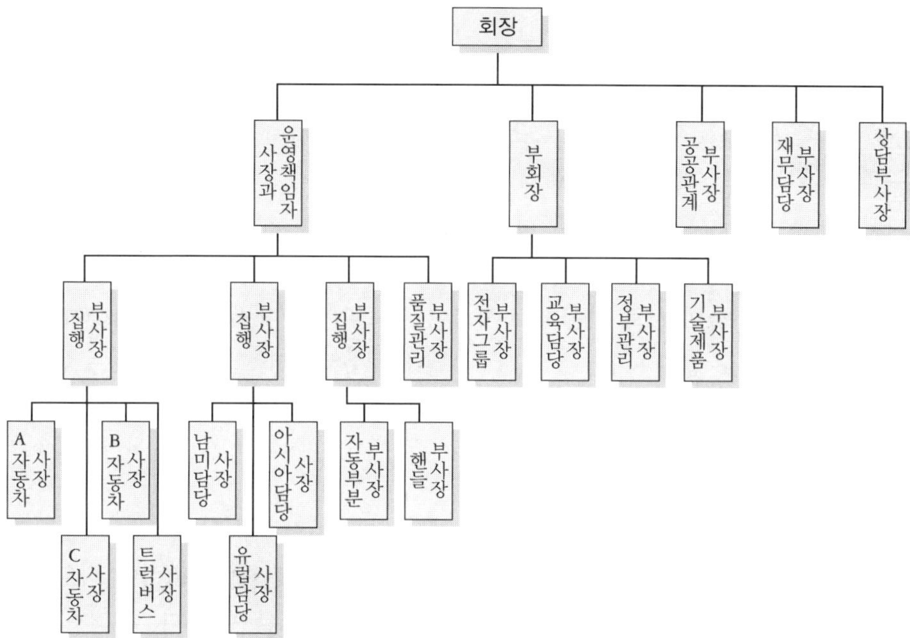

인 특징늘은 부서 운영에 대한 전반적인 경험을 갖게 되므로 최고관리자를 양성하는 데 좋은 기구인 것은 분명하다.

③ 각 부서들은 자치권을 가지고 있기 때문에 전체 조직에 끼치는 영향은 미약할 수 있다는 것이다. 즉 한 부서의 비효과적인 업직이 다른 부서에 주는 영향은 적다는 것이다.

④ 분할구조형태의 가장 중요한 장점은 각 부서들이 부응성, 책무감, 세분화의 장점 그리고 마치 그들이 조직 내의 조직과 같이 정보를 스스로 처리할 수 있다는 것이다.

단 점

① 활동과 자원의 중복성

예를 들어 각 부서들은 시장을 연구하는 기구를 가지고 있을 수 있다. 시장을 연구하는 기구가 통합되면 분할하는 데 들어가는 비용을 절감할 수 있다는 것이다.

② 각 부서들이 할거주의에 의하여 서로 갈등을 자극하는 성향이 있다는 것이다. 분할구조형태는 각 부서들 사이에 서로 협조를 장려하는 구조적 설계로서 동기부여하는 데는 미약하다. 본부가 지원서비스를 어느 부서에 주어야 하는지 논의할 때 각 부서들은 갈등을 초래할 수 있다.

③ 조정문제를 야기할 수 있다는 것이다. 한 부서의 경쟁과 관할 영역보호주의는 본부의 조정을 극도로 어렵게 만든다. 직원들은 부서들간의 이동이 어렵다. 특히 서로 아주 다른 생산과 서비스시장에 종사할 경우 더욱 불가능하다. 이것은 본부의 관리자들이 인사를 분배하고 조정하는 데 융통성을 제한한다는 것이다. 만약 부서들이 서로 경쟁하고 시장이 서로 인접한다면 판매를 위하여 서로 경쟁하지 않을 수 없다. 이러한 경우 서로 다른 부서에서 교체할 수 있는 상품을 만들 때는 경쟁이 더욱 심할 수 있다.

(2) 분할구조의 유용성

한 조직이 다양한 상품을 만들고 다양한 시장을 가지고 다원화된 전략을 선택하는 경우 분할구조형태는 기계관료제보다 더욱 유리하다. 조직이 다양화될 때 기능간의 수평적 분화가 증가되는 경우 갈등은 심각할 수 있다. 이러한 경우 다른 구조적 설계가 필요하게 된다.

또한 다른 필요한 경우는 규모, 기술, 그리고 환경을 고려할 때 분할구조형태가 선호되는 것을 볼 수 있다. 규모가 커지면 기능단위들을 조정하기 어려워지고 아울러 각 단위의 구성원들은 할거주의에 의하여 전체 조직의 목적에 전념하게 하기는 어렵다. 조직의 기술들은 다양하여 모든 기술들이 모든 부서들에게 적용될 수는 없다. 분업은 조직의 기술체제가 효과적으로 분리되어 있을 때 가능하다. 환경 역시 분할구조의 선호도에 영향을 끼칠 수 있다.

분할구조는 환경이 복잡하지 않고 동태적이지 않을 때 가장 적합하다. 복잡하고 동태적인 환경에서는 표준화된 과정과 상품의 유지가 어렵다. 분할구조는 표준화를 강조하는 기계관료제와 많은 유사한 점을 가지고 있기 때문에 동태적이기보다는 안정적이고 복잡한 것보다는 단순한 환경을 선호하는 경향이 있다.

5) 에드호크라시(the Adhocracy): 임시조직

에드호크라시의 역사는 세계 제2차 대전 동안 기동부대(task force)의 발전이

유래가 되었는데, 군대의 임무가 완전히 달성되면 해체되는 특별 팀(ad hoc)을 만들었다. 이 팀들이 어느 정도 존재할 것이란 엄격한 시간 범위는 없다. 이 팀은 하루 혹은 1년도 지속될 수 있다. 세계대전이 끝난지 약 60년이 지났지만 우리가 Adhocrachy라고 부르는 ad hoc팀의 장점은 오늘날도 계속되고 있다.

Steven Spielberg가 영화를 만들 때 다양한 전문가의 집단들이 필요하다. 영화제작자, 각본작성자, 필름편집자, 세트장치 설계자 그리고 수백 가지의 다른 전문가들이 하나의 영화를 만들기 위하여 필요하다. Spielberg는 영화를 시작하기 위하여 전문가를 불러들인다. 이 전문가들은 그들을 규제할 수 있는 공식적인 규율이나 규정이 없기 때문에 때로는 중복된 일을 할 수도 있다. 영화제작 계획은 있으나 예기치 않은 일들이 발생하였을 때는 수정 보완된다. 영화제작팀들은 제작하는 동안 몇 달 혹은 몇 년을 같이 있을 수 있다. 그러나 이 조직은 잠정적이다. 관료제나 분할구조 형태와는 달리 영화제작조직들은 계층제, 영구적 부서, 공식적인 규율, 일상적인 문제를 다루는 표준화 절차도 없다. 요약하자면 에드호크라시는 높은 수평적 분화, 낮은 수직적 분화, 낮은 공식화, 분권화, 그리고 큰 융통성과 부응성에 의하여 특징된다.

수평적 분화의 하나인 에드호크라시는 거의 높은 전문지식을 가진 전문가로 구성되기 때문에 중요하다. 수직적 분화로 인한 행정의 다양한 계층은 조직으로 하여금 신속히게 환경변화에 적응하게 하는 네 장애가 된다.

특히 감독의 필요성은 미약한데, 그러한 이유는 전문가들이 조직에 들어오기 전 조직이 요구하는 행대에 이미 내면화되어 있기 때문에 강력하고 엄격한 감독은 불필요하다.

전문화와 공식화는 역관계이다. 에드호크라시도 예외는 아니다. 전문관료제와 에드호크라시는 둘 다 전문가들을 채용한다는 점에서는 같다. 그러나 가장 큰 차이는 전문관료제는 문제에 봉착하였을 때 곧바로 표준화 형태로 분류하여 전문가들이 문제를 통일된 방법으로 처리한다는 것이다. 에드호크라시는 표준화와 공식화가 부적절하기 때문에 새로운 해결책이 필요하다.

에드호크라시의 의사결정은 분권화에 기초한다. 신속성과 융통성이 필요하고 고위관료들은 모든 의사결정을 만들기 위하여 필요한 전문성을 갖추고 있지 못하기 때문에 분권화는 필요하다. NASA나 정보지향적인 기업들과 같은 에드호크라시는 프로젝트팀을 통하여 분화함으로써 유기적인 의사소통과 융통성을 강조한다.

에드호크라시는 팀으로 가장 잘 개념화된다. 전문가들은 규칙, 규정 혹은 표준화가 없는 융통성 있는 팀으로 집단이 형성된다. 팀 구성원들 사이의 조정은 상호 화합에 의하여 이루어진다.

(1) 에드호크라시의 장점과 단점

장 점

① 다양한 분야에서 참여한 전문가들이 공동의 목적을 달성하기 위하여 협동할 때 적응력과 창조성이 강해진다.

② 업무가 기술적이고, 비일상적이며 한 사람이 해결하기 어려울 만큼 복잡할 경우 에드호크라시는 대안이 될 수 있다.

단 점

① 에드호크라시에서 갈등은 자연적인 현상이라는 것이다. 왜냐하면 조직 내에 상하관계가 분명치 않으며 권위와 책임 또한 모호하다.

② 에드호크라시는 구성원들의 사회적 스트레스와 심리적 긴장을 만든다.어떤 전문가들은 잠정적인 업무체제에서 생활하면서, 그리고 다른 팀원과 책임을 분담하면서 신속한 변화를 극복하는 것이 어렵다는 것을 알게 된다.

③ 관료제에 비하여 에드호크라시는 분명히 비능률적이며 취약한 설계라고 할 수 있다.

(2) 에드호크라시의 유용성

에드호크라시의 유용성을 결정하여 주는 요소들은 조직의 전략, 기술, 환경 및 생존기간들이다. 에드호크라시는 다양성, 변화, 그리고 높은 위험성을 다루는 전략과 관련이 깊다. 그러한 전략은 에드호크라시에 고유한 융통성을 요구한다.

에드호크라시의 기술은 비일상적이다. 비일상적 기술은 변화하는 전략에 부응하기 위하여 사용되어진다. 그러한 기술은 올바른 전략을 갖기 위하여 공식화를 피하면서 전문가들의 전문성에 의존할 것이다. 더욱이 다양한 전문분야에서 재능 있는 전문가를 유치하였다는 점에서 기술은 복잡할 것이다. 반면에 전문화되고 이질적인 기술의 조정과 통합이 요구될 것은 분명하다.

에드호크라시의 환경은 동태적이고 복잡할 것이다. 예측할 수 없는 개혁적인 업무는 동태적인 환경과 관계가 있고 까다로운 혁신적인 업무는 복잡한 환경과 연관되어 있다.

에드호크라시는 조직의 생존주기 가운데 초창기에 더욱 선호된다. 조직은 시장을 발굴하기 위하여 노력할 때 가장 큰 융통성이 필요하다. 혁신은 조직의 형성기, 즉 생존하기 위하여 투쟁할 때 가장 높다. 에드호크라시는 제2차세계대전 이래 발전하여 왔으며 상대적으로 신규 산업에서 가장 효율적이다. 이러한 산업들은 항공, 전자, 상담, 그리고 연구 등과 같은 사업들이다. 1970년대와 1980년대에 이 설계는 특히 유행을 따르려는 관리자의 성향에 민감하였다.

위의 다섯 가지 조직의 형태를 요약하여 정리하면 〈표 5-1〉과 같다.

〈표 5-1〉 다섯 가지 조직형태의 요약

특 징	단순구조	기계적 관료제	전문적 관료제	분할구조	에드호 크라시
전 문 화	낮 음	높은 기능	높은 사회	높은 기능	높은 사회
공 식 화	낮 음	높 음	낮 음	분산된 내부에서 높음	낮 음
집 권 화	높 음	높 음	낮 음	제한적 분권화	낮 음
환 경	단순하고 동태적	단순하고 안정적	복잡하고 안정적	단순하고 안정적	복잡하고 동태적
일반적인 구조적 분류	유기적	기계적	기계적	기계적	유기적

출처: Robbins, *op. cit.*, p. 305.

(3) 에드호크라시의 종류: 행렬조직

조직이 혁신적이고 복잡한 활동을 점증적으로 요구함에 따라 조직들은 그들의 활동을 성공적으로 완성하기 위하여 필요한 수단으로 에드호크라시와 혹은 그와 유사한 조직설계를 선택하는 경향이 있다. Weber의 이상적인 관료제와 같이 이상적인 에드호크라시는 역시 추상적이다. 그러한 이상적인 에드호크라시는 없고 일반적으로 에드호크라시 같거나 그러한 방향으로 움직인다고 말할 수 있다. 에드호크라시의 종류를 들면 다음과 같다.

① 매트릭스: 행렬조직(Matrix Organization)

고도의 기술영역에서 높은 질적인 생산과 신속하고 신뢰성 있는 생산을 위한 요구에 부응하기 위하여 기업들은 행렬구조를 사용한다.

매트릭스는 프로젝트의 팀장들이 특정한 기능적인 부서의 전문가들을 주도하는 구조형태를 의미한다. 행렬조직은 사업구조(project structure)와 기능구조(functional structure)를 결합시킨 일종의 혼합구조이다. 다시 말하여 매트릭스는 관료제의 전문화에 융통성 측정변수를 첨가한 것이다.

예를 들어 우주항공산업들이 사용하는 매트릭스 형태를 설명한다면 〈그림 5-6〉과 같다.

우주항공기업에는 전통적으로 기능적인 부서들이 있다: design engineering, manufacturing, contract administration, 구매, 회계, 그리고 인사 등 4개의 프로

〈그림 5-6〉 행렬조직

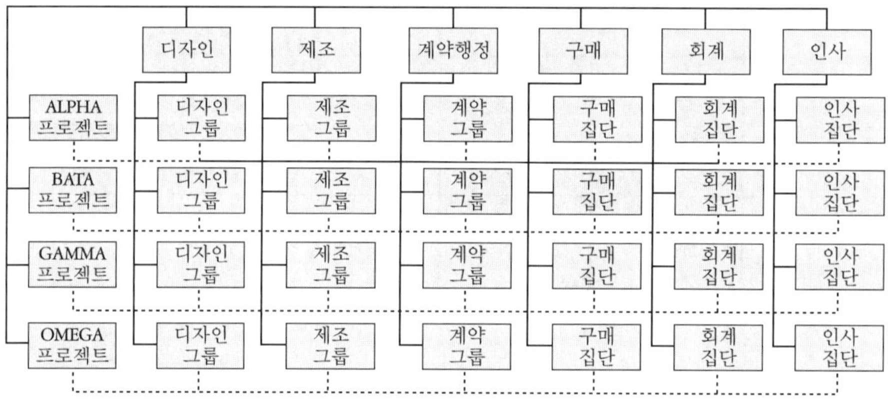

젝트가 이 기능적인 부서들의 업무를 중복하고 있다. 각 프로젝트는 각 기능적인 부서로부터 할당받은 직원들로 구성되며, 팀장에 의하여 운영된다.

행렬구조는 한 상관이나 혹은 권위의 계층에 따르지 않는다.

행렬조직의 가장 분명한 특징은 관료제의 모든 하위직원들이 그가 보고할 단지 한 사람의 상관만을 가진다는 명령의 통일 개념을 깼다는 것이다. 행렬조직의 직원들은 자신이 속한 기능부서의 관리자와 프로젝트의 팀장을 포함하는 두 사람의 상관이 있다. 그러므로 행렬조직은 이중적인 명령체제를 가지고 있다는 것이다. 기능부서들은 서로 수평적인 영향력을 가지고 있고 기능부서 내는 수직

적인 계층제가 있다.

프로젝트 관리자는 이 팀에 속한 기능부서의 직원들에 대하여 권한을 가지고 있다. 그러므로 권한은 기능부서의 관리자와 프로젝트팀의 관리자가 서로 공유하는 것을 볼 수 있다. 한 관리자는 프로젝트의 생산을 촉진하는 데 책임을 갖고 다른 관리자는 특정한 기능에 대한 책임을 진다. 생산관리자의 권한은 모든 기능에 대한 권한을 갖고 기능관리자는 모든 생산을 교차하는 기능에 대한 권한을 갖는다. 이 구조는 생산활동을 위한 인사와 모든 자원을 신속하게 공유하고 이동시키며 환경의 압력에 대한 반응을 조정하는 능력을 가지고 있는 장점을 가지고 있다. 반면에 조정과 연락활동 및 갈등해결에 많은 노력이 필요한 단점을 가지고 있다. 성공적인 매트릭스 설계는 관리자측에게 많은 훈련과 좋은 인간관계를 요구하고 높은 수준의 스트레스와 갈등을 해결해야 된다.

일반적으로 프로젝트 관리자는 프로젝트의 목적과 관련이 있는 프로젝트의 직원들에 권위를 가지고 있으나 이 직원들의 승진, 봉급추천 그리고 매년 직원의 평가 등은 기능부서의 관리자 책임이다.

공공영역에서 어떤 구조는 행렬구조와 같은 형태를 가지고 있다. Simon은 U. S. Consumer Product Safety Commission이 행렬관리구조를 사용하는 것을 설명하였다. 이 위원은 엔지니어링부서, 경제부서, 생의학부서 등 기능부서로 구성되어 있고 각 부서는 규성을 발선하는 데 부분석인 책임은 있으나 전반적인 책임은 지고 있지 않았다. 행렬형태는 6개의 기능부서와 프로그램 관리의 사무실로 구성되어 있나.

이 위원회의 관리자듣은 행렬구조를 공공조직에 적용하면서 문제에 지면한다는 것을 관찰하였다. 사조직의 관리자들은 보상에 대하여 더 많은 권한을 가지고 있고, 협동을 위하여 이윤을 동기부여로 사용할 수 있다. 그러나 공공관리자들은 새로운 구조를 설계하는 데 저항하는 직원들에게 벌을 하거나 재배치하는 충분한 권한을 가지지 못하였다.

물론 산업에서 발전한 조직의 설계가 공공조직에서도 잠재적인 가치를 가지고 있으나, 공공영역이 가지고 있는 제약 때문에 기술적으로 집행해야 할 것이다.

실제로 정부조직에서 기능과 산출을 구별하는 것이 명확하지 않다. 예를 들면 군, 경찰, 소방서, 공공프로그램, 청소년 서비스 등은 기능인가 산출서비스인가? 일반적으로 정부기관을 관찰하여 볼 때 기능적인 형태에 가깝다고 볼 수 있다.

더구나 공공조직에서 책무감의 요구, 이윤과 판매측정방법이 없고 그리고 관료들이 행정의 원리에 집착하는 것은 기능조직을 더욱 강조하게 된다.

② 행렬조직의 유용성

행렬조직은 거의 20년 이상 동안 좋은 평판을 유지하고 있다. 특히 홍보기관, 항공산업, R&D 실험실, 건설회사, 병원, 정부기관, 대학, 관리상담회사 등에서 행렬조직을 활용하고 있다. 행렬조직을 활용하는 조직들의 세 가지 공통적인 조건들은 일반적으로 둘 혹은 그 이상의 영역에서 환경의 압력, 부서간의 상호 의존성 그리고 내부자원을 활용하는 데 있어 규모의 경제를 들 수 있다.[4)]

전형적인 행렬조직은 기능과 산출과 같은 그러한 이중적인 초점을 가지기 위하여 설계된다. 예를 들어 한 홍보기관은 기술적인 지식을 유지해야 하며 반면에 고객의 요구에 부응해야 한다. 행렬조직은 이를 가능하게 할 수 있다. 즉 홍보기관은 회계감사를 받고 그리고 광고제작부, 홍보매체의 발달 그리고 시장조사부서 등의 부서로부터 기능 전문인들로 구성된 팀을 만들 수 있다. 이 이중성(기능과 산출)은 지역간의 차이에도 적용할 수 있다.

예를 들어 보험회사는 자동차, 생명, 건강, 화재 등과 같은 다양한 보험 상품을 만들어 다른 회사들과 경쟁한다. 또한 지역간의 차이를 극복하기 위하여 지역사무실을 설립하기도 한다. 그러나 만약 환경의 압력이 단일 영역만을 고집한다면 이중적인 계층제를 가진 행렬조직을 활용할 필요는 없을 것이다.

두 번째의 필요사항은 부서간의 상호의존을 들 수 있다. 예를 들어 광고제작, 홍보담당자 및 시장조사자의 상호 협조 없이 하나의 기능부서만으로는 고객의 요구를 만족시키게 할 수 없다. 상호의존의 정도는 환경의 요구에 따라 달라질 수 있다.

행렬조직을 선호하는 마지막 조건은 내부의 규모경제이다. 예를 들어 만약 항공회사의 각 프로젝트가 자신만의 설계엔지니어, 계약행정가 등을 가지고 있다고 가정하자. 그들은 영구적으로 주어진 프로젝트에 배치되어 단지 그 일만 할 것이다. 그러나 그러한 설계는 특히 조직이 중간규모이고 직원들이 쉽게 나누어

---

4) Stanley M. Davis and Paul R. Lawrence, *Matrix*(reading, Mass.: Addison-Wesley, 1977) pp. 11-24; Robbins, *Organization Theory*, pp. 334-335(재인용).

질 수 없는 경우에는 비효율적이다.

반면에 행렬조직은 항공회사로 하여금 디자인 엔지니어를 몇 개의 프로젝트에 잠정적으로 할당하게 하는 것을 가능하게 한다. 그러한 경우 다양한 기술과 경험을 가진 디자인 엔지니어들을 채용하고 있는 항공회사와 같은 대규모조직에서는 전문성을 이용할 수 있기 때문에 행렬조직의 장점을 최대한 활용할 수 있을 것이다. 그러나 만약 모든 전문가들이 하나의 유일한 프로젝트에서만 업무를 계속 수행한다면, 그러한 조직에서는 행렬조직의 존재가 정당화될 수는 없다.

③ 행렬구조의 두 종류

가. 임시적 행렬구조

새로운 계약이 체결되면 기능부서의 사람들을 충원하여 새로운 프로젝트팀을 만든다. 그리고 이 프로젝트팀은 프로젝트가 지속되는 한 존재한다.

나. 영구적 행렬구조

영구적인 행렬구조에서는 프로젝트나 산출물이 상대적으로 계속 변하지 않는다.

대규모 경영대학에서 회계, 재정, 관리, 시장관리 등과 같은 부서들이 있으나 이 부서에 학부프로그램, 대학원프로그램, 연구부 그리고 집행발전프로그램 등과 같은 프로젝트 구조를 활용할 때 이들을 영구적 행렬구조라고 한다. 산출구조 혹은 팀의 팀장들은 그들의 목적을 달성하기 위하여 각 학과로부터 교수를 활용한다. 예를 들어 행정대학원 프로그램의 팀장은 다른 학과로부터 교수들을 충원하여 그 과정을 운영한다. 산출은 변하지 않는다. 이러한 영구적인 행렬구조를 사용하는 이유는 산출 혹은 업적을 위한 책임의 한계를 분명히 하고자 하는 것이다.

행렬구조를 사용하지 않고는 효과적인 업적을 위하여 조정하고 책임을 질 수 있는 사람을 발견한다는 것은 어렵다.

④ 행렬조직의 장점과 단점

● 장　점

(i) 한 조직이 복잡하고 상호의존적인 많은 활동범위를 가지고 있을 때 매트릭스는 조정을 촉진할 수 있는 능력을 가지고 있다. 조직이 점점 더 커

지면 정보처리능력은 과중될 수 있다. 관료제에서는 복잡성이 더 공식화를 가중시키고 있다. 다른 전문가들 사이에 직접적이고 빈번한 접촉을 하고, 더 나은 의사소통과 융통성을 촉진할 수 있는 것은 매트릭스가 가지고 있는 장점이다. 정보는 조직에 쉽게 퍼지고 그 정보를 필요한 사람에게 더욱 빨리 전달할 수 있다. 더욱더 매트릭스는 관료제의 병리현상을 감소시키며 권위의 이중성은 자신이 속한 부서를 보호하려는 지나친 관료제의 할거주의 경향을 감소시킨다.

(ⅱ) 전문가들의 효율적인 할당을 촉진한다. 높은 전문성을 가지고 있는 사람들이 하나의 기능부서에 소속되어 있으면 그들의 재능은 그 부서에 독점이 되고 제대로 활용되지 못할 것은 당연하다. 매트릭스는 조직에게 가장 좋은 재원과 그들을 효과적으로 활용할 수 있는 방안을 제공함으로써 규모의 경제를 달성할 수 있다.

(ⅲ) 사업수요에 대한 민첩한 대응과 환경변화에 신속하게 대응할 수 있다.

(ⅳ) 고객들의 요구인 프로젝트의 완성과 비용의 감소, 조직의 미래를 위한 경제적인 능률성 그리고 기술능력의 발전간에 균형을 가져올 수 있는 효과적인 수단을 제공한다.

(ⅴ) 과학에 관한 전문지식을 가지고 있는 직원들이 선호하는 민주적 규범과 일치하는 환경을 조성함으로써 동기부여를 조성할 수 있다.

(ⅵ) 사업구조와 기능구조간에 상호견제가 있기 때문에 여러 사업에 걸친 관리의 일관성을 유지할 수 있다. 그리고 시간, 비용, 인적 자원 등의 사업별 배정에 있어서 균형을 유지할 수 있다.

(ⅶ) 권한의 위임과 의사결정에 참여가 촉진된다.

● 단　점

(ⅰ) 이중적인 권위구조를 가지고 있기 때문에 매트릭스는 혼란, 권력투쟁 및 스트레스를 조장할 수 있다. 명령의 통일 개념이 없을 경우 모호성은 매우 증가하며 모호성은 갈등을 초래하게 된다. 누가 누구에게 보고하는 것이 불분명하고 프로젝트 매니저가 그들에게 할당되는 가장 좋은 전문가를 확보하기 위하여 싸우는 것은 이상한 일은 아니다. 혼란과 모호성은 권력투쟁을 위한 원인을 제공한다. 관료제는 게임의 규정을 엄격히

하여 권력을 쟁취하려는 잠재력을 감소시킬 수 있다. 그러나 그런 분명한 규정이 없는 경우 기능부서와 프로젝트 매니저와의 권력투쟁은 심각해질 수 있다.

(ii) 안전을 요구하고 모호성에서 탈피하려는 사람들에게 이러한 환경은 스트레스를 줄 수 있다.

(iii) 한 상관 이상에게 보고하는 것은 역할의 갈등을 초래할 수 있고 불분명한 기대는 역할의 모호성을 가져올 수 있다. 관료제의 예측성이 주는 편안함은 매트릭스에서는 불안전과 긴장으로 대체되고 있다.

(iv) 조직 내 권한구조가 다원화되면 관리층 인력이 늘어나지 않을 수 없고 따라서 관리비용이 많이 들게 된다. 조직 내 두 상관의 갈등을 해소하는 일, 권한구조 사이의 균형을 적절히 유지하는 일 그리고 사업수행의 질, 시간, 비용을 적절히 균형을 가져오기 위해 끊임없이 감시해야 하는 일 등은 관리자들에게 큰 부담을 지우게 한다.

(4) Task Force

task force는 많은 조직의 하위부서들을 포함하는 특정하고 구체적인 복잡한 임무를 달성하기 위하여 구성된 임시구조를 말한다. 이것은 임시적인 매트릭스의 축소판이거나 혹은 평면구조형태인 임시적이고 유기적인 부속기관으로 생각될 수 있다. task force의 구성원들은 임무가 달성될 때까지 머물며 그 후 그들은 새로운 task force로 가든지 혹은 자신들의 부서로 돌아가든지 일단 해체된다.

특히 조직이 처한 어떤 문제를 성공하는 것이 조직의 생존에 중요하고, 그 문제가 특정한 시간과 수행기준이 필요하고, 그 문제에 익숙하지 않으며, 그리고 특이하고 상호의존적인 기능을 요구하는 임무에 직면하였을 때 task force는 바람직하다고 볼 수 있다. 예를 들어 1974년에 석유파동이 일어났을 때 이 문제를 해결하는 task force를 구성하고 해결 후에 해체한 경우도 있고, 일본과 유럽의 자동차와 경쟁력을 확보하기 위하여 Ford는 새로운 개념의 차인 Taurus를 생산하려고 task force를 활용하여 판매 1위를 달성한 사실이 소비자 보고서에 발표된 적도 있다. 실제로 기계적 관료제가 task force를 활용하여 환경에 적응함으로써 융통성과 능률을 얻을 수 있다.

(5) 위원회 형태(the Committee Form)

효과적인 경우는 다양한 경험과 배경이 의사결정에 필요할 경우, 의사결정에 의하여 영향을 받는 사람들이 참여하고자 할 때, 작업의 부담을 나누려 하거나 관리 이전의 과도기일 때, 혹은 한 사람이 조직을 이끌어 나가기가 어려울 때 위원회 형태가 자주 사용된다.

위원들은 임시적 혹은 영구적일 수 있다. 임시적인 위원들은 대략 한 과제에 집중한다. 그러나 영구적인 위원회는 task force와 같은 다양한 투입을 종합하고 매트릭스의 안정과 일관성을 촉진한다.

영구적인 위원회를 조직의 상층부에 설립하는 경우 일반적으로 집단지도층을 형성하는 것으로 판단된다. 그러한 구조는 최고 의사결정기관에 다양한 관점을 투입할 수 있으며, 또한 집단지도층의 배경과 지식에 따라 최고 의사결정자의 이질적인 과제들이 배분되어 나누는 것을 가능하게 한다. 복잡하고 변화가 빠르게 일어나는 현실에 집단지도체제를 사용하는 조직이 늘어가는 것은 당연하게 보여진다. 예를 들어 기업은 물론 대학이나 정부조직도 집단지도체제를 사용하는 것을 볼 수 있다. 많은 대학들이 한사람의 총장보다는 총장실을 운영하고 있고, 시장이나 도지사도 예외는 아니다.

(6) Collegial Form

에드호크라시의 일종으로 일반적으로 대학, 연구실험실 및 고도로 전문화된 조직에서 많이 활용되는 것을 볼 수 있다. 주요한 특징으로는 모든 중요한 의사결정을 만드는데 완전한 민주주의를 택하고 있다는 것이다. 이것은 대표자들만 참여하여 의사결정을 하는 task force나 위원회구조와는 대조적이다. collegial의 가장 널리 알려진 예는 대학의 학과를 들 수 있다. 모든 중요한 결정은 대체로 학과에서 만들어진다. 학과장은 다른 교수와 같이 동등하게 투표권을 행사한다. 교수충원, 계약갱신, 수업과제물의 부과, 업적평가, 교수정년보장, 교과과목수정 및 학점 등에 관한 모든 정책은 대체로 학과에서 만든다. 이러한 구조형태는 지금까지 알려진 분권화의 극치이다. 이 구조는 고용인에게 극도의 높은 자치권, 최소의 공식화, 합의에 의한 의사결정권한을 주며, 특히 고도로 숙련된 전문인들이 그들의 과제의 변화에 신속하게 대응하고 적응할 수 있게 하여준다.

제2절 조직설계유형: 경쟁적 모형

1. Theory Z

〈표 5-2〉에서 보듯이 이론 A는 전형적인 미국의 대규모 관료제의 특징을 나타낸 것이며 이론 J는 전형적인 일본의 대기업이 가지고 있는 특징을 요약한 것이다. Ouchi는 IBM, Eastman Kodak 및 Hewlett-Packard 등과 같은 미국의 기업들이 일본 기업들의 많은 특징들을 가지고 있다는 것을 발견하였다. Ouchi는 일본모형의 미국화를 이론 Z라고 불렀다. 〈표 5-2〉는 이론 Z 조직과 이론 J를 비교하기 위하여 미국 관료제의 특징을 검토하는 것에 도움이 될 것이다.

〈표 5-2〉 이론 A와 이론 J 조직의 특징

이론 A	이론 J
단기고용	종신고용
전문화 경력	비전문화 경력
개인의사결정	합의적 의사결정
개인적인 책임	집단책임제
빈번한 평가	드문 평가
분명하고 공식화된 평가	함축적이고 비공식적 평가
신속한 승진	느린 승진
사람에 대한 부분적인 관심	사람에 대한 전반적인 관심

출처: W. G. Ouchi and A. M. Jaeger, "Type Z Organizations: Stability in the Midst of Mobility," *Academy of Management Review*(April 1978), p. 308.

이론 A는 엄격하게 통제된 구조적인 체제를 통하여 근로자를 통제하도록 설계되었고 근로자들의 높은 이직률에 쉽게 적응할 수 있다. 업무는 좁게 정의되어 근로자들이 전문화될 것을 요구한다. 이러한 근로자들의 학습한 전문적 기술은 조직간에 이동을 자유롭게 하며 기동성을 장려한다. 만약 근로자들이 자신들의 지장에 불만을 가지면 다른 조직에서 고용기회를 얻는 데는 어려움이 없다. 그들의 기술은 이동가능성이 있어 새로운 고용주를 위하여 신속하게 생산직으로 전향할 수 있기 때문에 조직들은 다른 기업으로부터 근로자를 채용하고 그들을 유지하기 위하여 책임감과 경쟁적인 봉급을 주어 동기 부여한다. .

근로자들이 단기간 종사하는 체제에서는 상호 의존을 최소화하는 것이 중요하다. 그러므로 이론 A 조직에서는 의사결정과 책임을 개별화한다. 이직률이 높은 조직은 항상 빈자리가 있기 마련이다. 그러므로 승진의 기회도 많다. 상관들도 자신들의 근로자들에 대하여 업무 이외에는 잘 알지 못하기 때문에 평가 자체도 공식화 및 비인간적이 될 수밖에 없으며 단지 업적을 가지고 평가하게 된다.

일본 모델인 이론 J는 낮은 이직률을 가지고 있다. 고용인들이 조직과 결혼은 영구적이라는 믿음을 가지고 채용될 때, 조직의 철학을 모든 근로자들에게 사회화시킴으로 통제가 유지될 수 있다는 점에서 조직의 발전을 기대할 수 있는 관리이다. 이러한 조직들의 모든 과정은 대단히 느리다. 이론 A와 같은 기계적 관료제라기보다는 이론 J 조직들은 에드호크라시와 같은 구조적 형태를 갖는다고 볼 수 있다. 일본의 조직들은 수직적이기보다는 훨씬 수평적인 경향이 있다. 수직적인 승진보다는 근로자들은 조직 내로 순환보직을 한다. 이러한 결과는 근로자들이 전문가가 되는 것보다는 비전문가로 만드는 결과를 초래하였다. 그러나 비전문가들은 팀웍과 협동을 장려하며, 기능영역을 구분하지 않고 작업활동을 조정하는 데 유리한 비공식적 의사소통의 망을 성장할 수 있다. 일본의 의사결정은 미국적 사고와는 달리 참여적이지는 않다. 빈번한 집단모임과 관리자와 근로자들 사이에 협상이 자주 일어나지 않는다. 오히려 일본의 관리자들은 영향을 받는 부하들과 비공식적으로 만나 의견을 타진한 다음 공식적인 결정과정을 따른다. 또한 일본의 체제는 개인들보다는 집단을 중심으로 과제를 조직하는 것을 강조한다. 업무는 집단에 부과되고 결과에 대한 책임 또한 집단적이다.

일본의 기업들은 근로자를 평가하는 데 별로 많은 기준을 사용하지는 않는다. 물론 그 중의 하나는 산출 혹은 업적을 들 수 있다. 이러한 평가는 미국의 기업들보다는 빈번하지 않으며 비공식적인 경우가 많다. 규칙적이고 빈번한 평가는 미국의 이론 A 조직에서 흔하다. 그 이유는 고용인들의 이직률과 기동성이 높고 승진을 평가하기 위하여 적절한 자료가 필요하기 때문이다. 일본과 같이 종신고용인들과 느린 승진체제를 가지고 있는 경우에 평가는 주로 다른 사람들과 화합하고 작업 팀의 좋은 구성원이 되는 것을 강조하게 된다.

이론 J 조직은 근로자의 복지를 위하여 많은 관심을 갖으며, 경영은 장기적인 성공을 추구하기 때문에 재정 및 물리적 자원보다 인적자원을 가장 중요한 것으로 고려한다. 관리자들도 매일 근로자들과 같이 일상적인 이야기를 하고 때로는 그들의 관심을 이해하기 위하여 많은 시간을 보내는 자신들을 발견할 것이다.

이론 Z 조직 모형은 일본 모형을 미국 문화에 적합하게 적용한 모형이다.

〈이론 Z 조직의 특성〉[5)]

— 장기고용

— 완만한 전문경력

— 합의에 의한 의사결정

— 개인적인 책임

— 드문 평가

— 분명하고 공식적인 측정치를 가지고 함축적이고 비공식적인 평가

— 느린 승진

— 사람에 대한 전반적인 관심

이론 Z 조직은 많은 부분에서 이론 J 조직과 유사하나 개인주의와 업적에 따라 보상하는 미국인들의 가치를 반영하기 위하여 수정되었다. 물론 미국의 기업들은 종신고용을 보장하지는 않으나 이론 Z 조직과 같은 기업들은 고용인을 가치 있는 인적 자원으로 취급하고 장기적인 고용을 추진한다. 일본체제들은 근로자들의 동질화를 추구하기 위하여 이질적인 요인들인 여성이나 소수민족을 철저히 주류에서 제외하나 이러한 차별은 미국에서는 용납되지 않는다.

그러므로 이론 Z 조직에서는 일본의 J 조직보다 덜 동질화되어 있다. 이론 Z 조직에서는 1년에 한 번 혹은 두 번 평가를 하며 그 과정은 비공식적 및 주관적인 판단보다는 업적에 대한 객관적 평가를 강조한다. 이론 A 조직은 관료제의 형태이나 이론 Z 조직은 에드호크라시의 특성을 가지고 있어 복잡성은 낮고 공식화도 낮다. 특히 장기적 고용, 조직에 대한 충성 및 팀웍들은 근로자들의 행태를 규제하는 역할을 한다. 그 결과 역사적으로 미국을 지배하여 왔던 전통적인 기계적 구조보다 일본에서 널리 알려진 것과 같은 조직설계를 갖게 되었다.

---

5) W. G. Ouchi and A. M. Jaeger, "Type Z Organizations: Stability in the Midst of Mobility," *Academy of Management Review*(April 1978), p. 311.

2. 평면형태(the Collateral Form)

평면형태는 상대적으로 영구적인 기반 위에 있는 관료제와 병존하기 위하여 존재하는 느슨한 구조를 가지고 있는 유기적인 부속기관이다. 이 형태는 전형적으로 소규모 팀들이거나 혹은 별개의 업무단위이며 수행하기 위한 독립성과 자원이 주어진다. 그 이외에도 이들은 규칙에 구애되지 않고, 관료조직에서 요구되는 많은 계층에서 승인을 받을 필요 없이 자신들의 생각을 추구할 수 있다. 조직의 구조적인 문제를 효과적으로 해결하기 위하여 설계된 관료제와 달리 평면부속기관은 구조화가 잘못된 문제들을 해결하기 위한 융통성을 가진다. 혁신적인 생각들이 추진되고 실패하더라도 전체조직에 끼치는 영향은 미미할 것이다.

평면구조형태의 장점은 거대한 관료제 내에 기업가적인 창의성이 조성되므로 융통성을 얻는 동시에 표준화를 통하여 관료제의 높은 능률성도 얻는 것이다. 관료제 내에 에드호크라시를 창조함에 의하여, 관료제는 창의성과 혁신적 사고, 생산시간의 단축을 자극할 수 있으며, 그렇지 않으면 다른 직장으로 이직하거나 혹은 직업을 전향할 수도 있는 근로자들을 밝고 생산지향적인 자세를 유지하게 할 수 있다는 것이다.

그러나 때로는 평면구조형태가 혼란을 조성할 수 있다는 단점을 가지고 있다. 기계관료제는 질서를, 유기적 평면부속기관은 융통성의 가치를 선호하기 때문에 이미 문화적으로 갈등을 내재하고 있다.

3. 네트워크 구조(the Network Structure model)

조직설계의 새로운 형태인 네트워크 구조는 오늘날 인기를 얻고 있다. 네트워크 구조는 새로운 기술, 유행 혹은 저비용으로 해외경쟁에 적절히 대응하면서 관리자들에게 많은 융통성을 허용하고 있다. 네트워크 구조는 하나의 소규모 중앙조직이 있고 이 중심적인 조직은 계약을 토대로 제조, 분배, 시장관리 혹은 다른 중요한 기능들을 수행하는 다른 조직들에 의존한다. 예를 들어 대규모기업이 매년 수백억에 달하는 상품을 판매하는데, 그들은 100명 정도의 직원과 얼마 되지 않는 제조시설도 가지고 있지 않은 것을 발견할 수 있다. 그들이 한 것이라고는 조직들의 망을 형성한 것이다. 정보화 시대가 진전됨에 따라 정보기술을 활용한 비전통적인 조직모형에 대한 관심이 높아지면서 네트워크 조직은 많은 학자들 사이에 연구의 대상이 되고 있으며 실용적인 면에서 급속히 확산되고 있다.

네트워크 구조는 전통적인 구조와 확연히 다른데, 전통적인 조직은 많은 수직적인 계층이 있고 통제를 추구하려는 조직들이다. 전통적인 조직하에서는 연구와 발전이 조직 내부에서, 생산은 기업이 소유하고 있는 제조공장에서, 수행·판매와 시장조사는 이 기업에 속한 근로자들에 의하여 수행된다. 모든 이러한 기능을 제공하기 위하여 조직은 회계사, 인적 자원, 전문가, 변호사 등과 같은 많은 직원을 채용하지 않으면 안 된다. 그러나 네트워크 구조에서는 이러한 기능의 대부분이 외부에서 충당된다. 즉 조직은 모든 기능을 소유할 필요가 없고 최소한의 인원을 유지하면서 외부의 고도로 전문화된 기능을 활용함으로써 질 좋고 값이 싼 상품을 만들 수 있다는 장점이 있다. 이것은 관리자에게 높은 정도의 융통성을 제공하며, 가장 잘하는 일에 전념하는 것을 가능하게 한다.

〈그림 5-7〉에서 보듯이 경영자는 주요한 모든 기능을 외부와 계약한다. 네트워크 조직의 핵심은 소규모의 집행집단이다. 이 집단의 임무는 내부에서 일어나는 모든 활동에 대하여 감독하고 네트워크 조직의 다른 주요한 기능인 제조, 분배 등을 수행하는 다른 조직들과 조정하는 것이다. 점선은 다른 전문집단과 계약관계를 나타낸다. 따라서 네트워크 조직의 관리자들은 그들의 대부분의 시간을 외부와의 관계를 조정하고 통제하는데 보낸다.

〈그림 5-7〉 네트워크 구조

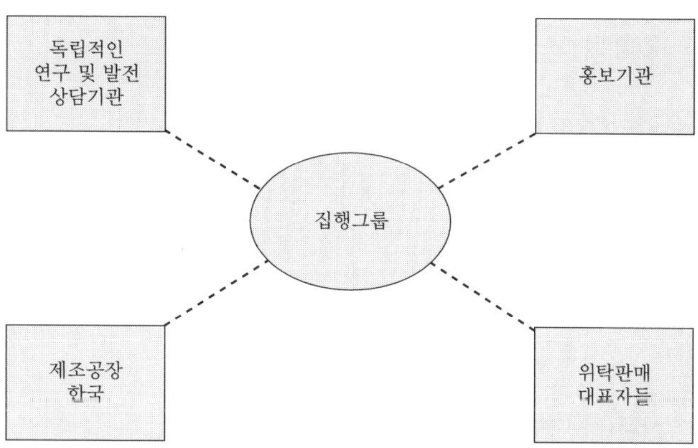

이 조직의 유형을 설명하기 위하여 네트워크 조직, 가상조직 그리고 임시체제의 특징에 대하여 논하는 것이 중요하다.[6)]

1) 네트워크 조직 · 가상조직 · 임시체제

세 가지 모형의 특성: 이 세 가지 조직모형은 서로가 서로의 속성을 공유한다.

(1) **임시체제**(Adhocracy): 구조의 임시성이 아주 높은 조직모형이다. 계서제에 의한 통제는 최소화하고 협동적 문제해결을 지지하는 융통성 있는 구조를 가진 조직모형이다.

(2) **가상조직**(Virtual Organization): 전자적인 가상공간(Cyber Space)에 의존하는 조직이다. 가상조직을 구성하는 개인, 조직단위, 조직들은 컴퓨터에 의한 가상공간에서 조직활동을 한다. 구성단위들은 전자적으로 연결되며 거의 실시간에 상호작용을 한다.

(3) **네트워크 조직**(Network Organization): 핵심적인 특징인 행동단위는 네트워크로 연결한다는 것이다. 이 조직의 핵심은 중심조직과 외부조직 등 행동단위들과의 네트워크이다.

위에서 구별한 것과 같이 네트워크 조직은 임시체제적 잠정성이 높은 조직인 것이다. 그리고 이 조직은 고도의 정보기술을 활용하며 전자적 방법에 의한 연계와 가상공간화의 기술을 사용한다. 실로 네트워크 조직은 세 가지 모형의 중첩을 이룬다고 볼 수 있다. 네트워크 조직에 정보기술을 도입한 것이 가상조직이라고 설명하는 학자도 있고 가상조직의 발전형태가 네트워크 조직이라고 부르는 것과 같이 서로 통합된 모습을 가지고 있다.

2) 네트워크조직의 특성[7)]

(1) **통합지향성**: 통합지향적 조직이다. 구성원들의 활동은 공동목표 추구를 위하여 수직적, 분화된 기능의 통합, 공간적 통합의 형태를 띤 조직이다.

(2) **수평적 · 유기적 조직구조**: 수평적 · 공개적 의사전달이 강조되고 고도의 적응성을 지닌 조직구조이다.

---

6) 오석홍, 조직이론(제 4 판), pp. 441-442.

7) 상계서, pp. 444-445.

(3) **의사결정체제의 분권성과 집권성**: 구성단위들에 대한 의사결정권의 위임수준이 높고 공동목표 추구를 위해 의사전달과 정보의 통합관리를 추구하기 때문에 집권적이라고 본다.

(4) **자율적 업무수준**: 구성단위들의 업무성취에 관한 과정적 자율성은 높다. 이들에 대한 통제는 자율규제적 · 결과지향적이다.

(5) **대환경적 교호작용의 다원성**: 네트워크로 느슨하게 연계된 구성단위들과 환경의 교호작용은 다원적 · 분산적이다. 심리적으로 설정되는 조직의 경계는 유동적이며 모호하다.

(6) **정보기술의 활용**: 네트워크의 형성과 작동에 다양한 정보기술이 활용된다.

(7) **물적 자원의 축소**: 정보화에 의해 인지적 · 간접적 교호작용이 확대됨에 따라 조직의 물적 차원이 축소되거나 없어진다. 예컨대 건물 또는 사무실을 직접 방문하거나 구성원들이 대면적 접촉을 해야 할 필요는 현저히 줄어든다. 조직의 규모는 인원수나 물적 요소가 아니라 네트워크의 크기로 파악된다.

3) 네트워크조직의 장점과 단점

(1) 장 점

네트워크 구조는 변화에 신속하게 대응하기 위하여 높은 융통성이 요구되는 기업 혹은 산업에 적합하다. 조직은 최소한의 인원을 유지하기 때문에 조직운영비가 삭감되며 외부의 전문집단과 계약함으로써 질 좋은 상품을 만들 수 있기 때문에 가격 및 상품의 품질 경쟁력을 확보할 수 있게 된다. 그 이외에도 이 구조는 한국 이외의 지역에서 제조를 위하여 값싼 노동비용이 가능한 해외의 공급자들과 계약을 함으로써 가격경쟁력을 확보하는 장점을 가지고 있다.

(2) 단 점

① 네트워크 조직에서는 전통적인 조직에서 할 수 있는 제조활동에 대한 밀접한 감독을 하기 어렵다.

② 공급의 신뢰성을 예측하기 어렵다.

③ 한 네트워크 조직에서 개발하여 기업비밀에 속하는 혁신적인 기술들이 외부로 새어나가는 것을 막기 어렵다. 즉 한 조직에서 개발한 기술이 생산을 위하여

다른 조직의 관리하에 있게 되는데, 이러한 경우 보호하기 어려울 것이다. 그럼에도 불구하고 한 조직의 컴퓨터가 다른 조직의 컴퓨터와 서로 연결되어 있기 때문에 네트워크 조직은 점증적으로 더욱더 많이 활용되어질 것으로 판단된다.

④ 조직의 중심 기능을 대부분 외부에 위탁하는 경우 조직의 정체성이 무너지고 혼란이 초래될 수도 있다. 중심조직이 속빈 공동조직으로 전락할 위험이 있다.

제 3 절 미래조직과 공공조직에 대한 전망

1. 미래조직과 관료제

1) 미래조직형태

경영에서 앞서가는 두 학자인 Peter Drucker와 Tom Peters는 내일의 조직은 더욱 평면적이고, 덜 계층적이며 더욱 분권화될 것이라고 예측하였다. 다른 말로 표현하자면 내일의 조직은 더욱 에드호크라시와 같을 것이라고 보는 것 같다. 물론 그들의 전망이 옳은지 판단하기는 아직 이르나 그들이 어떠한 결론에 도달할 것인지는 흥미로울 것이다.

Drucker는 기술을 가지고 미래조직의 형태에 대하여 설명하였다. 그에 의하면 미래의 조직은 전통적으로 피라미드형인 관료제보다는 거대한 심포니 오케스트라와 같을 것이라고 보았다. 그 이유로써 그는 모든 조직은 정보기지(information-based)가 될 것이라고 하였다. 정보기지의 기술은 에드호크라시를 요구할 것이다.

반면에 Peters에 의하면 환경의 불확실성을 가지고 미래조직의 전망을 설명하였다. 그는 환경의 예기치 않은 변화나 불확실성은 조직으로 하여금 비영속성을 갖게 할 것이라고 주장하였다.

Drucker는 컴퓨터 기술은 미래조직의 구성을 변화시킨다고 보았다. 지식 기지가 되는 조직은 동료, 소비자 및 조직본부의 조직적인 환류를 통하여 자신들의 업무를 이끌고 훈련할 수 있는 전문인으로 주로 구성될 것이라고 생각하였다. 이러한 조직들이 거대한 심포니 오케스트라와 같은 기능을 할 것이다. 지속적으로 일을 하는 것보다 연구, 발전, 제조 및 마케팅이 동시에 이행될 것이다. 분명하고 단순하며 공통적인 목적들은 최고관리자나 혹은 지휘자가 수백에 달하는 근로자나 음악가들을 지휘한다는 것이다. 최고경영자(CEO)는 모든 근로자들이 자신의 영역에서는 전문인들이기 때문에 통솔의 범위는 넓을 것이다.

Peters는 세계는 혁명적인 변화의 상태에 존재하고 있는 것으로 보았다. 모든 기업들은 새로운 경쟁자들을 직면하게 될 것이며, 이들의 경쟁자가 어디에서 나타날지는 아무도 모른다. 더욱이 환율, 이자율, 인플레이션, 에너지 가격 등이 끊임없이 변함에 따라 발생하는 불확실성을 감안하여 볼 때 우리는 지속적으로 회전하는 환경에 직면한다. 이에 대한 Peters의 해결책은 융통성 있는 팀을 기초로 하는 에드호크라시를 창조하는 것이다. 이러한 조직은 공식화는 낮고, 명문화된 규칙들은 강한 경쟁적 시각과 실례를 가지고 운영하는 관리자에 의하여 대체된다. 이 조직들의 복잡성은 수직적 계층제의 장애와 기능적인 장벽을 허물었다. 관리자들은 조직의 몇 단계를 뛰어넘어 의사소통을 하는 데 자유스러우며 업무를 달성하는 데 각 기능 부서들의 벽들은 장애가 되지는 않는다. 품질과 생산성을 향상하는 데 초점을 두는 다양한 task force팀들에 종사하는 근로자들로 인하여 조직은 분권화되어 있다.

미래조직에 대한 Peters의 생각은 조직의 외부인들과 조직 및 조직의 구성원들을 구별하는 경계가 모호하며 외부와 조직경계를 밝혀내는 것은 거의 불가능할 것이다. 이러한 조직은 유동적이고 활동지향적이며 환경의 혼란스러운 변화에 재빨리 적응할 수 있을 것이다.

2) 관료제와 에드호크라시

관료제는 번영하고 있고, 오늘날 조직구조의 지배적이고 불가피한 형태라는 것을 부인할 수는 없을 것이다. 또 한편 이 장에서 에드호크라시를 사용하는 다양한 형태를 설명하고, 동태적인 환경에서 생존을 위하여 융통성이 발견된다는 것을 지적하였다. 물론 이러한 관점은 사실이다. 그러나 때로는 다양한 조직구조의 형태가 있다고 해서 어떠한 형태를 채택할 수 있느냐 하는 것은 역시 다른 문제다. 특히 에드호크라시의 경우 첫째, 소규모산업 기업에 적합하고, 둘째, 관료제의 부속으로 아주 적절히 사용되고 있으며 셋째, 최고관리자가 통제하는 것을 포기하고, 마지막으로 조직의 구조로서 보기보다는 관료제의 활성화를 촉진하는 하나의 도구로써 지각하는 것이 더 정확하다는 것이다.

소수의 예를 가지고 일반화하는 위험은 피해야 된다. 대략 에드호크라시를 사용하는 조직은 소규모 전자기업, 항공회사, 연구실험실, 상담기업 등이다. 그러나 이 기업들은 산업이 발달된 미국 등의 주류 산업은 아니다.

에드호크라시는 관료제의 부속으로 가장 잘 사용된다. 때때로 관료제는 생존을 위하여 변화하는 환경에 신속히 적응하지 않으면 안 된다. 그렇게 하기 위하여 관료제는 두 가지 방법을 사용하는데, 즉 전문관료제를 활용하든지 혹은 혁신과 융통성을 장려하기 위하여 task force와 같은 유기적 부속기관을 사용한다.

일반적으로 어떤 형태의 에드호크라시는 최고관리자의 통제권을 포기할 것을 요구한다. 그러나 그러한 설계는 최고관리자의 많은 저항을 받게 된다. 그러한 예로써 평면구조를 가진 조직과 검증된 사례들을 검토하여 볼 때, 이론이 설명한 것과 같이 각 부서들의 자치권은 그리 넓지는 않은 것으로 판단된다.

또한 더 중요한 것은 에드호크라시가 조직의 지배적인 구조로서 나타났을 때 그러한 구조가 오래 지속되지는 않는다는 것이다. 생활주기를 볼 때 성공과 진전은 조직을 안전과 표준화로 이끈다. 조직은 가장 잘하는 것에 안주하고 잘하는 것을 반복하게 한다. 자연히 표준화, 분권화 및 공식화가 궁극적으로 초래된다. 에드호크라시는 실패의 위험이 많은 동태적인 환경에 존재한다. 소비자 취향의 변화, 경쟁자들의 약진 및 그와 같은 것들은 생존의 위협이 된다. 그러므로 에드호크라시는 관료제보다 더욱 취약하다고 볼 수 있다.

이 장을 통하여 얻은 결론은 다음과 같다. 관료제는 지배적인 구조형태이다. 에드호크라시는 규모에 있어서 적고 Peter Drucker와 Tom Peters가 에드호크라시는 다음 세대의 기술과 환경에 가장 잘 적응할 수 있는 구조라고 믿는다고 하더라도 에드호크라시는 그들의 생활주기과정에서 적합한 구조적 설계가 실제로 에드호크라시와 다른 것일 수 있으며, 혹은 관료제의 부속기관이 될 수 있다는 것이다. 실제로 에드호크라시는 조직의 지배적인 구조는 아니며 내일의 중요한 구조형태가 되기 쉽지는 않을 것이다.

2. 공공조직의 조직구조

1) 유사한 조직구조

공공조직을 위한 특정한 조직설계는 있는가? 공공조직은 사영역의 조직과 본질적으로 차이는 있다고 학자들은 주장한다. 예를 들면 공공조직은 정부의 감시와 판매나 이윤과 같은 성과측정지표가 명확하지 않기 때문에 규율과 계층을 강조하는 것을 볼 수 있다. 만약 이러한 논리가 사실이라면, 공공조직은 분권 혹은 융통성을 가진 설계와 같은 구조형태를 가질 수는 없다. 실제로 학자들이 공공조직과 사조직간의 구조의 차이가 있는지 조사하였으나 거의 뚜렷한 차이는 없었다고 한다.

Pugh, Hickson 그리고 Hinings는 정부의 조직은 더 높은 공식화의 수준을 가질 것이라고 예측하였으나 연구의 결과는 그렇지 않았다.[8] Buchanan은 공·사조직간의 red-tape의 차이가 있을 것으로 보았으나 뚜렷하지는 않았다.[9] 그 후 어떤 학자들은 약간의 차이가 있었다는 것을 발견하였다.

다른 연구에 의하면 공공조직이 사조직과 다른 점이 있다는 것을 밝혀냈다. 예를 들면 Pugh, Hickson 그리고 Hinings는 공공조직에서 높은 수준의 공식화를 발견하지는 않았지만 특히 인사절차에 있어 공공조직은 권위가 조직의 최고위층 및 조직의 외부에 집중되어 있었다. 일반적으로 규모와 기술의 발전은 공식화의 주요한 결정요인이라는 연구결과는 있으나, 정부소유는 규모와 기술에 관계가 없었다. 그러나 이들이 공공조직과 기업조직을 비교하였으나, 공공조직과 기업조직이 거의 같은 수준으로 비슷하였기에 관료조직에서 볼 수 있는 큰 차이를 볼 수 없었다는 지적은 있다.

2) 조직구조간의 차이

Mintzberg는 이들의 연구결과를 참조하면서 많은 공공관료제는 외부의 정치적 통제 때문에 조직을 방어하기 위하여 기계적 관료제의 형태를 취한다고 주장

8) D. S. Pugh, D. J. Hickson and C. R. Hinings, "An Empirical Taxonomy of Work Organizations," *Administrative Science Quarterly*(1969), 14, 115-126.

9) B. Buchanan, "Red Tape and the Service Ethic: Some Unexpected Differences Between Public and Private Managers," *Administration and Society*(1975), 6, 423-438.

한다.[10] Warwick는 U. S. State Department에 대한 사례연구에서 공공조직은 더욱 계층제와 규율을 따른다고 결론을 맺었다.[11] Meyer도 주와 지방정부의 재정기관을 분석하면서 계층제가 지속적으로 안정적이었다고 분석하였다.[12]

정치적인 압력은 그들 하위기관의 변화를 강요하였고 연방정부의 압력은 인사체제의 공식화를 초래하였다. Meyer는 공공관료제는 정교한 계층제 이외에는 다른 대안이 없다고 결론내렸다. Holdaway, Newgerry, Hickson과 Heron은 캐나다 대학을 연구하면서 대중의 통제가 강하면 공식화가 강하고, 인사절차는 표준화되며, 그리고 집권화의 높은 수준과 관련이 깊어진다고 하였다.[13] Rainey는 주의 행정기관의 중간 관리자들은 기업관리자들의 중간관리자들보다 계층을 따라 올라가는 결정안과 표준운영절차에 있어서 더 공식화가 높았다고 한다.[14]

정부의 결정을 통제하는 규율들은 복잡한 망을 형성하고 있기 때문에 공공관리자들이 정부의 결정을 관리하기 위한 능력과 동기부여에 부정적인 영향을 끼칠 수 있다. 거의 대부분의 연구에서 보듯이 대부분의 관료들은 사소한 결정을 하는 데도 제약이 따르며 직원들을 제거, 채용, 승진, 봉급을 결정하는 데 있어서도 충분한 권한을 가지고 있지 못하였다. 역시 많은 관료들이 느끼는 것은 인사나 예산정책에 대한 엄격한 규율은 생산성에 장애적인 요인이었다. 특히 정부에 종사하였던 관리자들은 광범위하게 규율과 외부의 정치적 감독기관들 때문에 그들의 권한에 막대한 제약을 받고 있다고 유사한 말을 한다.

위의 연구들을 검토하여 볼 때, 공공조직의 구조에 영향을 끼치는 변수로는 인사, 구매규칙과 같은 규율, 그리고 외부의 감독을 들 수 있다. Bretschneider는 공 · 사조직의 컴퓨터체제에 대한 의사결정분석에서 다른 증거를 제시하였다.[15]

---

10) H. Mintzberg, *The Structuring of Organizations*, Englewood Cliffs, N. J.: Prentice-Hall(1979).

11) D. P. Warwick, *A Theory of Public Bureaucracy*, Cambridge, Mass.: Harvard University Press(1975).

12) M. W. Meyer, *Change in Public Bureaucracies*, London: Cambridge University Press(1979).

13) E. Holdaway, J. F. Newberry, D. J. Hickson and D. J. Heron, "Dimensions of Organizations in Complex Societies: The Educational Sector," *Administrative Science Quarterly*(1975), 20, 37-58.

14) H. G. Rainey and H. B. Milward, "Public Organizations: Policy Networks and Environments," In R. H. Hall and R. E. Quinn(eds.), *Organizational Theory and Public Policy*, Newbury Park, Calif.: Sage(1983)

15) S. Bretschneider, "Management Information System in Public and Private Organizations an Empirical Test," *Public Administration Review*(1990), 50, 536-545.

그에 의하면 공공조직의 관리자들은 컴퓨터 장비를 구매하기 위하여 승인을 받는데, 구매과정에서 더 많은 시간이 걸렸다고 한다. 즉 정부조직은 예산, 인사, 구매, 그리고 회계 등에 있어 중앙감독의 규율에 따라야 되기 때문에 지연을 초래할 수밖에 없다고 한다.

공 · 사조직간의 차이가 없다고 주장하는 사람들은 구조는 다차원적이며 이 두 조직은 다른 구조적인 변수에 따라 넓게 다르다는 것을 나타낸다고 한다. 이러한 변수는 규모, 기술, 과업 그리고 환경의 불확실성과 복잡성의 상황들이다. 분명히 사조직과 같이 유사한 기술을 사용하는 공공조직은 정부의 다른 조직보다 사조직의 구조와 유사함을 볼 수 있다.

상대적으로 소규모이고 독립적인 공공조직은 일반적으로 단순한 구조를 가지고 있으며 거대한 사조직보다도 red-tape이나 계층제의 복잡성도 아주 낮았다. 이것은 정부기관들이 환경의 복잡성과 불확실성에 반응한다는 것을 보여준다.

따라서 우리가 공공조직을 동일한 집단, 강력한 red-tape, 관료제의 특성을 가지고 있다고 성급하게 결론을 맺는 것은 위험하다고 볼 수 있다.

다른 연구에 의하면 공공조직은 일반적으로 내부구조의 복잡성, 집권화, 공식화에 있어서 사조직보다 더 높은 수준으로 가는 경향이 있다고 한다. 규모, 과업, 기술, 환경의 상황은 공조직과 사조직을 보다 차이나게 만든다. 예를 들어 과업에 따라 차이를 만드는데, 공공조직은 더욱 안정적인 계층제와 외부 통제기관에 의하여 관리되는 기능, 즉 인사, 구매, 조달, 예산 및 회계에 속하는 규칙이 더욱 집권화되고 공식화되는 경향이 있다. 일반적으로 구조를 결정하는 변수들의 복합성 때문에 red-tape과 복잡성만으로 공공조직과 사조직간에 거다란 차이를 만들지는 않는다. 정부의 조직들은 같은 규모의 사조직보다 더 공식화되거나 정교한 규칙들을 가지고 있지 않을 수도 있다. 하지만 공공조직은 인사와 조달과 같은 기능을 위해서는 더욱 집권화되고 공식화되어 있다.

6장

조직목표
(Organization Goals)

제1절 조직목표의 의의와 특성

제2절 조직목표의 분류

제3절 공공조직 목표의 성격과 과정

제4절 공·사조직의 목표내치현상과 변동요인

제 6 장 조직목표(Organization Goals)

제 1 절 조직목표의 의의와 특성

1. 조직목표의 정의

조직은 권위와 리더십 아래 공통된 목적에 도달하기 위하여 사람들이 협동적으로 활동하는 조정체제로써 정의한다.[1] 거의 모든 학자들은 목표가 조직의 필수적인 요소라는 것은 인정하지만 목표의 정의 및 조직의 목표가 무엇을 구성하는지에 대하여 서로 동의하지 않는 실정이다. 더욱더 정의를 내리는 것을 복잡하게 하는 것은 조직은 공식적인 목적 외에 다른 형태의 목적을 가지고 있기 때문이라고 본다.

조직의 목표를 정의하기 어려운 이유는 조직이 목표를 갖기보다는 조직을 구성하는 개인들이 목표를 갖고 있고, 목표는 관찰하기 어려우며, 그리고 실제로 목표와 수단의 구분이 어렵다는 점이다.[2] 그러나 조직목표의 정의는 불가피한 현상이다. 왜냐하면 조직은 무엇인가를 공통적으로 달성하려고 하는 의도를 가지고 설정된 하나의 체제 혹은 사회체제이기 때문에 반드시 공통적으로 추구해야 할 목적이 있어야 한다. 이러한 어려움에도 불구하고 일반적으로 정의한 것을 검토해 보면, 조직목표란 조직이 달성하고자 하는 바람직한 '미래의 상태'를 의미한다고 할 수 있다.

---

1) William G. Scott and Terence R. Mitchell, *Organization Theory: A Structural and Behavioral Analysis*(Homewood, Ill.: Richard D. Irwin, 1976), p. 29; Heffron, *Organization Theory & Public Organizations*, p. 88(재인용).

2) Charles Perrow, "The Analysis of Goals in Complex Organizations," *American Sociological Review*, vol. 26(1961), pp. 859-866.

2. 조직목표의 기능

조직은 다양한 목표를 갖고 이에 따른 여러 가지 효용성과 기능을 갖는다.[3]

1) 조직활동의 방향제시

조직목표는 조직의 운영과 활동을 위한 방향을 제시하여 준다.

2) 동기유발

조직목표는 조직구성원들이 조직에 일체감을 느끼고 조직활동의 동기를 유발하게 하는 데 필요한 기초를 제공한다.

3) 정당화 근거

조직목표는 조직의 존재 그 자체와 조직활동을 사회 내에서 정당화하는 정당성의 근거를 제공한다.

4) 조직평가의 기준

효과성과 능률성을 평가할 수 있게 하는 기준 내지 척도를 제공한다. 즉 조직의 목표는 조직의 성공도와 그에 대한 기여도를 평가하는 기준이 된다.

5) 조직설계의 기준

조직의 목표는 조직의 구조와 과정을 설계하는 준거를 제공한다.

제2절 조직목표의 분류

1. 조직목표의 분류

조직은 다양한 목표를 가지고 있는 실체이다. 조직은 실질적 목표, 체제목

3) Richard L. Daft, *Organization Theory and Design*, 7th ed.(South-Western College Publishing, 2001), pp. 55-57; Edward Gross and Amitai Etzioni, *Organization in Society*(Prentice-Hall, 1985), p. 8; 오석홍, *op. cit.*, p. 107; 윤재풍, *op. cit.*, pp. 130-131.

표 및 개인의 목표를 추구한다. 이 상황을 복잡하게 만드는 것은 다양한 목표가 각 목적의 범주 내에 존재한다는 것이다. 그리고 조직이 직면하는 가장 어려운 과업 가운데 하나는 실질적인 목표의 설립이다. 실질적인 목표는 모호한 의도를 구체적이고, 목표가 있는 방향으로 변형하고, 그리고 갈등하는 목표들 가운데 갈등을 해결하는 것이다.

1) 실질적 목표(Substantive Goals)

조직의 실질적 목표는 조직이 달성하려고 하는 목표로 정의한다. 목표는 조직의 존재의의를 나타내며 목표 없이는 조직이 있을 필요가 없다. 목적은 미래 지향적이며 우리가 가지고 있지 않은 것을 찾으려는 상태이다.

◇ 사명(mission)과 목표(goal)의 비교

사명은 조직이 상품을 생산하는 것이나 서비스를 제공하는 것과 같이 사회에서 조직이 하는 기능을 말한다. 반면에 목표는 결정 혹은 행동의 이면에 있는 의도, 혹은 개인이나 집단이 추진하는 마음의 상태를 말한다. 예를 들어 자동차회사가 자동차를 생산하는 것이 그 조직의 사명이며 이윤을 만드는 것은 그 조직의 목표 가운데 하나이다.

공공조직에 있어 사명과 목표의 구별은 불분명한 경우가 많으며 때로는 혼용하여 사용한다.

예를 들어 토양보전국(Soil Conservation Service)은 그의 사명으로 토질을 보존하고 토양, 물 및 관련자원의 현명한 사용을 위하여 국가의 리더십을 제공하는 것으로 정의한다. 이러한 예에서 목표와 사명을 구별한다는 것은 불가능하다. 공공조직은 일반적으로 이윤을 만들기 위하여 형성되지는 않으며 또한 이윤을 내는 것이 공공조직의 의도는 아니다. 능률은 조직의 업적을 평가하는 기준이지만 목적은 아니다. 아무도 능률을 극대화하기 위하여 조직을 만들지는 않는다. 공공조직의 사명은 조직의 전반적인 목표이며 실질적 목표는 그 사명을 달성하기 위한 더욱 구체적인 활동 혹은 기능을 의미한다.

Simon은 조직의 목표를 조직의 상위계층이 역할을 정의하는 기준 혹은 일련의 구속장치로서 정의한다. 조직의 목표는 구성원들에 의하여 내면화되고 업무를 수행하는 동안 적용된다. 의사결정 상황에 있어서도 목표는 선택을 제한하고 선택한 요인들을 어떻게 평가할 것인가를 결정하는 구속장치로서 역할을 할 수 있다. 공공조직의 사명은 결정과 행동의 방향을 결정하여 주는 구속력으로 볼 수 있다.

사명(임무)은 공공조직에는 절대적으로 중요하다. 사명은 합법성, 방향 및 목표를 제공하고 전반적인 조직 및 직원들의 업적평가를 위한 기준으로서의 역할을 하며 조직 내의 불확실성을 감소시킨다. 잠재적인 관료후보들이 공공조직이 수행하는 기능 때문에 공공서비스에 매력을 갖는다는 점에서 사명은 중요한 채용도구로써의 역할을 한다. 공공조직의 사명은 구성원들을 위한 주요한 동기부여의 역할을 제공하며 조직의 응집력을 지속시켜 주기도 한다.

사명과 사명으로부터 구체화되는 실질적 목표들은 조직설계와 구조를 위한 근거를 제시한다.

2) Perrow의 목표분류

Perrow는 조직의 실질적 목표를 세 가지로 분류하였다.[4]

(1) 공식적 목표(official goals or mission): 상위계층에 의하여 발표된 것이거나 헌장에 기술된 조직의 전반적인 목표들을 의미한다. 공식적인 목표는 주로 주민들에게 조직의 목표를 제시한다.

(2) 실질적 목표(operative goals): 조직이 실질적으로 무엇을 하려고 하는가를 가리킨다. 즉 조직의 실질적 운영정책에서 추론될 수 있다.

(3) 운영 목표(operational goals): 구체적이고 측정할 수 있는 운영 목표는 행태를 지도하고 근로자의 입적을 평가하기 위하여 사용된다.

공식적 목표는 다소 상징적이다. 자주 달성되지도 않고 심지어는 달성되지 않을 수도 있다. 공식적 목표는 오히려 국민들에게 상징적인 확신을 제공하기 위하여 의도된 것이다.

예를 들어 사회복지정책은 의도한 목적에는 훨씬 못 미치지만 적어도 정부가 도움을 필요로 하는 대중을 고려하고 있다는 의도를 전달한다. 그러나 상징적인 목표가 중요한 정치적 목적을 달성하는 역할을 한다고 하더라도 그러한 사명

4) Charles Perrow, "The Analysis of Goals in Complex Organizations," *American Sociological Review*(1961), pp. 854-866.

을 맡은 조직에게 어려운 문제가 발생할 수 있다. 다시 말하여 상징적 목표들이 실제로 조직이 달성하려고 하는 것이 아니라는 것이 드러난 경우 많은 정치적 어려움이 발생된다. 담당조직은 좌절과 스트레스 및 사기저하에 빠질 것이고 고객들은 정부에 더욱 확고하고 적극적인 행동을 요구하게 될 것이다. 정책결정자들은 그 조직의 정책실패에 대하여 적대적으로 비난을 할 것이며, 동시에 비난을 받게 될 것이다.

3) 체제목표(Systems Goals)

개방체제로서 조직은 자체적으로 유지, 성장 및 생존을 확실하게 하려고 한다.

환경이 풍족하고 우호적인 경우에는 조직이 성장하는 데 최소한의 주의 및 자원이 요구될 것이며, 조직의 실질적 목표나 경쟁자에 대한 갈등은 없을 것이다. 반면에 환경이 적대적 · 격동적 및 부족한 경우 조직의 생존은 자연히 위협을 받게 된다. 이러한 상황에 직면할 때 생존은 중요한 목표가 되며 실질적인 목표를 대체할 수밖에 없다.

규제기관들은 그들의 실질적 목표를 추구하는 과정에서 적대적인 환경에 직면하게 되는 경우가 허다하다. 그들의 환경은 주로 규제 받기를 원치 않는 피규제집단으로 쌓여 있다. 만약 규제기관들이 그들의 목적을 강하게 실현하려고 하면 할수록 그들 주위 환경의 적대감 수준은 증가할 것이다. 결국 이러한 적대적인 환경에 맞설 만한 지지세력을 확보하지 못할 때 규제기관은 자원을 상실하게 되며 결국에는 조직을 폐쇄하는 결과를 초래할 수도 있다. 체제적인 관점에서 볼 때 이러한 경우 조직의 반응은 조직의 생존을 유지하는 방향으로 전환한다는 것이다. 이것은 적대감을 감소시키고 그들의 지원을 얻기 위하여 피규제집단에게 항복하는 경우 그들의 실질적 목표를 포기하게 될 것이다.

적대적인 환경을 완화하는 정도를 넘어서 어떤 조직은 그들의 환경을 통제하고 조정하려 한다. 보통 조직은 그들의 실질적인 목표를 실현할 수 있도록 예측성, 안정성 및 지지를 얻기 위하여 환경을 통제하려고 노력한다. 그러나 때로는 조직은 자치권을 확보하고 더 나아가 권력의 욕망을 채우기 위하여 조직 주변 환경에 존재하는 강력한 집단들을 지배하는 것에 사로잡힌다.

◇ J. Edgar Hoover의 사례

Hoover의 체제하에 FBI는 그 자신의 실질적인 목표를 희생하면서 환경을 통제하기 위한 지칠 줄 모르는 욕망에 사로잡혀 있었다. 환경의 통제는 대중, 의회 및 집행부서의 장들을 조작, 회유, 흡수 혹은 무력화하는 것이 필요하였다. 대중의 지지는 아주 중요한 요인이나 이것은 지속적이고 정교한 대중관계를 통하여 얻었다. 그리고 대중의 제일의 적을 만들어내어 범죄자인 John Dillinger와 Alvin Karpis를 극적으로 체포하여 FBI를 대중에게 선전하고 지지를 획득하는 데 활용하였다. Hoover는 FBI를 국가의 신뢰집단으로 만들고 그의 절대적 권한은 종교와 유사하였다. 그의 개인적인 카리스마는 교황같이 절대적이었고 막대한 권력을 휘두르고 의회도 무력화시켰다. 정치인들인 의원들도 압도적으로 대중의 지지를 얻고 있는 FBI에 간섭하는 데 주저하지 않을 수 없었다. 또한 Hoover는 체계적으로 통계숫자를 활용하여 의회의 통제위원회를 무력하게 하였다. Hoover의 각종 범죄체포 등을 포함하는 통계숫자는 계속 상승하였으며, 지난해의 범죄자의 극적인 체포를 서면화하여 선전하고 이로 인하여 요원의 수를 증가시켜 다음 해의 예산을 확보하는 데 큰 도움이 되었다. 실제로 FBI의 예산은 의회에서는 거침없이 원안대로 통과되었다.

Hoover는 의회의원들 및 행정각료들의 각종 비리 및 비윤리적인 행태에 대한 정보를 입수하여 비밀서류들을 만들어 보관하였으며 FBI나 자신에게 부정적인 발언으로 비난하는 경우 이들을 활용하였기 때문에 의원 및 각료 어느 누구도 섣불리 이 정보기관에 간섭하기를 원치 않았다. Hoover는 이 정보기관이 폐쇄체제로 운영이 될 수 있을 정도로 FBI의 환경을 거의 완전히 장악하였다. 체제의 유지목표가 이 정보기관의 원래의 실질적 목표보다 우선하였으며 대중의 지지를 확보하기 위하여 FBI는 쉽게 해결할 수 있는 범죄사건이나 마음대로 선택한 쉬운 사건에 치중하였다. 그러나 조직범죄와 같은 더욱 중요하거나 쉽게 해결되기 어려운 사건은 거의 무시하였다. 특히 인권을 위반한 사건의 처리는 우선권에서 밀려나 있었고 이 정보기관에 근무하는 정보원 가운데 소수민족의 수는 아주 적은 편이었다. FBI와 지방의 법 집행기관들과의 관계는 조정하거나 거의 적대적이었는데, 그 이유는 협조를 함으로써 FBI의 명예가 실추되는 것이 두려웠던 것이다. 실제로 이 정보기관은 자치적이며 기관장에게는 전적으로 자율권이 주어졌다. Hoover가 사망한 후 FBI는 많은 어려움을 겪었으며 처분에 맡기는 신세가 되었다. 그 동안 Hoover의 통치하에 억눌려졌던 분개 및 적의감이 극도로 노출되었으며 개방적이고 책무감이 있는 체제로 운영하는 데 익숙하지 못한 FBI는 흔들리기 시작하였다.[5)]

4) 파생적 목표

파생적 목표는 조직의 존재와 활동으로부터 파생되는 목표이다. 파생적 목표가 조직의 본래의 존립취지에 내포되어 있는 것은 아니다. 그러나 파생적 목표를 간과해서는 조직현상을 충분히 이해했다고 볼 수 없다. 조직이 활동하는 가운데 여력이 생기면 문화사업, 지역사회 봉사 및 특정 정당에 봉사하는 활동을 할 수 있다. 파생적 목표는 그것을 추구하는 과정에서 목적의 전환 및 승계를 초래하기도 한다.

2. 공공조직의 성장이유

공공조직은 사조직보다 목표의 특성 때문에 성장하는 경향이 짙다. 공공조직은 일반적으로 모호하고 자주 달성하기 어려운 목표로 인하여 어려움을 면치 못하고 있다. 예를 들어 국방부가 국가의 안전을 완전히 보장하기는 힘들 것이며, 경찰도 범죄를 완전히 소탕하고 국내의 안전을 영원히 보장하기는 어려울 것이다. 이러한 이유는 공공조직이 성장하려고 하는 다음과 같은 이유를 갖게 한다.

1) 목표를 완전히 달성하기 어려운 상황에서 만약 조직의 규모가 더 커지고 충분한 자원을 가질 수 있다면 목표를 달성하는 데 더욱 유리할 것이란 확신을 준다는 것이다. 실제로는 아무도 이 목표를 완전하게 달성하는 방법을 알지 못하며, 목표를 달성하는 데 반드시 규모가 더 크고 자원을 충분히 가져야 된다는 논리가 옳지 않다고 반론을 제기할 수 없는 것이 지배적이다.

2) 조직이 성장하지 못한다면 정치인들은 목표를 충분히 달성할 수 없는 것으로 인식할 수 있기 때문에 자신들에게 불리한 정치적 영향을 피하기 위하여 성장을 추구한다.

---

5) Neil J. Welch and David Marston, *Inside Hoover's FBI*(Garden City, N. Y.: Doubleday, 1984), p. 24; Heffron, *Organization Theory & Public Organizations*, pp. 92-93(재인용).

3) 인구가 증가하고 사회가 전문화 · 복잡화됨에 따라 국민의 정부에 대한 서비스의 요구는 자연히 증가하게 된다.

3. 개인과 조직목표의 융합

조직은 개인들의 집합체이며 개인들은 조직환경에서 그들이 추구하려는 목표를 가지고 조직에 들어온다. 최근 조직을 분석한 경제학이론은 조직이 아닌 개인이 분석의 단위가 되어야 한다고 주장한다. 경제학이론에 의하면, 조직들은 조직 자체의 목적을 가지고 있지 않고 순전히 개인들의 목표가 각축전을 벌이는 정치적 영역이라고 주장한다. 같은 논리로 시장의 구조와 과정도 다양한 목표와 다양한 동기부여를 교환하는 사람들에 의하여 만들어진 복잡한 적응관계의 결과이다. 개인들은 인간의 본성인 이기주의, 탐욕에 의한 동기부여, 자신의 확장을 위한 욕구 및 목적을 달성하기 위하여 속이려는 의도 등 다양한 욕구를 가지고 있다. 이와 같이 개인들은 복잡한 동기부여, 직업에 대한 만족, 의미 있는 직무, 그리고 다양한 목표들을 가지고 있다고 사회심리학 문헌들은 지적하고 있다. 그러나 개인의 목표와 조직의 목표가 서로 무관하다거나 양자는 실제로 언제나 분리되어 있다는 것으로 인식하여서는 안 된다. 조직생활의 실제에 있어서 조직의 목표는 구성원들이 수용하고 추구해야 하기 때문에 어디까지가 서로 다른 목표인가를 구분한다는 것은 어렵다.

일단 취업이 된 다음에 고용인들의 행태는 다양하다. 일반적인 현상이긴 하지만, 직장 내에 개인들의 최대 목표는 일단 수입을 극대화하고 어느 정도 만족하고 나면 여가를 극대화하려고 한다. 그러므로 고용주들은 직장에서 최대한 노력하지 않으려는 근로자들의 타고난 성향을 통제하여야 되는 문제에 직면하곤 한다. 그러한 관계로 조직이론의 많은 문헌들은 개인 목표의 중요성을 지적하였고, 조직의 목표와 개인의 목표간의 갈등을 언급하였다.

거의 모든 개인들이 조직에 합류할 때에 조직 내에서 달성하려는 개인적인 목표를 가지고 오며, 개인들의 목표는 개인마다 다를 수 있다 하더라도 그들이 서로 공유하는 공통적인 목적은 있다. 이 목적들은 금전적이거나 여가를 최대화하는 문제에 국한하지 않고 다양한 욕구, 즉 지위, 권력, 만족할 만한 인간관계, 의미 있는 업무 그리고 경력발전과 승진의 욕구를 포함할 수도 있다.

이들의 목표가 상충되는 것인가? 이들의 양자가 통합되는 것이[6] 가능한 것인가? 조직이론에서 조직의 목표가 우선되어야 한다는 학설이 있지만 근래에는 양자의 통합을 강하게 고려하고 있는 것 같다.

따라서 이를 세 가지 범주로 나누어 설명하려 한다.

1) 교환모형(Exchange Model)

조직과 개인 사이에 뚜렷한 거래협상의 관계가 설정된다. 조직은 개인의 목표성취에 도움이 되는 대가로 시간과 노력을 조직의 목표성취에 바치게 한다. 교환모형은 외재적 보상에 기초를 둔 모형이라고 볼 수 있다. 조직과 개인은 스스로의 필요를 충족시키기 위해 상대방의 필요를 충족시키는 간접적인 방법이다. 교환모형은 목표통합의 방법이 아니라 서로의 목적을 양립시키는 방법을 모색하는 접근방법이다.

2) 교화모형(Socialization Model)

개인은 조직이 목표성취하는 데 도움이 되는 행동을 가치 있는 것으로 생각하고 그렇지 않은 행동은 무가치한 것으로 생각하도록 유도하는 감화의 과정을 통해서 목표통합을 이룩하려는 접근 방법이다. 설득을 하고 모범적인 행동을 보임으로써 조직의 목표를 개인적 목표화하도록 유도하는 것은 적극적인 교화에 해당된다.

3) 수용모형(Accomodation Model)

조직의 목표를 설정하고 목표추구의 방법과 절차를 입안함에 있어서 개인적 목표도 동시에 성취되도록 배려하는 모형이다. 즉 조직을 구성하고 운영할 때 조직의 목표를 추구하는 것 자체가 개인에게 가치 있는 것으로 느껴지도록 함으로써 개인이 조직의 목표를 수용하도록 처방하는 모형이다.

---

6) Etzioni, *A Comparative Analysis of Organizations*(Free Press of Glencoe, 1961); 오석홍, *op. cit.*, pp. 108-112.

제3절 공공조직 목표의 성격과 과정

1. 공공목표의 특성

공공조직의 목표는 주로 외부에서 의회나 선거에 의하여 당선된 정치인들에 의하여 결정된다. 정치적 과정을 거쳐 만들어지는 목표결정의 불가피한 결과는 모호하고 애매한 성명에 지나지 않는다는 것이다. 입법의 통과는 의회 안에서 다양한 집단들의 연합을 요구한다. 더욱더 다양한 이익집단과 개인들의 협조를 얻기 위하여 법령의 성격을 가지고 있는 공공조직의 목표가 의회에서 통과되기 위해서는 다양한 이익집단들의 갈등을 무마하고 만족시키는 것이 중요하다. 따라서 자연히 공공정책은 모호해질 수밖에 없다. 모호한 정책 혹은 법령을 예를 든다면 빈곤에 대한 전쟁, 범죄에 대한 전쟁, 최대의 참여, 기회의 균등 및 완전고용 등은 정치적 호소력은 가지고 있으나 이러한 정책은 다양한 해석이 가능하고 조직에 구체적인 방향을 제시하여 주지 못한다.

공적으로 부여받은 임무는 모호한 것 이외에도 잘못 해석하거나 혼돈하기 쉬운 가능성이 있다. 이러한 임무는 단지 상징적인 목표를 위한 의도를 가지고 있다. 예를 들어 모든 국민에게 안락한 주택과 적절한 환경을 제공한다는 법안은 사실상 물리적으로 가능하지 않다.

이 외에도 공공조직은 복합적인 목표들을 부여받는다. 심지어 이 목표들간에 갈등이 없다고 하더라도 이들간에 우선권은 부여되지 않는다. 의회는 정치적 이유 때문에 우선권을 부여하는 것을 원치 않는다. 이와 같이 공공조직은 단순히 상징적으로 모호하고 복합적이며 때로는 갈등하는 목표를 부여받는 경향이 있다. 그러나 반드시 복합적인 목표들이 역기능을 초래하는 것만은 아니다. 예를 들어 가난한 사람들을 위한 음식쿠폰 혹은 무료교육실시 등의 프로그램은 가난한 사람들에게 식량과 교육을 제공하는 의미를 가지고 있는 반면 농업 분야 및 교육 분야에도 이익을 제공한다. 이와 같이 이러한 프로그램들은 사회 각 계층에서 이득을 보기 때문에 커다란 장애를 갖지 않을 수 있다.

복합적인 목표를 가진 조직은 하나의 목표를 가진 조직보다 더 효과적이고 능률적으로 그들의 목표를 수행할 수 있다고 주장한다. 그러한 조직은 직원 채용을 더욱 요구할 수 있고 근로자들에게 직무확충의 기회를 제공할 수 있다.[7] 공공조직의 목표가 모호하고 복합적이라고 하여 단점만이 있는 것은 아니고 오히려 관료들의 자유재량의 폭을 넓혀주어 창의성을 발휘할 수 있는 기회를 줄 수 있는 장점이 있다.

2. 모호한 목표와 조직의 행태

이미 언급한 바와 같이 많은 공공조직은 실제적으로 끊임없는 해석과 갈등을 가지고 있는 모호하고 부정확한 목표를 가지고 있다. 그러한 목표를 가지고 있는 공공조직들이 어떻게 운영되는지는 흥미있는 일이 아닐 수 없다.

1) 모호한 목표의 운영

Cohen, March 그리고 Olsen은 모호한 목표에 의해 운영되는 조직을 조직화된 무질서로 보아야 한다고 제안하였다.[8] 조직화된 무질서란 세 가지의 일반적인 특성으로 요약되는데, 이들은 불분명한 목표, 불분명한 기술 및 유동적인 참여이다. 모호한 목표와 관련되어 발생할 수 있는 문제는 평가하는 사람들이 이 조직에서 활용하고 있는 조작적 정의를 다른 조직에 사용하거나 혹은 목표에 대한 사회적 정의가 변경되어졌을 때에도 문제는 발생할 수 있다.

많은 공공조직은 이러한 특징을 나타내며 또한 집합적으로 기능을 한다. Cohen과 March는 예로서 대학조직을 들었다. 대학에서 근무하는 모든 사람들의 공식적인 목적으로는 교육, 연구 및 봉사로 말할 수 있는데, 이 용어들은 확실히 모호하고 애매한 내용을 가지고 있다. 교육의 정의는 무엇이며 어떠한 기능까지 포함시켜야 되는가? 연구는 교수들에게 학문연구, 연구프로젝트 수주 및 저술발간 등을 요구하는 것을 의미하는가?에 대하여 다양한 해석이 가능하다.

경찰조직도 대학과 같이 유사한 특성을 가지고 있다. 경찰조직의 공식적인 목표는 법과 질서를 유지하고, 공공의 안전을 보호하며, 지역사회 및 시민의 안전을 증진시키는 데 있다. 물론 이 목적 자체가 모호하나 경찰들은 마치 사회가 무엇을 요구하는지 이해하는 것과 같은 행위를 한다. 왜냐하면 공공조직은 제도

7) Etzioni, *Modern Organizations*, p. 14.

8) Michael D. Cohen, James G. March, and Johan P. Olsen, "A Garbage Can Model of Organizational Choice," *Administrative Science Quarterly*(March 1972), p. 1.

화된 조직으로 사회에서 요구하는 목표를 실현하기 위하여 사회에서 구체적으로 만들어진 규율과 같은 제도에 반응을 해야 하기 때문이다. 예를 들어 경찰은 범죄를 치유하는 것이 아니라 범죄자를 체포하고 학교는 학습이 아니라 학생을 산출한다. 병원은 치료하는 곳이 아니고 환자를 다루며, 법원은 사법보다는 재판결정을 산출한다. 실제로 모호한 사회의 사명은 사회의 규범을 수용하기 위하여 경찰, 병원과 법원의 예와 같이 구체적이고 기술적인 활동으로 재정의된다. 그리고 조직은 이에 따라 구조화되고 이러한 활동을 계속 수행한다. 이와 같이 특히 공공조직에서는 목표가 구조를 결정하는 것이 아니라 사회가 구조를 결정하고 구조는 목표를 정의한다.

2) 모호한 목표와 자유재량

모호한 목표는 정치체제에 문제를 야기시킬 수 있다.

공식적인 목표가 부여된 공공조직들은 이 목표를 구체화하기 위하여 다양한 방법을 사용할 것이며 그러한 권한이 관료제에게 주어졌다. 목표가 모호하면 할수록 관료제는 그 목표를 어떻게 수행하는지를 결정하는 데 더 많은 자유재량을 갖는다. 공공조직이 많은 자유재량을 갖게 되면 이익집단이나 고객집단의 포로가 되기 쉽다. 공공조직들이 생존하기 위하여 때로는 정치적 지지가 필요하며, 그러한 지지가 필요한 경우에 이익집단들의 협조를 구하게 된다. 협조를 구하는 대가로 공공조직은 이 집단들의 요구를 만족시키지 않으면 안 된다.

공공조직의 자유재량은 역시 조직구성원의 자유재량을 증가시킬 수 있다. 목표가 구체화되지 않으면 모호할 것이며 조직의 하위계층 직원들의 해석에 따라 영향을 받을 수 있다. 그 이외에도 모호한 목표는 불가능하지는 않다고 하더라도 공공조직에 대한 정치적 통제를 어렵게 한다. 만약 정치적 통제기관들이 공공조직을 통제하려 할 때 공공조직이 무엇을 달성하려 하는지를 확실히 알지 못할 경우 그들의 책무성을 요구할 수 없을 것이다.

3) 분명한 목표의 장 · 단점

(1) 장　　점

분명한 목표는 구조나 운영 면에서 통합과 응집력을 줄 수 있다. 분명하고 구체적인 목표는 조직이 성과를 측정할 수 있고 근로자들의 행태를 유도하는 데 유리한 점이 있다. 목표가 구체화되면 자유재량이 줄어들고 자연히 이익집단의 압력을 피하거나 더욱 강하게 저항할 수 있어 결과적으로 공공조직은 자신의 권력과 독립성을 보호할 수 있다. 분명한 목표는 조직의 하위계층에서 변경될 가능성이 적어지기 때문에 법령해석에 있어 입법적인 책망을 덜 받아 조직을 보호할 수 있다. 정치적 관점에서 분명한 목표를 가진 조직들은 모호한 목표를 가진 조직보다 평가나 통제하기 더 쉽고 결과적으로 책무성과 책임성을 증진시킬 수 있다.

따라서 공공조직의 효과적인 정치적 통제를 유지하기 위하여 목표를 구체화하는 법령이 필요하다.

(2) 단　　점

그러나 불행하게도 공공조직이 수행하는 목표를 구체화하는 데는 광범위한 사회 및 입법의 동의가 필요하다. 목표가 광범위하고 모호한 경우 의회 및 정치인들의 동의를 받기 쉽고 구체화되면 동의를 받기 어려워진다. 사회에는 다양한 이해집단이 있어 자신들의 이익에 불리한 정책에는 동의하지 않기 때문이다. 따라서 목표를 구체화한다면 공공정책 혹은 프로그램을 만들지 못하는 경우가 일어날 수 있다. 목표를 구체화하는 데에 발생할 수 있는 문제점은 공공조직이 융통성의 제약을 받기 때문에 신속하게 변화하는 환경에 적절히 대처할 수 없다는 것이다. 결국 조직은 시대에 뒤떨어져 제대로 기능을 할 수 없으므로 폐쇄체제로 전락하기 쉽다는 것이다.

3. 복합적 및 갈등하는 목표

1) 복합적 목표

모든 조직은 복합적인 목표를 가지고 있다. 실제로 공식적 · 실질적, 운영목표 그리고 개인들의 목표가 있으며 이들 각 목표들이 복합적인 목표로 구성되어 있다. 이와 같이 조직은 다양한 목표와 갈등하는 목표들을 달성하기 위하여 노력한다. 특히 공공조직은 서로 갈등하는 실질적 목표들을 부여받는 경향이 있다. 예를 들어 미국의 국립공원관리청(National Park Service)은 최근에 두 개의 갈등하는 목적들을 균형적으로 수행하기 위하여 최선을 다하였지만 성공적이지 못한 사례도 있다. NPS는 시민의 향락과 교육을 위하고 동시에 공원의 자연환경보호를 목표로 함으로써 서로 갈등이 일어날 수 있는 목표들을 관리하고 있다. 그 이외에도 목표들이 모호하고 구체화하지 못하였으며 동시에 두 개의 목표를 수행하기에는 어려운 실정이다.

그러나 조직들은 순환적으로 복합적인 목표를 추구하면서 교대로 목표를 최대화할 수도 있다. 대학은 어떤 시기 동안 연구를 진작시키기 위하여 많은 예산을 책정하면서 연구목표에 최선을 다할 수 있다. 교수들의 연구시간을 자유롭게 하기 위해서 대학원의 학생들에게 일부 수업들을 넘겨주고, 강의실의 규모를 증가시키고, 업적평가제도를 실시하는 데 많은 자원들이 우선적으로 투자될 수 있다. 한참 후에 대학에서 학생들의 불만이 자연히 고조되고, 부정적인 대학입법과정, 명성의 실추 등은 연구나 교육의 목표이행을 어렵게 만들 수 있기 때문에 대학의 자원과 관심을 다른 곳으로 이동하게 된다. 이와 같이 조직들은 순환적으로 복합적인 목적을 추구하게 되는 것이 자연적 이치이다.

그러나 공공조직의 목표들을 달성하기 위한 자원이 한정되어 있는 경우엔 불가피하게 하나를 선택할 수밖에 없다. 이러한 선택을 해야 할 경우에는 부분적으로는 기술적인 요인, 자원의 사용가능성, 환경적인 압력을 고려해야 한다.

2) 목표의 갈등과 변화

기술(technology)과 환경은 갈등하는 목표들 가운데 조직의 선택을 결정하여 주는 가장 주요한 요인들에 속한다. 논리적으로 목표가 기술을 결정하지만 실제로는 그 반대로 성립될 수 있다. 즉 기술이 목표를 결정한다는 것이다. 만약 조직이 목표를 달성할 수단을 모르기 때문에 달성할 수 없는 목적에 직면한다면, 조직은 목표를 재정의하거나 달성될 수 있는 기술이 알려진 다른 목표가 있을 시에 최대화를 위하여 그 목표를 선택하게 된다.

환경요인도 조직이 갈등하는 목표들 가운데 선택을 하게 하는 주요한 역할을 한다. 갈등하는 목표들은 조직의 환경에서 이익집단들의 갈등에 의하여 일어나는 경우가 많다. 선택된 목표는 강력한 이익집단의 요구와 가장 잘 일치되는 경우가 자주 발생한다. 또한 이익집단의 권력이 변화하면 조직목표의 변화를 초래하기 쉽다. 목표설정은 본질적으로 조직과 조직의 환경 간에 바람직한 관계를 정의하는 문제라고 볼 수 있다.

특히 공공조직에서 목표갈등이 일어나는 것은 흔한 일이다. 왜냐하면 공공조직의 목표는 외부의 정치체제, 즉 국회, 대통령, 사법부 혹은 도지사 및 시장 등에 의하여 만들어진 후 공공조직에 부여된다. 따라서 공공조직은 외부정치체제에 의하여 자신들에게 부여된 목표들에 완전한 통제력을 갖기는 어렵다. 뿐만 아니라 정치체제들은 때로는 이익집단, 대중 혹은 강력한 사조직 및 개인을 만족시켜야 되는 각기 다른 정치적 목표 때문에 갈등의 소지가 있는 목표를 부여하는 것은 이해할 수 없는 일은 아니다.

4. 목표의 탐색(Goal Identification)

조직을 연구하는 사람들이 직면하는 중요한 도전은 조직의 목표가 무엇인지를 탐색하는 것이다. 최고관리자가 발표한 법령 혹은 정책선언과 같은 공식적인 성명은 목표를 탐색하는 데 신뢰성이 있거나 현명한 방법은 아니다. 물론 그러한 선언은 조직의 실제행태와 관련되지 않을 수도 있겠지만 공식적인 성명이 무시되어서는 안 된다. 왜냐하면 공식적인 성명은 조직의 의도를 이해하는 데 도움을 주기 때문이다.

Etzioni는 조직의 목표는 조직구성원들의 의견을 물어보면서 결정될 수 있다고 제안하였다. 그러나 이러한 방법은 많은 문제를 가지고 있다. 사실 조직의 하위 및 중간계층의 근로자들은 조직의 목표를 잘 알지 못할 뿐더러 자신들에게 주어진 임무만을 계속 반복할 것이다. 최고관리자는 조직의 실질적 목표를 잘 말하지 않을 수도 있고 실질적으로 추구하는 목표보다 오히려 다른 목표를 말할 수 있다. 그러한 경우는 실질적 목표를 숨김으로써 조직의 목표를 보호할 수 있다고 믿을 때이다. 그들은 단지 공식적인 성명만을 말할 것이기에 실질적인 목적을 탐색한다는 것은 어려울 것이다. 예를 들어 국방부의 목표는 적으로부터 나라를 보호하는 것이라고 할 것이다.

1) 합리적인 조직목표 설정에 대한 정치적 영향

조직목표(organizational goals)란 조직이 달성하고자 하는 바람직한 상태를 의미한다. 초기의 의사결정론자들은 합리적이며 분석적인 방법에 의하여 의사결정하는 것이 의사결정을 실현하는 최선의 수단으로 보았고, 무엇이 바람직한 조직의 목표인지는 고려하지 않았다. 즉 목표는 이미 결정되어 있고 단지 목표를 실현하는 최선의 수단이 전적으로 관심의 대상이 되었기 때문에 목표 자체에 대한 논의나 비판이 있을 수 없었다. 그러나 목표의 올바른 설정이 출발점이기 때문에 최근에는 목표의 타당성을 연구의 대상에 포함한 것은 다행한 일이다. 의사결정 방법 가운데 점증주의적 결정이나 합리적 · 분석적 결정 중에서 어떠한 결정방법이 바람직한 것이냐에 대한 논의가 계속되어 온 것은 사실이다. 무엇이 바람직한 것인가에 대하여 학계에서조차 양분되어 있는 실정이며 Jefferson학파와 Hamilton학파간의 논쟁은 대단한 의미가 있다. 즉 어떠한 방식에 의한 의사결정이 더욱 민주적인 성향을 갖게 될 것인가? 혹은 민주주의를 위해서 Jefferson(점진주의 방법)과 Hamilton(합리주의 방법)의 혼합(Hybrid)을 선호하는지이다.

간단히 요약하면 우리나라도 민주화가 진전됨에 따라 엘리트사회에서 다원화된 사회로 전향하고 있다. 다원화 사회에서는 이익집단들이 자신들의 이익을 추구하기 위하여 활발히 활동하는데, 그 결과 국가는 강력한 이익집단의 이익을 대변하는 국가로 전락할 수 있는 위험이 따른다. 이익집단의 활동은 민주주의가 발전하는 데 필수적인 존재이긴 하지만 국가가 국민을 위한 것이 아니라 강력한 이익집단의 포로가 되는 것은 피해야 한다. 조직의 목표설정은 이러한 정치적 역학관계를 어느 정도 잘 이해하고 정치인 및 정치적인 집단들의 이기적인 압력에서 벗어날 수 있다면 합리적인 결정을 만들 수 있을 것이다.

2) 목표설정의 바람직한 절차

(1) 문제의 올바른 파악이 있어야 한다.

(2) 올바른 파악을 하게 되면 어떠한 문제가 핵심인지 파악할 수 있게 되며, 따라서 문제의 정의를 할 수 있게 된다.

(3) 정의된 정책문제를 해결하여 얻게 될 효과와 이를 해결하기 위한 비용 및 문제의 해결가능성을 검토하여 목표의 우선순위와 달성수준을 결정하게 된다.

3) 문제파악을 위한 내용과 순서

(1) 문제의 파악은 문제발생의 원인과 결과를 파악하고 문제의 원인과 결과간의 인과관계를 파악해야 한다.

(2) 문제의 범위, 심각성, 크기, 강도 등을 고려하여 피해계층이나 집단을 파악한다.

(3) 정책으로 인하여 피해를 보는 계층이 많을 수 있으며, 때로는 특정집단에게만 피해가 일어날 수도 있다. 이러한 경우에 피해들을 비교분석하여 조직의 목표를 설정하는 데 신중해야 할 것이다.

(4) 아울러 실현가능성을 분석하여야 한다. 정확한 조직의 목표와 그 목표를 실현하는 올바른 수단이 설정되면 Type Ⅲ의 Error를 막을 수 있다.

(5) 이들 문제가 미래에 어떻게 될 것인지를 파악하여야 한다. 미래를 예측하는 방안은 Brainstorming 혹은 Delphi 기법을 사용하기도 한다.

4) 문제의 정의

문제를 정의할 수 있다면 조직의 목표를 설정할 수 있게 된다. 또한 목표의 실현수단도 고려할 수 있다. 뿐만 아니라 문제를 정의한다면 여러 목표간에 갈등이 발생할 때 우선순위를 결정하는 데 도움을 준다. 그러나 이러한 상황이 객관성을 유지하도록 해야 한다. 개인적인 이해관계, 개인의 선입견, 편견, 가치관, 그리고 때로는 신념이 작용할 수도 있기 때문에 문제의 정의는 다양해질 가능성이 있다. 어떻게 하면 객관성을 유지하며 정의와 목표를 수립할 수 있을 것인가?에 대한 정확한 답은 아직 없다. 물론 전문가에게만 의존한다는 것은 대단히 위험한 경우가 많다는 것을 우리는 경험하고 있다. 물론 어려운 일이나 국민전체, 사회전체, 피해의 심각성, 피해계층 및 해결의 소망성을 고려한다면 객관성을 유지하는 데 도움이 될 것이다.

5) 목표의 구체성

조직의 목표가 구체적으로 설정되지 않은 상태에서 조직이 성공한 경우는 거의 없다. 그러나 목표를 명확화 및 구체화하려 할 때에는 상호의 모순(실업과 인플레이션), 경쟁관계, 때로는 정치적 지지를 얻는 데 있어서 불리함과 실현가능성을 고려해야 한다.

때로는 조직의 목표를 집행하는 가운데 정책이 구체화되기 때문에 어느 정도 구체성에 대한 융통성은 보장되어야 한다. 정치인들은 자신들이 결정해야 할 목표의 구체성을 자신들의 정치적 이유 때문에 행정관료들에게 의존하고 있다. 행정관료 역시 집행과정에서 많은 이익집단과의 갈등을 피할 수 없으며 이익집단은 정치인들과 동맹관계를 맺고 있기 때문에 구체적인 목표를 설정하는 데 많은 문제점이 있다. 그러나 행정관료들이 전문성을 확보하고 있기 때문에 목표를 구체화하는 데 유리한 것은 부인할 수 없다.

결론적으로 문제가 파악되고 정의를 하고 나면 목표가 설정될 수 있어 문제의 인과구조, 즉 목표의 구조(목표의 계층제)를 형성할 수 있게 된다. 그 후 자연히 목표를 달성할 수 있는 수단이 수립될 수 있게 된다. 조직의 목표가 가장 적은 비용으로 달성될 수 있다면 조직은 설정한 목표를 공표할 단계가 되는 때이다. 문제의 원인을 파악하는 것은 목표를 실현하는 수단을 합리적으로 결정하는 데 필수적이며, 문제의 결과를 파악하는 것은 바람직한 목표를 설정하는 데 필수적인 작업이다.

6) 효과적인 조직목표 설정을 위한 제안

어느 조직이나 자신들에 적합한 목표설정의 단계를 개발하는 것이 중요하다. 결정단계가 있다면 어떠한 문제에 봉착된다고 하더라도 두려울 것이 없다. Schlesinger는 「*Decision Making in White House*」란 책을 저술하면서 정책결정의 17단계를 개발하였다. 그 당시 이러한 말이 있었다. "어떠한 문제가 닥친다 하더라도 하나도 겁날 것은 없다. 왜냐하면 우리는 어떠한 문제가 발생한다 하더라도 이 공식에 문제를 대입시길 것이기 때문이다." 이것은 대단히 의미 있는 말이다. 행정학자가 목표를 설정하는 데 공헌하여 할 일은 목표를 설정하는 합리적인 절차를 제시하여 주는 것이라고 필자는 주장한다. 경제정책, 농업정책, 수산정책, 원자력정책 등과 같은 이들의 실질적인 내용을 행정학자가 충분히 알 수는 없다. 따라서 합리적인 결정에 필요한 합리적인 절차나 방법이 무엇인가를 연구하여 모형을 만드는 데 최선을 다해야 한다.

7) 공공조직의 궁극적 목표(Ultimate Goals)

목표는 조직이 달성하려고 노력하는 미래의 상태로 조직의 의사결정 및 행태의 범위를 결정해 준다. 공공조직에 있어서 고려하여야 할 목적의 최종의 범주는 정치체제의 기초를 형성하는 기본적 가치, 즉 부응성, 대표성, 책임성, 평등성 및 정당한 과정이 고려되어야 한다. 사조직보다도 공공조직에서 더욱더 이러한 가치를 고려해야 한다는 것은 이미 복잡한 목표상황을 더욱 복잡하게 만든다.

그러나 이러한 가치들은 무시한다는 것은 공공조직의 존재를 부인하는 것이 된다. 이러한 가치들은 조직이 실질적으로 달성하려는 목표보다는 오히려 조직이 목적을 달성하기 위하여 사용하는 수단과 관련된 과정목표들(process goals)이다.

이러한 정치적 가치는 능률성과 합리성과 같은 행정적 가치와는 대조를 이루며, 실질적 목표를 달성하려는 행태에 대한 장애로서의 역할을 자주 하곤 한다. 뿐만 아니라 이 용어들이 모호하고 다양한 해석이 가능하기 때문에 목표의 대치현상으로 변형될 가능성마저 있다. 예를 들어 부응성은 지역, 고객, 이익집단, 행정부, 입법부, 사법부, 대중 혹은 이들 모두의 필요에 부응하는 것으로 정의할 수 있다. 책임성과 대표성도 유사하게 정의할 수 있다. 평등은 모든 사람을 평등하게, 동등한 사람들을 동등하게 혹은 동등하지 않은 사람을 동등하지 않게 대우하는 것으로 정의할 수 있다. 정당한 과정은 조직이 활용하는 과정에 있어 본질적인 공평성을 요구한다. 그러나 대기업을 포함하는 절차들이 가난하고 조직화되지 않은 다수들에게는 불공평하게 고려될 수 있다. 더구나 이들의 가치들이 서로 갈등을 가져올 수도 있다. 정당한 과정은 조직이 부응하는 능력을 방해할 수도 있다. 또한 부응성은 평등성과 갈등을 가져올 수 있다.

정치적 가치들간의 갈등을 유발할 수 있는 요인들을 고려하면서도 공공조직은 전반적인 조직환경에 가장 적합한 가치를 다루지 않으면 안 된다. 때로는 공공조직은 조직차원에서 조작적 정의를 하면서 모호한 목표를 대치하기 위하여 모호성을 다룰 것이다. 조직은 부응성을 정의하는 데 고객들과 협동적이고 흡수적인 관계를 발전시켜 나가며, 다른 경우에는 가장 적절한 행태로 의회의 기대에 부응하는 것을 의미할 수도 있다. 조직은 이러한 복합적이고 갈등하는 성격을 고려하면서 환경과 사회의 요구에 따라 정치적 갈등간에 우선순위를 정하여 한 가지 가치를 극대화하거나 혹은 모든 가치를 적절히 만족시키거나 아예 목표의 대치현상을 가져오는 방법으로 대처하고 있다.

목표는 조직운영의 중심이다. 목표는 조직의 구조를 결정하고, 기술을 정의하며 목표의 합법성을 수립한다. 목표는 또한 조직의 효과성을 측정하는 방법을 제시한다. 그러나 특히 공공조직에서는 목표가 모호하고 복합적이며 갈등을 가져올 수도 있고 더욱더 이러한 목표를 조작화하거나 달성하기는 어렵다. 결과적으로 목표의 대치현상이 공공조직에서 발생하는 것은 대단히 흔한 일이다.

사조직보다도 공공조직이 직면하는 목표문제는 더욱 복잡하다. 사조직이 다양한 많은 목적을 가지고 있다고 하더라도 항상 이윤은 기본이며 이윤은 조작화할 수 있고 측정할 수 있다. 그러나 공공조직은 하나의 근본적인 측정방법이 없다. 이것은 공공조직의 운영 및 관리를 어렵게 할 뿐만 아니라 조직간의 비교를 한다거나 객관적으로 평가하는 것을 의미 없게 한다.

제4절 공·사조직의 목표대치현상과 변동요인

1. 목표대치현상

목표의 대치현상은 도구적 가치가 궁극적인 가치로 대치되었을 때 일어난다.[9] 수단이 목표가 되거나 하위목표의 최적화가 조직의 전체 목표로 최적화된다. 목표의 대치현상은 여러 가지의 형태가 있다. 관료제에서 가장 공통적으로 일어나는 형태는 실질적인 목표가 잊혀지거나 혹은 모호하게 되고 규칙에 철저하게 사로잡히는 것을 의미한다. 형식주의와 의식주의는 공식화된 절차에 무조건 따르는 행태를 말한다. 규칙에 과도하게 동조하면 동조과잉현상이 일어나 오히려 조직의 목표달성을 방해하는 행태로도 지적되고 있다. 그 이외에도 규칙에 집착함으로써 관료제가 고객들에게 냉정하거나 비인간적인 모습을 띤다고 비판하는 것은 어느 사회에서나 찾아보기 쉽다.

조직의 실실석 복표인 상위목표가 조직의 원래의 목표이고 이를 달성하기 위한 하위목표들이 수단적 목표라고 볼 때 수단적 목표에 치중하다 보면 자연히 상위 목표의 대치현상이 발생하기 쉽다. 이와 같이 원래 조직이 추구하려고 창조되었던 목표 대신에 조직이 선택한 목표로 변경되는 현상이 일어날 수 있는 위험이 있다. 체제목표가 실질적 목표를 압도하고 개인들의 목표추구가 조직 전체의 실질적 목표를 잠식시킬 수 있다.

9) Robert K. Merton, "Bureaucratic Structure and Personality," in Etzioni, *A Sociological Reader on Complex Organizations*, p. 51.

1) 공공조직의 목표대치현상의 발생원인

(1) 모호한 목표

① 목표대치현상의 원인은 다양하다. 그러나 가장 중요한 원인 가운데 하나는 실질적 목표의 모호성에서 온다. 모호성은 조직의 관리자들이 조직이 추구할 실질적 목표를 결정하고, 그 결정들을 지지하도록 업적평가나 보상체계를 구조화하는 것을 어느 정도 자유스럽게 허용할 수 있다. 모호한 목표가 부적절한 실질적 목표로 변형될 위험이 일어날 수도 있다. 때로는 체제목표 혹은 조직 내 개인들의 목표로 변할 수 있고, 뿐만 아니라 조직의 임무와는 거의 관계가 없는 규칙을 과도하게 강요하면서 극단적인 집권화를 유도하기도 한다. 특히 모호한 목표를 갖기 쉬운 공공조직은 사조직보다 목표대치현상이 나타나기 쉽다. 목표의 모호성은 시장의 영향력이 결핍되고 목표달성에 대한 엄격한 외부의 평가를 어렵게 한다.

② 심지어 모호한 목표가 불확실한 기술과 결합되어 있을 경우 목표의 대치현상은 더욱 현저하게 나타나기 쉽다. 신뢰할 수 있는 기술이 결핍되어 있을 때, 표준운영절차에 과도하게 의존할 것이다. 무엇을 하는지 혹은 그것을 어떻게 하는지를 분명히 모를 때는 원하지 않은 일을 하게 되는 것이 불가피할 수도 있다. 일반적으로 하나의 조직은 다양한 전문성으로 구성되어 있는데, 새로운 전문성을 첨가한다면 더욱 목표의 대치현상이 발생할 것이다. 통일되고 분명한 목표가 없다면 각각의 그 전문성에 맞는 목표를 추구할 것이기 때문에 목표의 대치현상이 더 강하게 나타날 수 있다.

(2) 목표의 전달체계의 미비

조직이 분명한 목표를 가지고 있다고 하더라도, 만약 그 목표들이 조직의 구성원들에게 잘 전달되지 않고, 조직의 사회화 과정이 목표를 구성원들에게 제대로 심화시켜 주지 못하였다면 역시 목표의 대치현상이 일어날 수 있다. 의사소통은 항상 복잡하다. 지리적으로 분권화된 조직들은 중앙의 목표들이 전달되고 분산된 단위들이 목표에 충실히 이행하고 있는지 확인하는 것은 쉬운 일은 아니다.

(3) 체제 목표로 전환

① 불리한 환경은 자주 조직이 실질적 목표에서 체제목표로 대치하게 강요한다. 조직의 존재가 위협을 받을 때 관심과 대부분의 자원들은 자체보존으로 전향할 것이다. 소멸하려는 위기에 직면하고 있는 정부조직들은 실질적 목표에는 관심을 덜 가질 것이다. 그러한 관심은 오히려 조직을 위협하는 불리한 환경을 만들 수 있기 때문이다. 그 대신 정부기관들은 환경을 완화시키도록 노력할 것이다. 만약 사용할 수 있는 모든 전략이 실패하고 위협이 계속 존재한다면 조직의 구성원들은 조직의 보호보다는 개인적인 목표들을 우선시할 것이다.

② 실제적인 목표를 실현하기 위한 자원이 부족할 경우에는 목표들의 일부를 포기하는 결과를 가져온다. 상징적인 이유 때문에 만들어지는 정부조직의 대부분은 공표된 목표를 실현하기 위하여 충분한 자원이 주어지지 않는다. 만약 그 조직이 공표된 목적을 실현하려고 노력한다면 오히려 적의와 좌절을 초래할 것이다. 그러한 경우 조직은 생존을 위한 체제목표로, 더 많은 자원을 획득하기 위한 성장목적 혹은 개인적인 목표로, 즉 그들의 지위를 이용하여 자신들의 명성과 권력을 획득하려는 방향으로 전향할 것이다.

③ 조직의 성장이 불리한 환경에 의하여 위협을 받을 때 조직의 관리자는 조직의 행정기구를 팽창하고 외부의 지지를 얻으려 노력하면서 조직을 강화하려고 할 것이다. 이 과정에서 원래의 목표를 포기해야 되는 경우가 허다하다. 초기 목표가 달성된 후에 조직을 보호하고 조직의 관할구역을 팽창하려는 조직의 관리자는 더 진전된 목표를 채택할 것이다.[10)]

(4) 목표의 갈등

① 목표의 갈등은 목표대치현상의 원인이다. 만약 조직이 갈등을 야기하는 목표들을 조정하지 못하고 전반적인 조직목표를 위하여 합의를 가져오지 못한다면 체제적 목표 혹은 개인적 목표가 지배적일 것이다. 갈등하는 목표들은 조직의 환경에서 집단들간의 갈등으로 나타나는 경우가 일반적이다. 또한 조직 내의 집단화하는 과정에서도 갈등은 나타날 수 있다.

이러한 두 현상은 조직으로 하여금 생존과 성장 그리고 실질적인 목표를 포기하도록 압력을 가하는 요인이 된다.

10) Peter Blau and Richard Scott, *Formal Organizations*(San Francisco: Chandler Publishing Co., 1962), p. 231.

② 목표의 부분 최적화는 목표달성의 과정에서 필수적인 부분이다. 이 과정에서 광범위한 목표들은 세부적인 목표로 나누어지고 각 부서 혹은 개인들은 세부의 목표를 최적화 내지 최대화하기 위하여 노력한다. 그들은 자신들의 목표에 최선을 다하고 나머지 목표는 잊어버린다.[11] 이론적으로는 이것은 전반적인 목표를 최대화하는 결과를 가져올 것이라고 볼 수 있다. 그러나 실질적으로는 구성단위들은 자신들의 목표에 너무 집착하여 전반적인 조직의 임무를 보지 못하는, 즉 목표의 대치현상을 초래한다고 보여진다.

③ 목표의 대치현상은 지역적으로 분권화된 조직에서 일어날 수 있다. 특히 이런 경우는 지역의 조직이 조직의 목표보다도 지역의 가치 및 기대와 밀접하게 일치하려고 할 때를 의미한다. 특히 지역조직들과 시민들의 참여가 법으로 규정되어 있을 때 목표의 대치현상은 더욱 일어날 가능성이 높다. 왜냐하면 지역의 참여는 중앙프로그램을 희생시키는 한이 있더라도 지역에 우선적으로 필요한 것을 지지할 것이기 때문이다.

(5) 동기부여체제로 인한 대치현상

① 목표의 대치현상은 조직의 동기부여체제가 실질적 목표달성을 위한 보상방법에 의해서도 일어난다. 예를 들어 마약통제 공무원들이 길에서 마약을 거래하는 사람들을 체포하는 데 많은 시간을 허비하면서 체포의 숫자를 늘리는 반면에 비합법적인 주요한 마약상인들을 수색하는 데는 등한시한다. 이러한 잘못된 행위는 마약단속기관의 기관원들이 경력승진은 기관원들이 체포한 범죄자의 숫자와 강하게 관련이 있다고 믿기 때문이다.

그러므로 기관원들이 주요한 마약무역상이나 기업연합들을 체포하는 데는 더 많은 시간이 걸리고 체포하는 성공률도 낮기 때문에 이러한 중요한 건수에는 등한시하게 된다는 것이다.[12]

② 정부의 노사관련부처가 인력훈련프로그램을 취업의 숫자로 평가할 때 관련행정기관은 취업의 가능성이 높은 젊은 사람, 더욱 기술이 있는 사람, 교육을 더 받은 사람을 선택하고 실제로 훈련의 필요성이 절실한 사람들을 무시하는 경향이 있다.

---

11) Mintzberg, *Power in Organizations*, p. 177.

12) George C. Edwards Ⅲ, *Implementing Public Policy*(Washington, D.C.: Congressional Quarterly Press, 1980), p. 114.

③ 개인의 안전을 위하여 조직이 추구하여야 할 임무를 무시하는 경우 개인적인 목표가 조직이 추구해야 할 목표를 대체한다.

우리의 주변에서 개인들이 조직의 목표보다는 자신의 목표를 위하여 자신의 권력을 사용하는 것을 발견하는 것은 어려운 일은 아니다. 자신이 조직의 지위를 마치 소유한 것과 같이 지위를 자신의 수입, 사회적 지위, 그리고 조직이 자신에게 속한 것처럼 사용하기도 한다. 조직이 가지고 있는 자원 및 장비를 개인의 목표를 위하여 사용한다.

(6) 목표의 승계

실질적 목표달성에 실패하는 경우 체제목표로 대치되는 경우가 많듯이 목표의 초과달성은 조직을 폐쇄해야 되는 경우에 직면할 수 있기 때문에 조직에게는 중대한 문제가 된다. 그러한 경우 조직에게는 두 가지의 방법이 있는데, 즉 조직을 해체하거나 다른 목표로 계승하는 방법이 있다. 가능하다면 대부분의 조직은 후자를 선택할 것이다. 예를 들어 조직 원래의 목표인 결핵퇴치가 달성된 후에 출생결함의 문제를 계승하여 조직을 유지한다.

2) Mintzberg

Mintzberg는 사조직에서 일어나는 목표대치현상의 또 다른 근원을 지적하였는데, 이러한 현상은 공공조직에서도 흔히 발생할 수 있다. 예를 들어 실제로 수행하고 있는 조직의 핵심 부서에 조직의 목적과는 직접적으로 관련이 없는 사람이 최고관리자로 승진되었을 경우, 불가피하게 발생할 수 있는 결과는 조직 목표의 중요성이 더욱더 약화될 뿐만 아니라 관리자와 조직의 목표와의 일체화도 이루어지기 어렵다.[13] 이러한 일은 공공조직에서 더욱 자주 발생한다.

또한 정부는 조직의 실질적인 정책영역에 거의 경험이 없는 정치인들을 기관장으로 임명하는 경우가 종종 있다. 이러한 정치적 관료들은 조직의 목표를 잘 이해하지 못하며, 어떤 경우에는 자신의 실적을 높이기 위해 기존 목표를 제거하고 새로운 목표로 대체한다. 그러한 임명은 조직의 목적달성을 불가능하게 하며 조직 내의 갈등을 유발한다. 정치적으로 임명된 최고관리자는 목표달성을 방해하는 요인이 되나, 대통령에게 정치적 충성을 유지하는 것으로 나타난다. 따라

13) Mintzberg, *Power in Organizations*, p. 284.

서 조직의 이러한 고위관리자들은 자신들의 직업과 지위를 보호하고 이상적인 조직의 목표를 만족하는 조직의 하위계층의 구성원들과 마찰을 피할 수는 없을 것이다.

3) Michels의 목표대치현상과 권력의 악순환

Robert Michels의 저서 「*Political Parties*」는 목표대치현상에 관한 중요한 연구로 인정받고 있다.[14]

그는 제1차세계대전 이전 유럽의 사회주의 정당과 노동조합을 연구하였다. 그는 정당과 노동조합이 사회주의 혁명을 추진한 것은 Bismark 치하의 독일과 같은 권위주의적 국가에 민주적 정권의 수립을 위한 것이라고 지적하였다. 정당과 조합의 지도자들은 목표인 민주정권 수립을 추구할 것을 공약하였다. 그러나 그들은 조직의 본래의 목표나 사명을 망각하거나 왜곡하여 자신들의 지위 유지에 급급한 모습을 나타내게 되었다. 왜냐하면 그들이 조직 내에서 기득권과 지위를 상실하게 되면 다시 지위가 낮은 육체노동자로 전락하여 심리적 만족감을 줄 수 있는 사회적 지위를 누릴 수 없기 때문인 것이다. 그리하여 그들은 종종 조직 커뮤니케이션의 수단을 조작하거나 통제하는 방법으로 지지자를 조직에 유인하고, 반대자를 추방하는 방법 등을 통하여 자신의 지위를 보호하려고 노력하였다. 따라서 사회는 과두제의 철칙(Iron Law of Oligarchy)이 지배하게 된다. 결국 소수가 사회를 지배하므로 과두제이며, 예외가 없다고 하여 철칙이라고 하였다. 결론적으로 민주정부수립을 공약으로 제시했던 정당이나 조합이 오히려 민주주의 목표를 파괴한다는 것이다. Michels의 과두제의 철칙이 발표된 이래 그것은 여러 국가, 여러 조직형태에서 반복적으로 실증되어 왔으며 상당히 보편성을 띠는 것으로 인정받고 있다.

Michels는 그의 논문 "Iron Law of Oligarchy"에서 조직목표의 대치현상이 일어날 가능성을 설명한 것 이외에도, 우리의 관심을 끄는 문제는 목표의 대치현상으로 인하여 끊임없이 일어나는 권력의 악순환을 어떻게 막느냐이다. 실제로 우리 사회에서 민주주의 실현이 가능한가?에 대한 의문을 자아낸다. 〈그림 6-1〉은 이러한 문제를 예를 들어 설명한다.

14) Robert Michels, *Political Parties*, Eden Paul and Cedar Paul, trans.(Glencoe, Ill.: The Free Press, 1949); 윤재풍, *op. cit.*, pp. 141-142(참조).

〈그림 6-1〉 과두제의 철칙

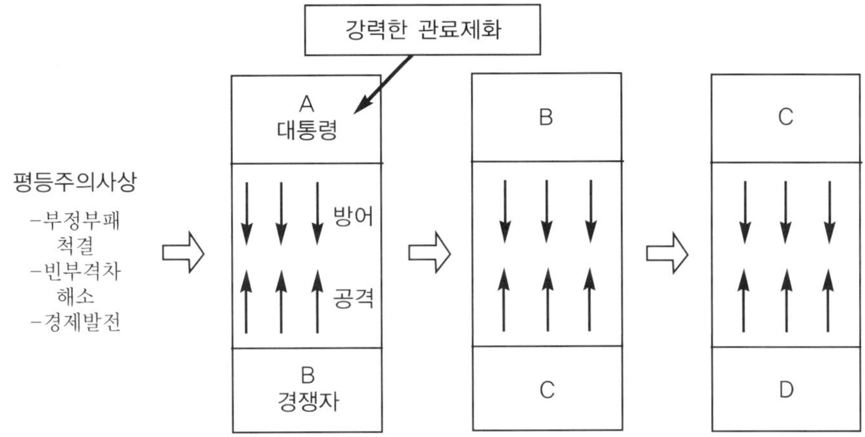

출처: 저자가 작성하여 이론 설명.

평등주의(egalitarian)사상을 공약으로 내세우면서 대통령으로 당선된 A는 큰 희망을 가지고 선거공약에서 주장했던 평등사상(부정부패 척결, 경제발전, 빈부격차 해소 등)을 실천하려고 한다. 그러나 이 사회는 A가 공약을 제대로 실천하도록 내버려 두지 않는다. 다시 말하여 경쟁자 B가 나타나서 A를 공격하기 시작한다. 평등사상을 실천하려던 A는 공격에서 살아남기 위하여 선거공약으로 주장하였던 평등사상을 잊어버리고 공격에 대처하기 위하여 조직을 강한 관료제화로 둔갑하여 B의 공격에 응수를 하려 할 것이다. 이 때 A 혼자서 강한 관료제를 장악하면서 B를 공격할 수 없기 때문에 A는 자신의 측근들과 권력을 나누면서 B를 공격한다. 주로 공격은 언론탄압 및 각종의 탄압정치를 할 것이며, 다음 선거 때까지 지속적으로 탄압을 가할 수밖에 없을 것이다. 공격자 B는 선거공략을 지키지 않은 A를 공약을 실천하지 않는 거짓말쟁이로 공격하면서 자신이 평등사상을 실천할 것을 약속하면서 선거운동을 하여 대통령으로 당선되었다고 하자. 대통령인 B는 전 대통령에게 공격했던 공격을 C로부터 받고 전 대통령인 A가 했던 탄압정치를 불가피하게 하게 될 것이다. 이것이 사회의 구조적 흐름이다. 이러한 상황이 연속적으로 발생하여 권력의 악순환을 겪게 된다는 것이다. 따라서 조직은 평등사상과 다른 엉뚱한 방향으로 흐르게 된다. Michels는 이러한 현상을 목표대치라고 보았으며, 이보다 그가 설명하고자 한 것은 사회구조가 이러한 투쟁역사의 방향으로 흐르고 있기 때문에 민주주의를 실현한다는 것이 얼마나 어려운지를 말하고 싶었을 것이다. David Easton이 1980년대 초반 한국정치학회 초청으로 한국을 방문하였을 때, 그는 한국학자들을 대상으로 한 강의에서 사회과학에서 추천할 만한 이론을 제시해 보라고 질문하였으나, 아무도 추천하지 못했다. 그 당시 그가 사회과학 분야의 많은 이론들 가운데에서 경험적으로 검증이 되지 않은 과두제의 철칙(Iron Law of Oligarchy)이론을 추천하신 데 놀라웠으나 이러한 깊은 뜻이 있는 것으로 판단된다.

Lipset이 과두제의 철칙을 비판한 것 가운데 만약 권력을 장악한 집단이 경쟁자에게 공격의 수단으로 관료제를 강화하여 응수하지 말고 관료제 내에 여러 파당 집단을 만들어 권력의 균형이론(Balance of Power Theory)을 적용하여 어느 한 집단이 권력을 장악하지 못하게 한다면 권력의 악순환을 제어할 수 있다고 주장한 것이 있다. 권력을 소수가 나누어 갖고 강력한 관료제화로 공격한다는 것은 독재정치를 의미한다. 미국의 4대 대통령인 James Madison은 다수의 독재(tyranny of majority)를 막기 위하여 여러 파당(faction)들을 만들고 이들 파당들이 서로 조합을 이루면서 힘의 균형을 이룬다면 한 집단이 절대적인 권력을 장악할 수 없다고 하였다. James Burnham이 1941년에 출판한 그의 저서 「*Managerial Revolution*」에서 경영자, 관리자 혹은 관료들이 사회를 지배한다고 경고를 하였다. 이에 Lipset은 Burnham의 주장을 비판하면서 이 사회는 경영자들이 지배하는 것을 그냥 내버려 두지는 않는다고 크게 걱정할 필요가 없다고 반론을 제기하였다. 이들의 주장을 보더라고 사회는 투쟁의 역사임을 단적으로 표현한 것이다.

위에서 설명한 것과 같이 목표대치현상은 관료제에서만 일어나는 것은 아니며 일반적인 사회현상인 것을 알 수 있다. 더 발전된 전쟁무기를 지속적으로 만들다가 과학의 발전을 가져온 것도 목표의 대치현상의 일종이다. 또는 무질서하고 폭력이 남발하는 사회에서 서로 공존하기 위하여 서로의 입장을 존중하다 보니 자연히 민주주의가 발전하였다. 또 다른 예를 든다면 한 여성의 사랑을 구애하기 위하여 열심히 공부하다가 존경받는 학자가 된 일도 있다. 실제로 목표의 대치현상은 관료제에만 있는 것이 아니고 일반적인 현상이라고 학자들은 비판한다.

2. 조직목표의 변동요인

조직의 목표란 고정된 방향과 구조를 가진 불변하는 것이 아니다. 그것은 일종의 가변적인 성격을 띠고 있다. 위에서 지적한 목표의 전환 이외에도 조직목표의 변동을 초래하는 변수들의 상관성과 인과관계에 대하여 검토하려 한다.

1) 조직의 내적 요인

자주 지적되는 변수로 리더의 태도변화, 권력구조의 변화, 조직구성원들의 성향변화, 집단간의 세력변화, 조직구성의 연합구조변화, 조직 내의 정치적 전략, 조직환경의 변화 등 다양한 요인들이 변화를 유도한다. 조직구성원들의 연합이 불가피한 경우 조직의 목표에 변화를 초래할 수 있다. 리더가 교체된다든지 혹은 조직 내의 집단간 권력배분에 변동이 생기면 그에 따라 조직의 목표변동으로 이어질 수 있다. Perrow는 목표변동의 원인으로 업무 분야, 권한구조 및 실제적인 생산작용목표의 상호관계에서 집단간 권력배분에 변화가 발생하기 때문에 목표변화는 자동적으로 일어나게 된다고 하였다.

2) 목표의 승계, 다원화 및 확대

목표의 승계란 원래의 목표가 달성되었을 때 새로운 목표를 선택하는 것을 말한다. 사례를 든다면 미국의 재향군인회(The American Legion)는 원래 창설 당시에는 제1차 세계대전에 참전한 용사들의 정신을 기념하고 보존하는 것을 목표로 세웠지만, 그 후 점차로 예비역 군인의 권리를 보호하고 지회에 의한 지역사회봉사사업을 추진하는 것으로 목표를 변화하였다. 이러한 현상은 우리 주위의 공 · 사조직에서 흔히 볼 수 있다.

목표의 다원화는 목표가 달성되기 어려운 때에 조직의 존속을 위하여 원래의 목표에 새로운 목표를 추가하거나 목표의 범위를 확대 혹은 확장하는 것이다. 전자가 목표의 다원화이며 후자가 목표의 확대이다. 예를 들어 대학의 목표는 원래 교육과 연구라고 할 수 있으나 오늘날 사회봉사가 추가되었다.

3) Thompson과 McEwen의 환경요인이론

조직과 관련을 맺고 있는 환경의 영향에 따라 조직의 목표 변동이 일어난다.

조직의 목표설정과 변동에 영향을 미치는 요인으로 (a) 경쟁(competition), (b) 협상(bargaining), (c) 적응적 흡수(co-optation), (d) 연합(coalition) 등의 네 가지를 지적하였다.[15)]

(1) 경쟁(competition)

경쟁이란 일종의 대립관계로서 제3자에 의하여 중재되는 것을 말한다. 예를 들면 정부와 기업은 유능한 인재를 확보하기 위하여 경쟁을 벌이며, 기업들은 유리한 물적 자원과 노동력 및 고객의 획득을 위하여 경쟁을 벌인다. 정부 부처들은 예산획득을 위하여 예산국이나 국회를 설득하기 위하여 경쟁한다. 조직은 목표를 달성하기 위하여 경쟁적인 전환의 필요성이 수시로 존재한다. 그것은 조직의 목표선택을 통제하는 역할을 한다.

(2) 협상(bargaining)

협상이란 둘 이상의 조직이 재화 및 용역의 교환과 관련하여 타협하는 것을 말한다. 협상전략은 결국 생산목표에 영향을 미친다. 협상에 참여하는 조직들은 서로 상대방의 목표설정과정을 직접적으로 제약한다.

(3) 적응적 흡수(co-optation)

이것은 조직의 안정과 존재에 대한 위협을 피하기 위한 하나의 수단으로써 조직의 리더십과 정책결정의 구조에 새로운 요소를 흡수하는 과정을 말한다. 예를 들면, 미국의 테네시 주에 있는 테네시강유역개발공사(TVA: Tennessee Valley Authority)에서는 그 지역주민들의 적극적인 지지를 얻기 위하여 이사의 한 사람을 전 테네시 대학총장을 지낸 인사를 임명한 것은 하나의 좋은 예이다.

(4) 연합(coalition)

연합이란 두 개 이상의 조직이 공동목표의 추구를 위해 힘을 합치는 것을 말한다. 연합은 조직의 목표설정에 대한 환경적 규제를 극복하기 위한 가장 직접적인 형태라고 할 수 있다. 연합에 참여하는 조직은 합의한 목표를 추구하는 것으로 행동한다.

---

15) James D. Thompson and William J. McEwen, "Organization Goals and Environment, Goal Setting as an Interaction Process," *American Sociological Review*(Feb. 1958), pp. 23-31.

4) Clark의 이론

Clark는 고객의 선호가 조직목표의 변동원인이 된다는 사실을 관찰하고 이를 이론화한 바 있다. 그는 성인교육에 관한 사례연구에서 수강자들이 강의를 선택하는 경향이 성인교육 기관의 목표변동에 직접적인 작용을 한다는 사실을 발견하였다.

5) 사회의 가치관의 변화

사람들의 가치관의 변화에 따라 조직의 목표가 변화하는 원인을 제공한다. 사람들이 능률을 선호하느냐 혹은 민주적 가치를 선호하느냐에 따라 조직의 목표는 변화한다. 또한 그 사회가 진보 혹은 보수를 선호하느냐에 따라 조직의 정책목표는 변한다. 일류대학에 입학하려는 사람들의 가치관은 교육의 목표를 변화시키고, 이와 같은 논리로 취직, 고시의 합격률, 논문발표의 편수가 학교평가에 주요한 변수로 등장함에 따라 대학의 교육목표는 더욱 애매해지고 있는 것이 오늘의 현실이다.

The Theory of Public Organization

7장

조직구성원들의 성격, 지각, 학습

제 7 장 조직구성원들의 성격, 지각, 학습

제 1 절 성격(Personality)의 정의

1. 정 의

성격의 분석은 대단히 중요하며 필요하다. 왜냐하면 성격의 개념은 사람들의 행태를 결정하여 주는 추상성이 있기 때문이다. 그러나 일반적으로 사람들의 행태가 성격의 표현이나 성격의 개념과 반드시 동등한 것으로 생각해서는 안 된다. 예를 들면 인색한 성격을 가진 사람이 사회에서 체면을 유지하기 위하여 인색한 행태가 나오는 것이 아니라 장애인 혹은 고아를 위하여 헌금을 헌납하는 행위를 들 수 있다. 그럼에도 불구하고 성격은 사람들의 행태를 구조화하고 조직화한다는 주장은 많은 연구에서 지지를 받고 있는 것은 사실이다. 행태에 관한 한 성격을 알지 못하고는 인간관계나 상호작용은 아주 어려워질 것이다.

모든 사람들의 성격은 정확히 다 같지는 않다. 그것은 지적 능력, 취미, 태도, 기대수준, 필요 그리고 교육 등에 따라 달라진다. 그렇다고 하여 사람들이 서로 유사한 점이 없다는 것은 아니다. 우리가 더욱더 사람의 행태를 이해하는 것을 복잡하게 하는 것은 사람들이 지속적으로 변화하기 때문이다. 이에 따르는 문제는 조직은 효과적인 관리를 위하여 사람의 차이를 인정하고, 채용, 직무설계, 동기부여 및 평가 등에서 성격을 고려해야 하는 어려움이 있다.

보편적으로 거론되고 있는 성격에 대한 정의는 다양한 관점에서 연구되고 있다. 성격이 다르다는 관점에서 볼 때 만약 모든 사람이 같은 행동을 하고, 같은 말을 하며, 같은 생각을 하고 그리고 같이 느낀다면 성격은 존재하지 않는다.

Allport는 다양한 정의를 연구하면서 가장 적절하다고 생각하는 정의를 제시하였다. 그에 의하면 성격은 주어진 환경에 유일하게 적응하는 심리학적 · 물리학적 사람들의 동태적 체제라고 정의하였다.[1] 성격은 본질적으로 정태적인 것이 아니며 오히려 상황적인 변수이다. 즉 성격은 환경변화에 따라 동태적으로 반응한다. 그러므로 성격은 끊임없이 지속적으로 발전과정에 있다고 본다. 적응의 의미로서 성격은 생존하기 위해 적응하는 진화적인 현상으로 간주할 수 있다.

심리학적 · 물리학적 체제관점에 의하면 성격은 습관, 태도 및 감정을 언급한다. 이러한 정의는 성격이 반드시 정신적인 것도 아니며 그렇다고 물질적인 것도 아니다. 결론적으로 성격은 행태를 구조화하고 혹은 결정하는 요소들이다.

심리학은 사회과학이다. 고로 성격(personality)의 정의가 무엇이며, 무엇이 성격을 형성하게 하는지 혹은 어떻게 성격을 확인하고 그리고 성격이 어떻게 변하는지에 대하여 아직 심리학자들 사이에 동의가 없는 실정이다. 그러므로 개인들의 성격을 이해하기 위하여 모두 동의하는 하나의 이론이 없기 때문에 다양한 이론들이 검토되는 것은 성격의 실체를 이해하는 데 도움이 될 것이다. 그러나 이 장에서 소개하는 많은 이론들조차 경험적인 연구에 의하여 검증되지는 않았다.

그럼에도 불구하고 지금까지 성격에 대하여 연구한 문헌을 검토해 보면 적어도 50개가 넘는 정의가 있는데, 이들 가운데 공통적인 내용은 아래와 같다.[2]

① 모든 사람은 성격을 가지고 있다.

② 성격은 일정한 행태, 특징, 태도 및 가치관의 패턴으로 형성된다.

③ 성격은 동태적이나, 일생을 통하여 발전한다.

④ 성격은 부분적으로 선천적 그리고 부분적으로 후천적이고, 유전, 생물학, 인생경험의 초기와 후기, 집단의 회원가입, 역할 결정요인들, 사회 및 문화에 의하여 형성된다.

2. 성격연구의 필요성

관리자들은 성격을 연구하는 데 많은 관심을 가지고 있다. 조직 내의 직원들의 성격을 파악할 수 있다면 특정한 업무환경에서 직원들이 어떠한 행태를 가질지 이해하고 예측할 수 있다는 것이 관리자들이 성격을 계속 연구하는 이유이

1) G. W. Allport, *Personality: A Psychological Interpretation*, New York: Holt, Rinchart &Winston, Inc.(1937).

2) Theodore Herbert, *Dimensions of Organizational Behavior*, 2nd ed.(New York: Macmillan, 1981), p. 187; Heffron, *Organization Theory & Public Organizations*, p. 240(재인용).

다. 성격을 연구함으로써 행태의 변화를 유도할 수 있는 장점이 있다.

조직의 행태연구자들도 성격을 연구하는 데 많은 흥미를 가지고 있다. 그들의 연구는 주로 예측성, 업적의 질과 양, 이직, 결근 그리고 약품남용(마약) 등에 있으며, 성격을 이해하여 문제에 대한 해결책을 파악하려 한다.

성격연구는 심리학의 도움을 많이 받았으며, 주로 조직의 행태연구에는 사람들의 행태와 업적에 영향을 끼치는 성격특징에 관심을 가지고 있다. 성격연구의 유용성은 사람들의 업적과 행태를 설명하고 예측하며 통제하는 능력에 있는 것으로 본다. 사람들이 봉급체제, 감독의 형태, 의사소통의 형태, 응집력 혹은 기술의 변화에 긍정적 혹은 부정적으로 반응할 것이라는 예측은 성격의 특징인 욕구, 기대, 흥미, 가치 및 능력에 의하여 설명될 수 있다. 실제로 관리자들이 각 사람들마다 성격의 차이가 있을 것이라고 이해한다는 것은 효과적인 관리의 발전에 중요하다. 그러나 특정한 조직환경에서 개인 및 조직의 행태와 업적에 영향을 끼치는 성격변수 혹은 특징의 연구는 아직 크게 발전되지 못한 실정이다.

- **중요한 성격변수에 대한 연구결과의 예를 들면 다음과 같다:**

(1) 권위주의

권위주의는 조직의 사람들 사이에 지위나 권력차이가 있어야 되며, 권력의 사용은 효과적인 조직의 기능을 수행하는 데 적절하며 중요하다고 믿는 가치관을 가지고 있는 사람들의 태도이다. 권위주의의 측정에서 높은 점수를 받은 사람은 규율에 더욱 동조하며 독재적이고 강요하는 행태를 요구하는 지도자로서 나타나는 경향이 있다.

(2) 통제의 소재

통제의 소재(locus of control)는 Rotter가 연구한 성격측정변수이다.[3] 통제의 소재는 높은 내부적 통제로부터 높은 외부통제에 이르기까지 다를 수 있다. 높은 외부통제 지각을 가지고 있는 사람은 그들에게 일어나는 모든 일들이 대부분 그들의 통제 밖에서 일어나는 일들의 산물이라고 믿는다. 반대로 높은 내부통제 지각을 가지고 있는 사람은 그들에게 일어나는 대부분의 것들에 개인적으로 영향

3) Rotter, J. B., "Generalized Expectancies for Internal and External Control of Reinforcement," *Psychological Monographs*, 80, 1966, No. 609.

을 가할 수 있다고 믿는다. 이 개념에 대한 연구는 높은 내부통제를 지각하는 사람은 그들이 참여관리체제에서 근무할 때 그들의 업무에 더 만족하는 경향을 보이는 반면 외부지향자들은 보다 지시적 관리체제를 선호하는 경향을 보였다.

(3) 모험성향

모험성향은 자신이 활동할 기회를 포착하기 위하여 좋아하고 싫어하는 것을 포함하는 성격특징을 말한다. 경험적인 연구결과에 의하면 모험성향은 사람들이 업무를 결정하는 종류와 관계가 있다고 한다. 예를 들어 높은 모험성향을 가진 관리자는 선택을 하는 데 시간이 더 짧게 걸리고 더 적은 양의 정보를 사용한다고 한다.

(4) 독단주의

독단주의는 어떤 문제에 있어서 폐쇄적 혹은 개방적인 성향을 가지고 있느냐를 나타내는 성격특징을 말한다. 경험적인 연구에 의하면 아주 독선적인 관리자는 결정하는 데 시간이 걸리지 않으며 자신의 결정이 옳다고 강하게 확신한다고 말한다.

(5) 열등의식

열등의식을 가진 사람의 성격은 거의 포익하거나 권위주의적이다. 경험적 연구결과에 의하면 자신의 열등의식을 감추기 위하여 독재적이고 권위주의적인 조직운영형태를 갖는 경향이 있다.

이 외에도 조직행태에 대한 많은 연구들이 근무환경에서 성격측정변수들과 행태와의 관계에 대하여 흥미 있는 결과를 보고하고 있으나 아직 관리자들이 업무를 지시하고 통제하기 위하여 활용할 수 있는 체계적인 원리는 미진한 편이다.

3. 성격과 조직의 상호관계

조직행태의 연구자들은 행태를 더 잘 이해하고 예측하기 위하여 성격과 조직의 변수들간의 상호작용을 연구할 필요성을 지적하였다. 그들의 입장은 〈그림 7-1〉에서 더욱 잘 설명될 수 있다.

〈그림 7-1〉 성격의 현대모형

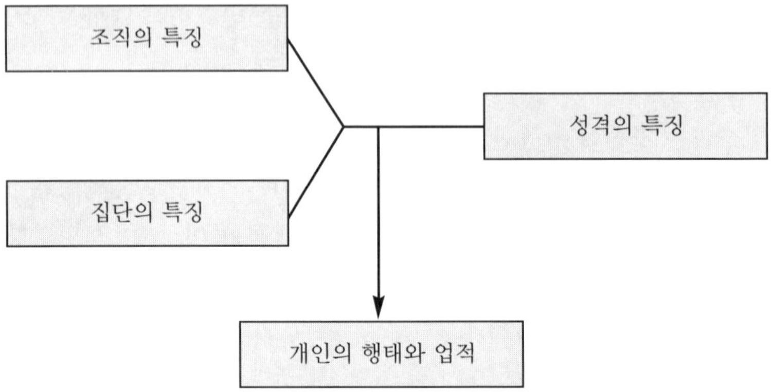

출처: Sailagyi and Wallace, *Organizational Behavior and Performance*, p. 64.

〈그림 7-1〉은 개인의 행태 및 업적이 조직, 집단 혹은 개인의 성격에 따른 단순한 기능이 아니라 이 변수들의 상호작용인 것을 의미한다. 물론 근로자들이 모두 다 같거나 주어진 조직의 특징이 모든 근로자의 행태와 업적에 같은 영향을 미칠 것이라고 생각한다는 것은 잘못이다. 오히려 조직행태에 관한 연구자들은 조직특징의 영향이 근로자들의 성격에 따라 다를 것이라는 것을 인정한다. 더욱더 근로자들의 성격은 다를 것이며 그러므로 똑같은 보상체제라고 하더라도 다른 성격을 가진 근로자들은 행태와 업적에 있어 다른 영향을 미칠 것이라고 가정한다.

실무자들이나 조직행태를 연구하는 학자들도 사람들의 다양한 특징들이 행태에 미치는 영향을 분석함으로써 도움을 받을 수 있다. 예를 들면 왜 근로자들의 업적이 낮은지? 왜 이직 및 결근을 잘 하는지? 이러한 문제를 해결하기 위하여 관리자는 무엇을 해야 하는지에 대한 설명을 얻을 수 있을 것이다. 〈그림 7-2〉에서 업적은 근로자들의 행태의 기능이라는 것을 알 수 있으며 근로자들의 행태가 형성되는 과정을 나타낸다.

4. 행태의 동태적인 결정과정

〈그림 7-2〉에서 보듯이 개인의 노력, 행태 및 업적은 환경의 자극에 반응하

〈그림 7-2〉 업적에 대한 개인행태의 영향

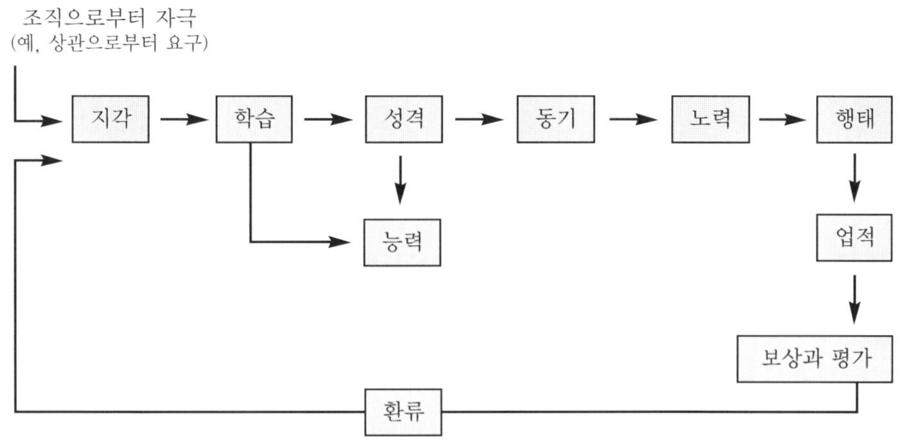

출처: Szilagyi and Wallace, *op. cit.*, p. 53.

면서 일어나는 것을 볼 수 있다. 환경과 관찰할 수 있는 행태에 개입하는 사람들의 내부요소들은 행태를 결정하여 주기 때문에 중요한 연구과제이다. 이러한 내부요소는 지각, 학습, 성격, 동기 그리고 능력을 포함하는 다섯 가지의 심리적인 요소들이다. 예를 들면 성격(personality)은 왜 특정한 행태가 일어나게 하는지 설명하는 데 도와줄 수 있다. 그것은 행태의 내용과 사람의 고정관념에 대한 이해를 하는 데 도움이 된다. 대부분의 행태과학자들은 성격의 두 가지 측면인, 행태를 불러일으키는 동기와 성공적으로 일을 수행할 수 있는 능력을 주로 고려한다. 대조적으로 지각(perception)과 학습(learning)은 행태의 동태적인 행태과정을 설명하는 데 도와준다. 그리고 근로자들이 환경에서 성장하고 변화함에 따라 어떻게 행태가 계속적으로 변화하며 혹은 유지되는지를 설명하여 주기도 한다. 이 다섯 가지의 내부 심리적 요소인 지각, 학습, 성격, 동기 그리고 능력은 서로 밀접하게 연결되어 있기에 개별적으로 분리하거나 따로 취급한다는 것은 어렵다. 모두 행태와 업적에 영향을 끼친다. 지각, 학습, 성격, 동기 그리고 능력은 개인의 행태 변화를 초래할 수 있는 동태적 과정들이다. 관리자들은 위에 지적한 여러 행태요소들을 참조하면서 근로자들의 행태를 이해하는 것이 중요하다.

5. 학자들의 견해

조직은 사람들의 집합체이고 조직의 성공적인 통제와 관리는 궁극적으로 조직의 목적을 최대한으로 달성하기 위하여 사람들의 행태를 통제하고 지시하는 조직의 능력으로 볼 수 있다. 그러나 사람들의 행태는 이해하기 어렵고 체계적으로 그리고 일정하게 통제하는 것은 더욱 어렵다. 따라서 현대 조직이론들은 사람의 행태를 이해하고 예측하며 그리고 더욱 발전된 관리기법을 위하여 심리적인 접근을 활용하고 있다. 조직행태 연구에 많이 기여하고 조직이론에서도 많은 관심을 받고 있는 심리학적 이론들은 다음과 같다.

1) Allport

Allport는 성격에 대한 그의 최종적인 정의를 다음과 같이 소개하였다.[4)]

(1) 성격의 생물학-사회학적 관점(Biological View of Personality)

사람의 성격은 다른 사람들이 그가 어떤 사람이라고 생각하는 것이다. 간단히 말하여 그에 대한 평판이다.

(2) 성격의 통합적인 정의(Omnibus Definitions of Personality)

생물학적으로 개인이 타고난 성품, 충동, 경향, 욕망과 본능뿐만 아니라 경험에 의하여 습득된 모든 성향과 경향을 의미한다. Allport가 사람들의 성격에 대한 정의에서 지적한 것과 같이 이러한 정의는 학문 연구에 도움을 주지 못한다.

(3) 통합적 그리고 형태적 정의(Integrative and Configurational Definitions)

개인의 속성 혹은 기질의 체제를 강조한다. 즉 사람의 성장기에 인간의 전체 체제를 말한다.

(4) 계층적인 정의(Hierarchical Definitions)

개인생활의 계층적인 피라미드를 지배, 감독 그리고 통제하기 위하여 최고 혹은 가장 깊숙한 내면의 이미지가 체제적으로 다양하게 나누어진 층으로 통합

4) G. W. Allport, *Personality: A Psychological Interpretation*, New York: Holt, Rinehart & Winston, Inc.(1937); Joe Kelly, *Organizational Behavior*, Richard D. Irwin, INC., and The Dorsey Press(1969), p. 169.

되어 다시 나누어진 것들을 말한다.

2) Sigmund Freud

욕구이론에 공헌한 학자이다. 그는 사람들이 다양한 욕구를 가지고 있고 혼합되어 있지만 대부분의 사람들은 하나의 욕구가 그치지 않게 일어나고 다른 욕구보다 현저하게 우세하다고 이론화했다.

Freud는 정신신경증을 치료하는 방법으로 부적절하지만 최면의 기술을 발견하여 성격이론을 발전시켰다. Freud의 극적이고 의미 있는 발견은 무의식의 기능과 역할이었다. 그는 사고에 대한 아이디어의 저장소로써 사용되는 마음의 한 부분인 무의식의 아이디어를 소개하였다. 또한 그는 사람들의 동물적인 특성이 숨겨 있는 무의식의 영역을 활용하여 20 내지 30대 사람들을 일깨우려고 노력하였다. 흥미로운 것은 무의식을 의식으로 이끌 수 있는 방법을 발견하려고 노력하였다는 점이다. Freud는 감정적인 문제가 무의식 속에 깊숙이 놓여 있다고 생각하였다.

성격은 주로 id와 superego간의 끊임없는 투쟁의 결과이다. 우리의 구속받지 않는 생물학적 본능의 만족을 통하여 즐거움을 찾고 고통을 최소화하려는 id와 가치관, 도덕, 이상 및 사회의 기대, 즉 일상적인 말로 표현하는 우리의 양심의 내면화인 superego와의 지속적인 싸움을 의미한다.

(1) 원초아(id)

id는 완전히 무의식적이며, 본능과 충동의 원천으로서 마음의 에너지 저장고이다. 즉 id는 무의식세계에 존재하는 본능적 충동을 자극하는 정신체계를 말한다. Freud의 정신분석이론에서 가장 중요시하는 무의식세계의 주 메커니즘이 바로 id이다. Freud에 의하면 신생아는 정신에너지의 원천이 원초적이고 학습되지 않은 힘으로 구성된 단순하고 미발달된 성격을 가지는데 이것이 원초적이다. id는 논리나 도덕성의 법에 지배를 받지 않는다. id는 쾌락을 추구하고 고통을 회피하는 방향으로 쾌락원칙에 따라 움직인다. 예를 들어 배고픔이 해결되면 긴장이 감소하고 쾌감을 경험하게 된다.

(2) 자아(ego)

id가 구조화되지 않은 에너지 형태를 취하고 있는 데 비해 ego는 상대적으로 조직적이고 구체적인 정신구조로 간주된다. id와 현실간의 갈등이 성격의 두 번째 단계인 자아를 발달하게 된다. Freud는 자아의 발달과정에 대해 구체적으로 언급하지 않았으나, 충동이 좌절되기 때문에 자아가 발달한다고 암시하고 있다. id는 본능을 충족시키기 위해 외부세계의 현실과 싸우게 되는데, 쾌락만 추구하고 현실을 적절히 평가하여 이에 맞추지 못하기 때문에 이 기능을 담당하도록 자아가 생기게 된다는 것이다.

(3) 초자아(superego)

superego는 양심과 자아 이상으로 이루어진 정신구조의 최고단계를 일컫는다. Freud는 id로부터 ego가 발달하는 것과 같이 superego는 ego로부터 발달한다고 생각했다. 즉 어린아이는 자기의 욕구를 만족시켜 주는 부모나 양육자에게 에너지를 전적으로 투입하는데 부모나 양육자의 특징을 모방하고 그들의 가치, 신념, 행동을 내면화한다. 부모 혹은 다른 중요한 사람을 통하여 외향적인 도덕적 가치가 성격에 투입된다.[5] 자기도취적인 욕망은 도덕성에 의하여 성격이 형성된다. 부모나 양육자는 사회의 도덕규범, 전통적 가치, 이념 등을 가르쳐 주며 가르친 대로 어린아이가 행동을 하면 상을 주고 어기면 벌을 준다. 어린아이는 긴장을 해소시켜 주는 상을 받기 위해 부모나 양육자의 지시를 따르고, 이것이 반복되면서 그들을 동일시하게 되고 그 결과 사회의 도덕규범, 가치관, 이상이 어린아이의 성격구조에 자리잡아 superego가 발달한다.

대부분의 심리학자들은 욕구는 인간의 행태를 설명하고 이해하는 데 중요한 개념이라고 동의한다. 욕구는 행태를 발생시키고 충족되지 않은 욕구를 만족시키려는 탐구는 인간행태의 근원이다. 따라서 심리학자나 조직이론가들은 오랫동안 인간의 욕구가 무엇인지 밝혀내기 위하여 많은 노력을 기울이고 있다.

3) Anna Freud의 방어기제이론

Anna Freud는 방어기제이론, 아동발달, 유아기 모자관계의 중요성 등을 주

5) Kelly, *op. cit.*, p. 170; 이인정 · 최해경, 인간행동과 사회환경, 나남출판, 2004, pp. 152-154; S. Freud(1923/1961), *The Ego and the Id*(London: Hogarth Press); S. Freud(1933/1965), *New Introductory Lectures on Psychoanalysis*(New York: W.W. Norton).

로 연구한 아동 정신분석자로, 1895년 12월 3일에 Sigmund Freud의 막내딸로 태어나 1982년 사망하였다. 그녀의 저서 「*The Ego and the Mechanisms of Defense*」[6]는 자신의 일상경험에 근거했으나 이론적 통찰의 주된 출처는 아버지의 저서에 의존하였다.

Anna Freud는 아버지 Sigmund Freud가 제기한 자아의 방어기능에 대한 관점들을 정리하여 방어기제에 관한 최초의 체계적 이론을 수립하여, 성격발달에서 방어기제의 역할에 관한 이해를 확대시켰다. 이 용어는 1894년 Freud의 논문인 "방어의 신경정신학(The Neuro-Psychoses of Defense)"에서 처음으로 사용되었다. 약하고 미성숙한 자아를 가진 사람은 불안으로부터 자신을 보호하고 부분적으로라도 욕구를 충족시킬 방법으로 일종의 적응기술인 방어기제를 사용한다. 그러므로 성격의 변화는 방어기제의 재배치 또는 재조정이라고 할 수도 있다.

자아 방어란 자아가 불안에 대처할 때 작용하는 심리적 메커니즘이다. 인간은 늘 마음의 평정을 원하지만 내적 · 외적 사건들이 흔히 이를 깨뜨린다. 방어기제는 이럴 때 나타나는데 불안이 지속되고 강하면 자아가 불안을 감소시키려고 내적 · 외적 현실에 대한 인식을 달리하려는 시도를 하게 된다. 방어기제를 사용한다는 것은 일반적으로 자아가 약하다는 의미이다.

Anna Freud는 *The Ego and the Mechanism of Defence*에서 억압, 반동형성, 퇴행, 격리, 취소, 투사, 투입, 자기로의 전향, 역전, 승화라는 열 가지 방어기제를 설명했다.[7] 이 외에도 Anna Freud가 설명하지 않은 방어기제 개념들(합리화, 전치, 동일시, 전환, 지성화, 보상, 내면화, 부정) 가운데 합리화, 동일시, 부정은 아래 설명에 포함하면 다음과 같다.

(1) 억압(repression)

불안에 대한 방어기제로 가장 흔하게 볼 수 있는 억압은 용납할 수 없는 충동을 무의식적으로 추방하는 능동적 · 무의식적 과정이다. 고통스러운 감정에 대

6) S. Freud(1936/1966), *The Ego and the Mechanism of Defence*, C. Baines(Trans.)(New York: International University Press); S. Freud, *New Introductory Lectures on Psychoanalysis*(New York: W.W. Norton).

7) 이인정 · 최해경, *op. cit.*, pp. 169-172.

한 방어와 충동에 대한 방어는 불안과 죄의식을 피하여 자아를 보호하려는 동일한 동기와 목적을 가진다. 억압은 무의식 속에 있는 것이 의식되지 못하도록 방해할 수도 있다. 구체적 사건, 특히 정신적 충격을 준 사건 혹은 고통스러운 감정과 관련된 사건은 불안을 일으키기 때문에 억압의 대상이 되기 쉽다. 예를 들어, 성적 그리고 공격적인 동기가 자주 사회적 가치와 터부 때문에 억제되지 않으면 안 되는 경우이다.

(2) 반동형성(reaction formation)

자신 안에 용납할 수 없는 불안을 야기하는 충동, 감정 및 생각이 생겼을 때 정반대되는 동기를 가지고 있는 것처럼 표현함으로써 자기 안의 진의를 은폐하는 것을 말한다. 증오는 애정으로 대체되고, 관심은 무관심으로, 질책은 칭찬으로 표출된다. 반동형성은 현실적으로 적응 문제를 일으키지 않는 한 불안을 막는 유용한 방어기제가 된다. 예로써, 그의 적개심을 인식한 상관은 과거에 그가 적개심을 유발하여 야기한 문제들 때문에 이제는 반대로 그의 동료에게 과도할 정도로 친절하게 대한다.

(3) 퇴행(regression)

잠재적 외상이나 실패가능성이 있는 상황에 처할 때 해결책으로 초기의 발달단계나 행동양식으로 후퇴하는 것이 퇴행이다. 퇴행의 가장 좋은 예는 엄지손가락을 빠는 행태이든지 또는 여러 달 동안 온 신경을 쓰고도 노조와 타협을 이루지 못한 관리자의 행태에서 발견할 수 있다. 좌절의 결과로 협상이 충분치 않다고 주장하면서 책상과 걸상을 두드리는 행위를 말한다. 어릴 때 효과적이고 위안이 되었던 행동으로 되돌아가 갈등이나 스트레스를 피하는 것이다.

(4) 격리(isolation)

과거의 고통스러운 기억과 연관된 감정을 의식에서 떼어내는 것이 격리이다. 즉 감정과 사고가 분리된다. 아버지와 관련되어 해결되지 않은 감정이 무의식에 남아 있는 한 청년이 자기 아버지의 갑작스러운 죽음에 대해 말할 때는 슬픈 감정을 전혀 보이지 않으면서 아버지를 연상시키는 권위적인 남자가 죽는 영화를 볼 때 비통하게 우는 것이 격리의 한 예가 된다.

(5) 취소(undoing)

취소는 보상과 속죄의 행위를 통해 용납할 수 없거나 죄책감을 일으키는 충동이나 행동을 중화 또는 무효화하는 것으로 심리적 말살이라고 불리기도 한다. 예를 들면, 여비서에게 성적으로 끌리는 것을 느낀 남자가 부인에게 줄 비싼 선물을 사는 것이나 기도문을 되풀이하는 마술적 방법으로 죄책감에서 벗어나려고 하는 것이 취소에 해당된다.

(6) 투사(projection)

자신이 용납할 수 없는 충동, 생각, 행동을 무의식적으로 다른 사람이 이러한 충동, 생각, 행동을 느끼거나 행한다고 믿는 것이다. 예를 들어 남자들에 대해 자기가 느끼는 강한 성적 감정을 인정하고 싶지 않은 여성이 모든 남자들이 성적으로 그녀에게 관심이 있으며, 끊임없이 그녀를 원한다고 느끼는 것이 투사에 해당된다. 자신의 욕구나 문제를 옳게 깨닫는 대신 다른 사람이나 주변의 탓으로 돌리고 진실을 감추어 현실을 왜곡시키는 바람직하지 않은 방어기제이다.

(7) 투입(introjection)

외부의 대상을 자기 내면의 자아체계로 받아들이는 것을 뜻한다. 외부 대상에 대한 적대적이거나 부정적인 감정을 자신에게로 지향시킨다는 점에서 투입은 우울증을 야기하는 중요한 기제로 간주된다. 예를 들어 어머니를 미워하는 것이 자아에 수용될 수 없기 때문에 나 자신이 미운 것으로 대치된다. 투사와 반대되는 개념이다.

(8) 자기로의 전향(turning against self)

공격성 같은 본능적인 충동이 자기에게 향하는 것을 의미한다. 예를 들면 부부싸움을 한 남편이 화가 나서 자기 머리를 벽에 부딪치는 것은 부인에 대한 분노가 자기한테로 향한 것이다.

(9) 역전(reversal)

감정, 태도, 특징, 관계, 방향을 반대로 변경하는 것을 뜻한다. 역전과 반동형성의 구별은 어렵다. 엄밀한 의미로 반동형성은 감정의 역전에 해당되기 때문이다. 그러나 반동형성보다 역전이 더 일반적인 기제이며, 더 광범위한 행동을 포함한다. 역전의 예로는 극도로 수동적이며 무력한 어머니에게 무의식적으로 반항하면서 성장해 자신만만하고 유능하게 된 여성이 자신의 성공에 대해 죄책감과 불안을 경험하는 것을 들 수 있다.

(10) 승화(sublimation)

반사회적 활동을 사회가 허용하는 방향으로 나타내는 방법이다. 성적 충동은 누드를 그린다거나 관능적인 춤을 추는 것 등을 통해서 사회가 인정하는 방식으로 표현될 수 있는데 이것이 승화이다. 승화는 성적 에너지를 사회적으로 더 바람직한 방향으로 승화시켜 나가는 것을 말한다.

(11) 합리화(rationalization)

상황을 그럴듯하게 꾸미고 사실과 다르게 인식하여 자아가 상처를 받지 않도록 정당화시키는 방법이다. 이러한 방법으로 스스로 인정하기 어려운 상황을 자신도 의식하지 못하는 사이에 그럴듯한 이유를 붙임으로 자존심이 손상당하거나 죄책감을 느끼는 것에서 벗어나게 해 준다. 합리화는 사람이 비판대상에 놓여 있는 행태를 설명하기 위하여 가능한 한 이유를 발견하여 자신의 행위를 합리화하려고 한다.

(12) 동일함(identification)

상관들에게 유익한 방법은 동일화 과정인데, 이 과정을 통해 사람들에게 바람직한 태도, 버릇, 기이한 습관들이 몸에 베게 한다. 많은 관리자들은 사회 학습방법에 의하여 동일화 기술을 촉진한다.

(13) 부정(denial)

자아가 현재의 상황에 있는 위협적 요소를 감당할 수 없는 경우 위협적 요소가 존재한다는 사실을 인정하지 않는 것을 말한다. 예를 들어 부정의 방어기제를 사용하는 어머니는 죽은 아이를 마치 살아 있는 것처럼 계속 돌볼 수 있다.

4) Digman and Hough

지난 한 세기 동안 수많은 성격특성들이 확인됨에 따라 폭넓게 정의된 특성들 가운데 소수의 범주를 발견하여 특성이론들의 발전을 단순화시키려는 노력이

〈표 7-1〉 5대 성격 특성과 구체적 특성의 대응관계

5대 성격 특성	구체적 특성
사 회 성	외향성(사교적인) 활력 및 활동수준 권력욕구(자기주장성)
성 실 성	신뢰성 개인적 도덕성 성취욕구
호 감 성	유쾌성 및 낙관주의 양육성(공감성) 친화욕구
적 응 성	정서안정성 자존심 자기통제
지적 탐구성	호기심 및 탐구성 개방성 학습지향

출처: Hogan, Curphy & Hogan(1994).

이루어졌다.[8] 고무적인 것처럼 보이는 한 가지 노력은 성격의 5요인 모형으로 불린다. 이들은 〈표 7-1〉에서 정리되었다.

최근의 리더십 연구자들이 리더십 특성에 대해 이루어졌던 혼란을 불러일으킨 수많은 연구의 결과를 해석하기 위하여 이 성격의 분류체계를 사용하는 데 높은 관심을 나타내고 있다.[9] 이 폭넓은 다섯 가지의 특성범주들이 리더십 특성연구에서 다루었던 수많은 특성들을 폭넓게 포함하고 있다. 그러므로 성격의 5요인 모형이 보다 구체적인 특성을 사용한 분류체계보다 더 낫다는 것에 대해 모든 연구자들이 동의하지는 않는다.

8) J. M. Digman, "Personality Structure: Emergence of the Five Factor Model," *Annual Review of Psychology*(vol. 4, 1990), pp. 417-440; Palo Alto, CA: Annual Review and L. M. Hough, "The "Big Five" Personality Variables-Construct Confusion: Description versus Prediction," *Human Performance*, 5(1992), pp. 139-155.

9) R. J. Hogan, G. J. Curphy and J. Hogan, "What We Know about Personality: Leadership and Effectiveness," *American Psychologist*, 49(1994), pp. 493-504.

제 2 절 성격의 발달(Personality Development)

성격은 일반적으로 두 가지의 관점에서 정의하는데, 즉 정태적인 측면과 동태적인 측면이 있다. 지금까지 우리가 검토한 욕구이론은 어느 정도 정태적인 관점에서 개인에 초점을 두었다. 그러나 심리학에서 성격은 동태적이며 일생을 통하여 계속 발달한다고 한다. 20대에 있는 사람은 40대에 있는 사람과 행태도 다르고, 관심도 다르며 조직의 동기부여에도 다르게 반응한다. 이것은 조직관리를 더욱 어렵게 만드는 요인이다.

1. Freud, Erickson과 Levinson

1) Freud

Freud는 성격의 발달에 대하여 강조하고, 성격은 거의 다섯살까지 완전히 형성되며, 그 후 18살까지 성격의 성장은 대부분 기본적인 구조의 마무리 과정이라고 보았다. Daniel Levinson은 특히 성인의 성격발달단계와 변화시기에 많은 관심을 보여 주었다.[10)]

● Freud의 **성격발달**[11)]

Freud에 의하면 성격의 발달은 거의 5살까지 완전히 형성되며 그 후 18세까지 성격의 성장은 대부분 기본적인 구조의 마무리 과정이라고 말했다. 유아기부터 청소년까지 다섯 단계에 걸쳐 이루어지는데 이 단계들 중 앞의 세 단계가 성격형성에 결정적 역할을 하게 된다. 이 시기에 리비도[12)]는 신체의 특정 부위에

---

10) Daniel J. Levinson, *Patienthood in he Mental Hospital: An Analysis of Role, Personality, and Social Structure,* Hougnton Mifflin, 1964.

11) 이인정 · 최해경, 인간행동과 사회환경, 나남출판, 2004, pp. 161-165; S. Freud, *Three Contributions to the Theory of Sex: The Basic Writings of Sigmund Freud*(A. A. Bril Trans.), (New York: The Modern Library, 1905); Fred Luthans, *Organizational Behavior,* McGraw-Hill, Inc., pp. 110-136; Kelly, *op. cit.*, pp. 145-160: 이훈구(역), 성격심리학, 나남출판사, 1993(재인용); 홍숙기(역), 성격심리학, 박영사, 1992(재인용).

12) 리비도(libido)는 정신적 에너지 또는 본능적 충동이며, 의식적으로 또는 무의식적으로 개인의 성격과 행동에 좋게 또는 나쁘게 영향을 미친다. 처음에는 리비도는 협의의 성적 에너지로 생각되었다가 점차 그 개념이 넓혀져 사랑과 쾌감의 모든 표현이 포함된다.

자리잡고 그 특정 부위에서 만족을 추구한다. 만족을 추구하는 특정 부위는 연령에 따라 변화하며, 리비도가 지향해서 욕구충족을 추구하는 대상도 연령에 따라 변화한다. 리비도의 특정 부위에서의 만족 추구는 출생 후 1세까지는 입과 입술 부위에서 주로 쾌감을 느끼고, 1세에서 3세까지는 항문에서 만족을 느끼며, 3세에서 6세까지는 성기에서 쾌감을 얻는다. Freud의 성격발달단계를 정리해 보면 다음과 같다.

(1) 구강기(the oral stage): 생후 1-1.5세

구강기는 출생부터 1.5세까지로 유아는 입에서 쾌락을 얻는다. 생후 1년 동안은 입이 성적 · 공격적 요구 충족을 하는 신체 부위가 된다. 이 시기에는 입, 입술, 혀, 잇몸 등을 자극하는 데서 만족을 느끼기 때문에 빨고, 삼키고, 깨물면서 만족을 얻는다. 구강기에는 수동적으로 어머니의 보살핌을 받으며 생활하기 때문에 유아는 의존적이고 다른 사람으로부터 분화되지 않은 상태이다. 특히 구강기 전반기에는 유일한 접촉대상이 어머니이므로 어머니에게 합일하고 접근하려는 경향이 있다. 그러나 구강기 후반기에는 이유로 인하여 욕구불만 때문에 어머니에게 애정과 우호적 태도를 갖는 동시에 적대적이며 파괴적인 태도를 갖게 된다. 이때 유아는 최초의 마찰(ambivalence) 감정을 경험하게 된다.

구강기 동안 신체적으로나 정서적으로 무시당하거나 바탈당한 아이는 성인이 된 후 충족되지 못한 사랑과 보살핌에 대한 강한 갈망을 경험하기 쉬우며 타인에 대한 강한 불신으로 대인관계가 어려울 수 있다.

Freud에 의하면 구강기 전반기에 좌절 혹은 방임을 경험하면 구강 수동적 성격이 된다. 이 성격은 낙천적이고, 타인에게 의존적이며, 모든 것을 희생해서라도 인정을 받고 싶어 한다. 이 유형의 사람이 심리적으로 적응하는 양식은 수동적이고, 미성숙하며, 과도한 의타심을 보이고 잘 속는다. 반면 구강기 후반기에 고착되는 구강공격적 혹은 구강가학적 성격의 특징은 논쟁적이고, 비꼬길 잘하며, 타인을 이용하거나 지배하려 한다.

(2) 항문기(the anal stage): 18개월-3세

대소변을 가리는 1세 내지 1세 반에서 3세까지를 말한다. 배변 훈련이 시작되면서 아이의 본능적 충동은 외부에 의해, 즉 양육자인 어머니에 의해 통제된다. 유아는 항문의 긴장을 즉각 해소하는 데서 오는 쾌감을 늦추고 적절한 시점에 적절한 장소에 배설하도록 요구되는 것이다. 이때 리비도를 항문영역으로 향한 아이와 대소변을 가려 청결습관을 기르려고 하는 부모 간에 일종의 싸움이 전개되고 부모의 현실적 요구에 대응하면서 자아가 발달한다.

항문기는 아이가 처음으로 사회의 기대에 순응하라는 요구에 직면하는 단계이다. 항문기에 이르러서는 타인에게 의존하는 것이 줄어들고 스스로 활동하며 환경을 조절할 수 있으며 운동력과 판단력도 발달하게 된다. 항문기의 경험을 통해 아이는 의존에서 벗어나 자기조절, 자립, 자부, 자존 등을 배우게 된다.

한편 항문기와 관련해 문제가 발생하기 쉬운 경우는 지나치게 엄격하고, 전적으로 통제하려 하며, 감정적으로 억압되어 있는 가정환경이다. 이런 가정에서는 아이가 자신의 주장이나 공격성을 표현하면 제재가 가해진다.

부모가 너무 일찍 혹은 너무 심한 배변훈련을 시켜 항문기에 고착되면 고집이 세고 인색하며 복종적이고 시간을 엄수하며, 지나치게 청결한 특징을 가진다. 또는 정반대로 잔인하고, 파괴적이며, 난폭하고, 적개심이 강하며, 불결한 특징을 보이기도 한다.

(3) 남근기(the phallic stage): 오이디푸스 시기 3-6세

아동이 자신의 성기를 만지고 자극하는 데서 쾌감을 느끼는 시기를 말한다. 이 시기부터 id, ego, superego는 역동적으로 작용하기 시작한다. 남근기의 아동은 이성의 부모에게 성적 관심을 갖게 되면서 동성의 부모와 성적 동일시를 갖게 되므로 남자아이는 남자답게 굴고 여자아이는 여자답게 행동하려고 애쓴다. 남자아이가 어머니의 사랑을 갈망하고 아버지를 싫어하는 경향을 Freud는 오이디푸스 콤플렉스라고 하였다. 어머니에 대한 근친상간적 욕구가 아버지에게 발각될까봐 공포를 느끼면서, 남자아이는 아버지가 성적 활동기관인 자기의 남근을 거세할 것을 두려워 하는 거세불안을 경험하게 된다.

한편 여자아이가 아버지를 좋아하고 어머니를 싫어하는 경향은 엘렉트라 콤플렉스(Electra complex)라 일컬어진다. 여자아이는 이 시기에 남근을 부러워하는 남근선망증의 심리상태를 보인다.

오이디푸스 콤플렉스와 엘렉트라 콤플렉스는 양가감정을 초래한다. 즉 아동은 이성의 부모로부터 독점적인 관심을 받고 싶어 다른 쪽 부모가 떠나거나 죽기를 바라는 동시에 이성의 부모에 대한 연모가 동성의 부모로부터 적대감이나 보복을 초래하지 않을까 두려워 하거나 혹은 사랑하는 부모가 그 사랑을 철회할까봐 걱정한다. Freud는 남근기에 superego가 확립되는 것이 오이디푸스 콤플렉스의 결과라고 했다.

한편 남근기 동안 일어날 수 있는 다양한 외상(trauma) 경험, 예컨대 정서적 · 신체적 · 성적 학대나 부모의 상실 등은 신경증의 원인이 되기 쉽다. 또한 남근기에 고착된 남자는 경솔하고 과장이 심하며, 야심이 강하고, 여자는 난잡하고, 유혹적이며, 경박하다.

(4) 잠복기(the latency stage): 6-12세

이 시기에는 오이디푸스적 근심으로부터 비교적 자유롭지만 그 감정은 무의식 속에 계속 존재한다. 다시 말해 이 시기에 id는 약해지고 ego와 superego는 강력해진다. 성격에서 이루어지는 주요 발달은 superego 기능이다. 잠복기 아동의 에너지는 지적인 활동, 운동, 친구와의 우정 등에 집중된다. 특히 잠복기에는 신체의 발육과 성장에 에너지가 집중되므로 리비도의 본능적 욕구형태인 성적 관심이 약하다. 그런데 이 시기에 과도한 성적 억압을 하게 되면 수치심, 도덕적 반동 형성, 협오감에 빠질 수 있다. 잠복기에 고착되면 성인이 되어서도 이성에 대한 정상적인 친밀감을 갖지 못한다. 예를 들어, 동성 간의 우정에 고착되어 버리면 생식기에 가서도 분리되지 못하고 동성애로 발전할 수 있다.

(5) 생식기(the genital stage): 12세 이후

생식기는 사춘기부터 성적으로 성숙되는 성인기 이전까지의 시기로서 심한 생리적 변화가 특징이며, 격동적 단계로 불린다. 호르몬과 생리적 요인들로 인해 그동안 억압되었던 성적 감정들이 크게 강화되면서 잠복기 동안 억제되었던 성적 · 공격적 충동이 자아와 자아의 방어를 압도할 정도로 강해진다. 따라서 이전의 방어방식들이 부적절해지면서 광범위한 재적응이 요구된다.

생식기는 사춘기 전기와 사춘기로 나뉜다. 사춘기 전기는 12,3세부터 시작되며 성적 성숙을 준비하는 시기이다. 사춘기는 성적 성숙이 다 이루어지는 때이므로 사춘기 전기의 불안정성이 사라진다. 성적 대상으로 부모에 대한 관심이 사라져 사춘기 전기까지 있었던 오이디푸스 콤플렉스적 공상에서 벗어나면 관

심이 가족으로부터 멀어지고 가족 밖에서 연장자와 친교를 갖게 되며, 이성을 향한 성욕 충족을 추구하게 된다. 이성에 대한 성적 욕구는 다른 활동을 통해서 승화되기도 한다. 독서, 운동, 자원봉사 등은 흔히 도덕적 규범이 강한 사회의 청소년들이 성욕을 승화시키는 대체활동이 된다. 이상적인 생식기적 발달을 위해서는 근면을 배워야 하고, 즉각적인 만족을 지연시켜야 하며, 책임감이 있어야 한다.

2) Erickson

Erickson은 Freud와 같이 성격발달단계[13]를 제시하고 각 단계마다 사회적 요인들이 어떻게 개입되는지를 설명하고자 하였다.

(1) 구강기: 자신이 접촉하는 사람에 대한 신뢰와 불신을 갖는다.
(2) 항문기: 자율성을 갖게 되는 한편 수치심이나 의심을 갖는다.
(3) 남근기(오이디푸스기): 일을 주도하나 자신의 행동에 죄의식을 느낀다.
(4) 잠재기: 때로는 열등감을 느낀다.
(5) 사춘기(생식기): 자신의 정체는 무엇인가에 관심이 깊으며, 자신의 역할이 뚜렷하지 않음에 고민한다.
(6) 성인초기: 타인과의 관계에서 친근감을 추구하나, 그것이 잘 이루어지지 않는 고립을 경험한다.
(7) 성인기: 생산성과 자기 침체의 시기로 접어든다.
(8) 노년기: 자아를 통합하지만, 절망상태에 몰입한다.

3) Levinson

Daniel Levinson은 많은 다른 심리학자들과 같이 전적으로 남성에게 집중하였고 따라서 여성의 발달단계는 연구하지 않았다. 그에 의하면 초기의 성인과도기는 17세와 22세 사이에 일어나며 이 기간은 격동과 혼란의 시기이다. 부모와 가정으로부터 독립하려는 충동이 일어나고 초기의 경력과 직업선택과 새로운 관계가 형성되며, 결혼도 하며 개인은 성장하려고 노력한다. 이 나이에 속하는 개인들을 교육하거나 채용하는 조직은 이 시기에 본질적으로 특이한 어려움들이

13) Erick Erikson, *Childhood and Society*(New York: Norton, 1950) pp. 270-271; Fred Luthans, *Organizational Behavior*, McGraw-Hill, Inc., 1981, pp. 110-136; Kelly, *op. cit.*, pp. 145-160.

이들의 행태에 영향을 끼친다. 긍정적인 측면에서 본다면 이 사람들은 환상적 · 열정적 그리고 어느 단계보다도 더욱 감상적이다. 부정적인 측면에서는 이들은 자제와 통제력이 부족하고, 좀더 나이가 많은 고용인들보다 신뢰성과 예측성이 적고 직업에 적극적이지 않다. 그러므로 어떤 조직들은 21세 이하의 사람들을 고용하지 않으려는 성향이 있다.

성인으로 들어오는 시기는 22세와 28세라고 보는데, 이 시기에는 개인들이 안정을 찾기 시작한다. 이들은 확고한 직업과 직장을 선택한다. 이들은 직장에서 업무의 성격을 탐구하고 훌륭한 스승을 만나려고 한다든지, 직업과 조직이 무엇을 요구하는지 배운다. 이들은 더욱 독립적이 되어 가며, 예측성이 있고 개인관계는 더욱 안정적이다. 개인과 조직에게 불행한 것은 상대적으로 발달의 평화스러운 시기가 28세와 32세 사이에 끝난다는 것이다.

이 시기에 자신이 선택한 직업과 직장을 재검토 및 평가하고 평가결과에 따라 직업과 직장을 이동할 수 있다. 어떤 사람의 경우 새로운 경력을 쌓기 위하여 대학원에 다시 다니는 경우도 있다. 대부분의 사람들은 30세의 변화과정을 거쳐 33세와 40대의 안정시기에 들어온다. 새로운 임무가 정하여지고 옛날의 것은 재차 확인이 되고 안정, 안전, 경력의 발전이 지배적인 관심이 된다. 목적이 다시 정해지고 개인은 자신을 위한 일에 집중한다. 관심은 통제와 자율을 중요시하면서 점차적으로 개인적인 노력을 통하여 자신의 발전에 눈다. 이러한 건설적이고 조용한 목적지향적인 시기는 인생의 중년기의 위기에 끝나게 된다. 어떠한 변화과정도 중년기의 위기보다 더 많은 관심을 끌지 않는다. 왜냐하면 청년기를 잘 보내면 인생은 조용하고 안정적일 것이라고 믿기 때문이다.

2. Argyris의 미성숙 · 성숙이론(Immaturity and Maturity Theory)

조직의 인간주의자들 가운데 탁월한 학자인 Argyris는 공식적인 조직이 개인에 미치는 영향을 검토하는 과정에서 미성숙 · 성숙이론을 창안하였고, 공식적인 조직에서 사람들의 성격의 변화는 다음과 같은 하나의 연속선상에 표시될 수 있다고 한다(표 7-2).[14] Argyris는 이와 같은 8가지의 변화를 예시하면서, 어린아

14) Chris Argyris, *Personality and Organization*(New York: Haper & Row), 1957, p. 99; Chris Argyris, *Interpersonal Competence and Organizational Effectiveness*(Homewood, Ill.: The Dorsey Press), 1962.

〈표 7-2〉 미성숙 · 성숙이론

어린이(미성숙)	성인(성숙)
소극적	적극적
의존/복종	독립/자율
행동의 단순성	행동의 다양한 방법
피상적인 흥미	깊은 관심
단기적 전망	장기적 관심
자아의 결핍	자아의식
단순한 재능과 기술	다양한 능력과 기술
짧은 관심집중기간	긴 관심집중기간

이의 시기에서 성인으로 성장하는 동안 사람들의 성격은 미성숙상태에서 성숙한 상태로 발달하는 것이라고 설명한다.

성숙이란 수준의 문제이며, 성숙의 정도는 사람마다 다르다. 그러나 발전과정의 마지막 단계는 자아실현 상태에 이른 성인들이다.

Argyris에 의하면, 공식조직은 인간의 미성숙한 상태를 촉진한다고 한다. 그가 말하는 공식적인 조직이란 고전적인 원리에 입각한(X이론) 조직이다. 이러한 전통적인 조직은 업무의 전문화(분업), 명령체계의 확립, 통솔의 범위 그리고 명령의 통일 등의 특징을 가지고 있는 기계적인 조직을 말한다. 이러한 전통적 조직은 여러 원칙들을 과도하게 추구한 나머지 인간의 성숙한 성격발달과 양립할 수 없다. 성숙한 인간이 갖는 욕구와 공식조직의 관리전략 간에 뚜렷한 갈등이 발생한다. 이러한 개인과 조직 간의 기본적 갈등은 조직구성원의 좌절감, 갈등, 실패감 또는 단기적인 식견을 더욱 심화시킨다는 것을 발견하였다. 하지만 Argyris는 미성숙 · 성숙이론을 조직 하위계층에만 적용하여 실험하였기 때문에 조직의 상위계층에 이 이론이 적용될 수 있는지는 모른다는 것이 단점이다.

자아실현을 추구하는 성숙한 인간의 요구를 충족하기 위하여 Argyris는 고전관리전략을 대체할 관리전략을 제시하였다. 즉 모든 구성원들이 스스로 욕구를 충족시키고 성장 및 성숙의 기회를 가질 수 있는 분위기를 위하여 직무확장(job enlargement)과 직무확충(job enrichment), 참여적 내지 구성원 중심적인 리더십(participative or employ-centered leadership), 권한부여(empowerment) 및 수평적 조직

(horizontal organization) 등을 제시하고 있다. 이러한 제안에는 Y이론에 대한 지지가 함축되어 있다. 일반적으로 사람이란 자유를 부여하면 업무수행에 있어 창의적일 수 있고 동기부여가 됨으로 Y이론에 입각한 관리가 개인과 조직에 다같이 도움이 될 것이다.

◇ Argyris의 배경

1923년에 태어나 Clark 대학 심리학 분야에서 1947년에 학사학위를 취득하고, Kansas 대학 심리학과 경제학 분야에서 석사과정을 졸업하였다. 그리고 그는 Cornell 대학으로 옮겨 산업과 노동관계(Industrial and Labor Relation) 분야에서 1951년에 박사학위를 수여받았다. Cornell에서 그의 지도교수는 사회학자며 응용인류학자인 William Foot White였다. 그 후부터 다양한 연구를 하고 저술활동에도 활발하였으나 그의 주요한 전공은 조직행태가 탄생된 이래 조직행태 분야에 몰입하였다. Cornell에 처음으로 만들어진 Labor and Management Center가 있는 Yale 대학으로 옮겨, 잠시 그 곳에서 연구한 후 행정학과로 이전하였다. 그가 행정학과에 있었을 때 그의 동료는 Alderfer, Hackman, Oldham, Lawler 그리고 Martin Evans 등이었다. 그는 1971년에 교육과 경영부분에서 채용되어 Harvard로 옮겼다. Yale에 있는 동안 그는 적극적으로 Laboratory Education Movement와 T-groups에 개입하였다. 그는 Harvard에서 은퇴하였으나 그 이후에도 저술활동과 상담역할을 활발히 하였다. 그의 특유의 접근법은 조직 내에 적극적으로 개입하는 연구방법론으로서 명성을 얻었다.[15)]

3. 심리학의 이론: 개인과 조직

심리학은 조직을 관리하고 개인과 사회에 대한 조직의 영향을 평가한다. 동기이론은 인간의 욕구를 이해하고 근로자의 바람직한 행태를 유도하기 위하여 기본적으로 이 욕구들을 활용한다. 동기부여이론을 연구하는 학자들은 그들 자신의 이론을 위하여 인간이 다양한 욕구들을 가지고 있다고 처음으로 주장한 Maslow의 욕구계층이론을 사용하는 경우가 많다.

성격의 발달이론들은 성격 관리연구의 발달과 직접적인 관련을 가지고 있다. 기본적으로 이 이론들은 개인들의 성격이 지속적으로 변화하는 것을 예측하

15) Miner, *op. cit.*, p. 567.

게 하며 이러한 이론들이 개인들의 직업행태를 반영할 것이다. 특히 개인이 변화의 단계들 가운데 하나를 거칠 때마다 파괴적이고 역기능적인 행태의 변화가 발생하게 된다. 따라서 관리는 이러한 위기의 과정을 안전하게 거치는 것을 촉진하고 그에 따른 피해를 줄여나가는 것이다. 예를 들어 직업과 조직에 대한 만족은 인생의 주기와 관계가 있는 것으로 나타났다. 젊고 신선한 직원이 입사하는 것이 조직과 업무에는 크게 이상적일 수 있으나 현실적으로 그들의 초기 반응은 조직과 직업에 대한 만족도에 있어서 떨어지는 경향들이 경험적인 연구에서 밝혀졌다. 불만족은 30대에 가장 낮고 만족은 인생의 중반 때까지 점진적으로 발전하고 증가한다. 업무와 조직에 대한 만족은 41세와 50세 사이에 급격히 떨어지고, 50대에서 벗어나면서 은퇴의 시기에 직면하게 되면 만족도는 증가한다.

심리학 이론들은 조직이 개인들과 사회에 끼치는 영향에 관한 이론의 기초를 제공하여 행정학 연구에 크게 공헌하였다. 예를 들어 Freud의 id와 superego 사이에 기본적 갈등은 자율과 자기표현을 추구하려는 개인과 질서의 조화를 유지하려는 사회의 갈등으로 반영된다. 우리는 사회, 안전, 공동일치, 소속감 그리고 물질적 가치 없이는 살 수 없다. 그러나 사회에 살면서 우리는 자유 및 개인주의의 일부를 포기해야 하고 사회가 부과하는 억제와 제약을 받아들여야 한다.

우리는 우리의 필요를 충족하기 위하여 조직을 창조하였다. 그러나 조직은 오히려 우리의 성격을 원하는 대로 발전시키고 있다. 당연히 조직은 우리의 행태를 억제하고 자율성과 개성을 포기할 것을 요구하고 있다.

제3절 성격의 유형

1. Presthus의 성격유형

사람들은 관료조직에서 적응하기 위하여 세 가지 행태의 성격유형이 발생한다고 주장하였다.[16] 관료제 조직은 생존과 발전하기 위하여 이들 세 가지 행태를 가진 사람들이 조직 내에 적절히 있어야 한다고 주장한다. 상승형 행태를 가진

---

16) Robert Presthus, *The Organizational Society*(revised ed.), New York: St. Martin's Press(1978), pp. 143-251.

사람들이 너무나 많다면 상위계층은 올라갈수록 그 계층의 수가 적기 때문에 조직의 권위를 위한 갈등은 치열하게 되어 조직은 안전을 유지하기 어렵게 된다. 무관심형이 있기에 조직은 목표를 실현하는 데 도움이 되며, 애매형 혹은 마찰형이 있기에 조직은 혁신적인 사고를 얻을 수 있다. 이들 세 가지의 관료행태의 유형은 아래와 같으며 이들에 대한 자세한 설명은 다음 9장의 조직의 동기부여에서 계속될 것이다.

1) 상승형(Upward Mobiles)

관료조직의 권한, 지위, 집단 등이 부여하는 자극에 적극적으로 순응하며, 조직의 규범을 준수하고 개인의 승진을 위하는 행태유형이다. 이들의 특징은 다음과 같다.

(1) 조직의 권위에 순종

관료조직의 권위에 순종하고, 질서와 안정을 유지하며, 조직이 추구하는 기본적 가치를 내면화하여 스스로 조직에 일체화함으로써 조직으로부터 좋은 보상을 받고, 승진을 하며, 조직에 만족한다.

(2) 권력지향성

그의 성격은 권력지향적이기에 권한과 지위를 존경한다. 그리고 조직에서 성공하려는 욕구가 강하기 때문에 조직이 요구하는 역할을 충실히 해내려고 한다.

(3) 개인적 성공에 집착

높은 지위로 상승하려는 출세욕이 강하다. 그렇기 때문에 조직과 직무에 잘 적응한다.

(4) 성공에 수반하는 역기능

성공을 가져올 수만 있다면 어떠한 일도 할 수 있고 조직의 목적에 맹목적으로 따르는 경향이 있으며, 상관에게 아첨하는 경향이 짙다. 물론 조직에는 상승형이 필요하지만 조직의 개혁을 가져오는 데는 역효과가 있을 수 있다.

2) 무관심형(Indifferent)

(1) 이들은 조직의 하위 계층의 사람들에서 많다.

(2) 소외감과 불만을 가진 사람들이다.

조직이란 인간에게 좌절감과 불만을 부여하는 계산된 체제로 보며, 조직에 무관심한 사람들이 기대하는 것은 생활수단으로 봉급 이외엔 거의 없다.

(3) 조직 내의 권력이나 지위에 무관심하고 그것에 가치를 부여하지 않는다. 따라서 승진이나 출세에는 관심을 가지고 있지 않다.

(4) 심리적 평정과 원만한 대인관계를 유지한다.

무관심형의 사람들은 조직에 기대하는 바가 없기 때문에 갈등 없이 조직생활을 유지할 수 있다. 이들이 바라는 바는 조직의 외적 행복을 추구하려 하지 조직 내에서 성공하려는 야망이나 지위개선 및 승진에는 관심이 없기 때문에 긴장과 초조감에 시달리는 일은 거의 없다.

3) 애매형(Ambivalent)

(1) 개혁적인 아이디어

조직의 가치나 목적을 무시하지는 않으나 조직의 가치나 목적에 적응하지 못하고 항상 불평과 불만을 제시하며 개혁적인 아이디어를 내놓는다.

(2) 전문가적 성향

내성적이며 지식과 기술에 집착하고 대개는 전문가로서 인정을 받는다. 따라서 관료적 권위를 전혀 무시하지는 않으나 전문가로서 관료적 규율과 감독을 싫어하며, 사람들과 잘 어울리지도 않는다.

(3) 권력과 지위에 대한 인정

관료제의 권력과 지위를 인정하나 자신들을 우월한 능력의 소유자로서 생각하기 때문에 항상 그들 사이에 마찰이 존재한다. 그리고 조직 내의 권력과 지위가 그들에게 배당되지 않기 때문에 불만을 가지고 조직에서 생활한다.

(4) 창의성 제시

자신들이 불만을 가지는 것만큼 항상 창의적인 사고를 가지고 있으나 조직에서 실현하고, 명예와 지위를 얻고자 하는 욕구는 강하지만 조직의 가치규범이나 행동양식에 적응하지 못하는 단점을 가지고 있다.

2. Downs의 성격유형

그는 공공관료제 조직에서 발생할 수 있는 다섯 가지 종류의 행태를 제시했다.[17] 일반적으로 사관료제 조직에서 발생할 수 있는 세 가지 행태의 성격유형과는 달리 Downs는 공공관료제 관리자들의 동기부여의 목록을 제안한 학자로 잘 알려져 있다. 이 장에서는 Downs의 다섯 가지 성격유형만을 제시하고 다음 장인 동기부여에서 자세히 설명할 것이다.

1) 상승형(Climbers)
2) 보수형(Conservers)
3) 열성형(Zealots)
4) 옹호자형(Advocates)
5) 정치가형(Statesman)

위에서 설명한 여러 종류의 행태는 조직의 생존을 위해서 모두 필요하다. 이는 사람들이긴 조직에 들어 와서 사회화되면서 자신들의 야망과 욕구를 충족하기 위하여 조직 내부 환경에 적응한다. 이들 이외에도 Reisman과 Dunham 같은 많은 학자들도 다양한 성격유형들을 제시하고 있으니 관료조직에서 발생할 수 있는 행태의 유형으로서 Presthus와 Downs의 모형이 널리 알려져 있다.

제4절 지각(Perception)

1. 지각의 정의

지각은 감각기관을 통하여 받아들인 정보를 선별, 조직, 해석, 검색하여 인

17) Anthony Downs, *Inside Bureaucracy*(Boston: Little, Browns and Company, 1967), pp. 92-111.

지하는 과정이다.

조직의 사람들이 하루 동안에 받는 감각적인 신호들은 무수히 많을 것이며 이를 나열한다는 것은 불가능할 정도다: 구두 명령, 서면 메시지, 색채, 향기, 형태, 공공기관의 발표, 전화소리, 빛 등. 뿐만 아니라 알아차리지 못하고 지나가는 것들도 많을 것이라고 본다. 지각은 개인 혹은 환경적인 요소에 의하여 영향을 받는다.

얼마간 사람들은 이러한 신호들의 일부분에만 관심을 갖고 적절히 반응한다.

지각으로서 정의하는 이러한 과정은 다음과 같은 단계로 구성된다:[18]

① 투입되는 자극에 대한 인지 혹은 주의

② 투입된 자극들을 통신 혹은 정보로 전환(자극의 해석)

③ 정보 혹은 통신에 반응하여 적절한 행동 및 행태결정

즉 사람들은 자극을 받을 때 일단 투입되는 정보를 조직화하고 그것을 다시 정보 혹은 통신을 해석하고 그리고 나서 적절히 반응한다.

〈그림 7-3〉 지각의 과정

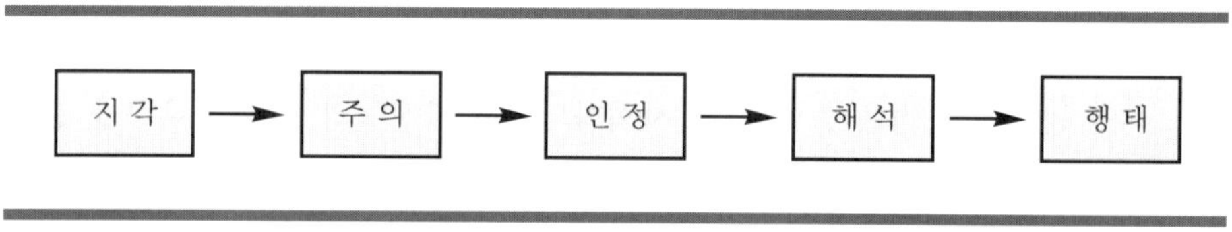

대부분의 사람들은 자극들의 상당부분을 여과한다. 이와 같이 지각과정에서 첫번째 주요한 활동은 특정하게 들어오는 자극들에 대하여 선별적으로 관심을 갖고, 둘째 행동은 투입되는 정보를 조직화한 다음 그것을 메시지로 전환하고 그리고 적절히 반응한다.

따라서 우리는 지각을 두 단계 활동이라고 말할 수 있다.[19]

① 투입을 받고(에너지 혹은 정보)

② 투입을 메시지로 전환하고 그리고 행태를 수정한다.

18) Andrew D. Szilagyi, Jr. and Marc J. Wallace, Jr., *Organizational Behavior and Performance*, 5th ed., HarperCollins Publishers(1990), p. 66.

19) R. Tagiuri and L. Petrullo, eds., *Person Perception and Interpersonal Behavior*(Stanford, Calif.: Stanford University, 1958).

그러나 지각과정에서 같은 영향을 미쳤으나 이에 대한 지각이 사람마다 달라지게 하는 요인들은 다양하고 복잡하다. 지각에 차이가 생기는 이유는 사람들이 각기 서로 다르기 때문이다. 감각기관의 기능이 서로 다를 수 있고 그러한 기능의 차이는 결국 지각의 차이를 가져온다. 지각의 대상인 사물, 문화 그리고 상황의 특성도 지각과정에 영향을 미친다. 예를 들어 노래방의 간판은 오색찬란하고 간판의 불빛들은 움직인다. 이 빛이 움직이는 형태가 지각에 도움을 주어 노래방을 신속하게 지각하게 하고 사람들을 노래방으로 유인한다. 지각을 쉽고 빠르게 느끼도록 하기 위하여 기업이나 광고회사에서 많은 연구를 하고 있다.

2. 지각에 영향을 미치는 요인[20)]

1) 사물의 귀인

사물에 대한 사람들의 첫번째 주의에 영향을 줄 수 있는 주요한 요소는 자극의 격렬함이다.

강하고 깨지는 것과 같은 소리는 부드러운 소리보다 더욱 효과적일 수 있다. 움직이는 것은 역시 주의를 끌 수 있는 특징적인 자극이다. 신체적인 크기도 지각에 영향을 줄 수 있는 사람의 속성이다. 예를 들면 지도자를 만드는 초기의 연구는 사람의 키가 다른 사람에게 영향을 줄 수 있는 능력 혹은 자질이라고 말한다.

분명히 사물 속성의 영향을 적용한 대상은 사람들의 지각영역이다. 많은 행태연구들이 지적한 것과 같이 성, 인종, 얼굴표현, 의복, 몸자세 등과 같은 신체적 형태는 다른 사람들에게 주는 주의력이나 판단에 많은 영향을 끼친다.

하지만 사물의 속성이 지각을 왜곡시키는 장애로 나타날 수도 있다. 그러한 장애는 고정관념(stereotyping)과 할로영향(hello effect)이다. 우리의 고정관념인, 그 사람에 대한 판단보다 그들의 집단에 대하여 이미 형성하였던 인상을 그 사람에게 적용한다. 즉 우리는 그 집단의 공통적인 특징이라고 믿는 것을 지적한다. 이것은 사람을 분류하는 가장 편한 방법이다. 고정관념 그 자체는 나쁘지 않다. 사람들이 혼란스러운 정보를 취급할 때 사용할 수 있는 방법이다. 그러나 고정관념이 오류를 가져올 수 있는 것은 집단 내에 다양한 특징을 무시할 수 있다는 점이

20) Szilagyi, Jr. and Wallace, Jr., *op. cit.*, pp. 67-70.

다. 예를 들면 모든 여성은 남자보다 계량적인 재능이 떨어진다는 것이다. 또한, 전체집단에 대한 특징에 대하여 잘못된 가치관을 갖는 것이다. 예를 들면 강남구에 살고 있는 학생들은 학업성적이 우수하다는 것이다.

두 번째 공통적으로 일어나는 지각의 오류는 할로영향에서 온다. 이것은 자주 업적평가에서 발생한다. 예를 들어 비율이 개인의 업적을 평가하기 위하여 사용되는 경우 몇 개의 다른 측정치들을 옳게 다루지 못한다. 만약 한 개인이 한 측정치에서 높으면 그 사람은 다른 측정치에서도 높음에 틀림없다고 가정한다. 그와 같이 한 근로자가 한 측정치에서 낮으면 모든 다른 측정치에서도 낮을 거라고 가정하는 것이다.

2) 상황의 귀인(Attributes of the Situation)

주변환경이나 직무상황이 예측방향으로 지각하는 데 영향을 준다. 한 메시지가 전달되는 시간이 주의와 해석에 영향을 줄 수 있다. 만약 한 근로자가 재고보고서를 매달 3번째 주일에 받는다고 하면, 다른 때에 보고서가 전송되는 경우 그 보고서를 완전히 무시할 수도 있다. 그 이외에도 소리, 빛, 열 그리고 다른 조건들은 신호에 주어지는 주의력에 영향을 끼칠 수 있다.

3) 사람의 귀인(Attributes of the Person)

지각에 대한 영향 가운데 가장 중요한 것은 사람의 동기, 이전의 학습 및 성격을 포함한 특징들이다. 관리자나 혹은 조직의 행태를 연구하는 연구자들이 특정한 환경에서 개인들의 업무행태를 이해하려고 시도할 때 동기, 성격 그리고 이전의 학습과 이들의 연합된 영향을 분석하는 것은 중요하다. 외부인들에게 어리석고 비이성적인 행태로 나타나는 것도 관련된 상황과 사람을 이해한다면 거의 이해할 만하고, 더욱이 예측할 수도 있다.

연구자들이 사람들의 지각성향에 대하여 가설을 설정하고 있는데, 그들의 예를 든다면 다음과 같다.

(1) 지 각 자[21]

① 자기 자신을 잘 아는 사람은 다른 사람에 대한 판단을 보다 정확히 내릴

---

21) 오석홍, *op. cit.*, pp. 242-243.

수 있다.

② 지각자가 가지고 있는 특성은 다른 사람의 특성을 관찰하는 데 영향을 미친다.

③ 자기 자신을 있는 그대로 받아들이는 사람은 다른 사람의 좋은 면을 지각할 수 있는 가능성이 크다.

④ 지각자는 자기가 다른 사람들에게 갖는 감정에 비추어 그 사람들이 자기에게 갖는 감정을 풀이하려 한다.

(2) 피지각자[22]

피지각자의 지위나 역할이 다르면 사람들이 같은 행동을 하더라고 다르게 지각하는 경우가 많다. 예컨대 자기보다 지위가 높은 사람이 협조하면 자발적으로 협조하는 것으로 생각하고 자기보다 낮은 사람이 협조하면 피동적으로 협조하는 것이라고 생각하기 쉽다.

제5절 학습(Learning)

사람들은 그들의 많은 시간을 공식적인 교육기관에서 보내며, 학교를 통하여 다양한 문화를 습득한다. 그 외에도 많은 조직들은 근로자들의 필요한 기술을 유지하게 하기 위하여 학습과정을 설계한다. 공식적인 교육기관 이외에도 태어나면서 경험을 통하여 광범위하게 학습이 일어난다. 그러나 환경이 혼란스럽다면 학습의 특성을 충분히 파악하지 못한다는 것이다. 우리의 행태가 어느 정도 학습에 기인되는지? 사람들은 환경의 영향에도 불구하고 어떠한 일들을 학습할 수 있을까? 행태를 학습하는 것과 자연히 습득하는 것과의 차이는 무엇인가? 다른 사람들에게 인상 깊게 한다던지 기계를 운영하는 것과 같은 기술이 학습되어 질 수 있는가? 혹은 성격의 일부로서 그러한 재능을 가지고 태어나는 것인가? 이러한 모든 질문들은 관리자들에게 학습은 무엇이며 어떠한 방식으로 행태에 영향을 주는지에 대한 철저한 이해를 요구한다.

---

22) Ibid., p. 243.

1. 학습의 정의

학습은 활동하면서 직면한 환경을 극복하는 변화하는 과정을 말한다. 학습은 경험의 결과로서 나타나는 행태의 영구적 변화를 말한다.[23] 이러한 정의는 무엇이 학습이고 무엇이 학습이 아닌지 결정하기 어려운 혼란을 일으킨다.

첫째, 학습은 행태에 영향을 줄 것이라고 믿는 추론된 과정이다. 예를 들어 판매원이 소비자들에게 그 물건을 사도록 어떻게 설득하는지를 배우는 것도 학습의 일종이다.

둘째, 정의에 의하면 학습결과는 비교적 행태의 영구적인 변화를 강조한다. 그러므로 학습하는 행태는 상대적으로 계속 일정하다.

셋째, 학습은 행태에 변화를 줄 수 있는 변수들 가운데 하나이다. 이러한 정의는 학습을 통한 행태의 변화와 피로, 건강, 마약, 그리고 그와 유사한 것들에 의하여 발생하는 형태 변화간의 차이에 대하여 의문을 가질 수도 있다. 예를 들면 근로자들이 천천히 일하는 것을 학습하였기 때문이 아니라 피로하기 때문에 교대시간이 끝나는 무렵에 업적이 저조해졌다. 학습과 피로는 행태나 업적에 반대되는 결과를 가질 수 있다. 피로는 업적의 향상과 효과성의 감소를 가져오는 원인이 되고 학습은 업적의 장점과 효과성의 증진을 초래한다.

넷째, 어떠한 행태는 본능적 혹은 유전적일 수 있으며 그러한 행태는 학습

〈그림 7-4〉 학습과 업적간의 관계

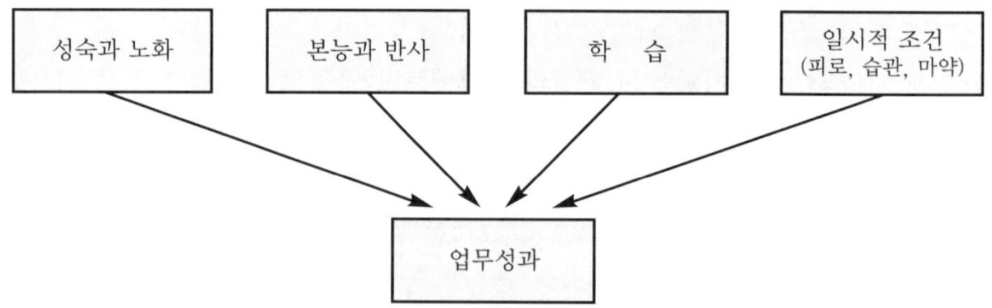

출처: Szilagyi and Wallace, *op. cit.*, p. 72.

23) Bernard Bass and James Vaughn, *Training in Industry: The Management of Learning*(Belmont, Calif.: Wadsworth, 1966), p. 8.

되지 않으며 학습을 통하여 변화될 수도 없다.

마지막으로, 정의는 학습을 통하여 일어나는 행태의 변화와 성숙과 나이에서 일어나는 행태간의 차이를 구별해야 한다.

위에서 학습에 대하여 언급하였던 내용들은 〈그림 7-4〉에서 정리할 수 있다. 특히 학습은 세 가지 행태변화의 근원들로 인하여 행태와 업적의 변화가 일어날 수 있다: i) 성숙과 노화, ii) 본능적인 반영과 같은 선천적인 반응의 경향, iii) 피로, 습성 혹은 마약과 같은 임시적 요소들. 학습은 행태변화의 근원으로 특징되는 것이 사실이다. 행태의 변화는 개인 경험의 결과로 일어나기 때문에 학자들은 학습을 받는 사람이 실제로 학습되어질 내용을 경험을 하지 않는다면 학습은 일어나지 않는다고 강하게 주장하고 있다.

2. 학습의 종류

20세기가 시작되면서 Pavlov의 초기 연구 이래로 학습의 주제는 심리학에 많은 관심을 갖고 있다. 어떻게 사람들이 배우는가에 대하여 경험적인 연구를 통하여 신뢰성 있는 많은 이론을 발표하였다. 다음 중요한 두 학습이론들을 설명할 것이다: 고진직인 조건반사와 조작적 혹은 도구적 소선반사. 이 두 보형은 학습의 기본적 단위로서 자극과 반응(S-R)에 집중한다. 그러나 그러한 관계들이 형성되는 자극과 강화와 같은 두 개의 다른 과정들이 고려될 것이다. 첫째 모형은 Pavlov의 고전적 조건반사가 검토될 것이며, 두 번째 모형은 Hull과 Skinner의 도구적 혹은 조작적 조건반사가 설명될 것이다.

1) 고전적 조건반사(Classical Conditioning)

Pavlov는 학습이 일어나는, 즉 고전적 조건반사라고 부르는 주요한 방법에 대하여 근원적인 연구를 주도한 것으로 인정받고 있다. Pavlov의 연구 패러다임은 〈그림 7-5〉에서 설명되어질 것이다.

Pavlov는 무조건 혹은 학습되지 않은 반응(Unconditiond Response: UCR)으로 불리는 심리학적인 S-R관계를 가지고 시작한다. 개가 고기를 보고 침을 흘리는 관계를 말한다. 개에게 고기를 보였을 때 개의 학습되지 않은 반응인 무조건자극

〈그림 7-5〉 고전적 조건반사

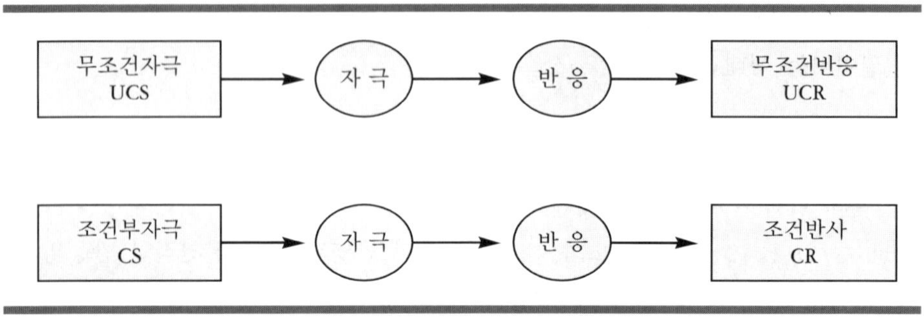

출처: Szilagyi and Wallace, *op. cit.*, p. 73; Fred Luthans, *Organizational Behavior*, MaGraw-Hill, Inc.(1981), pp. 233-238.

(Unconditiond Stimulus: UCS)은 침을 흘리는 것이다.

Pavlov의 연구결과에 의하면 새로운 S-R관계는 무조건자극인 고기와 조건자극(Conditiond Stimulus: CS)인 종을 한 쌍으로 반복적인 과정을 통하여 조건반사(Conditiond Response: CR)가 학습되어질 수 있다는 것이다. 무조건자극과 한 쌍을 이루기 전에는 조건자극인 종은 침을 흘리게 하는 반응을 나타내지는 않는다. 그와 같이 조건반사는 조건자극과 무조건자극이 쌍을 이루어 계속된 반복행위를 통하여 조건자극과 조건반사간의 S-R관계(혹은 습관)의 형성으로 정의된다. 조건부학습은 〈그림 7-5〉의 아랫부분에서 일어나는 S-R관계이다. 학습이 일어났다는 것은 조건자극(CS)이 반복적인 과정을 거쳐 조건반사(CR)를 끌어내었다는 것을 의미한다.

조건반사는 조직의 근로자들에게 학습할 수 있는 좋은 방안을 제시하였다. 이 반사를 적용할 때 조직의 훈련자는 학습된 것이 업무에 영향을 주기 때문에 훈련장의 조건들은 실제의 근무지의 상황과 가급적 같도록 하는 것이 바람직하다.

2) 도구적 혹은 조작적 조건반사(Instrumental or Operant Conditioning)

도구적 혹은 조작적 조건은 S-R관계(습관)가 학습되고 습득되는 두 번째의 주요한 과정이다. 도구적 조건의 중요한 과정은 강화 혹은 바람직한 행태에 대한 보상이다. 강화를 통한 학습은 Pavlov의 연구와 같은 시기에 Watson의 연구로 거슬러 올라간다.[24] Watson은 행태는 환경으로부터 보상에 의하여 영향을 받는

24) J. B. Watson, *Behavior, An Introduction to Comparative Psychology*(New York: Holt, Rinehart

다고 믿었다. 단순히 사람들은 보상받는 행동을 되풀이하면서 행태를 변경하고 보상받지 않는 행동은 되풀이하지 않는다.

조작적 조건반사(operant conditioning)는 Skinner와 다른 학자들이 자극과 반응심리학을 수정한 것으로부터 유래되었다. Skinner는 동물들은 단순히 자극에 반응하여 행태를 발전시키지 않는다고 한다.[25] 그리고 그 행태들은 환경에 따라 결과를 유도한다. 우리는 그 결과를 위하여 행태를 되풀이하거나 중지한다. 이와 같이 Skinner는 관찰할 수 있는 행태와 강화(reinforcement)의 사건간에 관계를 연구하면서 행태를 가장 잘 분석할 수 있다고 주장하였다.

◇ Skinner의 배경

B. F. Skinner는 1904년에 태어나서 1990년에 타계하였다. 심리학에 대한 그의 영향력은 약 60년에 걸쳐 많은 기여를 하였다. 그의 서술적인 행태주의는 심리적 사고에 깊은 영향을 주었다. 그는 1931년 Harvard 대학에서 박사학위를 취득하였으며, 1948년 Harvard 대학으로 다시 가기 전에 Minnesota와 Indiana 대학에서 심리학 교수로 봉직하였다. 초기에 Skinner의 연구는 동물에 초점을 두었으며, 그는 어떠한 형태이던지 자신의 아이디어를 실제 적용하는 데는 관심이 없었다. 점진적으로 그의 연구는 확대되어 갔고 결국 그는 조직행태에 커다란 공헌을 하지는 않았다고 하더라도 조직연구에 가장 포괄적인 저서들을 출간하였다. 그의 관심은 개인의 행태 혹은 문화와 사회적 기능의 넓은 범위에 있었고, 다른 학자들이 1960년대 후기와 1970년대 초기에 그의 생각을 조직의 환경에 연계히려고 연구하었다. 이떤 내용들은 이미 Skinner가 그의 논문에서 빌표한 것들이었고 Skinner의 조직연구는 다음과 같이 그의 면담에서 찾아볼 수 있다:

"나는 산업심리학의 전문가는 아니다. 나는 단지 McGregor와 Maslow에 의하여 발달된 이론에 대한 인과지식만을 가지고 있다. 그 이론들은 아주 효과적이기는 하나 나에게 크게 감명을 주지는 못했다. 동기를 분류할 수 있고, 강화(reinforcement)의 상황(contingency)을 무시할 수 있으나, 중요한 것임에는 틀림없다.

행태수정은 산업 분야에서 연구하기 시작했다. 그것은 변화를 의미할 수 있고, 산업분야에서 전혀 다른 종류의 심리학을 본다는 것이 가능해질 것이다. 불행하게도 이 원리를 이해하는 사람이 많지 않은 것이 문제이다. 그러나 머지 않은 장래에 산업관리 분야의 새로운 사람들이 조건반사의 원리를 효과적으로 사용

& Winston, 1914).

25) B. F. Skinner, *Science and Human Behavior*, New York: Free Press(1953), p. 65.

할 수 있을 것이다. 또한 모든 사람들은 행태수정의 기술을 사용하면서 근로자 행태를 바람직한 방향으로 유도하는 데 관심을 가지고 있게 될 것이다."

환경에 대한 보상의 영향을 지적한 Watson의 이론을 가지고 Thorndike는 효과의 법칙(the Law of Effect)이라고 알려진 원칙을 만들었다. Thorndike의 원칙에서 보듯이 S-R관계는 만약 반응(R)이 만족할 만한 상태(보상)에 의하여 일어난다면 더욱 강화될 것이라고 말한다. 반대로 반응과 보상의 관계가 없는 경우 S-R관계는 약화될 것이다.[26)]

Hull과 그의 동료들은 세 가지의 중요한 요소를 포함하는 효과의 법칙(the Law of Effect)에 근거하여 공식적인 학습모형을 개발하였다.[27)]

① 추진력(drive)은 욕구의 내부적 상태이다. 추진력은 다양한 조건 혹은 사건에 의하여 발생될 수 있다. 추진력이 강한 사람은 활기차고 그의 행위는 활력이 있다. 추진력은 동기요인으로서 볼 수 있고, 행동을 부추긴다. 추진력이 있는 사람만이 학습하는 것이 필요하다고 생각할 것이다. 학습하는 것을 원해야 학습의 효과가 있을 것이다.

② 습관(habit)은 조건반사를 통하여 학습된 S-R관계를 말한다. 엄격히 말하자면 습관은 개인의 환경조건(자극)에 의한 반응(행태), 즉 학습된 혹은 조건반사된 결과이다. 습관은 주어진 시간 내에 행태의 선택을 결정한다. 이외에도 S-R 관계는 행태과학이론에서 학습의 중심적인 부분이다.

③ 강화(reinforcement)는 습관을 계속 유지할 수 있게 하고 그리고 바람직한 행태가 일어난 후에 보상하는 것을 의미한다.

〈그림 7-6〉은 도구적 조건반사의 기본적 모형이다. 즉 자극은 동기(추진력)를 일으키고, 습관(S-R관계)과 결합되었을 때 행태를 끌어내는 동기가 마련된다. 만약 행태가 보상(혹은 강화)에 의하여 발생하였다면 두 가지의 일들이 개인에게 일어난다. 첫째, 행태를 초래하였던 욕구(need)나 동기(motive)는 만족되었다(효과의 법칙). 둘째, 욕구나 동기가 발생할 때 유사한 환경에서 행태가 반복될 가능성

26) Edwin L. Thorndike, *The Psychology of Learning*(New York Teachers College, 1931), p. 2.

27) C. L. Hull, *Essential of Behavior*(New Haven, Ct.: Yale University, 1951); Hull, *A Behavior System: An Introduction to Behavior Theory Concerning the Individual Organism*(New Haven, Ct.: Yale University, 1952).

〈그림 7-6〉 도구적 조건반사

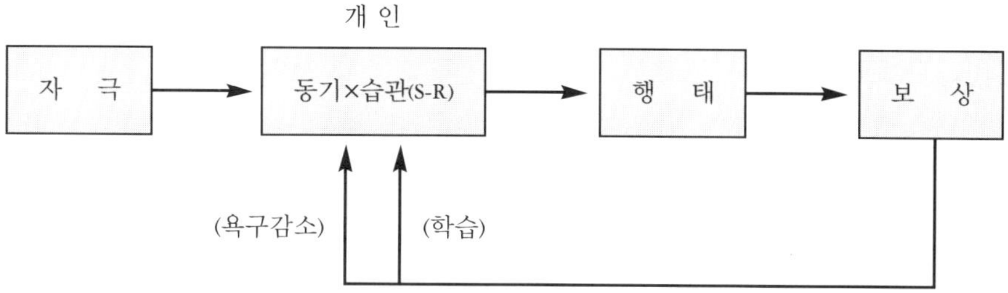

출처: Szilagyi and Wallace, *op. cit.*, p. 75.

을 증가시키는 습관 혹은 S-R관계가 강화된다. 보상이란 수단에 의하여 습관이 강화된 것을 도구적 조건반사모델에서는 학습(learning)이라 한다. 그와 같이 습관을 강화시키기 위하여 보상함으로써 도구적 조건반사는 학습된다.

3) 복잡한 학습(Complex Learning)

복잡한 학습에 관한 연구에서 더욱 높은 수준의 학습을 이해하는 데 도움을 줄 수 있는 몇 개의 중요한 현상을 발견하였다: 학습커브(learning curve), 학습의 정체기(plateau), 섬근선(asymptote), 경사(slope) 그리고 자발적인 회복(spontaneous recovery). 학습커브는 학습의 과정을 설명하는 그래프이다. 학습커브는 새로운 습관이 업무환경의 실습과 경험을 통하여 형성되어지는 것과 같이 업무행태가 어떻게 변하는지 서술한다. 이러한 실습은 기술적으로 학습시도라고 알려져 있다. 〈그림 7-7〉은 개인근로자의 전형적인 학습커브를 설명한다. 행태변화의 종속변수 혹은 측정은 이 그림을 보면서 고려할 수 있다.

첫째, 행태의 강도는 근무행태에 얼마나 많은 노력을 투입하고 있는지를 의미한다. 둘째, 행태의 가능성은 유사한 상황에 있을 때 그 행태가 반복되는 것을 말한다. 셋째, 행태의 질은 과업을 얼마나 잘 수행하고 있느냐를 말한다. 넷째, 소멸에 대한 저항은 만약 그 행태가 보상되지 않는다면 얼마나 오래 그 행태가 지속될까를 의미한다. 행태의 질은 수직적인 축에서 나타나고 시간과 시도의 수는 수평적인 축에서 정의된다. 시간이 경과하면서 훈련자는 근로자들이 바람직한 업무행태를 계속적으로 보상을 한다. 시간의 다른 시기는 쉬는 것으로 훈련에 관한 어떠한 것도 일어나지 않는 기간이다.

〈그림 7-7〉은 업무행태의 변화를 나타내며 역시 학습커브에서 몇 가지 요인들은 주의 받을 만하다.

〈그림 7-7〉 근로자의 학습곡선

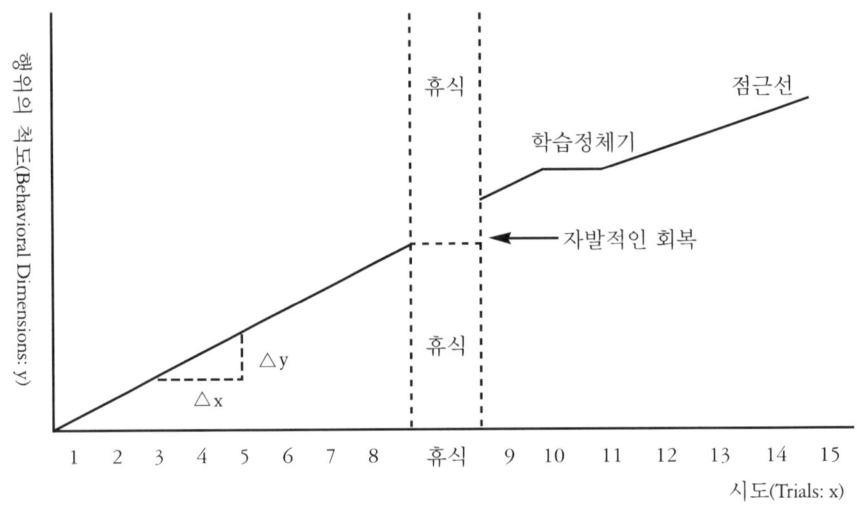

출처: Szilagyi and Wallace, *op. cit.*, p.77.

첫째, 커브의 경사(y/x)는 매번 시도에서 일어나는 행태의 변화를 나타낸다. 즉 학습이 일어나는 속도의 측정이다. 훈련자들은 훈련계획이 행태를 변화하는데 얼마나 효과적인가에 주요한 관심을 가지고 있기 때문에 경사를 최대화하는 것이다.

둘째, 학습커브의 주요한 특징은 점근선(asymptote)이다. 이 점근선은 학습경험의 결과로 업무행태가 변화하는 최대의 양이다. 첫 학습시도 전에 반응의 강도, 질, 가능성, 소멸에 대한 저항과 점근선과의 차이는 학습의 커브 동안 업무행태에 있어 얼마나 많은 변화가 일어났는가이다. 그와 같이 이것은 훈련효과의 주요한 측정이다.

셋째, 학습커브의 세 번째는 학습의 정체기이다. 이것은 학습과정 동안 몇 번 일어날 수 있다. 학습정체기는 새로운 업무를 배우는 근로자들에게 대단한 좌절이 있을 수 있다. 왜냐하면 실습은 있으나 새로운 학습은 아직 분명하지 않기 때문이다. 학습정체의 원인은 여러 가지가 될 수 있다. 첫째 그리고 가장 중요한 것은 일련의 따로 학습된 습관들은 더욱 효과적인 순서로서 통합될 수 있다는 것이다. 한 근로자가 새로운 행태를 완전케 하는 데는 시간이 걸리기에 행태나 업적에 새로운 변화가 일어나기 전에 정체기가 필요할 수도 있다. 두 번째의 가능한 원인은 사람들이 피로하고 학습과정에서 싫증을 갖기 때문에 학습하려는 동기가 떨어질 수 있다. 마지막으로 정체기는 부분적으로는 낡은 학습이 소멸되기 때문이다. 이유가 무엇이 되든지 조직에서 근로자를 학습하는 데 정체기는 실제적으로 보편적인 현상이다. 관심을 두어야 할 것은 관리자나 혹은 훈련자들이 정체기를 더 이상 학습이 가능하지 않다고 오해하지 않는 일이며 그리고 정체기의 빈도수나 기간을 되도록 줄이도록 계획을 세우는 것이다.

마지막으로 쉬는 시간(rest) 이후에 업적은 쉬기 전보다 더 높은 수준으로 회복하게 한다. 휴식 전에 피로는 학습과정을 방해하기 때문에 업적에 영향을 끼치는 것을 보지 못하게 한다. 그러므로 자발적인 회복은 실제로 전에 일어났던 업적의 변화를 나타낸다.

e Theory of Public Organization

8장

조직의 동기부여

제 8 장 조직의 동기부여

제 1 절 공 · 사조직의 동기부여와 동기측정

1. 동기부여의 정의

오늘날 근로자들의 욕구를 확인하는 것이 동기부여연구에 중요한 초점이 되고 있다. 그러나 분명하고 보편적이며 서로 동의할 수 있는 욕구나 필요는 아직까지 찾지 못하고 있다. 뿐만 아니라 모든 사람을 동기부여시킬 수 있는 가장 좋은 방법도 아직 모르고 있다. 관리자나 학자들은 모든 사람이 같다는 전제하에 동기부여이론을 운영할 수 있다면 바람직할 수도 있으나 개인들의 차이는 이것을 불가능하게 만든다. 다양한 개인들의 욕구를 확인하는 어려움은 동기부여의 가장 복잡한 문제의 하나로 남아 있다.

그러나 많은 이론, 연구 그리고 경험들이 조직의 동기부여에 풍부한 통찰력을 주고 있는 것은 다행한 일이다. 학자들은 동기부여의 정의에 대하여 서로 합의를 보지 못하고 있으며 서로 다른 의미를 가지고 있다. 이 용어는 motor와 motif와 같이 라틴말인 move에서 유래되었다. 우리의 어떤 힘이 우리를 움직이고 우리를 일깨우고 그리고 우리를 지시할 수 있느냐이다. 그러나 아직까지도 동기부여에 대한 열띤 논쟁을 하고 있는 것은 이 단순한 정의가 많은 의문을 남기기 때문이다. 즉 일을 열심히 그리고 잘한다는 것이 무엇을 의미하는가? 어떻게 그러한 행태를 측정할 수 있는가? 무엇이 그 사람으로 하여금 그렇게 노력하게 하는가 등이다.

사람들의 행태를 통제하기 위하여 그들이 무엇을 필요로 하고 원하는지를 우선 파악하지 않으면 안 된다. 그리고 나서 사람들의 욕구를 충족하게 함으로써 그들이 원하는 방법으로 행위하도록 유인하는 것으로 본다. 이것이 간단히 말하여 동기부여이다. 만약 조직이 관리자들에게 더욱 생산적인 행위를 원한다면,

이를 위하여 근로자들의 어떤 종류의 행태가 요구되는지를 결정하고, 동시에 그러한 행위가 근로자들의 능력 내에 속하는지를 파악해야 된다. 그런 다음, 근로자들의 욕구와 필요를 확인하고, 동기부여한 후 근로자들의 변화된 행위와 증가된 생산량의 결과에 따라 그들의 욕구가 만족되고 있다는 것을 확인할 수 있다.

행위의 몰입은 동기부여과정에서 중요하다. 이 몰입은 개인의 적극성 수준을 반영하며, 그것은 모든 행위에 대한 몰입의 비율로서 측정한다. 당연히 개인의 차이는 몰입의 비율에 따라 그들의 수준을 결정하여 준다. 공공영역, 사영역 그리고 비영리조직들은 모두 동기부여의 기술을 사용하며, 아직까지 동기부여에 대한 논의는 그치지 않고 있다.

사조직에서 적용하는 동기부여이론은 공공조직에도 적용될 수 있다고 많은 사람들은 가정한다. 이미 잘 알려진 정치적 가치관에 의하면, 공공조직은 일반적으로 비능률적이고 낭비가 많으며, 그들의 생산성은 사조직보다 훨씬 낮다고 널리 알려져 있다. 논리적으로 이것은 공공조직의 근로자들이 그들의 상대인 사조직보다 동기부여가 덜 되어 있는지 의문을 가지게 된다. 결과적으로 근로자들의 동기부여는 공공조직의 주요한 관심의 대상이 되고 있는 것은 당연한 것 같다.

1) 공공조직의 생산성측정

사조직의 생산성은 산출과 투입의 비율로 정의된다. 매 시간 50대의 자동차 생산을 예로 들 수 있다. 생산성은 생산된 자동차의 수를 증가시키거나 혹은 같은 수의 자동차를 생산하는 데 요구된 시간을 단축시킴에 따라 증가될 수 있다. 또한 생산성은 자동차 한 대당 소요되는 비용에 의하여 측정할 수도 있다. 공공조직과 사조직간의 많은 차이가 있음에도 불구하고 사조직에서 사용하는 생산성의 측정은 공공조직에서도 타당성이 있는 것으로 가정할 수 있다.

그러나 산출문제는 사조직에서도 문제가 되긴 하지만, 특히 공공조직에서 문제가 되는 것은 산출물을 구체화하는 것이다. 공공조직의 특징인 명확한 목적의 결여는 산출의 조사를 더욱 어렵게 만들고 있다. 예를 들어 경찰의 산출을 체포의 수, 기소의 수, 응답한 전화의 수, 가정불화를 해결한 수 등으로 고려할 수 있는지이다. 체포된 사람들 가운데 대부분이 무죄가 되는 경우가 발생한다면 산출에 다시 어려운 문제가 발생한다. 학교의 산출이 가르친 학생들의 수로 측정될 수 있는지 혹은 다음 학년으로 통과된 학생의 수, 졸업생의 수, 취업자의 수, 고

시합격률 혹은 무엇으로 측정될 수 있는지, 또한 국방성의 산출은 무엇인가? 공공조직과 사조직 간의 차이는 공공조직의 생산성을 측정하는 것이 사조직의 생산성을 측정하는 것과 다르며 더욱 복잡하다는 것이다. 더욱이 평등한 기회, 정당성은 달성하기 어렵고 그들의 달성을 계량화하기도 어렵다. 공공분야의 생산성 측정은 생산성의 진정한 한 측면인 능률성뿐만 아니라 효과성도 포함한다. 그러나 이들의 계량화는 더 복잡하다. 물론 질이 무엇이며 그것이 어떻게 측정되는지에 대하여 동의는 없다고 하더라도, 교육, 정신건강서비스, 노인들을 위한 보호의 질은 그들의 양적인 중요성과 같이 생산성의 측면에서도 중요하다. 그러나 형평성, 부응성 및 합법성이 첨가되어진다면 생산성을 정의하고, 측정하며 그리고 증진하는 것이 더 어려워진다. 그럼에도 불구하고 능률이 조직을 평가하는 주요한 기준이며, 능률면에서 사영역과 비교하여 공공영역에서 훨씬 떨어진다는 사실들은 현대 공공행정의 피할 수 없는 부분이다.

2) 공공조직 동기부여의 어려움

많은 설문조사에 의하면 공공관료나 조직은 비능률적이고 낭비적이라고 한다. 가장 중요한 문제는 성과, 봉급, 승진 및 정부의 징계간의 연계가 약하다는 것이다. 이러한 약한 연계는 동기부여를 약화시킨다고 한다. 반면에 동기부여의 문제에서 공공조직과 사조직간의 차이가 없다고 주장하는 학자도 있다. 기업조직도 관리자와 근로자를 동기부여시키는 어려운 문제를 안고 있다. 때로는 기업도 노동조합을 다루어야 하고 때로는 이기적이고 비윤리적인 행태는 물론 비효과적인 보너스나 혹은 실적체제에 관한 문제를 해결해야 한다. 반면에 많은 정부조직에서도 동기부여의 수준이 높은 예들도 있다. 그것은 기업에서 정부조직으로 이직하는 관리자들을 보면 어느 정도 공공부분에서도 동기부여가 높은 것을 예감할 수 있다. 그러나 공공관리자들이 동기부여에 많은 어려움이 있는 것은 많은 연구에서 볼 수 있다.

2. 동기부여요인의 다양성과 공공관료의 동기부여

1) 동기부여의 제요인

성과에 대한 관심은 자연히 동기부여에 대한 관심을 이끌었다. 만약 공공영역에서 동기부여가 제대로 확립된다면 공공영역의 생산성도 증가될 수 있다는 가정이다.

이러한 단순한 가정은 공공조직에서는 몇 가지 고려할 사항이 있다:

첫째, 동기부여는 측정하기가 극도로 어렵다.

둘째, 능력은 교육, 기술, 훈련 그리고 근로자의 경험을 포함한다. 그러나 성과는 이러한 요소 이외에도 더 폭넓은 조직의 요소들이 있다. 즉 기술 자원의 이용가능성이다. 공공조직의 기술의 적합성은 모호하다고 이미 우리는 인식하고 있으나 조직의 목적을 어떻게 달성하는지를 서로 알거나 동의하지 않는다면, 근로자 각자의 성과와 산출에 불가피하게 영향을 끼칠 것이다. 또한 자원, 재정, 인사, 장비의 결핍은 직접적으로 조직 및 근로자의 성과에 영향을 줄 것이다.

셋째, 상황적인 변수인 고객의 특성, 정치적 · 합법적인 제약, 대중의 기대와 요구 등은 공공조직의 업적과 생산성을 결정하는 데 중요한 역할을 한다.

일반적으로 동기부여이론은 욕구, 가치, 동기, 자극, 그리고 목적과 같은 용어들을 자주 사용한다. 그러나 공공관리자들의 도전은 연구자들이 지적하듯이 아무리 어렵다고 하더라도 공공관료들에게 영향을 줄 수 있는 욕구, 가치, 동기, 자극, 그리고 목적을 발견하는 것이다. 여러 학자들의 욕구, 동기, 그리고 자극늘에 대한 연구의 유형들을 살펴보면 다음과 같다. 이들 주장들은 학자들간의 다양성을 설명하며, 지금까지 가장 많이 거론되는 이론들은 제3절에서 자세히 논의할 것이다.

◎ **Maslow의 욕구계층**(1954)

자아실현 욕구, 존경욕구, 귀속 및 사회욕구, 안전욕구, 생리적 욕구

◎ **Alderfer의 ERG 모델**(1972)

성장욕구(Growth needs), 관계욕구(Relatedness needs), 존재욕구(Existence needs)

◎ Barnard(1938)

① 특정한 동기부여— 개인에게 특별하게 제안된 동기부여

② 물질적 동기— 금전, 물건, 물리적 조건

③ 업무의 이상적인 바람직한 조건— 비물질적인 이상에 만족, 미래 혹은 이타주의 관계(업무의 프라이드, 적절성의 느낌, 가족 혹은 다른 사람들을 위한 이타적인 서비스, 조직의 충성, 지각 및 종교적 감정, 미움과 복수의 만족)

④ 제휴 혹은 연합에 관심— 사회적 적합성(양립성), 인종, 종교의 차이에 대한 적의 배제

⑤ 습관적인 직무조건— 습관적인 행위와 일치, 낯설은 방법과 조건의 회피

⑥ 결과의 과정에서 확장된 참여의 기회— 규모가 크고 유용하며 효과적인 조직과의 연계

⑦ 친교의 조건— 사회관계에서 개인간의 편안함과 친화

◎ Downs(1967)

관료들의 일반적인 동기부여 혹은 목적— 권력(부서의 내부 및 외부), 수입, 명예, 편함, 안전, 업무집단 혹은 조직에 대한 개인적 충성, 공익에 봉사하기 위한 욕망. 특정한 행동프로그램에 몰입

◎ Lawler(1971)

① 외면적인 보상— 개인의 외부적인 보상, 작업환경의 부분, 다른 사람들을 고려

② 내면적인 보상— 자아존중과 자아실현(업적 달성의 감정과 자신의 기술과 능력의 사용과 발전)과 같은 상위욕구를 만족하는 개인의 본질적인 보상과 작업상 직접적으로 발생하는 보상

◎ Herzberg, Mausner, Peterson and Capwell(1957)

직무요인 혹은 근로자들에 의하여 중요하다고 생각하는 요인— 일반적으로 중요하다고 생각하는 것을 순서로 보면 안전, 이윤, 승진 기회, 기업과 관리, 직무의 내면적인 측면, 임금, 감독, 사회적 측면, 직무조건, 의사소통, 시간, 편안함, 이익

위 학자들의 동기부여이론의 특징을 살펴보면 다음과 같다.

Maslow는 처음으로 인간 욕구의 다양성을 주장한 학자로서 욕구계층이론은 욕구이론 가운데 가장 잘 알려진 이론이다. Alderfer의 ERG 욕구이론은 기본적인 인간의 욕구를 설명한다. 하지만 이 이론은 Maslow가 제시한 것보다도 동기부여이론에 미친 영향력은 적은 편이다.

일반적으로 조직이론에 권위가 있는 학자들은 주로 경제적인 측면에서 동기부여를 설명하였다. 이와 같이 동기부여의 초기 이론들은 거의 물질적인 동기부여에 관심을 가지고 있었으나, 이외에도 개인의 성장, 이익, 직업과 조직에 대한 프라이드와 같은 요인들을 관리이론에서 강조한 것을 볼 수 있다. Barnard, March 그리고 Simon은 공 · 사조직의 모든 관리자들은 자원을 확보하고, 동기부여를 제공하는 도전에 직면한다고 한다.

Taylor의 시대의 동기부여는 업적에 따라 물질적 보상하는 접근법이었다면, 최근의 관리자들은 작업의 내면적 동기부여의 중요성을 강조하는 경향이 있다. 동기부여를 표현하는 방법은 다양하며 근로자들의 선호도는 나이, 직업 그리고 조직의 계층에 따라 다르다. Herzberg와 그 이외의 학자들은 1,100명의 근로자들을 대상으로 6번 연구한 결과 선호도의 순서를 제시하였다. Herzberg는 행정학에서 처음으로 직무분석에 대한 연구가 활발하게 진행되는 데 공헌한 학자로서 잘 알려져 있다. Lawler는 과정이론에 속하며 보상체계에 대한 연구가 이 연구로 인하여 활발히 진행되었다.

2) 공공관료들의 동기부여

사조직에서 관심을 갖지 않았던 공공조직의 동기부여에 대한 연구들이 있다. 그 중에서 공공관료제의 이론을 발전시킨 Downs는 위에서 보듯이 공공관리자들의 동기부여의 목록을 제안한 학자로 잘 알려져 있다. 공공관료들은 정치권력, 공익의 서비스, 그리고 특정한 정부의 부서나 혹은 프로그램들이 중요한 잠재적인 동기부여요인이 되므로 이러한 동기부여를 토대로 공공관료들의 유형을 제시하였다(예, 상승형 등). 그의 저서인 「*Inside Bureaucracy*」는 정부관료제를 연구하는 사람들에게 널리 인용되는 책이다. 그러나 그는 그의 이론을 경험적으로 검증하지는 않았다. 따라서 그의 이론의 정확성은 아직 확실하지 않으나 그들의 행정기관, 프로그램, 그리고 공익에 대한 공공관리자들의 몰입은 중요한 동기가 된다는 것은 중요한 관점이다.

Anthony Downs가 제기한 관료들의 동기부여에 관한 분류는 이러한 이론을 구축한 대표적인 예의 하나이다.[1] 전 장에서 Downs의 관료적 행태의 유형은 언급만 하였으나 이 장에서 좀더 자세히 공공조직 내 행태간의 상호관계를 관찰하는 것은 공공관료들의 동기부여를 이해하는 데 도움이 될 것이다. Downs의 관료들의 다섯 가지의 성격(personality)행태는 공공조직 내의 동기부여에 대한 실제적이고 현실적인 관찰의 일종이다.

그는 인간에 대한 두 가지 가정을 가지고 시작한다. 인간은 합리적이고 그들의 행태는 목적지향적이다. 그리고 그들은 적어도 부분적으로는 자신의 이익에 의하여 동기부여되고 결과적으로 자신에게 이익이 되는 목적을 추구한다.

Downs 동기부여 모델의 중심적인 핵심을 이해하는 것이 필요하다. 즉 관료들의 목적은 단순히 개인의 전반적인 목적구조를 나타내는 것이 아니라 그 구조가 공공조직 내 자신들의 지위와 관련되기 때문에 관료들의 목적과 행태는 지위와 관련되어 결정된다는 것이다.

Downs는 다섯 행태의 혼합에 집중하였으며 이들의 혼합으로부터 관료들의 동기구조에 기초한 분류를 구성하였다. 물론 이러한 다섯 가지 분류는 이상적 형태이다. 왜냐하면 적절한 이상적인 행태가 지나칠 정도로 많은 개성과 특징을 모두 다 포함할 수 없기 때문이다. 관료제의 조직에서 일어날 수 있는 관료들의 다섯 행태는 이미 전장에서 성격을 언급한 것과 같이 상승형(Climbers), 보수형(Conservers), 열성형(Zealots), 옹호자형(Advocates) 그리고 정치가형(Statesman)으로 말할 수 있다. 이 장에서는 관료의 행태와 동기부여와의 관계를 자세히 설명할 것이다.

(1) 상승형(Climbers)

상승형에 속하는 관료들은 자신들의 권력, 수입 그리고 승진, 확대 및 도약에 따른 명예를 최대화하려 한다. 증대(aggrandizement)는 새로운 기능을 흡수하고, 다른 사람을 통제하며 혹은 이 지위에 있었던 다른 사람보다 더 많은 산출을 함으로써 현재 지위와 관련된 더욱 많은 권력, 수입 및 더 높은 명예를 확보하려 한다. 도약은 다른 조직으로 이동하는 것을 의미한다. 상승형들은 계속 승진하고 여러 부서로 이동하면서 상향적으로 승진하기 때문에 그들의 리더십은 장기

1) Downs, Anthony, *Inside Bureaucracy*, Boston: Little, Brown(1967), pp. 79-111.

적인 목적과 다른 사람들의 사기를 무시하면서 단기적 결과를 산출하는 데는 대단히 효과적이다. 행정부서의 성장률은 상승형들의 이동에 영향을 준다. 즉 급성장하는 부서는 상승형들이 느리게 성장하는 조직에서 이동해오는 경향이 있는 것과 같이 상승형들에게 매력적이다. 상승형들은 일반적으로 조직의 변화에 매우 긍정적이다. 왜냐하면 변화는 승진 혹은 증대의 기회를 가져올 수 있기 때문이다.

안정된 절차 및 동맹관계에 집착하는 것이 관료제의 일반적인 특성이나, 위험부담을 두려워 하지 않는 상승형들은 공공관료들에게 혁신의 분위기를 조성할 수 있기 때문에 장점이 될 수 있다.

(2) 보수형(Conservers)

보수형의 관료들은 주로 안전과 편의에 의하여 동기부여된다. 상승형과 달리 그들은 자신들의 권력, 수입, 그리고 명예에 어떠한 손실을 피할 수 있도록 변화에 저항한다. 이들은 최소한으로 받아들일 수 있는 정도의 성과수준을 유지하며 실패나 위험을 가져올 수 있는 행동은 삼가한다. 특히 이들은 규율, 인사정책, 폭넓은 절차규정, 공소체제, 영구적 고용, 서열에 의존 등은 안전을 유지하는 데 도움이 되기 때문에 선호하는 경향이 있다.

사람들은 나이를 먹어가고 승진을 위한 기대는 계속 줄어들기 때문에 보수형이 되는 경향이 늘어갈 것이라고 본다. 심지어 상승형에 속하는 사람도 보수형이 될 수 있다. 행정부서의 내부 및 외부의 기회구조에 대한 환경변화는 상승형의 행태보다는 보수형을 지지하고 강화한다.

관료들 가운데 보수형의 비율은 하위 및 상위계층에서보다는 중간계층에서 더욱 높고 관료제 내에서 계속 증가하는 경향이 있다. 다른 부서의 특징들 또한 보수형의 비율에 영향을 끼친다. 예를 들어 오래되고 느리게 성장하는 행정부서와 공식적인 규율에 더욱 의존하는 행정부서에는 보수형들이 많다. 보수형들은 손실을 두려워하고 변화를 피하며, 잘못된 결정을 하였을 때 비난을 두려워하여 위험이 있는 결정을 하지 않으려 한다. 보수형들은 규칙에 집착하면서 그들이 직면하는 어려움을 해결하려 한다. 규칙은 의사결정에 있어서 위험을 줄인다. 규칙을 따르는 것이 관료제에 안전을 주는 것은 틀림없다. 규칙은 또한 책무감을 지켜준다. 그러나 지나치게 규칙에 얽매이는 것은 관료제의 부응성과 번문욕례로 인하여 능률성을 해치게 한다. 뿐만 아니라 규칙에 지나치게 집착하는 것은 관료제의 목적과 사회 기능의 달성에 역기능적일 수 있다.

(3) 열성형(Zealots)

옹호자형 및 정치가형과 같이 열성형에 속하는 사람은 자신의 이익보다 높은 수준의 욕구에 의하여 동기부여된다. 이와 같이 열성형의 사람들은 신성한 혹은 특별한 정책에 초점을 둠으로써 대단히 좁은 시각으로 조직의 목적과 공익을 지각한다. 많은 에너지를 가지고 이들은 신성한 정책을 추구하려 하기 때문에 관료제의 타성 혹은 무력함을 극복하며 그리고 변화를 추구하는 데 의미 있는 역할을 할 수 있다. 이들의 에너지는 모든 행정부서의 장기적인 능률을 가져오는 데 중요하다. 그러므로 모든 행정부서에서 어느 정도 열성형을 가진 관료를 장려할 필요가 있다. 신속하게 변화하는 환경에서 활동하고 있는 부서들은 많은 열성형들을 조성할 필요가 있다.

반면에 혁신적이며 변화를 추구하는 열성형들이 조직 내 갈등과 마찰을 자주 만들어 내는 것은 불가피하다. 그들은 혁신적인 정책을 실현하기 위하여 현상유지에 안주하려는 행태를 격렬하게 공격한다. 특히 그들은 조직의 부족한 면을 지적하고 이에 대한 정보를 수집하여 공개하고 이들의 해결방안까지도 제시한다. 그들은 변화가 초래할 다른 사람들의 손실에 대해서는 관심을 두지 않는다. 따라서 이들은 보수주의자들의 분개나 저항을 일으킬 가능성이 많다. 역설적으로 때로는 열성형들이 그들 자신의 좁은 시각의 정책만을 지지하고 다른 발전을 묵살하는 경향이 있기 때문에 오히려 보수형의 관료들이 열성형보다 상승형과 옹호자형의 관료에 의하여 지배되고 있는 행정부서에서는 더욱 효과적인 변화의 역군이 될 수 있다.

열성형의 관료들은 광범위한 공식적인 조직의 책임은 거의 무시하고 자신들의 이상에만 사로잡혀 있다. 그런 이유인지는 모르지만 그들은 상위계층의 관료들의 보좌관으로 자주 발탁되나 최고위층의 지위에 있는 경우는 드물다. 단지 이들이 집착하고 있는 정책이 갑자기 혹은 의미 있는 것으로 부각되는 경우 그러한 고위직으로 승진될 가능성이 있다.

(4) 옹호자형(Advocates)

옹호자형에 속하는 관료들은 자신이 속한 행정부서에 가장 좋은 이익이 무엇이건 간에 진척시키기 위하여 동기부여된다. Downs에 의하면, 옹호자형은 자신의 이익보다 자신들이 안주하고 있는 조직에 대한 이타적인 충성을 한다. 이들의 다섯 가지의 특징적인 행태는 다음과 같다.

① 옹호자형은 조직영역의 한 부분만이 아니라 그들의 영역에 있는 조직의 전반적인 조건 및 업적에 관심을 둔다. 결과적으로 그들은 자신들의 영역의 모든 것을 증진한다.

② 옹호자형은 외부와 상대할 때 파당적이지만 내부적으로는 공평한 조정자이다. 외부와 투쟁할 때 옹호자형들은 다른 사람의 영역과 경쟁하고 위협하기 때문에 갈등을 조성한다. 그러나 다른 측면에서 이 갈등은 내부집단의 응집력을 강화하고 사기가 높아지는 것을 볼 수 있다. 조직의 구성원들은 자신들의 이익을 위하여 싸우는 옹호자형들에게 충성을 바친다.

③ 옹호자형들은 책임을 지고 있는 정책들이 의미가 있고 그 정책에 영향을 끼칠 수 있는 가능성이 높다고 확신할 때에만 지원을 계속한다는 것이다. 이러한 조건이 충족되지 않는다면 그들은 지속적으로 옹호자로서 역할을 하지 않을 뿐만 아니라 옹호하는 데 필요한 시간과 에너지를 투입하지 않을 것이다.

④ 상승형보다 옹호자형들은 관료제의 제국주의 성향[2)]이 가장 강하고 공격적이다. 다시 말하여 그들은 다른 부서와 경쟁하면서 조직의 혁신과 팽창을 지지하고 그리고 많은 지원을 얻어 자신들의 존재 의의를 확고히 하기 위하여 다른 부서의 관할권을 침범하면서 확대한다. 자신들의 경력에 대부분의 관심을 쓰고 있는 상승형과 보수형과 비교하여 옹호자형은 넓고 장기적인 관점에서 자신들의 부서를 보는 경향이 있다. 그들은 현재 정책제안의 장기적인 문제점에 더욱 관심을 두고 있다.

⑤ 옹호자형들이 특별한 활동과 책임에만 치중하기 때문에 정보의 흐름도 세분화되기 쉽다. 이러한 구체화되고 세분화된 정보의 흐름은 자신이 담당하고 있는 지위나 기능에만 관심을 갖도록 강화하는 것은 당연하다. 더욱이 옹호자형들은 여러 대안들이 그들의 조직에서 심의하고 평가되는 과정을 잘 알고 있다.

2) Holden, Jr.의 「관료제의 제국주의 성향」에서 관료조직은 자신의 존재를 확고히 하다보면 다른 부서의 영역을 침범하게 된다는 주장이다.

다른 한편 관료들은 완성된 보고서나 다른 조직으로부터 추천받은 대안들의 질 문제를 검토하나 옹호자형들은 특정한 문제에만 치중하기 때문에 질 평가에 대하여 알 수 없다. 그 결과 모든 관료들은 관료제를 신뢰하게 된다. 옹호자형들의 동기부여는 이러한 방법으로 지지를 얻고 있다. 많은 보상이 그들의 지위나 업적에 의하여 발생하는데, 그들의 지위는 영향력과 권력을 위한 기회를 만들어준다. 옹호자형에게 의미 있는 보상은 내면적인 것이며 그들은 그들이 하고 있는 정책이 의미가 있고 이 정책에 영향력을 행사할 수 있다고 믿지 않는다면 시간과 에너지를 투입하지 않을 것이다.

(5) 정치가형(Statesmen)

① 공공조직의 정치가형

공익의 넓은 개념에 대한 충성은 정치가형들을 동기부여시킨다. 사회나 국가에 대한 관심을 가지고 있기 때문에 많은 사람들로부터 전폭적인 지지를 얻는다. 정치의 수사학에서도 관료들은 전체 국민의 이익을 위하여 봉사해야 하고 시민들에게 충성을 서약해야 한다는 말로 꽉 차 있다. 그러나 불행하게도 위의 정치행태는 관료제의 구조가 가지고 있는 장애 때문에 현실에서 일어나기 어렵다.

그들이 직면하는 다양한 어려움 가운데 하나는 정치가형 관료들의 행태가 자신들의 부서 복지에 귀를 기울이지 않으면 자신들의 조직에서 적의를 얻게 되기 때문에 영향을 받는다. 예를 들면 동료 관료들은 다른 부서들이 팽창한다면 자신의 조직에 할당된 자원이 줄어들 것이라고 우려하고 부처간의 갈등을 초래하게 된다. 이것은 정치가형과 같은 관료들이 승진이 안 되는 이유이며 대부분의 이러한 유형의 사람들이 상위계층보다는 하위계층에 몰려 있는 것을 볼 수 있다. 물론 드물기는 하지만 정치가형과 같은 행태가 관료들에게 일어날 수 있다. 예를 들어 사회의 생존과 전반적인 공공관료제의 생존이 위협받게 된다면 다른 동기부여체제를 가지고 있는 관료들도 정치가형과 같이 행동하는 경향이 일어나는 것은 당연할 것이다.

② 공공관료로서 정치가형

공공조직의 관리자나 상관들은 도전과 의미 있는 업무의 기회에 매력을 느낀다고 한다.[3] 이러한 연구는 새로 임명된 관료들에게 정부를 위하여 일하는 결정을 하는 데 가장 영향을 끼친 요인을 말하라고 한다면 관리자 수준에 속하는 모든 사람들은 도전적인 일을 가장 중요한 요인으로 말하였다. 낮은 계급의 관료들은 고위직의 관리자들보다 직업안전과 부수입에 더 높은 우선순위를 두고 있었다. 물론 그들이 도전적인 업무에 관심을 두고 있지 않다는 것은 아니지만 비교적 상위직의 관료보다는 낮다는 연구결과들이 있다.

Rawls, Ullrich 그리고 Nelson은 비영리영역, 즉 정부를 생각하고 있는 학생들의 실무적 시험결과에 의하면 사영역에 가려고 하는 학생들보다 권위, 융통성 그리고 높은 지위에 대한 욕구에서 높게 나타났으나 경제적 자원 혹은 부는 낮았다.[4] 다양한 연구에서도 정부의 관료들은 사영역의 관리자들보다 성취욕과 도전에 더욱 많은 관심을 가진 것으로 나타났다. 그리고 인정과 같은 내면적 보상들이 사영역의 관리자들보다 공공관리자들에게 더 높게 동기부여하는 잠재력을 가지고 있다는 연구도 많다.

그와 같이 도전, 의미 있는 업무 그리고 공공서비스를 제공하려는 기회 등은 공공관료들에겐 주요한 매력이라고 볼 수 있다. 그러나 공공서비스에 대한 지각은 정치적 분위기에 따라 계속 변화한다. 주요 대학의 우수한 학생들에게 직업선호도를 조사해 보면 도전업무와 개인적인 발전에 대한 관심이 높았고 보수에 대하여는 낮은 선호도를 발견하였다. 정부가 국민에게 신뢰를 얻지 못할 때 그들은 정부의 직업이 사영역의 기업보다 도전적인 업무와 개인의 성장을 덜 가져다줄 것이라고 생각한다. 그러한 이유 때문에 그들은 정부의 직업을 갖는 것이 사회에 보답하는 데는 최고의 기회를 제공하지만 중요성에 대하여는 중간 정도로 생각하게 된 이유다. 이러한 태도는 반정부 분위기를 반영하며 이와 같은 정부에 대한 지각 혹은 태도는 변화한다.

경제가 불안하고 직업의 안전이 불안할수록 신분보장이 되어 있는 공직을 선호하는 경향을 가질 것으로 예상된다. 그리고 조직의 문화가 권위주의적이라 한다면 더욱 공직을 선호하게 될 것이다.

---

3) R. Hartman and A. Weber, *The Rewards of Public Service*, Washington, D. C.: Brookings Institution(1980).

4) J. R. Rawls, R. A. Ullrich and O. T. Nelson, "A Comparison of Managers Entering or Reentering the Profit and Nonprofit Sectors," *Academy of Management Journal*(1975), 18, 616-622.

만약 공직이 질적으로 우수한 사람을 유인하려고 한다면 도전적인 업무를 제공하는 것이 중요할 것이라고 본다. 더욱이 권위주의가 강한 나라일수록 공직은 명예, 성취욕구, 권력, 권위 등을 주기 때문에 우수한 인력들이 공직을 선호하는 것은 이해할 만하다. 경제가 덜 발달한 나라일수록 성공이 다원화되지 않기 때문에 위와 같은 공직선호현상이 일어난다.

3. 동기부여의 측정

동기부여를 연구하는 학자들은 동기부여를 측정하는 다양한 방법을 찾으려고 노력하고 있으나 아직까지 적절하고 비교적 포괄적인 측정변수를 제공하지 못하고 있다. 특히 Campbell과 Pritchard가 지적한 바와 같이 조직 심리학자들 가운데 동기부여는 직무의 노력 선택과 방향 그리고 업무를 위한 노력의 양과 지속성을 결정하는 역할을 한다고 하였다.

연구자들은 특히 질문문항들을 가지고 동기부여를 측정하는 데 많은 어려움을 가지고 있다. 그러한 이유 때문에 동기부여의 중요성을 감안하여 볼 때 측정하는 방법들이 덜 발달하게 된 것은 당연할지도 모른다.

동기부여를 연구하는 사람들은 다양한 방법으로 동기부여를 측정하려고 노력하고 있다. 분명히 단순한 설문조사만 가지고 동기부여를 측정한다는 것은 어렵다.

직무동기부여를 직접적으로 묻는 질문들은 일반적으로 다음과 같은 것들을 예측할 수 있다. 당신은 다른 사람에 비하여 더 열심히, 덜 열심히 혹은 다른 사람과 같은 정도로 일하는가? 당신은 당신의 업무에 얼마나 관여되어 있다고 생각하는가? 당신에게 특별히 요구하지는 않았지만, 당신은 당신의 업무를 위하여 얼마나 자주 과외로 일하는가? 직무관여(job involvement)의 문제에 대하여 일반적으로 나의 생활의 주요한 만족은 나의 직업에서 온다고 보는지? 나에게 가장 중요한 일은 나의 직업이라고 생각하는지? 나는 개인적으로 나의 직업에 몰입되어 있는지?

내면적 동기부여에 관하여 묻는 질문은 주로 직무 자체에 관한 동기부여의 효과를 고려한다. 예를 들면 내가 나의 업무를 잘 수행하였을 때, 그것은 나에게 성취욕구를 준다. 또 비슷한 예를 들어보면, 내가 나의 업무를 성공적으로 수행하였을 때, 그것은 나의 성장과 발전에 기여한다고 생각한다.

보상기대에 관한 질문으로는 일반적으로 업무의 질이 높은 것을 생산할 경우 높은 급여나 승진을 보상받을 가능성이 많다. 개인들의 직업동기부여에 대하여 동료들이 평가하는 경우가 있는데, 주로 팀 태도, 업무의 집중력, 독립성, 조직의 정체성, 업무호기심, 인내 및 전문성 등을 묻곤 한다.

Patchen은 동기부여의 척도를 발전시켰는데, 그 척도는 얼마나 자주 직무에 영향을 미치느냐를 묻는 것이다. 직장에서 다른 직원보다 더 열심히 하는지, 덜 하는지, 혹은 똑같은 종류의 일을 하는 다른 사람과 같이 동일한 정도의 일을 하는지를 묻는 질문을 포함한다.[5] Landy와 Guion[6]은 역시 동기부여척도를 만들었는데, 그들은 동기부여의 여러 가지 척도를 활용하면서, 즉 팀 태도, 팀 집중, 독립성, 자율적 활동, 조직과 일치, 업무의 호기심, 지속성 그리고 전문성을 가지고 평가하는 것이다.

어쨌든 내면적 및 외면적 동기부여 측정의 대부분은 근로자들이 그들의 직업으로부터 얼마나 만족감, 자긍심, 즐거움을 갖느냐를 설문지 방법을 통하여 묻는 방법을 택한다. 결국 동기부여를 측정하는 결정적인 방법은 없으며 따라서 결론에 대한 해석이 복잡하다.

동기부여를 연구하면서 주의할 점은 동기부여만이 성과를 결정하여 주는 것은 아니며 성과에는 능력 또한 중요하다는 것이다. 어떤 사람은 높은 동기부여를 가지고 있으나 충분하지 않은 능력을 가지고 있다. 반면에 다른 사람은 막대한 능력을 가지고 있으나 낮은 동기부여를 가지는 경우도 있다. 실제로 과제에 대한 훈련과 준비, 리더나 동료들의 행태 그리고 많은 다른 요소들이 성과를 높이기 위하여 동기부여와 같이 상호작용한다.

1) 공공조직의 동기부여

왜 사람들은 정부에서 일하기를 원하는가? 왜 대중을 위하여 봉사하기를 원하는가? 사실 이러한 주제는 대단히 흥미롭지만 연구는 체계적이지 않다.

그러나 여러 연구에서 보는 바와 같이 공공관료나 관리자는 대중을 위하여

5) M. Patchen, Pelz, D. and Allen, C., *Some Questionnaire Measures of Employee Motivation and Morale*, Ann Arbor: Survey Research Center, Institute for Social Research, University of Michigan(1965).

6) F. J. Landy and Guion, R. M., "Development of Scales for the Measurement of Work Motivation," *Organizational Behavior and Human Performance*(1970), 5, 93-103.

봉사하는 높은 동기를 가지고 있었다. 공공관료, 과학자 혹은 엔지니어들은 사회에 유익한 일을 한다든지 혹은 직업에 만족하면서 다른 사람을 돕는다는 데 커다란 자부심을 가지고 있다고 한다. 설문조사에서도 나타나듯이 공무원이 되는 사람들은 공공서비스나 공공업무에 영향을 끼치는 데 높은 점수를 두는 반면, 중요한 매력으로 보수, 직업안전엔 낮은 점수가 특색이라고 볼 수 있다.

최근에 학자들은 공공서비스 동기에 대하여 자세히 분석하고 증거를 가지고 이 주제를 발전시키려고 하였다.

Perry와 Wise는 공공서비스 동기는 다음과 같이 세 가지 범주에 속하는 것으로 지적한다:

① 수단적 동기(instrumental motives): 정책형성의 참여, 개인의 정체성 때문에 공공프로그램에 몰두, 특정한 혹은 개인적 이익을 위한 후원

② 규범에 근거한 동기(norm-based motives): 공익에 봉사하기 위한 욕구, 의무와 정부에 대한 충성, 사회형평

③ 애정적 동기(affective motives): 사회의 중요성과 박애에 대한 확신에 기초로 한 프로그램에 몰두(국내 모든 사람을 위한 봉사와 인간의 기본권을 보호하기 위한 헌신)

Perry는 일반 공공서비스 동기의 지표에 대한 최근의 발전과 그것을 평가하는 방법들을 제시하였다. 그는 여러 정부 및 기업조직의 관리자들과 직원들, 대학원과 학부 학생들을 포함하는 400명에 대한 설문조사를 분석하였다.[7] 그가 분석을 위하여 선정한 지표는 공공에 대한 매력, 공익에 대한 헌신, 열정 그리고 자신의 희생이며 각각 이 지표들로 세부 설문문항을 작성하여 분석하였다. 물론 다른 지표들을 더 포함시킬 수도 있고, 정부서비스에 대한 대중의 이미지와 다른 행정부서나 서비스의 영역에 따라 선정한 지표들은 계속 변할 수도 있다.

조직에 대한 모든 가능한 동기, 가치 및 동기부여를 분석하는 어려움에도 불구하고 사영역의 근로자들과 공공영역의 관료들간에 차이가 나타난다. 예를 들어 공공관리자들은 사영역의 근로자들보다 도전의식을 더욱 강하게 보여주고 내면적 보상(intrinsic rewards)에 더욱 가치를 두고 있었다.

정부는 기업이 주는 것과 같은 봉급을 공공관료들에게 지불할 수 없다. 그

---

7) J. L. Perry, "Measuring Public Service Motivation: An Assessment of Construct Reliability and Validity," *Journal of Public Administration Research and Theory*(1996), 6, pp. 5-24.

대신 전통적으로 직업의 안전과 잘 발달된 연금제도를 제공한다. 많은 설문조사에서 연구된 바와 같이 직업이나 혹은 인생의 궁극적인 목적으로 기업의 근로자들보다 돈에 대한 가치를 크게 두지 않았다.[8] 물론 이러한 연구는 시간, 조직 내의 계층수준, 지리적 영역, 직무 그리고 행정기관의 형태에 따라 다를 것으로 예측된다. 조직의 최상위계층의 공공조직이나 사조직의 봉급수준은 차이가 많이 날 수 있다. 그러나 공공조직의 화이트칼라 직원이 받는 봉급은 일반적으로 비슷한 직업의 사조직의 경우보다 낮았다. 그럼에도 불구하고 공직은 도전의 욕구를 주기 때문에 공직에 매력을 가지며 설혹 봉급이 비교적 낮다고 하더라도 공직을 선택하는 경향을 발견하였다.[9] 중간 및 그 이하의 수준의 관료들에게는 봉급이 강한 동기부여로 영향력을 가지고 있는 것은 그들이 조직에 영향력을 가지고 있지 않다고 믿어 동기요인으로서는 책임감보다는 봉급에 전향하는 경향이 있기 때문이라 보여진다.[10]

실제로 경험적 연구를 한 예를 보면 직업의 안전과 연금 혹은 신분보장과 가지고 있는 이익과 같은 혜택은 정부에 직업을 가지려는 많은 사람들의 중요한 동기요소가 된다. 오래된 연구이기는 하나 Kilpatrick, Cummings 그리고 Jennings의 연구에 의하면 GS-12 혹은 그 이상의 관료들의 62%가 직업의 안전과 연금혜택이 공직에 머무는 중요한 동기라고 한다. 미국의 실적제의 보호를 받고 있는 17,000여 명의 연방관료에 대한 설문조사에서 밝혀진 바와 같이 응답자의 81%가 매년 휴가 및 병가를 주는 것이 공직에 머무는 이유라고 대답하였다. 사조직의 관리자 수준 혹은 공직의 상위계층의 관료들 중 직업의 안전과 여러 가지 혜택을 공직에 머무는 주요한 동기라고 말하는 사람은 다른 계층과 비교하여 볼 때 적었다. 특히 상위계층에 속하는 사람들은 도전과 의미 있는 업무에 더욱 매력을 가지고 있었다고 한다.[11] Guyot에 의하면 중간수준에 속하는 연방관료들은 기업 내에 같은 수준의 직원들보다 업적달성과 권력 욕구에 높은 점수를 받았

8) H. G. Rainey and H. B. Milward, "Public Organization: Policy Networks and Environments," In R. Hall and R. E. Quinn(eds.), *Organizational Theory and Public Policy*(Sage Focus Editions), 1983, Newbury Park, Calif.

9) R. Hartman and A. Weber, *The Rewards of Public Service*, Washington, D.C.: Brookings Institution(1980).

10) J. R. Schuster, "Management Compensation Policy and Public Interest," *Public Personnel Management*(1974), 3, 510-523.

11) N. Hartman and A. Weber, *The Rewards of Public Service*, Washington, D.C.: Brookings Institution(1980).

다. 결론적으로 정부의 관료들은 사조직의 관리자들보다 업적달성과 도전에 더욱 많은 관심을 가지고 있는 것으로 나타난다. 공공관리자 및 행정기관의 장들은 공직에 봉사하기 위한 높은 동기를 가지고 있는 것으로 조사되었다.[12] Kilpatrick, Cummings와 Jennings에 의하면 연방정부의 기관장, 과학자 및 엔지니어들은 그들의 지위와 비슷한 사조직의 관리자들보다 비록 그 일이 마음에 맞지 않는다고 하더라도 최선을 다하는 중요성, 사회에 유익한 일을 하는 중요성, 그리고 다른 사람들을 도와주는 만족감에 대하여 높은 평가를 주었다. 이러한 연구는 공공서비스의 도전적 그리고 의미 있는 업무들이 공공기관장들에게 주요한 매력 혹은 동기를 주는 것으로 보인다. 그러나 정치적 분위기의 변화에 따라 공공서비스에 대한 매력은 변할 수 있다는 것이다.

그 이외에도 공공관료 및 기관장에 대한 설문조사에서 밝혀진 바와 같이 그들은 동기부여와 관련된 측정에서 높은 수준을 보고하였다. 그들은 동기부여 업무에 대한 높은 열의, 강한 도전의식, 조직의 효과성에 대한 강한 인식, 업무의 높은 만족도 등은 여러 학자들이 공통적으로 주장하는 것으로 보고하였다.

2) 공공조직의 동기부여에 미치는 요인

공공조직의 동기부여에 미치는 환경과 조직의 특성을 검토하여 봄으로써 동기부여정책을 수립하는 데 도움을 줄 수 있을 것이다. 특히 동기부여가 실효성을 발휘하기 위하여 어디에 역점을 두어야 하는지? 물론 공직이라는 특수성 때문에 많은 제약조건들이 따르기 때문에 이들을 분석하여 보는 것은 의미가 있을 것이다.

공공조직의 특징은 다음과 같이 고려할 수 있다:

① 산출을 위한 경제적 시장이 없는데서 기인하는 평가의 불명확성

② 공공조직이 추구하는 목적들의 다양성과 갈등

③ 많은 참여자로 인한 복잡하고 동태적인 정치적 정책과정

④ 정부와 관료들에 대한 외부의 부정적인 정치적 분위기

⑤ 조직발전을 위한 동기부여나 능력을 제한하려는 정치인들이나 관리자들의 규제 분위기

⑥ 정치적으로 선출되거나 최고관리자들에 의하여 임명행정 관료들이 너무

12) A. F. Sikula, "The Values and Value Systems of Governmental Executives," *Public Personnel Management*(1973), 2, 16-22.

자주 바뀌므로 행정관료들 자신들의 안전과 독립을 어느 정도 보장할 수 있도록 이익집단, 의회의원들과 정치적 동맹관계를 유지

⑦ 행정관리자들과 근로자들의 목적갈등을 가져올 수 있는 격동적이고 산만한 정책과정

⑧ 동기부여의 행정을 위한 규제는 물론 공공조직에 부과하는 복잡하고 억압적인 구조

이미 많은 연구자들이 관찰한 바이지만, 위에서 지적한 요인들로 인하여 개인 및 조직의 업무에 대한 목적의 모호성, 조직 내 개인에 대한 의미의 약화, 불안한 기대심리, 응집력이 약한 동료와 작업집단, 그리고 낮은 혹은 중간계층의 관료들이 지나치게 관료적이며 공공정책 결정과정에서 자주 소외되는 특징들이 발생하는 것을 볼 수 있다. 이 외에도 관료들이 규율과 규칙에 얽매여 활동함으로써 공공조직의 동기부여는 많은 문제점을 안고 있다.

3) 조직의 구성원들을 위한 동기부여방법

공 · 사조직은 직원들을 동기부여하기 위하여 일반적으로 서로 비슷한 방법을 사용하기 때문에 부분적으로는 많은 유사성을 볼 수 있다. 동기부여이론에 관한 많은 논쟁이 있지만 조직의 관리자들은 동기를 향상시키기 위하여 다양한 방법을 활용한다.[13)]

●주로 사용하는 방법은 다음과 같다:

① 발전된 성과 평가체제(Improved Performance-Appraisal System)

② 실적제에 의한 봉급 및 성과에 따른 봉급체제(Merit Pay and Pay-for-Performance System)

③ 보너스와 보상체제(Bonus and Award Systems)

기업조직은 정부조직보다 재정적 보너스체제를 채택하는 데 융통성이 있다.

④ 이윤과 소득의 분배계획(Profit-Sharing and Gain-Sharing Plans)

조직의 다른 구성원과 이윤을 분배하는 이 방법은 일반적으로 기업조직에서만 가능하다.

13) Hal G. Rainey, *Understanding And Managing Public Organizations*, Jossey-Bass Inc., Publishers(1991), pp. 142-144.

⑤ 목표관리와 그 이외 다른 성과지향적 절차(Management by Objectives and Other Performance-Targeting Procedures)

모든 조직은 가능한 업무의 목적을 근거로 하여 사람을 평가하는 목표관리(MBO) 프로그램을 적용하려 한다. 조직의 상관은 목적달성을 위하여 부하직원과 협조하면서 의사소통을 촉진하며, 부하직원의 성과평가는 목적들에 집중한다. 목적에 대한 동의는 상관으로부터 지시를 받는 것은 아니며, 근로자들에게 업무를 그들 자신의 방법대로 진행할 것을 어느 정도 허용해 주기 때문에 업무의 결과에 대한 근로자들의 달성노력에 초점을 둔다. 또한 근로자들에게 더욱 발언권을 주어 분권과 자율권을 높인다. 조직은 다양한 '성과지향적' 과정을 사용하여 집단의 생산성 혹은 성과를 강조한다.

⑥ 참여관리와 의사결정(Participative Management and Decision Making)

⑦ 업무향상은 직무재설계, 직무확장 그리고 순환보직(Work Enhancement: Job redesign, Job Enlargement, and Job Rotation) 적용

⑧ 삶의 질 프로그램과 질 써클(Quality-of-Work-Life Programs and Quality Circles) 적용

일본에서 성공적으로 활용되었던 Quality Circle은 작업과정과 산출의 질을 증진하는 데 더욱 직접적인 관심을 가진 팀이다.

⑨ 변혁적 리더십, 문화의 향상 및 탁월성의 campaign(제10장에서 설명함)

4) 직무만족

직무만족에 관한 설문조사연구는 수없이 많다. 직무만족은 사람들이 그들의 직업과 직업의 다양한 면에 대하여 어떻게 생각하는지를 측정한다. 직무만족은 결근, 사직, 그리고 취업포기와 같은 태도 및 행태와 관련이 있다. 일반적인 질문으로 '나는 여기서 계속 일하고 싶다. 나는 나의 일을 매우 좋아하지 않는다. 나는 사람들과의 관계보다도 나의 일에서 더 행복감을 느낀다. 나는 다른 감독자 밑에서 더 일을 잘 할 수 있다' 같은 질문들을 물어보면서 직무만족도를 측정한다.

직무만족의 결정요인을 결정하기 어렵다. 일반적으로 연구들은 높은 직무만족은 좋은 수입, 충분한 승진의 기회, 감독자의 배려, 인정, 좋은 직업 환경, 그리고 기술과 능력의 활용 등과 관련이 있다는 것을 발견한다. 사실 어떠한 특정한 요인이 사람들의 만족에 얼마나 영향을 가져올 수 있는지를 일반화하는 것은

분명히 비현실적이다. 그러나 여러 연구들은 사람들 간에 개인적인 차이의 중요성을 지적한다. 예를 들어 개인적 차이는 포부의 차이, 새로운 환경의 순응차이, 교육수준, 전문성, 나이, 인종, 성, 국가, 민족문화, 그리고 성격 등과 같은 예에서 다를 수 있다.

직무의 특성들과 직무의 설계변수들이 직무 만족의 결정요인과 밀접한 관계가 있다고 보았다. 예를 들면, 기술, 다양성, 과업의 정체성, 업무의 중요성, 자율권, 환류 등의 지표들이 직무만족도와 관련이 높다고 한다. 또 다른 연구자들은 사람과 직무변수 이외, 업무자체, 봉급, 승진, 직업의 안전, 감독, 작업집단의 특성, 의사결정의 참여, 조직구조, 그리고 조직의 분위기 등과 같은 요인들을 분석하였고 대체적으로 이러한 요인들이 직무만족에 영향을 끼친다고 한다. 하지만 이 요인들은 공 · 사 조직의 환경요인들의 영향을 고려해야 할 것이다.

5) 조직몰입과 직무관여

사람들은 그들이 일하는 조직에 대한 충성심과 몰입에 차이가 있다. 어떤 사람은 조직 그 자체를 안전한 곳, 친구들이 있는 곳, 서비스의 가치가 있는 곳으로 생각하는 반면 어떤 사람은 단지 돈 버는 곳으로만 생각한다.

조직의 몰입을 측정하는 측정방법은 응답자들이 조직의 문제를 자신들의 문제로 보느냐, 사람들이 그 조직에서 근무하는 것을 자랑스럽게 느끼느냐 등과 유사한 질문을 한다. 각종의 연구들은 몰입이 복잡하고 다차원적인 성격을 가지고 있다고 한다.

Balfour와 Wechsler는 공공영역을 위한 모델을 가지고 공공근로자들의 조직몰입에 대한 개념을 설명했다.[14] 그들은 몰입의 세 가지 형태를 제안했다.

① 일체화 몰입(identification commitment)

조직을 위하여 일하는 근로자의 긍지 혹은 자랑 그리고 조직이 어떤 일을 하던 정당성에 기초한다.

② 제휴 몰입(affiliation commitment)

조직에 귀속하고 조직의 다른 사람을 서로 돌보아 주는 가족으로서의 의미에서 발생한다.

14) D. L. Balfour and Wechsler B., "Organizational Performance and Productivity in Public Organizations," *Public Productivity and Management Review*(1991), 14, 355-367.

③ 교환 몰입(exchange commitment)

조직이 조직의 구성원들의 노력과 성과달성을 인정하고 감사하는 믿음에 기초한다.

이 이외에도 많은 적절한 변수들을 발견한다면 공공조직의 몰입을 평가하는 데 가치 있는 것이 될 것이다.

공공조직에 있어 조직몰입과 직무관여에 관한 연구는 대단히 많은 편이다. 그러나 연구의 대부분은 공공조직과 사조직의 관리자와 근로자의 비교와 관련된 연구이다.

일반적으로 많은 연구에서 공공관료들의 사조직의 관리자들보다 낮은 조직몰입과 직무관여를 발견하였다. 공공관료들이 낮은 조직몰입을 가지고 있는 이유는 공직자들은 조직에 개인적인 영향력을 가지고 있지 않았고, 조직은 너무나 많은 몰입을 기대하지 않으며, 그리고 공공관료들의 업무집단은 더 다양하고, 조직에 대한 애착이 사조직보다 떨어진다고 느끼기 때문이다.[15] Buchanan은 낮은 직무관여는 좌절된 서비스윤리를 나타내며 그리고 공공관리자들의 약한 공공서비스 동기부여를 반영한다고 한다.

한편 다른 학자들은 공공관리자들이 반드시 조직몰입에서 낮지 않다는 연구결과를 발견했다. 사영역의 관리자들과 비교하여 큰 차이를 나타내지 않았다고 Steinhaus와 Perry는 설문조사를 분석했다.[16] 그들은 사람들이 공공 및 사영역간의 어떤 조직에 근무하느냐보다 조직몰입 자체를 연구하는 것이 더 중요하다고 했다.

이러한 혼합된 결론은 공공영역의 관리자들과 연구자들에게 다 같이 중요한 도전을 야기한다. 그들은 공공조직이 실지로 조직몰입과 같은 중요한 변수들에 영향을 끼치는지에 관한 질문들에 관심을 집중하였다. 공공조직과 사조직의 차이를 발견한 이 연구는 관리자들에게 집중한 반면 이들의 차이를 발견하지 못한 연구는 비관리자들과 그 이외의 모든 수준을 설문대상으로 포함했다. 따라서 공공

15) B. Buchanan, "Red Tape and the Service Ethic: Some Unexpected Difference Between Public and Private Managers," *Administration and Society*(1975), 6, 423-438; B. Buchanan, "Government Managers, Business Executives, and Organizational Commitment," *Public Administrative Review*(1974), 35, 339-347.

16) C. Steinhaus and Perry, J. L., "Organizational Commitment: Does Sector Matter?," *Public Productivity and Management Review*(1996), 19, 278-288.

조직 그 자체가 주는 압력과 관여는 관리자수준에서 더 큰 영향을 가지고 있다는 것을 의미할 수 있다. 이러한 연구의 결과는 공공조직의 약한 동기부여를 주장한 Buchanan에 의문을 제기한다.

공공조직의 근로자들은 고객서비스에 높게 몰입하나, 공공조직 그 자체를 프라이드와 충성의 중요한 목적으로 간주하지 않기 때문에 조직몰입에는 낮은 점수를 받을 수 있다. Romzek는 정부에 높은 몰입을 하는 공직자는 그들의 업무가 그들이 가지고 있는 윤리적 가치와 전문적 기준과 양립할 때, 그리고 그들의 가족 및 친구들이 그들이 근무하는 조직과 제휴를 지지할 때 강하게 몰입하는 경향이 있다고 한다.[17)]

제 2 절 동기부여이론: 내용이론

1. 직무와 관련된 동기요인

근로자들은 직무를 통하여 만족하려고 노력하는 특정한 욕구들이 있다. 특히 심리학자들은 직무와 관련된 욕구를 밝혀내기 위하여 노력하였으며 그 수들은 끊임이 없다. 그러나 조직 내에 다양한 계층에 있는 근로자들이 중요하게 인식하는 욕구들을 아래 제시하였으며, 이들은 조직행태 연구자들의 연구에서도 중요하게 인용되고 있다.

(1) 능력과 호기심(competence and curiosity)

인간에 대한 연구는 사람들의 다양성을 위한 각기 다른 보상체제의 발전에 도전해야 된다는 결론을 도출하였다. 심리학자들은 사람들이 그들의 환경과 상호작용하는 데 기본적으로 필요한 욕구를 가지고 있다고 결론을 내렸다. 그와 같이 모든 사람들은 싫증나고 반복적이지 않는 업무를 가지기를 원한다. 또한 그들은 그들의 업무가 요구하는 재능과 기술에 정통하기를 원한다.

---

17) B. S. Romzek, "Employee Investment and Commitment: The Ties That Bind," *Public Administration Review*(1990), 50, 274-382.

(2) 성취(achievement)

성취욕구는 직무와 관련된 동기요인으로 가장 자주 연구 및 조사되고 있는 개념이다. 이 개념과 관련된 주요한 학자는 J. W. Atkinson과 David C. McClelland이다. Atkinson에 의하면 성취동기는 목적을 달성하기 위한 욕망 그리고 이 요인의 유인가치는 성취를 통하여 개인이 만족을 경험하는 데 있다. McClelland에 의하면 성취를 위한 욕구는 개인간에 혹은 문화차이에서 다를 수 있다고 한다.

McClelland와 그의 동료들은 성취욕구는 학습된다고 보았다. 경제발전을 제약하는 중요한 요소는 그들의 문화에서 성취욕구가 결핍되었기 때문에, 개발도상국가의 기업가나 혹은 근로자들이 성취욕구를 학습하도록 많은 훈련이 필요하다고 주장하였다. 아래에서 자세히 검토될 것이다.

(3) 제휴(affiliation)

사람들은 직무관계에서 우정과 친절을 경험한다. 예를 들면 산업 엔지니어들은 사람과 장비를 더욱 효과적으로 재배열함으로써 생산성을 높이려 한다. 또한 의사소통이나 상호작용이 부족한 곳에서 생산성은 감소되었다. 근로자들 사이에 우정과 상호협조의 발달은 조직에서 보편적인 현상으로서 이와 같은 제휴는 기본적으로 직무와 관련된 욕구이다.

(4) 평등(equity)

근로자들은 조직 내에서 공정한 보상을 원하는 욕구를 가지고 있다. 이와 같이 모든 근로자들은 그들의 기여에 비례하는 보상을 조직으로부터 받아야 한다는 분배정의의 개념에 입각하고 있다. 평등을 위한 근로자들의 욕구는 만약 어떤 사람이 똑같은 업무를 하고도 더 많은 보수를 받는다면 이는 평등한 동기부여 원칙에 위배되는 것이다. 즉 평등은 조직 내에서 행태를 동기부여하는 주요한 욕구이다.

이 외에도 직무와 관련된 많은 중요한 동기요인들이 있으며 조직행태를 연구하는 사람들이나 실무관리자들은 어떠한 동기요인들이 개인의 행태와 성과에 영향을 끼치는지에 대하여 지속적인 연구가 필요하다.

1) 조직의 동기부여요인(organizational motivators)

조직은 근로자들을 동기부여할 수 있는 다양한 보상, 질책 및 방법들을 가지고 있다. Katz와 Kahn은 세 가지 조직의 동기부여요인들을 제시하였다: 규율, 외면적 보상, 내면적 보상. 모든 조직들은 이 세 가지 요인들을 적절히 혼합하면서 사용한다.

예를 들어 기계관료제는 규율 및 근로자들의 바람직한 행태를 얻기 위하여 보상과 형벌체제를 자세히 명시한 직무명세서에 크게 의존한다. 많은 공공조직의 주요한 특징이 기계관료제라고 하더라도 구성원들의 욕구를 만족시키는 기회도 제공한다. 공식적인 규율체제 이외에도 관료제는 외면적 및 내면적 동기부여를 제안할 수 있다. 낮은 생산성으로 어려움을 겪고 있는 조직의 문제를 단지 조직의 규제나 혹은 보상체계의 결핍으로만 돌릴 수는 없다. 이러한 조직은 동기부여체제의 잘못된 운영이든지 혹은 부적절한 시간에 부적절한 사람에게 부적절한 보상을 제공하는 데 문제가 있기 쉽다.

외면적인 보상은 조직에 의하여 제공되는 봉급, 보너스, 승진, 칭찬, 인정 및 의료보험, 연금, 병가 등과 같은 가외혜택수당 등을 말한다. 외면적 보상은 두 가지의 종류가 있는데, 하나는 체제보상이고 다른 하나는 개인보상이 있다. 체제보상은 조직의 모든 사람들에게 제공되는 보상, 즉 봉급, 직업안전, 가외혜택 등을 말하며 개인보상은 실적에 기본을 두고 있다.

많은 조직 연구자들에 의하여 무시되었던 체제보상은 조직에 대한 인상을 결정하는 중요한 역할을 한다. 공공영역은 가장 중요한 체제보상인 봉급수준이 사영역보다 낮다는 인식 때문에 잠재적인 응모자들에 의하여 부정적인 평가를 받고 있다. 그러나 직업안전과 가외수당에 대하여는 사영역보다 유리하다고 인정하는 경향이 있다. 긍정적으로 인정하는 체제보상은 조직이 충성과 헌신을 구축하는 데 기여한다. 개인보상은 성과를 유지하고 증진하는 데 중요하다. 물론 탁월한 성과를 낸 사람에게 보상이 지급된다. 그러나 조직의 구성원이 보상이 공평하고 공정하게 운영된다고 믿는 것이 중요하다. 더욱이 지급된 보상은 근로자들이 더 많은 노력을 기울여 달성한 성과에 가치가 있을 정도로 느껴야 한다. 그렇지 않으면 근로자들이 노력을 더욱 경주할 격려를 받지 못하게 된다. 승진, 지위 및 칭찬 그리고 인정 등은 존중받기를 원하는 우리의 욕구를 만족시키고 자아존중과 ego 욕구를 증진시킨다.

내면적 동기부여는 직업 그 자체의 성격인 도전성, 책임성, 직업이 제공하는 권력, 자신의 표현을 위한 기회부여, 창의성 및 직업의 의미 정도와 관계가 있다. 내면적 동기부여는 조직가치의 내면화와 그에 따른 조직과 조직이 하는 가치관과의 일체성을 포함한다.

2) 근로자들의 욕구

동기부여 유인책들이 만약 근로자들이 실제로 원하는 것이 아니라면 동기부여로서의 역할을 하지 못한다. 내용이론에서는 근로자들이 무엇을 원하는지, 욕구가 무엇인지를 알며 이러한 욕구들은 모든 근로자들에게 공통적인 것이라고 가정한다. 어느 정도 이들의 주장이 옳기도 하지만 개인간의 차이를 무시함으로써 실제적인 타당성이 결핍되고 있다. 개인간의 개성의 차이는 여러 가지의 욕구들의 강함과 중요성, 기대수준, 행태, 작업취향, 좌절에 대한 반응 등의 차이를 결정해 준다. 동기부여를 이해하기 위하여 우리는 근로자들이 실제로 무엇을 원하는지 그리고 특히 우리가 근로자들의 생산성을 증가시키고자 할 때에는 동기부여를 원하는 사람들이 무엇을 원하는지를 알아야 한다. 또한 근로자들의 직업안전은 중요하다. 직업안전은 수입의 계속성과 조직의 충성 그리고 일체감을 조성하는 것을 도와준다. 이 욕구는 공공조직이 가지고 있는 가장 효과적인 동기부여요인 가운데 하나이다. 그러나 정부의 재정적자는 한때 공공고용의 특징을 훼손시키고 있다. 오히려 직업안전은 더욱 불확실하고 공공서비스에 대한 재정을 지원하는 정부의 능력과 자발성에 의존한다.

3) 동기부여이론

동기부여이론을 분류하는 방법으로 가장 잘 사용하는 것은 내용이론(Content Theory)과 과정이론(Process Theory)이다.

분류에 의하면, Maslow의 욕구계층이론, McGregor의 X · Y이론, Alderfer의 ERG이론, Herzberg의 두 요인이론, Argyris의 미성숙 · 성숙이론, McClelland의 욕구이론은 내용이론에 속한다.

반면에 행태수정제안(Proponents of Behavioral Modification), 기대이론(Expectancy Theory), 공정성이론(Equity Theory)은 과정이론이라고 부른다. 과정이

론은 행태를 통제하기 위하여 외면적 및 내면적 보상의 사용을 강조하면서 욕구에 대한 개인적 접근법을 사용한다. 내용이론은 욕구를 만족시키기 위하여 구조의 적응을 강조한다. 반면에 과정이론은 만약 조직의 목적달성에 기여하였다면 참여자는 보상을 받을 수 있다는 방면으로 조직유인책의 적응을 강조한다.

물론 이 두 접근법의 다른 점은 내용이론은 일종의 집단적인 접근방법으로서 모든 근로자들의 개인적 욕구의 차이를 보지 않는 반면에 과정이론은 개인에 따라 욕구가 다르다는 것을 인정하기 때문에 내용이론보다 과정이론을 사용하는데 어려움이 있지만 개인의 욕구에 따라 다른 동기부여방안을 결정하는 장점이 있다.

2. 내용이론(Content Theories)

1) Maslow의 욕구계층이론

◇ Maslow의 배경

심리학자인 Abraham Maslow는 1908년에 태어나서 뉴욕시에서 성장하였다. 그의 심리학적 훈련은 Wisconsin 대학에서 쌓였으며, 그 곳에서 비교심리학을 전공하였다. 특히 영장류의 행태에 대한 연구에 몰두하였고, Columbia 대학에서 11년간 postdoctoral 연구원으로 봉직한 후 Brooklyn 대학으로 옮긴 후 14년간 teaching과 연구를 하였다. 그의 초기의 저서는 비교심리학 분야이었고, 그리고 영장류의 지배적 행태를 더욱 깊이 다루었다. 1930년 후반 동안 그의 지배적인 관심이 인간으로 이진하였으며 인긴의 성격으로 관심을 확대하었다. 오래 전에 그는 그의 새로운 역할을 합리화하기 위하여 연구를 지속하면서 전적으로 성격이론(Personality Theory)으로 변경하였다. 그는 이 시기 동안 심리분석에 몰입하고 흥미를 가지고 있었으며 역시 임상실습을 개설하였다. 1951년 Maslow는 새로 설립한 Brandeis 대학 심리학과의 학과장으로 역할을 하기 위하여 Boston으로 이사하였다. 그는 1970년 그의 나이 62세에 타계하기 전까지 그 곳에서 머물렀다.

그는 지속적으로 인간 심리학회(the Association of Humanistic Psychology)의 설립을 돕는다든지, 인간의 잠재적 활동의 발전에 대한 주요한 영향을 심도 있게 연구하였다. 그는 1967년 American Psychology Association의 회장을 역임하였다. 욕구계층이론 그 자체는 Maslow의 생애 25년이 걸렸다. 여기에 발표된 것과 같이 그 이론은 분명히 새로운 것이다. 그것은 관리나 조직에 적용할 생각도 없이 동기부여의 일반적 이론으로 심리학 문헌에 발표되었다. Maslow의 동기부여에 대한 그의 저서들은 조직행태와는 관련이 적었다. Maslow 그 자신이 이론의 적용에 흥미를 갖게 된 것은 그의 생애에 후반기였다. Maslow는 그의 경력에 비추어 경영학과로 옮기지 않았다. 조직행태가 학문으로 등장할 때 그의 나이 50세였으며 전문가로 기업의 세계로 등장한 것은 그가 죽기 8년 전이었다.[18)]

Maslow는 인간의 욕구가 다양하다고 처음으로 주장한 학자로 공헌하였으며 인간의 개성을 설명한 그의 욕구계층이론만큼 많은 관심을 받은 이론은 없었다. 그의 욕구계층이론은 1943년 발표된 논문에 첨부된 주(footnote)에 있었고, 그 후 같은 해에 더욱 포괄적인 발표가 있었다.

그의 이론의 주요한 변수들은 개인에 잠재되어 있는 어떤 동기 혹은 욕구들이며 그리고 행태를 결정하기 위한 생물학적 · 문화적 그리고 상황적 요소들의 조합이라는 것이다.

임상심리학자로서 Maslow는 욕구모델을 도출하는 데 연구의 대상으로 조직의 고용자들을 활용한 것보다는 자신의 환자들의 내력에 크게 의존하였다. 그의 이론은 애초부터 동기부여이론으로 발전하지는 않았다. 오히려 동기부여에 있어 유전과 학습간의 상호작용에 대한 흥미에서 시작되었다. 그럼에도 불구하고 동기이론의 발전은 Maslow의 사고로부터 큰 영향을 입었다.[19)]

비록 경험적 및 실증적 검증이 부족하다고 하더라도 그는 현대조직이론에 중요한 영향을 끼쳤다. 그는 인간은 공통적인 욕구를 가지고 있고 이 욕구들은 계층적으로 배열되어 있다는 것을 이론화하였다. 계층상 높은 욕구는 낮은 욕구가 만족될 때까지 나타나지 않는다는 것이다. 욕구는 한 개인이 달성하려고 하는 목적상태이며 만족하지 않은 목적을 달성하기 위한 탐색은 행태를 결정한다. 불만족한 욕구는 개인의 사고와 관심을 지배한다. 일단 그 욕구가 만족되면 그 욕구는 더 이상 동기부여요인이 되지 않으며 행태를 결정하는 데 기여하지 못한다.

18) Miner, *op. cit.*, p. 134.
19) Abraham Maslow, *Motivation and Personality*, New York: Harper(1954).

〈그림 8-1〉 Maslow의 욕구계층이론

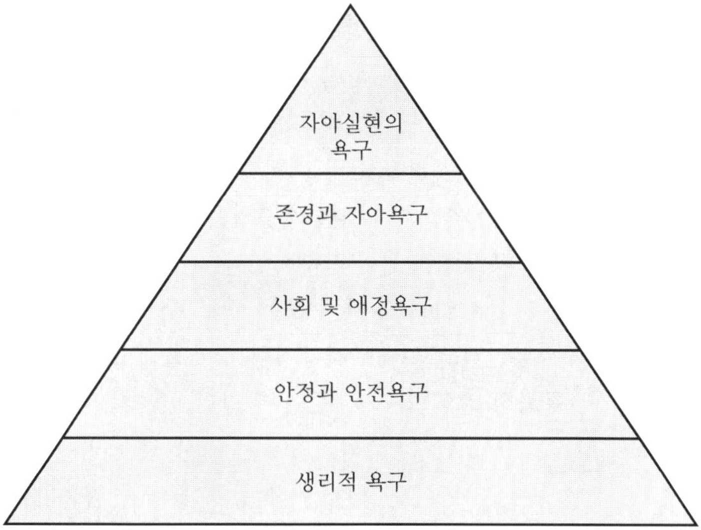

Maslow의 모델에서 다섯 가지의 욕구수준은 다음과 같다.

(1) 생리적 욕구(Physiological Needs): 음식, 물, 성욕, 배고픔 그리고 피난 혹은 보호를 위한 욕구는 선천적이다. 이 욕구는 학습된 것은 아니지만 문화나 학습은 그들이 표현하는 방식을 결정하여 준다. 이러한 생리적 욕구가 충족되지 않을 때, 개인들은 충족되지 않는 것들에 전적으로 사로잡힌다. 예를 들어 배가 허기진 사람은 음식 이외에는 다른 것을 생각하지 못한다.

(2) 안정과 안전욕구(Safety and Security Needs): 혼자 있다든지, 위험에 직면한다든지, 놀란다든지의 경험을 통하여 이 욕구들을 습득한다. 즉 위험과 좌절로부터 벗어나려는 생리학적인 욕구로서 Maslow는 심리적·감정적 및 육체적 안전욕구를 포함한다. 사람들은 야생동물, 극단적으로 낮거나 혹은 높은 온도, 공격, 병 등 그들의 안전에 위험을 줄 수 있는 모든 것들을 피하기 위한 동기부여를 갖고 있다. 예를 들어 조직의 질서와 구조는 심리적 및 감정적 성격의 안전욕구를 만족시킨다. 노동조합의 계약, 작업조건의 합의, 연공서열, 은퇴계획, 근로자에 조직의 상황을 알림, 한류 등은 조직으로 하여금 안전욕구를 만족시키는 방법들이다.

(3) 사회 및 애정욕구(Social Needs): Maslow는 사랑이란 말을 대단히 포괄적으로 연합 그리고 일반적인 소속감으로 사용한다. 집단에 속하거나 친구를 갖는다든지 혹은 다른 사람에게서 인정을 받는 사회적 욕구를 말한다. 즉 귀속, 우정, 사랑, 애정, 용인, 연합 등을 원하는 욕구는 인간발전의 중요한 계기를 마련한다. Hawthorne 연구에서 보듯이 개인의 귀속, 즉 집단역학을 겸비한 집단에 귀속하려는 개인의 욕구는 만족, 생산성 및 조직의 통제에 막대한 영향을 가지고 있다. 부분적으로 비공식집단과 조직의 의사소통망은 사회적 그리고 연합욕구에서 성장하며 그리고 사회 및 연합욕구를 만족시킨다.

(4) 존경과 자아욕구(Ego Needs): 이 욕구는 주로 두 가지 광범위한 그룹으로 나누어진다. 첫째는 본질적으로 내부지향성의 형태를 말한다. 즉 강함, 성취욕구, 적절성, 확신, 독립성 그리고 자유 등을 말한다. 둘째는 존경이 외부로부터 오는 것으로서 명성, 명예, 인정, 주의, 중요성, 감사 등을 말한다. 어떠한 경우든지 이 욕구들의 만족은 자아확신을 낳게 하며, 그들에게 열등의식이나 무력감을 갖게 되는 것을 피하게 한다. 이 욕구는 자주 ego 욕구라고 언급된다. 지위를 얻는다든지, 다른 사람들로부터 인정을 받는다든지, 자부심 및 자존심, 상관 및 동료로부터의 칭찬, 전문인들의 존경 등과 같은 욕구를 말한다.

(5) 자아실현욕구(Self-Actualization): 이 욕구는 욕구 가운데 다섯 번째이며 가장 높은 욕구이다. 자아실현은 자신이 가치가 있다고 생각하는 것을 달성하는 욕구 및 욕망이다. 여기서 자아개념이 행동으로서 현실에 실현된다. 이러한 활동을 수행하는 것은 자체 만족이며 자체 보상이다. 다른 말로 개인은 자신의 발전과 본질적으로 자신을 만족시키는 업적을 발견한다. 자신의 능력을 충분히 발전시키기 위한 욕구, 성취할 수 있는 것을 성취하는 욕구를 말한다. 이 욕구는 밀접하게 자신의 발전, 자신 재능의 적절한 응용 및 창의성과 관련이 있다.

Maslow는 이 다섯 개의 욕구는 생리적 욕구에서 자아실현욕구에 이르기까지 계층상 위로 가면서 만족된다고 주장한다. 욕구계층의 각 연속적인 수준이 만족된 다음 사람들은 더 높은 수준으로 움직인다는 것이다. 그러나 한 욕구는 한 개인이 더 높은 욕구를 추진하기 위하여 완전히 만족될 필요는 없다. 단지 욕구의 만족 수준이 증가함에 따라 더 높은 욕구로 이전할 성향이 증가한다. 다른 말로 한 욕구가 만족되면 그 욕구는 행태를 동기부여할 수 있는 효력은 없어진다.

예를 들어 죽음을 피하기 위하여 배고픔과 갈증이 해결되면 사람은 안전을 찾는 욕구로 동기부여된다. Maslow는 사람들의 욕구는 나이, 경력, 개인의 문제조건에 따라 변한다는 것을 인정한다. 그리고 욕구의 다른 수준도 똑같은 시대, 똑같은 사람에게 작용한다. 예를 들어 눈사태에 갇혀 있는 등산객은 두 번째 혹은 세 번째의 욕구수준에 동기부여될 수 있다.

〈비 평〉

Maslow의 이론은 거의 논쟁없이 자주 경영학 및 행정학 교과서에서 인용되고 있기 때문에 어떠한 문제점이 있는지 검토하는 것은 의의가 있다. 우선 그의 이론이 근간을 이루고 있는 증거들이 신경병 혹은 정신병을 앓고 있는 환자들을 치료하는 가운데 알려진 일화들에 주로 의존하였기 때문에 불안하다는 평을 피할 수는 없다. 그의 이론을 검증한다는 것은 불가능한 것은 아니지만 대단히 어렵다. Maslow도 그의 이론의 경험적인 검증에는 별로 관심을 나타내지 않았다. 실례로 미국사회에서 생리적 욕구는 대략 85%는 만족하였고, 안전욕구의 만족도는 70%이며, 사회욕구는 50%, 존중욕구는 50%, 자아실현욕구는 10%에 지나지 않았다는 주장을 일반화하기 위한 경험적 연구는 없었다.

낮은 수준의 욕구는 높은 수준의 욕구가 나타나기 전에 만족되어져야 한다는 개념은 경험적인 관점에서 볼 때 많은 문제를 가지고 있다. 다른 심리학이론들이 주장한 것은 사랑 혹은 인정을 받으려는 욕구는 생리적 혹은 안전욕구가 만족되기 오래 전에 태어나면서 거의 나타났다고 한다. 미술 및 문학의 어떤 위대한 작품들은 생리적 욕구를 만족하지 못함은 물론 지주받고 동료나 사회에서 무시당하였던 개인들에 의하여 창조되었으며, 그들은 오랜 가난을 거친 후에 인정과 존경을 위한 그들의 욕구를 만족할 수 있었다.

그 이외에도 Maslow의 자아실현 개념은 문제가 있다는 비난을 받는다. 물론 그는 자아실현은 개인들이 그들의 잠재력을 극대화하기 위한 욕구라고 말하고 자아실현되기 위하여 고려해야 할 것을 자세히 설명하였다. 그러나 분명하지 않은 것은 개인들이 그들의 잠재력을 어떻게 극대화할 수 있는지, Maslow의 처방을 만족시키지 않고 극대화될 수 있는 모든 것이 있는지 그리고 실제로 자아실현이 고려될 수 있는지를 들 수 있다. 분명히 모든 사람들은 동일한 잠재력을 가지고 있지 않다. 잠재력을 극대화하는 것이 하나의 이상을 따라야 된다고 하는 이유는 분명치 않다. Maslow가 때때로 말하듯이 선택해야 하는 것은 분명히 보편적인 욕구는 아니고, 그 대신 엘리트적인 개념인 자아실현을 할 수 없다는 것을 인정하는 것이다.

Maslow의 사고는 사회과학자들에 의미 있는 영향을 주었지만, 검증하려는 경험주의자들에게서 많은 호응을 받지는 못하였다. 연구자들은 Maslow의 이론을 측정하고 검증하였으나 5단계의 계층은 발견하지 못하고 두 단계가 동시에 존재하기는 하였는데, 예를 들면 낮은 수준의 근로자는 물질적 그리고 안전적인 보상에 흥미를 가지고 있었고 높은 수준의 관리자들은 성취욕과 도전에 강조를 두고 있었다. 그의 이론에 대한 비평은 Maslow의 계층에 대한 논리적 약점을 지적하였다. Maslow는 불만족한 욕구가 행태를 지배한다고 주장하였다. 그러나 만약 어떤 욕구를 박탈당할 때 그 욕구에 대하여 사람들에게 무엇을 하라고 말하지는 못하며, 그리고 사람들이 어떻게 반응해야 되는지도 Maslow는 설명하지 못한다. 어떤 학자는 Maslow의 자아실현의 개념은 너무나 모호하여 평가하기 어렵다고 비평하였다. 이러한 비평에도 불구하고 Maslow의 이론은 다른 학자들이나 관리자들로부터 많은 지지를 받고 있다. Maslow는 조직들의 구성원 사이에 성장, 발전 그리고 자아실현의 중요성을 인식하는 데 기여하였다. James MacGregor Burns는 Maslow의 자아실현과 같은 상위수준의 욕구에 관심을 나타내었다.[20] Burns는 사회에 중요한 변혁을 가져오는 변혁적 리더들(transformational leaders)은 사회의 비전 및 목적들과 관련이 깊은 자아실현을 위한 동기와 같은 상위수준의 동기에 호소한다. 정치학자로서 Burns는 정치적 및 사회적 리더들에 관심을 집중하였다. 그러나 조직의 리더십에 대한 저자들은 최근 조직의 변혁적 리더십에 대한 사고에 그의 영향을 인정하고 있다. 또한 Maslow의 업적은 조직의 임무와 문화, 근로자에게 권한 부여 그리고 관리의 높은 참여에 대한 현대의 논쟁을 예시하고 또한 도움을 주었다.

2) McGregor의 X · Y이론

◇ McGregor의 배경

1906년에 태어난 McGregor는 목사가 되기 위하여 Wayne 주립대학과 Oberlin

20) J. M. Burns, *Leadership*, New York: Harper Collins(1978).

College에 다녔다. 결국 그는 심리학을 전공하게 되었고, 1935년 Harvard 대학 심리학 분야의 박사학위를 받았다. 그는 Harvard에서 사회심리학을 잠시 가르친 후, 심리학과의 교수로 승진을 해준 Massachusetts Institute of Technology로 옮겼으며, 결국에는 그는 산업관계 분야의 집행이사(executive director)가 되었다. 그 당시 같은 대학의 다른 campus에 Lewin도 MIT에 근무하고 있었다. McGregor는 1954년까지 6년 동안 Antioch College의 총장으로 재직하였고, 그 해 다시 MIT의 산업관리(Industrial Management) 분야의 교수로 부임하였다. 1948부터 1954년까지 여러 산업집단에서 적극적으로 활동하였으며 상담자로서 지역의 실무자들과 밀접한 관계를 유지하고 있었다. 그는 1964년에 타계하였다. McGregor를 이해하기 위하여 그의 관점을 이해하는 것은 중요하다. McGregor는 특히 직장에서 인간주의의 지지자였다. 그는 인망을 증진시키는 데 많은 다른 이론들을 참조하였다. 그는 그의 가치들과 철학적 지향들을 공유하는 Maslow, Herzberg, Argyris, Likert 등에 의하여 많은 영향을 받았다. 그의 저서들은 그들의 영향을 크게 받은 것으로 짐작된다. 이 점은 McGregor의 학생이었고 MIT에서는 동료였던 Warren Bennis에 의하여 강조되었다.[21)]

Douglas M. McGregor는 인간에 대한 가정을 두 가지로 대별하고 그에 따라 관리전략도 두 가지로 나누었다.[22)] 인간의 본실과 관리전략도 두 가지로 나누었다. 인간의 본질과 관리전략에 관한 전통적 관점에 바탕을 둔 X이론은 새로운 시대의 요청에 부적합한 것이라고 비판하고 앞으로의 조직관리체제는 Y이론에 따라야 한다고 처방하였다. 실제로 경영학에 가장 많은 영향을 미친 이론이다.

McGregor의 X이론은 순자의 성악설과 같은 의미이며, 미국의 Washington 대통령(1789–1795) 때 재무부 장관을 지내며 상공업의 선구자인 Hamilton의 인간에 대한 가정인 성악설과 같다. 이에 반하여 McGregor의 Y이론은 맹자의 성선설과 같은 의미이며, 미국의 제3대 대통령인 Thomas Jefferson(1801–1809)의 인간에 대한 가정인 성선설과 유사한 의미를 가지고 있다. 특히 Jefferson은 민주주의는 교육이라고 하면서 사람은 교육을 시키기만 하면 민주시민이 될 수 있다고 주장하였다. 그에 의하면 교육은 서로 좋아하고 싫어하는 것을 상대방에게 알

21) Miner, *op. cit.*, p. 258.
22) D. McGregor, *The Human Side of Enterprise*, New York: McGraw-Hill(1960).

리는 것이며, 서로 좋아하지 않는 것을 어느 장소에 다 모여 허심탄회하게 논의하여 서로 하지 않는다면 민주주의는 발전한다고 믿었다.

McGregor는 Maslow의 욕구계층이론의 영향을 반영하여 현대관리이론에 가장 영향력 있는 논쟁의 요지를 발전시켰다. 그는 미국의 산업관리는 역사적으로 그가 'X이론'이라고 부르는 사람들의 행태이론의 지배적인 영향을 반영하였다. X이론은 근로자들이 자체의 동기부여를 위한 능력이 없고, 게으르며 방향과 통제가 필요한 것으로 보았다. 반면에 McGregor가 널리 받아들여지기를 원하였던 Y이론은 Maslow의 더 높은 계층의 욕구와 자아실현에서 아이디어를 얻은 것으로서 이 이론에서는 근로자들은 일하기를 즐겨 하며, 높게 동기부여되어 있고 스스로 해결하기를 좋아하며, 책임감을 기꺼이 수락한다. 그는 기업의 관리자들을 방문하면서 의사결정의 분권화, 참여관리 그리고 그들의 업무가 더욱 흥미롭고 책임감이 있도록 하기 위하여 직무확충과 같은 Y이론의 접근법을 채택할 것을 촉구하였다. 그 후에 조직의 기관장들은 McGregor의 주장을 조직에 중요한 영향으로 인용하였다. Maslow와 같이 McGregor의 사고는 관리의 이론과 실무에 심오한 영향을 끼친 것은 분명하다. 정부조직을 개혁하고 변화를 추구하기 위한 노력은 Y이론에 대한 McGregor의 이론을 적용하는 것을 볼 수 있다.

① X이론에서 인간에 대한 기본 가정은 다음과 같다.
— 인간은 원래 게으르고,
— 의욕도 없으며,
— 본질적으로 자기중심적이고,
— 변화에 저항하고,
— 밝지 않고 멍청하며,
— 기본적으로 권위주의적이고,
— 책임지기를 싫어하고 지휘 받기를 선호한다.

그들은 무엇보다 직업안전과 경제적 보상을 원한다. 인간성격의 어두운 면에서 X이론이 선호하는 관리방법으로는 근로자들을 설득하고, 보상하며, 벌을 가하고, 통제하고 지시하는 형태들이다. 권위주의적인 근로자들에게는 권위주의적인 조직관리가 적합하다고 믿는다.

Maslow의 이론에 기초를 둔 Y이론은 인간의 성격과 동기부여에 대하여 더욱 적절한 가정을 토대로 하고 있다.

② Y이론에서 인간에 대한 기본 가정은 다음과 같다.
— 성격에 있어서 적극적이고,
— 책임감을 좋아하며,
— 자율성을 선호하고 창의적이고,
— 성취욕구를 가지고 있으며,
— 자아실현할 수 있는 목적에 헌신한다.

따라서 Y이론의 관리방법은 조직구성원들의 노력이 조직의 목적에 헌신함에 의하여 그들의 욕구를 만족시킬 수 있도록 조직의 조건들을 조정할 책임을 진다. Y이론에 의하면 조직의 근로자들이 더욱 많은 자치와 책임감을 갖도록 구조화해야 된다. 그 이외 근로자들의 잠재력을 충분히 발전시키기 위하여 업무에 대한 흥미와 의미를 부여하도록 노력해야 한다. Y이론의 채택은 우리를 물질적 성취로부터 더 높은 성취로 향상시킬 뿐만 아니라 우리를 더 좋은 사회로 향하여 한 단계 앞서게 할 수 있을 것이다. 물론 McGregor의 이론에 대한 비판이 없는 것은 아니다. 예를 들면 인간은 계속 성장하는 것인데, X이론은 인간이 미성숙한 채 굳어 있는 것으로 간주한다. 또한 상황에 따라 인간의 성장에 영향을 끼칠 수 있다는 것을 간과하고 있다.

3) Alderfer's의 ERG이론

Clayton Alderfer는 인간의 욕구를 조사하고 Maslow의 5 욕구들을 간결하게 세 가지의 욕구인 생존(existence: E), 관련(relatedness: R), 그리고 성장(growth: G)으로 설명하려고 시도하였다.

그의 이론은 조직 환경에서 인간의 욕구를 입증하려고 노력한 비교적 최근에 제안된 동기부여접근법이다.[23]

생존욕구는 배고픔, 갈증 그리고 휴식처와 같이 생리적 및 물질적 욕구와 같은 여러 가지 형태를 의미한다. 조직의 환경에서는 봉급, 혜택 그리고 작업조

23) Clayton P. Alderfer, *Existence, Relatedness and Growth*(New York: Free Press, 1972).

건 등이 이 범주에 포함될 수 있다. 이 분류는 Maslow의 생리적 및 안전욕구와 비교된다.

관련욕구는 근무환경에서 다른 사람들과 상호작용하는 모든 것을 포함한다. 이 형태의 욕구는 만족을 얻기 위하여 사람들 사이에 감정을 나눈다든지 혹은 상호관계의 과정에 의존한다. 이 욕구의 범주는 Maslow의 안전, 사회 및 어떠한 자아존중욕구들과 비슷하다.

성장욕구는 직장에서 창조적 혹은 개인의 성장을 위한 노력을 포함하는 모든 것을 의미한다. 성장욕구의 만족은 자신의 능력을 최대한으로 발휘하는 것이 필요할 뿐만 아니라 새로운 능력의 발전을 요구하는 업무들에 종사하는 개인으로부터 초래된다. 이 성장욕구는 Maslow의 자아실현욕구 및 자아존중욕구와 비교된다.

ERG이론은 세 가지의 가정에 기초하는데, 이들은 다음과 같다:

① 욕구의 각 수준이 덜 만족되면 될수록 그 욕구는 더욱 요구될 것이다. 예를 들어 봉급에 대한 만족이 덜 되면 될수록 봉급에 대한 욕구는 더욱 증가할 것이다.

② 낮은 수준의 욕구가 만족되면 될수록 높은 수준의 욕구는 더욱 요구될 것이다. 예를 들면 생존욕구가 만족되면 될수록 관련욕구가 더욱 요구될 것이다.

③ 높은 수준의 욕구가 덜 만족되면 될수록 낮은 수준의 욕구가 더욱 요구될 것이다. 예를 들어 성장욕구가 덜 만족되어 왔다면 관련욕구가 더욱 요구될 것이다. 이 관계는 〈그림 8-2〉에서 보여질 수 있다.

〈ERG이론과 Maslow의 욕구계층이론의 차이〉

ERG이론과 Maslow의 욕구계층이론은 두 가지의 차이점이 있다. 첫째, Maslow의 욕구계층은 만족-진보접근법이다. 즉 개인이 낮은 수준의 욕구가 만족된 다음 높은 수준의 욕구로 진보한다는 것이다. 반면에 ERG이론은 만족-진보접근법뿐만 아니라 좌절-퇴보요소도 포함한다. 좌절-퇴보는 높은 수준의 욕구가 불만족 혹은 좌절상태에 있는 것을 말하며 그리고 더 큰 중요성 및 욕구가 다음 낮은 수준의 욕구로 퇴보한다는 것을 의미한다. 〈그림 8-2〉에서 보여주는 것과 같이 성장욕구의 좌절은 관련욕구를 더 큰 욕망으로 이끈다는 것이다.

둘째, 첫번째와 관련이 있는데 욕구계층이론과 달리 ERG이론은 하나의 욕

〈그림 8-2〉 ERG이론의 만족-진보, 좌절-퇴보

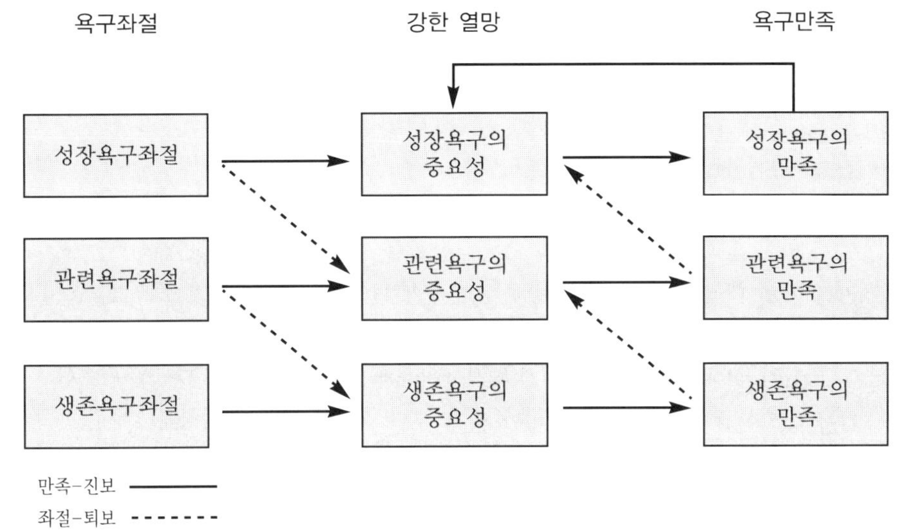

출처: J. Frank and A. Trumbo, *Psychology of Work Behavior*(Homewood, Ⅲ.: Dorsey Press, 1976), p. 301.

구보다 더 많은 욕구가 동시에 작용할 수 있다는 것이다. 예를 들어 한 개인이 기업에 취직을 하여 봉급수준과 직업의 안전과 작업조건에 관심을 가지고 있으나 얼마 후 그들의 욕구들이 만족된 후에 그 사람은 동료들과 친숙한 관계를 발전시키면서 상호관계의 욕구가 만족된다. 그는 다시 그의 상관에게 더욱 도전적이고 책임성이 강한 다른 지위로 승진시켜 줄 것을 요구한다. 그의 상관은 그에게 현재는 공석이 없으나 현직에서 좀더 경험을 잘 쌓으면 기회는 돌아올 것이라고 말한다(욕구의 좌절). 그는 상관들에게 최선을 다하여 그의 능력을 보여주기 위하여 업적에 치중한다(욕구의 좌절이 관련욕구로 진보).

ERG이론은 다른 동기부여이론에 비하여 비교적 최근에 발표된 것이기 때문에 이 이론을 검증한 연구는 별로 없으며 아울러 비판도 그리 많지는 않다. 그럼에도 불구하고 여러 행태과학자들은 욕구개념에 기반을 두고 있는 ERG이론을 가장 근대적이고 타당하고 연구할 만하다고 본다. 관리자들에게는 ERG이론이 Maslow나 Herzberg의 이론보다 더욱 현실적이고 적용가능한 동기부여이론이라고 말한다. 그 이유는 이중적인 구성요소인 만족-진보와 좌절-퇴보이론은 조직의 인간행태를 이해하는 데 더욱 도움을 준다고 한다.

4) Herzberg의 두 요인이론

◇ Herzberg의 배경

Frederick Herzberg는 뉴욕시에서 태어나 뉴욕의 City University에 다녔다. 제2차대전때 유럽에서 근무한 후 그는 심리학 학사학위를 받았으며, 그 후 Pittsburgh 대학에서 석사학위 공부를 끝내기 위하여 옮겼다. 거기에서 그는 임상심리학에서 박사학위를 받았으며 Mayview 주립병원에서 internship을 한 후 그 병원의 Public Health 분야에서 석사학위를 받았고, 그의 나이 27세인 1950년에 박사학위를 수여받았다. 1950년 초기 그의 저서들은 주로 임상분야에 관한 것이었다. 그러나 그 후 약 10년 동안 그는 점진적으로 산업심리학에 관한 저술활동을 하였으며, 동시에 그 분야에서 일하였다. 한동안 그는 American Institutes for Research에서 직업연구와 성과평가를 위한 주요한 기법 분야를 연구하는 John Flanagan에서 근무하였다. 후에 그는 Pittsburgh에서 심리학적 서비스에 합류하였다. 1960년 그는 Cleveland에 있는 Case Western Reserve University 심리학과 의과대학에 동시에 공동으로 임명되었다. 거기에서 그는 그의 이론을 만들었고, Harvard Business Review에 다수의 논문을 발표하였다. 그리고 상담에 개입하고 직무확충(job enrichment)에 대하여 강의하며 산업정신 건강 프로그램을 이끌었다. 분명히 Herzberg는 한동안 경영대학과 밀접한 관계를 가졌었다. 그러나 1972년에 Utah 대학 관리학 교수가 되면서 그 곳에서 머물렀다.[24)]

(1) Herzberg 이론의 개요

이 이론의 최초 근원은 Pittsburgh의 Psychological Service에서 Herzberg와 그의 동료들이 직무태도와 만족에 대한 문헌을 포괄적으로 검토한 것에서 시작하였다. 이 문헌의 검토는 비록 직무만족이 성과수준과 긍정적으로 관련이 있다는 일반적인 경향이 있다고 하더라도 자주 갈등들이 있곤 하였다. Herzberg는 그의 이론을 발전하는 가운데 그의 연구 분야였던 정신 건강인 그의 배경에서 통찰력을 얻었다고 한다. Herzberg는 Maslow의 전통에 비유하여 자신을 휴머니스

24) Miner, *op. cit.*, p. 164.

트라고 공언하였다. 그는 동기부여요소는 Maslow의 자아실현과 비교할 만하다고 하였다.

내용이론들 가운데 어떠한 이론도 Herzberg만큼 학문적이고 실무적인 관심을 받은 이론은 없다. Herzberg의 두 요인 이론(two-factor theory)은 상위수준의 욕구들과 내면적인 동기가 근로자들을 동기부여하는 데 본질적인 역할을 한다고 강조하였다(표 8-1 동기 · 위생요인 참조).[25] 다양한 종류의 직업에 속하는 2,000명 이상의 응답자를 조사하면서 그와 그의 동료들은 두 가지 중요한 요소가 근로자들의 동기부여에 영향을 준다는 것을 발견하였다. 그들은 그것을 동기부여요인(motivators)과 위생적 요인(hygiene factors)이라고 하였다. 위생적 요인은 적절히 대우하지 않으면 업무에 대하여 불만족을 초래할 수 있는 요인들이며, 그들이 업무에 대한 높은 만족을 야기하지는 않는다. 이러한 요인들은 기업의 정책과 행정, 감독, 상호인간관계, 작업조건, 봉급, 지위 그리고 안전을 의미하였다. 반면에 동기부여요인은 높은 수준의 만족을 가져온다. 위생요인은 단지 불만족을 해소하지만, 동기부여요인은 높은 수준의 직무만족을 가져오는 특별한 추진력을 산출한다. 직무에 본질적인 동기부여요인은 성과달성, 인정, 업무 자체, 책임감, 성장 그리고 진보들이다.

이와 같이 그는 만족요인과 불만족요인이라고 부르는 위생적 요인을 소개하였고 아울러 경영학 및 행정학 교과서에 거의 다 인용되고 있다. 특히 그의 이론은 물질적 보상, 봉급 및 유급휴가, 건강보험, 연금과 같은 부가급부(fringe benefits)는 동기부여나 생산성에 의미 있는 역할로 작용하지 않았다는 주장으로 인하여 경영자들로부터 많은 지지를 받았다. 아울러 Herzberg는 그의 연구결과를 인용하면서 조직의 기관장들이 근로자들을 지시하고 통제하는 부정적인 기술들을 피하고 동기부여 요인들, 즉 성장, 인정, 성과달성을 제공할 수 있는 직무환경을 조성해야 된다고 주장하였다. 이것은 업무 자체를 흥미롭게 설계하고 높은 수준의 만족을 가져올 수 있는 자체감독, 업적달성, 성장과 인정과 같은 의식을 근로자에게 주도록 직무확충에 대한 주의깊은 설계가 필요하다는 것이다.

(2) 연구방법

Herzberg의 다른 연구결과를 참고하면서 그의 이론을 좀더 구체적으로 설

25) Herzberg, F., "One More Time: How Do You Motivate Employees?" *Harvard Business Review*(1968), 46, 36-44.

명하면 다음과 같다. 그는 203명의 회계사와 엔지니어들에게 직장에서 매우 좋았을 때와 매우 나빴을 때를 기술할 것을 요청하였다. 그런 다음 어떤 요인들이 이러한 태도를 결정하여 주는지와 그러한 태도가 직무성과 및 상호 인간관계에 어떠한 결과를 가져 왔는지에 관하여 질문에 답변하도록 하였다. 이러한 질문조사를 통하여 근로자들이 만족을 느끼는 만족요인과 불만을 나타내는 불만요인이 밝혀졌다. 만족요인과 불만족요인은 선상의 양 끝에 만족과 불만족이 있는 것과 같이 만족의 정도로 관련되어 있는 것이 아니라 오히려 이 둘은 서로 다른 개념이라는 것이다. 직무만족의 반대는 직무불만족이 아니고 오히려 비직무만족이다. 유사하게 직무불만족은 만족이 아니라 비불만족이다.

(3) 위생요인의 수정

유지 혹은 위생요인이라고 부르는 불만족요인과 동기부여요인이라고 부르는 만족요인은 다음과 같다. 처음 연구에서 Herzberg는 금전을 전적으로 위생요인이라고 분류하였으나, 그 후 그는 금전의 포괄적인 성격 때문에 봉급을 동기부여 및 위생요인으로 보여진다고 하였다. 그에 의하면 봉급은 주로 위생요인이라고 할지라도 그것은 역시 성취를 위한 인정과 같은 속성과 비슷한 동태성을 가지고 있기 때문에 동기부여의 속성을 가지고 있다고 볼 수 있다. 그는 근로자들이 좋아하고 싫어하는 요인들 이외에도 더 많은 것을 언급하였는데, 불만족요인들은 주로 업무환경의 특성이었다고 한다. 만약 그 환경의 특성이 부적절하다면, 근로자들은 불평을 하고 불만족하여질 것이다. 만약 직무의 환경들이 적절하다면, 근로자들은 불만족하지는 않을 것이나 그들은 만족하지는 않을 것이다.

만족요인들이 실제로 높은 성과 혹은 생산성의 증가를 이끄는 진정한 동기부여요인들인가? 이 점에 있어서는 Herzberg도 혼동을 가져오는 것 같다.

만족이 성과의 원인이 되거나 또는 성과가 만족의 원인이 되는 것도 동등하게 성립될 수 있다.

만약 교수가 강의준비를 충분히 한 후 수업태도가 아주 좋고 열심히 배우려는 학생들에게 강의를 하였을 때 교수는 강의를 잘했을 것이라고 만족하였을 것이다. 반대로 교수가 열의가 없는 강의를 해서 학생들이 하품을 하고 싫증을 느꼈다면 교수는 자신의 불만족을 열의가 없는 학생들에게로 돌리게 될 것이다. 실제로 위의 두 가지 예들을 검토하면서 무엇이 무엇에 원인이 되었는지 분명하지 않을 뿐만 아니라 그것이 교수의 동기부여에 어떻게 관계가 되는지 분명치 않다.

(4) 연구방법론에 대한 비평

Herzberg는 그가 연구한 연구방법론에서 비평을 받고 있다. Victor Vroom에 의하면 만족요인 및 불만족요인에 대한 대답은 응답자의 자아방어행동의 결과라고 한다. 사람들에게 자신들의 직장에서 좋게 느껴졌던 것을 회상하라고 하였다면 그들의 거의 대부분은 자신들의 노력에 의하여 성공한 사례들을 기억하기 쉽다. 그리고 자신들에게 나쁘게 생각되었던 것을 상기하라고 한다면 사람들은 자신의 능력부족 때문에 실패한 경우보다는 외부영향에 의한 실패나 사건들을 기억할 것이다. 긍정적인 보고의 대부분은 후에 동기부여요인으로 불리는 중요한 성장요인을 포함하고 있었다. 이러한 이유 때문에 다른 연구자들이 다른 접근방법을 사용하였을 때 Herzberg의 연구결과와 같은 두 가지 요인들의 분류를 가져오지 못하였다. 다른 연구자들이 느낀 것은 만약 사람들이 높은 만족을 느끼게 한 사건들을 묘사하라고 질문을 받았다면 그들은 사무실에서 좋은 에어컨디셔너를 설치하였기 때문이라든지 혹은 많은 봉급을 받아서 크게 만족하였다고 말하기는 꺼려하였을 것이라고 보았다. 어쨌든 다른 접근법을 가지고 Herzberg의 두 요인을 재생산하지 못한 결과는 연구자들에게 더 많은 연구의 필요성을 갖게 할 것이다.

다른 비평은 만족요인과 불만족요인의 역할이 분명하지 않다는 것이다. Herzberg에게 불만족요인들은 동기부여요인이 아니다. 그러나 우리의 평범한 경험은 높은 봉급과 부가급부의 혜택을 받고, 공정하고 효과적인 정책, 좋은 감독 그리고 명랑한 상호관계 등을 받고 있는 근로자는 그렇지 않은 근로자보다 더욱 동기부여되기 쉽다. 또한 Herzberg의 이론은 근로자들이 동시에 전적으로 만족되고 불만족되는 것이 가능하다고 하였으나, 이들의 동기부여에 대한 영향은 모호하다. Katz와 Kahn이 지적하듯이 Herzberg의 이론은 행태에 있어서 너무 극단적이라고 한다. 위생요인은 동기부여요인이 아니고 내면적 요인들을 동기부여요인이라고 단정한다는 것은 사람들의 심리적 복잡성을 고려할 때 너무 단순한 이상적인 제안이다.

(5) Herzberg와 Maslow의 견해 차이

Herzberg는 Maslow의 이론에 기반을 두고 있다고 하더라도 두 가지 측면에서 Maslow와 다르다. Maslow에 의하면 높거나 낮은 어떠한 욕구도 동기부여요인이 될 수 있으나 단지 불만족욕구만이 동기부여가 될 수 있다고 한다. Herzberg는 이 점에 동의하지 않는다. 즉 낮은 수준의 욕구는 비록 만족된다고 하더라도 동기부여요인이 될 수 없으며 높은 수준의 욕구가 만족될 때 동기부여가 될 수 있다고 한다. 그러나 Hawthorne 연구들이 물리적인 환경에서 사회적인 환경으로 관심이 변하였던 것과 같이, 이 관점은 그 분야가 물리적 환경의 흥미로부터 직무의 본질적인 측면에 강조를 두는 곳으로 계속 이동하고 있다.

Herzberg는 Maslow와 같이 그의 이론들을 증명할 수 있는 증거들이 약하다. 많은 연구들이 그의 이론을 반박하였다. 예를 들면 위생요인들은 동기부여요인들이며 근로자들은 업무의 내면적인 요소들보다는 근무환경의 기본적인 요소들에 더 관심을 가지고 있다는 연구들이 있다. 이러한 비판에도 불구하고 Herzberg는 그의 논문에서 그의 기본적인 입장을 다시 반복하였는데, 근무환경을 개선하고, 봉급을 올리거나 심지어는 참여관리에 의해서도 동기부여는 되지는 않는다고 하였다. 동기부여는 단지 업무를 아주 잘 설계하고, 개인의 성취와 인정을 위한 전망을 주며, 더욱 도전적이고 책임성 있는 업무 및 개인의 승진과 성장을 위한 더 많은 기회가 주어지는 것 등에 의하여 달성될 수 있다고 한다.

다양한 비판에도 불구하고 Herzberg는 직무확충, 참여 및 인정을 통한 본질적 보상을 더욱 강조하였으며, 많은 공공조직이 그러한 접근법을 활용하도록 영향을 주었다.[26)]

그의 결론을 공공조직에 적용을 한 연구도 있다. 즉 Park, Lovrich 그리고 Sodan은 한국과 미국의 다양한 정부조직의 관료 및 사무직 계층에게 유리한 혹은 불리한 작업환경에 대하여 기술하도록 요구하였다.[27)] 두 나라의 응답자들은 유리한 상황을 묘사하는 데 인정과 성취를, 불리한 상황은 기업정책과 같은 외면적 요인을 제시하였다.

---

26) Martins, S., *Managing Without Managers: Alternative Work Arrangements in Public Organizations*, Newbury Park, Calif.: Sage(1983).

27) Park, C., Lovrich, N. P. and Soden, D. L., "Testing Herzberg's Motivation Theory in a Comparative Study of U. S. and Korean Public Employees," *Review of Public Personnel Administration*(1988), 8, 40-60.

(6) Herzberg의 공헌

이 이론의 제한 때문에 많은 연구자들은 이 이론에 흥미를 가지려 하지 않는다는 것이다. 예를 들면 이 이론을 검증하려고 시도한 논문을 발견하지 못하였으며 그리고 학자들이 이 이론을 심각하게 고려하고 있지 않다는 것이다. 그럼에도 불구하고 동기부여이론을 논하는 경우에는 항상 관심을 받곤 한다. 왜냐하면 Herzberg의 공헌은 그 이론을 흥미롭게 만들기 위하여 업무를 재구조하는 사고와 성장과 성취를 위한 근로자들의 욕구를 만족시키려는 사고의 흐름 때문이다. 더욱이 그의 연구 이래 조직연구자들은 직무 자체의 의미를 찾기 위하여 직무분석의 연구에 관심을 두게 된 것은 그의 커다란 기여라고 할 수 있다. 주로 직무확충, 작업집단 설계, 그리고 조직발전의 여러 단계 등은 도전적 업무, 인정, 책임감 그리고 성장을 위한 기회를 통하여 개인을 동기부여하는 데 관심을 집중하였다. 반면에 연구자들이 동기부여에 대한 완전하고 타당성 있는 설명을 제공해 주지 못하였기 때문에 이 이론에 대한 관심을 저버리는 경우가 있지만, 그의 주요한 공헌은 조직의 구성원을 동기부여하는 현대적 시각의 흐름에 기여하였다고 본다. 그 동안 대부분 연구들은 위생요인에만 관심을 집중하는 경향이 있었으나 Herzberg의 연구는 동기요인을 부각시켰다. 즉 Herzberg의 연구 이래 직무분석에 관한 연구가 활발하게 진행되었다는 점에서 그의 공헌은 인정받고 있다. 그러나 직무만족을 가져오는 요인과 불만을 가져오는 요인의 구분이 명확치 않아 일치된 연구결과를 보여주지 못하고 있다. 또한 동기-위생이론은 개인차를 무시하

〈표 8-1〉 동기-위생요인

위생요인/불만족요인	동기요인/만족요인
감독	성취감
기술감독의 질	인정
상호 인간관계	업무 자체
작업조건	책임감
봉급	승진
지위	전진
직업안전	개인의 성장과 발전
부가급부	

고 있다. 즉 직무내용과 관련된 요인에 의해서만 동기부여가 될 수 있다고 단정하는 것은 현실적으로 경영에 있어서 위험을 초래할 가능성이 있다고 비판받기도 한다.

5) Argyris의 미성숙 · 성숙이론

성숙한 사람들은 엄격한 계층제와 세부적으로 분업이 되어 있는 조직에서 잘 적응하지는 못한다. 그러한 조직은 비성숙한 사람을 선호하고, 개인들이 가지고 있는 충분한 잠재력의 발휘와 자아실현을 방해한다. 이러한 문제에 대한 Argyris의 해결방법은 성숙한 사람들이 적응할 수 있도록 직무와 직무환경을 재설계하고 성숙한 사람들이 필요로 하는 조직으로 만드는 것이다(참조: pp. 317-319).

6) McClelland의 성취동기이론: 성취, 권력 그리고 제휴

◇ McClelland의 배경

David McClelland는 1917년에 출생하였다. 그리고 그는 Wesleyan 대학에 다녔고, 1941년에 Yale로부터 실험심리학 분야에서 박사학위를 받았다. 그는 Wesleyan 대학에 돌아와 심리학과 학과장이 되었으며 성취동기이론을 만들기 위하여 Atkinson과 다른 사람들과 협조하기 시작하였다. 1956년에 그는 Harvard로 옮겨가서 Maslow와 같이 실험심리학에서 성격이론으로 전환하였다. 1987년 Harvard 대학에서 은퇴한 후 심리학의 연구교수로서 Boston 대학의 심리학 교수와 합류하였으며, 그 곳에서 1998년 그가 타계할 때까지 머물렀다. 그는 Business School의 교수는 아니었다. 그러나 기업에 대한 그의 흥미는 상담과 계약 연구기업인 McBer & Company의 설립에 반영하였으며, 그 곳에서 이사회의 회장으로 수년간 재직하였다. 그의 이론적인 아이디어는 분명히 1961년 The Achieving Society를 발간한 이래 조직행태에 관심을 가졌다. 이외에도 그는 경영학에 관련한 다수의 책들을 발간하였다. 그와 같이 그는 단순히 심리학자는 아니었으며 다른 학자들의 도움을 받아 조직행태에 대한 연구를 하게 되었다. 그는 1960년 이래 조직행태 분야에서 활발히 활약하였다.[28]

성취동기이론은 1948년 이래 지배적인 관심의 초점이었던 동기로 그 명성을

28) Miner, *op. cit.*, pp. 144-145.

얻었다. 성취동기이론의 영역은 Maslow의 이론보다 훨씬 더 제한적이었다. 그 이론의 두 가지 중요한 동기는 성취와 권력이며 비록 이들의 성취동기가 자아실현과 공통적인 면을 가지고 있다고 하더라도 Maslow의 자아존중의 범주 내에 들어간다. 제휴동기도 분명히 Maslow의 사회욕구 분류에 속한다.

(1) 욕구의 종류

〈성취(achievement)욕구〉

McClelland는 강한 성취를 위한 동기를 가진 사람이 열심히 노력하여 성취를 이끌어내는 상황의 특징을 구체화하였다.[29)]

i) 이 상황들은 사람들에게 우연보다는 그들 자신의 노력과 능력에 의하여 성공을 얻을 수 있다는 것을 확신시켜 주는 것이다. 그와 같이 이들은 자신들의 책임과 결과에 대한 개인의 신뢰를 얻게 하는 상황들이다.

ii) 성취상황들은 어려움과 위험의 중간 수준에서 특징된다. 그 과제가 너무 어려우면 성공의 기회는 적어지고 만족동기의 가능성은 낮아진다. 쉬운 과제는 어떤 사람이라도 할 수 있는 것이기에 그것들을 성취하는 데 크게 만족하지 못한다. 성취지향적인 사람들은 상황에 포함된 위험을 산정하고 그리고 너무나 지나치지 않는 상황이라면 그 상황을 선택한다.

iii) 그 상황은 분명하고 사람들의 노력 환류가 모호하지 않는 상황이어야 한다. 어떤 사람이 실패로부터 성공을 이끌었다는 이야기를 들을 수 없을 때, 성취만족을 위한 기회는 적어진다. 그와 같이 적절한 시간 내에 결과를 환류하여 지식이 제공되어야 한다.

iv) 성취욕구가 높은 사람은 자신이 통제하지 못하는 우연적인 요인이나 집단노력을 원하지 않고 자기 자신의 노력과 능력에 따라 성공이 좌우되는 과제를 선호한다.

〈제휴(affiliation)욕구〉

i) 제휴욕구가 강한 사람은 타인들로부터 호감을 받고 수용되는 것에 특히 신경을 쓴다.

ii) 타인들의 배척이나 적대감을 나타내는 단서에 매우 민감하다.

29) D. C. McClelland, *Human Motivation*, Glenview, Ill.: Scott Foresman, Gary Yukl, *Leadership in Organization*, Fifth Edition(2002), Publishing in Prentice-Hall.

iii) 이러한 사람들은 친구들과 상호작용을 추구하며 우호적이고 협력적인 팀에서 타인들과 함께 일하는 것을 즐긴다.

iv) 제휴욕구가 낮은 사람은 혼자 있고 싶어하는 경향이 있고 사회활동을 피한다.

〈권력(power)욕구〉

i) 권력욕구가 높은 사람은 타인의 태도, 행동, 정서에 영향력을 발휘하는 데서 커다란 만족을 느낀다.

ii) 이러한 사람들은 논쟁에서 이기고, 반대자를 무찌르고, 경쟁자나 적을 제거하며, 집단 활동을 즐긴다.

iii) 권력욕구가 높은 사람들은 타인들의 활동에 영향을 줄 수 있는 권한이 많은 직위를 선호한다.

iv) 권력욕구가 낮은 사람은 적극적으로 자기주장을 하지 않으며 타인에게 자신이 해야 할 일을 지시하는 것은 온당치 못하다고 믿는다.

David McClelland의 성취, 권력 및 제휴(다른 사람과 우호적인 관계를 위한 욕구)를 위한 동기부여 이론 가운데 특히 성취욕구에 대한 그의 사고는 관리나 조직행태에서 가장 유명한 이론에 속한다. 그의 이론의 중심적 개념인 성취를 위한 욕구는 자신의 숙련, 능력 그리고 노력에 의하여 목적을 달성하고 성공함으로써 자신의 주변환경을 지배할 수 있는 동태적이고 끊임없이 활동하는 동기부여라고 언급한다. 그는 원래 성취욕구는 관리나 혹은 기업가의 역할에 매력을 가지고 있는 사람에게 보편적인 현상이라고 한다.

(2) 욕구측정방법

그는 성취욕구를 다양한 방법으로 측정하였는데, 특히 주제통각검사(Thematic Apperception Test)라는 기법을 사용하여 욕구강도를 측정했다. TAT는 개인들에게 각 그림에서 일어나는 것에 대하여 짧은 이야기를 쓰도록 하는 일련의 표준화된 그림들을 포함한다. 책상에서 책을 읽고 있는 학생에게 한 그림을 보여준다. 그러한 경우 낮은 성취욕구를 가지고 있는 학생은 그 그림 속에 있는 소년이 몽상을 하고 있다고 쓰고, 반면에 높은 성취욕구를 가지고 있는 학생은 그 그림 속의 소년이 열심히 공부하여 시험을 잘 보려고 하고 있다고 말한다. 또한 연구자들은 업무역할의 선호와 결과에 있어서 운 혹은 행운의 역할과 같은 그러한 문제를 질문하는 설문지를 통하여 성취욕구를 측정한다.

McClelland는 높은 성취욕구를 가지고 있는 사람은 특별한 패턴으로 목적달성하려고 동기부여를 받는다고 한다. 즉 그들은 결과가 어느 정도 확실하고 자신의 능력으로 성취가 성공적으로 달성될 수 있다고 믿는다면 어느 정도 위험을 가진 도전적인 목적이라도 선택할 것이다. 성취동기의 예로서 그는 게임을 하는 어린아이들이 어떻게 행동을 하는지를 실험하여서 어린아이들의 성과를 인용하였다. 즉 고리를 던지는 게임(ring-toss game)에 참여하는 어린아이들은 높은 성취동기를 가진 경우 표적인 막대기로부터 너무 가까이 그리고 너무 멀리 서는 것보다는 중간지역에 서서 넣는다. McClelland는 이것을 그들 자신의 기술을 통하여 달성하려고 하는 욕구의 반영으로 해석하였다. 또한 그는 높은 성취욕구를 가진 사람들이 시간의 빠른 흐름에 대한 관심과 시간 낭비하려는 것을 피하는 것을 지적하였다.

McClelland는 높은 성취욕구가 개인의 성공과 경제발전을 가져와 국가의 성공을 결정한다고 주장한다.[30] 그는 동화 속에 나오는 성공지향적인 이야기들과 여러 나라의 어린아이들의 이야기들을 분석한 결과 높은 성취욕구의 문화는 높은 경제발전의 높은 가능성을 갖는다는 증거를 제시하였다.

(3) 비 평

반면에 McClelland의 이론에 대한 많은 긍정적인 평가와 아울러 Locke와 Henne 같이 비판하는 학자들도 있다.[31] 그들은 McClelland이론은 대단히 혼란스럽다고 하였다. 왜냐하면 McClelland의 높은 성취욕구에 대한 연구의 초점을 단지 기업가의 행태에 국한하였다는 것이다. 그러나 그 이론의 경험적인 연구는 기업가들에만 초점을 두지 않았다. 하지만 최근에 그의 이론에 관한 연구는 관리 및 조직에 관한 학회잡지들에서 거의 발견하기 어렵다.

학자들 사이에 그의 이론의 명성에는 관계없이, 그의 이론이 동기부여의 발

30) D. C. McClleland and Winter D. G., *Motivating Economic Achievement*, New York: Free Press(1969).

31) E. A. Locke and Henne, D., "Work Motivation Theories," In C. L. Cooper and I. Robertson(eds.), *International Review of Industrial and Organizational Psychology*, New York: Wiley(1986).

전을 위해 관점을 첨가한 공헌도는 있다.[32] 예를 들면 사람들은 서로 특성이 다르듯이 근무환경에서 일어날 수 있는 성취나 우수함에 대한 수준이나 내면적 동기부여의 패턴에 있어서 다를 수 있다. 이러한 차이는 조직에 있어 동기부여의 성취수준을 결정하기 위하여 근로자를 채용하는 기준을 제시할 수 있다.

〈내용이론 요약〉

Maslow의 욕구계층이론에 기반을 둔 다른 내용이론들은 모든 인간은 유사한 욕구를 가지고 있으며 직장에서도 모든 근로자들이 동일한 욕구를 가지고 있다고 가정한다.

내용이론의 장점으로는 이해하기 쉽고 집행하기 용이하다는 점이다. 그들의 처방은 모든 근로자, 모든 업무 그리고 공공조직 및 사조직을 포함하는 모든 조직에 적용할 수 있기 때문에 보편적이며 일반적이다. 경영측면에서도 장점이 있다. 우선 동기부여를 위하여 처방하는 데 비용이 들지 않아 경제적인 장점이 있으나, 봉급인상, 실적 보너스, 포괄적인 가외혜택 등은 항상 예산이 부족한 공공조직에 비용이 많이 드는 처방이다.

내용이론의 다른 단점은 그들의 호소에서 발견되는데, 직무확충 및 참여관리를 제공함으로써 도덕적으로 만족될지 모르나 봉급의 낮은 수준 혹은 직업의 안전을 무시한다는 것은 근로자들의 실질적 욕구를 반영하지 못하는 것이며, 이러한 주장은 내용이론의 엘리트적인 편견을 가지고 있음을 보여준다. 비록 공·사 조직에서 직무확충이 집행하기 쉬운 것 같이 보이지만 실제로는 그렇지 않고 특히 많은 공공조직의 영역에서는 확충된 업무가 무엇을 의미하는지는 더욱 분명치 않다.

공공영역의 경찰, 교사 및 사회복지사 등을 고려할 때 특히 자율성이 자유재량으로 해석된다면 이들 모두는 거의 확충된 업무에 종사하는 것으로 보인다. 더욱 높은 수준의 확충은 책무성을 위태롭게 할 수 있으며 동기부여나 생산성을 증진시키거나 권태를 줄인다는 것은 분명하지 않다. 확실히 교사들이 그들의 노동조합을 통하여 요구하는 대부분의 것은 직무확충이 아니라 봉급 확충이었다. 많은 다른 업무도 확충될 수 있다. 그러나 모든 확충은 직무명세서의 변화를 요구한다. 그리고 공직에서는 직위분류의 변화를 의미한다. 이 모든 것들은 비용

32) Rainey, *Understanding & Managing Public Organizations*, p. 227.

을 요구하며 공공영역에서는 감당하기 어려울 비용을 요구한다.

제3절 동기부여이론: 과정이론

1. 과정이론(Process Theory)

과정이론은 일 자체를 근로자들에게 본질적으로 매력적이거나 혹은 거부감을 주는 것으로 보지는 않았다. 오히려 일에 대한 매력 혹은 저항감은 보상과 그 일 자체가 수반하고 있는 벌칙에 달려 있다고 보았다. 과정이론은 보상을 제공함으로써 원하는 행태를 불러내는 과정에 중점을 두고 있다. 그들의 기본적인 명제는 행태가 결과의 기능이라는 것이다. 보상받은 행태는 계속 반복되고 보상을 받지 않거나 혹은 벌을 받는 행태는 소멸된다는 것이다. 그러므로 원하는 행태를 가져오기 위하여 근로자들에게 보상하지 않으면 안 된다는 것이다.

보상을 하든지 혹은 벌을 가하기 위하여 경영자들은 우선 근로자들이 보상과 벌 가운데 무엇을 생각하는지를 알아야 한다. 부적절하거나 원하지 않는 보상은 전혀 보상의 역할을 하지 못한다.

과정이론은 이미 지적한 바와 같이 모든 개인들이 원하는 보상은 나르며, 그러므로 특정한 개인의 행태를 통제하기 위하여 그가 보상으로 원하는 것과 원치 않는 것을 알아야 되는 어려움이 있다. 조직의 관점에서 동기부여의 과정이론은 조직이 원하는 업적에 보상해야 된다.

1) 기대이론(Expectancy Theory)

기대이론은 공공조직에서 활용할 수 있는 가장 중요한 이론이다. 기대이론은 어떤 행동을 고려하는 사람들이 그 행동으로부터 초래하는 모든 결과들의 가치를 계산한다고 주장한다. 바람직한 결과의 발생가능성이 높으면 높을수록 그리고 바람직하지 않은 결과의 가능성이 낮으면 낮을수록 행동을 할 동기부여는 더욱 강해진다.

동기부여의 내용이론에 의하면 관리자들이 근로자들이 동기부여된 행태를 일으키게 하는 요소들을 더욱 쉽게 잘 이해한다고 한다. 그러나 내용이론은 왜 사람들이 업무목적을 달성하기 위하여 특정한 행태를 선택하는지에 대하여는 설명하지 못한다. 과정이론은 이러한 면을 설명할 수 있으며 특히 기대이론과 공정성이론은 이러한 문제를 설명할 수 있는 대표적인 과정이론이다.

기대이론의 기본을 형성하고 있는 두 사상은 고전경제학의 합리선택모형과 심리학의 인식론이다. 기대이론은 내부 혹은 성격변수(personality variables)와 상황요인들을 포함한다. 인간은 상황의 기회와 장애를 고려하면서 동시에 자신들의 개성과 욕구에 적합한 방법으로 행동하고 선택한다. 기대이론은 감정(느낌)과 선택 그리고 행동의 인식적 측면(지각, 평가, 학습 등)으로 구성되어 있다.

사람은 감정적이고 자신들의 욕구를 만족시키려 한다. 그리고 사람들은 이성적이고, 여러 행동 가운데 만족할 만한 보상이 따를 것이라고 예상되는 행동을 선택한다.

(1) Vroom의 기대이론

◇ Vroom의 배경

Victor Vroom은 Montreal에서 성장하였으며, 학사학위와 석사학위를 McGill 대학으로부터 받았다. 그 당시 그의 나이는 23세이며 1950년 후반기였다. 그 곳에서 그는 미국으로 이주하였으며 미국 Michigan 대학에서 산업심리학 분야에서 박사학위를 받았다. 그의 박사학위논문은 Ford 재단의 박사학위 논문심사에서 1959년 우수한 논문으로 논문상을 받았다. 1960년 그는 Pennsylvania 대학의 심리학과 교수가 되었으며, 그 곳에서 머무는 3년 동안 기대이론(Expectancy Theory)을 설명하는 다양한 논문을 발표하였다. 그가 경영학 세계로 입문하게 된 것은 경제학자들과 조직행태 사이에 갈등이 극에 달하였을 때 Carnegie 대학의 산업행정대학원 교수로 임명되면서부터이다. 1972년 Vroom은 Carnegie 대학에 있었던 많은 동료 경제학자와 조직행태간의 갈등문제들에 빠져 있었던 그 시기에 Yale 대학의 산업행정분야로 옮겨서 그 이후 오랫동안 Yale에서 머물렀다.[33)]

기본적인 형태에 있어서 기대이론은 행태의 선택이다.

근무동기에 대한 기대이론은 지금까지 제기된 동기부여이론 가운데 가장 유

33) Miner, *op. cit.*, p. 190.

망한 이론이라 할 수 있으며 공공조직에서 가장 많이 적용하고 있는 중요한 이론이다.[34] 기대이론은 행동을 하려는 개인이 행동의 결과로부터 얻을 수 있는 모든 결과의 가치를 고려한다고 주장한다. 좋은 결과의 가능성이 높고 나쁜 결과의 가능성이 적으면 행동을 수행하려는 동기는 강해진다. 다른 말로 기대이론은 사람들이 가장 좋은 결과가 일어날 가능성이 높고 가장 나쁜 결과가 일어날 가능성이 적은 것을 선택할 것이라는 고전적 공리주의에 기인한다.

특히 기대이론은 사람들이 여러 가지의 행태전략을 평가할 것이며, 그런 다음 업무와 관련하여 그가 가장 가치 있다고 믿는 보상을 제공할 것이라고 보는 특정한 전략을 선택한다. 만약 개인근로자가 매일 열심히 일하면 봉급인상을 가져올 것이라고 믿는다면 기대이론은 그 근로자가 이러한 행태를 선택할 것이라고 예측할 것이다.

동기부여의 초기 기대이론은 Victor Vroom에 의하여 발전되었다.[35] 그는 그의 이론을 수학적 공식에 의하여 설명하였으며 그의 공식은 다음과 같은 의미를 가지고 있다. 즉 기대이론의 기초는 노력, 성과 그리고 성과를 위하여 지각된 보상간의 지각된 관계이다. 그의 VIE이론의 개념은 강도(valence), 도구(instrumentality)와 기대(expectancy)이다. 강도는 특정한 결과를 얻으려는 선호도를 위한 강도를 의미한다. 즉 사람들이 봉급, 승진, 인정 등과 같은 보상에 부여하는 가치의 선호도를 말한다. 강도는 긍정적인 것과 부정적인 것이 있는데, 봉급인상을 긍정적인 강도를 가지고 있다고 기대하는 반면 감독자의 징계와 같은 결과는 부정적인 강도라고 볼 수 있다.

도구는 첫 수준의 결과가 다음 수준의 결과를 이끌어 내는 도구의 의미를 갖는다. 통계적인 상관관계와 같이 도구는 +0.1에서 −1.0까지 다를 수 있다. 만약 제1수준의 결과(높은 성과)가 항상 제2수준의 결과(봉급인상)를 가져온다면 도구는 +1.0과 같을 것이다. 만약 성과와 보상 간의 관계가 없다면 도구는 0에 가까워진다는 것을 의미한다. 한 직원이 승진을 위하여 탁월한 성과를 달성하는 것이 필요하다고 생각되면, 제1수준의 결과인 그 직원의 탁월한 성과는 그의 제2수준의 결과인 승진을 이루기 위한 도구가 된다.

기대는 특정한 노력이 그 노력에 걸맞는 성과를 달성할 수 있는 가능성을

34) H. G. Rainey, *Understanding And Managing Public Organizations*, Jossey-Bass Inc., Publishers, San Francisco, Calif(1991), p. 136.

35) V. H. Vroom, *Work and Motivation*, New York: Wiley(1964).

의미한다. 기대는 근로자가 실제로 주어진 목적을 달성할 수 있는지에 관한 것이다. 확률을 기준으로 하여 기대는 1.0에서 0까지 다를 수 있다. 즉 나는 기한 내에 분명히 그 임무를 끝낼 수 있다에서 내가 아무리 열심히 일해도 기한 내에 그 목적을 달성할 수 없다는 것을 설명한다. 다시 말해 기대의 개념은 제1수준의 결과를 이끌어 내는 노력을 의미한다.

결과(outcome)는 특정한 행태의 목적인 결과를 의미하며 제1수준과 제2수준의 결과로서 분류할 수 있다. 제1수준의 결과는 업무에서 노력한 결과이고 다른 말로는 성과를 의미한다. 제2수준의 결과는 제1수준의 결과가 초래할 어떤 형태의 보상을 의미한다.

승진하려는 직원의 동기부여는 그가 한 노력이 그가 제1수준의 결과인 탁월한 성과를 달성할 수 있는지에 대한 확신에 의하여 영향을 받는다. 동기부여는 직원이 제1수준의 결과인 탁월한 성과를 달성할 수 있는 가능성이 높으냐 혹은 낮으냐에 따라 결정된다. 위의 내용을 그림으로 표시하면 〈그림 8-3〉과 같다.

〈그림 8-3〉 기대이론

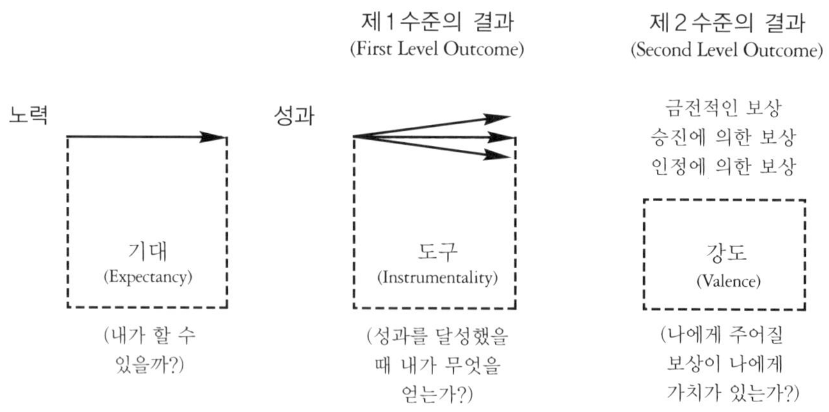

출처: Szilagyi and Wallace, *op. cit.*, p. 124.

이 모형의 유용성의 첫 수준인 제1과 제2수준의 결과의 가능성을 각각 평가하는 것을 의미한다. 그리고 나서 가치의 선호 혹은 열의는 제2수준의 결과에 주어진다. 열의는 긍정적 혹은 부정적일 수 있다. 만약 직원이 제2수준의 결과

〈표 8-2〉 기대수준들의 관계

제1수준의 결과	제2수준의 결과
① 탁월한 성과달성을 함	① 상관이 기분 좋고 칭찬을 함 ② 승진을 함 ③ 다른 동료들이 시기와 질투를 함 ④ 가족들이 불평함 ⑤ 많은 다른 업무는 밀린 상태임
② 성과를 달성하지 못함	① 상관에게 질책을 당함 ② 승진을 하지 못함 ③ 동료들이 동정적이고 협조분위기 ④ 가족들이 불평함 ⑤ 다른 업무가 밀린 상태임

인 승진을 원하건 원치 않건 간에 탁월한 성과를 낼 가능성이 없다면 그 직원은 성과를 달성하기 위한 노력을 거의 하지 않을 것이다. 만약 탁월한 성과를 낼 가능성이 있다면 그 직원은 제2수준에 집착한 열의의 강도는 더욱 강하게 된다.

실제로 기대이론은 내용이론보다 사용하는 데 더 복잡하고 계산은 주관적으로 이루어질 가능성이 있다. 또한 사람들은 다른 욕구, 목적 심지어는 이러한 것들이 서로 유사하다고 하더라도 이 욕구들의 강도는 사람마다 다르다.

기대이론에 의하면 경영자들은 그들이 고용한 사람들이 어떠한 결과를 가장 선호하는지 알아야 된다. 또한 그들이 어떤 행태를 선호하는지 조사해야 된다. 더 노력을 하면 그들이 원하는 제1수준의 결과를 얻을 수 있다는 가능성이 기대이론의 중요한 초점이다.

비록 이 이론은 내용이론과 비교하여 많은 장점이 있는 것은 사실이나 기대이론의 인기만큼이나 많은 문제도 있다. 연구자들은 이 접근법이 동기수준을 예측할 수 있는 능력을 증진시키며 그리고 어떤 결과는 얻을 수 없고 혹은 어떤 보상은 가치가 없다는 믿음 때문에 조직의 구성원이 좋아하고 싫어하는 가치를 미리 분석해야 하는 어려움이 있다.

약 20개의 경험적인 연구가 진행되었으나 그 결과들은 혼합된 연구결과를 발표하였다. 어떤 연구는 이 이론이 노력과 생산성을 예측하지 못하였다는 것을 발견하였다. 또한 이 이론에 대한 다른 비판들이 지적되곤 하였다.

① 비 평

이 이론의 연구자들이 결과와 실현성에 대한 철저한 리스트를 만들고 그리고 그들을 계량적으로 산정하는 것을 가정하기 때문에 인간의 정신적인 과정을 정확히 나타내지 못한다고 비평한다. 또한 연구자들은 조직에 있는 사람들에게 중요한 모든 가능한 결과를 설문지에 표현하고 그리고 그들의 강도(valence)를 측정한다는 것이 어렵다는 것을 발견하였다.

일반적으로 기대이론에 대한 비평을 간추려 본다면 다음과 같다: 첫째, 기대이론은 너무 복잡하여 기대이론을 검증하기 위하여 현재 존재하고 있는 측정치들만으로도 감당하지 못할 정도로 많다. 기대이론의 변수들은 전형적으로 설문조사방법을 사용하는데, 이들은 학자들마다 다르고 과학적으로 항상 타당성이 있지는 않았다.[36]

둘째, 첫째와 밀접하게 관련이 있지만 모형이 너무 복잡하여 충분히 검증하는 데도 문제가 있다. 현재까지 극소수의 논문만이 기대이론의 틀 속에 있는 변수들을 검증하였다고 한다. 마지막으로 이 모형이 복잡하기 때문에 연구자들이 노력하지 않고 계량화하기 어렵다. 기대, 도구 그리고 강도는 우리가 측정할 수 있는 개념들이긴 하나 동기부여는 다음과 같은 질문에 의하여 영향을 받는다. 즉 내가 그 일을 할 수 있는가? 업무를 잘 수행하면 나는 무엇을 보상으로 받을 것인가? 좋은 성과에 대한 그 보상은 나에게 가치 있는 것인가? 이러한 질문에 대한 측정은 쉬운 것은 아니다.

그럼에도 불구하고 기대이론은 가장 탁월한 동기부여이론으로 불리어지고 있다. 연구자들은 이 이론의 발전을 가져오기 위하여 계속 연구하고 있다.[37] 이와 같이 계속적으로 연구한다는 것은 이 이론이 동기부여계획과 문제의 근원을 분석하는 데 유용한 틀을 제공하고 있기 때문이다. 최근에 수학적인 공식에 두었던 비중을 완화하고 단순히 동기부여가 결과나 그 결과의 가능성에 대한 긍정적 및 부정적 가치를 고려하는 경향이 있다.

② 장 점

비록 기대이론이 어려움을 가지고 있다고 하더라도 관리자들이 조금 더 관심

36) F. Schmidt, "Implication of a Measurement Problem for Expectancy Theory Research," *Organizational Behavioral and Human Performance*(1973), pp. 243-251.

37) M. G. Evan, "Organizational Behavior: The Central Role of Motivation," *Journal of Management*(1986), 12, 203-223.

을 기울인다면 동기부여를 높이는 데 좋은 결과를 가져올 수 있는 여지가 있다. 즉 첫째, 관리자는 부하직원들의 노력과 성과에 대한 기대를 훈련, 지시 및 협조를 통하여 노력-성과 기대를 높일 수 있다. 둘째, 보상은 개인들의 행태와 밀접하고 분명하게 관련되어야 한다. 마지막으로 개인들은 업무를 통하여 얻을 수 있는 보상들에 대하여 선호하는 가치는 다를 수 있다. 그러므로 조직이 제공하는 보상과 개인들이 선호하는 욕구가 일치되도록 노력해야 한다.

(2) Porter-Lawler의 모형

◇ Porter의 배경

Lyman Porter는 1930년에 태어났으며, Indiana에서 성장하였다. 그는 Northwestern 대학의 심리학과에서 학사학위를 수여받았다. 그는 다시 Yale 대학에서 실험심리학(Experimental Psychology)을 전공하였으나, 마지막 해에는 비공식적으로 산업심리학으로 전공을 변경하였다. 1956년 그가 박사학위를 수여받을 때, Berkeley 대학에 심리학 교수로 임명되었다. 비록 그는 학습이론의 측면에 대한 관심을 가지고 전공 분야였던 실험심리학과 일치하는 다수의 저술을 하였다. 그러나 Porter는 California에 도착한 후에까지 산업영역에 대해서는 저술하지 않았다.[38)]

◇ Lawler의 배경

1960년 Edward Lawler는 심리학의 대학원 학생으로 공부하기 위하여 Berkeley 대학으로 왔다. 결국 기대이론에 대한 필요성을 알게 되어 Porter와 Lawler가 공저자가 되어 곧 작업을 착수하였다. 그들의 노력은 1964년 Vroom에 의하여 출판된 책에 의하여 영향을 많이 받았다. 같은 해 후반기에 Lawler는 학위를 마치고 Yale 대학의 산업행정대학에 채용되었다. Poter는 곧바로 Berkeley를 떠나 1967년 Yale에서 Lawler와 같이 공동으로 연구한 후 Irvine의 행정대학원이 있는 California 대학으로 합류하였다. Lawler는 1938년에 태어났으며 Brown 대학의 학부에서 심리학 전공을 거쳐 Berkeley에 왔다. Berkeley에서 다시 그는 Yale에 있는 경영대학에 갔고 그리고 나서 다시 Michigan 대학의 심리학과로 돌아왔다. 그러나 Michigan 대학은 그를 Institute for Social Research에 채용하

38) Miner, *op. cit.*, p. 190.

였다. 곧이어 그는 Southern California 대학의 경영대학으로 자리를 옮겼다. 그곳에서 Lawler가 Michigan에 있었을 때와는 달리 대형 프로젝트에 개입하였다. 그러나 지금은 주로 기업자금에 관련된 연구를 하고 있다. 그는 오늘날까지 거의 20년 동안 USC에 남아 있다. 이들은 기대이론의 주요한 저자들이다. 그러나 1960년대 이론적 그리고 연구에 기여한 다른 학자들이 있다. 이들 사이에 Jay Galbraith, Larry Cummings 그리고 George Craen은 특별히 주목을 받을 만한 학자들이다.[39)]

동기부여의 Porter−Lawler모형은 기대이론을 Lawler가 수정하여 더욱 구체화한 모형으로 불려지고 있다. 이 모형의 주요한 변수는 노력, 성과, 보상 그리고 만족이다.

개인이 주어진 활동에 쏟는 힘의 수준을 노력이라 부른다. 노력의 정도는 사람들이 보상에 두고 있는 가치와 노력과 보상이 결합할 가능성으로 이루어진다. 근로자들의 노력이 바람직한 보상을 받을 것이라는 가능성이 높은 것을 지각한 근로자들은 노력을 많이 할 것이다.

Lawler가 수정하여 첨가한 노력은 기대에 의하여 영향을 받는다. 기대는 노력이 의도한 성과를 달성할 것이라는 기대 혹은 가능성을 의미한다(E→P 기대): 성과가 측정한 바람직한 결과를 초래할 가능성(P→O 기대).

Lawler에 의하면 외부 상황은 E→P 기대의 가장 강한 결정적인 요소이다. 예를 들면 성과는 시간적 여유, 다른 사람들로부터의 협조의 수준, 그리고 성과에 장애가 되거나 되지 않는 절차에 의하여 영향을 받는다. 또한 자아존중, 역할지각 및 과거의 경험은 영향을 줄 것이다.

노력과 성과를 비교한다는 것은 중요하다. 성과는 노력의 객관적인 결과이다. 그러나 소모적인 노력의 양과 성과의 효과성 간의 모순이 있을 수 있다. 근로자들은 방대한 노력을 하나 비효과적인 성과를 얻을 수 있다. 그들의 능력과 기술이 부족할 수도 있고, 역할개념들은 비정확하고, 그리고 노력은 잘못될 수도 있다. 그렇지 않으면 노력의 결과에 대하여 통제력을 가지지 못할 수도 있다.

성과와 보상과의 관계는 이 모형의 중심적인 요소이다. 보상은 성과에 따라 부여된다. Porter와 Lawler는 보상을 두 가지인 외면적 및 내면적으로 나누었다.

---

39) Miner, *op. cit.*, p. 191.

내면적 보상은 내부적 감정 혹은 느낌과 밀접하게 관련되어 있고 성과 혹은 행태의 성장이다. 자신의 능력을 발휘하고 도전적인 임무를 달성하는 장인 혹은 전문인의 긍지는 내면적인 보상이 될 수 있다. 외면적인 보상은 환경으로부터 온다는 점에서 외적이며 그리고 직접적으로 행태 혹은 성과에서 오는 것은 아니다. 예를 들어 돈은 외면적인 보상의 일종이다. 위의 내용을 그림으로 표시하면 〈그림 8-4〉와 같다.

공공조직에서 금전적인 동기부여는 많은 제약이 따른다. 즉 법적 및 법령의 금지, 공직의 제약, 균일성의 요구, 자금의 부족, 대중의 반대, 그리고 임금증가에 대한 통제를 포기하지 않고 관리자들에게 많은 자유재량을 주지 않으려는 의회의 의도 등을 제약요인들로 들 수 있다. 실제로 여러 가지 형태의 금전적인 보상 및 동기부여체제는 정부조직에서는 그리 흔하지는 않다. 비금전적인 보상은 실행하는 데 비교적 어려움이 적기는 하지만 효과성 연구는 부족한 편이다. 전문

〈그림 8-4〉 수정된 기대이론

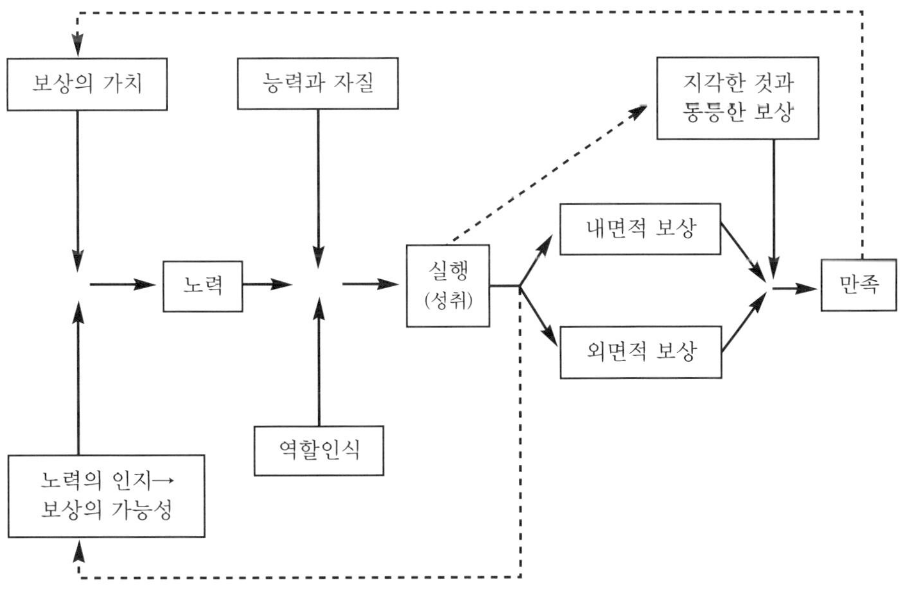

출저: Lyman W. Porter and Edward E. Lawler Ⅲ, *Managerial Attitudes and Performance*, Homewood, Ill: Richard Irwin(1968), p. 165.

가나 정부조직의 공무원들은 일 자체나 혹은 공직이 가지고 있는 가치에 동기부여된다. 그러나 성과에 어떠한 영향을 주는지에 대하여 체계적인 연구가 필요하다. 직무확충은 내면적인 보상 및 만족과 관련이 있는 기술이다. 비록 공공조직에서 직무확충을 활용하는 것이 사조직보다는 훨씬 뒤떨어졌지만 최근에는 점점 더 공공조직에 확산되는 것 같다. 이러한 확산을 막는 장애요소들은 인사규정, 직위분류체제, 관리자나 고용인들의 저항, 그리고 노동조합의 계약과 요구 등을 들 수 있다.

Porter와 Lawler는 만족 그리고 보상과 만족에 대한 관계를 발전시켰다. 그들은 만족은 인식의 상태라는 것을 주장하였다. 실제적인 보상만이 만족을 결정한다. 만족은 성과에 따라 동등하게 보상을 받을 것이라고 믿는 사람들의 마음에서 온다. 공정한 보상과 만족수준은 실제적인 보상 혹은 기대한 보상수준과 공정하게 일치되었다고 믿는 개인들의 지각에 의하여 결정된다. 높은 만족은 받은 보상이 공정하다고 믿을 때 발생하며 낮은 만족은 공정한 보상이라고 보기에는 부적절하다고 지각할 때 일어난다.

특히 인간관계론 접근법과 같이 이전의 동기부여이론들의 대부분은 만족을 하면 성과에 영향을 준다는, 즉 만족이 성과에 선행하며 원인이 되는 태도라고 가정하였다. 그러나 Porter나 Lawler이론의 혁명적인 주장은 성과가 만족의 원인이 되는데, 물론 보상에 의하여 중개가 된다. 혹은 어떤 경우에나 성과가 만족에 의한 것보다는 만족이 더욱 성과를 초래한다는 주장이다.

그들은 비교적 단순한 내용이론보다 정확한 동기부여모형을 제시하였다. 이 모형은 이론가들이나 관리자들에게 유익한 통찰력을 갖게 할 수 있다.

이 모형은 많은 장점을 가지고 있지만 너무 복잡하여 실제로 적용하는 데 어려움이 있다는 단점이 지적되고 있다.

2) Adams의 공정성이론(Equity Theory)

◇ Adams의 배경

Stacy Adams는 Mississippi 대학 심리학과에서 학사학위를 받고 Chapel Hill의 North Carolina 대학에서 석사학위와 박사학위를 취득하였다. 박사학위를 취득한 후 1957년 그는 3년 동안 Stanford 대학의 심리학과에 갔으며, 그리고 나서

New York의 Crotonville에 있는 General Electric Company에서 심리학 연구자로 봉사하였다. 이것은 그 회사에서 기초적 사회과학 프로그램을 설립하기 위한 노력의 일환이었고, 그 이외에도 물리학 분야에서 Bell Labs 조직을 만든 후 소규모로 그 뒤를 이었다. Crotonville 프로그램은 1960년대를 넘어 계속되지 않았다. 그러나 그가 거기에 있는 동안 Adams는 이론을 발전시켰고, 이론의 첫 실험을 수행하였다. General Electric의 근무를 끝내고 Adams는 North Carolina 대학에 돌아왔고 그 곳에서 그의 여생을 보냈다. 그 곳에서 그는 「Equity theory」를 출판하였다. 그의 죽음의 시기에 그는 동기부여와 관련이 적은 거시적인 문제에 주로 관심을 가졌다.[40)]

불공평의 감정은 원래 Herzberg의 연구에서 주장하듯이 직무불만족의 근원이었다. 비록 동기부여-위생이론이 이 연구결과에 상대적으로 많은 도움을 주지 못하였다고 하더라도, 다른 이론들이 공정성을 위한 갈망과 욕구 혹은 그들의 초점인 형평성을 거론하였다. 기본적으로 연구에 관심을 가졌던 사람들은 개인과 집단들 사이의 교환관계에 그리고 교환에서 지각된 불균형이 동기부여에 미치는 영향에 관심을 가졌다. 이 이론은 사람들이 어떤 것을 주고 그리고 그 대가로 어떤 것을 받는 교환관계에서 시작한다.

기대모형과 같은 시기에 발전한 공정성이론은 인식에 기반을 두고 있다. 동기부여가 어떻게 일어나는가에 대한 설명은 인식적인 불일치와 교환이론에서 발생한다. 모든 사람이 직면하는 불행한 일은 인생이 불공정하다는 것이다. 우리가 지각된 불공정의 희생자라고 생각할 때면 우리는 화나고 당황스러우며 때로는 실망하는 반응을 보이곤 한다. J. Stacy Adams는 공정성이론의 기본적인 요점은 투입에 대한 결과의 비율이 투입에 대한 다른 사람의 비율과 공정하지 않다고 지각하는 불공정은 언제나 사람들에게 존재한다는 것이다.[41)] 그에 의하면 사람들에게 공평한 욕구는 강하기 때문에 사람들의 생활에서 가장 중요한 동기부여의 힘은 공정을 위한 끊임없는 노력이라고 주장한다. 즉 사람들은 조직에 대한 그의 투입과 그들이 조직으로부터 받는 결과나 보상간의 균형이 이루어졌는지 판단한다. 만약 그들의 균형이 다른 근로자의 것과 다르다면 불균형을 느낀다. 다시 말하여

40) Miner, *op. cit.*, p. 221.

41) J. S. Adams, "Inequality in Social Exchange," In L. Berkowitz(ed.), *Advances in Experimental and Social Psychology*, New York: Academic Press(1965).

한 개인의 투입과 산출의 비율이 다른 관련된 사람의 비율과 불공정하다고 인식한다면 그들은 공정을 회복하기 위하여 동기부여될 것이다. 균형을 회복하기 위한 동기부여의 강도는 지각된 불공정의 정도와 비례한다. 예를 들어 내가 다른 사람보다 더 열심히 일하고, 성과를 더 산출하고 경험이 더 많은데, 다른 사람과 내가 똑같은 봉급, 인정 및 다른 보상을 받는다면 나는 불공정을 경험할 것이다. 반대로 다른 사람이 더 많은 투입을 하였는데, 나보다 더 적은 보상을 받는다면 반대의 감정에서 불공정을 경험하고 나는 지나친 보상을 받았다고 느낄 것이다.

공정은 투입과 산출의 비율들이 공정한 것으로 인식될 때 일어난다.

$$\frac{\text{개인의 결과(산출)}}{\text{개인의 투입}} = \frac{\text{다른 사람의 결과(산출)}}{\text{다른 사람의 투입}}$$

불공정과 불평등에 대한 지각은 항상 비교를 통하여 알게 된다. 근무현장에서 사람들은 다른 사람들의 상황과 처우를 항상 비교한다. 사람들은 그들의 투입, 즉 교육, 훈련, 기술 및 선임자, 노력 그리고 성과와 그들이 조직에서 받는 전반적인 처우, 즉 봉급, 승진, 인정, 작업상황, 질책 및 보상을 평가한다. 평가는 다른 사람 혹은 사람들과의 비교에 기초하며 다른 사람들의 투입과 처우의 평가를 포함한다. 사람들이 그들의 결과/투입의 비율이 다른 사람들의 것과 현저하게 다른 것을 지각할 때 불평등의 감정이 일어난다.

만약 자신이 노력한 것에 비하여 불공평하게 낮게 보상을 받았다고 지각하는 근로자는 성남, 좌절 혹은 분개하여 조직과 혹은 상대 비교집단에게 반응하게 된다. 불공정의 기간이 길면 길수록 왜 내가 열심히 일해야만 하는가? 조직이 나에게 관심을 두지 않는데 왜 내가 조직에게 헌신해야 하는가?에 대한 감정이 더욱 크게 성장한다. 어떤 사람들은 자신들이 기여한 것만큼 처우를 받지 못했다고 지각하면서 조직에 대한 자신들의 기여를 줄여 나간다. 가장 보편적인 반응 가운데 하나는 그들이 받는 보상을 늘려서 평등을 요구하는 것이다. 또 다른 잘 활용하는 방법은 조직에 대한 노력을 줄여나가는 것이다. 직장을 이동할 수 있다면 조직을 물리적으로나 정신적으로 떠나기도 한다. 또 다른 선택은 비교 혹은 대상집단을 거론하면서 그 집단들의 보상의 기본을 변경하려고 노력할 수도 있다. 만약 사람들이 지나치게 보상을 많이 받았다면 그들의 투입을 늘이던가 혹은 불공정을 시정하기 위하여 그들의 결과를 감소하게 한다.

선택한 반응이 무엇이든지 간에 결과는 조직에 바람직하지는 않다. 예를 들어 조직의 응집력이 떨어지고, 갈등이 증가하며, 헌신과 사기가 절하되는 동시에 성과달성에 많은 차질을 가져오게 된다. 때로는 불공정 때문에 법에 소송을 제기하는 경우도 발생할 수 있다.

지금까지는 보상을 적절히 받지 못하는 불공정들이 고려되었으나 공정성이론이 더욱 논쟁을 불러일으키는 측면은 너무 과도하게 보상을 받는 불공정이 많은 문제를 야기한다는 점이다.

만약 동료가 승진, 혹은 봉급인상 등을 받을 만한 노력과 기여를 하지 못하였으나 받은 경우 반응은 여러 가지로 나타날 수 있다. 자신들의 노력과 능력을 과대평가하고 그들의 대상집단을 과소평가할 수 있다. 또는 그들이 받은 보상을 대단치 않은 것으로 평가절하하는 것도 있을 수 있다. 그러나 Adams는 대부분의 개인들은 불공정에 의하여 더 많은 이익을 얻은 사람들이 죄의식을 씻기 위하여 혹은 불공정하게 받은 높은 보상을 정당하게 하기 위하여 더 많은 노력을 한다고 한다.[42] 그의 5개의 다른 연구에서 불공정하게 과도한 보상을 받은 경우 때때로 그 결과는 일의 양보다는 오히려 질의 증가를 가져오기는 하였지만 어쨌든 노력의 증가를 초래하였다고 그의 가설을 검증하였다. 그와 같이 사람들로 하여금 더욱 열심히 일하도록 동기부여하기 위하여 근로자들에게 후하게 봉급을 지불해야 한다는 것을 말할 수 있다.

Adams의 연구결과에도 불구하고 많은 사람들은 자신들이 과도하게 보상을 받고 있다고 생각하지 않는 경향이 있다. 그들은 여러 준거집단을 거론하면서 자신들이 받는 모든 보상을 당연히 받을 만한 자격이 있다고 주장한다. 어떤 사람들은 의사들이 지나치게 많은 보상을 받는다고 말한다. 그러나 의사들은 역시 기업의 CEO, 운동선수, 영화배우 등을 거론하면서 동의하지 않는다. 어떤 사람들은 의원들이 많은 보상을 받는다고 한다. 물론 의원들은 자신들이 수행하는 업무의 중요성에서 오는 스트레스와 업무에서 발생하는 비용에 비하여 운동선수, 배우 및 CEO를 거론하면서 많은 보상을 받고 있다는 주장에 동의하지 않는다.

---

42) J. Stach Adams, "Toward an Understanding of Inequity," *Journal of Abnormal and Social Psychology*(November 1963), pp. 422-436.

(1) 공정성이론의 필요성

동기부여이론에서 공정성이론의 가장 중요한 점은 근로자들이 불리한 처우로 인하여 분명히 영향을 겪고 있다는 것이다. 비록 그 영향이 개인적이기는 하지만 많은 조직에서 무시되어 왔거나 과소평가되어 왔다. 생산 혹은 동기부여에 관심이 있는 경영자, 정치가 및 행정가들이 우선 고려해야 할 평가는 자신들의 고용인들이 동등하게 처우를 받고 있는지 혹은 고용인들이 그들의 처우를 어떻게 지각하고 있는지를 먼저 판단해야 한다. 만약 지각적으로나 실제적으로 불공정이 있다면 준거집단을 조사하는 것이 중요하다. 이러한 준거집단들은 외부 혹은 내부의 집단일 수 있다. 예를 들어 공공조직의 외부 및 내부 준거집단으로는 사조직, 정부조직의 다른 계층(지방정부 및 중앙정부), 다른 관할영역 그리고 다른 전문직 혹은 유사한 직업 등이 비교할 만하다.

(2) 공정성이론 적용의 문제점

이 이론은 실험실 실험에서 확증을 얻었다. 현실환경에서 불공정을 정의하고 관찰하는 어려움 때문에 공정성이론을 적용하는 어려움이 있다. 기여와 보상에 대한 공정한 관심은 많은 사람들의 직장생활에서 의미 있는 역할을 한다. 공정성 문제는 오늘날 연봉제 혹은 성과보상제를 활용하는 시기에 많은 관심을 불러일으키는 것은 당연한 것이라 볼 수 있다. 또한 공정성 문제는 공무원제도 개혁 및 성과를 기준으로 한 봉급계획에 대한 논의에서도 거론되는 문제이다. 어떤 사람은 모든 사람들이 동등한 인상을 받아야 된다는 평등의 원칙을 논의한다. 이들은 사람들이 성과를 더 내고도 비교적 낮은 봉급을 받는 사람은 불공정을 경험하고 사기 및 동기부여의 손실을 초래할 것이다.[43] 반면에 성과에 따른 보상원칙을 지지하는 사람들은 공정성이론에서 주장하는 것과 같은 평등원칙을 인용한다.

(3) 비 평

공정성이론이 가지고 있는 문제점은 연구의 대부분이 기본적인 결과로서 봉급수준과 주요한 투입으로서 노력과 성과수준에 초점을 맞추고 있다는 것이다. 그러나 일반적으로 불충분한 봉급지급 상황들이 많은 연구에서 활용되고 있는 반면 과도한 지급상황은 문제의 정의 혹은 조작화의 문제 때문에 거의 연구되고

---

43) B. W. Schay, "Effects of Performance-Contingent Pay on Employee Attitudes," *Public Personnel Management*(1988), 17, 237-250.

있지 않았다.

또 다른 공정성이론의 문제점 혹은 비평은 누구와 비교할 것인가, 즉 선정효과와 성숙효과를 고려한다면 비교 대상자와 비교집단을 선정하는 문제가 어렵다는 것이다. 현재 연구에서는 대상자를 선정하기보다는 사람들은 보편적인 비교의 기준, 즉 경험, 믿음, 그리고 지속적으로 입수한 의견들을 활용한다. 이러한 연구의 경향은 대상집단을 선정하는 문제를 경감시킬 것이다.

또한 공정성이론은 관리자들에게 고려해야 할 몇 가지 사항을 지적하고 있다.

첫째, 고용자들에 대한 공정한 보상을 강조해야 한다. 둘째, 공정성에 대한 결정은 개인적인 차원에서 만들지 말고 조직의 내부 및 외부의 근로자를 포함하여 비교해야 한다. 근로자들이 얼마를 받고 있는지 뿐만 아니라 똑같은 업무 혹은 비슷한 업무를 가지고 있는 사람과 비교하면서 얼마를 지급받고 있는지 비교하는 것이 중요하다. 마지막으로 불공정에 대한 개인들의 반응은 다양한 형태를 가질 수 있다는 것이다. 불공정을 해소하기 위하여 불공정이 불충분한 봉급 혹은 과도하게 지급받은 봉급에서 발생한 것인지를 지적함에 따라 투입의 변화 혹은 결과의 변화를 포함할 수 있다.

3) 통제의 소재이론과 귀인이론

(1) 통제의 소재이론(Locus of Control Theory)

인간의 행태는 사건에 대한 원인과 결과에 따라 지각하면서 귀인한다고 판단함에 의하여 형성되어진다. 이러한 사건의 특성은 개인의 기술 및 노력과 같은 내부적인 원인일 수도 있고 혹은 개인들과 인과관계를 가지고 있는 조직의 정책, 규칙 혹은 감독자의 태도와 같이 외부적인 원인일 수도 있다.

사람들은 그들의 근무환경에서 발생하는 결과가 내부적 혹은 외부적으로 통제되는 통제의 소재이론(Locus of Control Theory)을 지각한다. 내부의 통제를 지각하는 사람들은 그들 스스로 자신들의 기술과 노력에 의하여 결과에 영향을 미칠 수 있다고 생각한다. 그러나 그들의 결과가 외부의 통제를 받는다고 믿는 사람들은 그들 자신들 스스로 결과를 통제하거나 영향을 줄 수 있다고 느끼지 않는다.

근로자들은 보상이 확실하고 그들의 기술과 성과에 의하여 결과가 결정되는 것으로 나타나는 환경에서는 동기부여가 잘 되어 과업을 잘 수행하는 것으로 나타난다. 이러한 환경에서 사람들은 통제의 소재가 내부적이라고 지각하는 경향이 있다. 근로자들은 결과나 보상이 연계관계가 없이, 더욱이 닥치는 대로 업무를 수행하는 질서가 없는 상황에서는 높은 업적을 달성할 수 있는 동기부여가 존재하기 어렵다고 믿는다.

어떠한 환경들이 공공조직을 더 잘 설명할 수 있는가? 공공관료들 사이에 외부적 속성은 광범위하고 때때로 모순적인 목적, 외부와 빈번히 갈등하는 관료들의 책무성, 그리고 개인들보다 체제에 대한 신뢰와 같은 요소들에 의하여 보상이 결정되는 환경에서는 인과관계가 결여되어 동기부여가 일어나기 어렵다. 이러한 연구는 공공조직과 사조직을 구별하는 데 도움을 줄 뿐만 아니라, 공공조직들간의 차이를 설명하는 데에도 도움을 줄 것이다.

통제의 소재이론은 근로자들의 만족과 관리스타일에 영향을 줄 수 있다. 내부통제를 선호하는 사람은 외부의 통제를 선호하는 사람보다 그들의 직업에 더 만족하는 경향이 있다. 내부 및 외부통제 지지자들은 리더십스타일에 다르게 반응한다. 연구자가 사람의 환경이 자신의 행태에 반응하는 정도를 측정하기 위하여 통제의 소재를 사용하면서, 내부의 통제를 지지하는 사람들은 참여관리에 더욱 만족하는 것을 발견하였다. 그러나 과업의 성격은 참여와 지지자들의 반응과 관계가 없었다. 그러한 예로서 과업이 아주 모호하고 스트레스가 많다면, 참여리더십은 지지자들의 내적 · 외적 편견에 관계없이 긍정적으로 만족할 정도의 효과적인 관계가 있었다.

(2) 귀인이론(Attribution Theory)

Terrence Mitchell과 그의 동료들은 귀인에 대한 관리자의 행태, 특히 리더가 부하들의 낮은 성과에 반응하는 방법을 조사하였다(참조: 귀인이론 pp. 503-506).[44] 관리자와 감독자들은 원인을 낮은 성과의 탓으로 돌린다. 만약 그들이 부하직원의 낮은 성과가 내부의 요인, 즉 불충분한 능력, 노력 혹은 낮은 관심에 기인한다면, 감독자들의 반응은 형벌을 주려 할 것이다. 그러나 그들이 통제의 소재가 외부적이라면 그들은 더욱더 동정적으로 반응하는 경향이 있다.

귀인이론은 조직과 같은 거시적 수준에서도 작용될 수 있다. 예를 들면 행정기관과 관료들에 대한 대중의 태도는 관료들이 게으르고 번문욕례에 익숙한 것과 같이 비효율적이라고 주장하는 것은 통제의 내부적 소재가 행정조직에 존

44) T. Mitchell, C. Smyser and S. Weed, "Locus of Controll: Supervision and Work Satisfaction," *Academy of Management Journal*(1975), pp. 623-630.

재하기 때문인 것으로 귀인한다. 이 귀인은 대중과 정치지도자들이 행정조직의 무능력 때문에 행정조직이 주어진 정책을 달성하지 못하는 것으로 자주 행정조직을 비난하게 한다. 결국 비현실적이고 갈등하는 목적, 부적절한 자원, 결과를 위한 불충분한 시간 등이 공공조직에 대한 비난을 더욱 가세하고 있다.

〈과정이론의 요약〉

과정이론의 기본가정은 내부의 인식상태와 상황변수들이 동기부여과정에서 상호작용하는 것이다. 개인은 어떠한 행태가 자신에게 바람직한 보상을 가져올 수 있는가를 고려하면서 행태를 선택한다. 과정이론은 내부상태와 행태가 어떻게 관련이 되어졌는지에 대한 좋은 개념적 파악을 제공한다.

그러나 과정이론은 관리자들이 매일 적용하기 어렵다. 특히 과정이론은 적절한 보상책을 찾아내는 것이 어려워 내용이론보다 훨씬 더 추상적이다.

또한 과정이론은 개인욕구의 차이뿐만 아니라 보상, 기회, 평등 그리고 결과에 대한 통제 등과 같은 상황의 중요한 요소들에 대한 사람들의 지각 차이를 다루는 장점이 있다. 그러나 과정이론은 각 사람들의 근무동기에 적합한 보상체계를 밝혀내는 어려움이 있다.

과정이론을 공공조직에 적용할 때 다른 문제이긴 하지만 어려움이 따른다. 예를 들어 Chester Newland는 실적에 따른 봉급체제에 대한 몇 가지 문제점을 발견하였다. 그는 성과가 제대로 잘 평가될 수 없다면 성과와 봉급을 연계시킨다는 것이 불가능하다고 지적하였다. 이 외에도 성과를 동기부여하기 위하여 봉급을 사용할 때, 상대적으로 급료를 많이 올릴 수 없다면 효과적인 방법이 되지는 못한다고 하였다. 개인적으로 경쟁적인 행태를 기본으로 하면서 실적에 따라 지불하는 개인적인 보상은 팀 관리체제를 좌절시킬 수 있다고 주의를 요한다고 한다.

행정조직 혹은 공공조직에서 보상의 유용성은 이미 지적한 제약요인에 의하여 제한된다. 특히 공공조직에서 성과목적의 정의와 성과를 평가하는 것은 대단히 도전적인 일이다. 노력과 성과 사이의 연계는 성과의 표준과 혹은 목적이 분명하고 상대적으로 구체적일 때는 더욱 강한 관계이나 공공조직에서 이러한 관계가 일어나기 어렵다.

성과목표와 그들의 측정은 공공조직에서는 아직 초기의 단계이나 MBO, 근로자평가과정, 작업의 표준화는 정부에서도 점점 더 활용하고 있다. 그러나 기업의 더 구체적이고 가시적인 목적에 비교하면 행정 및 공공조직은 산만하고 갈등하는 목적을 추구하고 있으며 더욱이 그들의 성과기준은 쉽게 정의하기 어렵다. 노력과 성과간의 관계 그리고 그와 같이 주어진 성과에 대한 특정한 보상을 산출할 것이라는 기대는 목적의 명확성 결여 및 서로 상충하는 갈등에 의하여 약화될 수밖에 없다.

제 4 절 강화이론과 목표설정이론

1. 강화이론(Reinforcement Theory)과 조직행태의 수정

1) 강화이론

강화이론의 기본적 개념은 학습이며, 강화된 실습 혹은 경험에서 초래하는 행태의 영구적인 변화를 의미하는 것으로 정의한다. 조작적 학습은 강화가 적용되는 과정이다. 따라서 사람의 행태를 이해하기 위하여 그 행태가 일어나는 상황과 행태의 성격 그리고 강화의 결과를 이해해야 한다.

Skinner의 연구성과에 기초하고 있는 조작적 조건반사(Operant Conditioning)는 학습의 개념으로 강화접근법이다. 어떻게 조작적 조건반사가 조직에서 행태의 격려, 방향, 유지 그리고 변화에 관련이 있는 동기부여모델로서 간주될 수 있는지 논의할 것이다.

조건반사이론은 심리학자들이 심리학의 행태학파라고 부르는 것에서 유래되었다. 행태주의는 동물과 인간들의 내부에 무엇이 일어나고 있는지에 대해서는 관심이 없고 명백한 행태를 강조함으로써 명성을 얻었다. Skinner는 명백하게 관찰할 수 있는 행태만 과학적으로 분석할 수 있다고 주장한다. 물론 심리학의 고전이론에서는 동기부여나 학습이 유기체 내에서 무엇이 일어나고 있는지에 대해서도 관심을 가져야 된다고 주장한 바가 있다.

Skinner와 다른 학자들은 강화와 행태간의 관계를 분석하였고 강화의 유형과 예정에 관한 원리를 발전시켰다.

(1) 동기부여의 조작적 조건반사

조작적 조건반사이론에는 근본적인 사고와 원칙이 있다.[45)]

첫째, 객관적이고 측정할 수 있는 행태를 강조한다.

둘째, 강화에 수반되어 일어나는 사건들로서 알려진 과정이 강조된다. 이것은 자극, 반응 혹은 근로자의 행태 그리고 행태의 결과(강화)를 의미한다. 간단히 말하여 만약 주어진 근무상황에서 어떤 사람이 조직을 위하여 바람직한 방법으로 행동한다면, 그에 대한 보상(reward)은 그 행태와 적합해야 한다. 만약 목적이 충족되고 보너스가 주어진다면 동기부여가 된 행태가 계속 유지될 뿐만 아니라 미래 유사한 자극이 유사한 반응을 야기할 것이다.

셋째, 근로자의 행태(성과)와 강화자의 행정(보상 혹은 결과) 사이의 시간간격(time interval) 혹은 강화계획이 짧다면, 그 강화요인(reinforcer)은 행태에 더 큰 영향을 가질 것이다.

넷째, 마지막 원리는 강화자의 가치와 규모이다. 공식적인 표현으로 강화요인의 가치가 사람들에게 중요하다고 느껴진다면 잇따른 행태에 대한 영향은 더욱 클 것이다. 예를 들어 강화한 것이 근로자들에게 커다란 감명을 주지 못하였다면 행태에 아무런 영향을 미치지 못할 것이다. 학습과 동기부여는 어떻게 규칙적으로 특정한 행태를 따르는가를 언급하면서 강화의 예정표(Reinforcement Schedule)에 의존한다.

이와 같이 네 가지 근본적 원리인, 즉 측정할 수 있는 행태, 강화의 사건, 강화의 계획 그리고 강화요인의 가치는 동기부여의 접근방법으로 근간의 역할을 한다.

(2) 강화의 유형

조건반사에서 행태는 네 가지 강화결과에 의하여 결정된다: ① 긍정적 강화(Positive Reinforcement) ② 부정적 강화(Negative Reinforcement) ③ 소멸(Extinction) ④ 형벌(Punishment). 이들은 관리자가 근로자들의 동기부여를 수정할 수 있는 방법들이다.

강화요소는 관찰할 수 있는 결과에 의하여 기능적으로 정의된다. 강화요소는 주어진 행태를 강하게 증가시키는 어떤 것을 의미한다. 강화요소를 정의하는

45) Andrew D. Szilagyi, Jr. and Marc J. Wallace, Jr., *Organizational Behavior and Performance*, Fifth ed., Harper Collins Publishers(1997), pp. 134-135.

방법과 인식이론에서 보상의 개념과 어떻게 다른가? 이러한 구별을 하기 위하여 행태주의와 조건반사이론의 특정한 측면을 이해하는 것이 중요하다.

관리자들이 근로자의 행태를 변화하는 데 강화의 네 가지 유형들이 가능하다.[46)]

① 긍정적인 강화(Positive Reinforcement): 근로자들이 하는 행태에 따라 유익한 자극을 제공함으로써 행태를 증가시킨다. 예를 들면 기관장이 자신의 부하들에게 전문지식을 습득하도록 도움을 주는 노력을 한다면 그 성과를 평가하여 그의 부기관장에게 보상할 것이라고 선언한다. 기관장은 부기관장의 성과를 평가하고 칭찬하고 보상한다. 결국 부기관장은 더 관심을 가지고 노력한다. 이와 같이 강화를 적용함으로써 개인의 특정한 행태가 반복될 가능성을 높게 한다. 근로자가 높은 수준의 업적을 달성하여 감독자가 그를 칭찬하고 봉급인상을 제안하는 경우를 예로 들 수 있다.

② 부정적인 강화(Negative Reinforcement) 혹은 회피: 긍정적인 강화와 같이 부정적인 강화 혹은 회피는 바람직한 행태를 강화시키기 위하여 관리자들에 의하여 사용된다. 근로자들이 그들에게 할당된 점심시간 1시간을 초과하여 더 가졌다고 가정하자. 할당된 1시간 이상은 감독자의 비난을 피하기 어려우므로 근로자들은 점심을 위하여 단지 1시간만을 가질 것이다. 긍정적인 강화와 회피학습(avoidance learning)과의 차이는 명확히 구별되어야 한다. 긍정적인 강화는 높은 업적을 내어 조직으로부터 보상을 얻기 위하여 열심히 일을 한다. 그러나 회피학습의 경우에는 자극의 바람직하지 않는 결과를 회피하기 위하여 열심히 일을 한다. 이 두 경우에 바람직한 행태는 강화된다.

③ 소거 혹은 소멸(Extinction): 조건반사에 있어서 반사의 소거

긍정적 강화와 부정적 강화는 바람직한 반사 혹은 행태를 강화한다. 그러나 형벌(punishment)과 소거는 바람직하지 않은 행태를 억제하거나 혹은 제거한다. 소거는 이전에는 용인되었던 반응 혹은 행태를 위한 긍정적인 강화를 억제하는 것을 말한다. 계속적으로 강화를 하지 않음으로써 그 행태는 사라질 것이다. 예를 들면, 새로운 고객을 발굴함으로써 조직이 판촉하는 사람에게 보너스를 지불

---

46) W. Clay Hamner, "Reinforcement Theory and Contingency Management in Organizational Settings," in *Organizational Behavior and Management: A Contingency Approach*, ed. Henry L. Tosi and W. Clay Hamner(Chicago: St. Clair Press, 1974), pp. 86-112.

하였다고 가정하자. 이러한 보상은 판매원들이 새로운 판로를 개척하기 위하여 최선의 노력을 하게 된다. 어느 정도 시간이 지난 후 기업은 이 보너스체제가 너무나 비용이 많이 든다고 판단하여 이 보너스제도를 취소한다. 새로운 판매처를 찾기 위한 노력에 의하여 보상을 받았던 판매부서는 더 이상 보상을 얻지 못하게 되어 발굴하려는 노력은 감소되어 정상적인 수준으로 되돌아오게 된다. 그러므로 조직은 강화를 제거함으로써 판매원들의 행태를 소거하였다.

④ 형벌(Punishment): 한 행태의 발생을 감소시키기 위하여 혐오스러운 자극을 적용하는 것이다. 즉 습관적으로 일의 속도가 늦는 사람에게 봉급을 줄이는 것을 의미할 수 있다.

형벌의 적용은 근로자의 바람직하지 않은 행태가 반복되는 가능성을 감소시키기 위하여 사용된다. 긍정적인 강화는 특정한 행태를 강화하는 데 비하여 형벌은 그러한 행태를 약화시킨다. 점심시간을 주어진 1시간 이상을 활용하는 경우 감독자는 그를 사무실로 부른 다음 그의 행태를 징계한다. 형벌의 이러한 종류는 근로자의 행태를 변호하여 용인될 수 있는 행태로 돌아오게 하는 것이다.

형벌은 부정적인 강화와 같이 불리한 자극 및 결과를 포함한다. 형벌은 조직환경에서 넓게 사용되는 반면, 여러 가지 단점과 바람직하지 않는 부작용을 가지고 있다. 가장 현저한 것은 형벌은 바람직하지 않는 행태를 억누르거나 자주 그러한 행태를 제거하지는 못한다. 부정한 사람이 제거되지 않거나 혹은 바람직하지 않은 행태를 억누르는 행위가 지속되지 않을 때 그 행태는 다시 재발한다.

형벌이 갖는 다른 문제는 그 전반적인 영향을 예측하기 어렵고 조식에 역기능적일 수 있다는 것이다. 예를 들면 형벌이 기해지는 특정한 행태는 제거되기 쉬우나 형벌에 화가 난 고용인은 바람직하지 않으나 발견되기는 쉽지 않은 다른 행동을 함으로써 복수의 형태를 할 수도 있다. 아울러 형벌지향적인 조직은 징벌문제, 낮은 사기 및 결근을 초래할 수 있다. 형벌은 가급적 바람직하지 않는 행태를 제거하는 데에만 제한되어야 한다. 물론 형벌은 어떠한 상황하에서는 적절하게 필요할 수 있다.

강화는 바람직한 행태의 강화를 증가하거나 혹은 조직의 욕구와 개인의 현재 행태에 의존하면서 바람직하지 않은 행태를 감소시킨다.

(3) 강화의 예정(Schedule of Reinforcement)

근로자의 행태를 위하여 결과 혹은 보상이 주어지는 방법들이 강화예정(Reinforcement Schedule)이라고 알려져 있다. 강화예정의 광범위한 두 종류는 계속적인 것과 간헐적인 것이 있다. 전자는 상황이 일어날 때마다 행태가 매번 강화되는 상황을 의미한다. 간헐적인 강화는 근로자 행태의 어떤 사례 후에 강화가 주어지며 그러나 매번 사례가 일어날 때마다 강화가 주어지는 것은 아니다.

① 일정한 예정(fixed schedule): 강화는 규칙적으로나 혹은 일정한 시간간격 내지 행태가 일정한 수만큼 일어난 경우에 적용한다.

② 가변성의 예정(variable schedule): 강화는 시간간격 혹은 반복의 수에서 다르게 적용된다.

③ 비율예정(ratio schedule): 매번 5번 발생할 때마다와 같이 반사에 대한 지정된 비율에 따라 강화를 적용한다.

④ 간격예정(interval schedule): 지정된 시간간격 후에 강화를 적용한다.

위의 분류는 다음과 같이 배합될 수 있다.

① fixed-interval schedule: 강화가 수행되기 전에 일정한 시간이 경과해야 한다. 주급(weekly paycheck)

② variable-interval schedule: 강화의 수행은 시간의 경과에 달려 있으나 시간의 양은 평균적으로 다르다. 예를 들면 소매상점에 취직하는 한 대학졸업생이 한 1년 동안 계속 근무한 후에 부관리자로 승진할 것을 알 것이다. 어떤 사람은 10달 후에 승진될 수 있고 다른 사람은 12달에 승진되기도 한다. 평균적으로는 승진하는 데 12개월이 필요하다.

③ fixed-ratio schedule: 일정한 수의 바람직한 행태가 일어난 후에 강화가 주어진다(예: 성과급에 따른 봉급률).

④ variable-ratio schedule: 강화가 주어지기 전에 일정한 수의 바람직한 행태가 있어야 한다. 그러나 그 수는 반드시 일정하지는 않다. 구두의 칭찬, 인정 그리고 보너스가 전형적인 강화이다.

(4) 강화의 성공적인 단계

근무환경에서 강화가 성공하기 위하여 다음에 관심을 가져야 한다.

① 사람을 위한 강력하고 끈질긴 강화를 선택하라.

② 바람직한 행태에 적합한 강화요인들을 만들기 위하여 강화방안을 설계하라.

③ 바람직한 행태를 유발하기 위하여 신뢰성 있는 절차를 설립할 수 있도록 강화계획을 설계하라.

위 세 번째 절차는 중요하다. 왜냐하면 만약 보상할 바람직한 행태를 발견할 수 없다면, 학습은 일어날 수 없기 때문이다. 그와 같이 훈련은 그것이 강화절차에 의하여 통제될 수 있도록 행위를 형성하는 방법이 된다.

(5) 조작적 반사방법을 사용하는 규칙

① 모든 사람에게 같은 수준의 보상을 하지 마라: 성과에 따라 차등을 두어야 한다.

② 행태를 변화하지 못한 것 또한 강화의 결과이며, 이러한 강화는 재검토가 필요하며, 바람직한 목적에 의해 조정되어야 한다.

③ 사람들에게 어떤 행태가 강화될 것이란 것을 알려야 한다.

④ 하고 있는 일을 잘못하고 있다는 것을 사람들에게 알려야 한다.

⑤ 다른 사람 앞에서 꾸짖지 마라: 형벌을 받는 사람뿐만 아니라 다른 사람에게도 바람직하지 않은 부작용이 있을 수 있다.

⑥ 결과와 행태가 동등하게 만들어라.

2) 조직행태의 수정

조직행태수정은 두 책과 몇 개의 논문에서 출발하였다. 1970년대에 Luthans와 Kreitner는 「*Ogranizational Behavior Modification*」을 저술하였고 1980년대 수정하여 「*Organizational Behavior Modification and Beyond*」를 발표하였다.[47] Luthans와 Kreitner는 행태의 원인으로 내부상태(태도, 동기, 감정, 그리고 다른 비슷한 종류들)가 아니라는 Skinner의 주장을 분명히 따르고 있다. 즉 행태는 엄격하게 말하여 내부적 동기의 결과기능이 아니라, 그 이론은 동기부여도 아닌 학습에 의한다고 한다.

47) F. Luthans and R. Kreitner, *Organizational Behavior Modification: An Operant and Social Learning Approach*, Glenview, Ill.: Scott Foresman(1985).

전형적인 행태변화 프로그램은 다음과 같은 특정한 발전형식을 따른다:

① 직무분석: 직무의 요건, 책임의 영역 그리고 권위 등을 정의한다.

② 성과측정의 정의: 직무성과의 측정의 정의 혹은 기준을 정의(생산단위의 수, 판매량, 시간비용의 목적)한다. 성과를 측정하기 위하여 직무와 관련이 없는 능력(협동성, 다른 사람과 조화를 가지려는 그리고 다른 객관적인 기준)을 가진 기업 혹은 공식적인 성과평가가 없는 기업들에게는 어려운 단계가 될 것이다.

③ 목적 결정: 근로자의 측면에서 바람직한 행태가 무엇인가를 언급하는 것이다. 목적은 생산성 향상, 감소된 결근 등을 의미한다.

④ 실질적인 행태의 측정: 상관 혹은 근로자들은 각각 매일매일 작업에 대한 기록을 한다. 이것은 관찰이나 혹은 기록을 작성함으로써 할 수 있다. 근로자들이 성과기록을 유지한다면 스스로 자체환류수단(self-feedback mechanism)의 이점을 이용할 수 있다.

⑤ 강화단계(reinforcement stage): 근로자의 바람직하고 바람직하지 않은 행태에 따른 강화의 적용을 의미한다.

⑥ 강화예정(reinforcement schedule): 강화의 시기를 결정한다. 강화는 특정한 행태에 의존하면서 계속적일 수 있고 혹은 간헐적일 수 있다.

⑦ 프로그램의 검토 · 평가: 만약 프로그램이 성공적이라면 어떤 변화도 필요하지는 않을 것이다. 반면에 프로그램 결과의 검토가 직무정의, 강화의 스타일 혹은 성과의 측정, 바람직한 행태의 재정의 혹은 모든 위의 조합을 요구할 수도 있다.

조직행태수정의 지적인 지주는 R. F. Skinner이며, 그는 Maslow와 같이 처음에 혹은 주로 조직의 행태와 관리에 관심을 두지는 않았다. 그는 다른 사람들이 그의 이론을 조직에 적용하기 위하여 시도한 후에 관심을 가졌다. Skinner의 주요한 초점은 행태와 학습이었고 그는 행태와 학습은 환경에 의하여 결정된다는 것을 확신하였다.

Skinner의 처음 연구는 동물을 가지고 시작하였으며, 그는 궁극적으로 같은 원리와 기술을 사람의 행태를 통제하는 데 적용하였다.

행태는 환경으로부터 어떤 자극에 대한 유기체의 반응이다. 그러한 반응은 하나는 음식을 보고 침을 흘리는 것과 같은 무의식적 반사적 행동인 무조건반사

행태와 다른 하나는 조건반사 혹은 학습행태라고 하는 두 가지로 분류할 수 있다. Skinner와 조직행태수정 이론가들은 주로 조건반사행태와 행태가 조건반사를 통해서 어떻게 통제되는지에 관심을 두었다.

Skinner나 조직행태 수정제안들은 긍정적인 강화를 강조하며 바람직하지 않은 행태를 제거하는 데에도 형벌을 사용하지 않으려 한다. 행태를 수정하는 데는 형벌도 상당한 영향력이 있으나 많은 사람을 설득하기는 쉽지 않다. 그들은 육체적 고통을 주거나 혹은 비난과 같은 형벌은 비효과적일 뿐만 아니라 비생산적이라고 한다. 어떤 사람이 어떤 특정한 행위를 할 때 미래 그 행위에 형벌의 가능성이 지각될 때에만 그러한 행위를 피할 가능성이 많다.

형벌의 한계와 불이익에도 불구하고 형벌은 우리 사회에서 행태를 통제하기 위한 방법으로 널리 사용되고 있다. 오히려 형벌지향적인 사회라고 불리어질 정도이다. 그 이유는 강화하는 요인으로서 형벌의 역할 때문이다. 어떤 사람이 옳지 않거나 혹은 부도덕한 일을 할 때 그러한 행위는 자주 우리를 좌절시킨다. 그러나 그들을 형벌할 때 좌절에서 우리를 벗어나게 할 수 있는 역할을 한다. 더욱더 바람직하지 않은 행위를 즉각적으로 금지시키는 효과를 가지고 있다. 때로는 보상보다도 더욱 쉽고 빠르다. 그러므로 우리는 계속 형벌에 의존하게 될 것이다.

조직의 행태수정은 일반적으로 다음과 같은 접근법을 따른다.

① 기준선을 설립하기 위하여 바람직하고 바람직하지 않는 행태를 측정하고 그리고 기록하라.

② 행태의 선례와 결과를 결정하라.

③ 행태를 변화하기 위하여 칭찬과 봉급인상과 같은 강화와 처벌을 사용하기 위한 전략을 발전시켜라.

④ 위에서 지적한 강화예정에 따르면서 이들의 전략을 적용하라.

⑤ 행태변화의 결과를 평가하라.

이 접근법에 관한 많은 연구들이 근로자들의 행태 변화를 가져오는 성공적인 사례들을 발표하였다. 이 방법은 주로 근로자들로 하여금 자신들의 성과를 감시하고, 성과목적을 정하며 그리고 환류를 사용하고 아울러 긍정적인 강화를 포함한다.

공공조직이나 사조직는 어느 조직이든지 대규모적으로 행태수정을 사용하고 있다. 예를 들어 고정적 간격으로 금전보상을 함으로써 교사들의 결근율을 감소시키려고 한다. 때로는 성과가 낮은 영역을 중심으로 물질적인 보상이 아닌 칭찬과 인정을 활용할 수도 있다.

(1) 행태수정의 장 · 단점

① 장 점

행태수정을 대규모적으로 실행할 때 우선 바람직한 것은 행태의 분명한 이해와 구체성을 요구한다. 만약 이러한 수정이 단지 근로자들이 정시에 출근하고 불필요한 병가를 갖지 않도록 한다면 이것은 쉽다. 그러나 교사, 경찰 혹은 복지사들이 어떻게 행위하는 것이 바람직하는지를 구체화한다는 것은 대단히 복잡하다. 유사하게 적절하고 긍정적인 강화를 마련하는 것도 이론이 제안하는 것보다 더 복잡하다. 칭찬은 비용이 들지 않고 사용하기 쉬운 강화요소이기는 하나 계속 사용한다면 강화의 가치를 잊어버린다. 개별적인 강화요인과 강화계획을 마련한다는 것은 극단적으로 시간의 낭비가 되고 어려울 것이며 그리고 평등의 문제를 야기할 것이다. 긍정적 강화는 다른 강화요인뿐만 아니라 효과적이기 위하여 같은 강화요인이라도 다른 정도를 요구할 것이다.

그리고 성공적인 집행은 감독자들의 광범위한 훈련이 필요할 것이다.

Skinner가 지적하듯이 행태수정은 비전문가에게 맡길 성질의 문제는 아니라고 한다. 충분한 훈련이 되어 있다고 하더라도 그것은 많은 시간, 노력, 인내 그리고 감독자들의 헌신을 요구한다. 심지어는 행태수정이 성공적이 되기 위하여 수정대상이 되는 사람도 유순하여야 한다. 인간 내부의 충동, 요구, 가치, 태도 및 신념 그리고 행태를 결정하여 주는 그들의 영향을 무시한다면 행태수정은 인간의 행태를 너무 극단적으로 단순히 설명하는 것이 될 것이다.

② 단 점

ⅰ) 행태수정에 대한 가장 강한 비판은 비윤리적이고 비도덕적이라는 것이다. 인간관계론자들의 비판에 의하면 행태수정은 근본적으로 조작적이고 속임수가 있으며, 참여자나 감독자를 비인간화하며, 인간의 성장과 자율을 위협하는 독재적 그리고 가장 좋은 표현으로는 권위주의적으로 보여진다. 어느 정도는 어떠한 동기부여이론들과 같이 그것이 더욱 인간적이고 자비스럽든지 간에 행태수정도 장점과 단점을 모두 가지고 있다. 실제로 동기부여이론의 저변에는 생산성을 최대화하기 위하여 근로자의 행태를 수정하고 조작화한다.

ii) 행태(성과)와 보상 간의 강화는 동기부여된 행태를 유지하기 위하여 중요하다. 비록 조건반사가 관리자를 위해 긍정적인 의미를 가지고 있다고 하더라도, 동기부여에 관한 이 접근법의 비평도 있다. 첫째, 조건반사접근법은 개인적 특성, 개인행태의 복잡성을 무시하는 경향이 있다. 비평에 의하면 프로그램화되고 엄격한 강화방법을 가진 조건반사는 특히 공식적 조직에서 개인의 행태를 너무 단순화한다. 그 이외에도 조건반사는 욕구, 욕망 혹은 다른 형태보상의 다른 중요성과 같은 개인적인 특성을 고려하지 못한다. 둘째, 외부의 보상체제를 지나치게 강조함으로써 근로자들이 업무 자체에 의한 강화의 동기부여 가능성을 배제한다. 이 접근법은 낮은 수준의 욕구를 조작함으로써 행태를 통제하는 것을 너무 지나치게 강조한다. 그러므로 개인들이 동기부여요인으로 높은 수준의 욕구를 가질 수 있다는 것을 고려하지 못한다. 마지막으로 조건반사에 대한 연구의 대부분이 실험실에서 이루어졌기 때문에 실제 조직환경에 대한 일반화와 적용은 아직 검증되지 못하였다.

많은 행태수정 프로그램들은 아직까지 이론적 돌파구를 제안하지 못하였으며 단지 목적을 정하고 목적달성과 보상을 연결한 것에 지나지 않는다. 다른 사람들은 이 기술들이 조작적이고 너무 단순하며 낮은 수준과 단순한 조직상황에만 적용할 수 있다고 비난한다. 행태수정접근법은 긍정적인 강화를 상소하면서 보상과 성과의 결과에 대한 연결을 강조한다. 행태수정과 기대이론은 보상과 성과의 결과를 연결하는 중요성을 다같이 강조한다.

2. 목표설정이론(Goal-Setting Theory)[48]

◇ Locke와 Latham의 배경

Edwin Locke는 1938년에 태어났고 Harvard 대학에서 심리학을 전공했으며, 1960년에 졸업하였다. 그 후 그는 Cornell 대학 대학원에서 공부하였고 그의 지도교수는 Patrica Cain Smith였다. 그는 1964년에 박사학위를 취득하고 Washington, D. C.에 있는 비영리기관인 American Institute Research(AIR)에

48) Rainey, *op. cit.*, p. 237.

합류했다. U. S. Office of Naval Research에서 연구비를 지원받아 박사학위논문과 관련하여 시작한 Goal Setting에 대한 연구를 계속하였다. Cornell에서 Locke는 의도가 인간행태를 결정한다는 주장을 한 Thomas Ryan의 관점에 영향을 받았다. 비록 이러한 관점이 1970년대까지 공식적으로 발표되지는 않았으나, 1964년 각종의 인쇄물을 통하여 접할 수 있었다. Locke는 그의 저서에서 Ryan이 지적한 도움에 감사하는 글을 쓰곤 하였다. 이 두 사람은 서로 공동으로 집필을 하지는 않았으나 Locke는 지금까지 같은 노선의 연구를 계속하고 있다. AIR에 3년간 근무한 후 Maryland 대학 심리학과에 교수로 채용되었다. 1970년에는 같은 대학의 경영학과로 옮겼으며, 심리학과에서는 일종의 강사로 근무했다. 그는 최근 은퇴할 때까지 경영대학에서 근무했다.

Gary Latham은 Locke와 같이 처음으로 1975년에 공저로 5년 동안 서로 공동으로 연구한 결과를 저서로 출판하였다. 처음에는 Latham은 그 분야에서 Goal-Setting Theory를 검증하는 데 개입하였다. 물론 그 전에는 이 이론은 실험실에서만 실험했었다. Latham은 Nova Scotia에 있는 Dalhousie 대학에서 학사학위를 받았고 George Tech 심리학 분야에서 석사학위와, 같은 분야로 Akron 대학에서 박사학위를 취득하였다. 그는 심리학자로서 American Pulpwood Association의 Weyerhaeuser Company에서 근무했으며 그리고 독립적인 상담자로서 일하였다. 1976년에 그는 Washington 대학의 경영대학에서 교수로서 시작하였고, 1990년에 Canada의 Tronto 대학 경영학과의 교수로서 근무했다.[49)]

처음으로 Goal Setting에 대한 이론적인 언급은 Locke의 박사학위 논문에서 발표되었다. 초기에 의도한 성취의 높은 수준이 성과의 높은 수준에 기여할 것이라는 암시적인 가설이 있기는 하나 그의 연구목적은 단순히 "의도한 성취의 수준이 실제적 성취의 수준과 어떻게 관련이 있는지"를 결정하는 것이었다. 곧이어 사람이 특정한 목적 혹은 성과의 수준을 가졌을 때, 성과의 영향은 특정한 목적이 없을 때보다 더욱 현저하게 향상될 것이라는 단서를 가지고 그 가설을 검증했다. 잇따라 다양한 가설들이 제시되었는데, 예를 들면 모호한 목적보다 구체적인 목적이 과업의 흥미를 초래한다는 것이다. 또 다른 예는 최선을 다한다는 추상적인 목적보다 명확한 목적이 과업에 대한 높은 흥미를 초래한다는 것이다.

많은 실무자나 행태과학자들은 동기부여 프로그램의 중요한 요인들 가운데

49) Miner, *op. cit.*, pp. 233-234.

하나는 목적 혹은 기대한 결과라고 한다. 목적은 개인이 의식적으로 무엇을 하려고 하는 것을 의미한다.

의식적인 목적과 과업성과간의 관계를 설명하는 목표설정이론의 기본적인 틀은 Edwin Locke에 의하여 제시되었다.[50] 이 접근법의 기본적인 명제는 근로자가 지각한 목적이 근로자의 행태를 결정한다는 것이다. 간단히 말하여, 어려운 목적들보다 높은 성과를 낳는다는 것이다. 만약 근로자들이 무엇을 해야 되는지 혹은 왜 해야 되는지를 분명히 알고 그리고 도전을 받는다면, 개인의 동기부여와 성과는 증진된다는 것이다. 어려운 목적은 주의와 행동을 요구하고, 더 노력을 동원하며, 지구력을 증가하고 그리고 효과적인 성과전략을 위한 탐색에 의하여 성과를 향상시킨다.

목표설정(goal setting)은 동기부여의 3개의 현대접근법과 관련이 있다. 내용이론에서 목적설정은 근로자의 욕구를 의미한다. 이 목적들을 달성하기 위한 수단을 제공하고 그리고 목적들을 욕구들과 관련을 짓는다면, 자연히 욕구만족과 동기부여의 향상을 초래한다는 것이다. 과정이론인 기대이론에서 목적설정은 근로자의 산출과 이 산출을 얻으려는 과정(기대와 수단)과 관련이 있다. 마지막으로 목표설정이론은 강화의 사용을 위한 근간을 형성한다. 다음과 같이 목표설정이론의 다섯 단계를 포함하는 목표설정과정은 다음과 같다:

첫 단계에서 성과를 위한 동기부여는 환경 혹은 조직 내에서 제공된다. 이 단계에서는 조직이 달성해야 되는 목표의 설정 그리고 잠재적인 목표달성과 관련이 있는 보상의 명확성(급료인상, 승진 혹은 인정)을 포함한다.

둘째, 목표설정과정은 목적이 설정되는 방법을 의미한다. 이것은 부하와 상관간의 쌍방간의 관계, 상관과 부하의 일방적인 관계 및 최선을 다하는 것을 의미한다.

셋째는 목표설정의 속성은 명확성, 어려움, 도전, 동료간의 경쟁 그리고 환류를 의미한다.

넷째는 설립된 목표의 수용과 몰입정도가 근로자들의 목표달성에 대한 의도를 설명한다.

보상에 대한 근로자들의 가치평가 정도 그리고 목표달성에 따라 제공한 보

50) Edwin A. Locke, "Toward a Theory of Task Motivation and Incentives," *Organizational Behavior and Human Performance*(1968), pp. 157-189.

〈그림 8-5〉 목표설정과정단계

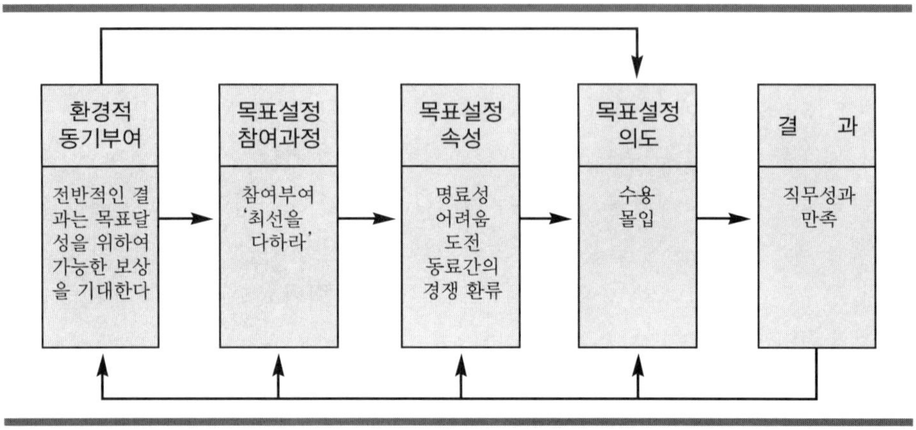

출처: Szilagyi and Wallace, *op. cit.*, p. 143.

상에 대한 만족정도는 수용과 몰입을 결정한다.

마지막으로 목표달성의 결과는 직무성과 만족 같은 요인들을 의미한다.

목표설정과 행태수정은 본질적으로 같은 접근방법이라고 보는 것은 이 두 접근법이 만약 그러면(if-then) 요소들에 초점을 두고 있기 때문이다. 그럼에도 불구하고 이들 사이에 같은 점과 다른 점이 있다. 행태수정의 접근법에서, 관심의 초점은 세 가지이다. 즉 행태적 사건들(실제적으로 일상적인 행태), 개인들의 성과수준 그리고 조직에 대한 행태의 전반적인 효과성(성과와 성과기준간의 관계)으로서 일반적으로 목표설정이론은 주로 세 번째의 행동에 초점을 둔다.

위에서 보듯이 목표설정 프로그램은 일반적으로 확실한 결과를 수행해 보이기 위하여 더욱 긴 시간을 요한다. 실제적으로 목표설정이론을 적용하는 측면에서, 목표설정 프로그램은 목적의 설정에 더 많은 관심을 두나, 반면에 행태수정은 강화와 강화요인들에 초점을 두고 있는 점이 다르다.

마지막으로 개인욕구의 개념(그리고 다른 개인들의 특성들)은 목적을 설정하는 데 중요한 역할을 한다. 근로자의 동기부여 그리고 성과를 증진하는 수단으로 목표설정을 조사한 연구들에 의하면 목표설정 프로그램이 가장 효과적이었다고 나타났다.

이 이론을 지지하는 다수의 연구들은 특정한 환경에 맞는 명확하고 단순한 과업환경과 과업성과에 집중한다. 물론 소수의 연구들이 복잡한 과제환경을 시험하였었다. 그러나 근래에 상황조건적합이론과 쓰레기통모형이 조직이론에 현저하게 기여한 것은 대부분의 상황들이 분명하고 구체적인 목적들을 구체화하기 어렵다는 것을 강조한다는 것이다. 이것은 공공조직의 상황에서는 명확하고 구체화된 목적이 오히려 불가능하고 혹은 역기능적이라고 제안한다. 그럼에도 불구하고 이 연구는 업무집단들의 명확한 목적들의 가치가 중요하다고 강조한다. 이론을 공공행정기관의 높은 수준의 목적들에 정확히 적용할 수 있는지 간에 명확한 목적을 설정하려고 노력하는 것은 공공행정가나 관리자들의 주요한 책임과 도전이다.

e Theory of Public Organization

9장

조직의 의사결정

제1절 공공조직의 의사결정

제2절 의사결정의 유형과 모형

제3절 의사결정을 위한 방법과 조건의 차이에 따른 결정모형

제 9 장 조직의 의사결정

제 1 절 공공조직의 의사결정

1. 의사결정의 정의

의사결정은 조직의 업무를 관리하는 중요한 과정이다. 조직 내에서 하루에도 수백 개의 의사결정이 개인, 집단 그리고 조직수준에서 이루어진다. 의사결정은 문제를 인식하고 여러 대안 가운데 선택하는 것을 의미한다. 이와 같이 가장 일반적인 의미로 정의하면 의사결정이란 조직의 문제해결을 위한 여러 대안 가운데 결정자가 의도하는 미래의 방향을 위한 대안을 선택하는 과정을 말하는 것이다.[1] 즉 장래의 행동방향을 모색하고 그에 대한 선택을 하는 과정이다.

의사결정과정은 크게 문제인식과정과 문제해결과정의 2단계과정으로 구성된다.[2] 문제인식과정은 성과수준을 결정하고 문제를 진단하며 그리고 외부환경에서 정보를 수집하는 과정이고 문제해결과정은 여러 가지 대안을 마련하고 어떤 대안을 선택할 것인가를 분석하는 과정이다. "의사결정은 어떤 결과를 성취하기 위한, 또는 어떤 문제를 해결하기 위한 수단이며, 이것은 많은 요인들의 영향을 받는 과정의 산물이다"고 하였다.[3]

모든 사람들은 생활의 모든 면에서 의사결정을 한다. 의사결정의 실체와 조건들이 다르긴 하지만 모든 의사결정은 공통적으로 많은 주요한 요소들을 가지고 있다.[4] 첫째, 의사결정자는 선택해야 할 다양한 대안들에 직면한다. 둘째, 어떤 행동이 선택되느냐에 따라 다양한 산출 혹은 결과가 발생한다. 셋째, 각 결과

1) Herbert A. Simon. *Administrative Behavior*, 2nd ed.(Macmillan, 1957), p. 3; Fred Luthans, *Organization Behavior*(New York: McGraw-Hill, 1973), p. 188.

2) Richard L. Daft, *Organization Theory and Design*, 5th ed.(St. Paul, MN: West, 1995), p. 363.

3) James L. Gibson, et al., p. 426.

4) Szilagyi and Wallace, *op. cit.*, pp. 444-445.

는 발생할 확률 혹은 기회를 가지고 있으며, 각 확률은 결과와 동일하지 않을 수 있다. 즉 의사결정의 결과가 반드시 예상되는 정도로 발생하지 않을 수 있다. 넷째, 의사결정자는 각 의사결정의 결과가 얼마나 가치 있고, 유용성이 있으며 혹은 중요한지를 결정해야 한다. 예를 들면 주어진 대안이 선택되고 결과가 발생하였다면 이 결과가 의사결정자에게 가치 있거나 혹은 중요한 것인가를 고려해야 한다. 이와 같이 의사결정은 많은 불확실성 및 모험을 감수해야 하는 경우가 허다하다.

2. 공공조직의 의사결정

의사결정은 조직에서 가장 복잡하고 분명한 정치적 활동의 하나이다. 가장 기본적인 정책결정은 공식적으로 선거에 의하여 당선된 공직자들과 사법부에 의하여 만들어진다고 하더라도 프로그램 집행, 관료 및 예산에 관한 행정결정들이 공공정책에 의미 있는 영향을 줄 수도 있다. 정치와 행정의 분리에 대한 행정학의 고전적 혹은 현대의 시각들은 행정기관의 의사결정영역의 범위를 제한하였다. 하지만 오늘날 정치 행정 일원론적 관점하에서 관료들의 의사결정영역은 점점 더 확대되고 있는 실정이다.

행정기관이 의사결정에 활용하는 방법과 절차는 중요한 정치적 효과를 가지고 있다. 결정방법을 결정하기 위하여 누가 참석하는지, 어떻게 안건이 제기되는지, 어떤 대안들이 고려되는지, 그들이 어떻게 비교되고 분석되는지, 그리고 어떤 가치가 마지막에 선택되는지에 영향을 끼친다. 절차는 선택의 내용에 영향을 준다.

행정학의 주요한 도전은 실질적인 지식의 내용보다는 어떻게 하면 합리적인 결정을 만들 수 있는가 하는 방법 혹은 절차를 모색하는 데 있다. 이 장에서는 공공조직이론 분야에서 많은 관심을 가지고 있는 의사결정방법에 대하여 논의할 것이다.

3. 공공조직의 의사결정환경

공공조직이 직면하는 기본적인 도전은 어떻게 하면 자원을 효과적으로 사용할 수 있는가, 그리고 어떻게 하면 국민에게 더욱 효과적으로 봉사할 수 있는가이다. 이러한 임무를 달성하기 위하여 조직은 수많은 근본적인 관리기능을 촉진하는 능력 있는 지도자에 의하여 봉사되어져야 한다.

공공관리는 여러 선택사항들 가운데 하나를 선택해야 한다. 그렇게 하기 위하여 기관장들은 많은 시간을 선택하는 과정에 소비하게 된다. 선택과정은 합리성과 윤리성을 요구하며, 관련된 지식을 수집해야 한다. 정책은 일반 사조직과 달리 민주성, 공평성 및 형평성을 더 고려해야 한다.

의사결정과정은 이론과 실제가 서로 얽혀져 있고 집행과정을 통하여 서로 보완할 수 있는 영역이다. 그러므로 구체적인 정책결정을 할 때 집행과정에서 여러 번 수정되는 것을 볼 수 있다. 실제로 이론과 실무의 연결은 행정학의 현실주의와 적실성을 유지하게 하는 것뿐만 아니라 관리개념과 과정의 변화와 재개발의 근원으로서 행정학에 중요하다.

의사결정의 초기에 영향력 있는 기여를 한 사람은 Herbert Simon이다. 그는 1948년에 선택은 모든 행동의 시작이며 행정이론은 의사결정과 행동의 과정으로 보아야 한다고 주장하였다.[5] 그는 또한 의사결정은 행정학이론에서 무시되어 왔는데, 그 이유는 의사결정은 전반적인 정책결정에 속하여 있는 것이라는 잘못된 믿음 때문이었다고 주장한다. 실제로 의사결정은 관리하는 것과 동의어이다.[6] 그러한 결론은 행정학이 발전하기 위하여 의사결정과정에 초점을 맞추어야 된다는 것을 주장하는 것이다. 관련된 저서들로는 Herbert Simon의 「*Administrative Behavior*(1947)」, James March와 Simon의 공저인 「*Organization*(1958)」, Richard Cyert와 March가 공저한 「*A Behavior Theory of the Firm*」, Karl Weick의 「*The Social Psychology of Organizing*」, Paul Appleby의 「*Policy and Administration*(1949)」 등이 있다.

1) 환경이 의사결정에 미치는 영향

공공조직의 의사결정을 위한 환경은 결정의 특성을 결정하여 준다:

첫째, 관료들이 의사결정하는 결정의 영역 혹은 수준은 헌법에 의해 결정된다.

5) Herbert A. Simon, *Administrative Behavior*, 2nd ed., New York: Macmillan(1961), p. 1.
6) Herbert A. Simon, *The New Science of Management Decision*, New York: Harper & Row (1960), p. 3.

둘째, 많은 의사결정 이론가들은 행정기관이 대안을 탐색하는 데 환경적 제한이 있고, 선택의 자유가 좁혀져 있다고 주장한다.

셋째, 조직의 의사결정과정은 조직의 의사전달, 정보처리, 그리고 통제체제에 의하여 영향을 받는다.

마지막으로 행정기관의 정치적 환경, 기관의 외부관계, 그리고 지지자 및 비난자의 강도는 의사결정에 영향을 주며, 사용되는 의사결정방법은 해결책의 내용에 따라 관련이 있는 것으로 선택한다.

의사결정의 적절한 영역에 대하여 아직까지도 많은 논란들이 행정학에서 거론되고 있다. 이러한 논란에 대하여 Kraemer와 Perry는 조직문제의 세 가지 영역, 즉 ① 운영적 혹은 조작적(operational), ② 프로그램관리(programming-management), ③ 발전 혹은 기획결정(development or planning decisions)을 제안하였다.[7] 운영수준의 적절한 분석형태는 OR과 같은 양적인 기술이다. 운영수준의 주요 결정기준은 능률이고, 분석과 선택에 있어서 행정자율권이 가장 적절히 인정되는 곳이다. 프로그램 설계에 대한 결정은 특정한 사회 및 경제체제에서 활용되고 있는 분석모델로서 시뮬레이션(Simulation)과 같이 질적이고 양적인 방법의 혼합에 의하여 만들어진다. 조직의 목직을 포함하는 기획 및 발진신덕은 Delphi 과정 및 Brainstorming과 같은 질적인 분석을 따르기 쉽다.

2) 결정을 위한 탐색의 제한

공공조직에서 만들어지는 의사결정의 특징은 대안의 탐색에서부터 극단적으로 제한되어 있다. 그 결과 새로운 선택이나 혁신적인 결정이 드물게 결정된다는 것은 이해하기 어렵지 않다. 행정기관의 조직적 요인에 기인할 수 있는 이유는 공공관료들이 지나치게 표준운영절차나 일상적 혹은 프로그램된 결정, 할거주의, 그리고 외부 정치체제들과 타협에 의존한다는 것이다. 프로그램화의 정도가 높으면 행정기관이 안정적이고, 일상적이며, 예측성 있게 해 주는 장점이 있으나 행정기관을 경직되게 하고 혁신의 가능성을 배제한다.

7) Kenneth Kraemer, and James Perry, "Implementation of Management Science in the Public Sector," *In Public Management: Public and Private Perspectives*, ed., James Perry and Kenneth Kraemer, Palo Alto, Calif.: Mayfield(1983).

거의 모든 공공조직의 의사결정은 외부 통제기관의 개입과 행정조직의 특징적인 의사전달과정에 의하여 영향을 받는다. 당연히 의사전달은 조직통제에 관한 모든 형태에서 중추적인 다양한 역할들을 한다. 의사전달을 통해서 과거 프로그램 혹은 이미 결정된 정책이 제대로 수행하고 있는지 감독할 수 있다. 의사전달은 조직 내에 세분화된 구조의 통합에도 중요하다. 의사결정에서도 의사전달은 중요하다. 대부분의 조직 욕구의 기회에 관한 정보들, 자원의 내부갈등, 그리고 영향의 집중 등은 거의 의사전달을 통하여 수집되고 이들은 선택과정에서 사용된다. 어떤 정보는 억압되고 때로는 과장되고 왜곡된 정보들이 의사결정에 반영될 수도 있다. 정보의 적시성, 신뢰성, 합법성, 그리고 적절한 활용은 의사결정에 영향을 준다. 따라서 행정기관이 정확한 정보를 위한 의사전달 망을 구축하는 것이 무엇보다도 중요하다. 조직의 계층을 따라 올라오는 정보는 거의 왜곡되어 있다고 보는 편이 안전하다.

제 2 절 의사결정의 유형과 모형

1. 의사결정의 유형

1) 일상적인 결정과 비일상적인 결정들(Programmed and Non-programmed Decisions)

◇ Simon의 배경

Simon은 1916년에 태어났다. 그는 Chicago 대학의 정치학 분야에서 1936년 학사학위를 받고, 1942년에 박사학위를 받았다. 박사학위를 받기 전 3년 동안 Berkeley에 있는 California 대학에서 행정학 분야를 연구하였다. 그는 Chicago에 있는 Illinois Institute of Technology의 정치학 분야에서 첫 정교수 임명을 받았다. 그러나 IIT에서 7년간 근무한 후 경제학에 흥미를 갖게 되었다. 1947년 「*Administrative Behavior*」의 출판 때문에 지금은 Carnegie Mellon 대학이라고 불리는 데 그 당시 설립과정에 있는 School of Industrial Administration으로 옮겼으며, 이 때부터 정치학에 관한 연구는 더 이상 하지 않았으나 그의 지식의 영역에서 볼 때 정치학의 어떤 것들이 잠재되어 있다는 것을 인정하였으며, 이전의 연구들이 이것을 반영하였다.

Carnegie에 있는 여러 해 동안 고민을 한 후, 발전하고 있는 조직행태 분야에서 심리학으로 전향하는 노력이 1970년경에 이르러서야 이루어졌다. 1960년대로부터 Simon의 연구는 주로 인식론 과정, 인공정보(artificial information) 그리고 컴퓨터 모델링에 관한 것이었다. 그는 심리학과 Computer Science의 교수로도 임명되었다. 1993년 그는 Carnegie Mellon에서 명예교수가 되었으며 2001년 타계하였다.[8)]

◇ March의 배경

그는 1928년에 태어났다. 그는 Wisconsin 대학에 다녔다. 1970년 이래 Stanford 대학에서 근무한 후 아주 다양한 학문영역들, 즉 정치학, 교육, 사회학 그리고 경영학을 포함하여 여러 분야에 걸쳐 연구하였다. 그는 Yale 대학에서 학위를 받고 정치학 분야를 시작하였다. 1953년부터 1964년까지 California(Irvine) 대학에서 6년 동안 행정직을 갖기 전에 Carnegie Mellon에서 Simon과 같이 있었다. 그는 1995년 이래 Stanford의 명예교수로 있었다. Simon과 달리 그의 경력을 통하여 연구업적들이 관계하는 한 March는 주로 조지행태의 분야에서 연구하였으며 그의 접근법들은 다양한 문헌에서 발췌되었다.[9)]

Selznick이 주장한 일상적인 것과 비일상적인 구별은 새루운 것은 아니나 그 개념을 널리 알린 것은 Simon이다. 일상적인 결정은 루틴하고 반복적이며 자동화할 수 있다. 그들의 목적은 분명하고 구체적이며 결정을 재현하기 위한 이 형태의 계량화는 문제가 되지 않는다. 예를 들어 이러한 결정은 결정들이 편지를 분류하고 전달하거나, 봉급대장을 만든다든지, 기록을 보관하든지, 또는 수많은 행정기관의 다른 활동에서 획일적으로 일어난다. 즉 결정들이 표준운영절차를 활용한다.

결정들이 새롭고, 구조화되어 있지 않으며 중요하고 복잡한 것은 비일상적이라고 할 수 있다. 일반적으로 그러한 결정은 정책결정, 목적설정 혹은 독립적

8) Miner, *op. cit.*, p. 626.
9) Ibid.

인 개인의 판단을 포함한다. 문제를 해결하는 틀에 박힌 방법은 없다. Simon은 말하기를 비일상적인 결정은 전에 일어나지 않았고, 그것의 정확한 성격과 구조는 파악하기 어렵고 복잡하며, 특별주문을 받아 처리할 만큼 중요하기 때문이라고 한다. 그러므로 비일상적인 결정상황을 다루는 특별한 방법이 없기 때문에 새로운 정책에 부응하기 위하여 많은 전통적인 행정판단, 통찰력 그리고 창의성이 요구된다.

오늘날 일상적인 결정은 자동화 및 컴퓨터화되어 있어 자동적으로 다루어지고 있다. 그러나 비일상적인 결정은 대부분 학문적으로 잘 훈련된 인간의 판단영역에 속하고 있다. 학문적으로 훈련된 판단은 마지막 결정이 만들어지기 전에 필요한 것, 정보에 대한 의존, 정보평가에 대한 믿을 만한 방법의 적용에 대한 분명한 통찰력을 의미한다.

오늘날 우리는 비일상적 결정보다는 오히려 전략적 결정이란 용어를 더 잘 사용한다. 전략적 결정은 조직에 중요한 문제를 주로 창의적으로 생각할 수 있고 문제를 충분히 이해할 수 있는 능력을 가진 관리자로 구성된 팀에 의하여 만들어진다. 전략적 결정은 조직과 조직의 관리에 높은 위험을 가지고 있으며 결과적으로 연합을 형성하고 갈등이 나타나며 불확실성이 높아진다. 건전한 전략적 결정은 산출의 양과 질의 향상을 생산하기 위하여, 조직을 재구조하기 위하여, 목적에 적응하기 위하여, 자원을 얻기 위하여, 결정이 지역사회의 이익에 더욱 근접하기 위하여, 그리고 조직관리에 필요한 모든 요소들의 유기적인 관련을 조성하고 있다. 전략적인 결정의 합리적 과정은 많은 요인들인 정보, 시간, 제한된 자원, 그리고 조직의 내외로부터의 변화에 대한 저항과 같은 장애에 직면하고 있다.

초기 이후에 Simon은 조직이 의사결정하는 데 컴퓨터의 영향에 관심을 가졌다. 그의 관점은 1960년에 처음으로 출판된 책인 「*The New Science of Management*」의 third edition에서 나타난다. 이 책에서 그는 programmed와 non-programmed decision과 이들 각각에 적용할 수 있는 기술들을 설명하였다. 이러한 관점에 대한 Simon의 설명은 〈표 9-1〉에서 요약된다.

최근에 Simon의 조직행태에 대한 기여를 지적한다면 전문적 의사결정은 전문체제, 통찰력이 있는 능력, 조직학습, 그리고 그 이외 비슷한 것들을 포함한다. 이들은 그의 인식과학(Cognitive Science), 인공지능 그리고 컴퓨터 체제에서 나온 아이디어들이다. 이러한 업무의 목적은 전문적인 과제를 능력 있게 처리할

〈표 9-1〉

결정의 형태	적용할 수 있는 기술
programmed 반복적이고 일상적임 매 의사결정마다 새로운 방법을 사용하지 않도록 한정된 절차가 작용된다	전통적: 습관 표준운영절차 현대: operational research electronic data processing
nonprogrammed 신기함, 비 구조성, 일상적이지 않은 결과 전에 일어난 일이 없기 때문에 혹은 그 문제의 정확한 성격과 구조가 모호하고 복잡하기 때문에 혹은 그것이 이미 정하여진 처방을 받을 만큼 중요하지 않기 때문에 그 문제를 다루는 미리 정하여진 방법이 없다	전통적: 판단, 통찰력, 그리고 창의성 실무자의 선택과 훈련 현대적: 사람들을 훈련시키는 데 적용되는 발견적 문제해결: 발견적 컴퓨터 프로그램 구축

출처: Herbert A. Simon(1977), *The New Science of Management Decision*(Englewood Cliffs, N. J.: Prentice Hall), pp. 46-48.

수 있는 컴퓨터 체제를 창조하는 것이다.

그가 말하는 통찰력은 실제로 다른 사람이 문제해결하는 방법과 크게 다르지 않다. 그러니 그것은 자동적이니 쉽게 지각하기 어려운 경험에서 쌓인 문제해결이다. 특히 통찰력은 장기적인 학습의 결과로 얻어지기 때문에 유능한 결정을 만들 수 있다. 그것은 스트레스와 감정이 스며든 통찰력과는 구별되어야 하며, 그러한 통찰력은 비합리적 결정을 만들어 내기 쉽다. 세련된 통찰력을 갖지 못하는 것은 불충분한 관심에서 초래된다. 그러한 경우 필요한 지식이 쌓이지 못하게 된다.

조직학습은 현존하는 구성원들의 학습결과 또는 새로운 지식을 가진 새로운 사람들의 기여에 의하여 일어난다. 이 중요한 학습을 소유한 전문가는 최고관리자를 포함하나 조직의 어떤 곳에서도 발견될 수 있다. 그러나 문제는 만약 학습에 대한 중요한 전문가가 조직을 떠난다면 조직학습은 지속될 수 없다는 것이다. 따라서 Simon은 이러한 문제를 극복하는 방법으로 전문가들이 문제를 해결하도록 하거나 혹은 컴퓨터의 도움으로 전문체제를 창조하는 것을 제안한다.

2) 사실과 가치의 분리

(1) Simon의 분리찬성

일상적 혹은 비일상적 결정의 구별은 의사결정과정에서 가치와 사실요인을 분리하기 위한 시도이다. Simon은 이 분리에 대한 주장을 하였다. 목적을 달성하기 위한 결정은 가치판단(value judgements)이라고 하며 그 목적의 집행에 관련된 결정을 사실전제라고 Simon은 주장한다.

의사결정과정에서 목적과 수단, 가치와 사실 그리고 마지막으로 정치와 행정의 분리는 지난 50년 이상 논쟁적이었고 행정학의 문헌에서 가장 지적으로 치열한 논쟁을 가져왔었다. 행정학의 이론과 과정의 발달에 있어 논리실증주의와 그의 역할에 관한 모든 철학이 이 논쟁의 중심적인 주제가 되었다.

논리실증주의(logical positivism)는 형이상학을 싫어하고 윤리를 고려하지 않으며 경험주의를 강조하는 동시에 엄격한 논리적 분석에 높은 가치를 두는 현실적인 사상의 학파로서 설명된다.[10)]

Simon과 Waldo의 이 주제에 대한 논쟁은 아주 유익하다. Simon에 의하면 사실명제는 관찰할 수 있는 세계와 집행하는 수단에 대한 진술이다. 그러므로 사실명제는 그들이 사실인가 혹은 거짓인가를 증명하여야 한다. 한 명제가 사실인 것을 판단하기 위해서는 경험 혹은 사실을 가지고 비교해야 한다. 그렇지 않으면 논리적 증명을 위하여 그 명제는 경험적으로 비교될 수 있는 다른 명제들로 대체해야 한다. 결과적으로 의사결정의 사실과 관찰할 수 있는 명제에 초점을 두는 것은 행정학에서 피할 수 없는 행로이다.

(2) Waldo의 분리반대

Waldo와 그의 동료들은 몇 가지 이유를 들면서 논리실증주의적 관점을 반대한다. 의사결정과정에서 사실과 가치는 유기적으로 혼합되어 있으며 분리는 사실상 불가능하다. 그러므로 행동의 목적이 정의되고 구체화되는 과정에서 사실과 가치가 분리될 수 있다는 주장이 문제가 되지 않는다고 주장하는 논리실증주의자들의 가정은 의문이 있다. 또한 리더십은 필요하지 않을 수도 있고 조직은 기술적인 맥락에서 이해될 수 있다는 실증주의자들의 가정은 받아들이기 어렵다.

10) Dwight Waldo, *The Study of Public Administration*, New York: Random House(1955), p. 44.

논리실증주의를 합리적 전통과 행정학의 과학화 움직임의 연계로 보았다고 Waldo는 비판한다. Waldo는 논리적 실증주의는 가치를 무시하고 의미가 적고 도구적인 수단만 거론한다고 결론내렸다.[11] 역설적으로 과학의 이상에 대한 노력에도 불구하고 Waldo는 논리실증주의의 영향이 사회영역 내에 규칙성을 탐색하려는 학문의 진전을 방해할 수도 있다고 지적하였다.

3) 정책결정과 의사결정

정책결정과 의사결정은 다른 것인가? 일반적인 의미에서 다르지 않다. 때때로 정책결정은 공식적인 정책에서 잇따라 전개하는 몇 개의 의사결정을 포함할 수 있다. 정책결정자가 정책을 결정하기 위하여 수행하는 작업이 의사결정할 때와 동질적인 경우가 많다. 의사결정은 조직의 모든 계층에서 만들어질 수 있지만 정책은 조직의 상위계층에서 거의 만들어진다. 정책결정을 위한 활동이 시작되어 정책대안을 작성하고 특정대안을 선택하여 정책을 최종적으로 결정할 때까지 여러 계층이나 집단의 사람들이 참여하여 여러 차례의 의사결정을 하기 때문에 다른 점으로 지적할 수 있다. 여러 대안 가운데 선택한 정책은 행정결정보다 정책결정자, 고객과 시민의 가치관과 선호도의 문제가 잘 조율된 것이다. 행정학은 이들의 가치관 혹은 선호도 결정에는 비교적 덜 관여하는 반면 이렇게 주어진 결정을 효율적으로 집행하는가에 대한 행정결정에 관심을 집중하여 왔다. 그러나 이러한 가치관의 문제는 규범적이고 윤리적인 가치관을 다루는 신행정학에서 가장 근본적인 비판의 문제가 되기도 한다.

정책에 있어서 행정학이 갖는 흥미는 행정학이 다른 학문 분야와 함께 공공정책의 효과에 대하여 관심을 갖는다. 정책분석은 선거주민의 포괄적인 가치관과 그 내용의 상징적인 의미를 조율한다면 행정학은 실용적으로 그의 주변문제 그리고 현재의 조직문제에 대한 해결책을 탐색하려 한다고 볼 수 있다.

4) 기술적 및 처방적 결정(Descriptive and Prescriptive Decision)

행정학을 공부하는 학생들은 실제적 결정의 방법을 고려하는 모델과 최선의 결정으로 처방하는 것을 고려한 모델을 구별해야 한다. 효과적인 의사결정을 방해하는 결정과정의 여러 단면을 고려하면서 만드는 의사결정 연구는 기술적 모

11) Ibid., p. 64.

델이다. 반면에 처방적 모델은 최선의 선택에 초점을 두고 수학적인 공식에 의존하면서 어떻게 의사결정이 만들어지는가에 관심을 갖는다.

정부나 기업의 의사결정에 관한 문헌들은 심리학, 정치학, 통계학, 경제학, 인류학, 사회학, 수학, 행정학 및 경영학의 다양한 이론들을 포함한다. 이와 같이 연구영역들의 범위가 너무 넓기 때문에 연구탐색의 가능성을 위하여 경계를 지어야 할 필요성을 갖게 한다. 그리고 우리의 주요한 관심은 현실적인 결정 혹은 기술적인 결정이며 아울러 이 장에서는 공공조직에서 의사결정이 어떻게 만들어지는가에 초점을 두고자 하였다.

2. 의사결정의 모형

1) 합리적 모델(Rational Model)

의사결정의 합리적 모형은 공공조직 및 사조직 모두에서 이상적인 선택과정으로 오랫동안 고려되어 왔다. 이 모델은 의사결정자가 논리적 단계를 따르고 완전한 결정을 만드는 합리적인 사람이라고 가정한다. 합리성은 가치의 최대화, 목적의 분명한 정의 그리고 여러 대안과 그 대안들의 예견된 결과를 알아야 한다. 이러한 결정을 위하여 분석은 포괄적이고 모든 관련된 요소를 고려하여야 한다. 이 모델은 최선의 선택을 하기 위하여 필요한 지식을 가지고 있는 주로 경제학자들에 의하여 발전되어 왔다.

(1) 합리적인 의사결정단계는 다음과 같다:

① 문제를 정확하고 분명하게 정의한다.

② 모든 관련된 대안을 발굴한다.

③ 각 대안에 대한 정보를 수집한다.

④ 비용, 시간 그리고 다른 변수에 대한 완전한 기준을 수립한다.

⑤ 목적에 따른 기준을 평가한다.

⑥ 각 기준에 따른 각 대안을 평가한다.

⑦ 최대의 가치를 가지고 있는 대안을 산정하고 선택한다.

⑧ 각 대안의 결과를 알 수 있어야 한다.

합리적 의사결정과정에서는 위에서 설명한 단계들의 활동이 순차적으로 질서 있게 진행된다. 그러나 위의 엄격한 기준은 단순한 상황을 제외하고는 거의 충족되기 어렵다. 그러나 공공조직도 정부의 효율성을 높이기 위하여 과학적 관리법 혹은 관리과학과 같은 합리적 모형을 많이 사용하는 것을 볼 수 있다. 이러한 모형들은 수학적인 모형이나 혹은 높게 구조화된 의사결정과정들을 포함한다. 예를 들어 선형계획(Linear Programming)은 투입의 주어진 양을 가지고 얼마나 많은 산출을 얻을 수 있는지를 결정하기 위하여 수학적인 모형을 활용한다. 지난 몇십년 동안 정부의 운영을 향상시키기 위하여 많은 제안들이 합리적 의사결정방법들을 포함하는 접근법들을 지지하였다. 기획예산제도(Planning and Programming Budgeting System)는 연방정부의 예산과정에서 활용되었다. 그러나 국방성은 성공적으로 PPBS를 활용하였지만 PPBS를 수행하는 어려움 때문에 10년도 지속되지 못하였다. 목적을 누가 정하며, 목적을 결정하는 어려움, 계량화 문제, 이익집단을 포함하는 정치적 타협 등이 PPBS를 지속하기 어려운 걸림돌이었다. 미국의 전 대통령인 Jimmy Carter는 영기준예산(Zero Based Budgeting) 기술을 연방정부의 예산에 대한 통제를 실행하는 방법으로 사용을 제안하였다. ZBB의 기술은 그들의 예산이 마치 0인 것과 같이 여러 활동의 예산신청을 조사하는 것을 의미한다. 단지 기존 프로그램의 예산을 당연한 것으로 고려하기보다는 주요한 목적 및 가능한 예산의 재배정을 위한 체계적이고 합리적인 조사를 시행한다.

사람들은 공공조직이 사조직과 같이 Nixon 대통령 시절에 PPBS 대신으로 도입한 목표관리(Management By Objective)를 사용할 수 있다고 제안한다. 이 목표관리의 기술은 목적이 달성되었는가를 판단하는 업적평가와 개인과 부서들의 주요한 목적들에 대한 주의깊은 협상이나 구체화를 의미한다. 그러나 이 모형들을 공공조직에서 사용한다고 하더라도 역시 혼란스러운 문제들이 존재한다. 공공조직의 불분명한 목적, 정치적 영향 및 아주 복잡한 문제의 성격 등은 합리모형에서 언급한 단점과 같은 지적을 받으면서 위의 방법들이 오래 지속되지 못하였다.

행정행태에 대한 연구의 출현으로 합리모형은 비현실적인 이상적 가정을 고려하기 때문에 더욱더 비판을 받았으며 점증모형과 만족모형과 같은 경험적인 서술적 모형들에 의하여 그 명성이 가려졌다. 그러나 합리모형은 정책 및 체제분석에서 중요성을 인정받고 있다.

고전적 합리모형의 수정된 형태가 현재 정책분석에서 사용되고 있으나 비용과 많은 노력이 들기 때문에 선택적으로 활용되고 있다. 그러나 컴퓨터의 발달로 인하여 지속적으로 사용이 증가되고 있다.

우리가 정책분석방법이 합리적이라고 부를 때 주어진 목적을 실현하기 위하여 가장 능률적인 방법 혹은 수단을 선택하는 것을 의미한다. 이것을 우리는 수단적 합리성(instrumental rationality)이라고 부른다. 수단적 합리성은 최대의 바람직한 결과 혹은 최대의 이익을 생산하는 방법을 찾아내는 수단(means)을 의미한다. 수단적인 합리성이 주로 고려하는 것은 능률성이다. 반대로 실질적 합리성(substantive rationality)은 많은 종류의 가치를 관계하는데, 특히 목적(ends) 혹은 목적 그 자체의 우수성을 고려한다. 실질적인 합리성이 제기하는 질문은 "그것이 바람직한 것인가?" "만약 우리가 합리적이라면 그것을 원해야 하는가?" "무엇이 실질적으로 합리적인가?" 등으로 일반적으로 정치철학자, 현재에는 법원, 의회 및 정부의 다른 정책결정자에 의하여 논의되고 있다.

일반적으로 우리는 행정기관들이 실질적인 합리성보다는 수단적 합리성, 목적보다는 수단에 더욱 사로잡힐 것으로 우려한다. 이러한 경향은 신행정학의 비판대상이 되었다. 그러나 정책결정과 정책을 위한 가장 능률적인 수단 혹은 프로그램을 선택하는 것 사이의 구별은 실제로는 어렵다.

(2) 의사결정과정에서 수단적 합리성은 일반적으로 네 가지 단계에 의하여 특징된다.

① 정책의 목적이 주어진 것으로 고려한다. 즉 목적들은 외부 정책결정자에 의하여 주어진 것으로 가정한다. 또한 목적을 달성하기 위한 모든 가능한 대안 및 수단이 구체적으로 주어진다. 실제로 행정가들은 분석할 대안들의 틀을 결정하고 대안들 가운데 선택은 정치적이고 기술적인 고려에 의하여 결정된다.

② 모든 대안 프로그램과 혹은 절차들을 철저하게 분석에 붙이는 데 각 대안마다 관련된 모든 결과들이 바람직한 것인가 혹은 그렇지 않은가, 이미 의도한 결과인가 혹은 그렇지 않은가를 조사한다. 이 결과들은 확실히 알려질 수도 있고 혹은 많은 불확실성 혹은 위험을 포함할 수도 있다. 이 대안들의 분석은 주로 과거 경험을 토대로 한 예측을 포함한다.

③ 중요한 것은 각 대안들과 관련된 결과의 선호도에 따라 서열화하는 것을 의미한다. 예를 들어 고려하는 대안들 가운데 어떤 것은 경제적 그리고 환경적인 결과를 가지고 있으며 다른 것은 교육적인 결과를 가지고 있다. 결정하기 전에

의사결정자에게 이러한 대안들의 중요성이 서열화되어 있어야 한다.

④ 가장 가치 있는 결과를 가진 대안이 선택된다. 최적의 능률성의 조건이 만족되어야 한다. 선택의 기준은 이익을 최대화하는 것이고 가장 높은 가치를 가진 대안을 선택하는 것이다.

(3) 합리적 정책분석방법에 대한 비판

March와 Simon은 의사결정을 행정활동의 핵심으로 보았으며 합리적 모형의 세 가지 비현실적인 가정을 지적하였다.

① 대안들이 누구에 의하여 그리고 어떻게 분석되며 서열화되는지가 분명하지 않다. 분명히 가능한 모든 대안들을 검토한다는 것은 불가능하다. 선택사항 중 어떤 표본이 조사되고 연구되는지 그리고 그들이 어떤 기준에 의하여 선택되는지에 대하여 구체적이지 못하고 단지 대안들은 정책결정자에 의하여 선택된 것이라고 말한다. 본질에 있어서 결과를 결정하는 데 중요한 연구과정은 구체적이지 못하다. 이것은 연구를 시작하는 데 연구자의 재량적 혹은 비분석적 선택의 여지를 남긴다. 정치적 고려에 의하여 어떤 가능한 프로그램이 분석될 것이라고 결정한다면 탐색과정의 객관성 및 능률의 원칙에 대한 충실성은 의문을 갖게 된다.

② 그들의 두 번째 비판은 각 대안의 결과가 심지어는 분명하지 않다고 하더라도 알려져야 한다는 것이다. 즉 이것은 위험이나 불확실성이 어느 정도는 알려질 것을 가정한다. 그러나 우리는 결과들에 대하여 과소 및 과대평가한 사례가 많을 뿐만 아니라 결과를 아주 잘못 판단한 경우도 허다하다.

③ 마지막으로 그들은 의사결정자가 개인 혹은 집단이건 간에 대안들의 결과들에 대한 선호도들 가운데 일정한 서열을 가지고 있다는 가정 때문에 고전적 합리모형을 비판한다.

어려운 점은 어떤 프로그램을 선택한다고 하더라도 단 한 종류의 결과만을 가지고 있는 것은 아니라는 것이다. 한 프로그램은 바람직하든지 혹은 하지 않든 간에 많은 결과를 수반할 수 있다. 합리모형의 필수조건을 충족하기 위하여 우리는 결과의 한 종류(예: 환경의 결과)를 토대로 일련의 대안들을 비교해야 하며, 뿐만 아니라 그 대안의 모든 결과를 비교해야 한다. 예를 들어 한 대안 A가 어느 정도는 좋은데, 바람직하지 않는 건강결과와 어느 정도 바람직한 환경결과를 가지고 있다. 또 다른 대안 B는 좋은 건강을 가져올 수 있는 더 좋은 기회가 있으나 아주 나쁜 환경 및 경제결과를 가지고 있다. 당신은 어떤 대안을 선택하겠는가? 이 문제는 비교하는 대안들 가운데 선호도의 우선순위를 결정하여야 한다는 것이다. 이것은 대단히 힘든 작업이다. 한 대안만 가지고도 결과를 비교하기 어려운데, 대안들의 집단을 비교하면서 선호도의 우선순위를 결정한다는 것은 더욱 어려운 일이다.

이 외에도 다른 학자들의 비판에 의하면 인간의 심리적 구조와 조직 내외의 상황적 조건은 완전하게 합리적인 것이 아니라고 주장한다. 의사결정의 합리성은 거의 언제나 조직의 상황적 제약과 인간의 심리적 제약 때문에 불완전해지기 마련이다.[12)]

④ 상황적 제약

■ 불충분한 정보

정보가 부족하고 불완전하면 합리적 의사결정은 제약을 받을 수밖에 없다.

■ 의사전달체제의 장애

의사결정의 과정은 의사전달에 의존한다고 해도 과언이 아니다. 그러나 조직 내에 의사전달체계는 여러 가지 장애요소가 내포되어 있다.

■ 목표에 대한 합의의 부재

추구해야 할 가치나 목표가 모호하고 확인하기 어려운 경우가 많다. 특히 목표의 기준이 합리적으로 설정되기보다 결정자의 자의나 여러 이익집단과 타협에 의하여 설정되는 경우가 발생할 경우 합리적 의사결정은 어렵게 된다.

■물적 자원의 제약

물적 자원이 충분치 않으면 의사결정과정이 불충실해지며 최적의 대안을 시행할 수 없게 된다.

■ 의사결정자의 시간제약

시간제약이 심하면 의사결정상의 과오를 초래할 위험이 크다.

■ 권위주의적 통제, 선례존중, 낯익은 대안에 대한 선호는 창의성을 개발하는 데 장애가 발생한다.

---

12) Richard H. Hall, *Organization: Structures, Processes and Outcomes*, 5th ed.(Prentice-Hall, 1991), pp. 155-160; 오석홍, *op. cit.*, pp. 503-506(재인용); 정정길 외, 정책학원론, 대명출판사(2003), pp. 473-480.

■ 할거주의에 의한 제약

하위조직들이 자신 부서들의 관심사에만 집중하고 조직 전체의 목적에는 등한시하여 전체조직의 목적을 달성하는 데 장애가 된다.

■ 전문성에 대한 아집

범위가 좁은 전문성에만 집착할 경우 전체를 보기 어려우며, 또한 전문직의 지위를 유지하기 위하여 정보를 교환하지 않는 경우들이 발생한다.

⑤ 인간의 심리적 제약

■ 인간심리과정의 불완전제약

인간이 지각하고 사색하는 과정은 완벽할 수 없다. 그리고 지각과 사색의 과정은 개인의 경험과 지위, 역할, 가치관 등에 영향을 받기 쉽다.

■ 결정자의 성격에서 오는 제약

성격이 사람마다 다를 수 있다는 사실 자체가 대부분 집합적 과정인 의사결정의 합리성을 제약한다.

⑥ 실제의 의사결정은 합리모형에서 주장하는 합리적 · 분석적 결정이 아니라 습관과 직관에 의하여서도 이루어진다는 것이다.

(4) 비용편익분석에 대한 비판

다른 대안들의 여러 결과를 선호도에 따라 순서를 매기는 문제는 정책분석에서 대단히 힘든 일이다. 이러한 어려움을 피하기 위하여 모든 결과를 하나의 변수인 금전으로 변형시키는 것이다. 비용편익분석도 이러한 분석의 일종이다. 이 분석은 각 대안의 모든 비용과 편익을 가지고 사회에 대한 금전적 가치를 토대로 비교하는 것이다. 즉 결과에 대한 최적의 해결책을 발견하기 위하여 비교되는 것이다. 사회에 편익을 극대화하여 주는 대안이 가장 좋은 것이며 그 대안이 선택된다. 이를 위한 논리적 근거는 두 가지의 결정기준에서 발견된다. 이탈리아의 경제학자이고 동시에 사회학자의 이름을 딴 Pareto 기준에 의하면, 만약 적어도 한 사람이 결정에 의하여 혜택을 보고 그리고 다른 어떠한 사람도 나빠지지 않는다면 그 변화는 만들어져야 한다고 말한다. 물론 이것은 드문 경우이다. 더욱 자주 인용되는 것은 두 영국의 경제학자의 이름을 딴 Kaldor-Hicks 기준에 의하면 만약 한 정책변화에 의한 승자들이 패자를 보상하여 줌으로 더 나아질 수 있고, 잘 진행될 수 있다면, 그 정책은 선택되어야 한다는 것이다. 그러나 이 기준은 단순히 편익에서 비용을 뺀 순편익을 최대화하는 것을 추천한다. 물론 이것은 분명히 비민주적인 원리이다. 그러나 결국 모든 프로그램에서 얻은 편익을 모든 사람에게 공평하게 분배한다는 의미에서 정당화될 수 있다.

① 비용편익분석의 단점

그러나 비용편익분석의 단점으로 ① 무형의 편익이 금전적 가치로 환산되는 방법에 대하여 동의가 이루어지지 않았다. ② 비용편익분석은 전문가의 판단 대신에 경제적 및 기술적 능력을 토대로 판단한다는 것이다. 일반적으로 선택의 주요한 방법으로 비용편익을 사용하는 것은 분석하려고 하는 대안들을 측정하는데 단지 양적인 측면을 지나치게 강조함으로써 전문적인 판단 혹은 정치적 및 심리적 요인들에 너무 등한시하는 결과를 가져온다는 것이다. 예를 들어 무기체제의 영역에서 비용편익분석만을 지나치게 강조하는 경우 다른 체제의 융통성 혹은 복합적인 사용과 전략적 가치를 고려하는 것을 불가능하게 한다. 일반적으로 선택의 주요한 기준으로 비용편익만을 사용하는 것은 분석하고 있는 대안들을 양적으로 측정할 수 있는 측면만을 지나치게 강조함으로써 전문적인 판단 혹은 정치적 및 심리적 요인들을 너무 등한시하는 결과를 가져온다.

② 비용편익분석의 장점

반면에 비용편익분석을 지지하는 사람들은 심지어 이 분석이 단점을 가지고 있다고 하더라도 비용편익분석은 가정과 결과를 분석하여 우리의 선택을 더욱 확신시킬 수 있다고 주장한다. 예를 들어 무형성을 금전화하는 문제는 세분화되어야 하고 변화되어야 하는 현대사회 관행을 반영하는 것이다. 요약하여 심지어 문제가 있는 분석은 수정될 수 있을 뿐만 아니라 사회 및 정치적 행위를 지배하는 계층들에 의한 불평등을 해결할 수 있는 방안이 될 수 있다. 마지막으로 비용편익분석에 대한 정치적 영향 문제는 계속 논쟁의 주제가 되어 왔다. 일반적으로 이 분석의 지지자들은 객관성과 비정치성을 주장한다. 그러나 정책결정의 영역에서 비용편익분석은 결정적인 것이 아니라 단지 조언을 줄 뿐이다.

2) 점증모형(Incremental Decision-Making Process)

(1) 점증주의의 의미와 의사결정

1950년대 행정학 분야에 도입된 행태주의는 의사결정연구에 영향을 끼쳤으며, 처방지향적인 합리모형에 의하여 충족되지 않는 서술적 정확성에 관심을 가졌다. 의사결정은 조직이론에 중요한 초점이 되었고 이 시기에 경험적으로 정확성을 기하기 위하여 몇 개의 이론들이 발전되었는데, 그 중에 우리에게 잘 알려진 것이 점증모형과 만족모형이다.

의사결정의 점증주의는 현존하는 상황에서 점증하는 것을 의미하며 혹은 현존하는 상태에서 상대적으로 제한된 변화를 의미한다. 정부의 의사결정이 이러한 특징을 가지고 있는 것이라고 보는 사람들은 예산의 큰 변화에 대하여 별로 관심을 가지고 있지 않다. 그 대신 예산을 결정하는 관료들은 지난해에 비추어 약간 오르거나 내린 제한된 변화에 관심을 갖는다. 변화가 크면 클수록 더욱 반대를 자극하고 변화를 분석하는 과제는 더욱 복잡하여진다.

정치학 학자들은 점증주의가 정책결정과 예산과정을 정확하게 설명할 수 있는지에 대하여 지속적으로 논의하고 있다. 어떤 사람은 점증적 과정이 활동적인 정치적 이익집단들과 관료들 사이에 서로 유리하게 흥정을 자극하며 잘못된 급진적인 변화를 막을 수 있다고 주장한다. 다른 사람들은 점증주의는 정책결정과 예산과정을 아주 보수적으로 만들고 근시안적이며 존재하는 동맹(의회-관료-이익집단)과 정책을 지나치게 지지한다고 비난한다.

Charles Lindblom은 현실 정책이 실제로 점증적으로 결정될 뿐만 아니라 한 걸음 더 나아가서 점증적으로 결정되는 것이 바람직하다고 주장함으로써 서술적(descriptive) · 실증적(positive) 모형으로서만이 아니라 처방적(prescriptive) · 규범적(normative) 모형으로서 점증주의를 주장하고 있다.[13] Lindblom은 점증주의는 정부가 의사결정과정에서 사용할 수 있는 가장 가능한 접근방법이라고 한다.[14] 그는 정치적 동의나 타협은 공공정책과 프로그램의 목적을 모호하게 만든다고 한다. 그 이외에도 이러한 정책을 수행하는 공공관료들은 대중의 참여나 합의 구축을 통하여 정치적 지지를 얻지 않으면 안 된다. 그들은 그들보다도 경험이 저

13) Charles E. Lindblom, *The Policy-Making Process*(N. Y.: Prentice Hall, 1968).
14) Charles E. Lindblom, "The Science of Muddling Through," *Public Administration Review*(1959), 19, 79-88.

은 선거직 공직자에게 책무성을 지지 않으면 안 된다. 따라서 말한 목적과 정책이 모호해지는 경향이 있다.

① 수단과 목적의 혼합

수단과 목적을 분리하는 것은 불가능하다. 그러나 행정관료들은 목적에 대하여 말하지 않으며 그 목적이 지향하는 사회적인 영향에 관여한다면 이는 정치적으로 용납되기 어렵다. 그러나 그들은 정치적 합의나 지지를 달성할 수 있는 목적과 수단을 일괄적으로 밝히지 않으면 안 된다. 원래의 구체적 절차나 목적은 특히 강한 반발을 불러일으키고 일반적으로 합의가 이루어질 수 있도록 어느 정도 수정되는 것이 불가피하다. 때로는 정치적 지지의 필요성이 능률성 및 중요한 영향과 같은 그러한 기준보다도 더 중요할 경우도 있다. 그와 같이 행정관료들은 수단과 목적을 형성하는 데 가능한 대안들을 검토하면서 만족할 만한 수준을 갖도록 노력해야 한다. 그렇게 하기 위하여 행정관료들은 비교적 안전한 과거의 경험에 의존하게 되며 상대적으로 제한되고, 정치적으로 가능한 단계에 집중하게 된다.

② 흥정과 타협기술

점증모형은 정부의 목적에 대하여 분명하고 최종적인 정의를 하지 않는다. 이 접근법은 수단과 목적이 서로 혼합되어진 현실의 상황에서 시작한다. 분석은 제한되고, 서로 동의하고 받아들일 수 있는 대안들에만 관심을 집중한다. 의사결정과정은 실용적이고 주로 관련된 사람들 사이의 동의에 따른다. 그러므로 점증모형은 의사결정에 관심이 있는 참여자들간의 흥정과정으로 표현한다. 이 참여자들은 예산, 인사, 프로그램권한 혹은 자율권과 같은 지원을 증가하려고 시도한다. 가장 좋은 대안은 참여자들이 서로 동의할 수 있는 것이다. 즉 점증적인 접근의 결정도구는 합리적인 사람이 활용하는 객관적인 계산과 체제적인 평가에는 덜 관심을 가지나, 반면 이익을 서로 비례적으로 배분하고 갈등을 줄이며 서로 동의하는 것을 중요시하는 흥정과 타협기술에 더욱 의존한다. 따라서 합리모형이 경제학자들과 관계가 깊다면 점증모형은 일반적으로 정치학 및 행정학에 대한 정치적 접근법과 관련이 깊다.

점증주의모델은 자원의 할당에 대한 공공영역의 정책연구에 널리 사용되어 왔다.

Aaron Wildavsky의 「*The New Politics of the Budgetary Process*」는 예산결정

에서 점증주의 접근법을 장려한 것으로 가장 널리 알려진 책 중의 하나이다.[15] 그에 의하면 올해 연도 예산의 규모 및 내용을 결정하는 결정적인 요인은 작년 예산이라고 하였다. 이 관점에서 예산의 규모와 형태에 대한 결정은 대통령, 의회, 정당, 행정관료 그리고 그들의 선호를 반영하며 예산결정은 서로 경쟁하는 이익집단들의 타협 및 흥정에 의하여 결정된다. 이와 같이 점증주의결정의 결과는 누가 무엇을 얻느냐에 대한 문제에 동의를 가져올 수 있는 참여자들의 능력에 주로 의존한다. 점증모형은 의회와 같은 정책결정집단의 활동을 설명하는 데 적합하다. 공공정책결정에 점증적 접근법을 선호하는 다른 주요한 학자는 Charles Lindblom이다.[16] 그와 그의 동료들은 공공정책을 합리적이고 정보를 기초로 하는 분석을 따르는 것이 아니라, 사건이나 사태에 따라서 조금씩 변화하는 단기적 정책조건에 반응하는 것으로 보았다. 그래서 합리모형을 뿌리째 파헤쳐서 변화를 가져올 수 있는 접근법이라고 하여 Root Approach라고 하고 점증모형을 나무의 가지를 치는 식으로 조그만 변화를 의미하여 Branch Approach라고 부른다.

(2) 합리모형과 점증모형의 비교

Lindblom은 합리모형과 점증모형의 특징을 다음과 같이 요약하였다(표 9-2).

첫째, 분명한 가치선호가 드물다. 일반적으로 의사결정자들이 추상적인 목적과 가치를 간접적으로 반영하는 제안의 선호에 집착할 수 있다. 이것은 의사결정사들이 프로그램에 흥정할 수 있는 이유이다. 둘째, 수단(정책 혹은 프로그램)은 목적(목적 혹은 가치)과 구별이 되지 않는다. 셋째, 좋은 정책시험의 평가는 참여자들이 근본적으로 가치에 동의하지 않는다고 하더라도 그 정책에 동의하는 데 달려 있다. 넷째, 현상에서 약간 벗어난 단지 몇 개의 대안을 고려함으로써 대안의 분석은 수나 깊이에 있어서 제한되어 있다. 이것은 어떤 중요한 새로운 정책방향이 무시되거나 정당한 가치가 들려지지 않을 수 있다는 것이다. 그러나 그는 전 과정을 통하여 의사결정자들 사이에 거론된 관심 있는 영역들은 거의 포괄적으로 다루어질 만큼 넓었다고 주장한다. 부분들의 흥정과정에서 나타나는 것은 참여자들이 지지를 얻기 위하여 경쟁하면서 서로 조정하는 분권화한 다원론체제의 산물이다. 결정은 바람직한 목적과 가치에 지속적으로 근접하는 일련의 복잡

15) A. Wildavsky, *The New Politics of the Budgetary Process*, Glenview, Ill.: Scott Foresman(1988).
16) Lindblom, "The Science of Muddling Through," pp. 79-88.

적인 과정을 반영한다. 이것은 정책을 어떻게 성공적으로 달성하는가에 대한 이론적 이해를 가지고 있지 않기 때문에 경험적 분석이라고 보기보다는 분명히 정치적 분석이다. 간단히 요약하면, 점증주의는 부당하게 보수적인 의사결정을 초래하며, 정치적으로 힘이 없거나 조직화되지 못한 집단의 이익을 등한시하고 그리고 정치적으로 영향력 있는 집단을 선호한다는 것이 문제다.

〈표 9-2〉 합리모형과 점증주의의 비교

근본적 방법: 합리적-포괄적	지엽적 방법: 계속적-제한적 비교
1a 가치와 정책목표를 명확히 하는 것은 정책대안의 경험적 분석과는 명확히 구분되고 이 분석에 선행된다	1b 가치(목표)를 선택하는 것과 필요한 행동대안을 선택하는 것은 별개의 것으로 구분되는 것이 아니라 서로 밀접하게 얽혀 있다
2a 그러므로 정책은 목표-수단 분석을 통해서 작성된다. 먼저 목표가 분리된 후 이를 달성할 수단이 탐색된다	2b 수단과 목표는 명백히 구분되지 않으므로 목표-수단의 분석은 부적절하거나 제한적으로 이용되는 경우가 흔히 있다
3a '좋은' 정책인지의 여부는 목표를 달성하는 가장 적절한 수단인지의 여부에 달려 있다	3b '좋은' 정책인지의 여부는 다양한 분석가들이 그 정책에 얼마만큼 동의하느냐에 달려 있다
4a 분석은 포괄적이다. 모든 관련요소가 고려된다	4b 분석은 대폭 제한된다. ① 발생가능한 중요한 결과가 무시된다. ② 중요한 정책대안이 무시된다. ③ (정책에 의하여) 영향받는 중요한 가치가 무시된다
5a 이론에 크게 의존한다	5b 비교의 계속 때문에 이론에 의존할 필요성이 크게 약화되거나 거의 없다

출처: Charls Lindblom, "The Science of Muddling Through," pp. 79-88.

(3) 공공조직과 점증주의

Lindblom에 의하면 홍정과정은 제한된 변화를 선호한다고 주장한다. 특히 관료조직은 현상유지에 가까운 선택을 선호하므로 제한된 탐색에 익숙하다고 한다. 실제로 새로운 프로그램이나 접근법을 탐색하기 위하여 계획, 연구 및 전문성의 발전이 필요하나 이들 모두 비용이 많이 든다. 관료들이 거의 절박하고 긴급한 프로젝트에 시간을 보낸다든지, 계획보다는 오히려 위기에 반응하는 경향이 목격된다. 대부분의 행정부서는 오래될수록 세분화되어 하나의 영역에 몰두할 만큼 세분화의 정도가 높으면 자연히 새로운 프로그램을 추구하려는 노력엔

등한시하게 된다.

제한된 탐색의 원인은 새롭게 결정해야 할 선택이 주어졌을 때, 기존 표준운영절차를 사용하는 데 많은 제약이 따른다는 것이다. 표준운영절차는 March와 Simon에 의하면 조직의 운영계획이 정교하고 다소는 엄격한 일상적인 활동으로 구성되어 있는 것으로 특징된다고 한다.[17] 문제에 봉착하면 높게 성문화된 절차를 가지고 있는 행정부서는 일상적인 절차에 걸맞는 일상적 업무로 취급하면서 능률적이고 계획된 방법으로 이 상황을 취급할 수 있을 것이다. 물론 이 방법이 능률적이긴 하지만 문제를 다루는 혁신적인 대안을 발견하는 데는 제약이 된다.

한번 이 일상적인 업무가 결정되면 쉽사리 변경되기는 어렵다. 왜냐하면 일상적인 업무들은 이미 훈련, 인사, 시설과 장비의 세분화 등에 비용을 이미 지불하였기 때문이다. 또한 새로운 상황에 대한 가장 합리적인 방법인 상황을 재정의하고, 수정하며, 존재하는 프로그램을 일상적인 업무에 적합하게 결합시키는 것이 쉬운 일이 아니기 때문이다. 단지 실패할 경우에는 많은 비용을 들이면서도 새로운 일상적 과정 혹은 대안들을 만들려고 한다. 간단히 요약하여 공공조직의 결정들이 현상유지로부터 크게 벗어나지 않는 것은 대안의 채택을 얻어내기 위하여 이미 흥정과정을 통하여 동맹자들에게 합의한 자원들을 제시할 것을 이미 약속하였기 때문이다. 예를 들어 이해하기 가장 쉬운 것은 가치의 근본적인 질문을 거론하기보다는 과거의 자원분배를 토대로 새로운 자원을 분배하는 것이다. 그러한 경우 후자의 활동은 갈등과 교착상태를 초래하기 쉽다. 그 이외에도 탐색과정은 행정조직이 일정하고 능률을 가져다주는 표준운영절차에 의하여 제한된다는 것이다.

(4) 점증주의의 평가

① 공 헌

가. 점증주의의 가장 큰 공헌은 현실에서 이루어지는 정책결정의 실상을 가장 정확하게 기술하여 많은 사람에게 알렸다는 점일 것이다. 합리모형의 가정이 현실의 정책결정과 동떨어진 이상에 불과한 것임을 설득력 있게 지적한 점은 누구나 높이 평가하고 있다.[18]

---

17) James March and Herbert Simon, *Organizations*, New York: John Wiley & Sons(1958), pp. 141-150.

18) Yehezkel Dror, "Muddling Through-Science or Inertia?," *Public Administration Review*,

나. 의사결정을 위한 분석이나 협력은 바용이 많이 들기 때문에 투입되는 의사결정 비용보다 그 결과로 얻어지는 효과가 크도록 의사결정을 진행하여야 한다는 점을 명백히 하였다.

다. 점증주의가 정책대안의 정치적 실현가능성을 중시하게 된 것을 쉽게 알 수 있다.

라. 정책의 안전성을 도모하는 장점이 있으며 근본적인 변혁을 하지 않음으로써 정치적 갈등을 줄일 수 있다.

② 약 점

가. 현존의 정책에서 소폭의 변화만을 고려한다고 할 때 얼마만큼의 변화를 소폭의 변화로 볼 것이냐가 문제이다.

나. 안정적 사회를 염두에 두고 나온 이론이며, 또한 비록 안정된 사회라 하더라도 반드시 점증적으로만 정책이 결정되는 것도 아니라는 점이다.

다. 무엇보다도 처음의 결정 자체가 잘못되면 점증주의에 의해서 결정을 근본적으로 고칠 수 없다.

라. 시행착오 과정에서 환류되는 정보를 보면서 정책을 수정 · 보완하여 불확실성을 극복한 전략은 훌륭한 것 같지만 실제로 이러한 학습이 일어나지 않고 잘못된 정책이 계속 반복되는 경우가 많다.

마. 점증주의는 반혁신적 보수주의 옹호자라는 치명적 결함이 있다.

바. 점증적인 정책선택이 불가능한 불가분 정책(indivisible policies)에는 점증주의적인 정책결정모형의 적용이 어려워진다(예: 교량을 건설하느냐 혹은 하지 않느냐).[19]

3) 제한된 합리성(Bounded Rationality)모형: 만족모형

① 합리모형의 제약

현실적인 의사결정 상황은 합리모형이 가정하는 것과 같이 가치 혹은 목적을 분명하게 정의할 수 없다. 결과에 대한 지식은 항상 단편적이고 불완전하며 혹은 전적으로 이용하기 어렵다. 문제의 불확실성에 따른 대안들, 기준의 결핍, 그리고 대안을 선택하는 데 제반 영향들은 의사결정자의 판단력을 제한할 수 있

vol. 24(1964), p. 153.

19) Paul R. Schulman, "Nonincremental Policy Making: Notes Toward an Alternative Paradigm," *American Political Science Review*, vol. 69(1975), pp. 1354-1370.

다. 특히 비용과 시간의 제약은 충분한 정보를 수집하는 데 장애요인이다. 또 다른 중요한 제약은 정보를 선택하든지 혹은 그 정보를 활용하는 데 인간지각의 불완전성에 기인된다는 것이다. 인간의 제한된 인식능력은 문제를 해결하는 데 문제와 대안에 대한 단지 제한된 정보만 습득하거나 보유할 수 있다. 반면에 컴퓨터의 발전과 정보혁명의 막대한 진전은 인간의 인식능력을 도와주었고, 진전을 가져왔다. 그러나 현대조직에서 합리적 결정을 위하여 편견, 이기주의, 그리고 생물학적 제약에서 아직까지 탈피하지 못하였다.

② 만족모형의 필요성

조직과 행정이론에 대한 경험에 비추어 보면 비록 조직에서 인간의 행태가 전적으로 합리적이지 못하지만 그렇게 되기 위해 노력하는 것을 볼 수 있다. Simon은 1960대에 만족모형이 공공조직의 의사결정모형이라고 지적하였다. 그에 의하면 행정이론은 제한된 합리성의 이론, 즉 인간은 최대화할 수 있는 지혜를 가지지 못하였기에 적당히 만족하는 행태를 가지고 있다고 주장한다.

따라서 점증모형과 유사한 다른 형태는 March와 Simon이 제안한 의사결정모형들 가운데 만족모형(Satisficing Method)이다. 점증적 방법에서와 같이 탐색과 대안을 분석하는 과정은 이 방법에서도 단순하다. 만족모형은 한 의사결정자 혹은 집단의 첫 대안이 의사결정자의 최소한 기대 혹은 욕구를 충족하거나 초월하였다면 그 대안은 선택된다. 하지만 탐색한 후 그러한 대안이 발견되지 않으면 의사결정자의 기대와 최소한의 기준은 감소할 것이다. 또한 환경과의 경험이 의사결정자의 기대에 영향을 미치므로 의사결정자의 기준은 지속적으로 변할 것이다.

Cyert와 March[20]는 기업들을 연구하였는데, 그들에 의하면, Simon이 말한 바와 같이 중요한 결정들은 아주 합리적인 방법으로 의사결정을 하는 것보다는 기업의 관리자들이 만족하는 접근법을 따르는 것을 발견하였다. 체계적이고 목적지향적인 방법을 택하기보다는 떠오르는 문제에 대한 대안과 해결책들을 탐색하기 시작한다. 그들은 연속적으로 대안에 주의를 기울이고, 가능성마다 검토하며, 그들이 한 대안에서 문제를 발견하고 다른 대안으로 옮겨갈 때까지, 한 대안을 조사한다. 그들은 벤치마킹을 사용하는 경향이 있고 목적을 최대화하기 위하여 목적과 전략의 분명한 적용보다는 실용적인 방법(rule of thumb)을 사용한다.

20) R. M. Cyert and J. G. March, *A Behavioral Theory of the Firm*, Upper Saddle River, N.J.: Prentice Hall(1963).

여러 가지 대안을 동시에 검토하는 점증모형과 달리 만족모형은 첫 대안이 최소한의 기준을 만족시켜 주는지를 시작으로 연속적으로 각기 다른 대안들을 계속 검토한다. March와 Simon에 의하면 만족모형은 건초더미에서 가장 날카로운 바늘을 찾는 것과 바느질하기 적당하게 날카로운 바늘을 찾는 것 가운데 차이로서 합리모형과 대조를 이룬다고 설명한다.[21]

③ 점증모형과 만족모형의 차이

점증모형과 만족모형의 차이는 흥미롭다. 만족모형은 집단의 협상과정보다는 미리 정한 기준이 있다. 이러한 면에서는 합리모형과 유사하다. 대안들이 찾아지는 연속은 만족모형에서는 더욱더 중요하다. 왜냐하면 탐색과정, 현재 환경의 사건들 그리고 전문가의 관심이 점증주의보다는 만족모형에 더 많은 영향을 주는 경향이 있다. 이 두 모형들은 조직의 의사결정의 동태성을 나타내며 서로 관련성을 보여준다. 만족모형은 의사결정자인 개인이 어떻게 행동하는지를 설명하는 반면, 점증모형은 더욱 범위가 큰 정치적 환경에서 집단들의 의사결정을 설명한다.

④ 만족모형의 평가

ⅰ) 장　점

가. 실제의 의사결정을 설명하고 기술하는 경험적 · 실증적 연구로서 획기적이다.

나. 규범적 · 처방적 측면에서 커다란 장점이 있는데, 이러한 의사결정은 비용이 들어가는 작업임을 명백히 한 점이다.

ⅱ) 단　점

가. 최선의 대안이 아니라 만족할 만한 대안을 찾은 후에 대안탐색을 중단하게 되면 검토되지 않은 대안 중에 훨씬 더 중요한 대안이 있어도 더 탐색하지 않고 포기하게 된다.

나. 만족할 만한 수준을 객관적으로 결정하는 것은 어려우며, 사람마다 그 수준은 다를 수 있다.

다. 어느 정도 만족이 되면 대안을 찾는 작업이 중단된다는 Simon의 주장이 옳지만 중대한 의사결정에는 보다 분석적으로 이루어지는 것이 바람직하다.

21) Ibid., p. 141.

4) 혼합주사모형(Mixed Scanning)

◇ Etzioni의 배경

Etzioni는 1929년 독일에서 태어나 초기에는 Israel에서 대부분 지냈다. 그는 1954년에 Hebrew 대학에서 교육학으로 학사학위를 취득하였고, 초기연구는 주로 kibbutzim의 조직구조에 초점을 두었다. 그의 석사와 박사학위 논문도 이 주제를 다루었다. 그는 1958년 Berkeley에 있는 California 대학 사회학 분야에서 박사학위를 받았다. Etzioni는 Berkeley에서 Columbia 대학의 사회학과로 옮겼다. 1980년에 그는 George Washington 대학으로 옮겨 Washington의 정치무대에도 깊게 관여하였다. 그리고 그 곳에서 계속 머물렀다. 그의 경력을 통하여 그는 주로 사회학에 관여하였고, 1995년에는 미국 사회학회의 회장이 되었다. 또한 그는 열정적으로 조직행태 연구에 관여하였으며, 1980년 후반기에 Harvard Business School에 교환교수가 되었으며 그리고 Harvard Business Review에 발표하였다. 물론 그는 초기에 조직연구에 많은 시간을 보냈으나, 최근에는 사회학과 사회과학의 분야도 연구하였다. 이와 같이 그의 조직연구에 대한 기여는 주로 1960년대와 1970년대에 하였고, 다른 영역은 고전경제학이론과 지속적인 사회의 수준과정에 대한 분야였다. 그는 정치적으로 세계평화를 위하여 적극적으로 활동하였으며, Weber와 Talcott Parsons 이외에 자신의 학문발전에 많은 영향을 준 것은 그가 Berkeley에 있을 때이며, 그 당시 밀접한 관계를 가진 학자들은 Reinhard Bendix, Philip Selznick 그리고 사회학 분야에서 잘 알려진 Seymour Lipset 등이다.[22)]

Etzioni는 의사결정의 극단적인 합리모형의 이상주의와 점증모형의 보수성을 비판하고 타협을 가져올 수 있는 접근법을 제안하였다. 그는 행정관료들은 대규모 그리고 장기적인 의사결정과 제한된 범위의 의사결정을 만든다고 주장한다. 특히 후자에 속하는 결정들은 이미 전직자들이 선택하였던 것과 같은 많은 유사한 방향을 선택한다고 한다. Etzioni는 이러한 상황을 검토하면서 의사결정자들은 '혼합된 주사'를 통하여 더욱 포괄적이고 장기적인 대안에 집착하려는 것과 또 다른 하나는 큰 방향의 일부분인 더욱 구체적이고 점증적인 의사결정들에 초점을 두려고 노력한다고 제안했다. 의사결정자들은 점증주의의 단견을 막기 위하여 많은 주요한 문제와 대안을 고려하려는 시간을 가지면서 두 가지 관점

22) Miner, *op. cit.*, p. 554.

을 혼합할 필요를 느낀다. 그러나 그러한 넓은 주사도 합리모형이 말하는 그러한 포괄적인 분석을 포함할 수는 없다.

혼합주사모형은 점증모형의 다른 변형이며 점증모형의 약점을 교정하려 하였다. 점증모형을 비판한 Etzioni는 너무나 비용이 많이 들고 신속하지 못한 합리모형이나 혹은 현상유지를 지향하려는 집단들과 편견을 피할 수 없는 점증모형을 충분히 받아들일 수 없다고 주장하면서 탐색과 의사결정의 이중적인 방법으로 혼합주사모형을 설명한다.[23] 가능한 모든 대안들을 고려하면서 가장 가망성이 있는 선택을 위하여 세부적인 분석을 한다. 이러한 방법으로 개혁이 채택될 기회가 있게 된다. 그러나 완전한 탐색이 매번 있을 필요는 없다. 결정은 혼합된 형태이다. 계속적인 점증적 결정은 결국 가치의 근본적인 목적을 추구할 수도 있다. 한 모형을 버리고 다른 하나를 선택하는 것이 현명하지 않거나 비현실적일 수 있다.

실제로 혼합주사모형은 서술성과 처방성을 제안한다. 이것은 점증모형에 의하여 설명될 수 있는 점진적인 변화는 평범하다는 면에서 서술적이고, 근본적인 가치의 우선순위결정을 강조하는 점에서는 처방적이다.

반면에 점증모형은 서술적 그리고 정치적 측면에서 비난받고 있다. 점증모형은 서술적인 면에서 체계적인 계획이나 분석 없이 만들어지는 의사결정이기에 단기적인 관점만을 보게 되며, 기본적인 사회혁신을 무시하고 그리고 정치적 동향을 따른다는 것이다. 그러므로 이용가능한 연구나 과거의 경험들이 새로운 선택을 하는 데 효과적으로 활용되지 않으며 때로는 장애요인이 되기도 한다. 갈등은 의사결정과정의 에너지 혹은 정보들을 무력하게 하고 그리고 행동의 교착상태 및 지연을 초래하는 중요한 문제가 되기도 한다. 그러므로 개혁은 점증주의에서는 있을 수 있는 결과들은 아니다.

점증모형의 정치적 결과에 대한 비판은 국민의 상당부분의 권리를 빼앗는다고 Gawthrop[24]과 Etzioni는 지적한다. Etzioni는 더욱더 이 모형은 의원들과 행정결정자들이 영향력을 가지고 있는 잘 조직화되어 있는 강력한 이익집단들의

23) Amatai Etzioni, "Mixed Scanning as a 'Third' Approach to Decision Making," *Public Administration Review*, 27, 1967: 385-392.

24) Louis C. Gawthrop, *Administrative Politics and Social Change*, New York: St. Martin's Press(1971); Louis C. Gawthrop, *The Administrative Process And Democratic Theory*, Boston: Houghton Mlfflin Company(1970), pp. 242-250.

이익을 반영한다는 것이다. Gawthrop은 이 과정을 잘 조직화되어 있지 않은 거의 국민 대부분의 이익을 희생하면서 강력한 이익집단에 의하여 지배된다고 지적한다. 요약하면 점증주의는 미국 정치의 다원론모형에 의거하지만 정치모형의 기대를 충분히 반영하지 못한다.

〈혼합주사모형의 평가〉

장점 및 단점

혼합주사모형의 큰 장점은 모든 결정을 동일한 수준으로 보지 않고 근본적인 결정과 세부적인 결정 그리고 양극단 사이에 존재할 수 있는 많은 결정을 제시하여 의사결정간의 상호관계를 밝혔다는 점이다. 특히 혼합주사모형은 합리모형을 선택하여 점증주의의 약점을 없애고 그러면서도 합리모형의 치명적인 약점인 세밀한 분석을 정책의 수준에 따라 적절히 삭제 및 완화시킨 것이다. 그러나 합리모형과 점증모형의 단순한 혼합이 아니라 거시적 · 계량적 분석과 미시적 정밀분석의 혼합이며 근본적 결정과 그 후속결정을 할 때 따라야 할 분석방법을 단지 제시한 것에 지나지 않는다는 비판을 듣고 있다.

5) 의사결정의 집합모형

집단의사결정의 잠재적인 약점을 보완하고 높은 업적과 적극적인 태도를 증진할 수 있는 좋은 의사결정을 만드는 몇 개의 기법들이 개발되었다. 이 장에서는 이 기법들이 논의될 것이다.

지난 30년이 넘는 동안 집단의사결정의 제3의 방법들이 공공 및 사영역의 조직에서 제기되었다. 이들 접근방법의 기술들은 처방적이며, 이 방법의 예들은 Delphi 기법과 the Nominal Group 기법이다. 일반적으로 이 방법들은 집단회원들이 다양한 대안을 제시하게 하며 마지막 결정은 점증모형에서 활용하는 협상과정보다는 각 개인들의 선호도를 반영하는 투표방식에 의존한다. 이러한 의사결정의 집합모형은 점증주의하에 자주 발생할 수 있는 정치적 갈등과 난맥상을 피할 수 있는 장점을 가지고 있다. 이 장점을 요약하면,[25] 첫째, 합리주의 접근법이나 점증주의 접근법보다 더 폭이 넓고, 다양하며 그리고 혁신적인 대안을 발

25) Harold, J. Mahler Gortner and J. B. Nicholson, *Organization Theory: A Public Perspective*, 2nd(ed.), Chicago, Ill.: Dorsey Press(1997), p. 237.

굴할 수 있다. 둘째, 어떤 참여자들에 의한 전문성의 주장과 지위의 영향을 피할 수 있다. 셋째, 지나치게 일상화된 표준운영절차의 제약을 피할 수 있다. 브레인스토밍(Brainstorming)이 촉구되고 새로운 의견에 대한 미성숙한 비판도 피할 수 있다. 이 기법들의 가장 큰 의의는 과도한 동조과잉을 초래하지 않고 혹은 지나친 갈등을 야기하지 않으면서, 건전하고 집단 상호작용의 잘 균형된 수준을 유지하는 데 도움을 준다는 것이다. 특히 이 기법들은 다양한 집단에서 사용할 수 있으며 아울러 계획, 문제나 프로젝트간의 우선순위결정, 미래의 필요 및 자원의 탐색 그리고 목적설정 등에 주로 사용될 수 있다.

집단의사결정은 점증주의에 대한 비판을 어느 정도 해소하는 데 도움을 줄 수 있다. 분석의 단위로서 집단의 의사결정을 생각한다면 고려할 문제들이 있다. 즉 집단 의사결정은 개인의 의사결정과 어떻게 다른가? 개인의 의사결정 및 집단의 의사결정의 장점과 단점은 무엇인가? 그리고 집단의 의사결정의 질을 향상시키기 위하여 조직은 어떠한 방법을 가지고 있는가 등이다. 개인보다 집단이 참여함으로써 의사결정과정은 더욱 복잡하여질 것이며 목적에 대한 갈등은 집단의 의사결정을 더욱 복잡하게 한다. 이러한 갈등을 해결하기 위하여 계층제에 의한 결정에서부터 설득, 위원간의 동맹형성, 정치적 흥정 혹은 동의를 위한 기술 등이 넓게 사용되고 있다.

목적에 대한 갈등의 가장 극단적인 수준은 개방체제라고 부르는 상황이다. 이 경우에는 조직외부의 사람들, 즉 고객, 선거구민 및 이익집단 등이 의사결정에 참여한다. 많은 목적들은 잘 알려지지도 않기 때문에 집단의 구성원과 집단외부 사람들의 이익의 갈등을 예견한다는 것은 어려운 일이다. 이러한 상황하에서 의사결정은 점증모형을 사용하는 것이 유리하다. 집단의 내 · 외부 사람들간의 이익차이를 해소하기 위한 방법으로 타협 및 정치적 흥정이 사용된다.

① 장　점

많은 학자들은 집단의사결정이 개인의 의사결정보다 다음과 같은 이유 때문에 더욱 효과적이라고 한다.[26)]

ⅰ) 다수의 사람들은 한 사람보다 더 많은 정보를 수집할 수 있다.

---

26) Andrew D. Szilagyi, Jr. and Marc J. Wallace, Jr., *Organizational Behavior and Performance*, Scott, Foresman and Company(1983), p. 326.

ii) 다수의 사람들은 개인들보다 의사결정하는 데 고려해야 할 더욱 다양한 범위의 가치를 제시하기 쉽다.

iii) 다수의 사람들은 문제에 대한 다양한 관점을 제시할 수 있고 해결을 하는 데 더욱 창조적인 접근을 가능하게 한다.

iv) 사람들은 그들이 의사결정에 참여한다면 더욱 그 결정에 충성하는 경향이 있다.

② 단점: 집단사고

개인의사결정과 비교하여 집단의사결정의 장점에도 불구하고 많은 학자들은 집단의사결정의 단점을 지적하고 있다. 집단의사결정의 위험성은 '집단사고(groupthink)'의 현상이라고 Janis는 지적한다.[27] 그는 케네디 대통령시절에 Bay of Pigs 사건, 베트남 전쟁확산을 결정하는 Johnson 행정부의 결정, 일본의 Pearl Harbor 공격에 대한 준비실패 그리고 한국전쟁의 교착상태를 연구하면서 대통령의 보좌관들을 포함하는 집단과정은 실제로 효과적인 의사결정을 수립하는 데 장애를 가져왔다고 주장하였다. 그의 분석은 집단구성원으로부터 동의를 얻기 위한 압력은 그가 '집단사고'라고 이름을 붙인 8개의 주요한 징조를 초래한다고 주장하였다:

i) 난공불락(invulnerability): 대부분의 집단 구성원들은 분명한 위험들 혹은 다른 사람들의 의견을 무시하고 어느 누구도 빈박힐 수 없는 난공불락의 망상을 갖는다(집단에 대한 과대평가).

ii) 이론적 근거(rationale): 집단의 구성원들은 그들 스스로 자신들의 논리에 반박할 수 없다고 믿을 정도로 자신들의 사고와 충돌할 수 있는 정보의 다른 소스를 무시하는 합리성을 꾸민다(집단적 합리화).

iii) 도덕성(morality): 집단의 구성원들은 집단 주장의 고유한 도덕성을 무조건 믿기 시작한다. 이러한 믿음은 집단의 주장이 절대적인 도덕으로서 비쳐지는 경향이 있다. 자연히 반대의 의견은 악으로서 동시에 갖게 된다. 이 외에도 Janis는 그러한 생각들이 집단구성원들로 하여금 그들 행동의 윤리적 및 도덕적 결과를 무시하게 한다고 지적한다(도덕적 우월성).

27) Irving L. Janis, "Groupthink," *Psychology Today*(November 1971); Janis, *Victims of Groupthink*, Boston: Houghton Mifflin(1972).

ⅳ) 고정관념(stereotypes): 집단사고는 집단의 구성원들이 다른 사람 혹은 집단에 대한 고정관념을 갖게 한다. 예를 들어 반대하는 사람은 합리적인 주장을 거의 이해할 수 없는 악, 악마 같은 형태 혹은 저능아로 생각한다. 또는 남성은 여성보다 일반적으로 지능계수가 높다든지 혹은 백인은 유색인종보다 우월하다는 예를 들 수 있다. 그러한 고정관념적 사고는 효과적으로 다른 집단들과 합리적인 협상을 방해한다.

ⅴ) 압력(pressure): 집단의견과 반대의견을 가진 사람들은 집단의 압력을 받는다. 만약 어떤 회원이 난공불락, 합리적 근거, 도덕성 및 고정관념과 같은 집단의 환상을 의심한다면 그는 집단의 복지를 파괴하는 사람으로 낙인 찍히고 그리고 심지어는 집단으로부터 추방된다. 그와 같이 집단의 사고에 동의하고 집단의 사고를 혼란스럽게 하는 행동을 피해야 되는 압력이 존재한다.

ⅵ) 자제(self-censorship): Janis는 겁에 질려 이견이나 혹은 주장을 말하지 않고 패한 후에 측은하게 후회하는 고위협상들을 예로 들었다. 그의 관찰에 의하면 집단사고를 경험한 대부분의 구성원들은 조용히 말하지 않고 자리만 지키며 그리고 집단을 당황하게 하는 문제를 제기하지 않으면서 정도에서 벗어나는 경우를 많이 보았다고 한다. 이것은 동조하게 하는 집단의 압력에 대한 반응인 것으로 보여진다.

ⅶ) 만장일치(unanimity): 자제는 집단 내에 의견의 만장일치라는 환상에 기여한다. 잘못된 가정은 토론과정에서 조용하게 앉아 있는 사람들은 그 집단의 결정에 완전히 동의하고 있다는 것으로 보일 수 있다. 만장일치라는 환상은 구성원들로 하여금 집단의 결정에 만족하게 하고 다른 대안들을 적절히 고려하지 못하게 한다는 것이다.

ⅷ) 장막(mindguard): 집단의 만족을 혼란스럽게 할 수 있는 불리한 정보를 지도자나 혹은 집단의 중요한 구성원들이 받지 못하도록 장막을 친다. 예를 들면 Janis는 대통령은 이미 마음을 결정하였기 때문에 Bay of Pigs 침공계획에 반대하는 Arthur Schlesinger가 대통령과 만나지 못하도록 경고하는 법무부장관인 Robert Kennedy의 예를 인용하였다. 이와 같이 집단의 폐쇄적인 성격은 의사결정을 하는 데 비효과적일 수 있다. 이러한 문제를 피하기 위하여 최근에는 집단의사결정의 3개의 접근법들이 많이 사용되고 있다: the Nominal Group Technique, the Delphi Technique 그리고 the Vroom-Yetten-Jago model. 그

이외에도 다양한 방법들이 소개되고 있다.

6) Brainstorming

때때로 집단들은 당연히 그들이 해결해야 할 문제와 기회에 대한 폭넓고 다양한 관점들을 고려하지 않는다. 어떤 경우에 집단의 구성원들이 다른 대안을 적절히 고려하지도 않고 결정한다. 브레인스토밍은 집단들이 의사결정을 하기 위하여 광범위한 범위의 대안을 탐색하기 위하여 사용하는 자발적이고 참여적인 의사결정기법이다.[28]

브레인스토밍의 절차는 다음과 같다.

(1) 집단구성원들은 책상 주위에 둘러앉는다. 그리고 구성원 각자는 답변하면서 문제 혹은 기회를 설명한다.

(2) 집단구성원들은 어떠한 의견이라도 비평은 삼가고 자신들의 의견과 다른 사람들의 의견을 자유스럽고 공개적인 방법으로 논의한다.

(3) 집단구성원들은 그들의 의견이 아무리 극단적이라도 관계 없이 서로 공유하고, 가능한 한 많은 의견을 개진하며 그리고 서로의 제안을 보완한다.

(4) 집단의 한 구성원은 의견들이 개진될 때 그 내용을 칠판 혹은 풀립차트(flip chart)에 기록한다.

비록 브레인스토밍 집단들이 다양한 대안을 탐색하는 데 유용하게 사용되기는 하나 한 비판적인 연구에 의하면 브레인스토밍 집단이 하는 것보다 집단에 속하지 않은 따로 탐색하는 개인들이 더 많은 의견을 제시할 수도 있다는 연구도 있다.[29] 그러한 이유는 두 가지로 요약될 수 있다.

첫째, 브레인스토밍의 집단들은 아무리 이상하고 괴팍한 의견을 제시한다고 하더라고 서로 공유하며 그리고 비판은 삼가하도록 되어 있으나 집단구성원들은 비난을 받을까 두려워 그러한 의견을 제시하지 않는 경향이 있다. 둘째, 브레인스토밍을 사용할 때 구성원들의 의견을 제한하는 장애요인들이 있을 수 있다. 즉 다른 사람들의 의견을 들을려고는 하나 대안을 탐색하는 데 자신들의 의견을 제

28) A. S. Osborn, *Applied Imagination*, New York: Scribners(1957).

29) T. J. Bouchard, Jr. and J. Barsaloux and G. Drauden, "Brainstorming Procedure, Group Size and Sex as Determinants of the Problem-Solving Effectiveness of Group and Individuals," *Journal of Applied Psychology*(1974), 59, pp. 135-138.

시하기를 꺼려 한다는 것이다. 또한 다른 사람과 의견을 나누기 위하여 그들의 순서를 기다리는 동안 그들의 의견을 잊을 수 있다는 것이다. 한 번에 한 사람만이 의견을 제시할 수 있기 때문에 제시할 수 있는 많은 다른 의견들의 발표는 제한될 수밖에 없다. 전자 브레인스토밍은 이러한 문제를 극복할 수 있다. 집단구성원들은 개인 컴퓨터를 가지고 있어서 자신들의 의견을 기록하는 반면 그들의 컴퓨터에 다른 사람들이 기록한 대안들을 접할 수 있다. 전자 브레인스토밍은 브레인스토밍 집단들이 서로 만났을 때 발생하는 장애요인들을 어느 정도는 해소할 수 있다.

7) TQM(Total Quality Management)에서 사용되는 집단의사결정기법

TQM은 조직의 상품과 서비스 그리고 그들의 생산능률을 증진시키려는 철학을 가진 실용적인 기법이다. TQM은 집단의 의사결정을 향상시키기 위하여 두 가지의 의사결정인 Benchmarking(참고점)과 Empowerment(권한부여)를 사용한다. 이러한 기법들의 목적은 집단의 구성원들에게 제안을 하도록 장려하고, 비용을 절감하는 방법을 모색하기 위하여 지식을 활용하며 그리고 소비자를 만족시키기 위하여 질을 제고하는 것이다. 예를 들면 Benchmarking과 Empowerment는 생산환경에서 상품의 결함을 줄이고, 소비자 부서에서 소비자의 불만을 해소하는 데 걸리는 시간을 단축하며 그리고 회계부서에서는 소비자들이 이해하기 쉽게 영수증을 발급하는 것이다.

Benchmarking은 집단들이 의사결정을 집단구성원들이 대안들을 평가하려고 할 때 무엇을 위하여 노력해야 하고 혹은 무엇을 달성하려고 하는지를 정확히 파악한다는 것은 쉬운 일이 아니다. 집단의 전반적인 목적은 업적과 질을 향상하는 것이나 업적과 질의 수준이 집단의 구성원들에게 분명하지 않을 수도 있다. 그러나 Benchmarking은 집단들에게 그들이 무엇을 달성해야 하는지를 파악하는 것을 도와준다.

Benchmarking은 고객에게 현재 가장 질이 높은 상품과 서비스를 제공하고 있는 집단 혹은 조직을 선택한 후 그들을 모델로 삼는 것이다. 집단의 구성원들은 질적인 면에서 Benchmarking 집단 혹은 조직과 비교한 후 Benchmarking 집단 혹은 조직의 표준치에 도달하기 위하여 그들이 사용하는 방법을 채택하려고 최선의 노력을 한다.

Empowerment는 TQM의 기본원리가 업적을 수행하는 근로자들이 업적과 질을 향상시키고 그들의 과제와 상품을 변경하도록 권한이 부여되어 가장 좋은 입장에 있다고 믿기 때문에 업적과 질의 향상은 전 조직구성원의 책임이라는 것이다.

Empowerment는 조직의 근로자들에게 결정할 수 있는 권한과 그들의 결과에 책임을 지게 하는 과정이다. Empowerment는 관리자와 다른 근로자들에게 그들의 결정에 대하여 생각하는 방법을 비교적 자유스럽게 변경할 수 있도록 해준다. 결정을 하는 관리자와 그 결정을 수행하는 근로자들보다 오히려 Empowerment는 결정하는 책임을 조직의 모든 구성원들이 공유할 것을 요구한다. 다시 말해 Empowerment는 작업집단이 업적과 질을 향상하기 위한 방법을 스스로 선택할 수 있도록 그들의 책임을 확인하여 주는 것이다.

8) the Nominal Group Technigue(NGT)과 Delphi 기법

(1) NGT

이 기법들은 주로 집단의사결정할 때 발생할 수 있는 집단사고의 문제를 극복하기 위하여 설계된 것이다.

● the Nominal Group**은 다음과 같이 진행하는 개인회원들의 공식적인 모임이다**[30]**:**

① 각 회원은 다른 사람과 상의 없이 문제에 대한 그들의 생각과 대안들을 서면으로 표현한다.

② 약 15분 동안 아이디어 제출이 끝난 후 각 회원들은 다른 사람들과 의견을 나눈다. 매번 돌아가면서 한 회원의 순서가 왔을 때 단지 하나의 의견만 제시한다.

③ 각 회원이 한 아이디어를 말하였을 때 기록자는 칠판에 그 아이디어를 적는다. 이 과정은 그 아이디어가 누구의 것인지 관계없이 모든 아이디어가 목록표에다 작성될 때까지 계속된다.

④ 칠판에 적혀 있는 모든 아이디어들을 통해 그들의 장점, 실현가능성 및

30) Andrew D. Szilagyi, Jr. and Marc J. Wallace, Jr., *Organizational Behavior and Performance*, Scott, Foresman and Company(1983), p. 328.

모든 다른 긍정적인 측면을 논의한다.

⑤ 그리고 나서 그 집단은 제출된 아이디어들의 선호도의 순서를 매기면서 투표한다. 투표결과에 따라 집단의 선택을 결정한다.

NGT는 집단구성원들이 의사결정하는 것을 도와주며 그리고 집단구성원들의 모든 의견을 고려할 수 있는 기회를 주는 장점을 가지고 있다. 반면에 결정하는 데 많은 정보가 필요하다든지 혹은 수차의 회의가 요구되는 복잡한 결정에는 적합하지 않다. 뿐만 아니라 NGT가 모든 집단의 구성원이 선택한 대안에 만장일치로 동의를 요구하는 경우에는 적절한 기법이 아니다.

(2) Delphi

Delphi 기법은 the Nominal Group Technique(NGT)과 대단히 비슷한데, 단지 Delphi 기술의 회원들은 물리적으로 분산되어 있고 집단의 결정을 위하여 회원들 서로 얼굴을 맞대고 만나지 않는다는 것이다. NGT의 각 단계에서 참여자의 자유스러운 판단에 혼동을 가져올 수 있는 상호간의 접촉을 줄여나가는 것을 강조한다.

전문가집단들이 결정을 숙고할 때 상담자 혹은 전문가들의 도움도 받으며 최종적인 결정에 도달하기 위하여 적절한 과정을 따른다. 그들은 이 과정을 위하여 단순한 Delphi 기법을 사용할 수도 있다. 일반적으로 집단의 위원들은 전문가들이고 합의된 결정을 하기 위하여 상호작용하고 노력한다. 이 방법은 주로 기획, 예측 및 활동과 프로그램 사이에 우선순위를 결정하기 위하여 조직에서 사용된다. 이 방법의 적용은 주제와 내용에 따라 다양하다. 특히 개인들의 의견과 다른 사람의 영향을 받지 않고 선호도를 표현하는 것이 이 기법의 주요한 특징이다. 그러기 위하여 위원들 사이에 지위의 장벽을 줄이고 자유로운 의사소통을 장려하며 역시 고위직에 있는 사람이 부당하게 말에 무게를 주는 경향을 줄이는 것이 무엇보다도 중요하다. 특히 델파이 기법은 위원회나 전문가토론 또는 다른 형태의 토론에서 나타나는 여러가지 왜곡된 의사전달의 원천을 제거하기 위하여 고안되었다. 즉 한 사람에 의하여 토론과정이 지배된다든지, 동료집단의 의견에 따라야 되는 압력, 권력 있는 사람의 의견을 따라야 하는 곤란함 등 여러 가지 문제를 해결하기 위하여 고안하였다. 따라서 참여자의 익명성이 철저히 보장되고 개개인의 판단을 집계하여 몇 회에 걸쳐 참여한 전문가들에게 알려주어 사회학습의 기회를 제공하고 이렇게 함으로써 이전의 판단을 수정할 수 있도록 한다.

그러나 기본적으로 Delphi 기법은 정보에 근거한 의견들을 활용하면서 합의를 가져오기 위하여 집단의 판단을 다듬는 방법이다.

● **Delphi 기법의 과정은 다음과 같다:**

① 집단이 논의할 수 있도록 분명하고 잘 정리된 문제 혹은 질문을 준비한다.

② 토의가 시작되기 전에 질문 혹은 문제에 대하여 모든 참여자는 서면형식으로 생각을 적어낸다. 이것은 다양한 의견을 최대화하는 것이다.

③ 다양한 의견이 방해받지 않는 환경에서 토의를 시작한다. 그러나 결정을 위한 로비는 근절하고 강력한 위원에 의한 지배도 배제한다. '집단사고(group-think)'는 피해야 할 단점이다. 토론이 한바퀴 돌면 주의하여 비밀로 생각한 의견들을 적어낸다. 그리고 전 토론내용을 요약하여 참여자에게 전달된다. 이 의견들은 다시 논의되며 이에 대한 생각을 다시 적어내어 다시 토의하는 과정이 반복된다. 결국에는 결과는 분명하고 구체적이며 그리고 우선순위가 매겨진 형태로 동의가 이루어진다.[31]

이러한 과정을 거치면서 집단의 각 회원은 제기된 문제에 투표하며 각 개인들의 투표의 합이 집단의 선택을 결정한다.

이 과정들의 마지막 단계는 목적, 프로그램 혹은 그 동안 제출된 대안들의 우선순위를 결정하기 위하여 투표에 붙인다. 우선순위가 매겨진 많은 대안들의 수를 줄이기 위하여 각 참여자는 가장 우선순위가 높은 대안을 5개 정도 선택한다. 그리고 다양한 투표방법을 사용하여 투표에 붙인다. 예를 들면 각 참여자는 수집된 대안들의 순서를 매기기 위하여 1에서 5의 숫자를 사용하여 우선순위를 정한 다음 가장 높은 점수를 받은 대안을 선택한다.

이 방법의 목적은 개인들의 판단력을 장려하는 것이다. 집단의 진정한 선호를 바탕으로 하는 합의는 각 대안들의 찬성 혹은 반대를 하는 데 도움을 주는 토의를 한 후에 즉각적으로 우선순위를 결정하면서 가장 합의된 대안이 선택된다.

---

31) Harold, J. Mahler Gortner and J. B. Nicholson, *Organization Theory: A Public Perspective*, Chicago, Ill.: Dorsey Press(1987), p. 267.

컴퓨터는 우선순위를 결정하는 데 사용될 수 있다.

(3) 문 제 점

집단의사결정의 과정은 고려할 몇 가지 문제를 가지고 있다. 첫째, 공공조직이나 고객들이 어느 정도 이 과정이 합법적이라고 판단하느냐에 달려 있다. 점증모형은 협상이 없는 결정은 받아들일 수 없다고 할 정도로 정치사회에 이미 뿌리를 내리고 있다. 만약 이 과정의 합법성이 문제가 된다면 집행도 적절하게 이루어지지 못할 것이다.

둘째, 이 과정의 각 단계에서 고위직 혹은 정치적으로 능력 있는 지도자들의 영향 및 설득은 최대한 배제하도록 설계되어 있다. 정치는 순수한 선호 혹은 관심을 왜곡하는 경향이 있다는 가정에 대한 논의가 있어야 할 것이다. 물론 정치는 양면성을 가지고 있다. 정치는 특정한 목적을 위하여 사람들을 조정 혹은 이용하는 행위를 할 수 있다. 반면에 정치는 넓은 사회의 이익과 원리를 표현하는 도구로도 활용된다. 정치의 기술인 설득은 목적을 분명하게도 할 수 있고 불분명하게도 할 수 있다. 그러나 흥정 혹은 협상은 목적과 자원에 대한 갈등을 해결하는 효과적인 방법이다.

셋째, Delphi 기법의 최대의 장점은 집단의 구성원들이 나라 혹은 세계 각처에 흩어져 있을 때 집단의 구성원들이 직접 만나지 않아도 사용할 수 있다는 것이다. 그러나 최대의 단점은 Delphi 기법은 시간을 많이 요구한다는 것이며, 그리고 집단구성원들간의 상호작용을 허용하지 않는다는 것이다. 때로는 즉각적으로 질문에 답하기 위하여 전문가의 조언이 필요한 경우도 있고, 혹은 주의 깊게 답변하기 위하여 시간이 필요한 경우도 있다.

9) 쓰레기통모형

쓰레기통모형은 조직의 구성단위나 구성원 사이에 응집성이 아주 약한 혼란상태에서 이루어지는 의사결정의 특징적 측면을 강조하는 모형이다.[32]

쓰레기통 은유는 조직의 의사결정은 특정한 의사결정의 기회나 요구가 일어날 때 만들어진다는 관찰에서 나온 말이다. 쓰레기통과 같이 이러한 예들은 무질서한 형태로 쓰레기통 속에 많은 다양한 물질이 던져져 있는 것을 의미한다.

32) M. Cohen, J. March and J. Olsen, "A Garbage Can Model of Organizational Choice," *Administrative Science Quarterly*, vol. XVII No. 1(1972), pp. 1-25.

March와 Olsen은 조직의 의사결정을 정확히 설명하기 위하여 쓰레기통모형을 시도하였다. 점증모형이나 만족모형은 의도한 문제에 대해 어느 정도 이해할 수 있고, 그리고 대부분의 조직에서는 비현실적이긴 하나 개인과 조직의 행동간의 관계에 대한 예측의 정확성을 어느 정도는 제시하고 있다. 이와는 반대로 쓰레기통모형은 여러 가지 문제와 해결방법들이 쓰레기통 속에 쓰레기와 같이 담겨져 있는 것을 의미한다.

Simon의 저서들을 통하여 볼 때 조직에는 항상 어느 정도 가능한 한 합리성이 요구된다는 묵시적이고 규범적인 주장들이 흐른다. 그와는 반대로 March는 그러한 입장과 다르다. 다음과 같은 그의 관점이 이 주장을 요약한다고 볼 수 있다:

"관심 있는 사람과 조직들은 스스로 복잡한 이론을 만들려고 한다. 이러한 이론을 만들기 위하여 때때로 그들은 적절하지 않은 기술을 가지고 이성의 기술을 보완하지 않으면 안 된다. 사람들과 조직들은 그들이 좋은 이유를 가지고 있지 않더라도 해야 하는 방법을 아는 것이 필요하다. 항상 그렇지 않고 항상 일반적이지 않으나 때때로는 그렇다. 그러나 그들은 자주 생각하기 전에 행동하곤 한다."[33]

이러한 오리엔테이션에서 조직에서 쓰레기통모형이 탄생하였다. 쓰레기통모형은 조직의 무정부가 존재하는 상태에서 적용된다. 그리고 응집성이 약한 대학의 상황은 그러한 내용의 이상적인 예로 인용된다.

(1) 무정부 상태는 다음과 같다:

① 불확실한 목적-선호도가 정의되지도 않았고, 일정하지도 않으며 그리고 행동의 기준이 되기보다는 오히려 행동을 통하여 기준이 매우 자주 발견되고 바뀐다.

② 불확실한 기술-정부는 그 자신의 과정을 이해하지 못하고, 과거와 모방의 사건들과 그리고 필요의 강도에 따라 학습하면서 시행착오를 겪는 운영을 한다.

③ 유동적인 참여-참여자들은 자주 변한다. 그리고 참여자에 의하여 조직에 준 관심의 정도는 의미 있게 다르다.

---

33) J. March and J. Olsen(eds.), *Ambiguity and Choice in Organizations*, Bergen, Norway: Universitsforlaget(1976), p. 423.

현실적으로 대부분의 의사결정상황은 목적이 모호하고 조직의 의도를 나타내는 일련의 선호도도 불명확한 경우가 많다. 뿐만 아니라 인과관계 역시 불투명하며, 기술도 정의하기 어렵고, 환경 또한 이해하기 쉽지 않다. 과거의 사건들은 참여자들에 의하여 다르게 해석될 가능성도 있다. 중요한 결정자들의 주의나 참여가 불명확하다. 왜냐하면 그들은 이미 자신들을 위하여 다른 직업을 가지면서 결정에 참여하기 때문이다. 조직들도 아주 느슨하게 연결('loosely coupled')되어 있다.[34] 조직의 구성원들 혹은 부서들은 서로 느슨한 통제와 의사소통을 가지고 있다. 그리고 누가 무엇을 결정할 권한을 가지고 있으며 누구를 위하여 결정을 하는지도 분명하지 않다. 그 이외에도 사람들은 자신들이 다른 문제들에 휩싸여 있기 때문에 중요한 문제에 직면한다고 하더라도 아주 느슨하게 취급한다. 사람들은 조직에서 들락날락하고 위원들과 같이 의사결정상황에서도 나왔다 들어갔다 한다. 문제나 잠재적인 해결책도 상황이 변함에 따라 역시 변한다. 선택의 기회도 역시 나타난다. 위원은 결정을 만들려고 하고 혹은 관리자는 해야 할 업무를 찾는다. 해결책은 문제를 찾는 것일 수 있고 그와 같이 문제, 의사결정 참여자, 해결책 그리고 선택의 기회 등이 상대적으로 서로 관계없이 흘러간다.

(2) 의사결정 방법

의사결정은 이러한 모든 요소들이 서로 의사결정을 만들기 위한 방향으로 모여져 있을 때 이루어진다. 이 모형은 이 요소들간의 연계가 필연적인 것보다는 우연적임을 강조한다. 즉 그들은 합리적인 계산에 의하여 만들어진 것이 아니고 동시에 발생한 사건들과 일치하여 만들어진 것이다.

이 모델의 제안자들도 이 모형은 언제 어디에 사용하면 좋은지를 분명히 말하지는 않았다. 그러나 많은 학자들은 이 모델을 공공조직 및 교육기관에 주로 적용할 것을 제안하였다. 특히 Hickson과 그의 동료들은 의사결정의 이러한 형태는 사영역의 조직보다는 공공조직에서 더 자주 일어나는 것을 발견하였다.[35]

이러한 상황하에서 목적에 대한 최적의 수단을 선택하는 관점에서 본다면,

---

34) K. E. Weick, *The Social Psychology of Organizing*, Reading, Mass.: Addison-Wesley(1979); J. G. March and J. P. Olsen, "Garbage Can Models of Decision Making in Organizations," In J. G. March and R. Weissinger-Baylon(eds.), Ambiguity and Command, White Plains, N. Y.: Pitman(1986).

35) D. J. Hickson and others, *Top Decisions: Strategic Decision Making in Organizations*, San Francisco: Jossey-Bass(1986).

이 의사결정모형은 목적달성을 위한 성실한 방법이라고 볼 수는 없다. 목적은 단지 특별한 제안을 고려하거나 그들을 받아들일 수 있느냐 혹은 없느냐를 논의하는 과정에서 정의된다.

이 모형의 의사결정방식은 진빼기결정(choice by flight)이다. 해결할 주된 문제와 관련된 문제들에 대한 결정이 이루어지지 않을 때, 관련된 문제들이 스스로 다른 의사결정기회를 찾아서 떠날 때까지 진을 빼면서 기다려서 결정하는 것이다. 또 다른 방법은 날치기통과(choice by oversight)이다. 다른 문제들이 제기되기 전에 재빨리 의사결정하는 것을 말한다. 다른 문제의 해결도 동시에 등장할 것이라고 예상되는 성가신 참여자가 있을 경우, 이 사람이 참여하기 전에 결정을 해버리는 것이다.

(3) 장점과 문제점

이 모형은 관료제의 의사결정에서 종종 볼 수는 있지만 많은 관심은 받고 있지는 않다. 이 모형은 역시 서술적이지만 더욱 정확하게 서술적으로 보는 상황에 대한 연구는 아직 불충분하다. 이 쓰레기통모형은 변화의 상황에서는 더욱 정확하다. 즉 조직의 목적과 기회가 아주 모호한 경우이다. 이 모형은 조직의 무정부상태에서 적용하는 데 장점이 있다. 그러나 이 상태에서 어떠한 제약이 있는지는 분명하지 않다.

10) Allison의 모형

집단 의사결정모형 가운데 국가의 정책결정에 적용한 모형 중 가장 잘 알려진 것이 Allison의 세 가지 모형이다. 그는 이 모형을 이용하여 1960년대 초에 쿠바가 소련으로부터 미사일을 도입하려고 하였을 때 미사일이 운반되지 못하도록 미국의 해상봉쇄라는 대안을 채택한 이유를 설명하려고 하였다.[36)]

Allison은 정부의 정책결정과정을 설명하기 위하여 세 가지 모형을 제시하였다: ⅰ) 합리모형(Model Ⅰ), ⅱ) 조직과정모형(Model Ⅱ), ⅲ) 관료정치모형(Model Ⅲ). 이 모형들은 상호 배타적이다. 집단 의사결정모형으로 합리모형과 조직모형은 이미 전에 설명하였다. 그러나 그는 과거 집단 의사결정모형에서 소홀히 다루

36) Graham T. Allison, *Essence of Decision Explaining the Cuban Missile Crisis*, Boston: Little, Brown and Company(1971); Graham T. Allison, "Conceptual Models and Cuban Missile Crisis," *American Political Science Review*, vol. 63 No. 3(1969).

었던 공공정책결정에 관한 정치모형을 보완하였다. 공공관료사회는 전쟁터로 비유하듯이 다양한 정치 액터(actors)들이 자신들의 이해관계를 확고히 하기 위하여 각축전을 벌리는 곳이기에 정치모형을 이해하지 않고는 행정현실을 이해하기 어렵다.

국가의 정책을 결정하는 정부에 대한 가정을 세 모형이 각각 달리하고 있다. 합리모형은 정부를 잘 조정되고 응집된 유기체로 간주하고, 조직모형은 정부를 반독립적인 하위조직들이 느슨하게 연결되어 있는 집합체로 간주하여 서로 견제와 균형을 유지하며, 정치모형은 서로 독립적인 정치적 참여자들의 집합체로 간주하여 흥정과 타협을 한다는 점에서 점증모형의 성질과 유사한 점을 가지고 있다. 이와 같이 세 모형은 다른 속성을 갖게 된다.

(1) 합리모형

공공조직 및 정부는 국가의 목적을 극대화시키는 대안을 선택한다고 본다. 정부는 합리적이고 단일한 결정자이며 일관된 선호, 일관된 목표, 일관된 평가 기준을 지니고 있다. 정책결정에 참여하는 사람들은 국가의 전체 이익을 위하여 개인의 이익을 고려하지 않는다. 오로지 국가의 목표이고 개개인의 이익이 충돌되는 일이 없다.

조직의 구성원들은 합리적인 정책을 결정하기 위하여 최선을 다한다. 그러나 이상과 같은 합리모형의 정책결정은 현실적으로 존재하기 어렵다. 즉 집단 의사결정이 합리적으로 이루어지는 경우는 드물다. 예를 들면 외교정책이나 국방정책에서만 합리모형이 설득력이 있는 경우가 많다. 국가 전체의 운명에 관한 정책에 대해서는 모든 국민이 한마음이 되어 움직이기 때문에 합리모형에 가까울 경우는 많으나 모든 공공조직의 정책에 대해서는 이해관계가 다른 사람들이 참여하기 때문에 적용하기 어렵다.

(2) 조직모형

느슨하게 연결된 반독립적인 공공조직들의 집합체가 결정의 주체이다. 각 정부의 부처는 업무가 서로 다르기 때문에 수평적으로 나누어져 있고 각 부처를 수직적으로 본다고 하더라도 서로 다른 부서들이 서로 다른 전문성과 전문적 권위를 가지고 있어 완전히 종속관계에 있지 않다.

이들은 서로 다른 목표를 가지고 있고 때로는 이해관계가 다르기 때문에 서로의 갈등은 불가피한 현상이다. 각 공공조직들은 자신들의 이익을 지키기 위하여 상호 존중하는 정책을 만들어야 하기 때문에 타협이 불가피하다. 타협에 의하여 표면상으로는 갈등이 해결된 것과 같이 보이지만 실상은 준결정상황에 놓이게 된다.

조직 전체의 의사결정은 각 공공조직들의 목표에 의해서 크게 영향을 받는 동시에 그들의 의사결정방법에 의해서도 크게 영향을 받는다. 각 공공조직은 전체조직과 마찬가지로 불확실성을 회피하려고 의사결정에 적용할 수 있는 규칙들을 만드는 경향이 있다. 즉 조직은 학습을 통하여 표준운영절차(SOP) 프로그램목록을 만들고 이들에 의존하여 결정한다. 따라서 공공조직들은 SOP에 따라 프로그램목록에서 문제에 상응하는 정책대안을 찾아내는데, 이것이 그들의 의사결정인 것이다.

(3) 정치모형

다원론 사회에서는 모든 사람들이 자신들의 이익을 확대하기 위하여 정치적 활동을 하는 경우가 많다. 이러한 사회에서 특히 정부의 정책결정은 참여자들간의 갈등과 타협 및 흥정에 의하여 이루어지며, 이러한 정치적 활동을 설명하는 것이 정치모형이라고 한다. 국가의 정책을 결정하는 주체는 정부 부처들의 연합체가 아니라 참여자들 개개인이라고 본다. 쿠바의 미사일사건도 대통령을 포함하는 각료들과 고위정책결정자들이 상이한 목표를 지니고 서로 정치적 게임을 하여 그 결과로서 정책이 결정되었다고 보는 것이다. 여기서는 대통령도 하나의 참여자가 되는 것이다.

〈평　　가〉

조직계층에서 보면 Allison모형은 각각 적용하는 계층에 따라 다르다. 조직체에는 공식적 권위, 기능적 권위 그리고 전문적 권위가 있는데, 공식적 권위는 상위계층으로 올라갈수록 강하고 의사결정의 범위도 넓어진다. 전문적 권위와 기능적 권위는 위로 올라갈수록 약해지며 의사결정의 범위도 좁아진다.

정치모형은 조직의 상위계층에 적용가능성이 높고 기능적 권위와 SOP로 특징되는 조직과정모형은 조직의 중 · 하위계층에 적용 가능성이 높다. 합리모형은 조직의 각 계층에서 사용할 수 있다.

실제의 공공정책결정에 있어서 세 가지 모형을 모두 적용할 수 있다는 것이 Allison의 의도이다. 다시 말하여 쿠바의 해안봉쇄정책은 어느 한 모형으로 설명할 수 없으며 이들 세 모형으로 쿠바 미사일사건을 설명할 수 있었다고 한다. 그러나 그의 모형은 우리 국내의 정책결정에도 적절히 적용될 수 있는 장점을 가지고 있다.

3. 공공조직의 의사결정 특징

합리모형의 제약은 반드시 점증모형의 장점은 아니다. 실제로 점증모형은 행정학의 중요한 전통적 가치인 경제성, 효과성 및 능률성을 비교적 고려하지 않으며 자주 정치적 측면인 정치적 동맹 또는 조직의 의사결정과정을 독점하는 권력 지향에 관심이 많다. 더욱이 이 점증모형은 현상유지적이고 급격한 변화를 피하려는 본질적인 보수주의적 경향 때문에 비난받고 있다.

공공관리자는 항상 그들의 시간과 주의를 요구하는 많은 문제에 직면한다. 때로는 최적의 해결책을 위하여 기다릴 수 없는 긴급한 문제들일 수 있다. 문제들이 이미 과거에 일어나지 않았다면 점증적으로 접근할 수도 없다. 때로는 공공조직의 기관장들은 자주 직감적으로 행동하든지 혹은 자료를 간단히 분석하고 평가한 후에 행동한다. 최근의 컴퓨터보다 연필과 간단한 계산기 정도만 필요할 수 있다.

공공관리자들에게 중요한 것은 불확실성을 모든 가정과 예측을 위태롭게 할 수 있는 끊임없는 도전으로 인식하는 것이다. 많은 공공결정들은 미래사태의 예측에 의존하므로 기관장들은 확률을 알아야 하고, 자료에 익숙하며, 판단을 하는 훈련이 되어 있을 필요가 있다. 공공조직의 불확실한 예는 많다. 예를 들면 예산편성이 미래경제의 변화에 의존한다든지, 휘발유가격의 변동예측 혹은 국민의 의식구조변화 등 계속적으로 일어난다.

예측과 예언은 항상 불확실성의 요소를 가지고 있다. 그러나 공공관리자들은 과거 경험 및 관찰, 상황에 대한 감각, 훈련된 판단, 그들의 직원으로부터 수집된 정보 및 경험 등이 불확실성을 극복하기 위하여 사용할 수 있는 도구의 일부이다. 논리, 직감 및 자료들이 문제를 해결하지 못하였을 때 공공조직의 직원들의 집단적인 이해를 활용하는 것이 좋다. 집단이 결정에 동의한다든지 다른 견해를 받아들이면서 유리한 점은 편견과 이기주의를 줄일 수 있다는 것이다.

공공기관장들 사이에 의사결정기술은 합리모형이나 점증모형으로 설명되지 못한다. 실제로 공공조직의 실생활에서 발견되는 다양한 의사결정기술들은 이러한 두 관점으로 축소하여 볼 때 적절히 설명되지 못한다. 여러 가지 관점을 조정하고, 직면하는 복잡한 상황을 다루기 위하여, 다양한 접근법들을 고려하고 문제를 해결하기 위한 기술을 파악해 보는 것이 전문적으로 문제를 해결하기 위하여 관리자들에게 필수적이라고 본다.

제3절 의사결정을 위한 방법과 조건의 차이에 따른 결정모형

위의 의사결정모형들은 다음 요인들에 의하여 의사결정과정이 달라질 수 있다.[37] 의사결정과정의 모든 방법간의 차이는 각 접근방법의 장점과 단점을 발견하는 데 중요하다는 것이다.

1. 문화와 의사결정 모형의 선택

조직의 일상적인 생활은 문화에 의하여 영향을 받는다. 조직은 사회에서 구성된 실체로서 조직이 지속하고 있는 가치관, 규범, 의식 그리고 믿음에 의하여 생존하는 것으로 보여진다. 조직은 세상을 바라보고, 문제를 지각하며 문제를 해결하는 자신의 방법을 가지고 있는 소규모의 사회이다. 그러므로 조직의 문화는 개인들이 활동하고 의사결정의 과정은 어떻게 수행되어야 하는지, 어떠한 방법이 여러 접근법 가운데 바람직한지 또는 이러한 문제가 해결된 후에 어떠한 선택이 가능할 것인지에 대하여 영향을 미친다. 조직의 구성원들이 가지고 있는 가치관 및 규범은 합리모형, 점증모형, 그리고 혹은 그 이외의 모형들 가운데 선택하는 데 영향을 미친다.

---

37) Harold F. Gortner, Julianne Marhler and Jeanne Bell Nicholson, *Organization Theory: A Public Perspective*, 2nd(ed.), Harcourt Brace & Co.(1997), pp. 241-246.

2. 각 모형의 탐색과정의 차이

탐색과정은 공공행정기관의 정책, 프로그램 및 관리를 증진하는 방법을 찾기 위하여 조직의 각 계층에서 일어나는 활동이다.

1) 합리모형의 탐색과정

합리적 모형하에서 탐색과정은 가장 철저하고 체계적이고 자세하다. 결정하는 내용들은 혁신적일 수 있고, 이성과 경험에 기반을 두면서 성공이 확실해야 되는 정책, 프로그램, 그리고 운영문제해결 등을 포함한다. 이 방법은 훈련받은 행정관료들이 양적 연구와 경제적 분석방법들을 사용하는 경향이 있다. 또는 프로젝트가 분석에 의하여 성공이 좌우되는 책임을 지고 있을 때에도 이 방법을 사용하는 경향이 있다.

정치와 행정을 분명하게 구별하는 것을 지지하는 사람들은 합리적인 정책분석모형에서 비평할 많은 여지를 발견한다. 왜냐하면 합리적 분석방법은 정치와 행정을 구별하지 않는 경향을 가지고 있기 때문에 정부의 다른 부서, 즉 입법부 및 사법부에 위협적인 존재가 될 수 있기 때문이다(예, PPBS). 실제로 정부의 권한을 강화하고 의회와 사법부의 권한을 약화시킨다는 비평이 기획예산제도가 사라지게 된 원인이 되기도 한다.

2) 점증모형의 탐색과정

점증모형의 탐색과정은 제한적이고 비교적 체계적이지 못하며 때로는 외부의 정치적인 영향에 의하여 결정되는 경우도 있다. 역시 이러한 탐색방법은 일반적으로 포괄적이지 못하며, 혁신적인 대안들은 발굴되지 않는다. 더욱이 점증주의는 갈등의 최소화를 강조하고 협상을 장려하기 때문에 프로그램의 정확한 목적, 프로그램 그리고 정책간의 구별이 모호하게 되는 경우가 많다.

탐색의 범위와 선택의 수는 참여자에 의하여 나타난 이익의 다양성에 따라 달라진다. 참여자들이 관심을 가지고 있는 이익들의 수와 참여하는 전문인의 수가 많아질수록, 고려할 대안의 수는 증가할 것이다. 점증주의의 탐색과정이 일반적으로 참여가 하나 혹은 그 이상의 다른 종류의 전문가들의 참여에 의해서 제한되어서는 안 된다. 그러나 이 탐색과정은 관료들의 기술적인 능력과 같이 정치적인 능력에 달려 있을 것이다.

3) 집합모형의 탐색과정

의사결정을 위한 집합모형의 탐색은 다른 모형에서보다 과정 혹은 절차가 덜 발달되었다. 과정의 초점은 참여에 있다. 특정한 대안에 대한 탐색의 폭과 지식의 깊이는 개인참여자의 전문성에 의존한다. 선택할 수 있는 대안들은 집단에서 자연히 제시되기 때문에 정책분석에서 볼 수 있는 것과 같은 대안의 가능성 혹은 결과에 대한 깊이 있는 연구는 가능하지 않다. 그러나 의사결정의 집합모형은 혁신적인 대안을 발굴하는 데 대단히 유리하다. 검증되지 않은 대안들의 표현이 장려되는 브레인스토밍(brainstorming)과 같은 방법은 참여자를 훈련하고, 대안의 장점에 대하여 비평하거나 토론하지 않기 때문에 새로운 대안을 발굴하는 데 장점을 가지고 있다.

4) 쓰레기통모형의 탐색과정

쓰레기통모형에서 새로운 대안에 대한 탐색은 체계적이지 못하나 탐색에 관한 점증주의의 관점보다는 더욱 창의성이 있고 폭넓은 탐색을 인정할 수 있다. 탐색은 토론이나 선택의 실제적인 과정과 분리할 수는 없다. 왜냐하면 탐색과정에서 선택 혹은 결정이 이루어지기 때문이다. 탐색과정에서 장점은 한 대안이 받아들일 수 없다면 이전에는 생각하지 못했고 가능하지 않았던 대안들을 제시할 수 있는 가능성을 열어놓고 있다는 점이다. 더욱이 새로운 선택의 발견은 새로운 목적을 창조한다. 이와 같이 이 과정은 두 가지의 목적을 달성할 수 있다. 쓰레기통모형에서 탐색과정은 선택과정의 진행이지 별개의 사전활동이 아니다.

3. 각 모형의 분석과정의 차이

분석은 가능성, 비용 그리고 누가 이 대안을 통하여 이익을 얻게 되는가를 알아내기 위하여 대안들을 분석하는 것을 의미한다. 한 대안의 가능성은 정치적 혹은 기술적인 문제일 수 있고 대안을 탐색하고 평가하는 데 사용되는 기술은 질적 혹은 양석 데이터의 가치에 의하여 결정된다. 단순한 능률 및 효과성 이외에 행정관료들은 프로그램의 승인과 예산 그리고 이 계획을 집행할 공직자들을 위한 정치적 지지를 얻는 것을 고려하지 않을 수 없다.

1) 합리적 분석

합리적인 방법은 대안을 분석하고 가장 비용과 편익이 좋은 것을 찾아내기 위하여 정책분석기법을 활용한다. 정책분석은 비용편익분석, OR, 프로그램의 능률성과 효과성에 대한 평가연구와 같은 다양한 분석기법을 사용한다. 주로 합리적인 의사결정문화는 과학적 연구방법의 가치를 수용한다. 그러나 분석의 요건은 시간, 전문지식, 필요한 조직적 지원 그리고 연구를 필요로 하는 중요한 의사결정은 여러 달, 심지어는 수년이 걸리고 많은 재원과 인력이 필요하다. 잘 훈련된 전문인조차도 조직운영의 변화를 가져오는 데에도 많은 시간이 소요될 것이다.

Gawthrop은 합리적 정책분석접근법은 의사결정권한이 조직의 상위계층에 놓여 있다는 점에서 중앙집권적인 조직구조와 연관이 있다고 지적한다. 중앙집권식 의사결정방법은 많은 정보를 수집하고, 이 정보들을 합리적으로 분석해야 한다.

2) 점증모형의 분석

반대로 점증분석방법은 협상을 가능하게 하기 위하여 지역의 자율권을 허용하기 때문에 지방분권구조를 필요로 한다. 점증분석의 분석과정은 훨씬 덜 체계적이고 양적인 분석을 하기 어렵다. 분석의 종류는 정치적 및 기술적 분석의 혼합이다.

3) 집합모형의 분석

의사결정의 집합모형은 참여자들의 개인판단에 의존한다. 체계적인 분석은 이루어지지 않는다. 물론 참여자가 전문인일 수 있으며 대안을 추천할 수 있는지를 결정하기 위하여 그들이 분석방법을 사용할 수는 있다. 그러나 토론은 허용되지 않는다. 그러므로 다른 참여자들이 서로 영향을 주고 받지 않는다. 일반적으로 이 분석방법은 철저한 분석 혹은 정치적 및 기술적 분석을 요구하지 않는다.

4) 쓰레기통모형 분석

쓰레기통모형의 분석은 다른 모형과 현저하게 다른 점이 있다. 분석은 의사결정과정과 다른 것은 아니며 오히려 결정은 주로 토론과 논쟁 가운데 자연스럽게 만들어지는 것이다.

쓰레기통모형을 사용하는 경우, 서로 다른 문화들이 상호작용하는 분권화된 환경에서 어떤 대안은 받아들이고 어떤 대안은 받아들이지 않는 이유는 문화가 다른 개인 및 사회적 성격 때문에 의사결정과정 자체가 복잡해지기 때문이다. 이 모형의 다른 특징은 서로 경쟁적인 대안들 가운데 일반적으로 비교는 직접적으로 하지 않는다는 점이 특징이다. 그러나 계속적으로 만족하는 수준에서 결정한다. 결과적으로 한 번 거절된 대안은 목적이 변화하고 다른 이해관계가 밝혀진 후에 다시 거론되지 않는다는 점이다.

4. 선택기준의 차이

의사결정에서 선택하는 기준은 한 대안이 다른 대안을 제치고 선택되는 기준이다. 물론 이 기준은 이 모형에서 가정하는 조직 및 정치적 가치를 반영한다. 경제적 · 전문적 및 개인적 판단기준이 이 모형에서 반영된다.

1) 합리적 선택기준

합리적 정책분석의 공식적인 기준은 Kaldor-Hicks 기준, 즉 전체 사회적 편익이 전체 사회적 비용을 초과하였을 때 그 대안을 추천한다는 것을 말한다. 그러한 선택은 행정적인 의사결정에 적합한 것으로 보인다. 왜냐하면 관료제의 주요한 가치는 능률성이기 때문이다. 그러나 능률성은 일반적으로 사회에 대한 의사결정의 주요한 기준으로서는 적합하지 않을 수도 있다. 사회는 해결하여야 할 평등성과 정당성에 대한 가치에도 중요한 관심을 가지고 있다. 합리모형은 관료의 정치체제 이외 다른 정치체제에서 설정한 지시하에서 권한이 주어지기 때문에 관료들은 자유재량이 없다. 그러나 정책결정을 하는 의회, 사법부 및 선거직 공직자들에게 책무성이 있고, 자신들을 위하여 분석한다. 그러나 현실은 더욱 복잡하다. 흔히 정책목적은 모호하고 분석하는 사람들이 그 목적을 해석하는 데 상당한 자유재량이 주어진다. 더욱더 정책분석자들이 탐색과 분석에 대한 통제력을 가지고 있기 때문에 실제로 정책결정자들이 결정하는 데 그들은 많은 영향력을 자유스럽게 행사할 수 있다. 대략 이러한 현상은 정책결정자들의 정책목적에 대한 충분한 이해의 부족에서 일어난다. 따라서 정책분석은 정책결정자와 같은 역할을 할 수 있다. 그러나 다른 주장들간의 타협은 합리모형에서는 가능하지 않다.

2) 점증모형의 선택기준

점증모형에서 선택하는 기준은 참여자들의 집단이 지지하는 정책 혹은 프로그램이다. 이 집단은 투표요구조건을 만족시킬 수 있을 정도로 크면 된다. 어떠한 경우에는 과반수보다도 작은 지지를 받아도 되고 다른 경우에는 전체의 동의를 받아야 결정으로 선택된다. 즉 가장 좋은 선택은 선택을 위하여 지지를 획득할 수 있느냐에 달려 있다.

이 기준은 다양한 가치들 가운데 협상이 불가피한 다원주의에 높은 가치를 두는 실용적인 점이 특색이다.[38] 그와 같이 점증주의모형에 의하여 선택된 정책 혹은 프로그램은 특정한 이해 당사자들간의 만족에 따른, 즉 안정되게 천천히 변화하는 체제에서 참여자들 사이의 협상에 의하여 합의에 도달된 계획이다.

3) 집합모형의 선택기준

의사결정의 집합모형은 결정의 기준으로 지지자들의 지지 수에 의하여 대안을 선택한다. 그러나 그 기준은 점증주의의 기준과 다르다. 협상이나 동맹관계 구축은 이 집합모형에는 없다. 선호도를 위한 근거는 이 방법하에서는 구체적으로 분석 혹은 탐색하지 않을 수도 있다. 선택기준은 모든 것을 위하여 가장 좋은 해결책이라고 믿는 데에 기인한다. 이 방법의 지지자들은 정치적 결정방법을 원치 않기 때문에 그들은 토의도 하지 않고 그리고 심지어는 그 절차가 기초하고 있는 정치적 가치도 알지 못한다.

4) 쓰레기통모형의 선택기준

쓰레기통모형의 선택은 반드시 최상의 것일 필요는 없고, 반드시 참여자가 기대한 것이 아닐 수도 있으며, 혹은 이 과정의 처음에 설정한 목적에 의존하지 않을 수도 있다. 마지막 선택이 만들어질 수 있는 기준은 이 모형에서는 다양하다. 어떤 경우에 결정은 단지 임의적인 방법에 의하여 선택되기도 한다. 쓰레기

---

38) Robert Dahl, *Modern Political Analysis*, 5th ed., Englewood Cliffs, N.J.: Prentice-Hall(1991).

통과정을 형성하는 회의, 토론 및 논의는 모든 회의사항들이 해결될 때까지 계속 된다.

5. 의사결정모형과 상황조건의 적합성

의사결정의 상황조건적합이론은 어떠한 상황조건들에서 어떤 모형들이 가장 효과적인가를 밝혀낸다. 이 상황조건들은 적어도 의사결정의 형태를 만든다. 예를 들면 이 상황조건들은 비용, 각 대안들에 대한 불일치의 정도, 행정기관 구성원들의 지지와 동질성, 체제의 모호성과 변화의 수준, 그리고 데이터 수집의 가능성과 같은 상황들을 포함한다. 의사결정의 수준에는 세 가지가 있다: ① 행정기관의 포괄적인 정책 혹은 기획(상위목적), ② 이러한 상위 목적을 추구하기 위한 프로그램과 프로젝트에 관한 결정(중간목적), ③ 그 프로그램의 운영과 행정기관의 관리체제에 대한 결정(하위결정). 어떠한 결정모형이 어떠한 결정수준에 적합한가는 행정관료에게 필요한 것이다.

1) 합리모형의 상황조건

합리모형은 다리를 건설한다든지 혹은 프로그램 운영을 위하여 직원을 배치하는 문제와 같이 운영에 대한 결정수준인 하위결정에 가장 적합하다. 합리모형의 중심적인 것은 비용편익분석 및 양적인 분석이다. 합리모형의 주요한 관심은 능률성이며 운영수준의 의사결정에서 정확히 바람직한 것이다. 반면에 목적 및 능률성 이외의 다른 가치들은 합리모형에는 적합한 것 같지는 않다.

2) 점증모형의 상황조건

점증모형은 운영수준의 의사결정을 만드는 데는 적합한 것이라고 볼 수 없다. 왜냐하면 운영수준의 결정은 주로 양적인 분석을 요구하기 때문에 합리모형이 적합하기 때문이다. 점증모형의 장점은 가장 능률적인 해결책을 찾는 것이 아니라 다른 가치관을 가지고 있는 관료들 사이에 갈등을 조절하고 서로 용인할 수 있는 타협을 찾는 데 있다. 이와 같이 협상을 가져오는 데 가장 적합하고 협상을 필요로 하지 않는 기본적인 가치관 결정에는 점증모형이 적합하지 않다.

3) 집합모형의 상황조건

의사결정의 집합모형은 더욱더 분석을 요하는 목적 혹은 프로그램에 관한 우선순위의 리스트를 만드는 데 적합하며 마지막 결정은 다른 방법에 의존한다. 기술적인 분석을 위한 발전 없이, 정치적 협상 및 타협의 합법성이 없이, 마지막 결정을 만들려는 이 모형은 많은 의문을 가지고 있다. 하지만 집합모형기술은 협상이 난항을 거듭하고 있을 때 마지막 활용방안으로 사용될 수 있다.

4) 쓰레기통모형의 상황조건

Olson에 의하면 쓰레기통모형은 반드시 바람직한 것은 아니지만 참여자, 목적 그리고 문제가 아주 모호한 경우에 사용하기 적합하다. 이러한 모호성은 비교적 더 정확한 운영에 대한 결정을 만드는 것보다 행정기관의 넓은 목적과 기획을 수립하는 데 적합하다고 볼 수 있다. 기획이나 프로그램 수준에서 문제가 된 정치적 결정은 쓰레기통모형에서 기본적 가치관의 명확성을 달성하기 위하여 신랄한 개방적 토론이 필요할 것이다.

공공조직의 의사결정과정은 1970년 이래 많은 변화를 경험하고 있다. 고전적인 합리모형에서 점증모형으로 그리고 만족모형으로 변화를 겪었고, 그 후 정책분석에서 합리모형이 다시 부활을 맞이하였다. 현대는 다시 집단의사결정방법을 활용한다. 이러한 변화는 이론과 새로운 연구결과에 기인되기보다는 정책결정에서 관료제의 새로운 역할의 인식을 반영한 것으로 본다. 초기에는 관료의 정책결정은 단지 계층제의 권위와 전문가에 의하여 만들어졌고 주로 합리모형을 사용하였으며, 그 이후에는 관료들의 정치적 활동이 불가피하여짐에 따라 관료의 정책결정역할을 인정하지 않을 수 없으며 아울러 점증모형의 발달을 가져왔었다. 최근의 노력은 정책결정에서 정치적 영향을 배제하려는 움직임에 따라 의사결정의 집단모형이 부각되고 있다. 물론 이러한 변화에 대한 이유는 분명하지는 않지만 이익집단의 자유주의에 대한 환멸에서 올 수 있는 다원적인 협상모형의 문제점으로 판단된다. 고도의 정보화 기술과 첨단과학의 발달이 이와 같이 정치적 모형에서 더 기술적으로 발달하는 모형으로 변화를 촉진할 것으로 예상된다.

e Theory of Public Organization

10장

조직의 리더십

제10장 조직의 리더십

제 1 절 리더십과 관리

1. 리더십 정의

비록 많은 학자나 실무자들이 리더십에 대하여 연구하였지만 아직까지도 리더십이 무엇인가에 대한 근본적인 합의를 보지 못한 실정이다. 리더십이란 용어는 일반적인 어휘에서 선택된 단어인데, 자세한 재정의를 하지 않고 학문 분야의 전문용어로 편입되었다. 그 결과 이 용어는 의미의 애매성을 유발하는 가외의 함축된 뜻을 내포하고 있다. 예를 들어 리더십이 타고난 것인지 후천적으로 배운 속성인지 아직까지도 논의가 계속되고 있다.

그러나 리더십의 필요성에 대하여는 모두 동의하고 있다. 리더의 주요 임무는 조직구성원들로 하여금 목적지향적인 활동을 하도록 촉구하고 그 활동이 제대로 수행되고 있는지 확인하는 것이다.

리더십에 대한 새로운 정의는 줄어들지 않고 계속 제시되었다. 리더십은 특성, 행동, 영향력, 상호작용패턴 역할관계, 관리직위의 점유에 의해서 정의되었다. 과거 50년에 걸쳐 제시되어 온 몇 가지 대표적인 정의를 알아보면 다음과 같다.[1]

〈리더십의 정의〉

사회과학 분야에서 리더십 분야만큼 연구를 많이 한 영역은 없을 정도이나 합의는 이루어지지 않았다. 리더십 연구는 최근에 나타나고 있는 학문이며 그리고 21세기 리더십 개념은 더욱 진화할 것으로 보인다.

리더십 연구에서 Burns는 리더십에 관한 130개의 정의를 발견했다.[2] Bennis

1) Gary Yukl, Leadership in Organizations, Fifth Ed., Prentice-Hall, Inc.(2002), p. 3.
2) Burns, James MacGregor, *Leadership*, New York: Harper & Row(1978).

는 수십 년간 리더십에 대한 850가지 이상의 정의를 찾을 수 있었다. 또한 지난 75년 동안 리더십에 관한 수천 건의 실증적 연구가 실시되었다. 하지만 리더십에 대한 명확하고도 뚜렷한 기준은 존재하지 않았다.[3)]

수많은 리더십 정의들이 어느 정도 피상적으로 공통성이 있다고 하지만 리더십 자체의 복잡성과 파악하기 어려움 때문에 충분한 공통점을 가지고 있는 것 같지는 않다. 그러한 이유로는 리더십 정의들은 영향력의 행사의 주체, 행사의 목적, 행사의 방식, 그리고 영향력 시도의 결과를 포함하여 많은 면에서 차이가 있기 때문이다. 또한 정치학, 사회심리학, 조직연구, 사회학 등 각 다른 학문을 추구하는 학자들은 그들의 좁은 학문적 관심에 따라 리더십을 보기 때문에 혼란을 야기하기도 한다. 그 이외에도 20세기의 리더십과 21세기의 리더십은 20세기의 리더들에겐 상황이 주어져 잘 관리하는 능력이 중요했지만 21세기의 리더들에겐 상황이 주어지지 않았고, 변화 또한 신속하고 불투명하여 분석능력, 예측능력 및 통찰력을 가지고 비전을 수립하는 데 더 무게를 두고 있다. 이러한 차이는 학자들마다 리더십 개념에 커다란 의견차가 있다는 것을 나타내는 데서 그 원인을 찾을 수 있다. 그러나 리더십 정의가 많다는 것은 리더십의 실체를 이해하는 데 폭넓은 견해를 줄 수 있기 때문에 다행한 일이라 할 수 있다. 그럼에도 불구하고 이 모든 정의에서 공통적으로 의미를 갖는 것은 리더가 원하는 방향으로 따라오게 하는 능력을 의미하는 데는 아무도 부인하지 못한다.

Northouse는 다른 학자들의 리더십 정의를 간단히 언급했는데,[4)] 리더십 정의의 혼란을 이해하는 데 도움이 될 것이다. Bass는 리더십의 정의를 집단과정(group process)으로 보았다. 이러한 관점에서는 리더는 집단 변화와 활동의 중심에 있으며 그리고 집단의 의도를 구체화한다. 다른 학자들은 리더십을 다른 사람들이 과제를 달성하도록 유도할 수 있는 개인이 소유한 특별한 자질 혹은 자질을 조합하는 성격관점(personality perspectives)을 고려했다. 이 외에도 리더와 추종자들 사이에 존재하는 권력관계로서 정의했다. 다른 사람들은 추종자들에 기대했던 것보다 더 많은 것을 달성하게 추종자들을 움직일 수 있는 변혁적 과정(transformational process)으로 리더십을 보았다. 마지막으로 사람들은 리더십을 영향력

3) Bennis, Warren and Burt Nanus, *Leaders*, HarperCollins Publishers, Inc.(2003).

4) Northouse, Peter G., *Leadership Theory and Practice*, 4th edition, Sage Publications, Inc.(2007), p. 24.

이 있는 과정(the influence process)으로서 정의를 한다.[5] 어떤 학자는 리더십을 재능(skill)관점에서 보았는데 이러한 관점은 효과적인 리더십을 가능하게 하는 능력을 강조한다. 아이젠하워 대통령은 "리더십이란 당신이 누군가에게 원하는 것을 하게끔 만드는 기술"이라고 했다. 이와 같이 리더십에 대한 새로운 정의는 줄어들지 않고 계속 제시되고 있다. 리더십은 특성, 행동, 영향력, 상호작용패턴의 역할관계, 그리고 관리직위의 점유에 의해서 정의되었다.

2. 리더와 관리자의 비교

어떤 사람들은 리더십을 관리의 기능으로서 말하고 다른 사람들은 관리를 리더십의 하위기능으로 취급하기도 한다. 그러나 리더십은 목적과 가치를 옹호하고, 방향을 설정하며 그리고 영감 및 감동을 주는 중요한 기능을 의미한다. 반면 관리(management)는 예산을 감독하거나 혹은 업무가 달성되는 것을 확인하는 집안살림 기능을 의미한다.

리더십과 관리의 차이점은 현재도 논쟁이 계속되고 있는 쟁점이다. 분명한 것은 개인이 관리자가 되지 않고도 리더(예: 비공식리더)가 될 수 있으며, 리더십을 발휘하지 않고도 관리자가 될 수 있다는 것이다. 관리와 리더십을 동등한 것이라고 주장하는 사람들은 없지만, 어느 정도 중복되는지에 관해 크게 의견이 갈려 있다.

리더와 관리자 사이의 차이는 무엇인가? 리더와 행정가들을 비교하는 것은 Philip Selznick의 「*Leadership in Administration*」에서 구체적으로 설명되어 있다.[6] 그는 능률의 개념을 초월하여 탐색하였다. 이 개념은 운영책임, 제한된 자유재량, 의사소통의 채널 그리고 지휘체계에 적용하는 개념들이다. 그는 능률의 논리는 피라미드의 상위계층으로 올라가면서 힘을 상실한다고 한다.

Selznick에 의하면 리더는 조직을 관장하고, 조직에 공동체의식을 불어넣어 주며, 그와 같이 조직을 그 환경에서 가치 있는 조직으로 변형하는 정치인으로 고려한다. 그는 대부분의 조직은 비교적 하위직의 사람들에 의하여 운영되며 최상위직의 사람들은 조직을 운영하지 않고 그 대신 기획, 예산 및 인사문제와 같은

5) Bass, B. M., *Leadership, Psychology, and Organizational Behavior*, New York: Harper and Row(1960).

6) Philp Selznick, *Leadership in Administration*, New York: Harper & Row(1957), p. 4.

문제에 전념한다.

리더와 관리자를 구분해서 정의하는 입장은 관리자와 리더가 서로 양립할 수 없는 가치와 성격을 가지고 있다고 가정한다. 관리자들은 안정, 질서, 효율성을 중시하는 반면에, 리더는 유연성, 혁신, 적응을 중시한다. Warren Bennis와 Nanus는 리더와 관리자를 간단한 말로서 비교하였는데, 그들에 의하면 "관리자는 일들을 옳게 하는 사람이고, 리더는 옳은 일을 하는 사람이다(managers are people who do things right and leaders are people who do the right things)."[7)]

Jreisat는 1980년대 이래로 수집한 리더십 기능들을 제시했다.[8)] 하지만 리더십과 관리를 서로 다른 유형의 사람들로 분류하려는 노력은 경험적 연구에서는 지지를 받지 못하고 있다. 다른 학자들은 리더십과 관리를 별개의 과정으로 이해하나 리더와 관리자를 서로 다른 유형의 사람들이라고 생각하지는 않는다. 예를 들면 Kotter는 관리와 리더십을 핵심과정과 의도한 성과에 의해서 구별하였다. 관리는 예측가능성과 질서를 만들어내기 위해 ① 운영목표를 설정하고 행동계획을 수립하며 자원을 할당하고, ② 조직화와 충원을 통해서 구조를 수립하고 사람들에게 일을 할당하며, ③ 결과를 모니터하고 문제를 해결한다. 이에 반해서, 리더십은 조직변화를 이끌어내기 위해 ① 미래의 비전과 필요한 변화를 위한 전략을 수립하고, ② 비전을 전달하고 설명하며, ③ 비전을 달성하도록 동기부여하며 고무시킨다. 관리와 리더십은 해야 할 필요가 있는 것이 무엇인지를 결정하고, 이를 위해서 관계와 인맥을 창조하며, 일이 이루어지도록 만드는 것과 관련된다.[9)]

그러나 두 과정은 양립할 수 없는 몇 가지 요소를 가지고 있다. 강한 리더십은 질서와 효율성을 와해시킬 수 있으며, 강한 관리는 모험과 혁신을 방해할 수 있다. 두 과정은 모두 조직의 성공을 위해 필요하다. 그러나 강한 관리만으로는 목적이 없는 관료주의를 유발할 수 있으며, 강한 리더십만으로는 비현실적인 변화를 유발할 수 있다. 두 과정의 상대적 중요성과 두 과정을 통합하는 최선의 방법은 상황에 따라 달라진다.

관리와 리더십을 별개의 역할, 과정 또는 관계로 정의하는 일은 보기보다

7) Warren Bennis and Burt Nanus, *Leaders*, New York: Harper & Row(1985), p. 21.

8) Jreisat, *op. cit.*, pp. 164-165.

9) J. P. Kotter, *A Force of Change: How Leadership differs from Management*, New York, Free Press(1990).

불분명할 수 있다. 대부분의 학자들은 현대조직에서 관리자로서 성공하기 위해서는 반드시 리더십이 있어야 한다는 점에 동의하는 것 같다.

행정학 문헌에서 관리자와 리더는 서로 혼용되어 사용된다. 그러나 경영학에서는 리더와 관리자를 구별하여 사용하는 학자들이 늘어나고 있다. Burt Nanus가 지적하듯이[10] 스케줄을 짜고, 예산을 편성하며, 기획을 하고 부하들의 업무를 조정하는 탁월한 관리자는 많다. 그러나 리더십은 전적으로 다른 것이다. 리더가 하는 것은 무엇이 다른가? Nauns는 리더는 책임을 지고, 업무가 달성되게 하고, 비전을 가지고 있으며, 비전을 실현시키며, 부하들의 자발적인 충성을 유도하고, 그들을 활력 있게 만들며, 조직을 생존, 성장 및 탁월함을 위한 더 큰 잠재력을 가진 새로운 실체로 변형시키는 힘을 지니고 있다. 그들은 구성원의 복지와 사회에 대한 기여를 극대화하기 위하여 조직을 작동하게 한다. Nanus의 관점은 Selznick의 리더와 행정가에 대한 관점과 유사하다. Selznick는 리더는 조직의 목적을 정의하고, 조직의 안정과 개혁을 방어하며, 갈등을 해결하고 그리고 조직에 가치를 불어넣는 데에 익숙하다.

실제로 관리자와 리더간의 구별은 간단하지 않다. 고전이론이 행정가의 역할을 정의한 이래, 'Planning, Organizing, Staffing, Directing, Coordinating, Reporting 그리고 Budgeting(POSDCORB)'의 접근법 혹은 그와 유사한 접근법들이 관리자가 무엇을 하여야 하는지에 대한 지침을 주었다.

효과적인 공공관리자는 그들이 정책과 사람들에게 영향을 미칠 때, 거북한 느낌을 극복할 때, 지시할 때, 그리고 공격적인 행동을 취할 때 리더십을 활용한다. 관리자의 기능을 단지 능률만 고려한다는 것은 현실적이지 않으며 바람직하지도 않다. 효과적인 관리자는 결정을 하고, 예산지출을 감독하며, 일상적인 거래의 합법성을 확인하고, 능률적이고 평등한 보상체제를 하는 조직운영의 중추적 역할을 한다. 또한 관리자는 교환적인 리더로 불려질 수 있다. 왜냐하면 교환적 리더는 조직의 의사결정을 하며, 그들의 많은 시간을 낮은 수준의 관리자들이 운영결정을 효과적으로 수행하고 있는지를 확인하는 데 활용한다. 일반적으로 관리자의 업무는 낮은 수준의 결정을 검토하고, 더욱이 설득, 검증된 수준 높은 지식과 기술, 그리고 윤리적인 행동에 의하여 부하들을 관리한다. 관리자들은

10) B. Nanus, *Visionary Leadership: Creating a Compelling Sense of Direction for Your Organization*, San-Francisco, Jossey-Bass(1992).

새로운 기술과 정보를 사용하고, 협조를 동원하고, 업적에 대한 통제를 한다. 관리자는 문제를 해결하는 기술이 있고, 리더는 조직을 설계하고 구축하는 데 능숙하며, 또한 조직의 미래에 새로운 접근법의 설계자이다.

3. 리더십의 효과성

리더십을 연구하는 학자들이 갖는 다음의 관심은 리더십의 각 스타일이 부하들에게 주는 영향 혹은 효과성에 모아졌다.

리더십 효과성을 어떻게 볼 것인가에 대해서도 연구자마다 의견이 일치되고 있지 않다. 대부분의 연구자들은 리더가 취한 행동이 부하들과 조직의 다른 이해관계자들에게 미치는 결과에 비추어서 리더십 효과성을 평가한다. 리더십 평가는 일반적으로 리더가 이끄는 집단과 조직의 성장, 위기에 대처하는 준비성, 부하의 리더에 대한 만족, 부하의 집단목표에 대한 개입, 부하들의 심리적 행복, 그리고 집단 내에서 리더가 높은 지위로 승진하는지 여부 등으로 평가한다. 그 중 흔히 리더의 효과성을 평가하기 위하여 사용하는 측정치는 리더가 이끄는 조직이 과제를 성공적으로 수행하고 목표를 달성하는 정도이다.

부하의 리더에 대한 태도는 리더의 효과성을 나타내는 또 다른 지표이다. 리더는 부하들의 요구를 얼마나 잘 만족시켜 주는가? 부하들은 리더를 존경하고 숭배하는가? 부하들은 리더의 요구에 매우 헌신적인가 아니면 지항적인가? 이러한 태도는 면접이나 설문지에 의하여 평가된다. 리더들에 대한 적대행위의 예로는 결근, 자발적 이직, 불만, 경영진에 대한 불평, 전환배치 요구, 태업 그리고 장비 및 시설에 대한 의도적인 파괴행위 등이 있다. 그렇다면 리더는 집단의 응집성, 구성원간 협력, 구성원의 동기부여, 문제해결, 의사결정, 구성원간의 갈등 해소를 증진시키는가? 이와 같이 효과성 측정치가 너무 많을 때는 리더의 효과성을 평가하기 어려우며, 어느 측정치가 가장 관련이 있는지를 명확하게 알기 어려운 점이 있다.

따라서 리더십을 정의할 때와 마찬가지로 리더십 효과성을 어떻게 볼 것인가에 대해서도 연구자마다 의견이 다르다.[11)]

11) Gary Yukl, *Leadership in Organization*, Fifth Edition, Prentice-Hall Inc.(2002), pp.8-9(참조).

제 2 절 리더십의 제이론

1. 자질이론(Trait Theory)

리더십 연구의 초창기 접근방식의 하나는 자질론 접근이다. 이 접근에서는 성격, 동기, 가치, 기술과 같이 리더가 갖고 있는 속성(자질)을 강조한다.

1920년에 리더십 연구에 가장 많이 사용되었던 접근법이 그 후 30년 동안 리더십의 속성 혹은 자질에 초점을 두고 있었다. 자질이론은 개인적인 특징이 다른 사람과 리더를 구별짓는다는 가정에 근거를 두고 있다. 50년대에 리더십을 연구하는 학자들은 이 접근방법에 집중하였다. 오랫동안 위대한 사람은 다소간 선천적인 리더로서 나타난다고 보는 경향이 있었다.

이러한 관점은 1940년대와 1950년대에 현저하였고 연구자들의 목적은 리더의 개인적인 자질 혹은 속성들을 찾아내는 동시에 그들을 인식하는 수단을 발전하는 것이었다. 이러한 목적은 어떠한 육체 및 성격의 특징들과 능력이 성공적인 리더와 성공적이지 못한 리더의 것인지를 구별하기 위해서이다.

리더십 속성의 리스트는 Stogdill의 설문조사에서 알려졌으며 잇따른 연구에서 인용되었다. 리더십의 자질이론은 Stogdill의 120개가 넘는 속성연구의 분석에 의하여 혼란스러워져 독창적인 의미를 상실하였다. 그는 연구의 패턴이 없고 리더와 리더가 아닌 사람을 일정하게 구별할 수 있는 특징이나 속성도 없었다고 주장하였다. 그는 리더십 상황은 대단히 다르며 따라서 리더에 대한 요구도 다름을 지적하였다. 이러한 그의 주장은 그로 하여금 미래의 연구는 리더십의 개인적인 특징과 상황을 포함하여야 된다는 것을 제안하게 하였다.[12)]

자질이론의 단점은 그 이론 자체가 가지고 있는 본질적인 문제에 있다. 예를 들면 리더는 타고난 것이지 만들어진 것이 아니기 때문에 리더의 타고난 자질에 대한 가정은 리더십 발전과 훈련의 필요성을 무시한다는 것이다.[13)] 그 후 잇따른 연구들도 자질에 대한 합의를 가져오지 못하였으며 자질이론의 부적절함을 지적하였으며, 아무도 훌륭한 리더들의 공통적인 특징을 지금까지 찾아내지 못

12) R. M. Stogdill, *Handbook of Leadership: A Survey of the Literature*, New York: Free Press(1974).

13) John E. Adair, *Effective Leadership*, London: Pan(1983).

〈표 10-1〉 Stogdill의 리더십의 속성

육체적 특징	활동성, 에너지, 용모, 몸차림
사회적 배경	교육, 사회의 신분, 기동성
지식과 능력	지능, 판단, 결단성, 지식, 언어의 구사력, 개성 혹은 성격, 적응성, 조절성, 상태, 공격성, 결단성, 빈틈 없는 성격, 우월성, 지배력, 균형적인 감정, 통제력, 독립성, 불복종, 객관성, 강건한 마음, 독창력, 창조성, 청렴결백, 윤리적 행위, 풍부한 재력 혹은 기략, 자아확신, 강한 확신, 스트레스의 탈피
과업과 관련된 특성	성취욕구, 탁월하려는 욕망, 책임지려는 욕망, 모험성, 주도성, 장애를 극복하려는 투지, 목적을 추구하려는 책임성, 과업지향
사회적 특성	협력을 추구하는 능력, 행정적 능력, 협동심, 인기, 명예, 사회성, 인간관계기술, 사회참여, 과묵한 형, 사교성

출처: Alan Bryman, *Leadership and Organization*, London: Routledge & Kegan Paul, 1986, p. 21.

하였다. 따라서 자연히 보편타당성이 있는 속성을 탐색하려는 노력은 다른 접근방법에 의하여 교체되었다.

2. 리더십의 행동 및 행태적 접근법(Leadership Action-Behavior Approach)

행태적 접근은 자질접근에 실망한 연구자들이 관리자가 직무에서 실제로 무엇을 하는가에 좀더 주의를 기울이기 시작한 1950년대 초부터 시작하였다.

리더십 연구의 방향이 속성 혹은 자질에서 리더의 행동으로 변하였던 것은 특히 Hawthorne 연구와 인간관계이론의 대두로 관리에 있어 행태적인 사고의 발전에서 기인된 것으로 본다. 행태적 관점은 리더십의 효과성과 관련이 있다. 즉 리더의 속성이 아니라 리더가 무엇을 하는가와 적절한 리더의 스타일 및 행태에 초점을 두는 것이다. 리더십의 효과성은 리더의 집단이 그들에 할당된 업무를 얼마나 잘 수행하였는가로 정의된다.[14)]

그 당시 사회과학을 휩쓸었던 행태주의 물결에 리더십의 자질이론은 자취를 감추기 시작하였다. 자연히 리더십 연구는 리더의 행태분석으로 방향을 바꾸었다. 리더십 연구에 리더의 행태연구라는 새로운 통찰력을 제공한 사람은 집단역

14) Fred E. Fiedler and Martin M. Chemers, *Leadership and Effective Management*, Glenview, IL: Scott, Foresman(1974).

학연구의 아버지라고 일컫는 Kurt Lewin이다.[15] 일찍이 K. Lewin, R. Lippitt와 R. K. White는 3달 동안 10살 된 어린아이들을 세 집단으로 구성하고 그들에게 다른 리더십의 형태를 적용한 후 그에 따른 효과를 연구하였다.[16] 세 가지의 다른 리더십의 형태가 소년단원의 각 집단에게 적용되었다: 권위주의 리더십, 민주적 리더십 그리고 자유방임주의 리더십. 권위주의 리더십은 집단활동에 엄격한 통제를 하며, 소년단원들은 의사결정의 참여에서 배제된다. 반대로 민주적인 리더십은 집단참여 및 다수결의 과정을 통하여 집단이 운영되었다. 반면에 자유방임 리더들은 본질적으로 아무 것도 하지 않았으나 집단구성원들에게 그들이 원하는 대로 행동할 수 있도록 완전한 자유를 주었다. 연구의 결과 권위주의 리더는 다른 두 종류의 리더보다 더 많은 생산성을 가져왔다고 지적하였다. 그러나 민주적 리더하에서 작업하는 집단은 더 큰 창조성을 발휘하였고 높은 동기부여를 가지고 있었다. 소년들은 압도적으로 민주주의 리더십 스타일을 좋아하였다. 이 연구 이후에 Lewin은 효과적인 리더십은 작업환경의 상황요소와 근로자들의 태도나 감정에 의하여 결정된다는 결론을 내리게 되었다.

1) Michigan의 리더십 연구

미시간 연구는 미시간 대학에 있는 설문조사센터 연구집단이 집단의 업적, 동기부여, 조직구조 및 리더십 활동을 연구하기 시작한 1940년대부터였다. 연구자들 대부분은 심리학자들이었으며 이 연구진을 리드한 사람은 Rennis Likert이다. 미시간 대학 연구의 초점은 리더행동, 집단과정 및 집단성과의 측정치간의 관계를 파악하는 데 있었다. 최초의 연구들은 보험사의 지역관리자들, 대규모 제조회사 관리자들, 선로보선반의 감독자들을 포함하여 다양한 리더들을 대상으로 현장에서 실시하였다. 면접과 질문지를 사용하여 관리행동에 대한 정보를 수집하였다. 집단생산성의 객관적 측정치를 사용하여 관리자를 효과적인지 비효과적인지에 따라 분류하였다. 특히 1947년 Michigan 대학의 조사연구센터는 최적의 리더십 스타일에 관한 일련의 연구를 수행하였다.

Ohio의 연구와 같이 미시간 대학의 연구진도 리더십을 두 척도로 개념화하였다. 이 프로젝트의 목적은 집단생산성과 집단의 만족에 영향을 끼치는 변수에

15) Kurt Lewin, *Resolving Social Conflict*, New York: Harper and Row(1948).
16) Alan Bryman, *Leadership and Organization*, London: Routledge & Kegan Paul(1986).

대해 양적 측정을 발전시키는 것이었다. 이 접근방법은 같은 업무를 집행하면서 생산성이 높은 작업단위와 생산성이 낮은 작업단위와 비교하는 것으로 구성하였다. 높은 생산성을 나타내는 작업단위는 근로자 지향적(employee-oriented) 리더가 있을 때이며 그들의 감독스타일은 밀접한(close) 감독이 아닌 느슨한(loose) 형이었다.

이들 연구의 가장 큰 공헌은 리더의 행태는 근로자 지향적 리더십(employee-oriented leadership)에서 생산지향적 리더십(production-oriented leadership)에 이르는 하나의 연속선상에서 설명될 수 있다는 점이다. 그 이외에도 의사결정에 부하의 참여를 촉진하고, 의사소통을 증진하며, 협력을 조장하는 참여리더십을 제시하였다.[17)]

미시간 대학의 연구와 Ohio 대학의 연구 간에 차이점이 있다. 미시간 대학은 기업의 기록을 이용하고 생산성에 초점을 두었다. 그리고 행태의 설명은 감독인 혹은 상관의 보고서에 의존하였다. 미시간의 연구진은 대부분 심리학자인 반면 Ohio 연구진은 사회학 배경을 가진 사람들이었다.

미시간 연구에 대한 비판은 Ohio의 연구와 같은 문제점을 가지고 있다. 즉 리더의 행태에 대한 실제적인 깊은 관찰보다는 리더의 행태를 파악하는 데 부하직원들의 의견을 참조하여 그들 의견의 평균에 지나치게 의존하였다는 점이다. 그리고 결론에서 지나치게 지각적이고 태도의 측면을 강조하는 경향을 띠고 있다. 또한 이 두 연구는 비공식 리더에 대한 언급이 없으며 리더 행태의 변화를 가져올 수 있는 상황변수를 고려하지 못하였다.

2) Ohio State의 리더십 연구

◇ Ohio State 연구

Ohio State 연구는 행정공무원인 Carroll Shartle의 지시하에 1945년에 시작되었다. 그는 세계 제2차대전 전과 후에 정부로부터 고용에 관한 목적을 위하여 연방정부로부터 연구자금을 받았기 때문에 연구가 가능하였다. 고려(consideration)와 구조주도(initiating structure) 측정에 대한 실제적인 발달과 그들을 사용하는 연구는 Shartle이 처음에 얻은 연구자금으로 주로 대학원생이나 Ohio

17) Yukl, *Leadership in Organizations*, p. 53.

State에 고용된 많은 사람들을 포함하여 연구하였다. 처음의 연구는 늦은 1940년대 John Hemphill에 의하여 수행되었다. 그 당시 그는 심리학 분야에서 박사학위를 받고 Maryland 대학에서 Ohio State 대학으로 옮겼을 때였다. Shartle, Hemphill 그리고 그 프로젝트의 부책임자인 Ralph Stogdill, 이외에도 협조적인 노력이 포함된 연구였다. 이들 세 사람들은 원로 구성원들이고, 초기에 대학원 학생으로 그 연구에 참여한 다른 사람들은 조직행태의 분야에서 잘 알려진 Edwin Fleishman과 Bernard Bass 등이었다.
배려와 구조주도는 이론은 아니다. 그들은 폭넓은 항목들의 분석과 리더 행태의 다양한 측면을 나타내는 거대한 항목들을 요인분석하여 발췌된 구성요소들이다. 그들은 이 구성들을 측정하는 항목들의 군집에 이름을 붙인 것이다.[18]

20세기 중엽 동안 사회과학은 급속도로 발전하기 시작하였다. 많은 연구들이 설문지나 컴퓨터 분석과 같은 새로운 분석기법을 사용하였고 인간행태에 대한 체계적인 관찰을 강조하였다. 군대, 학교 그리고 다른 조직에서 추출한 표본을 가지고 Ohio 주립대학의 연구자들은 사람들에게 그들의 상관들의 행태를 묻는 설문지를 개발하였다. 설문지의 결과를 계속적으로 분석한 후 그들은 리더에 대한 관찰을 두 가지 척도, 즉 배려(consideration)와 구조(initiating structure)로 나누었다.[19] 연구자들은 대략 1,800문항의 리더십 행동목록을 수집한 다음, 그 중에서 중요한 리더십 기능을 잘 나타내는 것으로 보이는 것을 선택하여 문항의 수를 150개로 축소하였다. 이들 문항으로 구성된 예비질문지를 군인과 민간인 표본에 실시하여 그들의 상사의 행동을 기술하도록 하였다.

Ohio 주립대학의 리더십 연구는 인간의 자질보다는 리더의 업적과 행태를 조사하고 측정한 것이다. 이 연구는 리더십 활동에 초점을 두었다. 좋고 나쁜 리더십의 성격연구보다는 Ohio 주립대학의 일련의 연구는 다양한 척도를 조사하고 기술하는 것이 의도였다. 이러한 목적을 위하여 연구자들은 설문지 결과에 대한 지속적인 연구를 거쳐 리더행태기술설문(Leader Behavior Description Questionnaire:

18) Miner, *op. cit.*, p. 267.

19) E. A. Fleishman, "The Description of Supervisory Behavior," *Personnal Psychology*(1953), 37, 1-6; J. K. Hemphill and A. E. Coons, "Development of the Leader Behavior Description Questionnaire," In R. M. Stogdill and A. E. Coons(eds.), *Leader Behavior: Its Description and Measurement*, Columbus: Bureau of Business Research, Ohio State University(1957), pp. 6-38.

LBDQ)이라고 부르는 조사도구를 설계하였다. 리더의 행태를 기술하는 것은 대략 100문항이 넘었다. 전체 작업 팀인 감독자의 부하직원, 상관 그리고 동료를 포함하는 집단에게 적용한 이 도구는 상대적으로 리더들이 실제로 어떻게 행위를 하는가에 대한 포괄적인 이해를 준다. LBDQ를 되풀이하여 적용하면서 리더십 척도의 첫 리스트가 작성된다. 이 척도들을 요인분석한 결과 두 척도가 강하고 일정하게 나타났다: 배려구조(consideration structure)와 과업구조(initiating structure). 그림으로 표시하면 다음과 같다.

배려구조에서 리더는 직원들에게 따뜻하고 협조적이며 그들을 존경하는 행태를 가지고 있다. 이러한 리더는 직원들과 의사소통이 활발하고 직원들의 복지에 많은 관심을 나타낸다. 다른 말로는 관계지향적(relationship-oriented), 사람지향적(people-oriented) 그리고 사람에 대한 관심(concern for people) 등으로 표현한다. 반면에 과업구조에서 리더는 상하관계를 관리하는 의무와 역할을 정의하는 경향이 있다. 루틴한 작업을 유지하고 의사소통의 공식적인 통로를 설정하는 것은 과업지향적인 구조행태의 특성을 보여주는 것들이다. 이 개념에 적용하고 있는 다른 표현은 과업지향(task-oriented) 혹은 생산에 대한 관심(concern for production)이다. 이 두 요소는 리더십의 독립변수로서 인식되었고 현대 리더십 연구에 많은 영향을 주었다.

〈그림 10-1〉 과업과 배려를 기준으로 한 리더십 유형 분류

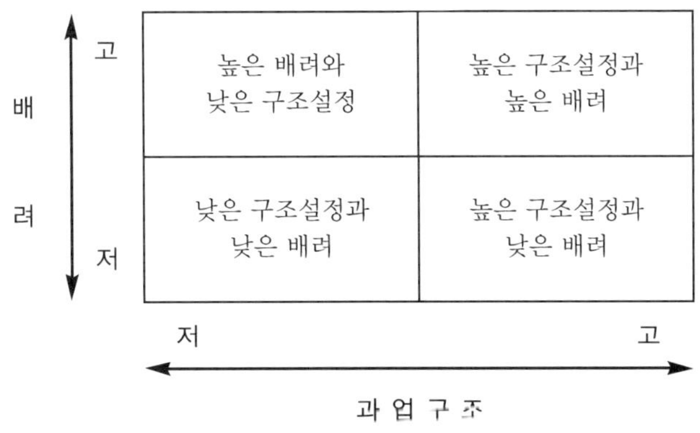

그러나 Ohio 연구의 조사방법과 가정은 다음과 같은 근거로 비판을 받았다[20]:

① 설문조사에서 포함되어 있는 리더들이 계층제의 상위지위를 가지고 있다는 사실은 공식적인 책임 및 통제 이외에 존재할 수 있는 비공식적 리더십을 배제하고 있음을 의미한다. 영향력 관점에서 리더십을 정의한다면 우리는 영향을 받는 사람들이 필요하다. 집단이 없는 리더는 발견하기 어렵다. 그러나 리더십에 관한 문헌들이 지적하듯이 공식적인 구조가 없더라도 현직에 있지 않은 리더들을 비공식 리더로서 인정한다.

② 가장 놀랄 만한 사실은 Ohio 연구에서 리더의 행태와 결과 사이에 그들의 관계에 영향을 줄 수 있는 상황변수를 고려하고 있지 않다는 것이다. 조직의 일반적인 상황, 즉 기술적용, 규모 및 환경과의 관계 등은 리더십 형태의 부분은 아니다. 그러나 그러한 상황들은 집단의 반응 및 리더십 형태의 결과에 영향을 줄 수 있다. 부하직원들의 업적과 리더십 행태는 서로 영향을 줄 수 있으며 그들 관계의 조정과 변화의 원인이 될 수도 있다. 이 연구를 검토하면서 많은 학자들은 중요한 두 가지 척도에 대한 설문지측정의 적절성에 의문을 제기하고 있다.

③ 이 이론을 검토하면서 제기된 문제는 두 가지 중요한 척도들(dimensions)에 대한 설문지측정의 적절성에 대한 의문이었다. 왜냐하면 이 척도들은 리더십 실행과 효과성에 대한 완전한 상황을 설명할 수 없다는 것이다.

Ohio 연구에 대한 비판에도 불구하고 이 연구는 기존의 리더십 연구를 경험적 연구로 전환시켰다는 점에서 중요한 역할을 하였다는 점을 지적하지 않을 수 없다. 특히 자질이론을 비판하면서 Ohio 연구는 효과적인 리더들은 이들 척도(dimensions)에 따라 다르며 속성의 획일성을 보이고 있지 않음을 지적하였다. 매우 배려적이었던 감독자들의 경우에 부하들의 고충처리 신청건수가 적었으며 이직률도 낮았다. 구조 주도화의 경우에는 정반대의 현상이 나타났다. 그러나 다른 연구에서는 부하들이 구조화 리더에 더 만족하고 집행도 좋았다. 또 다른 연구에서는 정반대의 관계가 나왔거나 의미 있는 결과를 전혀 발견하지 못하였다. Fleishman과 Harris 연구에 의하면 부하들은 적어도 중간 정도의 배려적인 리더에 더 만족한다.[21]

20) Jamil E. Jreisat, *Public Organization Management*, Praeger Publishers(1997), pp. 156-157.
21) E. A. Fleishman and E. F. Harris, "Pattern of Leadership Behavior Related to Employee

3) Blake와 Mouton의 Managerial Grid

Ohio 주립대학의 리더십 연구는 Blake와 Mouton의 관리망(Managerial Grid) 접근법에 의미 있는 영향을 주었다.[22] Managerial Grid는 관리기술을 향상하는 데 적절한 접근방법이다. Blake와 Mouton은 Ohio 연구에 뿌리를 두고 있는 두 가지 척도인 사람을 고려한 수직적인 축(concern for people)과 생산을 고려한 수평적인 축(concern for production)으로 조직을 특성화하였다. 각 축은 관심의 정도를 나타내는 9점 척도로 분리된다. 그림에서 보듯이 다섯 가지의 리더십 스타일이 이 Grid에 위치한다. 스타일 1.1을 Blake와 Mouton은 무기력하고 모자란 리더십이라고 불렀으며 이는 대단히 낮은 활동으로 특징된다. 리더들은 사람과 생산성에 대하여 분명한 의도나 관심 없이 행동한다. 스타일 9.9는 반대로 사람과 생산과업에 높은 관심을 가지고 있다. 그들은 이것을 팀리더십이라고 불렀다. 9.1의 스타일을 가지고 있는 리더들은 인간적 요소들을 희생하면서 생산성을 강

〈그림 10-2〉 Managerial Grid 유형

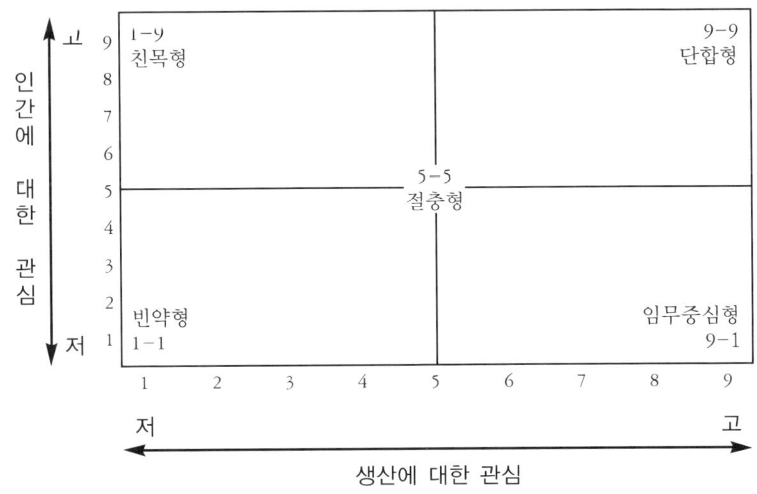

Grievances and Turnover," *Personnal Psychology* 15(1962), 43-56.

22) Blake, Robert and Jane Srygley Mouton, *The Managerial Grid*, Houston: Gulf.

조한다. 이러한 리더십은 과업 혹은 권위순종형 리더라고 부른다. 1.9 스타일은 좋은 이웃 혹은 시골 클럽의 리더십과 같은 따뜻한 모습을 가지고 있어 사람에 대하여 강한 관심을 가지고 있는 반면 목적달성이나 과업구조 및 권위관계에는 관심이 없다. 마지막으로 5.5 스타일은 중도적인 특성을 가지고 있는 리더십이며 목적달성과 개인만족 사이의 팽팽한 줄을 걷는 형이다. 이러한 중도적인 리더십은 그들의 부하들에게는 아주 헐렁하거나 혹은 타협하려고 하는 사람으로 비쳐진다.

Blake와 Mouton은 9.9 리더십을 더 좋아하고 다른 종류의 리더십은 선호하지 않는다. 예를 들어 과업을 지나치게 강조하는 9.1 스타일은 너무 엄격하고 배려하지 못하는 리더십으로 근로자를 소외시키는 결과를 초래한다. 동네 클럽의 리더와 같은 1.9 스타일은 너무 부드러워서 근로자들이 이러한 상황을 악용한다. 이와 같이 Managerial Grid는 가장 좋은 리더십을 탐색하는 또 다른 방법으로 인정받고 있다. 이 접근법은 개방적인 의사소통, 참여를 통한 문제해결과 목적설정, 대화를 통한 갈등조정 그리고 팀 관리 등의 방법을 통하여 조직을 두 가지 척도의 높은 수준 혹은 팀 관리(team management)로 이끌려고 노력한다. 특히 이 틀은 정부조직, 기업 및 제3영역 조직 등에 넓게 적용하였던 Blake와 Mouton의 조직발전 상담방법에 크게 기여하였다.

지금까지 리더십 스타일에 대한 연구는 리더의 행태나 행동이 고정된 분류에 국한되었다. 그러나 최근 리더십 연구의 결과는 경직된 보편적인 리더 행태의 분류를 부인하고 그 대신 상황에 따른 리더 행태의 변화를 제안하였다. 다른 말로 리더들은 조직을 운영하는 데 그들의 스타일을 변경하고 그들의 행태를 조정한다. 그러나 아직도 의문나는 점은 무엇이 그들의 행태를 변경하게 하느냐이다.

3. 리더십의 상황조건적합이론 접근법(The Contingency Approach to Leadership)

자질에서 스타일로 그리고 최근에는 상황조건적합이론으로의 변화는 우연한 것도 아니고 독자적으로 발전된 것도 아니다. 이러한 관점의 변화는 조직이론의 발전과 관련이 있다. 기본적인 상황조건적합 모델은 보편적으로 적절한 리더십 스타일은 존재하지 않으며 리더십 스타일의 결과는 상황적인 요인들에 의하여 영향을 받는다는 것을 확인한다.

1960년 중반까지 관리과학이론들은 관리학 분야에 가장 좋은 방법이 없다는 명제로부터 시작하여 조직의 연구를 위한 새로운 접근법을 발견하기 시작하였다. 다른 말로 조직 등을 이끌기 위한 가장 좋은 방법이 있다는 믿음은 반드시 실패한다는 것이다. 이러한 주장을 한 새로운 학파의 제안을 상황조건적합이론(contingency theory)이라고 부른다.

상황조건적합이론의 연구결과는 연구의 적용범위나 그것이 강조하는 바에 따라 다르다. 예를 들어 리더의 행태는 관리이념, 기술의 복잡성 그리고 시간의 상호작용에 의하여 영향을 받는다.

상황조건적합이론의 내용을 초기에 분명하게 표명한 것으로 넓게 인정받고 있는 Fiedler는 조직의 업적을 향상시키기 위하여 요구되는 리더십 스타일은 상황에 따라 다르게 일어날 수 있다고 주장한다. 특히 이 접근법을 활용한 리더십에 대한 연구는 더 많은 관심을 끌었다. 다음은 그 중 가장 잘 알려진 리더십 접근법들이 논의될 것이다.

◇ Fiedler의 배경

Fiedler는 1922년에 Vienna에서 태어났으며 Hitler가 Austria를 침공한 후 곧 미국으로 이주하였다. 궁극적으로 그는 Chicago 대학으로 가서 그 곳에서 학사학위와 임상심리학 분야에서 개인 심리분석에 관하여 박사학위를 취득하였다. 1951년 그는 Illinois 대학으로 옮겨서 그 곳에서 심리학 교수로 채용되었다. 여러 해 동안 그의 주요한 관심영역은 사람들간의 지각과 지유적 관계, 그리고 후에 리더십을 추구하였다. 1950년 중반경에 Fiedler는 임상심리학의 저술활동에서 리더십과 리더와 부하들간의 관계로 방향을 바꾸었다. 1969년 Illinois에서 Washington 대학으로 옮긴 후 그는 부교수로 Business School과 더욱 밀접하게 일하였다. 그러나 그는 주로 심리학 분야에 주요한 기반을 두고 있었던 것은 틀림이 없다. 그는 대학원생들과 다른 교수들과 같이 연구하여 다수의 논문들과 저서를 발표하였다. 특히 그는 외국에서 태어난 관계로 문화횡단적(cross-cultural research)인 연구에 흥미를 가지고 있어 해외 대학에서 교환교수로 많은 역할을 하였다. 그는 지속적으로 저술활동을 하였으며 1992년 Washington 대학에서 은퇴하였다.[23]

23) Miner, *op. cit.*, p. 275.

리더십의 효과성에 관한 모형을 고안하려고 처음으로 시도한 학자는 Fiedler였다.[24] Fiedler의 상황조건적합이론은 많은 관심을 끌었다. 그 이유는 그의 이론이 리더십스타일과 조직환경 사이의 관계를 설명하는 데 가장 좋은 틀을 제시하였고 그것이 어떻게 리더의 효과성에 영향을 주는지를 제공하여 주었기 때문이다. 즉 리더십은 전적으로 개인에게 있는 것이 아니라 그 개인이 속한 집단 내의 다른 구성원들과의 기능적 관계 속에 존재한다는 것이다. 주변환경은 리더가 될 사람을 결정하는 데 중요한 요인이다. 이와 같이 리더십은 사회 안에서 끊임없이 변화하는 변수들간의 상호작용을 통하여 이해되어야 한다. 리더십은 상황에 가장 잘 부합되는 것이 결정된다는 것이다. 이러한 다양한 리더십의 변수로는 리더행태에 대한 기대, 집단의 목적, 조직의 환경 등으로 변수의 변화에 따라 그에 부합되는 리더의 유형이 달라진다.[25] 이와 같이 리더십 행태는 시간과 장소에 따라서 달라질 수 있으며, 어떤 리더도 모든 상황에 똑같은 리더십 행태를 보이지 않는다.

거의 20년이 넘는 동안 Fiedler는 설문조사 방법을 통해 리더십을 측정하였다. 설문조사방법은 리더들에게 그들이 지금까지 같이 일해온 모든 사람들을 생각하고 업무를 완성하는 데 가장 어려운 시간을 가졌던 한 개인, 즉 가장 선호하지 않는 동료: 'least preferred coworker(LPC)' 를 강조하여 묻는 설문지이다. 리더들이 마음속에 LPC를 가졌다면 그들은 서술적인 형용사(똑똑함/우둔함, 좋음/나쁨, 활력 있음/ 게으름 등)를 활용하여 8점 척도를 사용하여 그 사람을 평가한다. LPC에 대한 긍정적인 태도를 가지고 있는 리더들은 인간관계 중심적이었고 LPC에 부정적인 감정을 가지고 있는 리더들은 과업중심적인 경향을 띠고 있었다.

Fiedler는 연구를 진행하면서 작업집단의 생산성에 관한 연구의 결과가 일정하지 않았기 때문에 점점 더 의문을 갖게 되었다. 공군의 폭격기 조종사들에 대한 그의 첫 연구에서 폭격지점에 맞게 폭격하는 승무원들의 가장 효과적인 리더들은 낮은 LPC 점수를 얻은 과업중심적인 리더였다. 그러나 다른 집단들과 다른 환경에서 수행한 후속 연구에서는 공군 조종사들에 관한 연구와는 다른 결론을 얻었다. 거듭된 연구 후에 얻은 결론에 대한 논리적 근거는 낮은 LPC 리더들, 즉

24) F. E. Fiedler, A Contingency Model of Leadership Effectiveness. In L. Berkowitz(Ed.), Advances in Experimental Social Psychology, New York: Academic Press(1964), pp. 149-190; F. E. Fiedler, *A Theory of Leadership Effectiveness*, New York: McGraw-Hill(1967).

25) C. Handy, *Understanding Organization*, Harmondsworth: Penfuin(1985).

과업중심적인 리더는 모든 것이 정돈되어 있고 부하들은 지시받을 필요가 있음을 인정하며 그러한 지시를 하는 것이 리더의 당연한 권리임을 인정하는 상황에서 가장 잘 작동된다는 논리이다. 비행기 승무원의 리더는 명확한 권력을 소유하였고, 강한 과업구조 및 부하들과 좋은 관계를 가지고 있었기 때문에 승무원들은 자연스럽게 과업을 가장 잘 달성하기 위해 명령에 잘 따를 수 있었고 이는 효과적이었다고 Fiedler는 설명한다.

그러므로 Fiedler는 리더의 효과성 변화를 설명하기 위하여 다른 요소들을 탐색하기 시작하였다. 이러한 탐색이 리더십 효과성의 상황조건적합이론의 발달을 가져오게 된 것이다. Fiedler의 이론은 리더십 스타일의 어떤 것이든지 리더가 직면하고 있는 상황과 적절히 어울리느냐에 따라 효과적이 될 수 있다고 주장한다.

이 모형은 Fiedler의 리더십 스타일의 분류(배려 대 과업중심적 혹은 높은 혹은 낮은 LPC)와 그가 가장 중요하다고 생각하는 상황변수를 조합한 것이다. Alan Bryman은 Fiedler가 발표한 책 및 논문을 검토한 후 Fiedler가 중요하다고 주장하는 상황변수는 다음과 같다고 주장하였다[26]:

① 리더와 구성원간의 관계(leader-,member relations): 이들의 관계가 우호적이고 협조적인 정도; 그리고 근로자들이 리더를 믿고 충성하는 정도; 리더와 집단간의 개인적 혹은 애정적 관계의 질

② 과업구조(task structure): 그 집단의 과업이 루틴하고 예측성이 있는 정도; 과업의 명확성 및 구체성

③ 지위권력(position structure): 리더 권위의 근원과 명확성; 부하들을 명령하여 따라오게 할 수 있는 리더의 능력; 리더가 집단 구성원들에게 보상하고 형벌을 가할 수 있는 능력. 리더가 가지고 있는 공식적인 권력의 정도.

위 세 요소들을 분석하고 조합을 함으로써 아래 표에서 보듯이 8개의 리더십 상황들의 리스트를 만들 수 있다. 아래 리더십 스타일과 상황과의 관계에 대한 정우일의 설명을 인용했다.[27]

상황 I 은 리더에게 가장 유리하다. 왜냐하면 리더와 구성원간의 관계가 좋

26) Bryman, Alan, *Leadership and Organization*, London: Routledge & Kegan Paul(1986), p. 128.

27) 정우일(2009), 「리더와 리더십」, 박영사, pp. 274-277.

〈그림 10-3〉 상황의 유리함에 대한 Fiedler의 분류

	매우 유리함		중간정도				매우 불리함	
리더와 구성원의 관계	좋음	좋음	좋음	좋음	나쁨	나쁨	나쁨	나쁨
과업 구조	높음		낮음		높음		낮음	
리더 위치의 권력	강함	약함	강함	약함	강함	약함	강함	약함
상황	Ⅰ	Ⅱ	Ⅲ	Ⅳ	Ⅴ	Ⅵ	Ⅶ	Ⅷ

출처: Fred E. Fiedler, "The Effects of Leadership Training and Experience: A Contingency Model Interpretation," *Administrative Science Quarterly* 17(1972), 455.

고, 과업구조가 높으며(잘 체계화됨), 그리고 리더의 지위권력이 강하기 때문이다. 이러한 상황하에서는 리더가 과제지향적인 리더십 스타일이 효과적일 수 있다. 상황 Ⅷ은 리더에게 가장 불리하다. 왜냐하면 리더와 부하들과의 관계가 좋지 않고 과업구조가 잘 되어 있지 않으며 그리고 리더의 지위권력이 약하기 때문이다. 이러한 경우도 역시 강제적으로 과업지향적인 리더십이 효과적이다. 이 둘을 제외한 다른 상황들은 리더를 위하여 중간정도의 유리함을 나타낸다.

Fiedler의 설명에 의하면, 상황이 유리한 경우, 그 집단은 이미 지시받도록 준비가 되어 있고, 다음 무엇을 할 것인가 말하여 줄 것을 기대하며 구성원과 상의 없이 독단적으로 결정하고 행동한다고 하더라도 용납이 되는 분위기를 말한다(그림 10-4 참조).

선호의도는 이 세 가지 상황 측면들에 가중치를 부여하고 점수를 결합하여 결정된다. 가중치를 부여하는 절차는 리더-성원관계가 과제구조보다 더 중요하고, 과제구조는 지위 권력보다 더 중요하다고 가정한다.

리더십 상황은 이 척도들의 좋고 나쁨에 따라 다르다. 분명히 리더는 위의 3가지가 모두 좋을 때 가장 유리한 상황으로 생각하고 위의 상황이 나쁠 때 가장 불리한 상황으로 본다.

Fiedler는 상황이 아주 명확하게 유리하고 혹은 불리할 때 과업중심적인 접근법이 더욱 효과적일 것이라고 한다. 반대로 그 상황이 분명히 아주 유리하지 않고 혹은 분명히 불리한 경우 인간관계 지향이 더욱 효과적이라고 주장한다. 이들을 그림으로 표시하면 아래와 같다(그림 10-4).

〈그림 10-4〉 리더스타일과 상황과의 관계

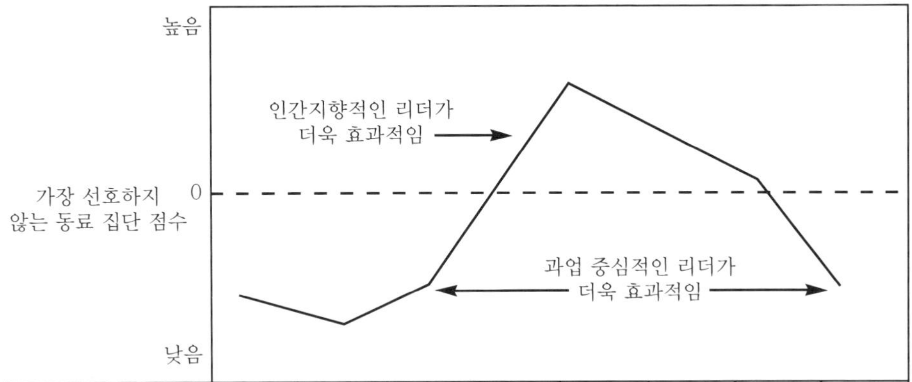

리더와 구성원의 관계	좋음	좋음	좋음	좋음	나쁨	나쁨	나쁨	나쁨
과업 구조	구조화		비구조화		구조화		비구조화	
리더의 지위 권력	강함	약함	강함	약함	강함	약함	강함	약함

출처: Fielder, "The Effects of Leadership and Experience: A Contingency Model Interpretation," 1972, 455.

높은 통제 상황(그림 10-3 왼쪽)에서 과제지향적이고 낮은 LPC 리더들은 편안하게 느낀다. 자아 확신에 대한 그 리더들의 기본적 근원, 업무를 달성하는 근원은 그 리더들이 긴장을 풀 수 있고 세부적으로 관심을 쓰며, 그리고 부하들이 업무를 수행하는 것을 도울 수 있을 정도로 위협을 받지 않는다. 같은 높은 통제 상황은 관계 지향적이고 높은 LPC 리더들에 다른 영향을 갖는다. 그들은 싫증을 내기 쉽고, 할 것이 없고 혹은 아무도 그들을 필요로 하지 않는다는 것을 느낀다. 왜냐하면, 그 집단은 응집력이 있고, 과제는 분명하기 때문에 그 리더는 주로 그 집단이 필요하고, 세부적인 사항에 관심을 쓰며 그리고 장애를 제거하는 자원을 얻도록 하는 것이 필요하다. 이러한 상황에서는 지나친 통제나 과도하게 집단의 성과에 간섭할 필요를 갖지 않는다(표 10-2 참조).

중간 상황적 통제(그림 10-3 중간)는 응집력의 결핍 혹은 과제구조의 결핍에서 빌생한다. 상황이 보호하고 혹은 불확실하며, 그리고 과제완성은 어려운 상태이다. 상호관계와 참여에 관계지향적, 높은 LPC 리더의 기술들이 역시 이 상

〈표 10-2〉 다른 상황적 통제 수준에서 리더 스타일과 행태

리더 스타일	높은 상황적 통제	중간 상황적 통제	낮은 상황적 통제
과제지향적 리더 (Task-Motivated low-LPC Leader)	확신; 인정하고 협조적임; 장애제거 그리고 방해되지 않도록 제거	긴박감; 과제중심; 압도적이고 과도한 통제; 업무를 달성하는 데 강요	지시적; 과제에 초점; 다른 사람에 대한 무관심
인간지향적 리더 (Relationship-Motivated high-LPC Leader)	싫증; 냉담 그리고 자기중심적; 얼마간 독재적; 집단에 간섭할 수 있음	배려; 아이디어와 제안에 개방적; 갈등해결에 관계함	긴장 그리고 신경과민; 집단갈등에 의한 고통; 우유부단

출처: F. E. Fiedler and M. H. Chemers, 1974, *Leadership and Effective Management,* Glenview, Ill.: Scott-Foresman; Fiedler and Chemers, 1984, *Improving Leadership Effectiveness: The Leader Match Concept,* 2ed, New York: Wiley.

황에 잘 어울린다.

관계지향적인 리더는 인간관계기술이 집단의 높은 성과를 달성하는 데 중요하기 때문에 중간 정도 유리한 상황에서 더욱 잘 효과적일 수 있다. 이러한 상황에서 리더는 원만하게 좋아질 수 있고, 어느 정도 권력을 가질 수 있으며, 그리고 어느 정도 모호함을 가지고 있는 업무를 감독할 수 있다. 상호 좋은 인간관계를 가지고 있는 리더는 관계를 증진시킬 수 있고 과제구조를 명확히 할 수 있으며, 그리고 지위권력을 강화할 수 있는 긍정적인 집단분위기를 창조할 수 있다.

● 비　평

Fiedler는 자신의 이론을 지지하는 연구를 계속하였지만 그가 사용한 연구방법의 적절성에 대하여 의문이 제기되었고 많은 논란을 불러일으켰다.

가장 논란이 되었던 것 중의 하나는 LPC 점수이다. 그는 그것을 OSU 연구의 배려구조(consideration structure)와 과업구조(initiating structure)의 리더 행태와 동일시하였지만, 이러한 동일성은 경험적인 분석에서는 일치하지 않았다. 예를 들면 응답자의 LPC 점수와 OSU의 설문조사에 기초한 LBDQ 결과를 비교한 연구에 의하면, 이들 둘은 같지 않다는 것을 나타내었다.[28] 다시 말하여 높은 과업 및 높은 배려구조를 가지고 있는 리더들은 반드시 일치하는 LPC 점수를 가지지 않았다.

그에 대한 또 다른 논란은 리더들은 그들의 리더십 스타일을 개선하는 것 대

28) Martin Chemers and Robert Rice, "A Theoretical and Empirical Examination of Fiedler's Contingency Model of Leadership Effectiveness," In *Contingency Approaches to Leadership,* ed. J. G. Hun and L. Larson, Carbondale: Southern Illinois University Press(1974), pp. 91-123.

신에 그들의 상황을 개선해야 된다는 그의 가정이다. 많은 학자들은 리더에 대한 책임을 상황에 적합하게 하기 위하여 그들의 스타일을 변화하는 데 둔 반면, Fiedler는 관리자들이 그들의 상황변수를 조작함으로써 그들의 효과성을 증진하도록 도울 수 있는 리더 훈련프로그램으로 발전시켰다. 리더의 기본적인 스타일은 다소간 주어진 것으로 보고, Fiedler 모형의 처방에 따라 참여자들은 그들의 지위, 과업구조 그리고 상호집단간의 관계를 개선하는 방법으로 교육을 받는다. 이 프로그램은 리더들이 그들의 리더십 스타일에 가장 적합한 업무과제를 찾아야 된다는 명제로 결국 귀착하는 논리이다. Chemers와 Mahar은 Fiedler의 연구에 대하여 리더들이 불리한 상황변수를 인식하고 자신들을 변화시키는 훈련을 쌓는 것은 가능하다고 주장한다.[29] 다른 연구자들은 Fiedler 연구의 결과는 호오손 영향(Hawthorne effect)에 기인한다고 말한다. 다시 말하여 참여자들은 어떤 사람들이 그들에게 관심을 가지고 있기 때문에 단순히 더 잘 업무를 수행한다는 것이다.

어쨌든 Fiedler의 이론은 매우 한정된 상황변수와 제한된 리더십 스타일을 포함하고 있는 것은 분명하다. 또한 리더의 LPC 점수가 집단과업에 어떻게 영향을 미치는지를 설명하지 못하기 때문에 실제로는 이론이 되지 못한다는 비난이 있다. 또한 이 모형은 리더에게 상황에 적응하는 방법을 훈련시키기 위한 지침을 제시하지 못한다. 그럼에도 불구하고 이 모형이 상황요인들에 대한 관심을 고무시켜 왔다는 점은 커다란 공헌이라고 할 수 있다.

4. 리더십의 경로-목표이론(Path-Goal Theory)

◇ Evans와 House의 배경

Evans는 1939년에 태어났으며, 영국의 Manchester 대학에서 학사학위와 석사학위를 끝낸 후, 1968년에 미국의 Yale 대학에서 박사학위를 받았다. 그 당시 Hackman, Lawler, Argyris 그리고 다른 사람들이 Yale 대학을 연구하고 교육하기 위한 좋은 곳으로 만들었다. 학위를 취득한 후 그는 London Business

29) F. E. Fiedler & Chemers M. M., *Improving Leadership Effectiveness: The Leader Math Concept*(2nd ed.), New York: John Wiley(1982); F. E. Fiedler & Maher L., "The Effectiveness of Contingency Model Trainning: A Review of The Validation of Leader Match," *Personnel Psychology*(1979), 32, 45-62.

School에서 2년을 보냈으며, 1973년에 Tronto 대학에서 교수로서 정착하였다. 그는 지금도 관리학의 교수로 재직 중이다.

House는 더 다양한 경력을 가지고 있다. Detroit 대학을 졸업한 후 Chrysler에서 일하였고 모교에서 MBA를 시작하였다. 그는 Ohio 주립대학 경영학 분야에서 박사학위 프로그램을 시작하여 1960년에 박사학위를 취득하고 그 곳에서 교수로서 봉직하였다. 이 시기 동안 그는 Shattle과 Stogdill를 알게 되었다. 그러나 그의 기본교육은 조직행태가 포함되지 않은 고전관리였다. 후에 독학으로 공부하였으며 Mckinsey and Company에 가기 위하여 1963년에 Ohio State를 떠났다. 후에 다시 New York의 City University로 옮겼다. 1972년에 House는 Tronto 대학으로 가서 여러 해 동안 Evans와 같이 동료교수로 근무하였다. 최근에 House는 Pennsylvania 대학의 Wharton School의 교수들과 합류하였다.[30)]

리더십의 경로-목표이론(Path-Goal Theory)은 리더의 행동이 부하의 만족과 업무수행에 어떻게 영향을 미치는지를 설명하기 위해 제시된 이론이다. House와 Evans가 제안한 초기의 이론들은 그 이후 여러 연구자들에 의하여 한층 더 다듬어졌다.

오늘날 가장 포괄적인 이론인 경로-목표이론은 동기부여의 기대이론에서 유래하였다. 기대이론은 동기가 행동의 결과와 그 결과 가치에 대한 기대로부터 일어난다고 한다.

두 학자들이 이 이론에 주로 기여하였다. Martin Evans는 처음으로 그가 Yale 대학의 박사과정에 있을 때 그의 생각을 발전하였으며, 결국 1968년에 완성한 그의 박사논문에서 그 주제를 발전시켰다.[31)] Robert House는 1970년대 초기 New York City University의 Baruch College에 교수로 있는 동안에 처음으로 그의 생각을 발표하였다.[32)] 이 두 학자들은 연구를 거듭하였는데, 그들의 생각은 기대이론에 뿌리를 두고 있기 때문에 서로 다른 것보다는 유사한 점이 많았다.

리더십의 행태와 부하들의 동기부여에 관한 다수의 이론들이 있다. 이러한

---

30) Miner, *op. cit.*, pp. 273-274.

31) M. G. Evans, "The Effect of Supervisory Behavior on the Path-Goal Relationship," *Organizational Behavior and Human Performance*(1970), 5, 277-298.

32) R. J. House, "A Path-Goal Theory of Leader Effectiveness," *Administrative Science Quarterly*(1971), 16, 321-339.

이론들 가운데 하나가 경로-목표이론이며 오늘날 가장 포괄적인 이론으로 평가받고 있다. 경로-목표이론에 의하면 리더의 책임은 부하가 개인적 혹은 조직의 목적을 수행하는 데 직면할 수 있는 장애를 제거하여 주는 촉진제로 보고 있다. Robert House는 리더의 동기부여기능은 부하들이 업무의 목적을 달성하기 위하여 개인적인 능력을 향상시키는 것을 포함하며 목적의 명확성, 장애의 제거, 아울러 개인이 만족하는 기회를 증가시키므로 목적달성을 위한 개인의 진로를 더 쉽게 만드는 데 있는 것이다.[33]

경로-목표이론에 의하면 효과적인 리더들은 그들의 부하들이 중요한 목적을 달성하는 것을 도울 때 부하들의 동기부여와 만족을 증가시킨다고 주장한다. 즉 리더들은 부하들에게 목적과 이를 달성하는 경로를 이해시키고, 이 경로를 효과적으로 따르는 방법을 알려준다. 리더들은 부하들에게 결과의 가치에 어떤 통제를 가지고 있다는 것을 알려주며, 부하들에게 결과의 가치를 증가시키는 방법을 찾아주며, 결과에 이르는 길을 명확하게 하기 위하여 적절한 자문과 방향을 제시하고, 결과에 이르는 길에 닥칠 수 있는 장애와 좌절을 제거하여 줌으로써 부하들을 도와주는 행위를 한다.

그러므로 이 이론은 역시 다양한 리더십 스타일, 부하들의 특성 및 상황적인 요인들을 고려한다. 어떤 리더십 스타일하에서 업무가 잘 구조화되었는지, 얼마나 많은 공식적인 권한을 가지고 있는지, 업무집단이 강한 규범과 사회적 관계를 가지고 있는지를 고려한다. 이와 같은 요소들이 악힌 경로-목표이론의 징후가 나타날 때, 적절한 리더십은 이러한 요소들을 향상시킴 수 있다. 이 과정에서 리더들은 다음과 같이 4개의 리더십 스타일들 가운데 하나를 선택한다[34]:

① 지시적 리더십(Directive Leadership): 과업지향 혹은 과업구조의 스타일로서 리더들은 부하들이 참여할 기회를 제공하지 않고 지시한다; 리더의 과업은 작업할당, 작업지속, 작업구조 그리고 업적기준의 강요를 포함한다.

② 후원형 리더십(Supportive Leadership): 이 리더의 행태는 부하들에게 친절하고 존경하는 리더로 특징을 갖고 있다; 부하들은 평등하며, 리더는 근로자를 위한 작업환경을 쾌적한 곳으로 만들려고 최선을 다한다.

33) Robert House, "A Path-Goal Theory of Leader Effectiveness," *Administrative Science Quarterly* 16(September 1971), p. 324.

34) Robert House and Terrence Mitchell, "Path-Goal Theory of Leadership." *Journal of Contemporary Business* 3(Autumn 1974): 81-97.

③ 참여 리더십(Participative Leadership): 리더들은 결정을 하기 전에 부하들과 상의하고 그들과 함께 문제상황과 계획에 대하여 논의한다.

④ 성취지향적 리더십(Achievement-Oriented Leadership): 리더들은 적절히 수행하기 위한 그들의 확신을 보여주면서 부하들을 위한 도전적인 목적을 수립한다.

Fiedler의 Contingency Model과 달리 경로-목표이론은 관리자들이 다양한 상황에 가장 적합한 리더스타일을 처방하면서, 필요에 따라 관리자들은 그들의 리더십 스타일을 변경할 수 있다는 것을 가정한다. 예를 들면 모호하고 불확실한 상황은 지시적인 리더십에 의하여 다루어지는 것이 바람직하다. 그 이유는 부하들은 불확실한 상황에서는 불안하고 걱정을 하기 때문이다. 그와 같은 과업구조의 사용이 적절하고 바람직할 것으로 간주될 것이다. 반대로 작업환경이 루틴한 경우, 과업지향적인 스타일을 적용하는 것은 불필요할 정도로 질식할 것 같은 느낌을 주기 때문에 부하들의 불만을 초래할 것이다. 따라서 지루하고 반복적인 업무는 후원적 혹은 참여적 리더십을 필요로 한다. 만약 업무가 좌절과 긴장을 유도하는 것이라면 배려형이 높은 직무만족을 가져올 것이다. 참여 리더십과 성취지향 리더십에 대한 명제는 후원형 리더십과 지시적 리더십만큼 발달되지는 못하였다. 과제가 구조화되어 있지 않을 때 역할명료성을 증대시켜서 부하의 노력과 만족을 증대시킬 것이라고 가정한다. 그러나 과제가 구조화되어 있을 때, 이러한 행동은 거의 효과가 없거나 어쩌면 아무런 효과도 없을 것이다. 성취지향적인 리더십은 과제가 비구조화될 때(예: 복잡하고 반복되지 않는 업무) 도전적인 과제 또는 목표를 성공적으로 달성할 수 있다는 자신감과 기대를 증대시켜서 부하의 노력과 만족을 증대시킬 것이다.

비교적 상대적으로 최근에 발전된 이론이기 때문에 경로-목표이론은 많은 학자들에 의하여 검증되지 못하였다.

그럼에도 불구하고 경로-목표이론은 리더십을 이해하는 데 많은 공헌을 하였다. 이들 가운데 가장 현저한 것은 리더의 행태와 부하의 동기부여간의 관계를 탐색하는 것이다.

5. 규범적인 의사결정모형(Vroom-Yetton-Jago 모형)

리더십의 의사결정나무접근법(Decision Tree Approach)은 1958년 Robert Tannenbaum과 Warren Schmidt가 발표한 논문에서 그 유래를 찾을 수 있다.[35] 그들의 논문은 관리자들이 상황에 따라 그리고 부하에 따라 그들이 사용할 행태를 어떻게 선택하고 결정하는지를 논하였다. 리더의 행태는 어느 정도 관리자 중심적이냐 혹은 부하 중심적이냐에 초점을 두고 있다. 그들은 리더가 선택한 결정절차는 리더가 가지고 있는 영향력, 부하들이 가지고 있는 영향력, 상황에 존재하는 유리한 조건들을 반영한다고 언급하였다.

Tannenbaum과 Schmidt는 의사결정을 하는 데 참여의 효과성과 능률성의 결정요인으로 관리자가 고려해야 할 것은 관리자의 태도, 부하 특성들 그리고 상황변수를 들고 있다(표 10-3 참조). Vroom과 Yetton은 이들의 주장을 발전시키면서 변수들을 결합하고 그 결합을 행동으로 변형시켰다. 본질적으로 이들의 주장은 관리자들이 선택할 수 있는 리더십 행태의 범위를 다룬다. 관리자가 주어진 상황에서 선택할 리더십 행태의 특정한 스타일은 관리자, 부하 그리고 다양한 상황요소들에 의하여 결정된다.

성공적인 리더는 정확하게 그리고 유연하게 리더십의 행태를 선택하기 위하여 여러 상황적인 제약요인들을 고려하면서 그들의 행태를 결정한다. Vroom은 이러한 관점이 규범적인 의사결정과정이론의 발전에 중요한 역할을 하는 것을 강조한다.

이 모델은 〈그림 10-5〉에서 설명하듯이 아주 독재에서 아주 민주적인 수준에 이르기까지 부하들이 의사결정에 참여하는 다섯 가지 수준을 채택하였다. 독재적인 리더십은 AⅠ과 AⅡ를 의미하고, 상담스타일은 CⅠ과 CⅡ로 묘사되며 그리고 집단결정은 G에 의하여 설명된다.

이와 같이 의사결정전략은 부하들의 참여 정도를 나타내는 척도를 검토하면서 세 가지로 구분하였다: 독재적(autocratic), 상담적(consultative) 그리고 민주적(democratic). Vroom과 Yetton은 다섯 가지 결정절차를 파악하고 있는데, 두 가지 종류의 독단적 결정(독재적 Ⅰ과 독재적Ⅱ), 두 가지 종류의 상담(상담 Ⅰ과 상담

---

35) R. Tannenbaum and Schmidt, W. H., "How to Choose a Leadership Pattern," *Harvard Business Review*, 36(March-April 1958), 95-101.

〈표 10-3〉 리더십 행태를 결정하기 위하여 고려할 요소들

관리자의 요소	상황변수
① 결정을 공유하는 관리자의 가치체계 ② 관리자의 확신과 부하들에 대한 신뢰 ③ 관리자의 지시적 혹은 팀 리더십에 대한 관리자의 기본적 성향 ④ 위임에 의하여 발생한 불확실성에 따른 관리자의 안전	① 특히 조직의 가치 대 참여, 단위의 규모와 지리적 분산 ② 원활하게 기능하는 작업집단의 효과성 ③ 관리자와 집단의 능력에 관련된 문제의 성격 ④ 부하들의 개입을 제한하는 시간적 제약요인의 정도
부하들에 관한 요소	**가능한 리더 행태의 범위**
① 부하들의 독립성 요구에 대한 수준 ② 부하들이 책임을 맡으려는 기꺼움 ③ 부하들의 모호성에 대한 관용의 정도 ④ 부하들이 문제에 흥미와 그 문제가 중요하다고 믿는 정도 ⑤ 부하들이 조직의 목적을 이해하고 그 목적에 일체감이 있는 정도 ⑥ 부하들이 문제를 해결할 수 있는 지식과 경험의 유무 ⑦ 부하들이 의사결정하는 데 공유할 것으로 기대하는 정도	① 관리자는 결정을 하고 공포한다 ② 관리자는 그의 결정을 부하들에게 권고(sell)한다 ③ 관리자는 아이디어를 주고 질문을 유도한다 ④ 관리자는 변화에 따르는 시험적인 결정을 제시한다 ⑤ 관리자는 문제를 제기하고 제안을 유도하고 그리고 나서 결정을 한다 ⑥ 관리자는 집단이 만드는 결정의 제한을 정의한다 ⑦ 관리자는 그에게 부여된 같은 제한 내에서 부하들이 기능할 것을 허용한다

출처: R. Tannebaum and W. H. Schmidt, "How to Choose a Leadership Pattern," *Havard Business Review*, 36(March-April), 95-101; Yukl, *Leadership in Organizations*, pp. 21-48; Jreisat, *op. cit.*, pp. 163-166.

Ⅱ) 그리고 리더와 부하가 집단적으로 내리는 한 가지 유형의 공동결정(집단Ⅱ)이 그것이다.[36)]

리더들은 의사결정 흐름도에 따라 아래에 예로 드는 일련의 질문들을 묻는다. 그 질문들은 상황요소들과 관련이 있고 순서대로 질문을 물어야 한다. 각 질문에 'yes'와 'no'를 대답하면서 관리자들은 그들이 직면한 문제에 대하여 어떠한 의사결정 스타일이 가장 적절한지를 결정할 수 있다. 아래 의사결정 흐름도는 가장 널리 사용되고 있는 규범적 의사결정 모델이다. 이 모델은 상담과 참여하는 시간을 요구하고, 효과적이지 않은 가정에 근거할 경우 '시간의 효율성'(time

36) Vroom and Yetton, *op. cit.*, p. 13.

〈그림 10-5〉 5개의 리더 결정 스타일

결정방식		설 명
아주 독재적	A Ⅰ	당신은 당시에 가능한 얻을 수 있는 정보를 이용하여 당신 스스로 문제를 해결하거나 결정을 한다
↑	A Ⅱ	당신에게 필요한 정보는 당신의 부하에게 얻으며 문제해결의 결정은 당신 스스로 한다
	C Ⅰ	당신은 문제에 대하여 부하와 개별적으로 공유를 하고 있으며, 문제해결에 관한 아이디어와 제안들을 집단을 통하지 않고 개별적으로 얻는다. 당신 스스로 의사결정을 한다
	C Ⅱ	당신은 문제에 대하여 부하집단과 공유를 하며, 그들의 아이디어와 제안들을 집단을 통하여 얻는다. 당신 스스로 의사결정을 한다
↓ 아주 민주적	G	당신은 문제에 대하여 당신의 부하집단과 공유를 하며, 당신의 역할은 의회의 의장과 같다. 당신은 당신의 해결방안에 대하여 집단에게 채택이나 영향을 주지 않도록 노력을 하며, 집단에서 결정된 해결방안에 대하여 당신은 채택과 이행을 하여야 한다

A=독재, B=자문, C=집단

출처: Victor H. Vroom & G. Jago, *The New Leadership: Managing Participation in Organization*(Englewood Cliffs, NJ: Prentice-Hall, 1988); Vroom & Yetton, 1973, p. 13; Daft, *op. cit.*, p. 109(재인용).

efficient)이라는 문제가 대두된다. 그러므로 적절하고 필요한 경우에, 이 모델은 더욱 독재적인 의사결정으로 기울어질 수 있다. "이 모델의 '시간 투자'(time investment)는 능률을 희생하고 부하들의 발전에 초점을 둘 때 더 참여적인 의사결정을 추천한다."

적절한 의사결정전략을 선택하는 데 고려해야 할 상황변수들은 다음 질문들을 포함한다[37]:

① 리더 혹은 부하들이 질적으로 높은 의사결정을 하는 데 필요한 정보를 가지고 있는가?

37) Ibid., p. 50.

〈그림 10-6〉 의사결정(집단문제)방법을 결정하기 위한 Vroom-Jago Decision Tree

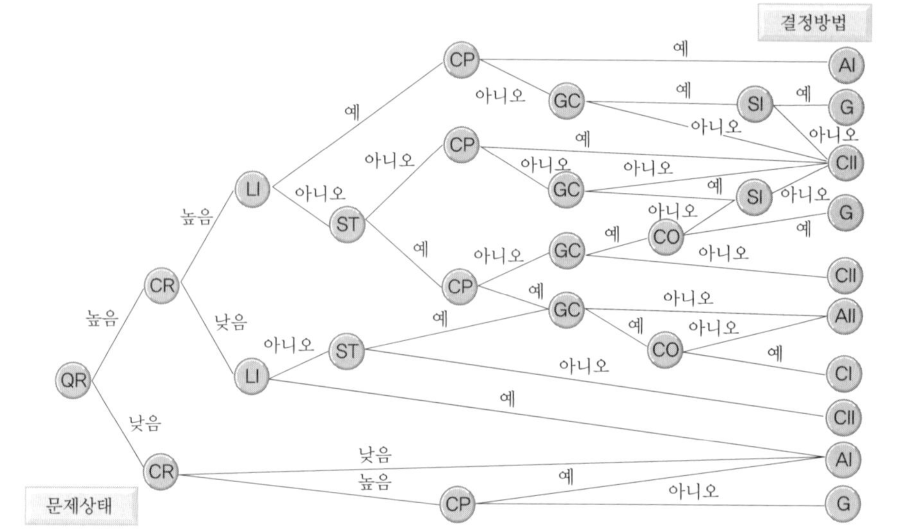

QR 문제의 질이 중요한가?
CR 결정을 하는 데 부하들의 몰입이 얼마나 중요한가?
LI 양질의 결정을 내리는 데 충분한 정보를 가지고 있는가?
ST 문제가 구조화되어 있는가?
CP 혼자 결정을 내린다면 부하가 수용할 것이라고 확신할 수 있는가?
GC 부하들은 이 문제의 해결에서 달성해야 할 조직의 목표를 공유하고 있는가?
CO 선호하는 해결책에서 부하들 사이에 갈등이 있을 것인가?
SI 부하들은 양질의 결정을 내리는 데 충분한 정보를 가지고 있는가?

출처: Victor H. Vroom & Arthur G. Jago, *The New Leadership: Managing Participation in Organization*(Englewood Cliffs, NJ: Prentice-Hall, 1988); Daft, *op. cit.*, p. 110; Yukl, *op. cit.*, p. 92; Victor H. Vroom & P. W. Yetton, *Leadership and Decision Making*(Pittsburgh: University of Pittsburgh Press, 1973).

② 부하들이 의사결정에 협조적이며 성공적인 수행을 위하여 헌신하는가?

③ 가장 바람직한 해결방법에 대하여 부하들간에 갈등이 있는가?

이 질문에서 반영된 조건들은 일련의 결정규칙에 의하여 가능한 의사결정전략이 형성되고 의사결정나무에 포함된다. 12개의 의사결정규칙은 다음과 같이 6개의 일반적인 리더십의 원리로 축소될 수 있다.[38]

38) Ibid., p. 50.

① 만약 당신이 좋은 의사결정을 하기 위하여 충분한 정보가 없다면 그 밖의 다른 곳에서 정보를 얻지 않으면 안 된다.

② 만약 당신이 가지고 있는 정보가 분명한 의사결정을 촉진하기 위하여 충분히 구조화되어 있지 않다면 당신은 그 문제를 분명히 하고 구조화하기 위하여 도움과 협조를 받지 않으면 안 된다.

③ 만약 당신이 결정을 수행하기 위하여 부하들의 수용과 충성이 필요함에도 그들이 수용과 충성을 하였는지 확신할 수 없다면, 당신은 수용을 얻기 위하여 부하들을 의사결정에 참여시켜야 한다.

④ 만약 부하들이 조직의 목적에 충성을 하고 있지 않다면, 비록 그들의 의견을 모색하고 참고하나 그들이 의사결정을 하는 데 참여하는 것은 허용될 수는 없다.

⑤ 만약 부하들이 가장 바람직한 결정을 하는 데 갈등하고 있다면, 그들은 의사결정을 하기 전에 그들의 의견을 공표하도록 허용되어야 한다.

⑥ 부하들은 그들에게 영향이 미칠 의사결정에 대하여 알아야 하고, 청원할 수도 있으며 대표되어야 한다.

의사결정전략을 선택하는 데 있어서 고려해야 할 상황적 변수들에 가장 알맞는 모형을 선정했다면, 이들은 어떤 규칙에도 서로 위배되지 않는 의사결정전략들이다.

특정한 상황은 몇 개의 전략을 수용할 수 있다. 만약 리더가 시간과 능률을 중요하게 생각한다면 가장 받아들일 수 있는 방법으로 독재적인 전략을 선택할 수 있다. 반면에 능률보다 부하의 재능발달이 더 중요하다면 민주적인 전략을 선택하는 것이 가장 효과적일 것이다.

이 모형을 비판하는 사람들은 대부분의 중요한 결정들이 이러한 방법으로 만들어진다고 보지 않는다. 중요한 결정들은 일반적으로 서로 다른 사람들과의 여러 차례 회의를 통해서 내려지며, 초기과정에 참여하지 않은 사람들의 승인을 얻는다거나 혹은 수정을 위해서 결정이 되돌려짐에 따라 반복적인 순환과정이 일어난다는 것이다. 따라서 리더는 문제를 해결하기 전에 상이한 시점에서 서로 다른 사람들과 서로 다른 결정절차를 사용할 수도 있다. 이 이론은 간명하지 않다. 독단적 결정, 협의에 의한 결정 그리고 공동결정절차를 구분하는 일은 결정절차 각각의 하위요소들간의 구분보다 더 중요하다. 예를 들어 부하들 사이에 갈등이 있는 상황에서 집단결정은 갈등관리기술을 가지고 있는 리더에게 효과적이지만 이러한 기술이 부족한 리더에게는 그렇지 못함을 Yetton은 발견하였다. 갈등관리기술을 가지고 있지 않는 리더는 개인협의를 사용하는 것이 더 나을 것이다. 서로 의견이 일치하지 않는 부하들과 직접적 대면을 할 필요가 없기 때문이다. 그럼에도 불구하고 규범적 의사결정모형은 개념적 취약점을 수정만 한다면 효과적 리더십의 상황조건적합이론 중에서 가장 지지받는 모형이 될 것이다.[39]

6. 부하들에 근거한 이론(Follower-Based Theory)

관리상담자와 훈련자들에게 가장 인기 있는 형태의 리더십 상황이론은 Hersey와 Blanchard에 의하여 발전된 Follower-Based Theory 또는 Life-Cycle Theory이다.[40] 이 이론은 경로-목표이론과 유사한 점이 많다. 즉 상황에 따라 다른 리더십 스타일이 필요하다는 점과 리더들은 변화하는 상황에 적응하기 위하여 그들의 행태를 변경해야 한다는 주장에서 그러하다. 그러나 경로-목표이론이 업무상황의 모호성을 강조한 반면 Hersey와 Blanchard는 부하들의 업무 성숙도(task maturity)가 가장 중요한 상황변수라고 믿는다. 이 이론에 의하면 리더십 스타일은 관리하고 있는 집단의 성숙도에 적합해야 한다는 것을 제안하였다. 그들은 성숙도 개념을 사람들이 그들의 행태를 통제하고 지시하기 위한 능력과 기꺼움으로 정의한다.[41]

업무의 성숙도는 과거의 업무경험, 관련된 업무지식, 업무에 관련된 이해 및 책임을 지려는 기꺼움, 조직에 대한 충성 그리고 성취동기와 같은 요소들이다. 이러한 속성들이 높은 수준에 달한 사람들은 성숙된 것으로 고려된다. 그러한 속성이 결핍된 사람은 비성숙하다고 생각된다. 업무의 성숙도는 그 당시 수행하는 하나의 업무에만 관련이 있기 때문에 다른 업무에는 비성숙할 수도 있다. 즉 성숙한 집단은 그들이 교육을 잘 받고, 경험이 있으며, 집단의 목적을 달성할 능력이 있고, 리더들과 서로 좋은 관계를 발전시키고 있기 때문에 책임을 질 수 있는 높은 능력을 가지고 있다.

39) Yukl, *Leadership in Organizations*, p.94.

40) Paul Hersey and Kenneth Blanchard, *Management of Organizational Behavior*, 4th ed, Englewood Cliffs, N.J.: Prentice-Hall(1982).

41) Ibid., p.151.

〈표 10-4〉 리더십 스타일과 부하들의 성숙수준

성숙 수준	설 명	리더십 스타일	설 명
낮 음	부하들은 수행할 능력도 없고 하려 하지 않는다	Telling	리더들은 역할을 정의하고, 업무달성방법을 설명, 추종과 업적을 감시한다
낮은 중간	부하들은 수행할 능력은 없으나 하려는 의욕과 확신이 있다	Selling	리더들은 근로자들의 의욕과 환상을 강화하기 위하여 지시 및 협조적인 리더십을 병행한다. 상호간의 의사소통과 과제에 대한 설명을 한다
높은 중간	부하들은 수행할 능력이 있으나 의욕과 확신이 결여되어 있다	Participating	리더는 협조적이고 지시적이 아니다; 결정은 상호 논의에 의하여 하며, 주요한 역할은 강화 의사소통에 의하여 업무과정을 촉진하는 것이다
높 음	부하들은 수행할 능력과 의욕이 높다. 그들은 확신도 있고 능력도 있다	Delegating	리더는 낮은 profile을 지키며, 역시 목적과 문제만 확인하고 업무달성을 근로자에게 위임한다

출처: Adapted from Paul Hersey and Kenneth Blanchard, *Management of Organizational Behavior*, 2d ed. 1982, pp. 153-154.

이들 모형의 기본적인 명제는 관리자들이 감독하는 부하들의 업무의 성숙수준에 따라 그들의 리더십 스타일을 변경하여야 한다는 것이다. 그와 같이 관리자는 한 작업집단 혹은 하루에도 몇 번 리더십 스타일을 변경할 수도 있다. 다양한 성숙수준에 적절한 리더십 스타일은 Telling, Selling, Participating 그리고 Delegating이라고 부른다. 이를 살펴보면 다음과 같다.

지시(Telling): 근로자들로 하여금 더 나은 업무를 달성하게 하고 집단과의 관계를 발전하기 위하여 과업중심적 리더십을 강조한다.

상담(Selling): 집단이 몇 가지의 성숙도 척도에서 향상을 가져왔으나 전반적인 성숙도에서는 아직 낮은 수준이기 때문에 과업과 관계중심적인 리더십을 강조한다.

참여(Participating): 가장 효과적인 리더십이다. 리더는 업무중심적 리더십을 완화하고 관계중심적으로 전향한다.

위임(Delegating): 매우 성숙된 집단에게 활용한다. 효과적인 접근법이다. 리더는 업무를 지시하고 관계를 유지하는 역할을 강조하지 않으며 책임을 집단구성원에게 위임한다.

부하의 성숙도가 낮은 경우에는 관리자들은 Telling 행태를 택할 것이다: 부하들의 역할을 정의하고, 업무를 어떻게 달성하는지를 설명하며 그들의 업적을 감독한다. 이것은 과업중심적 혹은 생산중심적 리더십과 유사하다. 부하들의 성숙도가 증가함에 따라 리더들은 과업중심적인 리더십을 덜 보일 것이며, 배려중심적인 리더십의 행태로 변할 것이다. 부하직원들이 가장 높은 성숙도에 도달할 경우, 리더의 행태는 과업과 관계행태에서 낮은 경향을 보인다. 그것은 Kerr와 Jermier이 주장한 것과 같이 부하들이 내부적으로 이미 동기부여되어 있고 능력있는 부하들에게 과업구조나 배려구조가 별로 관계가 없으며 영향을 발휘하지 않는다.[42)]

이러한 리더십 스타일은 Managerial Grid에서 활용된 것과 유사하기 때문에

〈그림 10-7〉 상황적 리더십

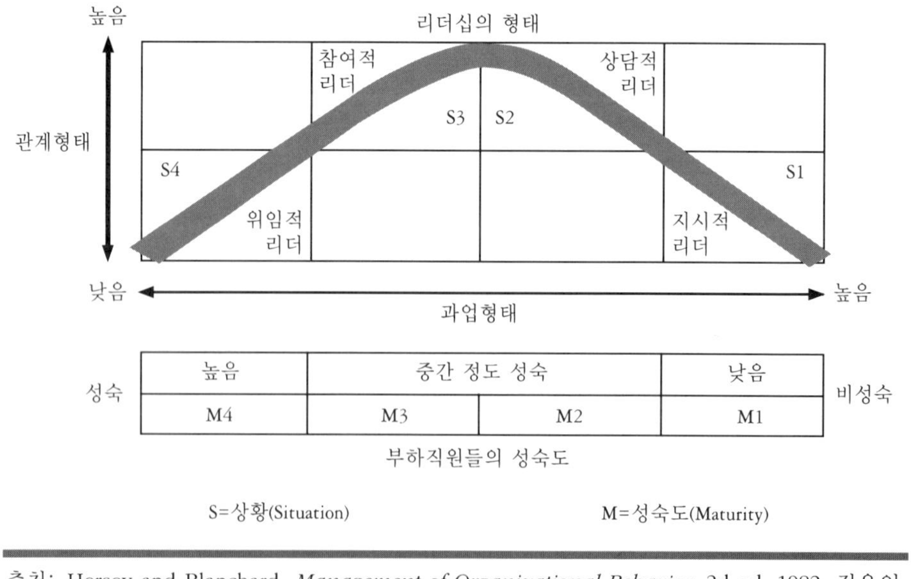

출처: Hersey and Blanchard, *Management of Organizational Behavior*, 2d ed. 1982; 정우일, 행정통제론, p. 247(재인용).

42) Steven Kerr and John Jermier, "Substitutes for Leadership: Their Meaning and

Hersey와 Blanchard는 관리자들이 근로자들의 성숙도에 어울리는 리더십의 함축적 의미를 이해하는 것을 돕기 위하여 Managerial Grid를 이용하였다.

Hersey와 Blanchard 모델의 흥미로운 점은 쉽게 관찰되거나 평가되기 어려운 다른 상황변수들 대신 업무의 성숙도를 사용하였다는 것이다.

7. 귀인이론(Attribution Theory)

귀인이론은 심리학에서 오랜 역사를 가지고 있다. 그 이론이 조직행태가 논의되기 전 특히 사회심리학에서 연구가 진행되었다. 이 이론에 대하여 가장 잘 알려지고 연구를 많이 한 학자인 Terence Mitchell과 그의 동료들에 의하여 발전된 접근법이며, 이 접근법은 리더들이 부하들의 낮은 성과를 어떻게 지각하며 그것의 원인은 무엇인지를 밝혀내려고 하는 것이다. 이것은 다른 사람의 행동에 대해 사람간의 관계를 설명하는 귀인이론이다.

◇ Mitchell의 배경

1942년에 태어났고, 1964년 Duke 대학 심리학 분야에서 학사학위를 취득하였다. 그리고 영국의 Exeter 대학에서 행정학을 공부하였으며, 석사학위과정은 Illinois 대학에서 심리학 분야를 전공으로 그리고 부전공으로 행정학을 공부하였다. 그는 1969년에 박사학위를 받았으며, 그 후 즉시 Washington 대학 경영대학에서 조직행태와 심리학을 가르쳤다. 1969년에 Fred Fiedler는 Illinois 대학에서 Washington 대학으로 옮겼으며, 그들은 개인간의 지각에 많은 관심을 가지고 연구한 것은 우연이 아니다. 비록 1970년대 이래로 그들의 연구방향이 다른 곳으로 향하였으나 서로 저술활동을 같이 하였다. 그는 Washington 대학에서 종신교수로 임명된 후, 그 이래 그 대학에서 교수로서 활동하였다.

그는 많은 다른 학자들과 같이 연구하였으며, 이러한 연구가 귀인이론(attribution theory)에 기여하였다.[43]

Measurement," *Organizational Behavior and Human Performance,* 22(December): 375-403.

43) Miner, *op. cit.*, p.679.

사회심리학자들은 부하들의 행태원인에 대한 리더의 귀인이 부하들을 판단하는 데 영향을 미친다고 주장한다.[44] 즉 사회심리학자들은 사람들이 어떻게 서로에게 원인을 돌리는지, 혹은 어떻게 사람들의 특징이 다른 사람들로부터 귀인하는지에 관한 이론을 발전시켰다. 몇몇 학자들은 이러한 관점을 리더십에 적용하여 유용한 통찰력을 제시하였다. 그 학자들은 리더들은 어떻게 그들의 부하들이 행동하고 실행하는지에 대하여 결론을 도출하고, 부하들이 어떻게 리더들에 대한 느낌을 형성하는지를 연구하였다. 리더들이 어떻게 반응하는가에 앞서 우선 부하들의 행위와 성과에 대한 원인을 파악해야 한다.

원인에 대한 편견은 효과적인 리더십을 훼손하므로 리더는 그가 지닌 편견을 인정하지 않으면 안 된다. 예를 들면 리더는 집단의 성공이 자신과 관련이 있는 것으로 말하고 집단의 실패는 자신과 무관한 것으로 주장한다. 리더는 집단의 실패를 부당하게 외부적인 원인으로 돌린다. 이와 같이 원인 혹은 귀인의 정확성과 공정성은 리더의 부하에 대한 지각에 영향을 주고, 그를 따르고 추종하는 부하들의 의도에 영향을 준다.

실례를 들어보자. 병리학 연구실에서 일하는 한 의료보조원의 업적은 지난 6개월 동안 모든 면에서 만족할 만한 수준에 미치지 못하였다. 이를 두고 3인의 감독자들이 의료보조원에 대해 다른 평가를 하는데, 연구실감독자는 장비의 잦은 고장이 보조원의 수준미달의 업적을 가져오게 하였다고 주장하고, 실험책임자는 업무의 과중 때문에 보조원의 업적이 낮았다고 주장하며, 부서책임자는 보조원이 게으르기 때문에 업적이 낮았다고 주장한다. 이러한 예에서 중요한 것은 이들 3인의 리더 행태는 업무업적의 원인을 서로 다르게 인식한다는 것이다. 따라서 연구실책임자는 더 좋은 장비를 요구할 것이고, 실험책임자는 인원보충을 주장하며, 부서책임자는 보조원에 대한 질책을 가할 것이다.

이 예는 귀인이론이 발전하게 된 원인을 잘 설명해 준다. 귀인이론은 부하의 행태가 직접적으로 리더의 행태로 연결되는 것이 아니라 부하의 행태가 리더로 하여금 부하행태의 원인을 찾게 하고 결국 리더의 행태로 연결된다는 것이다.

Kelley에 의하면 귀인이론은 이러한 귀인들의 원인으로 근로자의 인식, 업

44) Barry M. Staw, "Attribution of the Causes of Performance: A General Alternative Interpretation of Cross-Sectional Research on Organizations," *Organizational Behavior and Human Performance*(1975), pp. 414-432; Kelley, H. H. and J. L. Michela, "Attribution Theory and Research," *Annual Review of Psychology*(1980), pp. 457-501.

무 그리고 그 사건을 둘러싸고 있는 외부환경에 대한 인식에서 근거되는 것으로 분류될 수 있다.[45)]

아래 귀인이론의 모델은 두 영역에 대한 관찰로서 시작한다. 첫번째 관찰은 혈액을 분석하는 한 의료보조원의 생산업적이 수준 이하라는 것을 관찰하는 것이고, 두 번째의 관찰은 이 보조원의 업적수준에 영향을 끼친다고 보는 상황적인 요인들을 관찰한다. 이 두 영역에 대한 관찰은 다시 관찰단서(observation cues)들에 의하여 분석된다.

다음과 같은 3개의 관찰단서들은 아주 중요한 것이다.[46)]

① 특수성(distinctiveness): 개인에게 다른 종류의 업무를 시켜보더라도 같은 결과가 나오는지 관찰한다. 즉 혈액을 분석하는 이 보조원에게 다른 종류의 업무를 시켜보더라도 같은 결과가 나오는지 관찰한다. 만약 이 보조원이 혈액을 분석하는 것에는 낮은 업적을 산출하였으나 다른 종류의 업적에는 높은 산출을 내었다면 우리는 이 보조원의 행태는 특수한 것이라고 할 수 있다. 혹은 다른 시간, 즉 오전, 오후 및 저녁시간에 수행하도록 하고 그 결과를 검토하여 본다. 그렇게 하여도 계속 같은 결과가 나온다면 그의 행태는 일관성이 있다고 본다.

② 일관성(consistency): 업무에 대한 그 사람의 성과가 지속적으로 다른 결과가 나온다면, 일관성이 없다고 할 수 있다. 이 사람이 혈액을 분석하는 데 항상 성과가 낮았는지, 만약 그가 만족하지 않는다면, 그의 성과가 항상 일관성이 있는지, 이 행태가 다른 사람의 다른 행태와 어떻게 일관성이 있는지 등을 의미한다.

③ 일치성(consensus): 다른 사람에게 같은 일을 시켜보아도 같은 정도의 업적이 수준미달로 달성되는 정도를 말한다. 이 보조원이 하는 혈액검사를 다른 기능인에게 시켜보아도 같은 수준의 업적이 달성되는 경우 일치성이 있다고 할 수 있다.

이러한 관찰단서의 목적은 인과관계의 귀인을 발견하는 것이다. 우리는 내부 및 외부의 인과관계 귀인을 분류하여 관찰할 수 있다. 내부요인은 관찰된 사람에게 내재되어 있는 원인들이고 외부원인은 관찰되는 사람의 주변변수들이다.

45) Harold H. Kelley, The Process of Causal Attribution, *American Psychologist*, 28(1973), pp. 107-128.

46) H. H. Kelley, "Attribution Theory in Social Psychology," in D. Levine (ed), *Nebraska Symposium on Motivation*, Lincoln: University of Nebraska Press(1967).

즉 의료보조원의 업적이 낮은 이유는 낮은 수준의 동기부여, 혹은 낮은 수준의 능력, 혹은 조직에 대한 충성심의 결여 및 게으름과 같은 요인 때문이다. 외부요인은 수준 낮은 장비, 과도한 업무량, 충분치 못한 인력, 혹은 비현실적인 시간 제약 등으로 지적할 수 있다.

결국 인과관계 귀인분석은 리더가 택할 수 있는 실제적 리더십을 동반하게 한다. 만약 외부요인들이 잘못된 것이라면 감독자들은 다같이 전반적인 상황의 증진에 노력할 것이고 반대로 내부요인이 잘못된 것이라면 직업훈련, 통제, 질책, 다른 업무의 전직 등이 고려될 것이다.

오늘날 귀인이론은 행태주의자들에게 많은 관심을 받고 있으며 인과관계 귀인은 리더들이 어떠한 행태를 선택할 것인가를 결정하는 데 중요한 역할을 한다고 볼 수 있다.

8. 리더십의 대체(Substitutes of Leadership)

◇ Kerr의 배경

그는 학계와 경영세계에서 여러 번 자리를 바꾼 경력을 가졌다. New York City University의 Brauch School에서 교육을 받았고, Mobile Oil의 프로그래머로 있으면서 동대학에서 석사학위과정을 이수하였다. 거의 8년 동안 New York의 산업계에 종사하였다. 그는 Robert House의 추천에 의하여 동대학에서 박사학위과정에 입학하였다. House가 그의 박사학위 지도교수였다. 그 곳에서 그는 다시 Ohio 주립대학 경영학과 교수로 7년 동안 봉직한 후 Southern California 대학으로 옮겨 경영대학에서 교수로 있으면서 다양한 행정직을 수행하였다. 대학에서 휴직하면서 그는 주로 General Electric에서 상담역할을 담당하였으며, 그 때는 1992-1993년이었다. 미시간 대학에서 주로 상담역할을 하는 교환교수로 봉직한 후 Kerr는 궁극적으로 General Electric으로 옮겼으며, 그 곳에서 New York의 Crotonville에 있는 기업의 관리 및 발전의 책임을 지고 기업 리더십 발전의 부사장이 되었다. 그는 부사장 직위에 근무하면서 현재까지 저술활동을 하고 있다. 우리가 언급하고자 하는 그의 이론은 Southern California 대학에 있으면서 처음에 발표하였다. 그러나 그의 이론의 발전에 관한 많은 부분과 그의 주제의 결정은 그가 Ohio 대학에 있을 때였고, 그는 1973년에 CUNY 대학에서 박사학위를 받았다. 그는 1980년대 후반 Academy of Management의 회장이 되었다.[47)]

리더와 부하들과의 상호관계는 공식적인 관계라고 가정한다. 이것은 부하들이 지시, 지원, 영향 및 보상을 위하여 리더에게 많이 의존한다는 것을 의미한다. 그러나 부하들의 리더에 대한 의존성을 감소시키는 리더십의 대체가 있다. 부하들, 과제 및 조직의 어떠한 특징들로 리더십의 대체가 발생하는데, 예를 들어 기술이 있는 부하들로 구성된 팀은 새로운 관리자의 과업지향적인 지시가 필요하지 않을 수 있으며 오히려 그 관리자의 과업지향적인 리더십은 그들을 분개하게 할 수 있다. 또는 조직 스스로가 리더십의 필요성을 완화하면서 부하의 자율성과 책임성을 장려하는 문화를 가질 수도 있다. 부하들이 능력, 경험 그리고 지식을 가지고 있으며 아울러 독립성과 조직의 보상에는 무관심할 때 러더십의 필요성은 감소하게 된다. 과제의 명료성, 루틴한 업무, 그리고 그때 그때 환류가 가능할 때 리더의 필요성을 감소시킬 수 있다.

Kerr와 Jermier는 관리자와 공식리더들이 리더십의 중요성을 감소시키는 상황요인에 대한 모형을 수립하였다. 이 이론에서는 대체요인과 중화요인이라는 두 가지 종류의 상황변인들을 구별하고 있다. 대체요인(substitutes)은 리더의 행동을 불필요하고 중복되게 만든다. 대체요인들에는 부하들이 그들의 역할을 명확히 이해하고, 업무를 어떻게 수행하는지를 알고, 매우 동기부여되어 있고, 직무에 만족하는 부하의 특징, 과제특징 또는 조직특징들이 포함된다. 중화요인(neutralizer)은 리더에게 어떤 명시된 방식을 하지 못하도록 하거나 리더의 행동효과를 무력화시키는 과제 또는 조직의 특징들이 포함된다.

초기모형에서는 Kerr와 Jermier는 지원적 리더십과 도구적 리더십의 대체요인과 중화요인을 파악하는 데 주로 관심을 가졌다. 지원적 리더십은 배려 리더십과 유사하며 도구적 리더십은 구조주도화와 유사하다.[48)]

작업집단의 만족과 성과에 영향을 미치는 요인들은 공식적인 리더의 능력을

47) Miner, *op. cit.*, pp. 710-711.

48) Gary Yukl, *Leadership in Organization*, Fifth Edition, Prentice-Hall, Inc(2002), p. 217(재인용); S. kerr and J. M. Jermier, "Substitutes for Leadership: Their Meaning and Measurement," *Organizational Behavior and Human Performance*, 11(1978), 103-117.

〈표 10-5〉 지원적 리더십과 도구적 리더십의 대체요인과 중화요인들

대체요인 또는 중화요인	지원적 리더십	도구적 리더십
부하특징		
1. 경험, 능력, 훈련		대체요인
2. 전문적 성향	대체요인	대체요인
3. 보상에 대한 무관심	중화요인	중화요인
과제특징		
1. 구조화되며 일상적인 과제		대체요인
2. 과제가 제공하는 피드백		대체요인
3. 내적 만족을 주는 과제	대체요인	
조직특징		
1. 응집력이 높은 집단	대체요인	대체요인
2. 낮은 직위권력	중화요인	중화요인
3. 높은 공식화(역할과 절차)		대체요인
4. 유연성의 결핍(규칙과 정책)		중화요인
5. 분산되어 있는 부하 작업장	중화요인	중화요인

출처: Kerr와 Jermier(1978), *op. cit.*, pp. 103-117; Yukl, *op. cit.*, p. 217(재인용).

위한 대체들로서 역할을 하는 것으로 설명한다. 예를 들면 〈표 10-5〉와 같다.

부하들이 광범위한 사전 경험을 가지고 있거나 훈련을 받았다면, 그들이 무엇을 해야 하고 어떻게 해야 하는지에 대한 지식과 기술을 이미 가지고 있기 때문에 지시가 거의 필요하지 않게 된다. 부하들이 관리자가 통제하는 보상에 무관심하다는 것은 관리자의 지원적 리더십과 도구적 리더십 모두에 중화요인으로 작용한다. 예를 들어 가족과 더 많은 시간을 지내기를 바라는 부하들은 잔업에 대해 추가보상을 받는다고 해서 동기부여가 되지는 않을 것이다.

도구적 리더십의 또다른 대체요인은 단순하고 반복적인 과제이다. 부하들을 대상으로 하는 광범위한 훈련과 리더의 지시 없이도 업무를 수행하기 위한 적절한 기술을 습득하는 것이 용이하다. 요즘 정보화가 발달하여 많은 업무를 정보화 시스템이 대신하여 줌에 따라 리더의 특별한 지시나 지도가 필요없는 경우이다.

문서화된 규칙, 규정, 방침을 거의 완벽하게 익혀나가면 리더의 지시가 거의 필요하지 않게 된다. 규칙과 방침은 너무 유연성이 없어서 리더가 부하의 노력을 촉진하기 위해 직무할당이나 업무절차를 변경할 수 없다면 대체요인뿐만 아니라 중화요인으로도 작용할 수 있다. 우리가 직면한 문제는 리더십이 완전히

불필요한 수준까지 대체요인으로 증가시킬 수 있는지, 혹은 그것이 바람직한 것인지이며, 이는 연구해 볼 필요가 있다.

1990년대 초기 Kerr는 기업들에게 대체사용을 소개하고 확대할 것을 촉구하는 그의 이론 적용에 대한 논쟁을 주로 다루었다. 이러한 변화는 그와 공저하였던 여러 학자들과의 논의에서 밝혀진 것이다.[49] 이 논문의 요점은 대체는 비효과적이고 약한 리더십에 의하여 발생한 문제들을 치유하기 위하여 사용되어져야 한다는 것이다. 이 논문에서 특히 언급한 것은 리더십 대체가 높게 훈련된 사람들, 업무에 대한 내면적 만족, 직접적인 환류를 제공하는 컴퓨터 기술 그리고 폭넓은 전문적 지식교육이 아주 밀접하게 짜여진 팀에서 사용되어야 한다는 것이다.

대체가 가장 적절한 환경은 다음과 같다[50]:

① 리더의 자질과 성격이 부적절하고 그 리더의 교체가 어떤 이유에서 가능하지 않을 때, 대체를 만들어라.

② 리더의 자질과 성격이 적당하나, 그 리더의 기술과 지식이 부적절하고, 그 리더를 위한 훈련이 가능하지 않은 경우, 대체를 만들어라.

③ 자질이나 성격이 적절하고, 기술과 지식이 적절한 경우, 중화자(neutralizers)를 제거하고 양성자(enhancer)를 만들어라. 리더십의 역할을 무력화시킬 수 있는 중화자는 부정적인 결과를 만들어내나 리더십 역할을 충분히 발휘할 수 있는 양성자는 조직에 긍정적인 결과를 가져올 수 있다.

대체를 만들어내는 위의 현상들이 Quality Circle과 같은 협의적인 체제, 성과지향의 공식화, 훈련이 잘된 행정직원과 인간관계의 발전, 부하들의 전문화, 성과를 신속하게 환류하기 위한 직업의 재설계, 스스로 문제를 풀어가기 위한 팀의 구성, 그 이외에도 갈등을 해결하고 지원을 제공하는 유리한 기여를 제공하는 데 도움을 줄 수 있다. 그리고 창의적인 양성자는 리더의 영향과 전문성을 부하들에게 인식하도록 도움을 줄 수 있으며, 조직의 분위기를 긍정적으로 전환하며, 리더 지위의 권력을 증가하고, 높은 성과규범을 가진 응집력 있는 집단을 창조하는 데 기여한다.

---

49) John P. Howell, David E. Bowen, Peter W. Kerr, Steven & Podsakoff, Philip M., Substitutes for Leadership: Effective Alternatives to Ineffective Leadership, *Organization Dynamics*(1990), 19(1), pp. 21-38.

50) Miner, *op. cit.*, p. 716.

대체요인과 중화요인에 대한 명제를 검증하는 연구는 여전히 제한적이다. 경험적 연구들은 검증되지 않은 측면들이 많아 아직 이 이론을 지지하기는 이른 것 같다. 개념적으로 취약하다고 한 점은 대체요인과 중화요인을 상세히 설명하지 못한다는 것이다. 예를 들어 집단성과에 대한 부하 능력의 중요성은 자동화와 인공지능과 같은 기술혁신에 의해 감소될 수 있다. 물론 리더십 대체이론은 그 복잡성과 애매성 때문에 검증하기가 어렵지만 이 이론의 공헌은 리더십의 다른 관점을 제시한 것으로 볼 수 있다. 초기 대부분의 리더십 연구들은 부하의 동기와 만족을 일차적 결정요인으로 공식리더의 역할을 강조하였다. 그러나 리더십 대체이론은 공식적 리더의 영향력이 작업설계, 보상체계, 비공식적 동료 리더십, 자율관리에 의해 어떻게 대체될 수 있는지를 보여줌으로써 공식적 리더의 중요성을 평가절하하였다. 이것만으로도 이 이론의 공헌은 리더십 과정에 대한 체제적 관점을 고무시키는 데 도움을 주었다고 평가할 수 있다.[51]

9. 팀 리더십(Team Leadership)

조직의 많은 책임활동을 팀에게 부여하는 경향이 점점 더 늘어나고 있다. 팀은 구성원들의 공통의 목적, 상호 의존된 역할 그리고 서로를 보완해 주는 기술을 가지고 있는 소규모 과제집단을 의미한다.

공 · 사조직에서는 팀을 조직의 구성원들만으로 구성한다든지, 외부의 전문가들만으로 팀을 구성한다든지, 아니면 혼합적 형태로 구성하는 방법이 있다. 특히 인적 자원이 충분하지 못한 공공조직에서 외부의 전문인들을 아웃소싱하여 팀을 구성하여 조직의 목적을 달성하는 경우는 우리나라에서도 흔한 현상이다.

팀의 종류도 다양하다. 예를 들어 기능별로 운영되는 팀, 기능횡단팀, 자율관리팀, 경영팀, 평가팀, 연구개발팀 등 그 종류도 다양하다. 그리고 각 팀의 구성원들과 리더들은 역할이나 활동 또한 팀의 유형 및 목적에 따라 다양하다.[52]

그러나 조직은 문제를 해결하기 위하여 팀장과 팀원들이 집단의사결정방법을 활용한다는 점에서 공통점을 띠고 있다. 물론 집단구성원들이 적극적으로 참여하여 결정하면 결정에 대한 이해와 집행에 대한 성공의 가능성은 높아진다. 반

51) Yukl, *Leadership in Orgnizations*, pp. 216-220.
52) Yukl, *Leadership in Organizations*, pp. 306-323.

면에 부정적인 측면을 보면, 집단이 결정을 내리는 데 시간이 많이 걸리고, 구성원들이 합의를 보지 못하면 결정하기 어려우며, 합의를 도출하기 위하여 때로는 원래의 목적들이 변질될 가능성도 있다.

1) 팀의 고려할 특징

집단들 혹은 팀들이 제대로 기능하기 위하여 다음과 같은 특징을 고려하여야 한다.[53]

(1) 집단의 규모(group size)

집단의 규모가 크면 의사소통이 어려워지고, 개인이 이야기할 수 있는 시간은 적어지고, 파벌이 형성될 가능성이 많아 적절한 규모로 구성되어야 한다. 규모의 축소가 불가능한 경우 소위원회를 구성하여 운영할 수도 있다.

(2) 지위의 차이(status differentials)

구성원들의 지위 차이가 다르면 정보의 교환이 어려울 수 있고, 지위가 높은 사람들의 의견을 비판하는 것이 어려워진다. 이럴 경우 일반적으로 지위가 높은 사람들의 의견이 채택되는 경우가 많다.

(3) 응집성(cohesiveness)

응집성은 팀을 구성하는 데 필요하나 응집성이 높은 집단은 결정하는 데 의견을 같이할 가능성이 높아 대안들을 객관적으로 평가하지 않고 서둘러 합의를 보는 경향이 있다. 특히 결정을 하는 동안에 아이디어를 비판적으로 평가하는 것은 억제되며 문제해결 동안에 창의성도 감소된다. 더욱이 Janis가 말하는 집단사고를 일으키는 경우가 응집성이 강한 집단에서 발생할 가능성이 많다.

(4) 구성원의 다양성(diversity of membership)

구성원들이 나이, 성별, 인종, 교육수준 등에서 다양한 속성을 가지고 있을 경우 구성원들이 다른 사람들의 신념과 규범을 덜 이해하는 경향이 있다. 더욱이 구성원들이 서로 다른 언어를 사용하고, 다른 전문용어, 다른 측정지표를 사용할 때 원만한 의사소통을 기대할 수 없다. 물론 긍정적인 측면에서는 서로 다른 관점, 경험, 지식을 가지고 들어오기 때문에 창의적인 의견이 개진될 가능성이

53) Ibid., pp. 326-328(재인용).

많다.

(5) 감정의 성숙(emotional maturity)

정서적으로 불안한 사람들이 구성원에 있을 경우 집단의 응집성과 상호 신뢰를 감소시킨다. 서로 공격적이고, 위협적이며, 비성숙한 행태를 하여 집단을 파괴하는 행위를 하게 된다.

(6) 물리적 환경(physical environments)

회의가 열리는 물리적 환경은 집단과정에 영향을 미칠 수 있다. 정면으로 마주보는 회의의 경우에 좌석배치는 리더와 구성원들 사이에 심리적 경계를 만들 수 있으며 이에 따라 경직된 분위기를 조성할 수 있다.

(7) 통신기술(communication technology)

집단이 이용하는 통신기술이 집단과정과 결정에 영향을 미칠 수 있다. 구성원들이 지리적으로 멀리 떨어져 있는 가상팀의 경우 의사소통에 어려움이 있으나, 새로운 통신기술은 직접 얼굴을 마주보고 회의를 할 수 있는 장점을 제공하여 준다. 새로운 그룹웨어를 사용하여 사람들이 아이디어를 익명으로 제공 및 평가할 수 있으며, 출처를 확인하지 않고도 집단구성원들의 집합적 아이디어 및 평가를 수집하고 이를 나타낼 수 있다. 이러한 기술을 사용하면 평가를 받는 것에 대한 우려가 감소되고, 태도를 표명하는 것이 증가되며, 높은 지위의 인물이 토의를 좌지우지하는 정도를 줄일 수 있다.

2) 효과적인 집단회의를 위한 팀 리더의 역할

위의 요인들을 고려하면서 의사결정하는 데 집단의 성공은 리더십에 의하여 좌우될 수 있다. 집단회의를 효과적으로 이끌어 나가기 위하여 리더는 토의를 지배해서는 안 되며, 그렇다고 회의 진행이 어려운데 리더가 너무 소극적이거나 회의를 좌우하려 한다면 집단회의는 비효과적이기 쉽다. 따라서 이러한 양 극단 사이에 균형을 유지해야 한다. 리더는 회의 안건을 미리 마련하고 문제를 집단에 제시하며, 구성원들에게 구체적인 정보를 제공해야 한다. 그리고 회의 진행사항에 대하여 기록해야 한다. 회의가 불필요하게 오래 끌지 않도록 회의 주제에서 벗어나지 않도록 방향을 이끌어주어야 한다.

리더는 집단회의에서 집단유지행동을 위해 응집성을 높이고 대인관계를 개선하고, 갈등해소를 도와주며, 수용과 존중 그리고 참여에 대한 구성원의 개인적 욕구를 만족시킨다. 리더는 한 구성원이 지배적으로 토의를 독점하는 것을 막는 일, 갈등을 해소하는 일, 타협을 제안하는 일, 유머를 사용하여 긴장을 푸는 일, 구성원들의 의견차를 해소하도록 권장하는 일, 행동의 규범과 기준을 제안하는 일, 과정상 문제들을 지적하여 주는 일 등을 해야 한다.

조직은 변화에 적응하기 위한 개선을 위하여 점차 팀에 의존하는 경향이 높아지고 있다. 그러나 이러한 것이 자동적으로 일어나지 않는다. 이는 팀의 목적을 성공적으로 실행하기 위하여 리더십을 포함하여 다양한 촉진 조건들에 좌우되기 때문이다. 합의를 구축하는 일, 팀활동을 조직화하는 일, 구성원의 상호신뢰를 구축하는 일, 필요한 자원을 조달하는 일, 경험으로부터 학습하는 능력을 쌓는 일 등 수없이 많은 조건들에 관한 연구들이 최근들어 많아졌으나 여전히 팀 활용에 관심을 가져야 할 필요가 높아지고 있다.

제3절 현대리더십이론: 거래적 리더십과 변혁적 리더십

1970년 이후 리더십의 상황적 이론 이외에도 새로운 이론들이 계속 발전하고 있다. 21세기 조직이 구성원간의 권력, 정보 그리고 조직성과의 공유라는 인본주의 가치를 지향한다면, 리더와 구성원들간의 관계에서 리더십 또한 이러한 범주를 크게 벗어날 수는 없다. 인본주의 조직은 조직구성원이 자율에 따라 업무를 책임지는 경영풍토를 조성하여 조직에 대한 구성원의 몰입을 극대화하려는 조직형태이다. 즉 21세기 리더십은 신뢰를 바탕으로 자율적으로 업무를 수행할 수 있도록 구성원들에게 힘을 실어주어 경쟁력의 원천으로 삼아야 한다. 조직구성원간에 권력과 정보가 골고루 공유되는 리더십을 실현할 미래의 조직에서 리더와 구성원의 관계는 종전의 수직적인 것으로부터 수평적인 방향으로 이루어질 때 조직의 효과성은 향상될 것이다. 이러한 맥락에서 거래적 리더십과 변혁적 리더십이 논의될 것이다.

1. 거래적 리더십(Transactional Leadership)

거래적 리더십은 리더와 추종자간의 사회적 교환관계로 설명할 수 있다. 이러한 교환은 리더와 추종자 모두에게 편익이 비용보다 높다면 지속될 수 있다는 시각이다.[54] Burns는 거래적 리더십을 리더가 부하들에게 교환적 의도를 가지고 접근하는 과정이라고 정의한다. 즉 리더와 부하는 서로서로 상대방의 힘, 태도 그리고 제공 가능한 자원을 인식하고 있다. 이들의 교환적 대상은 주로 경제적 또는 정신적 요소들이라는 것이다. Burns는 리더십이란 한 개인이 어떤 행위나 보상, 인센티브를 사용하여 다른 사람들로부터 바람직한 행동을 일으키는 과정이라고 설명한다. 이 과정에서 리더와 부하들간에 교환이나 거래가 일어난다는 것이며 이를 거래적 리더십(Transactional Leadership)이라고 부른다.

거래적 리더들은 부하들의 욕구나 그들이 원하는 바를 인식하고 있으며, 부하들의 노력에 대한 대가를 어떻게 만족시켜 주어야 할지를 명백히 알고 있다. 리더와 추종자는 업무의 완성을 서로의 욕구충족에 대한 잠재적 수단으로 지각한다. 필요하다면 리더는 추종자에게 자신의 요구를 만족하는 물질적 혹은 심리적 보상을 획득하기 위해서 거래해야 한다는 것을 명확히 해야 한다는 것이다. 즉 리더욕구에 대한 만족은 추종자의 성과와 부합하는 것이다.

이러한 과정에서 리더가 부하들을 고무시키는 방법은 다음과 같다. 첫째, 부하들에게 기대하는 성과가 무엇인지를 명확하게 명시하고, 둘째, 그러한 기대를 만족시킬 수 있는 방법을 설명하며, 셋째, 성과측정방법을 명시하며, 넷째, 목표에 비추어 올바르고 적절한 피드백을 제공하고, 다섯째, 공평하게 보상에 대해 배분을 해야 한다. 즉 리더는 부하들이 원하는 보상을 제공하고 그 대가로 부하들로부터 리더가 원하는 업무성과를 제공받는 관계라고 할 수 있다.

2. 변혁적 리더십(Transformational Leadership)

오늘날 변혁적 리더십 이론은 대부분 Burns에 의하여 크게 영향을 받았다.[55] 정치적 리더십에 관해 베스트셀러 저자인 그는 변혁적 리더십과 거래적 리

54) B. M. Bass, "From Transactional to Leadership: Learning to Share the Vision," *Organizational Dynamics*(Winter 1990), vol. 18, p. 319.

55) J. M. Burns, *Leadership*, New York: Harper & Row(1978).

더십을 비교하였다. 그에게 있어서 변혁적 리더십과 거래적 리더십은 별개로 존재하지만 상호 배타적이지 않은 과정이다. 변혁적 리더십은 거래적 리더십보다 부하의 동기와 수행을 더 증가시키지만, 효과적인 리더는 두 가지 유형의 리더십을 모두 사용한다.[56]

Burns는 처음에 거래적 리더십을 통해 부하들의 욕구를 끌어올리고 그 후 개인, 집단, 조직의 성과를 극적으로 향상시키려는 변혁적 리더십을 구체화하였다.[57] 그에 의하면 변혁적 리더십은 리더의 가장 주된 관심사로 부하들의 신념, 가치, 욕구의 변화를 도모하는 것이다. 거래적 리더십은 리더의 직접적인 영향력의 행사로 인해 부하들의 순응을 얻지만, 변혁적 리더십에서는 개인의 자유, 정의, 평등, 평화 등 인본주의 등과 같은 높은 차원의 가치에 호소하여 그들의 의식을 고양시킴으로써 한층 더 높고 넓은 기여를 추구한다는 것이다. Kuhnert와 Lewis는 "변혁적 리더십이란 개인의 가치와 리더에 대한 부하들의 확고한 믿음 및 신념을 유발시키고, 리더가 부하들에게 확실한 목표를 설정해 주고 모범을 보이며, 부하들의 욕구에 대한 세심한 고려와 적절한 자극을 통하여 조직 및 구성원들의 성과와 만족도를 제고할 수 있는 방향으로 이끌 수 있는 리더십"이라고 언급하였다.[58]

이러한 변혁과정은 다음과 같이 이루어질 수 있다:

1) 계획된 결과의 가치나 그러한 결과에 도달하기 위하여 부하들의 의식수준을 고양시킨다.

2) 부하들이 조직의 힘, 조직체제 그리고 보다 큰 정책을 위하여 헌신하면서 자기 자신에 대한 이익을 향상하도록 한다.

3) 부하들의 욕구수준을 보다 높은 수준으로 올리거나 이에 대한 포트폴리오를 확장시킨다. 변혁적 리더십은 간단히 말하여 근로자들의 동기부여를 통해 구성원들을 지휘하는 것이다.

변혁적 리더십이 지니는 중요성에 대한 실증적 연구는 Bass의 연구에 의해

---

56) J. M. Burns, *Leadership and Performance Beyond Expectation*, New York: Free Press(1985).

57) B. M. Bass, "Leadership: Good, Better, Best," *Organizational Dynamics*, 13(Winter 1985), p. 27.

58) K. W. Kuhnert and P. Lewis, "Transitional and Transformational Leadership: A Cognitive Development Analysis," *Academy Management Review*, vol. 12, No. 4, pp. 649-650.

이루어졌는데, 그는 변혁적 리더십의 행위를 측정하는 중다요인 리더십설문지(Mutiple Leadership Questionnaire: MLQ)를 개발하였다. Bass가 제시한 변혁적 리더십의 네 가지 요인은 다음과 같다[59]:

1) 이상적인 영향력(Idealized Influence): 부하들에게 비전과 사명감을 제공하고 자긍심을 고취시키며, 부하들로부터 존경과 신뢰를 받음.

2) 개별고려(Individualized Consideration): 부하들에게 개별적 관심을 보여주고, 부하들을 독립적인 존재로 대우하며, 지도하고 조언을 해줌.

3) 지적 자극(Intellectual Stimulation): 이해력과 합리성을 드높이며, 문제를 합리적으로 해결할 수 있도록 촉진함.

4) 영감적인 동기부여(Inspirational Motivation): 매력적인 비전을 전달하고, 상징을 사용하여 부하의 노력을 집중시키며 적합한 행동의 모델이 되는 것과 관련됨.

3. 변혁적 리더와 거래적 리더와의 차이

Bass는 변혁적 리더십이 거래적 리더십보다 우월하다고 주장한다. 변혁적 리더십을 발휘함으로써 부하들로 하여금 기대 이상의 성과를 산출할 수 있도록 분위기를 활성화시킬 수 있다는 점을 강조한다. 또한 Bass는 부하들에게 예정된 성과에 대한 이해도를 높이고, 팀을 위하여 개인적인 이익을 초월할 수 있도록 하며, 부하들의 동기수준을 보다 높은 수준으로 전환시키는 리더의 역할을 중시하였다. 이렇게 되었을 때 부하들의 조직과 직무에 대한 몰입을 이끌어낼 수 있다고 본다. 그는 부하들로부터 변혁적 리더라고 지칭을 받을 수 있는 리더 행위의 차원을 실증적으로 증명하였다.

변혁적 리더는 카리스마를 가지고 있고 그의 조직, 부서 그리고 작업집단을 위하여 비전을 제시하면서 이루어진다. 비전은 질, 업적 그리고 생산성 향상과 관련 있으며, 관리자들 또한 원하는 목표를 달성할 수 있게 된다. 변혁적 리더는 근로자들이 높은 이상에 초점을 두게 하면서 동기부여한다.

리더십 연구에서 교환적 및 변혁적 개념이 거론되기 시작한 것은 어떤 리더

59) B. M. Bass, "From Transactional to Leadership: Learning to Share the Vision," *Organizational Dynamics*(1990), vol. 18, p. 22; Yukl, *Leadership in Organizations*, pp. 254-255.

는 부하들로부터 탁월한 업적을 가져온 반면, 다른 리더는 그렇지 못하였다는 리더십 연구에서 유래되었다. 변혁적 리더는 부하들을 감동시켜 다수의 이익을 위하여 개인의 이익을 초월하게 하는 동시에 부하들에게 많은 영향력을 가질 수 있는 리더이다. 다른 한편 거래적 리더는 조직의 정상적 및 만족할 만한 기능을 유지하는 리더와 부하들 사이의 일상적인 교환을 의미한다.

변혁적 리더십은 거래적 리더십과 대조적이다. 거래적 리더는 존재하는 조직의 규율과 리더가 원하는 것에 동의하는 조건으로 보상교환에 따른 부하들의 복종에 초점을 두고, 심지어는 그들의 리더십 책임까지도 포기한다. 이와 같이 거래적 리더십에 의하면 리더는 높은 업적과 보상을 교환하고 실수를 하거나 수준미달의 업적에 대해 지적 및 질책을 가함으로써 근로자들에게 동기부여한다. 변혁적 리더는 높은 수준의 업적을 보상하는 것과 같이 거래적 리더의 역할을 수행하기도 한다. 그러나 변혁적 리더는 거래적 리더보다 한 단계 더 위에 있다. 변혁적인 리더십은 부하에게서 잠재적인 동기부여요인을 찾아내고, 상위욕구들을 만족시키기 위하여 리더는 노력하며 그리고 부하들의 충분한 인격을 존중하는 특징이 있다. 변혁적 리더는 근로자들에게 조직 재활성화의 필요성을 이해시키고자 한다. 이때 근로자들이 다른 조직을 방문하게 하는 것도 동기부여방법이다. 이러한 과정을 통하여 근로자 혹은 부하들은 전적으로 거래적 리더십 아래 종사하는 것보다 더 성장하고 발전한다.

변혁적 리더로서 행동하는 관리자는 세 가지 방법에서 근로자를 기대 이상으로 잘하도록 동기부여한다.

1) 리더는 높은 생산성 혹은 능률과 같은 어떤 결과의 중요성에 대하여 부하들의 지각수준을 올린다.

2) 리더는 부하들이 개인의 이익보다 그들의 작업팀을 이롭게 할 때 부하들의 가치를 높이 평가한다.

3) 리더는 근로자들이 도전, 책임 그리고 성장을 중요시하도록 근로자들의 욕구수준을 끌어올린다.

변혁적 리더들이 어떻게 그들의 부하에게 영향을 주고 종국적으로 변화를 가져올 수 있을까? 변혁적 리더는 카리스마 리더이다. 그들은 조직에 좋은 것들이 어떤 것이 있을 수 있는가에 대한 비전을 가지고 있다. 카리스마 리더는 그의 비전을 자신들의 부하들과 소통하며 그들의 환상과 열정을 통하여 부하들이 환상적으로 이 비전을 지지하도록 유도한다. 또한 비전의 감동을 전달하기 위하여 높은 수준의 자아확신과 존중을 가지고 있는 경향이 있으며 그로 인하여 부하들이 리더를 존경하고 찬양하도록 장려한다. 변혁적 리더는 부하들이 집단이나 조직의 문제들을 이해하도록 부하들을 자극하고 새로운 관점, 즉 리더의 비전과 일치하는 관점에서 문제를 보도록 영향력을 가한다.

넓은 의미에서 변혁적 및 거래적 리더간의 차이를 지적한다면 변혁적 리더는 조직에 혁명적이고 근본적인 변화를 가져올 수 있고 거래적 리더도 물론 조직의 변화를 가져올 수 있으나 근본적인 변화 없이 진화적 및 적응적 리더의 스타일이란 차이점이 있다.[60]

변혁적 리더십이 성공하기 위해 첫번째 필요조건은 조직의 구성원들이 가치를 공유하고 조직의 업적에 영향을 가할 수 있는 알맞은 문화가 조성되어 있을 때이다. 문화는 일관성, 조직 전반적인 동의 그리고 명확성의 특징을 가지고 있다.[61] 조직문화를 깊이 이해하게 되면 조직 내에 무엇이 진행되고 있는지 뿐만 아니라 더욱 중요한 것은 리더와 리더십을 위하여 우선적인 문제가 무엇인지를 알게 된다. Schein은 문화와 리더십의 조직 측면을 동전의 양면으로서 보았다.[62] 그는 리더가 하여야 하는 참으로 중요한 것 가운데 하나는 문화를 창조하고, 그것을 관리하는 것이며, 아울러 문화를 활용할 수 있는 재능이라고 보았다.

변혁적 리더십이 성공하는 데 두 번째 필수조건은 조직을 관리하는 데 조직의 구성원들에게 참여할 수 있는 권한을 주는 것이다. 물론 참여는 조직분석에선 새로운 개념이 아니다. 인간관계론 관점들, Likert의 체제 4 그리고 McGregor의 Y이론 등에서 참여는 그들 이론의 중심적인 개념이다. 오늘날 팀구성, QC, TQM 그리고 재구조운동은 모두 좋은 업적을 산출하기 위한 중요한 이론들이며 중심적인 개념으로 구성원의 참여를 높이 평가한다. 참여는 더 많은 업적을 가져오고, 문제에 대한 더 나은 해결책을 산출하며, 결정을 더욱 잘 받아들이게 하는 데 있어서 중요하다.

---

60) Wendell L. French and Cecil H. Bell, Jr., *Organization Development*, 4th ed. Englewood Cliffs, NJ: Prentice-Hall(1995), p. 85.

61) Peter J. Frost, Larry Moore, Meryl R. Louis, C. C. Lundberg and Joane Martin, *Reframing Organizational Culture*, Newbury Park, CA: Sage(1991), p. 11.

62) Edgar H. Schein, *Organizational Culture and Leadership*, San Francisco, CA: Jossey-Bass(1985), p. 2.

따라서 참여와 리더십과의 관계는 분명하고 근본적이다. 그러므로 Burns는 리더십을 리더가 부하들로 하여금 가치와 동기부여 그리고 리더와 부하들의 열망과 기대를 담은 어떤 목적을 위하여 행동하도록 유도하는 능력이라고 주장하였다. 리더십은 변화를 조장할 수 있고 변화를 실현할 수 있는 능력이 있다. 미래에 대한 비전은 리더의 도움 없이 그 자체만으로 조직에서 달성되리라고 보기에는 불충분하다. 역시 리더의 비전을 부하의 비전으로 받아들이게 하는 것이 중요하다. 조직의 비전을 다른 사람들이 받아들이게 하기 위하여 리더는 목적을 설명하고, 신뢰를 발전시키며 그리고 변화를 위한 적절한 수단을 효과 있게 하기 위하여 의사소통의 과정을 이용한다. 잘못된 비전이나 실패한 비전은 다음과 같은 현상에서 발생한다[63]:

1) 비전이 시장 및 고객의 욕구보다 리더 자신의 욕구를 반영할 때
2) 리더가 비전을 달성하는 데 필요한 재원을 잘못 계산하였을 때
3) 리더가 시장과 고객의 욕구를 비현실적으로 평가하였거나 왜곡하였을 때
4) 환경변화를 인식하지 못하여 비전을 수정하지 못하였을 때

변혁적 리더십에 대한 연구는 아직 초기단계에 있다. 그러므로 Bass의 변혁적 리더십이론의 장점을 말한다는 것은 아직 시기상조다. 그러나 리더행동과 부하의 수행간에 발견된 긍정적 관계를 설명하는 배후의 영향력 과정을 검토한 연구는 거의 없었다. 상이한 유형의 변혁적 행동들에 관련되는 조건과 배후의 영향력과정을 파악하기 위해 더 많은 연구가 필요할 것이다. 그럼에도 불구하고 많은 연구들은 변혁적 리더십이 부하들을 자극시켜 높은 수준의 업적을 달성케 하였으며 그로 인하여 부하들의 개인적인 발전과 직무만족을 갖게 하였음을 제시하고 있다.

4. 카리스마 리더십

사회에 위기가 발생할 때, 리더가 이 위기를 극복하는 비전을 제시하고 부하의 마음을 사로잡아서 비전을 믿게 하며 그리고 성공적인 모습을 보이는 경우,

63) Judith R. Gordon, *Organizational Behavior: Diagnostic Approach*, 7th(ed.), Pearson Education, Inc.: Upper Saddle River, N.J. 07458(2002), p. 272.

부하들은 리더를 비범한 존재로 지각하게 되며 이때 카리스마 리더가 나타난다.

카리스마에 대한 부하의 귀인을 오래 지속하기 위하여 리더는 부하들이 수용할 수 있는 정도의 비전을 제시해야 한다. 너무 과격하고 과중한 비전은 신봉하지 않을 가능성이 높다. 카리스마가 없는 리더가 일반적으로 점진적이고 작은 변화만을 주장하는 이유는 부하들이 수용하지 않을 위험을 피하기 위해서다. 어쨌든 비전을 달성하기 위하여 관습에서 벗어난 방식으로 행동하는 리더에게 카리스마가 귀인할 가능성이 높다. 즉 리더가 목적을 달성하는 방법은 통상적인 것과 달라야 한다. 리더가 개인적 위험을 무릅쓰고 희생하거나, 신뢰를 쌓거나, 리더의 부와 이익을 부하에게 나누어 준다든지 그리고 참여적 결정보다는 비전 설정과 설득적 호소를 사용하는 리더에게 카리스마가 귀인할 가능성이 더 높을 것이다. 리더는 혁신적이고, 타당하고, 시기적절하며, 매력적인 비전을 파악하기 위해서 환경뿐만 아니라 부하들의 욕구와 가치에 민감해야 한다. 부하들이 자신의 리더를 우상화하고 그와 같이 되기를 원할 정도로 카리스마 리더는 전략적 통찰, 강한 확신, 자신감, 관습에 얽매이지 않는 행동 또는 역동적인 에너지를 갖고 있기 때문에 비범한 것처럼 보인다.

카리스마 특성과 행동들은 다음과 같이 요약된다[64]:

1) 매력적인 비전을 천명한다.
2) 비전을 천명할 때 강력한 의사소통을 사용한다.
3) 비전의 달성을 위해 개인적으로 위험을 무릅쓰며 자기희생을 한다.
4) 높은 기대를 전달한다.
5) 부하들에게 신뢰감을 표현한다.
6) 비전과 일치하는 행동의 역할모델이 된다.
7) 인상을 관리한다.
8) 집단이나 조직과 동일시한다.
9) 부하들에게 활력을 불어넣는다.

64) Yukl, *Leadership in Organizations*, p. 244.

5. 카리스마 리더십의 효과

역사적 리더들을 상기하여 볼 때 어떤 리더는 역사에 남을 훌륭한 일을 한 반면, 어떤 리더는 히틀러와 같이 수백만 명의 죽음을 가져온 예를 보면서 긍정적 카리스마와 부정적 카리스마를 구별하는 논리들이 리더십연구의 관심거리로 대두되었다.

일반적으로 부정적인 리더는 개인화된 권력지향을 가지고 있다. 내면화보다 개인적 동일시를 강조한다. 또한 이상보다 자기 자신에 헌신할 것을 의도적으로 강조한다. 이들은 이데올로기를 사용해서 호소하기도 하지만 이는 권력을 획득하기 위한 수단으로서만 그러할 뿐이다.

◇ 카리스마 리더의 부정적인 결과[65]:

① 부하들은 리더를 두려워하여 좋은 제안들이 감소된다.

② 부하들은 리더의 인정을 받고자 비판을 억제한다.

③ 부하들은 리더를 숭배하여 무오류성의 착각을 일으킨다.

④ 리더는 과도한 자신감과 낙관주의로 실제 위험에 눈멀게 된다.

⑤ 문제와 실패를 부정하여 조직학습이 감소된다.

⑥ 위험하고 거창한 계획이 실패할 가능성이 높다.

⑦ 충동적이고 불합리한 행동은 신봉자뿐만 아니라 적들을 만들어낸다.

⑧ 리더에게 의존함으로써 유능한 후계자의 개발을 저해한다.

⑨ 후계자 개발의 실패는 궁극적으로 리더십 위기를 유발한다.

◇ 카리스마 리더의 긍정적인 결과[66]:

① 부하들은 심리적으로 성장을 경험하고 자신의 능력을 개발한다.

② 조직은 역동적인 환경에 적응할 수 있다.

③ 성취지향적 문화를 창조한다.

④ 참여와 가치지향적 조직을 창조하여 부하들에게 활력을 준다.

⑤ 의사소통은 개방적이고 정보를 공유한다.

---

65) Ibid., p. 251.

66) Ibid., p. 252.

6. 변혁적 리더십과 카리스마 리더십의 비교

많은 사람들이 변혁적 리더십과 카리스마 리더십을 구별 없이 사용하는 경우가 많다. 두 용어는 비슷한 점도 많지만 구별되는 점도 많다. 그러나 리더십 연구자들에게 가장 중요한 쟁점은 이 두 리더십이 어느 정도 비슷하며 양립할 수 있느냐에 관한 문제이다. 문제는 두 리더십간의 차이를 인정하는 이론가도 있고 본질적으로 유사하다고 말하는 이론가도 있는 것과 같이 여전히 의견의 일치를 보지 못하고 있다는 것이다.[67]

그럼에도 불구하고 두 이론들 가운데 차이가 나는 한 가지는 카리스마가 단지 개인적인 목적과 동일한 것으로 강조한다는 것이다. 카리스마의 핵심은 부하들이 오직 지도와 격려를 받기 위해서 리더에게 의존하며 리더를 비범한 존재로 생각한다는 것이다. Bass는 카리스마 리더십이 변혁적 리더십의 필요조건이라고 주장하였지만, 리더가 카리스마적 리더는 될 수 있으나 변혁적 리더가 될 수 없음을 또한 지적하였다.

변혁적 리더십은 부하를 고무시키고, 개발하며, 활력을 부여한다. 즉 변혁적 리더는 중요한 권한을 부하에게 위임하고, 부하의 기술과 자신감을 개발하고, 자율관리팀을 만들어 내고, 민감한 정보를 공유하고, 불필요한 통제를 없애고, 권한을 위임하는 문화를 권장하여 부하들로 하여금 리더에게 덜 의존하게 만든다. 이와 반대로 카리스마 리더는 인상관리, 정보제한, 관습에 얽매이지 않는 행동, 개인적인 모험감수와 같이 비범한 능력을 가진 사람의 이미지를 불러일으킨다.

Yukl에 의하면 이들 두 리더십간의 차이는 보편성의 정도, 리더십을 촉진하는 조건 그리고 사람들의 전형적인 반응에서 나타난다. Bass에 의하면 변혁적 리더는 어느 조직의 계층에서도 나타날 수 있으나 이와 달리 카리스마는 드물게 나타난다. 카리스마 리더는 새로운 조직설립의 비전이 있는 창업가이거나, 기존의 조직에서 공식적 권한만으로는 심각한 위기에 대처하지 못하고 전통적 가치와 신념이 의문시될 때, 개혁가가 출현할 가능성이 매우 높다. 그러므로 카리스마 리더는 암살의 표적이 되는 경우가 많다.

---

67) G. Yukl, "An Evaluation of Conceptual Weakness in Transformational and Charismatic Leadership Theories," *Leadership Quarterly*, 10, 285-305; Yukl, *Leadership in Organizations*, pp. 260-263.

제4절 공공조직의 리더십

1. 공공조직 리더십의 상황적 측면

관리과학 문헌들의 학자들은 공공서비스의 리더십과 관리는 기업조직과 본질적으로 같은 것이라고 주장한다.

하지만 보다 최근에 공공관리에 대한 많은 관심들이 공공관리의 분명하고 독특한 차이에 대한 증거들을 지적하고 있는 것은 흥미로운 일이다. 이러한 연구를 한 어떤 학자는 기업과 정부에서 근무하는 관리자들의 차이를 발견하였고 두 역할들 사이의 차이를 저술하였다.[68] 비록 그들의 의견이 분분하다고 하더라도 모든 정부관리자들은 구속력, 통제, 그리고 과정이 자신들의 행태에 많은 영향을 미치고 있다는 데 동의한다.

아래와 같이 공공영역의 리더십 상황의 다양한 측면을 검토하는 것이 도움이 될 것이다[69]:

1) 관할영역(jurisdiction)에서 행정관료를 감독하는 감독기관이 있고, 그들의 권한을 제한하는 인사, 구매, 예산, 그리고 다른 행정기능을 위한 광범위한 규칙들의 존재

2) 이익집단, 의회 상임위원장, 그리고 관료의 동맹관계로 행정관리자의 권위를 약화시키는 상황

3) 자원과 정책결정에 대한 의회와 대통령의 통제, 그리고 행정기관장에게 엄격한 책무성을 요구하는 의회

4) 언론의 영향과 행정관료들이 언론매체의 보도에 예민한 관심을 가짐

5) 고위 행정직의 빈번한 교체와 짧은 임기는 목적을 달성하려는 그들의 시

68) G. T. Allison, "Public and Private Management: Are They Fundamentally Alike in All Unimportant Respects?" In J. L. Perry and K. L. Kraemer(eds.), *Public Management*, Mountain View, Calf.: Mayfield(1983); J. M. Blumenthal, "Candid Reflections of a Buninesswoman in Washington," In J. L. Perry and K. L. Kraemer(eds.), *Public Management*, Mountain View, Calf.: Mayfield(1983); D. Rumsfield, "A Politician-Turned-Executive Surveys Both Worlds," In J. L. Perry and K. L. Kraemer(eds.), *Public Management*, Mountain View, Calf.: Mayfield(1983).

69) Rainey, *Understanding & Managing Public Organizations*, pp. 282-283.

간적 제약과 경력직에 대한 영향력을 감소시킨다.

6) 공공조직 내에 분명하고 수용할 수 있는 성과측정의 부재

위와 같이 공공관리자들에 대한 각종의 연구들은 그들의 역할이 정치적 개입상황과 행정적인 구속을 반영하는 일반적인 경향을 지적하고 있다. 일반적인 현상이긴 하지만, 공공관리자들은 사조직의 관리자들보다 많은 시간을 외부의 이익집단과 정부기관에 할애해야 하며, 계약 및 공식적인 회의에 참석하는 시간이 많으며, 외부의 지시를 더 많이 받는다. 또한 공공관리자들은 자신들의 시간을 할당하는 데 통제력을 덜 갖고, 시간에 더 쫓기며 그리고 조직의 외부 사람들로부터의 지나친 간섭과 청탁으로 인해 자신들의 시간을 관리하는 데 많은 장애를 느낀다. 정치적 환경은 그들의 역할에 중요한 영향을 미친다. 특히 다원론의 사회에서 의회와의 밀접한 관계를 가지고 있는 공공관리자는 행정부서의 상관보다 더 영향력이 클 수 있다고 정치학자들은 주장한다. 분명히 공공관료들은 조직구조에 대한 제도적 구속, 인사행정 그리고 다른 문제들의 제약 속에서 행동한다.

Boyatzis는 4개의 연방정부와 12개 대기업의 관리자들의 관리능력을 비교연구하였다. 그는 사조직의 관리자들이 목적과 행동능력에 있어서 공공관리자들의 능력보다 높았다는 것을 발견하였다. 그 원인으로 그는 사영역에서는 분명한 성과측정에 기인한다고 주장하였다. 사영역의 관리자들은 개념화의 능력과 구두발표에 있어서도 높은 점수를 받았다고 한다. Boyatzis는 이로 인해 공공조직보다 사조직은 전략적인 의사결정을 하게 되고, 더 개방적이게 됨을 지적하고 특히 공공조직의 표준운영절차가 이러한 차이를 발생시킨다고 주장하였다.[70) Boyatzis의 해석은 Buchanan의 견해와 동일하다.[71)] 그들은 모두 이러한 현상을 아주 야망 있고, 이상적인 사람들이 정부의 관리직을 택하지만 곧 그들은 복잡한 정부기관과 정책결정과정의 구속을 경험하는 것으로 설명한다.

여러 학자들이 연구한 결론, 연구한 관리자들의 유형 그리고 중요한 방법적 측면을 검토해 보면 공 · 사 조직이 서로 다른 반면, 일반적으로 학자들은 공공관리자들이 정치적 · 행정적 · 환경적 제약이라는 조건하에 그들의 업무를 수행하고 있다는 관점에는 동의하는 것 같다.

70) R. E. Boyatzis, *The Competent Manager*, New York: Wiley(1982).

71) B. Buchanan, "Red Tape and the Service Ethic: Some Unexpected Differences Between Public and Private Managers," *Administration and Society*(1975), 6, 423-438.

2. 공공조직 미래 리더십의 장애요인

Allison은 공공영역의 관리업무는 더 어렵다고 한다. 그리고 이러한 의미에서 공공관리자들이 큰 영향력을 행사하는 데 더 어려움을 겪는 것으로 이해된다. 공공영역이 리더십 활동을 저해하고 있다는 비판이 제기되고 있다. 실제로 공공영역에서 고위 및 중견관리자들이 그들의 권위가 많은 장애에 직면한다는 것을 인식하고 있다고 여러 학자들이 지적한다. 바람직하지는 않으나 정치적으로 임명된 관료나 의회 및 행정체제는 시대에 뒤떨어진 행정의 원리(the Principles of Administration)와 비슷한 행정학의 정통파(Administrative Orthodoxy)에 집착하는 경향이 있다고 한다. 이 원리들은 최고관리자가 행정기관에서 일어나는 모든 일에 대하여 책임을 진다고 말하며, 행정기관들이 권위의 분명한 라인과 그들의 부하들과 좁은 통솔의 범위를 통하여 책무성을 보여줄 것을 기대한다고 한다. 그러나 이 관리자들은 직업관료들을 거의 통제하지 못한다. 예를 들면, 관리자들은 좋지 않은 공개 혹은 정치적 실수를 피하기 위하여 직업관료들을 통제하는 데 엄청난 압박감을 느끼고 있는 것이 사실이다. 더욱이 성과기준의 모호성 때문에 관리자들은 많은 규칙과 분명한 필요조건을 통하여 산출보다 행태를 통제하려고 한다. 역설적으로 이것은 낮은 계층에 실질적인 통제를 행사하지 못하며 관료제제를 더 어렵게 만든다. 상관들과 서로 동의하지 않을 때 부하들은 단순히 상관이 이직할 때를 기다린다. 이러한 상태하에서 발생할 수 있는 것은 최고관리자가 인적 자원과 조직의 지원체제 및 과정을 발전하거나 그렇지 않으면 조직 자체의 발전역할을 포기하면서 외부정치와 공공정책문제에 몰두하게 된다는 것이다. Lynn은 많은 연방 고위관료들이 실질적인 관리보다 정치적 쇼맨십을 강조하는 경향이 있음을 애석해 한다.[72] 그는 고위직 관료는 새로운 규칙과 지시들을 만들어 통제할 수밖에 없는, 관료제의 불가피한 문제를 언급하였다. 그러므로 어떤 실질적인 영향력을 행사하지 않고 결국에는 규칙들만 쌓이게 된다.

이 외에도 Volcker Commission은 연방직업공무원이 고위직 위기를 보고하였다.[73] 공공서비스라는 압박감, 사영역에 비해 낮은 수준의 봉급체계 그리고 정치적 관료와 임명자들의 압력 등은 공공관료들의 사기를 저하시키고 결국에는

72) L. E. Lynn, *Managing the Public's Business*, New York: Basic Books(1981).

73) Volcker Commission, *Leadership for America: Rebuilding the Public Service*, Lexington, Mass: Heath(1989).

공직을 떠나게 할 가능성을 증가시킨다. 공석을 메우기 위하여 채용한 새로운 관료들도 그들의 선임관료들의 사기를 저하시킨 요인들에 의하여 다시 사기저하될 수 있다. 또한 경험이 많은 관리자의 손실 및 사기저하, 아울러 높은 자질을 가진 대체관료를 발견하기 어렵기 때문에 미래 효과적인 리더십 수행을 어렵게 할 가능성이 많다.

3. 공공조직 리더의 관리역할

공공관리자들은 장기적인 목적, 조직, 인적 자원에 관련된 조직 내부의 발전에 많은 관심을 가지고 있지 않다는 비판이 있다. 그러나 기업에 대한 비판도 최근에는 유사한 문제를 경고하고, 기업이 지나치게 단기적인 이익을 강조한다는 지적이 있다. 또한 비판은 기업의 성과가 낮을지라도 기업의 리더들은 재정적 이익을 많이 내도록 관심을 집중한다고 한다는 것이다.

사실 이러한 정부관료나 기업 리더들에 대한 비판들을 종합하여 보면, 정부관료들만 열등하다고 말할 수는 없을 것이다. 많은 연구에서 지적된 것은 많은 정부관료들이 매우 열심히 일하고 있다는 것이다. 사영역에서 일하는 관리자들이 정부에서 근무하는 직원들과 관리자들이 얼마나 열심히 일하는지 감명을 받았다는 보고 및 사례도 우리는 알고 있다.

Ammons와 Newell은 공공리더들의 성공에 대한 여러 가지 역할에 대하여 설문조사하였다.[74] 대부분 시장들의 단 23%만이 가장 중요한 것으로 관리적 역할을 강조하였지만, 정치적 역할에 가장 큰 비중을 두었다. 시의 관리자들은 다른 역할보다 정책역할을 강조하였다. 그러나 그들은 관리를 아주 중대하게 강조하였다. 즉 약 40%는 관리역할을 가장 중요한 것으로 평가하였다. 집행관료 역시 압도적으로 관리역할을 중요한 것으로 평가하였다. 간단히 말하여, 시의 리더들은 그들 자신들이 관리역할에 상당히 많은 시간을 기여하고 있다고 보았다. 이러한 관찰은 공공관리자들이 매우 신중하게 관리하지 않는다는 비판을 수용하기는 어려울 것이다. 무엇 때문에 여러 관찰자나 연구자들간에 연구결과의 차이를 설명할 수 있는가에 대하여 좀더 지속적인 연구가 따라야 할 것이다.

---

74) D. N. Ammons and C. Newell, *City Executives: Leadership Roles, Work Characteristics, and Time Management*, Albany: State University of New York Press(1989).

상황과 개인간의 많은 변이는 자연히 연구에 있어 다른 결과를 가져오며, 이는 당연할 수도 있다.

행정부서의 과장은 단기적 임기를 가진 정치인과는 다른 시각을 가진다. 선거직과 임명직 공직자는 다른 시각을 가지고 있다. 또한 계층제의 수준과 계층의 수가 얼마나 많은가에 따라 차이를 만들어낼 수 있다. 이러한 변이는 큰 의미를 갖는다. 실제적으로 모든 수준과 모든 환경에서 공공관리자들은 어느 정도 관리적 임무, 정책결정 그리고 정치적 · 제도적 환경(감독기관, 의회와 다른 정치체제, 고객, 유권자들 그리고 언론매체)과 균형을 이루어야 한다. 공공기관의 어떤 관리자는 정치체제로부터 격렬한 도전을 받는 반면, 다른 관리자들은 정치체제와 독립적으로 운영한다. 그러나 현재까지 명백한 변이를 다룰 만한 공공조직이론이나 모델은 없다.

he Theory of Public Organization

11장

조직정치의 권력과 갈등

제11장 조직정치의 권력과 갈등

제 1 절 권력과 정치의 성격

사람들이 조직의 구성원이 되었을 때, 그들은 공동의 목적을 달성할 수 있도록 지시도 받고 통제도 받는다. 권력은 조직의 목적과 활동을 지시하고 통제하는 데 주요한 수단이다.

공공조직의 관리자들은 조직의 목적이 무엇이 되어야 하며, 조직의 목적을 달성하는 데 가장 좋은 방법이 무엇이냐에 대한 질문에 합의된 답을 제시하지 못하는 경우가 많다. 조직이 지지하는 목적을 추구할 수 있도록 의사결정과정을 통제할 수 있는 하나의 방법은 정치학에서 자주 언급하고 있는 것으로 '권력'을 사용하는 것이다. 조직정치는 관리자들이 권력을 증가시키고 그로 인하여 그들 개인이나 집단의 이익에 유리한 목적을 추구하기 위한 활동이다.[1)]

행정학을 전공하는 학생들은 공공관리를 수행하는 데 정치의 중요성을 잘 이해하여야 한다. 정치는 타협이며 타협이 없으면 정책은 결정되기 어렵다. 그러므로 타협을 잘하는 사람은 정치를 잘하는 사람들이다. 실제로 공공조직이 만들어지고 예산이 배정되는 것은 분명히 정치적 과정을 통하여 정책결정자간의 타협에 의하여 결정된다. 정치체제는 행정가들의 행태를 규정하는 가치와 규범을 만들고, 행정가들이 수행하여야 할 목적을 설정하며, 그것을 수행하는 데 책임을 지는 법을 제정한다. 행정관료들 또한 그들에게 위임된 수없이 많은 정책을 결정해야 하는 정치인이라는 것을 잊어서는 안 된다. Lasswell의 주장처럼 "행정관료들은 정책결정과 집행의 권력을 장악하였다"고 한다. 이와 같이 공공조직도 정치적 존재이다. Pfeffer가 지적하듯이 정부를 이해하기 위하여 정부의 정치를 이해하는 것이 필요한 것처럼 조직을 이해하기 위하여 조직정치를 이해하는 것

1) A. M. Pettigrew, *The Politics of Organizational Decision Making*, London: Tavistock(1973).

이 필요하다.[2)]

우리는 조직에서 권력정치(power politics)란 말을 많이 들어왔다. 우리는 다른 사람의 권력게임의 희생물이 되기를 원치 않으며 우리 자신이 무기력하기를 원치도 않는다.

조직의 목적을 긍정적으로 수행하기 위하여 다른 사람에게 영향을 줄 필요가 있고, 프로그램을 성공적으로 방어할 필요가 있으며, 근로자들에게 기회를 제공하고 인정을 할 필요가 있다. 권력은 다른 사람을 해치게 할 수 있고, 조직의 목적을 추구하기 위하여 사용될 수도 있으며, 통제 및 심지어 위협하여 개인의 욕구를 달성하기 위하여 권력이 사용될 수 있다는 것을 인지해야 한다. 사람들은 권력의 균형이론(Balance of Power Theory)을 사용하면서 자신의 이익을 보호하고 유지한다. 균형이 깨지면 지배를 당하거나 혹은 지배하려는 상황이 발생한다. 삼권분립도 권력의 균형을 추구하여 견제와 균형을 달성하면서 어느 누가 절대적으로 지배하지 못하게 하여 민주주의를 보호하려는 힘의 균형이론의 일종이다. 그러나 예상을 뒤엎고 관료들의 권력이 대통령, 의회 및 사법부의 힘을 합한 것보다 강화되어 제4부의 자리를 이미 차지하는 일반적인 현상이 되었다. 그 결과 관료들의 권력장악과 정치적 활동은 점점 더 증대하고 있다.

비록 많은 사람들이 권력에 대해 말하기를 좋아하지 않으며 권력의 사용에 대한 도덕적 및 실용적인 의미에서도 서로 합의된 바는 없다고 하더라도, 권력정치는 어느 정도 조직에서 피할 수 없는 것이라는 것을 인정하지 않으면 안 된다. 거의 모든 형태의 조직이 다른 사람에게 영향을 주기 위한 시도로 권력과 정치를 사용한다. 사람들은 동맹 및 연합을 형성하고, 의사결정 혹은 조직의 업적에 영향력을 가하기 위하여 전략을 세우며 각종의 형태로 조직정치를 하게 된다.

따라서 권력정치의 이해는 조직행태의 중요한 측면을 이해할 수 있게 도와주며, 집단 혹은 조직의 성공에 기여할 수 있게 한다. 권력은 사람에게 강한 영향력을 미칠 수 있고, 그리고 프로그램, 사람 및 우선순위를 위하여 필요한 지원과 재원을 더 잘 얻을 수 있다. 권력과 정치는 여러 가지 방법으로 조직을 더 나은 방향으로 이끌 수 있다. 새로운 해결책을 추구하기 위하여 권력을 사용할 수 있고, 조직재원의 효과적 사용 및 변화하는 환경에 적응할 수 있는 새로운 변화를 추구하기 위해 권력을 사용하기도 한다. 조직의 목적을 달성하기 위하여 사람

2) J. Pfeffe, *Power in Organizations*, Boston: Pitman(1981).

과 재원을 통제하고, 새롭고 적절한 조직의 목적을 달성하기 위하여 의사결정과정에 영향을 주며 정치에 종사하기 위하여 권력을 사용한다.

1. 권력에 대한 다른 견해

권력은 다른 사람의 행동, 사고 혹은 감정에 영향을 주기 위한 잠재적 능력으로 정의한다. 반면에 정치는 조직의 업적에 영향을 주기 위하여 권력과 권위를 사용한다. 다른 말로 권력은 영향의 잠재력이고 정치는 권력의 행사이다. 권력에 대한 사회적 태도가 어떻게 변하여 왔는지를 이해하는 것은 중요하다. 즉 얼마 전까지만 해도 근로자들은 감독자들의 권력과 힘을 기꺼이 받아들였으나 오늘날 우리 사회는 권력을 보는 관점이 많이 달라진 것을 경험하고 있다. 누가 권력에 대한 권리를 가지고 있느냐, 그 권력이 어떻게 사용되어야 하느냐에 관한 문제는 우리가 조직, 사람 및 권위에 대한 생각이 변하듯 그 또한 변하여 왔다. 오늘날 권력과 조직정치는 더 모호하고, 더 평등하고, 권력을 공유하는 다원론적인 특징을 가지고 있다. 권력이 개인이나 혹은 집단에 분산되어 있는 다원론 사회라 하더라도 문제가 없는 것은 아니다. 오히려 강력한 이익집단들, 의회의 상임위원장, 관료들이 동맹관계(iron triangle or subgovernment)를 맺으면서 조직이나 국가를 포획화(captured)하는 경향이 발생하고 있다.[3)]

정부의 정치와 정치적 통치자들에 대한 초기 문헌의 많은 저자들은 조직행태에 관한 권력과 정치를 직접적으로 언급하지 않았으나 그들의 주장은 현대적 관점의 근간을 형성하여 온 것은 분명하기 때문에 간단히 언급하고자 한다.

1) Marchiavelli

저서 「*The Prince*」[4)]는 세 가지 기본 주제로 구성되어 있는데, 첫째, 사람은 은혜를 모르고, 변덕스러우며, 사기성이 있다고 하였다. 둘째, 국가와 애국심은 모든 것에 우선한다고 주장하였으며 마지막으로, 정치적 리더십의 목적은 권력을 쟁취하여 권력을 유지하는 것이라고 하였다.

그의 관점에서 보면 리더가 가진 권력의 강인함은 다른 사람에게 독립적이

3) 정우일, 행정통제론, 박영사(2004), pp. 145-214.

4) Niccolo Marchiavelli, *The Prince*, The Tauton Press, Bantam Classics(1954), Translator by Daniel Donno.

거나 의존하지 않으며 다른 사람에 대한 지배를 유지하는 정도라고 정의하였다. 그는 정치와 권력은 사람들의 술수이지 그 당시 알려진 신 혹은 운명의 손에 있는 것은 아니라고 했다. 그는 국가는 최고의 권위이기 때문에 국가의 권력을 영구히 하기 위하여 필요한 어떠한 수단이라도 리더는 사용하여야 한다고 주장하였다. 따라서 리더는 필요하다면 잔인해야 한다고 주장하였다. “군주는 부하들을 뭉치게 하고 충성을 지키게 하는 한 잔인성의 비난에 개의치 말아야 한다”는 Machiavelli의 주장은 목적은 수단을 정당화한다는 철학으로 잘 알려져 있다.

권력, 정치 및 조직에 대해 Machiavelli가 끼친 영향은 현저하다. 조직에서 권력을 사용하는 사람을 두고 권력을 결핍한 Machiavellian이라고 말한다. 그의 영향은 다른 방법으로도 찾아볼 수 있다. 그는 권력의 관점을 의존성과 독립성의 기능으로 보았고 정치의 기능을 자연적인 인간의 술수라고 지적하였다. 그리고 권력을 바람직하고 필요한 목적으로 표현하였다. 그 당시 그는 권력이 없는 리더는 책임져야 할 사람들의 보호나 복지를 주장하지 못한다고 지적하였는데, 그러한 일을 제대로 하기 위하여 권력이 필요하다고 하였다.

2) Max Weber

관료제에 대한 저서로 잘 알려진 Weber는 권력의 의미를 탐구하는데 많은 노력을 한 학자이다. 그는 사회, 정부 그리고 조직에 대하여 광범위하게 언급하였으며 특히 권력의 성격이 무엇인지, 왜 사람들이 복종을 하거나 기꺼이 통제를 받는지에 대한 질문에 관심을 가졌다. 그는 권력이나 지배에는 세 가지 형태가 있다고 제시하였다: 카리스마(권력과 통제는 개인의 매력에 의하여 나온다); 전통적(권력은 세습된다); 법적-합리적(법과 헌법적 과정은 합법적인 권위를 창조한다). 그에 의하면 이 세 가지 가운데 마지막인 권위인 법적-합리적 형태가 다른 형태보다 우월하다고 한다. 왜냐하면 이 형태의 권위는 제도화되어 있으며 권위의 행사가 규칙적이고, 계층제 및 의사소통절차에 의하여 통제되기 때문에 관료조직이야말로 가장 능률적이라고 주장한다. 그리고 법 앞에서는 모든 사람이 평등하기 때문에 어느 누구도 마음대로 조직을 소유할 수 없다. 물론 Weber는 법적-합리적 기반 위에 세워진 조직은 기술적으로 우월하다고 주장하였으나 인간의 행태에 대한 이 권력의 효과에 대해서는 비판적인 측면이 지적되곤 한다. 그는 법적이고 합법적인 구조에 의하여 사람들이 지나치게 법치만능주의의 경향으로 흐르기 때문에 비효과적인 영향을 가져올 수 있다는 것을 예측하였다. 또한 관료조직의 권력은 전문성과 능률성에서 나오는데, 그들은 정치가들의 권력과 갈등을 가져오며, 때로는 정치가들의 권력보다 우세할 수 있다는 것을 예측하였다. 확실히 오늘날 우리는 Weber가 우려한 관점들이 현실로 나타나는 것을 볼 수 있다. 조직의 권력은 개인보다 지위에 있어야 하며, 행사하는 권력은 공식적인 권위에 존재하여야 한다.

3) Bertrand Russell

Russell은 목적을 위한 수단으로써 권력은 필요하나, 권력이 목적이 되어서는 바람직하지 않다고 지적하였다.[5] 그는 저서에서 개인의 이익 때문에 권력을 마음대로 사용하는 것을 막기 위하여 정부권력에 대한 통제에 관심을 나타내었다. 그는 인간과 동물을 구별짓는 특징들 가운데 하나는 욕구에 대해 만족할 줄 모르는 탐욕이라고 주장한다. 이러한 욕구들 가운데 하나는 권력욕 혹은 명예욕이다.

그는 권력을 '의도한 결과를 산출하는 것'으로 정의를 하였다. 그는 몇 가지의 권력형태가 있다고 제안하였다. 전통적 권위는 승려 혹은 왕이 가지고 있는 것과 같은 권위에 순종하는 제도화된 권력이다. 동의 혹은 합의에 기반을 두고 있지 않은 권력은 벌거벗은 권력(naked power) 혹은 강요라고 부른다. 혁명적인 권력은 전통적 권력을 몰아내기 위하여 적극적인 반항에 기반을 두고 있다. Russell은 또한 권력의 보조적 혹은 파생된 권력을 고려하였다. 그는 권력을 행사하고 있는 조직을 연구하면서, "조직은 개인보다 높은 권력을 가지고 있으며, 권력은 조직에 속한 개인들의 이익을 위하여 존재한다. 그러므로 조직에 합류함으로써 이익을 얻으려는 개인들은 자연히 그 조직의 권력에 복종하게 된다"고 하였다. 그는 권력의 윤리에 대하여도 언급하였다. 권력은 집단의 목적을 위하여 사용되기는 하나, 악을 위해서도 사용된다. 권력이 바람직한 목적을 달성하기 위하여 사용될 때, 그것은 긍정적인 힘이 될 수 있다. 이와 같이 Russell은 권력의 양면성을 이해하는 틀을 제공했다.

위에서 보듯이 Machiavelli, Weber 그리고 Russell은 권력에 대한 각기 다른 견해를 제시하였는데, 권력의 의미가 학자마다 달리 인식됨을 알 수 있다. 그들은 조직의 구성원들에게 영향을 미치는 리더 한 사람의 권력에 초점을 두었다.

---

5) Bertrand Russell, *Power: A New Social Analysis*, Reprinted in Routledge(2002).

2. 권력 · 권위 · 무력의 정의 및 비교

1950년대 권력은 정치학 및 사회심리학 부문에서 주요한 주제였다. 이 시대의 많은 학자들은 권력이 어떻게 작용하였는지에 대하여 보다 구체적으로 연구하였으며 이를 재평가하였다. 정치학 분야에서는 Robert Dahl, Floyd Hunter, Peter Bachrach 등이었다. 그들은 미국사회의 권력이 분산되어 있는지 혹은 소수에 집중되어 있는지를 두고 1950년부터 1967년까지 유익하지 않은 논쟁을 하였다. 그러한 논쟁의 목적은 미국사회의 권력이 분산되어 있으면 다수를 위한 정책이 만들어질 것이며 소수가 권력을 장악하고 있다면 소수를 위한 정책이 만들어진다는 가정에서 치열한 논쟁을 치렀다. 1967년에 가서야 비로소 그들은 자신들의 논쟁이 의미가 없는 것으로 반성한 후에 그러한 연구는 중단되었다. 왜냐하면 소수가 지배하는 도시이건 다수가 지배하는 도시이건 정책에는 별로 차이가 없다는 것을 인지하였기 때문이다. 정책문제로 채택되는 것은 다원론이나 엘리트들에 의하여 결정되는 것이 아니고, 또는 정당의 특성에 의하여 선택되는 것도 아니며, 단지 선거구민과의 관계에 의해 무작위적으로 결정된다는 것이다.[6] 선거에 출마하는 후보자는 어느 누구의 표건간에 당선되기 위하여 많은 표가 필요하기 때문에 정당이나 후보자들간에 정책에는 차이는 별로 없었다는 것이다. 미국의 공화당이 집권하기 위하여 민주당의 색채가 안 나온다는 법이 없고 그 반대도 성립한다.

Bachrach는 권위, 권력, 무력, 영향력을 비교하였고, 아울러 무의사결정과 「Two Faces of Power(권력의 두 얼굴)」를 발표하여 권력에 관한 주제에는 세계적으로 알려진 석학임을 보여주었다.

Bachrach는 영향력(influence)은 정치적 · 경제적 · 육체적 등의 영향력을 가지고 있다면 사람들이 따른다는 것을 의미하여, 이 책에서는 권위, 권력, 무력을 정의하고 비교한다.

1) 권위(authority)

제도화된 권력은 Chester Barnard의 견해로 보면 권위(authority)의 개념을 의

6) Matthew A. Crenson, *The Unpolitics of Air Pollution*, Baltmore: John Hopkins Univ Press(1971).

미한다. 그는 권위를 의사소통의 특징으로 정의하면서 두 가지 관점에서 정의했다. 하나는 개방적 관점(open view)이며 다른 하나는 폐쇄적 관점(close view)으로 정의하는데, 개방적 관점은 명문화되어 있는 규칙 및 규정이고 폐쇄적 관점은 명령을 받은 자가 상관의 의도를 잘 이해하였는지, 자신의 의도와 일치하는지 혹은 조직의 목적과 일치하는지를 파악하면서 권위에 따르는 것을 말한다. 예를 들어 사령관이 군부대 안으로 들어가는데 보초병이 정지를 명하였을 때 장군이 즉시 정지하였다면 이는 권위관계이다. 왜냐하면 조직은 보초에게 누구든지 이 병영 안으로 들어가는 사람을 정지시킬 수 있는 권한을 주었기 때문이다. 만약 장군이 보초의 정지명령을 어긴다면 장군도 처벌을 면치 못할 것이다. 권위는 두 가지 개념을 포함하는데, 그것은 합리성(rationalization)과 상대적(relational)인 개념을 가지고 있다. 즉 규칙을 지킨다면 처벌을 면할 것이라는 합리적 사고와 부하와 장군과의 둘 이상의 관계, 즉 상대적 개념을 가지고 있다.

2) 권력(power)

Dahl은 권력(power)에 대한 정의를 하였는데, 그의 정의는 정치학 및 행정학 분야에서 보편적으로 가장 많이 사용되고 있다. 그에 의하면, 권력은 "B가 그렇게 하지 않았을 일을 A로 인해 B가 하게 된다면, A는 B에 대하여 그 정도의 권력을 가지고 있다"고 정의하였다. 예를 들면 아버지가 아들에게 심부름을 시키려고 하나 아들은 그 심부름을 하려고 하지 않는다. 그러나 만약 심부름을 이행치 않으면 자신에게 중요한 가치(즉 이 청년이 자신에게 중요한 가치라고 판단하는 아버지로부터 용돈의 삭감 등)를 잃어버릴 가능성이 있다고 판단한다. 만약 심부름을 이행치 않으면 무슨 일이 일어날까를 합리적으로 생각한 이후 자신에게 중요한 가치인 용돈을 상실할 위험이 있다고 판단할 때 아버지의 심부름을 이행한다. 이때 아버지와 아들의 관계를 권력관계라고 한다. 아들이 아버지의 심부름을 좋아서 하는 것은 제외하여야 한다. 그래서 권력도 권위와 같이 합리성(권력을 가지고 있는 사람의 의도에 따라야 되는지 혹은 하지 않아도 되는지에 대한 사고)과 상대적(두 사람 이상) 개념을 가지고 있다.

권력이 항상 잠재적이라는 것은 중요하다. 권력이 사용될 때 그것은 권위, 힘 혹은 강요와 같은 것을 포함한다. 그러나 권력은 반드시 강요, 영향 혹은 통제가 아니다. 더 정확히 말한다면 권력관계가 깨진다면 무력(force)관계로 된다.

권력을 가지고 있는 사람을 언제든지 강요, 영향 혹은 통제를 행사할 수 있다는 것을 다른 사람이 지각한다면 사람들은 겁을 먹고 그 권력에 순응할 것이다. 만약 원자폭탄을 가지고 있다고 하더라도 그것을 사용할 수 없을 것이라고 믿는다면 그 원자폭탄을 권력으로 행사할 수 없을 것이다. 따라서 권력을 가지고 있는 사람이 얼마나 많은 권력을 가지고 있느냐는 일반적으로 사람들이 권력을 가지고 있는 사람이 얼마나 많은 권력을 가지고 있다고 생각하느냐에 달려 있다. 권력을 행사한다면 그것은 권력이 아니라 무력(force)의 행사로 전락된다.

3) 무력(force)

무력(force)은 권위와 권력과 같이 두 개념을 가지고 있다. 그들은 상대적(둘 이상의 관계)으로 권위와 권력과 다른 비합리적(irrational) 개념들을 가지고 있다. 다시 장군과 보초간의 관계로 돌아가 보자. 장군은 보초가 정지명령을 하였는데도 불구하고 그 명령을 무시하면서 사령관인 나를 어떻게 총을 쏘겠느냐 하고 비합리적으로 생각하면서 계속 군부대 안으로 들어갔다고 하자. 보초는 부대 안으로 들어가는 모든 사람을 정지시킬 수 있는 권한이 주어졌고, 정지하지 않고 부대 안으로 들어가는 모든 군인을 발포할 수 있는 권한이 주어져 장군은 사살되었다. 다시 말하여 권력관계가 깨지면 무력의 관계로 들어간다는 것을 의미한다.

3. 권력에 대한 인식의 변화

1960년대는 미국에서 정치적 혼란이 있던 시기였을 뿐만 아니라 권력 및 권위 그리고 누가 누구에게 무엇을 할 수 있고 무엇을 할 수 없는가를 사람들에게 말할 권리를 가지고 있는지에 대하여 의문이 제기되던 시기였다.

1960년대와 1970년대 사이 인간관계학파의 운동도 조직의 이익을 위하여 근로자들을 조정하는 사고에 도전을 가했는데, 결국 조직은 개인과 집단의 이익을 충족시켜야 한다는 움직임이었다. 특히 전통적 권위관계는 신랄한 비판을 받았는데, 특히 이 시기에 사람들은 권력과 권위에 대하여 공개적으로 의문을 제기하기 시작하던 시기이다.

1960년대 농안 권력을 연구하는 학자들은 일찍이 Weber가 물었던 같은 질문인 “왜 사람들은 그들에게 주어진 명령을 이행하는가?”에 대하여 물론 오늘날의 대답은 Weber의 것과는 다르다. 이 문제에 대하여 Haire는 전통적 의미의 권위는 시대에 뒤떨어진 것이며 비생산적이라고 주장한다. 그는 전통적으로 집행권위는 소유 자체에 근거를 두고 있었다고 했다. 예를 들어 기업의 소유자는 그 기업에서 일하는 근로자들을 통제할 권리를 가지고 있었다. 권력과 권위는 관리에게 부여된 고유권리이다.

그러나 Haire는 관리와 사람의 성격에 대한 개념이 점증적으로 변하였다고 주장한다. 그에 의하면, 전통적 조직이론에서 사람은 게으르고, 근시안적이며, 이기적이고, 어리석다는 것이다. 그는 전통적인 혹은 시대에 뒤떨어진 조직의 형태와 권위가 사람들의 이러한 행태를 초래한다고 하였다. 결론적으로 권위의 전통적 사고에서 벗어나 우리는 사람에 대하여 긍정적인 사고를 가져야 하며, 조직의 권위관계는 더 참여적이고, 권력관계는 평등사상에 따라 더 평준화되어야 한다고 주장한다.

조직의 이론은 관리문헌의 이러한 변천과정을 통하여 진화하였다. Cyert와 March는 1963년 그들의 저서에서 조직은 의사결정과정에서 경제적이고 합리적이라는 지배적인 관점을 불신하고 조직은 정치적 존재라고 인정하였다.[7] Thompson 역시 조직 및 조직 내의 사람들이 정치적으로 활동하는 것으로 보았다.[8] 그는 권력은 의존성의 강도에 따라 강화되거나 약화되는데 오늘날 조직은 환경에 의존을 피하고 대체할 수 있는 대안을 유지하고, 협조전략을 수립하고, 환경에 위협을 줄 수 있는 사람을 흡수하면서 의존성을 감소시키려고 한다고 하였다. 그는 개인도 조직과 같이 동맹 및 권력을 습득하여 의존성을 감소시키는 행동을 한다고 말한다. 다른 학자들도 유사한 주장을 하였던 것과 같이 그는 한 사람이 절대적인 권위를 가지고 있다는 말은 오늘날 통용되지 않는다고 한다. 개인은 강력할 수 있고 상당한 리더십을 발휘할 수도 있다. 그러나 그러한 힘은 단지 조직의 구성원이거나 동맹관계에 있는 사람들의 동의나 용인에 의해서만 가능하다고 한다.

조직의 의사결정에 대한 정치적 성격을 바라보면서, Allison은 합리이론에 대한 지나친 의존이 실제로 조직을 운영하는 방법을 왜곡하고 불완전한 이해를

7) Richard M. Cyert and James G. March, *A Behavioral Theory of the Firm*, N.Y.: Prentice-Hall(1963).

8) J. D. Thompson, *Organization in Action*, New York: McGraw-Hill.

가져오는 것을 설명하기 위하여 Cuba Missile 위기사례를 이용하였다.[9] 그는 세 가지의 다른 모형 혹은 렌즈를 통하여 그 위기를 설명하였다: 합리모형, 조직과정모형 및 정부의 정치적 모형. 특히 세 번째로 지적된 정부의 정치적 모형은 조직의 권력을 탐색하는 데 유용하다고 지적하였다.

그가 제시한 정부의 정치적 모형은 정치적 게임에 개입하고 있는 수많은 정치인들의 행태의 결과로서 개념화하였다. 그것은 단 하나의 전략적 목적만을 가정하지 않으며 오히려 더 나은 결과를 위하여 노력하는 여러 정치인들의 다른 지각을 포함하는 것을 의미한다. 이 정치적 모형에서는 동맹, 흥정 및 타협을 하는 게임과 게임에 개입한 정치인들을 밝혀내는 것이 필요하다. Allison은 더 좋은 결과를 가져오기 위하여 주요 정치인들의 권력투쟁의 결과로서 조직의 행태를 설명하는데, 정치적 모형을 사용해서 증명하였다.

신행정학의 영향에 의하여 1970년대 학자들은 사람들을 바라볼 때 형평성과 민주적인 관점을 가져야 된다고 제안하고 있다. 그리고 조직을 정치적 실체로서 인정해야 하고 권력과 조직정치를 고려하여야 한다고 말한다. 물론 지금도 조직의 권력과 정치에 대하여 상반된 의견이 있는 것은 사실이다. 어떤 사람들은 조직에서의 정치는 능률성에 피해가 되므로 조직은 정치에서 벗어나는 것이 더 낫다고 생각하는 사람도 있다. 마찬가지로 관리 또한 정치를 배제해야 한다고 주장한다. 반면에 상당 수의 사람들은 정치는 조직이 효과적으로 기능하게 하는 것을 도와준다고 생각한다. 오늘날 공공조직은 물론 사조직도 이미 깊숙이 정치에서 벗어날 수 없을 정도로 개입되고 있는 것이 현실이다.

비록 조직이 정치적으로 되지 말아야 하고 정치적 문제를 다루지 말아야 한다고 주장하면서도 조직은 이미 정치적 문제를 다루어 왔고, 특히 정치적 문제를 피할 수 없는 것이 사실이다. 성격적으로 조직은 정치적 실체이며, 성공적이기 위하여 조직의 정치적 상황을 잘 이해하여야 한다. 그렇게 하기 위하여 권력의 근거를 이해하는 것이 필요하고, 권력이 언제 어떻게 사용되어야 하는지, 정치적 도구와 전략에 대해 어떻게 이해해야 하는지, 사람과 조직에 대한 정치 및 권력의 긍정적 및 부정적 효과가 무엇인지에 대해 이해하는 것이 필요하다.

---

9) Graham T. Allison, *Essence of Decision: Explaining the Cuban Missile Crisis*, Boston: Little, Brown and Company(1971).

4. 권력의 근거(Bases of Power)

1) 개인권력의 근거

조직 내에는 다양한 권력의 원천이 있다. 그것은 사람 그 자체에서 나올 수도 있고 이미 주어진 상황에서도 나올 수 있다. 또한 개인과 상황간의 결합에 의해서 나올 수도 있고 권력간 상호작용을 통해서도 나올 수 있다.

조직내 사람들은 권력을 어떻게 얻는가? 권력의 근거를 설명하는 데 가장 잘 알려진 학자는 French와 Raven이다. 이들은 권력을 심리학적인 관점에서 정의하였으며 권력을 다른 사람의 심리적 변화를 유도하는 영향력 있는 수단으로 강조하였다. 그들은 사람에 대한 영향력의 관점에서 권력을 설명하였다. 사람에 대한 영향은 변화의 양으로 측정된다.

John French와 Betram Raven은 권력의 근거를 다음과 같이 분류하였다. 그들의 분류체계는 권력에 대한 후속 연구들에 상당부분 영향을 끼쳤지만, 관리자와 관련된 모든 권력원천을 다루지는 않았다. 예를 들면 정보의 통제는 관리자와 관련 있는 권력원천이다.[10)]

French와 Raven은 관리자 혹은 리더들이 소유하고 있는 권력의 다른 형태이다.[11)] 이를 자세히 살펴보면 다음과 같다.

(1) French와 Raven

① 보상권력(Reward Power)

보상권력은 관리자가 원하는 행태를 하는 사람에게 보상을 하는 능력에서 나온다. 보상권력은 긍정적 강화와 비슷하다. 관리자들이 승진을 추천하고, 긍정적 업적평가를 하며, 원하는 과제를 주고, 인정 및 지원 등을 할 때, 관리자들은 권력을 얻는다. 효과적인 관리자는 좋은 업적을 산출하기 위하여 보상권력을 사용하고 조직의 가치를 증진하는 행태를 강화한다. 즉 복종과 충성을 하면 그 사람에게 긍정적인 보상을 부여할 수 있는 능력을 가지고 있다는 믿음에 근거한다. 조직의 맥락에서 보면 봉급인상, 승진, 인정 등이 이에 속한다.

---

10) A. M. Pettigrew, "Information Control as a Power Resources," *Sociology*, 6(1972), pp. 187-204; G. Yukl and Falbe C. M., "The Importance of Different Power Sources in Downward and Lateral Relations," *Journal of Applied Psychology*, 76(1991), pp. 132-140.

11) J. R. P. French and Raven, B., "The Bases of Social Power," In D. Cartwright and A. Zander(eds.), *Group Dynamics*, New York: Harper Collins(1968).

② 강제적 권력(Coercive Power)

강제적 권력은 보상권력의 반대 개념이다. 강제적 권력은 관리자가 원하는 바와 달리 행동했을 때에 제재 혹은 형벌을 가할 수 있는 능력에 근거한다. 형벌은 다양한 형태를 띠고 있다. 조직의 맥락에서 이러한 형벌은 해임, 질책, 강등, 이전 및 각종 혜택의 취소 등이다.

강제적 권력은 자신에게 함정을 가져다 줄 수 있다. 지난 200년 동안 모든 형태의 리더가 합법적인 강제적 권력을 사용하는 경향이 대체로 감소되어 왔다.[12] 리더들이 정당하다고 믿는 이유를 들어서 부하들을 해고하는 경우가 사조직뿐만 아니라 공공조직에서도 어렵게 되었다. 부하들 역시 상사에게 갖는 강제력이 조직마다 크게 다르다. 많은 조직에서 부하들이 상사에게 간접적으로 영향을 미칠 수 있는 능력을 가지고 있다.

③ 합법적 권력(Legitimate Power)

합법적 권력은 어떤 사람이 그들에게 영향을 가할 권리를 가지고 있고 그들 또한 순종하여야 할 의무를 지니고 있다고 생각하는 사람들의 가치와 믿음에서 나온다. 이러한 가치와 믿음은 문화적으로 영향을 받을 수 있고, 계층제와 같은 사회 및 조직구조에 의하여 강화될 수도 있으며, 선거와 같은 합법적인 과정에 의하여 형성되기도 한다. 공공조직에서 이러한 권력은 사람들의 지위에서 나온다. 예를 들어 군대 및 경찰 조직은 다른 조직보다도 지위에 더 많은 권력을 부여한다. 그러나 이러한 조직도 권력의 크기는 사람들 사이에 동일한 것은 아니다. 즉 과장의 지위를 가지고 있는 모든 사람이 같은 정도의 권력을 가지고 있는 것은 아니다. 이것은 권력의 근원은 지위에서만 찾는다는 것이 부적절하다는 것을 뜻한다.

④ 동일화 권력(Referent Power)

동일화 권력은 다른 사람에 대한 매력에 근거한다. 관리자는 다른 사람에게 영감을 주고 상대방을 끌어당기는 어떠한 자질 때문에 찬양을 받을 수 있다.

동일화 권력은 사람들 사이의 심리적 동일성에 근거하고 있다. 이 권력은 다른 사람들이 우리와 관계를 갖기를 원하며 우리와 같이 동일화되기를 원하는 정도에 의존한다. 우리가 다른 사람을 존경할 때, 우리는 그들이 하는 것을 우호

12) D. Katz and R. L. Kahn, *The Social Psychology*(2nd ed.), New York: John Wiley(1978); Yukl, *op. cit.*, p.148(재인용).

적인 시각으로 보고, 실수도 눈감아 주며, 아울러 동의를 구하는 경향이 있다. 우리는 그들을 기쁘게 하고 그들이 우리를 계속적으로 좋아하게 하기 위하여, 그들이 우리에게 원하는 것을 하기를 원한다. 다른 사람들의 존경과 긍정적인 관심을 갖는 것은 권력의 잠재적인 근원이다.

⑤ 전문가 권력(Expert Power)

French와 Raven은 전문가의 권력을 인정할 수 있는 지식과 전문성에 의존한다고 보았다. 전문가의 권력은 조직에서 필요로 하고 조직에 가치 있는 특수한 전문성에서 발생한다. 이것은 컴퓨터 기술과 같은 기술적 전문성의 형태를 지닐 수도 있고, 입법과정에 대한 개인의 통찰력일 수도 있으며, 심지어는 영향력이 있는 사람과의 관계 및 지식에 근거할 수 있다. 만약 우리가 조직의 다른 사람이 할 수 없는 중요한 어떠한 것을 이해할 수 있다면, 그것으로 인하여 우리에게 전문가의 권력을 부여해 준다. 조직을 더 능률적으로 기능하고 주민들에게 더 효과적으로 봉사하는 것을 잘 안다면, 그것은 당신을 더 가치가 있고, 더 설득력이 있으며 더 강력하게 만들 것이다.

(2) 비공식적인 개인의 권력 근거

집단이나 혹은 공공부서의 관리자들은 같은 조직계층 혹은 지위에 있다고 해서 그들 모두가 동일한 크기의 권력을 갖고 있는 것은 아니다. 비슷한 표현으로 어떤 낮은 지위의 관리자는 높은 지위의 관리자와 같이 많은 권력과 권위를 가질 수도 있으며, 심지어 더 많은 권한을 가지고 있는 경우도 있다. 무엇으로 이러한 상황을 설명할 수 있을까? 권력은 조직 내 개인의 공식적인 지위에서 나올 수도 있으나 개인의 성격, 기술 및 능력에서도 나올 수도 있다. 개인의 특성에서 나오는 권력을 비공식적 권력이라고 부른다. 일반적으로 연구결과를 살펴보면 개인의 권력의 근거는 전문가 권력, 동일화 권력 그리고 카리스마 권력으로 분류할 수 있다.

이들 중 French Raven의 권력의 근거와 중복된 것을 제외하고 카리스마 권력만 설명하기도 한다.

● 카리스마 권력

카리스마 권력은 다른 사람들이 믿고 따르게 하는 개인의 성격 혹은 육체적 및 다른 능력으로부터 나오는 동일화 권력의 강한 형태이다. 카리스마를 가지고 있는 리더는 그들의 부하들이 리더의 비전을 받아들여 리더가 결정한 목적에 열정과 열광을 가지고 업무를 수행하도록 부하들의 경애심을 불러일으킨다. 카리스마 권력이 존재하는 곳엔 합법적 권력, 보상권력 그리고 강제적 권력은 큰 의미를 지니고 있지 않다. 왜냐하면 부하들은 그들의 카리스마 리더에게 권력을 자유롭게 향유할 수 있는 자유를 부여했고 조직과 그 구성원의 목적을 위하여 결정을 내릴 권리도 부여했기 때문이다. 많은 카리스마 리더들은 조직 전체를 흥분시킬 수 있고 새로운 절정으로 끌어올릴 수 있다. 그러나 잘못된 비전을 가지고 있는 리더에 의하여 카리스마 권력이 남용될 때 리더의 지시가 아무리 잔학해도 이를 제어할 수 있는 견제와 균형이 없다는 것이 문제로 지적된다. 이것이 카리스마 리더가 지니는 부정적인 측면이다.

(3) 개인의 특징에 따른 권력의 근거

정신분석학적 설명에 의하면 공포, 죄의식 또는 소외로 괴로워하는 사람들은 자신의 정체성을 초인적인 리더의 정체성에 융합함으로써 활력부여와 초월의 감정을 경험할 수 있다고 한다. 결국 권력이 있는 자에 대한 영웅적 숭배와 개인적 동일시는 자존심이 낮고 사회정체성이 취약한 청소년들에게서 발생할 가능성이 더 높을 것이다.

어떤 사람은 권력에 아주 약하고 그에 민감한 성격을 가진 사람이 있다. 예를 들어 사회교제 및 연합을 위한 높은 욕구를 가지며 모호한 것에 약한 내성을 가지고 있는 사람은 강력한 사람에 의하여 영향을 받기 쉽다. 자아확신이 약한 사람은 쉽게 영향을 받는다. 몇몇 연구에서 성은 리더와 깊은 상관관계가 있음을 발견하게 된다. 초기의 연구는 남성은 여성보다 독립적인 성격을 가지고 있다고 한다. 남녀간 차이를 나타내는 많은 연구는 성역할에 대한 고정관념이 사라지기 시작하였던 1970년대 이래 극적으로 줄어들고 있다.

문화는 권력에 많은 영향을 미칠 수 있다. 예를 들어 프랑스와 같은 어떤 문화는 개체, 독립성, 다양성을 강조한다. 이러한 문화에서는 권력에 대한 저항성이 강하다고 예상할 수 있다. 이와 반대로 응집성, 일체성, 획일성을 강조하는 문화에 살고 있는 사람은 강력한 리더에 의하여 많은 영향을 받을 수 있다. 영국의 경우와 달리 미국과 같이 전문인을 존중하는 사회에서는 전문가들이 권력을 갖기 쉽다. 합법성이 지배하는 문화에서는 리더의 요구가 합법적이고 타당하다고 판단될 때 복종의 가능성은 높을 것이다. 과거에 수없이 이루어져왔고 복종하였던 일상적인 요구를 하는 경우에는 합법성에 의문을 제기할 가능성이 낮을 것이다. 그러나 생소한 것을 요구할 때, 리더의 권한을 넘어서는 요구일때, 리더가 누구이며 그가 어떠한 권한을 가지고 있는지 확인되지 않고 모를 때, 합법성에 대하여 의문을 제기할 가능성이 높을 것이다.

2) 조직권력의 근원

만약 개인, 집단, 그리고 부서들이 조직 내에서 권력을 얻기 위하여 활동한다면, 그들은 어디로부터 권력을 얻는가? 다른 사람들의 행태에 영향을 미치고, 형성하고, 통제하기 위하여 개인과 집단에게 누가 어떠한 권력을 주는가? 이러한 질문에 대답하기 위하여 조직의 권력의 근원을 이해하지 않으면 안 된다. 7가지의 근원은 아래와 같다.[13] 이 근원들 가운데 Hickson, et al.은 권력의 또 다른 근원으로 관리자의 업무 혹은 집단 상호간의 활동에 관한 중요한 특징으로 상황적 요인을 지적하면서 불확실성, 대체성, 중심성 요인을 강조했다.[14]

(1) 권위(authority)

조직의 법적 그리고 문화적 토대에 의하여 합법적으로 주어진 권력인 권위는 조직의 궁극적인 권력의 근원이다. 대한민국 대통령의 권위는 대한민국의 헌법에 기초하며 헌법에 구체적으로 대통령의 권리와 의무를 자세히 설명하고 있다. 비슷한 방법으로, 조직의 권위는 이사회를 통하여 CEO에게 주어지며, 주주를 위해 가치를 창조하기 위하여 조직의 재원을 사용할 공식적 권력 혹은 권위는 주주들이 허용하는 법적인 헌장에서 나온다. 그 다음 그 CEO는 권위를 조직의 다른 최고관리자들에게 위임하는 권력을 갖고, 그리고 부하 직원에게 권위를 위임하는 권위를 갖는다.

(2) 자원에 대한 통제(control over resources)

권력은 고정된 양이 아니다. 조직에 이익을 가져오기 위하여 업적을 증진할 수 있는 변화를 가져올 수 있고, 또한 그러한 변화를 결정하고 행동하는 관리자

---

13) Jones, *op. cit.*, pp.404-408.

14) D. J. Hickson, et al., "A Strategic Contingencies Theory of Interorganizational Power," Administrative Science Quarterly(March 1971), pp.219-229.

들은 얼마든지 그들의 권력을 증가시킬 수 있다. 조직이 환경을 통제함에 따라 조직의 권력이 증가하게 할 수 있는 것과 같이 조직의 권력은 자원의 통제로부터 나온다.

(3) 정보에 대한 통제(control over information)

정보는 대단히 중요하고 항상 부족한 조직의 자원이다. 조직의 하위부서에게, 로부터, 간에 전략적 정보와 정보를 통제할 수 있도록 접근할 수 있는 권한은 의사결정과 변화과정에 영향을 미칠 수 있는 상당한 권력의 근원이다. 그들이 받은 정보를 교묘하게 이용하여 다른 사람의 관점을 변화시킬 수도 있다.

(4) 비대체성(nonsubstitutability)

만약 사람 혹은 하위부서들이 수행하는 과제를 그 밖에 어떤 사람도 수행할 수 없다면, 그 사람과 하위부서는 막강한 권력을 가질 수 있다. 단지 그 사람과 하위부서만이 다른 하위부서나 조직이 원하는 자원을 공급할 수 있다. 비대체성의 결과로 단지 그들은 상당한 권력을 행사한다.

(5) 중심성(centrality)

권력의 다른 상황적 근거는 한 관리자가 조직의 전반적인 성과와 업적에 영향을 줄 수 있는 정도인 중심성의 정도를 의미한다. 중심성은 두 가지 요소의 기능을 가지고 있다. 한 관리자에 의하여 제공되는 재원이 다른 부서의 활동에 중요하게 관련되어 있는 정도와 중앙 부서나 관리자가 없어질 경우 그 조직에 미치는 영향이 중요한 정도이다.

(6) 불확실성의 통제(control over uncertainty)

불확실성의 주요한 근원과 조직이 직면할 수 있는 상황요인들을 통제하는 부서는 막대한 권력을 가진다. 병원의 의사들은 불확실성의 주요한 근원인 환자를 진단하고, 환자의 문제를 처방할 수 있는 능력을 갖고 있기 때문에 권력을 갖는다.

제2절 권력을 위한 조직의 정치

1. 권력을 이용하는 조직의 정치[15)]

Jeffrey Pfeffer가 언급한 바와 같이 조직의 정치는 갈등하고 있는 환경에서 자신이 선호하는 결과를 얻기 위하여 권력과 다른 자원을 습득, 발전 그리고 사용하기 위하여 조직에서 하고 있는 행위를 포함한다. 자신들에게 유리하게 갈등을 해결하기 위하여 개인, 하위부서 및 연합들은 그들이 가지고 있는 권력과 영향력을 증대하기 위하여 정치적 활동과 행동을 한다. 심지어는 조직의 구성원들이나 하위부서들이 정치에 관심이 없다고 하더라도 그들이 정치가 어떻게 돌아가는지를 이해하지 않으면 안 된다. 정치할 줄 모르고, 관심도 없으며, 그리고 권력이 없는 비정치적 사람들은 일반적으로 지루한 업무나 혹은 경력에 영향을 끼치지 않는 프로젝트를 할당받는다. 약삭빠르고 정치적인 관리자들은 정치적으로 강력한 관리자들과 접촉이 가능한 프로젝트를 받고, 승진기회를 위한 정치적 기반을 구축한다.

1) 정치적 술책과 전략

조직생활의 정치적 구성요소를 이해하고 정치적 게임에서 승리하는 기회를 증대시키고자 정치적 술책과 전략을 시도하는 것이 필요하다.

(1) 필수성의 증가(increasing indispensability)

개인 혹은 하위부서들이 권력을 증대하기 위하여 사용할 수 있는 주요한 정치적 전략은 조직에게 필수적이 되는 것이다. 필수성은 비대체성 혹은 중심성의 증가에 의하여 달성될 수 있다.

(2) 비대체성의 증가(increasing nonsubstitutability)

계략을 잘 쓰는 관리자들은 그들을 대체할 수 없게 하는 행동과 행태에 종사한다. 그들은 컴퓨터 지식과 같은 특수한 조직의 기술을 개발할 수도 있다. 그들은 조직의 관심 영역이 증가하는 세계무역규정, 오염통제 건강과 안전과 같은

15) Jones, *op. cit.*, pp. 409-413.

영역에서 남달리 뛰어난 전문성을 가질 수도 있다.

(3) 중심성의 증가(increasing centrality)

관리자들은 조직에 더 중심적이 되기 위하여 자신들의 불가피성을 증가시킬 수 있다. 그들이 자신들의 개인적 및 기능의 명성을 향상시킬 수 있도록, 많은 기능과 사람들과 접촉을 가질 수 있는 책임을 교묘하게 수립할 수 있다. 중심적이 됨으로써, 그들은 자신들을 비대체성으로 만들 수 있는 정보를 독차지할 수 있는 능력을 향상시킬 수 있다. 습득한 정보를 공급하며 혹은 익숙하지 않은 프로젝트를 도와줌으로써 다른 사람들이 의존하게 만들 수 있다.

(4) 권력이 있는 관리자들과 연합(associating with powerful managers)

권력을 얻는 다른 방법은 그들이 최고 지위로 승진하려는 가도에 권력을 가진 관리자들과 가까이 지내는 것이다. 권력을 가진 사람을 도와주고 그리고 그 사람에게 필수적이 되게 함으로써, 그 사람의 도움에 의하여 조직의 사다리로 올라가는 것이 가능하다. CEO들은 일반적으로 그들의 적보다는 친구들을 승진시킨다.

(5) 연합의 구축과 관리(building and managing coalitions)

공통적인 문제에 대하여 서로 다른 이익, 이해관련자, 개인, 그리고 하위부서들이 연합을 형성하는 것은 관리자들이 자신들이 유리하게 갈등을 해결하도록 권력을 얻기 위하여 사용할 수 있는 정치적 술책이다. 연합은 균형을 이루기 위해 자주 구축된다. A는 B를 지지한다. 왜냐하면 A에게 유리한 이익이 되는 것을 B가 지지했기 때문이다. 연합은 조직의 많은 다양한 수준을 통해서 구축될 수 있다.

(6) 영향력 있는 의사결정(influencing decision making)

관리자, 집단 혹은 연합이 권력을 습득, 증가, 그리고 사용하기 위하여 추구할 수 있는 가장 중요한 정치적 전략은 정치적 영향을 미치는 것이다. 연합을 구축하고 관리할 줄 알고, 불가피성을 증가하며, 권력을 소유한 자와 유대관계를 맺음으로써 권력을 소유하고 사용하는 것이 정치의 유일한 기술만은 아니다. 더욱이 권력을 언제 어떻게 사용하는 것을 아는 것도 중요하다.

(7) 안건 통제(controlling the agenda)

안건을 통제함으로써 관리자나 연합들이 중요한 의사결정을 하는 데 고려해야 할 중요한 문제들을 통제할 수 있을 것이다. 그와 같이 강력한 관리자들의 연합은 그들이 원치 않는 문제를 아젠다에 포함시키지 않음으로써 안건을 고려하는 것을 막을 수 있다.

(8) 외부 전문가의 영입

조직의 최고 관리자들은 조직을 변화하고 재구조를 결정하려 할 때 주요한 갈등이 발생하여, 개인이나 집단들이 그들의 이익을 위하고 그들의 정치적 생존을 위하여 싸울 것을 예상한다. 이기적인 관리자나 연합들은 자신들이 원하는 해결책을 어느 정도는 정치적으로 파악하고 있다고 하더라도 자신들의 입장이 합법적으로 비치도록 노력한다. 그렇기 위하여 관리자나 연합은 외부의 전문가의 객관적인 관점을 활용한다. 그러나 어떤 경우에는 전문가들이 전혀 중립적이 아니고 권력을 장악하고 있는 연합들의 비호를 받고 있으며, 또한 그 연합이 무엇을 원하는지도 알고 있어 연합에 유리한 시나리오를 만들곤 하는 경우도 많다.

2. 권력의 과정

리더가 가지고 있는 모든 권력의 근원을 고려한다면 왜 부하들이나 혹은 집단이 리더의 영향력에 복종해야 되는지 그에 대한 이유를 파악하는 것은 어렵지 않다. 일반적으로 권력의 과정은 세 가지로 분류할 수 있다: 순응 혹은 복종, 동일성, 그리고 내면화.[16)]

1) 순응 혹은 복종

대상자 혹은 대상집단이 보상을 받거나 혹은 형벌을 피하기 위하여 리더의 말에 복종한다면 이를 순응이라고 부른다. 순응이 효과적이기 위하여 몇 가지 고려할 점이 있다.

우선, 리더는 어떤 종류의 보상을 보장하기 위하여 충분한 재원을 통제할

16) H. C. Kelman, "Compliance, Identification, and Interneralization: Three Processes of Attitude Change," *Journal of Conflict Resolution*(1958), pp. 51-61.

수 있어야 한다. 만약 리더가 원하는 대로 명령이 이루어지더라도 보상이 주어지지 않는다면, 대상자는 다시 똑같은 명령이 주어진다고 하더라도 그와 같은 결과가 발생할 것으로 인식하게 될 것이다.

그 이외에도 리더는 대상인의 행태를 관찰하여야 한다. 중요한 것은 대상자로 하여금 그들의 행태가 리더의 감시하에 있다는 것을 알게 하여야 한다는 것이다.

2) 동 일 성

사람들은 권력을 가진 사람을 기쁘게 하고 그들처럼 되기 위하여 그들의 행동을 모방하거나 그들과 동일한 태도를 채택한다. 그들은 그것이 가치 있다고 판단하기 때문인데, 이는 리더에 대해 기꺼이 영향을 받을 만큼 강한 매력을 갖기 때문이다. 또한 자신의 행태가 개인적으로 적절한지 아니면 만족스러운지를 고려하지 않는 반면, 리더에 의하여 영향을 받는 것과 이로 인하여 그와의 관계가 강화되는 것을 고려하게 된다.

3) 내 면 화

부하(대상자)들은 리더가 가진 신념이 옳다고 지각하고, 기꺼이 리더에 복종하고, 리더에 애정을 느끼고, 집단이나 조직의 사명에 정서적으로 묶여 있고, 높은 수행목표를 설정하며, 자신들이 사명의 성공에 기여할 수 있다고 믿을 때 부하들은 리더에 더 내면화된다. 카리스마 리더들은 부하들의 태도와 행태에 영향을 미쳐 부하들의 순응 · 동일화 및 내면화에 대한 중대한 결과를 초래할 수 있다. 때로는 과제목표를 달성하는 것이 부하들의 가치와 사회정체성(social identities)을 표현하는 방법이 될 때 내면화(internalization)가 발생하기도 한다.

제 3 절 조직정치의 갈등

조직의 정치는 관리자들이 그들의 권력을 증가하려는 활동이다. 그들이 권력을 소유할 때 그들의 개인적, 기능적 그리고 부서 이익을 추구할 수 있도록 의사결정에 영향을 가하기 위하여 권력을 사용한다.

많은 사람들이 조직정치를 하려는 이유 중의 하나는 승진할 지위가 부족하다는 것이다. 관리자가 승진하면 할수록 가용할 지위의 수는 점점 줄어든다. 이렇게 부족한 지위를 위하여 경쟁하고 자신의 승진기회를 증가시키기 위하여 사람들은 그들의 권력과 영향력을 사용한다. 끊임없이 부지런하지 않으면 조직정치에서 밀려나고 결국 조직의 목적을 달성하기 어려워진다.

어떻게 조직이 정치를 할 수 있는가를 이해하기 위하여 우리는 관리자들이 그들의 권력, 기능 그리고 부서의 권력을 확장하는 전략을 검토할 필요가 있다.

1. 조직의 갈등

조직은 이해관계들이 서로 다른 집단으로 구성되어 있다. 각 이해집단들은 보상을 얻기 위하여 서로 조직에 기여한다. 이들은 조직이 상품과 서비스를 생산하기 위하여 조직이 필요한 자원들을 공급하기 위하여 서로 협동을 하나 때로는 보상을 위하여 경쟁을 한다. 상품과 서비스를 생산하기 위하여 조직은 관리자와 근로자들의 기술과 능력, 주주들에 의하여 제공된 자본, 그리고 공급자에 의하여 제공된 투입들이 필요하다. 고용자, 관리자 그리고 주주들과 같이 조직의 내·외 이해 관련자들은 조직이 산출하는 재원과 보상의 할당을 위하여 경쟁을 한다.

갈등은 관리자들에게 중요한 도전이라 할지라도 조직의 갈등에 관한 연구는 조직의 다른 주제에 비하여 그리 많지 않다. 오히려 다른 분야의 주제에서 갈등문제가 깊이 조명되고 있는 실정이다.

다양한 연구들은 갈등을 잘 관리하기만 하면 조직의 의사결정을 증진시킬 수 있다고 한다. 그러나 또 다른 연구에 의하면, 비록 갈등회피가 비효과적인 의사결정을 가져온다고 하더라도, 특히 기업조직의 관리자들은 갈등을 좋아하지 않고 갈등을 회피하는 경향이 있다고 지적한다.

반면에 공공조직에서도 끊임없이 정치적 경쟁과 공공정책의 딜레마를 경험한다. 정부기관, 하위부서 및 관리자들의 자원에 대한 관심, 대통령과 입법부에 대한 관심, 그리고 영역 확장을 위하여 서로 경쟁한다. 그들은 정부프로그램에 대한 책임을 분배하며, 때로는 다른 관점과 우선순위를 가지고 경쟁한다. 옴부즈맨, 심사관, 회계사, 감독기관, 및 입법위원은 정부 관료들에게 날카로운 질문을 할 의무가 있고, 그로 인하여 행정기관의 운영에 대한 갈등을 야기시키는 경향이 있다.

조직은 성장, 변화 및 생존을 위하여 이해 당사자들 간의 협동과 경쟁을 조정해야 한다. 아래 〈그림 11-1〉에서 보듯이 각 이해관련자들은 그 자신의 목적과 이익을 가지고 있다. 그런 반면 조직의 생존이라는 공통적인 목적을 가지고 있기 때문에 서로간의 목적들이 중복될 수도 있다. 그러나 이해 관련자들의 목적과 이익들은 서로 일치하지 않으며 한 집단이 다른 집단의 이익을 희생하면서 자신들의 이익을 추구할 때 갈등은 발생한다. 조직 갈등은 한 집단의 목적지향적인 행태가 다른 집단의 목적을 좌절시키거나 장애가 될 때 발생하는 충돌을 의미한다.

조직 정치는 다른 사람의 이익을 희생하더라도 자신의 목적을 달성하기 위하여 조직의 목적 혹은 의사결정에 영향을 가하려고 시도함에 따라 결국 갈등은 발생하기 마련이다. 조직의 갈등에 대한 전문가들은 조직에서 일어나는 수많은 갈등의 유형과 형태를 지적했다. 갈등은 사람들 내, 사람들간, 집단들간 그리고 조직부서들간의 안팎에서 일어날 수 있다.

〈그림 11-1〉 조직의 이해관련자간의 협조와 경쟁

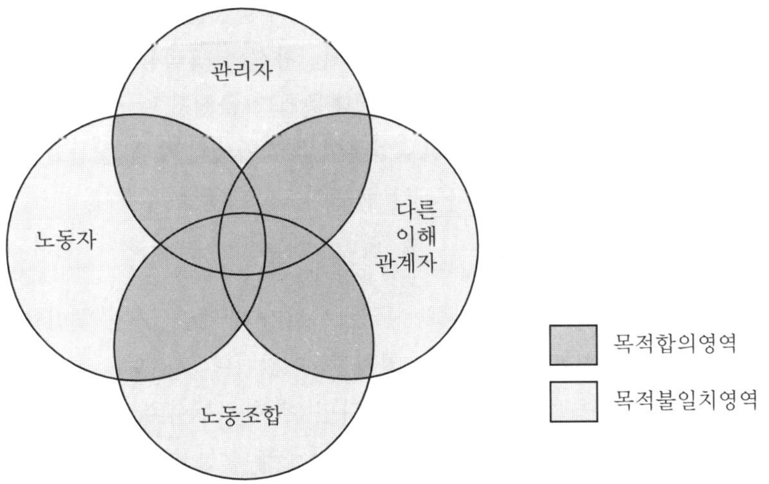

출처: Gareth R. Jones(2007), *Organizational Theory, Design, and Change*, Pearson Education, Inc., p. 394.

2. Pondy의 조직갈등

가장 잘 알려진 조직의 갈등모형은 Pondy에 의하여 발전했다.[17] 그는 갈등을 5개의 잇따른 단계를 형성하는 동태적인 과정으로 보았다(그림 11-2). 또한 그의 모델은 조직 내에 갈등을 어떻게 통제하며 관리하는지에 대한 실마리를 제공했다.[18]

제 1 단계: 잠재적 갈등(potential conflict)

Pondy의 모델의 첫 단계에서는 실질적 갈등은 없으나 잠재적 갈등이 현존한다. Pondy에 의하면, 모든 조직의 갈등은 수직적 및 수평적 분화나, 서로 다른 목적을 가진 다른 조직의 하위단위가 설립됨에 따라 조직의 목적을 가장 효율적으로 실현하는 데 서로 다른 인식을 가지고 있기 때문에 갈등이 일어난다.

조직의 하위단위들 사이에 일어날 수 있는 다섯 가지의 잠재적 갈등의 근원은 아래와 같다.

① 상호의존(interdependence)

조직들이 분화하기 때문에 각 하위부서들은 자율성을 추구하고 다른 하위부서나 혹은 조직이 달성하려고 하는 목적보다는 자신의 목적을 추구하려고 한다. 다른 하위부서들의 활동이 서로 의존하기 때문에 자율성을 추구하려 한다면 갈등은 피할 수 없을 것이다. 과제가 상호의존이 높으면 높을수록 갈등을 가져오기 쉽다.

② 목적과 우선순위의 차이(differences in goals and priority)

하위부서의 견해 차이는 각 기능 혹은 부서가 세계를 보는 방법에 영향을 미치며, 그리고 각 하위부서들이 서로 일치할 수 없거나 양립할 수 없는 다른 목적을 추구하게 한다. 목적이 양립할 수 없다면 한 하위부서의 목적이 다른 하위부서의 목적을 달성하려는 능력을 방해하기 때문에 갈등을 위한 잠재성은 일어

---

17) L. R. Pondy, "Organizational Conflict: Concept and Models," *Administrative Science Quarterly*(1967), 12, 296-320; Jennifer M. George and Gareth R. Jones, *Organizational Behavior*, pp. 660-665.

18) Gareth R. Jones(2007), *Organizational Theory, Design, and Change*, Pearson Education, Inc., pp. 396-401.

〈그림 11-2〉 Pondy의 조직갈등모형

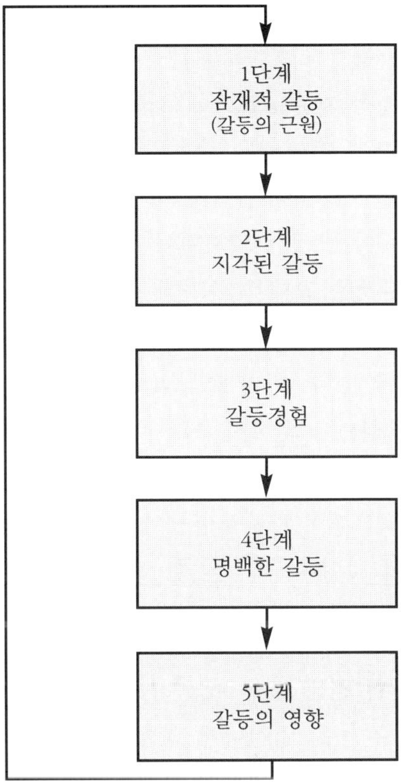

출처: Pondy, *op. cit.*, p.301

난다. 예를 들어 최고 관리자들은 의사결정과정에서 갈등을 야기할 수 있는 다른 목적을 가지고 있는 경우가 있을 수 있다.

③ **관료적 요소**(bureaucratic factors)

과제관계들에서 갈등의 잠재적인 근원이 발견될 수 있다. 갈등은 조직의 다른 집단들간에 지위의 불일치 때문에도 일어난다. 관료제 갈등의 고전적 형태는 막료와 계선기능간에 일어난다. 제조 기업에서 제조는 계선기능이고, 병원에서는 의사들이 계선기능이며, 대학에서 교수들이 계선기능이다. 막료기능은 계선기능을 지도하고 지원하고, 인사, 회계, 구매와 같은 기능을 포함한다. 대부분의 조직에서 계선기능의 사람들은 그들 자신들이 조직의 중심적인 역할을 하는 것으로 보며 막료기능을 하는 사람들을 보조기능을 하는 사람으로 간주한다면 그 결과는 갈등이다.

④ 양립할 수 없는 업적 기준(incompatible performance criteria)

조직의 하위부서들간에 발생하는 갈등은 대부분 그들의 목적이 양립할 수 없기 때문이 아니라, 다른 하위부서들을 감독, 평가 그리고 보상하는 조직의 기준이 다르기 때문에 갈등이 발생한다는 것이다. 생산부서와 판매부서들은 자주 갈등을 야기한다. 판매부서는 판매를 증가하는 목적을 가지고 생산부서에게 고객주문에 신속하게 대응하도록 주문하나, 이러한 주문은 생산부서가 제조비용을 올릴 수 있는 문제를 안고 있다. 만약 조직의 보상체제에 따라 판매량을 증가하도록 노력한 직원에게 보상한다고 하자. 당연히 판매를 많이 한 판매부서의 직원이 보상기준에 의하여 보너스를 받았다. 그러나 판매을 많이 하기 위하여 판매부서의 요구를 충족시킨 생산부서는 제조비용이 올라간 책임을 지고 벌을 가했다면 자연히 갈등이 발생할 것이다. 조직의 한 부서의 성과가 다른 부서에 영향을 미친다면, 부서들간의 협조의 결핍은 크게 갈등을 야기할 수 있다.

⑤ 부족한 자원을 위한 경쟁(competition for scarce resources)

자원이 풍부하다면 갈등은 일어나지 않을 수 있다. 그러나 자원이 부족한 경우에 부서들은 자신들의 할당을 위하여 경쟁을 한다. 일반적으로 기능적 수준에서 항상 갈등이 일어나는데 주로 조직의 목적을 달성하기 위하여 판매, 제조, 혹은 R&D에 재원을 어느 정도 분배하느냐에 따라 갈등이 발생한다.

제 2 단계: 지각된 갈등(perceived conflict)

두 번째 단계인 지각된 갈등은 한 부서 단위 혹은 이해관련집단이 자신들의 목적이 다른 집단의 행위에 의하여 좌절되었다는 것을 지각할 때 시작한다. 이 단계에서 각 하위부서는 왜 갈등이 일어나는지를 분석하고 그 사건을 분석한다. 각 집단은 갈등의 근본적 원인을 찾고 그리고 그 문제를 설명할 수 있는 시나리오를 작성한다.

제 3 단계: 갈등 경험(felt conflict)

갈등을 경험하는 동안 하위부서들은 서로에 대해 부정적인 감정이 발전한다. 갈등이 확산되는 동안 하위부서들은 서로 협조하지 않으며, 자연히 조직의 업적은 떨어지게 된다. 이러한 상황에서 새로운 개혁은 일어나기 어렵다. 집단들이 싸우고 서로 다른 관점을 가지고 논쟁을 벌임에 따라 불협화음이 확산되어 결국 폭발하게 된다. 조직은 효과성의 손실을 막기 위하여 갈등이 확산되는 것을 막아야 한다. 일반적으로 개인들과 집단들은 갈등을 다루기 위하여 다섯 가지의 기본적인 방법인 타협, 협력, 수용, 회피, 경쟁을 사용한다.

제 4 단계: 명백한 갈등(manifest conflict)

Pondy 모델의 명백한 갈등단계에서 한 하위부서는 다른 하위부서의 목적을 좌절시킴으로써 보복한다. 명백한 갈등은 여러 가지의 형태를 가지고 있다. 사람과 집단들 사이의 공개적인 공격은 흔히 있는 일이다. 최고 관리팀의 내부 투쟁은 관리자들이 다른 사람을 희생시키면서 그들 자신들의 경력을 증진시키려 함에 따라 일어나곤 한다. 예를 들어, Lee Iacocca가 Ford자동차 회사에 있을 때, 그리고 Henry Ford II가 GM의 수장을 Ford의 CEO로 데려오기로 결정하였다. 그 당시 Iacocca는 그 자신이 최고의 자리로 승진하기 위하여 새로 영입할 CEO의 몰락을 교묘하게 꾸몄다. 결국 Iacocca는 그 싸움에서 패배하고 Henry Ford는 Iacocca가 그의 권력을 장악할 것을 두려워하여 그를 축출했다. 이와 같이 그들은 서로 괴롭히며 다른 쪽의 목적달성을 방해한다. 명백한 갈등은 여러 형태를 갖는다. 개인과 집단간에 공개적인 공격과 심지어는 폭력을 행사한다. 조직의 기관장들은 명백한 갈등이 조직의 목적을 달성하는 데 역기능이 되지 않도록 막아야 한다. 만약 이 단계에서 일어날 수 있는 의사소통과 협조의 좌절을 막지 못한다면 갈등은 마지막 단계인 갈등의 결과로 이끈다.

제 5 단계: 갈등 영향(conflict aftermath)

조만간 조직의 갈등은 어떤 방법이든지 해결된다. 어떤 사람이 해고될 수도 있고, 부서를 다시 구성할 수도 있으며, 조직이 재조직화되기도 한다. 주로 고위 관리자의 결정에 의하여 해결되는 경우가 많다. 만약 갈등의 근원이 해결되지 않는다면 갈등을 야기했던 문제들이 다른 형태로 다시 일어난다. 갈등이 다시 나타날 때 일어나는 것은 그 갈등이 처음에 어떻게 해결되었느냐에 달려 있다.

모든 갈등사건은 양방이 지각하고 그리고 미래 사건에 반응하는 방법에 영향을 미치는 갈등영향을 가지고 있다. 만약 갈등이 명백한 갈등 단계로 접어들기 전에 해결된다면 그 갈등은 좋은 미래 관계를 낳을 수 있다. 그러나 갈등이 마지막 단계까지 해결되지 않는다면, 그 갈등 영향은 미래 업무관계를 꽤 까다롭게 할 것이며, 이들의 조직문화는 오랫동안 비협조적인 관계로 악화될 것이다. 가능한 한 갈등의 소지가 되는 것을 뒤로하고 협조적인 관계를 찾는 것이 우리의 과제다.

3. 갈등의 효과

갈등의 주요한 원인은 개인의 특성을 포함한다. 즉 성격, 가치, 목적, 의사전달의 왜곡, 권력의 불균형, 복잡하고 모호한 문제 등과 같은 요인들이 갈등을 발생시킨다. 갈등은 다국적 및 다문화적 상황에서 쉽게 일어난다. 언어, 규범, 개인 스타일, 다른 문화적 특성 등은 효과적인 의사소통을 방해하며 이로 인해 갈등의 상태를 만들어 낸다. 문화 이해는 역기능적인 갈등을 축소하는 중요한 방법이다.

조직의 업적에 영향을 미치는 갈등에 대해 많은 관심이 쏠리고 있다. 전통이론에서 학자들은 갈등이 조직의 업적달성을 저해한다고 생각하였기 때문에 조직에서의 갈등은 역기능을 지닌다고 주장하였다. 또한 그것은 조직구조를 잘못 설계하였기 때문에 발생한다고 믿었다.

1) 현대적 의미에서의 갈등

현대적 의미에서 갈등을 보는 관점은 전통이론의 학자들이 보는 것과는 다르다. 즉 갈등은 피할 수 없다고 하더라도 잘 관리만 한다면 조직의 업적을 증진시킬 수 있다고 본다. 어떤 갈등은 조직의 혁신, 창의성 및 적응을 장려한다. 갈등은 더 높은 업무의 열정과 더 나은 결정을 가져온다. 때때로 어떤 갈등은 불일치와 장기적인 문제를 해결할 새로운 접근법을 탐색하게 한다. 갈등하는 집단들은 제한된 자원을 효과적으로 활용하기 위하여 동맹관계를 가질 수 있다. 또한 갈등은 감소된 생산성, 사기저하, 불만의 쌓임 및 증가하는 긴장과 스트레스와 같은 역기능적인 결과를 초래한다.

갈등이 순기능적인지 아니면 역기능적인지는 몇 개의 요소에 기인된다.[19]

(1) 사회문화적 맥락: 사회문화적 배경은 갈등해결의 가능성을 감소시키고, 또한 뿌리 깊은 장애가 될 수 있다.

(2) 문제의 성격: 장기적이고 매우 복잡한 문제는 갈등을 해결하는 데 역기능적인 결과의 원인이 될 수 있다.

(3) 인식의 틀: 협조적인 태도를 가진 사람은 경쟁적인 태도를 가진 사람보다 갈등을 해결하기 위한 순기능적인 효과를 가져오기 쉽다.

(4) 갈등집단의 특징: 집단의 지식, 경험 및 개인적인 스타일은 갈등의 결과에 영향을 주기 쉽다.

(5) 잘못된 판단과 잘못된 개념: 잘못된 지각 때문에 집단들이 수집한 부정확한 정보에 의하여 행동하게 되어 갈등을 과장하든지 혹은 새로운 불일치를 조장한다.

업무집단의 갈등은 갈등의 형태, 과제의 성격, 과제의 상호의존, 집단규범에 따라 순기능적이 되거나 역기능이 될 수 있다. 예를 들어 일상적인 업무를 수행하는 데 발생하는 집단의 불일치는 집단의 기능을 방해할 수 있다. 그러나 비일상적인 업무를 수행하는 집단에서의 불일치는 항상 나쁜 것은 아니며 때로는 조직에 도움이 될 수 있다. 효과적인 관리자는 순기능적 갈등을 조장하는 방법과 역기능적인 갈등을 처리하는 방법을 배워야 한다.

2) 조직업적에 미치는 갈등의 효과

〈그림 11-3〉에서 보듯이 처음에 갈등은 조직의 업적을 향상시킨다. 그러나 갈등의 증가는 업적의 하강을 초래한다.[20] 갈등은 통제의 한계를 벗어나고 조직은 경쟁하는 이익집단들에 의하여 분리된다. 과도한 갈등은 스트레스, 좌절, 불만족, 높은 이직률, 결근 그리고 근로자들 가운데 낮은 성과를 유인할 수 있다. 잘못 관리할 때, 갈등은 쉽게 확산될 수 있기 때문에 조직을 해칠 수 있다. 갈등

19) Judith R. Gordon, *Organizational Behavior: Diagnostic Approach*, Pearson Education, Inc., Upper Saddle River, New Jersey, 07458(2002), p. 304.

20) Jennifer M. George and Gareth R. Jones, *Understanding and Managing Organizational Behavior*, 2nd ed.(1999), Addison-Wesley Publishing Company, Inc. pp. 657-658.

〈그림 11-3〉 조직의 성과에 대한 갈등의 효과

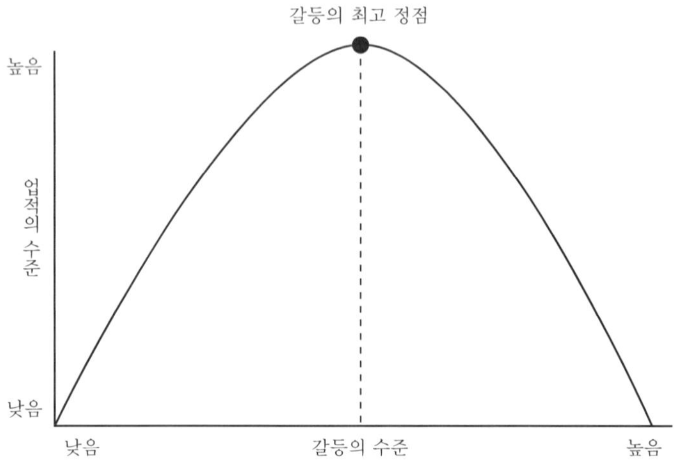

출처: George and Jones, *op. cit.*, p. 658; Jones, *op. cit.*, p. 394.

이 더 악화되기도 하고, 의사소통의 장애를 가져오기도 한다. 관리자의 중요한 임무는 갈등이 조직의 업적을 증가시키도록 장려하는 반면 갈등이 통제의 한계를 넘지 않게 하는 것이다. 예를 들면 정보를 보내거나 받는 데도 편견이 작용될 수 있고, 상대방의 중립적인 의사를 부정적이거나 공격적인 것으로 해석하여 의사소통을 줄이기도 하고, 우리와 그들간에 편을 가르고, 승자와 패자의 관계를 지각하게 한다. 골이 깊은 갈등은 조직을 병들게 할 수 있고 정신적으로 혼란스러운 행동을 하게 되어 비이상적이고 파괴적인 행위를 하게 된다.

4. 조직갈등의 근원

갈등의 모든 타입들은 조직 혹은 조직 하위단위의 문화, 가치, 목적, 구조, 과제와 기능, 권위와 리더십 과정, 환경의 압력, 인구통계 그리고 조직 및 집단 구성원들의 개인적인 성격에 의하여 원인이 되거나 악화되기도 한다.

관료제의 역기능을 강조하였던 사회학자들은 지나친 규칙에 집착과 지나친 할거주의, 관료제가 몰두하는 업무 및 책임의 전문화는 실질적으로 부서들 사이에 갈등을 유발한다고 보았다. 사람 혹은 집단 사이에 권력, 지위, 보상, 자원의 차이는 갈등의 원인이 될 수 있다.

개인 및 집단간에 발생하는 갈등의 원인은 다양하다. 주로 개인 혹은 집단간에 일어나는 갈등의 원천은 차이, 과제관계 및 자원의 결핍에서 발생한다.[21)]

1) 차이(Differentiation)

(1) 기능적 오리엔테이션의 차이(Difference in Functional Orientations)

다른 기능들은 서로 조직의 주요한 우선순위에 대한 다른 오리엔테이션을 발전시킨다. 조직의 업적을 달성하기 위하여 무엇이 필요한가에 대한 그들의 관점은 과제가 다르면 달라진다. 생산부서는 단기적이고 비용과 관련된 능률성을 고려한다. 연구부서는 비교적 장기적이고 기술에 관련된 목적에 관심을 가지고 있으며, 판매직은 소비자를 만족시키는 데 관심을 갖는다.

이와 같이 문제에 대한 해결책을 고려하면 생산직은 비용을 절감, 연구직은 생산의 혁신, 그리고 판매직은 판매의 증가와 같이 달라진다. 이러한 차이는 결국 집단의 응집력과 기능적인 통합을 이룰 수 없는 갈등을 초래하여 조직의 성과를 저해한다.

(2) 지위의 불일치(Status Inconsistencies)

지위가 다르므로 인하여 사고의 불일치가 자주 발생하여 갈등의 근원이 되는 경우가 많다. 상위계층에 있는 사람들은 중간계층의 사람들과 가치관이나 보는 시야가 다르며 하위계층의 사람들도 담당하는 업무의 특성에 따라 다른 가치관이 형성된다. 이들 지위의 불일치는 아주 자연스러운 현상이라고 볼 수 있다. 조직을 운영하면서 다른 조직의 기능과 부서보다 그들 자신의 기능과 부서가 더 중요하다고 생각한다.

2) 과제관계(Task Relationships)

과제관계는 조직의 과제가 서로 연관되어 있고 서로 영향을 주기 때문에 사람과 집단들 사이에 갈등을 발생케 한다. 서로 중복되는 권위, 과제의 상호의존

---

21) Lou R. Pondy, "Organizational Conflict: Concept and Models," *Administrative Science and Quarterly*(1967), 2. pp. 296 320; R. E. Walton and J. M. Duton, "The Management of Interdepartmental Conflict: A Model and Review," *Administrative Science Quarterly*(1969), 14, pp. 62-73.

성, 서로 양립할 수 없는 평가체제는 기능과 집단 사이에 갈등을 자극한다.

(1) 권한의 중복(Overlapping Authority)

만약 두 개의 다른 기능 혹은 부서들이 같은 과제에 대하여 자신들의 권한을 서로 주장한다면 갈등은 자연히 발생하게 된다. 그러한 혼란은 성장하는 조직이 집단간에 업무관계를 충분히 정의하지 못하였을 때 자주 발생한다. 그 결과 기능과 부서들은 자원의 통제를 위하여 서로 싸움을 하게 된다. 개인적인 수준에서 관리자들은 특히 한 관리자가 다른 관리자의 권한과 자원을 점유하려고 할 때 권한의 한계를 놓고 갈등을 빚게 된다. Martin Landau가 주장한 가외성(redundancy)은 권한의 중복으로 갈등을 일으키지만 갈등 가운데에서 어느 누가 독점하지 않게 되면서 결국 더 나은 서비스를 국민들에게 제공할 수 있다고 주장하고 있어 이러한 중복을 반드시 부정적인 시각으로만 볼 필요는 없다는 것이다.

(2) 과제의 상호의존성(Task Interdependence)

상품과 서비스의 발전과 생산은 한 기능에서 다른 기능으로 작업의 흐름에 의존한다. 각 기능은 다른 기능에 공헌한다. 만약 한 기능이 제대로 수행되지 못할 경우, 잇따른 다음 기능의 업적달성은 영향을 받게 된다. 그 결과 갈등이 발생할 가능성이 많다.

(3) 양립할 수 없는 평가체제(Incompatible Evaluation System)

어떤 기능은 보상하고 다른 기능은 보상하지 않는 불평등한 평가체제는 갈등을 야기한다. 기능들 사이의 과제관계가 복잡할수록 업적달성에 기여한 각 기능을 평가한 후 적절히 보상하는 일은 갈등의 가능성을 증가시킬 만큼 더 어려울 것이다.

3) 자원의 결핍

부족한 자원은 갈등을 야기하기 쉽다. 자원 할당에 대한 갈등은 부서간 혹은 부서들과 중앙 관리본부 사이에 일어난다. 당연히 근로자들은 그들의 봉급과 수당이 늘어나길 기대한다. 관리자들은 부족한 자원을 위하여 경쟁하게 되고 누가 더 많은 할당을 받는가에 따라 분쟁이 발생한다. 각 행정부서들은 서로 더 많은 예산을 확보하기 위하여 마찰을 일으킨다. 그러나 서로 적정선에서 타협을 할 수밖에 없기 때문에 Simon의 만족모형이 정부조직에서 많이 활용되고 있다.

5. 갈등의 수준

갈등을 효과적으로 관리하기 위하여 갈등이 어디에서 일어나고 있는지 파악하여야 한다. 갈등은 개인, 집단 및 조직의 수준에서 발생한다.

1) 개인수준의 역할갈등

개인간의 갈등은 두 사람이 문제, 행동 혹은 목적 및 중요성에 대하여 서로 동의하지 않는 상태에서 일어난다. 개인간의 갈등은 사람들의 지위, 지각 및 오리엔테이션의 차이에서 발생하는 경우가 많다.

역할을 갖게 되는 사람들은 관련된 역할로 인해 다른 사람과 상호작용을 하게 된다. 이로 인해 서로간의 역할의 기대가 명확하지 않아 갈등을 초래한다.

그 외에도 역할 갈등의 네 가지 형태가 있다. 첫째, 서로 반대되는 역할을 역할 담당자에게 부여하여 갈등을 초래하는 것이다. 둘째, 역할을 담당하고 있는 사람에 대한 다른 사람들의 다른 기대가 역시 갈등을 초래한다. 셋째, 한 사람이 가지고 있는 역할들간에도 갈등을 초래하는 경우도 있다. 예를 들어 병든 어린아이를 위하여 어머니가 집에서 아이를 돌볼 것인가 아니면 직장에서 업무를 수행할 것인가 망설이는 경우이다. 마지막으로 역할을 담당하는 사람에게 기대되는 활동이 자신의 가치관 및 도덕성에 위배되는 경우를 들 수 있다.

2) 집단수준의 갈등

집단간에도 갈등을 경험할 수 있다. 정부 부처들간의 갈등, 노사간의 갈등, 환자와 병원 당국간의 갈등, 생산부서와 연구부서간의 갈등 등을 예로 들 수 있다. 집단간의 갈등은 자원의 결핍을 위한 경쟁, 경쟁적인 목적 및 문화의 차이에서도 발생한다. 권력의 차이나 또는 집단의 고유한 독창성을 유지하려는 시도는 집단간의 갈등을 초래할 수도 있다.

3) 조직수준의 갈등

조직 내의 갈등(intraorganizational conflict)은 전반적인 조직의 기능을 흔드는 갈등을 의미한다. 조직의 갈등은 부서간 또는 내부 그리고 개인 근로자들간과 같은 조직의 부서 내에서 광범위한 갈등이 존재할 때 발생한다. 수직적 갈등은 조직의 계층상에서 벌어지는 갈등이며, 수평적 갈등은 근로자들 사이 혹은 부서간에서 일어나는 갈등이고, 사선적(diagonal) 갈등은 조직이 지니고 있는 자원의 결핍 때문에 발생한다.

제4절 갈등관리기법

관리자의 중요한 책임 가운데 하나는 갈등하고 있는 집단들이 복종하게 하고, 기능 및 부서들의 반목을 해결하고 협조하게 하는 것을 도와주는 것이다. 실제로 관리자의 많은 시간은 갈등을 해결하는 데 사용된다. 많은 갈등관리기법들은 경쟁의 역기능적인 결과보다는 오히려 기능간의 협조적인 결과를 초래하는 방법으로 갈등을 다루는 것이다. 어떠한 기법은 갈등을 겪고 있는 개인들의 태도와 행태의 변화를 가져오는 것이다. 또 다른 기법은 사람 혹은 집단들 가운데 말썽을 일으키는 과제관계의 변화를 가져오는 것이다. 이외에도 조직이 구조를 변경하고 갈등의 원인을 제거하는 기법이 있다.

1. 개인수준의 갈등관리

개인수준의 기법은 갈등에 개입한 사람들의 태도와 행태를 변화하기 위하여 설계한 기법에 의해서 갈등을 해결한다. 만약 갈등이 성격 차이에서 발생하는 충돌이거나 갈등하고 있는 집단들이 단순히 서로의 관점을 이해하지 못해 발생하였다면, 조직은 충고 및 상담과 같은 외부의 도움으로 갈등에 개입한 사람들을 도울 수 있을 것이다. 예를 들어 젊은 관리자가 나이 많은 사람들과 경험이 많은 근로자를 관리할 때 갈등이 발생하거나, 여성관리자가 남성집단을 관리하는 경우와 같이 집단의 다양성 때문에 갈등이 발생하는 것이라면, 조직은 근로자들을 대상으로 그들의 태도차이를 인식할 수 있도록 교육과 훈련을 통하여 갈등을 성공적으로 해결할 수 있다. 만약 갈등이 2명 내지 3명의 조직구성원들의 양보 없는 논쟁이고 교육과 훈련의 도움으로 갈등을 해결할 수 없다면, 다른 해결책은 이 구성원들을 다른 부서로 이동하는 것이다. 관리자는 그들이 다른 관점을 배울 수 있도록 새로운 보직으로도 전직시킬 수 있다. 순환보직 혹은 새로운 부서 배치는 논쟁하는 문제에 대한 새로운 관점을 발전시키는 데 도움이 된다.

● **사람들은 역시 갈등을 해결하기 위하여 다섯 가지 행태들을 사용할 수 있다:**[22)]

1) 경쟁: 경쟁방법을 사용하는 사람들은 그들 자신의 관심을 만족시키려 한다. 그들은 다른 집단의 관심을 만족시키는 데는 최소한의 관심이라도 가지고 있지 않다.

2) 협력: 협력은 양 집단을 최대한으로 만족시키는 목적을 가지고 문제해결하는 것을 강조한다. 성공적인 협력은 신뢰와 정직을 보여주어 태도와 감정을 솔직하게 표현하여 장려하면서 갈등을 해결한다.

3) 타협: 타협은 독단과 협조라는 연속선상에서 중간 행태를 나타낸다. 그것은 서로의 입장을 공유하는 것을 의미한다. 그러나 독단과 협력의 극단적인 방향으로 가지는 않는다. 역시 양쪽을 최대한으로 만족시키려 하지 않는다.

4) 회피: 개인 혹은 집단은 갈등상황을 피하고 그들 자신은 물론 다른 집단의 이익도 만족시키지 않는다. 이 형태는 개인 및 집단이 사소하거나 거의 관심이 없는 문제에 직면할 때 혹은 그들 개인의 이익을 만족시킬 수 있는 기회가 거의 없을 때 가장 잘 적용될 수 있다. 회피는 갈등해결이 상당한 와해를 초래하기 쉽거나 다른 사람들이 갈등을 더 효과적으로 해결할 수 있을 때 적용한다.

5) 수용: 수용하는 개인 혹은 집단은 다른 사람의 이익을 만족시키려고 기꺼이 협조하는 태도를 나타낸다. 동시에 그들 자신의 욕구를 실현시키는 데는 거의 독단적으로 행동하지 않는다.

한편 Yate도 갈등을 관리하기 위하여 전략과 전술을 발전하기 위한 기법을 제안하였다. 그는 갈등하는 집단들 사이에 적의의 감정이 확대되는 것을 피하기 위하여 온화한 언어를 사용하고, 예의 바르며 상호존중하는 자세로 행동하면서, 경쟁적인 토론을 권장하는 방법을 기술하였다. 그는 상호간의 문제를 찾아내고,

22) Judith R. Gordon, *Organizational Behavior: diagnostic Approach*, Pearson Education, Inc., Upper Saddle River, New Jersey, 07458(2002), pp. 305-306(재인용).

승자 및 패자 상황, 장기적인 적개심을 피하는 접근법들을 제안하였다.

2. 집단수준의 갈등관리

집단수준기법은 갈등하고 있는 집단 혹은 부서의 태도와 행태를 변화하는 것이다. 관리자들은 물리적으로 업무집단을 분리할 수 있으며, 그들이 직접적으로 접촉할 기회를 줄여줌으로써 갈등을 야기할 수 있는 잠재력을 제거한다. 때때로 관리자들은 집단의 활동을 조정하기 위하여 규칙과 표준운영절차를 발전시킬 수 있다. 또한 목적을 동시에 달성할 수 있도록 공통적인 목적을 주어서 갈등을 해결할 수도 있다.

집단들 사이에 직접적인 갈등을 피하는 방법은 문제에 대한 일시적 해결인 경우가 있다. 만약 갈등을 근본적으로 해결하지 않는다면 갈등이 진정으로 해결된 것이 아니다. 조직이 추구하는 전략은 개인적인 갈등관리기법, 즉 해고, 전직, 보충하는 것이다. 그러나 집단갈등을 해결하는 전략은 서로 공동의 해결방안을 모색하는 것이다. 갈등하는 집단들이 그들의 차이를 좁히기 위하여 서로 제안하거나 양보하면서 협상을 벌이는 과정이다. 이 과정에서 협상과 흥정을 다루는 기술을 가진 제3의 협상자가 개입할 수 있다. 만약 제3자인 중재자가 객관적인 자세를 갖는다면 그들의 차이를 해결하는 데 유리하다. 만약 갈등하는 집단들이 해결방안을 찾지 못한다면 제3자는 중재자로서 행동하여 그 상황을 판단하며 해결방안을 적용할 수 있다.

가장 자주 발생하는 협상과 흥정의 하나는 노·사 사이에서 발생한다. 가령 경제가 불경기인 때에 노사간의 협상이 벌어졌다면 사측은 노측을 빈손으로 돌려보낼 정도로 협상에서 유리하다. 그러나 다음 해에 경제가 회복된 다음 유사한 협상이 벌어졌다면 노측은 지난 해 갖지 못한 것을 다 얻을 수 있는 유리한 협상을 이끌 것이다. 두 집단이 계속적으로 협상을 할 때 그들은 조직의 생존을 위하여 공통의 목적을 강조하고 차이를 줄여나가는 것이 필요하다.

3. 조직수준의 갈등관리

1) 구조 혹은 문화 수정

조직수준의 갈등은 진행하고 있는 갈등을 해결하고 갈등의 재발을 막기 위하여 조직의 구조 혹은 문화를 수정하는 것을 의미한다. 과제 및 보고관계를 명확히 하는 좋은 조직의 설계는 최전방에서 일어나는 잠재적 갈등을 감소시킬 수 있다. 갈등을 줄여나가기 위하여 조직의 구조 및 문화를 변경할 수 있는 다양한 방법이 있다. 예를 들어 관리자들은 조직 내의 차이나 통합의 수준을 변경시킬 수 있다. 더 복잡한 여러 가지 통합수단을 사용하여 기능 혹은 부서 사이의 통합수준을 증가시킬 수 있다. 행렬구조는 사람들 사이에 격렬한 상호작용을 제공함으로써 역시 갈등을 해결하는 데 도움을 줄 수도 있다. 비록 행렬구조가 갈등을 어느 정도 감소시킬 수 있으나, 역할의 모호성 때문에 일어나는 갈등은 주의깊게 다루어져야 할 정도로 잠재적 갈등의 근원을 가지고 있다. 조직의 문화는 갈등을 감소시키는 역할을 할 수 있다. 만약 강한 조직의 가치나 규범이 존재한다면 다른 부서의 사람들도 조직의 비전을 서로 공유할 수 있다. 공통적인 비전은 갈등을 줄이고 갈등이 발생하였을 때 해결하기 더 수월하게 할 수 있다. 조직들은 이러한 갈등관리전략을 사용하여 갈등을 줄인다. 갈등은 이익, 태도 및 경쟁의 차이 때문에 결코 없어질 수 없으며 조직의 운영에 도움을 주기도 한다.

2) 공식적 불만 해소 절차

근로자들은 그들 자신이 적절하게 대접을 받지 못하였다고 믿거나 그들의 권리가 무시되었다고 생각할 때, 그러한 불만을 해결하기 위한 절차로서 공식과정을 활용할 수 있다. 공식적인 불만해소절차는 관리자가 근로자의 불만을 해결하는 데 도움이 된다. 그것은 근로자의 계약조건을 명확히 할 수 있고 불만을 청취하며 해결하는 구조를 설립한다. 노동조합의 상황을 예로 들자면 성난 근로자는 불만을 구두로 일선 감독자와 노동조합의 간부에게 보고한다. 만약 해결이 되지 않은 경우, 해결이 될 때까지 절차에 따라 순서를 따라가면서 상위직으로 진행한다.

3) 중재 및 조정

중재를 위한 중립적인 집단은 서로 갈등하는 집단들을 갈등하게 만드는 문제들을 해결하도록 노력한다. 중재자는 절차적인 제안을 하고 의사소통의 통로를 열면서 합의에 이르는 데 초점을 둔다. 좋은 중재자는 각 집단의 진정한 의도를 결정하게 하여 그들을 서로 교환하게 한다. 중재자와는 달리 조정자는 분쟁의 판사로서 역할을 한다. 조정은 공식적인 재판절차와 유사하나 법정에서 하지 않는 준입법적인 절차이다. 중재할 때 각 집단은 분쟁에 대한 자신들의 입장을 조정자에게 제출한다. 그런 후 상황을 판단하고 각 문제에 대한 처리를 결정한다.

4. 조직 내의 집단들

리더들은 공식적 혹은 특수한 과제의 달성을 위하여 공식적인 규정에 의하여 집단을 형성한다. 집단이 형성됨에 따라 집단규범과 가치가 발전하기 시작한다. 어떤 집단은 전적으로 자발적으로 형성되며, 구성원들은 기여 혹은 철회할지를 결정하며, 협조할지 혹은 갈등관계를 유지할지를 결정한다. 심리학자들은 사람들은 본래 서로 집단을 형성하려는 충동을 가지고 있다고 한다. 또는 사람들이 어떻게 하는지 그리고 무엇을 해야 되는지에 대한 정확한 정보를 가지고 있지 못하여 다른 사람들에게 의존하는 경향이 있다고 심리학자들은 지적한다. 집단은 이러한 관점에서 강한 영향력을 가진다. 집단은 개인보다 이로운 점을 가지고 있다. 왜냐하면 더 많은 재능, 아이디어, 새로운 관점들과 다른 자원들을 집단이 가지고 있을 가능성이 많기 때문이다.

집단은 집단 내에 있는 사람들과 다른 사람들을 순응하게 하기 위하여 강한 압력을 행사하는 반면, 서로 공유하고 의사소통하는 면도 보여주고 있다. 특히 많은 학자들은 집단의 응집력과 몰입이 집단 내의 태도와 규범을 강요할 수 있고 아울러 동의의 방향을 유도하면서 집단의 성과와 생산성을 증가하거나 혹은 감소시킬 수 있다고 보았다. 역시 응집력 있는 집단은 다른 집단과 갈등을 가져올 수 있고 집단들은 서로 상대방에게 해로운 방향으로 서로를 감시한다.

Maier는 문제를 풀기 위하여 집단을 사용하는 데 찬반 양론의 목록을 제공하였다. 집단은 지식, 정보, 접근법 그리고 대안들을 더 많이 제공할 수 있다. 집단에 더 많은 사람이 참여하게 함으로써 의사결정에 대한 조직구성원들의 이해와 수용을 증가시킨다. 구성원들은 집단이 결정한 것에 더 나은 설득력을 가지고 있다. 그리고 그들은 이 정보를 다른 부서에 있는 다른 사람이나 그들이 속한 집단에게 전달할 수 있다.

5. 집단사고(Groupthink)

Janis는 응집성이 높은 집단에서 동조과잉에 의한 집단사고현상이 초래할 수 있는 일련의 현상들을 인과적으로 제시하고 있다.

이미 다른 장에서 집단사고에 대한 간단한 설명은 하였으나 체계적으로 이해하기 위하여 이 장에서 집단사고의 증상에 대한 설명이 불가피하다고 생각한다.

1) 집단사고에서 발생할 수 있는 증상은 다음과 같다:[23]

(1) 집단에 대한 과대평가의 형태로 나타나는 증상

① 어떠한 일이 있더라도 자신들은 문제가 없다는 착각

② 도덕적 우월성에 대한 믿음

(2) 폐쇄적인 마음의 형태로 나타나는 증상

③ 집단의 합리화

④ 적대집단에 대한 고정관념

(3) 자율규제 혹은 견책

⑤ 훗날 자신에 대한 공격이 두려워 반대 의견이 있더라도 스스로 조심하여 말하지 않는 자율규제

(4) 만장일치에 대한 압력으로 나타나는 증상

⑥ 만장일치의 원칙 때문에 서로의 다른 주장을 타협하기 위하여 결정이 아주 완화되든지 혹은 원래 의도하였던 방향이 아닌 결정이 만들어질 위험

(5) 위원회가 이미 가지ㄱ 있는 편견

⑦ 위원회가 가지고 있는 규범의 압력 때문에 이 규범과 다른 의견을 제안

23) Janis, *op. cit.*, pp. 174-175.

할 수 없는 데에서 발생하는 위험

(6) 위원회의 결정과 다른 의견을 차단

⑧ 위원회의 주장을 관철하기 위한 심리적 및 물리적 방어(차단). 예를 들어 미국에 피난온 쿠바의 의용군들이 쿠바를 침공하겠다는 위원회의 결정을 반대하는 정치인이나 학자들이 케네디 대통령과 접촉하는 것을 차단하는 것을 의미함(Pig만 사건)

2) Janis는 집단사고의 징후가 나타남으로써 초래되는 의사결정의 특징에 대해서도 언급하였으며 그 특징들은 다음과 같다:[24]

(1) 대안의 불완전한 조사

(2) 목표의 불완전한 조사

(3) 선호하는 대안이 가져올 위험성에 대한 검토의 실패

(4) 애초에 기각된 대안의 재검토에 대한 실패

(5) 정보탐색의 불충분

(6) 편견에 따른 정보처리

(7) 상황에 적응하는 대안수립의 실패

위의 상황을 검토하여 볼 때 일반적으로 응집력이 강하고 권위적인 지도자가 있으며, 대안을 검토하는 절차가 마련되어 있지 않은 특징들이 엿보인다. 지나치게 만장일치에 치중하다 보면 위원간에 서로 타협을 하다가 원래의 취지나 목적과 다른 대안이 제시될 가능성이 있다. 이러한 폐단을 막기 위하여 Delphi 기법을 활용하는 경우가 종종 있다.

3) Janis는 아울러 집단들의 Groupthink를 피하기 위하여 리더가 택할 수 있는 다양한 단계를 설명한다:[25]

(1) 집단구성원들이 주요한 평가자 그리고 공정한 의사결정자로서 행동하도록 격려하라.

---

24) Ibid., p. 175.

25) Janis, *op. cit.*, pp. 260-276; 정정길 외, *op. cit.*, pp. 559-562(참조).

(2) 당신 자신의 행동에 대한 비판을 수용하라.

(3) 토론에 참여할 외부의 전문가를 초청하라.

(4) 집단구성원들에게 집단 외부에 있는 사람과 문제들을 토론할 것을 요구하라.

(5) 둘 혹은 그 이상의 집단들에게 그 문제를 서로 따로 연구하도록 하라.

(6) 중요한 문제일 경우 집단을 두 개로 나누어서 작업하도록 하라.

(7) 집단의 결정에 위협이 되거나 혹은 집단에 가능한 약점이 되는 모든 부분을 검토하기 위하여 별도의 시간을 마련하라.

(8) 외부인사에게 집단의 결정사항을 제시하고 이를 반박하게 한다.

(9) 구성원들에게 집단의 결정과정을 믿을 만한 사람들과 이야기하도록 하고 그들의 반응을 알려주도록 격려한다.

6. 갈등관리의 연구와 정부의 갈등요인

1) 갈등관리

① 최근까지 갈등의 확산을 막기 위하여 적의와 공격성 표현을 억제하는 많은 방법들이 연구되었다. 예를 들어 다양한 리더십 이론들, 즉 상황조건적합이론(LPC contingency theory), 경로-목표(path-goal)이론, 리더십 대체이론(leadership substitute theory), 다중상황모형(The multiple-linkage model), 규범적 결정이론(normative decision model) 등이다.

집단이론가들은 집단을 관리하는 수많은 관리처방을 제안하고 있다. 이러한 처방 가운데 Groupthink 문제를 피하는 방법을 예로 들 수 있다.

② French와 Raven이 제시한 권력의 타입, 즉 보상, 강제성, 전문성, 관계 혹은 대상, 합법적 권력들은 리더들이 집단을 효과적으로 관리하는 데 사용할 수 있는 동기부여의 종류이다.

③ 많은 집단이론가들은 리더십 이론보다 인간관계론과 깊은 관련을 가지고 있다. 인간관계론의 강조는 집단이론과 조직발전 분야간의 밀접한 관계로부터 발생하였다. 어떤 집단기법은 조직발전(organization development: OD)에서 말하는 작업집단의 효과성, 의사소통, 갈등해결을 위하여 team building과 T-group 절차들을 발전시켰다. OD 상담자들은 다른 집단간의 의사소통을 향상시키고 갈

등을 해결하는 다양한 기법을 사용하였다.

④ OD와는 관련이 없지만 다양한 기법들이 조직이론에는 풍부하다. 예를 들면 일본에서 Quality Circles의 성공은 미국과 다른 나라에서도 널리 사용하는 계기가 되었다. Quality Circles는 작업집단 혹은 조직의 단위부서들의 구성원들이 어떻게 하면 자기 부서의 생산품의 질을 향상시키는가에 집중하는 회의를 갖는다. 역시 다른 조직들은 Task Forces, Venture Groups, 정책위원, 집단의 능력을 향상시키기 위한 다른 집단접근방법들을 사용하기도 한다. 또한 Nominal Group Technique, Brainstorming, the Delphi 기법과 같은 의사결정방법은 집단 내 혹은 집단간의 의사소통을 증진하고 잠재적 갈등의 해결을 촉진한다.

2) 정부의 불가피한 갈등현상

(1) 상충되는 목적추구

다원론 사회에서는 이익집단들, 의회의 상임위원회 위원장 혹은 위원들 그리고 행정부서의 관료들이 서로 동맹관계를 형성하여 많은 정책결정에 영향력을 행사한다. 이를 삼두마차(Iron Triangle) 혹은 하위정부(Subgovernment)라고 부른다. 특히 이러한 동맹관계들은 서로의 이익을 보호하고 방어하기 위하여 최선의 노력을 기울인다. 학자들이 미국을 강력한 이익집단들의 포로가 되어 있다고 주장하는 것을 보아도 이들의 집단이 얼마나 강력한지 이해하는 것은 어렵지 않다. 민주주의가 잘 발달되어 있는 국가일수록 이익집단의 활동이 활발하다. 반면에 이익집단의 권력남용이 다원론 사회에서 흔히 발견되어 비민주적인 특성을 초래하고 있는 것은 아이러니이며 해결하여야 되는 연구의 주제이다. 결과적으로 많은 대규모 정부기관들은 이러한 다양한 집단들의 연합으로 볼 수 있다. 공공조직의 목적이 중복적이고, 구체화하기 어려우며, 측정하기 어려움은 물론 서로 갈등을 한다는 사실은 이러한 복잡성을 더 복잡하게 만든다. 두 정부 행정기관들 혹은 한 행정기관의 다른 두 개의 과들은 서로 반대되는 목적을 추구한다. 예를 들면 흡연을 하지 말라는 정책과 tobacco 산업을 돕는 정책을 볼 수 있다. 국제무역을 향상시키나 민감한 기술의 유출 및 판매를 막는 경우도 예로 들 수 있다. 혹은 어떤 프로그램은 사람들에게 아주 다른 우선순위를 가지고 있으나 그들이 책임을 공유하는 상황을 들 수 있다. 실제로 정부는 권력을 서로 공유하거나 이미 갈등의 소지를 가지고 있는 상황을 예견할 수 있다. 이러한 정부의 다양한 집단들간의 갈등을 해결하기 위하여 정부조직의 목적이 모호한 것이 오히려 유리한 경우가 종종 있다.

(2) 정부의 다양성

정부의 다양성이 오히려 모순적인 역할을 가져온다고 지적하는 사람들도 있다. 사영역의 조직에서 이익과 판매와 같이 비교적 확실하게 성과를 측정하는 방법을 공공조직의 책무성과 성과를 측정하는 데 적용하기는 어렵다. 그러므로 정부는 다른 방법으로 책무성을 통제할 수밖에 없다. 실제로 공공조직의 다양성이 많아지면 많아질수록, 책무성을 확보하기 위하여 모든 업무에 관한 보고를 강조하고, 기록을 보관하여야 하며, 계층제의 수준에 따라 검토하는 것을 더욱 요구하게 될 것이다. 이와 같이 책무성을 추구하려는 압력은 강해지고, 다양성은 규칙과 규정, 보고의 요구가 증가할 수밖에 없는 공공조직의 불가피한 현상을 초래할 것이다. 이러한 점은 사영역의 조직에서 흔한 현상은 아니다.

정부를 잘 이해하지 못하는 언론매체들과 일반 대중들은 이러한 상황을 관료제의 실수 혹은 비능률성으로 해석하게 된다. 우리가 정부를 주의깊게 관찰하여 보면 바람직한 현상은 아니지만 red tape 이면에는 상당한 논리적 근거가 있음을 발견한다. 이러한 근거를 보면 red tape을 줄이려고 하는 노력이 생각보다 미약한 부분이란 것을 이해하게 된다.

(3) 정보의 왜곡

정보사회를 겪고 있는 우리의 사회에서 공공관리자들은 정보의 강도와 정부의 왜곡을 다루어야 한다. 공공조직이 다루어야 하는 업무는 서비스지향적이고, 다양하고 철저해야 하며, 정확한 정보가 필요하다.

대통령은 공공관료제의 계층을 통해 의사전달하는 과정에서 자주 어려움에 직면한다. 한 계층에서 다음 계층으로 정보를 전달하는 데 있어 중요한 장애는 정보를 받고 보내는 사람이 정보의 일부를 배제하고 고의적으로 다음 계층으로 전달하려는 경향이 있다. 공공조직의 상관인 대통령은 자신에게 전달된 정보에 대해 그 정보출처에 지나치게 의존하거나 지배받지 않으면서 현명한 의사결정을 하는 데 필요한 자료를 어떻게 수집할 수 있겠는가라는 문제가 중요할 것이다.

Halperin은 상관이 의사결정에 찬성하게 만들기 위하여 정보를 조작하는 방법과 정확한 정보를 확보하는 방안에 대하여 언급하였다.[26] 이러한 왜곡현상을 막기 위하여 성공적인 관리자들은 다양한 방법을 사용하고 있다. 그러한 예로 관료부서의 외부에 비공식적인 정보망의 발전과 관료제 내에 중복적인 채널을 구축하여 책임을 지게 한다. 학자들은 특히 정확하고 신속한 전달이 대단히 중요할 때, 수직적인 조직이 존재하며 중요한 변수들이 계량적일 때 왜곡이 없는 정보체제를 발전시키고자 노력하였다. 공공영역의 특징은 일반적으로 의사소통이 더욱 민감하고, 어려우며, 갈등이 일어나기 쉽고, 관리하기가 더욱 어렵다는 것이다.

반면에 사조직들이 이러한 공공조직의 정보왜곡현상보다 비교적 더 나은 것은 사조직의 구성원들이 정보를 유리하게 보고하는 것을 막기 위해서 사조직의 관리자들이 판매나 이익과 같은 성과를 측정하는 측정치를 사용하기 때문에 왜곡현상을 피하는 데 유리하다는 것이다.

결론적으로 많은 이론과 전문가들의 관찰에 의하면, 공공조직은 집단관계, 의사소통, 갈등해결에서 아주 복잡하며 더욱 잠재적 갈등문제에 직면한다고 주장한다. 이러한 결론은 너무 지나치게 일반화되어서는 안 된다. 또한 사조직이 이러한 측면에서 더 잘 수행한다고 말하는 것도 무책임한 말이다. 능률적이고 생산적인 의사소통이 공공조직에서도 효과적인 예는 많다. 공공영역은 복잡한 정책결정과정과 신속하게 변화하는 정치 경제의 상황에서 정치적 선택을 해야 되는 정부조직의 특성 때문에 더 큰 도전에 직면하고 있다. 이미 많은 문헌들이 공공조직, 사조직 및 비영리조직에 적용할 수 있는 일반화하는 처방을 거론하고 있지만, 공공조직의 특수성을 감안하면서 공공조직의 효과적인 관리를 위하여 많은 연구가 필요할 것이라고 보는 데는 이견이 없다.

26) Morton H. Halperin, "Shaping the Flow of Information," in *Bureaucratic Power in National Politics*, by Francis E. Rourk, Third Edition, Little, Brown and Company, Boston(1978), pp. 102-115.

12장

조직의 의사소통과 전자통신

제12장 조직의 의사소통과 전자통신

제 1 절 의사소통의 정의 및 제문제

1. 의사소통의 정의

의사소통은 한 집단에서 다른 집단으로 정보를 전송하는 것으로 정의한다. 고전적인 의미에서 의사소통은 직선적이다. 즉 메시지를 보내는 발신자가 있고, 메시지는 매체, 말, 몸짓, e-mail 등에 의하여 전송된다. 전송된 메시지를 받는 수신자는 환류(feedback)를 보낼 수도 있고 그렇지 않을 수 있다. 이러한 모형은 발신자가 보내는 메시지의 의미를 수신자가 충분히 이해할 수 있다면 성공적일 수 있다. 실제로 의사소통은 이러한 단순한 모형보다는 복잡하다. 어느 의사소통이든 중요한 것은 발신자가 무엇을 의미하는지 그리고 수신자가 무엇을 이해했는지이다. 메시지의 수신자는 받은 메시지를 자신들의 지각에 따라 발신자의 의도와는 다르게 해석할 수 있다는 것이 문제다. 이는 우리가 우리 자신의 축적된 지각, 태도, 가치관, 문화 그리고 해석에 의하여 형성된 우리 자신의 렌즈로 세상을 보는 경향이 있기 때문이다. 다른 렌즈를 사용하면 우리는 사물을 다르게 보고 들을 수 있다.

의사소통의 특징 가운데 하나는 다른 사람과 정보를 나누는 것이다.[1] 그러나 정보의 나눔만으로 의사소통을 설명하기는 충분하지 못하다. 또 다른 의사소통의 특징은 서로간의 이해를 가져오는 것이다. 정보의 공유는 그 정보가 무엇을 의미하는지 상호간에 일치하지 않는다면 별로 큰 의미를 가질 수 없다. 상호 공통적인 이해가 결여될 때 상호간의 효과성이 감소하는 것은 당연하다. 그러므로 의사소통은 공통적인 이해를 가져오기 위하여 둘 이상의 사람 및 집단 사이에 정보를 공유하는 것을 의미한다. 다시 말하여 한 사람 및 집단이 그들에게 무엇을

1) C. A. O' Reilly and L. R. Pondy, "Organizational Communication," in *Organizational Behavior*, ed. S. Kerr(Columbus, Oh.: Grid, 1979).

말하려 하는지에 대하여 사람들은 정확한 생각을 가지고 있어야 한다는 것을 의미한다. 일찍이 Chester Barnard는 서로 의사소통할 수 있는 사람이 있을 때 그리고 공동의 목적을 달성하려고 하는 사람이 있을 때 조직은 존재한다고 하였다.[2]

그와 같이 의사소통은 조직의 근본적인 요소이다. Barnard는 공식조직과 비공식조직의 의사소통기술을 다음과 같이 구별하였다. 첫째, 조직의 목적을 달성하기 위하여 조직을 통제, 조정 그리고 방향을 제시하는 것이 관리자의 책임이다. 둘째, 비공식 조직의 의사소통은 비교적 산만하다. 공식적인 의사소통은 권위의 라인을 따르지만 비공식 의사소통은 권위의 라인에 제한을 받지 않는다.

요약하면 의사소통은 둘 혹은 그 이상의 사람들 사이에 사실, 가정, 행태, 태도, 감정을 포함하는 정보를 교환하는 것을 의미한다. 오늘날 .com 세계에서 의사소통의 용이함과 신속함은 놀랄 만하게 증가하였다. 전자의사소통체제는 정보교환의 다른 수단들을 압도하고 있다. 효과적인 의사소통은 실제로 효과적인 조직을 만드는 데 필수적이다.

1) 조직이론과 의사소통

전통적인 조직이론은 부하직원에게 의무, 책임 그리고 다른 지시를 하향적으로 전달하기 위하여 주로 계층제를 사용하였다. 예를 들어 조직의 도표는 예외없이 의사소통의 지시 및 방향을 설명한다.

인간관계학파들은 조직의 집단과 개인들에 초점을 두고 인간관계와 행태저이고 구소석인 측면이 균형을 갖도록 노력하였다. 이와 같이 인간관계론은 의사소통의 비공식적 채널을 정당화하였다.

조직을 체제적인 관점으로 볼 때, 의사소통의 범위는 복잡한 상호작용을 하는 조직일 뿐만 아니라 환경의 많은 구성요소들과 상호작용을 포함한다. 현대 기술혁명은 모든 의사소통의 영역에서 많은 기술적인 문제를 해결하여 몇 년 전에는 불가능했던 일을 가능하게끔 했다.

조직을 관리하는 데 있어 의사소통의 중요성은 아무리 강조되어도 지나치지 않다. 의사소통은 목적을 정의하고 운영하며, 조직 내의 사회화 과정에 영향을 미치며, 갈등을 해결하고, 행정단위를 통하여 의사결정의 중요한 측면을 형성하

2) Chester I. Barnard, *The Functions of the Executive*, Cambridge, MA: Harvard University Press(1962), p.82.

는 데 필수적이다.

현대조직에 있어 참여관리와 팀 구성을 위한 적절한 조건을 조성하기 위한 노력은 주로 효과적인 의사소통에 의존한다. 또한 조직의 내·외부의 효과적인 의사소통 없이는 조직의 관리자, 리더, 그리고 감독은 효과적으로 기능할 수 없다. 의사결정이 언제, 어떻게, 누구에게 적절히 의사소통해야 되는지 고려 없이 성공적으로 집행될 가능성은 없다.

특히 의사소통을 위해서 공공조직이 잘 정의된 정보의 기록 및 보고와 믿을 만한 접근방법이 필요한 것은 공공관리자의 책무성 때문이다. 정부관계의 복잡성뿐만 아니라 공공서비스를 전달하는 데 있어 고객에 대한 관심의 증대로 공공조직의 책임성과 공공교류에 대한 관심은 더욱 중요하게 되었다.

2) 의사소통의 과정

우리가 의사소통의 과정을 충분히 이해하려 한다면 의사소통하는 인간사회의 많은 복잡성을 이해하는 것이 필요하다. 의사소통은 단순히 정보를 전달하는 기계가 아니라 의미를 공유하는 노력이 중요하다.

의사전달 과정에서 우리가 관심을 두어야 할 문제는 다음과 같다:[3)]

(1) 어떤 메시지는 고의성은 없지만 의미가 모호하다.

(2) 조직에서 특히 어떤 메시지는 의도적으로 모호하게 한 경우가 존재한다.

기자회견을 하는 대통령실의 대변인은 의도적으로 모호한 발언을 하는 경우가 많다. 업무를 성공적으로 수행하기 위하여 모든 과제가 골고루 나누어질 수 있다고 하는 모호한 말을 사용하는 경향이 허다하다. 특히 공공조직에서 목적을 모호하게 만드는 이유에 대하여 우리는 잘 알고 있다.

(3) 의사소통은 사람들의 준거 틀(frame of reference)에 의존한다.

우리는 가끔 우리가 의도하는 것과 전혀 다른 의미로 의사소통하는 것을 보고 놀라곤 한다. 예를 들어 상관의 저녁식사 초대에 폐를 끼치는 것 같아 거절하였는데, 상관은 본인이 싫어서 거절한 것으로 오해하는 경우를 들 수 있다. 이러한 오해는 문화의 차이에서 발생하는 경우가 허다하다.

---

3) Robert B. Denhardt, Janet Vinzant Denhardt and Maria P. Aristigueta, *Managing Human Behavior in Public & Nonprofit Organizations*, Sage Publications, Inc.(2002), pp. 258-261.

(4) 의미를 전달하는 중요한 의사소통이 반드시 합리적인 것은 아니다.

의미는 감정을 내포하고 있다. 우리는 자주 의사소통에 대한 의도에 대하여 물어보곤 한다. 비록 의도는 중요하지만, 의사소통이 반드시 합리적인 선상에서 운영된다고 볼 수 없다. 우리는 감정뿐만 아니라 문자로도 소통하고, 다른 사람이 지각하는 감정은 실로 우리가 의도하지 않은 것일 수도 있다. 의사소통은 항상 합리적 · 기술적인 것만은 아니다. 그것은 아주 감정적이고, 실제적인 것보다 상징적이며 다양한 의미로 해석될 수 있다.

(5) 메시지는 다른 기능을 제공할 수 있다.

우리는 극단적으로 관료언어에 익숙하다. 전형적으로 딱딱한 관료언어는 대중에게는 유머러스하거나 이국적으로 보여질 수도 있다. 물론 의미를 전달하여 이해하게 할 수는 있다. 그러나 많은 경우에 그러한 언어의 의도가 행태를 규제하기 때문에 정확성과 구체성에 대한 많은 관심을 가져야 할 것이다.

(6) 의사소통은 조직 내의 권력관계에 의하여 형성된다. 즉 우리는 말하는 사람에 의존하면서 대화를 결정하는 경향이 있다. 특히 대화의 형태가 의사소통에 관련된 사람 가운데 권력의 불균형이 있을 때 이러한 현상이 발생한다.

(7) 의사소통의 과정에 대한 기본적인 설명을 보면 이 과정이 단지 기계적인 것으로 보인다는 것이다. 단지 한 사람에서 다른 사람에게 정보를 전송하는 것을 의미한다. 그러나 현대의 관점은 의사소통에 있어 의미의 역할과 그에 따른 복잡성을 아울러 인식하지 않으면 안 된다.

2. 전자통신(Electronic Communication)의 경향과 종류

1) 전자통신

분명히 공공조직의 의사소통은 전자통신의 새로운 형태에 의하여 많은 영향을 받고 있다. 전산화는 전자계산조직을 의사소통체제에 도입하는 것을 말하며, 수동적 또는 기계적 정보처리에 비해 전산화된 정보처리는 조직의 의사소통 관리능력을 획기적으로 향상시킨다. 의사소통을 위한 전산정보체제의 구축은 대개 전산망의 구축을 포함한다.

전자메일, 음성메일, Fax, 컴퓨터회의, 오디오 및 비디오회의, MIS, Internet 및 network 등의 출현은 조직의 의사소통에 혁명을 가져왔다. 이들은 '빠르다'

는 장점 외에 지리적으로 떨어져 있는 사람과 의사소통하는 것을 가능하게 한다. 뿐만 아니라 동시에 그리고 실시간에 많은 사람과 정보를 교환할 수 있다. 많은 정보를 저장할 수 있는 장점은 놀랄 만하다. 컴퓨터는 다른 정보처리기계에 비하여 많은 정보를 기억 및 보관할 수 있다. 컴퓨터를 쓸 때는 자료를 갱신(update)하기가 훨씬 용이하며, 자료의 인출이 신속하게 이루어질 수 있으며, 정보출력을 영상화하거나 인쇄할 수 있다. 실제로 컴퓨터 종류는 다양하며 그 능력은 하루가 다르게 급속도로 향상되고 있기 때문에 보편적인 기능을 정의한다는 것은 불필요할 것이다. 그럼에도 불구하고 이러한 새로운 기술이 조직 내 사람들의 의사소통에 어떻게 영향을 끼치는지 검토하여 보는 것은 의미가 있을 것이다.

근래 조직은 의사소통을 보다 활발하게 하기 위하여 인터넷의 소리능력을 사용하기 시작하였다. 학생들은 인터넷을 통하여 강의를 들을 수 있게 되었다. 어떤 기업은 인터넷 전화를 가설하여 자유로운 회의를 진행하고 있다. 더욱이 인터넷을 통하여 직접 기업의 대표자들과 대화도 가능하다. 불원간 소리통신이 e-mail을 대신할 것으로 기대된다. 컴퓨터회의는 참여자들 사이에 사적인 의사소통을 가능하게 한다. 이것은 소규모기업들로 하여금 세계 도처에 있는 공급자 및 매도자와의 거래비용을 절감하게 한다. 역시 전자화상회의는 the Nominal Group과 Delphi 의사결정기법의 사용을 더욱 가능하게 하여 설문지를 돌린다든지 한 자리에 모여 회의하는 시간의 낭비를 줄일 수 있을 것이다.

비디오회의는 널리 퍼져 있는 지역의 근로자들 사이에 접촉을 가능하게 한다. e-mail 혹은 다른 매체를 통한 통신보다 오히려 비디오회의 참여자들은 서로 볼 수 있다. 이것은 회의에 참석하는 사람들이 verbal(말로 할 수 있는)과 non-verbal(말로 할 수 없는) 의사소통을 사용할 수 있기 때문에 의사소통의 질을 향상시킬 수 있다.

조직의 의사소통에 대한 전자기술의 영향과 관련된 가설들을 검토하고 이 가설들 가운데 어떠한 것이 어떻게 영향을 미치는지에 대한 논의를 하는 것은 흥미로울 것이다. O' Connell은 현대 변화하는 사람들의 의사소통상황을 설득력 있게 설명하였다.

O' Connell은 다음과 같이 6개의 가설을 발전시켰다[4]**:**

(1) 직접 대면하는 기회는 줄어들 것이다. 따라서 몸짓 혹은 표정과 같은 비

언어적인 형태의 정보는 줄어들 것이다. 결과적으로 임의의 자발적인 정보공유를 위한 기회는 줄어들 것이다.

(2) 비공식적인 메시지와 계층제를 초월하는 정보는 증가할 것이다. 그 결과 조직의 구조 및 공식적인 정보흐름은 다시 논의하게 될 것이다.

(3) 감정과 가치에 관한 메시지는 줄어들 것이다. 그러므로 정보를 해석하는 모호성은 증가할 것이다. 그 결과 관리자들은 메시지에 감정적인 요소를 포함하여 의사소통하는 새로운 방법을 찾으려고 노력할 것이다.

(4) 신뢰성은 경험, 가치, 직접 주고 받음 그리고 인간적인 의사소통의 내용을 서로 공유함으로써 더욱 발전하게 된다. 그러나 위성, 전자메일 및 network는 우리가 익숙한 신뢰성의 지표와는 달라서 상호 신뢰성을 감소시킬 수 있다.

(5) 컴퓨터는 선형사고의 분야를 강조한다. 조직은 비선형적인 사고와 의사소통을 촉구하고 보호하는 새로운 방법을 발견하는 것이 필요할 것이다.

(6) 작업성과의 기대는 기계적으로 운영될 것이다. 따라서 조직관리자들은 전자통신 및 화상회의에 의하여 구성원간의 상호작용을 더 쉽게 하고 답변의 용이성, 신속성 및 조직 내외로 정보를 널리 유포하는 것을 가능하게 한다. 그러나 피고용자들은 이러한 의사소통을 비인간적이며 강요적이라고 말할 것이다.

2) 전자매체의 종류와 영향

주로 우리가 가장 많이 활용하는 의사소통방법인 전자매체는 전자통신, 소리통신, 회의체제(conference system), 통합체제(integrated system)이다.

(1) 전자통신

전화선 혹은 컴퓨터망을 통하여 원하는 정보를 전달하므로 공식적인 서류, 전화 및 직접적인 상호작용을 대체한다.

(2) 소리통신

전화통신을 보충하며, 전형적인 저장, 복구, 편집 그리고 소리통신의 전송(forward)뿐만 아니라 세부 리스트에다 정보를 분배하는 능력을 의미한다.

---

4) Robert Denhardt, Janet V. Denhardt and Maria Aristigueta, *Managing Human Behavior in Public & Nonprofit Organization*, pp. 277-278(재인용).

(3) 회의체제

통신체제에 상호 작용하는 구성요소를 첨가한다. 오디오 체제는 전화상담전화와 비슷하다. 그러므로 직접통신을 대체한다. 비디오 conference system은 참여자의 소리와 가시적인 이미지를 송신한다. 컴퓨터체제는 받은 메시지를 검토하면서 전자적으로 회의를 진행한다.

(4) 통합체제

그룹웨어와 같은 통합체제는 문서처리(word processing)와 정보처리(data processing)를 가지고 전통적인 통신을 보완한다. 그들은 서로 공유한 서류를 창조, 편집, 저장, 복구 그리고 전송할 뿐만 아니라 전자달력 및 스케줄도 발전시키고 있다.

확실히 의사소통에 있어 전자매체는 수평적인 조직을 가능하게 한다. 과거에는 직원들이 제안하려고 할 때 여러 단계의 계층을 거치지 않으면 안 되었다. 오늘날 직원들은 계층제의 단계를 거치면서 지연과 혼란을 겪을 필요가 없이 실시간에 직접 메시지를 전달할 수 있다. e-mail의 사용은 조직의 구조, 보고관계 및 고객 그리고 시민과 같이 의사소통의 극적인 변화를 가져왔다. 앞으로 조직의 구조에도 많은 변화가 있을 것으로 예상된다.

3) 전자통신의 장점과 단점

위에서 지적하였듯이 전자통신이 비인간적인 면이 있다는 비난을 피할 수 없으나 장점 또한 가지고 있다.

(1) 장　　점

전자통신은 지역적으로 멀리 떨어진 거리를 불문하고 정보를 신속하게 교환할 수 있는 장점이 있다. 관리자는 세계의 다른 지역에서 근무하는 근로자에게 메시지를 전달할 수 있다. 그리고 근로자들은 거의 실시간에 메시지를 받고 답변할 수 있다. 다른 통신과 비교하여 e-mail의 비용은 아주 낮은 편이다. 인터넷은 낮은 비용으로 국제적 의사소통을 할 수 있는 컴퓨터망(computer networks)의 국제적 망(international network)이라고 할 수 있다. 역시 사람들은 인터넷에 존재하는 정보공간(World Wide Web)에 접촉하기 위하여 인터넷을 사용한다. 거미줄과 같은 망(Web)은 신속하고 값싼 정보를 공유할 수 있기 때문에 사람들의 기업운영 방법조차도 변하고 있다.

(2) 단 점

의사소통의 신속성과 용이성은 또한 문제를 야기한다. Web Site는 많은 양의 정보를 제공한다. 과중한 정보의 홍수 때문에 기업과 근로자들에겐 그 중에서 필요한 정보를 취사 및 선택하는 임무가 새로운 도전으로 등장하고 있다.

① 관리자들은 e-mail이 직접적인 의사소통을 대신하기 때문에 서로 오해나 혹은 근로자들의 불만을 야기하기 쉽다. 사람들은 자신들의 메시지를 주의 깊게 쓰지 않는 경우가 발생하기 때문에 의사소통의 에러가 일어날 수도 있다.

② 더욱이 각 매체들은 서로 다른 장 · 단점을 가지고 있기 때문에 상황에 따라 적절한 방법을 선택하는 문제가 있다. 예를 들어 직접 대면하는 의사소통은 가장 풍부한 정보를 수집할 수 있고, 비인간적인 매체인 전단지나 컴퓨터 관련 보고서는 가장 열악한 매체라고 볼 수 있다. 이들 가운데 전화, e-mail 및 사적인 서신 의사소통도 비인간적이라는 비판은 피할 수 없다.

③ 관리자나 근로자는 내용을 재검토하지 않고 너무나 빨리 메시지를 보낼 수 있거나 혹은 의도하지 않게 '보내기' 버튼을 누르는 경향이 있을 수 있다.

④ 많은 사람들은 e-mail 메시지가 단지 받는 사람만이 읽을 수 있다고 믿고 비밀을 요하는 정보를 보낸다. 후에 그들은 정보기술 담당자가 그 메시지를 접촉한 것을 발견하게 된다. 그 이외에도 근로자들은 조직의 업무와는 관련이 없는 internet surfing, 휴가계획, 증권두자 등의 목적으로 인터넷을 조식 내에서 사용한다. 그것은 조직의 업무를 충실히 수행해야 할 근로자들이 조직의 업무에 상당한 경제적 손실을 가져오기 때문에 근로자의 인터넷 사용을 감시할 수밖에 없다. 마지막으로 전자통신은 독점적일 수 있다. 왜냐하면 간단하고 쉬운 접촉 때문에 예를 들어 e-mail은 직장 혹은 집에서 근로자의 시간을 독점할 수 있다.

⑤ 의사소통은 메시지가 일어나는 소스에서 시작한다. 송신자는 메시지를 암호화하고 수신자에게 전달하며 수신자는 메시지를 해석하여 목적지에 보낸다. 그는 수신자가 이해할 것이라고 믿는 전문용어를 사용하는 것이 바람직하다.

⑥ 사용하는 매체의 직질성을 판단하는 데 전달할 정보의 양과 정보의 이해를 증진하는 문제를 고려해야 한다. 그리고 선택한 매체가 얼마나 신속하게 환류

되는가, 혹은 그 매체의 장점을 충분히 살리기 위하여 얼마나 많은 채널을 사용하는가를 고려해야 한다. 메모, 전자메일, 소리통신, 컴퓨터회의, 비디오회의, 전화 및 직접 만나는 회의 등 각 매체들은 상황에 따라 정보의 풍부함과 적절성이 더 많다. 과제가 복잡해짐에 따라 더 충실하고 복잡한 매체가 사용되어져야 한다. 어려운 의사소통은 직접 만나는 의사소통방법을 사용하는 것이 더욱 바람직하다.

⑦ 전자통신을 받는 사람들은 메시지를 분명하게 하는 몸 언어가 없기 때문에 부정확하게 메시지와 관련된 감정을 추론할 수 있다. 메시지에 대한 해석은 메시지를 받는 사람의 교육, 개인과의 관계, 태도, 지식 그리고 경험 등에 따라 자신의 준거틀에서 해석하는 경향이 있다. 보내는 자와 받는 자간의 준거틀이 같다면 정보를 해석하는 데 별 어려움이 없는 것은 당연할 것이다. 특히 국제적으로 의사소통하는 데 주요한 도전 중의 하나는 공통적인 준거틀을 확립하고 문화격차를 줄여나가는 일이 될 것이다.

⑧ feedback은 메시지를 보낸 자에게 메시지를 받은 자가 어떻게 그 메시지를 이해하고 있는지에 대한 정보를 제공한다. feedback은 전송시 발생하는 에러와 부정확을 줄일 수 있다. feedback이 없으면 일방적인 의사소통이 일어난다. 즉 메시지를 받는 사람은 어떻게 메시지를 받았는지에 대하여 보낸 사람에게 알리지 않는다. 자주 일방적인 의사소통이 관리자와 근로자 사이에 일어나고 있는 것은 사실이다. 권력의 차이로 인하여 사고가 다르다든지, 시간이 불충분하며 그리고 부정적인 정보를 전달하지 않으므로 자신을 보호하려 한다든지 하여 관리자는 feedback을 요구하지 않고 더욱이 근로자들은 자신들을 드러내 보이지 않기 위하여 feedback을 제공하지 않는다. 이러한 경우가 관리자와 근로자들이 양 방향의 의사소통을 갖지 못하는 이유이다.

⑨ 잡음은 의사소통과정에서 방해로 작용한다. 소방차의 사이렌 소리, 건설현장에서의 시끄러운 소리 그리고 큰소리로 대화하는 것은 정확한 의사소통을 방해한다. 잡음은 의사소통자의 교육, 가치관 및 경험으로부터 발생할 수 있는 심리적 방해를 포함한다.

⑩ 문화의 차이는 역시 잡음을 만들어 낸다. 미국에서 태어난 관리자와 중국에서 태어난 관리자간에 영어로 전화를 통하여 말할 때를 상상한다면 이해가 쉬울 것이다. 시끄러움은 정체 및 지연, 두 나라 관리자들의 다른 경험, 소리의 강약에 대한 문화적 다양성을 초래한다. 조직 역할의 차이, 속성의 편견 그리고

다양한 개념적 편견은 소리의 원인이다.

⑪ 다른 사람들과 상호 작용하는 데 의사소통은 단순하거나 혹은 복잡한 많은 형태를 띠고 있다. 의사소통의 주요 목적은 다른 사람의 행태 혹은 태도에 영향을 가하는 것이기 때문에 의사소통은 도구적 요소에만 제한을 둘 수는 없다. 이러한 목적을 달성하기 위하여 의사소통은 공개적이거나 정직하게 사상과 감정을 전달하여 의사소통자의 신뢰성과 일관성을 유지해야 한다.

⑫ 대부분 언어들 가운데 단어는 다양한 의미를 가지고 있다. 많은 의미는 추상적이고 모호하며 해석의 여지를 가지게 된다. 결과적으로 동일한 단어를 사용함에도 불구하고 사람이 다르면 그 의미도 달라질 수 있다. 예를 들어 관리자와 근로자들은 '가능성'의 다른 정도를 말할 때 '대단한 가능성', '아마' 그리고 '합리적 가능성'을 언급하여 모호한 해석을 할 수 있게 한다. 이러한 차이는 문화의 차이에서 더욱더 긴장상태를 조성할 수 있다. 민주주의의 개념을 국가마다 사용하고 있지만 그 의미는 다르다. 마찬가지로 효도에 대한 개념도 동·서양이 다르게 인식하여 상호간 의사소통의 문제가 발생할 수도 있다.

⑬ 전문 용어 혹은 기술적 용어의 사용은 모든 참여집단이 그것을 이해하지 못한다면 왜곡될 수 있다. 단어는 함축적 의미 혹은 의미에 영향을 끼치는 감정적 메시지를 가지고 있다. 예를 들면 광고하는 사람들은 같은 의미를 말한다고 하더라도 좀더 강력한 의미를 가지고 있는 단어를 사용한다. 직원을 삭감하는 관리자는 Downsizing이란 표현 대신에 Right-sizing이란 단어를 사용하기를 좋아한다. 만약 고객이 컴퓨터를 잘 다룰 수 있는 능력이 있다면 판매원은 전문용어를 사용할 것이다. 그러나 만약 그 반대라면, 판매원은 간단한 말을 사용해서 고객을 이해시키려 할 것이다.

3. 의사소통의 기능

효과적인 의사소통은 조직행태의 모든 면에 영향을 주기 때문에 중요하다. 예를 들어 조직의 구성원들이 서로 효과적으로 의사소통을 할 때 서로의 성격, 태도 및 가치관을 이해할 수 있을 것이다. 효과적인 의사소통이 일어날 때 조직의 구성원들은 목적을 능률적 및 효과적으로 달성할 수 있으며, 그들의 리더들은 부하들에게 영향을 더 잘 발휘할 수 있다. 반면에 조직의 근로자들이 높은 이직률을 보일 때 우선 관리자는 취약한 의사소통에 관심을 두어야 한다. Scott와 Mitchell은 의사전달의 기능을 i) 의사결정에 필요한 정보의 제공, ii) 조직목표에 대한 동기유발, iii) 통제작용 그리고 iv) 감정표현을 통한 사회적 욕구의 충족 등 네 가지로 나누었다.[5]

원활한 의사소통은 중요한 조직의 문제를 해결하는 데 도움을 줄 뿐만 아니라 지식의 제공, 조직 구성원의 동기부여, 개인 노력의 조정과 통제 및 감정과 느낌을 표현할 수 있을 것이다. 좋은 의사소통은 조직에 중요한 기능, 즉 정보제공, 통제 및 개인의 업무조정 그리고 느낌 및 감정의 표현 등과 같은 기능을 제공한다.[6]

1) 지식의 전달

의사소통의 기본적인 기능은 조직의 구성원이 자신들의 업무를 효과적으로 수행하고 목적을 달성할 수 있도록 지식을 제공하는 것이다. 예를 들어 업무를 수행하는 방법과 의사결정에 대한 지식을 제공함으로써 조직의 구성원들이 업무를 높은 수준으로 수행하기 위하여 필요한 정보를 수집해야 한다. 의사소통은 조직에 새로 들어온 모든 사람들의 사회화를 위하여 필요하다.

2) 조직구성원의 동기부여

동기부여는 조직의 업적수행에 중요한 결정변수이다. 의사소통은 조직의 구성원들이 그들의 목적을 달성하도록 동기부여하는 데 중심적인 역할을 한다.

예를 들어 기대이론은 관리자들이 다음과 같은 일을 하는 것이 필요하다고 제안한다:

(1) 부하직원들은 그들의 업무로부터 어떠한 결과를 얻으려고 하는지를 결정한다.

(2) 근로자들이 제1차 달성하는 결과가 제2차의 높은 수준의 업적을 달성하는 데 달려 있다는 것을 지각하도록 한다.

(3) 근로자들이 높은 수준의 업적을 달성할 수 있다는 것을 확신하게 해야 한다.

---

5) Scott and Mitchell, *Organization Theory: Structural and Behavior Analysis*(Irwin, 1976).

6) Jennifer M. George and Gareth R. Jones, *Understanding and Managing Organizational Behavior*, 2nd ed., Addison-Wesley Publishing Company, Inc.(1999), pp. 450-453.

3) 개인의 노력을 통제하고 조정함

집단 혹은 조직은 구성원이 바람직한 방향으로 목적을 수행하도록 구성원의 행동을 통제하는 것이 필수적이다. 구성원의 행태를 통제하는 것 이외에도 집단과 조직은 구성원 각자의 업무를 조정하는 것이 필요할 것이다. 집단구성원간의 상호 의존이 증가함에 따라 집단의 목적을 달성하기 위하여 그들의 업무를 조정할 의사소통의 필요성은 증가할 것이다.

4) 느낌과 감정의 표현

의사소통의 가장 중요한 기능은 자신의 감정과 느낌을 표현하는 것이다. 이러한 감정과 느낌은 일반적이거나 구체적일 수 있고 직장의 내·외부에서 발생할 수 있다. 즉 작업분위기는 사람들이 매일매일 업무를 수행할 때 경험하는 느낌이다. 자주 일어나는 일이지만 사람들 혹은 집단이 자신들의 기분을 다른 사람에게 의사소통할 수 있다면 그들의 목적을 더 잘 달성할 수 있다. 직장에서 근로자들이 경험하는 분위기는 다른 사람들뿐만 아니라 자신들의 행태에 대한 지각과 평가에도 영향을 끼칠 수 있다. 기분이 안 좋을 때 중요한 문제를 바로 결정하기보다는 다음날로 연기하여 실수나 있을 수 있는 사고를 막는 것도 하나의 방법이다.

기분과 감정을 충분히 의사소통할 수 있다면, 조직의 구성원들이 서로를 이해하는 것을 도와주고, 사람들이 서로를 이해할 때 그들은 업무를 잘 수행할 수 있고, 목적을 달성하는 것을 도와줄 수 있다.

제 2 절 의사소통의 장애 및 해소방안

1. 의사소통의 왜곡과 장애

1) 의사소통의 왜곡

정보의 정확한 교환이야말로 의사소통의 목적이다. 왜곡은 이러한 목적의 역기능이다.

특히 공공조직에서 의사소통은 정보를 전달하는 것보다 다른 목적을 가지고 있다. 그 목적은 영향을 미치는 것이다. 왜곡은 영향력이 있는 도구가 될 수 있다.

공공조직의 의사소통에서 가장 전형적으로 발생할 수 있는 문제는 의사결정에 찬성하게 만들기 위하여 정보를 조작하는 다양한 방법이 있다는 것을 Halperin은 다음과 같이 지적하고 있다.[7] 정보의 조작이라는 것은 사조직에서 보다 공공조직 및 공공관료들에게서 더 자주 일어난다는 것이다.

연구자들이 지적하는 조작방법은 다음과 같다:

① 당신이 원하는 결정을 뒷받침하는 자료들만 보고하라.

② 정보를 보고하는 과정을 구조화하라. 그러면 당신이 고위관계자들에게 보여주기를 원하는 정보만을 그들에게 보게 할 수 있을 것이며, 다른 정보는 보지 못하게 할 수 있다.

③ 위험스럽게 보이는 자료는 보고하지 말라.

④ 권위 있는 방법인 것처럼 보이는 자료를 제출하고 당신의 지위를 보호할 수 있는 자료들을 발견하기 위하여 세밀하게 연구하라.

⑤ 당신이 원하는 결론을 도출할 수 있는 사람들에게 연구를 요청하라.

⑥ 당신이 은폐하려는 자료를 보고하려는 사람을 고위관계자로부터 격리하라.

⑦ 당신과 같은 견해를 가지고 있는 사람들이 비공식적으로 고위관계자들을 만나게 하여 당신의 보고를 믿도록 하라.

⑧ 당신의 정보를 사람들이 믿도록 하기 위하여 다른 나라의 정부로 하여금 공개적으로 보고토록 하라.

⑨ 만약 의원들을 설득하려고 할 때 다른 나라에 주둔하고 있는 대사나 혹은 무관들로 하여금 정부가 원하는 대로 자문을 하거나 서신을 보내어 그들이 믿도록 하여 정부가 원하는 대로 정책이 결정되도록 만들어라.

⑩ 공식적 채널을 회피하고 비공식적인 채널을 사용하여 고위정책결정자가 정책결정을 하려고 할 때 어떠한 결정이 옳은가 알려주어라.

⑪ 정책결정을 위하여 필요하다면 왜곡된 정보를 대통령에게 보고하여 그

7) Halperin, *op. cit.*, pp. 102-115; 정우일(2004); 행정통제론, 박영사, pp. 155-156.

정보를 믿고 정책을 결정하게 하도록 하라.

위와 같은 방법으로 왜곡된 정보를 가지고 원활한 의사소통이 이루어질 수 없다. 이러한 왜곡된 의사소통을 하면서 바른 정책결정을 만들게 되리라고 기대한다는 것은 더욱 기대하기 어렵다. 예를 들어 Johnson 대통령이 베트남 전쟁 때 자신에게 보고된 정보들의 진의를 파악하는 데 1년이 걸렸다고 한다. 아주 위험한 것은 처음에는 사소한 문제가 점점 크고 중요한 문제로 변화할 수 있다는 것이다.

상관도 부하와 의사소통하는 데 정보를 여과하는 경우도 있다. 그 결과 부하는 상관에 대하여 부정적인 태도를 가질 수 있고 정확한 정보가 없는 부하는 비효과적이 되는 것은 당연하며, 더 심한 스트레스를 경험할 수 있게 된다는 것이다.

그 이외에도 부정확한 정보의 지각, 왜곡된 정보의 해석, 지위나 입장 차이에서 발생하는 오류, 문화차이에서 발생하는 정보해석의 차이, 정보소스에 대한 불신, 전문인 외의 사람들이 이해할 수 없는 은어사용 등에 의하여 정보의 왜곡현상이 발생한다.

2) 의사소통 장애

① 개인간

i) 구두에 의한 의사소통은 환류나 상호작용을 가능하게 하는 것은 분명하나 구두로 송신된 메시지는 말이 너무 빠르고 지나치기 때문에 잘못 해석될 수 있고 곧 잊혀지는 일도 발생할 수 있다. 특히 구두로 하는 의사소통은 주변의 잡음에 영향을 받기 쉽다. 만약 당신이 다른 사람과 이야기하는 동안 옆에서 불자동차 소리가 난다든지 혹은 다른 사람들이 크게 이야기한다면 그것은 방해가 될 수 있다.

ii) 다른 한편 서면으로 하는 의사소통은 영구성이라는 장점이 있다. 그러나 서면 의사소통의 공식적 특성이 여러 종류의 메시지 형태를 고려할 때 부적절한 경우가 있다. 예를 들어 새로운 사실을 여러 사람에게 알리려 할 때, 서면이 아닌 의사소동의 종류인 대화, 간부회의, 심지어는 e-mail이 더 효과적일 수 있다.

iii) 수신자가 메시지를 해석하려 할 때 다른 오해가 발생할 수 있다. 수신자는 자신의 문화, 편견, 지각의 렌즈로 받은 메시지를 이해하려 하기 때문에 오해의 소지가 있을 수 있다. 예를 들어 다른 배경, 경험, 관심, 선호도, 그리고 동기부여를 가진 사람은 메시지를 다르게 이해하기 쉽다. 행정학자는 문제를 행정적으로 보고 경제학자는 문제를 경제적으로 보는 경향이 있다.

ⅳ) 수신자의 고정관념이나 감정적인 상태는 의사소통에 영향을 끼칠 수 있다. 예를 들어 메시지를 받을 때, 수신자가 화가 난 상태라면 메시지를 듣는 방법에 영향을 미칠 수 있다. 이들을 종합하여 정리하면,[8] 환류의 결핍, 의사소통의 시끄러움, 언어의 잘못된 사용, 그리고 청취력의 부족으로 정리된다. 그 이외 적시성(time failure)은 필요한 때에 정보가 전달되지 못하는 경우에 장애가 발생한다.

② 집단간

두 집단간에 아래의 경우가 발생하면 의사소통의 장애가 일어나기 쉽다.

ⅰ) 두 집단이 그들 사이를 승자와 패자로서 갈등을 정의할 때

ⅱ) 하나 혹은 두 집단이 자신의 권력을 확대하려고 할 때나 자신의 목적과 욕구를 지나치게 강조할 때

ⅲ) 서로 위협을 하려 할 때

ⅳ) 서로 솔직하지 않고 정보를 왜곡하려 할 때

ⅴ) 다른 집단을 착취하려 하거나 혹은 고립시키려 할 때

ⅵ) 집단의 입장 차이와 서로 우월성을 강조할 때

③ 빈약한 청취력과 청취기술의 향상

대부분의 사람들은 듣기보다는 말하는 것을 더 즐긴다고 한다. 놀라운 일은 아니지만 빈약한 청취는 조직 내에 많은 의사소통의 문제와 관련이 있다. 때때로 사람들은 듣기 좋아하는 메시지만 경청하는 습성이 있다. 좋은 청취자가 되기 위해 눈을 똑바로 바라보면서 이야기하는 것은 말하는 사람에게 주의를 집중한다는 것을 의미할 수 있다. 다음에 무엇을 어떻게 이야기할지를 생각하기보다는 오히려 좋은 청취자는 그들이 들었던 것을 이해하려 하고, 발신자들이 그것에 대

8) Gortner, H. F., Mahler, J. and Nicholson, J. B.(1987), *Organization Theory: A Public Perspective*, Flrorence, Ky.: Dorsey Press, pp. 160-170.

하여 어떻게 느끼는지에 대한 주의를 집중한다. 시계를 자주 본다든지 연필을 굴리는 행위는 삼가해야 하며 때로는 말하는 사람에게 질문을 하거나 자신이 이해한 요점을 확인하는 것도 좋은 청취의 태도이다.

④ 존중문화의 결핍

좋은 청취자가 된다는 것은 상대방을 존중한다는 것을 의미한다. 상대방을 존중하지 않고는 토론이 이루어질 수 없으며 타협도 달성될 수 없다. 어떤 의견이나 어느 편도 완전무결할 수 없다. 이러한 가운데 해결하는 방법은 타협이다. 타협을 하지 못하는 나라나 민족은 정치를 하지 못할 뿐 아니라 발전하지 못한다. 왜냐하면 정치는 타협을 잘하는 문화가 발전할 수 있기 때문이다. 타협은 상대방을 존중하거나 인정하지 않으면 달성되지 않는 법이다. 특히 우리나라와 같이 흑백문화의 뿌리가 깊은 사회에서 민주주의와 시민사회가 성숙되기는 어려우며 청취문화 혹은 토론문화가 발전하기를 기대할 수는 없을 것이다. 분명히 상대방을 존중하지 않는 문화에서는 성숙한 의사소통은 기대하기 어렵다.

⑤ 소문을 극복하는 방법

소문은 조직의 구성원들 사이에 떠도는 흥미롭고 중요한 주제에 대한 비공식 정보를 말한다. 소문은 일반적으로 신속하게 확산되며 통제 불가능하다. 일단 시작되면 그치지 않는다.

어떻게 하면 부정확한 소문을 막고 정확하고 현대적인 정보를 부하들에게 제공할 수 있겠는가? 근래 많은 조직에서 TV system을 사용한다. 그리하여 모든 구성원들이 서로 동시에 그리고 실시간에 정보를 접할 수 있도록 하여야 한다. 소문은 조직 내에 비공식적인 정보가 흐르는 비밀 정보망을 통하여 신속하게 확산된다는 것을 잊어서는 안 된다.

⑥ 문화의 차이에서 오는 언어스타일의 이해

다른 문화권 내의 사람들과 상호작용을 할 때 의사소통의 문제는 언어스타일의 차이에서 일어난다. 언어스타일은 사람의 말하는 특징, 소리의 억양, 크기, 속도, 단어의 선택, 직간접 표현, 실눈, 그리고 농담의 사용 등에 있어서 차이가 있다. 같은 문화권 내에서 지방간 혹은 남녀도 다르다. 언어의 스타일에 있어 문화간의 차이는 문화횡단적 의사소통에 있어 많은 오해를 초래할 수 있다. 극단적으로 모호하고 부정확하며 감정적이거나 긍정적 · 부정적 언어의 사용을 의미할 수도 있다. 예를 들어 동양의 상관은 더 권위적이며, 동양의 근로자들은 미국의 근로자들보다 그들의 상관에 대하여 더 공식적이고 더 존경하는 경향이 있다. 문화는 말하고 듣는 사람 사이의 의사소통에 있어 적절한 '거리'에서도 차이가 있다. 예를 들어 브라질과 사우디아라비아 사람들은 미국사람들보다 물리적 거리가 가깝다. 미국사람들은 브라질 사람들이 말할 때 거리가 너무 가깝다고 불편해 하고, 브라질 사람들은 왜 미국인들이 물리적으로 가까운 거리를 싫어하는지 이해하지 못한다. 이러한 오해는 서로 다른 문화를 이해함으로써 극복될 수 있다. 문화가 다른 사람들과 대화를 할 때 조직의 구성원들은 그 문화의 언어스타일에 대하여 가능한 한 많은 것을 배워야 한다.[9)]

⑦ 정보의 과다

조직 내에서 정보의 흐름을 의식적으로 관리함으로써 정보과다로 인한 장애 발생을 예방하도록 힘쓰고 정보과다가 발생하면 그에 대처하는 방안을 수립 및 시행하여야 한다. 정보과다를 순기능적으로 대처하는 방안은 다음과 같다:

① 정보처리의 분권화와 통로의 다원화를 모색한다.

② 조직목적의 우선순위를 결정하고 정보를 순서에 따라 처리한다.

③ 정보처리실적 평가기준을 완화하여 단락의 기법을 적절히 사용함으로써 중개자들의 정보처리 부담을 덜어준다. 그러나 정보의 질의 하락이 없도록 주의하여야 한다.

2. 의사소통의 해소방안

Downs는 **정보를 수집하는 데 도움이 될 몇 가지 수단을 제시했다:**[10)]

1) 외부의 정보원천을 활용하는 것(신문, 대중매체, 이익집단 등).

---

9) Hal G. Rainey, *Understanding & Managing Public Administration*, 2nd., Jossey-Bass(2002) p. 303; Robert Denhardt, Janet Vinzant Denhardt and Maria P. Aristigueta, *Managing Human Behavior in Public & Nonprofit Organization*, Sage Publications, Inc.(2002), pp. 262-266.

10) Downs, *op. cit.*, pp. 116-118.

2) 부서간 혹은 부서 내에 실질적 책임영역을 중복하게 하여 정보의 원천의 중첩을 확보하여 신뢰할 만한 정보를 확보한다.

3) 공식통로를 보완할 비공식통로를 활용하는 것.

4) 필요로 하는 정보를 가진 사람과 직접 접촉하기 위해 관료제의 공식구조에 놓여 있는 중간계층을 의도적으로 뛰어넘게 하는 것.

특히 Halperin은 외교관으로 근무한 경험을 가지고 정보의 조직에 대하여 깊이 연구한 실무자이며 학자이다.

Halperin은 **대통령이 정확한 정보를 확보하기 위한 방법을 지적했다:**[11]

1) 정보원들을 서로 모르게 배치하도록 하라.

2) 신뢰할 수 있는 정보를 얻기 위하여 새로운 채널을 마련하라.

3) 편견에서 벗어나기 위하여 다른 견해를 가진 사람을 만나라.

4) 각 보좌관들에게 각기 다른 의견을 요구하라.

5) 각기 다른 의견을 가진 사람들이 격렬한 토론을 할 수 있도록 권장하라.

6) 중견관료들에게 전화하고 그들로 하여금 전화하도록 유인하라.

7) 대사들과 직접 접촉하라.

8) 현장에 측근을 보내라.

9) 정부 내에서만 정보를 얻으려 하지 말고 정부 밖의 상 · 하 의원들과 자주 상담하고 외부의 전문가와도 논의하라.

조직의 관리자들은 믿을 수 있는 정보를 확보할 수 있는 능력이 무엇보다도 중요하다. 정확한 정보는 올바른 정책을 결정하는 데 필요하거나 자신의 무지를 깨우치기 위해서도 중요하다. 다음은 의사소통의 왜곡을 극복하는 방안을 제안하고자 한다.

1) 의사소통 왜곡의 극복

의사소통의 여러 가지 왜곡의 근원, 즉 개념적, 사회적, 구조적, 그리고 정치적 왜곡이 제기되고 있다. 왜곡 문제를 극복하는 하나의 해결책이 있을 수 없다. 그러니 정부의 행정 관료나 정치인들이 정보의 왜곡을 감소시키는 네 가지의

11) Halperin, *op. cit.*, pp. 111-115.

전략을 채택할 수 있다.[12)]

(1) 다른 소스의 탐색

행정가들과 리더들은 왜곡문제를 해결하기 위하여 다른 정보소스를 만들어 그들이 받은 정보와 그 정보에 대한 검증을 거쳐 더 나은 정보를 확보할 수 있다. 정확한 정보는 정보의 넓은 탐색과 많은 정보로부터 나올 수 있다.

(2) 다른 관점 격려

의사소통의 왜곡을 막기 위하여 다양한 의견을 촉진한다. 리더는 그 주위에 다양한 의견을 가진 사람들에 의하여 둘러싸여 있을 수 있거나 혹은 동일한 의견을 가진 사람들에 둘러싸여 있을 수 있다. 부하들의 의견을 별도로 물어보고 솔직함을 조장하고 그리고 집단관점의 일방적인 일치를 고집하지 말아야 한다. 그리고 리더는 좀 더 폭넓은 관점을 수집하기 위해 개방적이어야 한다.

(3) 중개인 제거

왜곡과 여과가 발생할 수 있는 기회는 조직의 계층 수가 많을수록 증가한다. 이 문제를 해결하기 위한 구조적 접근은 계층의 수를 줄이고 계층을 수평적인 조직으로 만드는 것이다.

(4) 편견에 대항

사회 및 국가가 편견을 가지고 있듯이 모든 사람도 편견을 가지고 있다. 송신자들 역시 그들의 문화, 경험, 감정 및 지식에 따라 편견을 가지고 있다. 편견을 함축하고 IT의 정보를 합리적으로 분석할 수 있는 능력을 송신자와 수신자는 갖추어야 한다.

효과적인 의사소통은 다른 의견을 표현하고 수용할 수 있도록 상호관계를 발전하고 신뢰성이 있는 관계를 유지하게 도와줄 수 있다. 또한 바람직한 의사소통은 필요한 정보를 전달하고 집단 및 조직 내에 구성원 상호간의 관계를 향상시킬 수 있어야 한다. 실제로 구성원 사이에 긍정적인 상호관계를 가지고 있는 조직은 보다 생산적이며, 문제해결에 더 효과적이고, 높은 생산성을 갖게 하며 왜곡현상을 감소시킨다.

12) H. F. Gortner, Mahler, J. and Nicholson, J. B., *Organization Theory*, pp. 188-189.

2) 바람직한 의사소통

효과적인 의사소통은 구성원간에 긍정적인 관계를 조성하는데, 이를 위해 다음과 같은 요인을 고려하는 것이 중요하다.

(1) 바람직한 의사소통은 사람보다는 문제 지향적이다

사람보다 문제에 초점을 맞추는 것은 긍정적이고 건설적인 변화를 위한 기회를 줄 수 있다. 반대로 사람에 초점을 둔다든지 혹은 비판하는 경우 방어적인 반응을 가져오기 쉽고 따라서 변화를 유도하기 어렵다.

(2) 평가는 바람직한 의사소통의 장애가 될 수 있다

사람을 평가함으로써 그들이 방어적인 자세를 취하게 되는 것을 피해야 한다. 바람직한 의사소통을 위하여 관리자는 사람들을 직접적으로 평가하는 것보다는 간접적으로 격려하는 표현방법이 유리할 것이다. 즉 당신은 업무를 망쳤다는 것보다는 당신은 이번 주에 너무 피로하였던 것 같다고 말하는 것이다.

(3) 바람직한 의사소통은 일반적인 것보다는 구체적인 것이 좋다

진술이 구체적이면 구체적일수록 정확한 의사소통을 위하여 도움이 된다. 예를 들어 말하기를 당신은 단순히 산만하다고 말하는 것보다는 당신의 보고서에서 사실적 오류는 3개가 있고, 5개의 문법적 잘못이 있다고 구체적으로 말하는 것이 바람직하다.

(4) 바람직한 의사소통은 상호일관성이 있어야 한다

일관성이 있는 진술은 분명이 이전에 말한 것과 관련이 있고, 대화는 지속된다. 일관성이 없는 진술은 자주 효과적인 의사소통을 방해하는 장애를 만들어 낸다.

(5) 바람직한 의사소통은 품격을 유지하고 타당성이 있어야 한다

바람직한 의사소통은 사람들을 인정하고, 이해하고, 가치 있는 사람으로 느끼게 하는 것이 중요하다. 반면, 부정적으로 비판하게 되면 사람들은 무능력 혹은 불란하게 느끼게 된다. 의도하지 않았지만 품격을 떨어뜨리는 메시지나 그러한 목소리로 폄하하는 것은 효과적인 상호작용에 심각한 장애를 가져온다. 바람직하게 의사소통하는 사람은 그러한 분위기에서는 "당신의 말속에는 어떤 의미도 없다"고 냉소적으로 말하기보다는 "나의 의견과 좀 다르기는 하지만 당신의 입장을 이해한다"고 말할 것이다. 사람들이 의사소통에 품격을 지키지 못하는 다양한 방법이 있는데 그 중의 하나가 당신이 모든 것을 알고 있다는 식의 고자세를 취하는 것이다. 이것은 자신이 사람을 무시하는 행위로 비춰질 수 있고, 오만하다고 인식될 수도 있다. 유익한 의사소통은 다른 사람의 감정과 가치를 인정하고, 존경과 융통성에 의하여 이루어지는 특징이 있다.

(6) 바람직한 의사소통은 단일 방향이 아니라 양방향이다

바람직한 의사소통은 주의 깊게 청취하고 다른 사람으로부터의 환류를 포함한다. 바람직한 의사소통을 이행하는 관리자는 이것이 나의 입장이라고 말하는 것보다는 "이것이 문제에 대한 나의 이해이고, 당신의 것은 무엇인가"라고 말할 것이다.

3) 의사소통기술의 이해와 향상

의사소통의 기술을 향상하기 위하여 의사소통과 관련된 영역의 개발은 주로 개인차원, 조직차원, 그리고 기술적 차원에서 고려하고 있다.

① 개인 상호간 수준에서는 서면, 말, 경청, 몸, 언어, 가십, 음성의 질, 표정, 태도 등을 고려하여 개인 상호간의 의사소통은 말의 사용에 제한을 받지 않는다.

② 조직차원에서는 효과적인 의사소통을 가져오기 위한 초점은 목적과 정책의 명확성, 공식적 보고의 방법, 계층에 따른 하향적인 의사소통의 사용, 그리고 모든 방향으로 흐르는 의사소통의 자유스러움에 관심을 두어야 한다. 조직에 있어 공식적인 의사소통은 정보의 질서 정연한 흐름을 보장하는 것이며 조직행태의 예측성과 신뢰성을 확보하는 것이다.

③ 기술적인 차원에서는 의사소통의 가장 큰 진전이 지난 2 내지 3년 사이에 일어났다. 정보혁명은 전통적인 의사소통방법을 변화시켰고 현재 조직이 필요로 하는 원거리 통신, 문서처리(word processing), 전산화, 정보저장 및 정보검색 등의 발전을 가져왔다. 의사결정은 전과 달리 data를 이용한 분석에 한층 더 의존하

는 경향이 보편화되고 있다. 휴대전화, 무선호출기, 복사전송기 등과 같은 기술발달로 인한 무선의사소통의 급증은 의사소통의 과정을 증진하였고 진척시켰다.

(1) 비언어 의사소통

비언어 의사소통 혹은 몸 언어는 구두나 서면으로 메시지를 송신하는 것과 같이 중요하다. 예를 들어 얼굴을 찡그리는 표정은 찬성할 수 없다는 표시일 수도 있고 팔짱을 끼는 것은 철회한다는 것을 나타낼 수도 있다. 북아메리카나 유럽 사람들은 다른 사람과 말을 할 때 서로 눈을 바라보는 경향이 있으나 아시아의 사람들은 서로 눈을 바라보는 것을 피한다. 서양 사람들은 눈을 마주치는 것을 정직과 개방성의 상징, 그리고 나의 말에 집중하고 있다고 믿는 반면, 동양 사람들은 존경의 결핍으로 생각한다. 분명히 몸의 언어를 잘 읽어내는 사람은 그렇지 않은 사람보다 더욱 완전한 메시지를 받을 수 있다.[13]

근접학은 사람 사이의 공간과 거리에 관한 연구를 말한다. Hall에 의하면, 아주 가까운 거리는 2피트 정도 떨어지는데, 이는 가까운 가족과 친구에 적용된다. 사적인 거리는 4피트 정도인데 일반적으로 다른 친구 및 먼 친척에 속하는 거리이다. 사회적인 거리는 일반적으로 7 내지 12피트 간격으로 떨어지는데 대부분 사회활동에서 상호작용이 일어나는 곳이다. 만약 이러한 관례를 무시하고 너무 가까이 근접한다면 무례하다고 말할 것이다.

(2) 설득하는 의사소통

공공관리사는 다른 사람들이 어느 특정한 견해를 받아들이도록 설득하기를 원하는 경우가 있다. 연구결과에 의하면 효과적인 설득은 출처의 신뢰성에서 나온다고 한다. 효과적인 리더십도 신뢰성에서 나온다. 즉 강한 신뢰성을 가진 발신자는 낮은 신뢰성을 가진 발신자보다 다른 사람의 가치관 혹은 태도를 변화시키는 데 더 효과적이다. 한 주제에 대한 전문가의 주장은 잘 알지 못하는 비전문가보다 설득력이 있다.

4) 적극적인 청취

경청은 중요한 의사소통기술의 하나이다. 성공적인 관리자는 의사소통에서 경청하는 데 적어도 30분 내지 40분을 소비한다. 잘 경청하는 관리자는 말하는

13) 정우일(2009), 리더와 리더십, 제2판, 박영사, p.454.

사람을 존중하기 때문에 말하는 사람은 의욕이 생기고, 동기부여되어 자연히 관리자를 존경하게 된다. 그리고 정보를 수집할 때마다 관리자에게 제공하고 싶어지므로 관리자는 엄청난 정보를 많이 얻을 수 있고 그 외에도 그들은 부하를 의욕이 차서 적극적으로 조직을 위하여 기여하게 만들게 된다.

효과적인 경청능력 및 기술을 향상시키기 위하여 다음과 같은 관점에 주의할 필요가 있다:[14)]

(1) 효과적으로 경청하는 것이 왜 중요한지 주의 깊게 생각하여 보라.

(2) 평가를 하지 말라.

평가는 방어적인 자세를 갖게 하여 효과적인 의사소통을 방해한다. 습득한 정보를 평가할 필요는 있으나 우선 가감 없이 정보를 경청하는 것이 바람직하다.

(3) 주위가 산만하지 말아야 한다.

(4) 답변하기 전에 기다려라.

만약 상대방의 말의 요점을 이미 파악했다면 사람들은 상대방이 말을 끝내기 전에 반응 및 대답을 하고 싶어하는 성급한 경향이 있다. 이것은 몇 가지 모습으로 나타날 수 있다.

① 상대방이 말하고 있는 동안 말을 듣지 않고 나의 답변을 생각하기 시작한다. 만약 그의 말이 길어지면 나의 머릿속에서 상대방에게 주의를 하지 않고 나의 대답을 연습하기 시작한다. 이러한 태도는 토론 문화가 정착되지 않은 곳에서 흔히 발생한다.

② 말하는 가운데 끼어드는 경우이다.

대화의 원리는 다른 사람이 말할 때 도중에 끼어들지 말고 자연스럽게 기회를 기다려야 한다. 논쟁이나 토론에서 이기는 가장 정확한 방법은 상대방의 말속에 내가 비판할 답변이 있다는 것을 명심하여야 한다는 것이다. 거의 대부분의 사람들은 이 점을 알지 못하므로 토론이 결렬되거나 파행적으로 이끌어지는 것을 볼 수 있다. 토론 문화가 정착되지 못한 곳에서는 더욱 심각한 현상이다.

(5) 당신이 들은 말은 당신의 말로 고쳐서 말하라.

당신이 말하기 전에 다른 사람이 말한 것을 당신이 이해한 대로 당신의 말로 고쳐서 말할 수 있는 시간을 가지는 것이 적극적인 경청의 중요한 원리이다.

---

14) Robert Denhardt, Janet Vinzant Denhardt and Maria P. Aristigueta, *op. cit.*, pp. 272-275.

(6) 대화 가운데 중요한 주제를 찾아라.

의사소통의 원리에 의하면, 메시지 내용이 중요하다고 생각하는 주제를 포착하여 이해하는 것이야말로 구체적인 사실을 이해하는 것보다도 더 중요하다.

(7) 생각한 후 말하라.

사람들은 말하는 것보다 더 빠르게 생각한다.

보통사람들은 1분간에 150단어의 말을 하나 그보다 3배 많게 사람들은 1분간에 500단어의 생각을 한다. 이러한 차이는 효과적으로 의사소통을 이해할 수 있는 기회를 제공하기도 한다. 더 중요한 것은 다른 사람들이 말한 것에 대답할 수 있는 기회를 제공하며 상대방의 논평의 주제를 찾을 수 있게 한다.

5) 말 혹은 연설

전자통신의 증가에도 불구하고 공공관료들은 소규모 집단에서 일대일로 혹은 대규모집단에서 직접적으로 구두로 하는 의사소통에 많은 시간을 보낸다.

다른 사람과 말할 때 지켜야 되는 몇 가지 지침이 있다:

(1) 구두로 의사소통하는 경우, 즉각적인 환류가 가능하며 다른 사람들의 아이디어를 브레인스토밍하는 데 유용하다.

(2) 의사소통의 내용이 아주 길고 기술적이며 복잡한 경우에는 서면으로 하는 의사소통이 더 도움이 될 것이다.

(3) 구두로 의사소통하는 경우, 합리적이거나 감정적인 메시지를 전달한다. 예를 들어 큰소리나 성난 목소리로 말하면 본의 아니게 싸우려는 의도로 오해할 수 있다.

(4) 효과적으로 말하는 방법은 우리 자신을 정보나 지시를 받을 상대방의 입장에서 보는 것이다. 상대방이 어떤 정보를 알기 원하는지, 알기 위하여 필요한 것이 무엇인가를 먼저 생각하여야 한다. 그러면 이상적으로 당신은 불필요하게 많은 정보보다 정확하게 필요한 양의 정보를 주게 될 것이다. 즉 우리 자신이 다른 사람의 사상과 감정에 더 민감해질 수 있다면 우리는 더 효과적으로 의사소통할 수 있을 것이다.

(5) 자신들의 깊은 느낌과 감정을 기꺼이 드러낼 수 있는 조직문화를 조성할 수 있는 방법은 나 자신을 드러냄으로써 만들어질 수 있다. 자신의 의견을 솔직하게 표현하지 않고는 다른 사람들의 방어적인 자세에서 솔직성을 기대하기는

어렵다.

3. 의사소통의 특정한 형태

공공서비스를 제공하는 사람들이 고려해야 하는 의사소통의 특정한 형태가 있다.

1) 개인상담

상담은 근로자들과 일대일의 의사소통을 통하여 근로자들의 업적과 행태를 감시하고, 행동을 결정하고, 이를 수행함으로써 문제를 파악하고 수정하는 과정으로 볼 수 있다. 따라서 상담의 목적은 문제가 확대되기 전에 업적을 달성하는 데 방해가 되는 문제를 시정하는 것이며, 더 효과적으로 업적을 달성하기 위하여 직원들을 동기부여하고, 업무를 달성하는 데 필요한 지도와 도움을 주는 것이다. 직원상담하기 전에 특정한 문제를 분명하게 파악할 수 있도록 정보를 수집해야 한다.

2) 효과적인 회의진행을 위해 고려할 사항

사람들은 "회의가 지루하고 성과는 별로 없다"는 불평을 자주 듣곤 한다. 사람들은 말하기를 좋아하여 주제에 벗어난 이야기를 하게 되며, 주제가 분명치 않아 시간을 낭비하는 회의에 자주 참여하게 된다.

회의를 더 생산적이고 의미 있게 만들기 위한 아래 몇 개의 단계가 있다[15]:

(1) 회의가 필요한지 우선 결정해야 한다. 만약 e-mail이나 메모가 같은 목적 혹은 더 나은 결과를 가져올 수 있다면 회의는 하지 않는 것이 낫다.

(2) 만약 회의가 필요하다고 결정하였다면 회의를 위한 분명한 목적을 결정해야 되며 참석할 사람들에게 그 목적을 전달해야 한다. 회의의 목적을 분명히 하고 회의에 할당된 시간보다 더 많은 것을 달성하려고 하지 말아야 한다. 그리고 회의는 둘 내지 셋의 중요한 주제만 초점을 두고 다루어야 하며, 미리 이 회의가 시간이 얼마 걸릴 것이며, 더 좋게는 언제 회의가 끝날 것인지를 알려주는

15) Robert Denhardt, Janet Vinzant Denhardt and Maria P. Aristigueta, *op. cit.*, pp. 280-281(참조).

것이 좋다.

(3) 다른 사람들에게 첨부할 의제에 관한 문의를 하면서 의제를 발전시켜야 한다. 때로는 가장 중요한 주제에 대하여 시간을 투자할 수 있도록 중요성에 따라 주제를 순서대로 정하여 보는 것도 도움이 된다. 참여자들에게 미리 주제에 대하여 생각할 수 있도록 의제를 배포하는 것이 좋다. 그 결과 논평을 할 수 있는 자료를 준비할 수 있을 것이다. 회의장소에서 유인물을 배포하는 것은 회의가 아니라 보고의 장소로밖에 볼 수 없다.

(4) 회의시간이 되었을 때 시간에 맞추어 참석하고 진행해야 한다.

늦게 참석하는 사람을 기다리는 것은 시간을 엄수한 사람의 시간을 존중하여 주지 않는 것으로 인식되고 그들의 시간에 관심을 가지고 있지 않다는 것을 의미한다.

(5) 회의를 통하여 의제에 집중하고 주제에 벗어난 대화는 가능한 통제해야 한다.

(6) 회의 동안 한 사람 혹은 두 사람이 회의를 독점하는 것을 저지하고 참석자 모두의 의견을 돌아가면서 물어야 한다.

(7) 의사결정에 참석한 사람이 결정하는 데 영향력을 행사한다면 회의에 대한 긍정적 사고를 갖게 되며, 이것은 결정을 집행하는 데 폭넓은 수용성을 갖게 된다는 것을 기억해야 한다.

(8) 회의가 대단히 중요한 동시에 민감한 문제를 다루어야 한다면, 상황이 허용하는 한 비공식성을 유지해도 좋다. 비공식적인 대화나 친목을 위한 대화는 집단의식을 강화해 준다. 물론 그 상황에 유머스럽고, 웃기고, 재미있는 분위기를 조성할 수 있는 능력이 때로는 에너지를 유지하고 집단의식을 강화하는 경향이 있다.

(9) 회의의 목적을 달성하였을 때는 바로 회의를 끝내는 시간이다. 다른 한편, 회의가 끝나는 시간을 사람들에게 이미 말하였으나 회의가 좀더 지속되는 것이 필요하다고 판단될 때는 회의를 조금 더 진행해도 되는지 혹은 정하여진 시간에 회의를 끝내기 위하여 의제를 조정해야 되는지에 관해 회원들에게 물어야 한다.

(10) 회의가 끝날 때는 지금까지 논의한 결과를 요약하고 다음 단계에서는 무엇을 논할 것인지 정확히 말해야 한다.

위의 지침은 효과적인 회의를 진행하는 데 필요하다. 뿐만 아니라 리더는 집단의 응집성을 높이고, 대인관계를 개선하고, 갈등해소를 도와주며, 수용과 존중 그리고 참여에 대한 구성원의 개인적 욕구를 만족시키는 것이 중요하다. 회의진행에 직접적으로 관련이 있는 리더의 행위는 구성원의 참여를 고무시키는 일, 어느 구성원이 지배적으로 토의를 독점하는 것을 막는 일, 갈등을 수습하는 일, 타협을 제안하는 일, 구성원들에게 의견의 차이를 건설적으로 해소하도록 요청하는 일이며, 유머를 사용하여 긴장을 줄이는 일, 제안과 아이디어를 낸 것에 대해 감사를 표하는 일, 행동의 규범과 기준을 제안하는 일, 집단에게 초기에 합의한 규범을 상기시키는 일, 구성원에게 집단과정에 대해 어떻게 인식하고 있는지를 물어보는 일, 과정상 문제들을 집단에 지적해 주는 일 등은 효과적인 회의를 진행하는 데 도움이 될 것이며 더 나아가 의사소통의 활성화를 촉진하게 될 것이다.

3) 서면 메모, 보고서 및 제안

공공행정가들은 메모를 쓰고, 보고서를 제출하며, 제안에서 인사평가에 이르기까지 서면의사소통을 주로 활용한다. 혹은 정책제안에 대하여 서면 분석할 것을 부탁받을 수 있다. 때로는 인가제안을 서면으로 작성할 때도 있다. 이러한 서면작성의 방법으로 의사소통의 능력을 평가받는다.

서면 메모나 보고서는 몇 가지 이유 때문에 구두의사소통과 다르다. 서면의사소통에는 보고자의 의도를 전하기 위하여 몸짓 혹은 목소리의 강약을 사용할 수 없다. 청중과의 대화가 제외되기 때문에 청중은 물을 수도 없다. 이러한 측면에서는 서면의사소통은 어렵다. 반면에 서면의사소통은 더 장기적 영구성의 장점을 가지고 있다. 사람들은 당신이 말한 것을 다시 찾아볼 수 있도록 저장할 수 있으며 복사하여 분배할 수 있다. 그러나 서면의사소통은 의도를 조직화하기 위해 알맞은 단어를 취사 · 선택하는 데 시간을 필요로 한다. 다른 사람들은 더 나은 조직화, 더 정확한 정보 그리고 더 분명한 표현을 요구할 것이다. 이러한 의사소통은 많은 사람들과 의사소통해야 되는 경우 필요하며 많은 정보를 전달할 수 있는 장점이 있다.[16)]

Sussman과 Depp는 효과적인 관리보고서를 작성하는 데 6Cs를 제안하였다.

아래 6Cs는 훌륭한 서면보고서를 위하여 조직화와 논의를 위한 유용한 방법

16) George and Jones, *op. cit.*, pp.467-468.

을 제공한다[17]:

(1) 명확성(Clarity): 명확성을 위하여 자신을 독자의 편에 서도록 하라. 수동적보다는 능동적인 문구로 작성하는 것이 바람직하다. 부정적인 문체보다는 긍정적인 문체로 쓰는 것이 낫다. 특수용어를 쓰는 것보다는 오히려 간단하고 단순한 말을 사용하여야 한다. 한두 음절로써 충분히 의사를 전달할 수 있다면 넷 내지 다섯의 음절을 사용하는 것을 피해야 한다. 반면에 의미를 가장 잘 전달할 수 있는 가장 정확한 단어를 찾아라.

(2) 예의(Courtesy): 독자를 이해하고 그들의 기분 및 수준을 감안해야 한다. 정보도 그에 맞게 너무 많거나 너무 적게 제공하지 말아야 한다.

(3) 간결성(Conciseness): 이것은 간결성, 짧음 및 요점의 규칙이다. 실로 짧을수록 좋다. 1페이지 혹은 10페이지 중 어떤 것이 읽기 쉬운가? 말할 필요 없이 현장에서 1페이지의 메모를 읽는 것이 쉬울 것이다. 간결성이 얼마나 중요한지는 다음의 예에서 보면 이해가 갈 것이다. 여느 장군들에 비하여 아이젠하워 장군이 대통령이나 상관에 보내는 보고서는 길게는 한 문단 혹은 짧게는 몇 줄에 함축적으로 표현하여 보고받는 사람들이 아이젠하워 장군의 보고서는 다 읽었지만 다른 장군들의 보고서는 수십 페이지 분량의 보고서였기에 제목 이외에는 거의 읽지 못하였다고 한다. 이 간결성이 아이젠하워 장군이 승진하는 데 도움이 되었다고 한다.

(4) 확신(Confidence): 언제나 확신을 가지고 작성하라. 그러나 지나치게 확신하거나 확신이 없는 두 극단을 피하는 게 중요하다.

(5) 정확성(Correctness): 문법 및 작문, 기술적인 규칙, 즉 스펠링과 구두점에서 정확해야 한다.

(6) 대화어조(Conversational Tone): 대화어조를 갖기 위하여 말하기 방법으로 쓰도록 하고 어떤 사람을 위하여 서면을 작성한다고 생각하면서 머릿속에 특정한 사람을 상상하라. 대화하는 식으로 자연스럽게 쓰는 보고서는 부드럽고 이해하기 쉽다.

위의 지침에 따라 아무리 보고서를 잘 작성하였다고 하더라도 만약 간결치

17) Lyle Sussman and Samuel Depp, *COMEX*, Cincinnati, OH: South-Western(1984); Denhardt, Denhardt and Aristigueta, *op. cit.*, pp. 285-287(재인용).

못하다면 효과적인 의사소통이라고 볼 수 없다. 문단은 4 혹은 8문장 내로 작성하고 필요할 경우에는 그래픽 혹은 시각통신을 사용하는 것이 좋다. 그 이외에도 주의할 것은 사용하는 말 가운데 편견을 피해야 한다. 예를 들면 인종, 성, 나이 혹은 장애는 언급하지 말아야 하며 고정관념과 편견을 나타내는 어떠한 표시도 피하는 것이 좋다. 그 이외에도 혼란을 자아낼 수 있는 단어는 다른 단어로 대체하는 것이 바람직하다. 그리고 다른 사람으로 하여금 작성한 서면을 검토하게 하여 잘못된 부분을 지적하게 하는 것이 서면보고의 기본이다.

4) 관리자 측면에서 본 의사소통과정[18)]

(1) 당신의 메시지를 다른 사람에게 전달하기 전에 당신의 마음속에서 명료하게 하라.

(2) 수신자가 이해할 수 있도록 당신의 메시지를 암호화하라.

(3) 당신이 규칙적으로 의사소통하는 사람이 어떤 매체를 사용하는 것을 좋아하는지 결정하고 그 사람들과 의사소통할 때 그 매체를 사용하라.

(4) 당신이 사용하는 그 매체를 수신자가 청취하는지를 확인하라. 복잡하고 중요한 메시지를 위하여 다양한 매체를 사용하라.

(5) 당신이 다른 사람과 의사소통할 때 당신이 환류를 받을 수 있는지 확인하라.

(6) 당신의 부하들에게 나쁜 소식도 보고하도록 격려하라. 그리고 그들의 통제 불가능한 일에 대하여 비난하지 마라.

(7) 잘 듣는 사람이 되라. 그리고 당신의 부하들에게도 잘 듣는 사람이 될 것을 요구하라.

(8) 다른 문화를 가지고 있는 사람과 대화할 때 그 문화에 적합하게 말하는 스타일을 배우도록 하라.

관리자들이 서로 존중할 수 있는 의사소통의 분위기를 조성하면 더 많은 정보를 수집할 수 있으며 정보의 지나친 여과나 왜곡을 감소시킬 수 있다. 그리고 송신된 메시지가 제대로 수신되었는지 확인하는 것도 관리자의 중요임무이다. 더 중요한 것은 부하들에 열정을 심어주고 상호신뢰와 존중문화의 기틀을 심어

18) George and Jones, *op. cit.*, p. 464.

주는 것이다.

제 3 절 의사소통매체들의 장 · 단점과 의사소통망

다원론 시대로 접어들면서 특이한 현상은 이익집단의 활성화를 가져왔고, 이익집단은 그들의 이익을 관철하기 위한 홍보를 위하여 대중매체의 발달을 촉진하였다. 이러한 발달은 조직의 직무수행방법에 많은 변화를 야기하였다. 기술적인 변화의 예로는 새로운 정보, 결정지원체제, 관련된 활동을 수행하는 구성원들 사이에 의사소통과 정보공유를 위해 그룹웨어를 사용하는 인트라넷 구축을 포함한다. 조직 구성원들의 공통적인 이해를 갖기 위하여 정보를 수집하고 공유하는 것은 조직의 생존을 위하여 중요하며, 이것은 생각보다 어려운 일이다. 우리가 흔히 범하는 잘못은 조직이 직면하고 있는 문제를 면밀하게 검토하지 않고 다양한 매체 가운데에서 선택하는 것이다. 적절한 매체를 선택하기 전에 관리자는 문제의 성격과 목적을 분명히 이해할 필요가 있다.

의사소통의 매체는 각각 서로 다른 특징을 가지고 있다. 즉 그들이 다루는 정보의 양과 각 매체가 수신자나 발신자들로 하여금 공통의 이해에 도달하게 할 수 있는 정도에 있어서 다르다. 많은 정보를 다룰 수 있는 매체는 풍부한 정보를 다룰 수 없는 매체보다 더 많은 정부를 송신할 수 있고 공동의 이해를 가져올 수 있다. 따라서 조직의 구성원에게 가능한 종류의 매체는 어떠한 것이 있는지를 정보의 풍부함을 기반으로 설명하면 다음과 같다.[19)]

1. 매체의 종류

1) 정면으로 마주 보는 의사소통(Face-to-Face Communication)

마주 보는 의사소통은 가장 많은 정보를 접할 수 있다. 이러한 의사소통은 수신자에게 구두 메시지뿐만 아니라 발신자의 몸 언어 및 얼굴의 표정까지 전달할 수 있다. 다른 장점은 수신자가 발신자에게 즉각적인 환류를 제공할 수 있다는 것이다. 발신자는 모호한 정보를 즉각적으로 명확하게 수정할 수 있으며 그리

19) George and Jones, *op. cit.*, pp. 464-468.

고 상호 공통적인 이해를 가질 수 있도록 계속적으로 의사소통과정을 가질 수 있다는 장점을 가지고 있다.

2) 전자송신

전화선을 통한 구두의 의사소통은 직접 대면하는 의사소통수단 다음으로 많은 정보를 얻을 수 있다. 전화에 의한 의사소통은 수신자에게 몸 언어나 얼굴표정과 같은 정보는 제공하지 못한다. 수신자는 전달되는 메시지를 들을 수 있음은 물론 목소리의 강약을 파악할 수 있다. 반면 의사소통하는 동안 수신자의 태도를 볼 수 없는 것이 단점이다. 말로 하는 의사소통의 형태는 수신자를 직접 보고 개인적으로 말하기 때문에 수신자는 메시지에 집중하기 쉽다.

전화통신은 즉각적으로 환류를 받을 수 있기 때문에 재빨리 오해를 시정할 수 있는 장점이 있다. 전자구두매체(Electronic Verbal Media)는 소리메시지와 응답기계를 사용하는 의사소통이다. 소리메일(voice mail)은 수신자가 멀리 떨어져 있을지라도 발신자를 위하여 구두메시지를 남길 수 있으며 응답기계도 기능면에서 소리메일과 유사하다. 회사의 TV체제를 사용하는 의사소통은 전자로 송신하는 구두의사소통과 직접 대면하는 의사소통과의 혼합으로 볼 수 있다.

3) 개인적으로 쓴 서신통신(Written Communication)

수신자에게 개인적으로 작성하는 서면의사소통(편지 혹은 메모)은 풍부한 정보를 얻을 수 있는 방법이다. 개인적으로 표현하는 의사소통은 수신자들이 주의를 집중하는 경향이 있다. 한 사람을 위하여 편지를 쓸 경우 발신자는 수신자가 쉽게 이해할 수 있는 방법으로 메시지를 작성할 수 있다. 즉각적인 환류는 없을지라도 이것이 약점이 될 수는 없다. 때때로 수신자가 메시지에 반응하며 답변하는 시간이 필요하다. 전자메일(Electronic Mail)은 이러한 매체에 속한다. 전자메일은 자신들의 컴퓨터를 사용하여 서로 의사소통한다. 그러나 e-mail 메시지는 감독자나 혹은 조직의 다른 구성원들이 쉽게 접근할 수 있다는 문제점이 지적되며, 더 큰 문제는 많은 사람들이 다른 사람의 e-mail을 읽는 것을 비윤리적이라고 생각하지 않는다는 것이다.

4) 비인간적인 서면에 의한 의사소통(Impersonal Written Communication)

정보의 풍부한 측면에서 가장 낮은 것은 특정한 수신자가 아닌 사람들에게 서면으로 하는 의사소통이다. 이러한 형태의 의사소통은 예를 들어 조직의 기관장이 전 직원을 대상으로 '일시해고에 관한 소문은 근거가 없는 것'이라고 알려야 하는 것과 같은 것으로 동시에 여러 사람들과 의사소통할 필요가 있을 때 사용한다. 이러한 매체는 비인간적이고 환류는 거의 받지 못한다. 이 매체는 많은 정보를 많은 사람, 즉 대학의 전체 학생에게 의사소통할 필요가 있다면 유용하게 사용될 수 있다. 메시지가 중요하고 발신자가 보낸 메시지가 잘 이해되기 어려울 때는 다른 매체에 대해서 전반적으로 다시 검토하는 것이 바람직하다. 그러나 메시지가 분명하고 확실히 이해될 것으로 믿는다면 서면 메모나 혹은 편지 형태가 모든 사람들의 시간을 절약하여 줄 수 있다.

5) 새로운 정보기술

최근 정보기술의 발전은 조직의 구성원들에게 서로 의사소통할 수 있는 새로운 방안을 주었을 뿐만 아니라 전보다 더 많은 정보를 실시간에 접근할 수 있게 했다. 새로운 정보기술은 주로 의사소통의 지적 기능에 공헌하였지만, 조직이 이러한 기술에 지나치게 의존하여 다른 중요한 기능을 등한시하는 결과를 가져와서는 안 된다. 특히 동기부여, 느낌 및 감정의 표현은 전자통신을 통해서는 달성하기 어렵다. 전자메일 혹은 정보통신의 발달에 의하여 조직의 구성원들은 감당할 수 없을 정도로 정보의 홍수 속에서 어려움을 겪고 있다. 그 결과 발생하는 문제는 상대적으로 중요하지 않은 문제들에 관심을 쓰다보니 중요한 문제를 등한시하는 위험이 있다는 것이다. 또한 정보의 홍수 속에서 원하는 정보를 찾는 새로운 직종이 생기게 되었다.

6) 컴퓨터 네트워크(Computer Network)

새로운 기술에 의하여 발전된 컴퓨터망은 보편화되었다. 예를 들면 이러한 네트워크의 대부분은 기업, 연구실험실 및 대학에서 활용되고 있다. 인터넷(Internet)은 참여하기 쉽고, 사용하는 데 비용이 많이 늘지 않으며, 메시지를 네트워크의 주소를 가지고 있는 어느 누구에게나 보낼 수 있다. 인터넷은 수천 개의 정보소스의 접속을 가능하게 할 수 있다. 인터넷 기술을 활용하고 있는 많은 조직들은 그들 자신의 조직 내 의사소통을 활성화하기 위하여 인트라넷(Intranet)을 만들고 있다. 인트라넷은 조직의 많은 구성원들이 접속할 수 있으며 이사회 및 규정집에 의한 다양한 정보, 계획, 회의시간 및 현재 재정적 업적 등을 포함한다. 조직은 조직 내의 구성원에게 효과적으로 의사소통하기 위하여 인트라넷을 사용할 뿐만 아니라 업무를 수행하는 데 필요한 정보를 제공한다.

7) 작업집단을 위한 전자통신

다른 정보기술의 발전은 작업집단이 서로 의사소통하게 할 수 있고, 회의를 중개할 수 있음은 물론 컴퓨터를 통하여 서로 메시지를 주고받을 수 있다. 작업집단을 위한 이러한 전자통신의 장점은 집단구성원들이 세계 각처로 흩어져 활동할 수 있고, 회의할 수 있으며 그리고 집단으로 작업할 수 있게 한다는 점이다. 그러나 작업집단의 구성원들을 동기부여하고, 그들의 개인적 업적을 통제 및 조정하며 그리고 그들의 감정을 표현하게 하기 위하여 전자통신의 사용은 전통적인 직접 대면에 의한 의사소통 및 회의보다는 열등한 면도 있다.

적절한 매체를 선택하는 데 직접 대면에 의한 의사소통은 많은 정보를 취득하는 데 유리하기는 하지만 시간이 많이 소요된다는 한계를 가지고 있으므로 이러한 매체를 사용할 필요가 없을 때도 있다. 풍부한 정보를 제공하는 매체가 아닌 다른 매체를 사용하는 중요한 이유는 사람들이 정보의 양보다는 다른 요인을 선호하기 때문이다. 중요한 이유 중 하나는 제공하는 정보의 풍요로움과 직접 대면하는 의사소통에 소요되는 시간이다. 따라서 직접 대면에 의한 의사소통은 많은 정보를 확보할 수 있지만 시간이 많이 소요되므로 이들간의 균형이 바람직하다.

(1) 개인적으로 직접 대면하는 의사소통이 집단회의를 위한 전자통신보다 유리한 점은 다음과 같다:

① 최근의 연구에서 전자통신을 하는 집단은 직접 만나서 의사소통하는 집단보다 업적을 달성하는 데 시간이 더 걸린다는 것을 알 수 있다.

② 전자통신방법에 의하여 집단회의를 하는 데 집단구성원들은 구두 혹은 비구두적인 단서, 즉 목소리의 억양, 머리의 끄덕임 혹은 눈의 마주침과 같은 정보를 놓칠 수 있다. 예를 들어 전자통신회의에서 둘 혹은 그 이상의 참여자들

은 그들의 컴퓨터에 메시지를 타이핑하여 집단에게 동시에 메시지를 전송할 수 있다.

③ 전자통신은 집단 구성원들이 익명성과 몰개성화를 느끼게 할 수 있다. 이러한 조건은 높은 동기부여와 감정표현에 도움을 주지 못한다.

(2) 직접 대면과 집단 통신의 비교

① 전자통신하는 집단은 직접 대면하는 집단보다 높은 업적을 내지 못하며 아울러 많은 집단구성원들이 만족하지 못하는 것 같다. 그러면 직접 대면하는 의사소통(Face-To-Face Communication)이 작업집단을 위하여 항상 전자통신(Electronic Communication)보다 바람직한 것인가? 연구에 의하면 우선 집단이 수행하는 업무의 타입(the type of task)과 집단구성원간에 업무의 독립성을 고려하는 것이 중요하다. 업무의 독립성은 집단의 한 구성원이 수행하는 업무가 다른 구성원이 하는 업무에 영향을 미치는 정도를 말한다. 일반적으로 집단구성원간의 업무의존성의 수준이 증가할수록 전자통신보다는 직접 대면하는 의사소통의 필요성은 현저하다. 그러나 상호의존성의 정도가 낮고, 집단의 업적을 결정하기 위하여 집단구성원들의 기여도를 종합해야 되는 집단과제에는 전자통신이 더 유익하다.

② 장거리전화 및 텔레비전을 사용한 원격지간의 회의는 집단의 구성원들이 수배 혹은 수천 마일 떨어져 있을 때 모든 집단구성원들이 서로 의사소통할 수 있으며, 이는 전자통신회의의 약점을 극복할 수 있는 전자통신의 새로운 형태이다. 이러한 원격지간의 회의는 TV 스크린을 통해 서로 보고 말할 수 있다. 더욱이 집단구성원들이 서로 의사소통하는 동안 TV 스크린에서 서로 보고 직접 대면할 수 있기 때문에 정보가 상대적으로 풍부하다. 역시 이 매체는 집단 혹은 조직이 서로 다른 지역에 떨어져 있을 때 유용성이 있다.

(3) 위에서 지적한 바와 같이 적절한 의사소통매체를 선택할 때 다음과 같은 사항을 고려하는 것이 요약된다:

① 메시지가 중요하고 수신자가 그 메시지를 이해하는 데 어려움이 있을 때 직접 대면하는 의사소통을 사용하는 것이 유리하다.

② 중요하고 복잡한 메시지를 위하여 복수의 의사소통매체, 즉 직접 대면하는 의사소통과 서면보고서를 사용하는 것이 경제적이다.

③ 송신되는 메시지를 서류화할 필요가 있는 경우와 지시 혹은 규정들과 같이 메시지가 하나 그 이상의 내용을 포함하고 있을 때 서면에 의한 의사소통을 사용해야 한다.

④ 전자로 송신되는 구두 및 서면의사소통이 직접 대면하는 의사소통과 같이 효과적일 때 시간을 절약하기 위하여 그 매체를 사용하는 것이 바람직하다.

⑤ 정보기술의 발달이 조직구성원들로 하여금 정보의 홍수 속으로 빠지게 해서는 안 된다. 필요한 정보만을 송신하는 매체를 고려해야 한다.

2. 의사소통망(Communication Networks)[20]

집단 혹은 조직 내에 정보가 흐르는 경로를 의사소통의 망(networks)이라고 부른다. 집단과 조직의 의사소통망을 나누어 설명하면 〈그림 12-1〉과 같다.

〈그림 12-1〉 집단의 의사소통망(Group Communication Networks)

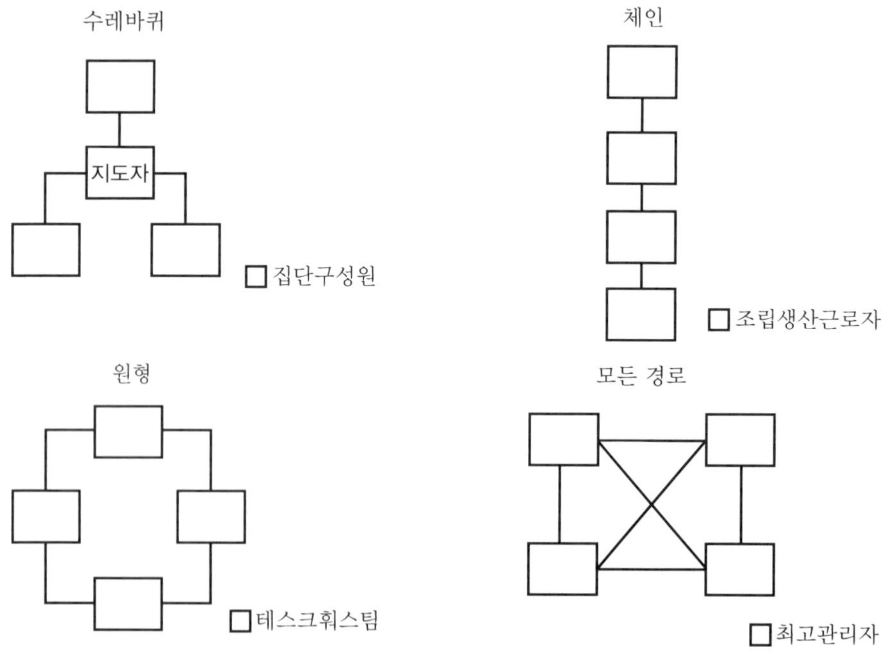

20) George and Jones, *op. cit.*, pp. 473-475.

1) 집단의사소통망(Group Communication Networks)

집단들은 조직에서 중요한 역할을 한다. 그러한 집단 내에서 발전할 수 있는 의사소통망 가운데 Wheel, Chain, Circle 및 All-Channel Network가 있다.

(1) 수레바퀴망(Wheel Network)

이 Wheel Network에서는 대부분의 정보는 집단 내의 한 명의 중심적인 구성원을 통하여 흐른다. 이 중심적인 구성원은 다른 구성원들로부터 모든 정보를 받고 그들에게 메시지를 보내는 유일한 사람이다. 본질적으로 모든 정보는 이 중심적인 사람으로부터 시작해서 흐르고 종국적으로 정보는 그에게 다시 흘러간다. 집단의 다른 구성원들은 서로 직접적으로 의사소통하지 않는다. 수레바퀴망은 집단구성원들 사이에 업무의 독립성이 있을 때 사용되는 경향이 있다. 일반적으로 집단구성원들은 서로 독립적으로 일하며, 집단의 업적은 각 구성원들의 업적을 종합하면서 결정된다. 그러한 집단의 예는 타이피스트들과 다른 지역을 담당하는 판매원들을 들 수 있다. 이 집단구성원들은 서로 직접적으로 의사소통하지 않으며 정보는 단지 집단의 중심인물로부터 흐른다. 특히 수레바퀴망은 모든 구성원의 시간을 절약하여 줄 수 있기 때문에 효과적인 의사소통경로라고 볼 수 있다.

(2) 체인망(Chain Network)

체인망에서는 의사소통이 한 집단구성원에서 다음 구성원에게 미리 정하여 신 순서대로 흐른다. 양 체인의 끝에 있는 사람은 그들의 다음에 있는 사람에게만 의사소통을 한다. 체인망은 독립된 업무가 연속적인 순서로 연결되어 있는 경우에 현저하게 사용된다. 그러한 집단에는 조립생산공장에서 집단구성원의 연속적인 투입의 결과가 완성품으로 생산되는 과정을 그 예로 들 수 있다. 체인망은 역시 계층집단들의 의사소통으로 특징된다.

(3) 원형망(Circle Network)

원형망은 집단의 구성원들이 그들에게 인접한 다른 구성원들과 의사소통하는 집단에서 일어난다. 즉 이사소통하는 사람들은 경험, 관심 혹은 전문성의 영역으로부터 그들의 사무실이 있는 위치 혹은 그 구성원들이 만났을 때, 그들이 앉아 있는 장소에 이르기까지 어떤 범위에서는 유사한 사람들이다. 집단이 원형 테이블에 둘러앉을 때 구성원들은 그들의 건너편에 앉아 있는 사람과 이야기하는 경향이 있다. 근로자들은 사무실이 인접한 사람과 대화하는 경향이 있다. 의사소통의 전문가들은 조직에는 적어도 3개의 비공식망이 있다고 한다.[21)]

① 자문망(Advice network): 문제해결이나 자문을 얻는 의사소통의 경로

② 신뢰망(Trust Network): 갈등, 불일치, 권력투쟁과 같은 비밀에 부쳐지는 정보통로의 경로

③ 의사소통망(Communication Network): 일상적인 업무에 관련된 문제를 위한 의사소통의 경로

이러한 원형 흐름은 조직의 구성원들이 그들의 업무를 수행하는 데 그들이 필요한 정보에 접근을 가능하게 한다.

(4) 모든 경로의 망(All-Channel Network)

모든 경로의 망에서 보든 집단구싱원들은 모든 다른 구성원들과 의사소통한다. 이 망은 업무가 상호보완적일 때 현저하게 필요하다. 업무가 상호보완적이라면 집단의 활동은 서로에 의존한다. 예를 들어 업무의 복잡성 때문에 모든 경로의 망을 사용하는 집단은 첨단과학연구, 발전 팀, 최고경영 팀, 응급실의 직원 그리고 병원의 외과수술 팀을 포함할 수 있다. 개방형은 가장 민주적인 행태의 의사소통망이다. 개방형망 내에서 각 구성원들이 누구하고나 서로 의사소통할 수 있다.

2) 조직의 의사소통망(Organizational Communication Networks)

조직의 공식적인 보고 채널인 조직의 차트(charts)는 조직의 의사소통망의 한 형태이다. 공식적인 보고 라인은 조직의 계층제에 의한 명령계통에 의하여 만들어진다. 계층제는 부하들이 감독자에게 보고하고, 그 감독자는 자신의 상관에게 보고해야 되는 것을 말한다. 반대로 계층제의 상하에 따라 상관에서 부하들에게로 의사소통이 이루어진다.

일반적으로 단순한 조직차트(그림 12-2)는 단순한 의사소통망을 가지고 있다. 복잡한 의사소통망은 거의 복잡한 조직차트에 의하여 만들어진다. 그러나

---

21) D. Krackhardt and J. R. Hanson, "Informal Networks: The Company," *Harvard Business Review*(July-August 1993), pp. 104-111.

〈그림 12-2〉 단순한 조직차트(chart)

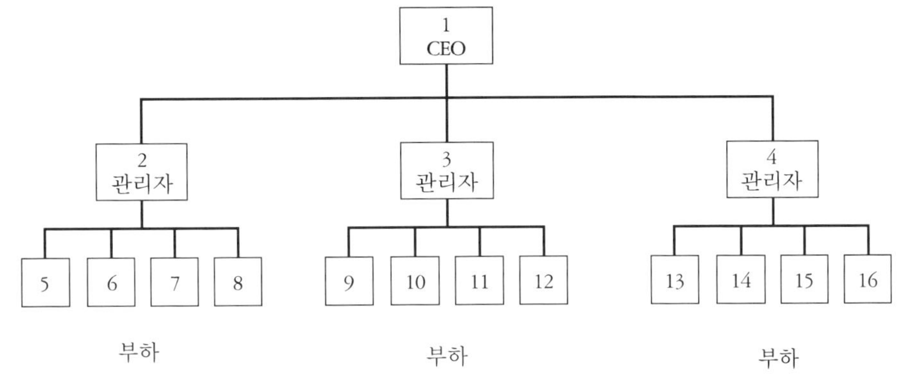

실제 의사소통 패턴이 조직의 차트에 의하여 구체적으로 설계된 의사소통 패턴과 유사하지 않은 경우가 있다. 이러한 불일치는 빈번하게 발생한다. 조직의 의사소통은 한 사람이 조직의 상하 지위에 따라 보고하는 공식적인 것보다는 주제, 목적, 프로젝트 혹은 문제에 따라 흐르는 것을 볼 수 있다. 그 외에도 실제적인 의사소통 패턴은 공식적인 조직의 차트에서 보여주는 것보다는 비공식 망을 통해 형성되고 있는 것이 보편화되어 있다(그림 12-3).

하향, 상향 그리고 수평적 의사소통의 발전은 정보의 자유스러운 흐름을 촉구하고, 근로자의 개입을 증진시켜 주며, 아울러 소외를 감소시켜 준다. 개인의 의사소통 노력은 대규모 조직환경에 의하여 영향을 받는다. 단순한 조직차트에서의 관계는 비교적 안정적이지만 실제적인 의사소통의 패턴은 다양한 참여자들로 인하여 비교적 불안정하며 조직이 변화를 유인하는 조건들이 상정될 때 변화를 가져오기 수월하다.

공공조직은 관리통제를 지속하고, 의사를 결정하고, 그 결정을 다른 조직의 구성원들에게 소통시키고, 필요한 정보와 환류의 수집을 위하여 공식적인 의사소통을 강조하는 경향이 있다. 공공관리자들은 부하들의 의견과 제안을 받는 것보다는 공식적인 채널을 통하여 정보를 하향적으로 전달하는데 더 익숙하다. 하향적 의사전달의 주요내용은 구체적인 업무지시, 전반적인 업무의 성격을 이해하도록 하기 위한 정보전달, 업무수행의 환류 및 사명감을 갖도록 하기 위한 의사소통이다. 그런 이유로 공공조직은 단순한 의사소통 모델에 익숙한 면이 있다.

〈그림 12-3〉 조직에서의 실질적인 의사소통 패턴

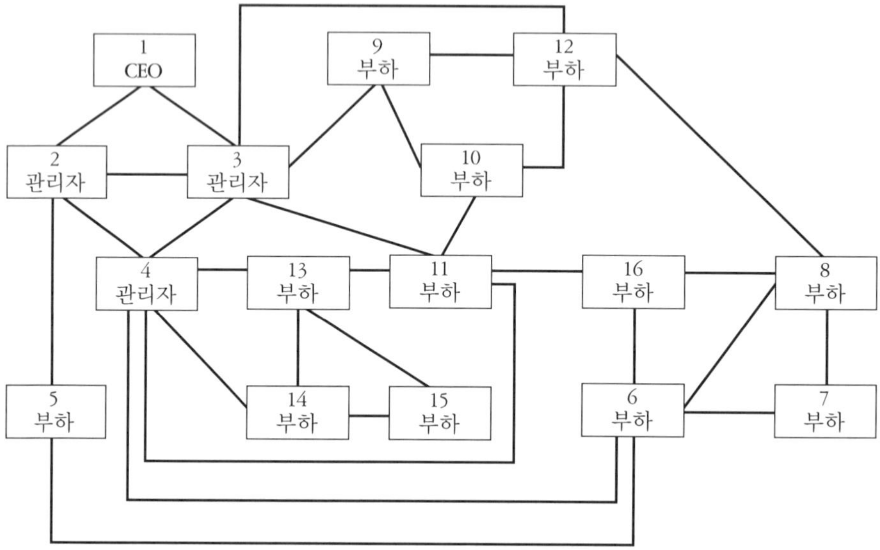

그러나 공공관리자들도 변화를 필요로 하는 의사소통 패턴을 발전시키는 것이 필요하다. 그 결과 공공관리자들과 그들의 부하들은 모든 방향에서 상호 의사소통을 발전시키면서 신속하지 못하고 융통성이 없는 공식적인 의사소통망을 교묘하게 피하고 비공식적인 망을 활용하는 경향이 빈번히 발생한다. 공공관리자들은 단순히 하향적인 것보다 상향적인 의사소통의 장애요인을 인식하고 그러한 문제를 제거할 필요가 있다. 이는 조직의 구성원들에게서 새로운 의견을 수렴할 수 있어 공공조직의 개혁을 가져오기 위한 엄청난 잠재력을 유도할 수 있는 장점이 있기 때문이다(그림 12-3).

일반적으로 업무에 대한 지식을 가지고 있는 공공관리자가 상향적 혹은 모든 방향으로의 정보의 자유로운 흐름 및 소통에 흥미를 가지게 되면 조직의 경직화를 감소시키며 협조적으로 업무를 수행할 수 있다. 따라서 관리자는 이러한 의사소통 패턴을 보호하는 것이 유익할 것이다. 상향적 의사전달에서는 업무를 수행하기 위한 어려운 문제 등에 대한 정보를 전달하고 조직의 활동과 정책에 대한 의견을 묻거나 제시하기도 한다. 상당수의 연구결과는 의사소통이 단일한 방향으로 흐르는 것보다 양방향으로 흐르는 것이 현실적응에 더 유익하다고 제시한다.

e Theory of Public Organization

13장

조직문화

제1절 조직문화와 문화의 영향

제2절 조직문화의 측정변수와 문화의 전달

제3절 공공조직의 문화접근법

제4절 조직문화의 변화관리와 저항

제13장 조직문화

다른 연구주제와 비교하여 볼 때 좀 늦은 감은 있으나 지난 20여 년간 조직문화는 경영학 분야에서 가장 광범위하고 중요한 연구주제들 가운데 하나였다. 베스트셀러 책도 조직성장의 가장 필수적인 조건으로서 조직문화의 성공적인 관리를 꼽을 정도이다.[1] 개혁가들은 효과적인 조직문화는 총체적 질 관리(Total Quality Management), 기업가정신, 권한부여(Empowerment) 그리고 학습조직의 시도와 같은 개혁을 지지해야 한다고 주장한다. 행정학 분야에서도 문화적 차원에서 조직을 분석하는 연구도 오래 전에 있었으나[2] 요즘 조직문화 역할의 중요성이 부각되면서 많은 연구논문과 저서가 출판되어 오고 있다.[3] 그러나 대부분의 학자들은 조직문화의 특징을 구체화하는 데 많은 노력을 기울이고 있지 않으며, 오히려 문화를 추상적인 환경으로 설명하는 경향이 있다.

제 1 절 조직문화와 문화의 영향

1. 조직문화의 정의

조직문화에 대한 정의는 수없이 많다. 문화는 구체적으로 정의하기 어려운 개념이다. 조직문화는 조직에서 말하는 "조직의 구성원과 고객에 대한 조직의

---

1) T. J. Peters and Waterman, R. H. Jr., *In Search of Excellence: Lessons from America's Best Selling Companies*, New York: HarperCollins(1982), (재인용); Hal G. Rainey, *Building an Effective Organizational Culture, in Handbook of Public Administration*, by James L. Perry, editor, Jossey-Bass Publishers, San-Francisco, CA(1996), p. 151.
2) P. Selznick, *Leadership and Administration*, New York: Harper Collins(1957).
3) J. S. Ott, *The Organizational Culture Perspective*, Pacific Grove, Calif.: Books/Cole(1989); E. H. Schein, *Organizational Culture and Leadership*, 2nd ed., Jossey-Bass Publishers, San-Francisco, CA(1992); Rainey, *Building an Effective Organizational Culture*, p. 151(재인용).

정책을 인도하는 지배적인 가치", "업무가 달성되는 방법", "조직의 구성원들이 공유하고 있는 심층적인 기본전제와 신념[4] 혹은 기본적인 가정 및 가치관"으로 설명한다. Schein은 계속하여 "집단이나 조직의 문화를 세계와 그 장소, 시간과 공간의 성격, 인간성, 인간관계에 대해 구성원들이 공유하는 가정과 신념"이라고 정의한다. 조직에서는 오랫동안 전해져 내려오는 가치관, 상징, 의식, 신비 그리고 관습의 패턴이 있다. 이러한 패턴은 조직의 구성원간에 조직이 무엇이며, 구성원들이 어떻게 행동해야 되는지에 대한 공통적인 이해를 형성한다.

1) 문화의 근원

Schein은 문화는 기본적으로 세 가지의 근원으로부터 발생한다고 한다: i) 조직 설립자의 믿음, 가치관 그리고 가정(assumptions), ii) 조직이 진화됨에 따른 집단 멤버들의 학습경험들, iii) 새로운 멤버나 리더들이 조직에 가지고 오는 새로운 믿음, 가치관과 가정들(assumptions).[5] 세 가지의 근원 각각이 중요한 역할을 하지만 지금까지 가장 문화의 근원으로 지적되는 것은 설립자의 영향이라고 본다. 설립자는 기본적인 사명이나 새로운 집단이 활동하기 위한 환경적인 맥락을 선택할 뿐만 아니라 멤버를 선택하고, 성공하고, 통합을 가져오기 위하여 원래의 반응에 편견을 가지고 있다. 조직은 우연하게 형성되거나 그렇다고 자발적으로 형성되는 것이 아니다. 조직은 목적지향적이고, 특정한 목적을 가지고 있으며, 사람들이 혼자는 할 수 없는, 어떠한 것을 달성할 수 있는 여러 사람들의 조화된 집단적인 행동이라고 지각하기 때문에 창조된다.

2) 문화의 정체성

문화는 조직이 서로 지탱하게 하는 사회적 · 규범적 접착제와 같다.[6] 다른 표현으로 문화는 사람들에게 정체성의 의미를 주는 공유된 가치 및 가치관을 의미한다. 문화는 그 자체의 목적보다 더 큰 목적에 대한 헌신을 촉진하고, 행태에 영향을 주며, 조직의 안전과 질서정연한 발전을 가져오게 해준다. 조직문화는

4) Edgar H. Schein, *Organizational Culture and Leadership*, San Francisco, CA: Jossey-Bass(1985), pp. 1-22.

5) Edgar H. Schein, *Organizational Culture and Leadership*, San Francisco, CA: Jossey-Bass(1992), p. 211.

6) Linda Smircich, "Concepts of Culture and Organizational Analysis," *Administrative Science Quarterly*, 28(September 1983), p. 344.

어떠한 행태가 어디까지 용인되는지에 관한 규범을 반영할 뿐만 아니라 조직의 구성원들의 행동기준을 결정하는 데에도 기여한다.

3) 문화정의의 어려움

조직문화를 정의 내리기 어려운 이유는 개념의 중요한 요인들이 구체적인 것보다는 유동적 혹은 상징적인 특징을 다루기 때문이다. 문화는 볼 수 있는 것은 아니지만 문화의 결과나 표현은 조직 내에서는 끊임없이 나타난다. 즉 조직문화는 가치관, 가정, 행동규범 및 행위의 패턴과 같은 많은 무형적인 것으로 구성되어 있다. 실제로 조직 내에 인간의 행태를 형성하기 위한 문화의 중요한 역할은 지난 수년 동안 특히 관리학 분야에서 관심 있는 연구의 대상이 되어 오고 있다. 문화는 무형이고 거의 글로 내려오는 것이나 논쟁을 벌이는 것도 아니지만, 행태를 형성하고 통제하는 잠재적인 힘을 가지고 있다. 문화는 관찰가능하며 명확한데 조직에서 공유하는 철학, 이데올로기, 신비, 가치, 믿음, 가정 그리고 규범으로 반영된다.[7)]

4) 문화에 대한 관심

Schein은 문화는 세 가지 이유 때문에 조직문화의 개념에 관심을 가지고 있다고 한다.[8)]

(1) 조직문화는 느낄 수 있고, 사회, 직업, 조직 혹은 집단에 실제적 영향을 가지고 있다. (2) 사람들이 조직에 대하여 가지고 있는 개인 및 조직의 업적과 감정은 조직문화를 고려하지 않고는 이해할 수 없다. 왜냐하면 조직문화는 조직효과성의 정도를 결정하여 줄 수 있기 때문이다. (3) 개념적으로 조직문화를 분위기(climate), 철학, 이념 그리고 스타일과 같은 다른 개념과 오해 및 혼동을 하고 있다. 심리학자들은 공식적 · 비공식적으로 조직의 정책, 관례 그리고 절차에 대하여 서로 공유하고 있는 지각을 설명하기 위하여 조직의 분위기를 사용하는 것을 더 좋아한다. 그러나 분위기를 지지하는 사람들은 문화와의 중복을 인정한다. 문화는 더 깊고 더 포괄적인 의미를 가지며 분위기는 문화에 대한 하나의 표현이

---

7) Ralph Kilmann, Mary Saxton, Ray Supa et al., *Gaining Control of the Corporate Culture*(San Francisco: Jossey Bass, 1985), p. ix.

8) Edgar H. Schein, *Organizational Culture and Leadership*, San Francisco, CA: Jossey-Bass(1985), p. 24.

라는 데 동의한다.[9)]

2. 문화의 기능과 관리

1) 문화의 기능

조직문화는 조직의 형성과 존속을 가능케 하기 위하여 환경을 이해하고 환경에 대응하는 방법을 결정하는 데 도움을 주어 이에 따라 불안과 불확실성 및 혼란을 감소시킨다. 어떻게 조직을 합리적으로 운영하는지, 민주주의가 발전할 수 있는지, 어떤 나라나 조직은 왜 부정부패가 심한지 등 이 모든 문제에 대한 해답은 문화를 이해함으로써 해결될 수 있다. Pye 교수는 미얀마의 정치현실이 왜 불신으로 심각한지를 문화적 관점으로 분석하였다.[10)] 그의 연구에서 한 가지 예를 든다면, 자녀를 양육하는 미얀마의 부모들이 자녀가 잘못을 판단할 수 없는 나이에 체벌을 가함에 따라 아이들은 항상 언제 부모가 자신들에게 체벌을 가할지를 의심하게 된다는 것이다. 부모에 대한 불신이 어린아이 때부터 자라면서 뿌리를 내려 결국 정치불신으로까지 발전하는 데에서 미얀마의 정치불신의 원인을 찾고 있다. 실제로 문화를 이해하지 않고는 정치도 제대로 할 수 없으며 전쟁에서도 승리를 가져올 수 없을 만큼 관심을 가져야 할 분야라고 Fulbright는 주장한다. Fulbright는 그의 저서인 「The Arrogance of Power」에서 미국의 Vietnam 전쟁에서 패한 이유를 미국의 군인들이 Vietnam가 문화를 이해하지 못한 결과 Vietnam 국민들 가운데 반 미국정서가 팽배하였기 때문이라고 한다.[11)] 이보다 2년 전 Almond와 Verba는 선진 5개국의 정치태도와 민주주의의 대한 분석적 연구를 한 「*Civic Culture*」[12)]를 저술한 이래 정치와 행정 분야에서 문화에 관심이 일어나 문화접근법에 의한 연구가 자주 발견되곤 했다.

---

9) Aron E. Reichers and Benjamin Schneider, *Climate and Culture: An Evolution of Constructs. In Organizational Climate and Culture*, edited by Benjamin Schneider, San Francisco, CA: Jossey-Bass(1990), pp. 22-24.

10) Lucian W. Pye, *Politics, Personality, and Nation Building: Burma's Search for Identity*, Greenwood Press(1976).

11) William Fulbright(1967), *The Arrogance of Power*, Random House.

12) Gabriel A. Almond and Sidney Verba(1965), *The Civic Culture*(An Analytic Study of Political Attitudes and Democracy of Five Nations), Little, Brown and Company.

조직문화의 내 · 외부 문제들은 상호 밀접하게 관련되어 있으며, 조직문화의 기능은 다음과 같다:

(1) 멤버십을 결정하는 내부의 준거를 가지고 있다.

(2) 지위와 권력을 결정하는 기본토대가 정해져 있다.

(3) 보상과 처벌을 할당하는 준거와 절차가 이미 제정되어 있다.

(4) 예측 불가능하고 통제 불가능한 사건들을 설명하는 이데올로기를 서로 공유하므로 예측성을 높일 수 있다.

(5) 위반과 높은 성과를 처리하는 규칙과 관습을 서로 공유하며, 구성원을 사회화하고, 일탈적인 행동을 통제하는 기능을 하여주기도 한다.

(6) 사람들은 무엇이 적절하고 부적절한지 알려주어 욕구충족의 통로를 규정하는 통로역할을 한다.

(7) 조직문화는 구성원의 일체감을 형성하여 사회적 규범적 접착제 역할을 한다.

(8) 따라서 구성원들이 편안한 관계를 유지하도록 도움을 주는 기능을 가지고 있다.

2) 조직문화의 효과성

조직문화가 조직의 성과에 영향을 주는가? 일반적으로 많은 학자들은 문화는 세 가지 중요한 기능을 한다고 한다(그림 13-1).[13]

〈그림 13-1〉 조직의 문화와 성과

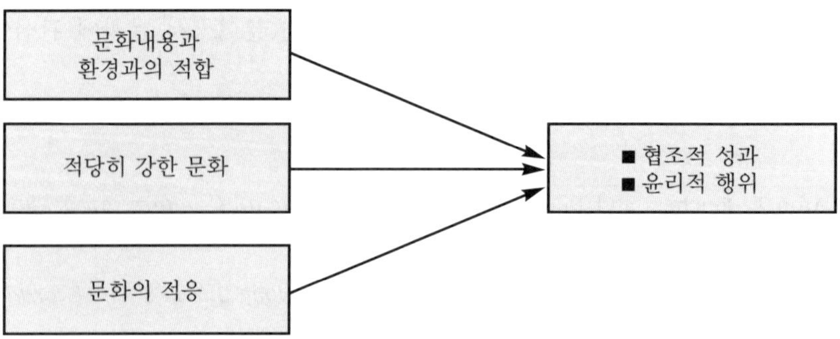

13) McShane and Von Glinow, *op. cit.*, pp. 505-508.

(1) 조직문화는 직원의 결정 및 행태에 영향이 미칠 수 있는 뿌리 깊은 사회통제의 형태이다. 문화는 침투성이 강하고 무의식적으로 운영하게 된다.

(2) 조직문화는 사람을 서로 묶는 사회적 접착제이며 사람들은 적어도 조직의 일부를 체험한다. 직원들은 조직의 지배적인 문화를 내면화하도록 동기부여된다. 이것은 전 세계적이고 실제적인 노동인구를 가지고 있는 조직에서 점점 더 중요해지고 있다. 왜냐하면 문화는 이들을 서로 묶어주는 몇 가지 수단 가운데 하나이기 때문이다.

(3) 조직문화는 이해를 형성하는 과정(snese-making process)을 도와주며, 또한 직원들이 조직의 사건 혹은 결과를 이해하게 도와준다. 직원들은 조직이 그들에게 무엇을 기대하는지 묻기 전에 쉽게 과제를 파악할 수 있다. 더욱이 직원들은 현실에 대한 서로 공통적인 비전을 공유하기 때문에 더욱 능률적으로 의사소통할 수 있고 질 높은 수준의 협조를 가져올 수 있다.

문화가 효과성에 영향을 미칠 수 있을까? 이 질문은 문화의 중요성이 부각되고 있는 21세기에 흥미롭다. 실제로 강한 문화는 조직의 핵심적인 가치이며 많은 사람들에 의하여 넓게 공유되고 있는 것이다. 실제로 구성원들이 안정적이고 성숙된 모든 조직이 반드시 강한 문화를 가지고 있지는 않다. 문제는 핵심적인 가치를 열정적으로 가지고 있는가이다. 조직이 젊고 구성원들 사이에 이직률이 높은 조직은 구성원들이 공통의 가치를 경험해 보지 않았기 때문에 약한 문화를 가지고 있다고 볼 수 있다. 만약 문화가 강하다면 조직의 효과성에 영향을 미칠 수 있을까? 대답은 당연하다고 본다. 효과성은 조직의 문화, 전략, 환경, 그리고 기술이 서로 조화를 가져올 수 있는 강한 문화를 가지고 있다.

성공적인 조직은 외부환경과 적절한 관계를 가진다. 다시 말하여 전략과 환경은 문화에 의하여 형성될 것이다. 예를 들어 시장 중심적인 전략은 동태적인 환경에서 더 적절하고, 개인의 창의성, 모험, 높은 통합, 그리고 갈등에 대한 관용은 수평적인 의사소통을 요구할 것이다. 성공적인 조직은 그들의 문화와 적절한 내부의 적합성과 조화를 가져오는 것이 필요하다. 예를 들면, 일상적인 기술은 안정적이고 집권적인 의사결정과 제한된 개인의 창의성을 강조하는 문화와 연결될 때 효과성은 높을 것이다.

높은 경쟁적인 문화는 능률을 중요시하는 조직문화에서 최선을 다 할 수 있다. 근로자들의 몰입을 원하는 조직은 근로자 중심적인 문화에서 더욱 성공적일 수 있다. 조직의 문화가 환경에 적절히 대응하지 못한다면, 근로자들이 고객의 필요에 부응하거나 혹은 예측하는 데 어려움을 갖는다. 조직문화가 지나치게 강한 경우 근로자들은 조직문화에 무조건 따르는 경향을 보인다.

3) 조직문화의 연합(Merging Organizational Cultures)

두 조직의 문화가 다르기 때문에 흡수 혹은 연합에 성공하지 못하는 사례가 많이 있다. 최근 연구에 의하면 수백 개의 조직이 다른 조직과 연합을 하지만 이러한 연합의 90%는 연합 초반에 경영에 관한 결정사항들을 이해하지 못하였기 때문에 실패하였다.[14] 물론 실패의 주요한 원인은 문화의 갈등이다.

연합 혹은 흡수가 성공할 수 있도록 결정하여 주는 두 가지의 중요한 요인은 각 조직의 문화의 강함과 그 조직들의 주요한 문화적 특징들 사이에 존재하는 차이의 정도라고 볼 수 있다. 이러한 요소를 자세히 보도록 하자. 합병과 흡수를 하는 데 있어서, 만약 하나나 혹은 두 조직이 약한 문화를 가지고 있다면 두 조직간의 결합은 쉬울 것이다. 왜냐하면 약한 문화는 순응성에 있어서 유연하기 때문이다. 그들은 새로운 상황에 더욱 잘 적응할 수 있다. 이와 반대로 두 조직이 강한 문화를 가지고 있다면 이는 대단히 심각한 문제를 야기할 수 있다. 그러나 만약 이 강한 문화들이 서로 유사하다면 두 개의 강한 문화의 합병은 별로 큰 문제를 야기하지는 않는다. 반면에 이 문화들이 서로 갈등을 야기할 수 있는 잠재력을 가지고 있다면, 이 강한 문화는 새롭게 합병된 조직의 효과성을 저해하기 쉽다. 따라서 문화의 적합성은 합병하려는 조직들의 문화의 특징들을 비교함으로써 평가될 수 있다.

서로 다른 가치관 및 문화를 가지고 있는 조직의 합병은 문화들 간에 갈등을 초래하거나 조직 내에서 파벌을 조성하여 걷잡을 수 없도록 파행을 겪을 수 있다. 실제로 조직세계는 문화의 갈등 때문에 합병이 실패하는 경우가 허다하다.

오늘날 세계화로 접어들면서 다른 문화권 내에 있는 기업들이 서로 합병하는 사례가 늘어가고 있으며, 대학조차도 경영의 합리화를 추구하고 생존하기 위하여 서로 통합을 요하는 필요가 우리나라에서도 조성되고 있기에 원활한 합병이 되도록 조직합병에 관한 많은 관심을 가져야 할 것이다.

---

14) Price Pritchett, *After the Merger: Managing the Shockwaves*, Dallas: Dow Jones-Krwin(1985), p.8.

● **서로 다른 문화를 가지고 있는 조직을 합병하는 주요 전략은 다음과 같다.**[15)]

(1) 흡수(Assimilation)

흡수는 흡수되려는 조직의 근로자들이 흡수하려는 조직의 문화적 가치를 기꺼이 수용할 때 일어날 수 있다. 이것은 흡수당하는 조직이 약한 문화를 가지고 있을 때 가능하다. 문화충돌은 흡수당하는 조직의 문화가 약하고 근로자들이 더 나은 문화를 추구하려는 욕망이 있다면 드물게 일어날 것이다.

(2) 비문화(Deculturation)

근로자들이 개인적 · 문화적 가치를 포기해야 될 때는 조직의 변화에 저항한다. 이러한 환경하에서 흡수하려는 조직은 그들의 문화 및 기업관행을 흡수당하는 조직에 강요함으로써 비문화전략을 적용하여야 한다. 흡수하려는 조직은 낡은 문화를 지원하는 인공물이나 보상체제를 없앤다. 흡수하는 조직의 문화에 적응하지 않는 사람은 해고할 수밖에 없다. 비문화전략은 흡수당하는 조직의 문화가 제대로 역할을 하지 못하고, 흡수당하는 조직의 근로자들이 자신들의 조직문화에 대하여 확신을 가지지 못할 때 필요하다. 그러나 이 전략은 사회경제적 갈등의 위험을 증가시키기 때문에 거의 활용하지 않는다. 흡수당하는 조직의 근로자들이 흡수하려는 조직문화의 침투에 저항하는 것은 흔히 있는 일이며, 이러한 저항을 완화하기 위하여 다양한 전략을 고려해야 할 것이다.

(3) 통합(Integration)

통합은 양 조직의 문화를 통합하는 것이다. 이것은 이전 문화의 가장 좋은 측면을 보존하는 새로운 혼성문화로 통합하기 위하여 둘 혹은 그 이상의 문화를 결합하는 것이다. 통합은 조직이 상대적으로 약한 문화를 가지고 있을 때, 혹은 그들의 문화들이 중복적인 가치를 포함하고 있을 때 가장 효과적이다. 통합은 역시 사람들이 그들의 존재하는 문화가 비효과적이어서 새로운 지배적인 문화를 채택할 동기부여를 느낄 때 가장 잘 달성된다. 반면에 통합은 느리고 현존하는

---

15) A. R. Malekazedeh and A. Nahavani, "Making Mergers Works by Managing Cultures," *Journal of Business Strategy*(May-June 1990), pp. 55-57; Steven L. McShane and Mary Ann Von Glinow, *Organizational Behavior*, McGraw-Hill Higher Education(2000), pp. 510-511(재인용).

문화를 보호하려는 힘을 가지고 있는 많은 사람들이 있기 때문에 아주 위험하다.

(4) 분리(Separation)

분리전략은 합병하는 조직이 최소한의 문화교류와 혹은 조직의 관행을 지속하면서 별개의 존재로서 존속할 것을 동의하는 곳에 일어난다. 분리는 두 개의 합병조직이 서로 관련이 없는 경우에 일어나기 쉬운데, 왜냐하면 가장 적절한 문화의 가치는 산업마다 다르기 때문이다. 그러나 기업을 인수하는 조직의 기관장이 조직의 의사결정을 통제하기를 원하기 때문에 흡수당하는 조직이 오랫동안 독립적으로 존재하기는 어려울 것이다.

3. 조직문화의 다양한 표현과 요소

1) 문화의 요소

많은 학자들이 문화를 정의하는 데 활용하였던 문화요소는 다음과 같다:

(1) 문화적 활동의 물리적 표현과 구체적 유형물: 로고, 휘장, 기장, 사무실 장식 등

(2) 조직활동의 패턴을 주는 구조: 의사결정, 조정, 그리고 의사소통수단

(3) 조직구성원들의 행태가 허용될 수 있고 상호 예측성을 증진할 수 있는 행태규범

(4) 결과, 혁신, 위험부담 혹은 위험회피 가운데 우선순위를 결정하는 가치 및 가치관 이외에도 조직의 구성원들이 심지어는 직접적으로 인식할 수 없는 무의식적인 가정[16)]

2) 조직문화를 표현하는 방법

조직문화를 직접적으로 관찰할 수 없다고 하더라도 인공물(artifacts)을 통하여 간접적으로 해석이 가능하다. 예를 들어 인공물(artifact)은 관찰할 수 있는 상징물이며, 방문객에게 친절한 서비스를 제공한다든지, 물질적 세례 및 어떻게 근로자에게 보상하는가와 같은 것도 관찰할 수 있는 조직문화의 표시이다. 실제

16) Denise M. Rousseau, "Assesing Organizational Culture: The Case for Multiple Methods," In *Organizational Climate and Culture*, edited by Benjamin Schneider, San Francisco, CA: Jossey-Bass(1990), p. 157; Jreisat, *Public Organization Management*, pp. 178-179(재인용).

로 조직문화는 애매모호하기 때문에 조직문화를 이해하는 데 많은 노력이 필요하다.

(1) 중요한 표현 가운데 하나는 조직과 구성원들을 명예스럽게 하고 그들의 장점을 과장하는 신비, 이야기 및 전설이다. 신비는 구성원들간에 목적의식을 창조하며, 몰입과 충성심을 강화하고, 조직을 통합하는 역할을 한다.

(2) 문화는 조직의 핵심적인 가치관이다. 이러한 조직의 핵심적이고 지배적인 가치관은 무의식적으로 무엇이 반드시 되어야 되는지, 인간의 본능에 대한 가치관, 인간관계의 성격, 그리고 환경에 대한 특성에서 명백하게 나타난다. 핵심적인 가치관을 강조하는 방법으로 조직에 대한 동일시를 강화시키기 위하여 의식, 기념식, 통과의례를 사용할 수 있다. 예를 들어 대학은 학생들이 교육을 받아야 되는 핵심적인 가치관을 가지고 있다. 경찰은 범죄자를 다루는 주요한 핵심적인 가치관을 형성한다. 공공조직들, 즉 의회, 사법부 및 대통령은 그들의 환경에서 그들의 관련자들에 대한 나름대로 핵심적인 가치관을 발전시킨다.

(3) 문화의 물리적 표현은 조직의 본질을 나타내는 로고, 슬로건 및 상징에서 발견된다. 우체국의 새로운 로고인 독수리는 비행을 표현하며,[17] 산림청의 경찰은 곰, 경찰의 마크 포돌이 등은 상징성을 가지고 있으며, 조직의 일체감과 몰입을 증가시킨다. 대학 또한 올빼미, 독수리, 호랑이, 사자 등의 동물을 상징물로 표현한다.

(4) 규범은 집단 혹은 조직의 구성원들이 서로 따르도록 압력을 가하는 행태나 태도를 말한다. 어떤 옷을 입어야 하고, 고객을 어떻게 대하고, 부하를 어떻게 다루어야 하는지, 이 모든 것이 조직의 규범에 명시되어 있다.

문화는 어떤 행태는 수용하고, 어떤 행태는 수용하지 못하는 금기를 가지고 있다. 학생들은 교수식당에 들어가지 말아야 하고, 장교들은 사병들과 친하게 지내지 말아야 하며, 컴퓨터나 사무실 집기는 허용된 사람만이 사용할 수 있다든지, 모든 조직은 나름대로 어떤 행태는 분명히 불허하는 경계를 설정하는 그 나름대로의 터부(taboos)를 가지고 있다.

이 이외에도 의례상의 의식은 문화를 전달하고 유지하는 데 중요하다. 그러한 의식은 새로운 회원의 사회화를 돕고, 구성원의 승진을 축하하고, 새로운 리

17) N. W. Biggart, "The Creative-Destructive Process of Organization Change: The Case of the Post Office," *Administrative Science Quarterly*(1977), 22, 410-426.

더의 취임식을 거행하며, 구성원의 퇴임식을 명예롭게 거행하는 등과 같이 모든 회원의 충성심을 강화, 중요한 가치의 재확인, 집단의 일체감을 증가시키고, 집단의 견고성을 더욱 부추길 수 있다. 강화의식은 구성원들의 소속감과 프라이드를 증가시키는 데 그 목적을 가지고 있다.

또한 공통적인 언어는 어떤 문화든지 필수적인 표현이다. 조직의 구성원들은 그들에게만 통용되는 새로운 언어를 만든다. 관료들은 외부인들을 혼란시킬 수 있는 말을 사용하는데, 예를 들어 POSDCORB, PPBS, GAAP, ZBS, MBO와 같은 두문자어 혹은 약성어를 발전시켜 오고 있다. 역설적으로 문화적 관점에서 볼 때 언어는 당연히 경계를 지니고, 외부인을 배제하며, 구성원간에 결속력을 강화하고, 구성원들을 일체화하는 역할을 한다. 전문집단은 비구성원들에는 신비스러우나 전문인들이 쉽게 알 수 있는 기술적인 언어를 발전시킨다.

4. 조직의 하위문화

1) 하위문화

대부분의 대규모 조직은 하나의 지배적인 문화와 수많은 하위문화들로 구성되어 있다. 지배적인 문화는 조직의 대부분의 구성원들에 의하여 공유되고 있는 핵심가치를 표현한다. 이에 반해 하위문화는 조직의 구성원들이 직면하는 공통적인 문제, 상황 혹은 경험을 반영하는 것으로 대규모 조직에서 발전하는 경향이 있다. 이 하위문화는 수평적으로 혹은 수직적으로 형성할 수 있다.[18] 조직의 어느 집단도 하위문화를 형성할 수 있다. 그러나 대부분 하위문화는 국 혹은 부서의 임무나 지리적인 분리에 의하여 정의되는 경향이 있다. 예를 들어 구매부서는 서로 자신들이 유일하게 공유하는 하위문화를 가질 수 있다. 전체 사회문화 속에 행정조직문화는 역시 하위문화이다.

2) 하위문화의 두 가지 기능

첫째, 하위문화는 조직의 업적표준과 윤리적 행태를 유지한다. 반항적인 문화를 가지고 있는 근로자들은 지배적인 질서에 대한 감독과 평가에 중요한 근원

18) Meryl Reis Louis, "Sourcing Workplace Culture: Why, When, and How," in Kilmann et al., *Gaining Countrol*, p. 129.

이 될 수 있다. 관료제조직에서 발생할 수 있는 행태 가운데 마찰형(ambivalent)이 개혁적인 아이디어를 가져올 수 있는 논리와 같다. 하위문화는 건설적인 논쟁을 불러일으키고, 어떻게 조직이 환경과 상호 작용하는지에 대하여 창조적인 사고를 가져올 수 있다. 하위문화는 맹목적으로 하나의 문화를 따르는 것을 막을 수 있으며 그러한 이유 때문에 조직으로 하여금 사회의 윤리적 가치를 따르도록 촉구할 수 있는 역할을 한다. 이것은 Fred Riggs 교수가 지적한 것과 같이 다양한 동질적인(homogeneous) 문화를 가진 사회보다 이질적인(heterogeneous) 문화를 가지고 있는 사회에서 정치적 혼란을 가져올 수 있을 뿐만 아니라 정치적으로 민주주의가 발전할 가능성이 많다고 지적한 논리와 같다.

둘째, 하위문화의 기능은 조직이 고객, 공급자, 사회, 그리고 사람들의 필요에 따르게 하는 새로운 가치를 창출하기 위한 근원을 제공한다는 것이다. 대학이 경쟁사회에서 살아 남기 위하여 소비자 중심적으로 변모할 수밖에 없는 상황도 좋은 예이다. 결국 조직은 생존하기 위하여 변화하는 환경에 적응할 수 있도록 그들의 지배적인 문화를 교체하는 것이 필요할 때가 있을 것이다. 지배적 혹은 강한 문화의 다른 결과는 그것의 행태적인 일관성을 증가시킨다. 강한 문화는 구성원들이 어떻게 행위를 해야 하는지를 말한다. 강한 문화가 행태의 일관성을 가져오는 것을 참작한다면 그러한 문화는 통제의 강력한 수단이 될 수 있고 공식화의 대체로서 행동할 수 있다.

그러나 조직이 지배적이고 강한 문화를 가지고 있지 않고 단지 다양한 하위문화를 형성하고 있다면 조직효과성에 대한 문화의 영향은 훨씬 더 모호해질 것이다. 왜냐하면 그러한 조직에서는 일관성 있는 지각 혹은 행태가 존재하기 어렵기 때문이다.

제 2 절 조직문화의 측정변수와 문화의 전달

1. 조직문화의 측정변수

Schein은 20개의 조직을 연구하면서 사용한 조직문화에 관한 정교한 측정변수(dimensions)를 제시하였다. 이러한 연구는 공공조직에서도 있음직하다. ⅰ) 환

경과 조직의 관계: 조직의 구성원들이 조직을 지배적인 혹은 피지배적인 것으로 보는지 ii) 현실과 진실에 대한 성격과, 의사결정을 위한 근원: 의사결정이 전통에 의하여 만들어지는지 혹은 과학적 실험에 의하여 만들어지는지, iii) 하위측정치: 시간(순환의 길이) 그리고 공간(지각할 수 있는 가능성 및 범위들) iv) 인간본성의 성격: 나쁜 혹은 좋은 사람, 변하기 쉽거나 혹은 변하기 어려운 사람, v) 인간활동의 성격: 사전 행동적 혹은 반동적. 그 외 Hofstede와 동료들도 조직문화의 측정변수를 제안했다.

● **Hofstede와 다른 학자들은 조직문화의 측정변수를 다음과 같이 제안하였다**[19]:

1) 조직구성원의 일체감: 구성원들이 대체로 조직과 일치하는 정도
2) 집단강조: 과제가 개인보다 집단으로 조직화되는 정도
3) 사람에 대한 관심: 사람 중심적 관리의 정도
4) 단위간의 통합(unit integration): 단위간의 소성 및 상호의존을 위한 촉구의 양
5) 통제: 규칙과 감독이 피고용인들을 통제하기 위하여 사용되는 정도
6) 위험의 허용도(risk tolerance): 위험 및 개혁의 촉구
7) 보상기준: 선임자 혹은 정실보다는 업적 중시
8) 갈등의 허용도: 공개적으로 갈등의 발표가 허용되는 정도
9) 수단-목적의 오리엔테이션: 과정보다 오히려 결과 중심적인 관리의 정도
10) 개방체제 중심: 외부사태에 대한 통제의 양

2. 문화의 전달

문화는 조직의 구성원들에게 다양한 방법인 전설, 의식, 물질적 상징물 그리고 언어 등을 통하여 전달된다. 조직의 창립자는 초기 조직의 문화를 창조하는데 중요한 역할을 한다. 문화는 조직의 새로 들어오는 구성원들에게 창립자의 비전을 전달한다. 이와 같이 문화는 조직의 전통을 이어간다.

---

19) G. Hofstede, B. Neuijen, D. D. Ohayv and G. Sanders, "Measuring Organizational Cultures: A Qualitative and Quantitative Study Across Twenty Cases," *Administrative Science Quarterly*(1990), 35, 286-316; Rainey, *op. cit.*, p. 275(재인용).

예를 들면 IBM의 Thomas Watson이나 FBI의 Edgar Hoover, Federal Express의 Frederick Smith 등은 조직의 문화를 형성하는 데 지대한 영향을 끼친 사람들의 예이다. Watson의 연구 및 발전, 생산혁신, 고용자의 옷차림 그리고 보상정책들은 그가 1956년에 사망하였다고 하더라도 IBM에서는 역시 현저하다. Hoover는 27세에 FBI의 디렉터가 되어 오래 전인 67세에 사망하였으나 그의 편견의 잔재인 목적이 수단을 정당화할 수 있다는 철학은 여전히 남아 있다. Federal Express의 공격성, 위험에 대한 적극성, 혁신에 대한 초점 그리고 서비스에 대한 강조는 창립자인 Smith가 그 회사의 설립부터 강조하여 왔던 중심적인 주제이다. 문화는 조직의 전통을 이어가는 기능도 한다.

1) 상　징

조직 내에 물리적 사물, 환경 및 어떤 역할은 조직의 가치관이나 기본적인 가정에 대한 정보를 전달한다. Goodsell은 122개의 정부기관을 연구하면서 고객에 대한 권위 혹은 봉사를 상징하는 다양한 물리적 조건을 발견하였다. 예를 들면 기(flag), 공식적인 봉인, 관료와 고객과의 물리적 거리 등은 권위를 상징한다. 물리적인 환경은 강한 상징적인 영향을 가질 수 있다. 칸막이를 제거한 개방적인 사무실은 직원들에게 의미 있는 심리적 영향을 갖는다. 낮은 계층이 지원들은 이러한 변화를 민주적 가치관의 증진으로 보는 반면 관리자들은 권위를 잃고 있다고 생각한다. 조직문화를 현실에 적합하게 하기 위하여 노력하는 것이 현재의 흐름이다. 계층제적 · 관료적 가치를 감소하고 평등한 문화를 향상시키기 위하여 사무실을 민주주의 가치에 적합하게 설계하면 문화는 변화할 수 있다. 이러한 구조는 조직의 근본적인 가치관을 자주 상징화한다. 빌딩은 말하지 않는다고 하더라도 빌딩 내에 있는 의자, 책상, 카페테리아 음식, 벽에 걸려 있는 것이 문화의 의미를 전달할 수 있다. 예를 들어 Amazon.com의 검소한 문화는 검소한 책상에서 나타난다.

2) 언　어

조직 내에 많은 부서들의 사람들은 자신들의 문화나 혹은 하위문화를 나타내는 수단으로서 언어를 사용한다. 이러한 언어를 배움으로써 구성원들은 자신들이 그 문화를 받아들인다는 것을 증명하며 그렇게 함으로써 문화를 보전한다.

예를 들어 군인들은 자신들만이 이해할 수 있는 은어를 사용한다. 많은 조직은 계속적으로 장비, 사무실, 인사담당자, 공급자, 소비자 혹은 사업과 관련이 있는 생산품을 묘사하기 위하여 유일한 용어를 발굴한다. 새로 입사하는 사람들은 처음에는 약성어나 은어에 당황하지만 약 6개월 이후에는 자연스러워진다.

속어, 노래, 슬로건, 특수용어 그리고 농담은 문화의 메시지를 전달할 수 있다. 조직이 서로 모임에서 말하는 내용 및 형태로 평등문화 혹은 권위주의적 문화 등으로 판단할 수 있다. 조직문화는 또한 조직의 리더들이 사용하는 표현법, 은유 그리고 특정한 용어 등으로 나타날 수 있다.

3) 설화(Narrative)

조직에 있는 사람들은 조직의 역사에 대한 정보를 전달하는 이야기, 전설 및 신비 등을 되풀이한다. 전설은 많은 조직을 통하여 돌아다닌다. 이러한 이야기들은 조직의 미래방향을 결정하는 조직의 창립자들의 중요한 결정들, 현재 최고관리자들에 대한 사건에서 전해 내려오는 이야기를 포함한다.

4) 의식과 예식(Rituals and Ceremonies)

의식은 일상적인 조직생활이 프로그램되어 있는 상황을 말한다. 예를 들어 방문객을 어떻게 맞이하고, 얼마나 자주 CEO들이 직원을 만나며, 어떻게 사람들은 의사소통을 하는지, 점심시간을 얼마나 소요하여야 되는지에 관한 것이다. 마치 의식은 공식화(formalization)하는 수단인 것과 같이, 의식은 문화를 전달하는 수단이다. 인정 및 상을 수여하는 활동, 매주 금요일 오후의 맥주파티 그리고 매년 조직이 소풍을 가는 행사 등은 조직의 중요한 가치, 즉 무슨 목적이 중요하고, 어떤 사람이 중요하며 어떤 것이 중요하지 않은지를 표현하고 강화하는 의식들이다.

예식은 의식보다 공식적인 인공물이다. 예식은 청중을 위하여 특히 행하여지는 계획된 활동이다. 이것은 공개적으로 직원을 보상하고 혹은 징계를 하는 것, 새로운 상품개발을 축하하는 것, 의미 있는 계약 체결을 축하하는 것 등을 포함한다. 많은 조직은 심사숙고하여 조직의 핵심적인 가치를 강화하고 소통하기 위하여 예식을 사용한다.

5) 실습과 사건

되풀이되는 실습과 기억할 만한 특별한 사건은 중요한 가치를 전달할 수 있다. 이것은 의식, 졸업식, 각종의 파티, 매년 모임 등과 같은 것이다. 모든 기관장들은 안전을 요하는 지역을 통과할 때는 배지를 달아야 하는 것이 규칙이다. 그러나 어떤 조직의 기관장이 안전을 요하는 건물의 정문을 통과하려는 데 배지를 달고 있지 않았기에 수위에 의하여 거절당한 사건이 있었다. 그 기관장은 자신의 출입을 정지한 수위를 징계한 것이 아니라 칭찬하며 많은 직원들에게 법을 잘 지키는 그 수위의 이야기를 전하였다. 반면에 같은 상황이 다른 조직에서도 일어났는데, 그 조직에서는 출입을 정지한 수위를 해고하였다. 이러한 상황을 보고 규칙을 준수하는 조직문화와 기관장들에게 복종하는 조직문화를 판단할 수 있다.

3. 조직문화의 강화유지(Strengthening Organizational Culture)

인공물(artifacts)은 새로운 문화를 의사소통하고 강화한다. 그러나 우리는 더욱더 새로운 문화를 강화하는 방법을 고려할 필요가 있다. 일단 문화가 조직에 자리를 잡으면 근로자에게 유사한 경험을 하게 함으로써 문화를 유지하려는 강한 성향이 있다. 문화를 유지하는 데 중요한 역할을 하는 것은 조직의 채용관습, 최고관리자의 행동 그리고 조직의 사회화 방법이다.[20] 특히 조직구성원들에게 봉급, 승진, 만족, 인정감 및 동료의식을 부여함으로써 바람직한 행동양식과 가치관을 강화한다.

조직문화에 관한 문헌에서 일반적으로 다섯 가지의 강화전략 접근방법이 인용되는데, 이것은 〈그림 13-2〉와 같다.[21]

1) 창립자와 리더의 활동

설립자는 조직의 문화를 만든다. 설립자는 자신들의 개인적 가치를 지원하

20) Yoash Wiener, "Forms of Value Systems: A Focus on Organizational Effectiveness and Cultural Change and Maintenance," *Academy of Management Review*(October 1988), pp. 541-543.

21) McShane and Von Glinow, *op. cit.*, pp. 512-515.

〈그림 13-2〉 조직문화의 강화전략

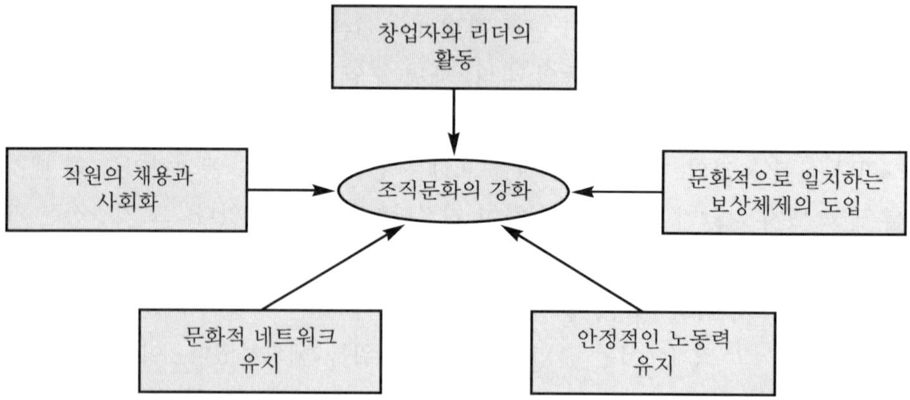

는 체제와 구조를 발선시킨다. 실립자는 다른 사람들이 자신을 따르도록 하는 강력한 카리스마를 가지고 있는 환상을 좇는 사람이다. 그들의 문화적 각인은 조직에 오랫동안 존재한다. 예를 들어 할인매장인 Wal-Mart는 설립자인 Sam Walton이 사망한 이래에도 오랫동안 고객만족이라는 가치가 조직에 깊게 새겨 있다.

물론 설립자의 영향이 크다고는 하나 잇따른 리더들이 설립자의 조직문화에서 벗어나 다른 문화를 만드는 경향도 있다. 변혁적인 리더들은 미래에 대한 자신들의 비전을 의사소통하고 이를 제정하면서 조직문화를 강화한다. 문화적 가치는 특히 리더들이 그들의 비전과 일치하는 행동을 할 때 강화된다.

2) 문화적으로 일치하는 보상체제의 도입

보상체제는 문화의 가치와 일치될 때 조직문화를 강화시킨다. 공격적인 문화는 더욱더 성과중심적인 개인의 동기를 제공한다. 반면에 온정주의적인 문화는 고용자를 위한 협조프로그램, 의료보험, 그리고 피고용자들의 안전을 지지하는 다른 혜택을 제안할 가능성이 크다. 일반적으로 조직은 조직의 문화를 강화하기 위하여 보상에 의존하는 경향이 있다.

3) 안정적인 노동력 유지

조직의 문화는 조직구성원들의 마음 속에 깊이 새겨 있다. 조직의 이야기는 서면으로 작성되어 있지 않는 경우도 많다. 의식과 축하는 일반적으로 절차규정집에 제시되어 있지 않다. 조직의 은유는 조직의 지침서에서도 발견되지 않는다. 그와 같이 조직은 지배적인 가치관을 의사소통하고 강화하기 위하여 안정적인 노동력에 의존한다. 조직문화는 급격한 확대와 합병하는 동안 약화될 수 있는데, 그 이유는 새로 들어오는 사람들이 조직의 지배적인 문화 및 가치를 흡수하는 데 시간이 걸리기 때문이다. 이러한 이유 때문에 조직은 채용과 성장을 완화하고 이직률 문제를 고쳐가면서 자신들의 문화를 본래대로 지켜나가는 경우도 있다.

4) 문화적 네트워크 유지

조직의 기초가 되는 가치관을 강화하기 위하여 문화전달의 효과적인 네트워크가 필요하다는 것을 조직은 학습한다. 고용자들이 서로 조직에 대한 전설을 공유하고 의식을 다시 구성할 수 있도록 서로 상호작용할 수 있는 기회를 마련하여야 한다. 고참 관리자들도 문화적 네트워크를 이용하여 자신들의 이야기를 나누고 새로운 의식을 창조해야 한다. 조직이 발행하는 잡지나 혹은 언론매체도 문화적 가치관 등을 효과적으로 의사소통함으로써 조직문화를 강화할 수 있다.

5) 직원의 채용과 사회화

채용과정의 분명한 목적은 조직에서 자신들의 임무를 성공적으로 수행하기 위하여 지식, 기술 및 능력을 가진 사람을 찾아내서 고용하는 것이다. 선택과정은 역시 응모자들에게 조직에 대한 정보를 제공한다. 응모자들은 조직에 대하여 배우고 만약 그들이 조직의 가치들과 갈등이 있다고 생각하면 응모를 자진 철회하게 된다. 그러므로 선택과정은 조직의 핵심적인 가치와 갈등을 가진 사람들이 응모를 철회함으로써 조직의 문화를 유지하게 된다. 인사담당자가 인력 채용시 응모자의 가치와 조직의 문화가 양립하는지 우선 고려해야 한다. 그 결과 조직의 문화와 유사한 가치관을 가지고 있는 사람을 채용함으로써 조직의 문화를 강화한다. 사람과 조직의 가치가 서로 조화를 이룰 때 응모자들은 조직의 문화에 적응하는 것이 더욱 수월하다. 이러한 좋은 조화는 직무만족과 조직에 대한 충성을 더욱 증진시킨다.

이 장을 통하여 우리는 조직문화는 광범위하게 영향을 미치며 그 힘도 강력하다는 것을 배웠다. 조직리더들에 의하면 조직문화는 변화에 대한 강한 힘인 동시에 변화에 대한 커다란 장애가 된다고 믿는다. 고용자들에게 조직문화는 서로 집단을 응집하게 하는 아교와 같은 역할을 하며 때로는 사람을 조직에서 몰아내는 역할도 할 수 있다. 많은 인공물(artifacts)은 현존하고 있는 문화를 의사소통하고 강화할 수 있다. 문화는 소홀히 취급할 수 없는 도전이라고 볼 수 있다.

4. 문화의 창조에 대한 리더의 영향

조직문화는 리더들에 의하여 창조되는데, 리더십의 가장 결정적인 기능의 하나는 문화의 창조와 관리라고 믿는다. 조직이 하는 것과 같은 행위를 왜 하는지 혹은 왜 리더들은 어려운 문제들을 가지고 있는지를 이해하기 위하여 조직문화를 분석하지 않으면 안 된다. 조식관리에 직면하는 가장 큰 도전 가운데 하나는 조직의 구성원들이 조직의 지배적인 가치, 규범 및 문화를 받아들이고 몰입하고 있는지 확인하는 것이다. 현대 조직이론의 학자들은 조직문화는 조직 리더십의 가장 중요한 책임이라고 주장한다. 그들에게 조직문화는 생산성과 조직몰입이 중심적인 가치가 되며 모든 근로자들에게 내면화되도록 조직의 문화를 통제하고 솜씨 있게 다루는 것을 의미한다.

Schein의 지적과 같이 리더는 다양한 영향을 조직문화에 미칠 수 있다. 아래의 1차적 및 2차적 방법이 서로 조화를 이룰 때 문화가 조직에 깊이 뿌리를 내리며 강화하는 잠재력을 가지고 있다고 Schein은 주장한다. 그는 1차적인 방법과 2차적인 방법으로 나누어 설명하였다.[22)]

1) 제1차적인 방법(Primary Ways to Influence Cultures)

(1) 주의 혹은 관심(Attention)

리더가 업무에 대해 질문하고, 측정하고, 의견을 제시하고, 칭찬하고, 비판하는 가운데 가치관의 우선순위 및 관심사가 직원들에게 노출된다. 리더가 정서를 표출하는 것은 가치와 관심사를 전달하는 데 강력한 효과를 가진다. 이와는

22) Schein, *Organizational Culture and Leadership*(1992), pp. 231-237; Yukl, *Leadership in Organization*(2002), pp. 279-281.

달리 어떤 것에는 주의를 기울이지 않음으로써 그러한 것이 중요하지 않다는 메시지가 전달된다.

(2) 위기에 대한 반응(Reaction to Crises)

비록 위기에 대처하기 위하여 편법을 써야 된다는 압력이 강할지라도 리더가 신봉하는 가치를 충실하게 지켜 나감으로써 리더를 통해 가치가 정말로 중요하다는 것을 분명하게 전달한다. 매출부진을 겪고 있는 어느 기업은 관리자를 포함하여 전 직원들에게 더 적은 시간을 일하도록 하고 임금을 삭감함으로써 일시라도 해고를 피할 수 있었다. 이러한 리더는 직원들이 전원 직무를 유지하는 것에 강한 관심을 가지고 있다는 것을 전달한다.

(3) 역할의 모델(Role Modeling)

리더는 실제로 충성심, 자기희생, 소명의식을 보여주는 행동을 직접 행하여 가치와 기대를 전달한다. 방침이나 절차를 만들었으나, 그것에 일치하지 않는 행동을 한다는 것은 그것이 중요하지 않다는 것을 전달하는 것이다.

(4) 보상의 할당(Allocation of Rewards)

자원을 할당하기 위하여 기본토대로 사용하는 준거는 조직에서 가치 있게 여기는 것이 무엇인지를 암시하여 준다. 공헌과 성취를 인정하지 않는 것은 그러한 것들이 중요하지 않다는 메시지를 전달하는 것이다. 의식행사에서 공식적으로 인정해 주고 비공식 자리에서 칭찬하는 행위는 그 일 자체가 중요하다는 의미를 전달하는 것이다.

(5) 선발과 해고의 준거(Criteria for Selection of Dismissal)

리더는 인사의 채용, 선발, 승진 및 해고에 대한 준거를 선택함으로써 문화에 영향을 미칠 수 있다. 리더는 조직에서 성공에 대한 준거와 요구조건에 대해 현실적인 정보를 제공함으로써 자신의 가치와 관심사를 전달한다.

2) 제 2 차적인 방법(Secondary Ways to Influence Cultures)

Schein은 2차적 방법을 기술하면서, 이는 1차적 방법과 일치되게 사용될 때 문화를 정착하고 강화하는 데 유리하다고 지적하였다.

(1) 체계와 절차의 설계(Design of Systems and Procedures)

공식 예산체계 및 보고 등과 같은 공식절차를 선호하는 것은 통제와 질서에 대한 강한 가치를 반영하는 것이다.

(2) 조직구조의 설계(Design of Organization Structure)

집권화된 조직구조는 무엇이 최선인지를 리더만이 결정할 수 있다는 신념을 반영하는 반면, 분권화된 구조나 자율관리 팀의 사용은 개인의 주도성과 책임공유에 대한 조직문화를 반영한다.

(3) 시설의 설계(Design of Facilities)

리더는 기본적 가치를 반영하기 위하여 시설을 설계할 수 있다. 예를 들어 개방된 사무실 배치는 개방적 의사소통에 대한 가치와 일관된다. 모든 종업원들에게 비슷한 사무실과 동일한 식당을 이용하도록 하는 것은 평등주의 가치와 일관된다.

(4) 이야기, 전설, 신화(Stories, Legends, and Myths)

조직에서 중요한 사건과 사람들에 대한 이야기는 가치와 가정을 전파하는 데 도움이 된다. 그러나 이야기와 신화는 문화를 결정한다기보다는 문화를 반영한다는 것이 더 적절하다.

(5) 공식적인 진술(Formal Statements)

가치에 대해 리더가 행한 공식적 연설과 문서화된 가치기술서, 현장, 철학은 다른 방법을 보충하는 것으로 유용할 수 있다.

그 이외에도 리더가 감독, 무시, 평가 혹은 통제를 명확히 하여야 한다. 예를 들어 리더십 팀이 각 관리자에 대한 평가와 보너스의 상당한 부분은 부하들의 기술을 발전하는 데 얼마나 성공적으로 잘 수행하고 있는지의 평가에 따른다는 것을 발표하는 것이 바람직하다. 리더들이 부하들에게 원하는 가치관 및 행태를 보여주고, 가르치고 그리고 격려하는 것은 리더십을 증진하는 데 바람직하다. 리더들은 조직의 정책, 설계 및 절차를 향상시키는 데 청사진을 만드는 과정을 이끌어나갈 수 있어야 하며, 리더들은 창조자, 교사 및 솔선수범하는 사람으로서 역할을 하여야 한다.

마지막으로 포괄적으로 문화의 변화를 위하여 문화적 리더십을 위한 접근법을 활용하여야 한다. 아울러 리더십 팀은 주요한 독창적인 창의성을 위하여 효과적인 조직문화의 발전을 고려하지 않으면 안 된다.

제 3 절 공공조직의 문화접근법

1. 문화접근법(Cultural Approach)의 방법론적 경향

1) 문화접근법의 발전

행정학에서 문화적 접근법이 도입된 것은 그다지 오래 된 것은 아니다. 비교 및 발전행정학을 연구하고 다양한 접근법을 제시한 학자들이 주로 서구 문화권 내의 학자들이기 때문에 개발도상국가의 문화를 고려하지 않은 모델들을 개발도상국가에 적용하는 데 한계에 직면한 것은 불가피한 일이었다. 이 당시 비교행정학 분야에서는 후진국을 설명하기 위한 프리즘이론, 행정발전이론, 구조기능주의 모델 등과 같은 다양한 이론 혹은 모델을 제시하였으나 개발도상국가를 설명하기에는 역부족이었다. 이후 연구의 한계를 인정하고 문화적 요인에서 부족한 부분의 설명을 찾으려는 학계의 흐름이 있었던 것은 너무도 당연하다. 예로서 왜 정치적 · 행정적 불안이 계속되는지, 혹은 왜 민주주의와 경제발전이 예상 내로 날성되지 못하는지 그 의문에 대한 답을 찾는 데 자연히 문화접근법에 의존하게 되었다. 실제로 행정학에서 활용되고 있는 많은 이론은 사회학 분야에서 도입되었고, 사회학의 많은 이론은 인류학에서 도입되었다. 문화접근법에 의존하는 학문들은 주로 행태과학, 사회학 그리고 인류학이다. 이처럼 문화접근법은 '왜' 라는 의문을 설명해야 하기 때문에 사용하기가 쉽지 않아 많은 연구가 이루어지지 않았음을 추측해 본다. 특히 Almond와 Verba가 저술한 「*The Civic Culture*」에서 정치적 효율성과 정치적 참여 사이에는 긍정적 관계가 있다는 것을 문화접근법에 의하여 설명하였다.[23] 이후 문화접근법이 행정학에서 관심을

23) Gabriel Almond and Sydney Verba, *The Civic Culture*, Princeton: Princeton University Press(1963).

받게 되는 동기가 되었다. 또한 연구자들에 의하면 정치적 능력수준은 지방정부의 정치참여가 제도화되어 있는 미국과 영국 같은 나라에서 가장 높다는 것도 지적하였다. 다시 말하여 건강한 시민문화는 정치적 효율성과 밀접한 관계가 있으며 참여의 증가는 이러한 기반 위에서 성장할 것이므로 결국 진정한 민주주의가 정착할 수 있다는 것이다.

2) 방법론적 관점

문화의 차이를 조직의 구성원이나 외부인들이 알 수 있다고 하더라도 문화를 정의한다는 것은 어려운 일이다. 문화의 애매함으로 인하여 문화를 관찰하고 가치와 사실로 분리시킨다는 것은 극히 어려운 일이다. 문화변수를 계량화한다는 것은 불가능한 것은 아니지만 보다 많은 연구가 필요할 것이다. 하물며 계량적인 접근방법이 무의식적이고 내면화되어 있는 가치를 조사하려고 시도한다는 것은 아직은 거의 불가능하다. 그러므로 대부분의 조직문화의 연구는 질적인 연구방법을 택하고 있다. 문화 접근법의 장점을 발전시키기 위하여 우선 준거의 틀(frame of reference)을 만들고 나서 그 틀을 적절한 방법으로 이론적으로 적용하여야 할 것이다.

문화분석의 복잡성은 방법론의 어려움에서 잘 나타나고 있다. 문화의 가정은 항상 분명하거나 관찰할 수 있는 것이 아니기 때문이다. 문화요소들은 다양하고 이 또한 변하고 있다. 이러한 가운데 문화의 패턴을 찾는다는 것은 쉬운 일이 아니다. 방법론에 있어서도 변화가 일어나고 있다. 즉 지난 20여 년 동안 계량적 접근법이 유용한 지식을 창출하지 못하였기 때문에 계량적 · 준실험연구방법이 조직을 연구하는 데 많은 흥미를 끌고 있다. 더욱더 조직의 문화접근법은 민족지학(민족학 연구와 관련된 자료를 수집 · 기록하는 학문) 그리고 참여관찰과 같은 질적 연구방법론으로 전향하는 경향을 보여주고 있다. 그러나 문화의 분석은 계량적 분석기법과 질적인 관찰방법을 활용하는 것은 피할 수 없을 것이다. 이 이외에도 문화의 분석은 탐색과 관찰, 효과적인 인터뷰, 중요한 사건조사, 비교분석들을 필요로 한다. 또한 연구자들은 통계조작을 하는 동시에 중요한 패턴을 찾기 위하여 심층적인 명제의 분석이 불가피할 것이다. 이와 같이 문화연구는 다양한 연구방법을 활용한다. 그러나 문화연구는 오래 되지 않았으며 아직 개념적인 상태에 있다고 볼 수 있으며 경험적 자료의 부족을 지적할 수 있다.

방법론 이외에 조직문화연구에서 관심을 가져야 할 중요한 분야는 조직의 업적 및 조직의 변화에 대한 문화의 효과라고 할 수 있다. 특히 공공행정의 관점에서 본다면, 조직을 위한 문화분석의 중요한 목적은 인류학적인 면보다는 관리적인 면이라고 볼 수 있다. 따라서 조직을 연구하는 연구자들의 주요한 관심은 인류학자들의 관심인 가치판단 혹은 선호도에 관한 연구보다는 문화 그 자체의 조직에 대한 효과적인 기능에 관심을 두고 있다는 점이 다르다. 그러나 조직문화를 연구하는 학자들은 인류학자들이 사회의 문화를 연구하기 위하여 사용하는 방법론과 유사한 방법론을 이용하고 있는 것은 분명하다.

2. 문화와 공공조직에 관한 사례연구

조직문화의 연구가 다양한 논리적인 연구의 결과에 영향을 미칠 수 있는지를 연구한다. 예를 들어 기업문화의 연구는 조직의 다양한 지표들이 서로 상호작용하는 방법과 그들이 어떻게 과정과 결과에 영향을 미치는지를 설명한다.[24] 훌륭한 조직은 지도자들의 가치나 명령에 잘 협조하는 문화를 발전시키고 있으며 서로 공유하는 가치는 오랫동안 지속할 수 있다. 따라서 공공조직의 관료문화는 합법적인 목적을 실현하기 위한 조직의 규칙과 조정활동에 관한 주제가 연구자들의 흥미를 끌고 있다.

우리가 집단의 중요한 가정 가운데 패턴을 찾지 못하고 집단의 구성원들이 서로 지각하고 생각하고 느끼며 판단하는 패러다임을 발견하지 못한다면, 우리는 우리의 집단문화를 충분히 이해한다고 볼 수 없다. 조직문화에 대한 많은 연구가 없었으나 공공영역의 조직문화에 대한 연구는 기업조직보다 훨씬 적다. 그 이유는 문화의 개념뿐만 아니라 공공조직의 성격과 관련이 있다. 조직문화의 개념은 주관적인 결정 때문에 제한을 받으며 그리고 놀랄 만하게도 문화가 무엇을 의미하는지에 대하여 폭넓은 동의가 존재하지 않는 것이 문제다. 그럼에도 불구하고 공공조직에 대한 문화접근의 장점은 몇몇 학자들에 의하여 증명되고 있다. 본 장에서는 Lipsky의 「*Street-Level Bureaucracy*」와 Binder의 일본사례를 설명할 것이다.

---

24) Smircich, *op. cit.*, p. 354; Jreisat, *op. cit.*, p. 179(재인용).

(1) Michael Lipsky[25)]

그의 저서인 「*Street-Level Bureaucracy*」는 관료행태의 심층적인 지식을 얻기 위하여 조직문화접근법을 적용하였다. 낮은 계층의 관료에 속하는 일선관료(Street-Level Bureaucrats)들은 그들의 수가 대규모이며, 자유재량활동 그리고 이 관료들에 대한 시민들의 요구가 날로 증대되기 때문에 그들은 미국사회의 중요한 위치를 점유하고 있다. 그들은 국민들과 직접 대면하는 관료로서 교사, 사회복지사, 경찰 그리고 유사한 직업을 가지고 있는 관료들로 수가 팽창하고 있다. 그들은 재분배, 할당과 같은 의사결정을 한다. 그들은 국민이 낸 세금으로 발생한 서비스를 누가 받을 수 있는지 선정한다. 그들은 그들이 접촉하는 시민들에 대하여 결정하는 데 넓은 자유재량을 행사하며 사회통제의 대행자들이다. 증가하고 있는 서비스와 더 효과적이고 능률적으로 서비스에 봉사하기 위하여 시민들은 일선관료들의 행태에 압력을 행사하고 있으나 이는 제한적일 수밖에 없다.

이 관료들에 대한 압력과 반대 압력이 종종 발생하기 때문에 일선관료들의 발전은 상상하기 어렵다. 심지어 업적을 측정하는 어려움, 목적의 모호성, 불완전한 정보 그리고 평가에 대한 시장수단의 결핍 등은 이 관료들을 통제하는 데 어려운 요인이다. 긴장 속에서 업무에 종사하면서 이 관료들은 많은 업무를 훌륭하게 수행하려 하나 이상적으로 수행한다는 것은 거의 불가능하다. 그와 같이 업무 자체의 속성은 고객지향적이다.

조직의 강한 문화는 일선관료들의 행태에 영향을 준다. 가난에 대한 시민들의 태도, 그 사회의 정치, 공공조직의 제한적인 수행패턴, 정치체제의 합법성 및 사회요구, 책임성에 대한 동의, 이러한 모든 요인들이 공공조직의 행태와 가치체제를 결정한다. 그와 같이 과제뿐만 아니라 사회문화의 특성은 행태의 패턴과 업적의 표준화를 지속하게 하는 특정한 조직문화를 발전시키는 것으로 나타난다.

(2) Alan Blinder[26)]

오랜 시간 동안 미국의 관리자 및 조직이론 학자들은 일본의 조직 및 관리의 성공에 대한 비밀을 발견하려고 노력하였다. 그러나 대답은 항상 조직문화에

25) Michael Lipsky, *Street-Level Bureaucracy*, New York: Russell Sage Foundation(1980); Jereisat, *op. cit.*, pp. 182-184.

26) Alan S. Blinder, "How Japan Puts the "Human" in Human Capital," *Business Week*(November 11, 1991), p. 22; Jreisat, *op. cit.*, pp. 183-184(재인용).

서 찾곤 한다. 경제학자 Alan Blinder는 일본의 비밀을 다음과 같이 설명한다. 미국과 유럽에서 자주 발생하고 있는 노사간의 갈등을 야기할 수 있는 장애요인을 일본은 극복한 것으로 보인다. 일본은 고용주와 고용인이 서로 공동의 운명을 가지고 있다는 문화를 창조하면서 노사갈등을 해결한다. 일본기업에서는 사람은 기계가 아니며, 가장 중요한 자산이다. 그러므로 사람은 존중받을 가치를 가지고 있는 것은 당연하고, 가르쳐 길들여야 하며 그리고 존속시켜야 한다고 믿는다. Blinder는 일본의 CEO들은 독재자가 아니며 동의, 팀워크에 의하여 운영하며 중요한 아이디어나 결정은 상위계층에서보다 하위계층에서 제안된다는 것을 관찰하였다. 일본의 조직은 활동적인 사회공동체로 변형되어 오고 있으며 조직문화는 이러한 방법으로 사람을 관리하는 중요한 요인이라고 알려져 있다.

미국에선 전문관리의 가치와 조직의 모든 형태의 영향간에 일어나는 긴장과 갈등을 쉽게 해결하기는 어렵다. 특히 주관적인 가치관이 미국 사회나 조직에서 존중되기 때문에 주관적인 고려들이 대학을 포함하여 미국 대부분의 조직에서 만들어져 결정되는 것을 흔히 볼 수 있다.

일본조직의 문화규범과는 대조적으로 미국의 조직문화는 리더나 관리자들이 자신들을 이롭게 하든지, 자기편에게 보상을 하든지 혹은 정치적으로 권력을 구축하는 것이 허용된다는 점에서 훨씬 더 정치적이다. 물론 많은 예외는 존재하지만 미국의 조직문화는 주로 팀 협조, 의사결정의 참여 혹은 집단의 행동에 의하여 형성되지 않을 정도로 개인주의적 특성을 갖고 있다. 미국의 조직은 이중적인 성격과 규범에 의하여 운영되는 것을 볼 수 있다. 명문화된 규칙과 정책은 대다수에게 적용되고 명문화되어 있지 않고 거의 언급하지 않는 혜택 혹은 기득권은 정치적으로 강력한 지배계층에게 돌아간다. 한 예를 든다면, 미국 대기업의 CEO와 그 기업의 종사자들의 급여를 비교한다면 미국의 최고관리자의 평균 연봉은 일반직원의 것과 비교하여 110배에 달하고 일본의 최고관리자의 평균 3배에 달했다. 일본의 최고관리자의 연봉은 일반직원에 비교하여 17배에 달하며 독일의 경우는 21배라고 한다. General Motors의 사장이 1991년도 약 21개의 공장을 폐쇄하고 74,000명의 고용인들을 해고할 것을 발표하였을 때 그의 연봉은 일본의 Toyota와 Nissan의 최고관리자들의 연봉을 합한 것의 4배에 달하였다.

문화적인 요인을 공공조직에 적용할 때, 몇 가지 한계에 직면할 수 있다. 이러한 한계의 특성은 공공영역의 목적 성격과 그 목적을 수립하는 방법에 의하여 나타난다. 심각한 제약은 공공관리자의 권위, 공공매체의 감시, 정치적 고려 그리고 재정지원의 패턴에서 발생할 수 있다. 기업세계와 비교하여 볼 때, 정부의 목적은 정의하거나 구체화하기 어렵고, 정부의 개혁전략을 수립하거나 집행하기도 어렵다. 이러한 요인이 공공행정에서 문화접근법을 활용하기 어렵게 한다.

결론적으로 조직문화는 사람들의 행태 및 가치관을 형성하게 하는 엄청난 힘을 가지고 있다. 문화는 상징, 규범, 공유하는 인식 그리고 여러 가지 무형의 그 무엇에 의하여 사람들의 행태를 형성하고 직장에서 집단적인 이해를 향상시킨다. 예를 들어 어떤 조직문화는 부패, 친족등용(nepotism), 낭비 그리고 불합리한 관리행태 등에 더욱 관대한 경향을 볼 수 있다. 다른 조직문화는 그러한 부정적인 행태를 덜 수용하고 더욱이 그러한 행태를 저지하기 위하여 다양한 형태의 감독기관들을 설립한다. 계속적으로 조직문화가 중요하게 거론되는 이유는 조직의 문화요인으로 사람에게 초점을 두며, 직상에서의 삶의 질 향상뿐만 아니라 전반적인 조직의 생산성을 증진하고, 사람들의 협조를 가져오기 위한 중요한 요인이기 때문이다.

제 4 절 조직문화의 변화관리와 저항

1. 조직문화의 관리와 변화

1) 조직문화의 변경 가능성

학자들간에 문화를 관리할 수 있다고 보는 측과 문화는 관리할 수 없는 것으로 보는 양론이 있다.

문화의 가정이 변한다는 것은 거의 불가능하다고 주장하는 학자들이 있다. 실제로 문화는 관리될 수 있는가? 분명히 조직문화는 그 구성원들에게 뚜렷한 영향을 가지고 있다. 그러나 문화가 단지 주어진 것으로만 다루어져야 한다면 관리자들은 변화할 수 없는 것으로 문화를 이해하여야 할 것이다.

이와 반대로 문화가 통제할 수 있는 변수로 고려되어진다면 그것은 관리에 의하여 조절될 수 있고 조직의 전략과 환경에 더 잘 적응하게 할 수 있을 것이다. 이러한 주장이 오늘날 설득력을 가지고 있다. 다시 말하여 문화를 관리한다는 것은 문화를 변경한다는 말이며, 이러한 관점이 오늘날 지배적인 정의로서 성장하고 있다.

조직의 문화는 어떤 조건하에서 효과적일 수 있다. 그러나 시간과 조건, 해외의 경쟁, 정부규정의 변화, 급작스런 경제변화 그리고 새로운 기술의 발전 등은 조직의 효과성을 저해할 수 있는 문화의 요소가 될 수 있다. 그러한 경우에 관리는 조직의 효과성을 저해할 수 있는 요인을 극복하기 위하여 새로운 문화를 창조하고 유지하기 위하여 저해요소를 변경하여야 한다. 더욱이 바람직한 문화로 변화한 것을 오래도록 유지하기 위하여 관리자는 선택과정, 최고관리자의 행동 그리고 근로자들을 사회화하는 방법 등을 고려해야 한다.

실제로 문화의 요소를 변화함으로써 문화를 변화할 수 있어야 한다. 최고관리자는 과거의 문화에 집착하는 사람을 해고할 수 있고 새로운 문화를 받아들이고, 아울러 증진하는 사람을 채용할 수 있다.

반면에 조직문화가 비교적 안정적인 특징으로 형성되어 있다는 사실은 변화를 관리하는 데 많은 어려움이 있다는 것을 의미한다. 문화는 형성하는 데 오랜 시간이 걸린다. 모든 사람들이 다 믿는바는 아니나 인류학자들에 의하면 문화를 변화하는 데 걸리는 가장 빠른 시간은 50년이라고 한다. 일단 문화가 형성되면 정착되어 결국 변화에 저항한다. 특히 강한 문화는 많은 구성원이 강하게 집착하기 때문에 변화하기 어렵다. 근로자들이 여러 해의 경험과 기억을 잊어버린다는 것은 쉬운 일은 아닐 것이다.

물론 이론적으로 문화는 변화할 수 있다고 주장할 수 있으나 이미 오랫동안 익숙한 가치를 잊어버리고 새로운 가치로 대체하려는 노력은 현실적으로는 거의 비실용적일 수 있다. 더욱이 현재의 문화를 지속하려고 하는 많은 집단세력도 있다. 이들은 조직의 사명과 철학을 성문화한 내용도 있을 것이고 물리적인 장소와 빌딩의 설계, 지배적인 리더십 패턴, 과거의 채용관례, 깊이 뿌리를 내린 의식, 중요한 사람과 사건에 대한 인기 있는 전설, 조직의 역사적인 업적과 평가, 보상기준 그리고 조직의 공식적인 구조 등을 포함할 수 있다. 근로자들은 그들의 가치와 맞는 조직을 선택하여 입사한다. 그들은 그 적합성에 만족하며, 현재의 적합성을 저해하는 어떠한 변화도 저항하려고 할 것이다. 마지막으로 만약 문화가 변화될 수 있다고 하더라도 관리자들이 그렇게 할 것인지가 여전히 문제로 남아 있다.

다시 말하여, 조직문화는 변경될 수 있는가? 물론 가능하다. 그러나 그 과정은 느리고 시간이 걸린다. 효과적인 리더는 조직의 목적을 달성하고 그 사명을 수행하기 위하여 필요한 방향으로 강력한 문화의 힘을 등에 업고 조직의 바람직한 결과에 대한 집단의 지각, 가치의 공유 그리고 집단의 결속을 가져온다. 문화가 내면화되어 있고 그저 잠재적인 수준에서만 운영되는 가치는 극히 변화하기 어렵다.

2) 조직의 하위문화로 인한 변경의 어려움

복잡한 사회와 같이 복잡한 조직은 많은 하위문화로 형성되어 있기 때문에 조직문화의 변경은 더 복잡해진다. 일반적으로 공공조직은 대규모 조직이기 때문에 이러한 복잡성은 비교적 흔히 있는 현상이다. 전문화나 분화는 하위문화의 증식을 의미한다. 하위문화는 직업의 특징적인 문화를 가지고 있는 집단들, 즉 의사, 변호사, 행정가, 엔지니어 등이 조직 내에 포함되기 때문에 발전한다. 각 전문직업은 그 자체 내면적인 가치를 가지고 있으며, 그러한 가치들은 조직의 구성원들이 조직에 들어올 때 가지고 오는 규범이다. 그들은 그들 자신의 하위문화를 보호하려고 노력한다. 다양한 전문성을 가진 집단은 없어도 분업은 결국 하위문화를 형성하게 하는 요인이 될 수 있다. 예를 들어 경찰이 마약문제를 신중하게 다루도록 압력을 받게 됨에 따라 경찰은 마약반을 구성하게 된다. 그들은 다른 일반경찰과는 다른 규범을 발전시킨다. 그들의 행세나 행태도 다른 경찰과 다르고 그들만의 응집력을 키우면서 다른 조직과 다른 강한 프라이드를 갖는다. 하위문화가 조직 내에 증가함에 따라 조직은 더 분열되고 이로 인해 갈등이 일어난다. 이러한 상황에서 문화의 변화는 지배적인 문화의 가치뿐만 아니라 하위문화의 가치변화도 요구한다.[27)]

3) 조직문화 변경시기의 적절성

조직이 과도기를 경험하거나 혹은 한 생활주기에서 다른 생활주기로 이동할 때가 문화가 변화할 수 있는 가장 적절한 시기이다. 비슷하게 환경적 혹은 내부위기의 시기도 계획된 문화의 변경을 위한 절호의 기회이다. 왜냐하면 오래된 가치나 규범은 구태의연하고 이제는 의미를 상실하는 것으로 나타나기 때문이다.

---

27) Shane and Von Glinow, *op. cit.*, pp. 511-512.

실제로 일을 처리하는 낡은 방법은 성공에 장애가 된다. 조직이 직면하고 있는 위기를 해결할 수만 있다면, 리더가 새로운 가치를 행태의 뿌리 속에 깊이 심는 데 성공할 수 있다.

조직이 독특한 문화를 발전시키므로 조직은 변화에 저항하기 때문에, 재조직과 합병에도 실패하기 쉽다. 더욱이 독특한 문화의 존재로 말미암아 새로운 기술은 거부되고, 새롭고 극단적으로 다른 리더들이 적응하지 못하여 성공하지 못하는 경우가 허다하다. 이와 같이 문화의 특수성은 문화의 행태적 측면을 설명하는 데 도움이 되며, 문화의 변화를 위하여 포괄적이고 조절된 전략이 필요할 것이다.

2. 조직문화의 변동과정

두 문화를 합병하거나 혹은 조직의 현존하는 가치를 재구성하는 경우, 조직의 리더들은 조직의 지배적인 문화를 어떻게 변화하고 강화하는지 이해하는 것이 중요하다. 리더들은 직원들에게 우선 변화의 긴박성을 알려줄 필요가 있다. 그런 다음 리더들은 현존하는 문화를 대표하는 인공물을 제거함으로써 현존하는 문화를 해빙하는 것이 중요하다. 그리고 새로운 문화와 의사소통하고 강하하는 인공물들을 적용함으로써 새로운 문화로 다시 동결시키는 것이다. 끊임없는 변화를 보장하는 유일한 방법은 변화와 문화적 가치를 맞추는 것이다. 일본의 예를 든다면[28] 히타치(Hitachi)의 간부들은 관료적이고 비융통적인 가치를 강화하는 인공물(artifacts)을 제거함으로써 조직문화를 변화시켰다. 더 개방적이고 의사소통하는 문화를 촉구하기 위하여 히타치의 직원들은 정장보다는 평상복(casual)을 입도록 하였다. 히타치는 사람을 부를 때 지위를 부르는 오랜 전통을 깨고 이름을 부르도록 하였다. 심지어는 히타치의 사장 혹은 회장을 부를 때도 이름을 부르도록 하였다. 변화과정이론들 중 하나는 Lewin의 '힘의 장 모델(Force-Field Model)'이다.[29] 그는 변화과정을 해빙, 변화, 재동결의 세 단계로 구분할 수 있다고 제안했다. 해빙(unfreezing)단계에서는 사람들은 낡은 업무수행방식이 더 이상 적합하지 않다는 것을 깨닫게 된다. 변화(changing)단계에서 사람들은 새로운

28) McShane and Von Glinow, *op. cit.*, pp. 511-512(재인용).

29) K. Lewin, *Field Theory in Social Science*, New York: Harper & Row(1951); Yukl, *op. cit.*, p. 275(재인용).

업무수행방식을 모색하며 가능성 있는 접근방식을 선택한다. 재동결(refreezing) 단계에서는 새로운 접근방식을 실행하고 안정화시키게 된다. 세 단계는 모든 변화를 위하여 중요하다. 그에 의하면 변화는 두 가지 유형의 행동조치에 의해 달성될 수 있다. 한 가지 접근은 변화의 추진력을 증가시키는 것이다. 예를 들면 인센티브를 증가시키거나 권력을 사용하여 변화를 강요한다. 또 다른 접근은 변화에 대한 저항을 유발하는 저항력을 감소시키는 것이다. 예를 들면 실패나 경제적 상실의 공포를 감소시키거나 반대자를 참여시키거나 제거한다. 저항력이 약하다면 추진력을 증가시키는 것만으로 충분할 수도 있다.

또 다른 문화변동과정의 단계는 ⅰ) 안정단계(문화단절이나 변동이 구상되지 않는 단계), ⅱ) 반발단계(최소한의 변동만 받아들여지는 단계), ⅲ) 예상단계(점증적 변동이 수용되는 단계), ⅳ) 탐색단계(많은 변동이 받아들여지는 단계) 그리고 ⅴ) 창조적 단계(문화변동을 위한 연속적 탐색이 진행되는 단계)로 구분해 볼 수 있다.[30)]

3. 문화의 변화를 위한 상황

1) 문화에 따른 변화

문화가 관리되어질 수 있는 조건들이 있는가? 이러한 질문은 문화의 변화를 촉진할 수 있는 상황조건에 대한 분석을 요구한다.

학자들은 다음과 같은 상황요소의 중요성에 동의하고 있다.

존재하는 문화의 강·약에 따라 조직은 다를 수 있다. 강한 문화를 가지고 있는 조직에서는 조직의 구성원들이 조직의 기본적 가치 및 가정에 강하게 집착하고 있다. 이 가치는 인공물, 상징 등 문화의 요소들에 의하여 잘 제도화되어 있기 때문에 이러한 가치를 변화한다는 것은 어렵다. 그리고 강한 문화는 오래 지속하는 특성을 가지고 있다. 반면에 지배적인 가치가 오래 지속하지도 못하고, 서로 의사소통도 원활하지 못하며, 조직의 상위의 소수계층에만 속하면서 지속될 때 조직은 자연히 약한 문화를 가지게 된다. 약한 문화를 가지고 있는 조직에서는 구성원들이 덜 헌신적이고, 일체감이 적고 응집성도 약하다.

조직은 대부분 다양한 문화와 다양한 하위문화로 형성되어 있다. 구성원들이 서로 다른 언어, 전문용어, 측정지표 또는 준거를 사용할 때 다양성은 의사소

30) 오석홍, *op. cit.*, pp. 256-257.

통을 방해하나 긍정적인 측면도 있다. 예를 들면 구성원들이 서로 다른 관점, 경험, 지식을 가지면 문제에 대해 더 많은 창의적 해결책을 가져올 수 있다.

하위문화는 직업의 전문성, 하위단위 혹은 지역, 계층 수준, 노동조합 그리고 반항적인 단체와 같은 반문화적인 집단위주로 형성된다. 일반적으로 공공행정기관은 대체로 단일한 지배적인 혹은 전문적인 특수성을 가지고 있다. 문화 혹은 하위문화간에 강한 차이가 발생할수록 문화변화를 가져오기 위하여 합의를 가져오는 데 어려움을 겪게 한다. 문화의 변이를 가져올 수 있는 다른 요인은 외부 문화의 역할과 조직에 대한 외부 문화의 영향에서도 발생할 수 있다. 그러나 이들을 충분히 증명할 수 있는 연구는 별로 없다.

2) 문화 변화를 위한 상황조건

(1) 극적인 위기

조직의 구성원들로 하여금 위기를 느끼게 하여 바람직한 방향으로 변화를 유도한다.

(2) 리더십 이전

최고관리자는 문화를 전달하는 데 중요한 요인이기 때문에 조직의 중요한 리더십의 자리는 새로운 가치의 이전을 촉진하게 할 수 있다. 그러나 새로운 리더십 그 자체만으로 조직의 구성원들이 새로운 가치를 받아들일 것이라고는 믿지 않는다. 새로운 리더는 조직이 무엇을 할 수 있을지에 대한 분명한 대안을 가지고 있어야 한다. 그리고 리더에 대한 존경이 있어야 하고 새로운 대안을 제정할 권한을 가져야 한다. 리더십 이전은 조직의 최고관리자만을 포함하는 것은 아니다. 성공적인 문화변화의 가능성은 전형적으로 모든 기존 관리자들을 경질함으로써 변화가능성이 높아질 수 있다. 전 관리자들이 새로운 리더의 가치를 수용하는 것보다 낡은 문화에 속하지 않았던 사람으로 대체하는 것이 바람직할 것이다.

(3) 생의 주기(life cycle stage)

조직이 생성, 성장, 성숙 및 쇠퇴하는 전환과정에서 조직문화의 변화는 자연스럽다. 조직이 성장함에 따라 주요한 변화는 당연히 일어날 것이다. 문화변화의 다른 기회는 조직이 쇠퇴기에 들어올 때 일어난다. 선형적으로 쇠퇴기는 감축을 요구하고 다른 삭감전략이 따른다. 그러한 행동은 조직이 심각한 위기를 경험하고 있다는 것을 근로자들에게 극적으로 표현할 수 있다.

(4) 조직의 나이

조직의 생의 주기와는 관계없이 조직이 젊으면 젊을수록 조직의 문화는 덜 견고하다. 그러므로 문화의 변화는 50여 년이나 된 조직보다 5년 정도 된 조직에서 더 받아들여지기 쉽다.

(5) 조직의 규모

문화의 변화는 규모가 소규모인 조직에서 일어나기 쉽다고 한다. 왜냐하면 그러한 조직에서 관리자들이 근로자에게 접근하기가 더욱 용이하기 때문이다. 의사소통과 역할모형은 규모가 작은 조직에서 더 선명하여 새로운 가치를 전파하는 기회를 증대시켜 줄 수도 있다.

(6) 현재 문화의 강함

문화가 널리 퍼져 있고 문화에 대한 구성원 사이에 합의가 더 높다면 그 문화를 변경하는 것은 어려울 것이다.

(7) 하위문화의 부재

동질성과 응집성은 조직구성원들 자신의 이익을 보호하려는 관심이 강하여 변화에 저항하려는 강도가 높다. 그러나 하위문화의 응집성이 높으면 창의성을 가져올 가능성이 높고, 부정적인 관점으로는 파벌을 형성하여 조직의 성장에 방해가 될 수도 있다. 대규모조직은 전형적으로 많은 하위문화가 존재하는 경향이 있기 때문에 갈등이 심하고 문화변화의 저항은 강할 것이다.

(8) 사회적 규범형성(social modeling)

조직 내에서는 일종의 학습이 이루어진다. 그것은 조직구성원이 조직 내의 지위가 높은 사람의 행태를 배우는 것에서 그 일면을 엿볼 수 있다. 또한 조직구성원은 다른 사람들이 가치 있게 일하는 것을 보고 배운다.

뿌리가 깊은 문화를 녹여나가는 방법으로 우리는 극적인 위기조성의 중요성을 강조하였다. 불행하게도 위기는 모든 조직의 구성원들에게 항상 분명한 긴장감을 주는 것은 아니다. 그러므로 모든 구성원들이 이 위기를 더욱 실감나게 하는 것이 중요하다. 만약 조직의 구성원들이 변화를 해야만 생존할 수 있다는 위기를 인식할 수 없다면 강한 문화가 변화에 부응하리라고 보기는 어려울 것이다.

3) 가치의 전달

새로운 최고관리자의 임명은 주요한 변화가 일어날 것이라는 것을 예견할 수 있다. 그는 새로운 역할모델을 제시하고 행태의 기준을 제시할 수도 있다. 또는 새로운 가치를 가지고 있는 사람을 고위직에 승진시킬 수 있다. Chrysler의 문화를 변경하는 데 Lee Iacocca가 이룩한 성공의 대부분은 고위경영자들의 급작스런 대량 해고와 그가 Ford에서 근무하였을 때 충성스러웠던 직원들을 유치하면서 일어났다고 보아도 과언이 아니다. 즉 Chrysler의 최고 5명의 관리들은 그와 같이 Ford에서 일하였던 동료였다. 새로운 가치를 전달하는 책임은 최고관리자에 놓여 있다.

가치의 전달은 세 가지 기본적인 요소를 포함한다.[31]

(1) 조직의 발전에 민감한 관심을 가지고 있는 사람이 필요로 하는 것은 ① 기업의 경쟁력이 있는 자들, ② 미래에 대한 전망, ③ 관련된 다른 정보이다.

(2) 조직이 무엇이 되려고 하는 비전과 이 비전을 달성하려는 방법

(3) 이 비전을 실현하는 데 중요한 것으로 밝혀진 영역에 대한 조직의 관심

새로운 리더십은 현존하고 있는 문화를 대체하기 위하여 새로운 전설, 상징, 그리고 의식을 창조하기 위하여 재빨리 움직여야 한다. 이것은 재빠른 것이 필수적인 조건이다. 신속하지 못하다면 현존한 문화가 새로운 리더십과 연관을 가질 기회를 허용하게 할 것이다. 그러므로 새로운 문화를 받아들이는 기회를 놓쳐버리게 된다.

마지막으로 관리자는 새로운 가치를 추구하려는 근로자를 지원하기 위하여 채용, 사회화과정, 평가 및 보상체제를 변경하기를 원할 것이다. 모든 이러한 제안을 실천한다고 하더라도 조직문화의 즉각적이고 극적인 변화를 실현할 수 있는가? 물론 쉽지는 않다. 문화를 관리하는 것을 배우지 못하였다면 오히려 수년이 걸리는 장기적인 일이 될 수 있다. 연구에 의하면 문화를 변경하는 데 2년은

---

31) Robbins, *Organization Theory*, pp. 460-461.

아주 빠르다고 해도 일반적으로는 4 내지 5년이 걸린다고 한다. 때로는 문화를 변경하기 위하여 적어도 50년이 걸린다고 보는 학자도 있다.

4. 변화에 대한 저항요인

변화에 저항하는 일은 개인과 조직에서 자주 일어나는 현상이다. 사람들이 변화에 저항하는 이유는 무수히 많다.[32] 각각을 간단히 설명하면 다음과 같다.[33]

(1) 신뢰의 결핍(Lack of Trust)

변화에 저항하는 기본적 이유는 변화를 이끌려고 하는 사람을 불신하기 때문이다. 명백한 위험이 없을지라도 나중에 분명하게 드러날 불길한 암시가 숨겨져 있으면 변화에 저항하게 된다.

(2) 변화가 불필요하다는 믿음(Belief that Change is Unnecessary)

변화에 저항하는 이유는 변화하여야 할 명백한 이유가 없다는 것이다. 현재 하는 일의 방식이 과거에 성공을 거두었거나 심각한 문제가 있다는 어떤 증거가 없다면, 사람들은 변화에 저항할 것이다. 조직이 현재 얼마나 잘 수행을 하고 있는지를 최고관리자가 과대포장한다면, 변화의 필요성을 사람들에게 설득하는 일은 한층 더 힘들어질 것이다. 대부분은 현재의 전략을 점진적으로 수정하는 식으로 대응한다.

(3) 변화가 가능하지 않다는 믿음(Belief that Change is Feasible)

문제가 있다고 하더라도 문제가 성공할 가능성이 없어 보이면 사람들은 제안된 변화에 저항할 수 있다. 과거에 했던 것과는 근본적으로 다른 변화를 추진하는 일은 대부분의 사람들에게 불가능하지는 않더라도 매우 어렵게 보일 것이다.

(4) 경제적 위협(Economic Threats)

변화가 조직에 어떠한 이익을 줄 것인가와는 무관하게, 사람들은 수입, 혜택 또는 직무안정에 손실을 겪게 된다면 변화에 저항할 가능성이 높다. 다운사이

32) D. R. Connor, *Managing at the Speed of Change: How Resilient Managers Succeed and Prosper Where Others Fail*, New York: Villard Books; Yukl, *op. cit.*, p. 274(재인용).

33) Yukl, *op. cit.*, pp. 274-275.

징과 일시해고는 실제 위협과는 무관하게 불안을 불러일으키며 새로운 제안에 대한 저항을 증가시킨다.

(5) 상대적으로 높은 비용(Relative High Cost)

변화를 위해서는 비용이 들게 마련이다. 익숙해 있는 일들을 바꾸어야 하는 불편을 야기하고 더 많은 노력과 비용을 요구하게 된다. 변화를 실행하기 위하여 이미 투자해 왔던 필요한 자원들을 잃게 될 것이다. 비용을 정확하게 추정할 수 없을 때라도 비용에 대한 두려움을 갖는다면 변화에 저항하게 한다.

(6) 개인의 실패에 대한 두려움(Fear of Personal Failure)

변화는 어떤 개인이 지니고 있는 전문성을 쓸모없게 만들며 새로운 업무수행방식을 배울 것을 요구한다. 자신감이 없는 사람은 자신이 익숙해 있는 과정을 버리고 숙달하기 너무 어려울지도 모르는 새로운 절차를 배우는 것을 주저하여 변화에 저항할 수 있다.

(7) 지위와 권력의 손실(Loss of Status and Powers)

조직의 전면적 변화는 개인과 조직단위의 권력과 지위의 변화를 초래하기 마련이다. 앞으로 감소 및 제거할 활동에 대한 책임을 맡은 사람들은 지위와 권력을 잃게 되어 결사적으로 변화에 저항하게 될 것이다.

(8) 가치와 이상에 대한 위협(Threat to Values and Ideals)

개인의 강력한 가치와 이상에 일치하지 않는 변화는 저항을 받게 될 것이다. 개인의 가치를 위협하는 것은 변화에 대한 저항에 기름을 붓는 강한 정서를 유발한다.

(9) 간섭에 대한 분개(Resentment of Interference)

일반적으로 사람들은 간섭받기를 좋아하지 않기 때문에 저항한다. 사람들을 조종하거나 변화를 강요하려는 시도는 분개감각과 적대감을 유발할 수 있다. 변화의 필요성을 인정하지 않고 변화방법의 결정을 자유롭게 선택할 수 있다고 믿지 않는다면 사람들은 변화에 저항할 것이다.

변화에 대한 저항은 개인적인 이해와 자율성에 대한 인식을 보호하기 위하여 나타나는 자연적인 현상이다. 변화에 대한 장애를 무조건 피해야 되는 걸림돌로 간주하기보다는 변화를 성공적으로 달성하기 위하여 그 원인을 파악하고 변화를 증진할 수 있는 방향을 모색하는 것이 현실적으로 유익할 것이다.

14장

조직의 효과성

제14장 조직의 효과성

행정학은 조직 효과성을 증진하는 데 많은 노력을 하여왔다. 예를 들어 기업은 시장의 점유율과 수입을 올리려 할 것이고, 조직에 투자한 자금을 최적화하여 사용하려 할 것이다. 조직의 효과성은 조직이론과 행태의 중심적인 주제다.

왜 어떤 조직은 효과적이고 다른 조직은 비효과적인가를 이해할 필요가 있다. 우리는 경제적 · 정치적, 그리고 도덕적 관점에서 조직 효과성이 증진되기를 원한다. 그러나 조직의 효과성은 아주 복잡하며, 정의를 내리는 사람의 수만큼 정의도 다양하다. 한마디로 조직의 효과성은 아주 복잡하다.

사전에는 효과성을 의도한 혹은 기대하는 결과를 달성하는 것으로 정의하지만 과연 조직이 의도한 결과가 무엇이며 무엇이 되어야 하는지에 대해서도 합의가 없다.

그러나 조직 효과성의 정의가 가능한가를 논의하는 동안 거의 이 용어의 정의는 이미 어느 정도는 구축되어 있다. 학교를 선택하든지, 증권을 사든지, 은행 등을 선택하기 전에 이미 이들 조직에 대한 효과성을 판단하기 마련이다. 행정가 역시 주어진 예산을 효과적으로 사용했는지 판단한다. 이러한 관점은 조직의 효과성에 대한 평가가 널리 이용되고 있다는 것을 의미한다.

조직 효과성을 연구하는 학자들은 효과성을 평가하는 하나의 결정적인 모델 혹은 틀이 있다는 데 동의하지 않는다.[1] 이러한 복잡성은 많은 사람들이 다양한 접근법을 사용하게 하는 이유이다.

Marx Weber에서부터 최근의 문화, 권력 및 동기부여접근법에 이르기까지 조직 효과성은 조직을 연구하는 데 핵심적인 개념임에는 틀림없다. 조직의 궁극적인 목적 가운데 하나는 효과성을 가져오는 것이다. 우리는 우리의 조직이 번영

1) P. S. Goodman, Pennings, J. M. and Associates, *New Perspectives on Organizational Effectiveness*, San Francisco: Jossey-Bass(1977); Cameron, K. and Whetten, D. A. (eds.) *Organizational Effectiveness: A Comparison of Multiple Models,* Orlando, Fla.: Academic Press(1983).

하기를 원한다. 이를 위하여 조직의 효과성은 구조, 기술, 환경과의 관계, 전략적 기획, 변화에 적응, 갈등의 관리능력 등과 밀접한 관련이 있으며 조직의 효과성을 평가하기 위해서도 이 변수들을 활용한다.

제 1 절 조직의 효과성과 성과
(Organizational Effectiveness and Performance)

1. 조직 효과성의 정의 및 다양성

1) 효과성의 다양성

1950년대 이래 지속된 조직 효과성에 대한 연구는 아주 단순하였다. 효과성은 조직이 그 목적을 실현하는 정도로서 정의하였다.[2] 그러나 이 정의가 내포하고 있는 모호성 때문에, 관리자가 이 개념을 사용하는 기회와 능력을 저해하며, 더욱이 연구를 왜곡할 위험이 있다.

모든 조직이론 학자들은 조직이 효과적이냐 하는 것은 가치판단의 문제이며, 모든 조직에 적용해야 되는 보편적인 기준이 없다는 것을 인정한다. 보편적인 기준을 사용하기에는 조직의 세계는 사조직, 공공조직, 그리고 비영리조직과 같이 너무 다양하여 보편적인 기준을 사용할 수 없다.[3] 이 결과 사조지의 다양한 기준이 발전하여 왔고 활용되고 있다.

연구자들은 효과성의 다양한 측정치들을 시험하는 경향이 있다. 예를 들면 Campbell과 그의 동료들은 효과성에 대한 다양한 접근법을 검토하였다. 아래 많은 측정변수들이 효과성을 설명한다. 그러나 이 변수들은 공익과 정치경제에 기여하는 효과성 변수들은 포함하지 않았다. 연구자들이 더욱 복잡한 기준을 포함한 것은 조직이 다양한 목적과 다양한 이익을 추구하는 것이 분명한 것으로 볼 수 있기 때문이다.

〈표 14-1〉에서 보듯이 모든 연구들의 질 및 사기와 같은 일반적인 기준에서 사고율 및 결근율과 같은 더욱 특정한 요소를 각 접근법에서 공통적으로 사용하

2) Amitai Etzioni, *Modern Organizations*, Englewood Cliffs, N.J.: Prentice Hall(1964), p. 8.
3) K. Cameron, "Measuring Organizational Effectiveness in Institutions of Higher Education," *Administrative Science Quarterly*(1978), p. 665.

〈표 14-1〉 조직 효과성 특성

목표접근	인적 자원 접근
성취성의 강조 생산성 능률성 이윤 질 계획과 목적설정 목적의 합의 조직목적의 내면화 신속	직무만족 동기부여 사기 인간자원의 가치 훈련과 발전강조 결근율 이직률 사고율 역할과 규범의 일치
내부작용 접근	**체제 접근**
통제 갈등 및 응집력 상호 개인간의 관리기술 업무관리기술 정보관리와 의사소통 참여와 영향력의 공유	안정성 성장 융통성 및 적응성 환경의 활용 외부기관의 평가
정치적인 접근	**전반적인 효과성**
부응성 책무성 대표성 합법성 민주적 가치	

출처: John P. Campbell, "On the Nature of Organizational Effectiveness," in P. S. Goodman, J. M. Pennings, And Associates, eds., *New Perspectives on Organizational Effectiveness*, San Fancisco: Jossey-Bass(1977), pp. 36-41.

지 않았다는 것은 조직의 효과성은 다른 사람에게 다른 것을 의미한다는 결론에 이른다. 심지어는 서로 모순이 되는 변수들도 있다.[4)]

〈표 14-1〉은 조직평가의 다양성을 보여주며, 평가자들마다 관심사가 다양함을 알 수 있다. 따라서 이 30개의 기준이 모든 조직에 서로 관련되어 있지 않으며, 어떤 변수는 다른 변수보다 더 중요할 수도 있다. 30개의 변수들을 수집한 연구자들은 어떤 조직에 상대적으로 서로 독립적인 것이 다른 측면에는 효과적이거나 비효과적일 수 있기 때문에 조직의 효과성에 대한 조작적 정의를 만들 수

4) Stephen P. Robbins, *Organization Theory: Structure, Design, and Applications*, 3rd. Prentice-Hall Press, Inc.(1990), pp. 50-51.

없다고 결론내린다. 앞서 말하였듯이 조직의 효과성에 대한 정의를 내릴 수 없다는 것은 널리 알려져 있다. 그러나 최근의 조직효과성에 관한 문헌을 검토하여 보면 학자들간에 어느 정도 동의하는 측면도 있다. 그러나 연구자들이 지적한 문제임에도 불구하고 조직의 효과성에 정의를 하고자 하는 논의는 의미가 있을 것이라고 본다.

2) 조직 효과성의 정의

얼마 전만 하더라도 조직 효과성을 정의한다는 것은 거의 불가능한 일로 알려져 있었다. 그러나 최근의 문헌들을 자세히 관찰해 보면 학자들 사이에 조직 효과성에 대한 공통적인 면을 무시하여 왔다는 점을 지적한 것은 흥미로운 일이다. 물론 학자들 사이에 조직 효과성은 다양한 기준들이 필요하고, 다른 조직의 기능들은 다른 측정치를 사용하여 평가되어야 하며, 조직 효과성은 수단 혹은 과정과 목적 혹은 결과에 따라서 평가되어야 한다는 것에 동의하고 있다. 만약 연구자들이 조직 효과성에 대한 단일하고 보편적인 기준을 찾으려 한다면 실망할 것이다. 그와 같이 조직은 다양한 일을 하며, 그들의 성공은 다양한 영역에서 원하는 적절한 업적에 따라 평가되기 때문에 조직 효과성의 정의가 복잡성을 반영하고 있음을 인식해야 한다.

조직 효과성의 평가는 두 가지의 요소인 시간적인 측면과 비교를 위한 필요성 때문에 복잡해진다. 비록 대부분의 효과성에 대한 연구가 한 특정한 시간에 조직을 조사할 수 있으나, 조직은 동태적이어서 어떤 특정한 기준에 의하여 측정되는 조직 효과성은 환경과 내부 변화의 반영이 시간이 지남에 따라 다를 수 있다. 그와 같이 평가를 위하여 선택하는 시간의 틀은 중요한 요인이다.[5)]

또 다른 요인인 조직의 나이 및 조직의 생활주기의 상태는 적절한 기준을 선택하는 데 중요한 역할을 한다. 어린아이의 행태가 성인의 것과 다른 것처럼 조직의 나이와 성숙도는 다르므로 구별하여 판단해야 한다. 효과성은 절대적인 것도 아니고 상대적이며, 무엇을 대상으로 하였는지 혹은 어느 부문에 적용하였는지를 명확히 해야 한다. 심지어는 사조직의 이윤에서도 10%의 이윤을 내었다면 효과적이나 상대적으로 15%의 이윤을 낸 것에 비하면 효과적이지 않다. 공공

5) Arthur Bedeian, *Organizations: Theory and Analysis*, Hinsdale, Ill.: Dryden Press(1980), p. 118.

조직의 영역에서는 양적인 기준이 거의 존재하지 않기 때문에 비교는 필요하나 쉽지는 않다. 한 지역의 학교, 소방서 혹은 경찰서비스의 효과성은 다른 지역의 서비스와 비교함으로써 결정된다. 그와 같이 효과성은 사회적 비교의 과정을 통하여 평가된다.[6]

모든 조직들은 환경에 의존한다. 따라서 조직의 효과성은 환경의 영향에 따라 달라질 수 있다. 조직이 환경에 의존적일수록 조직은 취약하다. 강한 경제력을 가진 조직은 경제의 환경변화에 덜 영향을 받는다. 1970년대와 1980년대에 석유회사들은 원자재와 시장확보에 있어서 정치적 변화에 많은 영향을 받았다. 그러나 이 기업들은 정치적 상황을 안정시키면서 그들의 환경을 조정하였다.

그와 같이 조직이 취약할 때는 그들의 환경에 강하게 영향을 받는다. 많은 연구들은 강한 환경적인 압력이 높은 공식화나 경직화와 관련이 있다는 것을 증명하였다.

각 조직들은 환경의 압력을 다루기 위하여 내부전략을 모색하기도 한다. 상황접근모형들은 강한 환경의 압력을 극복하는 가장 좋은 방법이 있다고 생각하지 않는다.

2. 효과성과 성과의 관계

조직의 효과성과 성과에 대한 용어의 기본적 정의에 관하여 학자들 사이에 합의는 없다.[7] 효과성 자체가 성과보다 일반적인 용어인지 혹은 효과성이 성과보다 구체적인 측면인지는 결정되지 않았다. 실제로 효과성과 성과의 영역조차도 구체화되지 않았다. Rainey는 조직의 효과성이라는 말을 사용하는 반면, Jreisat는 조직성과라는 용어를 사용하여 조직이론 학자들간에도 효과성 개념과 성과의 개념을 상호 호환적으로 사용하고 있다.

조직의 효과성과 성과는 가치판단에 따라 혹은 조직의 특성에 따라 매우 다

6) Jeffrey Pfeffer, "The Usefulness of the Concept," in Goodman and Pennings, *New Perspectives on Organizational Effectiveness*, San Francisco Jossey-Bass(1977), p. 139.

7) P. S. Goodman, J. M. Pennings and Associates, *New Perspectives on Organizational Effectiveness*, San Francisco: Jossey-Bass(1981, 1983), pp. 1-12; K. Cameron and D. A. Whetten(eds.), *Organizational Effectiveness: A Comparison of Multiple Models*, Orlando, Fla. Academic Press(1977).

른 방법으로 평가될 수 있다.[8] 성과는 조직과정의 결과를 의미한다.[9] 성과는 명백하게 조직의 효과성보다 넓은 개념이다. 또한 효율성, 효과성, 형평, 배분, 문화, 권력 그리고 가치라는 이슈가 성과의 정의와 측정에 영향을 미치기 때문에 측정하기 어렵다. Boschken의 성과분석은 세 가지 수준에서 수행된다. 개별적인 고용, 소집단, 프로그램 그리고 조직이다. 그러나 효과성과 성과에 관한 대부분의 문헌들은 수준의 차이를 언급하기도 하지만 구별하기 어렵다.

그러나 성과가 만족스러울 때 조직은 효과적이고 조직이 효과적일 때 성과가 높을 것이라고 판단된다. 즉 조직의 효과성이나 성과는 조직구조, 기술, 환경과의 관계, 전략적 기획의 사용, 변화의 채택가능성, 갈등관리 능력, 문화 혹은 권력구조 혹은 피고용인을 대우하는 방법과 관련이 깊다. 이와 같이 효과성 혹은 성과는 조직이 좋은 결과를 가지고 있다는 것만이 아니라 조직의 관리, 디자인 그리고 다른 특징들을 통하여 이러한 결과를 가져온다고 주장한다.[10]

결론적으로 조직의 효과성과 성과에 관하여 살펴보면, 한편으로 성과를 효과성과 동일한 개념으로 사용하는 경우와, 다른 한편으로 성과를 효율성, 효과성 그리고 다른 성과지표를 동시에 포함하는 폭넓은 개념으로 정의하는 경우로 정리할 수 있다.

3. 공공조직의 효과성과 성과의 측정

1) 측정의 필요성

효과성 혹은 성과측정은 조직의 목적달성을 평가하는 데 가장 믿을 만한 수단이다. 과학의 발전에 따라 성과측정의 과제가 예전보다 점점 더 쉬어지고 있는 것이 사실이다. 즉 컴퓨터와 같은 기술발전, 계량화 진전, 서비스에 대한 대중의 요구증대 그리고 자원의 감소라는 압력으로 인하여 성과측정활동을 합리화해야 하는 관리자들의 관심이 증대하고 있기 때문이다.

특히 공공조직은 외부 및 내부의 통제로 인하여 스스로 상당한 주의를 요한

8) Ibid.

9) H. L. Boschken, "Organizational Performance and Multiple Constituencies," *Public Administration Review*, 54(3), pp. 308-312.

10) Andrew D. Szilagyi and Narc J. Wallace, Jr., *Organizational Behavior and Performance*(Fifth Ed.), HarperCollins Publishers(1990), p. 31.

다. 그러한 이유 때문에 공공조직의 성과측정은 시기적절해야 하고, 더 적합한 측정을 위하여 정보를 수집해야 하며, 그리고 성과측정을 용이하게 하기 위하여 내부표준화를 만들려고 노력할 것이다. 특히 공공조직은 객관적인 성과평가의 중요성을 인식하고, 그 평가는 생산성, 능률성 그리고 시민의 만족도를 향상하는 데 초점을 두어야 한다. 이러한 결과는 선거직 공직자들이나 일반시민들이 조직을 감독하는 것을 용이하게 하여 성과달성을 보다 쉽게 하려고 할 것이다.

그 이외에도 측정이 줄 수 있는 장점은 성과측정에 의하여 발견되는 문제점들을 인식하고, 그들의 원인들을 파악하고 해결하려고 노력하는 가운데 자연히 조직운영의 증진을 위하여 도움을 줄 수 있다. 그러나 성과측정이 공공관리자들의 잠재력을 향상시킨다고 하더라도 측정을 위한 재원의 부족, 측정에 관한 새로운 법, 목적 및 기준들이 계속 변화할 경우 적합한 측정방안을 개발하는 것은 어려운 문제가 될 것이다.

2) 공공조직의 측정지표

기업은 이익이 증대하는 것을 볼 수 있는 측정지표를 가지고 있다. 그러한 측정지표들은 공공조직에는 거의 존재하지 않는다. 그럼에도 불구하고 정부의 각 계층에서 공공관리자는 그들의 성과와 책임성에 관한 질문을 해결하려고 맹렬히 노력하고 있다. 하지만 측정에 앞서 공공관리자들은 다음과 같은 질문을 우선 고려해야 한다: i) 어떠한 결과가 관리자의 임무달성을 의미하는가? ii) 어떠한 객관적인 지표들이 그들의 성공을 수량화하여 사용할 수 있는가? iii) 정부의 운영은 때때로 중요하고 독립적인 외부의 검토 및 평가를 항상 준비하고 받아야 하는가? iv) 조직의 특성에 따라 평가기준이 다르기 때문에 그들의 성과를 다른 관리자 혹은 부처의 성과와 구별할 수 있는가? 특히 공공조직의 효과성과 성과측정은 조직의 특성마다 다르고 역시 목적 달성방법도 다양하다는 것을 인식해야 한다. v) 성과의 측정을 위하여 어떠한 자료 혹은 얼마나 많은 자료가 필요한가? vi) 그것을 어떻게 수집하는가?

(1) 목적 달성을 위한 조건

일반적으로 성과를 측정할 때 공공조직은 이미 설립된 목적달성을 측정한다. 목적을 설립하는 과정은 가능한 법의 범위 내에서 합법적이어야 한다. 다음 단계는 이러한 목적을 달성하기 위하여 목적을 구체화해야 한다. 그러나 목적설정은 합법성에 의하여 제한되고, 더욱더 분권화된 권위와 충분치 못한 예산하에서 명확하고 제한된 목적으로 전환하는 것은 어려운 일이 될 것이다.

때로는 다른 정책과 목적을 선호하는 이익집단들의 요구를 피하려고 노력해야 하며, 그러한 집단은 조직 내에서 혹은 조직 외에서도 존재할 수 있다. 그럼에도 불구하고 이러한 어려움 가운데 만들어진 조직의 정책 및 프로그램의 목적 달성은 가장 믿을 만한 성과의 지표라고 볼 수 있다.

● **조직의 성과지표로서 목적달성을 강조하는 것은** Stephen Robbins**가 지적한 것과 같이 다음 조건을 만족시켜야 한다.**[11)]

① 목적은 합법적인 공공정책 결정과정에서 만들어야 한다.

② 목적은 정확히 파악되고 분명히 정의되어야 한다.

③ 목적은 공공조직 내 · 외에서 동의 및 합의가 있어야 한다.

④ 이 목적에 대한 진전은 믿을 만한 방법을 가지고 측정되어야 한다.

사영역의 경험을 통하여 볼 때 기업조직이 효과성의 증진을 위하여 수립한 전략적 의사결정을 공공조직이 참조하는 것은 의미 있는 일이다. 본질적으로 전략적 계획을 수립하기 위하여 다음 세 가지의 필수적인 요건을 고려해야 한다: ⅰ) 불확실성을 어떻게 다루며, 조직의 성과를 위하여 잠재적인 부정적 결과를 어떻게 제약하는가? ⅱ) 바람직한 미래 상태 혹은 비전을 달성하는 데 필요한 자원을 확보할 수 있는가? ⅲ) 조직의 운영 목적을 추구하기 위하여 어떻게 조직의 근본, 즉 법 및 규정을 제정하고 유지할 수 있는가?

(2) 성과감사의 역할

성과감사는 조직의 성과 혹은 효과성을 평가하기 위한 가치 있는 관리도구이다. 우리나라의 감사원과 미국의 회계감사원(General Accountimg Office: GAO)은 성과의 기준을 작성하고 성과측정체제를 발전하기 위하여 정부에 큰 영향을 행사한다. 이 결과 기대되는 장점은 정부는 진정한 책임을 달성해야 되며, 아울러 공공관리자가 더욱 개방적으로 결정을 하는 데 도움을 준다는 것이다.

---

11) Stephen P. Robbins, *Organization Theory: Structure, Design, and Applications*, 3rd ed., Englewood Cliffs, NJ: Prentice-Hall, pp. 53-54; Jamil E. Jreisat, *Public Organization Management*, p. 213(재인용).

공공영역에서 성과감사의 새로운 역할은 통제중심적인 전통적인 것보다도 더욱 긍정적이고 실질적인 관리에 관심을 갖는 것이 특징이다. 결과적으로 오늘날의 성과감사의 목적은 공공기관을 비난하는 것이 아니라 숨겨진 비용을 발견하고, 운영의 영향을 평가하며, 더 좋은 관리방법을 발견하거나 전체적 관리과정에서 재정적 기능을 보다 활성화함으로써 공공관리를 도와주는 데 있다.

3) 정치적 고려

성과를 고려하는 데 있어서 문제점은 정부의 모든 수준에서 정치적 고려가 때로는 경제성 및 능률성보다도 더 중요하다는 것이다. 비용에 대한 관심은 정치인들보다는 관리자들이 더 많이 고려하고 있다. 주로 선거직 공직자들은 재선에 흥미를 가지며, 그들의 선거구의 유권자들이 무엇을 원하는지에 많은 관심을 가진다. 비록 성과감사 측정시 장기적 영향이 가장 가치가 있다고 평가하더라도, 선거직 공무원들이 장기적 결정을 만드는 것은 항상 어려운 일이다.

일반적으로 공공행정가들은 선거직 공직자 혹은 대중이 자신들의 부서 및 행정기구를 조사하는 것을 별로 좋아하지 않는다. 선거직 공직자들인 의원들의 감독은 미세한 부분까지 조사한다. 그러나 부서의 목적 및 목표에 대하여 철저한 이해를 하지 못하고 여론을 관리하기 위하여 각 부서의 성과를 측정함으로써 각 부서들의 재정적인 문제를 잘못 인식할 수 있다는 공공관리자들의 우려를 낳고 있다.

성과측정의 결과를 가지고 대중이나 선거직 공직자들이 부서들간의 비교를 위한 판단기준으로 활용한다면 어려운 문제가 발생한다. 예를 들어 행정자치부나 국방부의 성과평가간의 비교의 가치는 불투명하다. 만약 그러한 비교가 공공자금을 효과적으로 사용하였는지를 고려한다면 할 수 있다.

아무리 성과측정이 공공조직에서 어려움이 있다고 하더라도, 조사나 평가를 무시한다는 것은 조직의 효과성이 평가될 수 없다는 것을 인정하는 것이다. 그러나 성과측정과 평가는 효과성이 측정될 수 있고, 평가될 수 있다는 전제하에 지속적으로 발전해 왔다. 측정은 성과를 향상하는 데 중요하며, 측정에 관련된 많은 문제가 만족스럽게 해결되지 못하였다 하더라도 산출의 양과 질을 통제하는 중요한 수단이다.

4. 지표개발의 필요성

성과를 측정하는 데 중요한 단계는 현실적인 성과지표를 개발하는 것이다. 정부서비스는 비용, 편익, 작업량, 효과성, 능률, 생산성, 산출 그리고 영향과 같은 다양한 성과지표를 사용한다. 어떠한 정부부처도 제시한 모든 지표를 사용하지 않지만 비용측정은 거의 보편적이다. 왜냐하면 정부는 예산평가를 해야 하기 때문이다. 다른 측정이 사용되는 경우도 있고 그렇지 않은 경우도 있을 것이다. 그러나 정부가 제공하는 서비스가 양적으로 측정이 가능하지 않은 경우에는 측정과정이 더 복잡해질 수 있다.

정부의 프로그램에서 보는 바와 같이 효과적인 측정체제는 법을 효과적이고 능률적으로 집행할 수 있는 방법을 지속적으로 찾을 수 있느냐에 달려 있을 것이다. 효과적인 조직은 원하는 결과를 생산하거나 혹은 결정된 목적을 달성하는 조직이다. 그러나 공공행정에서 효과성과 능률성에 대한 관심은 특히 전통적인 정치학문헌이나 인간적인 조직관점에서는 별로 주목을 받지 못하였다. 비판의 한 측면을 보면 관료들은 효과성 혹은 능률성에 관한 정치적 목적을 관료의 목적으로 대치하는 경향이 있다는 주장이다. 민주사회에서 정치적 목적은 투표와 선거를 통하여 보여준 국민의 선호도를 나타낸다는 점이다. 이러한 목적은 본질적으로 합법적이고 도덕적이라고 말한다. 이에 반해 임명된 관료들에 의하여 만들어진 목적은 정당성이 결여될 수도 있다. 예를 들면, 인간주의자들이 지적하는 조직의 첫째 의무는 근로자와 그들의 복지라고 가정한다. 그들의 관점에서 보면, 능률과 효과성의 관리제제는 기계화되는 경향이 있다고 비난하며, 그 결과 공공관리자들은 불가피하게 효과성과 능률성 의미를 왜곡하여 근로자들의 이익과 삶의 질을 손상시키므로 효과적인 관리를 어렵게 할 수 있다.

관리의 능률성을 평가하기 위하여 가장 흔히 사용하는 기술은 비용편익분석이다. 이 분석의 능률은 경제적 능률보다 덜 추상적이며 비교적 정확한 추정이다. 관리능률은 본질적으로 조직의 투입(비용)과 산출(결과 및 영향)간의 관계이다. 대조적으로 경제적 능률은 조직의 결정과 분배영향을 포함하는 광범위하고 더욱 추상적인 의미를 가진다.

경제적 능률의 원리를 적용하는 데 두 가지 문제에 직면한다. 어느 한편의 사람들에게도 피해를 주지 않는 정책을 수립한다는 것은 현실적으로 극히 어렵다. 그리고 새로운 정책의 잠재적 영향을 측정하며 예측하는 데 감당하기 어려울 정도로 비현실적인 수많은 변수들과 우연발생적인 사건을 고려해야 한다.

간단한 예로서, 만약 조직의 목적이 내년에 100마일의 길을 만들려고 하는데 약 80마일의 길을 세웠다면, 그 조직이 80%만큼 효과적이라고 말할 수 있을 것이다. 만약 그 조직이 전년도의 건설비보다 매 마일당 더 적은 비용으로 도로를 건설하였다면, 그 조직은 능률적이라고 말할 수 있을 것이다. 그와 같이 능률과 효과성은 항상 같은 방향으로 가는 것은 아니다. 조직은 계획된 목적을 달성하기 위해 높은 비용을 들여야 한다. 목적은 항상 쉽게 결정되는 것은 아니다. 그리고 전반적인 효과성은 수많은 변수에 의하여 결정된다. 조직이 다르면 평가방법도 달리 할 필요가 있다.

성과에 대한 능률과 효과성에 대한 평가는 일반적으로 우리가 알고 있는 것보다 공공영역에서 더 자주 행하여진다. 매년 공공조직은 그들의 운영비용을 평가하는 데 예산요구서를 제출한다. 건전한 예산관례는 일반적으로 전년도의 목적달성과 올해 혹은 수년 후에 달성할 정확한 목적에 대한 정보를 제공한다. 운영목적을 설정하는 것 이외에도 성공적인 관리자는 성과의 질적 수준을 정하고, 프로그램의 비용을 평가하며, 이 목적을 달성하는 관리능력을 평가한다. 예를 들어 성과예산은 작업단위를 조사하고, 목적을 정의하며, 각 단위의 비용을 측정하고, 자료를 제공하여 운영의 능률성에 초점을 둠으로써 예산과정의 운영을 향상시킨다. 이와 같이 공공조직은 다양한 평가방법이 성공적으로 수행되어지기 위하여 지표개발이 필요하다.

제 2 절 조직의 효과성이론

이 절에서는 조직의 효과성을 위한 다양한 접근법들을 검토하고 이 접근법의 차이점과 조직의 효과성이 지니는 복잡성을 지적하고자 한다. 물론 이 접근법들이 주로 사조직에 사용되고 있다고 하더라도, 공공조직에도 적실성이 있는지 검토하는 것은 의미가 있을 것이다. 만약 아래 이론이 공공조직에 적용되기 어렵다면 무엇이 문제인지, 과연 적용가능한지에 대하여 관심을 가지고 효과성이론을 분석한다.

1. 목적접근법(Goal Approach)

조직은 하나 혹은 그 이상의 목적을 달성하기 위하여 창조된다.[12] 분명히 목적달성이 조직의 효과성을 달성하는 기준으로 사용되고 있다는 것은 의심할 여지는 없다. 효과성 모델은 단순하고, 복잡하다. 한마디로 효과성은 목적달성 정도로 정의될 수 있다.

목적을 기준으로 하는 접근법은 조직이 의도한 목적을 어느 정도 달성하였는지를 측정하고 평가하는 것을 의미한다. 목적에 기초한 접근법은 조직이 특정한 목적의 달성을 극대화하기 위하여 창조된 합리적인 존재라는 의미에서 합리적 조직개념에 뿌리를 두고 있다. 목적에 기초한 접근법은 "주어진 목적이 달성되었을 때 그들의 행동은 효과적"이라고 말하는 Chester Barnard[13]까지 거슬러 올라가는 효과성에 대한 최초의 접근법이다. 다시 말하여 정의한 목적이 달성되었을 때 그 행동은 효과적이라고 말할 수 있다.

목적달성접근법은 조직이 진지하고 합리적이며 목적을 추구하는 존재라는 것을 가정한다. 그러므로 목적이론의 필요조건은 첫째, 조직은 궁극적인 목적을 가져야 한다. 둘째, 목적은 구체적으로 밝혀지고 충분히 이해할 수 있을 정도로 정의되어야 한다. 셋째, 목적은 충분히 실현 관리되어질 수 있어야 한다. 넷째, 목적에 대한 합의 및 동의가 있어야 한다. 마지막으로 목적에 대한 측정이 가능해야 한다.

특히 이 접근법을 공공조직에 적용하였을 때 어려운 점이 발생하는데, 이는 공공조직의 목적이 불투명하고 모호하기 때문이다. 심지어는 조직의 목적이 달성되었는지조차 인식하지 못하는 경우도 있다. 때로는 공공조직은 복수의 목적들을 가지며, 이들이 서로 갈등하는 경향이 있다. 때로는 조직구성원의 목적이 조직의 목적과 갈등을 가져오기도 한다. 역시 고객들의 목적이 조직의 목적과 갈등을 가져오기도 한다. 단기적인 목적은 장기적인 목적과 갈등을 가져올 수도 있다. 목적을 달성하는 기술 또한 잘 알려지지 않을 수 있고 부적절할 수도 있다.

12) Charles Perrow, "The Analysis of Goals in Complex Organizations," *American Sociological Review*(December 1961), pp. 854-866.

13) Chester Barnard, *The Functions of Executive*, Cambridge, Mass.: Harvard University Press(1938), p. 19.

반면에 사조직은 목적이 비교적 분명하고, 목적의 수가 적고, 모든 참여자들이 동의하고, 목적의 달성이 양적인 측정이 가능하다고 하더라도 목적의 달성과 미달성이 조직의 노력 혹은 성과와 관련이 적을 수도 있다. 결국 성과는 조직의 통제를 초월한 요인일 수도 있다는 것이다. 예를 들어 투입의 변이는 조직이 하는 어떤 노력보다 생산의 변이를 강하게 결정할 수도 있기 때문이다.[14] 예를 들어 강남에서 상위계층이 살고 있는 지역의 고등학교는 다른 지역의 저소득층이 살고 있는 고등학교보다 다른 종류의 고객을 가지고 있을 것이다. 그러나 고객은 주로 생산성의 질을 결정하는 요인이 될 수 있다. 다시 말하여 조직의 통제 밖에 있는 환경적인 조건이 조직의 목적달성을 유리하게 혹은 불리하게 할 수도 있다는 것이다. 그와 같이 모든 면에서 동일한 두 조직이 다른 성과비율을 가질 수 있다. 그러나 조직의 노력이 성과와 관련이 없다면 한 조직이 다른 조직보다 더 효과적이 되기 위해 노력해 보았자 소용없는 일이 아닌가?

Thompson은 조직 효과성을 측정하기 위하여 목적과 기술을 기준으로 사용하였다. Thompson의 분류에 의하면, 목적과 산출의 측정은 명확하거나 모호한 것으로 분류되어야 한다. 기술 혹은 인과관계(조직의 활동과 결과 사이의 관계에 대한 지식의 정도)는 완전한 것과 불완전한 것으로 분류된다. Thompson이 제시한 효과성을 측정하는 틀은 〈표 14-2〉와 같다.

목적이 분명하고 조직의 구성원들이 목적을 달성하기 위하여 무엇을 해야 되는지를 정확히 아는 조직이나 활동에서는 목적달성이 효과성을 위한 적절한 측정이 될 수 있을 뿐만 아니라 능률성도 적절한 기준이 된다. 처음에는 조직은 목적을 결정해야 하고 그 목적들이 달성되었는가 평가해야 하는 것을 분명하게 생각하였다.

Herbert Simon은 하나의 목적은 항상 일련의 하위목적들을 포함하고 있고, 한 사람 혹은 집단을 동시에 만족시키려고 노력하며 고객에게 최선의 서비스를 제공하려 한다는 것이다.[15] 특히 공공조직에서 흔히 나타나는 현상으로 조직은 지속적으로 생존하려고 노력하고, 조직의 구성원들을 만족하게 하며, 동기부여를 하고, 의원들과 이익집단 등과 만족한 관계를 지속하려고 최선을 다한다. 많

14) John Campbell, "On the Nature of Organizational Effectiveness," p.76.

15) Herbert, A. Simon, "On the Concept of Organizational Goal," In F. E. Kast and J. E. Resenzweig(eds), *Contingency Views of Organization Management*, Chicago: Science Research Associates(1973).

〈표 14-2〉 효과성을 측정하는 상황적인 틀

목적과 산출기준의 명확성		인과관계: 완 전	인과관계: 불 완 전
	명확성	목적달성: 능률기준 예: 소방서, 우편서비스, 시의 수돗물 부서	목적달성: 산출기관 예: 야구팀, 건강을 위한 국가기구, 소방서
	모호성	내부과정기준: 조직분위기의 만족 예: 연구와 발전조직, 연구기관	사회적 기준: 외부 유권자들의 만족 예: 학교, 인적 서비스기관, 국방성

출처: A. Thompson, *Organizations in Action*, New York: McGraw Hill(1967), p.86.

은 다른 연합과 조직에 관련이 있는 제3자들, 즉 관리자, 고객, 근로자, 유권자 집단, 감시 및 규제기관, 의원들, 법원들 등은 조직을 위하여 다른 목적을 가질 수 있다.

조직은 공식적인 목적이 있을 뿐만 아니라 실질적인 목적을 가지고 있다. 연구자들은 조직의 사람들이 실질적인 목적을 밝히는 데 어려움이 있기 때문에 조직의 목적을 구체화하기 어렵다. 공공기관 혹은 공기업들은 빈번히 주민의 복지라는 명분을 사용하여 그들의 목적에 대하여 말한다. 자동차회사는 가장 안전하고, 즐길 수 있고, 가장 능률적인 자동차를 제공하는 것이 그들의 목적이라고 언급한다. 운송회사는 안전하고, 능률적이며, 가장 효과적인 운송을 책임질 것이라고 말할 것이다. 그러나 그들의 실제적인 목적은 대중이나 고객들보다는 경제적 이익에 더 많은 관심을 가지고 있을 수 있다.

1) 목적달성 접근법의 사용시 고려할 사항

목표설정모형은 다음과 같은 사항과 특성을 인식하고, 고려해야 한다:

(1) 관리자들은 어떻게 목적달성접근법을 조작화할 것인가? 조직의 구체적인 목적을 제시하고 어느 정도 달성되고 있는지를 측정할 수 있는 지표를 개발하

는 것이 필요하다.

(2) 목표달성접근법은 목표관리(MBO)에서 가장 적합하게 활용되는 것이 분명하다. MBO는 상관이나 부하직원이 서로 공동으로 만든 구체적 목적을 얼마나 잘 달성하였는지 조직과 그 구성원이 평가한다. 그들은 명시적이고, 검증할 수 있는, 아울러 측정할 수 있는 목적을 만들어야 한다. 실질적인 업적은 그 목적을 가지고 측정되고 비교된다. 조직이 달성해야 하거나 하지 말아야 하는 구체적인 목적을 결정하고 달성해야 하기 때문에 MBO는 효과성에 대한 목표지향적인 접근법에 가장 적합하다고 볼 수 있다.[16]

(3) 목적달성접근법을 적용할 때 우리는 누구의 목적인가를 우선 물어야 한다. 최고관리자의 목적인가? 만약 그렇다면 누가 포함되고 누가 포함되지 않는가? 공식적인 목적은 사회의 요구에 강하게 영향을 받는다. 결국 공식적 목적의 모호성은 조직이 달성하려고 하는 것을 이해하는 것을 어렵게 한다. 공식적 · 실제적 목적들이 다를 것이라는 것을 참작할 때 조직의 목적들에 대한 평가는 지배적인 집단에 의한 주장을 참고하는 것이 중요하다.

(4) 조직이 다양한 목적을 가지고 있을 때 어려움이 발생한다. 목적이 때로는 경쟁적일 수 있고 혹은 서로 양립하지 않을 수도 있다. 그러나 목적달성접근법은 목적에 대한 동의를 전제로 한다. 공공조직에서 흔한 일이기는 하지만, 조직에 다양한 목적이 있고 조직 내에 다양한 이익이 존재하는 경우 자신들의 이익에 유리한 방향으로 이끌기 위하여 목적이 모호하고 애매한 용어로 표현되지 않는다면, 관련자들간의 동의는 불가능할 수도 있다. 그렇기 때문에 비교적 대부분의 대규모조직에서 목적이 모호하고 광범위하게 표현되어 있는 이유를 이해할 만하다.

(5) 다양한 목적이 조직의 구성원들에게 의미 있는 것이라면 중요도에 따라 순위가 매겨져야 한다. 그러나 다양한 이익을 가지고 있는 사람들에게 양립할 수 있는 우선순위를 어떻게 만들어낼지는 의문이다. 특히 인사가 교체된다든지 혹은 조직 내에 권력관계가 변화하는 경우 목적달성접근법을 적용하기 어려울 것이다.

(6) 어떠한 경우에는 공식적인 목적이 단순히 미래행동에 대한 지침이라기

16) John P. Campbell, "On the Nature of Organizational Effectiveness," in Goodman, et al., *Organizational Effectiveness*, p. 26.

보다는 오히려 과거행동을 설명하기 위하여 합리화할 수도 있다. 조직은 처음에 행동을 하고 그것을 정당화하기 위하여 목적을 정한다. 만약 이것이 사실이라면 조직의 효과성을 제대로 측정한다고 볼 수는 없다. 왜냐하면 실제적인 업적들이 비교될 수 있는 것이 아니라 오히려 과거 업적에 대한 지배적인 연합들의 공식적인 설명이라고 볼 수 있기 때문이다.

(7) Scott는 목적모델이 가지고 있는 문제를 지적하였다. 그는 목적이 효과성을 분석하기 위해 세 가지의 방법으로 사용되어 왔다고 주장하였다. 첫째, 목적은 조직의 구성원을 위한 동기부여의 소스로 사용된다. 둘째, 목적은 구성원의 행위에 대한 가이드로서 접근할 수 있다. 목적의 세 번째 특징은 조직의 기능을 조사하고 평가하는 기준을 제공한다. 간단히 말하여 한편으로는 목적이 구성원의 행태를 동기부여하고 가이드하며 다른 한편으로는 구성원들과 전체 부서들의 행태를 평가해야 한다. 그러나 효과성에 대한 관심은 목적달성의 정도를 평가하는 데 있다. 하지만 효과성을 평가하는 데 만약 목적모델이 조직의 목적 대부분을 포함한다면 효과적일 수 없는 문제를 안고 있다. 예를 들어 목적은 다양성과 모순이 혼재하기 때문에 효과성을 평가하는 데 목적을 사용하는 어려운 점을 이해하지 않으면 안 된다. 누가 혹은 어떤 부서가 목적에 대한 조직의 성과를 판단할 때 조직의 구성원이 다르면 관점은 다를 수 있고 목적 또한 서루 무순이 되는 경우도 있기 때문에 제 관점을 고려해야 한다.

(8) 조직의 산출평가는 몇 가지 이유로 인하여 어려유 문제가 존재한다. 산출평가의 문제는 조직이 결합된 체제이기 때문에 조직의 내 · 외의 다양한 결과의 영향을 각각 구별하기 어렵다는 것이다. 문제는 조직의 어떤 활동이 어떤 결과를 가져오는지 결정하기 어렵다는 것이다.[17)]

2) 공식적 목적과 운영목적의 변화

목적에는 공식적인 목적과 운영목적이 있다. Perrow[18)]는 공식적인 목적은 헌장, 매년 보고서, 최고관리자의 공공선언문 그리고 다른 권위 있는 선언에 의하면 총괄적인 목적이라고 설명한다. 반면에 운영목적(operative goal)은 조직이

17) Richard H. Hall, *Organizations Structures, Process, & Outcomes*, by Prentice Hall Inc.(1991), p.256.

18) C. Perrow, "The analysis of Goals in Complex Organizations," *American Sociological Review*(1961), 26, 688-699.

실제적으로 운영을 위하여 만든 정책적 목적이다. 이러한 목적은 조직의 공식적인 목적이 무엇이든지 간에 실제로 조직이 무엇을 하는가를 말하여 준다. 그러나 운영목적은 공식적인 목적에서 추출된 것이다. 그들은 조직 내에서 운영하는 과정에 의하여 발전하고 수정된다.

● 운영목적이 변화하는 환경에 적응하는 몇 가지 예를 들어 설명하면 다음과 같다.

(1) 조직은 직접적으로 공급자, 소비자 그리고 다른 조직과 상호 작용한다. 흥정은 주고받는 전략이지 모두 다 가져올 수는 없다. 대학에 기부금을 내는 사람이 장학금으로 사용해 달라고 지정하면 대학은 그 기부금을 받기 위하여 목적을 변경할 수밖에 없다. 사회에서 대학을 평가하는 기준이 달라지면 대학은 기준에 따라 변할 수밖에 없다.

(2) 흡수(co-optation)는 조직의 안정과 존재에 대한 위협을 피하기 위한 수단으로 조직의 리더십 혹은 정책결정구조에 새로운 요소를 흡수하는 과정을 말한다.

(3) 동맹은 둘 혹은 그 이상의 조직들이 결합하는 것을 말한다. 이러한 경우 한 조직이 일방적으로 목적을 정할 수 없다.

(4) 핵심적인 조직이 다른 조직과 직접적인 상호 작용을 하면서 발생하는 결과로서 조직목적의 변화는 공식적인 목적보다는 오히려 운영목적을 다루는 것을 강조한다. 공식적인 목적에만 의존한다면 때때로 미묘하고 극적인 변화를 인지할 수 없는 경우가 많다.

(5) 조직은 양적으로 평가 및 표현할 수 있는 목적을 강조하는 경향이 있다. 예를 들어 대학들은 교육의 목적을 측정하기 어렵기 때문에 보다 쉽게 발표하는 교수들의 연구업적, 취업률, 고시합격률 등으로 평가하는 경향이 있다. 기업은 근로자들의 부지런함, 협조, 정확성, 충성심 및 책임감보다는 오히려 각 근로자들의 생산실적을 참작한다. 만약 조직이 쉽게 양적으로 측정할 수 있는 것만을 강조한다면 이러한 방향으로 조직의 목적은 정해질 것이다.

(6) 운영목적의 변화는 조직의 외부에 있는 총체적인 환경의 간접적인 압력에 의하여 영향을 받는다. 경제적 조건은 변경될 수 있고, 기술의 발전은 중요한 변화요인이다. 가치 또한 변화한다. 조직의 운영목적은 이러한 환경변화에 적응해야 한다. 예를 들어 목적의 변화는 인구변화에 따른 인구통계학적 구성에 의하

여 단과대학 및 대학에서도 볼 수 있다. 오늘날 젊은 사람들의 수는 감소하여 학교들은 통폐합단계에 있으며, 반면에 노인층의 인구가 증가하고 있다. 고등교육기관들은 입학생을 전통적인 젊은 학생들보다 나이가 많은 사람들을 세미나의 형식으로 모집하고 평생교육프로그램을 운영하는 경향을 띠고 있다. 인구통계학적 변화는 환경의 다른 간접적인 영향과 같이 조직의 통제를 초월한 요인들이다. 비록 조직이 가치형성에 영향을 주며, 경제를 유리하게 조정할 수 있고, 기술의 발전을 촉진한다고 하더라도 조직의 통제를 벗어난 많은 상황이 있다. 한국도 항시 석유 부족을 겪었으나 정부나 정유회사의 산유국에 대한 통제는 거의 불가능한 실정이다. 그와 같이 환경은 목적변화를 가져오는 데 간접적으로 중요한 역할을 할 수 있다.

(7) 목적모델을 적용하는 데 어려운 점은 조직목적이 다수가 될 가능성이 많다는 것이다. 그렇다고 목적개념을 포기하는 것은 바람직하지 않다. 왜냐하면 목적은 조직의 특징을 말하기 때문이다. 이러한 목적모델을 적용하는 데 있어 어려운 점은 공적으로 합법화된 공식적인 목적에서도 일어난다. 실제적으로 모든 공공기관과 부서들은 대단히 많은 공공목적들을 가지고 있다. 예를 들어 보건복지부와 같은 부처의 목적은 매우 다양하다. 대학은 지식을 축적하고 발전시켜야 되는 일반적인 목적을 가지고 있다. 경찰은 국민을 보호해야 하는 목적을 가지고 있다. 이러한 목적은 가능한 한 현실적인 측면에서 실제적 운영문제를 고려한다면 더욱 구체성을 띠게 될 것이다.

(8) 조직의 목적은 단기적 · 장기적 목적으로 고려될 수 있다. 예를 들어 기업조직은 투사에 대한 단기적인 결과를 기대하고 대학이나 연구기관은 평균적으로 장기적인 성과를 강조한다. 또한 계층제의 다른 수준은 상황을 더 복잡하게 만드는 다른 시간의 틀(frame)을 사용할 수 있다. 계층이 높을수록 장기적인 관점에서 미래 비전을 고려하는 경우가 비교적 많다. 조직 내의 다른 부서도 항상 같은 시간의 틀을 사용하지 않을 것이라고 보는 것이 예상된다. 단기적인 결과에는 성공적인 것이 장기적인 산출에는 재난이 될 수 있다는 것이다.

2. 체제-자원접근법(System-Resource Approach)

조직 효과성에 대한 체제적 접근은 조직이 하위단위간의 상호작용으로 형성되어 있다는 것을 의미한다. 만약 이 하위단위의 하나가 기능을 제대로 발휘하지 못한다면 전 체제의 업적에 부정적인 영향을 미칠 것이다.

체제이론의 초점은 일반적으로 조직과 조직의 환경의 관계이다. 개방체제로서 조직은 조직의 기능을 위한 자원과 조직의 산출을 활용하는 환경에 의존한다. 체제이론의 지배적인 목적은 목적을 달성하는 조직의 능력과 관계가 적다. 목적을 달성하지 못하는 조직이 반드시 실패하는 것은 아니며 목적을 달성하는 조직이 반드시 생존하는 것도 아니다. 만약 생존이 조직 효과성의 궁극적인 목적이라면 효과성은 외부환경과 성공적인 상호관계를 요구하고, 그리고 관리는 고객, 공급자, 정부, 노조 및 조직의 안정에 영향을 미칠 수 있는 집단들과 좋은 관계를 유지하는 것이다. 생존은 지속적인 자원의 조달을 의미하며, 공석이 없도록 직원을 채용해야 하고, 생산라인이 저조하다면 분명히 교체되어야 한다. 아울러 경제의 전망, 고객 및 소비자들의 취향이 예견되는 것이 필요하다. 만약 이들을 교체하지 못한다면 조직은 쇠퇴하게 될 것이다.

목적모델의 어려움 때문에 Yuchman과 Seashore는 체제자원모델을 발전시켰다.[19] 그들은 조직이 생존하기 위하여 가치 있는 자원을 구입할 수 있는지에 초점을 두었다. 그들의 효과성기준은 조직이 기능을 하는 데 부족하고 가치 있는 자원을 활용할 수 있는 조직의 능력에 두고 있다.[20] 또 다른 결론은 자원습득은 환경의 능력으로 보아야 할 경우가 많다고 한다. 어떤 조직은 부유한 환경에서 작동하지만 다른 조직은 결핍된 환경에 존재하고 있다.

조직을 체제적인 관점으로 볼 때 조직은 투입, 전환과정 및 산출과정을 거친다. 조직의 효과성을 단지 목적달성접근법으로 정의한다면 우리는 효과성의 일부만을 측정하게 될 것이다. 그러나 조직이 투입을 습득하는 능력, 이 투입의 과정, 산출을 생산하는 과정 그리고 안전과 균형을 유지하는 것을 보려 한다면 체제적인 접근법을 사용해야 한다.[21] 물론 체제적인 접근법은 목적을 무시하지는 않는다. 그러나 체제모델은 조직의 장기적 생존을 증가시키는 기준을 강조하는데, 즉 조직이 자원을 습득하고 사회의 유기체로서 내부적으로 유지하는 능력과 외부환경과 성공적으로 상호 작용하는 능력을 의미한다. 그러므로 체제적 접

19) E. Yuchtman and S. E. Seashore, "A System Resources Approach to Organizational Effectiveness," *American Sociological Review*(1967), 32, 891-903.

20) Seashore and Yuchtman, p. 393.

21) Ibid., pp. 891-903.

근법은 목적을 강조하기보다는 목적을 달성하기 위하여 필요한 수단에 오히려 초점을 둔다는 점이 특색이다.

조직과 환경간의 성공적인 균형을 가져오기 위하여 조직생산에 대한 활동을 감독하고 필요하다면 다른 산출과 조화를 가져오면서 환경의 지속적인 감독을 요구한다. 그러나 체제모형에서도 공공조직이 이와 같은 동태적이고 복잡한 환경을 통제한다는 것은 대단히 어려울 것이다.

1) 체제접근법의 운영체제

그렇다면 관리자들이 체제접근방법을 어떻게 활용하는지 이해할 필요가 있다.

체제적 관점은 계속적인 투입과 환경변화에 순응할 수 있는 유연성, 산출의 호의적인 수용, 조직이 투입을 산출로 전환하는 능률성, 내부의 의사소통의 명확성, 집단간의 갈등수준 그리고 고용자들의 직무만족 정도와 같은 요소들을 고려하지 않으면 안 된다. 목적달성접근법과 달리 체제접근법은 조직의 계속적인 생존을 보장하기 위하여 필요한 수단에 초점을 둔다. 그리고 체제옹호자들은 조직효과성의 결정적 변수로서 특정한 목적의 중요성을 소홀히 하지 않는다. 오히려 그들은 선택한 목적의 타당성과 이 목적에 대한 프로그램의 평가를 위한 측정에 관심을 갖는다.

예를 들면 체제분석의 예로서 중요한 체제간의 상호작용은 조직효과성 변수가 비율로 전환되어질 수 있다고 제안한다.[22]

이들은 투입과 산출의 비율(O/I), 전환과 투입(T/I), 전환과 산출(T/O), 투입과 투입의 비율(ΔI/I) 등을 포함한다(O: output, I: input, T: transformation).

〈표 14-3〉은 기업, 병원 및 대학을 대상으로 이 변수들에 의하여 사용할 수 있는 측정기준의 예이다.

이 연구는 다른 조직간에 생존을 유지하기 위한 적절한 상호작용을 분석한 사례이며, 측정치는 각기 조직의 목적에 따라 그 기준은 다르나 오랫동안 생존하기 위하여 만족할 만한 상호작용을 고려한다는 점에서 체제분석이다.

22) Robbins, *op. cit.*, pp. 59-61.

〈표 14-3〉 다른 조직들간의 효과성 측정의 사례

체제변수	기업조직	병 원	대 학
O/I	투자에 대한 이윤	치료한 환자들 전체의 수	교수의 논문발표의 수
T/I	재고 처리	의료기에 대한 투자	정보체제의 비용
T/O	판매량	치료한 환자 전체의 수	졸업한 학생들 전체의 수
ΔI/I	가동자본의 변화	치료한 환자 수의 변화	등록한 학생 수의 변화

출처: William M. Evan, "Organization Theory and Organizational Effectiveness: An Exploratory Analysis," in S. Lee Spray, ed., *Organizational Effectiveness: Theory, Research, Utilization*, Kent State University Press(1976), pp. 22-23; Robbins, *Organization Theory*, p. 60(재인용).

2) 체제접근법의 문제점

체제분석이 지닌 중요한 두 가지 단점은 측정 및 수단이 지니는 실제 의미에 대한 문제이다. 궁극적인 목적의 측정변수인 환경변화에 따른 융통성 혹은 내부 의사소통의 명확성과 같은 변수들이 과정변수를 측정하려는 것으로 비교되기 쉽다. 그러나 문제는 목적과 수단은 분리하기 어렵고, 타당하고 신뢰성 있는 양적인 측정변수들의 발전이 미흡하다는 것이다.

또 다른 비판은 이 접근법이 중요한 변수의 개념과 순서에 혼돈이 있을 수 있다는 점이다. 즉 어떤 변수는 목적으로 볼 수 있고 수단으로도 볼 수 있다. 그리고 어떤 것은 다른 것보다 더 중요하다. 그리고 어떤 분석기법은 서로 다른 요소들을 부적절하게 평가할 수 있다. 이외 다른 비판은 고객 그리고 공익집단이 다른 이익을 가지고 있다고 하더라도 조직의 효과성을 평가하는 기준이 조직을 담당하고 있는 사람들의 의도에 달려 있어 어디에 기준을 두어야 되는지 혼란을 가져올 수 있다.

이러한 비판에도 불구하고 체제분석을 통하여 환경과의 상호작용이라는 전반적인 통찰력을 제공한다는 점에서 효과성 발전에 영향을 끼칠 수 있다는 점이 장점이다. 즉 어떤 변수는 훗날에 중요한 것이 될 수도 있으며 효과성의 다른 지표를 발견할 수 있다는 것을 의미한다.

결론적으로 체제분석에서 관심을 가져야 할 부분은 조직의 효과성 그 자체보다는 효과성을 달성하기 위하여 필요한 수단에 초점을 맞추고 있다는 것이다. 목적달성접근법은 궁극적인 목적을 의미하고 체제접근법은 수단목적을 의미한다고 볼 수 있다.

3) 공공기관에 적용할 때 고려할 점

체제이론은 생각하는 방식이라고 정의할 수 있다. 즉 환경-투입-전환-산출-환류의 과정으로 생각한다. 일반적으로 선진국일수록 목적보다 과정을 더욱 중요시 한다. 아무리 목적이 좋다고 하더라도 과정이 민주적이지 않다면 인정하지 않는다. 예를 들어 Abscam 재판건[23]과 같은 예는 과정을 중요시한 예이다. 그러나 개발도상국가일수록 목적이 좋으면 과정은 별로 중요하게 생각하지 않는다. 반면에 체제이론은 이러한 생각하는 과정에 대한 통찰력을 준다. 또 다른 예로 미국의 레이건 대통령이 저격당하였을 때 미국 사람들은 동요하지 않았다. 왜냐하면 대통령의 유고시에는 절차와 과정에 따라 부통령이 승계 받으며, 이어서 하원의장 그리고 국무부 장관이라는 순서가 있기에 국가를 운영하는 데는 혼란에 빠지지 않기 때문이다. 반면에 중국의 모택동이 사망하였을 때 어떠한 일이 벌어졌었는가? 약 5년 동안 4인방들이 국력을 소모하면서 국가를 혼란케 하는 권력투쟁을 벌여 결국 등소평이 권력을 장악하였던 것을 우리는 기억할 것이다. 혼란을 초래한 것은 과정에 관심을 두지 않았기 때문이다. 이러한 예를 보면서 과정이 때로는 목적보다 더 중요하다는 것을 실감하게 한다 따라서 과정에 관심을 두는 체제모형은 공공조직의 발전에 기여할 수 있다.

조직 효과성을 평가하는 데 체제접근법을 적용하는 관리자는 즉각적인 결과를 기대하지 않는다. 관리자는 단기적으로 목적을 달성함으로써 좋게 보이려고 하는 것보다는 조직의 장기적 건강과 생존을 위하는 것에 더욱 관심을 갖는다고 볼 수 있다. 이외에도 체제접근법은 관리자들에게 조직활동의 상호의존에 관한 지식을 향상시킨다.

Molnar과 Rogers는 여러 가지 농업, 복지, 지역발전, 보호지구, 고용 그리고 계획 및 구획제(zoning) 기관을 포함하여 110개에 달하는 county 수준의 공공기관들을 분석하였다.[24] 그들은 자원모델을 공공기관에 적용하였을 때 일반기업에

23) 1973년 미국에 석유파동 이후 사우디아라비아 사람들이 석유를 판 돈으로 미국에 땅을 사는 데 의회의 의원들을 통하여 땅을 구입하는 것이 유리하여 그들에게 뇌물을 주면서 접촉한다는 정보가 FBI에 접수되어 그들이 함정수사를 벌려 뇌물 수수하는 8명의 의원들을 검거한 사건인데, 결국 이들은 1980-1981년 대법원의 판결에서 무죄로 풀려났다. 이유는 수사가 비민주적이었다는 것이다.

24) J. J. Molnar and D. L. Rogers, "Organizational Effectiveness: An Empirical Comparison of

적용하는 것과는 달리 모형을 변경해야 한다고 주장한다. 왜냐하면 공공기관에서는 투입과 산출의 관계가 모호하며 더욱이 이윤을 고려하지 않는다. 뿐만 아니라 시장에서 상품을 판매하는 것이 아니라, 정치적 결정 및 지역사회와 사회의 요구를 충족시키는 데에 비교적 많은 관심을 가지고 있기 때문이다.

그러나 공공기관에 이 체제-자원접근법을 사용하기 위하여, 연구자들은 한 행정기관이 많은 자원, 즉 장비, 재원, 인사 및 회의실 등을 다른 행정기관에 얼마나 많이 공급하는가를 조사한다. 상호 자원의 교환이 적절한가를 검토한다. 결론적으로 효과적인 행정기관일수록 다른 행정기관으로부터 자원을 끌어들이기 위하여 그 자신의 자원을 사용하면서 다른 행정기관과 효과적인 교환을 발전할 수 있느냐에 달려 있다. 물론 공공기관의 효과성을 분석하는 데 많은 다른 변수들이 필요할 것이다. 그러나 위의 연구는 자원을 교환하는 하나의 수단으로 제안하였다.

3. 참여-만족모델(Participant-Satisfaction Models)

이 접근법은 참여자에게 조직에 대하여 만족하는지에 대하여 묻는다. 그러므로 참여-만족모델은 조직이 조직의 구성원들의 필요를 수행하는지, 그들의 목적을 공유하고 그 목적을 달성하기 위하여 서로 협조하는지에 초점을 둔다. 이 접근법은 조직을 운영하는 데 대단히 중요하다고 판단한다. 그러나 참여자의 범위를 좁게 잡는다면 이 접근법의 한계를 피할 수 없다. 참여자는 피고용인은 물론 공급자, 고객, 규제자 그리고 외부의 통제자와 동맹자를 포함한다. 그러므로 최근의 연구들은 다양한 범주의 많은 다른 참여자들에게 조직을 평가하도록 한다.[25] 다른 학자들은 조직에 불리한 참여자가 잘 봉사하거나 해를 끼치고 있는지를 조사함으로써 보다 윤리적 그리고 사회정의를 구축하려고 노력한다.[26] 그와 같이 참여-만족모델은 효과성에 대한 우리의 생각에 중요한 통찰력을 첨가하였다고 볼 수 있다. 그러나 이 접근법도 조직성과의 사회적 의미를 찾는 문제에 봉

the Goal and System Resource Approaches," *Sociolgical Quarterly*(1976), 17, 401-413; Hall, *op. cit.*(1982), pp. 286-288.

25) K. Cameron, "Measuring Organizational Effectiveness in Institutions of Higher Education," *American science Quarterly*(1978), 23, 604-632.

26) M. Keeley, "Impartiality and Participant-Interest Theories of Organizationa Effectiveness," *Administrative Science Quarterly*(1984), 29, 1-12.

착한다. 좀더 구체적으로 지적하면, 조직은 일반대중 혹은 사회에 영향을 미치나 조직과 관련이 적은 사람들에게는 관심을 갖지 않는 것이 문제다. 특히 다원론 사회에서 이익집단에 속하지 않은 사람들의 이익을 누가 보호하느냐의 문제는 우리 사회의 사회 정의를 실천하기 위하여 중요한 문제로 등장하고 있다. 실제로 미국에서도 전체인구의 단지 10%만 이익집단에 속하고 이익집단에 속하지 않은 나머지 90%의 사람들의 이익을 누가 보호하느냐의 문제는 다원론 사회의 심각한 문제가 아닐 수 없다.

이 모델이 강조하는 바는 사기 혹은 개인들의 심리적 상태의 만족에 대한 것이 아니다. 오히려 이 모델에서 강조는 조직의 효과성에 대한 개인 및 집단의 판단이다.[27] Barnard는 참여-만족모델을 협조적이고 동기부여를 분배하는 기구로서 언급하였다. Barnard는 조직에 참여하는 결정요인으로서 개인들의 동기를 제시하였다. 만약 이것에 만족한다면 조직은 계속적으로 운영할 것이다. 조직의 성공은 달성하는 목적으로 간주하는 것이 아니라 충분한 보상 혹은 동기부여를 제공함으로써 충분한 기여를 얻어내 지속적으로 생존하는 조직의 능력으로 보았다.

Cummings는 좀 다른 관점에서 효과성에 접근한다.[28] 조직의 구성원들이 그들의 목적달성에 도움이 되는 도구 및 영역이라고 조직을 지각한다는 것이다. 이러한 관점에서 효과적인 조직은 구성원들이 그들 자신의 목적실현을 위한 도구로서 조직과 그 하위체제를 자유롭게 사용할 수 있다고 지각하는 조직이다. 다시 말하여 각 구성원들이 조직을 자신들의 목적을 달성하는 도구로 지각하는 정도가 크면 클수록 조직은 더욱 효과적이라고 한다. 그와 같이 효과적인 조직의 정의는 전적으로 심리적인 관점이라고 볼 수 있다. 이러한 접근법에 의하면 이익, 능률 그리고 생산성과 같은 요소는 조직의 생존을 위하여 필요한 요소들이나, 그 자체로는 목적이 될 수는 없다. 조직은 이러한 구성원을 위하여 유익하게 되기 위하여 자원을 습득해야 한다. 실로 가장 효과적인 조직은 구성원들이 조직의 목적에 동의하고 그들을 달성하기 위하여 끊임없이 노력하는 조직이다.

27) Hall, *op. cit.*, p. 258.

28) Larry L. Cummings, "The Emergence of the Instrumental Organization," In *New Perspectives on Organizational Effectiveness*, eds. Paul S. Goodman and Johannes M., Pennings, San Francisco: Jossey-Bass(1977), pp. 59-60.

4. 사회기능모델(Social-Function Models)

참여자의 만족을 초월하여 광범위한 사회기능영역에서 고려할 수 있는 효과성에 대한 다른 접근법이 있다.[29] 사회기능모델은 조직이 사회의 한 부분으로 사회를 위하여 무엇을 해야 하는가라는 문제에 기초하고 있다. 즉 사회가 생존하기 위하여 필수적으로 조직은 어떠한 기능이 필요한가이다. 이 접근법의 가장 대표적인 것은 조직에 대한 Parsons의 분석이다.[30]

그에 의하면 모든 사회체제는 네 가지 기본적인 요소를 해결하지 않으면 안 된다. 첫째, 적응(adaptation) 혹은 외부상황의 적극적인 변화와 더불어 환경의 요구에 대한 수용이다. 둘째, 목적달성(goal achievement) 혹은 목적을 달성하기 위한 자원의 동원과 목적의 정의이다. 셋째, 통합(integration) 혹은 단일체제로 조정하고 통일하는 체제의 많은 단위들 가운데 일련의 관계를 설립하고 조직화하는 것이다. 마지막으로, 체제의 동기부여 및 문화의 패턴을 지속적으로 유지(maintenance)하는 것이다. 사회가 존재하기 위하여 이러한 네 가지의 기본적인 기능이 필요하다고 하였다.

이러한 패턴 변수는 모든 사회체제에서 생존하는 데 필수적인 조건이다. 조직은 사회의 목적달성체제의 부분이다. 사회체제의 생존을 위하여 네 가지 기본적인 문제를 취급하지 않으면 안 된다. 이와 같이 어떤 의미에서 효과성은 이러한 네 가지 체제가 얼마나 잘 기능을 하느냐에 의하여 평가될 것이다. Mulford와 그의 동료들은 위의 네 가지의 체제문제를 조작화하였고 일련의 비경제적 조직이 통합, 목적달성 등을 얼마나 성취하였느냐 하는 측면에서 그들 사이에 강한 상관관계를 가지고 있다는 것을 발견하였다.[31]

그러나 Parsons의 접근법은 몇 가지의 비판을 면치 못하고 있다. Blau와 Scott에 의하면, 극단적으로 추상적인 개념은 가설을 추론할 수 없는 이론적인 측

---

29) 정우일 · 이왕재 역(Richard H. Hall, *Organization: Structure and Process*, 3rd ed., New Jersey: Prentice-Hall, Inc., 1982), 대영문화사(1986), pp. 405-406.

30) Talcott Parsons, *Structure and Process in Modern Society*, New York: The Free Press(1960).

31) Charles L. Mulford, et al., "A Multidimensional Evaluation of Effectiveness in a Non-Economic Organization," *Organization and Administrative Sciences*, 7, 1976-1977. no. 4(Winter), pp. 125-143.

면만을 제시하였다고 주장한다.[32] 또한, 단지 이론적인 틀을 개발하였을 뿐 실질적인 이론을 개발하지 못하였으며, 사회가 생존하기 위하여 반드시 네 가지의 기능만이 필요하다는 것에 대해 설득력 있는 설명을 제시하지 않았다고 주장한다.

5. 인간자원모델(Human Resource Model)

인간자원모델이 강조하는 것은 조직 내에 있는 사람들과 그들 목적의 만족이 조직의 중요한 목적이라는 것이다. 조직 효과성은 이러한 목적을 달성하는 수단으로 직무확충(job enrichment), 민주적 관리 그리고 직무만족을 최적화하고 개인들의 자아를 실현할 수 있는 조직의 분위기에 의존한다. 조직의 바람직한 목적은 인간자원능력의 최대한 발전을 가져오는 것이다. 개방체제이론은 조직의 환경과의 원만한 관계를 가져오는 것이 가장 좋은 방법이라고 하고, 내부과정모델은 성공을 보장하기 위해서는 가장 적절한 통제라고 믿으며 그리고 합리적 목적이론가는 합리적 계획과 통제가 가장 좋은 방법이라고 한다. 어떤 이론이 가장 좋으냐는 우리는 아직 알지 못한다. 인간관계모델이 때로는 조직의 효과성이론과 상충되는 면도 있으나 본질적으로 인간관계 이론가들은 조직의 구성원을 최대한 만족시키는 것이 최대의 효과성을 초래한다고 믿는다. 그러나 현대조직이론에서 인간관계이론의 주장을 경험적으로 증명할 수 있는 충분한 자료를 가지고 있지는 못하고 있다.

조직효과성에 대한 이 접근법은 내부의사소통, 리더십 스타일, 동기부여, 상호간의 신뢰 그리고 바람직하다고 생각하는 다른 것들, 즉 조직구성원의 능력을 최대한 발휘하도록 하는 요소들을 고려함으로써 조직의 효과성을 평가한다. Rensis Likert는 사람들이 개방적이고 고객중심적인 리더십, 의사소통 그리고 통제과정을 향상시킴으로써 조직의 효과성을 달성한다는 것을 가정하면서 이 패턴을 따르는 네 가지 체제분류를 발전하였다.[33] 이 이외에도 Blake와 Mouton의 관리망(managerial grid)은 많은 조직발전접근법과 같이 유사한 가정들을 포함한다.[34]

---

32) Peter M. Blau and W. Richard Scott, *Formal Organizations*, San Francisco: Chandler Publishing Co.(1962), p.40.

33) R. Likert, *Human Organization*, New York: McGraw-Hill(1967).

34) R. R. Blake and Mouton, J. S., "Overcoming Group Warfare," *Harvard Business Review*(1984), 62, 98-108.

일반적으로 인간관계접근법에 대하여 반대하는 학자들은 서로 비슷한 견해를 가지고 있다. 즉 관리체제 전문가들은 조직의 회계 및 통제체제가 잘 운영되고 있는가에 관심을 가지고 서로 비슷한 가정을 한다. 또한 어떤 학자들은 사조직에서 우수하다고 인정받고 있는 관리체제나 절차가 공공조직에 적용하기에는 약하기 때문에 인간관계접근법 적용의 부적절성을 지적한다.[35] 그들은 좋은 인간관계보다 더 우수한 회계 및 통제체제, 더 좋은 재고관리, 더 나은 구매 및 구입 그리고 더 나은 계약절차가 필요할 것이라고 주장한다.

6. 내적 과정모델(Internal Process Models)

인간자원 및 내적 과정접근법은 조직 효과성의 완전한 개념들을 포함하지 않는다. 그러나 공공관리자들은 빈번히 그것을 적용한다. 일반적으로 공공관리자들은 조직이 효과적이라고 생각할 때 그들은 내적 과정과 특징을 자주 언급한다. 즉 직원들과 그들의 부하직원들이 원활한 관계를 유지하는지를 지적한다. 그들이 외부의 요소를 언급할 때, 모든 사항이 원활히 운영될 때, 언론, 고객 그리고 의원들로부터 불평을 받지 않을 것이라고 한다. 어떤 사람들은 조직의 구성원들이 그들의 직원들 가운데 전문가가 있다는 증거로 전문집단에서 초청을 받는 것을 언급하기도 한다. 어떤 경우에는 산출지표를 언급하는 데 체제적 프로그램이나 정책평가 혹은 다른 업적지향적인 측정치를 언급한다. 그들은 조직이 그러한 결과를 어떻게 달성하는가를 아는 것보다는 어떻게 달성하였는가를 물어봄으로써 해석을 한다. 그러나 그들은 일반적으로 내적 과정 및 특징에 집중하는 경향을 보여준다.

내적 과정모델의 초점은 조직의 내부기능에 두고 있다. 좋은 조직은 내부과정이 원만하고, 최소의 갈등, 질서, 지속성 그리고 예측성 있는 조직이다. 내부과정접근법은 조직의 효과성을 위한 기준으로 능률을 강조하는 경향이 강하다. 많은 면에서 조직의 과정모델은 Frederick Taylor의 과학적 관리법과 Simon이 주장하고 있는 새로운 관리과학의 특성과 유사한 점이 많다.

---

35) D. P. Crane and Jones, W. A., *The Public Manager' Guide*, Washington, D. C.: Bureau of National Affairs(1982).

7. 전략-유권자(혹은 고객)접근법(The Strategic-Constituencies Approach)

조직효과성에 대한 최근의 전략적 유권자접근법에 의하면 효과적인 조직이란 조직의 지속적인 존재를 위하여 환경에서 필요한 지지자들을 확보하여 유권자들의 요구를 충족하게 하는 조직이다.[36] 전략-고객접근법은 조직을 다르게 해석하고 있다. 조직은 자원의 통제를 위하여 서로 경쟁하는 정치영역으로 가정한다. 그러한 맥락에서 조직의 효과성은 조직이 얼마나 그들의 주요한 고객을 성공적으로 만족시키고 있는지에 두고 있으며 조직의 미래생존이 여기에 있다. 이 접근법은 조직 효과성을 주요한 결정요인으로서 환경에 강조를 두는 개방체제접근법과 유사하다. 그러나 강조점은 다르다. 물론 이 두 접근법은 환경에서 상호의존을 고려하나 전략-유권자접근법은 조직의 전체 환경을 고려하지 않는다. 이 접근법은 단지 조직의 생존에 위협을 주는 환경에 존재하는 사람들과 유화적인 관계를 유지하려고 한다. 전략접근법은 개방체제와 같이 조직의 효과성을 판단하는 것으로서 환경에서 주요한 지지자들을 얻으려 한다.

국립대학과 사립대학을 비교하면서 전략-유권자접근법을 적용하는 예를 설명한다면 이해가 더욱 쉬울 것이다. 대부분의 국립대학은 학생들을 유치하는 것은 큰 관심을 가지나 그들의 졸업자들이 장차 유능한 직장에 취지하는 것에는 그다지 많은 관심을 쏟을 필요성을 느끼지 않는다. 왜냐하면 국립대학은 졸업생의 취직 여하에 크게 영향을 받지 않기 때문이다. 이에 반해 사립대학은 국립대학보다 졸업생들의 취업에 더 많은 관심을 갖는다. 학부모들도 더 비싼 등록금을 내고 공부하고 졸업한 후 자녀들이 좋은 직장과 대학원에 진학할 것을 기대한다. 만약 사립대학의 졸업생들이 취업 등에 많은 실적을 내지 못한다면 사립대학의 지원율은 줄어들 것이다. 반면에 국립대학은 대학의 재원을 확충하기 위하여 국회의 의원들과 좋은 관계를 유지하기 위하여 노력한다. 의원들과 좋은 관계를 갖지 못하면 국립대학의 예산을 증액하는 데는 어려움이 따를 것이다. 그러나 사립대학은 정치인들과 좋은 관계를 갖든지 그렇지 않든지 별로 영향을 받지 않는다. 각 유권자 혹은 고객들은 서로 다른 가치관을 가지고 있기 때문에 합의를 이루기도 어렵다. 예를 들어 담배회사의 경우, 대중은 담배를 국민의 건강을 해치는 것으로 보

---

36) Jeffrey Pfeffer and Gerald Salancik, *The External Control of Organizations*, New York: Harper & Row(1978); Robbins, *op. cit.*, p.62(재인용).

나 담배회사의 주주들은 효율적으로 담배를 생산하여 이익을 추구하려고 한다.

1) 전략-고객접근법의 운영체제

이 접근법을 적용하기를 원하는 관리자들은 우선 조직의 생존에 중요하다고 고려하는 고객들을 조사함으로써 시작한다. 예를 들어 한 대규모 자동차회사는 자동차를 만드는 과정에서 중요한 원자재의 공급자, 조합원, 융자를 얻은 은행, 규제기관 및 관료, 의회의 관련된 위원들, 다른 이익집단들과 공조 등을 포함하는 전략적 고객을 갖는다. 물론 고객의 상대적인 권력을 평가한다. 우리 조직이 다른 조직에 얼마나 의존하고 있는지, 우리에 대하여 상당한 권력을 가지고 있는지, 정치적으로 타협할 수 있을 정도로 서로 동맹관계를 맺을 수 있는지, 서로 다른 고객들이 가지고 있는 권력을 어떻게 비교할 수 있는지, 또는 고객이 제공하는 것을 대체할 수 있는 것들이 있는지, 흥정하기 위하여 무엇을 제공할 수 있는지를 평가한다.

다음 단계는 고객들이 조직에 대하여 갖는 기대를 조사해야 한다. 그들이 무엇을 원하는지, 각 고객집단들이 조직에 어떠한 목적을 부과하려고 하는지를 조사해야 한다. 예를 들어, 주주의 목적은 주식가격의 상승이며 노동조합의 목적은 직업의 안정과 높은 임금일 것이다. 반면에, 환경보호단체는 물, 공기 등의 오염을 최소화시키는 것일 것이다.

2) 전략-고객접근법의 문제점

어떠한 접근법도 문제가 없는 접근법은 없다. 사실 전략적 고객들을 더욱 큰 환경에서 분별하는 업무는 말하기는 쉬우나 실제로는 어려운 일이다. 왜냐하면 환경은 급격히 변화하고 있기 때문에, 어제 조직에 유리하였던 고객이 내일 그렇게 되지 않을 수도 있다. 심지어 만약 고객들이 밝혀지고 상대적으로 안정적이라고 하더라도, 어떻게 전략적 고객들을 분리할 수 있는가? 조직간의 이익이 상충되는 경우가 없는지, 전략적이라고 보는 개념의 차이가 없는지, 또는 개념간의 갈등을 어떻게 해결해야 되는지의 문제와, 또한 한 회계부서의 관리자는 구매부서의 관리자가 조직의 전략적 고객을 보는 것과 같은 방향으로 보지 않는 경우가 있다. 마지막으로 조직의 전략적 고객들이 조직에 기대하는 것을 알아내는 것은 쉽지 않다.

8. 경쟁-가치접근법(the Competitive-Value Approach)

조직효과성에 대한 포괄적이고 체계적인 이해를 하려 한다면 효과성의 영역에서 중요한 모든 변수를 조사하는 것이 바람직하게 보인다. 그런 다음 이 변수들이 어떠한 관련을 가지고 있는지 결정하는 것이 중요하다. 이와 같이 경쟁-가치접근법은 통합적인 틀을 제시한다.[37)]

조직의 효과성을 평가하는 가장 좋은 기준은 존재하지 않는다. 왜냐하면 모든 사람들이 단일한 목적을 가질 수도 없으며, 어떠한 목적이 반드시 다른 목적에 우선한다는 것에 합의가 이루어져 있지 않기 때문이다.

그러므로 조직의 효과성에 대한 개념은 주관적이고 평가자가 선택하는 목적들은 자신들의 개인적인 가치, 선호도 그리고 이익에 근거한다. 조직의 효과성은 이익률, 시장의 점유율, 능력 있는 사람을 고용하는 조직의 능력, 파업의 부재, 새로운 상품을 위한 R&D 투자, 그리고 노동력의 팽창 등 다양한 측면을 고려할 수 있다.

효과성은 누가 판단하느냐, 분석의 수준, 그리고 초점을 투입, 생산성 혹은 과정에 두느냐에 따라 다른 의미를 갖는다. 결과적으로 효과성은 효과성을 평가하기 위하여 사용하는 특정한 기준 이외엔 의미를 갖지 않는 것은 당연할 것이다. Quinn과 Rohrbaugh는 이 문제를 해결하기 위하여 개념적 틀(Conceptual Framework)을 제시했는데 그들은 이것을 경쟁가치 틀(Competing Values Framework)이라고 불렀다. 경쟁가치접근법은 조직의 효과성을 위한 포괄적이고 공통적인 기준이 있다고 주장한다. 그리고 경쟁적인 가치를 창조하기 위하여 기본적인 요소들이 조합을 이루고 이들 각각이 효과성 모델을 정의한다.

Quinn과 Rohrbaugh는 조직분야에 흥미를 갖고 있는 연구진들에게 효과성에 관련이 있는 별개의 조직수준의 기준지표들의 목록을 만들고 그리고 가능한 한 이 기준들의 모든 조합들 사이에 개념적 유사성의 정도를 분석하게 했다. 분석한 학자들은 조직의 효과성을 어떻게 지각하는지를 정의하면서 기본적인 척도

37) See Robert E. Quinn and John Rohrbaugh, "A Competing Values Approach to Organizational Effectiveness," *Public Productivity Review*(no. 1981), pp. 122-140; Robert E. Quinn and John Rohrbaugh, "A Spartial Model of Effectiveness Criteria: Towards a Competing Values Approach to Organizational Analysis," *Management Science*(March 1983), pp. 363-377.

를 조사하기 위하여 다차원적 측정기술들이 활용되었다.

이 접근법을 적용하기 위하여 이 접근법이 어떻게 발전하여 왔는지를 아는 것이 필요하다.

이 접근법은 이미 제시한 조직효과성의 기준들 가운데 다음과 같이 공통적인 주제를 찾는 데에서 시작하였다:[38]

첫 세트는 융통성(flexibility)과 통제(control)이다. 본질적으로 이 둘은 조직구조에서 서로 양립할 수 없는 지표이다. 융통성은 혁신, 적응 및 변화를 촉진한다. 이에 반해 통제는 안정성, 질서 및 예측성을 지원한다.

두 번째 세트는 조직구성원의 복지와 안녕을 강조하는 것과 조직 그 자체의 안녕과 발전에 관심을 두는 것에 대한 것이다. 사람(people)과 조직(organization)의 이분법은 본질적으로 양립할 수 없는 일련의 다른 지표들이다: 조직 내에 사람들의 감정과 필요한 관심 대 생산성과 과업달성을 위한 관심. 사람과 조직의 이분법에서 사람은 조직의 내부구성원들을 고려해서 내부로 그리고 조직은 조직 내부구성원의 외부를 말하기 때문에 외부라고 분류하여 사용하기도 한다.

세 번째 척도는 수단(예, 기획 · 환경)과 목적(예, 생산성)에 집중하여 관심을 가졌다.

〈그림 14-1〉의 경쟁가치의 틀에서 조직효과성의 네 가지 모델 혹은 정의를 만들 수 있다. 〈표 14-4〉를 〈그림 14-1〉에 적용해 보면, PFM과 PFE는 인간관계론 모델(Human-Relation Model)에 속한다. 이 모델은 사람과 융통성을 강조한다. 인간관계론 모델은 조직의 효과성을 수단으로서 응집성과 목적으로서 재능이 있는 노동력으로 정의한다. 개방체제모형(Open-System Model)은 OFM과 OFE 셀을 포함한다. 이 모델의 효과성은 수단으로서 융통성과 목적으로 자원을 획득하기 위한 능력으로 정의한다.

합리적 목적모델(Rational-Goal Model)은 OCM과 OCE 셀을 포함한다. 수단으로 특별한 계획과 목적, 목적으로 높은 생산성과 능률은 효과성의 증거로 사용된다. 마지막으로 PCM과 PCE 셀은 내부과정모델(Internal-Process Model)을 형성한다. 그것은 목적으로 사람과 통제를 강조하고, 수단으로 정보의 적절한 보급과 효과성의 측정으로 안정과 질서를 강조한다.

각 모델은 서로 다른 효과성을 측정하며 대조적인 가치를 가지고 있다. 경

38) Tompkins, *op. cit.*, p. 29; Rainey, *Leadership in Organization*, pp. 137-138.

〈그림 14-1〉 경쟁가치의 틀: 조직효과성의 4모델

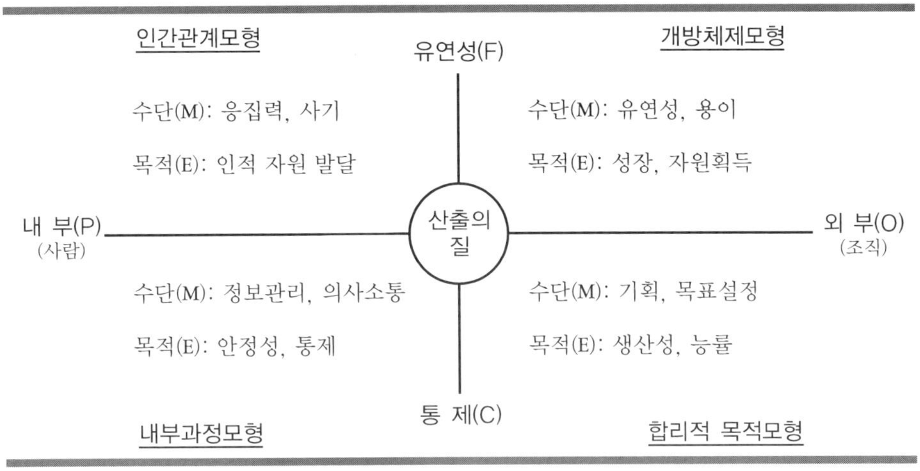

출처: Quinn and Rohrbaugh, *op. cit.*, pp. 363-377; Rainey, *Leadership in Organizations*, p. 139(재인용); Tompkins, *op. cit.*, p. 28.

〈표 14-4〉 8가지의 기준세트

CELL	설 명	정 의
OFM(조직, 융통성, 수단)	융통성	외부의 조건 및 요구에 잘 적응
OFE(조직, 융통성, 목적)	자원의 획득	외부의 지원을 증가하고 노동력의 규모를 팽창
OCM(목적, 통제, 수단)	계획	목적이 분명하고 잘 이해됨
OCE(조직, 통제, 목적)	생산성과 능률성	산출의 분량이 높고 투자와 산출에 대한 비율이 높음
PCM(사람, 통제, 수단)	정보의 수용가능성	의사소통의 통로가 그들의 작업에 영향을 끼치는 것들에 대하여 사람들에게 알리는 것을 촉진
PCE(사람, 통제, 목적)	안정	질서의 감각, 계속성 그리고 원만한 운영기능
PFM(사람, 융통성, 수단)	응집력 있는 작업집단	피고용자의 신뢰, 존경 그리고 서로 근무하는데 원활
PFE(사람, 융통성, 목적)	재능 있는 작업집단	근로자들의 훈련, 재능 그리고 그들의 작업을 적절히 수행할 수 있는 능력

출처: Robbins, *op. cit.*, p. 71.

쟁하는 가치들이 조직의 효과성을 평가하고 정의하는 데 다 같이 고려된다는 것이다. 그 이외에도 경쟁-가치접근법은 다양한 효과성기준을 조직모델에 포함시킴으로써 관리자들로 하여금 다른 고객들에게 다른 기준을, 다른 생활주기에 다른 기준을 적용하도록 인도할 수 있다. 지금까지 조직의 효과성을 평가하는 데 네 가지의 다른 모델을 제시한 각각은 그 자신의 나름대로 장점을 가지고 있다. 그러나 어떠한 환경에서 어떠한 모델이 더 선호되는지, 어떠한 조건하에 어떠한 모델이 유용한지를 고려해야 한다.

1) 경쟁적 가치접근법의 유용성

경쟁-가치모델은 목적과 수단을 포함하기 때문에 단순히 목적달성 혹은 체제접근법을 별개의 모델로 사용하는 문제를 극복할 수 있다. 그러나 이 접근법이 가지고 있는 문제를 해결하기 위하여 아무것도 하지 못한다. 이 접근법은 고객들이 어떠한 기준을 강조하는지, 그리고 고객들의 인식을 평가하는 데 유용하다.[39]

그럼에도 불구하고 경쟁-가치 모형은 조직의 효과성과 효과성을 촉진하는 관리의 역할을 고려하는 데 유용한 방법을 제시한다.[40]

첫째, 이 모형은 조직의 효과성은 성격에 있어서 다차원적이라는 것을 강조한다. 조직이 효과적이라고 판단하는 것을 누가 판단하느냐 혹은 어떤 기준을 사용하느냐에 달려 있다.

둘째, 이 분석 틀은 주요한 효과성 기준들을 조직의 성공에 각각의 관련을 가지고 있는 하나의 개념적 틀에 통합한다.

마지막으로 이 효과성 기준들은 부분적으로 경쟁하는 가치들의 세트들을 나타낸다고 강조한다.

---

39) Robbins, *op. cit.*, p.75.

40) Jonathan R. Tompkins(2005), *Organization Theory and Public Management*, Thomson Learning, Inc., p.30.

제3절 최근 공·사조직의 효과적인 관리방향과 효과성 평가의 딜레마

1. 최근 공공조직의 관리방향

1) 조직의 망(networks)

최근 연구는 정부서비스의 효과성에 대한 연구와 사고에 새로운 통찰력과 방향을 제시하고 있다. Provan과 Milward는 정신건강서비스가 서로 다른 조직의 망에 의하여 제공되고 있다고 분석하였다.[41] 즉 각 조직은 정신건강서비스의 일부분을 제공한다. 실제로 정부는 서비스를 제공하지는 않는다. 물론 정부는 정신건강서비스를 위한 재원의 대부분을 공급하고 사조직 혹은 비영리단체가 이 서비스를 제공한다.

연구자들은 서비스를 제공하는 정부의 망(networks)에 대한 효과성 측정은 개별단위 조직들에만 두어서는 안 된다고 지적한다. 그 대신 전체 망의 효과성을 측정하는 것이 당연하다. 연구자들은 고객들, 그들의 가족, 고객들의 삶의 질에 관여하는 사람들, 망 서비스에 대한 고객들의 만족과 기능수준을 사용하여 효과성을 측정하였다. 그런 다음 그들은 효과성에 관련하여 망의 특징을 검토하였다.

한국도 최근 20여 년간 급속도로 산업화를 이루었고 고도의 경제성장에 따른 급격한 사회변동 등으로 인해, 점차 범죄발생률이 꾸준히 증가되고 있다. 이에 대한 대처방안으로 공공조직인 경찰이 지역사회의 망(networks)을 형성하여 청소년범죄에 대한 대처를 강구해 오고 있다.

망의 구성은 가정, 학교, 지역주민, 지역행정기관, 청소년복지관, 청소년수련원, 보호관찰기관, 시민과 종교단체, 지역 기업체 등이 종합적 망을 운영하여 청소년범죄를 예방하는 효과적인 사례를 들 수 있으며 최근에 발전한 조직이론 가운데 하나이다.

---

41) K. G. Provan and H. B. Milward, "A Preliminary Theory of Interorganizational Network Effectiveness: A Comparative Study of Four Community Mental Health Systems," *Administrative Science Quarterly*(1995), 40, 1-33.

2) 총체적 품질관리(Total Quality Management)

공공조직의 효과성을 증진하기 위하여 발전해온 그 이외의 노력을 언급하는 것은 유익할 것이라고 본다.

지난 10년 내지 15년 동안 공 · 사조직은 총체적 품질 관리프로그램을 활용하고 있다. 이 프로그램 자체의 폭넓은 사용은 공공관리자나 행정학을 전공하는 학생들에게 TQM에 대하여 관심을 갖도록 만들었다. TQM은 현 정부의 효과성을 증진하기 위한 개혁노력에 많은 영향을 미쳤다. TQM 용어는 아주 구체적인 관리절차보다는 관리의 일반적인 활동 혹은 철학을 의미한다. 다른 학자들은 역시 다른 접근법을 택하고 있다. 예를 들어 이 이론을 창시한 학자들 가운데 W. Edwards Deming은 그의 접근법을 TQM이라고 하지는 않았다. 실제로 그는 이 이름을 좋아하지 않았다. Deming은 산업통계학자였다.[42] 그는 생산의 모든 단계에서 산출에 대한 질을 통계학적으로 측정하는 방안을 지지하였다. 그는 산업에서 자주 사용하는 질 통제절차(Quality-Control Procedures)로 대체할 것을 요청하였다. Deming의 일반적인 관리철학은 통계적인 질 통제에 대한 것이다. 그는 그의 접근법에서 14가지의 특성을 언급하였으며, 그 중 다음과 같은 특징들이 TQM에서 많이 인용되고 있다[43]:

(1) 모든 직원들이 볼 수 있도록 기업의 목적과 목표에 관한 성명서를 발표하고 관리자들도 이 성명서에 몰입한다는 것을 증명하라.

(2) 기업의 모든 사람들이 새로운 철학에 관심을 갖고 채택하게 하라.

(3) 끊임없이 생산체제를 증진하라.

(4) 훈련을 제도화하고, 리더십 기술을 가르치고, 자신의 발전을 격려하라.

(5) 두려움을 몰아내고, 신뢰와 혁신적인 분위기를 창조하라.

(6) 기업목적의 최적의 달성을 추구하기 위하여 팀을 활용하라.

(7) 수량적인 생산할당과 목표에 의한 관리(management by objectives)를 제거하고, 증진하는 과정과 증진하는 방법에 집중하라.

(8) 솜씨 혹은 기능의 자랑에 장애가 되는 것을 제거하라.

---

42) W. E. Deming, *Out of Crisis*, Cambridge, Mass.: MIT Center for Advanced Engineering Study(1986); Rainey, *op. cit.*, p. 360(재인용).

43) Rainey, *op. cit.*, p. 361.

공 · 사조직에서 성과에 따른 봉급은 개인의 성과평가에 기초하고 있다. Deming에 의하면 관리에 대한 그의 접근법은 조직의 총체적인 몰입을 요구한다. 질의 측정은 생산의 모든 단계에서 사용되어야 하고 질을 향상시키기 위한 지속적인 노력의 토대가 되어야 한다. 질의 측정은 조직의 고객들의 선호도와 관심에 기초해야 한다. 질을 향상시키기 위한 지속적인 노력을 하기 위하여 조직의 구성원들은 문제나 향상에 대하여 그들의 요구를 충분히 말할 수 있는 자유가 주어져야 한다. 특히 Deming이 개인의 성과평가를 철폐할 것을 주장한 것은 오늘날 한국 정부에서 활용하고 있는 성과급제의 단점을 지적하는 것 같아 의미가 있다. 물론 한국이 성과급제를 실시한 역사가 짧기 때문에 상황에 비추어 장 · 단점을 충분히 비교 검토하기 전에는 섣부른 결정을 하는 것은 위험하다. 그러나 현재 여러 공공조직에서 성과급제에 대한 불평들이 나오고 있는데, 이들 가운데 주로 성과급제가 개인 자신들의 성과에만 관심을 갖게 하므로, 구성원들이 서로 정보를 교환하려는 화기애애한 직장분위기가 조성되지 못하고 있다는 것이다. 그러므로 이러한 문제를 시정하기 위한 Deming의 논의는 의미가 있다. 그에 의하면 성과평가는 집단이나 조직에 기초해야 하며, 그렇게 한다면 사람들이 서로 돕고 그들의 생각과 노력을 공유하려는 자극을 갖게 될 것이라고 주장한다.

Deming이 처음 그의 생각을 발전하기 시작하였을 때 미국의 관리자들은 기의 관심을 갖지 않았다. 그러나 일본은 그의 의견을 적극적으로 수용하였다. 오늘날 Deming상은 우수한 관리상으로 일본에서는 영예로운 상이다. 일본의 경제가 붐을 이루고, 일본 기업들이 세계에서 가장 성공적인 기업의 리스트에 속하며, 많은 시장에서 미국 기업들을 능가할 때 미국의 관리자들은 Deming이 말한 것에 관심을 기울이는 것이 필요하다고 결정하였다.[44]

(1) TQM을 위한 조건

Joseph Juran과 같은 학자들은 TQM에 많은 다른 접근법을 지원하면서 질(quality)을 향상시키는 영향력 있는 아이디어를 발전시키려고 노력하였다. 잘 발달된 TQM 프로그램은 다음과 같은 조건들이나 원리를 포함하는 경향이 있다[45]:

44) Rainey, *op. cit.*, pp. 361-362.

45) J. W. Dean and Evans, J. R., *Total Quality*, St. Paul, Minn.: West(1994); S. Cohen and Brand, R., *Total Quality Management in Government: A Practical Guide for the Real World*, San Francisco: Jossey-Bass(1993); Rainey, *op. cit.*, p. 362(재인용).

(1) 고객의 욕구나 반응을 참조하면서 질에 관한 정의를 강조한다.

(2) 조직의 생산과정과 생산품의 질에 대한 그들의 관계를 증진하기 위하여 공급자들과 협조한다.

(3) 계속적으로 질을 증진하는 데 몰입하면서, 생산의 모든 과정에서 질의 측정과 평가를 한다. 질의 측정들은 성과의 증진을 위하여 다른 유사한 조직에서 측정하는 방법을 벤치마킹한다.

(4) 팀워크, 신뢰, 질을 증진시키는 의사소통, 그리고 생산과정에 관여하고 있는 조직의 많은 영역들과 다양한 계층들로부터 참여자들을 포함하는 의사결정 팀과 질 향상 팀을 활용한다.

(5) 팀워크와 질 평가 및 증진을 지원하기 위하여 잘 발전된 훈련계획들을 사용한다.

(6) 최고수준에서 하위수준에 이르기까지 과정에 대한 광범위한 조직몰입, 그 과정은 전략, 문화의 발전, 의사소통 그리고 조직의 다른 중요한 측면들을 포함한다.

(2) 정부에 TQM을 적용

비록 TQM 활동이 원래 기업에 초점을 두었으나, 그것은 정부를 휩쓸 정도로 정부의 여러 수준과 다양한 행정기관들에 활용되었다. 정부에 TQM을 적용하는 데 직면하는 문제는 정부의 최고관리자들이 빈번하게 변하는 정치적 이익 때문에 지속적인 몰입을 얻기 어려운 문제, 고객들을 명확하게 밝히는 문제, 산출과 생산품을 측정하는 문제 그리고 팀의 권한과 사용을 제한하는 문제들이 나타나고 있다. 그럼에도 불구하고 전문적 학술지에서 정부가 TQM을 활용하면서 성공하는 사례들이 종종 발표되고 있다. TQM의 기본원리들은 리더십 강조, 문화, 동기부여, 집단과 팀 그리고 조직문헌에서 자주 거론되는 주제들이다. 실패한 TQM 노력은 이러한 질 관리의 부정적 측면은 불충분한 리더십, 약한 문화, 변화과정에 대한 약한 관리 그리고 동기부여나 팀워크의 불충분한 제공들이다.

3) 정부 재창조(Reinventing Government)

Osborne과 Gaebler의 책 「*Reinventing Government*」는 1990년 초기에 베스

트셀러가 되었고 그 책이 발간된 이래 정부는 개혁을 서둘렀다.[46] 그 책은 공공관리의 접근법들과 정부서비스의 전달체계에 자극적이고 도전적인 아이디어를 제공하였다. 특히 그 저자들은 많은 정부기관들과 프로그램을 지배하고 있는 낡고, 중앙집권적이며, 관료적 모델을 공격하였다. 그들은 그 접근법을 보완하기 위하여 더욱 기업가적인 활동을 요구하였다.

그들은 분권화, 민영화의 촉진, 공동체 수준에서 프로그램의 통제, 정부프로그램의 고객들에 대한 관심, 기업가적 정부 그리고 정부 프로그램들간의 비교는 물론 정부와 사영역 간의 경쟁을 포함한 많은 활동을 기술하였다.

● **그들은 구체적으로 정부 재창조를 위한 전략을 다음과 같이 제시하였다**[47]:

(1) 촉매정부(catalytic government)

정부는 공공서비스의 민영화와 공 · 사 파트너십과 같은 그러한 전략을 통하여 사영역과 비영리영역의 자원을 사용한다. 정부는 지시나 우선순위를 강조하고, 사영역과 비영리조직들이 서비스를 전달하게 하고 그리고 프로젝트를 수행한다.

(2) 공동체 소유 정부

지방정부와 집단에게 권력을 부여, 지역공동체정책과 공공주택의 주민통제와 같은 전략을 통하여 지방에 통제력을 더욱 허용한다.

(3) 경쟁적 정부

경쟁적인 계약, 공공서비스 내에 사영역의 경쟁, 정부 내 그리고 사영역 조직들 사이에 경쟁력을 더욱 활용한다.

(4) 업무추진 정부

융통성이 있는 예산절차와 더욱 융통성 있는 인사규정과 절차와 같은 전략을 활용하며, 정부프로그램은 관료제의 엄격한 규칙들과 절차보다 오히려 그들의 업무에 초점을 둔다.

---

46) D. Osborne and T. Gaebler, *Reinventing Government*, Reading, Mass.: Addison-Wesley(1992); Rainey, *op. cit.*, p. 364.

47) Rainey, *op. cit.*, p. 365(재인용).

(5) 결과지향 정부

성과측정들에 더 많은 투자를 하고, 성과측정들을 예산과 평가체제에 사용하여 투입보다 산출을 더욱 강조한다.

(6) 고객중심적 정부

고객들에게 공공프로그램과 서비스에 대한 영향력을 주고, 고객에 대한 설문조사, 무료전화통화, TQM프로그램 그리고 불만조사와 같은 절차를 통하여 고객들에게 더욱 관심을 갖는다.

(7) 기업가적 정부(Enterprising Government)

수수료, 정부자원과 프로그램의 유익한 사용 그리고 혁신적인 비용절감과 민영화 프로젝트를 통하여 돈을 버는 방법을 찾는다.

(8) 예측하는 정부

전략적 기획, 미래위원회, 장기적 예산, 부처간의 기획과 예산 그리고 환경보호, 범죄, 화재 그리고 다른 서비스영역들에 대한 혁신적인 예방프로그램을 통하여 문제가 발생한 후 치료하기보다 문제가 일어나기 전에 문제를 예방한다.

(9) 분권화 정부

규정과 계층제의 통제를 완화하고, 참여관리, 혁신적 관리, 근로자들의 발전 그리고 노사간의 파트너십과 같은 방법을 통하여 정부의 활동을 분권화한다.

(10) 시장지향적 정부

오염세금, 병에 대한 쓰레기 처리비용, 사용자의 비용과 같은 기술을 통하여 공공정책목적들을 달성하고 공공서비스를 전달하기 위하여 경제적 시장기법을 활용한다.

4) 민영화(Privatization)

공공관리의 최근의 경향은 공공서비스의 민영화가 증가하고 효과적인 관리의 필요성을 갖는다. 이 접근법은 공공예산의 부족(비용을 절감하고 능률성을 증가할 필요성)이라는 제약을 극복하는 방법으로 공공서비스를 전달하는 혁신적이고 융통성 있는 방법을 통하여 정부의 약점을 탈피하려고 한다.

(1) 민영화 관리

1980년대 민영화의 물결은 세계를 휩쓸었고, 정부의 활동을 민간에게 이전하려고 지속적으로 노력하였다. 이러한 흐름은 정부의 팽창과 공공조직의 비능률성 문제를 민영화에서 해결하려는 움직임이 활발하던 때에 일어났다. 정부가 기업을 많이 소유한 나라에서 공기업들을 어떻게 민간 소유자와 운영자들에게 팔 수 있는가에 몰두하였다. 그 이외에도 미국에서는 공공서비스를 전달하고 공공정책을 수행하기 위하여 주로 정부가 사영역 혹은 비영리집단과 계약을 하는 경향을 띠고 있다. 공공서비스의 민영화는 그 운영권을 팔거나 계약을 맺는 것 이외에 다양한 형태가 있을 수 있다. 그 형태는 다음과 같다[48]:

① 독점판매권을 개인운영자에게 제공하는 것

② 사영역의 제공자로부터 서비스를 받기 위하여 서비스를 받는 사람들에게 현금대용 상품권을 제공하는 것

③ 자원봉사자를 사용하는 것(직원의 지원 혹은 서비스 전달 등)

④ 세금지원, 원조 그리고 초기 운영비용의 보조와 같은 명목으로 개인운영자에게 보조금과 재정적 지원을 공급하는 것

⑤ 시민들이 그들 자신의 이익을 위하여 서비스를 제공하거나 그것을 공급하기 위하여 서로 자조(self-help) 혹은 공동생산 프로그램을 설립하는 것

⑥ 매각 혹은 활동을 나눔. 정부는 모든 활동을 개인운영자에게 팔 수 있거나 정부는 개인운영자가 그들을 인계받을 수 있도록 활동을 중재할 수 있다.

(2) 민영화의 문제점

최근에 어떤 사람들은 정부활동에 반대하고, 사기업에 대한 이상적인 편견을 가진 민영화의 제안자들은 민영화를 대단한 창의적이라고 치켜세웠고, 반면에 어떤 사람들은 민영화는 공화국과 같이 오래 되었고, 민영화는 많은 장점들을 가지고 있으나 그 역사는 스캔들과 문제로 얼룩져 있다고 비판한다. 그럼에도 불구하고 민영화는 정부의 팽창을 막고 사기업의 능률성을 정부에 활용하기 위하여 세계 도처에서 확산되고 있는 실정이다. 한국도 김영삼 정부 때 민영화 시도를 하였으나 성공하지 못한 이유가 무엇인지 밝혀보는 것도 한국의 민영화 발전에 도움이 될 것이다.

---

48) Rainey, *op. cit.*, p. 370.

그러나 민영화가 늘어남에 따라 공공관리자들은 계약, 다른 형태의 민영화, 보조금 계획, 비정부조직에 의한 정부서비스의 운영에 대한 통제의 한계에 직면하고 있으며, 프로그램과 서비스에 대한 책임성이 점점 증가하고 있는 것은 당연할 것이다. 개인 계약자들과 서비스 공급자들은 그들에게 유리하게 정부정책을 로비하면서 이익집단으로의 역할을 할 수 있다. 그러나 민영화의 가장 큰 아이러니는 민영화가 공공관리에 대한 요구를 경감시키기보다는 공공관리 개입의 필요성을 증대시키고 있다는 사실이다. 민영화의 역사에서 나타나듯이, 개인서비스 공급자들은 질이 낮은 서비스를 제공할 수 있고, 심지어 비합법적으로 집행할 수도 있다. 그럼에도 불구하고 민영화는 정부관리자들을 위한 가치 있는 대안으로서 계속 활용되고 있다. 실제로 민영화 문제점을 극복하면서 비용절감, 능률성, 관리의 융통성, 그리고 다른 전략적 이익을 산출할 수 있는 장점을 활성화하기 위하여 능력 있는 관리가 요구될 것이다.

● **성공적인 민영화를 위한 조건**[49]:

① **환　경**

i) 경매자들: 우선 계약을 통한 경쟁적인 경매가 있어야 한다. 경매자의 자격은 서비스 영역에 있어서 경험이 있고, 좋은 기록을 가지고 있어야 하며, 서비스가 필요한 지리적 영역과 운영의 규모와 범위를 충족시킬 수 있는 운영능력을 가지고 있어야 한다.

ii) 정치적 환경: 특정한 공급자를 선정하는 데 정치적 압력이 없어야 한다.

iii) 자원의 지원: 정부는 민영화의 제공을 지원하기 위하여 자원을 기꺼이 공급하여야 한다.

iv) 법적 및 제도적 환경: 민영화 설립은 정부의 규정에 따라야 한다. 또한 책임문제가 심각히 논의되어야 한다.

② **목적/가치**

v) 민영화는 행정기관의 임무와 중요한 목적과 가치를 지원해야 한다. 정부는 공공안전과 공공자금을 관리하는 것과 같은 핵심기능을 계약하는 것은 피해야 한다.

---

49) Rainey, *Leadership in Organizations*, pp. 372-373.

③ **리더십/전략/문화**

vi) 행정기관의 리더는 행정기관의 전략 및 문화와 그들의 협조를 얻어 주의 깊게 민영화정책과 활동에 개입해야 한다.

④ **구 조**

vii) 전문화와 책임성: 민영화와 계약을 위한 책임성은 명확하게 정의되어야 한다. 자격 있는 인사를 고용하고, 훈련받아야 되며, 자격이 없는 경우에 행정기관은 그 과정을 감독하고 운영을 감독해야 한다. 행정기관은 계약과정, 계약 및 다른 민영화 방법에 관련된 법적 문제, 회계 및 재정문제에 관한 전문성이 필요하다. 정책 혹은 서비스 영역의 전문성과 조화를 이룬 모든 것이 포함되어야 한다. 계약이 제대로 이행되는지에 관한 명확한 정의가 필요하다. 행정기관은 만약 계약자가 파산선고를 한다든지, 즉 계약과정의 문제에 직면한다면 그 활동을 인계받을 능력을 가져야 한다. 책임 있는 행정단위들이 분명히 지정되어야 하며, 적절한 자원을 공급받아야 한다.

viii) 계층제와 집권화

책무성, 보고, 그리고 권위관계는 효과적으로 설계되어야 한다.

ix) 규칙과 규정

적절한 규칙과 절차는 위에서 지적된(보고, 검토, 계약된 활동의 환수) 공급과 아래 계약 이전의 절차 및 감독을 위하여 설정되어야 한다.

⑤ **과 정**

x) 권력관계

계약이행의 문제와 관련된 권위와 권력관계는 명확해야 한다. 계약자, 권위와 책무성 관계 그리고 계약자의 책임성은 명확하고 주의 깊게 검토되어야 하며 구체화되어야 한다(예를 들면, 장비나 기계를 유지하기 위한 책임성과 같은 세부사항들이 명확하여야 한다. 사용자들의 요금을 올리려는 계약자의 결정을 허용하는 것과 같은 허가들이 구체화되어야 한다. 질 통제와 검토절차가 명확하여야 한다). 효과적인 성과를 위한 동기부여와 형편없는 성과에 대한 질책이 명확하고 효과적이어야 한다.

xi) 의사결정과정

사전계약, 계약선택, 그리고 감독과정이 잘 발달되어야 한다. 사전계약과정은 욕구 및 필수요건 그리고 비용의 비교를 포함하면서 계약이행의 찬 · 반의 주의 깊은 구체성을 의미한다. 감독, 평가, 그리고 평가하는 결정과 행동을 위한 과정은 명백하고 잘 발달되어야 한다.

xii) 의사소통

잠재적인 경매자들, 계약자들 그리고 책임 있는 행정기관의 인사들 사이에 가진 의사소통들은 명백한 책임과 절차를 가지고 잘 계획되어야 한다.

xiii) 변화와 혁신

변화와 혁신을 위하여 새로운 융통성, 기술, 인사 그리고 다른 기회들에 대한 접근을 하기 위한 전략을 주의 깊게 잘 발달하기 위하여 노력해야 한다.

xiv) 사 람

행정기관의 인사에 대한 효과성은 평가되어야 한다. 새로운 계약이행으로 인하여 발생하는 저항에 적절히 대처하지 못하는 경우에 근로자들의 반발이 심해지므로 진행하지 말아야 한다. 근로자들을 위한 효과적인 계획이 필요할 때 근로자들을 지원하는 공급계획을 충실히 이행해야 한다(예: 축소하는 효과적인 관리). 계약자는 근무하는 근로자에게 매력적인 대안을 제안하고 때때로 근로자를 채용할 수 있는 기회를 가져야 한다.

⑥ 성과와 효과성

xv) 목적과 성과기준에 대한 명백한 규정과 감독, 평가, 동기부여와 제재들을 미리 준비한 효과적인 계약, 그 목적과 성과 기준은 평등, 지역공동체에 대한 영향, 사회적 목적 그리고 다른 전형적인 공공영역의 문제들을 포함해야 한다.

전문적인 문헌은 위에서 지적한 바와 같이 있을 수 있는 상황을 강조하였다. 그렇다고 이것이 모든 상황에 적용된다는 것은 아니다. 그러나 성공적인 계약을 성공적으로 이행하기 위해 위에서 지적한 조건들을 충분히 고려해야 한다.

2. 효과성 평가의 딜레마와 긍정적 측면

1) 공공조직 효과성 평가의 딜레마

물론 일반조직론 학자들이 조직의 효과성을 측정하는 다양한 이론들을 제시하고 있지만 공공조직을 평가하는 가장 중요한 측면은 아직까지 충분하게 언급되고 있지 않은 채로 남아 있다. 되풀이하자면 조직의 효과성에 대한 판단은 가치판단이다. 공공조직의 성과나 행태는 정치체제의 전반적인 특성과 질을 결정하는 정치적인 문제이다. 왜냐하면 공공조직은 정책결정에 막대한 영향을 주며 아울러 공공조직의 고유권한인 집행을 통하여 정책이 실현되기 때문에 공공조직의 역할은 중요하다.

● 공공조직의 효과성 혹은 성과를 측정하는데 고려할 정치적 문제

(1) 조직의 효과성은 사조직보다는 공공조직에서 평가하기가 더욱 복잡하다. 목적의 모호성으로 인하여 목적달성을 측정하는 목표접근법이 많은 문제를 가지고 있는 것이 사실이다.

(2) 능률성도 공공조직의 효과성을 측정하는 어려움을 가지고 있다. 국방성, 국무성 등과 같이 집단적인 정책을 생산하는 조직은 거의 그들의 능률을 측정하는 어려움을 가지고 있다. 능률은 투입과 산출의 비율이다. 그러나 산출이 모호하고 특정한 조직에 한정되어 있는 것이 아니라면 능률에 대한 측정은 아주 주관적이다.

(3) 주요한 체제기준인 성장과 자원획득은 정부의 예산적자 및 감소로 인하여 더 이상 효과성의 측정변수로서 계속 고려되기에는 관련이 적은 것 같이 보인다.

(4) 효과성 측정에 정치적 가치를 포함하는 것은 이미 복잡한 과정을 더욱 복잡하게 만들 수 있다. 우리는 지배적인 정치적 가치관에 동의할 수 있으나 그에 관한 조작적 정의나 측정가능한 기준으로 발전하는 경우 이에 동의하는 데 어려움을 가질 수 있다. 더욱이 지배적인 정치의 가치가 갈등하는 경우 효과성의 측정을 한층 더 복잡하게 한다. 공공조직에 적용할 수 있는 지배적인 정치적 가치들은 부응성, 책무성, 대표성, 합법성 그리고 민주성이다. 이러한 가치에 의하여 우리는 정치체제를 판단하며, 이러한 가치에 의하여 우리의 공공조직을 평가할 수 있다.

(5) Lowi가 자유주의 종말이라고 주장하면서 이익집단의 지나친 이기적 활동에 강한 비판을 하였으나 전략적인 선거구민접근법은 가장 강력한 유권자 집단에 부응해야 된다고 믿는다. 그것은 확실히 공공조직이 주로 정치적으로 상관들에게 부응하여야 되고 차례로 대중 및 이익집단에게 부응하도록 책임을 져야 한다. 상관들간의 가치관 갈등과 부처간의 우선순위 차이는 혼란을 야기할 수 있다. 물론 권력이 분립되어 있는 체제하에서 불협화음은 있기 마련이고 명확한 해

결책이 존재하기 어려울 수 있다.

(6) 책무성은 또한 동일하게 정의의 문제를 발생하게 한다. 공공조직은 그들에게 합법성이 주어질 경우 책무성이 있음이 당연하다. 그러나 책무성간의 논쟁이 일어날 수 있다. 즉 조직의 여러 상위권자들이 있는 경우 그들 중 어느 누구에게 책무성을 져야 하는지에 대한 문제가 발생한다. 대중, 의원들, 고객 혹은 정부의 다른 공직자인 법관들과 법원들이 서로 다른 의견과 편견을 가질 수도 있다. 법원은 선거에서 당선된 정치인들과 다른 관점에서 문제를 볼 수 있다. 책무성이 있는 조직은 누구의 해석을 따라야 하는가?

(7) 대표성은 여러 방법에 의하여 정의되어 왔고 측정되고 있다. 대표성의 두 개념은 부응성과 중복된다. 대표한다는 것은 선거구민들의 가장 좋은 이익에 따라 행동하는 것이나, 선거구민들의 명확한 요구에 따라 행동하는 것으로 정의할 수 있다. 대표성도 역시 문제에 직면하는데, 어떻게 가장 좋은 이익 혹은 명확한 요구를 확인하는가? 부응성이 가졌던 문제와 같이 선거구민들의 대표성을 어떻게 정의해야 하는가? 그럼에도 불구하고 현재 당선된 대표자들이 서로 동의할 수 있는 일종의 측정방법으로 인식된다. 예를 들어 다음 선거의 결과가 대표성을 말해 준다. 그러나 당선되지 않은 사람들에 대한 명백한 대표성 측정방법이 존재하지 않는 것이 문제이다.

(8) 기본적인 민주주의 개념에서도 갈등은 존재한다. 예를 들면 개인주의 및 개인의 자유는 평등성과 갈등을 가져올 수 있다. 재산에 대한 권리는 인권과 갈등을 야기한다.

이러한 갈등이 우선적으로 해결되어야 하나 쉽지 않기 때문에 결과적으로 공공영역의 효과성에 대한 동의가 가능하지 않는 경우가 많다. 이러한 어려움에도 불구하고 공공조직은 항상 평가를 받는다. 대중, 대중매체, 정치인, 법원, 정치학자, 공공행정학자, 관료 그리고 다른 조직들은 규칙적으로 공공조직의 성과를 평가한다. 물론 평가의 기준이 있다고 하더라도 모든 평가는 평가하는 사람들의 가치관에 영향을 받기 쉽다. 그러므로 그 평가의 결과나 혹은 일반적으로 공공영역에 대한 평가는 일관성이나 명확성이 결여되는 경우가 많다. 더욱이 모호하고 갈등을 가져오는 평가기준의 확산은 공공조직을 관리하는 사람들의 관리를 어렵게 만든다.

2) 딜레마의 긍정적 측면

넓은 관점에서 볼 때 공공조직의 효과성을 평가하는 데 서로 동의하지 않는다 하더라도 비관적인 것만은 아니다. 실제로 그것은 전반적인 정치체제를 위한 긍정적인 결과를 초래할 수 있다.

● **평가의 바람직한 방향**

(1) 기업조직이 공공조직보다 항상 평가가 용이하다는 것을 어떻게 보장할 수 있는가? 물론 성과의 측정이 사영역의 조직에서 더욱 명확하기 때문에 고정관념을 가질 수 있다. 그러나 문제는 그 조직이 어떠한 조직인가를 우선 고려해야 한다. 때로는 공공조직보다 더 평가하기 어려운 기업조직도 충분히 있을 수 있다. 더욱이 평가기준이 조직마다 다른 결과를 가져올 수 있다는 것은 보편타당성 있는 평가기준을 만드는 것이 어렵다는 것을 의미한다. Campbell은 조직의 효과성을 측정하는 척도로서 30개에 달하는 기준을 제시한 것이 대표적 예이다.

(2) 우리의 사회는 정치체제들과 같이 가치간의 갈등으로 특징된다. 결론적으로 말하자면, 가치간의 갈등이 공공조직의 평가에 반영되어야 한다. 왜냐하면 갈등 없이는 사회의 다양성이 반영되지 못하기 때문이다. 더욱더 평가가 내재하고 있는 갈등은 책무성과 부응성을 더욱 확인시켜 줄 수 있기도 하다. 이러한 과정을 통하여 공공조직의 행위는 사회에서 재검토를 받게 되며, 서로 갈등이 가져오는 기준들을 자세히 고려함으로써 공공조직은 평가를 다시 고려하게 된다.

(3) 능률성과 효과성은 전적으로 다른 개념이다. 능률성은 산출을 하기 위하여 사용된 자원의 양을 측정한다. 능률성은 비교적인 판단이다. 능률은 효과적이지 않더라도 능률적인 것이 가능하며, 그 반대도 적용된다. 특히 공공조직도 이러한 개념이 가지고 있는 의미를 이해하는 것이 중요하다. 예를 들어 직업프로그램을 통하여 고용되거나 가르치기 어려운 무능한 실직자를 잘 훈련시켜 고용할 수 있는 사람으로 만드는 데 드는 비용은 대학에서 졸업생을 배출하는 비용보다 높다고 평가된다. 직업프로그램의 목적이 실직자를 훈련하여 직업을 갖게 하는 것이라면, 적어도 고용하기 어려운 실직자를 위한 직업프로그램은 적어도 효과성의 측면에서 효과적이지만 비능률적이다. 만약 그 직업프로그램이 교육하기 어려운 실식자 대신에 컴퓨터를 전공한 대학졸업자로 교체한다면 효과적이지는 않더라도 제한된 자원으로 더 많은 사람이 고용되었기에 능률적일 수 있

다. 자원의 결핍을 인정하고 있는 공공조직에서 능률은 중요한 변수이나 공공조직은 이 능률이라는 가치에만 전적으로 의존할 수도 없으며, 그래서도 안 된다. 이러한 모순적인 상황이 조직평가의 갈등을 초래할 수 있다는 것을 간과해서는 안 된다. 그러나 갈등은 바람직한 효과를 이끌어낼 수 있다. 다시 말하여 갈등을 통하여 진보, 개혁 그리고 창의성이 이루어질 수 있다는 것이다. 조직의 효과성에 대한 측정도 이러한 논리를 적용하여 더욱 발전할 수 있다. 갈등이 없다면 자기만족 혹은 침체가 존재할 뿐이다.

15장

조직의 변화와 발전

제15장 조직의 변화와 발전

조직의 효과성이 조직을 분석하는 데 근본적인 문제라면 변화하는 조직의 도전은 두 번째로 강한 중요성을 띤다. 조직에 관한 문헌 가운데 상당부분이 조직의 변화와 혁신에 대하여 언급하였으며, 또한 그에 못지않게 많은 부분을 조직발전에 관한 논의에 할애하고 있다. 그러나 대부분은 더 나은 조직을 만들기 위하여 조직은 어떻게 변화해야 하는가에 초점을 두고 있다. 그러나 공공조직과 그 속에서 일하는 공직자들이 사조직에서 일하는 사람들보다 변화에 더 저항한다는 주장들이 더 지배적인 것이 사실이다.

공공조직이나 사조직의 환경도 새로운 수요, 즉 일상의 수요에 부응하기 위해 급속도로 변화하고 있다. 특히 시민들도 그들이 공공조직으로부터 받는 서비스의 질적 향상을 촉구하는 목소리를 높이고 있다. 더구나 오늘날 사용하는 기술이 낡은 것이 될 정도로 기술이 신속하게 변화하고 있다. 유사하게 근로자집단 및 근로자들의 기대도 변하고 있다. 새로운 세계경제의 영향으로 말미암아 공공조직이 적은 비용으로 많은 효과를 내야 하는 압력을 지속적으로 받고 있다. 그 이외에도 정부가 사회의 다양한 요구에 부응해야 하며, 동시에 공공조직에서는 윤리와 책무성의 요구가 지속적으로 증가하고 있다.

제 1 절 조직의 변화

일반적으로 사람들은 변화를 두려워하고 현상유지에 집착한다. 물론 이 저항의 어떠한 부분은 객관적인 이론에 근거하고 있다. 즉, 변화에 저항하는 사람들은 변화가 가져올 기대가 제대로 작용을 하지 못할 것이며, 동시에 조직의 사명과 철학의 중요한 면을 파괴할 것이라고 주장한다. 그러나 저항의 대부분은 감정적이고 심리적 반응인 것으로 판명되는 경우가 많다.

그러나 사람들은 환경의 불확실성을 극복하기 위하여 표준운영방법 혹은 제도를 고안한다. 이러한 경우 변화가 과거 실무자들이 제공하였던 안전을 파괴하는 것으로 인식될 수 있다.

● **변화를 성공적으로 유도하기 위하여 다음 사항을 고려해야 한다:**

i) 관리자들과 변화창도자들은 현재상황에 내재되어 있는 문제를 명확하게 의사소통할 필요가 있다. ii) 관리자들은 변화과정에 있는 조직을 통하여 사람들을 개입시켜야 한다. 사람들이 존재하는 상황을 진단하고, 새로운 전략과 접근법을 계획하며, 변화를 집행하면서 의사소통을 촉진하고, 변화과정에서 주인의식을 구축하는 것이다. 따라서 변화에 참여하는 사람은 변화와 편함을 느끼게 될 것이다. iii) 사람들이 필요로 하는 시기에 관리자들이 변화에 참여하는 것을 촉구해야 한다. 사람들은 현재상황에서 벗어날 기회를 바란다. 그들은 조정의 시기가 필요하며 새로운 방법에 익숙해질 필요가 있다. 대부분의 경우 변화는 손실을 의미할 수도 있으나, 사람들은 과거에서 벗어날 시간이 필요하고 미래를 포용해야 한다.[1)]

1. 고전적 접근법(Classic Approaches)

조직은 광범위하고 다양한 영향력들에 의하여 많은 저항을 받고 있다. 지금까지 변화를 개념화하고 변화를 위한 전략을 제안하는 많은 다양한 노력이 있었다. 이러한 노력은 변화에 대한 고전적인 접근법에서 현대의 접근법에 이르기까지 체계적으로 검토함으로써 궁극적으로 변화와 환경과의 관계를 이해하는 데 도움이 될 것이다.

1) Kurt Lewin

조직의 변화를 이해하기 위한 현대 접근법의 근원은 사회심리학자인 Kurt Lewin에게서 찾을 수 있다. Lewin은 조직변화의 이론을 발전시켰다.[2)] 그의 힘의

1) Robert B. Denhardt, Janet Vinjant Denhardt and Maria P. Aristigueta, *Managing Human Behavior in Public & Nonprofit Organization*, Sage Publication, Inc.(2002), pp.354-355.

2) K. Lewin, *Field Theory in Social Science*, New York: Harper & Row(1951); Jennifer M. George and Gareth R. Jones, *Understanding and Managing Organizational Behavior*,

장이론(Force-Field Theory)에 의하면 영향력의 두 세력들이 언제나 조직 내의 반대에 서 있다고 한다. 이 영향력들이 서로 균형을 이룰 때 조직은 안정적이며 변화하지 않는다. 조직을 변화시키기 위하여 관리자들은 변화를 위한 영향력을 증가시키거나 아니면, 변화에 대한 저항을 감소하게 하는 방법을 찾거나, 동시에 둘을 다 하는 방법을 찾아야 한다. 이러한 전략은 조직의 무력증을 극복할 것이며 조직이 변화하게 하는 동기를 마련하게 된다. Lewin은 또한 행동의 결정요소로서 기본적인 힘의 장이론(Force-Field Theory)의 심리학적 서술방법을 취하였다.

〈그림 15-1〉 Lewin의 변화에 대한 힘의 장이론

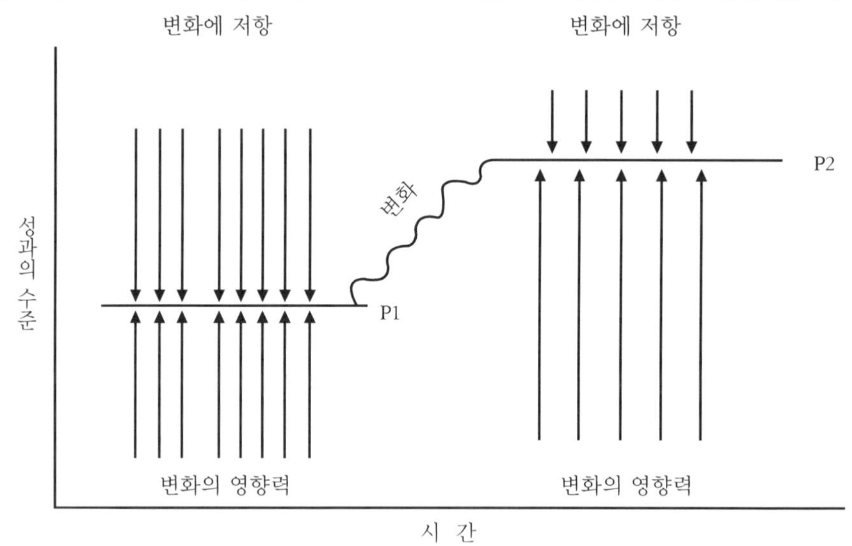

〈그림 15-1〉에서 보듯이 성과수준(P1)은 균형을 이루고 있다. 즉 변화를 위한 영향력과 변화에 대한 저항은 동등하다. 그러나 관리자는 조직이 설정한 성과수준(P2)을 달성하기 위하여 노력해야 하며 아울러 저항을 감소시켜야 한다. 관리자는 i) 변화를 위한 영향력, ii) 변화에 저항하려는 영향력을 감소시키는 것 그리고 iii) 이들 둘을 동시에 해야 한다. 만약 관리자들이 세 가지 전략 가운데 한 가지만이라도 성공적으로 추구한다면 그 조직은 성과수준 P2에 도달할 수 있

2nd ed., Addison-Wesley Publishing Company Inc.(1999), pp. 686-687(재인용).

을 것이다.

집단 혹은 조직 내에는 변화에 저항하거나 혹은 변화를 지지하는 세력들이 있다.

Lewin의 관점에서 변화를 집행하는 데 세 가지의 단계가 있다.[3)]

(1) 존재하는 상황 혹은 균형의 현재조건들이 느슨하게 풀어지는 것으로, 즉 동결을 푸는(unfreezing) 단계이다. 사람들은 변화의 필요성을 인정함에 따라 변화를 위한 그들의 저항을 느슨하게 한다. 사람들은 낡은 업무수행방식이 더 이상 적합하지 않다는 것을 깨닫게 된다.

(2) 변화(changing) 그 자체의 단계이다. 새로운 프로그램이 집행되고 그것을 하기 위하여 요구되는 새로운 업무방식과 지식을 선택한다.

(3) 그 상황의 재동결(refreezing)의 단계이다. 이 때를 제도화하고 안정화시키게 된다.

세 단계 모두는 변화의 성공을 위해 중요하다. 먼저 동결을 푸는(unfreezing) 단계를 거치지 않고 변화단계로 곧장 나아가려고 시도하는 것은 무관심이나 강력한 저항에 부딪칠 가능성이 높다. 두 번째 변화(changing) 단계에서 체계적 진단과 문제해결이 부족하면 불충분한 변화계획이 수립될 것이다. 마지막으로 재동결 단계(refreezing)에서 합의구축에 소홀하고 열정을 유지하는 것을 게을리 하면, 변화는 실행되고 나서 얼마 되지 않아 원래 상태로 되돌아가게 될 것이다.

그에 의하면 변화는 두 가지 유형의 행동조치에 의해 달성될 수 있다. 한가지 접근은 변화에 대한 추진력을 증가시키는 것이며(인센티브를 증가시킴), 다른 접근은 변화에 대한 저항력을 감소시키는 것이다(반대자를 참여시키거나 제거한다). 저항력이 약하다면 추진력을 증가시키는 것만으로 충분할 수도 있다. 그러나 저항이 강할 때는 추진력을 증가하고 저항력을 감소하는 접근을 사용하는 것이 바람직하다. 저항력을 감소시키지 않고 추진력을 증가시키면 변화에 대해 갈등을 불러일으키며, 저항이 계속됨에 따라 재동결단계를 끝마치는 것이 어려울 것이다. 조직은 업무 그리고 역할의 변화를 만드는 것만으로 충분하지 않으며 변화가 성공적이 되어야 하고 고통을 견뎌내어야 한다. 실로 조직이 새로운 상태로 머물기 위하여 관리자들은 변화과정을 능동적으로 관리하여야 한다.

3) Ibid.; Yukl, *op. cit.*, pp. 275-276.

2) Action Research

Action Research는 관리자들이 조직의 바람직한 미래상태를 정의하고 조직이 설정한 상태에 도달하기 위하여 변화프로그램을 계획한다. 프로그램은 전문가에 의해 발전되고, 관리자로 하여금 조직을 동결상태에서 풀리게(unfreeze) 도와주며, 조직을 새로운 상태로 이동하게 해주며, 아울러 변화의 이익이 발생하게 하고 조직을 다시 동결(refreeze)하게 한다.

Action Research Model의 **주요한 단계는 다음과 같다.**[4)]

(1) 조직 진단

Action Research의 첫 단계로서 관리자들은 해결할 필요성이 있는 문제가 있는지를 인식하고, 변화의 어떠한 타입이 문제를 해결하는 데 필요한지를 승인한다. 일반적으로 변화를 위한 필요성은 바람직한 성과와 실제적인 성과간의 차이를 인식하기 때문에 발생한다.

(2) 바람직한 미래상태에 대한 결정

현재의 상태를 조사한 후에 다음 단계는 바람직한 상태가 어디에서 필요한가를 파악하는 것이다. 이 단계는 관리자가 조직이 필요한 곳으로 이동할 수 있는 행동의 다양한 과정을 채택해야 하기 때문에 어려운 계획과정이 포함된다. 조직이 비용을 줄이고 능률성을 향상시켜야 하는가? 혹은, 미래성공의 열쇠인 고객들에게 서비스의 질과 부응성을 향상시켜야 하는가를 결정해야 한다.

(3) 행동 개시

이것은 3단계 과정이다. 첫째 단계에서 관리자들은 변화를 할 때 직면하는 조직, 집단 그리고 개인수준의 장애를 가능한 한 파악하는 것이 필요하다. 둘째 단계는 누가 변화를 시도하는 데 실질적인 책임이 있으며 변화과정을 통제하는가를 결정한다. 이러한 결정은 변화를 관리하는 외부의 상담자인 외부변화전문가, 현재상황에 대하여 지식 있는 조직의 내부관리자인 내부변화전문가 또는 이 둘의 조화를 이루는 전문가를 채용하는 것이다. 셋째 단계는 어떠한 구체적인 변화전략이 가장 효과적으로 조직의 동결을 풀고, 변화하며 그리고 다시 동결하는

4) George and Jones, *Organizational Behavior: Understanding and Managing*, Second Edition, pp. 696-700.

것을 결정하는가이다. 이 기술을 적용하는 변화의 타입은 두 범주에 속한다. 하향적 변화와 상향적 변화 타입이다.

① 하향적 변화(Top-down Change)는 조직의 상위직에 있는 관리자들에 의하여 집행되는 변화이다. 급진적인 조직 재구조와 재설계(Reengineering)는 하향적 변화이다. 조직의 상위직에 있는 관리자들은 조직의 모든 수준에 반영하여 충분히 잘 실현될 수 있는 결정을 만드는 것이다.

② 상향적 변화(Bottom-up Change)는 조직의 낮은 수준의 근로자들에 의하여 집행되는 변화이며 점증적으로 조직을 통하여 느껴질 때까지 일어난다.

일반적으로 상향변화는 하향변화보다 더 쉬운데, 왜냐하면 그것은 저항을 덜 자극하기 때문이다.

(4) 행동평가(Evaluating the Action)

이 단계에서는 채택한 행동을 평가하고 변화가 바람직한 목적을 달성하는 정도를 평가한다. 이러한 평가는 관리자들이 조직의 바람직한 목적을 달성하기 위하여 변화가 더 필요한지 혹은 조직의 새로운 상태에서 조직을 다시 동결하기 위하여 더 많은 노력이 필요한지를 평가한다.

(5) 행동연구의 제도화(Institutionalization of Action Research)

조직들이 변화를 관리하기 위하여 Action Research를 제도화하는 이유는 오늘날 신속하게 변화하는 환경에서 조직의 모두 사람들이 필수적으로 요구하는 습관 그리고 채택하는 규범이 대단히 중요하기 때문이다. Action Research의 제도화는 QC의 작업현장에서 필요한 것과 같이 근로자들의 능률과 질을 증가시키는 새로운 방법을 발견하기 위하여 조직의 미래전략을 계획하는 상위관리팀의 상위계층에서도 필요하다. 변화는 집행하기 대단히 어려워서 많은 사고와 노력을 요구하기 때문에, 조직의 모든 수준의 구성원들은 성공적인 변화노력을 하는데 보상을 받아야 한다.

행동연구모델(Action Research Model)은 Lewin의 모델과 밀접히 관련이 있고, 조직의 변화에 관한 현대 이론의 근간을 이루고 있다.

행동연구모델의 연구는 처음에는 조직에 더욱 발전된 행동을 지도하기 위하여 정보를 제공하고 나중에는 평가하는 것이다. 행동연구모델에서는 집단구성원과 외부상담자 사이에 의미 있는 협조가 필요하다. 외부상담자의 역할은 아주 중요한 정보를 밝혀내어 조직의 구성원을 돕는 것이며 정보에 근거하여 변화를 위한 전략을 설계하는 것이다. 이와 같이 행동연구 그 자체는 조직구성원들이 변화과정에 열중하는 모델이다.

조직변화를 이해하고 변화를 가져오는 많은 현대적인 방법은 초기 힘의 장 분석(Force Field Analysis)과 행동연구모델(Action Research Model)에 의존하는 경향이 있다.

2. 조직의 진화와 혁명적 변화이론
(Evolutionary and Revolutionary Change in Organizations)

1) 진화적 변화이론[5)]

진화적 변화는 점증적이며 그 범위는 집중적이고 협소하다. 진화적 변화는 조직의 전략과 구조의 기본적 성격이 철저하거나 갑작스러운 변화가 아니라 환경에서 일어나고 있는 변화를 수용하기 위하여 점증적으로 전략과 구조를 증진하고, 적응하며 조화를 가져오기 위한 끊임없는 시도를 의미한다.

혁명적인 변화는 신속하고, 극적이며 그 범위는 광범위하다. 혁명적인 변화는 새로운 변화를 신속하게 발전하는 데 아주 효과적이다. 이 변화는 업무를 달성하고, 새로운 목적과 구조를 만드는 작업에서 대단히 신속하다. Reengineering, Restructuring과 혁신은 혁명적인 변화의 세 가지 중요한 도구이다.

(1) 사회-기술체제이론(Socio-Technical Systems Theory): 진화적 변화

Socio-Technical Systems Theory는 조직의 효과성을 증진하기 위하여 역할과 업무 혹은 기술적인 관계의 중요성을 제안하였던 첫 이론 가운데 하나이다. 이 이론은 영국의 탄광산업의 변화하는 작업경험을 연구하는 가운데 만들어졌다. 능률을 증가시키기 위하여 관리자들은 단위생산기술(small-batch technology)에서 대량생산기술(long-wall method)로 대체하기로 결정하였다.

연구자들은 새로운 기술을 효과적으로 운영하기 위하여 광부들간의 과제와 역할관계를 변화시켰다. 새로운 과제와 역할관계는 비공식적인 규범과 사회지지

5) George and Jones, *op. cit.*, pp. 687-695.

를 파괴시켰고, 오랫동안 지속되어 왔던 비공식적인 작업관계를 중단시켰으며, 집단의 응집력을 감소시켰다. 문제를 해결하기 위하여 연구자는 새로운 기술, 업무, 그리고 역할을 낡은 체제에 연계시키고, 권위는 작업집단에 분권하는 체제로 추진하였다. 관리자가 생산과정을 이와 같이 재설계하였을 때 생산성은 증가하였고, 이에 반해 결근율은 떨어졌다.

(2) 총체적 관리(Total Quality Management): 진화적 변화

이미 전 장에서 자세히 설명하였으나 Total Quality Management는 조직의 목적과 서비스의 질을 향상시키고, 새로운 방법을 발견하기 위한 조직의 모든 기능의 끊임없는 노력이다. TQM은 계속적이고 점증적인 변화를 초래하며, 서비스의 질을 향상시키기 위하여 서로 협조를 하게 된다.

더욱 많은 기업들이 TQM 프로그램들의 집행으로부터 초래하는 계속적이고, 점증적인 변화의 타입을 활용하고 있다. 그러나 이 프로그램의 사용은 그리 쉽지는 않다. 왜냐하면, 그것은 관리자들과 근로자들이 조직에서 그들의 역할을 바라보는 새로운 관점을 서로 수용해야 되기 때문이다. 관리자들은 의사결정의 통제를 분권화하고, 감독자보다는 오히려 촉진자로서의 역할을 하고 근로자들에게 권한을 주어야 한다. 그리고 명령이나 통제모델은 권고와 지지모델로 변화하여야 한다.

TQM을 채택하면서도 성공하지 못하는 이유는 TQM 프로그램을 집행하기 위하여 필요한 조직의 모든 수준에 있는 사람들의 몰입 혹은 헌신에 대한 과소평가와 TQM이 성공하기 위하여 필요한 시간을 고려하지 않았다는 데에서 찾을 수 있다. TQM은 하루아침에 성공을 가져올 수 있는 것은 아니다. 그것은 조직의 모든 생활이 원활해질 때에만 열매를 맺을 수 있는 진화적인 과정이다.

2) 혁명적 변화이론[6]

(1) 대개혁적인 변화: 재설계(Reengineering)

Reengineering은 기업과정에서 비용, 질, 서비스, 그리고 신속성과 같은 그러한 중요하고, 현대적인 성과의 극적인 증진을 달성하기 위한 근본적이고 급진적인 재설계를 의미한다.[7] Reengineering으로부터 일어나는 변화는 작업과정의

6) Ibid., pp. 687-695.

7) M. Hammer and J. Champy, *Reengineering the Corporation*, New York: Harper

각 단계를 분석하여 고객들에게 좋은 상품과 서비스를 제공하기 위하여 필요한 활동의 조정과 통합을 위한 더 좋은 방법을 모색하는 것을 의미한다.

Reengineering을 채택하는 조직은 현존하는 과업, 역할 그리고 작업활동의 구조를 무시한다. 특히 조직구성원들의 관리는 산출과 서비스가 아니라 고객과 같이 Reengineering을 시작하는 것이다. 그리고 우리의 업무, 기업과정, 가장 좋은 품질을 어떻게 가장 낮은 가격으로 상품과 서비스를 고객들에게 제공할 것인지를 자신들에게 질문한다.

혁명적인 Reengineering을 채택하기 위하여 관리자는 고객들이 요구하는 상품과 서비스를 제공하는 가장 좋은 방법이 무엇인가를 질문을 한 후, 진화적인 TQM은 새로운 과정을 증진하고 세련되게 하여 업무와 역할관계를 관리하는 좋은 방법을 찾는 데 초점을 두어야 한다. 성공적인 조직은 위의 두 질문을 동시에 자신들에게 물어가면서 고객들을 위하여 지속적으로 향상된 능률과 품질을 제공하려고 새롭고 더 좋은 과정을 찾으려 한다.

(2) 대개혁적인 변화: 구조조정(Restructuring)

성과가 급속도로 하락하는 경험을 가진 조직을 구조조정(Restructure)함으로써, 관리자들은 방향을 전환하려 할 것이다. 재구조에 의존하는 조직은 부서, 부처 혹은 계층의 수를 줄임으로써 분화와 통합의 수준을 감소하고 운영비용을 줄이기 위하여 근로자의 수를 줄이면서 소형화한다.

왜 Restructuring이 필요한가? 그리고 왜 조직을 축소할 필요가 있는가? 때로는 환경에서 예기치 않은 변화가 일어난다. 기술의 변화는 기업의 산출을 무용지물로 만들고 혹은 세계의 경제침체는 산출을 위한 요구를 축소하게 한다. 때때로 조직들은 너무 비대하고, 관료적이며 그리고 운영비용이 너무 높기 때문에 그 규모를 축소한다. 너무나 자주 조직들은 그들의 기본적인 과정인 운영하는 방법을 통제하지 못하기 때문에 규모를 축소하거나 직원을 해고하지 않을 수 없다. Restructuring은 당연히 변화에 대한 저항을 불러일으킨다. 저항을 감소시키기 위하여 축소하려는 결정은 새로운 과제 및 역할관계의 설립이 필요할 것이다. 이것은 다른 사람들의 직업을 위태롭게 할 수 있기 때문에 변화에 대한 저항을 초래한다.

Collins(1993).

(3) 대개혁적인 변화: 혁신(Innovation)

Restructuring은 기술의 변화가 조직의 상품과 서비스 자체들을 낡은 것으로 만들기 때문에 필요하다. 예를 들어, 기술의 변화는 컴퓨터를 훨씬 더 싸게, 더 강력하게 만들 수 있고 고객들이 원하는 방향으로 컴퓨터의 모형을 변화하게 한다.

혁신은 고객의 필요에 더 잘 부응할 수 있도록 새로운 기술 혹은 새로운 상품과 서비스를 창조하기 위하여 재능과 자원의 성공적인 사용이 필요하다. 혁신은 놀랄 만한 성공을 초래할 수 있다. Apple computer가 personal computer를 시장에 소개하였을 때 computer 산업의 형세는 변화하였다. 비록 혁신이 변화를 가져올 수 있다고 하더라도, 연구 및 발전의 결과가 불확실하기 때문에 위험률이 높다. R&D projects 가운데 단지 12 내지 20%만이 상품을 시장에 내놓을 수 있었다.[8)]

혁신은 변화를 관리하기 위한 가장 어려운 도구 중의 하나이다. 조직이 Reengineering에서와 같이 성공적인 혁신을 위하여 활동을 조정하고, 서로 같이 일을 하는 것이 필요하다. 그리고 혁신에 필요한 조직은 변화노력을 촉진하며, 행렬조직 및 기능횡단적인 팀 구조와 같은 유기적이고 융통성이 있는 구조를 활용하고, 그리고 창의적인 구성원이 되도록 촉진하여야 한다. 그러나 모든 대개혁적인 변화 가운데 혁신은 가장 큰 장기적인 성공을 위한 전망이며 아울러 위험률도 크다.

(4) 개방체제와 조직학습

조직의 변화를 보는 다른 관점은 조직학습 혹은 학습조직이다. 어떠한 경우이든지 간에 조직학습은 개인학습에서 시작하고, 조직은 배울 수 없으나 조직 내에 있는 개인은 학습할 수 있다. 비록 개인학습은 중요하지만 충분한 것은 아니다. 조직은 권위가 있고, 정보가 풍부하며, 능력이 있고, 스스로 발전하는 개인들에 의하여 영향을 받는다.

학습에 대한 현대적인 접근법은 다양한 이유에서 발전하였지만 특히 조직학습에 대한 초기이론들은 Chris Argyris와 Donald Schone 그리고 개방체제이론의 영향을 받았다. 그들의 이론들은 사람들이 어떻게 생각하는 방법을 형성하는지를 지적하면서 시작하였다.

조직변화와 개방체제에 대한 초기의 연구는 조직학습에 대한 최근의 연구를 초래하였다고 볼 수 있다. Senge의 저서인 「*The Fifth Discipline*」은 학습하는 조

8) E. Mansfield, J. Schnee, S. Wagner and M. Hamburger, *Research and Innovation in the Modern Corporation*, New York: Norton(1971).

직의 아이디어에 현저하게 관심을 갖게 하였다.

● **Senge의 5가지 학습원리**[9]:

① 개인의 전문적 지식(Personal Mastery): 이 원리는 우리 자신의 감정과 현실에 대한 관점이 분명하고 진실한 것을 확인하려는 능력과 동시에 가장 중요한 것에 집중하는 기본적인 능력에 초점을 둔다.

② 정신적 모델(Mental Models): 이 원리는 개혁과 학습을 통하여 목적이 어떻게 달성되는가에 대한 우리의 가정과 우리가 세계를 보는 방법에 초점을 둔다. 우리의 정신적인 모델은 새로운 아이디어에 방해가 되는 중요한 장애요인을 발견한다. 특히 이 아이디어들이 현실의 관점과 갈등을 가져올 때는 더욱 장애가 심할 수 있다. 그러나 정신적인 모델은 새로운 지식과 창조적 학습을 위한 근원이 될 수 있다.

③ 비전의 공유(Shared Vision): 이 원리는 강력한 비전 혹은 아이디어가 전 조직의 문화가 될 수 있는가에 관심이 있다. 그러한 비전을 공유하는 조직은 공통된 열망과 비전을 가지고 있고 서로 결속력이 있다.

④ 팀 학습(Team Learning): 이 원리는 개인들의 집합과 개인적인 에너지를 하나의 통합된 팀의 노력으로 결합하는 능력과 관계가 있다. 팀은 구성원들이 업무에 대하여 서로 공유하는 비전을 가지고 있기 때문에 서로 결속된다. 그러므로 개인학습은 집단 그리고 조직의 학습으로 표현되는 것을 확신한다.

⑤ 체제적 사고(System Thinking): 이 원리는 어떻게 인간들의 행동이 상호관련이 있는지를 사람들에게 보게 할 수 있다. 체제적 관점을 통하여 이 원리는 우리의 행동과 더 광범위한 체제에서 상호연관을 인식하는 데 초점을 둔다. 이러한 사고를 증명하는 사람들은 개인과 조직학습을 구체화한다. 학습은 앞의 네 가지 원리들에 의하여 달성되어지기 때문에 Senge는 체제적 사고를 포함하여 다섯 원리라고 부른다.

(5) 변화를 위한 공공관리자들의 접근 태도

조직의 생산성과 질의 중요한 변화를 가져오기 위해 공공관리자들을 어떻게 지도할 수 있는지에 대하여 Denhardt는 그의 책인 「*The Pursuit of Significance*」

9) P. M. Senge, *The Fifth Discipline: The Art and Practice of the Learning Organization*, New York: Doubleday Currency.

에서 제시하였다. 그의 연구에서 관리자들이 조직 변화에 관련된 질문에 어떻게 접근하는지 방법을 시험하였다.[10)]

여러 관리자들이 답변한 것은 다음과 같다:

① 가치에 대한 몰입(Commitment to Values)

관리자들은 조직의 의무와 가치에 대해 끊임없는 몰입을 하는 반면, 구조에는 덜 관심을 갖는다. 특히 여기서 말하는 가치는 전문성의 가치, 청렴, 서비스 그리고 질과 같은 가치를 의미한다.

② 대중에 대한 봉사(Serving the Public)

관리자는 고객과 시민에게 서비스의 우선권을 준다. 시민들을 위하여 성과와 책무성의 높은 기준을 적용하고, 시민들을 위한 서비스의 질에 대하여 끊임없이 강조해야 한다. 관리자들의 관심은 기술적인 노력만으로는 충분치 못하고 인간적인 측면에도 관심을 가져야 함을 인식해야 하는데, 즉 조직 내에 공동체를 형성하는 것은 물론 조직 외부의 협조를 근간으로 하는 인간적인 측면을 말한다.

③ 권한 부여와 리더십 공유(Empowerment and Shared Leadership)

관리자들은 조직의 질과 생산성을 향상시키기 위하여, 모든 조직의 구성원들에게 높은 수준의 참여와 개입을 요구한다. 위로부터의 리더십은 그들 자신의 영역 내에 리더십을 이행하기 위하여 조직을 통하여 개인들에게 권한을 위임하면서 보완한다.

④ 실용주의적 점증주의(Pragmatic Incrementalism)

관리자들이 조직을 바람직한 방향으로 이끌기 위하여 광범위하고 다양한 기회를 추구함으로써, 자유로운 흐름과정을 통하여 변화는 일어난다. 관리자들은 변화는 자연스러우며 조직생활에 적절히 필요한 것으로 보며, 구성원, 고객 그리고 다른 사람의 개인적인 관심과 흥미를 고려하면서 변화에 대한 창조적이고 인간적인 접근을 시도한다.

⑤ 공공서비스에 대한 헌신(a Dedication to Public Service)

사람들은 공공조직의 역할을 민주적인 거버넌스 과정으로 공공서비스의 성격을 이해한다. 관리자는 조직의 구성원들이 높은 윤리적 기준을 유지하고 구성원들에게 조직을 청렴모델로 만들 것을 촉구한다. 문화적 관점과 학습조직문화는 변화를 위한 전략과 기술로 활용하는 방법에 익숙하여야 한다.

10) R. B. Denhardt, *The Pursuit of Significance*, Belmont, Calf.: Wadsworth(1993).

제 2 절 계획된 변화와 변화에 대한 저항

1. 계획된 변화(Planned Change)

조직의 혁신은 보통 의도적이고 조직의 구성원들에 의한 계획된 변화이다. 조직의 외부 및 내부의 압력들에 의하여 불가피하게 계획된 변화를 시도하게 한다. 그러나 구성원들은 외부의 다른 사람들과 자신들의 계획을 수행하기 위하여 서로 논의하여야 한다.

조직의 변화는 현재의 상태보다 더 나은 조직의 활동이며 조직의 효과성을 증진하기 위한 바람직한 미래의 상태를 말한다. 왜 조직은 조직의 활동을 수행하는 방법을 변화할 필요가 있는가? 조직의 환경은 끊임없이 변하며 조직은 생존하기 위하여 이 변화에 적응해야 한다.

1) 변화를 위한 영향력

조직의 환경에서 많은 영향력이 조직의 변화를 유도한다. 이러한 영향력을 이해하는 것이 관리자의 중요한 임무이다. 만약 관리자들이 경쟁적 · 정치적 · 경제적 · 세계적 그리고 그 이외 영향력에 부응하는 데 늦는다면 조직은 그의 경쟁자들은 물론 효과성도 뒤떨어질 것이다.

변화를 위한 영향력과 저항은 다음과 같다.[11]

(1) 경쟁적인 영향력

조직은 경쟁적인 이익을 달성하기 위하여 끊임없이 노력하고 있다. 경쟁은 변화를 위한 영향력이다. 왜냐하면 조직이 경쟁적 이익의 척도인 능률, 질, 개혁 혹은 고객에 대한 부응 가운데 적어도 하나라도 경쟁자들을 압도하지 않으면 조직은 생존하지 못할 것이기 때문이다.

(2) 세계적 영향력

경제적 · 정치적 영향력은 조직에 지속적으로 영향을 끼치며, 생산품과 서비

11) Jennifer M. George and Gareth R. Jones, *Organizational Behavior: Understanding and Managing*, Second Edition, Addison-Wesley Publishing Co. Inc.(1999), pp. 680-682.

스를 어떻게 어디서 생산하는 것이 유리한가를 고려하면서 변화를 강요한다.

세계의 나라마다 경제적 · 정치적 노동조합의 변화를 초래하는 영향력이 계속 증가하고 있다. 예를 들어 북미자유무역협정(the North American Free Trade Agreement: NAFTA)은 미국, 캐나다 그리고 멕시코의 협조를 위한 길을 열었으며 이 나라들의 많은 조직들은 그들의 상품들을 위한 새로운 시장과 값싼 노동과 투입의 새로운 소스를 발견하기 위하여 NAFTA를 이용하였다. 유럽연합(the European Union: EU)은 세계 제2차대전 이후를 그 기원으로 하는데, 유럽연합측에 속해 있는 많은 나라가 대규모의 보호무역을 이용하려고 노력하였다. 폴란드를 포함하여 과거에 공산국가도 그 자신의 경제적 · 정치적 발전을 가져오기 위하여 유럽연합에 가입하였다. 어떠한 국가들도 경제적 · 정치적 영향력으로 인한 세계화라는 거대 물결을 무시할 수 없을 것이다. 따라서 새로운 기술발전이 더딘 조직과 값싼 자원을 활용하지 못하는 조직은 세계화라는 거대한 물결 속에서 침몰되고 말 것이다.

(3) 인구 및 사회학적 영향력

1990년대와 그 이후 다양한 노동인구의 관리가 조직이 직면한 가장 큰 도전이다.[12] 노동인구 구성의 변화와 근로자들의 다양성은 조직에 많은 도전과 기회들 제공하였다. 증가일로에 있는 노동인구의 인구학적 특성은 관리자들의 관리스타일을 변화하게 하였고 소수민족과 여성 노동인구를 효과적으로 이해하고 감독하며, 동기부여하는 것을 어떻게 배워야 하는지를 연구하도록 하였다. 관리자들은 승진을 결정하는 데 있어서 그들의 고정관념을 버려야 하며 새로 고용하고 새로운 승진을 결정하는 데 공정성을 지켜야 한다. 많은 여성들이 직장에 채용됨에 따라 경력과 가정의 이중적인 역할, 어린아이들을 돌보는 것, 그들의 구성원들에게 업무와 이러한 관계를 허용하게 하기 위하여 그들 구성원이 업무계획을 채택하도록 허용해야 한다. 많은 기업은 근로자들에게 발전된 교육과 훈련을 제공함으로써 변화하는 기술에 뒤떨어지지 않도록 해야 한다.

(4) 윤리적 영향력(Ethical Forces)

인구학적 · 사회학적 변화라는 영향력에 부응하여 조직도 변화를 위한 단계

12) D. Jamieson and J. O' Mara, *Managing Workforce 2000: Gaininng a Diversity Advantage*, San Francisco: Jossey-Bass(1991).

를 갖는 것이 중요한 것과 같이 정부가 증가하고 있는 정치적 · 사회적 요구에 직면함에 따라 더 책임 있고 정직한 기업행태를 구축하기 위하여 윤리적 행태를 위한 단계를 따르는 것이 중요하다.[13] 많은 조직은 윤리문제를 다루는 업무를 강화하고, 근로자의 중요한 결정에 접근을 용이하게 하여 윤리적 행태를 증진시키고, 윤리적 문제에 대한 내부고발제도를 활용하고 있다. 또한 조직들은 모든 계층의 관리자나 근로자들이 비윤리적인 행태를 보고하게 하여 비윤리적인 행태를 신속하게 근절하고 조직의 구성원과 소비자의 총체적 이익을 보호하도록 노력하고 있다. 기업이나 공공조직이 정도를 걷는다면 국민들에게 신뢰를 확보할 수 있을 것이다.

2. 변화에 대한 장애와 저항

효과적인 조직은 변화에 매우 민감하게 반응을 한다. 그러나 조직 내부의 많은 영향력이 조직으로 하여금 변화에 저항하게 하고 조직의 효과성과 생존을 위태롭게 한다. 한국에는 세계적으로 이름이 알려진 기업들이 삼성, LG 등 몇 개 되지는 않으나 미국에서 대단히 성공적인 기업이라고 알려진 Digital Equipment, GM, IBM, Ford, Chrysler, TWA, Macy, Westinghouse 등 그 이외에도 여러 기업을 예로 들 수 있다. 이 가운데 Macy' s와 TWA는 파산을 하였고, Westinghouse와 Digital Equipment는 깊은 수렁에서 벗어나지 못하고 있으며, GM은 파산신청했고, IBM은 퇴보를 극복하고 회복기에 들어섰다. 왜 이러한 일이 일어났는가? 많은 연구에 의하면 그러한 퇴보의 주요한 이유는 조직이 현상유지를 추구하고 환경변화에 무능력하게 대응하였기 때문임을 지적하고 있다.

1) 변화에 대한 조직차원의 저항(Organizational-Level Resistance to Change)

변화를 위한 많은 영향력 가운데 조직이 환경변화에 적응하는 것을 어렵게 만드는 요인들이 있다. 조직차원의 변화에 대한 장애로서 권력, 갈등, 기능적인 오리엔테이션의 차이, 기계적인 구조, 그리고 조직문화가 가장 강력하다고 본다.[14]

13) W. H. Shaw and V. Barry, *Moral Issues in Business*, 6th ed., Belmont, Calf.: Wadsworth(1995).

14) Jennifer M. George and Gareth R. Jones, *Organizational Behavior: Understanding and*

(1) 권력과 갈등

변화는 다른 사람을 희생하면서 어떤 사람, 기능, 그리고 부서를 이롭게 한다. 변화가 권력투쟁과 조직갈등을 초래할 때, 조직은 변화에 저항하게 된다. 만약 강력한 기능이 변화를 막을 수 있다면 조직은 변화하려 하지 않을 것이다.

(2) 기능적 오리엔테이션의 차이

기능과 부서에 따라 각기 조직의 문제를 다르게 인식할 수 있다. 왜냐하면 그들은 문제를 그들의 관점에서 이해하기 때문이다. 좁은 시야는 조직이 문제의 근원에 대하여 합의를 얻는 데 많은 노력과 시간을 요구하기 때문에 조직의 무력증을 증가시킨다.

(3) 기계적인 구조(mechanistic structure)

기계적인 조직은 높은 계층제, 중앙집권적 의사결정 그리고 규칙과 절차에 따른 행태의 표준화에 의하여 특징된다. 반대로 유기적인 조직구조는 수평적이고, 분권적이며, 업무를 달성하기 위하여 사람들 사이의 상호작용에 의존한다. 기계적인 조직은 변화에 저항한다. 기계적인 조직에서 일하는 사람들은 확실한 방법으로 행동할 것이 기대되며, 이는 변화하는 환경에 그들의 행위를 적응하게 할 능력을 발전하기 어렵게 한다. 기계적인 조직은 조직이 성장함에 따라 발전한다.

(4) 조직문화

조직문화의 가치와 규범은 변화의 저항에 대한 또 다른 원인이 될 수 있다. 만약 조직의 변화가 이미 인정된 가치와 규범을 파괴하려 하고, 근로자에세 무엇을 어떻게 달성하도록 강요한다면, 조직의 문화는 저항할 것이다. 일반적으로 현상유지를 지지하며, 보수적 가치를 발전시키는 관리자들은 경쟁하기 위한 새로운 방법을 찾기를 원치 않는다.

2) 변화에 대한 집단차원의 저항(Group-Level Resistance to Change)

많은 조직업무는 집단에 의하여 수행되며, 다음과 같은 집단의 특징들은 변화에 대한 저항을 만들어낸다.

Managing, Second Edition, pp. 683-685.

(1) 집단규범

대부분의 집단은 적절하고, 부적절한 행태를 상세히 구분하고 집단의 구성원들간의 상호작용을 통제하는 강한 비공식적 규범을 발전시킨다. 빈번히 발생하는 변화는 집단의 과제와 역할관계를 변형한다. 변화가 일어날 때는 집단의 구성원들이 서로 가지고 있는 집단규범과 비공식적 관계를 혼란케 한다. 그러므로 집단의 구성원들은 새로운 규범이 새로운 상황에 필요를 충족하기 위하여 발전해야 되기 때문에 변화에 저항할 수 있다.

(2) 집단의 응집력(Group Cohesiveness)

집단의 응집력과 집단에 대한 매력은 집단의 성과에 영향을 미친다. 적절한 수준의 응집력은 집단의 성과를 증진하나, 너무나 강한 응집력은 성과를 감소하게 한다. 왜냐하면 응집력은 집단이 변화하고 적응하는 기회를 질식하게 하기 때문이다.

(3) 집단사고와 몰입의 단계적 확대(Groupthink and Escalation of Commitment)

집단사고는 구성원들의 만장일치를 위하여 집단의 의견과 반대되는 정보를 고려하지 않는 것과 같이 응집력이 강한 집단에서 결점이 많은 의사결정의 패턴이 일어나기 쉽다. 몰입의 단계적 확대로 그들의 결정이 잘못되었다는 것을 인식한다고 하더라도, 그들이 너무 몰입하고 있기 때문에 그 결정은 계속 유지되며 상황은 더욱 악화된다.

3) 변화에 대한 개인차원의 저항(Individual-Level Resistance to Change)

조직의 구성원들은 불확실성, 편파적인 지각 그리고 습관의 영향력 때문에 변화에 저항한다.

(1) 불확실성과 불안(Uncertainty and Insecurity)

사람들은 변화의 결과가 무엇을 초래할 것인가에 대하여 불확실하고 불안전하기 때문에 변화에 저항한다. 근로자들에게 새로운 임무가 주어지면 역할관계는 새로 조직된다. 그런 경우 어떤 근로자는 그들의 직업을 잃게 된다. 어떤 사람들은 다른 사람을 희생하면서 이득을 보는 경우도 있다. 변화에 따른 불확실성과 불안전은 조직의 무능력을 초래한다.

(2) 선택적인 지각과 보유(Selective Perception and Retention)

지각과 속성은 업무태도와 행태를 결정하는 데 중요한 역할을 한다. 사람들은 자신들의 관점과 일치하는 정보를 선택하여 자신들의 입장에 알맞게 지각하는 경향이 있다. 그와 같이 변화가 일어날 때, 근로자들은 변화가 개인적으로 혹은 그들의 기능 및 부서에 어떻게 영향을 끼치는가에만 초점을 갖는 경향이 있다. 만약 그들은 변화가 그들에게 이익을 가져다주지 못한다면 변화에 저항할 것이다.

(3) 습관(Habit)

사람들의 유사한 행위나 사건들에 대한 선호도는 변화에 대한 다른 장애이다. 나쁜 습관을 고치고 새로운 스타일의 행태를 택하는 어려움은 습관이 변화에 어떻게 저항하는지를 잘 지적한다. 왜 습관을 깨기가 어려운가? 어떤 학자들은 사람들이 그들의 원래의 행태로 돌아가려는 타고난 본성을 지적하는데, 즉 변화를 방해하는 경향을 가지고 있다고 제안한다.

위에서 지적하였듯이 조직의 변화에 저항하는 일은 개인과 조직에서 빈번히 일어나는 현상이다. 이 이외에도 사람들이 전면적인 변화에 저항하는 이유는 무수히 많다. 변화를 제안하는 사람을 불신한다든지, 변화가 가능하지 않다는 신념이 있든지, 변화가 불필요하게 생각되고 반드시 변화해야 할 명백한 이유가 없을 때 변화에 대한 저항은 심각하게 일어날 수 있다. 또는 변화로 인하여 경제적 및 지위의 손실이 발생한다든지, 상대적으로 높은 비용이 들든지 개인의 가치를 위협하는 변화에 대한 저항은 강력하다.

제 3 절 조직의 변화를 위한 단계

1. Denhardt의 변화를 위한 단계

최근의 연구는 관리자들이 조직의 변화를 가져오기 위하여 택하여야 할 단계를 제시하고 있는데, 특히 Denhardt와 Denhardt는 변화를 성공적으로 가져오기 위한 일련의 다섯 가지 단계를 지적하는 리더십 모델을 제시하였으며, **변화를**

성공적으로 가져오기 위하여 공공관리자가 하여야 되는 단계는 다음과 같다[15]:

1) 조직환경의 변화를 위한 필요성을 평가하라.

2) 전략적 · 실용적으로 변화를 위한 계획을 수립하라.

3) 대화를 촉진하고 관리자 자신의 행태 변화과정에 바람직한 모델링을 적용하면서 구성원의 지지를 획득하라.

4) 동시에 변화와 혁신에 대한 광범위하고도 적극적인 태도를 촉진하면서 특정한 변화를 시도하라.

5) 변화를 제도화하라.

이러한 단계를 통하여 연구자들은 관리자의 학습능력인, 특히 그들 자신의 가치, 통치기구, 조직에 대한 학습능력의 중요성을 지적하였다.

비록 공공영역의 변화활동이 사영역보다는 공공업무에 더 적합하다고 하더라도 연구결과는 사영역의 변화를 조사하는 학자들의 연구결과와 거의 일치한다.

2. Nadler의 변화과정을 위한 5단계[16]

1) 진　　단

현재 상태의 강점, 약점 그리고 깊이 생각하고 있는 기대에 대한 철저한 평가이다. 진단은 복잡하고 귀찮은 것이 되어서는 안 된다. 진단의 주요한 목적은 새로운 조직을 발전하기 위하여 가능한 한 자원을 탐색하는 것이다. 그러므로 초점은 명확성, 간결성 그리고 개방성에 두어야 한다.

2) 명확성과 동맹구축

이 단계에서 목적은 미래 국가의 비전을 재정의 및 명확화하고 주요한 변화의 역군을 재충원하고 개입하는 것이다.

3) 행　　동

주요 변화는 착수되고 조직의 정체성과 설계가 상호 소통된다. 이 단계의

15) Denhardt, Denhardt and Aristigueta, *op. cit.*, p. 376.

16) David A. Nadler, Robert B. Shaw, A. Elise Walton and Associates, *Discontinuous Change*, San Francisco: Jossey-Bass(1995).

끝에는 새로운 조직의 뼈대가 구축된다.

4) 강화와 세련

이 단계는 움직이지 않은 사람들을 평가하고 감독하는 행위가 포함되는 단계이다. 이 단계의 주요한 산출은 변화에 대한 광범위한 집행과 수용이다.

5) 유 지

이 단계에서 직면하게 되는 도전은 조직이 어떻게 운영되는지, 아울러 원래의 목적을 달성하기 위하여 어떠한 변화가 필요한지에 반응하는 것이다. 운영을 위하여 집행 팀이 설립되고 정보와 자원을 수집하며, 새로운 조직의 강점과 약점을 평가하기 위하여 그 자원을 사용한다.

3. Action Research Model의 단계

OD 상담자들은 다양한 접근법을 택한다. 그러나 행동연구(Action-Research) 모델은 전형적인 패턴을 설명한다. 특히 조직발전을 위한 Action Research Model의 단계는 다음과 같다[17]:

1) 업적의 격차: 고위관리자들이 문제를 지각한다.

2) 관리자들은 조직상담자들과 의논한다.

3) 진단: 상담자는 진단과정을 시작하고 자료를 수집한다.

4) 환류: 상담자는 주요한 고객과 고객집단에게 연구결과를 전달하고 논의를 한다.

5) 공동 행동계획(joing action planning): 상담자는 OD 프로그램을 위하여 팀 구성과 같은 목적과 절차를 계획하는 데 고객집단과 같이 작업을 한다.

6) 지속적인 자료수집(further data gathering): 상담자는 지각과 태도를 감시하는 것을 계속한다.

7) 지속적인 환류(further feedback): 팀 구성기간 혹은 다른 환경에서 조직의 구성원들은 진단작업에서 조사된 문제들을 제출한다.

17) W. W. Burke, *Organization Development*, Glenview, Ill.: Scott, Foresman(1982); French and Bell, *Organization Developmet: Behavioral Science Interventions for Organization Improvement*, p. 331(재인용).

8) 고객집단들은 진단과 초기에 수집된 자료를 가지고 논의를 하고, 작업을 한다. 이로 인해 새로운 태도가 나타난다.

9) 행동계획(action planning): 집단은 발전을 위해 목적을 수립하고, 그 목적에 도달하는 계획을 수립한다.

10) 행동: 계획은 수행되고 새로운 행태로 발전한다.

11) 지속적인 자료수집(further data gathering)

12) 지속적인 환류(further feedback)

13) 지속적인 행동계획(further action planning)

14) 행동사이클의 계속성과 상담 병행(continuation and consultant departure): 진단, 환류, 계획 그리고 행동의 사이클은 상담자의 출발을 위한 적절한 시기까지 계속한다.

조직의 관리자들은 면접, 설문조사 그리고 집단회의를 통하여 조직의 문제를 진단하는 상담자를 초청한다. 상담자들은 고객에게 진단결과를 환류하고 OD 프로그램을 위하여 결과를 해석하고 계획을 수립하는 작업을 한다. 상담자는 집단문제해결과 팀 구성과 같은 방법을 사용하여 행동계획을 수립하기 위하여 자료를 계속 수집한다. 새로운 아이디어가 나타남에 따라 더 나은 계획이 발생한다. 그리고 상담자는 새롭게 수립된 계획의 실행과 그 결과를 평가하기 위하여 정보를 수집한다. 상담자는 그들 자신이 수립한 계획을 조직 내에 있는 사람들에게 넘겨줄 때까지 이 발전과정을 주어진 시간 동안 계속한다.

4. 공공조직의 변화와 개혁

정치가 조직변화를 가져온다고 하더라도 변화를 가져오기 위한 정치는 사조직보다는 공조직에서 복잡하게 발생한다. 권력은 민주적인 정치체제에서는 넓게 분산되어 있다. 많은 사람들이 정치에 개입하여, 합의를 이루기 어렵다. 공공조직의 변화에 대한 이러한 측면은 중요한 많은 문제들이 각 행정기관의 관할영역을 초월하여 존재하기 때문이며 이는 미래에 더욱 심각할 것으로 보인다. 따라서 공공관리자들은 정치의 변화에 민감하지 않으면 안 된다.

성공적으로 변화를 가져오는 데 장애가 되는 또 다른 문제는 리더십과 임명된 사람들의 교체가 지나치게 빈번하다는 것이다. 이것은 극단적으로 한 집단의 중요한 변화가 정치적 혹은 다른 이유 때문에 다른 집단에게는 거의 관련이 없는 문제일 수 있다. 더욱이 우리 사회의 안타까운 일은 공공조직의 수많은 변화가 한때는 많은 지지를 얻을 수 있으나, 정부가 바뀌거나 기관장이 바뀌면 그동안 수행해 왔던 거의 모든 변화 계획들이 무시되어 인적 · 물적 · 시간적 낭비가 심각하다는 것이다.

공공조직의 성공적인 변화를 위해 관리자는 변화과정에 아주 필요한 기술들을 가지고 있어야 한다. 이 많은 기술들, 즉 변화하려는 데 반대하는 사람들을 어떻게 처리하는가에 관한 것을 과정기술이라고 부른다. 권위와 전문성에 의존하였던 전통적인 변화의 모형은 점점 사라지고 조직구성원들의 지지와 몰입을 위한 필요성이 점점 더 증대하고 있다. 이러한 기술들은 대단히 중요하다. 실제로 조직의 변화노력의 성공은 관리자가 무엇을 하느냐에 달려 있는 것이 아니라 관리자가 그 변화를 어떻게 수행하느냐에 달려 있다.

1) 조직변화의 유도전략

(1) 변화는 조직 내부 혹은 외부의 사람들이 무엇을 원하는가를 정확히 들을 수 있는 관리자의 효과적인 청취능력에 달려 있다. 조직변화의 첫 단계는 진단과 세심한 청취를 필요로 한다.

(2) 변화에 흥미를 가진 관리자는 표면에서 발견할 수 없는 행태적인 단서를 찾아낼 수 있는 능력에 의하여 도움을 받을 것이다.

(3) 변화과정에서 고용자의 참여와 개입은 중요하다. 그러나 참여는 쉽게 일어나지 않는다. 관리자들은 공개적으로 대화하도록 적극적인 참여를 장려해야 한다. 다른 사람들이 제안한 의견들을 수용하는 데 관리자가 편안함을 느껴야 한다.

2) 공공조직 변화의 유도전략

(1) 당신이 변화를 추구하려 한다면 주의 깊게 변화에 대한 자신을 포함하여 다른 사람들이 저항하는 감정적 및 심리적 구성요소를 충분히 고려하여야 한다.

(2) 당신이 변화를 유도하려 한다면, 조직을 통하여 현재 운영방법과 관련된 문제를 숙지하고 그리고 당신이 그 밖의 다른 방법을 추진한다면, 어떠한 이익이 있을 것인가를 명확히 확인하고 서로 의사소통을 위해 노력하여야 한다.

(3) 사람들이 변화를 추구하려 한다면, 조직의 변화과정에 사람들을 참여시

키도록 노력하여야 한다. 사람들은 무엇이 일어나고 있는지를 충분히 이해한다면 혹은 변화의 주인의식을 갖는다면, 사람들이 변화를 수용할 가능성이 많다.

(4) 변화를 추진하는 영향력과 변화에 저항하는 영향력을 생각하라. 이러한 영향력을 주의 깊게 연구한다면 변화를 더 효과적으로 추진할 수 있는 방법을 발견할 수 있을 것이다.

(5) 조직의 문화를 고려하라. 이미 조직에 존재하고 있는 규범, 믿음 그리고 사람들의 가치관은 변화를 가져오기 위한 첫 단계이다. 문화의 속성은 전형적으로 조직에 깊게 뿌리를 내리고 있고 변화에 저항하는 중요한 영향력을 행사할 수 있다.

(6) 청취는 변화를 가져오기 위한 첫 단계이며, 조직과 조직의 이해집단을 이해하는 데 필수적이다. 시민, 근로자, 고객, 국회의원 그리고 다양한 이익집단의 사람들의 생각을 청취할 시간을 가져야 한다. 그들이 조직에 대하여 무엇을 생각하고 어떻게 하기를 바라는지 알아내야 한다.

(7) 조직에서 학습하기 위하여 능력을 구축하는 것을 생각해야 한다. 비록 조직이 아니고 개인들이 학습할 수 있다고 하더라도 조직에 도움이 되는 학습이 일어날 수 있도록 영향을 미칠 수 있는 것은 가능하다.

(8) 단순루프(Single Loop)와 복수루프(Double Loop) 사이의 차이를 기억하는 것이 좋다. 조직에 있는 사람들이 직면한 일이 일상적 혹은 반복적인 결정이 주를 이룬다면 Single Loop 학습이 적합하고, 복잡하고, 비일상적인 결정을 다루는 곳이 지배적이라면 Double Loop 학습이 필요할 것이다.

(9) 조직구조의 변화가 필요하다고 생각되면, 두 번 생각해야 한다. 실제로 문제가 구조적인가 혹은 행태적인가를 확인한다.

(10) 오늘날 공공조직은 복잡한 세계에서 다양한 정책망(policy networks)이 필요하다는 것을 잊어서는 안 된다. 조직의 변화가 효과적이기 위하여 조직은 시민집단, 조직의 이해관계자들, 다른 공공조직 및 비영리단체, 사영역의 조직들을 포함하여야 한다. 또한 조직변화의 설계와 집행에 관련된 모든 관련된 사람들을 포함하는 방법을 고려해야 한다. 특히 네트워크의 다른 참여자들 역시 참여시키는 것이 유리하다.

(11) 조직에 의하여 변화와 혁신을 촉진하기 위해 더욱 유기적이고 민주적이며, 참여적인 운영방법을 고려해야 한다. 조직을 통하여 사람들이 변화를 제

안하는 데 안전함을 느끼고 깊이 고려한 방법들이 궁극적으로 높은 성과를 가져오지 않는다고 하더라도 확신을 가질 수 있는 문화를 창조하는 것이 바람직하다.

(12) 변화를 위한 정책에 많은 주의를 해도 충분하지 않다. 공공조직에서 만든 변화가 무엇이든지 간에 거기에는 정치적 함의(implication)가 있을 것이다. 어떤 체제가 존재하든지 간에 정치리더들에 의한 합의된 결과물이다. 변화의 어떤 것은 자연스레 정치적 분파의 산물이라고 인식하는 것이 유리하다.

3) 공공조직 변화패턴의 사례연구

공공조직 변화의 성공적 시도는 조직의 구성원들이 어떻게 변화를 관리하고 집행하는가가 중요한지를 알려준다.

최근 국제적인 경쟁과 다른 압력으로부터 도전 받은 많은 기업들은 철저한 개혁을 시도하고 있다. 관리문헌의 상당수는 조직의 대규모 계획된 변화를 이끌어 나가는 전략을 언급하는 transformation, reinvention 그리고 reengineering을 언급하고 있다. 그러나 대규모조직의 변화에 대한 문헌은 간단히 요약하기에는 아주 다양하고 어렵다. 그럼에도 불구하고 저자들의 조직 변화와 변혁의 패턴을 요약하는 두 논문은 성공적인 변화 시도를 분석하고 참조할 만한 가치 있는 관찰을 제공하였다. 약 30년 동안 이러한 관찰들이 분리되어 출판되었으나 서로 공통되는 점은 있었다.

(1) Greiner의 조직변화 패턴

약 30년 전에 Greiner는 18개의 주요 변화시도를 분석하였고 성공적인 변화패턴을 지적하였다. 그는 다음과 같이 성공적인 조직변화의 패턴을 설명하였다[18]:

〈단계 Ⅰ: 압력과 각성〉

① 변화를 위한 의미 있는 외부 및 내부의 압력이 있다. 성과의 결함이 있고 변화를 위한 필요성이 최고관리자를 압박하면서 광범위하게 조직 내에 퍼져있다.

〈단계 Ⅱ: 개입과 재교육〉

② 변화를 이끌어갈 새로운 사람을 채용한다. 그 사람은 성공적인 변화의 역군으로서 경력을 가지고 있으며 조직의 리더로서 들어오거나 혹은 리더와 같

18) L. E. Grenier, “Patterns of Organizational Change,” *Harvard Business Review*(1967), 45, 119-128.

이 일하는 상담자로서 들어온다.

③ 새로 들어온 사람은 과거 실무와 현재의 문제를 재검토한다. 그 사람은 낡은 관점을 조사하고 합리성과 현실문제 파악을 촉구하는 객관적이고 외부적인 관점을 활용한다.

④ 깊숙이 재검토작업에 개입한다. 그 조직의 상관과 그의 부하들은 재검토에서 직접적이고 전적으로 개입된 역할을 맡는다.

〈단계 Ⅲ: 진단과 인식〉

⑤ 변화리더는 다양한 차원의 진단을 실시한다. 변화리더는 현재의 문제를 파악하고 진단하기 위하여 협조적 진상조사, 문제해결 논의를 하는 데 다양한 차원과 부서를 포함한다. 진단은 중요한 권력할당을 수반한다.

〈단계 Ⅳ: 발견과 몰입〉

⑥ 변화리더는 다양한 계층을 포함하면서 창조적인 해결을 위한 광범위한 탐색을 한다.

〈단계 Ⅴ: 실험과 탐색〉

⑦ 해결은 발전되고, 시험되며 그리고 낭비를 피하기 위하여 적은 규모로 증명한다. 문제는 해결되고 실험이 뒤따른다.

〈단계 Ⅵ: 강화와 수용〉

⑧ 성공은 강화되고, 확신되며 그리고 더 좋은 성공을 가져온다. 사람들은 보상을 받고, 성공은 수용되고 그리고 그것은 제도화된다.

(2) Greiner의 성공적인 패턴을 위한 조건

① 발전을 위한 압력은 조직 내의 사람들 사이에 그리고 조직 외부의 관련된 사람들 사이에 널리 느껴진다.

② 새로운 사람이 조직의 리더로 혹은 변화를 위한 노력을 리드하기 위해 상담자로 조직에 들어온다.

③ 최고관리자는 변화과정을 시작하고 유지하는 데 매우 열중한다.

④ 최고관리자를 포함하여 변화를 추진하는 사람들은 전반적인 진단을 시도한다.

⑤ 변화를 추진하는 사람들은 중요한 문제를 조사하고 진단하기 위하여 복수차원, 공동체적 진상조사 그리고 문제해결기회를 사용하면서 진단과정을 진행

한다.

⑥ 참여는 해결을 돕는다. 해결은 처음에 소규모로 시험을 하고, 그 다음에 대규모로 그리고 마지막으로 전체를 대상으로 집행한다.

⑦ 참여자들은 결과를 강화하기 위하여 성공사례를 사용하고 그 결과는 널리 수용한다.[19]

Greiner는 변화의 성공적 패턴을 위해서 권력의 분담을 강조하였다. 그는 성공은 권력의 분담을 요구하고, 발전과정을 통하여 권력의 분담이 일어나지 않으면 안 된다고 주장한다. 그가 관찰한 실패의 사례는 비논리적인 단계를 일방적으로 변화를 위한 압력으로 행사하였기 때문이라고 한다.

(3) Greiner는 성공적인 조직변형을 위한 단계[20]

① 긴박감을 조성

— 시장과 경쟁적인 현실을 조사하라.

— 위기와 기회를 조사하라.

② 강력한 지도집단을 형성

— 변화 노력을 리드하기 위하여 충분히 강한 권력을 가진 집단을 구성

— 집단이 팀으로 일하도록 조성하라.

③ 비전을 창조

— 변화 노력을 직접 돕기 위하여 비전을 창조하라.

— 비전을 달성하는 전략을 세워라.

④ 비전의 의사소통

— 새로운 비전과 전략을 의사소통하기 위하여 모든 가능한 수단을 사용하라.

— 인도하는 집단에게 예를 가지고 필요한 새로운 행태를 가르치게 하라.

⑤ 비전에 따라 행동하도록 권력을 주어라.

— 변화에 대한 장애를 제거하라.

— 장애를 가져오는 체제 혹은 구조를 변화하라.

⑥ 단기적 승리의 창조

— 명백한 성과향상을 위한 계획

19) Rainey, *Understanding & Managing Public Organizations*, p. 339.

20) J. P. Kotter, "Leading Change: Why Transformation Efforts Fail," *Harvard Business Review*(Mar-Apr. 1995), pp. 59-67; Rainey, *op. cit.*, p. 339(재인용).

— 향상 혹은 발전들을 창조하라.
— 이러한 향상 혹은 발전에 개입된 근로자들을 인식하고 보상하라.
⑦ 향상을 강화하고 더욱 변화를 만들어라.
— 추구하는 체제들, 구조들 그리고 정책들을 변경하기 위하여 증가된 신뢰성을 사용하라.
— 비전을 수행할 수 있는 사람을 채용하고 훈련을 시켜 발전케 하라.
⑧ 새로운 접근법을 제도화하라.
— 새로운 행태주의자와 조직의 성공과의 관계를 표명하라.
— 리더십 발전과 연속을 보장하라.

그러나 공공관리자들이 변화를 가져오기 위해 관심을 두어야 하는 문제는 최고관리자의 빈번한 교체와 개입, 외부기관으로부터 압력, 그리고 이 단계에서 장애를 가져올 다른 조건들을 들 수 있다. 그럼에도 불구하고 공공기관에서 성공적인 변화를 가져온 사례들이 있다.

제 4 절 조직발전 의의와 OD기법

1. 조직발전의 정의와 학자들의 견해

조직이론의 한 중요한 분야는 조직을 더 나은 방향으로 변화시키는 것이다. 조직발전(Organizational Development: OD) 분야의 학자들과 실무자들은 사회과학의 이론과 기술을 적용하면서 특히 인간관계의 도움으로 조직의 기능을 증진시키려 한다. 조직발전의 상담자나 변화를 조장하는 사람들은 의사소통, 문제해결, 개혁과 변화, 갈등과 해결, 의사결정, 신뢰와 개방성을 증진시키기 위하여 조직 내의 사람들과 같이 작업을 한다. 그들은 조직에 참여하여 진단하고 문제를 극복하는 것을 돕는다. 많은 책과 논문 및 전문 학술잡지뿐만 아니라 다양한 전문기관도 조직발전에 대하여 연구하였고, 대규모 조직 혹은 정부기관도 조직발전을 전담하는 부서를 가지고 있다.

이와 같이 조직과 집단의 동태적 활동에 관한 OD의 연구는 인간관계 오리엔테이션에 깊은 뿌리를 가지고 있다. 조직발전은 동기부여이론, 리더십과 체제와 같은 사회과학 연구를, 조직행태의 다양한 측면과 설문조사연구는 행태과학 및 기술을 활용하였다.

1) OD 특징의 의의

조직발전은 조직의 계획된 변화를 위한 접근법이다. 이 접근법은 행태과학을 활용하고, 조직기능의 체제전반적인 발전, 개인능력을 향상시키는 데 특히 무엇을 달성하느냐보다 어떻게 달성되는가를 강조하기 때문에 과정과 기술에 주로 초점을 두고 있다. 특히 OD는 집단의 발전을 촉진하기 위하여 고용한 외부상담자의 도움을 얻는다는 특징을 가지고 있다. 그렇게 함으로써 진단, 변화 및 발전에 더욱 객관성을 추구할 수 있기 때문이다. OD의 목적은 조직의 변화를 가져와 조직구성원 자신들을 돕는 것이다.

OD 상담자들의 역할은 다른 상담하는 사람과 아주 다르다. 예를 들어 OD의 상담자는 다른 조직에 전문성을 제공하기 위하여 고용된다. 즉 관리자는 상담자를 선정할 때 상담자가 조직 혹은 이미 할당된 다른 과제에만 국한하지 않고 설문조사기법 및 재정적 분석에도 전문성을 가지고 있는지 조사할 수 있다. 비록 관리지나 상담자가 서로 문제를 정의하고 진단을 한다고 하더라도 결국에 상담자는 관리자에게 무엇을 해야 된다고 말한다. 상담자는 의사와 환자와의 관계와 같이 고용된다고 볼 수 있다. 즉 상단자는 환자에게서 무엇이 잘못되어 있는가를 파악한 후 환자들을 치료하기 위하여 처방의 결과를 환자, 즉 조직에 알리는 것과 같다. 여기에 진단역할과 처방역할은 주로 상담자가 한다.

OD는 고객이 스스로 문제를 인식하게 하며 적극적으로 개선함을 가정하는 접근법인 과정상담이라고 부른다. 물론 OD 상담자들은 고객에게 무엇을 하라고 강요하지 않으며, 개선하는 것을 지시하지도 않는다. 오히려, 상담자는 문제를 발견하고, 해결점을 발견하며, 제안된 안건들을 실행하고, 조직의 관리자와 관련된 사람들과 같이 일을 하면서 그 고객들의 자율성을 높이 인정한다.

그러나 OD에 관여한 고전학자로서 Argyris는 조직의 외부로부터보다는 조직의 내부로부터 해결점을 찾으려고 하였다. 이 접근법을 바탕으로 Argyris는 고객으로부터 자유롭고, 타당성 있고, 유용한 정보를 생산하고, 이러한 정보에 근거한 결정을 증진하기 위해서 내부적 몰입을 구축하는 것을 도와야 된다고 추천

하였다.[21]

2) OD의 적용과 관료제에 대한 인식변화

조직발전은 우리에게 생소한 주제는 아니다. Rennis Likert의 System 4 이론은 조직발전의 적용을 이미 주장하였고, Trist와 Emery의 사회기술적 체제이론(Sociotechnical System Theory)은 이미 조직발전에 응용되고 있다. Lorence와 Lorsch의 상황조건적합이론은 놀랍게도 조직발전을 위한 개입접근법을 가져왔다. 그러나 제 이론 중에서 빈번하게 회자되는 학자는 Chris Argyris와 Warren Bennis의 이론으로, 조직발전에 가장 밀접하게 연계되어 있다고 한다. 이들의 이론이 처음으로 개인들간의 발전을 위한 감수성 훈련을 포함하였고, 전체 조직으로 확대하게 되었다.

Warren Bennis에 의하면 OD(Organizational Development)는 조직이 새로운 기술, 시장 및 도전 그리고 환경에 더 잘 적응하고, 급히 변화하는 데 조직이 더 잘 적응할 수 있도록 조직의 가치관, 태도 및 구조를 변화하기 위한 복잡한 교육전략으로 언급하였다. OD의 목적은 조직의 효과성을 증진하기 위하여 조직구성원들의 잠재력을 돕고 조직의 목적을 실현하는 것이다.

Bennis의 이론적인 기여는 Argyris의 것만은 못하지만 그들이 조직발전의 출현에 놀랄 만한 효과와 영향을 가지고 있다는 점에서 Argyris의 것과 그 기여가 동일하다.

◇ Bennis의 배경

그는 1925년에 태어났다. 세계 제2차대전 후에 Ohio의 Antioch College에 다녔다. 이 시기 동안 그 대학의 총장은 Douglas McGregor였고, 그에 의하여 많은 영향을 받았다. McGregor의 추천으로 Bennis는 MIT에 가서 석사학위과정에 들어갔으며, 그의 전공은 경제학이었으나 사회과학 분야의 과목도 수강하였다. 그는 1955년 경제학 분야에서 박사학위를 취득하였다. 그 후 잇따라 MIT에서 잠시 동안 심리학을 가르쳤고, 역시 3년 동안 Boston에서도 가르쳤다. 그는 McGregor의 요청에 의하여 1959년에 다시 MIT에 돌아와서 심리분석 분야를

21) Chris Argyris, *Intervention Theory and Method*, Reading, MA: Addison-Wesley(1970), pp. 17-20.

끝마쳤다. 그는 다양한 면에서 그의 지도교수인 McGregor와 열심히 연구하면서 11년간 학교행정에 참여하였다. 그는 Buffalo에 있는 뉴욕 주립대학(SUNNY)을 시작으로 Cincinnati 대학의 총장으로 재직하였다. 그의 나이 53세에 심장마비로 인하여 총장직을 물러나고 Southern California 대학의 경제학과로 옮겼다. 그 이후 그 곳에서 머물렀다. 그는 조직행태 분야에 관한 다양한 책을 저술하였고, 그 가운데 McGregor와 같이 사후에 출판된 두 권의 책도 있다. McGregor, Argyris와 같이 Bennis는 인도주의자로 불리며 특히 그는 초기에 실험실훈련에 개입하였다.[22)]

Bennis는 관료제가 그 당시 시대적 요구에 적합하지 않은 것으로 고려하였다. 인간의 문제를 해결하는 구조로서 관료제는 조직 자신의 내부적 현실과 외부환경을 효과적으로 적절히 다루지 못하였다고 하였다. 그에 의하면 다음 25년 내지 50년에는 관료제의 종말을 보게 될 것이며 20세기의 요구에 적절히 적응할 수 있는 새로운 사회체제가 나타날 것이라고 주장하였다.[23)] 그러나 Bennis는 관료제의 장점으로 정확성, 예측성, 합리성, 안정성, 능률성 등을 인정한 것은 사실이나 거대한 조직의 신속성이 떨어지는 것은 사실인 것도 부인할 수 없다고 지적했다. 이는 거대한 타이타닉호가 빙산을 발견히였지만 몸집이 너무 커서 신속하게 피할 수 없어 세계적으로 비극적인 충돌사건이 벌어진 것과 비유된다. 물론 그의 주장이 일면 설득력이 있으니, 현재까지 관료제가 건재하게 생존하고 있는 것을 무엇이라고 설명할지 의문이다.

(1) Bennis의 임시적 구조

Bennis는 현실에 적합한 조직구조를 설명하면서, 조직발전에 널리 알려져 있는 프로젝트 구조에 관한 지식을 다음과 같이 제시하였다:

① 중요한 것은 임시적(temporary)일 것이다: 적응적이고 급속도로 변화하는 임시체제

② 문제해결 중심으로 조직은 형성될 것이다.

③ 문제는 일련의 다양한 전문기술을 대표하는 관련된 사람들에 의하여 해

22) Miner, *op. cit.*, pp. 584-585.

23) Warren G. Bennis, "Changing Organization," *Journal of Applied Behavioral Science*, 2(1966), 247-263.

결될 것이다.

④ 그 집단은 기계적인 모델보다는 유기체적일 것이다.

⑤ 집행가의 기능은 다양한 프로젝트 집단들 사이에 조정자가 될 것이다. 그는 연구에 다양한 언어를 말할 수 있는 사람이어야 하며, 집단간에 정보를 전달하고, 집단을 중계하는 역할을 하여야 한다.

⑥ 사람들은 지위나 역할에 따라 수직적이 아니라 기술과 전문지식에 따라 융통성이 있게 구별될 것이다.[24]

이 구조는 주로 임시적 성격의 관계에 의하여 특징되어지며 임시적 사회에서 운영가능한 조직의 성격으로 유기적 · 적응적이라고 불린다.

(2) Bennis의 관료제에 대한 태도변화

McGregor가 총장으로서 근무한 후에 Theory X와 Theory Y에 대한 그의 관점이 변화하게 된 것과 마찬가지로 Bennis 역시 유사한 행정경험을 가진 후에 그의 이론을 변경했다. 그에 의하면 관료제는 불가피하다. 크고 복잡한 조직에서는 관료제는 필요하다.[25] 물론 임시체제는 그 역할을 하나 방대하거나 혹은 깊숙이 관여해야 하는 대규모 조직에서는 제대로 적용되지 못하였다. 오히려 그에 의하면 언제나 관료제는 있을 것이며 태양은 관료제를 위하여 그 빛을 더욱 발할 것이라고 지적했다.[26]

얼핏 보기에 Bennis는 전적으로 그의 이론을 부인하는 것으로 보일 수 있으나 실은 그의 1970년대의 논문들을 검토하여 보면 다른 해석이 가능하다. 그는 그의 이론의 영역을 제한하는 것이 필요하다고 생각하였다. 즉 일반적인 조직에서부터 전문적인 조직에 이르기까지 특정한 형태로 관료제를 변화하여 사용하는 것이 본질적으로 가능하다고 생각하는 것 같다.

다음 주장은 그의 전 주장들과 다른 점을 볼 수 있다:

> "10여 년 전, 나는 다음 25년과 50년 후에 우리는 관료제의 종말에 직면하고 그리고 산업화의 20세기 요구에 더 적합한 새로운 체제가 나타날 것이라고 예측

---

24) Ibid., p. 12; Warren G. Bennis, *Organization Development: Its Nature, Origins, and Prospects*, Reading, MA: Addison-Wesley(1969).

25) Warren G. Bennis, *The Learning Ivory Tower*, San Francisco: Jossey-Bass(1973), pp. 144-145.

26) Warren G. Bennis, Conversion with Warren Bennis, *Organization Dynamics*(1974), 2(3), p. 57.

하였다. … 나는 오늘날 다르게 믿는 이유는 없다. 반대로 나는 그 예측이 경험에 의하여 예시가 되었기 때문에 내가 예측한 때는 현실과 다른 이미 먼 옛날이라고 지금 깨닫는다. 관료제로 말하면, 나는 우리가 알고 있는 대부분의 모든 인간자원들을 조정할 수 있는 전형적인 조직구조라는 것을 의미한다"[27]

3) OD에 대한 학자들의 견해

(1) Bennis

초기에 Bennis는 조직의 변화보다 개인과 집단의 변화를 가져오기 위한 수단으로 주로 실험실훈련에 흥미를 가진 것으로 보인다. 그의 주요 관심은 내부의 집단과정, 집단발전, 훈련자의 행태 및 유사성에 있었다. T-group은 조직의 외부보다는 집단 내에서 무엇이 일어나고 있는가와 관련된다. Bennis는 조직 내에 실험실훈련이 계획된 조직의 변화를 위한 방법으로 찬사를 받고 있다는 점에서 Argyris의 입장과 같다.

Bennis**는 다음과 같이 조직발전의 특징들을 지적한다**[28]:

① 집단간 및 개인간의 관계와 같은 인간적 변수들에 초점을 둔 의도된 교육적인 전략

② 바람직한 변화는 성장, 구성원의 만족 그리고 효과성과 같은 그러한 특정한 조직문제와 관련이 있다.

③ 실험실 훈련, 대면 토의 혹은 학습세미나들과 같은 교육적 전략

④ 변화 추진자는 일반적으로 외부사람이며, 그는 조직과 협조적인 관계를 가지고 있고, 덜 관료적이고, 더 인간적이며, 민주적인 체제의 가치를 가지고 있어야 한다.

⑤ 변화 추진자의 가치들이 일치하는 변화를 가져오기 위해 다음 사항들이 포함되어야 한다: 증진된 개인들간의 능력; 갈등을 줄여가면서 집단간 혹은 집단 내에 이해를 증진시킬 것; 효과적인 팀 관리를 발전; 갈등해결이 더욱 개방적이고 합리적 형태; 상호신뢰와 책임을 공유하는 더욱 유기적인 체제

---

27) Warren G. Bennis, "The Problem: Integrating the Organization and Individual," In William G. Monahan(Ed.), *Theoretical Dimensions of Educational Administration*, New York(1975), p. 330.

28) Warren G. Bennis, *Organization Development: Its Nature, Origins, and Prospects*, Reading, MA: Addison-Wesley(1969), pp. 10-15.

Bennis는 Argyris가 조직발전에 대한 그의 독특한 접근법을 발전하지 않았다고 지적했다. 특히 실험실훈련과 T-groups에 크게 의존한 것은 그가 강조한 접근법이 그 당시 주류였음을 의미한다.

(2) French와 Bell

French와 Bell에 의하면 OD는 개인, 집단 그리고 조직의 공통적인 가정을 포함한다고 다음과 같이 지적한다[29]:

① 사람들은 좋은 환경이 제공된다면 성장하고 발전하려는 충동을 가지게 된다. 그들의 대부분은 조직의 환경이 허용하는 것보다 조직에 더 큰 기여를 하기를 원한다.

② 대부분의 사람들을 위하여 작업집단은 대단히 중요한 요소를 갖는다. 사람들은 조직 내에 수용과 협조를 높이 평가한다. 리더가 모든 것을 제공할 수 없기 때문에 구성원들은 서로 도와야 한다.

③ 억압은 만족, 신뢰 그리고 협동심에 해가 된다. 그러나 대부분의 집단과 조직은 필요 이상으로 억압된 감정을 유발한다. 집단은 이런 문제를 해결하기 위하여 사람들의 관계를 개선하고 변화를 가져와야 한다.

④ 높은 수준의 리더십 스타일과 문화는 여러 면에서 신뢰와 팀워크에 의하여 조직에 파급되는 경향이 있다.

⑤ 얻느냐 잃느냐의 갈등관리전략은 결국에는 서로 해롭다.

⑥ 협조적인 노력은 가치를 지니고 있다. 체제 내의 모든 구성원들의 복지는 중요하며 체제 내의 모든 강력한 사람들에 의하여 존중되어야 한다.

(3) Golembiewski

행정학의 주요한 OD 이론가인 Robert Golembiewski는 OD는 전통적으로 하향적인 경향과 다른 특징적인 철학을 가지고 있다고 지적한다.

Golembiewski에 의하면 OD는 다음과 같은 철학을 나타내고 있다고 주장한다[30]:

① 상호 접근성과 공개적인 의사소통

29) W. L. French and C. H. Bell, *Organization Development: Behavioral Science Intervention for Organizational Improvement*(4th ed.), Upper Raddle, N. J.: Prentice Hall(1990); Rainey, *op. cit.*, p. 330(재인용).

30) Robert T. Golembiewski, *Renewing Organizations*, IL.: F. E. Peacock(1972), pp. 60-66.

② 새로운 행태를 실험하고 가장 효과적인 것으로 보이는 것을 선택하는 기꺼움

③ 갈등을 공개적으로 조사하기 위한 협조와 자발성을 강조하는 권위의 협조적 개념

④ 다른 사람을 위한 공동체의식, 책임성의 수용을 포함하는 상호협조관계의 창조

⑤ 상호관계의 확실성

2. 조직발전을 위한 기법의 절차와 유형

1) 조직발전(OD) 기법

이 분야의 문헌들은 다양한 모델, 분류 등을 접할 수 있다. 만약 조직이 개별적인 조직구성원의 수준으로 문제를 국한한다면, 조직은 채용, 선택, 훈련과 발전, 상담 및 직무설계에 대한 새로운 접근법을 찾는 데 집중할 것이다.

좀 더 조직의 광범위한 수준으로 확대한다면, OD는 조직의 광범위한 환류과정, OD project, 작업생활의 질 프로그램, 목적에 의한 관리 projects, 집단간 갈등관리절차 등을 포함한다.

집단과정의 발전을 위해서는 OD projects는 작업집단이 더 효과적인 관계를 발전할 수 있는 팀 구성의 기술을 채택하는 것이 유리할 수 있다. 팀 구성활동은 구성원의 역할, 책임감, 팀의 작업과정을 분석하고, 구성원간의 관계를 검토하면서 전적으로 집단을 위한 목적을 수립하는 데 초점을 둔다. OD 상담자들은 이러한 노력을 위하여 다양한 기술에 의존한다.

OD상담자는 과정상담(Process Consultation)이라고 부르는 기술을 활용할 수 있다. 그 상담자는 작업집단과 의사전달, 팀워크, 개인간의 갈등관리, 구성원과 상담, 그리고 과정의 향상과 같은 중요한 과정에 관한 관찰과 정보를 모으는 활동들을 한다.

과거에 OD projects로 T-groups, Encounter Groups 혹은 감수성 훈련(Sensitivity Sessions)을 활용하였다. 이 모든 집단훈련은 집단의 구성원들간에 의사소통과 이해를 발전시키고, 다른 구성원들의 감정과 관점에 대한 감수성을 향상시키려는 의도를 가지고 있다. 이 접근법은 Kurt Lewin과 그의 동료들의 연구

에서 발전되었다. 그러한 집단들은 참여자들이 다른 사람들이 그들을 어떻게 보는가, 그들에게 어떻게 반응하는가, 그리고 참여자들이 그들을 어떻게 인식하고 있는가를 더 배우는 것을 도와주는 데 목적이 있다. 이 접근법은 1960년대를 통하여 광범위하게 사용되었다. 그러나 이 접근법들이 장기적인 영향을 가지고 있는지에 대한 의문과 장기적인 영향이 영향력을 가지고 있을 때, 빈번히 그것은 참여자들에게 해가 되는 것으로 나타난다.[31]

2) OD 기법의 유형

가장 최초에 그리고 가장 논쟁이 되고 있는 OD 관여는 1960년대 T-groups('T'는 훈련을 의미) 혹은 감수성 훈련(Sensitivity Training)으로부터 유래되었다.[32] 상담과 감수성훈련은 개인들이 다른 사람의 성격과 그들 자신의 성격을 이해하고 그리고 다른 사람들과의 상호작용을 증진하기 위하여 지식을 사용할 수 있도록 조직들이 사용할 수 있는 기법이다.

Sensitivity Training은 상담의 일종이다. 다른 사람들과 상호작용을 하는 데 조직의 구성원들은 다른 사람들이 세계를 어떻게 보는지를 배우기 위하여 훈련을 받은 사람과 만난다. 집단구성원들은 그들 자신들과 다른 집단구성원들이 서로 어떻게 보는지에 대하여 솔직해지기를 촉구한다. 그리고 다른 사람들이 그들을 비슷하게 혹은 다른 방법으로 지각하는 정도를 토의를 통하여 배운다. 서로 다른 시각의 원인을 검토하면서 집단의 구성원들은 다른 사람들이 그들을 지각하는 방법을 더 잘 이해할 수 있고 더욱이 다른 사람을 더 민감하게 다루는 방법을 배울 수 있다.

다른 Process Consultation, Sensitivity Training, 상담(counseling) 그리고 다양한 기법들이 개인의 행태와 태도를 효과적으로 변화하기 위하여 사용된다.

(1) T-groups

① 10명 내지 12명을 포함한다.

② 한 리더는 주어진 시간 동안 집단이 구조화되지 않은 상황에서 조화를

31) K. Back, *Beyond Worlds*, New York: Russell Sage Foundation(1972).

32) R. T. Golembiewski, "The Laboratory Approach to Organization Change: Schema of a Method," in Margulies and Raia, eds., *Conceptual Foundations of Organization Development*, pp. 198-212; J. Kelly, "Organizational Development Through Structured Sensitivity Training," Schein, *Organizational Psychology*, pp. 213-228.

가져오기 위하여 그 자신의 의제, 규범, 기대 그리고 적절한 행태를 촉진하도록 그 자신의 모형들을 창조하지 않으면 안 된다.

③ T-groups 훈련의 옹호자들은 그러한 훈련이 구성원의 감수성과 행태적인 문제, 집단과 상호 동태적 그리고 불확실성과 모호성을 다루는 그들의 기술을 증가시킨다고 제안한다.

(2) 과정상담(Process Consultation)

과정상담은 고객 혹은 고객집단이 조직환경에서 일어나는 일들을 더욱 분명히 이해하고 행동하게 도와준다. 이러한 과정문제는 제한되어 있지는 않으나 주로 의사소통, 집단구성원의 역할과 기능, 집단문제 해결과 의사결정, 집단규범과 기대의 발전과 유지, 집단과 조직의 리더십, 권력 그리고 권위의 역할을 포함한다.

관리자는 너무 지시적인가, 너무 요구가 많은가, 혹은 부하들을 너무 신뢰하지 않은가, 관리자는 부하직원을 의존적으로 만들기 위하여 고의적으로 정보를 주지 않는가 등 과정상담은 그러한 문제들에 대한 대답을 준다.[33)]

(3) 제 3 자의 개입(Third-Party Intervention)

갈등 혹은 경쟁은 자주 집단과 조직에서 일어난다. 제3자인 사람이 문제를 파악하고, 집단들을 서로 화합하도록 하며, 갈등이 양 집단들의 기본적인 이익들과 일치하는 해결책을 가져오면서, 건설적인 방법으로 그들을 다루는 방법을 발전하기 위하여 설계된다.

(4) 서베이 환류(Survey Feedback)

가장 광범위하게 사용된 OD 기법인 서베이 환류는 설문조사, 면담 혹은 중심집단을 통하여 조직의 범위가 넓은 횡단적인 측면에서 자료를 수집하는 상담을 의미한다. 정보를 해석하고 올바른 행동을 설계할 수 있도록 구성원들에게 자료를 환류하고 중요한 변수들을 포함한다. 전형적으로 이 기법은 문제에 대한 더욱 많은 정보를 줄 수 있다. 정보를 수집하고 구성원들에게 제출하여 줌으로써 존재하는 문제뿐만 아니라 해결에 있어서도 소유의식을 갖는 데 도움이 된다.

---

33) E. H. Schein, *Process Consultation*, Reading, Mass.: Addison-Wesley(1969).

(5) 업무생활의 질(Quality of Work Life)

전통적으로 업무생활 프로그램의 질은 개인의 업무를 위하여 사회적 · 심리적 조건을 향상시키고, 조직이 의사결정을 하는 데 근로자들의 참여를 촉진한다. 이들은 조직의 성과를 향상시키는 데 공헌한다. 접근법들 가운데 조직의 구조는 근로자 중심을 강조하고, 근로자들에게 강도 높은 자유재량을 제공하도록 업무의 설계를 하며, 수평적 · 수직적 그리고 대각선으로 의사소통을 개방한다. 조직은 평면적이며 학습자적인 구조를 창조한다.

3) 팀 구성(Team Building)과 상호집단 훈련(Intergroup Training)

(1) 팀 구성

현대조직의 많은 업무는 집단 혹은 팀에서 달성된다. 그러므로 OD 실무자들이 효과적인 팀을 구성하는 데 많은 관심을 가지고 있는 것은 놀라운 일이 아니다. OD의 촉진자들은 집단의 행위를 방해할 수 있는 개인행태 그리고 집단의 동태적 요소를 파악하기 위하여 특별한 팀을 활용한다. 주로 이들의 관심은 구성원들이 어떻게 편안할 수 있는가, 집단 내에 의사소통의 패턴을 어떻게 개방하는가, 그리고 특히 여러 구성원들이 집단 내에서 다르고 중요한 일을 할 수 있는 분위기에 관심을 가질 것이다.

집단 혹은 집단들 내에 변화를 관리하기 위하여 변화 추진자는 위의 세 가지의 다른 OD 기술을 사용할 수 있다.

팀 구성은 집단 내의 관계를 증진하는 협동적인 방법인데, 집단의 모든 구성원들이 서로 그들 업무의 상호작용을 증진하기 위하여 참여하는 것을 제외하고는 과정상담과 비슷하다.

팀 구성의 목적은 집단구성원이 서로 업무를 잘하는 방법을 증진하고 과정의 장점을 얻고 손실을 감소하는 것은 물론 집단과정을 증진하는 것이다. 팀 구성은 그 집단이 무엇을 달성하려고 노력하는가에 초점을 두지는 않는다.

(2) 상호집단 훈련(Intergroup Training)

팀 구성을 한 단계 더 발전한 것이며 기능이 다른 부서들과 서로 일하는 방법을 증진하기 위하여 이 훈련을 사용한다. 이 훈련의 목적은 한 기능 혹은 부서의 공동활동과 산출에 초점을 두면서 조직의 성과를 증진하는 것이다. 기능간의 조정이 특히 Reengineering 그리고 TQM에서 중요한 것을 고려한다면, 집단간의 훈련이 조직의 변화를 수행하기 위하여 이용할 수 있는 중요한 OD 기술이다.

집단간 훈련을 하는 데 인기가 있는 방법들 가운데 하나의 형태는 조직의 반사경(organizational mirroring)[34]이며, 이것은 상호의존적인 집단들의 효과성을 증진하기 위하여 설계된 OD 기술이다. 가령 두 집단이 갈등 속에 있어서 서로에 대하여 더 배우는 것이 필요하고 집단간의 협동을 증진하기 위하여 상담이 필요하다면, 상담자는 각 집단이 서로를 어떻게 생각하는지를 이해하고 이 집단이 가지고 있을 수 있는 가능한 문제들을 파악하기 위하여 양 집단과 면담을 하는 OD 기술을 시작한다. 그리고 상담자는 이 과정의 목적은 업무관계를 증진하기 위하여 지각과 관계를 탐색하는 것이라고 이야기하여 준다. 그리고 토론 상담을 통하여 한 집단에서 무엇이 일어나고 있는지, 다른 집단과의 문제점을 기술하고 상담한다. 반면에 다른 집단은 앉아서 청취한다. 그런 다음, 그 상황을 듣고 있던 집단에서 무엇이 일어나고 있는지를 두고, 그 문제들을 토론하는 순서를 갖게 된다. 반면에 다른 집단은 청취한다.

이러한 토론을 거쳐서 각 집단은 다른 집단의 관점을 이해한다. 그 다음 단계는 양 집단의 구성원들은 표면에 드러난 문제를 다루는 방법을 논의하기 위하여 task force를 구성한다. 이들의 목적은 미래 상호 집단간의 관계를 인도할 수 있는 활동계획을 발전시키고 계속되는 토대를 제공하는 것이다. 이러한 훈련과정을 인도하는 변화추진자는 양 집단이 민감한 문제를 논의하기 때문에 상호 집단관계를 다루는 데 지식을 쌓으면서 훈련받는 것이 필요하다고 인식한다. 만약 이 과정이 제대로 잘 관리가 된다면 상호 집단간의 갈등은 OD 기술에 의하여 약화될 수 있을 것이다.

(3) 전체조직 조정(Total Organization Interventions)

조직 차원에서 다양한 방법들이 조직 전체의 변화를 가져오기 위하여 사용될 수 있다.

① 조직의 대면 모임(Organizational Confrontation Meeting)[35]

이 모임에서는 조직의 모든 관리자들이 조직의 목적을 효과적으로 충족할

34) W. French and C. Bell, *Organization Development: Behavioral Science Interventions for Organization Improvement*, Englewood Cliffs. N. J.: Prentice-Hall(1978), p. 115.

35) R. Beckhard, "The Confrontation Meeting," *Harvard Business Review*(March-April 1967),

수 있는지를 논하기 위하여 만난다. 변화추진자에 의한 첫 추진과정은 최고관리자가 조직의 상황에 대한 자유롭고 개방적인 토론을 유도하게 하는 것이다. 그리고 상담자는 집단들이 가능한 한 이질적(heterogeneous)이고 자유로운 토론을 하도록 유도하기 위하여 상관이나 부하관계를 확실히 없애면서 7 내지 8개의 집단으로 나눈다. 각 소규모집단은 전체 집단에게 논의 결과를 보고하고, 그 조직이 직면하는 문제를 분류한다. 최고관리자는 조직의 우선순위를 결정하고 집단활동을 계획하기 위하여 문제의 진술을 사용한다. task force는 조사한 조직의 문제에 책임지도록 소규모 집단을 구성한다. 그리고 각 집단은 진행상황에 대하여 최고관리자에게 보고한다. 이 과정의 결과는 조직의 구조 및 운영절차의 변화에 영향을 미치게 될 것이다. Restructuring, Reengineering, 그리고 Total Quality Management는 조직이 직면하고 있는 문제를 밝히기 위하여 조직의 전반적 개입에서 자주 거론되고 있다.

② Managerial Grid

조직 전반에 관한 OD의 다른 기술은 Robert Blake와 Jane Mouton에 의하여 발전된 Managerial Grid의 사용이다. Managerial Grid는 Blake와 Mouton이 팀 관리 스타일이라고 하는 것을 설립하기 위하여 조직의 관리 스타일, 규범 그리고 가치들의 변화를 촉진하기 위하여 설계한 행렬(matrix)이다. 이 관리 스타일을 사용하는 조직에서 관리자는 조직구성원들의 몰입과 상호 신뢰와 존경을 토대로 조직의 가치를 발전시키기 위하여 행동한다.

Blake와 Mouton은 대부분의 조직의 특징인 관리의 다섯 가지 스타일과 배려(consideration)와 구조(initiating structure)의 리더십 척도와 유사한 두 요소들인 사람을 위한 배려(consideration for people)와 생산을 위한 고려(consideration for production)를 제시하였다. Blake와 Mouton의 관점에 의하면 효과적인 조직은 사람과 생산을 위한 강한 관심을 나타낸다. 한 요소, 다른 요소 그리고 이 두 요소들을 무시하는 조직들의 관리자들에게 팀 관리 스타일이 어떻게 발전하는지를 가르치기 위하여 조직의 전반적인 OD 조정프로그램을 집행하는 것이 필요하다고 한다.

조직의 관리자들에 의하여 완성된 설문지를 사용하여 Blake와 Mouton은 사

---

pp. 159-165; George and Jones, *Organizational Behavior: Understanding and Managing*, p. 707(재인용).

람을 위한 조직의 관심과 생산을 위한 관심을 평가하였다. '취약한 것(impoverished)' 은 위의 두 요소에서 낮은 점수를 받은 조직의 관리 스타일을 설명하기 위하여 사용하는 말이다. 그러한 조직의 관리자들은 업무를 달성하기 위하여 필요한 최소한의 노력을 한다. 반대로 두 요소에서 높은 점수를 받은 관리자를 Blake와 Mouton은 '과업관리(task management)' 라고 불렀다. '지방클럽관리(country club management)' 는 생산을 강조하기보다 사람을 강조하는 관리 스타일을 일컫는 용어이다.

Blake와 Mouton의 관점에서 사람과 생산에 높은 점수를 얻지 못한 조직은 관리기술의 향상을 위하여 조직의 전반적인 훈련계획을 받아야 하며, 바람직한 선택은 '팀 관리(team management style)' 를 달성하는 것이다. 훈련과정이 끝난 후에 관리자들은 OD 훈련이 팀 관리에 의하여 얼마나 효과적이었는지를 결정하기 위하여 재평가되어야 한다.

3. 공공영역에서의 OD

OD 상담자들은 분명하고 논쟁의 여지가 없는 이론 혹은 실무를 위한 지침을 가지고 있지 않다는 점에서, 심리학 혹은 정신분석학의 임상의와 같은 역할을 한다. 그들은 느슨하게 정의된 절차를 선택하면서 경험과 통찰력을 기초로 운영을 한다. OD를 비판하는 것은 실질적이고 풍부한 이론이 결핍되어 있어 이론을 토대로 한 연구가 부족하다는 것이다. 비판하는 학자들은 OD가 인간관계 문제에만 집중하기 때문에 회계체제나 절차적인 문제를 포함할 때는 조직의 문제를 잘못 판단하는 경향을 가질 수 있다는 것이다. 예를 들면 Tichy는 대규모 전략적인 변화는 조직의 기술과 정치적 척도들의 증진을 위한 전략적 조정이 필요할 때 OD는 단지 조직의 인적 자원 문제에만 집중한다는 것이다.[36)]

이러한 논쟁에도 불구하고 OD는 공공과 비영리조직을 변화하고 향상시키는 데 넓게 사용된 접근법이다. 공공영역 조직들과 일을 하는 OD 전문가들은 지속적으로 OD를 적용하는 데 공공조직과 사조직에 미치는 영향이 다른지에 대한 흥미로운 주제를 가지고 논의를 한다.

---

36) N. M. Tichy, *Managing Strategic Change*, New York: Wiley(1983).

1) Golembiewski

Golembiewski에 의하면, 다섯 가지의 구조적인 제약점들이 공공조직에 OD의 적용을 어렵게 한다고 주장한다[37]:

(1) OD projects에 있을 수 있는 지지 혹은 저항을 표방하면서 다양한 관련자들이 다양한 권위 있는 이해당사자들에 접근한다. 즉 OD를 실시하는 과정에서 각 의원들, 관료들 혹은 이익집단들이 이해관계를 가지고 실천을 방해할 수 있다.

(2) 각기 다른 이해당사자들의 보상구조는 문제를 더욱 복잡하게 한다. 다른 의회의 위원들 그리고 관료들은 다른 유인들에 영향을 받을 수도 있다. 예를 들면 어떤 관련자는 조직운영의 향상을 위하여 강조할 수 있고, 반면에 다른 관련자는 정치적 동맹관계에 관심을 둘 수도 있다.

(3) 행정의 계층제가 분화되어 있고, 이들이 경쟁적으로 동맹관계를 갖는다면 행정의 권한은 자연히 약화된다. 그러한 이유가 OD projects를 집행하기 어려운 점이다. 행정관료들은 대통령이나 그들의 부서의 최고상관들보다 오히려 의회의 동맹에 더 강한 유대관계를 갖기를 원한다.

(4) 경력직 관료와 정치적으로 임명된 관리자들간의 약한 관계는 산만한 권위관계를 나타낸다. 따라서 OD projects를 집행하기 어렵게 만든다.

(5) 정치체제는 집행부 그리고 정치적으로 중심적인 능력을 가진 부서들의 목적들간에 그 강조점이 계속적으로 변한다. 관료제를 지배하고 감소시키려는 경향은 OD projects를 위해서는 좋은 분위기는 아니다.

Golembiewski는 이러한 요소들이 OD를 실천하는 데 방해가 되는 분위기라고 주장한다. 상위계층은 권위를 위임하는 것을 피하려고 하며 하위계층의 미약한 권위 때문에 다양한 계층의 검토와 결재과정을 일일이 거치는 경향이 있어 OD의 집행을 곤란하게 만드는 경우가 허다하게 발생할 수 있다. 의회나 법적 구조, 그리고 정치적 동맹관계가 불리하다고 생각하는 경우 OD가 보상체계 및 직업분류와 같은 개혁을 하려고 하는 많은 결정을 방해하기도 한다. 기업조직보다 정부는 비밀과 안전을 위한 조건을 구비하고 있고, 반면에 전문관리자들의 역할

37) R. T. Golembiewski, "Organization Development in Public Agencies: Perspectives on Theory and Practice," *Public Administration Review*(1969), 29, 367-368.

은 기업조직보다 덜 발달되어 있는 경향이 있다. 이러한 결과 조직운영의 공공성 때문에 공공관리자들이 조직의 목적과 가치에 대한 주인의식을 가지는 것을 어렵게 만들 수 있다. 또한 이것은 행정기관의 관리자들도 자신들의 업무에 몰입하는 데 커다란 장애가 될 수 있다.

Golembiewski는 이러한 상황들이 공공기관의 지배적인 문화를 형성하여 기업조직과 차이를 만든다고 한다. 공공기관은 관리자들을 더 구속하며, 발명, 위험부담 그리고 노력에 대한 보상을 충분히 하지 않는다. 이로 인해 어떤 공공관리자들은 조직에 새로운 시도를 지지하는 것에 주저하게 된다.

2) 이 외 학자들의 견해

Davis는 공공기관이 모호한 프로그램과 다양한 성과기준을 가진 다양한 목적을 추구하는 문제점으로 인하여 OD사용을 어렵게 만든다고 강조하였다.[38] 그는 공공영역에서 OD의 사용에 대한 외부의 정치적 환경의 영향에 대하여 Golembiewski와 같이 공공기관에 대한 OD사용의 문제점에 거의 동의하는 것 같다.

그럼에도 불구하고 일반적으로 많은 학자들은 OD가 확실히 공공조직에서 성공할 수 있다고 생각하는 것 같다. 사영역의 OD projects 성공률과 같이 공공영역의 조직도 상대적으로 의미 있는 성공을 이루고 있다고 한다. 하지만 이들은 공공조직과 사조직이 OD를 활용하는 데 두 조직간의 특성 차이를 지적한다. 외적인 구속력으로서 공공조직에는 절차적 경직성, 이익과 가치의 다양성, 공공의 감시, 변동하는 정치 및 행정관계 등이 지적된다. 내적인 요인으로서는 전문성의 결여, 약한 명령체계, 복잡한 목적 그리고 단기적인 체제를 언급한다. 물론 이러한 요소들이 공공영역에서는 좀더 강하지만 그러나 그들은 그렇게 중요할 만큼 장애적인 요소들은 아니라고 Golembiewski는 주장하면서, 공공조직의 성공률은 사조직의 것과 유사하다고 하였다.

Gortner, Mahler 그리고 Nicholson은 Golembiewski의 결론에 대하여 반대 의견을 제기하였다.[39] 그들은 Golembiewski의 연구방법은 사람들이 성공한

---

38) R. V. Davis, "OD in the Public Sector: Intervening in Ambiguous Performance Environments," In J. L. Perry and K. L. Kraemer(eds.) *Public Management*, Mountain View, Calf.: Mayfield(1983); Rainey, *op. cit.*, p. 334(재인용).

39) H. F. Gortner, J. Mahler and J. B. Nicholson, *Organization Theory: A Public Perspective*, Florence, Ky.: Dorsey Press(1987).

사례만을 대상으로 한 것으로 실패한 경우는 고려하지 않는다는 약점을 가지고 있다고 주장을 한다. 그들이 논문을 썼을 때는 그 프로젝트가 가장 좋은 가능성이 있는 관점에서 기술되었다. 그 이외 OD 적용은 점차 줄어들고 있다.

그러나 최근에 Robertson과 Seneviratne는 일반적으로 Golembiewski의 결론을 지지하는 연구를 발표하였다.[40] 그들은 공공 및 사조직에 OD의 개입은 작업환경과 조직성과가 같은 영역에서는 유사한 성공률을 보이지만, 특정한 영역에서 차이를 드러냄을 강조하였다. 사조직에서 변화의 노력은 작업환경의 4 구성요소에서 긍정적인 변화를 초래하였다: i) 조직배열, ii) 사회적 요소, iii) 기술, iv) 물리적 환경. 그러나 공공조직에서는 기술과 물리적 환경을 제외하고 조직배열과 사회적 요소에서만 긍정적인 효과를 나타냈다. 역시 변화노력에 있어서 양 영역에서 차이는 없었으나 조직의 성과는 사조직에서 더욱 긍정적인 효과를 나타내었다. 그러나 공공조직의 변화개입으로 조직의 향상된 성과는 사조직의 변화노력보다 더욱 의미 있는 강한 관계를 나타냈다. 일반적으로 계획된 변화시도는 사조직에서와 같이 공공조직에서도 성공하는 경향이 많다는 것이다. 고정관념을 체계적으로 증명한 것은 아니나, 단순한 이론에 근거한 학문적 주장에도 불구하고 조직변화 시도는 정부에서도 빈번히 그리고 명확하게 성공이 일어난다는 것이다.

---

40) P. J. Roberston and S. J. Seneviratne, "Outcomes of Planned Organizational Change in the Public Sector: A Meta-Analytic Comparison to the Private Sector," *Public Administration Review*(1995), 55, 547-558.

국문색인

[ㅇ]

[ㅈ]

영문색인

공저자약력

정우일

행정학사, 연세대학교 행정학과
행정학석사, 미국 Temple University
정치학박사, 미국 Temple University
한양대학교 발전협력처장 역임
한양대학교 행정대학원장 역임
교육부 교육개혁평가위원회 소위원장, 대학헌장제정설립위원회 위원장 역임
교육부 대학설립 심사위원, 국책연구기관 평가모형개발위원장 역임
정부출연연구기관 장기발전계획수립위원회 팀장 역임
현재 한양대학교 사회과학대학 행정학과 명예교수

저 · 역서 및 주요논문

리더와 리더십 제2판(공저, 박영사, 2009)
행정통제론(박영사, 2004)
Philosophy and Ethics in Public Administration(공편저, 조명사, 1993)
象徵政策論(공저, 弘益齊, 1991)
Seminar in Organization Theory Ⅰ, Ⅱ, Ⅲ, Ⅳ(편저, 동진문화사, 1989)
Control Mechanisms over Administration Ⅰ, Ⅱ(편저, 동진문화사, 1988)
組織論(공역, 대영문화사, 1986)
지역주민의 정주의식에 미치는 영향요인 분석
公 · 私組織에 있어 組織文化의 比較硏究
공공조직 특성에 관한 연구
The Political Socialization of Syngman Rhee
외 논문 다수

하재룡

영문학사, 국민대학교 영어영문학과
정치학석사, 미국 Temple University
정치학박사, 미국 Temple University
선문대학교 사회과학대학장 역임
한국행정학회, 한국정책학회, 한국인사행정학회 이사역임
행정고시 1차 PSAT 문제개발위원
각급 공무원시험 및 내부승진시험 출제위원
아산시 시정자문교수 역임
공무원노동조합총연맹 자문교수
현재 선문대학교 행정학과 교수, 행정대학원장

저 · 역서 및 주요논문

글로벌시대의 행정학(공저, 오래, 2010)
노동행정론(공저, 형설출판사, 2003)
현대행정의 이해(공저, 대영문화사, 2002)
마녀사냥: 매카시 매카시즘(역서, 백산서당, 1997)
자동차부품공업의 노사관계(공저, 집문당, 1997)
공공부문의 단체교섭과정과 동반자적 협력규칙 모색(2002, 정부학연구)
공기업 노동조합의 임금인상효과(2002, 한국정책학회보)
라틴 아메리카 지역연구의 현황—현단계 위기론에 대한 가설을 중심으로(2001, 세계지역연구논총)
The State and Labor Policy Development in South Korean Industrialization: 1961-1990, 박사학위논문(1992, Temple University)
외 논문 다수

이영균

행정학사, 영남대학교 행정학과
행정학석사, 한양대학교 대학원 행정학과
정치학박사, 미국 Temple University
경원대학교 정책조정실장(2004), 기획처장(20[illegible]) 및 한국정책분석평가학회장(2009) 역임
현 성남시 인사위원 및 감사원 감사연구원 자문위원으로 활동
현재 경원대학교 행정학과 교수, 사회과학대학장 및 사회정책대학원장

저서 및 주요논문

글로벌시대의 행정학(공저, 오래, 2010)
행정학(조명문화사, 2010)
자체감사론(공저, 대영문화사, 2007)
지방의회 의정활동 평가(2010)
시정부의 발전지표에 관한 연구(2009)
외 논문 다수

박선경

행정학사, 상명대학교
행정학석사, 상명대학교
행정학박사, 한양대학교
한양대학교 행정문제연구소 책임연구원 역임
현재 평택대학교, 한양대학교 강사

저서 및 주요논문

글로벌시대의 행정학(공저, 오래, 2010)
리더와 리더십 제2판(공저, 박영사, 2009)
한국NGO의 성과모형개발에 관한 연구
성과결정요인에 관한 NGO관리자와 실무자들의 인식에 관한 연구
한국여성의 정치자본에 관한 연구: NGO의 역할을 중심으로
NGO활동이 여성의 정치자본에 미치는 영향: NGO 구성원과 비구성원의 인식차이를 중심으로
외 논문 다수

양승범

행정학사, 한양대학교 행정학과
행정학박사, 미국 Florida State University
미국 California State University Fullerton 조교수 역임
현재 건국대학교 정치대학 행정학과 조교수

저서 및 주요논문

글로벌시대의 행정학(공저, 오래, 2010)
리더와 리더십 제2판(공저, 박영사, 2009)
The Effectiveness of Self-Managed Work Teams in Government Organizations
Linking Empowerment and Job Enrichment to Turnover Intention: The Influence of Job Satisfaction
Employee Empowerment and Team Performance: Autonomy, Responsibility, Information, and Creativity
외 논문 다수

제3판
공공조직론 —공·사조직의 비교—

2005년 3월 10일 초판발행
2006년 9월 15일 제2판발행
2011년 1월 10일 제3판인쇄
2011년 1월 15일 제3판발행

공저자 정우일·하재룡·이영균·박선경·양승범
발행인 안 종 만
발행처 (株)博 英 社
서울특별시 종로구 평동 13-31번지
전화 (733)6771 FAX (736)4818
등록 1959.3.11. 제300-1959-1호(倫)

www.pakyoungsa.co.kr e-mail: pys@pakyoungsa.co.kr

정 가 37,000원 ISBN 978-89-6454-093-0